Artur-Axel Wandtke, Claudia Ohst (Hrsg.)
Praxishandbuch Medienrecht
De Gruyter Praxishandbuch

Praxishandbuch Medienrecht

Band 1: Europäisches Medienrecht und Durchsetzung des geistigen Eigentums

3., neu bearbeitete Auflage

Herausgegeben von
Prof. Dr. Artur-Axel Wandtke, em. o. Professor an der Humboldt-Universität zu Berlin und
Dr. Claudia Ohst, Fachanwältin für Informationstechnologierecht, Lehrbeauftragte der Humboldt-Universität zu Berlin

Bearbeitet von
Rechtsanwalt Professor Dr. **Oliver Castendyk**, MSc. (LSE), Berlin;
Rechtsanwalt Dr. **Soenke Fock**, LL.M., Fachanwalt für gewerblichen Rechtsschutz, Wildanger Kehrwald Graf v. Schwerin & Partner mbB Rechtsanwälte, Düsseldorf;
Rechtsanwältin **Andrea Kyre**, LL.M., General Counsel bei Visual Meta GmbH, ein Unternehmen der Axel Springer SE Digital, Berlin;
Rechtsanwalt Professor Dr. **Ferdinand Melichar**, Grub Brugger, München;
Professor Dr. **Artur-Axel Wandtke**, em. o. Professor der Humboldt-Universität zu Berlin;
Rechtsanwalt Dr. **Marcus von Welser**, LL.M., München, Fachanwalt für gewerblichen Rechtsschutz, Lehrbeauftragter an der Humboldt-Universität zu Berlin

DE GRUYTER

Zitiervorschlag: Wandtke/Ohst/*Bearbeiter*, Praxishandbuch Medienrecht, Bd 1, Kap 1 Rn 23.

ISBN 978-3-11-031388-8
e-ISBN 978-3-11-031411-3

Bibliografische Information der Deutschen Nationalbibliothek
Die Deutsche Nationalbibliothek verzeichnet diese Publikation in der Deutschen Nationalbibliografie; detaillierte bibliografische Daten sind im Internet über http://dnb.d-nb.de abrufbar.

Datenkonvertierung/Satz: jürgen ullrich typosatz, 86720 Nördlingen
Druck: CPI books GmbH, Leck
♾ Gedruckt auf säurefreiem Papier
Printed in Germany

www.degruyter.com

Vorwort

Die rasante technische Entwicklung führt zu einem stark expandierenden und rechtsgebietsübergreifenden Medienrecht. Die daraus resultierenden rechtlichen Rahmenbedingungen für die Nutzung von Medienprodukten werden sowohl für Unternehmen als auch für private Nutzer immer komplexer, wobei dem Medienrecht als Gestaltungsmittel dabei sowohl ein kulturelles als auch ein wirtschaftliches Gewicht zukommt. Diese Entwicklung hat nun bereits eine neue – dritte – Auflage des Praxishandbuchs erforderlich gemacht.

Das Praxishandbuch hat zum Ziel, Rechtsfragen auf dem Gebiet des Medienrechts systematisch und problemorientiert darzustellen. Schwerpunktmäßig werden auch in dieser dritten Auflage die Rechtsfragen aufgeworfen, die sich vor allem aus der Vermarktung von Medienprodukten ergeben. Das betrifft die Erstellung und Verwertung, aber auch den Genuss immaterieller Güter wie Bücher, Zeitungsartikel, Musikstücke, Computerspiele, Filme und Apps. Daher werden die medienrechtlichen Grundsätze und Besonderheiten einzelner Rechtsgebiete erläutert (zB Urheber-, Presse-, Rundfunk-, Wettbewerbs-, Kartell-, Datenschutz-, und Medienstrafrecht) und deren Anwendungsprobleme veranschaulicht. Neu hinzugekommen sind Kapitel zu den Verwertungsgesellschaften und zur Querschnittsmaterie der sozialen Medien. Bereits vorhandene bearbeitete Kapitel sind ausgeweitet worden.

In erster Linie wendet sich das vorliegende Handbuch an Rechtsanwälte und Justiziare in Medienunternehmen sowie Richter und Staatsanwälte, dient aber auch als Lehrmaterial für die Masterausbildung von Juristen auf dem Spezialgebiet des Medienrechts sowie für die Fachanwaltsausbildung im Urheber- und Medienrecht, Gewerblichen Rechtsschutz und IT-Recht. Es soll kein vertiefendes Lehrbuch ersetzen, sondern einen Einblick in die mannigfaltigen Rechtsgebiete geben, die das Medienrecht beinhaltet, und sowohl dem weniger erfahrenen Nutzer helfen, sich schnell darin zurechtzufinden, als auch dem erfahrenen Medienrechtler ermöglichen, Zusammenhänge zu vertiefen und weiterführende Informationen zu finden.

Im ersten Band werden zunächst rechtspolitische und dogmatische Probleme des nationalen und des europäischen Medienrechts dargestellt. Einen weiteren Schwerpunkt bilden Inhalt und Umfang von Ansprüchen im System des Immaterialgüterrechts, wobei sowohl die gesetzlichen als auch die vertraglichen Grundlagen und Ansprüche behandelt werden. Neu im ersten Band findet sich das ausführliche und praxisnahe Kapitel zu den Verwertungsgesellschaften.

Berlin, im Juni 2014

Artur-Axel Wandtke Claudia Ohst

Inhaltsübersicht

Inhaltsverzeichnis

Marcus von Welser
Kapitel 5
Durchsetzung von Ansprüchen im Bereich des geistigen Eigentums — 259

Abkürzungsverzeichnis

aA	anderer Ansicht
aaO	am angegebenen Ort
abl	ablehnend
ABl	Amtsblatt der Europäischen Gemeinschaft
Abs	Absatz
abw	abweichend
AbzG	Gesetz betreffend die Abzahlungsgeschäfte (Abzahlungsgesetz)
aE	am Ende
ähnl	ähnlich
AEUV	Vertrag über die Arbeitsweise der Europäischen Union
aF	alte Fassung
AfP	Archiv für Presserecht
AG	Amtsgericht; Aktiengesellschaft; Arbeitsgemeinschaft
AGB	Allgemeine Geschäftsbedingungen
AGC	Automatic Gain Control
AGICOA	Association de Gestion Internationale Collective des Œuvres Audiovisuelles
AIPPI	Association Internationale pour la Protection de la Propriété Industrielle
allg	allgemein
allg M	allgemeine Meinung
Alt	Alternative
aM	am Main
AMG	Arzneimittelgesetz
AmtlBegr	Amtliche Begründung
Anm	Anmerkung
AnwBlatt	Anwaltsblatt
AO	Abgabenordnung
AöR	Archiv des Öffentlichen Rechts
AOL	America Online
AP	Arbeitsrechtliche Praxis (Nachschlagewerk des Bundesarbeitsgerichts)
ArbG	Arbeitsgericht
ArbNErfG	Gesetz über Arbeitnehmererfindungen
ARD	Arbeitsgemeinschaft der öffentlich-rechtlichen Rundfunkanstalten der Bundesrepublik Deutschland
ARGE	Arbeitsgemeinschaft
Art	Artikel
ASCAP	American Society of Composers, Authors and Publishers (www.ascap.com)
ASCII	American Standard Code for Information Interchange
AT	Allgemeiner Teil
Aufl	Auflage
AuR	Arbeit und Recht
ausdr	ausdrücklich
ausf	ausführlich
AVA	Allgemeine Vertragsbestimmungen zum Architektenrecht
Az	Aktenzeichen
BAG	Bundesarbeitsgericht
BAGE	Entscheidungen des Bundesarbeitsgerichts
BayObLG	Bayerisches Oberstes Landesgericht
BayObLGSt	Entscheidungen des Bayerischen Oberlandesgerichts (amtliche Sammlung)
BB	Betriebs-Berater
BDS	Bund Deutscher Schriftsteller
BDSG	Bundesdatenschutzgesetz

BdÜ	Bund deutscher Übersetzer
Beck-OK	Beck'scher Online-Kommentar
BeckRS	Beck'sche Rechtsprechungssammlung (online)
Begr	Begründung
Bek	Bekanntmachung
Beschl	Beschluss
BetrVG	Betriebsverfassungsgesetz
BFF	Berufsverband Freier Fotografen und Filmgestalter
BFH	Bundesfinanzhof
BG	(Schweizerisches) Bundesgericht
BGB	Bürgerliches Gesetzbuch
BGBl	Bundesgesetzblatt
BGE	Leitentscheide des Schweizerischen Bundesgerichts
BGH	Bundesgerichtshof
BGHSt	Entscheidungen des Bundesgerichtshofes in Strafsachen
BGHZ	Entscheidungen des Bundesgerichtshofes in Zivilsachen
BIEM	Bureau International gérant les Droits de l'Enrégistrement et de la Reproduction Méchanique
BlPMZ	Blatt für Patent-, Muster- und Zeichenwesen
BKartA	Bundeskartellamt
BMJ	Bundesministerium der Justiz
BNatSchG	Bundesnaturschutzgesetz
BNotO	Bundesnotarordnung
BOS(chG)	Bühnenoberschiedsgericht
BPatG	Bundespatentgericht
BR-Drucks	Bundesrats-Drucksache
BRegE	Entwurf der Bundesregierung
BRRG	Rahmengesetz zur Vereinheitlichung des Beamtenrechts (Beamtenrechtsrahmengesetz)
BSG	Bundessozialgericht
BSHG	Bundessozialhilfegesetz
Bsp	Beispiel
bspw	beispielsweise
BT	Bundestag
BT	Besonderer Teil [hier schon Nennung von „Bundestag"]
BT-Drucks	Bundestags-Drucksache
BtMG	Betäubungsmittelgesetz
Btx	Bildschirmtext
BuB	Buch und Bibliothek
Buchst	Buchstabe
BVerfG	Bundesverfassungsgericht
BVerfGE	Entscheidungen des Bundesverfassungsgerichts
BVerfGG	Gesetz über das Bundesverfassungsgericht (Bundesverfassungsgerichtsgesetz)
BVerwG	Bundesverwaltungsgericht
BVPA	Bundesverband der Pressebild-Agenturen und Bildarchive
bzgl	bezüglich
bzw	beziehungsweise
ca	circa
CD	Compact Disk
CD-ROM	Compact Disk – Read Only Memory
CDU	Christlich Demokratische Union
CGI	Computer Generated Imaging
CGMS	Copy Generation Management System
CIS	Common Information System
CISAC	Confédération Internationale des Sociétés d'Auteurs et Compositeurs

CLIP	European Max Planck Group for Conflict of Laws in Intellectual Property
CMMV	Clearingstelle Multimedia (www.cmmv.de)
CORE	Internet Council of Registrars (www.corenic.org)
CPRM/CPPM	Content Protection for Recordable and Prerecorded Media
CR	Computer und Recht
CRi	Computer und Recht International
CSS	Content Scrambling System
CSU	Christlich Soziale Union
c't	Magazin für computertechnik
DAT	Digital Audio Tape
DB	Der Betrieb
DDos	Distributed-Denial-of-Service
DDR	Deutsche Demokratische Republik
DEFA	Deutsche Film AG (www.defa-stiftung.de)
DENIC	Domain Verwaltungs- und Betriebsgesellschaft eG (www.denic.de)
ders	derselbe
DesignG	Gesetz über den rechtlichen Schutz von Design – Designgesetz
dh	das heißt
dies	dieselbe(n)
DIN-Mitt	Mitteilungen des Deutschen Instituts für Normung e.V.
Diss	Dissertation
DJZ	Deutsche Juristenzeitung
DLR-StV	Staatsvertrag über die Körperschaft des öffentlichen Rechts „Deutschlandradio"
DMCA	Digital Millennium Copyright Act (US-Bundesgesetz)
DÖV	Die Öffentliche Verwaltung
DOI	Digital Object Identifier
Dok	Dokument
DPMA	Deutsches Patent- und Markenamt
DRiG	Deutsches Richtergesetz
DRiZ	Deutsche Richterzeitung
DRM	Digital Rights Management
DSGVO-E	Vorschlag für eine Verordnung des Europäischen Parlaments und des Rates zum Schutz natürlicher Personen bei der Verarbeitung personenbezogener Daten und zum freien Datenverkehr
DStR	Deutsches Steuerrecht
DTCP	Digital Transmission Content Protection
DtZ	Deutsch-Deutsche Rechts-Zeitschrift
DuD	Datenschutz und Datensicherheit
DVB	Digital Video Broadcasting
DVBl	Deutsches Verwaltungsblatt
DVD	Digital Versatile Disc
DVP	Deutsche Verwaltungspraxis
DZWIR	Deutsche Zeitschrift für Wirtschafts- und Insolvenzrecht
E	Entwurf
ECMS	Electronic Copyright Management System
EDV	Elektronische Datenverarbeitung
EG	Europäische Gemeinschaft
EGBGB	Einführungsgesetz zum Bürgerlichen Gesetzbuch
EGG	Gesetz über rechtliche Rahmenbedingungen für den elektronischen Geschäftsverkehr
EGMR	Europäischer Gerichtshof für Menschenrechte
EGV	Vertrag zur Gründung der Europäischen Gemeinschaft
Einf	Einführung
Einl	Einleitung

EIPR	European Intellectual Property Review
EMRK	Europäische Menschenrechtskonvention
ENTLR	Entertainment Law Review
EPA	Europäisches Patentamt
epd-medien	Evangelischer Pressedienst – Medien
EStG	Einkommensteuergesetz
etc	et cetera
EU	Europäische Union
EuFSA	Europäisches Fernsehschutzabkommen
EuG	Europäisches Gericht erster Instanz
EuGH	Europäischer Gerichtshof
EuGRZ	Europäische Grundrechte-Zeitschrift
EuGV(V)O	Verordnung (EG) Nr. 44/2001 des Rates über die gerichtliche Zuständigkeit und die Anerkennung und Vollstreckung von Entscheidungen in Zivil- und Handelssachen
EuGVÜ	Europäisches Gerichtsstands- und Vollstreckungsübereinkommen
EUPL	European Union Public Licence
EuZW	Europäische Zeitschrift für Wirtschaftsrecht
EV	einstweilige Verfügung
EVertr	Einigungsvertrag
EWG	Europäische Wirtschaftsgemeinschaft, jetzt EG
EWiR	Entscheidungen zum Wirtschaftsrecht
EWR	Europäischer Wirtschaftsraum
EWS	Europäisches Wirtschafts- und Steuerrecht
f	folgende
FDGewRS	Fachdienst Gewerblicher Rechtsschutz
FDP	Freie Demokratische Partei
ff	folgende
FFG	Gesetz über Maßnahmen zur Förderung des deutschen Films (Filmförderungsgesetz)
FIDE	Féderation Internationale pour le droit Européen
FinG	Finanzgericht
Fn	Fußnote
FS	Festschrift
FSK	Freiwillige Selbstkontrolle der deutschen Filmwirtschaft
FTP	File Transfer Protocol
FuR	Film und Recht
GA	Goltdammer's Archiv für Strafrecht
GATT	General Agreement on Tariffs and Trade
GAU	Größter anzunehmender Unfall
GBl	Gesetzblatt (der DDR)
GebrMG	Gebrauchsmustergesetz
gem	gemäß
GEMA	Gesellschaft für musikalische Aufführungs- und mechanische Vervielfältigungsrechte (www.gema.de)
GeschmMG	Geschmacksmustergesetz
GewArch	Gewerbearchiv
GewO	Gewerbeordnung
GewStG	Gewerbesteuergesetz
GG	Grundgesetz
ggf, ggfs	gegebenenfalls
GGV	Gemeinschaftsgeschmacksmusterverordnung
gif	Graphic Interchange Format (Format für Bilddateien)
GjSM	Gesetz über die Verbreitung jugendgefährdender Schriften und Medieninhalte
GmbH	Gesellschaft mit beschränkter Haftung

GMBl	Gemeinsames Ministerialblatt
GNU	GNU's Not Unix
GPL	GNU General Public License
GPRS	General Packet Radio Service
grds	grundsätzlich
GRUR	Gewerblicher Rechtsschutz und Urheberrecht
GRUR Int	Gewerblicher Rechtsschutz und Urheberrecht International
GRUR-RR	Gewerblicher Rechtsschutz und Urheberrecht Rechtsprechungs-Report
GrZS	Großer Senat für Zivilsachen
GTA	Genfer Tonträgerabkommen
GÜFA	Gesellschaft zur Übernahme und Wahrnehmung von Filmaufführungsrechten (www.guefa.de)
GÜG	Gesetz zur Überwachung des Verkehrs mit Grundstoffen, die für die unerlaubte Herstellung von Betäubungsmitteln missbraucht werden
GVBl	Gesetz- und Verordnungsblatt
GVG	Gerichtsverfassungsgesetz
GVL	Gesellschaft zur Verwertung von Leistungsschutzrechten (www.gvl.de)
GWB	Gesetz gegen Wettbewerbsbeschränkungen
GWFF	Gesellschaft zur Wahrnehmung von Film- und Fernsehrechten (www.gwff.de)
Halbbd	Halbband
HalblSchG	Gesetz über den Schutz der Topographien von mikroelektronischen Halbleiter-erzeugnissen (Halbleiterschutzgesetz)
HandwO	Handwerksordnung
HansOLG	Hanseatisches Oberlandesgericht
HauptB	Hauptband
Hdb	Handbuch
HDCP	High-bandwidth Digital Content Protection
HDR	High Dynamic Range
HGB	Handelsgesetzbuch
hL	herrschende Lehre
hM	herrschende Meinung
HRRS	Höchstrichterliche Rechtsprechung in Strafsachen (www.hrr-strafrecht.de)
Hrsg	Herausgeber
HS	Halbsatz
Hs	Halbsatz
HWG	Gesetz über die Werbung auf dem Gebiete des Heilwesens - Heilmittelwerbegesetz
iBr	im Breisgau
ICANN	Internet Corporation for Assigned Names and Numbers (www.icann.org)
idF	in der Fassung
idR	in der Regel
idS	in diesem Sinne
iE	im Ergebnis
IEMI	International Mobile Station Equipment Identity
IFPI	International Federation of the Phonographic Industry (www.ifpi.org)
IIC	International Review of Industrial Property and Copyright Law
IMHV	Interessengemeinschaft Musikwissenschaftlicher Herausgeber und Verleger (Gründungsname v. 1.3.1966 der heutigen VG Musikedition)
IMSI	International Mobile Subscriber Identity
insb	insbesondere
InstGE	Entscheidungen der Instanzgerichte zum Recht des geistigen Eigentums
IPQ	Intellectual Property Quaterly
IPR	Internationales Privatrecht
IPRax	Praxis des Internationalen Privat- und Verfahrensrechts

iSd	im Sinne des/der
ISO	International Standards Organization
iSv	im Sinne von
IT	Informationstechnologie
ITRB	Der IT-Rechtsberater
ITU	International Telecommunication Union
IuKDG	Informations- und Kommunikationsdienste-Gesetz
IuR	Informatik und Recht
iVm	in Verbindung mit
JA	Juristische Arbeitsblätter
IGG	Jugendgerichtsgesetz
JMStV	Jugendmedienschutz-Staatsvertrag
jpg	Dateinamenerweiterung von Bilddateien im Format JPEG, benannt nach der Joint Photographic Experts Group der ITU und der ISO
JR	Juristische Rundschau
Jura	Juristische Ausbildung
jurisPR-WettbR	juris PraxisReport Wettbewerbs- und Immaterialgüterrecht
jurisPT-ITR	juris PraxisReport IT-Recht
JurPC	Internet-Zeitschrift für Rechtsinformatik und Informationsrecht
JuS	Juristische Schulung
JuSchG	Jugendschutzgesetz
JVEG	Gesetz über die Vergütung von Sachverständigen, Dolmetscherinnen, Dolmetschern, Übersetzerinnen und Übersetzern sowie die Entschädigung von ehrenamtlichen Richterinnen, ehrenamtlichen Richtern, Zeuginnen, Zeugen und Dritten (Justizvergütungs- und -entschädigungsgesetz)
JW	Juristische Wochenschrift
JZ	Juristenzeitung
Kap	Kapitel
KG	Kammergericht; Kommanditgesellschaft
KJ	Kritische Justiz
KK	Karlsruher Kommentar
Kriminalistik	Kriminalistik – Unabhängige Zeitschrift für die kriminalistische Wissenschaft und Praxis
krit	kritisch
kritV	Kritische Vierteljahresschrift für Gesetzgebung und Rechtswissenschaft
KSVG	Gesetz über die Sozialversicherung der selbständigen Künstler und Publizisten (Künstlersozialversicherungsgesetz)
KUG	Gesetz betreffend das Urheberrecht an Werken der bildenden Künste und der Photographie (Kunsturhebergesetz)
KUR	Kunstrecht und Urheberrecht
K&R	Kommunikation und Recht
KWG	Gesetz über das Kreditwesen (Kreditwesengesetz)
KWKG	Kriegswaffenkontrollgesetz
LAG	Landesarbeitsgericht
LAN	Local Area Network
LG	Landgericht; (in Österreich:) Landesgericht
LGPL	GNU Lesser General Public License
lit	litera (Buchstabe)
LK	Leipziger Kommentar
LM	Lindenmaier/Möhring, Nachschlagewerk des Bundesgerichtshofes
LMG	Landesmediengesetz
LotterieVO	Lotterieverordnung
LPG	Landespressegesetz

LS	Leitsatz
LuftSiG	Luftsicherheitsgesetz
LuftVG	Luftverkehrsgesetz
LuftVO	Luftsverkehrs-Ordnung
LUG	Gesetz betreffend das Urheberrecht an Werken der Literatur und der Tonkunst (Literaturuhebergesetz)
LZ	Leipziger Zeitschrift für Deutsches Recht
MA	Der Markenartikel
MarkenG	Gesetz über den Schutz von Marken und sonstigen Kennzeichen (Markengesetz)
MarkenR	Zeitschrift für deutsches, europäisches und internationales Markenrecht
MDR	Monatsschrift für Deutsches Recht
MDStV	Mediendienste-Staatsvertrag
MFM	Mittelstandsgemeinschaft Foto-Marketing
Mio	Million
MIR	Medien Internet und Recht
Mitt	Mitteilungen (der deutschen Patentanwälte)
MMA	Madrider Markenrechtsabkommen
MMR	Multimedia und Recht, Zeitschrift für Informations-, Telekommunikations- und Medienrecht
mp3	Dateinamenerweiterung für bestimmte mpeg-Tondateien
mpeg	Komprimierungsstandard für digitale Bewegtbilder und Toninformationen, benannt nach der Moving Pictures Experts Group der ISO
MPL	Mozilla Public License
MR-Int	Medien und Recht international
MRK	Europäische Menschenrechtskonvention
MünchKommBGB	Münchener Kommentar zum BGB
mwN	mit weiteren Nachweisen
Nachw	Nachweise
nF	neue Fassung
NJ	Neue Justiz
NJOZ	Neue Juristische Online-Zeitschrift
NJW	Neue Juristische Wochenschrift
NJW-CoR	NJW-Computerreport
NJW-RR	NJW-Rechtsprechungs-Report Zivilrecht
NJWE-WettbR	NJW-Entscheidungsdienst Wettbewerbsrecht (jetzt GRUR-RR)
NK	Nomos Kommentar
n rkr	nicht rechtskräftig
NStZ	Neue Zeitschrift für Strafrecht
NStZ-RR	Neue Zeitschrift für Strafrecht – Rechtsprechungsreport
NSU	Nationalsozialistischer Untergrund
NV	Normalvertrag
NVwZ	Neue Zeitschrift für Verwaltungsrecht
NW	Nordrhein-Westfälische
NZA	Neue Zeitschrift für Arbeitsrecht
NZM	Neue Zeitschrift für Miet- und Wohnungsrecht
ÖBGBl	Österreichisches Bundesgesetzblatt
ÖBl	Österreichische Blätter für gewerblichen Rechtsschutz und Urheberrecht
ÖJZ	Österreichische Juristenzeitung
ÖSGRUM	Österreichische Schriftenreihe zum Gewerblichen Rechtsschutz, Urheber- und Medienrecht

öUrhG	(österreichisches) Bundesgesetz über das Urheberrecht an Werken der Literatur und der Kunst und über verwandte Schutzrechte (Urheberrechtsgesetz)
OGH	Oberster Gerichtshof (Wien)
OLG	Oberlandesgericht
OLGZ	Entscheidungen der Oberlandesgerichte in Zivilsachen
OMPI	Organisation Mondiale de la Propriété Intellectuelle
OPAC	Online Public Access Catalogue
OVG	Oberverwaltungsgericht
OWiG	Gesetz über Ordnungswidrigkeiten
PatG	Patentgesetz
PDA	Personal Digital Assistant
pdf	portable document format
PGP	Pretty Good Privacy
php	PHP: Hypertext Preprocessor
PIN	Personal Identification Number
PIN	Persönliche Identifikationsnummer
pma	post mortem auctoris
PR	Public Relations
PrPG	Gesetz zur Stärkung des Schutzes des geistigen Eigentums und zur Bekämpfung der Produktpiraterie
PVÜ	Pariser Verbandsübereinkunft zum Schutz des gewerblichen Eigentums
RA	Rom-Abkommen
RabelsZ	Zeitschrift für ausländisches und internationales Privatrecht
RÄStV	Rundfunkänderungs-Staatsvertrag
RAF	Rote Armee Fraktion
RBÜ	Revidierte Berner Übereinkunft zum Schutz von Werken der Literatur und der Kunst
RdA	Recht der Arbeit
RDV	Recht der Datenverarbeitung
RefE	Referentenentwurf
RegE	Regierungsentwurf
RG	Reichsgericht
RGBl	Reichsgesetzblatt
RGSt	Entscheidungen des Reichsgerichts in Strafsachen
RGZ	Entscheidungen des Reichsgerichts in Zivilsachen
RIAA	Recording Industry Association of America
RIDA	Revue Internationale du Droit d'Auteur
RiStBV	Richtlinien für das Strafverfahren und das Bußgeldverfahren
RIW	Recht der Internationalen Wirtschaft
RL	Richtlinie
Rn	Randnummer
Rspr	Rechtsprechung
RStV	Rundfunk-Staatsvertrag
RzU	E. Schulze (Hg), Rechtsprechung zum Urheberrecht
S	Seite, Satz
s	siehe
SACEM	Société des Auteurs, Compositeurs et Éditeurs de Musique (www.sacem.fr)
SatÜ	Brüsseler Satellitenübereinkommen
SchSt	Schiedsstelle nach dem Gesetz über die Wahrnehmung von Urheberrechten und verwandten Schutzrechten
Schulze LGZ	Rechtsprechung zum Urheberrecht, Entscheidungssammlung Landgerichte
SchwZStR	Schweizerische Zeitschrift für Strafrecht
SCMS	Serial Copyright Management System

SDÜ	Schengener Durchführungsübereinkommen
SGB III	Sozialgesetzbuch Drittes Buch
SigG	Gesetz zur digitalen Signatur (Signaturgesetz)
SJZ	Süddeutsche Juristenzeitung
SK	Systematischer Kommentar
SMI	Schweizerische Mitteilungen zum Immaterialgüterrecht
so	siehe oben
sog	so genannte(r/s)
SortenSchG	Sortenschutzgesetz
SPD	Sozialdemokratische Partei Deutschlands
SprengG	Sprengstoffgesetz
SpuRt	Zeitschrift für Sport und Recht
SSW	Satzger/Schluckebier/Widmaier
STAGMA	Staatlich genehmigte Gesellschaft zur Verwertung musikalischer Urheberrechte
StGB	Strafgesetzbuch
StPO	Strafprozessordnung
str	strittig
StÄndG	Strafrechtsänderungsgesetz
StraFo	Strafverteidiger Forum
stRspr	ständige Rechtsprechung
StUG	Stasi-Unterlagengesetz
StV	Staatsvertrag
StV	Strafverteidiger [hier schon Nennung „Staatsvertrag"]
su	siehe unter/unten
TCPA	Trusted Computing Platform Alliance
TDG	Gesetz über die Nutzung von Telediensten (Teledienstegesetz)
ThürOVG	Thüringer Oberverwaltungsgericht
TKG	Telekommunikationsgesetz
TKMR	Telekommunikations- & Medienrecht
TMG	Telemediengesetz
TRIPS	WTO-Übereinkommen über handelsbezogene Aspekte der Rechte des geistigen Eigentums
TV	Tarifvertrag; Television
TVG	Tarifvertragsgesetz
Tz	Textziffer
ua	unter anderem
uä	und ähnliches
UFITA	Archiv für Urheber-, Film-, Funk- und Theaterrecht
UKlaG	Gesetz über Unterlassungsklagen bei Verbraucherrechts- und anderen Verstößen (Unterlassungsklagengesetz)
UMTS	Universal Mobile Telecommunications System
UmwG	Umwandlungsgesetz
URG	Urheberrechtsgesetz (der DDR)
UrhG	Gesetz über Urheberrecht und verwandte Schutzrechte (Urheberrechtsgesetz)
UrhGÄndG	Gesetz zur Änderung des Urheberrechtsgesetzes
Urt	Urteil
USA	Vereinigte Staaten von Amerika
USB	Universal Seria Bus
UStG	Umsatzsteuergesetz
UWG	Gesetz gegen den unlauteren Wettbewerb
v	vom/von
Var	Variante

VerlG	Gesetz über das Verlagsrecht
VersammlG	Versammlungsgesetz
VersG	Gesetz über Versammlungen und Aufzüge (Versammlungsgesetz)
VFF	Verwertungsgesellschaft der Film- und Fernsehproduzenten (www.vffvg.de)
VG	Verwertungsgesellschaft; Verwaltungsgericht
VG Bild-Kunst	Verwertungsgesellschaft Bild-Kunst (www.bildkunst.de)
VG Media	Gesellschaft zur Verwertung der Urheber- und Leistungsschutzrechte von Medienunternehmen mbH
VG Musikedition	Verwertungsgesellschaft zur Wahrnehmung von Nutzungsrechten an Editionen (Ausgaben) von Musikwerken (www.vg-musikedition.de)
VG Satellit	Gesellschaft zur Verwertung der Leistungsschutzrechte von Sendeunternehmen
VG WORT	Verwertungsgesellschaft der Wortautoren (www.vgwort.de)
VGF	Verwertungsgesellschaft für Nutzungsrechte an Filmwerken
vgl	vergleiche
VO	Verordnung
Vorbem	Vorbemerkung
VPRT	Verband Privater Rundfunk und Telemedien
VS	Verband deutscher Schriftsteller
WaffG	Waffengesetz
WahrnG	Gesetz über die Wahrnehmung von Urheberrechten und verwandten Schutzrechten (Urheberrechtswahrnehmungsgesetz)
WAN	Wide Area Network
WAP	Wireless Application Protocol
WCT	WIPO Copyright Treaty
WIPO	World Intellectual Property Organization (www.wipo.org)
wistra	Zeitschrift für Wirtschaft, Steuer, Strafrecht
W-Lan	Wireless Local Area Network
WM	Wertpapier-Mitteilungen
WpHG	Wertpapierhandelsgesetz
WPPT	WIPO Performances and Phonograms Treaty
WRP	Wettbewerb in Recht und Praxis
WRV	Weimarer Reichtsverfassung
WTO	World Trade Organization (www.wto.org)
WUA	Welturheberrechtsabkommen
WuW	Wirtschaft und Wettbewerb
XML	Extensible Markup Language
zB	zum Beispiel
ZBR	Zeitschrift für Beamtenrecht
ZBT	Zentralstelle Bibliothekstantieme
ZD	Zeitschrift für Datenschutz
ZDF	Zweites Deutsches Fernsehen
ZEuP	Zeitschrift für Europäisches Privatrecht
ZfBR	Zeitschrift für deutsches und internationales Bau- und Vergaberecht
ZFS	Zentralstelle Fotokopieren an Schulen
ZfZ	Zeitschrift für Zölle
ZG	Zeitschrift für Gesetzgebung
ZGR	Zeitschrift für Unternehmens- und Gesellschaftsrecht
ZHR	Zeitschrift für das gesamte Handels- und Wirtschaftsrecht
ZIP	Zeitschrift für Wirtschaftsrecht
ZIS	Zeitschrift für internationale Strafrechtsdogmatik (www.zis-online.com)
zit	zitiert
ZJS	Zeitschrift für das Juristische Studium (www.zjs-online.com)

ZKDSG	Gesetz über den Schutz von zugangskontrollierten Diensten und von Zugangskontrolldiensten (Zugangskontrolldiensteschutzgesetz)
ZPO	Zivilprozessordnung
ZPÜ	Zentralstelle für private Überspielungsrechte
ZRP	Zeitschrift für Rechtspolitik
ZS	Zivilsenat
ZSEG	Gesetz über die Entschädigung von Zeugen und Sachverständigen (Zeugen- und Sachverständigen-Entschädigungsgesetz)
ZSR NF	Zeitschrift für Schweizerisches Recht – Neue Folge
ZStW	Zeitschrift für die gesamte Strafrechtswissenschaft
ZUM	Zeitschrift für Urheber- und Medienrecht
ZUM-RD	Rechtsprechungsdienst der ZUM
zust	zustimmend
ZVV	Zentralstelle Videovermietung
ZZP	Zeitschrift für Zivilprozess

Verzeichnis der Bearbeiter

Rechtsanwältin Dr. **Sabine Boksanyi**, Fachanwältin für Urheber- und Medienrecht, München
Rechtsanwalt Professor Dr. **Oliver Castendyk**, MSc. (LSE), Berlin
Rechtsanwalt Dr. **Ilja Czernik**, Fachanwalt für gewerblichen Rechtsschutz, SKW Schwarz Rechtsanwälte, Berlin, Lehrbeauftragter an der Esmod Berlin Internationale Kunsthochschule für Mode
Rechtsanwältin Dr. **Claire Dietz**, LL.M. (Fordham University), Taylor Wessing Partnerschaftsgesellschaft, Berlin
Rechtsanwalt Dr. **Jan Ehrhardt**, Rechtsanwalt und Justiziar, Berlin
Rechtsanwalt Dr. **Soenke Fock**, LL.M., Fachanwalt für gewerblichen Rechtsschutz, Wildanger Kehrwald Graf v. Schwerin & Partner mbB Rechtsanwälte, Düsseldorf
Alexander Frisch, Richter, Berlin
Hon. Professor **Hans Joachim von Gottberg**, Freiwillige Selbstkontrolle Fernsehen e.V., Berlin
Rechtsanwalt **Matthias Hartmann**, Fachanwalt für Informationstechnologierecht, HK2 Rechtsanwälte, Berlin, Lehrbeauftragter der Europa-Universität Viadrina Frankfurt (Oder)
Professor Dr. **Bernd Heinrich**, Humboldt-Universität zu Berlin
Rechtsanwalt Dr. **Thomas Tobias Hennig**, LL.M., Orth Kluth Rechtsanwälte, Berlin
Rechtsanwalt **Florian Hensel**, Fachanwalt für Urheber- und Medienrecht, SKW Schwarz Rechtsanwälte, München
Rechtsanwalt Dr. **Ulrich Hildebrandt**, Lubberger Lehment, Berlin, Lehrbeauftragter der Heinrich-Heine-Universität, Düsseldorf
Professor Dr. **Thomas Hoeren**, Westfälische Wilhelms-Universität Münster
Rechtsanwalt Dr. **Ole Jani**, CMS Hasche Sigle, Berlin
Rechtsanwalt Dr. **Michael Kauert**, Heither & von Morgen – Partnerschaft von Rechtsanwälten, Berlin
Rechtsanwalt Dr. **Volker Kitz**, LL.M. (New York University), München
Rechtsanwalt Dr. **Alexander R. Klett**, LL.M. (Iowa), Reed Smith LLP, München
Rechtsanwalt **Philipp Koehler**, Taylor Wessing, München, Lehrbeauftragter an der Ludwig-Maximilians-Universität München
Dr. **Gregor Kutzschbach**, Bundesministerium des Innern, Berlin
Rechtsanwältin **Andrea Kyre**, LL.M., General Counsel bei Visual Meta GmbH, ein Unternehmen der Axel Springer SE Digital, Berlin
Rechtsanwalt Dr. **Wolfgang Maaßen**, Fachanwalt für Urheber- und Medienrecht, Justiziar des BFF Berufsverband Freie Fotografen und Filmgestalter, Düsseldorf
Rechtsanwalt Professor Dr. **Ferdinand Melichar**, Grub Brugger, München
Professor Dr. **Ulf Müller**, Fachhochschule Schmalkalden
Dr. **Maja Murza**, LL.M., Rechtsreferentin, Berlin
Rechtsanwältin Dr. **Claudia Ohst**, Berlin, Fachanwältin für Informationstechnologierecht, Lehrbeauftragte der Humboldt-Universität zu Berlin
Rechtsanwalt Professor Dr. **Stephan Ory**, Püttlingen, Honorarprofessor der Universität des Saarlandes, Vorsitzender des Medienrates der Landesmedienanstalt Saarland
Rechtsanwalt Dr. **Jan Pohle**, DLA Piper UK LLP, Köln, Lehrbeauftragter der Carl-von-Ossietzky-Universität Oldenburg sowie der Humboldt-Universität Berlin
Rechtsanwalt Dr. **Cornelius Renner**, LOH Rechtsanwälte, Berlin, Fachanwalt für Urheber- und Medienrecht, Fachanwalt für gewerblichen Rechtsschutz, Lehrbeauftragter an der Humboldt-Universität zu Berlin
Professor Dr. **Sebastian Schunke**, Professor für privates Wirtschaftsrecht, Hochschule für Wirtschaft und Recht, Berlin
Rechtsanwalt Dr. **Axel von Walter**, München, Fachanwalt für Urheber- und Medienrecht, Lehrbeauftragter an der Ludwig-Maximilians-Universität München
Professor Dr. **Artur-Axel Wandtke**, em. o. Professor der Humboldt-Universität zu Berlin
Rechtsanwalt Dr. **Bernd Weichhaus**, LL.M., Lubberger Lehment, Berlin
Rechtsanwalt Dr. **Marcus von Welser**, LL.M., München, Fachanwalt für gewerblichen Rechtsschutz, Lehrbeauftragter an der Humboldt-Universität zu Berlin
Rechtsanwalt **Jan Witzmann**, Justiziar, Berlin
Rechtsanwältin Dr. **Kirsten-Inger Wöhrn**, Berwin Leighton Paisner (Germany) LLP, Berlin

Kapitel 1
Medien im technologischen Zeitalter

Literatur

Ahrens/Bornkamm/Kunz-Hallstein (Hrsg) FS für Ullmann, Saarbrücken 2006 (zit Ahrens/Bornkamm/Kunz-Hallstein/*Bearbeiter*); *Ann* Know-how – Stiefkind des geistigen Eigentums GRUR 2007, 39; *ders* Privatrecht und Patentrecht – Gedanken zur rechtssystematischen Einordnung eines Fachs GRUR Int 2004, 696; *Ahrens/McGuire* Modellgesetz für geistiges Eigentum, München 2012; *Assmann/Kirchner/Schanze* (Hrsg) Ökonomische Analyse des Rechts, 1. Aufl Tübingen 1993; *Baumann* Postmodernity and Discontents, Hamburg 1997; *Baumann/Hofmann* Hybride Computer- und Videospiele aus jugendschutzrechtlicher Sicht ZUM 2010, 863; *Beater* Medienrecht als eigenständiges Rechtsgebiet JZ 2005, 822; *ders* Medienrecht 2007; *Baer* Braucht das Grundgesetz ein Update, Blätter für deutsche und internationale Politik, 2011, 90 ff; *Beater/Habermeier* (Hrsg) Verletzungen von Persönlichkeitsrechten durch die Medien, Tübingen 2005 (zit Beater/Habermeier/*Bearbeiter*); *Bechthold* Optionsmodelle und private Rechtsdurchsetzung im Urheberrecht am Beispiel von Google Book Search GRUR 2010, 282; *von Becker* Mephisto revisited – ein Rundblick zum Schlüsselroman aus aktuellem Anlass KUR 2003, 81; *Becker/Lerche/Mestmäcker* (Hrsg) FS für Kreile, Baden-Baden 1994 (zit Becker/Lerche/Mestmäcker/*Bearbeiter*); *Bell* Die nachindustrielle Gesellschaft, Frankfurt aM 1974; *Bender/Kahlen* Neues Telemediengesetz verbessert den Rechtsrahmen für Neue Dienste und Schutz vor Spam-Mails MMR 2006, 590; *Benjamin* Allegorien kultureller Erfahrung, Leipzig 1984; *Bodewig/Wandtke* Die doppelte Lizenzgebühr als Berechnungsmethode im Lichte der Durchsetzungsrichtlinie GRUR 2008, 220; *Boehme-Neßler* Unscharfes Recht, Berlin 2008; *Bohne/Krüger* Das „Settlement Agreement" zwischen Google und der Authors Guild als Leitbild einer europäische Regelung WRP 2009, 599; *Bohne/Elmers* Die Digitalisierung von Wissen in der Informationsgesellschaft und ihre rechtliche Regulierung WRP 2009, 586; *Boncompain* La Révolution des Auteurs, Paris 2002; *Borges/Meents* Cloud Computing, München 2014 (zit Borges/Meents/*Bearbeiter*); *Bourdieu* The Field of Cultural Production, Paris 1993; *ders* Über das Fernsehen, Frankfurt aM 1998; *Braml* Onlinespiele: Novellierungsbedarf im Jugendmedienschutz ZUM 2009, 925; *Brecht* Der Dreigroschenprozess in: Werke, Berlin ua 1992; *Bretschneider* Medienkartellrecht – Auch Murdoch darf nicht wie er will WRP 2008, 761; *Bretschneider* Britisches Medienkonzentrationsrecht als Vorbild ZUM 2010, 418; *Brinkel/Lammers* Innere Sicherheit auf Vorrat ZUM 2008, 11; *Broemel* Vielfaltsgewährleistung auf virtuellen Plattformen MMR 2013, 83; *Buchroithner/Albiez/Miceli* Wem gehört der Fußball? K&R 2008, 208; *Büscher/Dittmer/Schiwy* Gewerblicher Rechtsschutz Urheberrecht Medienrecht, 2. Aufl Köln, München 2011 (zit Büscher/Dittmer/Schiwy/*Bearbeiter*); *Bukow/Ottersbach* (Hrsg) Die Zivilgesellschaft in der Zerreißprobe, Opladen 1999 (zit Bukow/Ottersbach/*Bearbeiter*); *Bullinger* Private Rundfunkfreiheit auf dem Weg zur Pressefreiheit ZUM 2007, 337; *ders* Von pressefernen zur pressenahen Rundfunkfreiheit JZ 2006, 1134; *Bullinger/Czychowski* Digitale Inhalte: Werk und/oder Software? – Ein Gedankenspiel am Beispiel von Computerspielen GRUR 2011, 19; *Busche/Stoll* TRIPs, Köln ua 2007 (zit Busche/Stoll/*Bearbeiter*); *Capurro* Leben im Informationszeitalter, Berlin 1995; *Castendyk* Die Neuregelung der Produktplazierung im Fernsehen – Definition, Systematik, Prinzipien und Probleme ZUM 2010, 29; *ders* Werbeintegration im TV-Programm – wann sind Themen Placements Schleichwerbung oder Sponsoring? ZUM 2005, 857; *Castendyk/Böttcher* Ein neuer Rundfunkbegriff für Deutschland? – Die Richtlinie für audiovisuelle Mediendienste und der deutsche Rundfunkbegriff MMR 2008, 13; *Claus* Expansion der Kunst. Beiträge zu Theorie und Praxis öffentlicher Kunst, Reinbek 1970; *Cornish/Llewelyn* Intellectual Property, 5. Aufl London 2003; *Czychowski/J.B. Nordemann* Grenzenloses Internet-entgrenzte Haftung? GRUR 2013, 986; *Dankwerts* Örtliche Zuständigkeit bei Urheber-, Marken- und Wettbewerbsverletzungen im Internet GRUR 2007, 104; *Delp* (Hrsg) Das Buch in der Informationsgesellschaft, Wiesbaden 2006; *Dierking/Möller* Online-TV und das „Long Tail"-Phänomen verändern die Grundlagen der Rundfunkordnung MMR 2007, 426; *Dörr/Kreile/Cole* (Hrsg) Handbuch Medienrecht 2. Aufl Frankfurt aM 2011 (zit Dörr/Kreile/Cole/*Bearbeiter*); *Dörr/Schwartmann* Medienrecht, 4. Aufl Heidelberg 2012; *Dreier* Urheberrecht an der Schwelle des 3. Jahrtausends. Einige Gedanken zur Zukunft des Urheberrechts CR 2000, 45; *Dreier/Schulze* Urheberrecht Kommentar, 4. Aufl München 2013 (zit Dreier/Schulze/*Bearbeiter*); *Dreyer/Kotthoff/Meckel* Urheberrecht, Kommentar, 2. Aufl Heidelberg 2009 (Dreyer/Kotthoff/Meckel/*Bearbeiter*); *Durner* Fernmeldegeheimnis und informationelle Selbstbestimmung als Schranken urheberrechtlicher Sperrverfügungen im Internet? ZUM 2010, 833; *Eastman/Ferguson/Klein* Media Promotion and Marketing for Broadcasting, Cable and the Internet, Amsterdam ua 2006 (zit Eastman/Ferguson/Klein/*Bearbeiter*); *Eberle* Neue Verbreitungswege, neue Angebote – die Sicht des öffentlich-rechtlichen Rundfunks ZUM 2007, 439; *Eckhardt/Schütze* Vorratsdatenspeicherung nach BVerfG: „Nach dem Gesetz ist vor dem Gesetz." CR 2010, 225; *Edelmann* Le Droit saisi par la photographie, Paris 1973; *Edemir* Killerspiele und gewaltbeherrschte Medien im Fokus des Gesetzgebers K&R 2008, 223; *Ehmann* Zum kommerziellen Interesse an Politikerpersönlichkeiten AfP 2007, 81; *Eichenberger* Grundzüge der Mikroökonomik, Tübingen 2006; *Eichmann/von Falckenstein* Geschmacksmustergesetz, 4. Aufl München 2010; *von Einem* Zum Streit um die Lizenzierungspraxis bei monophonen und polyphonen Klingeltönen ZUM 2005, 540; *Enders* Know-how-Schutz als Teil des geistigen Eigentums, GRUR 2012, 25; *Enaux/Worok* TK-Review 2006: (R)evolution des Rechtsrahmens für elektronische Kommunikation? CR 2006, 736; *Ensthaler/Blanz* Leistungsschutzrecht für Presseverleger GRUR 2012, 1104; *Ensthaler/Heinemann* Zur Haftung des Hostproviders WRP 2010, 309; *Ernst* Google Street View: Urheber- und persönlichkeitsrechtliche Fragen zum Straßenpanorama CR 2010, 178; *Faßbender* Der grundrechtliche Schutz der Werbefreiheit in Deutschland und Europa GRUR Int 2006, 965; *Fassbender* Menschenrechteerklärung, München 2009; *Fechner* Medienrecht, 15. Aufl Tübingen 2014; *Fetzer* Next Generation Regulierung für Next Generation Networks MMR 2010, 515; *Fiedler* Zunehmende Einschränkung der Pressefreiheit ZUM 2010, 18; *Fiedler/Ullrich* Information als Wirtschaftsgut, Köln 1997 (zit Fiedler/Ullrich/*Bearbeiter*); *Flechsig* Gesetzliche Vergütungsansprüche im Lichte geplanter Leistungsschutzrechte für pressemäßige Medienerzeugnisse AfP 2012, 427; *Fleischer* Allgemeine Kommunikationstheorie, Oberhausen 2006; *Florida* The Rise of the Creative Class, New York 2005; *Funk/Maskus* Intellectual Property and Development, Washington 2005 (zit Funk/Maskus/*Bearbeiter*); *Fülbier* Web 2.0 – Haftungsprivilegierungen bei MySpace und YouTube CR 2007, 515; *Fürst* Störerhaftung-Fragen der haftungsbegründen Zumutbarkeit und Konsequenzen – Das Ende von ebay? WRP 2010, 378; *Frenzel/Singer* Recht als Resonanzkörper der Kunst AfP 2006, 416; *dies* Die Entwicklung des Internetstrafrechts 2009/2010 ZUM 2010, 633; *Geis, I/Geis, E* Rechtsaspekte des virtuellen Lebens, CR 2007, 721; *Geiss/Gerstenmaier/Winkler* (Hrsg) FS für Mailänder, Berlin 2006 (zit Geiss/Gerstenmaier/Winkler/*Bearbeiter*); *Gercke* Die Entwicklung des Internetstrafrechts im Jahr 2006 ZUM 2007, 282; *Gersdorf* Caroline-Urteil des EGMR: Bedrohung der nationalen Medienordnung AfP 2005, 221; *Giesen* Das Grundrecht auf Datenverarbeitung, JZ 2007, 918; *Götting* Der Begriff des Geistigen Eigentums GRUR 2006, 353; *Götting/Meyer/Vormbrock* Gewerblicher Rechtsschutz, Praxishandbuch, Baden-Baden 2011 (zit Götting/Meyer/Vormbrock/*Bearbeiter*); *Grabenwarter* Europäische Menschenrechtskonvention, München 2005; *Grunewald* Fern der Quelle-Geheimnisschutz und Outsourcing WRP 2007, 1307; *Grzeszick* Geistiges Eigentum und Art 14 GG ZUM 2007, 344; *Hagenhoff* (Hrsg) Internetökonomie der Medienbranche, Göttingen 2006 (zit Hagenhoff/*Bearbeiter*); *Handig* Urheberrechtliche Aspekte bei der Lizenzierung von Radioprogrammen im Internet GRUR Int 2007, 206; *Hanewinkel* Urheber versus Verleger GRUR 2007, 373; *Hansen* Warum Urheberrecht? Baden-Baden 2009; *Haug* Kritik der Warenästhetik, Frankfurt aM 2009; *Haupt* Territorialprinzip im Patent- und Gebrauchsmusterrecht bei grenzüberschreitenden Fallgestaltungen GRUR 2007, 187; *Hegel* Grundlinien der Philosophie des Rechts (Hrsg Klenner), Berlin 1981; *Heinz* Urheberrechtliche Gleichbehandlung von alten und neuen Medien, München 2006; *Helle* Privatautonomie und kommerzielles Persönlichkeitsrecht JZ 2007, 444; *Heller/Goldbeck* Mohamed zu Gast in Poptown ZUM 2007, 628; *Hermann* Leistungsschutzrecht für Sportveranstalter de lege ferenda? GRUR 2012, 791; *Hepp/Krotz/Moores* (Hrsg) Konnektivität, Netzwerk und Fluss, Wiesbaden 2006 (zit Hepp/Krotz/Moores/*Bearbeiter*); *Hermes* Aktuelle Rechtsfragen zum Handel mit virtuellen Gegenständen GRUR-Prax 2013, 4000; *Hess/Fischer* Medienkartellrecht AfP 2006, 439; *Hesse* Die Umsetzung der Werbebestimmungen der EU-Richtlinie über audiovisuelle Mediendienste in deutsches Recht aus Sicht des öffentlich-rechtlichen Rundfunks ZUM 2009, 718; *Hilty/Geiger* (Hrsg) Impulse für eine europäische Harmonisierung des Urheberrechts, Berlin ua 2007 (zit Hilty/Geiger/*Bearbeiter*); *Hoeren* Zoning und Geolocation – Technische Ansätze zu einer Reterritorialisierung des Internets MMR 2007, 3; *ders* Telemediengesetz NJW 2007, 801; *ders* Urheberrechtliche Fragen rund um IP-TV und Handy-TV MMR 2008, 139; *ders* Zur Einführung: Informationsrecht JuS 2002, 947; *Hoffmann-Riem* Der grundrechtliche Schutz der Vertraulichkeit und Integrität eigengenutzte informationstechnischer Systeme JZ 2008; *ders* Die Caroline II-Entscheidung des BVerfG NJW 2009, 20; *Hofmann* (Hrsg) Wissen und Eigentum, Bonn 2006 (zit Hofmann/*Bearbeiter*); *Holtz-Bacha* Von der Fernseh- zur Mediendiensterichtlinie Media Perspektiven 2007, 113; *Holz* Vom Kunstwerk zur Ware, Darmstadt/Neuwied 1972; *Hopf/Braml* Die Entwicklung des Jugendmedienschutzes 2012/2013 ZUM 2013, 837; *Hopf* Rechtliche Grundlagen des Jugendmedienschutz-Staatsvertrags und die Verantwortlichkeit von Chatbetreibern ZUM 2008, 207; *Hopf/Braml* Virtuelle Kinderpornografie vor dem Hintergrund des Online-Spiels Second Life ZUM 2007, 354; *Horkheimer/Adorno* Dialektik der Aufklärung, Frankfurt aM 1969; *Hornung* CR Ein neues Grundrecht 2008, 299; *Huber* Aktuelle Fragen des Drei-Stufen-Tests ZUM 2010, 201; *Hüttner/Ott* Schachern um das Weltkulturerbe – Das Google Book Settlement ZUM 2010, 377; *Jacobs/Papier/Schuster* (Hrsg) FS für Raue, Köln 2006 (zit Jacobs/Papier/Schuster/*Bearbeiter*); *Junghans/Levy* (Hrsg) Intellectual Property Management, Weinheim 2005 (zit Junghans/Levy/*Bearbeiter*); *Kahl* Wen trifft das Leistungsschutzrecht für Presseverleger? MMR 2013, 348; *Kamlah* Softwareschutz durch Patent- und Urheberrecht CR 2010, 485; *Kamps/Koops* Online-Videorecorder im Lichte des Urheberrechts, CR 2007, 581; Kappl, Vom Geschmacksmuster zum eingetragenen Design, GRUR 2014, 326; *Kauert* Das Leistungsschutzrecht des Verlegers, Berlin 2008; *Karaganis/Renkema* Copy Cultur in the US & Germany, Kalifornien 2013; *Kaufmann* Für immer und ewig beschuldigt? MMR 2010, 520;

Kaufmann/Hassemer/Neumann (Hrsg) Einführung in Rechtsphilosophie und Rechtstheorie der Gegenwart, 7. Aufl Heidelberg 2004 (zit Kaufmann/Hassemer/Neumann/*Bearbeiter*); *Kellner* Media Culture, London 1995; *Kelsen* Die Rechtswissenschaft als Norm- oder als Kulturwissenschaft, in Schmollers Jahrbuch für Gesetzgebung, Verwaltung und Volkswirtschaft im Deutschen Reiche 40, Berlin 1916, 1181; *Kettner* Thesen zur Bedeutung des Globalisierungsbegriffs DtschZPh 1997, 903; *Kirchner* Innovationsschutz und Investitionsschutz für immaterielle Güter GRUR Int 2004, 603; *Kitz* Das neue Recht der elektronischen Medien in Deutschland – sein Charme, seine Fallstricke ZUM 2007, 368; *Klass* Die deutsche Gesetzesnovelle zur „Nutzung verwaister und vergriffener Werke und einer weiteren Änderung des Urheberrechtsgesetzes" im Kontext der Retrodigitalisierung in Europa GRUR Int 2013, *ders* Der Schutz der Privatsphäre durch den EGMR im Rahmen von Medienberichterstattungen, ZUM 2014, 261; 881; *Klenner* Demokratischer Sozialismus begegnet Sozialem Liberalismus, in Kirste/Sprenger (Hrsg) Menschliche Existenz und Würde im Rechtsstaat, Berlin 2010; *ders* Juristenaufklärung über Gerechtigkeit, Sitzungsberichte der Leibniz-Sozietät, Bd 88 (2007), 35; *ders* Vom Recht der Natur zur Natur des Rechts, Berlin 1984; *Klickermann* Virtuelle Welten ohne Rechtsansprüche MMR 2007, 766; *Koch* Internet-Recht, 2. Aufl München 2005; *ders* Medienkonzentrationsrecht in Deutschland – sind wir auf dem richtigen Weg? AfP 2007, 305; *Koch, B/Krauspenhaar* Die Auswirkungen der Amazon-Entscheidung des EuGH auf das deutsche System der urheberrechtlichen Abgaben auf Vervielfältigungsgeräte und Speichermedien, GRUR-Int 2013, 1003; *Koch* Lafontain und Maddi WRP 2009, 10; *Kohler* Das Recht als Kulturerscheinung, Würzburg 1885; *Koreng* Das „Unternehmenspersönlichkeitsrecht" als Element des gewerblichen Reputationsschutzes GRUR 2010, 1065; *Klüber* Persönlichkeitsschutz und Kommerzialisierung, Tübingen 2007; *Kreifels/Breuer/Maidl* Die Werbeagentur in Recht und Praxis, München 2000; *Kreile* Die Umsetzung der Werbebestimmungen der EU-Richtlinie über audiovisuelle Mediendienste in deutsches Recht aus Sicht der Produzenten ZUM 2009, 709; *Kröger/Gimmy/Moos* Handbuch zum Internetrecht, Berlin 2000; *Kübler* Mediale Kommunikation, Tübingen 2000; *Kuhn* E-Commerce, Erlangen 2004; *Kühling/Gauß* Expansionslust von Google als Herausforderung für das Kartellrecht MMR 2007, 751; *Ladeur* Zur Verfassungswidrigkeit der Regelung des Drei-Stufen-Tests für Onlineangebote des öffentlich-rechtlichen Rundfunks nach § 11f RStV ZUM 2009, 906; *ders* Der prozeduale Schutz der Medienfreiheit ZUM 2004, 1; *ders* Fiktive Lizenzentgelte für Politiker? ZUM 2007, 111; *Larenz/Wolf* Allgemeiner Teil des Bürgerlichen Rechts, 9. Aufl München 2004; *Lash* Critique of Information, London 2002; *Lausen* Urheber- und Medienrecht, München 2014; *Leistner* Der Beitrag ökonomischer Forschung zum Urheberrecht ZFG 2009, 403; *ders* Bei Spielen nichts Neues? GRUR 2011, 761; *ders* (Hrsg) Europäische Perspektiven des Geistigen Eigentums, Tübingen 2010 (zit Leistner/*Bearbeiter*); *Leistner/Hansen* Die Begründung des Urheberrechts im digitalen Zeitalter GRUR 2008, 479; *Lessig* Freie Kultur, München 2006; *Lettl* Allgemeines Persönlichkeitsrecht und Medienbericherstattung WRP 2005, 1045; *Limper/Musiol* Handbuch des Fachanwalts Urheber- und Medienrecht, München 2011; *Liesching* Jugendschutzprogramme für „ab 18"-Internetangebote MMR 2013, 368; *Lober/Karg* Unterlassungsansprüche wegen User Genereted Content gegen Betreiber virtueller Welten und Online-Spiele CR 2007, 647; *Lochmann* Vom Wesen der Information, Norderstedt 2006; *Loewenheim* (Hrsg) Handbuch des Urheberrechts, 2. Aufl München 2010 (zit Loewenheim/*Bearbeiter*); *Lucchi* Digital Media & Intellectual Property, Berlin 2006; *Luch/ Sönke* Die digitale Dimension der Grundrechte MMR 2013, 88; *Luhmann* Die Realität der Massenmedien, 3. Aufl Wiesbaden 2004; *Mankowski* Klingeltöne auf dem wettbewerbsrechtlichen Prüfstand GRUR 2007, 1013; *Mantz* Creative Commons-Lizenzen im Spiegel internationaler Gerichtsverfahren GRUR Int 2008, 20; *Markfort* Popstars und die Pressefreiheit. Zur Bildberichterstattung von Konzerten ZUM 2006, 829; *Marten* Gesellschaftliche Produktion und Kultur, Berlin 1990; *Marx* Debatten über die Pressefreiheit, MEGA, Erste Abt, Bd 1, Berlin 1975; *Marx* Ökonomisch-philosophische Manuskripte, MEGA, Erste Abt, Bd 2, Berlin 1982; *ders* Theorie über den Mehrwert, MEW Bd 26.1, Berlin 1974; *ders* Grundrisse der Kritik der politischen Ökonomie, Berlin 1953; *ders* Das Kapital, MEW Bd 25, Berlin 1964; *McLuhan* Understanding Media, Nachdruck, New York 2002; *ders* Das Medium ist die Botschaft, Dresden 2001; *McLuhan/Powers* The Global Village, Paderborn 1995; *Menninger/Nägele* Die Bewertung von Gewerblichen Schutzrechten und Urheberrechten für Zwecke der Schadensberechnung im Verletzungsfall WRP 2007, 912; *Mersch* Medientheorien, Hamburg 2006; *Metz/Seeßlen* Blödmaschinen. Die Fabrikation der Stupidität, Berlin 2011; *Michel* Senden als konstitutiver Bestandteil des Rundfunkbegriffs? ZUM 2009, 453; *Moos* Unzulässiger Handel mit Persönlichkeitsprofilen? Erstellung und Vermarktung kommerzieller Datenbanken mit Personenbezug MMR 2006, 718; *Mückl* Die Konvergenz der Medien im Lichte des neuen Telemediengesetzes JZ 2007, 1077; *Müller* Kunstwerk, Kunstgeschichte und Computer, Frankfurt aM 1987; *Münker/Roesler* (Hrsg) Mythos Internet, Frankfurt aM 1997; *Myers* Wikimmunity: Fitting the Communications Decency Act to Wikipedia, Havard Journal of Law & Technology, Vol 20, 2006, 163; *Naucke/Harzer* Rechtsphilosophische Grundbegriffe, 5. Aufl München 2005; *Noske* Ist das duale Rundfunksystem reformbedürftig? ZRP 2007, 64; *Obergfell* Dichtung oder Wahrheit? ZUM 2007, 910; *Ohly/Bodewig/Dreier/Götting/Haedicke/Lehmann* (Hrsg) FS für Schricker, München 2005 (zit Ohly/Bodewig/Dreier/Götting/Haedicke/Lehmann/*Bearbeiter*); *Ory* Gebührenurteil 2.0 – Ein Update aus Karlsruhe AfP 2007, 401; *Ossenbühl* Geistiges Eigentum – Ein Grundrecht aus der

Hand des Gesetzgebers, in Herdegen/Klein/Papier/Scholz (Hrsg) Festschrift für Herzog, München 2009, 325 (zit Herdegen/Klein/Papier/Scholz/Ossenbühl/*Bearbeiter*); *Ott* Die Google Buchsuche – Eine massive Urheberrechtsverletzung? GRUR Int 2007, 562; *ders* Die Entwicklung des Suchmaschinen- und Hyperlink-Rechts im Jahr 2009 WRP 2010, 435; *Ott/Schäfer* Ökonomische Probleme des Zivilrechts, 4. Aufl Berlin 2005; *Otto* Deutscher Verbotsaktionismus schadet der kulturellen Vielfalt Politik und Kultur 2007, 14; *Paal* Entflechtungstatbestand, Medienvielfalt und Kartellgesetz JZ 2010, 647; *Pahud* Die Sozialbindung des Urheberrechts, Bern 2000; *Pahlow* „Intellectual property", „propriété intellectuelle" und kein „Geistiges Eigentum"? UFITA 2006/III, 705; *ders* Wie klein darf die „kleine Münze" sein? WRP 2007, 739; *Palandt* Bürgerliches Gesetzbuch, 70. Aufl München 2011 (zit Palandt/*Bearbeiter*); *Paschke* Medienrecht – Disziplinbildende Sinneinheit übergreifender Rechtsgrundsätze oder Chimäre? ZUM 1990, 209; *Paschke/Berlit/Meyer* (Hrsg) Gesamtes Medienrecht, Baden-Baden 2008 (zit Paschke/Berlit/Meyer/*Bearbeiter*); *Peifer, Ch* Neue Regeln für die Datennutzung zu Werbezwecken MMR 2010, 524; *Peifer,* K Urheberrechtsharmonisierung in Europa, ZGE 2011, 1; *Peifer, K* Vergriffene und verwaiste Werke: Gesetzliche Lösung in Sicht? GRUR-Prax 2011, 1; *ders* Digital und ohne Recht? – Zweck, Inhalt und Reichweite eines möglichen Leistungsschutzrechtes für Presseverleger KSzW 2010, 263; *ders* Eigenheit oder Eigentum – Was schützt das Persönlichkeitsrecht? GRUR 2002, 495; *ders* Individualität im Zivilrecht, Tübingen 2001; *ders* Das Urheberrecht und die Wissensgesellschaft – Stimmen der rechtlichen Rahmenregeln für die Zukunft von Forschung und Lehre, UFITA 2007/II, 327; *Peifer, M* Neue Reglen für die Datennutzung zu Werbezwecken – Die Reform des BDSG MMR 2010, 524; *Perwin* Geistiges Eigentum und Informationszugang, Marburg 2010; *Petersen* Medienrecht, 5. Aufl 2010; *Peters* Einführung in die Europäische Menschenrechtskonvention, München 2003; *Peukert* Güterzuordnung als Rechtsprinzip, Tübingen 2008; *Pfennig* Informationsgesellschaft und Kulturflatrate, Kulturpolitische Mitteilungen 2009, 34; *Pierson/Ahrens/Fischer* Recht des geistigen Eigentums, München 2007 (zit Pierson/Ahrens/Fischer/*Bearbeiter*); *Postman* Wir amüsieren uns zu Tode, Frankfurt aM 1999; *Pörksen/Krischke* Die gehetzte Politik. Die neue Macht der Medien und Märkte, Köln 2013 (zit Porksen/Krichke/*Bearbeiter*); *Potthast* Medienrechtliche Einordnung neuer Angebote über neue Übertragungswege ZUM 2007, 443; *Pross* Medienforschung – Film Funk Presse Fernsehen, Darmstadt 1972; *Prinz/Peters* (Hrsg) FS für Engelschall, Baden-Baden 1996 (zit Prinz/Peters/*Bearbeiter*); *Puschke/Singelnstein* Telekommunikationsüberwachung, Vorratsspeicherung und (sonstige) heimliche Ermittlungsmaßnahmen der StPO nach der Neuregelung zum 1.1.2008 NJW 2008, 113; *Randelzhofer* Use of Force in: Bernhardt (Hrsg) Encyclopedia of Public International Law, Vol 4, Amsterdam 2000; *Rassow* Staatliche Schutzpflichten für geistiges Eigentum, Hamburg 2006; *Raue/Hegemann* Urheber- und Medienrecht, München 2011 (zit Raue/Hegemann/*Bearbeiter*); *Rauda* Recht der Computerspiele, München 2013; *Reber* Die Schutzdauer des postmortalen Persönlichkeitsrechts in Deutschland und den USA GRUR Int 2007, 492; *ders* Die Beteiligung von Urhebern und ausübenden Künstlern an der Verwertung von Filmwerken in Deutschland und den USA, München 1998; *Rehbinder* Urheberrecht, 16. Aufl München 2010; *Rehbinder* Tauschbörsen, Sharehoster und UGC-Streamindienste ZUM 2013, 241; *Riesenhuber/Klöhn* (Hrsg) Das Urhebervertragsrecht im Lichte der Verhaltensökonomik, Berlin 2010 (zit Riesenhuber/Klöhn/*Bearbeiter*); *Rippert/Weimer* Rechtsbeziehungen in der virtuellen Welt ZUM 2007, 272; *Ritlewski* Virtuelle Kinderpornografie in Second Life K&R 2008, 94; *Roesler-Graichen* Börsenblatt Nr 5/2007; *Roesler/Stiegler* Grundbegriffe der Medientheorie, Paderborn 2005; *Roßnagel* Die „Überwachungs-Gesamtrechnung" – das BVerfG und die Vorratsspeicherung NJW 2010, 1238; *ders* Konflikte zwischen Informationsfreiheit und Datenschutz MMR 2007, 16; *Roßnagel/Jandt/Schnabel* Kulturflatrate – Ein verfassungsrechtlich zulässiges alternatives Modell zur Künstlervergütung? MMR 2010, 8; *Rumyantsev* Journalistisch-redaktionelle Gestaltung: Eine verfassungswidrige Forderung? ZUM 2008, 33; *Ruhl* Anmerkung zur geschmacksmusterrechtlichen Entscheidung des BGH „Verlängerte Limousinen" GRUR 2010, 692; *ders* Fragen des Schutzumfangs im Geschmacksmusterrecht GRUR 2010, 289; *Runge* Die Vereinbarkeit einer Content-Flatrate für Musik mit dem Drei-Stufen-Test GRUR Int 2007, 130; *Rüters* Rechtstheorie, 2. Aufl München 2005; *Schack* Urheber- und Urhebervertragsrecht, 6. Aufl Tübingen 2013; *ders* Europäische Urheberrechts-Verordnung: erwünscht oder unvermeidlich? ZGF 2009, 275; *Schaub* Äußerungsfreiheit und Haftung JZ 2007, 548; *Scherer* Verletzung der Menschenwürde durch Werbung WRP 2007, 594; *Schertz* Der Schutz des Individuums in der modernen Mediengesellschaft NJW 2013, 721; *Schertz* Bildnisse, die einem höheren Interesse der Kunst dienen GRUR 2007, 558; *Scheuermann/Strittmatter* (Hrsg) FS für Reichardt, Baden-Baden 1990 (zit Scheuermann/Strittmatter/*Bearbeiter*); Schicker/Haug, Grundzüge des Designgesetzes, NJW 2014, 726; *Schiller* Die Geschichte des Dreißigjährigen Krieges, Gesammelte Werke, Bd II, Stuttgart 1878, 123; *Schiwy/Schütz/Dörr* Lexikon für Praxis und Wissenschaft, 4. Aufl Köln 2006; *Schmid/Kitz* Von der Begriffs- zur Gefährdungsregulierung im Medienrecht ZUM 2009, 718; *Smiers/van Schijndel* No Copyright, Berlin 2012; *Schmolke* Die Gewinnabschöpfung im US-amerikanischen Immaterialgüterrecht GRUR Int 2007, 3; *Schnabel* Das Zugangserschwerungsgesetz – Zum Access-Blocking als ultima ratio des Jugendschutzgesetzes JZ 2009, 996; *Schopenhauer* Zur Rechtslehre und Politik, in Sämtliche Werke Bd V 1880; *Schricker* Urheberrechtsschutz für Spiele GRUR Int 2008, 200; *Schricker/Loewenheim* (Hrsg) Urheberrecht, Kommentar, 4. Aufl München 2010 (zit Schricker/Loewenheim/

Bearbeiter); *Schröder* Rechtmäßigkeit von Modchips MMR 2013, 80; *Schulz* Medienkonvergenz light – Zur neuen Europäischen Richtlinie über audiovisuelle Mediendienste EuZW 2008, 107; *Schulze, G.* Werkgenuss und Werknutzung in Zeiten des Internets, NJW 2014, 721; *Schulze* Die Erlebnisgesellschaft, Frankfurt aM 1992; *Schütz* Rundfunkbegriff: Neutralität der Inhalte oder der Übertragung? – Konvergenz und Innovation MMR 2009, 228; *Schwartmann* (Hrsg) Praxishandbuch Medien-, IT- und Urheberrecht, Heidelberg 2. Aufl 2011 (zit Schwartmann/*Bearbeiter*); *Schwarz/Hansen* Der Produzent als (Mit-)Filmurheber GRUR 2011, 109; *Schwarz-Winkelhofer/Biedermann* Das Buch der Zeichen und Symbole, 5. Aufl Wiesbaden 2004; *Schweighofer* Wer reguliert das Internet? Medien und Recht MR 2000, 347; *Schwintowski* Juristische Methodenlehre, Stuttgart 2005 (zit Methodenlehre); *ders* Recht und Gerechtigkeit. Eine Einführung in Grundfragen des Rechts, Berlin 1996; *Scoble/Israel* Unsere Kommunikation der Zukunft, München 2007; *Seelmann* Rechtsphilosophie, München 2004; *Seichter* Die Umsetzung der Richtlinie zur Durchsetzung der Rechte des geistigen Eigentums WRP 2006, 391; *Seidel* Quo vadis Völkerrecht? Archiv des Völkerrechts, 2003 Bd 41, 449; *Siegrist* Entgrenzung des Eigentums in modernen Gesellschaften und Rechtskulturen, in Comperativ, Heft 5/6, Leipzig 2007 (zit Siegrist/*Bearbeiter*); *Sosnitza* Google Book Search, Creativ Commens und Open Access, Rechtswissenschaft 2010; *Spacek* Schutz von TV-Formaten, Zürich 2005; *ders* Das Google Settlement ZfIIWR 2010, 196; *Spindler* Das neue Telemediengesetz-Konvergenz in sachten Schritten CR 2007, 239; *ders* (Hrsg) Rechtliche Rahmenbedingungen von Open-Access-Publikationen, Göttingen 2006 (zit Spindler/*Bearbeiter*); *ders* Datenschutz- und Persönlichkeitsrechte im Internet der Rahmen für Forschungsaufgaben und Reformbedarf GRUR 2013, 996; *ders* Der Schutz virtueller Gegenstände ZGE 2012, 129; *Spindler/Schuster* Recht der elektronischen Medien, Kommentar München 2008 (zit Spindler/Schuster/*Bearbeiter*); *Stallberg* Urheberrecht und moralische Rechtfertigung, Berlin 2006; *Steinbuk* Immaterialgüterrechte und Informationsinteresse KSzW 2010, 223; *Stieper* Geistiges Eigentum an Kulturgütern GRUR 2012, 1038; *Stolz* (Keine) Urheberrechtsverletzung durch die Nutzung illegaler Streaming-Angebote? MMR 2013, 353; *Stolz* Geschmacksmuster- und markenrechtlicher Designschutz, Baden-Baden 2002; *Tades/Danzl/Graninger* (Hrsg) FS für Dittrich, Wien 2000 (zit Tades/Danzl/Graninger/*Bearbeiter*); *Troller* Immaterialgüterrecht Bd 1, Basel ua 1985; *Uerpmann-Wittzack/Jankowska-Gilberg* Die Europäische Menschenrechtskonvention als Ordnungsrahmen für das Internet MMR 2008, 83; *Ujica/Loef* Quod licet jovi, non licet bovi ZUM 2010, 670; *Unseld* Die Übertragbarkeit von Persönlichkeitsrechten GRUR 2011, 982; *United Nations* Creative Economy Report, Genf, New York 2008 (zit Creative Economy Report); *Vester* Soziologie der Postmoderne, München 1993; *Vitzthum* (Hrsg) Völkerrecht, 4. Aufl Berlin 2007 (zit Vitzthum/*Bearbeiter*); *von Ungern-Sternberg* Urheberrechtliche Verwertungsrechte im Lichte des Unionsrechts GRUR 2012, 1198; *ders* Die Bindungswirkung des Unionsrechts und die urheberrechtlichen Verwertungsrechte, in: FS für Joachim Bornkamm, München 2014, 100; *von Diringhausen* Know-how-Schutz in der Praxis GRUR-Prax 2013, 397; *Völker/Elskamp* Die neuen Markenfunktionen des EuGH, WRP 2010, 64; *Wachs* Entschädigungszahlungen bei Persönlichkeitsrechtsverletzungen, Hamburg 2007; *Wadle* Urheberrecht zwischen Gestern und Morgen, Saarbrücken 2007 (zit *Wadle* Urheberrecht zwischen Gestern und Morgen); *ders* Geistiges Eigentum, Weinheim 1996; *Wanckel* Der Schutz der Persönlichkeit bei künstlerischen Werken NJW 2006, 578; *Wagner* Aufsichtsmittel im dualen Rundfunksystem-Ungerechtfertigte Ungleichbehandlung? ZUM 2013, 850; *Wand* Technische Schutzmaßnahmen und Urheberrecht, München 2001; *Wandtke/von Gerlach* Die urheberrechtliche Rechtmäßigkeit der Nutzung von Audio-Video Streaminginhalten im Internet GRUR 2013, 676; *Wandtke* Copyright und virtueller Markt in der Informationsgesellschaft – oder das Verschwinden des Urhebers im Nebel der Postmoderne? GRUR 2002, 1; *ders* (Hrsg) Urheberrecht, 4. Aufl Berlin 2014 (zit Wandtke/Bearbeiter); *ders* Der Anspruch auf angemessene Vergütung für Filmurheber nach § 32 UrhG GRUR Int 2010, 704; *ders* Die unendliche Geschichte eines Stuhls UFITA 1996, 57; *Wandtke/Bullinger* Praxiskommentar zum Urheberrecht, 4. Aufl München 2014 (zit Wandtke/Bullinger/*Bearbeiter*); Wandtke/*Schunke* Einheitliche Lizenzierung der Klingeltöne – eine rechtliche Notwendigkeit? UFITA 2007/I, 61; *Weber* (Hrsg) Theorien der Medien, Konstanz 2003 (zit Weber/*Bearbeiter*); *Weberling/Wallraff/Deters* (Hrsg) Im Zweifel für die Pressefreiheit, Baden-Baden 2008 (zit Weberling/Wallraf/Deters/*Bearbeiter*); *Wehr/Ujica* „Alles muß raus" Datenspeicherungs- und Auskunftspflichten der Access-Provider nach dem Urteil des BVerfG zur Vorratsdatenspeicherung MMR 2010, 667; *Weinknecht/Bellinhausen* Multimedia-Recht für Autoren, Produzenten und Nutzer, Heidelberg 1997; *Weiser/Glas* Die medienrechtliche Regulierung von Plattformen ZUM 2009, 914; *Weizenbaum* Die Macht der Computer und die Ohnmacht der Vernunft, Frankfurt aM 1978; *Welsch* Unsere postmoderne Moderne, Weinheim 1991; *von Welser/Gonzalez* Marken- und Produktpiraterie, München 2007; *Wernick* Promotional Culture, London 1991; *Westermann* Der BGH baut den Know-how-Schutz aus GRUR 2007, 116; *Wirtz* Medien- und Internetmanagement, Wiesbaden 2006; *Zagouras* Der „Reding-Wallström-Plan" zum Schutz der Meinungsvielfalt in Europa AfP 2007, 1; Zech, Die Verkehrsfähigkeit digitaler Güter, ZGE 2013, 368; *Zenker* Textform im www, insbesondere bei ebay, JZ 2007, 816; *Zentek* Designspezifische Absenkungen der urheberrechtlichen Gestaltungshöhe – keine Angst vorm BGH WRP 2010, 73; *Zima* Moderne/Postmoderne, Tübingen ua 1997; *Zimmerli* Technologisches Zeitalter oder Postmoderne, München 1991; *von Zimmermann* Recording-Software für Internetradios MMR 2007, 553; *Zimmermann* Römisches Recht und europäische Kultur JZ 2007, 1; *Zimmermann/Geißler* (Hrsg) Digitalisierung: Kunst und Kultur 2.0, Berlin 2010 (zit Zimmermann/Geißler/*Bearbeiter*); *Zöchbauer* Mediengesetz, Wien 2005.

Übersicht

„I fear the day that technology will surpass our human interaction. The world will have a generation of idiots." (Albert Einstein)

§ 1
Medien und Recht

I. Globalisierung der Medien und Medien der Globalisierung

1. Virtueller Markt und Medien

Es besteht kein Zweifel, dass in bestimmten historischen Entwicklungsetappen immer wieder die Frage gestellt werden muss, ob die gegenwärtige **rechtliche Infrastruktur** als Teil der Kulturordnung den Herausforderungen vor allem der Informations- und Kommunikationsprozesse sowie der kulturellen Medienvielfalt und dem **Schutz des Individuums** entspricht.[1] Die fortschreitende Entwicklung der digitalen Technik und des Internets hat zu einem grundlegenden Wandel der Produktions-, Distributions- und Konsumtionsverhältnisse geführt. Das Internet hat nicht nur für den privaten Bereich eine wirtschaftliche Bedeutung, wenn man bedenkt, dass in Deutschland ca 70% der Einwohner das Internet bedienen.[2] Die digitale Revolution und das Internet wirken sich auch auf die Medien- und Kulturindustrie aus. Nicht nur neue **Berufsbilder** sind entstanden bzw werden entstehen, sondern mit neuen **Geschäftsmodellen** im Internet und der Digitalisierung werden sowohl alte Strukturen im Marktverhalten der Mitbewerber global aufgehoben als auch neue Kultur- und Medienkonzepte erforderlich. Davon sind vor allem das geistige Eigentum und die produzierten Kulturgüter als Medienprodukte betroffen.[3] Eine Konvergenz zwischen den herkömmlichen Rundfunkdiensten und dem Internet findet statt. Bis 2016 soll die Mehrheit der Haushalte in der EU über internetfähige Geräte verfügen.[4] Die Medien als Vermittler von Inhalten, Informationen, Ideen und als Kommunikator rücken dabei verstärkt in den Mittelpunkt der philosophischen, kulturwissenschaftlichen,[5] soziologischen,[6] betriebswirtschaftlichen[7] und rechtswissenschaftlichen **Forschung**.[8] Soweit es das **Privatrecht**[9] und das **öffentliche Recht**[10] bzw das **Strafrecht**[11] betrifft, wird in anschaulicher Weise deutlich, dass das 1

1 *Fechner* Medienrecht, 3. Kap Rn 6; *Schertz* NJW 2013, 721 ff; Dörr/Kreile/Cole/*Cole* 5; *Baer* 90; *Paal* JZ 2010, 647 ff; *Wandtke* GRUR 2002, 1 ff; *Hilty*/*Hilty* 21 ff; *Boehme-Neßler* 43.
2 BGH NJW 2013, 1072, 1073.
3 *Schulze, G.* NJW 2014, 721 ff; *Hermes* GRUR-Prax 2013, 400 f; *Stieper* GRUR 2012, 1083 ff.
4 S Grünbuch über die Vorbereitung auf die vollständige Konvergenz der audiovisuellen Welt v 24.4.2013, 4.
5 Lagaay/Lauer/*Lagaay*/*Lauer* 7 f; *Weber*/*Schicha* 108 f; *Mersch* 9 f; eine klare Begriffsbestimmung ist nicht auszumachen. In dieser Publikation wird der Begriff Medien sowohl mit technischen Geräten (zB Computer, DVD) als auch mit ökonomischen Organisationsformen (zB Softwareunternehmen, Fernsehanstalten, Filmhersteller, Designerunternehmen) in Verbindung gebracht, die Medienprodukte produzieren.
6 *Luhmann* 49 f; Becker/Wehner/*Wenzel* 67 f.
7 *Wirtz* 7 ff.
8 *Paal* JZ 2010, 647 ff; *Dörr*/*Schwartmann* 3; Dörr/Kreile/Cole/*Cole* 2; *Rüthers* Rechtstheorie Rn 37; *Beater* Rn 8; *Branahl* 13; *Schiwy*/*Schütz*/*Dörr* 296.
9 Das Bürgerliche Recht ist Teil des Privatrechts und musste notwendigerweise an die elektronischen Medien angepasst werden; s Spindler/Schuster/*Micklitz* § 312f BGB Rn 3; *Larenz*/*Wolf* § 30 Rn 42 ff; *Zenker* JZ 2007, 816.
10 So entstehen mit der Digitalisierung und dem Internet (zB der Rundfunkbegriff im Lichte der Mobiltelefone und Internetplattformen) Probleme im dualen Rundfunksystem (s *Schütz* MMR 2009, 228; *Michel* ZUM 2009, 453; *Ladeur* ZUM 2009, 906; *Weisser*/*Glas* ZUM 2009, 914; *Noske* ZRP 2007, 65; *Bullinger, M* ZUM 2007, 337) und im Datenschutz (s *Roßnagel* MMR 2007, 16).
11 BGH MMR 2011, 205; *Gercke* ZUM 2010, 633 ff.

Recht teilweise nicht mehr den Informations- und Kommunikationsprozessen Rechnung trägt.[12] Mit den neuen Informations- und Kommunikationstechnologien ergeben sich Widersprüche und Lücken in den rechtlichen Rahmenbedingungen bei der Verwirklichung der **Menschenrechte** in der Europäischen Union[13] und bei den **Kommunikationsgrundrechten,** die nicht allein auf Art 5 GG reduziert werden können,[14] welche die Medien- und Rechtsordnung zum Teil entscheidend prägen.[15] Ein nationaler Alleingang in der Ausgestaltung des Medienrechts ist ausgeschlossen. Im Lichte des Unionsrechts und der Rechtsprechung des EuGH und des EGMR sind Harmonisierungsbestrebungen iS eines einheitlichen europarechtlichen Standards unverkennbar, die wiederum auf das nationale Recht zurückwirken. Mit den Informations- und Kommunikationstechnologien verschärfen sich die ökonomischen, sozialen und kulturellen Widersprüche in einer kapitalorientierten Produktionsweise. Die Informations- und Kommunikationstechnologien sind zB für staatliche Entscheidungsprozesse bedeutsam, weil sie neue Fragen der grundrechtlichen Gewährleistung der Rechte der Bürger aufwerfen. In bestimmten Fällen reicht der grundrechtliche Schutz nicht aus. Die Gefährdungen, die mit der Anwendung der Informations- und Kommunikationstechnologien auftreten können, sind zugleich Herausforderungen für die Medien- und Rechtsordnung. Das betrifft zB den **Schutz des Kernbereichs** privater Lebensgestaltung[16] und die Diskussion darüber, ob die Provider als Störer [17]zur Sperrung urheberrechtsverletzender Internetangebote verpflichtet werden können oder ob überhaupt die **Sperrung des Internets** eines Internetanschlussinhabers wegen Verletzung des Rechts verfassungsrechtlich erlaubt ist.[18] Der EuGH hat unter bestimmten Voraussetzungen die Sperrung des Zugangs von Internetseiten eines Access-Providers bejaht.[19] Das BVerfG hat in seinen historischen Entscheidungen zur **Vorratsspeicherung**[20] und zur **Online-Durchsuchung** die Schutzlücke in der Grundrechtsstruktur zu schließen versucht, indem ein neues Grundrecht auf „Gewährleistung der Vertraulichkeit und Integrität informationstechnischer Systeme“ als besondere Ausprägung des allgemeinen Persönlichkeitsrechts kreiert wurde.[21] Die Entscheidung des EuGH, dass die RL 2006/24/EG über die Vorratsspeicherung von Daten der Charta der Grundrechte widerspricht,[22]

---

12 *Spindler* GRUR 2013, 996 ff. Mehr oder weniger sind alle rechtlichen Regelungsbereiche von der technischen Entwicklung betroffen, vor allem diejenigen Verhältnisse, die unmittelbar oder mittelbar mit den Kommunikations- und Informationsprozessen in der körperlichen und unkörperlichen Warenwelt zu tun haben. Das gilt auch und gerade für das Privatrecht.

13 EGMR GRUR Int. 2014, 507, 512 – DELFI AD/Estland; *Uerpmann-Wittzack/Jankowska-Gilberg* MMR 2008, 83; *Peters* 58 f; *Ehlers/Schorkopf* § 15 Rn 59 ff; *Grabenwarter* § 23 Rn 1; danach sind in Art 10 der EMRK Kommunikationsfreiheiten geschützt, die sowohl die Meinungs-, Informations-, Kunst- und Wissenschaftsfreiheit als auch die Freiheit der Kommunikation durch Massenmedien erfassen.

14 AA Maunz/Dürig/*Herzog* Art 5 Rn 65 ff; Dreier/*Schulze-Fielitz* Art 5 Rn 277 ff; von Münch/Kunig/*Wendt* Art 5 Rn 1; *Fechner* Medienrecht Rn 59; Büscher/Dittmer/Schiwy/*Schiwy* Teil 2 Kap 13 Rn 10.

15 *Luch/ Sönke* MMR 2013, 88 ff.

16 Hoffmann-Riem JZ 2009, 1009, 1020.

17 *Czychowski/J.B. Nordemann* GRUR 2013, 986 ff.

18 BVerfG ZUM-RD 2011, 395, 399; *Durner* ZUM 2010, 833 ff.

19 EuGH GRUR-Prax 2014, 157 – UPC Telekabel Wien/Constantin Film Veleih.

20 BVerfG K&R 2012, 274; zu Telekommunikationsgesetz und Zuordnung dynamischer IP-Adressen; BVerfG NJW 2010, 833 – Vorratsspeicherung von Telekommunikationsverkehrsdaten; BVerfG MMR 2009, 29 – Vorratsspeicherung; *Eckhardt/Schütze* CR 2010, 225 ff; *Roßnagel* NJW 2010, 1238 ff; ausf *Fechner* Medienrecht Kap 12 Rn 171 ff.

21 Im Zusammenhang mit der Online-Untersuchung hat das BVerfG (s BVerfG NJW 2008, 822, 827) auf neuartige Gefahren hingewiesen und den Eingriff verfassungsrechtlich nur dann als zulässig angesehen, wenn tatsächliche Anhaltspunkte einer konkreten Gefahr für ein überragend wichtiges Rechtsgut (zB Leib, Leben und Freiheit sowie Bedrohung des Staates und die Existenzgrundlage des Menschen) besteht. Krit dazu *Hornung* CR 2008, 299, 301. Außerdem ist der Eingriff grds nur unter den Vorbehalt richterlicher Anordnung zu stellen. Diese Entscheidung ist aber nur ein Pyrrhussieg.

22 EuGH Az: C-293/12 und C-594/12.

insbesondere der Grundrechte auf Achtung des Privatlebens und auf Schutz personenbezogener Daten, unterstreicht die Missbrauchsrisiken, die mit den Informations- und Kommunikationstechnologien einhergehen können. Neue Technologien können dazu benutzt werden, demokratische Grundstrukturen zu zerstören, um die entsprechenden **Machtverhältnisse** zu sichern. Die Politik wird von vermeintlichen und tatsächlichen Feindbildern getrieben. Es muss wie ein Hohn klingen, wenn die **Geheimdienste** massenweise den **Datenschutz** und damit Persönlichkeitsrechte unter dem Deckmantel der Demokratie verletzen. Was nutzt die Rechtsprechung des BVerfG und des EGMR, wenn die Menschenrechte systematisch auch in der Bundesrepublik verletzt werden. Die **globale Überwachung und Kontrolle** durch die National Security Agency (NSA) mit dem System PRISM in den USA und mit dem Computersytem Tempora in England zeigen die Grenzen der Durchsetzung der Persönlichkeitsrechte. Ein Recht, das nicht durchgesetzt werden kann, ist keinen Pfifferling wert. Das betrifft vor allem das **Abhörverbot** nach § 89 TKG und die VO Nr 611/2013 der EU, wonach die Betreiber öffentlich zugänglicher elektronischer Kommunikationsdienste insbes das Grundrecht auf Schutz der Privatsphäre gewährleisten sollen. Die Politik wird vom Geheimdienst bestimmt und die Politik bestimmt den Geheimdienst. Der Irrsinn hat Methode! Der Orwell'sche totale **Überwachungsstaat** macht „Fortschritte". „Big Brother" lässt grüßen! Es stellt sich in der Tat die Frage, wer der größere Schurke ist. Ist es derjenige, der mit Geheindienstmitteln die persönliche Freiheit des Einzelen einzuschränken gedenkt oder derjenige, der die politischen Widersprüche und Verbrechen im Interesse der Öffentlichkeit zugänglich macht. Grundrechte als Menschenrechte sind unteilbar. Legale Einschränkungen der Grundrechte müssen eine absolute Ausnahme bleiben. Illegale Einschränkungen können nicht als legal von der Politik verkauft werden. Solche Einschränkungen betreffen ebenso die **Pressefreiheit.**[23] Die rechtswissenschaftliche Forschung hat sich den neuen technologischen Herausforderungen zu stellen und im Zeitalter der virtuellen Medien- und Warenwelt Konzepte anzubieten, die dem Recht als Gestaltungs- und Konfliktinstrument Rechnung tragen. Dabei rücken die rechtlichen Rahmenbedingungen der geistigen Produktion und deren Medienprodukte immer stärker in den Fokus des Medienrechts. Aber das Medienrecht kann nicht alles regeln und die sozialen, ökonomischen und kulturellen Widersprüche in einer kapitalproduzierenden globalen Welt lösen helfen. So verkommen zB die sozialen Familienstrukturen durch die digitalen Medien. Nicht das Subjekt bestimmt, was möglich und notwendig ist, sondern die digitalen Medien. Das Leben wird zum Spielball von Handys, Computern, Tablets, iPhones ua Medien. Die **digitale Demenz** geht einher mit der Flut von Informationen in der Familie, im Arbeitsprozess, in der Ausbildung und im privaten sowie öffentlichen Leben. Der geistige Abstieg ist gepaart mit dem Verlust von Fähigkeiten der Kinder, Jugendlichen und Erwachsenen. Diese negative Tendenz kann das Medienrecht nicht aufhalten. Unwissenheit und Wissensvernichtung machen sich breit.[24]

Denn die technologische Entwicklung hat nicht nur Impulse in der **geistigen Produktion** 2
ausgelöst, sondern offensichtlich die gesellschaftlichen Produktionsverhältnisse und Produktivkräfte insgesamt umzuwälzen vermocht.[25] Dies ist aber kein Wunder der Technik, sondern es ist das Ergebnis der Schöpferkraft des Menschen, der seine Produktionswerkzeuge verfeinert und letztlich die Bedingungen für den **gesellschaftlichen Reichtum** schafft, die rechtlich, sozial und ökonomisch gestaltend verändert werden. Wir befinden uns im Übergang vom wissenschaftlich-technischen ins **technologische Zeitalter**, in dem der Staat auf Hoheitsrechte zu Gunsten einer **supranationalen Herrschaftsordnung** verzichtet und die Medien globaler agieren können als im 20. Jahrhundert. Dem **globalen Markt** der **Medien** entspringen Kräfte, die zu

23 EuGH ZUM 2013, 942 – Anzeige; BVerfG NJW 2014, 767 – Gegendarstellungsanspruch; *Fiedler* ZUM 2010, 18, 23.
24 *Metz/Seeßlen* Blödmaschinen, 23 f.
25 *Boehme-Neßler* 79; Hepp/Krotz/Moores/Winter/*Hepp* 43; BT-Drucks 13/11004, 61; BT-Drucks 14/9200, 261 f.

zügeln dem Recht kaum gelingen wird. Zumindest weisen verschiedene Faktoren auf diesen Zusammenhang hin, wie zB der **virtuelle Markt,**[26] der neben dem traditionellen Markt entstanden ist[27] und alles Bisherige in den Schatten stellt bzw die Ambivalenz technologischer Entwicklung zum Ausdruck bringt. Die virtuelle Realität ist die computergesteuerte Nachbildung der Wirklichkeit. **Cyberspace** ist die Erzeugung einer digitalisierten Simulation dreidimensionaler Räumlichkeit. Der virtuelle Markt, der durch das Internet und die digitale Technologie geschaffen worden ist, erlaubt es, dass aus unserer Welt eine **„global village“**[28] zu entstehen im Begriff ist, mit einem Informationsfluss von Land zu Land. Die Ekstase der Kommunikation kennt in der **digitalen Welt**[29] keine territorialen Grenzen.[30] Über Computer und Multimedia-Handys hängen Millionen ununterbrochen am Netz. In diesem Prozess befinden wir uns. Wahrheit und Lüge werden schneller transportiert.[31] Raum und Zeit sowie traditionelle Transportwege befinden sich in der Auflösung und das Nutzerverhalten wird durch die **Vernetzung und Digitalisierung** verändert.[32] Das Wechselspiel zwischen Kritik an den Medien und **kritischen Medien** bleibt unabhängig von den Veränderungen in einer globalen Welt bestehen.[33] Der erleichterte **Zugang zu Informationen**[34] schließt erleichterte Möglichkeiten der Manipulation der Nutzer ein. Der Zugang zu amtlichen Informationen ist durch das Informationsfreiheitsgesetz des Bundes geschaffen worden. Die einzelnen Bundesländer haben ebenfalls allgemeine Informationszugangsbestimmungen.[35] Die Vernetzung und Digitalisierung hat Auswirkungen auf das Nutzerverhalten und eröffnet **neue Märkte.**[36] Diese Prozesse werfen völlig neue Fragen der rechtlichen Regulierung der politischen, ökonomischen, sozialen und kulturellen Prozesse in unserer Gesellschaft auf. Internetplattformen wie **Facebook** und **Twitter** offenbaren ein völlig neues Nutzerverhalten, dessen rechtliche Auswirkungen erst noch in den Kinderschuhen stecken.[37] Der **Globalisierung** der ökonomischen Prozesse folgt eine Globalisierung des Rechts im Sinne einer **Harmonisierung** der Regelungen zum Schutz der immateriellen Güter und deren Vermarktung.[38] Dem entspricht überwiegend der Schutz des geistigen Eigentums zur Sicherung der internationalen Verwertungsprozesse des Kapitals. Diese **Verwertungsprozesse** des Kapitals haben direkt oder indirekt mit den Medien zu tun. Denn Medien werden gleichsam globalisiert[39] und die Medien globalisieren die Märkte.[40] Zu diesem Phänomen gehört zB das Projekt Google Street View, wonach mit PKW-Kameras der deutsche Sraßenraum erfasst wird und viele Rechtsfragen aufwirft.[41] Durch die Medien werden die Grenzen zwischen öffentlichem und privatem Raum immer mehr

26 *Hermes* GRUR-Prax 2013, 400, 401; *Rippert/Weimer* ZUM 2007, 272. Sie weisen daraufhin, dass mit dem Geschäftsmodell „Second Life“ in den USA täglich Umsätze in Höhe von ca $ 850.000,– generiert werden.

27 *Schweighofer* 347 ff; *Weinknecht/Bellinghausen* MMR 1997, 6.

28 Das Begriffspaar geht auf Marshall McLuhan zurück; s *McLuhan/Powers* The Global Village 117.

29 Bukow/Ottersbach/*Reich* 247.

30 *Lucchi* 11.

31 *Weizenbaum* 340.

32 *Wirtz* 43.

33 Becker/Wehner/*Wehner* 55.

34 Eine einheitliche Theorie der Information steht aus. Der Begriff Information meint Nachricht, Auskunft oder Mitteilung. Das Informieren beschreibt die Tätigkeit des Informierens. S *Roesler/Stiegler* 95.

35 *Perwin* 25.

36 Neben den Printmärkten (zB Zeitungs-, Buch- und Zeitschriftenmarkt) existieren elektronische Märkte (zB Internet-, Computerspiel-, Film-, TV-Markt). Die Besonderheit dieser Märkte besteht darin, dass die Unternehmen ihre Medienprodukte auf den verschiedenen Märkten gleichzeitig absetzen können. S *Wirtz* 22.

37 *Schertz* NJW 2013, 721, 722.

38 Pierson/Ahrens/Fischer/*Pierson* 3.

39 BT-Drucks 13/11004, 44.

40 *Wirtz* 662.

41 *Ernst* CR 2010, 178 ff.

aufgelöst. Stellvertretend dafür stehen die Rechtsfälle von Prominenten (zB Jörg Kachelman, Caroline von Hannover und der ehemalige Bundespräsidenten Wulf) aus der Politik, Kunst, Wirtschaft und Sport, deren Sexualleben oder Privatsphäre zum Spielball exhibitionistischer und zum Teil menschenunwürdiger Bericherstattung durch die Justiz, Presse und Rundfunk geworden sind. Ebenso gehört dazu die Auseinandersetzung um **Wikileaks**, deren Dokumente im Internet das öffentliche Interesse hervorrufen und die ganze Widersprüchlichkeit politischer Entscheidungen offenbaren. Die weltweiten Reaktionen der Politik zeigen anschaulich die Ohnmacht der Macht und deren legalen und illegalen Machenschaften. Das rechtliche Vorgehen gegen Assange ist eine Farce.[42] Das gleiche gilt für Manninger und Snowden, deren Aktivitäten zur Aufdeckung von Menschenrechtsverletzungen und Verbrechen geführt haben. Die Medien sind Bestandteil eines **„globalen Entertainment“**[43] in einer von politischen, ökonomischen, sozialen und kulturellen Widersprüchen geprägten Welt.

2. Recht der geistigen Produktion und Medien

Das **Recht der Medien** hat sich gleichsam als spezielles Rechtsgebiet für das 21. Jahrhundert fit 3
zu machen. Das Recht der Medien ist die „Magna Charta“ global agierender Produktivkräfte in kapitalorientierten Produktions- und Reproduktionsverhältnissen, deren wesentlicher Bestandteil die geistige Produktion ist. Die geistige Produktion im System der Produktionsverhältnisse wird im 21. Jahrhundert einen größeren ökonomischen Stellenwert als in der Vergangenheit einnehmen.[44] Die **Vermögensmaximierung** in der geistigen Produktion korrespondiert dabei mit dem entsprechenden Marktmodell.[45] Das Computerspiel „Second Life“ oder andere Online-Spiele, wie World of Warcraft oder simple soziale Netzwerke, zB Facebook, sind entsprechende Marktmodelle, die mit virtuellen Gegenständen verbunden sind und mit denen eifrig gehandelt wird.[46] Tauschbörsen, Sharehoster und illegale Streamingdienste[47] sowie Plattformen schießen wie Pilze aus dem Netz.[48] Zu solchen Marktmodellen gehört zB auch die **Suchmaschine Google**, die massive Verletzungen des geistigen Eigentums und des Persönlichkeitsrechts aufweist.[49] Suchmaschinen als neue Geschäftsmodelle werfen auch Fragen des Kartellrechts auf. Die Monopolbildung von Google ist nicht von der Hand zu weisen.[50] Die Buchdigitalisierung scheint ein einträgliches Geschäft zu sein.[51] Die Diskussion wird bleiben, ob ein Opt-out-Modell der richtige Weg ist, die ideellen und materiellen Interessen der Autoren sowie der Verleger in Deutschland zu berücksichtigen.[52] Google beruft sich auf die „faire use doctrine“.[53] Für die digitalen Biblio-

42 *Heger* Hamburger Rechtsnotizen 2011, 105 ff.
43 *Ladeur* ZUM 2007, 117.
44 *Dreier* CR 2000, 45; BT-Drucks 13/11004, 36 ff; Florida 68; er weist nach, dass die „Creativ Class“ zum wirtschaftlichen Wachstum entscheidend beiträgt. Der Beitrag der Copyright-Industrie zB in den USA (vor allem die Film-, Musik-, TV-, Verlags- und Software-Branche) am Bruttoinlandsprodukt ist um 11 % im Jahre 2005 gestiegen. Die Copyright-Allianz, ein Dachverband US-amerikanischer Firmen und Verbände der Copyright-Industrie, stellte einen Katalog von Fragen zum Schutz der Kreativen im Zusammenhang mit der Präsidentschaftswahl 2008 auf. Dabei spielen die sog „Fair-Use“ Regeln in der Internetwirtschaft eine bedeutende Rolle, s www.heise.de/newsticker/meldung/99429.
45 *Stallberg* 235 f.
46 *Hermes* GRUR-Prax 2013, 400; *Spindler* ZGE 2012, 129 ff.
47 *Stolz* MMR 2013, 353 ff.
48 *Rehbinder* ZUM 2013, 241 ff.
49 BGH GRUR 2013,751 – Autocomplete-Funktion; VG Hamburg ZUM-RD 2013, 92; *Spacek* ZfIWR 2010, 196 ff; *Ernst* CR 2010, 178; *Ott* GRUR Int 2007, 563.
50 Wandtke/*Wandtke* Urheberrecht Kap 1 Rn 93.
51 *Ott* WRP 2010, 435, 447.
52 *Bohne/Elmers* WRP 2009, 586 ff; *Bohne/Krüger* WRP 2009, 599 ff.
53 *Spacek* ZfIIWR 2010, 196, 198.

theken stellt sich vor allem das Problem der vergriffenen und verwaisten Werke.[54] Für die verwaisten und vergriffenen Werke hat der Gesetzgeber gehandelt und ein entsprechendes Gesetz in Umsetzung der Richtlinie 2012/28/EU für verwaiste Werke verabschiedet.[55] Interessant ist, dass das New Yorker Bezirksgericht in seiner Entscheidung am 23.4.2011 das „opt-in“ Konzept im Rahmen des abgelehnten Vergleichsvorschlags des Google-Settlement bejaht hat. Die geistige Produktion (zB künstlerische, literarische und wissenschaftliche bzw wissenschaftlich-technische Herstellung von Waren und Dienstleistungen) und deren Verwertungsprozesse zielen vorwiegend auf einen **kommunikativen Zusammenhang**, auf Verständigung über die objektive Realität. Nicht nur das Material soll angeeignet werden, sondern vor allem die Mitteilung.[56] Bei der **Kunstproduktion** mit ihren Kunstwerken steht bspw der Kommunikationsprozess im Vordergrund.[57] Diese Mitteilung (auch Content, Information oder nur Zeichen), die zum Teil eines **körperlichen Trägers** (Papier, Holz, Metall, Textilien) bedarf, kann mittels einer **Informations- und Kommunikationstechnologie** global verbreitet werden (zB Internetplattformen, Mobil-TV, Suchmaschinen). Hier liegt auch der interessante ökonomische Aspekt der geistigen Produktion. Dabei ist das Verhältnis zwischen **Materialgestaltung und Mitteilung** in der geistigen Produktion von Arbeitsergebnis zu Arbeitsergebnis und dessen Vermarktung sehr unterschiedlich. Die Mitteilung und der **Bedeutungsgehalt** eines Kunstwerkes sind daher anders zu beurteilen als bei einem Design oder einem schlichten Zeichen eines Produkts als Marke.[58] Nicht nur die ästhetische Formgebung als Medium ist für den Verbraucher von Interesse, sondern deren verkörperte Idee. Deshalb ist auch der **Medienbegriff** und das **Medienprodukt** inhaltlich weit zu fassen.[59] Im Grunde ist eine **funktionelle Bestimmtheit** mit den Produkten der geistigen Produktion verbunden, dh dass die produzierten Waren der Kreativen insb dann als Medienprodukte angesehen werden, wenn sie funktionell in erster Linie auf einen Informations- und Kommunikationszusammenhang hinweisen.[60] Solche Medienprodukte (zB Fernsehspiele, Gameshows, Musikwerke, Spielfilme, Design, Texte, Abbildungen) in der geistigen Produktion können als körperliche oder unkörperliche Güter in Erscheinung treten. In der jetzigen Entwicklung der Produktivkräfte geht es nicht mehr allein um die Reproduzierbarkeit der immateriellen Güter durch die Informations- und Kommunikationstechnologie, sondern um die Produzierbarkeit derselben, zB von Kunstwerken mit Hilfe neuer Technologien. Nicht nur die geistige Produktion erfährt einen Wandel, sondern auch die Medien als Verbreiter von Aussagen (**technischer Medienbegriff**) und die dahinter stehenden Organisationsformen (**institutioneller Medienbegriff**)[61] unterliegen den Veränderungen. Die **Unternehmen in der Medienbranche**,[62] insb die

54 Wandtke/*Wandtke* Urheberrecht Kap 7 Rn 144; *Peifer* GRUR-Prax 2011, 1; Zimmermann/Geißler/*Staats* 39; *Sosnitza* Rechtswissenschaft 2010, 3 ff; *Bechthold* GRUR 2010, 282, 286.

55 Gesetz zur Nutzung verwaister und vergriffener Werke und einer weiteren Änderungen des Urheberrechtsgestzes v 1.10.2013 (BGBl I, 3728). Ausführlich zu den verwaisten Werken Wandtke/Bullinger/*Staats* § 61 Rn.1 ff.

56 *Marten* 95.

57 *Dreier/Pernice* Art 5 Abs 3 GG Rn 22.

58 *Stolz* 41 ff.

59 In den vorliegenden Ausführungen wird an den weiten Medienbegriff von McLuhan angeknüpft, der auch körperliche Sachen, zB das Radio, als Medium betrachtet. S *McLuhan* Das Medium ist die Botschaft, 47.

60 So sind zB Tassen mit einem Logo der Fußballweltmeisterschaft Medienprodukte. Funktionell soll nicht nur die Möglichkeit des Trinkens gegeben werden, was üblicherweise für normale Tassen ausschließlich bestimmt ist, sondern dem Verbraucher werden über das Logo Informationen über ein Ereignis vermittelt. Noch deutlicher wird der Gebrauchs- und Informationszweck bei Texten oder bei Verpackungen oder bei Gestaltungselementen einer Webseite.

61 *Wirtz* 10.

62 Beim Begriff der Medienunternehmen kann auf die betriebswirtschaftliche Definition von Betrieben zurückgegriffen werden. Siehe Wirtz 11. Im österreichischen Mediengesetz wird ein Medienunternehmen danach bewertet, ob es eine inhaltliche Gestaltung des Mediums und seine Herstellung und Verbreitung oder Ausstrahlung (Rundfunk)

Hörfunk- und Fernsehanstalten, die Zeitungs- und Buchverlage, die Filmhersteller, die Musikunternehmen, Softwarehersteller und die Internetbetreiber, sind diejenigen, die die immateriellen Güter in der geistigen Produktion als Medienprodukte auf dem Markt anbieten. Das Zusammenwachsen zwischen dem Fernsehen und dem Internet verlangt auch eine Veränderung des **Telekommunikationsrechts.**[63] Nicht nur die veränderte Struktur der Medienunternehmen mit ihren Medienprodukten ist eine Folge der Produktivkraftentwicklung, sondern dieselbe hat die geistige Produktion mit ihren immateriellen Gütern wirtschaftlich so bedeutsam gemacht. Durch die neuen technologischen Produktionsprozesse sind neue Verwertungsmöglichkeiten der immateriellen **Güter als Medienprodukte** entstanden.[64] Das Internet sowie die Digitalisierung haben eine globale **Vermarktungsstrategie** für die Medienunternehmen ermöglicht. So existieren zB bereits seit längerem **Download-Shops** oder **Musikportale**, die datenreduzierte Musikdateien im **MP3-Format** verbreiten.[65] Aber auch die Geschäftsmodelle wie **Web 2.0** und zunehmend **Web 3.0** fordern die Medienunternehmen zu neuen Marketingstrategien heraus. Die Möglichkeiten der digitalen Produktion und Distribution von Inhalten und Formgebungen haben für Medienunternehmen sowohl wettbewerbsstrategische als auch ressourcenbezogene Implikationen: Im Vergleich zu den traditionellen Vertriebsformen und den traditionellen Medienprodukten (zB Zeitungsartikel im Printformat) kann kostengünstiger distributiert werden. Das mindert Zutrittsbarrieren der **Medienmärkte** und fördert Zutrittschancen für Konkurrenten. Außerdem entsteht eine Variantenvielfalt von Angeboten unterschiedlicher Medienprodukte.[66] Dabei spielen die Timingstrategien im **Medienmanagement** eine erhebliche Rolle.[67]

Der Wandel in der geistigen Produktion hat nicht nur Auswirkungen auf neue Medienprodukte (**zB Smartphone, iPod, iPhone, iPad**), sondern die kapitalorientierte Produktionsweise produziert auch einen Verbraucher mit neuen Konsumverhaltensmustern.[68] Der Nutzer kann zur gleichen Zeit Hersteller und Verbraucher sein.[69] Insofern produziert die kapitalorientierte Produktionsweise mit Hilfe der Informations- und Kommunikationsprozesse nicht nur eine Ware für das Subjekt, sondern auch ein Subjekt für die Ware.[70] 4

Die geistige Produktion mit ihren unterschiedlichen Arbeitsergebnissen in der rechtlich ausgestalteten Form der **Aneignung und Zuordnung der Medienprodukte** ist gleichsam die Grundlage für die Durchführung von **Transaktionen auf Märkten.** Für die Verwertung sind die produzierten Medienprodukte von Bedeutung (Musik, Software, Sprachwerk, Fotografie, Filmwerk etc). Die Verwertung setzt die Verkehrsfähigkeit derartiger immaterieller Waren voraus, wobei der körperliche Träger der geistigen Arbeit (zB die CD) nur eine sekundäre wirtschaftliche Bedeutung bspw als Speichermedium hat. 5

Die körperlichen Träger (zB Papier) werden einerseits nach der traditionellen Methode auf dem Markt angeboten (zB Buchläden), andererseits ist durch das Internet ein **Kommunikationsnetz** entstanden, in dem mittels der **Computertechnik** und der digitalen Technologie Medienprodukte geschaffen werden. Das Internet ermöglicht einen virtuellen Markt und Kulturraum (zB eine **virtuelle Bibliothek**), der ein neues Strukturelement in der geistigen Produktion impliziert. Es betrifft zum einen die Herstellung der immateriellen Güter als Waren und zum an- 6

oder Abrufbarkeit (Website) entweder besorgt oder veranlasst. Es muss über ein Mindestmaß an unternehmerischer Struktur verfügen. Siehe *Zöchbauer* Mediengesetz § 1 Ziff 6 MedienG 7.

63 *Fetzer* MMR 2010, 515 ff.
64 *Koch* AfP 2007, 307.
65 *Homann* 293.
66 *Hagenhoff/Kaspar* 51.
67 *Wirtz* 653.
68 *Koch* AfP 2007, 306; *Spacek* 7.
69 *McLuhan* The Global Village 117.
70 *Marx* Grundrisse der Kritik der politischen Ökonomie 14.

deren – der eigentliche, ökonomisch interessante Aspekt – die Verwertung im globalen Netz. Beides kann direkt miteinander im Netz verknüpft werden. Trotz dieser Entwicklungstendenzen und der **teilweisen Überwindung der klassischen Arbeitsgesellschaft** kann die sog Informationsgesellschaft nicht auf die „New Economy" reduziert werden.[71] Die Beschränkung eines derartigen **Ökonomismus der Informationen** als Zeichen, Bilder oder Töne reduziert den gravierenden ökonomischen, sozialen, kulturellen und rechtlichen Wandel, der mit der geistigen Produktion und Reproduktion in einer globalisierten Welt einhergeht.[72]

3. Ubiquität der Medienprodukte

7 Die Medienprodukte bringen teilweise die Globalisierung der gesellschaftlichen Produktionsverhältnisse und Märkte zum Ausdruck. Das Medienprodukt kann an vielen Orten, in zahlreichen Staaten und zur gleichen Zeit genutzt werden. Dieser weltweite Genuss durch Dritte ist eine Folge der **Ubiquität immaterieller Güter** im Unterschied zum Sacheigentum.[73] Wirtschaftlich ist das für die Vermarktung eines Produkts ein enormer Vorteil, da **die Transaktionskosten** gesenkt werden. Denn anders als bei körperlichen Waren fällt ein Teil der Transportkosten weg und die Verwertung kann im Grunde ohne Verlust der Qualität immer wieder erfolgen.[74] Die traditionelle **Mehrfachnutzung der Medienprodukte**[75] wird von einer digitalen Mehrfachnutzung immer stärker im Netz begleitet.[76] So erschließen Onlinehändler einen neuen Markt, der vollständig aus Nischenprodukten besteht: den „Long Tail".[77] **Digitale Online-Medien** stellen für den einzelnen Nutzer entsprechend seinen Bedürfnissen im Rahmen der Mehrfachnutzung Medienprodukte zur Verfügung, indem sie über ein **computergesteuertes Individualisierungssystem** das Medienprodukt für die Kunden produzieren.[78] Diese digitale Produktionsweise und deren Produktverwertung ist nicht nur betriebswirtschaftlich interessant, sondern erfordert eine **Rechtskonzeption**, die die entstehenden Widersprüche zu lösen vermag. Das nationale Recht gerät dabei immer mehr in Widerspruch zu den internationalen Produktionsverhältnissen, wenn es nicht als Gestaltungsinstrument Einfluss auf diese globale Entwicklung auszuüben gedenkt.[79] Dabei spielt der **Schutz des geistigen Eigentums** eine zentrale Rolle, weil es sowohl Regeln für die Entstehung des Schutzes der Medienprodukte in der wissenschaftlichen, literarischen, künstlerischen und technischen Produktion als auch Regeln für die Verbreitung und Verwertung derselben beinhaltet. Zunächst wäre aber eine **Evaluierung** des Rechts des geistigen Eigentums nötig. Gesetzesfolgeabschätzung und Gesetzesevaluierung geraten vor allem dort in den Fokus, wo das Gesetz auf das Marktgeschehen *und* auf das innovative Verhalten gerichtet ist.[80]

8 Die **Entwicklung des Rechts** war in den historischen Etappen einerseits eine Reaktion auf technische Erneuerungen, andererseits ein Spiegelbild der historisch bedingten und kulturell

---

71 Ebenso *Bühl* 45.
72 Hepp/Krotz/Moores/Winter/*Winter* 79.
73 *Stieper* GRUR 2012, 1083, 1084; *Troller* 97. Die Abbildung einer Sache stellt eine Vervielfältigung des geistigen Werkes dar. Das Vervielfältigungsrecht als Ausschließlichkeitsrecht des Urhebers des geistigen Werkes ergibt sich aus dem Urheberrecht. Die Rechte des Sacheigentümers ergeben sich aus § 903 BGB.
74 Pierson/Ahrens/Fischer/*Pierson* 2.
75 So kann ein Roman als Printausgabe auf dem Buchmarkt erscheinen. Dieser wiederum kann Gegenstand einer Verfilmung für das Kino oder für das Fernsehen oder für die DVD-Produktion sein.
76 *Hagenhoff/Kaspar* 56.
77 *Dierking/Möller* MMR 2007, 426, 427.
78 *Hagenhoff/Kaspar* 58.
79 *Hoeren* MMR 2007, 3 – er weist auf Zoning und Geolocation hin, die kollisionsrechtliche Fragen im Internet aufwerfen.
80 Tades/Danzl/Graninger/*Dreier* 49.

bestimmten Produktionsweise, die einer Entwicklungsstufe der Produktivkräfte entsprach und entspricht. Technischer Fortschritt verändert notwendigerweise das Recht als Teil der Kultur, wobei die Folgen offensichtlich sind. So wie das Automobil neue Regeln im Straßenverkehr notwendig machten, so sind durch die Informations- und Kommunikationstechnik Regelungen für den Datenschutz erforderlich geworden.[81] Die technologische Entwicklung hatte und hat natürlich Auswirkungen auf die **Arbeitsteilung** und auf den **Markt**. Neben dem traditionellen ist ein virtueller Markt durch die Informations- und Kommunikationstechnik entstanden. Das bedeutet aber nicht, dass immer mehr Rechtsgüter ihren Marktcharakter verlieren und damit zu Nichtvermögensgütern werden.[82] Die Marktgesetze werden nicht durch die technologische Entwicklung aufgehoben, sondern modifiziert. Dem BGB liegt ein Marktmodell zu Grunde, das dem freien Spiel der Marktkräfte entspricht, in dem selbst das Persönlichkeitsrecht einen Marktwert hat und insoweit als Ware in der Werbung zirkulieren kann.[83]

4. Medien und kulturelle Prozesse

Es gab und gibt einen dialektischen Zusammenhang zwischen **Individualitätsentwicklung** 9
und Reichtumsproduktion.[84] Die Medienprodukte – wie alle Waren – erscheinen nur als eine Vergegenständlichung gesellschaftlicher Verhältnisse, in denen die Akteure ihre körperlichen und geistigen Fähigkeiten produzieren und reproduzieren. Das Medienprodukt ist insoweit Ausdruck einer bestimmten **Kulturstufe**. Der **schöpferische Akteur** ist historisch gesehen ein Produkt, aber auch ein Subjekt gesellschaftlicher Prozesse. Bleibt der Akteur nur Objekt einer kapitalorientierten Mediengesellschaft, verkümmern die geistigen und körperlichen Fähigkeiten. Die Literatur-, Kunst-, Informations- und Wissenschaftsproduktion im technologischen Zeitalter kann als Kulturproduktion bezeichnet werden,[85] wenn **die Kreativität** und **Innovation** Vorrang hat vor Verdummung und Zerstörung menschlicher Fähigkeiten. Die Veränderungen gesellschaftlicher Prozesse sind zurückzuführen auf die Entwicklungen der **Informations- und Kommunikationstechnologien**. Sie sind das Ergebnis und teilweise eine Voraussetzung der geistigen Produktion. Die Entstehung neuer Medienprodukte und **neuer Kulturindustrien** als Folge der technischen Entwicklung hat Bedeutung für die Kulturentwicklung und für die Globalisierung der Märkte.[86] Die geistige Produktion macht nicht vor nationalen Grenzen halt. Jede Person in Deutschland, die technisch die Voraussetzungen geschaffen hat, kann mit einem chinesischen Bürger oder Unternehmen kommunizieren. Die gemeinsam geschaffenen Medienprodukte können durch die **Vernetzung** produziert und über das Netz verbreitet werden. Das **Internet** macht es möglich. Bspw können Kunstprodukte im Internet als ein eigener Bereich der geistigen Produktion und Kommunikation geschaffen und als Waren vermarktet werden.[87] **Medienprodukte als Waren** machen das System des geistigen Eigentums und damit das Recht der Medien für die wirtschaftliche Verwertung derselben durch die Medienunternehmen noch interessanter, vor allem die Kulturgüter als gemeinfreie Werke.[88] Die **Medienökonomie** der Medienunternehmen gerät dabei immer stärker in den Fokus der

81 *Boehme-Neßler* 58.
82 AA Beater/Habermeier/*Gotthardt* 6.
83 BGH GRUR 2010, 546 – Der strauchelnde Liebling; BGH GRUR 2009,1085 – Wer wird Millionär?; BGH ZUM 2007, 1 – Rücktritt des Finanzministers; BGH ZUM 2007, 54 – kinski-klaus.de.
84 *Marten* 17; BT-Drucks 16/7000, 47 f.
85 *Bourdieu* 113 ff.
86 *Baer* 90; *Pahlow* UFITA 2006/III, 705 ff.
87 *Marten* 35.
88 *Stieper* GRUR 2012, 1083, 1084.

wirtschaftswissenschaftlichen Forschung der Informations- und Kommunikationstechnologie.[89] Auch das Immaterialgüterrecht kann sich dem nicht verschließen; seine Wirkungsweise kann aber nicht allein auf das „Ökonomische“ reduziert werden. Denn Recht ist selbst eine **Kulturerscheinung.**[90] Das Recht als Ergebnis gesellschaftlicher Interessenwidersprüche und als Phänomen der **Verhaltenssteuerung** ist auf die Lösung der Interessenwidersprüche und auf den Interessenausgleich der Beteiligten im kulturellen Gesamtprozess gerichtet. Mit der Digitalisierung und dem Internet brechen die einzelnen **Interessenwidersprüche** auf, die zwischen Medienunternehmen und zwischen Medienunternehmen und den Nutzern bestehen. So liegt zB ein Interessenwiderspruch innerhalb der **Open-Access-Bewegung** vor, in der der Autor dem Anbieter sein Werk kostenlos zur Verfügung stellt, obwohl eine Kollision der Interessen zwischen Unternehmen[91] oder mit Verlagsverträgen bestehen kann.[92] Diese Bewegung der freien Verfügbarkeit von Inhalten hat ein eigenes Lizenzvertragssystem entwickelt. Zu den bekanntesten Lizenzvertragssystemen gehören die General Public License (GPL) und die Creative Commons-Lizenzen, die auch als AGB anerkannt sind.[93] In der **Wissenschaftskommunikation** ist das Internet zum vorherrschenden Medium geworden. Es geht vor allem um die Herausforderungen, die mit der Verkehrsfähigkeit von digitalen Gütern im Internet verbunden sind und zB nicht allein mehr mit dem klassischen Kaufrecht gelösten werden können.[94] Derzeit sind bereits mehr als 1.000 Zeitschriftenartikel, Broschüren und Bücher im Volltext abrufbar und frei zugänglich.[95] Der Unternehmer will seine Produkte vermarkten, der Nutzer will einen freien Zugang zu den „Contents“. **Neben wettbewerbs-, marken-, urheber- und designrechtlichen Problemen ist auch das Strafrecht** gefragt, das – wie das Recht insgesamt – an die Grenzen der Verhaltenssteuerung im Internet und in den Informations- und Kommunikationsprozessen stößt bzw stoßen kann. Das betrifft auch Fragen der **örtlichen Zuständigkeit bei Urheber-, Marken- und Wettbewerbsverletzungen im Internet.**[96] Was innerhalb der Netze passiert, ist immer schwerer rechtlich zu steuern. Das gilt auch für das Internetstrafrecht zur Bekämpfung der **Computerkriminalität**, die Änderungen des materiellen und prozessualen Strafrechts erforderlich machte.[97] Der Ruf nach internationalen Regelungen im Zusammenhang mit dem Projekt Google Sreet View wird immer offensichtlicher. Die Daten können weltweit von jedermann genutzt werden.

5. Vermarktung von Medienprodukten in der EU

10 Die rechtlichen Rahmenbedingungen für die Verwertungskonditionen des Kapitals sind sowohl auf europäischer als auch auf internationaler Ebene festzustellen. Die **Europäische Union** hat mit dem Lissaboner Vertrag, der am 1.12.2009 in Kraft getreten ist, eine umfassende rechtliche Grundlage geschaffen, die auch Auswirkungen für den Inhalt und Umfang des Schutzes von Medienprodukten und deren Rechtsinhaber haben wird. Der Vertrag von Lissabon behält strukturell die Dreiteilung bei: (1) Der Vertrag über die Europäische Union (EUV); (2) Der Vertrag über die Arbeitsweise der Europäischen Union (AEUV) und (3) Die Charta der Grundrechte der Europäischen Union. Neben dem Primärrecht versucht die Europäische Union mit ihren Richtlinien

89 *Wirtz* 16; *Breyer-Mayländer/Seeger* 27; *Hagenhoff/Hogrefe/Riedel/Zibull* 82.
90 *Zimmermann* 2; *Kelsen* 95ff; nach seiner Auffassung ist die dogmatische Jurisprudenz eine Normwissenschaft.
91 *Lessig* 259.
92 *Hagenhoff/Dorschel* 239.
93 *Mantz* GRUR Int 2008, 24.
94 *Zech* ZGE 2013, 368ff.
95 *Roesler-Graichen* Börsenblatt Nr 5, 2007, 32.
96 EuGH GRUR Int. 2013, 1073 – Peter Pinckney/KDG Mediatech; EuGH GRUR 2009, 753 – Falco/Lindhorst; *Dankwerts* GRUR 2007, 104ff.
97 *Gercke* ZUM 2007, 282.

und Verordnungen als Sekundärrecht die Grundlagen für die Regulierung der Märkte von Medienprodukten auf dem Gebiet des Fernsehens,[98] der elektronischen Kommunikation, der Presse, der Werbung und des Buchmarktes zu schaffen,[99] wobei die Kommission damit begonnen hat, die Richtlinien zu überprüfen und Vorschläge zur Verbesserung zu unterbreiten.[100] Dazu gehört vor allem die kodifizierte und konsolidierte Fassung der **Richtlinie 2010/13/EU für audiovisuelle Mediendienste vom 10.3.2010**,[101] welche die bisherige Fernseh-Richtlinie geändert hat und durch den 13. Rundfunkänderungsstaatsvertrag 2010 umgesetzt wurde.[102] Der 15. Rundfunkänderungsstaatsvertrag ist am 1.1.2013 in Kraft getreten. Die Technologieentwicklung hat dazu geführt, dass eine neue Phase der Konvergenz zwischen den herkömmlichen **Rundfunkdiensten** und dem Internet mit dem Connected- oder **Hybrid-TV** eingetreten ist.[103] Der erste Bericht der EU-Kommission über die Anwendung der Richtlinie über audiovisuelle Mediendienste (AVMD-RL) vom 7.5. 2012 weist auf den Umstand hin, dass es in der EU mindestens 650 Abrufdienste gab.[104] Da die Richtlinie zu den Fernsehprogrammen derzeit insb analoges und digitales Fernsehen, Live Streaming, Webcasting und den zeitversetzten Videoabruf („Near-video-on-demand") zählt und Mediendienste auf Abruf erfasst sowie Regelungen zur Werbung, sind die rechtlichen und wirtschaftlichen Probleme der Mediendienste im kommerziellen und nicht kommerziellen Bereich noch nicht absehbar.[105] Die Frage der **Werbung** steht ohne Zweifel im Mittelpunkt der audiovisuellen Mediendienste. So sind zB unterschiedliche Höchstsendezeiten für Werbung für Veranstalter von Bezahlfernsehen und Veranstalter für frei zugängliche Fernsehdienste in Auslegung des Art 4 Abs 1 der RL 2010/13/EU nach Auffassung des EuGH möglich.[106] Ebenso ist das **„Product Placement"** im dualen Rundfunksystem in unterschiedliche Weise geregelt. Während es den privaten Sendern erlaubt ist, entgeltliche und unentgeltliche Produktplatzierungen in ihren Programmen zu senden, muss sich der öffentlich-rechtliche Rundfunkauf auf unentgeltliche Produktionshilfen beschränken.[107] Dabei stellt sich auch die Frage, ob der deutsche Rundfunkbegriff noch richtlinienkonform sein kann.[108]

Die wirtschaftliche Bedeutung der **Medienmärkte** ist immens. So ist der Umsatz von **Video- und Computerspielen** in Deutschland gestiegen. Rund 73,7 Mio Games haben die Deutschen 2012 gekauft.[109] In der europäischen Gemeinschaft arbeiten nach Schätzungen der Europäischen Kommission insgesamt 6,3 Mio Erwerbstätige im Kultur-und Kreativsektor. Die 244.000 Unternehmen erzielten in dieser Branche ein Umsatzvolumen von mehr als € 143,4 Mrd.[110] Damit ein Wachstum und der Wettbewerb auf dem Gebiet des geistigen Eigentums gefördert werden kann, 11

98 Dörr/Kreile/Cole/*Dörr* 63 ff; *Holtz-Bacha* Media Perspektiven 113. Die ökonomische Sichtweise der Kommission auf den Rundfunk und mit der Anwendung des Wettbewerbsrechts auf die Medien ist ein Dauerkonflikt zwischen der Kommission und den Mitgliedstaaten entstanden.
99 *Breyer-Mayländer/Seeger* 27.
100 *Enaux/Worok* CR 2006, 736.
101 Vgl die RL 2010/13/EU des Europäischen Parlaments und des Rates v 10.3.2010 zur Koordinierung bestimmter Rechts- und Verwaltungsvorschriften der Mitgliedstaaten über die Ausübung der Fernsehtätigkeit, ABl L 95 v 15.4.2010, 1.
102 *Castendyk* ZUM 2010, 29; *Castendyk/Böttcher* MMR 2008, 13.
103 S Grünbuch der EU über die Vorbereitung auf die vollständige Konvergenz der audiovisuellen Welt v 24.4.2013, 4.
104 S Bericht v 7.5.2012, 2.
105 *Kreile* ZUM 2009, 709; *Hesse* ZUM 2009, 718; Schwartmann/*Schwartmann* 1.2 Rn 25; *Castendyk/Böttcher* MMR 2008, 15; *Schulz* EuZW 2008, 107; *Weberling/Wallraf/Deters/von Heinegg* 108.
106 EuGH ZUM 2013, 871, 873 – Sky Italia/AGCOM.
107 *Castendyk* ZUM 2010, 29, 32. Produktionshilfe ist in § 44 RÄndStV geregelt.
108 *Castendyk/Böttcher* MMR 2008, 16.
109 www.golem.de/news/spielmarkt v 29.4.2013.
110 S http://www.bmwi.de/DE/Service/suche,did=329922.html?.

ist die Richtlinienpolitik der EU zu beachten. Auf diesem Gebiet sind bedeutende Richtlinien verabschiedet worden.[111] Allen Richtlinien ist gemeinsam, dass sie darauf abzielen die Unterschiede im Rechtsschutz zwischen den Mitgliedstaaten aufzuheben, um den **freien Verkehr** von Waren und Dienstleistungen in der Europäischen Union sicherzustellen. Hierzu gehört insb die Richtlinie 2004/48/EG des Europäischen Parlaments und des Rates vom 29.4.2004 zur Durchsetzung der Rechte des geistigen Eigentums (**Durchsetzungs-Richtlinie**). Mit dieser Richtlinie werden Maßnahmen, Verfahren und Rechtsbehelfe beschrieben, die für die Durchsetzung der Rechte des geistigen Eigentums erforderlich sind.[112] Die Richtlinie entspricht der allgemeinen Tendenz, immaterielle Güter als Medienprodukte auch international zu schützen. Angeknüpft wird an das Übereinkommen über handelsbezogene Aspekte der Rechte des geistigen Eigentums (**TRIPs**) vom 15.4.1994.[113] Es soll mit der Erweiterung der Rechte der Rechtsinhaber („**TRIPs-Plus**") der Bedeutung des geistigen Eigentums für das Funktionieren des Binnenmarktes Rechnung getragen werden.[114] Alle Industriestaaten sind Mitglieder der **Welthandelsorganisation** (WTO) und nach dem TRIPs-Abkommen verpflichtet, geistige Leistungen in ihrem Staatsgebiet effektiv zu schützen.[115] Eine ähnliche Wirkungsrichtung ist mit dem Anti-Counterfeiting Trade Agreement (**ACTA**) verbunden, das bei aller Kritik ebenfalls zum weltweiten Schutz des geistigen Eigentums, insb zur Bekämpfung der Produkt- und Markenpiraterie beitragen sollte. Die Proteste gegen das multilaterale völkerrrechtliche Übereinkommen, soweit es Deutschland betrifft, sind insofern nicht nachvollziehbar, weil die Urheberrechtsordnung bereits die wichtigen Rechtsinstitute und Maßnahmen geregelt hat.[116] Im Verhältnis zum TRIPS-Abkommen wird in § 27 ACTA auf das Durchsetzungsverfahren im Zusammenhang mit dem digitalen Umfeld hingewiesen. Unverständlicherweise ist das ACTA-Abkommen vom Europäischen Parlament abgelehnt worden.

12 Im Prozess der **Vermarktung der Medienprodukte in der EU** spielen die Medienkonzerne im Hinblick auf die Meinungsmacht eine nicht zu unterschätzende Rolle. Durch die zunehmende **Medienkonzentration** ist die Meinungsvielfalt gefährdet. Deshalb hat die Europäische Kommission kürzlich einen **Drei-Stufen-Plan** zur Erhaltung des Medienpluralismus vorgestellt.[117] Als Grundlage dient ein Arbeitspapier, das neben den Regulierungszielen zur **Verhinderung von Informationsmonopolen** die Überarbeitung der Fernseh-Richtlinie enthält.[118] Im Interesse der Erhaltung des Medienpluralismus ist auch die Medienkonzentration im Internet zu verhindern. Denn mit dem Internet als **Rundfunkplattform** entstehen selektive Nutzungsmöglichkeiten, die das Fernsehen und den Hörfunk als Massenkommunikationsmittel in einem neuen Licht erscheinen lassen.[119] Das Fernsehen und das Internet verschmelzen zunehmend zu einem einheitlichen Kommunikations- und Informationsmittel. Mit den neuen vernetzten Geräten wie Tablets, Smartphones und Spielkonsolen erhalten Verbraucher zusätzlich zum traditionellen Fernsehangebot auch Zugang zum Videoabruf über Apps und zu Catch-up-Angeboten über die Hybrid-Broadcast/Broadband-Plattformen der Fernsehanbieter. Die Gewährleistung der Rundfunkfreiheit in einer dualen Rundfunkordnung spielt unter diesen Bedingungen eine immer wichtigere Rolle. Denn die technologischen Neuerungen der letzten Jahre und die dadurch ermöglichte

111 Wandtke/*Dietz* Urheberrecht, 13 Kap Rn 72.
112 *Seichter* WRP 2006, 391, 392.
113 BGBl 1994 II S 1730; ausf zum TRIPs-Abkommen: Busche/Stoll/*Busche* TRIPs Einl 2 Rn 1ff.
114 *Seichter* WRP 2006, 392.
115 *Ann* GRUR Int 2004, 597ff.
116 *Paal/Hennemann* MMR 2012, 288f.
117 *Zagouras* AfP 2007, 1.
118 S das Dokument „Medienpluralismus in den Mitgliedstaaten der Europäischen Union", SEC (2007) 32, 11.
119 *Broemel* MMR 2013, 83, 88; Schwartmann/*Schwartmann* 1.2 Rn 39f; *Holznagel/Dörr/Hildebrand* 40ff.

Vermehrung der Übertragungskapazitäten sowie die Entwicklung der Medienmärkte haben an dem **verstärkten Schutz der Rundfunkfreiheit** nichts geändert.[120] Rundfunkprogramme als Medienprodukte verfügen nach wie vor über eine Breitenwirkung, Aktualität und Suggestivkraft. Die bestehenden Behinderungen der Rundfunkfreiheit sind vielfältig. So steht zB die Aufrechterhaltung des Pluralismus im Rahmen der Kulturpolitik den Rundfunkveranstaltern zu, deren Programme durch die **Kabelnetzbetreiber** verbreitet werden müssen. Die nationalen Regelungen sind deshalb im Rahmen des Art 167 AEUV dahingehend auszulegen.[121] Aber nicht nur strukturelle Gefahren bestehen, die den Pluralismus der Kulturpolitik verhindern können. Ebenso besteht die Gefahr einer einseitigen Einflussnahme auf den Inhalt der Programme durch den **ökonomischen Wettbewerbsdruck.**[122] Eine Behinderung der Rundfunkfreiheit kann auch darin bestehen, dass politischer Druck auf die Sender ausgeübt wird und kritische Sendungen verboten werden. Insofern besteht zwischen der Rundfunkfreiheit und der Meinungsfreiheit ein unmittelbarer Zusammenhang. Die **Meinungsfreiheit** gilt ebenso für Sendungen, deren Informationen verletzen, schockieren oder beunruhigen. Pluralismus, Toleranz und offene Geisteshaltung sind Voraussetzungen einer demokratischen Gesellschaft.[123]Die **Rundfunkfreiheit im Kern als Programmfreiheit**[124] kann aber nicht so weit reichen, dass die Tätigkeit der Fernsehveranstalter gegen Gedanken der Völkerverständigung gerichtet ist. Der EuGH hat in solchen Fällen zu Recht den Mitgliedstaaten das Recht zum Verbot niedergelassener Fernsehveranstalter ausgesprochen.[125] Ebenso ist es nach Auffassung des EuGH im Interesse des Gemeinwohls möglich und erforderlich, dass in die unternehmerische Freiheit und in das Eigentumsrecht der Inhaber von Exklusivrechten eingegriffen werden kann. In Auslegung des Art15 Abs 6 der Richtlinie 2010/13/EU über audiovisuelle Mediendienste ist es erlaubt, dass der Bezahlsender (hier Sky Österreich), der Inhaber der Exklusivrechte ist, dem Rundfunk (hier ORF) ein **Kurzberichterstattungsrecht** (hier bis 90 Sekunden) für bestimmte Fußballspiele der UEFA Europa League einräumen muss. Der ORF muss sich nicht an den Erwerbs- und Produktionskosten des Bezahlsenders beteiligen, wohl aber fallen für den technischen Zugang zum Satellitensignal Kosten an, die begrenzt sind.[126] Es ist auch in Auslegung des Art 4 Abs 1 der Richtlinie 2010/13/EU zulässig, eine national kürzere Werbezeit für Bezahlfernsehen als für frei empfangbares Fernsehen zu regeln.[127] Die Einschränkung des Eigentumsrechts nach Art 17 Abs 1 der Charta der Grundrechte der EU der UEFA kann durch das Ziel gerechtfertigt sein, das Recht auf Information zu schützen und der Öffentlichkeit breiten Zugang zur Fernsehberichterstattung über Ereignisse von erheblicher gesellschaftlicher Bedeutung zu verschaffen.[128] Der Rundfunkfreiheit entspricht es aber auch, dass eine öffentlich-rechtliche Rundfunkanstalt hinsichtlich der Auftragsvergabe „im nicht journalistisch-redaktionellen Bereich“ auskunftspflichtig ist.[129] Ein Grundproblem scheint im Zusammenhang mit der Rundfreiheit in Deutschland zu sein, dass eine ungerechtfertigte **Ungleichbehandlung** zwischen den privaten und den öffentlich-rechtlichen Rundfunkanstalten besteht, soweit es das **Sanktionssystem** betrifft, wenn zB Verletzungen des Jugendschut-

120 Grundlegend BVerfG 1 BvF 1/11 und BVerfG 1 BvF 4/11 v 25.3.2014.

121 S alte Regelung Art 49 EG und Art 86 EG; EuGH ZUM 2008, 131, 135; zur Übertragungspflicht der Kabelnetzbetreiber („must carry“).

122 BVerfG ZUM 2007, 712, 721; *Bretschneider* WRP 2008, 761, 764.

123 S EGMR NJW-RR 2007, 1524, 1528 – L'honneur perdu de la Suisse; EGMR JuS 2006, 1120, 1121 – Meinungsfreiheit; Dörr/Kreile/Cole/*Heer-Reißmann/Dörr/Schüller-Keber* 25.

124 BVerwG NJW 2013, 560, 562.

125 EuGH ZUM 2011, 821 – Mesopotamia Broadcast u Roj TV.

126 EuGH ZUM 2013, 202, 205 – Sky/ORF.

127 EuGH GRUR-Int 2013, 974, 975 – Sky Italia/AGCOM.

128 EuGH GRUR-Int 2013, 964, 973 – UEFA/Europäische Kommission.

129 BVerwG NJW 2013, 560, 561.

zes[130] oder der Werbung vorliegen. Nicht nur bei privaten Rundfunkanstalten sind **Bußgelder** und **Abschöpfungen der Werbeeinnahmen** als Sanktionen geregelt.[131]

6. Internationaler Markt und kulturelle Dimension der Medienprodukte

13 Das geistige Eigentum ist im globalen Maßstab von Bedeutung, weil weltweit nicht nur die wirtschaftliche Effizienz[132] der Medienprodukte (zB Rundfunkprogramme, Designmuster, Marken, Kennzeichen, Musik, Texte, Bilder, Filmwerke) im Fokus der Vermarktung steht, sondern auch die **kulturelle Wertschätzung** der immateriellen Güter zum Ausdruck gebracht wird.[133]

14 Die **UNESCO** hat im Oktober 2003 in Paris die Konvention zum Schutz des immateriellen Kulturerbes[134] beschlossen, die in Deutschland 2013 in Kraft getreten ist. Die UNESCO ist zu Recht der Auffassung, dass die Prozesse der Globalisierung große Gefahren für den Verfall, den Verlust und die Zerstörung des **immateriellen Kulturerbes** mit sich bringen. Deshalb ist der Schutz des immateriellen Kulturerbes weltweit so bedeutsam.

15 Der Gegenstand des Schutzes offenbart die Breite und Vielfalt immaterieller Güter. Dazu gehören folgende Bereiche:

- mündlich überlieferte Traditionen und Ausdrucksformen einschließlich der Sprache,
- darstellende Künste,
- gesellschaftliche Bräuche, Rituale und Feste,
- Praktiken im Umgang mit der Natur und dem Universum sowie
- Fachwissen über traditionelle Handwerkstechniken.[135]

16 Auch die Konvention zum Schutz und zur Förderung der Vielfalt kultureller Ausdrucksformen der UNESCO vom 20.10.2005 weist auf die kulturelle und wirtschaftliche Bedeutung der kulturellen Vielfalt und der Produktion von derartigen Gütern und Dienstleistungen hin.[136]

Auffallend ist dabei, dass ein direkter Zusammenhang zwischen dem Schutz der kulturellen Vielfalt und der allgemeinen Erklärung der **Menschenrechte** von 1948[137] und dem Internationalen Pakt über wirtschaftliche, soziale und kulturelle Rechte von 1966 sowie dem Internationalen Pakt über bürgerliche und politische Rechte von 1966 hergestellt wird.[138] Es wird bei der Harmonisierung des nationalen Rechts insofern nicht um jeden Preis eine Angleichung möglich und erforderlich sein, um die Vielfalt kultureller Güter und Leistungen zu gewährleisten. Die **Europäische Union** hat die Grundsätze des UNESCO-Übereinkommens zum Schutz und zur Förderung der Vielfalt kultureller Ausdrucksformen in Art 3 Abs 3 EUV und Art 167 AEUV umgesetzt. Diese Pflicht hatte sich die Europäische Union auferlegt.[139] Die Rechtsprechung der Europäi-

---

130 *Hopf/Braml* ZUM 2013, 837 ff.
131 *Wagner* ZUM 2013, 850 ff.
132 *Cornish/Llewelyn* Chap 1, Rn 1–3.
133 S ausf BT-Drucks 16/7000, 259.
134 Abrufbar: www.unesco.de/442.html.
135 Ziff 2 der Konvention.
136 S Art 2 Ziff 5 iVm Art 4 Ziff 4 der Konvention.
137 S *Fassbender* Menschenrechteerklärung 2009, 55 ff.
138 In der Präambel der Konvention über die kulturelle Vielfalt v 20.10.2005 wird auf die Bedeutung der kulturellen Vielfalt für die volle Verwirklichung der in der Allgemeinen Erklärung der Menschenrechte und in anderen allgemein anerkannten Übereinkünften verkündeten Menschenrechte und Grundfreiheiten hingewiesen.
139 S den Beschluss des Rates der Europäischen Union v 18.5.2006 über den Abschluss des Übereinkommens zum Schutz und zur Förderung der Vielfalt kultureller Ausdrucksformen, GRUR Int 2007, 35. Ebenso hat die EU-Kommission in ihrer Mitteilung „Eine europäische Kulturagenda im Zeichen der Globalisierung“ v 10.5.2007 den Zusammenhang zwischen kultureller und wirtschaftlicher Entwicklung zum Ausdruck gebracht.

schen Union trägt zur Umsetzung dieser Ziele bei. So lässt sich der **EuGH** in ständiger Rechtsprechung von dem Grundsatz leiten, die Grundrechte unter Wahrung gemeinsamer **Verfassungstraditionen** der Mitgliedstaaten unter Hinweis auf die Menschenrechte vor allem nach der EMRK anzuwenden bzw durchzusetzen. Das gilt für das Recht auf Eigentum[140] genauso wie für die anderen Grundrechte, die Bestandteil der **Charta der Grundrechte** der Europäischen Union vom 18.12.2000 in der angepassten Fassung vom 12.12.2007 sind.[141] Mit der Änderung des Art 6 des Vertrages der Europäischen Union ist nunmehr die Charta der Grundrechte für die Mitgliedstaaten verbindlich.[142] Im Kern geht es um die Garantie der sozialen, ökonomischen, politischen und kulturellen Rechte in der Europäischen Union, die die demokratischen Strukturen stärken soll.[143] Ein wesentlicher Aspekt im Grundrechtskatalog ist die Sicherung und Entwicklung eines unterschiedlichen kulturellen Schaffens in allen Mitgliedstaaten und nicht das Streben nach einer Einheitskultur. Denn überall findet man häufig gleiche kulturelle Erscheinungsformen. An Stelle der historisch gewachsenen Unterschiede in der kulturellen Entwicklung treten gesichtslose Städte, Einkaufszentren und Massenprodukte auf. Dieser Kulturverlust ist auch Ausdruck eines Marktversagens, dh, der Markt gewährleistet nicht die allokative und produktive Effizienz.[144] Es sind deshalb Rechtsregeln erforderlich, die die Vielfalt kultureller Ausdrucksformen und das kulturelle Erbe sichern, ohne dabei den Marktmechanismus als Motor wirtschaftlicher Entwicklung aufs Spiel zu setzen.[145] Eine Nivellierung, zB des Musikmarktes, wird durch eine Quotenregelung möglicherweise nicht zu verhindern sein. Solange die Einschaltquote im Rundfunk den Maßstab für ökonomische Effizienz bildet, bleibt die **kulturelle Vielfalt** auf der Strecke.[146] Das gilt auch für die Formatierung von TV-Sendungen oder TV-Serien.[147] Der wirtschaftliche Wettbewerbsdruck ist mit dafür verantwortlich, dass bei einer Steuerung des Verhaltens der Rundfunkveranstalter allein über den Markt das für die Funktionsweise einer Demokratie besonders wichtige Ziel der inhaltlichen Vielfalt gefährdet ist.[148] Hierbei spielt die globale Marketingstrategie der US-TV-Industrie eine bedeutende Rolle.[149] Die **Schaffung europäischer Identität** zielt auf die Stärkung kultureller Kohäsion, ohne eine europäische Einheitskultur anzustreben.[150] Das gilt auch und gerade für den **internationalen Medienmarkt** (weltweite Angebote und Nachfragen von Medienprodukten) und den Markt der Medien (Wettbewerb der Hersteller von Medienprodukten). Die geistige Produktion und Reproduktion von Medienprodukten kann nicht nur unter ökonomischer Prosperität, sondern muss vor allem unter kultureller Produktivität, **zB Innovation** und **Vielfalt der Ausdrucksformen**, betrachtet werden.[151] Dabei wird zu betonen sein, dass es einseitig wäre, die Substanz der Kultur lediglich in der Welt der Objekte, im gegenständlichen Dasein der Kultur zu suchen. Die Medienprodukte müssen an der Frage gemessen werden, inwieweit sie als Mittel der Produktion von Individualität dienen.[152] In dieser Richtung ist auch die Charta der Grundrechte der Europäischen Uni-

---

140 EuGH GRUR Int 2007, 237, 240 – Laserdisken/Kulturministeriet.
141 Calliess/Rufert/*Calliess* Art 1 GRCh Rn 1.
142 Am 13.12.2007 wurde der geänderte Vertrag der Europäischen Union in Lissabon angenommen.
143 BVerfG JZ 2009, 890, 893 – Lissaboner Vertrag.
144 *Hofmann/Goldhammer* 84. So ist die produktive Effizienz die Herstellung von Produkten so wirtschaftlich wie möglich. Die allokative Effizienz meint die optimale Befriedigung der Bedürfnisse.
145 *Schwintowski* 184, 185.
146 Broemel MMR 2013, 83 f.
147 AA *Spacek* 12.
148 BVerfG ZUM 2007, 712, 721.
149 Eastman/Ferguson/*Klein*/*Bellamy*/*Chabin* 293.
150 Calliess/Ruffert/*Blanke* Art 151 EGV Rn 3.
151 Zimmermann/Geißler/*Fuchs* 60 ff.
152 *Marten* 73.

on zu betrachten.[153] Eine nur auf Wirtschaft und Wettbewerb ausgerichtete **Politik der EU** muss ihr Ziel verfehlen, wenn nicht die kulturelle Dimension der Kreativität und der Schutz der Persönlichkeitsrechte der Erfinder, Urheber und Künstler als Regelungsgegenstand gesehen wird. Das gilt auch für den Schutzzweck der kollektiven Rechtewahrnehmung, die die kulturelle Vielfalt der Kreativen mittels **der Verwertungsgesellschaften** durchzusetzen in der Lage ist.[154] Der Wettbewerb führt dann zur kulturellen Verarmung, wenn nicht die Besonderheiten der wissenschaftlichen, literarischen und künstlerischen Produktion und Vermarktung der Medienprodukte berücksichtigt werden.[155] Der Zusammenhang zwischen **Wirtschaft und Kultur** ist nicht zu leugnen.[156] Jede Produktionsweise baut auf einer vorhandenen Kulturstufe auf, um die Schätze der Vergangenheit zu heben. Die Verfeinerung der Produktivkräfte erfolgt zunehmend international.

17 Die wirtschaftliche, soziale, politische und kulturelle Dimension des digitalen Zeitalters im Rahmen eines globalen Marktes ist evident.[157] Die rechtliche Ausgestaltung eines globalen Schutzes hat diese Seiten eines **ganzheitlichen Prozesses** zu berücksichtigen. In diesem ganzheitlichen Prozess sind die „Creative Industries" als ein bedeutender Wirtschaftsfaktor anzusehen.[158]

II. Medienprodukte

1. Medienprodukte als Waren

18 **Medienprodukte** – wie alle Waren – in einer kapitalorientierten Produktionsweise verkörpern die Verdinglichung der gesellschaftlichen Produktion und die Versubjektivierung der materiellen Grundlagen der Produktion.[159] Es gilt nicht mehr die Ware an sich, sondern die Verpackung und damit eine Warenästhetik, in der sich die Werbung in der Epoche des digitalen Scheins befindet.[160]

19 Die technologische Entwicklung verändert die Warenproduktion und ermöglicht einen völlig neuen Umgang mit den Medienprodukten, die „immer häufiger in digitaler Form produziert, distribuiert und konsumiert werden".[161] Es ist kaum zu unterscheiden, was als Endprodukt des einen Prozesses und was als Rohmaterial des anderen gelten soll.[162]

20 In der mikroökonomischen Betrachtungsweise besteht weitgehend Einigkeit darüber, dass Firmen Produktionsentscheidungen treffen, um den Gewinn zu maximieren.[163] Zu diesen Produktionsentscheidungen gehören auch die **Vermarktungsstrategien der Unternehmen**, die Medienprodukte öffentlich zugänglich machen, anbieten und verkaufen. Medienprodukte können im weiteren und engeren Sinne verstanden werden.

153 Die Charta der Grundrechte in der Fassung v 12.12.2007 ist für die Mitgliedstaaten verbindlich. Darauf weist Art 6 des EUV hin. Außerdem gilt die Europäische Konvention zum Schutz der Menschenrechte und Grundfreiheiten für die Mitgliedstaaten. Sie ist Teil des Unionsrechts.

154 S BT-Drucks 16/7000, 267.

155 Geiss/Gerstenmaier/Winkler/Mailänder/*Gerlach* 530.

156 *Dietz* GRUR Int 2006, 9; BT-Drucks 16/7000, 53.

157 *Lucchi* 141.

158 S Creative Economy Report 2008 der UN, 4; die Creative Industries are among the most dynamic sectors in world trade ... annual growth rate of 8,7%; ebenso BT-Drucks 16/7000, 335.

159 *Marx* Das Kapital 887.

160 *Haug* 219 f.

161 *Hofmann/Stadler* 303.

162 *Hofmann/Stadler* 303.

163 *Eichenberger* 101 – er ist der Auffassung, dass Firma und Produzent die Mikroökonomik reflektieren und als Synonym gebraucht werden.

21 Medienprodukte im **weiteren Sinne** sind solche Produkte, die von Unternehmen produziert werden und vor allem den körperlichen und unkörperlichen **Träger von Medien** betreffen und Mediales verbreiten, zB Ton- und/oder Bild(ton)träger, Video-/Tonbänder, -plattformen, CDs, DVDs und Kassetten sowie mit Programmen und/oder Daten versehene maschinenlesbare Datenträger aller Art. Träger von Medienprodukten sind auch **Druckerzeugnisse**, zB Bücher, Zeitschriften, Zeitungen, Geld, Noten, Poster, Plakate, Tagebücher, Kalender, Karten, Lesezeichen und Fotos. Zu den Medienprodukten im weiteren Sinne gehören **Formgebungen** als Inhaltsmitteilungen, zB Gemälde, Webseiten, Gedichte, Romane, Sinfonien, Spielfilme. Neben den Trägern immaterieller Güter vermitteln vor allem **Zeichen jeglicher Art** einen bestimmten Bedeutungsgehalt und Informationen. Daher sind Wörter, Namen, Abbildungen, Zahlen, Hörzeichen, Farben usw Gegenstand des Markenrechts, dh Marken, die geeignet sind, Waren und Dienstleistungen zu unterscheiden. Die **immateriellen Güter** als Medienprodukte sind gleichsam das Ergebnis der geistigen Arbeit, in der die Zeichen als Marke, Text, Musik usw kombiniert bzw komponiert werden. So wird mittels der Sprache ein Text, mittels Töne Musik oder Geräusche, mittels Farbe eine Grafik, ein Gemälde oder eine Zeichnung produziert.

22 Die Medienprodukte im weiteren Sinne können aber auch in der Form auftreten, dass die menschliche Kommunikation in der **Vermarktung von Merkmalen einer Persönlichkeit** (zB Name, Stimme, Gesicht) oder in der Vermarktung körperlicher Leistungen von ausübenden Künstlern (zB Sänger, Schauspieler und Tänzer) und Sportlern besteht.[164]

23 Produkte der **Medienindustrie im engeren Sinne** sind solche Medienprodukte, die die Fernseh- und Hörfunkanstalten, die Filmindustrie und die Print- und Online-Industrie produzieren und der **Massenkommunikation** dienen. So ist die öffentliche Wiedergabe von Musik im Internet ein Prozess, in dem die Musik als Medienprodukt selbst seine Wirkung entfaltet und zB mit der **Recording-Software** für Internetradios und **Online-Videorecorder** für Fernsehprogramme Rechtskonflikte unvermeidbar sind.[165] Umgekehrt kann aber die Musik als Medienprodukt für andere Waren und Dienstleistungen wirtschaftliche Bedeutung haben, indem sie für die **Förderung des Absatzes** derselben benutzt wird. Das trifft vor allem auf **Merchandising** und auf die Werbung für andere Waren und Dienstleistungen zu.[166] Klingeltöne werden zB für die Förderung des Absatzes der **Mobiltelefone** und für andere Waren und Dienstleistungen benutzt.[167]

24 Sind Medienprodukte hergestellt, kommt es dann darauf an, die Botschaft des Medienprodukts zum Empfänger zu transportieren. Das kann dergestalt passieren, dass technische Geräte – sog Sekundärmedien – für derartige Kommunikation nicht erforderlich sind.[168] Jeder kann die Bedeutung der Information aufnehmen, zB aus einem Foto, einer Schrift, einer Grafik usw. Das gilt insb für Druckerzeugnisse, zB Zeitungen, Zeitschriften und Bücher. Demgegenüber sind die **tertiären Medien** solche Medien, bei deren Nutzung oder Gebrauch sowohl der Sender als auch der Empfänger Geräte benötigen, um die Übertragung zu ermöglichen. Dies sind hauptsächlich die **elektronischen Kommunikationsmittel.**[169] Aus der Übertragung der Medienprodukte an

164 BVerfG GRUR2013, 195 – Das Prinzip Arche Noa; EGMR GRUR 2004, 1051 – Caroline von Hannover; BVerfG GRUR 2008, 539 – Caroline von Hannover; BGH ZUM 2010, 529 – Der strauchelnde Liebling; BGH GRUR 2010, 1029 – Charlotte im Himmel der Liebe.

165 BGH GRUR 2013, 618 – Internet-Videorecorder II; BGH GRUR 2009, 845 – Internet-Videorecorder I.

166 *Kreifels/Breuer/Maidl* Rn 250; *Schertz* 4.

167 BGH GRUR 2010, 920, 922 – Klingeltöne für Mobiltelefone II; BGH GRUR 2009, 395 – Klingeltöne für Mobiltelefone; BGH WRP 2006, 885 – Werbung für Klingeltöne.

168 *Pross* 128; *Pross* verwendet den Begriff primäre Medien im Zusammenhang mit dem Ausdruck des Körpers, der Gangart, der Kopfhaltung usw.

169 *Pross* 128.

den Empfänger werden die **Distributionsverhältnisse** angesprochen, die sich durch die Informations- und Kommunikationstechnologie verändert haben.

2. Ökonomischer Wert und Werteträger

25 Medienprodukte als Kulturgüter haben wie alle Waren einen Tausch- und Gebrauchswert. Der Gebrauchswert eines Medienprodukts kann einen möglichen ideellen Wert[170] bzw eine ästhetische Formgebung aufweisen. Stellt die ästhetische Formgebung nicht allein in den Augen des Verkehrs die alleinige Ware dar, sondern erscheint sie nur als Zutat zu der Ware, deren Nutz- oder Verwendungszweck auf anderen Eigenschaften beruht, steht sie zB der Eintragung als Marke nicht entgegen.[171] Der eigentliche ökonomische „Wert" eines Medienprodukts hängt zunächst mit der verausgabten geistigen und körperlichen Arbeit zusammen und mit der Fähigkeit, als Tausch- und Gebrauchswert auf dem Markt zu zirkulieren.[172] **Ökonomischer Wert** entsteht erst, wenn es gelingt, einen Gegenstand, ein Etwas, in das **Medium Ware** umzusetzen.[173] Schwierigkeiten bestehen vor allem bei der **Bewertung immaterieller Güter**, die zu den wichtigen Vermögensgegenständen eines Unternehmens gehören. Die entwickelten betriebswirtschaftlichen Methoden können dabei hilfreich sein.[174] Entscheidend ist aber nicht, dass Medienprodukte (zB Rundfunkprogramme, Kunstwerke, Fotos, Formgebungen eines Designs, Zeichen einer Marke, Geschäftsabzeichen) schlechthin produziert werden. Durch die Einbindung der Medienprodukte in die Warenproduktion wird ihr Charakter zum Zwecke der Produktion von Mehrwert bestimmt.[175] Der Profit ist der beherrschende Gedanke und das eigentliche Motiv der Medienunternehmen. Mit neuen **Geschäftsmodellen** im Internet soll dieses Ziel erreicht werden, wobei diese nicht nur das Urheberrecht, sondern auch das Patent- und Markenrecht betreffen.[176] Solch ein Geschäftsmodell ist zB die Google Suchmaschine,[177] der **Online-Videorecorder für Fernsehprogramme,**[178] die Nutzung der Peer-to-Peer-**Filsharing-Software,**[179] die Nutzung der **Recording-Software** für die Aufnahme von Musikstücken aus einer großen Zahl von Internetradios[180] oder der **Verkauf personenbezogener Daten**, die einen monetär bewertbaren Produktionsfaktor darstellen.[181] Wegen der Besonderheit des Internets und der Telekommunikation bestehen andere Möglichkeiten und Schwierigkeiten des Schutzes und der Durchsetzung der Rechte. Der Bundesrat hat im Zusammenhang mit der Neuregelung der Telekommunikationsüberwachung den **zivilrechtlichen Auskunftsanspruch** gegen den Internet-Provider angemahnt.[182] Das BVerfG hat in seiner historisch bedeutenden Entscheidung der Vorratsspeicherung die sechsmonatige, vorsorglich anlasslose Speicherung von Telekommunikationsverkehrsdaten gem der

---

170 So aber BT-Drucks 16/7000, 259.
171 BGH GRUR 2008, 71, 72 – Fronthaube.
172 So besteht der wirtschaftliche Wert eines Sportereignisses allein in der Möglichkeit, die Wahrnehmung des Spiels in Bild und Ton durch das sportinteressierte Publikum zu verwerten; s BGH NJW 2006, 377, 380 – Hörfunkrechte.
173 *Fleischer* 216.
174 *Menninger/Nägele* WRP 2007, 912, 915; vgl auch www.idw.de.
175 *Marx* Das Kapital 886, 887.
176 *Enders* GRUR 2012, 25, 29 f.
177 EuGH GRUR 2010, 445 – Google France und Google.
178 Statt wie früher Sendungen mit dem heimischen Videorecorder aufzunehmen, werden über das Netz von einem Anbieter die Aufnahmen angeboten. BGH GRUR 2013, 618 – Internet-Videorecorder II; BGH GRUR 2009, 845 – Internet-Videorecorder I.
179 BGH ZUM 2013, 38 ff – Two World II.
180 *Von Zimmermann* MMR 2007, 553.
181 *Hofmann/Cas/Peissl* 274.
182 S BR-Drucks 798/1/07, 1.

§§ 113a, 113b TKG wegen Verstoß gegen Art 10 Abs 1 GG für verfassungswidrig erklärt und die Erteilung von Auskünften durch die Diensteanbieter über die Inhaber von IP-Adressen unabhängig von begrenzenden Straftaten- oder Rechtsgüterkatalogen für die Strafverfolgung, Gefahrenabwehr und die Wahrnehmung nachrichtendienstlicher Aufgaben für zulässig angesehen.[183] In der Zuordnung von Telekommunikationsnummern zu ihren Anschlussinhabern liegt nach Auffassung des BVerfG ein Eingriff in das **Recht auf informationelle Selbstbestimmung** vor.[184] Der EuGH hat die Pflicht zur Regelung eines zivilrechtlichen Auskunftsanspruchs aus dem Gemeinschaftsrecht für die Mitgliedstaaten verneint.[185] Generell ist der EuGH der Auffassung, dass die Platformbetreiber nicht verpflichtet sind, ein **System der Filterung** zur präventiven und aktiven Überwachung sämtlicher Daten jedes einzelnen ihrer Kunden einzurichten.[186]

Da die Medienprodukte einen **Tausch- und Gebrauchswert** verkörpern, ist das Interesse der Unternehmen und der Verbraucher auf die Aneignung des Gebrauchswertes des Medienprodukts gerichtet. Es kann der Tauschwert zur primären Eigenschaft eines Medienprodukts werden, ohne dass der Gebrauchswert eine geringere Bedeutung hätte, zB bei Kunstwerken.[187] Medienunternehmen, die den **Inhalts- und Bedeutungsgehalt** einer Information durch Medienprodukte vermitteln, sind Teil des sozialen Funktionssystems in der Wirtschaft und des ihm entsprechenden Kommunikationsprogramms. Nicht umsonst hat sich **das Äußerungsrecht** als selbstständige Materie entwickelt.[188] Medienunternehmen verkaufen **Äußerungen als Ware** (zB Reden, Artikel, Berichte, Nachrichten, Sendungen etc). Es gibt keine Medienunternehmen, die nicht den Kommunikationsmodus **Ware und Geld** im Kommunikationsprogramm Wirtschaft benutzen.[189] Im Unterschied zur Alltagskommunikation dient die Massenkommunikation ausschließlich zur Produktion und zum Erwerb von Äußerungen als Ware. Rundfunkprogramme haben im Vergleich zu anderen Waren besondere ökonomische Eigenschaften.[190] 26

Äußerungen in den verschiedenen Erscheinungsformen können zB selbst im Internet produziert, aber auch als Ware erworben und veräußert werden. Insoweit gilt nichts anderes als bei Autos.[191] Damit können nicht nur körperliche Sachen iSv § 90 BGB als Waren in Erscheinung treten.[192] Der Unterschied besteht jedoch darin, dass das Auto als körperliche Sache nur einmal erworben oder verkauft werden kann. Dagegen weisen Programme bzw Äußerungen oder andere **immaterielle Güter** die **ökonomische Eigenschaft** auf, dass sie bei gleicher Qualität unbegrenzt ohne nennenswerte Transaktionskosten erworben oder verkauft werden können. Die immateriellen Güter haben **Informationswert**, der Bestandteil des Gebrauchswertes ist. Der Informationswert kann in dem ästhetischen Gehalt einer Formgebung, im Inhalt eines Romans oder im Verwendungszweck liegen. Geistige Formgebungen, zB Musik-, Sprach-, Film-, Fernsehwerke, Designmuster, Marken und Spiele,[193] bringen gleichsam ein Bündel von Informatio- 27

---

183 BVerfG NJW 2010, 833 ff – Vorratsspeicherung von Telekommunikationsverkehrsdaten; Konsequenzen für Provider: dazu *Wehr/Ujica* MMR 2010, 667 ff.

184 BVerfG K&R 2012, 274, 275.

185 EuGH GRUR 2008, 241 – Promusicae/Telefonica. In der Entscheidung wird die Offenlegung der IP-Adresse durch den Internetprovider im Zusammenhang mit dem Schutz des Urheberrechts abgelehnt. Allerdings wird auf ein angemessenes Gleichgewicht nach dem Grundsatz der Verhältnismäßigkeit zwischen dem Grundrecht auf Schutz des geistigen Eigentums und dem Grundrecht auf Schutz der Privatsphäre hingewiesen.

186 EuGH ZUM 2012, 29 – Scarlet Extended; EuGH ZUM 2012, 307 – SABAM/Netlog.

187 *Marten* 149.

188 Wenzel/*Burkhardt* Einl Rn 20; eine Zuordnung des Äußerungsrechts zum Medienrecht wird abgelehnt, s Rn 19.

189 Die Berichterstattung von Sportveranstaltungen verkörpert einen wirtschaftlichen Wert. So der BGH NJW 2006, 377, 379 – Hörfunkrechte.

190 BVerfG ZUM 2007, 712, 721.

191 *Fischer* 252.

192 Spindler/Schuster/*Weber* § 312e BGB Rn 4.

193 S *Schricker* GRUR Int 2008, 200, 202.

nen zum Ausdruck. Alle Medienprodukte, die in den Distributions- und Konsumtionsprozess gelangen, verkörpern einen Informationswert. Medienprodukte und Geld stehen dabei in einem direkten Zusammenhang. **Die Macht der Medienunternehmen** steht in einem direkten Verhältnis zur Macht des Geldes und umgekehrt. In dem Maße, wie die **Macht des Geldes** wächst, nimmt die Macht der Medienunternehmen und deren Bedürfnisse nach optimaler Verwertung der Medienprodukte zu. „Wie das Bedürfnis des Menschen wächst, nimmt die Macht des Geldes zu. Die Maßlosigkeit und die Unmäßigkeit des Geldes wird sein wahres Maß.“[194] Folge dieses **ganzheitlichen Prozesses** ist eine Angleichung durch **Vereinzelung und eine Entfremdung der Bedürfnisse**, die durch die Kulturindustrie geprägt und produziert werden.[195] Es ist dann kein langer Weg vom manipulatorischen Zynismus, zB der angebotenen Botschaften der Fernseh- und Werbeproduzenten, bis zu den perversesten Formen der scholastischen Illusion in ihrer populistischen Fassung.[196] Medienprodukte transportieren insofern Informationen und Inhalte als Werte, die die geistige Haltung der Verbraucher zu beeinflussen vermögen. Desinformation und Manipulation sind zwei Seiten einer Medaille, die den **demokratischen Willensbildungsprozess** zerstören. Bedürfnisse werden durch neue Medienprodukte – auch Geschäftsmodelle genannt – geweckt und befriedigt. Ein neuer Markt wird erschlossen und die Gier nach Verwertung derselben kennt keine Grenzen. Dabei spielen menschliche Eigenschaften, zB der Spieltrieb, in der **Marketingstrategie** eine bedeutende Rolle. Höhepunkt dieser Entwicklung sind Medienprodukte als Computerspiele, zB **„Second life“**, die es dem Nutzer erlauben, in eine virtuelle Welt einzutauchen, in der alle Wünsche des Users (zB Kauf von Einfamilienhäusern, Autos und Kostümen) gegen ein Entgelt erfüllt werden können. Dies ist ein Geschäftsmodell, in dem der Kunde reales Geld verliert, aber zu einer Traumwelt Zugang hat. Damit sind zugleich gesellschaftliche Widersprüche verbunden, die **neue Rechtsfragen**[197] vor allem auf dem Gebiet des allgemeinen Zivil-, Urheber- und des Persönlichkeitsrechts sowie des **Schutzes der Jugendlichen** aufwerfen.[198] So ist der Umfang der Prüfungspflichten der Internetplattformbetreiber im Zusammenhang mit den Anforderungen an das Altersverifikationssystem zu bestimmen, die sich aus dem Schutzzweck des Jugendschutzrechts ergeben.[199] Der Betreiber einer Internetplattform hat das konkrete Angebot sofort zu sperren, wenn der Rechteinhaber oder der Verletzte auf die Rechtsverletzung hinweist.[200] Dazu gehört die zunehmende Verletzung der Menschenwürde durch Werbung[201] oder durch Kinderpornografie.[202] Die Rechtsfolgen für Verletzungen des Jugendschutzes durch Internetbetreiber von **Meinungsforen** und Betreibern von **Chatrooms** sind gleich zu behandeln.[203] Dabei spielt die **Medienethik** zunehmend eine Rolle.[204] Den Providern wird überhaupt mehr Aufmerksamkeit in der Rechtswissenschaft geschenkt. Dabei ist die **Störerhaftung** und der **Schadensersatz** im Fokus der Überlegungen, zB inwieweit die Prüfungspflich-

194 *Marx* Ökonomisch-philosophische Manuskripte 419.
195 *Horkheimer/Adorno* 128 ff.
196 *Bourdieu* Über das Fernsehen 140.
197 *Geis, I/Geis, E* CR 2007, 721.
198 BGH WRP 2010, 104 – Kinder von Franz Beckenbauer; *Braml/Hopf* ZUM 2010, 645 ff; *Hopf/Braml* ZUM 2007, 354, 360.
199 BVerfG ZUM-RD 2010, 61; BGH AfP 2007, 477, 482; OVG Lüneburg ZUM-RD 2008, 221, 223.
200 BGH GRUR 2011, 1038 – Reichweite der Störerhaftung; BGH GRUR 2009, 1093, 1095 – Focus Online; BGH GRUR 2008, 702, 706 – Internetversteigerung III.
201 *Scherer* WRP 2007, 598 f.
202 BVerfG ZUM-RD 2010, 61; *Ritlewski* K&R 2008, 96 f.
203 *Hopf* ZUM 2008, 207, 216. Chatrooms sind gerade für Kinder und Jugendliche sehr beliebt. Hopf schlägt vor, dass sich Chatbetreiber im Vorfeld von Verstößen gegen den Jugendschutz aktiv beteiligen. So sollten die Chatbetreiber die Pflicht haben – ähnlich wie die Betreiber von Meinungsforen – ab Kenntnis von Jugendschutzverstößen diese zu beseitigen.
204 *Heller/Goldbeck* ZUM 2007, 637.

ten des Hostproviders vor oder nach Kenntnis der rechtswidrigen Information von Bedeutung sind, um neben dem Unterlassungsanspruch auch einen Schadenersatzanspruch durchsetzen zu können.[205] Dabei sind Unterschiede zwischen Providern und Anschlussinhabern im privaten und geschäftlichen Bereich zu machen. So hat der BGH eine proaktive Prüfungspflicht des Anschlussinhabers im privaten Bereich bejaht, wenn der Private seinen WLAN-Anschluss nicht ausreichend gesichert hat und Dritte Zugang zu Musiktiteln im Rahmen von Tauschbörsen haben. Sie müssen ein persönliches Passwort einrichten, sonst sind sie Unterlassungsansprüchen ausgesetzt.[206] Demgegenüber geht es um Haftungsfragen der Provider im Zusammenhang mit dem TMG. Die §§ 7–10 TMG, die eine Abstufung der Haftung für unterschiedliche Provider enthalten, sollten unter dem Aspekt einer verschärften Haftung überprüft werden.[207] Der EuGH hat die Haftung der Suchmaschine Google oder Plattformbetreiber bejaht, wenn dieselbe Kenntnis vom rechtswidrigen Inhalt hat.[208] Für die Beurteilung der Haftung sind vor allem die **Geschäftsmodelle** näher zu untersuchen. So ist ein Geschäftsmodell eines File-Hosting-Dienstes, der nicht von vornherein auf Rechtsverletzungen angelegt ist, anders hinsichtlich der Prüfpflichten zu beurteilen, als ein Geschäftsmodell, welches auf Rechtsverletzungen angelegt ist.[209]

3. Konvergenz der Medien und Multimediaprodukte

In der Warenwelt werden zunehmend multifunktionelle Kommunikationsgeräte angeboten, 28
zB MP3-Foto-Handy, i Pad, iPod und iPhone. YouTube, Triple Play sowie Web 2.0 ermöglichen mit ihrer **interaktiven Gestaltung der Meinungsbildung**[210] einen globalen Zugriff auf Informationen. Sie erlauben nicht nur den **Abruf von Informationen**, sondern auch deren Verwendung. Jedermann kann **Webseiten** erstellen, die von jedermann weltweit abgerufen werden können. Ferner können mit dem **Mobiltelefon** Fotos angefertigt und übertragen sowie laufende Hörfunk- und Bewegtbildsendungen nicht nur abgerufen, sondern zum Abruf bereitgestellt oder in eine laufende Kommunikation eingebracht werden.[211] Eine **Konvergenz** der **Kommunikationsgeräte** ist Folge dieser technologischen Entwicklung.[212] Ein Gerät kann mehrere Funktionen übernehmen, die sonst von verschiedenen Geräten (Fotoapparat, Telefon, Computer, Fernseher, Videogerät) umgesetzt werden. Die technische Konvergenz der Medien hat sowohl Auswirkungen auf die Netze und Kommunikationsplattformen, als auch auf die Angebote und auf das Nutzungsverhalten der Teilnehmer am Kommunikationsprozess.[213]

Multimedia bezeichnet eine Synthese und ganzheitliche Nutzung verschiedener Medien. 29
Bild, Film und Fotografie, Ton und Text sind nicht mehr getrennte Werkgrößen, sondern können

205 BGH GRUR 2014, 180 – Terminkalender mit Kartenausschnitt; BGH GRUR 2013, 1030 – File-Hosting-Dienst; BGH GRUR 2013, 370 f – Alone in the Dark; ausf *Leistner* GRUR 2010, Beilage Heft 1; *Ensthaler/Heinemann* WRP 2010, 309; *Fürst* WRP 2010, 378.

206 BGH ZUM 2010, Rn 19 – Sommer unseres Lebens.

207 BGH GRUR 2012, 604 – Vorschaubilder II; BGH NJW 2010, 2731 – Vorschaubilder I; BGH MMR 2010, 556 – marions-kochbuch.de; BGH MMR 2004, 668, 670 – Internetversteigerung I; BGH MMR 2007, 508 – Internetversteigerung II; KG ZUM-RD 2010, 461.

208 EuGH ZUM 2012, 307, 308 – SABAM/Netlog; EuGH GRUR Int 2010, 385, 395 – Google France/Louis Vuitton (Keyword Advertising I).

209 BGH GRUR 2013, 1030 – File-Hosting-Dienst; BGH GRUR 2013, 370, 374 – Alone in the Dark.

210 *Spindler* CR 2007, 239.

211 *Handig* GRUR Int 2007, 206. Nach einer repräsentativen Studie der ARD/ZDF-Medienkommission hat das Handy mit Abstand den höchsten Verbreitungsgrad. 82% der Bevölkerung ab 14 Jahren verfügen über ein Handy, 26 % über einen MP3-Player, 27% über einen Laptop; s Media Perspektiven 2007, 13.

212 Hepp/Krotz/Moores/Winter/*Winter* 79 f; *Huber* ZUM 2010, 201, 207; *Bullinger, M* JZ 2006, 1137, 1139.

213 *Mückl* JZ 2007, 1078.

dank einer **Digitalisierung** zu einer neuen Einheit verbunden bzw miteinander kombiniert werden. Die Anwendungsmöglichkeiten sind vielfältig. Produkte mit multimedialem Charakter werden in verschiedenen Bereichen eingesetzt, zB im Bereich der Aus- und Weiterbildung, Medizin, Verwaltung, Verlagswesen, Musik- und Filmindustrie usw.

30 Multimediale Produkte werden als **Off- und Onlineprodukte** vertrieben, wobei feste Datenträger (meist CD-ROMs oder DVDs) oder unkörperliche Verwendungsformen vorliegen, die via Telekommunikation die Medienprodukte verbreiten.[214] **Multimediaprodukte** sind wesentliche Ergebnisse der geistigen Produktion mit Hilfe neuer Informations- und Kommunikationstechnologien. Die vielfältige **Kombination aller denkbaren Zeichensysteme**, zB Schriften, Grafiken, Töne, statische und bewegte Bilder, ist ein bestimmender Faktor gegenwärtiger und künftiger Informations- und Kommunikationsprozesse. Geht man von den medialen Kernelementen aus, wie der Schrift, dem statischen und bewegten Bild (Video) sowie dem Ton (Audio), dann sind in der Tat mit der Digitalisierung neue Technologien, nicht aber neue Medien entstanden.[215] Die Möglichkeiten zur Herstellung multimedialer Produkte verbessern sich erheblich. Denn nun kann ein Buch mit Video und/oder Audio verbunden werden.

31 Sinn und Zweck dieser Entwicklung ist nicht nur die **Verbesserung der Informationswege**, sondern es entstehen neue Märkte und der **Verdrängungswettbewerb**, zB auf dem **Handymarkt**, spitzt sich zu. Neben dieser Entwicklung ist ein Phänomen aufgetreten, das Grundfragen des Rechts der Medien betrifft. Es ist gegenwärtig kaum feststellbar, welche Rechte entstehen, wenn mehrere Personen im Internet ein Medienprodukt (zB einen Text) produzieren und für jedermann zum Download anbieten. Da diesen geistigen Leistungen eine Ubiquität anhaftet, sind sie auch in Multimediaprodukten verwertbar. Die massenweise Produktion von Medienprodukten durch User im Internet hebt gleichsam einen **effektiven Rechtsschutz** auf. Der einzelne Schöpfer ist kaum feststellbar und die **individualistische Konzeption**, zB des Urheberrechts, befindet sich an ihren Grenzen. Die interaktiven Gestaltungsmöglichkeiten der Meinungsbildungs- und Willensbildungsprozesse mittels Multimediaprodukten schließen notwendigerweise rechtliche Regulierungsprobleme und Abgrenzungsfragen ein.[216] **Die Grenzen zwischen Telekommunikations-, Presse-, Rundfunk- und Telemedienrecht verschwimmen immer mehr.**[217] Es können zB Mobiltelefone Fersehsendungen empfangen, dh Daten werden über UMTS auf das Handy gestreamt. Erst auf individuelle Anfrage des Nutzers wird gesendet (point-to-point). Demgegenüber besteht ein Broadcastingangebot, welches unabhängig von der konkreten Anforderung des Nutzers ausgestrahlt wird. Der Übertragungsweg erfolgt dann point-to-multipoint, was dem Rundfunkbegriff mehr entspricht. Ebenso gibt es Probleme bei der Abgrenzung zwischen **Fernsehwerbung** und **Teleshopping.**[218] Auch der Telekommunikationsmarkt muss neu reguliert werden.[219]

4. Marke als Medienprodukt

32 Ein erfolgreiches **Markenmanagement** verlangt einen tiefen Einblick in die Möglichkeiten und Wirkungen der **Marke als Kommunikationsmittel.**[220] Die Marke beinhaltet ein ästheti-

214 *Hoeren* Teil 14 Rn 2.
215 Delp/*Titel* 83.
216 *Hoeren* MMR 2008, 139. Die klassischen Regulierungssysteme des Telekommunikations-, Rundfunk- und Onlinerechts stoßen an ihre Grenzen. Davon ist auch das Urheberrecht mit seinen Normen betroffen.
217 Spindler/Schuster/*Holznagel*/*Kibele* § 2 RStV Rn 9; *Spindler* CR 2007, 240; *Mückl* JZ 2007, 1083.
218 EuGH GRUR Int 2008, 132, 135.
219 *Fetzer* MMR 2010, 515 ff.
220 *Ingerl*/*Rohnke* § 14 MarkenG Rn 301; *Fezer* Einl Rn 41; *Hildebrandt* § 3 Rn 3.

sches Gebrauchswertmonopol.[221] Da jedes Zeichen (zB Buchstaben, Wörter, Bilder, Töne usw) als Marke zur Unterscheidung von Waren und Dienstleistungen benutzt werden kann, ist deren Wirkungsmechanismus für die **Marketingstrategie** der Unternehmen von Bedeutung. Für die Unternehmen können auch **Namensrechte** und andere **Persönlichkeitsrechte** markenrechtlich interessant sein.[222] Hierin eingeordnet ist vor allem die Durchsetzung der bedeutenden **Herkunftsfunktion** der Marke. Aber auch andere Funktionen der Marke spielen eine wichtige Rolle, wie die **Garantie-, Werbe-, Kommunikations- und Investitionsfunktion.**[223] Marken und Werktitel können, wenn sie urheberrechtlich schutzfähig sind, einem doppelten Rechtsschutz unterliegen.[224] Nach der Rechtsprechung des **EuGH**[225] und des **BGH**[226] wird eine Marke nicht iSv Art 5 Abs 1 MarkenRL „für Waren oder Dienstleistungen" benutzt, wenn das angegriffene Zeichen ausschließlich firmenmäßig (Unternehmensbezeichnung) verwendet wird. Eine Benutzung als Unternehmenskennzeichen kann allerdings zugleich eine markenmäßige Benutzung sein, wenn die Verwendung des Unternehmenskennzeichens (hier Pelikan) den Verkehr zu der Annahme veranlasst, dass eine Verbindung zwischen dem angegriffenen Unternehmenskennzeichen und den Waren oder Dienstleistungen eine Verbindung besteht, zB seine Anbringung auf den Waren oder durch seine Verwendung in der Werbung für die Waren oder Dienstleistungen in Katalogen oder im Rahmen des Internetauftritts.[227]

Neben der rechtlichen Einordnung in eine unternehmerische Vermarktungsstrategie der Waren und Dienstleistungen sind die Medien von Interesse, welche die optischen Kommunikationsformen und **Medienkanäle** bedienen. Die Marke als Kommunikationsmittel wird in dem Maße erfolgreich sein, wie sie die emotionalen, visuellen und auditiven Faktoren berücksichtigt. Der Markeninhaber muss im Rahmen der digitalen Technologien und einem veränderten Medienkonsum nach **neuen Werbeformaten** und **Marketinginnovationen** suchen. **Online Advertising** und die **interaktive Zielgruppenkommunikation** werden mehr und mehr im Zentrum des Wettbewerbs zwischen den Unternehmen stehen. 33

Der Unternehmer wird in dem Maße Zuspruch erhalten, wie er den kulturellen Wandlungsprozess und das **Konsumverhalten** beachtet. Dabei stellen die Marken temporär begrenzte Identifikationsmuster mit einer Botschaft an den Verbraucher dar.[228] So werden bekannte Persönlichkeiten aus **Kultur, Kunst, Politik und Sport als Werbeträger** in die Vermarktungsstrategie eingebunden. 34

Marken befinden sich in einem **öffentlichen Raum** – dem traditionellen und virtuellen Markt und sind Teil eines kulturellen Gesamtprozesses der kapitalorientierten Produktionsweise. Dieser öffentliche Raum eröffnet dem Konsumenten **Projektionsräume** von Wünschen und Erwartungen, Geschmack und Geschmacklosigkeit sowie Dummheit. 35

Mit den Informations- und Kommunikationstechnologien wird eine **Netzöffentlichkeit** installiert, die eine Herausforderung für die Werbung und **„Public Relation"** der Unternehmen bedeutet.

221 *Haug* 231 f.
222 BGH GRUR 2012, 1148 ff – Robert Enke.
223 Wandtke/*Wandtke* Urheberrecht Kap 1 Rn 86; *Völker/Elskamp* WRP 2010, 64.
224 BGH GRUR 2012, 666, 667 – Medusa; Wandtke/*Wandtke* Urheberrecht Kap 1 Rn 86.
225 EuGH GRUR 2007, 971 Rn 21 – Celine; EuGH GRUR 2005, 153 Rn 64 – Anheuser-Busch.
226 BGH GRUR 2012, 1145 Rn 29 – Pelikan.
227 BGH GRUR 2012, 1145 Rn 29 – Pelikan.
228 *Spacek* 23.

5. Urheberrechtliches Medienprodukt als Werk und künstlerische Leistung

36 Neben der Richtlien- und Verordnungspolitik der EU spielt für die Harmonisierung des Urheberrechts die Rechtsprechung des EuGH eine bedeutende Rolle.[229] Das Urheberrecht gerät immer stärker in den Fokus wirtschaftlicher Verwertungsprozesse und ist in den Medien Teil der öffentlichen Auseinandersetzung. Die unappetitlichen Plagiatsfälle in der Politik und in der Wissenschaft sowie die Ablehnung des Handelsabkommens zur Bekämpfung von Produkt- und Markenpiraterie (ACTA) spiegeln unterschiedliche Interessen wider. Forderungen nach Abschaffung des Urheberrechts sind genauso unbegründet wie die wirtschaftliche Ausrichtung des Urheberrechts nach dem Copyrightsystem.[230] Der ökonomische Wert der urheberrechtlichen Werke wie Film- und Musikwerke sowie Software ist für die Unternehmen bedeutsam. So hat zB ein Geschworenengericht in den USA den deutschen Softwarekonzern SAP zu einer Schadensersatzzahlung von $ 1,3 Mrd an den Konkurrenten Oracle verurteilt.[231] Die Vorstellung eines medienspezifischen Urheberrechts ist sachlich nicht gerechtfertigt, wenn Fragen des Werkbegriffs ausgeklammert werden.[232] Für das Urheberrecht ist nicht nur von Bedeutung, ob ein Medienprodukt – hier als Werk iSd § 2 Abs 2 UrhG – vorliegt und geschützt ist, oder ob die **Abgrenzungsfragen** zu einem anderen Ergebnis führen. Soweit zB **Computerspiele** oder grafische Benutzeroberflächen urheberrechtlich zu bewerten sind, ist deren Schutzausschluss hinsichtlich der Werkkategorien der Literatur, Wissenschaft und Kunst nicht berechtigt.[233] Die Trennung zwischen einer Software und einem Computerspiel als Werk ist rechtlich von Bedeutung.[234] So hat der EuGH eine grafische Benutzeroberfläche nicht als Computerprogramm bejaht, sondern als mögliches urheberrechtliches Werk anerkannt.[235] Die Frage der Schutzfähigkeit geistiger Arbeitsergebnisse in den unterschiedlichsten Erscheinungsformen berührt Grundfragen des Urheberrechts, die zugleich auch das Recht der Medien einschließen.

37 Es ist nicht überzeugend, wenn das Urheberrecht für das Medienrecht deshalb so interessant sein soll, weil die Verbreitung des Werkes im Fokus steht.[236]

38 Der hier vertretene Ansatz knüpft an das urheberrechtlich relevante Sprach-, Musik-, Tanz- und Filmwerk, die Fotografie, Werke der bildenden und angewandten Kunst, Baukunst ua Werkarten, die als Medienprodukte für die Massen- und **Individualkommunikation** von Bedeutung sind, an. Dabei erfassen auch sie den Prozess der Produktion, Distribution und Konsumtion. Vergleicht man die Verwertungsrechte der Kreativen (Urheber und Künstler), dann fällt auf, dass das Vervielfältigungs-, Verbreitungs-, Bearbeitungs- und Änderungsrecht sowie das Recht der öffentlichen Zugänglichmachung und das Aufführungsrecht alle Phasen eines Produktions- und Reproduktionsprozesses widerspiegeln. Es geht also nicht nur um die Vermittlung eines urheberrechtlichen Werkes[237], das in der Distributionssphäre angesiedelt ist. Vor allem die **Kreativen und die Medienunternehmen** (Hörfunk-, Fernsehanstalten, Filmhersteller und Presseunternehmen) sind es, die auf der Grundlage der vorhandenen geschützten oder nicht geschützten Medienprodukte einer Kulturstufe neue Werke „produzieren", die in den Kreislauf des **traditionellen oder virtuellen Marktes** geraten.[238] In einer Studie über das Nutzerverhalten in den USA (US) und in Deutschland (DE) von 2013 wird eingeschätzt, dass die Unterschiede

229 Von Ungern-Sternberg, FS für Bornkamm, 1007 ff.
230 *Smiers/van Schijndel* No Copyright, 18 ff.
231 S Süddeutsche Zeitung v 25.11.2010, 19.
232 *Petersen* § 10 Rn 3.
233 S EuGH GRUR Int 2011, 148 – BSA/Kulturministerium; *Schricker* GRUR Int 2008, 200, 202.
234 *Bullinger/Czychowski* GRUR 2011, 19, 21.
235 EuGH BeckRS 2010, 91497.
236 AA *Petersen* § 10 Rn 2.
237 AA *Petersen* § 10 Rn 2.
238 *Hermes* GRUR 2013, 400 ff.

nicht so groß sind, wie gemeinhin angenommen wird. So wird die Prozentzahl von Internetinhabern mit ca 75%, von DVD-Playern mit ca 80% und von Computern mit ca 80% angegeben. Dagegen sind teilweise erhebliche Unterschiede bei den Geräten wie Smartphone (US 35%, 18% DE), eBook (US 14%, 2% DE) und Tablet (US10%, 4% DE) festzustellen.[239]

Will zB das ZDF oder RTL ein Werk senden, muss der Sender die sprachlichen Vorlagen für das Medienprodukt **„Fernsehserie“** bspw vom Urheber produzieren lassen. Das arbeitsteilige Kunstwerk wird dann gesendet, wenn alle ökonomischen und rechtlichen Voraussetzungen vorliegen. Umgekehrt ist aber auch möglich, dass das **Sprachwerk** (zB Drehbuch) bereits fertig gestellt ist und der Urheber es dem Sender anbietet. Dieser Akt der Produktion endet ebenfalls mit der Ausstrahlung der „Fernsehserie“, die die Zuschauer genießen bzw konsumieren können. 39

Da das Urheberrecht mit seinen Medienprodukten die Kommunikations- und Innovationsfunktion bedient und den **Schutz derartiger Formgebungen** beinhaltet, eignet sich dieses Rechtsgebiet besonders für das Recht der Medien. Es ist anerkannt, dass der Gestaltung von Webseiten unabhängig von der Digitalisierung des Inhalts ein Urheberrechtsschutz zukommt[240] und die Bildschirmgestaltung im Internet kommuniziert werden kann.[241] Ebenso kann zwischen den Produkten der bildenden Kunst und der Pressefreiheit ein Konflikt entstehen. Dabei sind die Kommunikationsmöglichkeiten der Presse genauso zu beachten, wie die Grenzen der Eigentumsgarantie im Zusammenhang mit dem Urheberrecht.[242] Der EGMR hat darauf hingewiesen, dass das Urheberrecht stärker wirken kann als die Meinungsfreiheit nach Art 10 EMRK, wenn zB Modefotos unter Verletzung des Urheberrechts veröffentlicht werden und nicht dem öffentlichen Interesse dienen.[243] 40

6. Designprodukt

Für die Vermarktung von Medienprodukten spielen das Kommunikations- (zB Werbegrafiken, Illustrationen, Karten, Webseiten) und vor allem das **Produktdesign** (zB Textil- und Modedesign, Möbel, Fahrzeuge, Schmuck, Spielzeug, Haushaltsgeräte)[244] sowie Kunstwerke eine Rolle. Dabei spielt der Schutzumfang eine bedeutende Rolle.[245] Zum Schutz zur Verbreitung und zur Verwertung derartiger kreativer Leistungen steht ein Strauß mehrerer Rechtsgebiete zur Verfügung.[246] Neben dem neuen Designgesetz, das am 1.1.2014 in Kraft getreten ist,[247] sind das Urheberrecht und das Wettbewerbsrecht zu beachten. Mit der nunmehr einheitlich durch Art 5 der RL 98/71/EG vorgegebenen Schutzvoraussetzung der „Eigenart“ hat der Gesetzgeber Abschied von der alten konzeptionellen urheberrechtlichen Schutzprüfung der Gestaltungshöhe genommen.[248] Der **Designschutz** hat auch mit der **Harmonisierung des Designschutzes** in der EU das Verhältnis zwischen Designschutz und Urheberrechtsschutz trotz der unterschiedlichen Schutzvoraussetzungen nicht aufgehoben. Selbst wenn der Designschutz zu den gewerblichen Schutz- 41

---

239 *Karaganis/Renkema* Copy Cultur, 15.
240 OLG Rostock GRUR-RR 2008, 1; OLG Frankfurt aM GRUR-RR 2005, 299.
241 OLG Rostock GRUR-RR 2008, 1.
242 BVerfG MMR 2012, 177, 178 – Kunstausstellung im Onlinearchiv.
243 EGMR GRUR 2013, 859 f – Ashby Donald/Frankreich.
244 BGH GRUR 2010, 718 – Verlängerte Limousinen; krit Anm zum BGH-Urteil von *Ruhl* GRUR 2010, 692; OLG München GRUR-RR 2010, 166 – Geländewagen.
245 *Nirk* 30 ff; *Ruhl* GRUR 2010, 289 ff.
246 *Zentek* 7.
247 BGBl I 13,3799.
248 BGH GRUR 2014, 175 – Geburtstagszug; BGH GRUR 2012, 1139, 1142 – Weinkaraffe; Büscher/Dittmer/Schiwy/*Steinberg* Kap 5 Rn 4.

rechten zählt und eine Stärkung erfahren hat,[249] ist der Zusammenhang zum Urheberrecht evident. Denn wegen der Formgebung und der körperlichen Warenform im **Bereich der angewandten Kunst** ist ein **doppelter Rechtsschutz** (Urheberrechts- und Designschutz) möglich.[250] Die Neukonzeption des Designschutzes erlaubt es seit der Reform des Designschutzes im Jahr 2014 nicht mehr, dass eine Abstufung innerhalb des Urheberrechts erfolgt.[251] Deshalb ist es erfreulich, dass der BGH seine Rechtsprechung 2013 aufgegeben hat, wonach an den Urheberrechtsschutz von Werken der angewandten Kunst höhere Anforderungen an die Gestaltungshöhe zu stellen seien als an den Werken der zweckfreien Kunst.[252] In seiner früheren Rechtsprechung hatte der BGH die Anforderungen an die Gestaltungshöhe von Werken der angewandten Kunst, die einem Designschutz zugänglich waren, damit begründet, dass für solche Werke ein deutliches Überragen der Durchschnittsgestaltung erforderlich sei. Für den Designschutz ist die **Unterschiedlichkeit des Musters** entscheidend und nicht die Gestaltungshöhe.[253] Selbst wenn im Bereich des Designschutzes nicht alle Designprodukte urheber- und designrechtlichen Schutz genießen können, sind sie Bestandteil des **Vermögens für die Unternehmen.**

7. Merchandisingprodukte

42 Im Rahmen von **Vermarktungsstrategien** für Waren und Dienstleistungen werden zunehmend Medienprodukte dazu benutzt, den Verkauf derselben zu stärken.[254] Merchandising ist dabei die umfassende **Sekundärvermarktung** von populären Erscheinungen, insb fiktiven Figuren, realen Persönlichkeiten, Namen, Titeln, Signets und Logos, Ausstattungselementen, Designs und Bildern.[255] Das **Merchandising** zielt darauf ab, den Absatz von Waren und Dienstleistungen zu fördern. Auf der einen Seite soll durch das Medienprodukt der Kaufentschluss beeinflusst und auf der anderen Seite eine bestimmte Qualität der Waren und Dienstleistungen suggeriert werden. Kein gesellschaftlicher Produktionsbereich ist von der Flut von **Merchandisingobjekten** ausgeschlossen. Insb sind davon der Sport, die Kunst, die Politik, das Fernsehen, der Hörfunk, der Film, die Universitäten, die Organisationen ua betroffen. Die **Werbung für Merchandisingprodukte** spielt dabei im Rahmen einer Marketingstrategie eine wichtige Rolle. Zunehmend wird das **Internet als Werbemedium** benutzt, um Medienprodukte anzupreisen. Mit der Richtlinie über audiovisuelle Mediendienste der EU wird die Werbung und Werbeunterbrechung im Rundfunk und im Internet legalisiert, einschließlich **„Product Placement“**.[256] Wirtschaftlich ist die Werbung für die Unternehmen im Internet eine Goldgrube. **Google**, ursprünglich eine Suchmaschine, hat den Wert des Internets als Werbemedium erkannt. Im ersten Quartal 2007 erwirtschaftete Google als Medien- und Werbeimperium einen Umsatz von $ 2,28 Mrd. Das sind 99 % der Umsätze von Google.[257]

---

249 EuGH GRUR 2014,368 – Gartenpavillion; EuGH GRUR 2013, 178 – Neumann ua/Banea Grupo; EuGH GRUR 2011, 216 – Flos/Semeraro; Pierson/Ahrens/Fischer/*Pierson* 5.
250 *Schicker/Haug* NJW 2014,726; *Kapp*l GRUR 2014, 326ff; BGH GRUR 2012, 1253 – Gartenpavillion; BGH GRUR 2004, 941, 942 – Metallbett; Eichmann/von Falckenstein/*Eichmann* GschmMG Allg Rn 32; Schricker/Loewenheim/*Schricker/Loewenheim* Einl Rn 47.
251 offen gelassen BGH GRUR 2012, 58, 62 – Seilzirkus; *Zentek* WRP 2010, 73, 75; Wandtke/*Wöhrn* Urheberrecht Kap 2 Rn 52ff; Schricker/Loewenheim/*Schricker/Loewenheim* Einl UrhG Rn 47; Loewenheim/*Götting* § 3 Rn 17; *Stolz* 174; aA BVerfG ZUM 2005, 387.
252 BGH GRUR 2014, 175 – Geburtstagszug.
253 BGH GRUR 2014, 175 – Geburtstagszug.
254 *Eastman/Ferguson/Klein/Newton* 53.
255 *Schertz* Rn 14.
256 S *Castendyk* ZUM 2010, 29.
257 S der „Tagesspiegel“ v 6.5.2007, 22.

Rechtsfragen im Zusammenhang mit der Werbung im Internet und der Sekundärverwertung 43
von Medienprodukten treten auf dem **Gebiet des Wettbewerbs-, Marken- und Urheberrechts oder Designschutzrecht** auf. Hier ist ein Doppel- oder Mehrfachschutz möglich,[258] einschließlich des Schutzes des allgemeinen Persönlichkeitsrechts.[259] „Don't be evil" hat sich Google als Motto verpasst. Es ist zu bezweifeln, ob Google diesen Anspruch immer erfüllt.

8. Medienprodukt und Patent

Medienprodukte als Ergebnis der geistigen Produktion bedürfen zu ihrer Verbreitung und ihrer 44
Konsumtion bestimmter **technischer Erfindungen**. Sie sind in ihrer historischen Entwicklung eine **conditio sine qua non**. So wie der Buchdruck, das Telefon, der Film, das Fernsehen und das Radio eine besondere Art der Kommunikation und Verbreitung von Bildern, Musik und der Sprache ermöglichte, ist mit der technologischen Revolution das Internet erfunden worden, dessen ökonomische und kulturelle Folgen noch nicht absehbar sind. Die technischen Erfindungen im Rahmen der Informations- und Kommunikationstechnologie prägen das Gesicht der Medienlandschaft, vor allem der **IT-Sicherheit**. Der Begriff der **Telekommunikation** wird als „der technische Vorgang des Aussendens, Übermittelns und Empfangens von Nachrichten jeglicher Art in Form von Zeichen, Sprache, Bilder oder Töne mittels Telekommunikationsanlagen" bezeichnet.[260] Die **Message des Patents** ist die Idee zur Lösung eines technischen Problems, die dem Medienprodukt wie etwa ein Datenverarbeitungsprogramm zugrunde liegt.[261] Ohne das Internet wäre ein virtueller Markt mit allen Facetten einer rechtlichen Gestaltung nicht möglich. Die Message der Patente innerhalb der Informations- und Kommunikationstechnologie ist vor allem für die wirtschaftlichen Beziehungen der Unternehmen von Bedeutung. Das Patentrecht hat insofern unmittelbare Bedeutung für das Recht der Medien. Innerhalb der gewerblichen Schutzrechte hat das Patent- und Gebrauchsmusterrecht eine besondere Stellung.[262] Mit der Ausführung der Erfindung entstehen erfinderische Erzeugnisse, die Objekt wirtschaftlicher Begierde sind. So sind zB die Raumform- und Stofferfindungen in der Erscheinung einzelner Maschinen, Arbeitsgeräte, Vorrichtungen, Gebrauchsgegenstände und Stoffe in der Industrie begehrt.[263] Das Patentgesetz soll geistige Leistungen schützen, die auf dem Gebiet der Technik erbracht werden. Im technischen Fortschritt wird das Ziel und der Zweck des Patentwesens gesehen, wobei das Patentwesen einen nennenswerten Beitrag zur technischen Information leistet.[264]

Der Erfinder soll für seine oft mit viel Kapital verbundenen Investitionen im Innovationspro- 45
zess belohnt werden.[265] Es gibt eine Fülle von praktischen Problemen, die den **Technikbegriff** auf den Prüfstand stellen[266], zB die Gentechnik oder Softwarepatente.[267] Mit dem Wiederaufgreifen der Bemühungen um das Europäische Gemeinschaftspatent ist erneut der Streit um die **Pa-**

---

258 *Ingerl/Rohnke* § 8 MarkenG Rn 144; Eichmann/von Falckenstein/*Eichmann* GeschmMG Allg Rn 32; Piper/Ohly/Sosnitza/*Ohly* Einf D Rn 82 ff.
259 *Markfort* ZUM 2006, 829 ff.
260 § 3 Nr 22 TKG.
261 BGH CR 2010, 493, 494 – Dynamische Dokumentengenerierung.
262 Junghans/Levy/*Junghans* 19 f.
263 *Götting* 53.
264 *Kraßer* 41.
265 RGZ 85, 95, 99; *Kraßer* 37.
266 BGH GRUR 2014,349 – Anthoujouverbindung; BGH GRUR 2011, 125, 127 – Wiedergabe topografischer Informationen; BGH GRUR 2010, 992 – Ziehmaschinenzugeinheit II.
267 S BGH CR 2010, 493, 495 – Dynamische Dokumentengenerierung; BGH GRUR 2009, 479, 480 – Steuerungseinrichtung für Untersuchungsmodalitäten; BPatG GRUR 2007, 316, 317 – Bedienoberfläche; BGHZ 159, 197, 203; BGH GRUR 2005, 143 – Rentabilitätsermittlung.

tentfähigkeit von Software aufgeflammt. Die Verhinderung der Einführung der Richtlinie zur Patentierbarkeit von Software ist kein Ruhmesblatt der Europäischen Gemeinschaft. Auf diese Weise wird die „Never Ending Story" weitergetrieben. Es bleibt abzuwarten, wie die Software „als solche" letztlich geschützt wird. Das Patentgesetz hat einen Patentierungsausschluss für Datenverarbeitungsprogramme als solche geregelt.[268] Vor allem Erzeugnis-, Verfahrens- und Vorrichtungspatente sind denkbar, die auch für den Schutz von Software genutzt werden können.[269] Verfahrenspatente können zB einen verbesserten **Teletext** schützen, wonach zusätzlich zum digitalen Rundfunkprogramm ein Fernsehsender Zusatzdaten mit einer Menüführung an den Endkunden ausstrahlt.[270] Denkbar ist auch, dass ein Medienprodukt sowohl durch das Patentrecht als auch durch andere gewerbliche Schutzrechte und das Urheberrecht erfasst werden kann.[271]

III. Medienprodukte und Schutz anderer Rechtsgüter

1. Persönlichkeitsrecht und dessen Erscheinungsformen

46 Das Interesse der Allgemeinheit an der Berichterstattung durch die Medien, insb durch die Presse, den Rundfunk und das Internet, hat im Zeitalter der technologischen Revolution weiter zugenommen.[272] Zur Berichterstattung und zu den Vermarktungsstrategien der Medienunternehmen gehört auch die Einhaltung der Persönlichkeitsrechte.[273] Das gilt für den traditionellen und den virtuellen Markt. Für den europäischen Markt existiert bisher im EUV als **Primärrecht** kein umfassender Rechtsschutz der Persönlichkeit. Nur im **Sekundärrecht** sind vereinzelte Anhaltspunkte zum Persönlichkeitsschutz zu finden.[274] Der **Europäische Gerichtshof für Menschenrechte** (EGMR) hat vor allem Grundsätze des Schutzes der Privatsphäre formuliert.[275] Deutschland hat dagegen ein abgestuftes Regelungssystem zum Schutz der Persönlichkeitsrechte, welches wiederum durch die Rechtsprechung des EGMR bestimmt wird.[276] Da Medienprodukte unterschiedliche Erscheinungsformen annehmen können, sind auch unterschiedliche rechtliche Schutzmöglichkeiten für das Persönlichkeitsrecht möglich. Bspw können Medienprodukte in Gestalt eines Designs oder einer Marke nicht beim DPMA registriert werden, wenn sie gegen die **guten Sitten oder die öffentliche Ordnung** verstoßen (zB § 3 Abs 1 Nr 3 GeschmG, §§ 8, 9 MarkenG).

47 Während das urheberrechtlich geschützte Werk nicht von solchen **Schutzhindernissen** betroffen ist, können aber für alle immateriellen Güter als Medienprodukte das verfassungsrechtlich verbriefte Recht des allgemeinen Persönlichkeitsrechts,[277] und dessen besondere Erschei-

268 Ausf Darstellung des Streites: *Kamlah* CR 2010, 485, 486; Benkard/*Bacher*/*Melullis* § 1 PatG Rn 142f; *Wimmer-Leonhardt* WRP 2007, 273ff.

269 *Kamlah* CR 2010, 485, 486.

270 *Haupt* GRUR 2007, 187.

271 *Kamlah* CR 2010, 485, 486.

272 *Schertz* NJW 2013, 721ff.

273 Grundlegend: EGMR NJW 2012, 1053ff – C von Hannover II.

274 So weist Art 6 AEUV auf die Charta der Grundrechte der EU. Nach Art 1 wird die Würde des Menschen, nach Art 7 das Privat- und Familienleben und nach Art 8 die personenbezogenen Daten geschützt. *Lettl* WRP 2005, 1045, 1047.

275 EGMR NJW 2014,607 – Södermann/Schweden; EGMR ZUM 2014,284 – Kriterien für die Abwägung; EGMR NJW 2012, 1053ff – C von Hannover II; EGMR NJW 2012, 753ff – Naomi Campbell; EGMR NJW 2012, 1058ff – Axel Springer AG/Deutschland; EGMR NJW 2004, 2647ff – C von Hannover I.

276 EGMR NJW 2014, 1645 – Caroline von Hannover III; BGH ZUM 2013, 801, 802 – Tochter von C von Hannover; BGH ZUM-RD 2012, 583ff Rn 18 – Erkrankung einer bekannten Person.

277 BGH ZUM 2011, 164ff; *Fechner* Geistiges Eigentum und Verfassung 218.

nungsformen zB die **Äußerungsfreiheit,**[278] **der Bildnisschutz**[279], der **Domainname,**[280] **der Jugend-**[281] **und der Datenschutz** im Zusammenhang mit der Vorratsspeicherung[282] und der Werbung[283] von Bedeutung sein. Die natürliche Person hat ein allgemeines Persönlichkeitsrecht. Ob aber auch ein Unternehmen ein allgemeines Persönlichkeitsrecht hat, muss bezweifelt werden, vor allem dann, wenn die Menschwürde einbezogen sein soll.[284] Unternehmen unterliegen einer anderen Haftung.[285] Die Verletzung des **allgemeinen Persönlichkeitsrechts** kann an gewerblich und urheberrechtlich geschützten Medienprodukten auftreten. So ist in der Kunstproduktion zwischen dem **Inhalt einer Äußerung und der Formgebung** zu unterscheiden.[286] Die Abwägung zwischen **Kunstfreiheit und Persönlichkeitsrecht** bleibt eine Schwierigkeit bei der Lösung von Rechtskonflikten durch die Gerichte.[287] Das gilt gerade dann, wenn es sich um **Fiktion und Wirklichkeit** im Roman oder Film handelt.[288] Denn Kunstfreiheit wird hauptsächlich mit der freien schöpferischen Gestaltung in Verbindung gebracht, „in der Eindrücke, Erfahrungen und Erlebnisse des Künstlers durch das Medium einer bestimmten Formsprache zu unmittelbarer Anschauung gebracht werden".[289] Insoweit können Kunstformen als Teil der Realität in Abwägung zwischen Kunstfreiheit und Persönlichkeitsrecht auch Ausdrucksformen der Sexualität enthalten, die nicht unbedingt die Kunstfreiheit gegenüber dem Persönlichkeitsrecht zurücktreten lassen.[290] Wenn die Lektüre, **Karikatur oder Parodie** die Form darstellen, ist davon zu unterscheiden, ob eine Person davon betroffen ist. Zielt zB das Sprachwerk als Medienprodukt vordergründig auf eine Diffamierung der Person, sog Schmähkritik[291], kann sich der Betroffene zivilrechtlich auf sein allgemeines Persönlichkeitsrecht als „sonstiges Recht" nach § 823 Abs 1 BGB iVm Art 2 Abs 1, Art 1 Abs 1 GG berufen.[292] Eine ähnliche Rechtslage tritt zB dann ein, wenn ein Bildnis für ein Medienprodukt benutzt wird und das Persönlichkeitsrecht des Abgebildeten verletzt,[293] wobei ein weiter **Bildnisbe-**

---

278 BVerfG ZUM 2013, 797, 798; BVerfG MMR 2012, 338 ff; Wenzel/*Burkhardt* Erster Teil Rn 7 ff.

279 EGMR NJW 2014, 1645 – Caroline von Hannover III; EGMR NJW 2012, 1053 ff – C von Hannover II; EGMR NJW 2004, 2647 ff – C von Hannover I; BVerfG GRUR 2011, 255 ff; BVerfG NJW 2008, 1793 – Caroline II; *Hoffmann-Riem* NJW 2009, 20.

280 EuGH MMR 2010, 538 – „eu"; BGH GRUR 2009, 685 ff – ahd.de; BVerfG MMR 2005, 165 – adacta.de; BGH NJW 2007, 684, 685 – kinski-klaus.de; BGH ZUM 2007, 860, 861 – grundke.de; BGHZ 149, 191, 199 – shell.de; BGHZ 155, 273, 276 – maxem.de.

281 EGMR NJW 2013, 771 – Kurier/Österreich; BVerfG MMR 2012, 338 ff; BVerfG ZUM 2011, 234 ff; BVerfG MMR 2010, 48, 49 – Altersverifikationssysteme; *Liesching* MMR 2013, 368; *Baumann/Hofmann* ZUM 2010, 863, 869; *Braml/Hopf* ZUM 2010, 645 ff; *Schnabel* JZ 2009, 996; *Braml* ZUM 2009, 925.

282 BVerfG K&R 2012, 274 ff: BVerfG NJW 2010, 833 ff – Vorratsspeicherung von Kommunikationsverkehrsdaten; *Eckhardt/Schütze* (CR 2010, 225 ff.) sind der Auffassung, dass die Entscheidung des BVerG ein Phyrussieg sei, weil die Vorratsdatenspeicherung zu einer höheren Kostenbelastung führen würde.

283 BGH ZUM 2011, 656 – Markt und Leute; *Peifer, M* MMR 2010, 524 ff.

284 *Koreng* GRUR 2010, 1065 ff; Koreng weist zutreffend auf andere Rechtsinstitute hin, die das Unternehmen gegen geschäftsschädigende Äußerungen schützen kann.

285 BGH NJW 2006, 830; BGH NJW 1994, 1281; BGH NJW 1975, 1882; ausf dazu *Schaub* JZ 2007, 548 ff.

286 BVerfG ZUM 2013, 793, 794 – Begriff der Schmähkritik; BVerG NJW 2009, 3016, 3017 – durchgeknallt.

287 Für Persönlichkeitsrecht BGH GRUR 2010, 171, 173 – Esra; BVerfG NJW 2008, 39 – Esra; für Kunstfreiheit BVerfG ZUM-RD 2009, 574 – Kannibale von Rothenburg; BGH NJW 2009, 3576 – Kannibale von Rothenburg; BVerfG GRUR-RR 2008, 206 – Theaterstück „Ehrensache"; BGHZ 50, 133 – Mephisto; BVerfGE 30, 173 – Mephisto; Jacobs/Papier/Schuster/*Götting* 427 ff; *von Becker* KUR 2003, 81; *Wankel* NJW 2006, 578; *Frenzel/Singer* AfP 2005, 416.

288 OLG Frankfurt aM ZUM-RD 2010, 320; BGH ZUM-RD 2009, 429, 431 – Kannibale von Rothenburg; BVerfG ZUM-RD 2008, 113; BVerfG NJW 2008, 39 – Esra; krit Anmerkungen zur Esra-Entscheidung (BGH NJW 2005, 2844); *von Becker* Fiktion und Wirklichkeit im Roman 100; *Obergfell* ZUM 2007, 912; BVerfG ZUM 2007, 730, 733 – Contagan-Film.

289 BGH GRUR 2010, 171, 172 – Esra; BVerfGE 30, 173, 188; BVerfGE 31, 229, 238.

290 BVerfG GRUR-RR 2008, 206, 207 – Theaterstück „Ehrensache".

291 BVerfG ZUM 2013, 793, 794 – Begriff Schmähkritik.

292 St Rspr seit BGHZ 13, 334, 338; BVerfG ZUM-RD 2006, 165; BGH ZUM-RD 2014, 145, 152.

293 BVerfG WRP 2006, 1361 – Marlene-Dietrich – Der blaue Engel.

griff zu favorisieren ist, der auch die Darstellungsformen im Film, auf der Bühne und Literatur erfasst.[294] Ebenso kann die Kunstfreiheit nach Art 5 Abs 3 GG bei **Theateraufführungen** eine Beschränkung durch das gleichfalls verfassungsrechtlich geschützte Persönlichkeitsrecht erfahren.[295]

48 Denn das allgemeine Persönlichkeitsrecht sichert die **Selbstbestimmung des Einzelnen** darüber, ob und wie er sich in der Öffentlichkeit darstellt.[296] Der Bildnisschutz als Ausprägung des allgemeinen Persönlichkeitsrechts gewährleistet dem Abgebildeten Einfluss und Entscheidungsmöglichkeiten, wenn von seiner Person Fotografien und Aufzeichnungen angefertigt und verwendet werden.[297] Dabei ist eine **Stärkung des Persönlichkeitsrechts** des Minderjährigen durch die Gerichte erforderlich.[298] Nicht in jedem Fall kann beansprucht werden, die Veröffentlichung jeglicher Fotos mit einem **Minderjährigen** von Prominenten bis zu dessen Volljährigkeit zu unterlassen.[299]

49 Die Maßstäbe für die Medienberichterstattung sind im Wesentlichen aus den Entscheidungen des **EGMR** zu entnehmen, worauf sich die nationalen Gerichte berufen.[300] Die Europäische Menschenrechtskonvention spielt als Ordnungsrahmen für das Internet eine besondere Rolle. Das Internet ermöglicht einen freien und grenzüberschreitenden Informationsfluss. Für die Ausübung der Meinungsfreiheit ist das Internet als wichtigstes Medium nicht mehr wegzudenken. Gefahren, die mit dem Internet einhergehen, sind evident.[301] Bestimmte Grenzen des Schutzes des allgemeinen Persönlichkeitsrechts dürfen nicht überschritten werden, insb in Bezug auf den Schutz des guten Rufes und der Rechte Dritter. Die Grenzen der erlaubten Kritik gegenüber Privatpersonen sind zwar enger zu ziehen als für Politiker, aber die journalistische Freiheit kann bis zu einem gewissen Grad Übertreibung oder sogar Provokation gegenüber Privatpersonen einschließen. Privatpersonen setzen sich zB der kritischen Beurteilung aus und haben infolge ihrer Handlungen einen höheren Grad an Toleranz zu zeigen, wenn sie die Bühne der öffentlichen Debatte betreten.[302] Der Konflikt zwischen dem Schutz der Privatsphäre und dem Schutz der Meinungs- bzw Pressefreiheit, die das **öffentliche Informationsinteresse**[303] einschließt, wird bleiben, wenn bei der Abwägung der Grundsatz der Verhältnismäßigkeit nicht beachtet wird.[304] Das betrifft die **Schmähkritik** genauso wie die Prangerwirkung durch die Presse.[305] So-

294 BGH GRUR-Prax 2013, 409; *Schertz* GRUR 2007, 563.

295 BVerfG GRUR-RR 2008, 206 – Theaterstück „Ehrensache"; LG Essen ZUM-RD 2007, 92; LG Hamburg ZUM-RD 2007, 94.

296 BVerfG GRUR 2011, 255, 257 – Carolines Tochter; BVerfG ZUM-RD 2010, 657, 660; BVerfGE 35, 202, 220 f; BVerfGE 101, 361, 380; BVerfG GRUR 2006, 1051, 1052.

297 BVerfG ZUM-RD 2010, 657, 660; BVerfG ZUM 2007, 382; BVerfG GRUR 2000, 446 – Caroline von Monaco; BVerfG GRUR 2006, 1051, 1052.

298 EGMR NJW 2013, 771 ff; BVerfG GRUR 2011, 255, 257 – Carolines Tochter; BVerfG NJW-RR 2007, 1057; BGH NJW 2010, 1454, 1455; *Beater* Rn 347.

299 BGH NJW 2014,768 – Prominententochter; BGH ZUM 2013, 801– Eisprinzessin; BGH ZUM 2013, 801, 802 – Carolines Tochter; BVerfG GRUR 2011, 255 – Carolines Tochter; BGH NJW 2010, 1454, 1456.

300 EGMR NJW 2012, 1053 ff – C von Hannover II; EGMR NJW 2004, 2647 ff – C von Hannover I; BVerfG NJW 2008, 1793 ff – C von Hannover II; BGH ZUM 2007, 382, 383; BGH WRP 2007, 648, 649 – 7 Tage; BGH ZUM-RD 2007, 397, 399.

301 *Schertz* NJW 2013, 721, 723; *Uerpmann-Wittzack/Jankowska-Gilberg* MMR 2008, 83, 84.

302 *Schertz* NJW 2013, 721, 724.

303 BVerfG ZUM-RD 2010, 657, 661; BGH ZUM 2009, 560, 561; BVerfG WRP 2008, 645, 653; BGH ZUM 2007, 382; KG ZUM-RD 2008, 1, 2.

304 EuGH ZUM-RD 2012, 1, 10 – Standard/Springer; BVerfG ZUM-RD 2010, 657, 660; BVerfG WRP 2008, 645, 653; BVerfG NJW-RR 2007, 1191, 1193; BGH CR 2010, 184, 185; BGH WRP 2007, 648, 650 – 7 Tage; BGH WRP 2007, 1216, 1218; *Gersdorf* AfP 2005, 221 f.

305 BVerfG ZUM 2013, 793, 794 – Begriff Schmähkritik; BVerfG WRP 2010, 743, 745; BGH NJW 2010, 1587, 1589 – Zitat aus Anwaltsschreiben; Büscher/Dittmer/Schiwy/*Bröcker* Kap 14 Rn 85 ff.

weit es die Pressefreiheit betrifft, ist es nicht nachvollziehbar, dass die Presse darüber entscheiden soll, „was sie des öffentlichen Interesses für Wert halten und was nicht."[306] Nicht die Presse, sondern die Rechtsprechung sollte **normative Leitlinien** entwickeln.[307] Der Konflikt zwischen dem Recht auf Meinungsfreiheit nach Art 10 EMRK und dem Schutz der Privatsphäre nach Art 8 EMRK ist evident.[308] Ebenso ist Verdachtsberichterstattung abzulehnen, wenn die Presse und der Staatsanwalt Vorverurteilungen Vorschub leisten.[309] Es muss aber den Medien möglich sein, eine Online-Archivierung für zulässig zu halten, soweit die Beiträge deutlich als Altbeiträge gekennzeichnet sind. Als Anbieter von Telemedien können sich die Betreiber von Online-Archiven auf das datenschutzrechtliche Medienprivileg berufen.[310]

Die Informationen, welche die Presse zur Ausübung der Pressefreiheit benötigt, beruhen auf 50 unterschiedlichen Quellen. Das trifft auch auf die Anbieter im Internet zu. Personenbezogene Daten stehen dabei zunehmend im Fokus der kommerziellen Nutzung. So wird vor allem die Neugier der Leser befriedigt, indem Informationen über das Privat- und Intimleben in der Presse veröffentlicht werden. Soweit es die kontextbezogene Bildberichterstattung über Personen der Zeitgeschichte betrifft, bestehen keine Bedenken, wenn dazu die Wortberichterstattung unzulässig ist.[311]

Die **kommerzielle Nutzung** und Verwertung personenbezogener Daten bzw Merkmale ist ein 51 wesentliches Merkmal der Produktion von Äußerungen als Medienprodukte, die die Pressefreiheit genauso betreffen wie die Meinungsfreiheit. Das **Presseprivileg** steht dabei auf dem Prüfstand.[312] Die Datenbestände fungieren zunehmend als **„verselbstständigtes Informationskapital"** und werfen eine Fülle von Rechtsfragen auf,[313] die das Recht insgesamt betreffen. Das **Recht** kann nur bedingt seine Schutzfunktion im Internet, in der Presse, im Film, im Theater etc erfüllen.

2. Kommerzialisierung des Persönlichkeitsrechts

Im Rahmen von Vermarktungsstrategien für Waren und Dienstleistungen werden zunehmend 52 Medienprodukte dazu benutzt, den Verkauf derselben zu stärken. Namen, Bilder oder Stimmen von bekannten **Persönlichkeiten werden für die Werbung**[314] oder als Merchandisingprodukte auf dem traditionellen und virtuellen Markt in Übereinstimmung oder gegen den Willen der Betroffenen verwertet.

Das betrifft Politiker, Unternehmer, Künstler und Sportler. Die Kommerzialisierung des Per- 53 sönlichkeitsrechts ist dabei ein massenweises Phänomen in den Medien. Man mag die Kommerzialisierung der Persönlichkeitsrechte bedauern, aber als **Nichtvermögensrecht** hat es nicht seinen Marktcharakter verloren. Dabei spielt der Bildnisschutz nach §§ 22, 23 KUG eine besondere Rolle.[315] Hier sind es vor allem die Marlene-Dietrich-Entscheidungen,[316] die methodische und dogmatische Fragen aufwerfen.

306 AA offensichtlich: BVerfG WRP 2008, 645, 653; BGH NJW 2010, 3025, 3026; BGH GRUR 2007, 527, 529 mwN; BGH ZUM 2007, 858, 860.
307 Anm *Götting* GRUR 2007, 531.
308 EGMR NJW 2013, 771 – Kurier/Österreich; EGMR NJW 2013, 768 – Standard Verlags GmbH/Österreich; EGMR NJW 2013, 765 – SRG/Schweiz.
309 BVerfG NJW-RR 2010, 470 – Presseschau; *Kaufmann* MMR 2010, 520, 523.
310 BGH NJW 2009, 2888.
311 BVerfG GRUR 2011, 255 – Carolines Tochter; BGH NJW 2010, 3025, 3027.
312 Ausf zum kommerziellen Persönlichkeitsrecht und Presseprivileg *Lettmaier* WRP 2010, 695 ff.
313 *Moos* MMR 2006, 718 ff.
314 BGH GRUR 2013, 196, 198 – Playboy am Sonntag; BGH ZUM 2011, 656 – Markt und Leute; BGH GRUR 2010, 546, 547 – Der strauchelnde Liebling; Spindler/Schuster/*Nink* § 823 BGB Rn 48; *Scherer* WRP 2007, 594.
315 EGMR NJW 2012, 1053 ff – C von Hannover II; EGMR NJW 2004, 2647 ff – C von Hannover I.
316 BVerfG WRP 2006, 1361; BGH NJW 2000, 2198 – Marlene Dietrich; BGH NJW 2000, 2201 – Der blaue Engel.

54 Die dogmatischen Fragen, die es zu beantworten gilt, betreffen zB sowohl die monistische oder dualistische **Konzeption der Persönlichkeitsrechte** mit ihren ideellen und vermögensrechtlichen Bestandteilen[317] als auch Fragen des postmortalen Schutzes bei Verletzung der Menschenwürde[318] und der Übertragbarkeit und Vererbbarkeit der vermögenswerten Bestandteile[319] sowie deren **Schutzdauer**[320] und die Anwendung der Präventions- und Ausgleichsfunktion[321] beim zivilrechtlichen Schadensersatz. Dazu gehört letztlich auch die **Lizenzgebühr** als Schadensberechnungsart[322] und das Verhältnis zwischen Werbung und Presse- sowie Meinungsfreiheit.[323] Wenn auch das **kommerzialisierte Persönlichkeitsrecht** ein „res incorporales" darstellt, ist es seinem Wesen nach nicht dem **System des Immaterialgüterrechts** zuzuordnen.[324] Es zeigt aber auf der anderen Seite, dass Persönlichkeitsmerkmale in einer kapitalorientierten Produktionsweise die Form von Medienprodukten als Waren annehmen können.

55 Medien sind daher immer **Teil der kulturellen Tradition und Bedeutungskonstruktion.** Sie verlinken die Menschen mit der Wirtschaft.[325]

IV. Technologie- und Kulturentwicklung

1. Massenproduktion und massenweise Vermarktung

56 Die technologische Entwicklung erlaubte es, dass sich die Produktionsweise änderte. An die Stelle der Produktion von Einzelstücken trat die **Massenproduktion.**[326] So wie die Druckerpresse im 15. Jahrhundert es ermöglichte, die Ergebnisse der Literaturproduktion zunehmender und umfassender zu verbreiten,[327] war es erst am Anfang des 20. Jahrhunderts möglich, durch die Erfindung des Rundfunks und der Schallplatte die Leistung eines Komponisten oder Künstlers massenweise reproduzierbar zu machen. Die **Reproduzierbarkeit des Kunstwerks** im 20. Jahr-

317 BGH GRUR 2013, 196, 198 – Playboy am Sonntag; BGH ZUM 2011, 656 – Markt und Leute; BGH GRUR 2010, 546 – Der strauchelnde Liebling; BGH GRUR 2009, 1085, 1088 – Wer wird Millionär?; BVerfG ZUM 2006, 211, 212 – Marlene Dietrich; BGH ZUM 2000, 586 – Marlene Dietrich; BGH ZUM 2007, 54 – kinski-klaus.de; BGH GRUR 2007, 139 – Rücktritt des Finanzministers; BGH ZUM 2006, 211; krit dazu mit überzeugenden Argumenten *Schack* Rn 58; *Peukert* 330 f; Ahrens/Bornkamm/Kunz-Hallstein/*Götting* 65, 72; *Peifer* GRUR 2002, 495; *Helle* JZ 2007, 444; *Reber* GRUR Int 2007, 492, 496.

318 BVerfG ZUM 2007, 380; BGH ZUM 2007, 54 – kinski-klaus.de.

319 *Unseld* GRUR 2011, 982 ff.

320 BGH ZUM 2007, 54, 55 – kinski-klaus.de; der BGH ist der Auffassung, dass bei den vermögensrechtlichen Bestandteilen des postmortalen Persönlichkeitsrechts nur eine Schutzfrist von 10 Jahren, während bei der Verletzung der ideellen Interessen eine längere Schutzfrist besteht. Ebenso *Schack* Anm zum kinski-Klaus-Urteil JZ 2007, 366, 367; aA *Götting* GRUR 2007, 170; *Wankel* NJW 2007, 686; *Reber* GRUR Int 2007, 494.

321 BVerfG ZUM-RD 2007, 1, 2; *Wachs* 241 ff. mwN.

322 BGH ZUM 2009, 517, 519 – Wer wird Millionär?; BVerfG ZUM 2006, 865; BGH ZUM 2007, 55, 57 – Rücktritt des Finanzministers; s *Ehrmann* AfP 2007, 81. Es wird sowohl für den Schadensersatz als auch für das Bereicherungsrecht eine angemessene Lizenzgebühr als Berechnungsgrundlage bejaht, aber die Frage einer doppelten Lizenzgebühr wird nicht problematisiert. Die dogmatische Grundlage für eine doppelte Lizenzgebühr wäre die Markttheorie. S *Bodewig/Wandtke* GRUR 2008, 220, 228.

323 BGH GRUR 2010, 546, 547 – Der strauchelnde Liebling; BGH GRUR 2007, 139 – Rücktritt des Finanzministers; *Ladeur* ZUM 2007, 117, ist – wie der BGH – der Auffassung, dass die Meinungsfreiheit Vorrang vor der Werbung hat, mit der Folge, dass ein Schadensersatz auf der Grundlage einer Lizenzgebühr ausgeschlossen ist.

324 Nach *Peifer* handelt es sich bei den Persönlichkeitsrechten aus ökonomischer Sicht um „verdünnte Property Rights"; *Peifer* 306. Persönlichkeitsrechte sind nicht das Resultat innovativen Verhaltens, sondern Ergebnis rechtlicher Zuordnung zum Schutz der menschlichen Persönlichkeit, die ein geistiges Eigentum als Immaterialgüterrecht, zB an der Stimme oder Bildnis, ausschließen. Ebenso *Schack* Rn 58.

325 Hepp/Krotz/Moores/Winter/*Krotz* 2006, 36.

326 *Holz* 225.

327 *Wadle* 67.

hundert setzte an die Stelle seines einmaligen Vorkommens sein Massenhaftes, wie sich Walter Benjamin auszudrücken pflegte.[328]

Die technologische Entwicklung hatte im Laufe der Geschichte des Schutzes geistiger Leistungen und damit der Medienprodukte immer **wieder neue Verwertungsmöglichkeiten** eröffnet. 57

Im 19. Jahrhundert konnte die künstlerische Leistung eines Sängers noch nicht reproduziert werden, weil ein entsprechender materieller Träger fehlte. In seiner Mehrwerttheorie beschrieb Karl Marx diesen Vorgang wie folgt: „Was ich genieße, existiert nur in einer von dem Sänger selbst untrennbaren Aktion, und sobald seine Arbeit, das Singen, am Ende ist, ist auch mein Genuss am Ende. Ich genieße die Tätigkeit selbst."[329] Mit den technischen Möglichkeiten im 20. und 21. Jahrhundert kann diese Leistung auf einen **materiellen Träger** fixiert werden und die Möglichkeit des Genusses bleibt bestehen. Der materielle Träger verändert die Art und Weise des Genusses und der Verwertung künstlerischer Leistungen. Die technische Qualität der Wiedergabe der künstlerischen Leistung wurde bzw wird immer mehr verbessert von analog zu digital. 58

Die massenhafte Produktion von immateriellen Gütern, die eine sachliche gegenständliche Erscheinungsform besitzen können,[330] hat eine neue Dimension erreicht und damit einen besonderen Stellenwert des **Rechts in der Kultur- und Wirtschaftsordnung** hervorgerufen. 59

Erst mit der Möglichkeit der massenhaften Verwertung der literarischen, wissenschaftlichen, künstlerischen und technischen Medienprodukte wurden sie **Objekt wirtschaftlicher Begierde.** Heute ist es die **Computerkunst** oder die Kunst der Computer, die neue Medienprodukte hervorbringt.[331] Auch eine Änderung der **Werbung** ist eingetreten. Die Werbung tritt nicht mehr nur mit Produkten oder Leistungen und deren Eigenschaften an die Öffentlichkeit, sondern sie präsentiert zunehmend Lebensstile, die mit dem Produkt verbunden werden.[332] Ebenso hat die Werbung der Ärzte in den Medien zugenommen. Die in der Presse veröffentlichten Artikel, die vordergründig sachliche Informationen über Behandlungs- und Operationsmethoden geben, stehen einer Werbung nicht[333] entgegen. Mit der Reform des BDSG ist auch § 28 BDSG grundlegend verändert worden, wonach personenbezogene Daten und deren Verwendung für Werbemaßnahmen grundsätzlich einer Einwilligung bedürfen. Nur in Ausnahmefällen ist die Einwilligung nicht erforderlich.[334] 60

2. Neue Medienindustrien

Die **Kulturindustrie** will die Ware mit Gewinn auf den Markt bringen. Dies ist zunächst der schlichte ökonomische Vorgang in der **Distributions- bzw Konsumtionssphäre**, der auch Verwertungsprozess genannt wird. Der hier charakterisierte ökonomische Vorgang wiederholt sich in der Praxis millionenfach. Motor der ökonomischen Veränderungsprozesse sind technische Umwälzungen, die den traditionellen Medien neue Gestaltungsmöglichkeiten eröffnen.[335] 61

Das betrifft die **Film-, Fernseh-, Print-, Computer- und Merchandisingindustrie** genauso wie die **Internetindustrie**, die auch einen neuen Markt hervorbrachte. Die Vermarktung erfolgt mit Hilfe der Technik so umfangreich, dass zB der Künstler gar nicht in der Lage ist, die Konse- 62

328 *Benjamin* 412.
329 *Marx* Theorie über den Mehrwert 368.
330 *Marten* 91.
331 *Claus* 123; *Müller* 37 f.
332 *Ladeur* ZUM 2007, 112.
333 BVerfG NJW 2006, 282.
334 *Peifer*, MMR 2010, 524, 526.
335 *Koch* AfP 2007, 306.

quenzen zu erkennen, geschweige denn eine Kontrolle auszuüben. Als Beispiel sei nur der Popkünstler genannt, dessen Erscheinungsbild von der Kulturindustrie bestimmt wird. Die Aufnahme eines Musikwerkes liegt in der Hand des Produzenten. Zur Musik werden **Videoclips** gedreht. Der veröffentlichte Song wird in der Werbung für andere Produkte zweitverwertet oder zusätzlich als **Soundtrack** für Spielfilme verwendet. Zudem werden vermögensrechtliche Elemente des Persönlichkeitsrechts der Künstler **durch Merchandising** vermarktet, wie die Marlene-Dietrich-Entscheidungen der Rechtsprechung erneut deutlich gemacht haben.[336] Das Bild des Künstlers findet sich auf T-Shirts, Kalendern, Bettwäsche, Getränkedosen etc. Auch für den Bereich der bildenden Kunst, der Filmkunst und der Musik lassen sich Beispiele finden. Die Bilder von Grosz, Picasso, Dalí, Matisse, Monet ua sind auf Textilien, Postern, Briefmarken, Schlüsselanhängern, T-Shirts und Aufklebern zu sehen. Szenen aus alten Filmen werden für die **Werbung** wiederentdeckt. Werke von Carl Orff werden für Eiskremwerbung benutzt. Möglich ist es aber auch, dass dies alles im Internet erscheint. Die Beispiele könnten fortgesetzt werden.

3. Typologisierung von Medienunternehmen

63 Mit Hilfe der Informations- und Kommunikationstechnologie wird nicht nur der Katalog der Verbreitungshandlung und damit der Distribution der Medienprodukte erweitert, sondern es entstehen **neue Werkarten und Medienindustrien.**[337] Die Typologisierungen von Medienunternehmen beruhen auf unterschiedlichen **Unternehmensgegenständen**, dh auf den unterschiedlichen Produkten.[338] Typisches Beispiel hierfür ist die Entstehung der **Fernseh- und Filmindustrie** am Anfang des 20. Jahrhunderts, in deren Ergebnis Fernseh- bzw Filmwerke als neue Werkarten entstanden sind bzw entstehen und die einen bedeutenden Wirtschaftsfaktor vor allem in den USA darstellen.[339] Die filmische Form eröffnete, wie Bertolt Brecht zu Recht formulierte, größere Verbreitungsmöglichkeiten und fügte den alten Reizen die Reize der neuen Technik hinzu.[340] Ähnlich ist es mit **der Entstehung der Unterhaltungs**- und **Softwareindustrie und dem Internet.**

64 Durch die Technik ist die **industrielle Massenproduktion** möglich geworden. Hier sei zB an die angewandte Kunst gedacht. Die funktionelle Sachlichkeit und die sachliche Ästhetik, die vom Bauhaus ausging, hat einige Warenformen revolutioniert. Ein Beispiel für die neue Formfindung sind die Stahlrohrmöbel, die schon vor 1930 von Marcel Breuer, Mies van de Rohe, Gerrit Rietveld und Mart Stamm entwickelt worden sind. Die einsetzende Massenproduktion brachte einen **Konkurrenzkampf** der Hersteller mit sich, der sich letztlich auch in urheber- und wettbewerbsrechtlichen Streitigkeiten äußerte.[341] Die Medienunternehmen sind gezwungen, das Marktverhalten anderer Unternehmen und der Verbraucher zu analysieren und deren Bedürfnisse zu befriedigen. Dazu gehört, dass sie neue Bedürfnisse wecken. Bspw haben Designprodukte das ästhetische Bewusstsein der Verbraucher verändert und das Kaufverhalten beeinflusst. Fiktive Figuren spielen bei der Vermarktung der Kunst eine nicht zu unterschätzende Rolle. Die Entscheidungen des BGH weisen darauf hin.[342] Das **Kaufverhalten** der Verbraucher und Unter-

336 BVerfG WRP 2006, 1361, 1367 – Marlene Dietrich; BGHZ 143, 214 = GRUR 2000, 709 – Marlene Dietrich; BGH GRUR 2000, 715 m Anm *Wagner* NJW 2000, 2201 – Der blaue Engel.
337 *Horkheimer/Adorno* 128 ff; *Rüthers* Rechtstheorie Rn 40; *Koch* AfP 2007, 306.
338 *Breyer-Mayländer/Seeger* 3.
339 *Edelmann* 47; *Reber* 2.
340 *Brecht* 448 f.
341 *Wandtke* UFITA Bd 130 (1996), 57 ff.
342 BGH GRUR 1994, 191 – Asterix; GRUR 1994, 207 – Alcolix.

nehmen im Zusammenhang mit dem Internet hat sich sehr stark verändert. Viele Produkte und Dienstleistungen werden über das Internet abgewickelt. **Telemedien** dienen dabei den Unternehmen und Verbrauchern.

4. Konzentrationsprozesse und Produktpiraterie

Mit der zunehmenden Konzentration von Medienunternehmen in der europäischen Gemeinschaft ist neben einer nationalen Regulierungsbehörde zur Pluralismussicherung ein freiwilliger Zusammenschluss nationaler Medienaufsichten anzustreben.[343] Denn seit langem ist der Trend festzustellen, dass Medienkonzerne und Verlage weltweit fusionieren,[344] die auch den virtuellen Markt beherrschen und die Medienvielfalt auf der Strecke bleibt.[345] Denn die Konzentrationsprozesse sind ein zentrales Strukturproblem der Medienindustrie. Neben den Expansionsstrategien des Suchmaschinenbetreibers „Google“[346] sind Konzentrationsprozesse auf dem Musikmarkt festzustellen, die einen **fairen Wettbewerb** unmöglich machen.[347] Die marktbeherrschende Position einiger **Musikkonzerne** wird durch die neuen technischen Möglichkeiten und die Digitalisierung noch gestärkt. Das **Medienkartellrecht** kann diese Konzentrationsprozesse nur bedingt oder gar nicht unterbinden.[348] Die weltweit agierenden **5 Musiklabel** (Universal Music Group, BMG, Sony Music Entertainment, Warner Music, EMI) kontrollieren mit einem Anteil von 84,8% den US-amerikanischen Musikmarkt. Eine ähnliche Entwicklung der **Medienkonzentration** ist auf dem Rundfunk- und Zeitungs- sowie Filmmarkt festzustellen. So verfügen zB die vier Holdings der Sender RTL, VOX, Super-RTL, n-tv sowie Sat 1, Pro 7, Kabel 1 und N24 über 80% des TV-Werbemarktes,[349] wobei für das Medienkartellrecht die Rabattverträge von Bedeutung sind, die es zwischen den beiden marktbeherrschenden **TV-Vermarktern und den Mediaagenturen** gibt.[350] Das Bundeskartellamt hat der Fusion zwischen der Springer AG und den Fernsehsendern ProSieben/SAT1 untersagt, weil zu erwarten gewesen wäre, dass durch den beabsichtigten Zusammenschluss die marktbeherrschende Stellung dieses Oligopols auf dem Fernsehwerbemarkt verstärkt worden wäre.[351] Auch der Buchmarkt ist davon betroffen.[352] Folgen dieser Entwicklung sind Gefahren für die Demokratie, insb für die **Meinungsfreiheit und Meinungsbildung**, weil sich zunehmend nicht kritische und unabhängige Ansichten durchzusetzen in der Lage sind.[353] Das Medienkonzentrationsrecht nach dem **Rundfunkstaatsvertrag**[354] und die **europäischen Wettbewerbsregelungen**, insb Art 102 AEUV (bisher Art 82 EG-Vertrag)[355], stehen auf dem Prüfstand.[356] Ein weiteres Gefahrenpotentzial für die Medienordnung ist die **Produktpiraterieindustrie**, die ein nationales und internationales Problem der Verletzung des Immaterialgüterrechts ist. Der Ruf nach einem stärkeren Schutz wird immer lauter. Aus einer ICC-Studie von 2011, die die Studie der OECD von 2008 über die wirtschaftlichen Folgen von 65

343 *Bretschneider* ZUM 2010, 418, 424.
344 Raue/Hegemann/*Grünwald* 507 ff; *Hess/Fischer* AfP 2006, 439 ff.
345 *Paal* JZ 2010, 647 f.
346 *Ott* WRP 2010, 435, 447; *Klickermann* MMR 2007, 751, 753.
347 Gegenwärtig existieren fünf den Weltmarkt beherrschende Musikkonzerne. Sie haben einen Anteil von über 75% am internationalen Musikmarkt; siehe Moser/Scheuermann/Neef/*Blömer* 104.
348 *Paal/Henemann* ZRP 2010, 40, 42; *Bretschneider* WRP 2008, 761, 765; *Hess/Fischer* AfP 2007, 28.
349 BGH MMR 2011, 60 – Springer/ProSieben Sat1 II; BGH WRP 2010, 1527 – Springer-Pro Sieben-Sat1.
350 S „Der Tagesspiegel“ v 22.7.2007, 30.
351 BGH WRP 2010, 1527 – Springer-Pro Sieben-Sat1.
352 BGH NJW 2007, 1820 – National Geographic I; BGH NJW 2007, 1823 – National Geographic II.
353 BVerfG ZUM-RD 2008, 281, 288; *Lessig* 166 f.
354 *Schmid/Kitz* ZUM 2009, 739, 741.
355 *Möschel* JZ 2009, 1040 f.
356 *Broemel* MMR 2013, 83, 88.

Produkt- und Markenpiraterie ergänzt, ergibt sich, dass sich der ökonomische und soziale Schaden durch Fälschung und Piraterie 2015 auf mehr als $ 1,7 Billionen summieren wird.[357] In den USA sollen deshalb die zivil- und strafrechtlichen Sanktionen verschärft werden.[358] Die Herstellung und Verbreitung von Waren erfolgt unter Nichteinhaltung des Marken-, Patent-, Designmusters-, Gebrauchsmusters und Urheberrechts.[359] Ihr Unwesen hat nicht nur zu massenweisen Verletzungen der materiellen und geistigen Interessen der Schöpfer und Unternehmen geführt, sondern die Kulturindustrie ist von der Produktpiraterie in einer Weise betroffen, dass der Schutz des geistigen Eigentums zur **internationalen Handelsangelegenheit** geworden ist und künftig weiterhin im Mittelpunkt internationaler Auseinandersetzungen stehen wird. Die hinter diesem Konflikt stehenden Wirtschaftsinteressen offenbaren sich in ihrer ganzen Widersprüchlichkeit zwischen den **USA, Europa und China**.[360] Aber auch andere Widersprüchen zeigen sich auf dem Gebiet des geistigen Eigentums. Es ist zB offensichtlich geworden, dass die USA immer wieder mit ihrer Auffassung vom Produzentencopyright in Widerspruch zu der kontinentaleuropäischen Urheberrechtskonzeption gerät,[361] obwohl eine Annäherung beider Urheberrechtsordnungen feststellbar ist. Während zB in der amerikanischen Filmindustrie der Filmproduzent als Urheber betrachtet wird, ist nach der kontinentaleuropäischen Urheberrechtsdoktrin der Filmregisseur Urheber. Beides ist unvereinbar. Die Lösung kann nur in einem Kompromiss liegen. Wie wichtig eine internationale Lösung künftig sein wird, zeigen die neuen Formen der Auseinandersetzungen zwischen der Filmindustrie in den USA und den Internetbetreibern. Es geht schlichtweg um **Anteile am Markt**. Noch bevor der Film des Jahres wie zB „Der Gladiator" auf DVD verkauft wurde oder als Leihkassette in die Videotheken kam, konnten sich die User den Streifen aus dem Internet im DivX-Format besorgen und dann auf CD brennen. Die hinter DivX stehende Technik komprimiert die Streifen ähnlich stark wie das **MP3-Format** Musikstücke.

66 Die **Produktpiraterie** hat im Musikbereich eine neue Dimension erreicht, die im Internet auch durch technische Schutzmaßnahmen kaum zu unterbinden ist.[362] Dieser Aspekt der Verwertung von Informationen (Töne als Information) bedeutet, dass eine Gesellschaft zu entstehen im Begriff ist, in der sich die Produktpiraterie zu einem lukrativen Industriezweig entwickelt und kaum durch rechtliche Maßnahmen und Sanktionen zu unterbinden ist. Denn nunmehr ist die Industrieproduktion nicht mehr das entscheidende Strukturelement der bestehenden Produktionsweise,[363] sondern die geistige Produktion. Die geistige Produktion wird zunehmend durch die Digitaltechnik bestimmt, die Kern des technologischen Zeitalters ist.[364] Mit neuen Technologien ist auch die Produktpiraterie einfacher geworden, um Medienprodukte unerlaubterweise nachzuahmen. Erforderlich ist, dass die Unternehmen im Rahmen von **Public Relation auf ihren Websiten** oder anderen medienwirksamen Aktionen (zB Presse und Rundfunk) die Verbraucher auf die Folgen der Produktpiraterie hinweisen.[365]

---

357 http://www.original-ist-genial.de/documentenservice/studi.; *Ensthaler/Heinemann* WRP 2010, 309.

358 Vertreter der Demokraten und Republikaner haben einen Gesetzesentwurf zur Verschärfung der Sanktionen gegen urheberrechtliche Vergehen vorgelegt. Siehe www.heise.de/newsticker/meldung/100131.

359 *Von Welser/Gonzalez* Rn 8.

360 *Von Welser/Gonzalez* Rn 28. China hat sich zum Fälschungsland Nummer 1 entwickelt.

361 Becker/Lerche/Mestmäcker/*von Lewinsky* 394.

362 *Lucchi* 91 f.

363 *Bell* 353.

364 Fiedler/Ullrich/*Dreier* 157.

365 *Von Welser/Gonzalez* Rn 852.

5. Änderungen der Produktions- und Distributionsstrukturen

Die Technik hat in ihrer Entwicklung nicht nur die Menschenkraft erspart.[366] Dieser Kulturwandel kann auch als **postmoderne Entwicklung** bezeichnet werden[367], weil der **Wertschöpfungsprozess** selbst einem Wandel unterliegt. Die Verlagsproduktion ist zB nicht mehr von einer Druckerei abhängig. Der Autor übergibt seine elektronische Datei mit dem Manuskript und der Verlag stellt den Text ins Internet oder der Autor produziert und verbreitet alles allein im Internet. Der Leser kann den Text herunterladen und ausdrucken. Auf Grund der neuen Informations- und Kommunikationstechnologien treten auch Veränderungen im Publizieren der Verlage auf. Nutzer konnten aktuelle Vorabveröffentlichungen des „Spiegel" schon 1996 über den großen Online-Dienst CompuServe erhalten.[368] **Neue Online-Vertriebswege** bilden sich heraus, zB Online-Shopping, Online-Banking und vieles mehr.[369] Der Gesetzgeber hat mit dem **Telemediengesetz** auf diese Entwicklung reagiert, wobei viele Fragen offen bleiben.[370] 67

6. Internet und Medienprodukte

Das Internet hat viele Vorzüge und Nachteile.[371] Zu den Vorteilen gehört, dass sich über **Suchmaschinen** jedermann in Sekundenschnelle ein Bild davon machen kann, was die Welt über ein Medienprodukt, ein Unternehmen oder über eine Person denkt oder zu wissen glaubt. Jedermann kann mit einer geringen **Investition** seinen spielerischen oder sonstigen Neigungen nachgehen und Informationen und Meinungen recherchieren. So nutzen zB 70 Millionen Erwachsene am Tag in den USA das Internet.[372] Der Leser kann Mitglied einer virtuellen Welt werden, in der er seine Wünsche gegen Entgelt zu erfüllen hofft. Internetforen schießen wie Pilze aus dem Boden, bspw **YouTube, MySpace, Tumble**, Bloomstreet. In diesen Foren werden Inhalte wie Fotos, Texte, Film- oder Fernsehmaterial verbreitet bzw der Allgemeinheit zum Abruf bereitgestellt.[373] **„Blogs" und „Wikis"** sind neue kommunikative Erscheinungsformen eines **„Web 2.0"** oder **„User Generated Content"**. Das Internet ist gleichsam mit seinen Möglichkeiten ein Tummelplatz für den Austausch von Informationen und Medienprodukten. Das **Internet ist insofern ein ideales Distributionsmittel** für die Verbreitung von Informationen und Medienprodukten. Das wirklich Revolutionäre besteht aber darin, dass durch die Vernetzung und Digitalisierung die Möglichkeit besteht, dass jedermann Produzent geistiger Güter wird. Er kann selbst eine Produktionsweise betreiben, die ihm die technologischen Mittel erlauben. Jedermann kann in Personalunion Produzent, Verwerter und Konsument werden. Ein Beispiel hierfür ist **YouTube**. Nutzer können kostenlos Video-Clips ansehen und hochladen. Unter der Internetadresse www.youtube.com findet man Film- und Fernsehausschnitte, Musikvideos sowie selbstgedrehte Filme.[374] Damit ist das **technologische Zeitalter das Zeitalter der Auflösung alter Strukturen, Produktionsformen** und herkömmlicher Verhaltensmuster der Konsumenten. Es 68

---

366 So bereits *Schopenhauer* 254.

367 Der Begriff der Postmoderne ist äußerst schillernd und höchst umstritten. Sie wird vor allem mit der Literaturwissenschaft, der Malerei, der Philosophie und Soziologie verbunden. Sie ist aber nicht darauf reduzierbar. *Zimmerli* 14; *Welsch* 1991, 9; *Vester* 1993, 119; *Zima* 1997, 8 ff; *Baumann* 113 ff.

368 S www.spiegel.de.

369 *Negroponte* 218.

370 *Kitz* ZUM 2007, 368.

371 BT-Drucks 14/9200, 259 ff.

372 Eastman/Ferguson/Klein/Masiclat/*Klein* 225.

373 *Fülbier* CR 2007, 515.

374 YouTube wurde mit seiner Website im Februar 2005 gegründet. Mit einem geschätzten Marktanteil von 45% ist YouTube der populärste Dienst dieser Art. Am 9.10.2006 gaben die Betreiber der Suchmaschine Google die Übernahme von YouTube bekannt (Wochenpost v 28.1.2007).

geht nicht mehr nur um die massenweise Reproduzierbarkeit von Kunstwerken, deren „Aura“ verloren gegangen ist, wie sich Walter Benjamin auszudrücken pflegte.[375] Neue Fähigkeiten und Fertigkeiten der Nutzer und Produzenten im Internet werden gefordert, die der traditionellen arbeitsteiligen geistigen Produktion gegenüberstehen (zB Film-, Buchproduktion). Wenn der Nutzer in der Lage ist, einen literarischen, wissenschaftlichen, künstlerischen oder technischen Beitrag – unabhängig von der Qualität derselben – allein oder mit vielen Nutzern zu produzieren und im Internet zu verbreiten, werden traditionelle Strukturen der geistigen Produktion in Frage gestellt. Eine Enzyklopädie kann zB weltweit mit Hilfe von **Wikipedia** produziert und weltweit verbreitet werden.[376] **Wissen wird weltweit öffentliches Gut**. Wenn das alles mit einer entsprechenden Software möglich ist, dann muss das notwendigerweise Folgen für die Rechtsgestaltung von virtuellen Gegenständen haben.[377]

7. Vergesellschaftungsprozesse und individuelle Produktion

69 Die **Vergesellschaftungsprozesse** sind auf der Ebene der Produktion und auf der Ebene der Konsumtion festzustellen. So findet eine aufwendige und arbeitsteilige Produktion (zB Filmproduktion) von **massenhaften Medienprodukten** (zB Filmen) neben der massenhaften kostengünstigen Eigenproduktion (unbekannte Internetnutzer produzieren) einzelner Medienprodukte (zB ein Film oder ein Lexikon) statt. Die Vermarktung von Medienprodukten durch Unternehmen wird in der realen Welt immer schwieriger, weil die lebendige und die vergegenständlichte Arbeit nicht mehr in elektronischen Informations- und Kommunikationsprozessen getrennt werden kann. Die tatsächlichen oder vermeintlichen Literaten, Texter, Musiker, Maler als Produzenten verbreiten ihre geistigen Leistungen weltweit über das Netz. Sie können sich entscheiden, ob sie für das Herunterladen ihrer geistigen Leistungen ein Entgelt haben wollen oder nicht. Der unentgeltliche Zugang zu Medienprodukten wird dabei favorisiert. **Die „Open Access“- oder „Open Source“-Bewegung“**[378] ist ebenfalls eine Folge der technologischen Informations- und Kommunikationsprozesse, wonach ein unbeschränkter Zugang zu geistigen Leistungen angestrebt wird, vor allem Leistungen der Wissenschaftler.[379] Neue technologische Produktionsweisen werfen neue Fragen des Eigentumsrechts in der Zivilrechtsordnung auf, die vorwiegend von der Rechtskonstruktion des Sacheigentums geprägt ist.[380] Projekte wie Wikipedia, MySpace und You Tube animieren alle zB zum Schreiben, Filmen, Fotografieren, Musizieren und Malen. Das Internet ist insofern nicht nur ein Vertriebskanal, sondern ein Ort, an dem sich Leute treffen, sich unterhalten und darstellen. Mit Web 2.0 besteht die Möglichkeit der Selbstdarstellung. Blogs und Podcasts erlauben es, in einer verlinkten Netz-Gemeinschaft in Windeseile Protest, Boykott und Unterstützung zu organisieren. Sie stehen für eine **Demokratisierung** der Massenkommunikationsmittel.[381] Der Trend, dass sich ein Wandel in der Wertschöpfungskette und in den Aneignungsprozessen der geistigen Güter vollzieht, ist Ausdruck der Vergesellschaftung. Die traditionelle Auffassung, dass das **verfassungsrechtlich geschützte Eigentum** in seinem Gehalt durch Privatnützigkeit gekennzeichnet sei, dh, dass eine Zuordnung zu einem individuellen Rechtsträger mit einer **Verfügungsbefugnis** über einen Eigentumsgegenstand

---

375 *Benjamin* 411.
376 *Myers* 190.
377 *Schulze, G.* NJW 2014, 721; *Hermes* GRUR-Prax 2013, 400 f.
378 Wandtke/Bullinger/*Grützmacher* § 69c UrhG Rn 73.
379 Hagenhoff/*Dorschel* 235.
380 *Siegrist/Götting* 151; so ist zweifelhaft, ob an virtuellen Erscheinungen eigentumsrechtliche Schutzpositionen durch das Hausrecht der Forenbetreiber möglich ist; s *Klickermann* MMR 2007, 766, 767.
381 *Hornig* Wir sind das Netz, Spiegel Special, Nr 3 2007, 11.

erfolgen kann,[382] entspricht zumindest nicht mehr den realen Gegebenheiten im Internet. Im digitalen Zeitalter kann jeder mit jedem im Internet produzieren. Wer was produziert hat, kann häufig nicht mehr nachvollzogen werden. Nicht das private, sondern ein „gesellschaftliches" Eigentum an den geistigen Arbeitsergebnissen bildet sich heraus. Jeder kann darüber verfügen. Das betrifft die Produktion und Vermarktung von Medienprodukten im Bereich der Zeitungen, der Zeitschriften, des Films, des Fernsehens, des Hörfunks und des Internets. Es entstehen **multimediale Wertschöpfungsketten.**[383] Der springende Punkt ist der, ob das Recht diese Prozesse gestaltend begleitet oder selbst an die Grenzen der Einflussnahme auf diese gesellschaftlichen Prozesse gerät. Zunächst ist es eine Illusion, anzunehmen, dass die geistige Produktion im Internet dazu führt, dass die Medienprodukte, unabhängig vom kulturellen Wert derselben, nur noch unentgeltlich angeboten und verbreitet werden. In dem Augenblick, wo ein neues **Geschäftsmodell** auf den Markt kommt, das ein User produziert hat, kann sich ein Medienunternehmen dem nicht entziehen. Entweder der User gründet ein eigenes Unternehmen oder das Geschäftsmodell wird von einem bestehenden Unternehmen gekauft oder schlichtweg kopiert und selbst kommerziell genutzt. Die Geschäftsmodelle von „Second life" oder „Napster" stehen stellvertretend für diesen Entwicklungsprozess. Eine andere Entwicklung hängt mit den **Verdrängungsprozessen im globalen Wettbewerb** zusammen. Jedes Unternehmen muss unter Strafe seines Untergangs einen Gewinn machen, um sein Überleben zu sichern. **Zentralisations- und Konzentrationsprozesse** auch in der Kulturindustrie sind das Ergebnis des Verdrängungsprozesses auf dem nationalen und internationalen Markt. Vertragsfreiheit und **Selbstregulierung** sind dabei die Wunderheilmittel, um die Verwertungsbedingungen des Kapitals flexibler zu gestalten. Die Selbstregulierung zwischen Kreativen bzw deren Organisationsformen und der Verwerterindustrie wurde im Rahmen der Novellierung des Urheberrechtsgesetzes (sog Korb II) favorisiert, ohne das asymmetrische Vertragssystem zwischen Urheber und der Medienindustrie zu berücksichtigen.[384] Im Grunde steht dahinter eine **neoliberale Wirtschaftskonzeption** des „freien Marktes" als „freie Kultur" mit dem methodologischen Ansatz des Individualismus,[385] der sich mit Hilfe einer Vereinbarung derselben nach dem Motto „Laissez faire, laissez passer, le monde va de lui-même", durchzusetzen gedenkt. Dabei wird der Widerspruch zwischen den Interessen derjenigen, die zunehmend geistige Leistungen im Internet anbieten, und den Unternehmen und den Nutzern immer größer. Die Nutzer wollen unentgeltlich Zugang zu den Medienprodukten haben, während die Unternehmen und die geistigen Produzenten dafür, dass sie in das Medienprodukt investiert haben, vergütet werden. Es wird teilweise in der öffentlichen Diskussion die **„Kulturflatrate"** im Verhältnis zu den **DRM-Systemen**[386] favorisiert, ohne zu hinterfragen, welche bestehenden gesetzlichen **Vergütungssysteme** als entsprechendes Äquivalent für die Verwertung von Ausschließlichkeitsrechten der Inhaber geistiger Leistungen bestehen.[387] Die Tatsache, dass unerlaubte Vervielfältigungen im Peer-to-Peer-Netzwerk stattfinden, kann nicht die Kulturfltrate als gesetzliche Alternative zur Legalisierung ungesetzlicher Verhaltensweisen vorgeschlagen werden.[388] Im Rahmen des sog Korb III, der nur teilweise in der Legislaturperiode von 2009 bis 2013 umgesetzt wurde, besteht weiterhin Handlungsbedarf, um einen Ausgleich zwischen den Interessen der Rechteinhaber, der Verwerter und Nutzer zu erreichen.

---

382 MünchKommBGB, 4. Aufl 2004, § 903 Rn 3; BVerfGE 50, 290, 339.

383 *Wirtz* 684.

384 S die Begründung der Bundesregierung zum Entwurf eines Zweiten Gesetzes zur Regelung des Urheberrechts in der Informationsgesellschaft, BT-Drucks 16/1828, 16.

385 *Lessig* 190.

386 *Hofmann/Goldhammer* 92.

387 Krit zur Kulturflatrate *Pfennig* Kulturpolitische Mitteilungen 2009, 34.

388 So aber *Roßnagel/Jandt/Schnabel* MMR 2010, 8 ff.

70 Der Nachteil des Internets besteht darin, dass es eine Spielwiese unterschiedlicher Interessengruppen ist, die zu zügeln und auszugleichen Aufgabe des Rechts der Medien sein muss. Als **Verhaltenssteuerungsinstrument** steht das Recht vor einer unlösbaren Aufgabe. Destruktives Verhalten einzudämmen und schöpferische Prozesse zu fördern, gehören sicherlich zu den Grundaufgaben in einer kapitalorientierten Welt. Muss nicht das Recht hinter der technologischen Entwicklung herhinken? Reichen die bestehende Regelungen zum Schutz der geistigen Leistungen, des Persönlichkeitsrechts, des Wettbewerbs,[389] der Telemediendienste, des Jugendschutzes, des Medienstrafrechts etc aus? Sind neue **Haftungsregelungen** durch das Internet notwendig geworden? Verluste, Schäden oder sonstige Schwierigkeiten im Management eines Unternehmens sind immer in einer ex-post-Betrachtung zum ex-ante-Maßstab einer rechtlichen Regelung vorzunehmen.[390] Das gilt auch für das Urheberrecht, in dem Regelungen über technische Schutzmaßnahmen in das Gesetz aufgenommen wurden, die sich im nachhinein als Behinderung einer fairen Nutzung herausstellen.[391] Entscheidend wird aber sein, wie das Recht innovatives Verhalten und Investitionen fördert und stimuliert.

V. Individualkommunikation contra Massenkommunikation

1. Öffentliche Meinungsbildung

71 Zur öffentlichen Meinungsbildung gehören ohne Zweifel die **Massenmedien**, dh Einrichtungen in der Gesellschaft, die sich zur Verbreitung von Informationen technischer Mittel bedienen, zB Druckerzeugnisse, Bücher, Zeitungen, Zeitschriften, aber auch elektronische Kopierverfahren jeder Art, sofern sie Produkte in großer Zahl mit unbestimmten Adressaten erzeugen. Dazu gehört vor allem der Rundfunk, Film und unterschiedliche Multimediadienste,[392] aber auch das **Internet.**[393] Die Freiheit der Medien ist konstituierend für die freiheitliche demokratische Grundordnung.[394] Dazu gehört die Gewährleistung des Schutzes der im Rundfunk und in der Presse tätigen Personen und den Informanten gem Art 5 Abs 1 S 2 GG.[395] Dazu gehört auch das Recht auf Meinungsfreiheit nach Art 10 EMRK. Es gibt aber keine grenzenlose Meinungsfreiheit. Sie ist mit anderen Rechtsgütern abzuwägen, wenn eine Kollision zwischen den Rechtsgütern entstanden ist. So schützt Art 10 EMRK den Austausch von Daten und Informationen über das Internet, selbst wenn es sich um urheberrechtliches Material handelt. Dazu gehört auch Filesharing. Der EGMR hat bei der Abwägung zwischen Art 17 Abs 2 der Grundrechtecharta der EU zum geistigen Eigentum und Art 10 EMRK entschieden, dass eine Verurteilung zu Haftstrafe und Schadensersatz durchaus möglich ist.[396] Auch eine Veröffentlichung von Fotos kann verboten werden, wenn das Urheberrecht verletzt wurde und nicht den Interessen der Allgemeinheit dient. Das Urheberrecht hat dann Vorrang vor dem Recht auf Meinungsfreiheit.[397]

72 Angesichts der Rolle der Medien in einer demokratischen Gesellschaft wird es immer bedeutsamer, ob Probleme angesprochen werden, die für den **öffentlichen Willensbildungs- und**

389 *Brömmelmeyer* 31. Er wirft generelle Fragen des Wettbewerbs im Internet auf. Die Ubiquität und die Konvergenz der Medien bringen Rechtsanwendungsprobleme mit sich.
390 *Spindler* GRUR 2013, 996 ff; *Czychowski/J.B.Nordemann* GRUR 2013, 986 ff.
391 BGH GRUR 2013, 1035; *Lessig* 160 ff.
392 *Luhmann* 11; *Fechner* Medienrecht Rn 41.
393 Die journalistisch-redaktionell gestalteten Angebote im Internet sollen den Massenmedien zugeordnet werden, nicht dagegen sonstige Telemedien. Dies wird zu Recht kritisiert. Siehe *Rumyantsev* ZUM 2008, 33.
394 BVerfG ZUM 2007, 294, 297; st Rspr.
395 BVerfG ZUM 2007, 294, 298.
396 EGMR GRUR-Prax 2013, 338.
397 EGMR GRUR 2013, 859 – Ashby Donald/Frankreich.

Meinungsbildungsprozess wesentlich sind oder ob lediglich private Angelegenheiten von den Medien veröffentlicht werden, die die **Neugier und Sensationslust** befriedigen sollen.[398] Das betrifft die Privatsphäre der Künstler, Politiker, Sportler und Manager als Personen der Zeitgeschichte. Aber auch die Ehepartner der Personen der Zeitgeschichte und deren Kinder sind im Fokus der Berichterstattung. Es bedarf die Persönlichkeitsentfaltung der Kinder und Jugendlichen des besonderen Schutzes vor den Gefahren der Medienberichterstattung[399] und den Internetforen mit jugendgefährdenden Inhalten.[400] Die Gefahren sind vielfältig. Die von den Massenmedien angebotenen Realitätskonstruktionen haben durchgreifende Auswirkungen auf das, was in der Gesellschaft als Freiheit beobachtet werden kann und wie die Chancen personal zurechenbaren Handelns in der Gesellschaft verteilt sind.[401] Vorurteile und Manipulationen können ständig durch die Massenmedien reproduziert werden.[402] In dem Maße, wie die gesellschaftliche Entwicklung ausschließlich an dem wirtschaftlichen Erfolg und dem Fetisch Geld gemessen wird, sind die Medienunternehmen nur Erfüllungsgehilfen einer verfehlten **Medienpolitik**. Was fehlt ist die Herausbildung von politischen Fähigkeiten der Jugendlichen und Erwachsenen, um die ökonomischen und politischen Widersprüche einer zerrissenen Gesellschaft zu erkennen sowie gestaltend und verändernd mit Hilfe demokratischer Institutionen eingreifen zu können. Demokratie setzt diese Fähigkeiten voraus. Je geringer diese Fähigkeiten ausgebildet sind, desto größer ist das Demokratiedefizit und der Glaube an den offiziellen Lügen in den Medien. Solange nicht erkannt wird, dass Intoleranz und Ausgrenzung unterschiedlicher Personengruppen in den politischen, ökonomischen und kulturellen Verhältnissen wurzeln, solange wird auch und vor allem in Krisenzeiten von den wirklichen Ursachen gesellschaftlicher Widersprüche abgelenkt. Ein Staat, der für die Menschen das Recht auf Arbeit nicht durchzusetzen vermag, nimmt ihnen letztlich die menschliche Würde. Nicht umsonst wird in den Menschenrechtskonventionen der UNO von 1948 und 1966 das Recht auf Arbeit als Menschenrecht postuliert. Arbeitslosenunterstützung ist zB überwiegend die Kompensation sozialer Ausgrenzung und bildungspolitisch ein Desaster. Medien nennen die Erscheinungen, ohne die wirklichen Ursachen öffentlich zu diskutieren. Interessant wäre ein demokratisches Gesellschaftskonzept, das unabhängig von den Interessengruppen und Parteien in einer globalisierten Welt die verschiedenen Alternativen sozialer, kultureller, ökonomischer und politischer Zukunftsaussichten der Gesellschaft der Öffentlichkeit vorgestellt wird. Daraus ließen sich auch die rechtlichen Rahmenbedingungen ableiten, damit nicht die Ungleichheit zwischen den Reichen und Armen, den Besitzenden und Besitzlosen als erniedrigte Wesen zementiert wird. Um Pangloß, den Hausphilosophen in Voltaires Werk „Candide“ zu widersprechen, ist diese Welt eben nicht die beste aller Welten.

Die öffentliche Meinungsbildung erfolgt nicht mehr nur durch den **linearen Rundfunk** und 73
die Presse im traditionellen sondern zunehmend im globalen virtuellen Markt. Die Ergebnisse des Grimme-Institut von 2010 prognostizieren eine weitgehende Abkehr von linearen Programmen und einen klaren Trend zum Herunterladen von einzelnen Sendungen.[403] Die nichtlinearen,

398 BVerfG ZUM-RD 2007, 1, 2.
399 BVerfG GRUR 2011, 255 – Carolines Tochter; BVerfG MMR 2010, 48 – Altersverifikationssysteme; BVerfGE 101, 361, 385; BVerfG ZUM-RD 2007, 1, 3.
400 BGH WRP 2007, 1173, 1175.
401 *Luhmann* 156.
402 Schopenhauer erkannte schon früh die Ambivalenz der Pressefreiheit. Sie bedeutet einerseits, dass sich die Menschen mit den Worten wegen der Unzufriedenheit Luft machen können. Andererseits wirkt sie wie Gift für Geist und Gemüt. „Denn was lässt sich nicht dem kenntnis- und urteilslosen großen Haufen in den Kopf setzen? zumal wenn man ihm Vorteil und Gewinn vorspiegelt. Und zu welcher Untat ist der Mensch nicht fähig, dem man etwas in den Kopf gesetzt hat?“. Siehe *Schopenhauer* 259.
403 Welt Kompakt v 25.11.2010, 26.

freien Mediendienste im Internet stellen teilweise eine echte Konkurrenz zum Meinungsmonopol der Presse und des Rundfunks dar.[404] So spielen zB die sog **Blogs** für den demokratischen Willensbildungsprozess eine hervorragende Rolle, weil die Möglichkeit besteht, kostenlos Informationen zu erhalten und gegen bestimmte herrschende Meinungsmacher eigene Positionen zu begründen und diese weltweit zu verbreiten.[405] Das Blogging nutzen Unternehmen in den USA, um mit den Kunden im Rahmen des **Direktmarketings** zu kommunizieren und entsprechende Bedürfnisse schneller befriedigen zu können.[406] **Hörfunk und Fernsehen sowie Presse** sind nicht mehr die ausschließlichen Meinungsmacher. Sie müssen mit dem Internet eine technische „Ehe" eingehen, um den Einfluss auf die **Meinungs- und Willensbildungsprozesse** weiterhin ausüben zu können. So lässt die Internetverbindung den Abruf auch von Fernseh- oder Hörfunkprogrammen nebeneinander abwickeln, zB in Form des **Streaming.**[407] Der Internetempfang tritt funktionell neben den Fernsehempfang.[408] Bei Radioprogrammen erfolgen zB sowohl Erstverwertungen im Internet (sog **Internetradio oder Webcaster**) als auch die Übertragung derselben als Zweitverwertung, dh der Inhalt von Hörprogrammen kann simultan im Internet übertragen werden.[409] Die typischen Strukturen des Rundfunks, nur für eine unbestimmte Anzahl von Verbrauchern Sendungen bereit zu halten, verändern sich.[410] Rundfunkähnliche Abrufdienste werfen Probleme auf, zB ob die nichtlinearen Dienste wie **Radio- und Fernsehsendungen beim Handy oder PC** genehmigungs- und gebührenpflichtig sind.[411] Für den internetfähigen PC hat das BVerfG die Rundfunkgebührenpflicht bejaht.[412] Die Multimediaprodukte verschärfen insofern das Problem einer rechtlichen effektiven Regulierung im Verhältnis zwischen Individual- und Massenkommunikation. Der Gesetzgeber hat sich mit dem **Telemediengesetz** für die Individualkommunikation entschieden und damit neue Probleme geschaffen,[413] insb hinsichtlich der **Haftung des Internetforumbetreibers.**[414] Ebenso spielen die **Computerspiele** als Massenmedium und als modernes Freizeitangebot eine bedeutende Rolle. Sie nur auf die „Ego-Shooter", sog **Killerspiele**, zu reduzieren, verkennt das Innovationspotenzial derselben. Denn es besteht kein monokausaler Wirkungszusammenhang zwischen der Mediengewalt und der Entstehung gewaltätigen Verhaltens. Medien sind Verstärker, nicht Verursacher von Gewalt.[415] Durch den Medienkonsum besteht aber die Gefahr, dass minderjährige Rezipienten falsche Lebenserwartungen entwickeln und so ihre Erziehung zu verantwortungsvollen Mitgliedern der Gesellschaft behindert wird.[416]

---

404 *Castendyk/Böttcher* MMR 2008, 15.
405 *Lessig* 53.
406 *Scoble/Israel* 213. Mc Donald's vertat zB die Chance, mit den Kunden über deren geschmacklichen Bedürfnisse zu kommunizieren.
407 Gerichtshof der EU GRUR-Int 2013, 380 f – ITV Broadcasting/TVCatchup; *Wandtke/von Gerlach* GRUR 2013, 676 ff.
408 *Eberle* ZUM 2007, 439.
409 *Weisser/Glas* ZUM 2009, 914; *Handig* 207.
410 *Paal/Henemann* ZRP 2010, 40, 42; *Michel* ZUM 2009, 453; *Schütz* MMR 2009, 228; *Ladeur* ZUM 2009, 906; *Pottthast* ZUM 2007, 443.
411 *Bullinger, M* JZ 2006, 1141. Das BVerfG hat sich für eine Gebühr für Rechner entschieden, die Rundfunkprogramme ausschließlich über Angebote aus dem Internet wiedergeben können; s ZUM 2007, 712, 722.
412 BVerfG NJW 2012, 3424.
413 *Spindler* CR 2007, 241.
414 BGH GRUR 2013, 1030 – File-Hosting-Dienst; BGH GRUR 2011, 152, 154 – Internetmarktplatzbetreiber; BVerfG MMR 2010, 48 – Altersverifikationssysteme; BGH WRP 2010, 922, 925 – marions-kochbuch.de; BGH GRUR 2008, 702, 708 – Internetversteigerung III; OLG Koblenz MMR 2008, 54.
415 *Erdemir* K&R 2008, 224.
416 *Baumann/Hofmann* ZUM 2010, 863, 869.

2. Medien als Antriebsfaktoren in der Meinungsbildung

Die sozialen und kulturellen Auswirkungen der Informations- und Kommunikationstechnologien sind noch nicht absehbar. Eines scheint aber schon jetzt feststellbar: Demokratische Prozesse der Meinungsbildung werden ausgelöst und **antidemokratische Gefahren** bestehen real und gefährden das **Gemeinwesen**. Die **Macht der Sprache** verkommt zunehmend zur Sprache der Macht. Lügen und Desinformationen sind deren Bestandteil. Demagogen haben wieder Konjunktur! Dazu gehören ohne Zweifel Falschinformationen über die Notwendigkeit eines Angriffskrieges gegen den Irak und Afganistan, deren Bilder im Fernsehen und im Internet der Öffentlichkeit als neue „Ästhetik" erscheinen, um dem Krieg das unmenschliche Antlitz und Verbrecherische zu nehmen sowie diese Kriege als unvermeidbar darzustellen, obwohl es ein ius ad bellum im gegenwärtigen **Völkerrecht** nicht gibt.[417] Es wird nicht auf Verhandlung gesetzt, sondern mit den Androhungen von Sanktionen werden gleichzeitig sog Militärschläge eingeplant. Es ist der Zustand erreicht worden, wie sich Friedrich Schiller auszudrücken pflegte: „Wenn das Recht nicht entscheiden kann, so tut es die Stärke."[418] Diejenigen, die den Krieg als politisches Mittel nutzen und als Erfüllungsgehilfen Allianzen schmieden, sind völkerrechtlich ohne Ansehen der Personen und Staaten zur Verantwortung zu ziehen. Wer ist für die Toten verantwortlich, die der Kosovo-, Irak- und Afganistan-Krieg tausendfach schuldhaft produzierte? Das Völkerrrecht bleibt nur ein Papiertiger, wenn die politischen Verbrechen folgenlos bleiben. Die Begründungsmuster für einen Militärschlag oder für einen Krieg gegen andere Staaten werden durch die Medien immer wieder wiederholt. Wenn behauptet wird, dass der angebliche Feind über Massenvernichtungswaffen verfügt, dies aber eine Lüge ist, muss die Weltgemeinschaft handeln. Ist ein Staat berechtigt als Weltpolizist aufzutreten, wenn er in Vietnam chemische Kampfstoffe eingesetzt hat oder tausende tote Zivilisten im Irakkrieg zu verantworten hat, ohne zur Verantwortung gezogen zu werden? Die Produktion von Waffen ist offensichtlich ein einträgliches Geschäft. Die Rüstungsindustrie lebt vom Einsatz der Waffen zum Töten. Die Begründung zum gezielten Töten durch Drohnen bedeutet Töten ohne Grenzen. Der **Drohnenkrieg** der USA zB in Pakistan oder in Jemen, in denen unschuldige Zivilisten getötet werden, einschließlich Kinder, zeigt anschaulich die menschenverachtende Medienpolitik eines Landes, das vorgibt die Menschrechte zu achten. Das gilt auch für Deutschland. Wozu braucht Deutschland Drohnen, die gegen das Völkerrecht verstoßen ? Wozu brauchen die USA und die EU eine NATO in den ehemaligen sozialistischen Ländern? Welch ein Irrsinn, wenn man bedenkt, wie die Sparmaßnahmen in der Welt begründet werden. Das gilt auch für die USA und die Nato, die als Völkerrechtsverletzer einen Völkerrechtsverletzer mit Sanktionen und Kriegshetze zur Vernunft treiben wollen. Die Berufung auf Bündnispflichten ist der gesteigerte Zynismus, vor allem dann, wenn die Charta der UNO nicht mehr beachtet wird. Als Teilnehmer an einem völkerrechtlichen Verbrechen wird man mitschuldig! Auch im **Völkerrecht** gibt es eine gesamtschuldnerische Haftung. Angebliche Menschrechtsverletzungen sind kein Rechtfertigungsgrund für einen Krieg gegen Staaten. Sie sind nur Vorwand. Wer sich ständig auf das Recht auf Pressefreiheit in anderen Ländern beruft und selbst Menschrechte permanent verletzt, ist kein Vorbild für andere Länder in Osteuropa und Asien. Die Werteordnung des Westens – welche das auch sein mag – kann nicht einem anderen Land übergestülpt werden. Wer „Raketenschutzschilder" aufbaut oder die Vereinbarung gegen die Osterweiterung der NATO verletzt, denkt an einen Feind, der angeblich ein Freund sein soll. Es gibt keine militärische Option! Die wirklichen Kriegsziele, zB Sicherung von Rohstoffen und strategische Militärblöcke, werden mit Hilfe von Menschenrechten verschleiert. Die Politik mißbraucht die Medien und die Medien missbrauchen die Politik. 74

417 *Vitzthum/Bothe* Rn 3 ff; *Seidel* 449; *Bernhardt/Randelzhofer* p 1246.
418 *Schiller* 123.

Einige Medien sind mehrfache Manipulatoren, die die verbrecherische Politik zu verschleiern in der Lage sind. Hegemoniale Werte- und Machtansprüche bleiben politisch und kulturell für die Weltgemeinschaft nicht folgenlos, wenn die Mächtigen dieser Welt nur mit Hilfe eines Krieges politische und ökonomische Widersprüche in einer globalisierten Welt zu lösen glauben. Einige Medien sind für diese Entwicklung mitverantwortlich. Es hat sich offensichtlich seit der Antike nichts geändert.[419] Denn das Verbrechen hat auch einen ökonomischen Hintergrund für die Medien. Der Verbrecher produziert das Strafrecht, die Polizei und die Grundlagen für Kunst und Literatur, die Wirkung des Verbrechens kann global sein. Denn „ohne nationale Verbrechen, wäre je der Weltmarkt entstanden? Ja auch Nationen?"[420] Die „jüngsten Schandtaten von Staatsterrorismus- und Kriege sind nichts anderes als genau das! – wurden religiös drapiert."[421] Das alte Feindbild wurde durch ein neues ersetzt. Die Simultanität von Religionsfundamentalismus und Marktradikalismus, mit dem die ganze Welt beglückt wird, ist das ein purer Zufall?[422] Mit einer Neuaufteilung der Weltmärkte werden wesentliche Menschenrechte eingeschränkt und verletzt, zB das Recht auf Leben, wenn die ermordetetn Zivilisten als Cholateralschäden in den Medien öffentlich bezeichnet werden. Mit einem Bedrohungszenario wird das allgemeine Persönlichkeitsrecht beim **Datenschutz eingeschränkt.**[423] Dazu gehören die **Online-Durchsuchungen**,[424] oder **Vorratsspeicherungen** von **Daten**[425], die Eingriffe in die verfassungsrechtlich verbriefte Privatsphäre und das Fernmeldegeheimnis[426] sowie in das Recht des Bürgers auf informationelle Selbstbestimmung bedeuten.[427] Denn das allgemeine Persönlichkeitsrecht umfasst die Befugnis des Einzelnen, über die Preisgabe und Verwendung seiner persönlichen Daten selbst zu bestimmen, dh, dass dieses Recht auf informationelle Selbstbestimmung als Norm des objektiven Rechts seinen Rechtsgehalt auch im Privatrecht entfaltet.[428] Das Grundrecht auf Gewährleistung der Vertraulichkeit und Integrität informationstechnischer Systeme ist als Ausprägung des allgemeinen Persönlichkeitsrechts geschaffen worden, um Eingriffe in den Kernbereich privater Lebensgestaltung zu verhindern.[429] So musste § 113 TKG aufgrund einer Entscheidung des BVerfG geändert werden, der die Speicherung und Herausgabe von Nutzerdaten sowie die Zugangssicherungscodes an Ermittlungsbehörden regelt.[430] Klingt es dann nicht wie ein

---

419 Der griechische Tragödiendichter *Euripides* (480–406) hatte schon in dem Stück „Die Hilfeflehenden" zur Frage des Krieges Folgendes formuliert: „Doch kennen alle wir von den Begriffen ‚gut' und ‚schlecht' den besseren und wissen auch, wie sehr der Frieden für den Menschen besser ist als Krieg: Er ist ein treuer Freund der Musen, dann ein Feind der Rachegeister, freut sich wohlgeratener Kinder und liebt den Reichtum. Und wir Toren geben all dies preis, wir wählen Krieg, wir unterjochen den Geschlagenen, der Mensch den Menschen, Staat den Staat."

420 *Marx* Theorie über den Mehrwert 364.

421 *Klenner* Juristenaufklärung über Gerechtigkeit 55.

422 *Klenner* Juristenaufklärung über Gerechtigkeit 55.

423 *Gola/Schomerus* BDSG Einl Rn 22; § 14 Abs 2 TMG enthält nunmehr die Möglichkeit, dass auf Anordnung der zuständigen Stelle der Dienstanbieter Auskunft über Bestandsdaten erteilen kann, soweit dies zur Erfüllung der Aufgaben zB des Bundesnachrichtendienstes, der Verfassungsschutzbehörden und des Militärischen Abschirmdienstes erforderlich ist.

424 S BVerfG NJW 2008, 822, 829.

425 BVerfG MMR 2009, 36 f.

426 So bestehen erhebliche verfassungsrechtliche Bedenken gegen die Vorratsdatenspeicherung. S *Puschke/Singelnstein* NJW 2008, 113, 118, Es ist ein Irrtum, anzunehmen, dass Dritte nicht die Möglichkeit erhalten, auf die persönlichen Daten im Internet durch technische Mittel zugreifen zu können. Am Ende steht der gläserne Mensch, dessen persönlichsten Daten missbräuchlich im globalen Netz benutzt werden können.

427 *Brinkel/Lammers* ZUM 2008, 11, 12.

428 BVerfG NJW 2010,833,842-Vorratsdatenspeicherung; BVerfG NJW 2007, 3707; BVerfG NJW 1984, 419.

429 S *Hoffmann-Riem* JZ 2008, 1009; BVerfG NJW 2008, 822, 827.

430 BVerfG ZUM-RD 2012, 441 ff. Die Richter sahen in der Auskunftspflicht gegenüber Ermittlungsbehörden ua staatlichen Stellen hinsichtlich der Sicherungscodes wie Passwörtern oder PINs nicht mit dem Recht auf informationelle Selbstbestimmung vereinbar.

Hohn, wenn die Geheimdienste – wie NSA – die Persönlichkeitsrechte als Grundrechte verletzen und keine Folgen für derartige Menschenrechtsverletzungen eintreten. Das Recht ist kein Recht, wenn es nicht durchgesetzt werden kann.

„Die Medienunternehmen mit ihren spezifischen Angeboten sind mächtige Antriebsfaktoren für die verbreitete Neigung nach Performance und Events, immer wieder neue (Vor-)Bilder der Eskalationen dafür zu ventilieren, wie sie auch Plattformen dafür bieten, dass jedermann zum zeitweiligen Inszenierungsstar avanciert und sein **Persönliches und Intimstes** vermarkten kann“.[431] Der äußere Schein vieler Medienangebote entspricht der inneren Hohlheit der Texte, Äußerungen und Bilder. „Dschungelcamp“, „Big Brother“ und andere Fernsehsendungen auf diesem Niveau bringen eine zunehmend sensationsorientierte, exhibitionistische Medienwelt zum Ausdruck. Ein humanistisches auf Toleranz ausgerichtetes Weltbild bleibt dabei auf der Strecke. Es gilt immer noch die Einschätzung von Karl Marx: „Die Deutschen sind überhaupt zu Sentiments und Überschwenglichkeiten geneigt, sie haben ein Tendre für die Musik der blauen Luft. Es ist also erfreulich, wenn ihnen die große Frage der Idee von einem derben, reellen, aus der nächsten Umgebung entlehnten Standpunkt demonstriert wird. Die Deutschen sind von Natur devotest, alleruntertänigst, erfurchtsvollst. Aus lauter Respekt vor den Ideen verwirklichen sie dieselben nicht. Sie weihen ihnen einen Kultus der Anbetung, aber sie kultuvieren dieselben nicht.“[432] 75

Wenn mit dem „Bedeutungsverlust der Arbeit und des Arbeitsethos eine Sinnkrise schwelt, die sich Kompensationen im Erlebnishunger sucht, sind die Medien die perfekten Surrogate, mit der die Trostlosigkeit übertönt wird“.[433] Die Medienunternehmen reagieren ganz unterschiedlich auf den Zustand der Gesellschaft. Sie sind Teil der Gesellschaft und insofern Teil eines Problems einer **Medienkultur**, die in einem dialektischen Spiel von Angebot und Nachfrage zu verflachen droht. Denn der **Fortschritt der Verdummung** darf nicht hinter dem gleichzeitigen Fortschritt der Intelligenz zurückbleiben.[434] Die Menschen wissen teilweise nicht, worüber sie lachen und warum sie aufgehört haben nachzudenken.[435] Die Vernunft durchzusetzen, gelingt nicht, solange nicht vernünftige Verhältnisse existieren. Dringend bedarf es einer **Renaissance der politischen Aufklärung durch die Medien**! Es ist ein verherrender Dogmatiker-Irrtum einiger Medien, wenn das Erreichte verklärt wird, anstatt über das Erforderliche aufzuklären.[436] Denn alle politische Dummheit leidet am Überdruss ihrer selbst (Omnis stultitia laborat fastidio sui). Deshalb sind die versteinerten Verhältnisse zum Tanzen zu bringen. Die Medien verändern das öffentliche Bewußtsein und das öffentliche Bewußtsein verändert die Medien. 76

3. Interaktive Abrufdienste

Individualkommunikation ist ein Austausch von Informationen zwischen zwei oder mehreren bestimmten Beteiligten.[437] Sobald eine Selektionsmöglichkeit des Teilnehmers besteht, insb eine individuelle Zusammenstellung gewünschter Informationen ermöglicht wird, liegt **Individualkommunikation** vor. Das gilt vor allem für die interaktiven Abrufdienste im Audio- oder Videobereich, bei denen zB die Teilnehmer eine gewünschte Sendung über eine Datenleitung aus einem Datenspeicher abrufen. Ebenso trifft das auf die interaktiven **Teleshopping- oder** 77

431 Delp/*Kübler* 306.
432 *Marx* Debatten über die Pressefreiheit, in MEGA, Abt I, Bd 1, 121, 160.
433 Delp/*Kübler* 306.
434 Horkheimer/*Adorno* 153.
435 *Postman* 198.
436 *Klenner* 72.
437 *Fechner* Medienrecht Rn 11.

Homeshopping-Angebote zu, über die sich der Kunde selbst informiert, um die entsprechende Ware zu kaufen.[438] Durch das Internet als neues Medium stellt sich generell die Frage einer **andersartigen Präsentation** von Waren und neuer Marketingstrategien für die Unternehmen. Das Medienprodukt muss sich gleichsam selbst mit allen Vorzügen und Funktionen im Internet vermarkten können.

78 Die Informations- und Kommunikationstechnologien heben insofern **traditionelle Märkte** auf und schaffen neue. Presse und Rundfunk als klassische Massenkommunikationsmittel werden nicht verdrängt, sondern werden in die neuen Technologien integriert. Während in den traditionellen Medien die Informationen nur in mediumspezifischer Darbietung (zB als gesprochenes Wort, Bild, Foto, Film, Musik, Buch) übermittelt und rezipiert werden, können sie nun über **digitale Telekommunikationsnetze** abgerufen und über eine „Multimedia-Maschine" dargeboten werden. Insoweit lösen sich die Grenzen zwischen Print- und Ton-/Bildmedien, zwischen Telefon, Hörfunk, Fernsehen und Datendiensten tendenziell auf bzw die Abgrenzung zwischen Rundfunk und Telemedien wird immer schwieriger.[439] Es gibt Zwischenformen, die nicht der einen oder anderen Sphäre zugerechnet werden können, zB die **Chatrooms** im Internet, die der Allgemeinheit zugänglich sind.[440]

4. Theaterproduktionen und Sportveranstaltungen

79 Den Begriff der Massenkommunikation nur unter dem Aspekt eines technischen Mittels inhaltlich zu bestimmen, mit dessen Hilfe eine räumliche Distanz überwunden werden kann,[441] ist nicht überzeugend. Es gibt Einrichtungen, die historisch gesehen, einen entscheidenden Beitrag zur **Meinungsbildung und der Vermittlung von Werten** geleistet haben und leisten. Zu den bedeutenden Medienunternehmen gehören auch die **Theater,**[442] **Galerien und Konzertveranstalter.**[443] Sie sind zwar nicht quantitativ mit der Anzahl der Zuschauer, Zuhörer oder Leser der Medienprodukte des Hörfunks, Fernsehens, der Presse und des Films vergleichbar, aber im Rahmen ihrer historischen Entwicklung haben sie bis heute das gleiche Prinzip. Die Zuschauer haben nur die Möglichkeit, die Inszenierung oder das Konzert zu sehen bzw zu hören, ohne Einfluss auf die Inszenierung oder Musikwerke zu haben. Der gleiche Inhalt wird an eine unbestimmte Zahl von Zuschauern vermittelt. Die Entscheidungsfreiheit, nicht ins Theater zu gehen (bzw es vor Ende der Aufführung zu verlassen), bleibt jedermann offen, obwohl man sich wünscht, dass die Theaterproduktionen einen stärkeren Einfluss auf das kulturelle Verhalten der Menschen auszuüben vermögen. Die räumliche Distanz wird durch die Inszenierung überwunden. Insofern spielt das Theater im Recht der Medien eine andere Rolle als der Rundfunk. Außerdem kann heute die Theaterinszenierung durch technische Mittel übertragen werden (zB Fernsehen, Internet oder Public Viewing).

80 Die Frage der Massenkommunikation ist sicherlich mit der technischen Entwicklung verbunden, aber dieses Phänomen ist nicht allein darauf zu reduzieren, wenn man an die Entwicklung von Medienprodukten der Presse im 18. Jahrhundert denkt,[444] die früher als die Rundfunk-

438 Prinz/Peters/*Funke* 146. Eine individuelle, elektronische Kommunikation ist der Dialog mittels einer E-Mail, SMS oder auch in Chat-Foren. Siehe Spindler/Schuster/*Weber* § 312e BGB Rn 5.
439 *Huber* ZUM 2010, 201, 207; Dörr/Kreile/Cole/*Janik* 115; Prinz/Peters/*Funke* 143.
440 *Fechner* Medienrecht Rn 2.
441 So aber *Fechner* Medienrecht Rn 10.
442 *Ladeur* ZUM 2004, 1, 3.
443 AA *Luhmann* 11; Theater gehört nach seiner Auffassung nicht zu den Massenmedien, weil es sich zur Verbreitung von Kommunikation nicht technischer Mittel bedient.
444 *Pross* 108.

und Filmprodukte auf den Markt kamen. Eine ähnliche Massenwirksamkeit wie Filme haben Sportveranstaltungen, die mit Hilfe des Rundfunks und des Internets weltweit verbreitet werden.[445] Mit der zunehmenden **Kommerzialisierung des Sports** werden Fragen der rechtlichen Regulierung aufgeworfen, zB die Vermarktung der Persönlichkeitsrechte der Fußballer durch Werbemaßnahmen und die Rechte der Veranstalter. Es kann ein Konflikt zwischen den **Verwerterinteressen** der Veranstalter und der gesellschaftlichen Aufgabe unabhängiger Medien entstehen.[446]

Ein anderer bedeutender Aspekt für das Recht der Medien besteht gerade darin, dass sowohl die Massen- als auch die Individualkommunikation nur den Aspekt des Zugangs und der Verbreitung von Informationen beinhaltet. Es wird damit die **Distributionssphäre** untermauert. Sie ist zwar für die Meinungsbildung bedeutsam, aber das Recht der Medien kann nicht allein auf die Verbreitung von Medienprodukten reduziert werden, sondern sie beeinflusst die Politik und **die Politik beeinflusst die Medien.** 81

VI. Informationsgesellschaft und geistige Produktion

1. Begriff der Informationsgesellschaft

Die Begriffe „Informationsgesellschaft“ oder „**Wissensgesellschaft**“ werden immer wieder inflationär benutzt, ohne wirklich zu hinterfragen, was sie inhaltlich auszusagen in der Lage sind. 82

All die Begriffe „Informationsgesellschaft“, „Wissensgesellschaft“, „Dienstleistungsgesellschaft“ oder „Mediengesellschaft“ verweisen auf einen tief greifenden gesellschaftlichen Wandel, dh die enorme Beschleunigung und die ständig steigende Kontingenz der Veränderungen künftiger Gesellschaften sowie die „wachsende, zumal öffentlich publizierte diskutierte Reflexivität, die wiederum die Medien unaufhörlich verbreiten und vervielfachen“.[447] 83

Der Begriff der Informationsgesellschaft wird nur als Arbeitsbegriff in diesem Sinne verwandt, dass sämtliche Lebensbereiche mit den Informations- und Kommunikationstechnologien ausgestattet und durchdrungen sind, insb die gesellschaftliche Produktion und Reproduktion sowie die **globale Arbeitsteilung** mit der Überwindung herkömmlicher Strukturen. An ihre Stelle treten dezentrale, flexiblere, offenere, aber auch ungewisse Produktions- und Arbeitsweisen.[448] Die „Informationsgesellschaft“ zeichnet sich also dadurch aus, dass aufgrund der Informations- und Kommunikationstechnologien eine massenhafte Verbreitung von Inhalten (zB Filme, Romane, Musik) ohne territoriale Grenzen möglich ist. Informationen verfügen über bestimmte Inhalte unterschiedlicher rechtlicher Qualität.[449] Im Grunde werden mit dem **Informationsbegriff** verschiedene Vorgänge des Informierens, des Austausches von Gedanken, des Mitteilens, des Übertragens ua Informationsprozesse bezeichnet.[450] Die unterschiedliche rechtliche Bewertung von Informationen und von Informationsträgern ist evident. Eine Nachricht über ein Tagesereignis in einer Zeitung oder im Internet ist erlaubt, dagegen ist es verboten, einen Roman in Buchform oder Online ohne Zustimmung des Urhebers bzw des Verlages zu verbreiten oder zum Download anzubieten. Bei Formgebungen, zB ein Freischwinger, wird der Betrachter durch die ästhetische Form angeregt, deren Nachbau ohne Zustimmung des Rechtsinhabers verboten 84

445 Fritzweiler/Pfister/Summerer/*Summerer* 337.
446 *Dörr* JZ 2007, 482; BGH NJW 2006, 377, 379 – Hörfunkrechte. Der BGH hat in seiner Entscheidung die Entgeltlichkeit der Hörfunkberichterstattung einer Sportveranstaltung auf der Grundlage des Hausrechts bejaht.
447 Delp/*Kübler* 304.
448 *Kübler* 308.
449 *Beater* Rn 894.
450 So wird der Begriff der Information nach § 1 Abs 1 InfoV anders geregelt als in § 2 Ziff 2 IFG.

ist. Die verschiedenen Zeichen (Wörter, Töne, Bilder, Farben, Persönlichkeitsmerkmale, Symbole uam) können unterschiedliche Inhalte vermitteln und in verschiedenen körperlichen und unkörperlichen Trägern (Medienprodukte) Gestalt annehmen. Informationen können einen Teil des Vermögens eines Unternehmens sein.[451] Die **Medienprodukte sind Informationsvermittler**.

2. Informationsgesellschaft und Wissensproduktion

85 Die Informationsgesellschaft befindet sich an einem Scheideweg, wenn es um die Vermarktungsstrategien von Medienprodukten geht. Es ist eine Tendenz feststellbar, wonach öffentliche **Aufgaben des Staates der Privatisierung** unterworfen werden. Das hängt offensichtlich mit einer liberalen Wirtschaftskonzeption zusammen. Wissenschaftler, Studenten, Universitäten und andere Institutionen befinden sich in einer Promotional Culture, die durch unterschiedliche Kommunikationsmittel der (Selbst-)Vermarktung gekennzeichnet wird.[452]

86 So ist die Privatisierung öffentlicher Aufgaben der Kulturpolitik in den USA und Europa eng mit der **Kommerzialisierung der Medienkultur** und der Erlebnisgesellschaft verknüpft.[453]

87 Aus historischer Sicht haben Universitätsverlage zB in den USA einen wichtigen Beitrag zum demokratischen Diskurs zu leisten. Dieser Auftrag wird mittlerweile in Frage gestellt, weil die Bildungspolitik zunehmend privatisiert wird und sich eine Globalisierung der kommerziellen **Informationsindustrie** durchzusetzen beginnt.[454] Die Informations- und Kommunikationstechnologien haben für die geistige Produktion zB von wissenschaftlichen Publikationen die Folge, dass die Informationen global erfassbar sind und die Entstehung, Verbreitung und Rezeption wissenschaftlicher Kommunikation immer mehr verschwimmen. Der Produktionsprozess wird beschleunigt und die Aktualität der Bücher als Medienprodukt wird immer kurzlebiger. Eine Informationsdichte ist die **Folge globaler Vernetzung** und eine daraus resultierende Überlastung mit unkontrollierbarer Informationskultur, die zur Irrationalität und **Desinformation** tendiert.[455] Wahrheit und Lüge können in den Medien globaler produziert und verbreitet werden.

88 Das Buch als Medienprodukt ist Kommunikationsmittel und Objekt ökonomischer und kultureller Strategien. Mit der Umwandlung analoger Informationen in digitale Formen verändert sich die Option der **Speicherung und Verarbeitung** der Manuskripte. Was bis in die 80er Jahre des 20. Jahrhunderts noch das Geheimnis der Jünger Gutenbergs war, die Ästhetik der Seite, wird zu einem öffentlichen Gut.[456] Ob aber an Stelle des Papiers zB CD-ROMs treten können, ist fraglich.[457]

3. Books on Demand

89 Die Technologie **Books-on-Demand hat eine unterschiedliche Auswirkung auf den Markt.** Das **E-Book** hat als transportables Lesegerät für elektronische Texte einen neuen Markt gefunden. Neben dem gedruckten Buch hat es sich offensichtlich durchgesetzt. Das gilt auch für die **Hörbücher**. Die Nutzer vermochten offensichtlich teilweise den Vorteil gegenüber eines gebundenen Buches zum „Blättern" erkennen. Das elektronische Publizieren im Internet im Bereich

451 *Perwin* 26.
452 *Wernick* 154 ff.
453 *Schulze* 524 ff.
454 Delp/*Rectanus* 33.
455 *Lash* 146.
456 Delp/*Titel* 80.
457 Delp/*Titel* 80.

der Nachschlagewerke und der wissenschaftlichen Literatur spielt eine große Rolle. Denn es geht nicht um den Lesegenuss, sondern um das schnelle Auffinden und Verbreiten von Informationen. Dies gilt generell für das Internet. In diesem Sinne ist auch der Aufbau einer **Digitalen Bibliothek in Europa** zu begrüßen, die die Schätze der Kunst, Literatur und Wissenschaft dem Nutzer zur Verfügung stellen soll.[458] Damit ein umfassender Zugang zu den Schätzen der Kultur gewährleistet werden kann, bestand ein gesetzgeberischer Handlungsbedarf hinsichtlich der vergriffenen und verwaisten Werke. Der Gesetzgeber hat bei aller berechtigter Kritik an der Gesetzesreform die Richtlinie 2012/28/EU über bestimmte zulässige Formen der Nutzung verwaister Werke umgesetzt (§§ 61ff UrhG nF) und außerdem Regelungen zu den vergriffenen Werken (§§ 13d, 13e UrhWahrnG nF) in einem Gesetz verabschiedet.[459] Während bei den vergriffenen Werke die Rechtsinhaber bekannt sind, sind die Urheber der verwaisten Werke unbekannt.[460] Die VG Wort hat in ihrem Wahrnehmungsvertrag von 2010 eine Rechtseinräumungsklausel mit einem Widerruf der Autoren aufgenommen. Sie kann an die Bibliotheken Lizenzen zum Einscannen der Werke vergeben. Damit wird ein anderes Modell als das Google Book Settlement favorisiert, wonach erst die Bücher eingescannt werden und der Urheber dann Widerspruch einlegen kann.[461]

Die Buchproduktion und -verbreitung hat erhebliche Blessuren erlitten. Dabei spielt die Tauschbörse eine nicht zu unterschätzende Rolle. Hinzu kommt, dass sich eine Tendenz mit Hilfe des Internets und der Digitalisierung durchzusetzen beginnt, die mit dem Begriff **„Desktop-Publishing"** beschrieben werden kann, dh dass das Publishing tatsächlich am PC zuhause ermöglicht. Verlage und Laien publizieren. 90

Die Kehrseite dieser Entwicklung besteht darin, dass damit ein unbestreitbarer Verfall der Typografie und ein Verfall der inhaltlichen Qualität von Büchern verbunden sein kann.[462] Aber auch die Marktstrukturen verändern sich, die für die Verleger völlig neue Herausforderungen bedeuten. Es geht hierbei vor allem um die Verhinderung eines unkontrollierbaren **Sekundärmarktes**. Der Primärmarkt muss mit wirtschaftlichen Verlusten rechnen, wenn digitale Dateien wie E-Books und Hörbücher gebraucht weiterverkauft werden können. Es ist rechtlich überzeugend, wenn der Erschöpfungsgrundsatz beim Verbreitungsrecht nicht auf gebrauchte E-Books und Hörbücher anwendbar ist.[463] 91

Die Konsequenz dieser Entwicklung bedeutet einen Verlust der Produktionsmittel für Verleger, wenn für jedermann die Produktion von Büchern preiswert wird und die Distributionskanäle für jedermann offen stehen. Es ist ein leichtes Spiel, durch Eröffnung einer eigenen Homepage mit einer bibliografischen Aufnahme eines Titels im Internet als einzelner Produzent aufzutreten, um jedermann die Medienprodukte zugänglich zu machen. 92

Steht nicht hinter dieser Entwicklung ein objektiver Prozess der Vergesellschaftung, wonach ohne große Mühe die Medienprodukte jedermann frei zugänglich sind und teilweise unentgeltlich zur Verfügung stehen? 93

4. Kommunikations- und Transaktionsplattformen

Das Internet spielt als neue **Kommunikations- und Transaktionsplattform** eine bedeutende Rolle im globalen Maßstab. Verbreitungsformen von Multimediaprodukten wurden durch 94

458 S www.leb.eu.
459 Gesetz v 1.10.2013 (BGBL I, 3728); *Klass* GRUR-Int 2013, 881ff.
460 *Klass* GRUR-Int 2013, 881ff; *Peifer* GRUR-Prax 2011, 1ff; *Spindler* FS Loewenheim 287, 293.
461 *Hüttner/Ott* ZUM 2010, 377ff.
462 Delp/*Göbe* 271ff.
463 LG Bielefeld GRUR 2013, 281, 282; Wandtke/*Wöhrn* Urheberrecht, 152.

E(lectronic)-Commerce verändert. Eine Erweiterung der Verbreitungsmöglichkeiten im globalen Maßstab findet statt. Das Vertriebsnetz ändert sich, zB durch alternative Formen, und Unternehmensstrategien müssen sich den neuen Bedingungen anpassen. Über das Internet als Informationskanal werden Werbe- und Marketingmaßnahmen realisiert.

95 Neue Kunden sollen gewonnen und vorhandene an das Unternehmen gebunden werden. E-Commerce als Kommunikationskanal bietet die Möglichkeit des Informationsaustausches durch interaktive Plattformen. Dies gilt sowohl für den **Business-to-Business-Bereich** (B2B-Bereich) als auch im **Business-to-Consumer-Bereich** (B2C-Bereich). Die Grundsätze werden im Transaktionskanal abgewickelt. Schließlich erlaubt die unmittelbare Versendung eines Medienproduktes über elektronische Netzwerke eine neue Form der Distribution.[464]

96 **Online-Text-Versionen** werden sicherlich zunehmend genutzt, aber das Buch oder andere Druckerzeugnisse werden in der Zukunft Bestand haben. So wie das Fernsehen nicht den Kinobesucher verdrängt hat, wird der PC mit Zugang zum **World Wide Web** nicht das Buch verdrängen. Die Online-Vermarktung ist selbst eine neue „Ästhetik" der Kommerzialisierung der Medienprodukte, die letztlich auch das Verhalten der User und Unternehmen beeinflusst. Die interaktiven Gestaltungsmöglichkeiten der Nutzer in **Internetforen** werfen neue Probleme auf, die das bestehende System der Rechtsinstitute in Frage stellen. Bspw wird das Eigentums- und Besitzrecht des Betreibers von Internetforen mit einem **virtuellen Hausrecht** in Verbindung gebracht.[465] Auch einen vollständigen **Ausschluss des Wettbewerbers** im Sinne eines virtuellen Hausverbots wird ein Unternehmer nicht bewirken und durchsetzen können, der einen **Internetshop** betreibt.[466] In jedem Fall sind die Besonderheiten des Mediums Internet zu berücksichtigen. So wird die Erschwerung des Zugangs zu der Homepage des Internetshops, zB die Sperrung bestimmter IP-Nummern oder sonstige technische Zugangsbeschränkungen, als wettbewerbswidrig angesehen.[467] Der EuGH hat die Anordnung eines nationalen Gerichts an einen Hosting-Anbieter nicht im Sinne der Richtlinie 2000/31/EG, der Richtlinie 2001/29/EG und der Richtlinie 2004/48/EG angesehen, wenn ein System der Filterung der von den Nutzern seiner Dienste auf seinen Servern gespeicherten Informationen eingerichtet wird, das unterschiedslos auf alle diese Nutzer anwendbar ist. Dies gilt auch, wenn dieses System präventiv, allein auf eigene Kosten und zeitlich unbegrenzt, aufgebaut wurde.[468]

§ 2
Geistiges Eigentum und Medienprodukte

I. System des geistigen Eigentums

1. Immaterialgüterrecht

97 Während die geistige Produktion nur ein Teil des gesellschaftlichen Gesamtprozesses darstellt, in dem Medienprodukte in den Kreislauf der Distribution und Konsumtion gelangen, wird mit dem **System des geistigen Eigentums** die rechtliche Ausgestaltung der Aneignungs- und Ver-

464 *Kuhn* 129 ff.
465 LG München I CR 2007, 264; LG Bonn CR 2000, 245; OLG Köln CR 2000, 843; *Redeker* krit Anmerkung zum Urteil des LG München I CR 2007, 266.
466 OLG Hamm MMR 2008, 175, 176. Ein virtuelles Hausverbot ist zulässig, wenn die Sperrung der IP-Nummer unter dem Gesichtspunkt der Betriebsstörung erfolgt.
467 OLG Hamburg MMR 2008, 58, 60.
468 EuGH ZUM 2012, 307 ff – SABAM/Netlog; EuGH ZUM 2012, 29 ff – Scarlet/Extended.

wertungsprozesse erfasst. Die Auffassung, dass das geistige Eigentum aus der Sicht des Rechts der Medien nicht mehr als solches entscheidend sein soll, sondern deren Vermittlung,[469] verkennt die Tragweite der geistigen Produktion und das System des geistigen Eigentums von immateriellen Kulturgütern als Medienprodukte. Dabei kann und muss das System des geistigen Eigentums[470] hinterfragt werden, inwieweit es im Prozess der kapitalorientierten Verwertung bzw Vermarktung oder Nutzung derselben auch und gerade für ein Recht der Medien relevant sein kann oder nicht. In dem hier verstandenen Sinne wird das System des geistigen Eigentums als **Aneignungs- und Verwertungsprozess** in der geistigen Produktion und Reproduktion der Medienprodukte betrachtet. Der Aneignungs- und Verwertungsprozess der Medienprodukte findet auf verschiedenen gesellschaftlichen Stufen statt. So herrschen in einer arbeitsteilig organisierten Kunstproduktion (zB Film-, Theaterproduktion) oder Wissenschafts- bzw Literaturproduktion andere Bedingungen, die rechtlich den Kreativen schützen, als die Bedingungen, die den Nutzer, den Leser, den Zuhörer oder den Zuschauer betreffen. Dabei wird aber ein Unterschied zwischen dem geistigen Eigentum und dem Immaterialgüterrecht sowie den immateriellen Gütern gemacht.

2. Formgebungen

Das System des geistigen Eigentums wird im Schrifttum mit dem Immaterialgüterrecht um- 98
schrieben, dessen Bestandteile die gewerblichen Schutzrechte (zB Patent, Designmuster, Marken ua) und das Urheberrecht sind.[471] Aufgrund der Zersplitterung der Spezialgesetze im Immaterialgüterrecht und den überwiegend vorliegenden inhaltlichen Gemeinsamkeiten kann die Forderung nach einem Gesetz des Systems des geistigen Eigentums nur unterstützt werden.[472] Es ist aber auch denkbar, dass der vorgeschlagene Allgemeine Teil eines solchen Gesetzes ins BGB aufzunehmen wäre, um die Akzeptanz des Immaterialgüterrechts zu verbessern und zugleich den Einfluss der Partikularinteressen weiter zurückzudrängen.[473] Dabei ist der Schutz des geistigen Eigentums nach Art 17 Abs 2 der Charta der Grundrechte zu beachten.

Zu einem Immaterialgüterrecht wird das immaterielle Gut erst, welches sich auf irgendeine 99
Weise ideell oder materiell nutzen lässt, wenn die Rechtsordnung es einer konkreten Person zuordnet und damit als Rechtsobjekt verfügbar macht. Dies hat die Rechtsordnung aus gutem Grund nicht für alle Immaterialgüter gemacht.[474] Sie werden als Medienprodukte bezeichnet, soweit sie Informationen und Inhalte verkörpern, die im Informations- und Kommunikationsprozess vordergründig eine Rolle spielen.

Die geistigen Leistungen, die in Medienprodukten zum Ausdruck gebracht werden, können 100
sehr verschieden sein. Allen ist gemeinsam, dass sich ihre Bedeutung für die Medien nicht allein vom materiellen Träger ableiten lässt (zB Papier, Holz, Vorrichtungen).[475]

Ihre Bedeutung liegt in der Verkörperung der literarischen, künstlerischen, wissenschaftli- 101
chen, politischen, ökonomischen und sozialen Ideen sowie Gedanken. Diese Ideen und Gedanken manifestieren sich in bestimmten literarischen (zB Roman), künstlerischen (zB Theaterin-

---

469 AA *Petersen* 150.

470 Zum Recht des geistigen Eigentums zählen die **gewerblichen Schutzrechte** (zB Patent-, Gebrauchsmuster-, Marken-, Geschmacksmuster-, Halbleiter- und Sortenschutzrechte) und das **Urheberrecht**; siehe *Cornish/Llewelyn* Chap 1, Rn 1–4; *Fink/Maskus* 41f; *Grzeszick* ZUM 2007, 344, 351; *Götting* GRUR 2006, 353; *Seichter* WRP 2006, 392.

471 Pierson/Ahrens/Fischer/*Pierson* 1; Wandtke/Bullinger/*Wandtke* Einl UrhG Rn 44.

472 *Ahrens/McGuire* Modellgesetz für Geistiges Eigentum, 15 ff.

473 *Schack* Vorwort V.

474 *Schack* Rn 21.

475 *Fechner* Medienrecht Rn 9.

szenierung), wissenschaftlichen (zB Forschungsbericht) oder ästhetischen (zB Designermöbel) Formgebungen. Die **Formgebungen** können körperlich oder unkörperlich in der Wirklichkeit abgebildet sein. Die kreativen Leistungen weisen dabei ganz unterschiedliche ökonomische, kulturelle und rechtliche sowie moralische Wertungs- und Bewertungsebenen auf, die für den Informations- und Kommunikationsprozess in der Medienlandschaft typisch sind. Das Ergebnis **der geistigen Arbeit** im Allgemeinen (zB künstlerische oder wissenschaftliche Leistung) und im Besonderen (Schreiben eines Briefes, eines Romanes oder Herstellen einer Software, eines Designs, einer Nachricht usw) kann wirtschaftlich insofern interessant sein, als die Medienprodukte in den Strom der Ware-Geld-Beziehung gelangen und zB sehr unterschiedliche Töne, Zeichen, Bilder ua Informationen mitteilen. **Das Medienmanagement** konzentriert sich dabei auf den Gewinn, den es mit der Vision „to make people happy" zu erreichen glaubt.[476]

3. Naturrecht und Ausschließlichkeitsrechte

102 Die entscheidende rechtstheoretische Frage ist die, ob alle Medienprodukte und die damit verbundenen gesellschaftlichen Verhältnisse dem System des geistigen Eigentums bzw Immaterialgüterrechts zugeordnet werden können. Denn der Begriff des geistigen Eigentums erfasst nicht mehr und nicht weniger als die zeitlich begrenzte Herrschaftsmacht des durch das Gesetz Berechtigten, der wiederum mit **Ausschließlichkeitsrechten** ausgestattet ist.[477] Das Immaterialgüterrecht impliziert im Ergebnis eine Monopolstellung des Kreativen. Die im Schrifttum berechtigte Kritik ist dann nicht von der Hand zu weisen, wenn ein aus dem Naturrecht geprägtes überrechtliches Gebilde nebulös bleibt.[478] Schon Schopenhauer hatte auf die Lebensverhältnisse hingewiesen, die der Produktion von Recht zugrunde liegen und nicht das Naturrecht.[479] Die gesetzgeberische Inhaltsbestimmung ist nicht aus der Natur der Sache ableitbar, sondern aus dem jeweiligen kulturellen, technischen und ökonomischen Entwicklungsstand der gesellschaftlichen Verhältnisse sowie deren prägenden Interessen. Das Naturrecht wird häufig im Gegensatz zum **Rechtspositivismus** gesehen, wobei vor allem die Beziehung zwischen dem gesetzten Recht und dem Sittlichem hergestellt wird.[480] Rechtliche und ethische Maßstäbe können, müssen aber nicht übereinstimmen. Denn nicht alles, was gesetztes und wirkendes Recht ist, ist vernünftig und richtig.[481] Das **Naturrecht** kann deshalb nicht die Aufgabe haben, als Maßstab und Kontrollinstrument gegenüber dem staatlich gesetzten Recht zu dienen.[482] Insofern gibt es auch ein Dilemma in der Überwindung des Naturrecht-Positivismus-Streits.[483] Deshalb ist es auch nicht hilfreich, wenn mit dem Begriff des geistigen Eigentums ein dem positiven Recht übergeordnetes Naturrecht behauptet wird,[484] obwohl es in der Geschichte eine revolutionäre Bedeutung hatte.[485] Es wurde insb mit der geistigen Arbeit und der Aufhebung feudaler Privilegien in Verbindung gebracht.[486] Der Begriff des geistigen Eigentums kann in dem hier verstandenen Sinne – im Gegensatz zum Sacheigentum – nur als Bündel von ausschließlichen Rechten verstanden werden, nicht aber auch Persönlichkeitsrechte implizieren. Aufgrund der asymmet-

476 *Wirtz* 79.
477 *Fechner* Geistiges Eigentum und Verfassung 111; *Götting* GRUR 2006, 353.
478 *Klenner* 9.
479 *Schopenhauer* 247.
480 *Seelmann* 140.
481 *Naucke/Harzer* 65. Sie sind der Meinung, dass sich das Naturrecht mit dem positiven Recht verbindet.
482 AA *Rüters* 189.
483 Kaufmann/Hassemer/Neumann/*Kaufmann* 106 ff.
484 So zu Recht *Rehbinder* Rn 97; aA *Götting* GRUR 2006, 353 ff. mwN.
485 *Hofmann/Siegrist* 67.
486 *Boncompain* 335; *Ann* GRUR Int 2004, 597.

rischen Interessenlage zwischen der Verwerterindustrie und den Kreativen ist der viel gepriesene **Interessenausgleich** im Recht eine Illusion. Der Kreative ist der eigentliche Produzent kultureller Güter. Der Verwerter hat ausschließlich **derivative Rechte**. Denkbar ist der Interessenausgleich zwischen den Kreativen und der Allgemeinheit nur dann, wenn die Monopolstellung der Kreativen zugunsten der Allgemeinheit und damit auch der einzelnen Nutzer teilweise aufgehoben wird.

Die Frage ist aber, ob die geistige Produktion Leistungen hervorbringt, die das geltende System des Immaterialgüterrechts erweitern und damit das System des geistigen Eigentums. Im Grunde geht es um die Frage, ob das System des Immaterialgüterrechts eine Numerus clausus- oder -apertus-Regelung beinhaltet, dh, ob das System des Immaterialgüterrechts begrenzt oder für neue Immaterialgüter bzw Medienprodukte offen ist. Nur eine einseitige Ausrichtung auf die wirtschaftliche Verwertung von Medienprodukten mag zwar dem Interesse der Verwerter entsprechen und im Immaterialgüterrecht zum Ausdruck gebracht werden, zB im Marken- und Designrecht. Dies trifft aber nicht auf das Urheberrecht zu, dessen persönlichkeitsrechtliche Seite neben den vermögensrechtlichen Befugnissen prägend ist.[487] Deshalb ist auch die Kritik an Art 17 Abs 2 der Grundrechtscharta der EU berechtigt, wonach zwar der Schutz des geistigen Eigentums ausdrücklich genannt wird, aber offensichtlich nur die wirtschaftliche Bedeutung gesehen wird.[488] Die Tatsache, dass im System des geistigen Eigentums die Persönlichkeitsrechte der Schöpfer nicht integriert sind und nur der vermögensrechtliche Aspekt eine Rolle spielt,[489] lässt nichts Gutes für die Zukunft erahnen. Tatsache ist, dass das BVerfG in Auslegung des Art 14 GG von einem naturrechtlich geprägten, geistigen Eigentumsbegriff ausgeht und damit die vermögensrechtliche Seite des Immaterialgüterrechts betont.[490] Das gilt auch auf europäischer und internationaler Ebene (**TRIPS**).[491] 103

Unabhängig davon, wie der Begriff des geistigen Eigentums inhaltlich bewertet wird, bleibt er ein wichtiger Bezugspunkt, der mit den Medienprodukten und deren Verwertung bzw Vermarktung oder Nutzung in unmittelbarer Beziehung steht. 104

4. Erweiterung der Schutzrechte

a) Zeitlich begrenzte Schutzrechte. Soweit die Medienprodukte mit den gewerblichen Schutzrechten und dem Urheberrecht belastet sind, sind damit auch zeitliche Grenzen des Schutzes verbunden. Solange diese **Schutzrechte** wirksam sind, hat der Rechteinhaber aber Ausschließlichkeitsrechte und kann gegen jedermann wegen Verletzungen seines Immaterialgüterrechtes vorgehen. 105

b) Gemeinfreie Leistungen. Nach Ablauf der Schutzfrist oder bei Eintreten anderer **Erlöschensgründe** bleibt das Medienprodukt weiter im Kreislauf der Produktions-, Distributions- und Konsumtionsprozesse.[492] Die nicht mehr geschützten Medienprodukte stehen der **Allgemeinheit**, aber auch den Unternehmen zur Verfügung. Hierzu kann das **Wettbewerbsrecht** den Unternehmen helfen. Denn der wettbewerbsrechtliche Schutz für Werke und Leistungen ist möglich, wenn sie gemeinfrei geworden sind. Auch das **Markenrecht** wäre zu beachten. So 106

487 *Schack* Rn 22.
488 *Dietz* GRUR Int 2006, 1, 8.
489 Ebenso *Rehbinder* § 1 Rn 28.
490 BVerfG GRUR Int 2011, 72, 76 – Drucker und Plotter II; BVerfGE 49, 382, 392; BVerfGE 79, 29, 41 f.
491 *Dietz* GRUR Int 2006, 1.
492 *Stieper* GRUR 2012, 1083 ff; *Peukert* Die Gemeinfreiheit, 281.

kann beim Markenrecht ein unbefristeter Schutz bestehen. Ein abgelaufenes Designmuster oder ein urheberrechtlich **gemeinfreies Werk** kann verwertet werden und bleibt damit wirtschaftlich und kulturell für die Unternehmen und Nutzer interessant.[493] Muss nicht auch dies zum System des geistigen Eigentums gerechnet werden?

107 Wenn auch Medienprodukte Gegenstand der vermögenswerten Vermarktung sind, obwohl **Ausschließlichkeitsrechte** oder andere Rechte daran nicht mehr bestehen, müsste diese Form der gesellschaftlichen Aneignungsprozesse vom geistigen Eigentum erfasst werden. Es wird von einem geistigen Eigentum auszugehen sein, das jedermann benutzen und verwerten kann. Das **Geistesprodukt** hat die Bestimmung, von anderen Individuen zu eigen gemacht zu werden. An diesem Geistesprodukt kann wiederum ein spezielles geistiges Eigentum des reproduzierenden Individuums entstehen.[494] So kann ein gemaltes gemeinfreies Bild als Marke Schutz genießen. Es besteht zwar am Werk kein urheberrechtlicher Schutz, weil die Schutzfrist von 70 Jahren **post mortem auctoris** abgelaufen ist, aber ein anderer Immaterialgüterrechtsschutz kann entstehen.[495] Der Markenschutz bestimmt dann eine bestimmte Aneignungsweise. Denn die Gemeinfreiheit eines Werkes nach Ablauf der Schutzdauer nach § 64 UrhG begründet für sich kein Eintragungshindernis.[496]

108 Es besteht ein Interesse der Allgemeinheit, dass nach Ablauf der Schutzfrist die urheberrechtlichen Medienprodukte geistiges und kulturelles Allgemeingut werden.[497]

109 **c) Private Nutzung und Sozialbindung.** Eine ähnliche „Rechtskonstruktion“ besteht in den Fällen, in denen der Gesetzgeber erlaubt, dass die Allgemeinheit Medienprodukte nutzt bzw verwertet, ohne mit den Rechten der Kreativen in Kollision zu geraten. So sind zB Patente in ihrer Wirkung nicht auf Handlungen im privaten Bereich gerichtet, soweit sie nicht zu kommerziellen Zwecken vorgenommen werden.[498]

110 Die private Nutzung geschützter Medienprodukte hat vor allem auf dem Gebiet des Urheberrechts Kontroversen über den richtigen Weg des Schutzes des geistigen Eigentums ausgelöst. Als Stichpunkte mögen bspw **Filesharing**, **rechtswidrige Vorlage** einer **Privatkopie** und **technische Schutzmaßnahmen** ausreichen.[499] Allen Immaterialgüterrechten, die eine private Nutzung erlauben, ist gemeinsam, dass sie sich der **Sozialbindung** des Eigentums nach Art 14 Abs 2 GG verpflichtet fühlen.[500] Mit der Veröffentlichung tritt zB das urheberrechtliche Werk bestimmungsgemäß in den gesellschaftlichen Raum und löst sich mit der Zeit von der **privatrechtlichen Verfügbarkeit**. Es wird geistiges und kulturelles Allgemeingut.[501] Für den künstlerischen Schaffensprozess kann das bedeuten, dass Künstler als Urheber Eingriffe in ihre Kunstwerke hinzunehmen haben, sofern keine merklichen wirtschaftlichen Nachteile entstehen.[502] Der zulässige Eingriff wird vor allem durch die urheberrechtlichen Schrankenregelungen (§§ 44a ff. UrhG) bestimmt. Das bedeutet, dass in bestimmten Fällen ein **gesetzlicher Vergütungsanspruch** als Ausgleich für den Eingriff in die Rechte der Urheber geregelt ist. Das betrifft zB das

493 *Stieper* GRUR 2012, 1083 ff; *Peukert* Die Gemeinfreiheit, 282.
494 *Hegel* 103; aA *Peukert* Die Gemeinfreiheit, 281.
495 *Stieper* GRUR 2012, 1083, 1091.
496 BGH GRUR-Int 2012, 666, 667 – Medusa.
497 BVerfGE 31, 229, 242; BVerfGE 49, 382, 394; BVerfGE 79, 29, 42.
498 Benkard/*Scharen* § 11 PatG Rn 2.
499 BVerfG GRUR 2012, 601 ff – Leuchtturm und 99 Luftballons; BGH GRUR 2011, 56 – Session-ID; BGH GRUR 2008, 996 – Clone-CD; Wandtke/Bullinger/*Ohst* § 95a UrhG Rn 3; Schricker/*Götting* Vor §§ 95a ff. Rn 16; Dreier/Schulze/*Dreier* § 95a UrhG Rn 2; Dreyer/Kotthoff/Meckel/*Dreyer* Vor §§ 95a ff UrhG Rn 8.
500 *Pahud* 49 ff; *Fechner* Geistiges Eigentum und Verfassung 239 ff.
501 BVerfG GRUR 2001, 149, 151 – Germania 3.
502 BVerfG GRUR 2001, 149, 151 – Germania 3.

Vervielfältigungsrecht einer **Privatkopie.**[503] Der gesetzliche Vergütungsanspruch nach § 54 UrhG gilt aber nicht nur für die Privatkopie, sondern für alle **Geräte und Speichermedien**, die geeignet sind, urheberrechtlich geschützte Werke vervielfältigen zu können.[504] Der Anspruch entsteht auch dann, wenn technische Schutzmaßnahmen vorliegen.[505]

In dem Augenblick, in dem eine kommerzielle Verwertung geschützter Medienprodukte durch Medienunternehmen oder private Nutzer angestrebt wird, bleibt die privatrechtliche Verfügungsmacht der Kreativen mit ihren Vermögensrechten bestehen. Denn nunmehr soll der Kreative an der wirtschaftlichen Verwertung seiner geschützten Medienprodukte beteiligt werden. Im System der vertraglichen Vergütung für die Kreativen spielt das **Urhebervertragsrecht** eine zentrale Bedeutung. Das Bundesverfassungsgericht hat deutlich gemacht, dass der Gesetzgeber die durch Art 12 Abs 1 geschützte Freiheit der Verwerter urheberrechtlich geschützter Werke durch zwingendes Gesetzesrecht begrenzen kann, um sozialen oder wirtschaftlichen Ungleichgewichten entgegenzuwirken,[506] wie dies in der geistigen Produktion festzustellen ist. Deshalb hat der Urheber gegenüber dem Verwerter ein Recht auf eine angemessene Vergütung und das Recht, die Angemessenheit der Vergütung gerichtlich überprüfen zu lassen. Denn zu den konstituierenden Merkmalen des Urheberrechts als Eigentum iSd Art 14 Abs 1 GG gehören dabei die grundsätzliche Zuordnung des vermögenswerten Ergebnisses der schöpferischen Leistung an den Urheber im Wege privatrechtlicher Normierung sowie seine Freiheit, in eigener Verantwortung darüber verfügen zu können.[507] 111

d) Free Culture. Internet-Techniken sind nicht dafür verantwortlich, dass die **Kultur** zerstört wird.[508] Das Internet erleichtert den Zugang zu Informationen. Es führt auch zur Entstehung eines neues Kulturverhaltens der Nutzer. Das Internet kann, aber es muss nicht nur ein Fluch sein. Die Ursachen für eine mögliche Zerstörung der Kultur liegen in den gesellschaftlichen Widersprüchen einer profitorientierten Warenproduktion. Das Internet kann dazu beitragen, wenn es in falsche Hände gerät oder wenn niveaulose Inhalte des realen Marktgeschehens in die virtuelle Welt übertragen werden. Entscheidend ist, wie und mit welchem Ziel die Informations- und Kommunikationstechnologien im wirtschaftlichen, sozialen und kulturellen Gesamtprozess eingebunden sind. Damit sich die **Kreativität** frei entfalten kann, sind die gesellschaftlichen Bedingungen zu untersuchen, die diesen Prozess behindern oder fördern. Es ist ein Trugschluss anzunehmen, dass ein freier Markt eine freie Kultur impliziert, wie sich *Lessig* auszudrücken pflegt.[509] Die Ursachen für fehlende Kreativität und Innovation ist nicht am Begriff des freien Marktes – was auch immer das sein mag – festzumachen, sondern an gesellschaftlichen Widersprüchen, die Rechtsprobleme einschließen. Die Stimulierung und Motivation kreativer und innovativer Arbeit sowie deren Anerkennung und Vergütung ist ein Aspekt in der geistigen Produktion. Der andere Aspekt ist der Zugang und die Verbreitung von kulturellen Leistungen. Hierbei spielt das **System des geistigen Eigentums** (zB das Urheber-, Marken-, Design- und Patentrecht) eine erhebliche Rolle. Selbst die Tatsache, dass das geistige Eigentum (zB ein Online-Artikel, Musik und Film) im Internet ein flüchtiges Gut sein kann,[510] ist nicht das Internet als technisches Mittel für neue Geschäftsmodelle verantwortlich, die massenhaft zu Verletzungen 112

503 EuGH GRUR-Int 2013, 949, 952 – Amazon/Austro-Mechana.
504 AA *Koch/Krauspenhaar* GRUR-Int 2013, 1003, 1011.
505 EuGH GRUR 2013, 812, 815 – Kyocera und Fujitsu/VG-Wort.
506 BVerfG GRUR 2014, 169 Rn 73 – Drop City.
507 BVerfG GRUR 2014, 169 – Drop City.
508 So aber *Lessig* 176.
509 *Lessig* 190.
510 Herdegen/Klein/Papier/Scholz/*Ossenbühl* 327 f.

führen. Die historisch bedingte Produktionsweise mit ihren politischen, ökonomischen, wissenschaftlichen, literarischen und künstlerischen Verhältnissen bestimmt den Inhalt und das Wesen einer freien Kultur, in der zum Ausdruck kommt, ob jedermann die Möglichkeit und Fähigkeit hat Schöpfer zu sein. Der Kreative mit seinen geistigen Arbeitsergebnissen (zB als Musik, Gedicht, Artikel, Rezension, Marke, Designmuster ua Medienprodukte) erfährt dann eine gesellschaftliche Anerkennung. Der technologische Entwicklungsstand kann die Kreativität und Innovation befördern oder behindern. Das hängt wiederum von den jeweiligen Interessen ab, die sich im Recht widerzuspiegeln vermögen. Wenn die Interessen der Kulturindustrie (zB technische Schutzmaßnahmen) im Urheberrecht im Vordergrund stehen und in rechtlichen Regelungen zum Ausdruck gebracht werden, können damit auch Behinderungen für die Kreativität auftreten. Die Aneignung und Verwertung immaterieller Güter erfolgt nicht nur auf der Ebene des rechtlichen Schutzes. Die freie Kultur erfasst ebenso immaterielle Güter, die keinem rechtlichen Schutz unterliegen. Zum System des geistigen Eigentums als Prozess der Aneignung und Verwertung der Medienprodukte sollte deshalb auch der wirtschaftliche und kulturelle Reproduktionsprozess gerechnet werden, in dem zwar **keine Schutzrechte** an den Texten, Bildern, Tönen ua Zeichen durch das Immaterialgüterrecht entstehen, aber für die Unternehmen, die Allgemeinheit und jeden einzelnen Nutzer von Bedeutung sind. Das gilt auch zwischen Wettbewerbern.[511] Zur freien Kultur gehört natürlich in erster Linie der **freie Zugang zu kulturellen Leistungen**. Die Informationsfreiheit ist gleichsam die conditio sine qua non eines demokratischen Gemeinwesens. Die vorhandene Information als Bild, Symbol, Zeichen, Kunstwerk, Töne uvm ist der Rohstoff für künftige kulturelle Leistungen. Das öffentliche Interesse besteht an einem freien Zugang zu immateriellen Gütern ohne Beschränkungen durch das Recht. Um das Gleichgewicht zwischen Rechteinhabern und Nutzern wieder herzustellen, könnte ein freier und möglicherweise ein kostenloser Zugriff auf Informationen erfolgen. In diese Richtung zielen sämtliche **Open Source-, Open Content- und Open Publishing-Strategien**. Dazu gehört auch das **Creative Commons-Projekt**, wonach der Urheber seine Werke unter Zurückbehaltung einiger Rechte, zB des Namensnennungsrechts oder des Rechts der kommerziellen Verwertung, frei zur Verfügung stellt.[512] Diese Prozesse weisen auf die Notwendigkeit hin, die gegenwärtigen Strukturen des Immaterialgüterrechts zu überdenken und den neuen Gegebenheiten anzupassen. Das bedeutet aber nicht, dass generell ein kostenloser Zugang zu den Kulturgütern erfolgen kann. Denn die Informationsfreiheit nach Art 5 GG bedeutet, dass ua der Bürger vor Informationsbeschränkungen und staatlichen Meinungslenkungen geschützt werden soll.[513] Die Informationsfreiheit garantiert aber keinen kostenlosen Zugang zu allen gewünschten Informationen. Denn der Zugang zu einer Information ist von den Leistungsentgelten zu unterscheiden. Das Recht auf Privatkopie ist deshalb nicht mit dem Recht auf Werkzugang gleichzusetzen. Das gilt auch für das Bezahlfernsehen als allgemein zugängliche Quelle.[514] Die **Medienunternehmen** sind daran interessiert, dass sie unbeschränkt Medienprodukte verkaufen oder der Öffentlichkeit anbieten können. Damit wird ein grundsätzliches Problem der Rechtsgestaltung des geistigen Eigentums im Zeitalter der Vernetzung und Digitalisierung sowie der **Konvergenz der Medien** aufgeworfen. Führt die Informations- und Kommunikationstechnologie zu einer Ausdehnung der Schutzrechte an immateriellen Gütern? Die kreativen Prozesse mit ihren unterschiedlichen quantitativen und qualitativen Ergebnissen führen nicht notwendigerweise zu mehr Schutzrechten an immateriellen Gütern.

511 Die Rechtsprechung wendet die Grundsätze des Verbots von Zugangsbeschränkungen auf die Bedingungen des elektronischen Geschäftsverkehrs modifiziert an, insb auf den Handel über Internetshops (OLG Hamburg MMR 2008, 58).

512 *Lessig* 276; *Mantz* GRUR Int 2008, 20; *Hofman/Dreier/Nolte* 61.

513 BVerfG 27, 71, 80.

514 BT-Drucks 16/1828, 20 f.

„Free Culture" kann nicht bedeuten, dass alle in der geistigen Produktion hervorgebrachten Medienprodukte per se urheberrechtsschutzfähig sind. Nicht jede Nachricht oder jede E-Mail oder jede Kritzelei unterliegt automatisch dem Urheberrecht.[515] **Die Information** als solche ist zwar **nicht schutzfähig**, aber dennoch muss das konkrete Medienprodukt immer einer rechtlichen Bewertung zugänglich sein. Für die geistigen Arbeiter ist es von Bedeutung, dass ihr Produkt mit einem Schutzrecht behaftet ist, wenn damit auch für diese Personen die Kreativität gefördert und die wirtschaftliche Beteiligung an der Verwertung ihre Medienprodukte gesichert wird. Andererseits kann die rechtliche Bewertung des Medienprodukts dazu führen, dass aus rechtspolitischen Gründen, zB Sicherung der Befriedigung kultureller Bedürfnisse der Allgemeinheit, dem Kreativen keine Schutzrechte gewährt werden. Dieser Aspekt spielt wegen des Wandels in der Produktion, des Austauschs, der Verteilung und der Konsumtion durch die Informations- und Kommunikationstechnologie eine zunehmende Rolle. 113

e) Materiell-rechtliche Voraussetzungen des Schutzes von Medienprodukten. Die gewerblichen Schutzrechte sind nach einem strengen Regime der materiell-rechtlichen Voraussetzungen der **Schutzfähigkeit** geregelt. Werden diese materiell-rechtlichen Voraussetzungen nicht erfüllt, liegen zwar Erzeugnisse der geistigen Produktion vor, aber ein Schutz und damit das Entstehen von Schutzrechten entfällt bzw andere Schutzwirkungen können entstehen. 114

Die **Erfindung** wird zB als Gegenstand des Patents als eine „Lehre" (Anweisung, Regel) zum technischen Handeln bezeichnet, wobei sie aber ein Immaterialgut darstellt. Als Immaterialgut muss sie gedanklich von körperlichen Mitteilungsträgern wie der schriftlichen Beschreibung und von Sachen (zB eine konstruierte Maschine) unterschieden werden.[516] Das Medienprodukt ist dann nicht die konstruierte Maschine, sondern die Erfindung, die schließlich als Patent in der Patenterteilung erfolgt und mit der Veröffentlichung im Patentblatt die gesetzlichen Wirkungen desselben eintreten.[517] Sie kann innerhalb der verschiedenen Erfindungsarten gleichsam die Grundlage für die Informations- und Kommunikationstechnologie sein. Sie ist insofern nur zum Teil für medienrechtliche Beziehungen von Bedeutung. Demgegenüber ist die Form (Muster und Modelle) im Designrecht zentrales Schutzgut als Medienprodukt. Es können neue ästhetische Formgebungen, zB die Eigenart eines Autos[518] oder eines Spielzeugs, geschützt sein.[519] Neben dem Designschutz ist der Urheberrechtsschutz für Werke der angewandten Kunst möglich. Die frühere Rechtsprechung des BGH, wonach höhere Anforderungen an die Gestaltungshöhe von Werken der angewandten Kunst zu stellen seien, die dem Designschutz zugänglich sind, ist aufgegeben worden. Mit der Reform des Designschutzes 2014 ist ein eigenständiges gewerbliches Schutzrecht geschaffen und der enge Bezug zum Urheberrecht beseitigt worden.[520] 115

Anders als die gewerblichen Schutzrechte haben sich die Gerichte beim **Urheberrecht** bei der Feststellung, ob ein geschütztes Werk als Medienprodukt der Literatur, Kunst und Wissenschaft vorliegt oder nicht, mit dem Begriff der „persönlichen geistigen Schöpfung" auseinanderzusetzen.[521] Abgesehen von den vielen Schwierigkeiten, die dieser Begriff der Rechtsprechung bereitet, sind immer wieder Kriterien herangezogen worden, die die Schutzfähigkeit eines Werkes bejahen. Da das Urheberrecht das Ergebnis der Literatur-, Kunst- und Wissenschaftsprodukte ohne Form- oder Anmeldevoraussetzungen schützt, bietet sich dieser Gegenstand ideal für die 116

515 So aber *Lessig* 144.
516 *Kraßer* 3.
517 *Kraßer* 546.
518 BGH GRUR 2010, 718, 720 – Verlängerte Limousinen.
519 BGH GRUR 2014, 175 – Geburtstagszug.
520 BGH GRUR 2014, 175 – Geburtstagszug.
521 Wandtke/Bullinger/*Wandtke* § 2 UrhG Rn 5.

Medienunternehmen an (zB Sender, Filmhersteller, Softwarehersteller, Verlage, Theater, Internetprovider). Nach Art 1 Abs 3 der kodifizierten Fassung der Richtlinie 2009/24/EG über den Rechtsschutz von Computerprogrammen („Software-RL") reicht es aus, wenn die Computerprogramme das Ergebnis der eigenen geistigen Schöpfung sind. Zur Bestimmung der Schutzfähigkeit sind keine anderen Kriterien heranzuziehen.[522]

117 **f) Geringe Schutzschwelle.** Wirtschaftlich interessant ist nicht nur das geschützte Werk, selbst wenn es gerade noch die Schutzschwelle der kleinen Münze[523] erreicht hat. Der EuGH hat für den Werkschutz auch 11 Wörter angenommen.[524] Der EuGH hat damit in einem kaum nachvollziehbaren Schritt den reduzierten Werkbegriff generalisiert.[525] Neben der bereits erwähnten Gemeinfreiheit urheberrechtlicher Werke werden vor allem solche Medienprodukte wirtschaftlich verwertet, die nicht die Schutzschwelle des Urheberrechts erreichen, aber wirtschaftlich interessant sind. So ist die Übernahme kleinster Tonfetzen oder Tierstimmem vom Tonträger eine Verletzung des Leistungsschutzrechts des Tonträgers.[526] Ebenso spielt zB in der Vermarktung der Medienprodukte die Musik eine herausragende Rolle, die für die Werbung oder sonstige **Marketingstrategien** eingesetzt wird. Das gilt insb für die Vermarktung der **Klingeltöne**, die für den Handymarkt ein einträgliches Geschäft bedeuten. Die Vermarktung von Klingeltönen kann Verletzungen des Wettbewerbsrechts[527] und des Urheberrechts[528] auslösen. Soweit es das Urheberrecht betrifft, erreichen sie häufig nicht einmal die Schutzschwelle der kleinen Münze.[529]

118 Das gilt auch für andere Werkkategorien. Liegt aber kein schutzfähiges Werk vor, kann das Produkt zwar vermarktet werden, aber eine Lizenzierung von Rechten an Dritte wäre dann ausgeschlossen. **Abstracts** können nur mit einer Lizenzierung Dritten gegenüber belastet werden, wenn dieselben eine Eigengestaltung darstellen. Bei Abstracts im Bereich der Belletristik ist dies ausgeschlossen, wenn wesentliche Formulierungen der Originalkritik übernommen werden.[530] Auf dem Gebiet des Patentrechts hat – im Gegensatz zum Urheberrecht – ein Paradigmenwechsel stattgefunden. Die Schutzhöhe des Gebrauchsmusters als „kleines Patent" (§ 1 GebrMG) ist dem „großen Patent" (§ 4 S 1 PatG) angeglichen worden.[531]

119 Es stellt sich generell die Frage, ob die von der EU angestrebte **Senkung der Schutzschwelle** urheberrechtlicher Werke der richtige Weg ist.[532] Zumindest trifft das auf Computerprogramme, Datenbanken und Fotografien zu.[533] Zumindest geht der BGH von einer differenzierten Schutzschwelle aus, um den urheberrechtlichen Schutz zu bejahen.[534] Eine differenzierte Beurteilung der Schutzschwelle ergibt sich aus den unterschiedlichen Werkbegriffen. Aber nach Auf-

---

522 EuGH MMR 2012, 468 Rn 41 – SAS Institute/WPL; EuGH ZUM-RD 2012, 181 Rn 37 f – Dataco/Yahoo.
523 *Schwarz/Hansen* GRUR 2011, 109; Wandtke/Bullinger/*Bullinger* § 4 UrhG Rn 5.
524 EuGH GRUR 2009, 1041, 1044 – Infopaq/DDF.
525 S *Schack* in FS Wandtke 2013, 23; *Peifer* ZFG 2011, 1, 7.
526 S BGH GRUR 2009, 403, 404 – Metall auf Metall; BGH GRUR 2013, 614 – Metall auf Metall II.
527 S BGH GRUR 2006, 775 – Werbung für Klingeltöne; *Mankowski* GRUR 2007, 1013.
528 BGH GRUR 2010, 920 – Klingeltöne für Mobiltelefone II; BGH GRUR 2009, 395 – Klingeltöne für Mobiltelefone.
529 *Wandtke/Schunke* UFITA 2007/I, 61; *Landfermann* 53; *Castendyk* ZUM 2005, 9 ff; *von Einem* ZUM 2005, 540 ff; *Hertin* KUR 2004, 101 ff.
530 BGH GRUR 2011, 137, 139 – Abstracts; AA OLG Frankfurt aM NJW 2008, 770, 772; LG Frankfurt aM ZUM 2007, 65, 67.
531 BGH WRP 2006, 1237 – Demonstrationsschrank; krit dazu *Pahlow* WRP 2007, 739.
532 EuGH GRUR 2011, 220, 220 – BSA/Kulturministerium; EuGH GRUR 2009, 1041, 1044 – Infopaq/DDF; Wandtke/Bullinger/*Wandtke* Einl UrhG Rn 4.
533 *Schack* ZFG 2009, 275, 277.
534 BGH GRUR 2011, 803 – Lernspiele.

fassung des BGH macht keinen Sinn, an den höheren Schutzvoraussetzungen für Werke der angewandten Kunst im Verhältnis zu den Werken der bildenden Kunst festzuhalten.[535] Er hat seine Rechtsprechung 2013 geändert, dass an Werke der angewandten Kunst keine höheren Anforderungen an die Gestaltungshöhe zu stellen sind als an Werke der zweckfreien bildenden Kunst oder des literarischen und musikalischen Schaffens.[536] Die Schwierigkeit besteht in der Auslegung des einheitlichen Begriffs der „eigenen geistigen Schöpfung", wie sich der EuGH auszudrücken pflegt.[537] Die sog kleine Münze hilft auch nicht. Die Entscheidung wird den Gerichten überlassen bleiben müssen. Das ist ein Dilemma der urheberrechtlichen Schutzvoraussetzungen. Letztlich wird die Abgrenzungsschwierigkeit zwischen Idee, Inhalt, Konzept und objektiv erkennbarer Formgestaltung bleiben.[538] Da der Herstellungs- bzw der Arbeitsaufwand und die Sachkenntnis für die Schutzfähigkeit eines Medienprodukts aus urheberrechtlicher Sicht nicht relevant sind,[539] ist in den Fällen, in denen die Schutzfähigkeit versagt wird, möglicherweise wegen der **Transaktionskosten** ein besonderes Leistungsschutzrecht im Sinne eines **Investitionsschutzes** zu diskutieren, wie dies bereits mit der Umsetzung der Richtlinie über Datenbanken geschehen ist. Danach ist der Investor geschützt.[540] Die Aufnahme eines Leistungsschutzrechts als Investitionsschutzrecht sollte aber nicht im Urheberrecht erfolgen, weil es sonst zunehmend von fremden Rechtstatsachen überfrachtet wird. Der **Leistungsbegriff** sollte auf den Prüfstand, weil Unterschiede hinsichtlich der sachlichen und rechtlichen Qualifizierung des Leistungsbegriffs bestehen.[541] Die Frage ist zu beantworten, ob nur die schöpferischen Leistungen zum Eigentumsbegriff im Sinne des geistigen Eigentums nach Art 14 GG gehören oder auch unternehmerische Leistungen.[542] Soweit der Gesetzgeber eine Zuordnung im System des Immaterialgüterrechts geregelt hat, sind zumindest beide Leistungsbegriffe erfasst (zB Patent, urheberrechtliches Werk, Marke, Designmuster, Leistungsschutzrechte der Filmhersteller, Tonträgerhersteller und Rundfunksender). Fraglich ist aber, ob alle anderen Leistungen, die außerhalb des Immaterialgüterrechts liegen, mit dem geistigen Eigentum nach Art 14 GG in Verbindung gebracht werden können. Wenn mit dem Leistungsbegriff im Aneignungsprozess ein wirtschaftlicher Wert verbunden ist,[543] wird man dazu neigen können. Soweit zB Domainnamen als Marke benutzt werden[544], ist eine dogmatische Zuordnung als Vermögensrecht iS des Art 14 Abs 1 GG möglich. Das vertragliche Recht zur Nutzung einer **Domain** wird als **Eigentum** nach Art 14 Abs 1 GG verfassungsrechtlich und anerkannt.[545] Auch der EGMR hat eine ähnliche Auffassung.[546] Inwieweit schuldrechtliche Beziehungen eines derartigen Vertrages überhaupt eine Teilverdinglichung einschließen, muss bezweifelt werden.[547] Überhaupt sollte der Begriff der **Dinglichkeit** auf den Prüfstand der zivilrechtlichen Dogmatik.

535 So aber *Leistner* GRUR 2011, 761, 764.
536 BGH GRUR 2014, 175 – Geburtstagszug.
537 EuGH GRUR 2013, 544 – Eva-Maria Painer/standard VerlagsGmbH; EuGH MMR 2012, 468, 471 – SAS/WPL; EuGH GRUR 2009, 1041 Rn 47 – Infopaq/DDF.
538 *Leistner* GRUR 2011, 761, 766.
539 EuGH ZUM-RD 2012, 181, 186 – Dataco/Yahoo; BVerfG ZUM 2011, 396, 397; BGH GRUR 2009, 1148, 1154 – Talking to Addison; Arbeitsaufwand einer Übersetzung ist nicht für die angemessene Vergütung nach § 32 UrhG relevant; OLG Hamburg ZUM 2004, 386 – Handy Logos.
540 EuGH GRUR 2009, 572, 577 – Apios/Lakorda; Wandtke/Bullinger/*Thum* Vor §§ 87a ff. UrhG Rn 18.
541 Hilty/Geiger/*Schulze* 117 f.
542 *Schwarz/Hansen* GRUR 2011, 109 ff; sie schlagen den Filmproduzenten als Miturheber vor.
543 *Grzeszick* ZUM 2007, 344, 352.
544 EuGH GRUR 2010, 733 – Internetportal und Marketing/Schlicht; BGH CR 2009, 801-airdsl.de.
545 BVerfG MMR 2005, 165 – adacta.de; ebenso BGH GRUR 2009, 685 ff – ahd.de.
546 EGMR MMR 2008, 29, 30 – Eigentumsfähigkeit Internetdomains.
547 S *Krebs/Becker* JZ 2009, 932, 934.

II. Geistiges Eigentum und Information

1. Information und property rights

120 Bei vielen Informationen besteht ein ökonomischer Wert, der es rechtfertigt, property rights für Informationen zu gewähren.[548]

121 Die Frage nach den **Ausschließlichkeitsrechten** an Informationen wird als zentraler Leitgedanke des Informationsrechts betrachtet, wobei die Immaterialgüter-, Persönlichkeitsrechte und der Geheimnisschutz dazu gerechnet werden.[549]

122 Richtig ist, dass das Immaterialgüterrecht die **Magna Charta** der Informationsgesellschaft zu werden beginnt.[550] Dies hängt ohne Zweifel mit dem Wandel der kapitalorientierten Produktions- und Reproduktionsverhältnisse zusammen, die die geistige Produktion mehr und mehr in den Fokus der ökonomischen, kulturellen und sozialen Entwicklung rücken.

123 Da aber die Existenz und Produktion von Informationen nur bestimmte Aspekte der geistigen Produktion sind, ist es fraglich, daraus ein Informationsrecht zu installieren.[551] Denn das Recht als Ergebnis der geistigen Produktion ist auch die Verkörperung von Informationen. Insoweit wäre das **Informationsrecht** eine tautologische Konstruktion. Außerdem ist der Begriff Information weit zu fassen. Erst wenn Informationen in der geistigen Produktion verarbeitet bzw kombiniert worden sind, kann die Frage des Schutzes des geistigen Eigentums auftreten. Es gibt verschiedene Informationssysteme in der Natur, in der Technik, in der Umwelt und in der Gesellschaft.[552] Sie sind als solche nicht geschützt. „Der Grundsatz der Gemeinfreiheit gilt zunächst für Informationen aller Art."[553] Sie sind gleichsam eine condicio sine qua non im Meinungsbildungsprozess und der Rohstoff für Wahrheiten und Lügen.

124 Interessant sind die jeweiligen Anknüpfungspunkte für dieses oder jenes rechtliche Gebilde. Für das Informationsrecht wird zB die Tatsache gewertet, dass das **BGB** mit dem Fokus auf Sachen und Rechte den Bedürfnissen der Warengesellschaft entspricht und damit veraltet ist.[554] Eine Anpassung an die neue Realität ist auch für das Zivilrecht erforderlich. Es ist aber eine verkürzte Darstellung, wenn das BGB nicht auf Vertragsverhältnisse im elektronischen Geschäftsverkehr reagieren kann und deshalb ein Informationsrecht notwendig erscheint.[555] Bedeutsam ist für das BGB, wie für alle Gesetze, welche Verhältnisse zu regeln erforderlich sind, um den neuen technischen Herausforderungen gerecht zu werden.

2. Medienprodukte als Träger von Informationen

125 Während ein Teil des BGB die Warenproduktion und den Warenaustausch sowie die Verteilung derselben regelt (zB die Verteilung der körperlichen beweglichen und unbeweglichen Sachen durch Vertrag), fehlt in der Tat ein Hinweis auf die Immaterialgüter als Waren. Diese Waren sind Informationsträger oder selbst eine Information als Ware. Wer aber zB konkret Musik, Texte, Fotos, Filme, Patente, Marken, Designmuster ua geistige Produkte als Schöpfer oder ganz allgemein als Produzent herstellt, begibt sich damit in die Welt der Waren. Diese Waren verkörpern

548 *Cornish/Llewelyn* Chap 1, Rn 1–10; *Hoeren* JuS 2002, 947, 948.
549 *Hoeren* JuS 2002, 948.
550 *Hoeren* JuS 2002, 948.
551 So aber *Hoeren* JuS 2002, 948; *Kloepfer* § 1 Rn 67.
552 *Lochmann* 45.
553 *Beater* Rn 1198.
554 *Hoeren* JuS 2002, 948.
555 *Hoeren* JuS 2002, 948. So gibt es Informationspflichten für den Unternehmer beim Abschluss von Fernabsatzverträgen (§§ 312b ff. BGB), die den Verbraucher stärken sollen.

gleichsam eine Komposition von Informationen, die eines körperlichen oder unkörperlichen Trägers bedürfen. So ist zB unsere Sprache verbunden mit der körperlichen Existenz und die Musik abhängig von einem Instrument (einschließlich des Computers). Die Produkte der geistigen Produktion werden Medienprodukte genannt, weil sie Träger von Informationen und damit von Inhalten unterschiedlicher Couleur sind. Das geistige Eigentum erfasst die Verhältnisse, in denen der Schutz der immateriellen Güter im Vordergrund steht und diese das Ergebnis geistiger Arbeit sind. Musikwerke sind das Ergebnis geistiger Arbeit und zugleich **Transporteure von Informationen**. Sie werden in Verkehr gebracht und damit der Öffentlichkeit zugänglich gemacht. Dazu gehören auch die virtuellen Gegenstände zB in „Second Life".[556] Sie zielen auf Kommunikation. Im Gegensatz dazu werden Informationen als **personenbezogene Daten** geschützt, die aber selbst nicht das Ergebnis der geistigen Arbeit sind,[557] aber ein Wirtschaftsgut werden können.[558] Denn jedes Marktverhalten beruht auf der Verarbeitung personenbezogener Daten.[559] Der Schutz personenbezogener Daten kann aber nicht bedeuten, dass Rechte Dritter weniger schützenswert sind als personenbezogene Daten. Der Vorschlag ist völlig berechtigt, dass der Urheber einen zivilrechtlichen **Auskunftsanspruch** – wie ihn Art 8 der Durchsetzungs-Richtlinie vorsieht – **gegen Provider** haben sollte, wenn Rechtverletzungen auf dem Gebiet des Immaterialgüterrechts vorliegen. Denn nur der Provider weiß, welcher Nutzer sich hinter der IP-Adresse verbirgt.[560] Wie wichtig die Einbindung der Provider als mittelbare Profiteure von Rechtsverletzungen zulasten der Musik-, Film-, Softwareunternehmen und der Verlage gerechtfertigt ist, zeigt eine Untersuchung aus den Jahren 2007, 2008, 2009. So wird das Internet zum überwiegenden Teil für Filesharing genutzt, in Spitzenzeiten bis zu 95 %.[561] Eine Reform der Haftung der Provider ist de lege ferenda erforderlich.[562]

Bei Medienprodukten kann ein Anspruch auf Informationszugang dann ausgeschlossen sein, wenn Rechte aus dem geistigen Eigentum betroffen sind. So regelt das **Informationsfreiheitsgesetz (IFG)** den Anspruch gegen die Behörde des Bundes auf Zugang von amtlichen Informationen.[563] Der Anspruch auf Informationszugang gem § 6 S 1 IFG kann den Urheberpersönlichkeitsrechten, insb dem Veröffentlichungsrecht, und den Verwertungsrechten des Urhebers entgegenstehen.[564] 126

Die Schwierigkeiten einer **dogmatischen Einordnung** der Informationen als solche sind auch dem Medienrecht nicht neu. Ein eigenständiges Gepräge zu geben, hängt aber nicht mit der dogmatischen Einordnung zusammen, sondern mit dem Gegenstand, der zu regeln notwendig erscheint. Es spricht mehr dafür, ein **Recht der Medien** zu konkretisieren, in dem ein mögliches Informationsgesetz Bestandteil desselben ist. Wenn der konventionelle rechtssystematische Ansatz nicht länger aufrechterhalten werden kann, die Rechtsgebiete mit Gesetzen gleichzusetzen oder vom Privat- oder öffentlichen Recht abhängig zu machen, spricht mehr 127

---

556 *Geis, I/Geis, E* CR 2007, 722.

557 Nach § 3 BDSG sind personenbezogene Daten Einzelangaben über persönliche und sachliche Verhältnisse einer bestimmten oder bestimmbaren Person.

558 *Giesen* JZ 2007, 919.

559 *Giesen* JZ 2007, 919.

560 EuGH GRUR 2012, 703, 309 – Bonnier Audio/ePhone; Der EuGH hat die Frage eines zivilrechtlichen Auskunftsanspruchs gegen den Internetprovider den Mitgliedstaaten überlassen. Eine Pflicht zur Weitergabe personenbezogener Daten im Rahmen eines zivilrechtlichen Verfahrens durch den Internetprovider existiert nicht im Gemeinschaftsrecht. Siehe EuGH GRUR 2008, 241, 244 – Promusicae/Telefonica.

561 S Ipoque Internetstudie abrufbar unter www.ipoque.com/media/internet_studies/internet_study_2007-2009.

562 Leistner/*Spindler* 212 ff.

563 BGBl I S 2722. Nach § 2 IFG sind amtliche Informationen jede amtlichen Zwecken dienende Aufzeichnungen, unabhängig von Speicherung, Entwürfen und Notizen.

564 VG Braunschweig ZUM 2008, 254, 256.

dafür, Regelungen, die den Zugang, die Verarbeitung und Verbreitung von Informationen zum Inhalt haben, im Recht der Medien aufzunehmen. Die Abgrenzung zwischen Informationsrecht und Recht der Medien ist insoweit schwierig, wenn beiden Rechtsgebieten ähnliche Regelungskomplexe zugeordnet werden.[565] Im Grunde ist alles Information, unabhängig davon, wie die Zeichen, Daten und Inhalte rechtlich bewertet werden. Recht ist – wie Kapital und Arbeit – Produktionsfaktor und trägt zum volkswirtschaftlichen Gesamteinkommen bei.[566] Mit der fortschreitenden technologischen Entwicklung ist eine Einteilung zwischen Privat- und öffentlichem Recht nicht hilfreich.[567] Für ein Recht der Medien oder Medienrecht spricht die Tatsache, dass die geistige Produktion am Ende des 20. Jahrhunderts ein neues Zeitalter der Warenwelt eingeläutet hat. Die technologische Revolution ist unumkehrbar und prägt in der einen und anderen Art die Informations- und Kommunikationsprozesse in der kapitalorientierten Produktionsweise. Das betrifft Aufgaben des Staates ebenso wie das Recht als Gestaltungs- und Konfliktlösungsinstrument. Medienprodukte sind gewissermaßen das Ergebnis dieser Produktionsweise, was wiederum Einfluss auf Rechtsverhältnisse hat und umgekehrt. Mit der Verbesserung der Aufnahme- und Wiedergabetechnik oder der Speichermethoden (**analog oder digital**) der Übertragungsformen und -wege (terristisch, Kabel, Satellit, Internet) oder der Benutzermöglichkeiten (zB **interaktive Nutzung, on demand**) oder der Multifunktionalität (zB **Mobiltelefon, Laptop, Blackberry**) werden nicht nur neue Strukturen in der Arbeitswelt[568] geschaffen, sondern die Produktivkräfte agieren global, dh alle Stufen der **Wertschöpfungskette** sind globaler geworden.[569] In diese Wertschöpfungskette gehören auch die Werbemaßnahmen der Unternehmen. Die jeweilige Werbung für eine Ware ist gleichsam ein Medienprodukt (zB Product Placement im Rundfunk und im Internet). Die Werbefreiheit in Deutschland und Europa wirft neue grundrechtliche Fragen der Meinungsfreiheit auf.[570] Das Wettbewerbsrecht hat insgesamt auf den traditionellen und virtuellen Märkten Tendenzen der Konzentration und Zentralisation von Medienunternehmen sowie der einseitigen Meinungsmacht entgegenzuwirken.

III. Innovation oder Investition als Schutzvoraussetzung von Medienprodukten

1. Ökonomische Analyse des Rechts der Medien

128 Die Beziehung zwischen Innovation und Investition kann nicht nur bei den immateriellen Gütern auf das Immaterialgüterrecht reduziert werden, obwohl es das wesentliche Rechtsgebiet erfasst.[571] Notwendig ist eine Sichtweise, die die geistige Produktion oder – wie *Bourdieu* formuliert – kulturelle Produktion[572] insgesamt erfasst, in der sowohl geschützte als auch nicht geschützte Leistungen, die in Medienprodukte einfließen, der Vermarktung unterliegen. Selbst wenn die ökonomischen Ziele des Immaterialgüterrechts evident sind, ist der kulturelle Gesamtprozess im Kreislauf von innovativem Handeln und Produktions- und Reproduktionsprozess nicht aus dem Auge zu verlieren. In diese Richtung erfolgt seit Jahren eine Forschung auf dem

565 So aber *Kloepfer* § 1 Rn 68 und 70.
566 *Schwintowski* 171; *Schwintowski* Methodenlehre 40. Nach ihm sind Regeln vorzuziehen, die mehr nützen als kosten.
567 Soweit es Rechtsvorschriften gibt, die eine unterschiedliche Zuständigkeit, zB der Zivil- und Verwaltungsgerichte vorschreiben, mag die Einteilung noch eine Berechtigung haben.
568 BT-Drucks 13/11004, 49 ff.
569 BT-Drucks 13/11004, 44.
570 *Fassbender* GRUR Int 2006, 965 ff.
571 Riesenhuber/Klöhn/*Riesenhuber*/*Klöhn* 1, 8; aA *Kirchner* GRUR 2004, 603.
572 *Bourdieu* 9.

Gebiet der „intellectual property rights" durch **SERCI.**[573] Die neue Institutionenökonomik kann nicht auf eine Kosten-Nutzen-Analyse reduziert werden.[574] Es handelt sich um eine **Gerechtigkeitstheorie,**[575] was immer man darunter versteht.[576] Was fehlt, ist ein gesellschaftliches Gesamtkonzept der dialektischen Zusammenhänge zwischen den Wandlungsprozessen in der technologischen Entwicklung und den rechtlichen, sozialen, ökonomischen und kulturellen Auswirkungen im Verhalten der Menschen. Denkbar ist, dass das Recht ökonomische Prozesse effektiv steuert, aber kulturelle Auswirkungen hat, die das bisher bekannte Verhalten in den Schatten stellt. Es können technische Schutzmaßnahmen (**DRM**) für das Unternehmen beim Angebot von Medienprodukten ökonomisch effektiv sein, weil über das Internet die Verluste in der analogen Welt kompensiert werden, indem die Nutzer ein Entgelt für die privaten Kopien zahlen müssen. Die Teilhabe des Nutzers an den immateriellen Kulturgütern könnte aber dadurch eingeschränkt werden. Umgekehrt kann eine rechtliche Regelung wiederum zu Verlusten der Medienunternehmen führen. Universal hat von dem DRM-System Abstand genommen, weil die Verluste zu groß waren. Der Wettbewerb auf dem **Musikmarkt** in den USA hat dazu geführt, dass Apple als unangefochtener Marktführer bei legalen Musik-Downloads mit einem Anteil von 70%den Preis für kopierschutzfreie Musik gesenkt hat.[577]

Ebenso ist der **Innovationsschutz**, der sich im Immaterialgüterrecht widerspiegelt, nicht nur ökonomisch ausgerichtet, sondern der Persönlichkeitsschutz – mittelbar über die geistigen Leistungen – gehört ebenso dazu, wenngleich dies zwischen den gewerblichen Schutzrechten und dem Urheberrecht unterschiedlich ausgewiesen wird. Der institutionenökonomische Ansatz hat die Auswirkungen auf den Schutz des Innovators und die Wettbewerber zu berücksichtigen.[578] Dabei spielt die Lehre von den Verfügungsrechten (**property rights**) eine zentrale Rolle.[579] Will man einen Schutz der Medienprodukte, der zugleich Ansporn für innovatives Verhalten bedeutet, dann muss notwendigerweise ein Unterschied gemacht werden zwischen den geistigen Leistungen und den Arbeitsergebnissen, die über ein Schutzniveau verfügen, dessen Höhe einen rechtlichen Schutz notwendig und möglich macht und den Leistungen, die nicht geschützt werden können, aber wegen einer bestimmten Investition schützenswert sind. Deutlich wird dies vor allem im Urhebervertragsrecht, deren Probleme nicht auf irrationale Verhaltensweisen für die inhaltliche, strukturelle und systematische Einordnung des Anspruchs auf eine angemessenen Vergütung reduziert werden kann.[580] Schließlich werden Leistungen in Medienprodukten festzustellen sein, die weder einen immaterialgüterrechtlichen Schutz noch einen Investitionsschutz rechtfertigen. Diese Leistungen müssten dann für jedermann frei sein. Hier wird das Recht in bestimmten Fällen überfordert. Bestimmte Zeichen oder Geräusche der Natur können nicht monopolisiert werden, es sei denn, dass sie bearbeitet werden und zB für das Kennzeichen- oder Wettbewerbsrecht relevant sind. Mit der Entscheidung des EGMR über die Eigentumsfähigkeit des Nutzungsrechts (vertragliche Forderungen) an Internetdomains wird die Rechtsprechung des BGH[581] und des BVerfG[582] bestätigt.[583] Der Kreis der property rights hat sich damit erweitert. 129

573 Society for Economic Research on Copyright Issues, www.serci.org.
574 *Schäfer/Ott* 10; zu Recht die kritische Analyse der ÖAR, *Assmann/Kirchner/Schanze/Kirchner* 62; *Hoeren/Stallberg* 136; *Schwintowski* 155; *Assmann/Kirchner/Schanze/Kirchner* 65.
575 *Seelmann* 184.
576 *Klenner* Juristenaufklärung über Gerechtigkeit 35, 58.
577 S www.heise.de/newsticker/meldung/97497.
578 *Kirchner* GRUR Int 2004, 606.
579 *Peifer* 21.
580 Riesenhuber/Klöhn/*Wandtke* 153 ff.
581 BGH NJW 2005, 3353.
582 BVerfG ZUM-RD 2005, 121.

2. Schutzkonzeption

130 Historisch gesehen hat es immer schon die Tendenz in der Entwicklung des Immaterialgüterrechts gegeben, den Schutzumfang und die Schutzfähigkeit zu erweitern. So ist ein Ausbau von Schutzrechten mit einer eigentumsähnlichen Zuweisung festzustellen.[584] Einige Probleme weisen auf Widersprüche hin, wenn es um **den Schutzbedarf, das Schutzkonzept und die Schutzwirkung** geht.[585] Will man kreatives Verhalten fördern und steuern, könnten absolute Rechte für den Kreativen die Folge sein. Kommt man zu dem Ergebnis, dass ein neuer Innovationsmarkt durch die Digitalisierung und das Internet entstanden ist und damit neue Produktionsformen, die eine Kontrolle der **Rechteverwertung** ausschließen, könnte nicht nur die Sicherung einer angemessenen Vergütung als Ansporn für kreatives Verhalten im Vordergrund stehen. So wichtig die monetären Gründe für die Motivation eines Kreativen sind, müssen noch andere Aspekte für die Motivation innovativen Verhaltens berücksichtigt werden (zB gesellschaftliche Reputation, Idealismus, Ruhm).

131 Die Diskussion über eine **moderne Schutzkonzeption** von geistigen Leistungen der Kreativen hängt mit der wirtschaftlichen Ausrichtung des gewerblichen Rechtsschutzes und des Urheberrechts zusammen.[586] Es gibt Auffassungen im Schrifttum, die für eine möglichst einheitliche und niedrige Schutzschwelle und damit für die Beibehaltung der **sog „kleinen Münze"** plädieren.[587] Gegen diese Auffassung wird das Argument ins Feld geführt, dass die Hersteller gewerblicher Produkte zwar **geringe Transaktionskosten** haben und derartige Leistungen formfrei seien. Ob aber das Urheberrecht das zweckmäßige Schutzrecht ist, wird bezweifelt.[588] Die rigorose Abschaffung der „kleinen Münze" ist auch nicht der richtige Weg, aber eine Zurückdrängung derselben wäre möglich.[589] Es geht ja nicht darum, ob das Alltägliche, Banale und Gewöhnliche urheberrechtlich geschützt werden kann, sondern die Schwierigkeit besteht in der Bestimmung der Individualität, die in einem Medienprodukt zum Ausdruck kommen kann. Natürlich soll das Urheberrecht nicht das schützen, was kulturell bedeutungslos ist.[590] Aber was ist kulturell bedeutungsvoll? Wird damit nicht eine subjektive Wertung eingeführt, die rechtlich auch nicht weiter führt? „Kulturell wertvoll, gut und schön zu sein, sind keine realen Eigenschaften bestimmter Gegenstände, sondern nur subjektiv beigemessene Prädikate auf Grund eines positiven Gefühlsverhältnisses des Wertenden zum Wertungsgegenstand."[591] Der Rechtsprechung wird es letztlich überlassen bleiben müssen, ob das geistige Gebilde dem Urheberrechtschutz zugänglich ist oder nicht. Jedenfalls hat die Rechtsprechung den Grundsatz aufgestellt, dass das Alltägliche, Banale, das rein Handwerkliche oder die routinemäßige Leistung nicht urheberrechtlich geschützt sein kann.[592] Dort, wo die Leistung nicht den Stempel der Individualität in Gestalt einer originellen Formgebung aufweist, wird der urheberrechtliche Schutz zu versagen sein. Davon völlig unabhängig[593] kann ein designrechtlicher oder wettbewerbsrechtlicher Schutz grei-

583 EGMR MMR 2008, 30.

584 *Hilty* GRUR Int 2004, 607.

585 Ausf dazu *Leistner* ZFG 2009, 403 ff. mwN; *Leistner/Hansen* GRUR 2008, 479, 487.

586 *Leistner/Hansen* GRUR 2008, 479 ff.

587 Schricker/*Schricker* Einl Rn 30.

588 *Schack* Rn 294; *Rehbinder* Rn 61; *Knöbl* 308 ff.

589 *Peifer* UFITA 2007/II, 354; *Knöbl* 308 ff; *Schack* Rn 297; *Rehbinder* Rn 61.

590 *Schack* Rn 297; *Rassow* 28.

591 *Rehbinder* Rn 55.

592 BGH GRUR 1987, 704, 706 – Warenzeichenlexika; BGH GRUR 1993, 34, 36 – Bedienungsanweisung; LG Berlin ZUM-RD 2006, 573, 574 – Webseite.

593 Die Stufentheorie im Verhältnis von Urheberrecht und Geschmacksmusterrecht bei Werken der angewandten Kunst wird abgelehnt. Die Auffassung über die unterschiedliche Gestaltungshöhe zwischen Werken der bildenden und angewandten Kunst ist ebenfalls nicht überzeugend (s *Zentek* WRP 2010, 73 f; aA BVerfG ZUM 2005, 387; *Schack* Kunst und Recht Rn 806).

fen, wenn deren Voraussetzungen vorliegen. Was ist aber, wenn weder das Wettbewerbsrecht noch das Urheberrecht oder andere Immaterialgüterrechte anwendbar sind? Eine moderne Schutzkonzeption müsste weitere unternehmerische Schutzrechte einschließen. Sie könnten im allgemeinen **Deliktsrecht** angesiedelt sein.[594] Denn das Recht am Unternehmen ist zB ein sonstiges Recht nach § 823 Abs 1 BGB und soll die bestehende Lücke zum gewerblichen Rechtsschutz schließen.[595] Das **Veranstalterrecht bzw das Fernsehvermarktungsrecht** wird teilweise mit dem **Hausrecht** begründet.[596] Der Anknüpfungspunkt für ein unternehmerisches Schutzrecht kann insofern sehr verschieden sein, wobei ein Leistungsschutzrecht ebenso möglich wäre.

3. Leistungsschutzrechte

Die unternehmerischen Schutzrechte erfassen gleichsam verschiedene Leistungen der Medienunternehmen. 132 Es wäre zB ein besonderes Leistungsschutzrecht – im Gegensatz zum Hausrecht – für den Sportveranstalter denkbar, der nicht nur den Zutritt für die Zuschauer und für die Presse- und Fernseh- und Hörfunkteams ermöglicht, sondern eine Vielfalt von Leistungen erbringt, die mit dem Hausrecht nicht mehr erfasst werden können.[597] Die Leistung selbst kann quantitativ und qualitativ sehr verschieden sein. Wenn eine banale oder alltägliche Leistung weder urheberrechtlichen noch design- und wettbewerbsrechtlichen Schutz genießt, aber eine Investition für das Unternehmen bedeutet, wäre ein besonderes Leistungsschutzrecht unter bestimmten Bedingungen denkbar.[598] Denkbar wäre auch ein spezielles **Investitionsschutzrecht** für unternehmerische Leistungen, die keine Beziehung zum Urheberrecht haben.[599] Von dem Grundsatz, dass der Urheberrechtsschutz dem Grunde nach ein Schutz der kreativen Leistung und kein Investitionsschutz ist,[600] wurde leider im Laufe der Entwicklung des Urheberrechts Abstand genommen. Urheberrecht wird mehr und mehr ein Industrierecht, weil stärker die Verwerterinteressen berücksichtigt werden und die kreativen Leistungen in der kapitalorientierten Produktionsweise Gewinn für die Medienunternehmen versprechen. Die Anerkennung selbstständiger Leistungsschutzrechte der Tonträgerhersteller und der Sendeunternehmen hat diese Tendenz verstärkt.[601] Rechtlich interessant sind die Folgen eines Leistungsschutzrechtes. Ein besonderes Leistungsschutzrecht für den Datenbankhersteller wurde installiert, das vom **Investitionsschutz** geprägt ist.[602] Wo keine schöpferischen Leistungen iSd Urheberrechts vorliegen, aber Investitionen iSv § 87b UrhG darstellen, wurde ein eigenes Leistungsschutzrecht für die Unternehmer entwickelt. Mit dem Schutzrecht wird dem Unternehmer eine besondere Verwertungsmöglichkeit in die Hand gegeben. Es hätte sich ein besonderes Leistungsschutzrecht der Unternehmen außerhalb des Urheberrechts angeboten, deren organisatorischen und finanziellen Aufwendungen sowie Kosten für das Personal gebührend rechtlich zu berücksichtigen wären.[603] Das gilt auch für die fragwürdige Aufnahme der Leistungsschutzrechte der Tonträgerhersteller

---

594 *Beater* Rn 1403.
595 BGH NJW 2006, 830, 840; Palandt/*Sprau* § 823 BGB Rn 126.
596 BGH NJW 2006, 377, 379 – Hörfunkrechte; BGHZ 110, 371, 383 – Sportübertragungen; Fritzweiler/Pfister/Summerer/*Summerer* 355; *Buchroither/Albiez/Miceli* K&R 2008, 212; aA *Beater* Rn 1404.
597 *Heermann* GRUR 2012, 791; *Buchroithner/Albiez/Miceli* K&R 2008, 212.
598 Krit dazu *Steinbeck* KSzW 2010, 223, 224; Hilty/Geiger/*Kur* 202 f; BGH GRUR 2009, 403 – Metall auf Metall.
599 *Heermann* GRUR 2012, 791, 799.
600 BGH ZUM 1986, 39 – Inkassoprogramm.
601 *Wadle* Urheberrecht zwischen Gestern und Morgen 24.
602 BGH GRUR 2010, 231, 232 f – Gedichttitelliste III; EuGH GRUR 2009, 572, 576 – Apis/Lakorda; EuGH CR 2005, 412 – Fixtures – Fußballspielpläne II; EuGH GRUR 2005, 252 – Fixtures-Fußballspielpläne I; EuGH CR 2005, 10 – BHB-Pferdewetten; BGH GRUR 2009, 852, 853 – Elektronischer Zolltarif; BGH CR 2005, 849 – Hitbilanz.
603 Junghans/Levy/*Levy* 137 f.

und der Sendeunternehmen in den Kreis der „verwandten Schutzrechte".[604] Dazu wäre der wettbewerbsrechtliche Leistungsschutz besser in der Lage gewesen. Inwieweit ein Leistungsschutzrecht für **Verleger**[605] in der Zukunft geregelt werden kann, bleibt abzuwarten. Dabei ist das Schutzziel, den Schutzzweck und den Schutzumfang zu bestimmen. Denn ein neues Schutzrecht ist nur dort erforderlich, wo ein Marktversagen droht.[606] Deshalb ist aus ökonomischen und rechtlichen Gründen unklar, wieso den Presseverlegern ein Leistungsschutzrecht zugestanden wurde.[607] Seit dem 1.8.2013 hat der **Presseverleger** ein aus dem Leistungsschutzrecht abgeleitetes Ausschließlichkeitsrecht der öffentlichen Zugänglichmachung von Presserzeugnissen oder Teile hiervon zu gewerblichen Zwecken. Die Praxis wird zeigen, wie die §§ 87f ff. UrhG umgesetzt werden. Das Grundproblem wird sein, ab wann kleinste Teile eines Beitrages noch geschützt sind oder nicht. Dabei wird die Rechtsprechung des EUGH zu berücksichtigen sein, wonach schon elf Wörter geschützt sein können.[608] Die unterschiedliche rechtliche Behandlung zwischen Presseverlegern und anderen Verlegern ist nicht nachvollziehbar.[609] Die Verleger haben kein Leistungsschutzrecht, obwohl deren Leistungen mit Investitionen verbunden sind.[610] Sie sind mit anderen Leistungsschutzrechten im Urheberrecht (zB Filmhersteller, Tonträger, Fernsehen, Hörfunk) vergleichbar. Soweit es auch die Frage der Beteiligung der Verleger an der gesetzlichen Vergütung betrifft, müsste die Rechtsnatur der Rechte der Verleger geklärt werden.[611] Der Beteiligungsanspruch der Verleger könnte sich originär aus ihren Leistungsschutzrechten oder aus der Rechtseinräumung der Verlagsrechte (derivativ) ergeben. Im Grunde geht es darum, ob das Unternehmen einen Ausgleich für Innovation und Investition erhält. In eine ähnliche Richtung geht die Auseinandersetzung um den Werkbegriff im Urheberrecht. Kann ein Unternehmen Vermögensrechte geltend machen, wenn eine geistige Leistung nicht die Schutzschwelle im Urheberrecht erreicht, aber in den Kreislauf der Investition und Vermarktung gerät? Wann beginnt der Schutz und wann ist er ausgeschlossen? Die Schutzschwelle im Urheberrecht durch die Gerichte abzusenken, wäre ein kultureller Irrweg und ein zu großer Spielraum für Banalitäten von Medienprodukten. Eine Einschränkung des Wettbewerbs wäre möglicherweise die Folge. Es wäre auch zu hinterfragen, ob die nicht urheberrechtlich geschützten Medienprodukte zum Vermögen gehören und damit zum Eigentum nach Art 14 Abs 1 GG. Gehören zB Kunstwerke, die nicht die Schutzschwelle des § 2 Abs 2 UrhG erreichen, zum Vermögen des Schöpfers bzw des Unternehmens? Ist nicht mit einem Herauswachsen von Schutzgegenständen aus dem Immaterialgüterrecht der Bereich des geistigen Eigentums zu erweitern? Dies ist eine Frage, die nicht nur das nationale Recht betrifft. Es wird verstärkt die Frage aufgeworfen, wie die geistigen Leistungen rechtlich zu schützen sind, die **das Kulturgut** von Volksgruppen oder das sog „traditionelle Wissen" darstellen und Vermarktungsstrategien unterliegen. So spielen die unterschiedlichen Ausdrucksformen in der Folklore eine bedeutende Rolle, die zum geistigen **Gemeineigentum** gehören sollen.[612]

---

604 *Wadle* Urheberrecht zwischen Gestern und Morgen 24; Das BVerfG hat den Anspruch auf Geräte- und Speichermedienabgabe von Sendeunternehmen abgelehnt. S BVerfG ZUM 2011, 236ff.

605 *Peifer* KSzW 2010, 263ff; *Kauert* 228; *Siegrist/Berger/Glas* 165; aA *Schack* Rn 1142, er plädiert nicht für ein eigenes Leistungsschutzrecht, sondern für einen wettbewerbsrechtlichen Schutz der Verleger.

606 BGH GRUR 2011, 436, 438 – hartplatzhelden.de.

607 krit dazu *Kahl* MMR 2013, 348ff.

608 EuGH GRUR 2009, 1041, 1044 – Infopaq/DDF; BGH GRUR 2003, 958, 963 – Paperboy.

609 aA offensichtlich *Ensthaler/Blanz* GRUR 2012, 1104, 1105.

610 kritische Anmerkungen zum Regierungsentwurf v 29.8.2012 von *Flechsig* AfP 2012, 427ff.

611 OLG München ZUM 2014, 52; *Hanewinkel* GRUR 2007, 379. Mit der seit dem 1.1.2008 umgesetzten Reform des Urheberrechts ist § 63a UrhG geändert worden, um die Verleger an der Ausschüttung der gesetzlichen Vergütung in der VG-Wort zu beteiligen. Ein Leistungsschutzrecht hat der Gesetzgeber aber nicht geregelt (BT-Drucks 16/1828, 32).

612 Buscher/Stoll/*Stoll* TRIPs Einl Rn 37; Ohly/Bodewig/Dreier/Götting/Haedicke/Lehmann/*Fikentscher* 3ff; *Siegrist/Dreier* 189 – Dreier schlägt eine kollektive Rechtsträgerschaft vor.

Soweit kein urheberrechtlicher (zB Bearbeitung), wettbewerbsrechtlicher oder markenrechtlicher Schutz in Frage kommt, wird ein Rechtsschutz sui generis vorgeschlagen, wobei das Deliktsrecht[613] oder ein Verfügungsrecht der Gruppe favorisiert wird.[614] Neben den Leistungsschutzrechten der og Unternehmen sind die Leistungen der ausübenden Künstler (§§ 73 ff. UrhG) Inhalt von Medienprodukten, zB DVD, CD uvm. Mit der gesetzlichen Verlängerung der Schutzfristen für ausübende Künstler und Tonträger auf 70 Jahre ist vor allem den wirtschaftlichen Interessen der Tonträgerhersteller Rechnung getragen worden. Leider werden nur die Darbietungen der ausübenden Künstler von der Verlängerung erfasst, die auf Tonträger festgehalten sind. Der Bereich **audiovisueller und visueller Aufzeichnungen**, wie etwa DVD, sind nicht erfasst.[615] Dies entspricht der Richtlinie 2011/77/EG, die bis zum 1.11.2013 in den Mitgliedstaaten umzusetzen war, was der deutsche Gesetzgeber mit der Änderung des Urheberrechtsgesetzes bereits gatan hat. Eine derartige einseitige Ausrichtung des Schutzes nur für bestimmte ausübende Künstler widerspricht dem Gleichheitsgrundsatz nach Art 3 GG und ist hinsichtlich Art 14 GG verfassungsrechtlich bedenklich. Die Richtlinie 2011/77/EG entspricht auch nicht dem Art 17 Abs 2 der Grundrechte-Charta der EU, der keinen Unterschied zwischen den Leistungen der Urheber und ausübenden Künstler als geistige Eigentümer macht.

4. Know-how-Schutz

Auch andere Erscheinungen der Warenwelt der Medienprodukte werfen Fragen des Schutzes auf. 133
Es ist schwierig, den Schutz von Know-how rechtlich einzuordnen.[616] Der Know-how-Schutz erfasst ohne Beschränkung von Gestalt und Umfang Kenntnisse, Erfahrungen und Informationen aller Art,[617] also auch sämtliche immaterielle Vermögensgegenstände eines Unternehmens.[618] Auch hier haben wir es mit einem Herauswachsen von Schutzgegenständen aus dem Kanon der gewerblichen Schutzrechte zu tun. Ob ein Know-how-Schutz zum gewerblichen Rechtsschutz gehört, mag dahinstehen. Jedenfalls hat der Know-how-Inhaber ein faktisches Monopol, wobei er bei zufällig inhaltsgleichen Information diese nur sperren kann, wenn schutzrechtsgeeignete erfinderische, ästhetische, kennzeichnungsrelevante oder pflanzengenetische Informationen vorliegen.[619] Der **Know-how-Vertrag** spielt jedenfalls in der Praxis eine bedeutende Rolle.[620] Es könnte auch ein Schutzrecht sui generis sein.[621] Im US-amerikanischen Recht des geistigen Eigentums wird neben dem Urheberrecht, dem Patentrecht und dem Markenrecht auch der Schutz von Geschäftsgeheimnissen (trade secret law) geregelt.[622] Entscheidend ist die Frage, ob es ein rechtliches Instrumentarium gibt, das den Schutz von Informationen einschließt. Da der Know-how-Schutz nur gegen die unlautere Offenbarung von Informationen besteht, die den **Geheimnisverrat** nach § 17 Abs 1 UWG betreffen,[623] erlischt der Schutz von Informationen, wenn die Information in lauterer Weise bekannt gemacht wurde. Der Schutzgegenstand wird auch von Art 39 TRIPs ge-

613 Ohly/Bodewig/Dreier/Götting/Haedicke/Lehmann/*Fikentscher* 5.
614 Buscher/Stoll/*Stoll* TRIPs Einl Rn 37.
615 S Referentenentwurf eines Achten Gesetzes zur Änderung des Urheberrechtsgesetzes v 6.8.2012.
616 Ausf Götting/Meyer/*Vormbrock/Röder-Hitschke* § 19 Rn 2; *Bullinger/Czychowski* GRUR 2011, 19, 20; *Ann* GRUR 2007, 39 ff.
617 *Westermann* 2.
618 *von Diringshausen* GRUR-Prax 2013, 397 f.
619 *Westermann* 3.
620 Bartenbach/*Gennen* Rn 2530 ff; *Westermann* 80.
621 *Cornish/Llewelyn* Chap 1 Rn 1–10.
622 *Schmolke* GRUR Int 2007, 34.
623 *Enders* GRUR 2012, 25 ff; Götting/Meyer/*Vormbrock/Röder-Hitschke* § 19 Rn 48; Büscher/Dietmer/Schiwy/*Schmoll* Teil 1, 12. Kap, Rn 26 f.

regelt, wobei von wirtschaftlich wertvollen Informationen ausgegangen wird.[624] Der Know-how-Schutz wird zu Recht vom System der **„property rights"** erfasst[625] und ist insofern sehr wohl dem geistigen Eigentum zuzurechnen und nach Art 14 Abs 1 GG zu schützen.[626] Neben dem wettbewerbsrechtlichen Schutz[627] und § 823 Abs 2 iVm dem UWG sowie § 823 Abs 1 BGB (Eingriff in den eingerichteten und ausgeübten Gewerbebetrieb) werden know-how-geschützte Informationen als „sonstiges" von § 823 Abs 1 BGB geschütztes Recht erfasst.[628] Ein Verlag könnte gegen denjenigen vorgehen, der Testseiten in Kurzform zusammenfasst, die zB Testergebnisse von Software als Computerspiele und Hardware wiedergeben. Eine derartige Kurzform der Testergebnisse, die möglicherweise nicht urheberrechtlich geschützt sind, würde eine unlautere Leistungsübernahme bedeuten. Ist dieses Recht des Unternehmens ein **absolutes oder relatives Recht**? Gegen ein absolutes Recht spricht das Wesen des Know-how-Schutzes, weil nicht der schöpferische Schutzgegenstand mit seinem Zuweisungsgehalt und seiner Ausschlusswirkung entscheidend ist[629] – wie bei den gewerblichen Schutzrechten und dem Urheberrecht –, sondern die Information als solche ist für das Unternehmen wirtschaftlich wertvoll. Art 39 TRIPs wurde als relatives Schutzrecht ausgestaltet, wonach der Nachweis der Unlauterkeit des Verletzerverhaltens für nicht offenbarte Informationen dem Verwertungsverbot[630] zu Grunde liegt. Als Vermögensrecht des Unternehmens[631] ist der Know-how-Schutz eine weitere Möglichkeit, Informationen zu verwerten und daraus property rights abzuleiten. Aber nicht in jedem Fall sind geschäftliche und technische Informationen ein Vermögenswert.[632] Generell wird man davon ausgehen können, dass dann, wenn das Unternehmen vorgefundene Informationen, kulturelle Leistungen, gemeinfreie Werke ua Formgebungen in Medienprodukten einfließen lässt, ein Schutz sui generis möglich sein sollte. Ein Mindestmaß an Leistung des Unternehmens müsste vorliegen. Eine schlichte Adressenliste, die jederzeit ohne großen Aufwand erstellt wird, kann nicht vom Know-how-Schutz erfasst werden.[633] Dieses Leistungsschutzrecht wäre ein Investitionsschutzrecht,[634] welches das System des geistigen Eigentums erweitern würde. Zum Schutz **der Computersoftware und der Datenbanken** wäre ein derartiges Leistungsschutzrecht besser gewesen als die Aufnahme derselben in das Urheberrecht.[635] Die Forderung nach Ausdehnung der Leistungsschutzrechte könnte dort berechtigt sein, wo ein ausreichender Schutz durch das Wettbewerbsrecht fehlt.[636]

IV. Recht der Medien

1. Prozessbezogene Verhaltenssteuerung

134 Die zunehmende Bedeutung des Rechts der Medien hängt mit den modernen Massenmedien zusammen[637] und mit deren zunehmender wirtschaftlichen Bedeutung in einer kapital-

---

624 Busche/Stoll/*Peter* TRIPs Rn 8; *Schmolke* 41.
625 *Enders* GRUR 2012, 25, 27; Busche/Stoll/*Peter* TRIPs Art 39 Rn 3; *Schäfer/Ott* 98.
626 *Enders* GRUR 2012, 25, 29; *Ann* GRUR 2007, 42; aA *Schäfer/Ott* 100 – sie lehnen den Begriff Eigentum für die property rights ab.
627 *Harte-Bavedamm/Henning-Bodewig* § 17 UWG Rn 44; *Grunewald* WRP 2007, 1309.
628 *Enders* GRUR 2012, 25, 28; *Westermann* 116.
629 *Ann* GRUR 2007, 43 mwN; aA Büscher/Dietmer/Schiwy/Schmoll Teil 1, 12. Kap, Rn 28.
630 *Enders* GRUR 2012, 25, 28; Busche/Stoll/*Peter* TRIPs Art 9 Rn 9.
631 *Grunewald* WRP 2007, 1307.
632 *Westermann* GRUR 2007, 116, 117.
633 BGH GRUR 2006, 1044 – Kundendatenprogramm.
634 Ahrens/Bornkamm/Kunz-Hallstein/*Hilty* 666.
635 *Peifer* UFITA 2007/II, 354.
636 *Schack* Rn 82.
637 AA *Beater* Rn 8; *Petersen* § 1 Rn 1.

orientierten Produktionsweise im 21. Jahrhundert. Die **modernen Medien** verschärfen den Konflikt zwischen den sich neu herausgebildeten Produktivkräften und die in den Rechtsverhältnissen zum Ausdruck gebrachte Kulturstufe der Produktions- und Reproduktionsverhältnisse.

Mit den Informations- und Kommunikationstechnologien wird nicht nur das Wesen der Produktionsweise in Frage gestellt, sondern **alle gesellschaftlichen Lebensverhältnisse** werden durch die technologische Revolution umgewälzt. 135

Das **Recht der Medien** oder Medienrecht ist zwar in aller Munde, aber die entscheidende Frage, ob es sich um ein Rechtsgebiet handelt, das inhaltliche Maßstäbe und Zielsetzungen hat, wird nur teilweise beantwortet.[638] Welches sind aber die sachlichen Zusammenhänge, die dem Recht der Medien das Gepräge geben? Hat es **Maßstäbe und Funktionen**, die auf einen einheitlichen Regelungskomplex hinweisen, gleichsam den roten Faden des Medienrechts zum Ausdruck bringen?[639] Die **rechtstheoretischen und -systematischen Ansätze** sind sehr verschieden. Ein gemeinsamer Bezugspunkt der rechtlichen Ordnung der Medien wird im Phänomen **der Massenkommunikation** gesehen, in der die Öffentlichkeit und ein anonymes Publikum angesprochen werden.[640] Da aber die Massenkommunikation nicht mehr nur durch die klassischen Medien (Presse und Rundfunk) bestimmt werden, mag dies nicht überzeugen. Durch die **Konvergenz** der technischen Medienträger (Mobiltelefon, Computer etc), die in einem Gerät mehrere Medien multifunktionell einsetzen können, ist die Massenkommunikation **nicht mehr auf die klassischen Massenmedien (zB Rundfunk, Presse, Film)** zu reduzieren. Der Nutzer kann zB mit einem Mobiltelefon Musik hören, Filme herunterladen, fotografieren uvm. Entscheidend ist aber, dass der Nutzer **interaktiv** die Programme, die er für bedeutsam hält, selbst bestimmen kann. Der Nutzer kann Zuhörer, Zuschauer, Spieler und Produzent in einem Prozess sein. Die klassischen Medien bekommen das mit dem Internet zu spüren. Jeder kann jeden manipulieren. Die Grenzen zwischen der **Individual- und Massenkommunikation** werden immer durchlässiger.[641] Das Internet ist ein individuelles Kommunikationsmittel und ein Massenkommunikationsmittel. Der Empfänger, Rezipient oder Adressat entscheidet zunehmend über den Inhalt. Er ist nicht in der passiven Situation, sondern aktiv im Kommunikationsprozess. Die Verletzung des Rechts im Internet durch entsprechende Software ist darin eingeschlossen. Mit der **Recording-Software** – ähnlich wie die vormals vielgenutzte **Peer-to-Peer-Fileshering-Software** – kann zB Musik aus **Internetradios** aufgenommen werden.[642] Durch das **Internet** ist diese Form der Massenkommunikation aller mit allen erst möglich geworden. Unabhängig davon, ob eine Massen- oder Individualkommunikation vorliegt, ist der prägende Grundgedanke eines möglichen Rechts der Medien als eigenständiges Rechtsgebiet das Verhalten der Unternehmer untereinander und zwischen Unternehmen und Nutzern in Bezug auf Medienprodukte, die produziert, verteilt, ausgetauscht und konsumiert werden. 136

Aufgabe der Unternehmen ist es in erster Linie zur **Meinungsbildung** beizutragen und nach Regeln zu handeln, die das **Wettbewerbsrecht**und andere Rechtsgebiete vorschreiben.[643] Insofern kann das **Recht der Medien auch als Unternehmensrecht** bezeichnet werden, das aber weiter gefasst werden sollte als das Recht der Unternehmen im Bereich der Presse, des Rund- 137

638 *Beater* JZ 2005, 822; *Fechner* Medienrecht Kap 1 Rn 3.

639 *Beater* JZ 2005, 826.

640 *Beater* Rn 898; er schließt die Individualkommunikation als Gegenstand des Medienrechts aus; *Paschke* ZUM 1990, 209, 212; *Funke* 148; aA *Petersen* § 1 Rn 16.

641 *Huber* ZUM 2010, 201, 207.

642 *Von Zimmermann* MMR 2007, 558.

643 Dazu gehören auch Meinungsäußerungen in einem kommerziellen Kontext und Wirtschaftswerbung, wenn sie einen wertenden, auf Meinungsbildung gerichteten Inhalt verkörpern (BVerfG GRUR 2008, 81).

funks und der Telemedien.[644] Das Hauptgeschäft der Unternehmen ist es, Informationen zu erlangen, zu verarbeiten und als Medienprodukt zu veröffentlichen, zu verbreiten bzw zu vermarkten. Die Informationen bilden gewissermaßen den Rohstoff für das Produkt, zB für die Zeitung oder für ein Rundfunkprogramm.[645] Von zentraler Bedeutung sind dabei die sog **Kommunikationsgrundrechte und das allgemeine Persönlichkeitsrecht**. Die Betroffenen können sich gegen staatliche Eingriffe wehren.[646] Dabei handelt es sich insb um den Schutz personenbezogener Daten, die im Focus der Online-Untersuchungen stehen. Es sind in erster Linie Normen, die nicht den Grundsatz der Verhältnismäßigkeit der verschieden Rechtsgüter wahren.[647] Im Interesse des Datenschutzes ist auch die Löschung von Telekommunikations-Verkehrsdaten nach Ende der Verbindung vorzunehmen.[648] Das gilt vor allem im Zusammenhang mit der **Videoüberwachung** nach § 6b BDSG.[649] Das BVerfG hat ausdrücklich darauf hingewiesen, dass eine sechsmonatige, vorsorgliche anlasslose Speicherung von Telekommunikationsverkehrsdaten nicht mit dem Grundrecht auf Telekommunikationsfreiheit gem Art 10 Abs 1 GG unvereinbar ist.[650]

2. Rechtlicher Schutz der Medienprodukte

138 Da die Medienprodukte unterschiedliche Erscheinungsformen der geistigen Produktion aufweisen (zB Produkte der Wissenschafts-, Literatur- und Kunstproduktion sowie Datenproduktion), sind auch unterschiedliche rechtliche Zuordnungen und Bewertungen der Medienprodukte erforderlich. Es muss ein Unterschied gemacht werden, ob die Information einen rechtlichen Schutz genießt oder nicht. Zunächst wird man davon ausgehen können, dass die **Information als Zeichen** keinen rechtlichen Schutz genießt, sondern gemeinfrei ist.[651] Umgekehrt findet in der geistigen Produktion ein Prozess des Produzierens von Informationen statt, der einen rechtlichen Schutz erforderlich macht. Sie werfen neue Fragen des Systems des geistigen Eigentums auf, das durch die Informations- und Kommunikationstechnologie möglicherweise neu bestimmt werden muss.

139 Die Veränderungen der digitalen Welt haben auch Anforderungen an das Verhalten der Unternehmer und der Verbraucher hervorgebracht. Seit jeher ist es Aufgabe des Rechts, den **technologischen Herausforderungen** und Neuerungen zu entsprechen. Schon die Erfindung des Buchdrucks hatte die wirtschaftlichen Verhältnisse radikal verändert. Neben den technischen Erfindungen in der Industrieproduktion war es vor allem die Literatur-, Kunst- und Wissenschaftsproduktion, die von den Errungenschaften der Technik profitiert haben. Es wäre aber ein Trugschluss anzunehmen, dass die **Informations- und Kommunikationstechnologie** des 21. Jahrhunderts vollständig neue rechtliche Grundsätze hervorbringt. So wie die technologische Revolution unter ganz bestimmten ökonomischen, kulturellen und politischen Bedingungen entstehen konnte, ist der **Reifegrad der rechtlichen Wirklichkeit** und der Wirkung des Rechts davon wiederum abhängig. Nicht die Technik produziert das Recht, und umgekehrt produziert nicht das Recht die Technik. Technologische Wunder können, müssen aber nicht unbedingt positive Wirkungen auf die Rechtsentwicklung erzielen. Die Kommunikationsprozesse mit Hilfe

---

644 *Beater* Rn 8.
645 *Beater* Rn 10; *Beater* JZ 2005, 823; er sieht vor allem das Medienrecht als Sonderunternehmensrecht der Massenmedien.
646 *Fechner* Medienrecht Rn 58.
647 BVerfG NJW 2008, 822, 829.
648 BVerfG NJW 2007, 3051, 3055.
649 BGH NJW 2013, 3089, 3091 – Videoüberwachung im Wohnungseigentum.
650 BVerfG NJW 2010, 833 – Vorratsdatenspeicherung.
651 *Beater* JZ 2005, 824.

des Internets und der Digitalisierung sowie die **Rechtsgestaltung** sind zwei Seiten eines dialektischen Gesamtprozesses. Deshalb sind Auffassungen ernst zu nehmen, dass sich zB das Urheberrecht in der Auflösung befindet, weil es mit den herkömmlichen Gestaltungsinstrumenten nicht für die **„Access-Welt"** geschaffen ist.[652] Die Konflikte zwischen den Verwertern, den Schöpfern und den Nutzern werden sich sicherlich weiter verschärfen, vor allem dann, wenn die rechtspolitische Vorstellung darin besteht, eine liberale **Wirtschaftskonzeption** durchzusetzen und den entfesselten Marktkräften die Regeln bestimmen zu lassen. Den freien Zugang zu Informationen in einer **Ware-Geld-Welt** zu postulieren, entspricht nicht der Realität. Diesen Konflikt mit Hilfe von technischen Schutzmaßnahmen (DRM) im Interesse der **Medienindustrie** zu lösen, wird nicht möglich sein, wenn dadurch die Privatkopie oder andere Schrankenregelungen ausgehebelt werden.[653] Ob die Content-**Flatrate** der richtige, zukunftsweisende Weg ist, bleibt abzuwarten.[654]

3. Freier Zugang zu den Medienprodukten

Der freie Zugang zu Medienprodukten ist im Kern mit der Informationsfreiheit nach Art 5 Abs 1 **140** S 1 Halbs 2 GG vergleichbar. Die hier bezeichneten Medienprodukte sind Informationsquellen, die allgemein zugänglich sein müssen, dh, wenn der **Informationsträger** technisch geeignet und bestimmt ist, der Allgemeinheit Informationen zu verschaffen.[655] Die Allgemeinheit und nicht ein bestimmbarer Personenkreis ist von der **Informationsfreiheit** erfasst. Dies gilt vor allem für die Massenkommunikationsmittel wie Zeitung, Hörfunk, Fernsehen, Film uvm.[656] Was privat und an einzelne adressiert ist, fällt nicht unter das Grundrecht der Informationsfreiheit. Da die Informationsfreiheit Grundlage für die freie Meinungsbildung ist, wird die **Informationsbeschaffung, -aufbereitung und die -speicherung** unter den Bedingungen neuer Informations- und Kommunikationstechnologien immer bedeutender. Das Grundrecht auf freien Zugang von Informationen bedeutet nicht, dass ein Anspruch auf kostenlose Unterrichtung besteht.[657] Eine Zeitung ist als Medienprodukt eine Informationsquelle, die idR nur gegen ein Entgelt erwerbbar ist. Sie ist allgemein zugänglich. Hiervon ist die unentgeltliche oder entgeltliche Nutzung von geschützten immateriellen Gütern als Medienprodukten zu unterscheiden. Jedermann kann ein geschütztes Werk zum privaten Gebrauch vervielfältigen, ohne für diesen Vorgang etwas zu bezahlen. Damit der Vervielfältigungsvorgang erfolgen kann, ist ein entsprechendes Gerät, zB ein PC, erforderlich, das der Verbraucher gekauft hat. Hat ein Künstler sein Werk ins Internet zum unentgeltlichen Downloaden angeboten, ist auch dies möglich, soweit keine **kommerziellen Zwecke** des privaten Nutzers bestehen. Die verschiedenen Vergütungsmodelle im Zusammenhang mit der Nutzung von Medienprodukten sind dabei zu berücksichtigen. Ob bei der **Online-Nutzung** die Individual (DRM)- oder Pauschalvergütung der richtige Weg ist, wird die Zukunft zeigen. Hierbei werden aus der Sicht des Schutzes der Kreativen die **Verwertungsgesellschaften** bei der Online-Nutzung eine entscheidende Rolle spielen. Nach Auffassung des EuGH können die VG über ein Monopol verfügen und eine beherrschende Stellung auf dem Binnenmarkt nach Art 102 AEUV einnehmen. Sie unterliegen nicht der RL über die Dienstleistungsfreiheit. Eine Missbrauchsüberprüfung ist möglich.[658] Es wäre aber rechtspoli-

652 *Heinz* 1 mwN.
653 *Heinz* 29 f.
654 *Runge* GRUR Int 2007, 130, 135.
655 BVerfGE 33, 52, 65; BVerfGE 90, 27, 32.
656 BVerfGE 90, 27, 32.
657 BVerfGE 29, 214, 218.
658 EuGH GRUR Int 2014, 396 – OSA/Lecebne.

tisch ein Irrweg, die Verwertungsgesellschaften mit wettbewerbsrechtlichen Monopolen zu vergleichen und die Harmonisierung des Rechts derselben in der EU nur unter dem Aspekt der Musik zu betrachten.[659] Die Veränderungen, die durch die Informations- und Kommunikationstechnologie entstanden sind, haben Auswirkungen auf das Recht. Es zeigt, wie verkrustet **Rechtsstrukturen** sein können, wenn nicht das Recht und dessen **Gesetzgeber** auf die neuen technischen Herausforderungen reagiert. Natürlich werden die **Produktions-, Zirkulations-, Distributions- und Konsumtionsverhältnisse** durch die Informations- und Kommunikationstechnologie verändert, aber sie sind nur Hilfsmittel, Mittel zum Zweck, aber nicht Zweck und Ziel selbst. Sie mögen die Speicherung, Strukturierung und Vermittlung von Informationen erleichtern, beschleunigen und potenzieren, aber ohne menschliche Vernunft und Sinnzuweisung bleiben sie tot, dumm und bedeutungslos.[660] Da das **Recht** selbst eine Fülle von Informationen enthält und Teil der geistigen Produktion ist, sind dessen Ziele zu formulieren, um den neuen Herausforderungen der technologischen Revolution Rechnung tragen zu können.

141 Das Recht als Steuerungs- und Gestaltungsinstrument muss deshalb das Verhalten der Menschen regeln, dh das Verhalten der Betroffenen in Bezug auf Medienprodukte. Das ist keine technische, sondern **rechtspolitische Aufgabe des Gesetzgebers**.

142 **Die Produktion von Recht** als bestimmtes Gebiet innerhalb der geistigen Produktion hat in jeder Epoche ein kulturelles, soziales, wissenschaftliches und ökonomisches **Informationsmaterial** zur Verfügung, das von seinen Vorgängern überliefert wurde und wovon auszugehen ist. Die Technik schafft nichts a novo, sie bestimmt aber die Art und Weise der Produktion, Distribution, Zirkulation und Konsumtion der Medienprodukte.

4. Harmonisierung des nationalen Rechts der Medien

143 Recht der Medien meint eine **prozessbezogene Einwirkung** auf das Verhalten der Beteiligten im Umgang mit immateriellen Gütern als Medienprodukte. Ein Bildnis kann zB für die Werbung **wettbewerbs-, persönlichkeits-, urheber- und markenrechtlich** relevant sein. Die geltenden Gesetze, die direkt oder indirekt auf Medienprodukte hinweisen, dienen unterschiedlichen Zwecken und sind **im öffentlichen Recht und Privatrecht** angesiedelt. In dem Maße, wie sich die verschiedenen Medien (zB Rundfunk und Presse) durch die technologische Entwicklung angleichen, wird es immer dringender, einen übergreifenden Ordnungsrahmen der Regulierung zu schaffen.[661] Dabei spielt das **Unionsrecht** und die Rechtsprechung des **EuGH** und der **EuGMR** eine wesentliche Rolle. Sie prägen zunehmend die nationale Rechtsordnung, zB auf dem Gebiet des Urheberrechts.[662]

144 Dabei erweist sich der Föderalismus in Deutschland teilweise als Hemmschuh. So wäre es angebracht, die **16 Pressegesetze und Mediengesetze der Länder** zu harmonisieren und ein bundesdeutsches Mediengesetz mit den entsprechenden Grundsätzen zu gestalten. Dort, wo einheitliche Rechtsinstitute in verschiedenen Gesetzen vorhanden sind, ergibt sich zwangsläufig das Bedürfnis nach einer nationalen **Harmonisierung des Rechts**, wie dies bereits mit den Mediengesetzen im Saarland und in Rheinland-Pfalz geschehen ist.[663] Mit dem Mediengesetz in Österreich wird ebenfalls der Versuch einer Harmonisierung wichtiger medienrechtlicher Tatbestände unternommen, die als Vorbild nicht nur für das Presserecht gelten könnten.[664]

---

659 Berechtigte Kritik an der Empfehlung über die kollektive Verwertung von Online-Rechten der Musik vom 18.10.2005; Hilty/Geiger/*Drexl* 369.
660 Delp/*Kübler* 328; Büscher/Dittmer/Schiwy/*Schiwy* 2. Teil Kap 1 Rn 1.
661 Limper/Musiol/*Musiol* Kap 1 Rn 1; *Mückl* JZ 2007, 1083.
662 *von Ungern-Sternberg* GRUR 2012, 1198 ff.
663 *Mückl* JZ 2007, 1084.
664 *Zöchbauer* Mediengesetz IX.

In diese Richtung ist auch das **Telemediengesetz**[665] zur Vereinheitlichung von Vorschriften über bestimmte elektronische Informations- und Kommunikationsdienste zu bewerten,[666] wobei vor allem die Verantwortlichkeitsregeln und die Auskunftspflicht praktische Probleme bereiten werden, weil häufig die Plattform-Betreiber nicht in Deutschland ansässig sind.[667] Ebenso unterliegen die Dienstanbieter (Provider) dem Haftungsprivileg nach § 7 Abs 2 S 2 TMG. Der rechtspolitische und dogmatische Streit erfasst die Abgrenzung zwischen Störerhaftung und Täterschaft. Dabei spielen die Begriffe, wie die Prüfungspflichten, die Zumutbarkeit und die positive Kenntnis, eine bedeutende Rolle.[668] Bund und Länder haben sich auf die Eckpunkte der neuen Medienordnung geeinigt und in Umsetzung der **E-Commerce-Richtlinie** ein weites Feld der Abruf- und Verteildienste – elektronisch – geschaffen.[669] Aufgrund der notwendigen Anpassungen an das Telemediengesetz musste auch der Rundfunkstaatsvertrag geändert werden, der am 1.4.2010 als 13. Rundfunkstaatsvertrag in Kraft getreten ist. 145

Als problematisch erweist sich das **duale Rundfunksystem** zwischen privaten Medienunternehmen und öffentlich-rechtlichen Rundfunkanstalten.[670] Während der Gesetzgeber für den privaten Rundfunk im Wesentlichen auf Marktprozesse vertraut, werden für den öffentlich-rechtlichen Rundfunk besondere normative Anforderungen an das Programmangebot gestellt. Öffentlich-rechtliche und die privaten Rundfunkveranstalter dehnen ihre Aktivitäten auf **virtuelle Plattformen** aus.[671] Die **klassische Funktion des öffentlich-rechtlichen Rundfunks** beinhaltet die Sicherstellung der **Grundversorgung**, wonach der öffentlich-rechtliche Rundfunk für die Gesamtheit der Bevölkerung Programme anbietet, die sie umfassend und in voller Breite informiert und die Meinungsvielfalt in der verfassungsrechtlich gebotenen Weise sichert.[672] Damit diese Funktion durchgesetzt werden kann, muss der Gesetzgeber für eine angemessene finanzielle Ausstattung sorgen. Mit Wirkung zum 1.1.2007 ist die Pflicht zur Zahlung einer Rundfunkgebühr auch für internetfähige Computer und Mobiltelefone in § 1 Abs 1 RGebStV geregelt worden.[673] Ob die Finanzierung des öffentlich-rechtlichen Rundfunks weitgehend vom Markt abgekoppelt werden kann, um die Vielfalt des Programms unabhängig von Einschaltquoten und Werbeaufträgen zu sichern,[674] ist ernsthaft zu bezweifeln.[675] Die Kommerzialisierung der Programme des öffentlich-rechtlichen Rundfunks ist nicht aufzuhalten. Die **Finanzierung** des öffentlich-rechtlichen Rundfunks durch Werbeeinnahmen spiegelt diesen Prozess wider.[676] Die **Aufhebung der Werbefreiheit** im öffentlich-rechtlichen Rundfunk wäre ein Weg gegen die Kommerzialisierung der Programmgestaltung und ein Vorteil für deren Unabhängigkeit. 146

Ein weiterer Schritt zur Beseitigung von **Markthindernissen** ist die Harmonisierung des Rechts der Medien durch die Richtlinienpolitik der EG, um einen reibungslosen Zugang von Me- 147

665 BGBl 2007, I S 179; zuletzt geändert am 31.5.2010.
666 *Mückl* JZ 2007, 1084.
667 Krit Einschätzung des TMG von *Hoeren* NJW 2007, 805; *Spindler* CR 2007, 239; *Fülbier* CR 2007, 515.
668 BGH ZUM 2011, 239, 241; BGHZ 158, 236, 251; BGHZ 172, 119, 131 f; BGH ZUM 2007, 533, 534; siehe auch die Anmerkung von *Schmelz* zu der Entscheidung des BGH ZUM 2007, 535 f.
669 *Bender/Kahlen* MMR 2006, 590.
670 Jacobs/Papier/Schuster/*Kunig* 195; BVerfG ZUM-RD 2008, 281, 287.
671 *Broemel* MMR 2013, 83 ff.
672 BVerfG 1 BvF 1/11 und BVerfG 1 BvF 4/11 vom 25.3.2014, Rn 36; BVerfG ZUM-RD 2008, 281, 287; BVerfGE 74, 297, 325.
673 Best durch das BVerfG ZUM 2007, 712, 722; BVerfG ZUM 2008, 592.
674 BVerfG ZUM 2007, 712, 722.
675 *Ory* AfP 2007, 401, 406.
676 So kann das ZDF seine Ausgaben neben der Fernsehgebühr auch durch Erträge aus der Werbung decken; siehe § 29 ZDF-StV.

dienprodukten und deren Nutzung sowie die Meinungsvielfalt gegen eine vorherrschende Meinungsmacht zu gewährleisten.[677] Dazu gehören auch die wettbewerbs- und kartellrechtlichen Schutzmechanismen auf dem **Telekommunikations- und Medienmarkt.**[678]

677 *Noske* ZRP 2007, 65.
678 *Bretschneider* WRP 2008, 761, 763.

Kapitel 2
Die Entwicklung des Medienrechts als Disziplin

Literatur

Bamberger Einführung in das Medienrecht, Darmstadt 1986; *von Bar* Verkehrspflichten – Richterliche Gefahrsteuerungsgebote im deutschen Deliktsrecht, Köln 1980; *Beater* Medienrecht als eigenständiges Rechtsgebiet JZ 2005, 822; *Beckmann/Hoppe* Grundfragen des Umweltrechts JuS 1978, 425; *Beucher/Leyendecker/von Rosenberg* Mediengesetze, München 1999; *Berlit/Meyer/Paschke* Hamburger Kommentar zum gesamten Medienrecht, 2. Aufl Baden-Baden 2012; *Canaris* Systemdenken und Systembegriff in der Jurisprudenz, 2. Aufl Berlin 1983; *Castendyk/Dommering/Scheuer* European Media Law, Kluwer Law International 2008 (zit Castendyk/Dommering/Scheuer/*Bearbeiter*); *Dörr* Buchbesprechung GRUR 2002, 141; *Dörr/Schwartmann* Medienrecht, 4. Aufl Köln 2012; *Dreier/Badura* (Hrsg) Festschrift für das Bundesverfassungsgericht, Bd 2 – Klärung und Fortbildung des Verfassungsrechts, Tübingen 2001 (zit Dreier/Badura/*Bearbeiter*); *Engels* Der Trennungsgrundsatz in der dualen Rundfunkordnung. Rechtlicher Gehalt und tatsächliche Durchsetzung durch die Landesmedienanstalten RuF 1997, 214; *Europäische Kommission* Grünbuch zur Konvergenz der Branchen Telekommunikation, Medien und Informationstechnologie und ihren ordnungspolitschen Auswirkungen, Brüssel 1997; Grünbuch über die Vorbereitung auf die vollständige Konvergenz der audiovisuellen Welt: Wachstum, Schöpfung und Werte, Brüssel 2013; *Faulstich* Medientheorien: Einführung und Überblick, Göttingen 1991; Fechner Medienrecht, 15. Aufl Tübingen 2014; *Flume* Allgemeiner Teil des Bürgerlichen Rechts, Zweiter Band: Das Rechtsgeschäft, 4. Aufl Berlin 1992; *Fuhr/Rudolf/Wasserburg* Recht der neuen Medien, Heidelberg 1989; *Géczy-Sparwasser* Die Gesetzgebungsgeschichte des Internet, Berlin 2003; *Gounalakis* Konvergenz der Medien – Sollte das Recht der Medien harmonisiert werden? Gutachten C für den 64. Deutschen Juristentag, München 2002; *ders* Regulierung von Presse, Rundfunk und elektronischen Diensten in der künftigen Medienordnung ZUM 2003, 180; *Grampp/Seifert* Die Ordnungen der Medientheorien, Eine Einführung in die Einführungsliteratur, in www.literaturkritik.de (literaturkritik.de/public/rezension.php?rez_id=7502&ausgabe= 2004 10, zuletzt abgefragt am 20.5.2008); *Hahn/Vesting* (Hrsg) Beck'scher Kommentar zum Rundfunkrecht, 3. Aufl München 2012; *Hartstein/Ring/Kreile/Dörr/Stettner* Rundfunkstaatsvertrag – Loseblattsammlung, 56. Aktualisierung, Heidelberg, München, Landsberg, Berlin Stand September 2013; *Hesse* Rundfunkrecht, 3. Aufl München 2003; *Hoffmann-Riem* Kommunikationsfreiheiten, Baden-Baden/Hamburg 2002; *Holznagel* Konvergenz der Medien – Herausforderungen an das Recht NJW 2002, 2351; *Knothe* Konvergenz und Medien aus nationaler Sicht K&R 1998, 95; *Koch/Rüßmann* Juristische Begründungslehre, München 1982; *Kötz/Wagner* Deliktsrecht, 11. Aufl München 2013; *Larenz/Canaris* Methodenlehre der Rechtswissenschaft, 3. Aufl Berlin, Heidelberg 1995; *Lecheler* Einführung in das Medienrecht JURA 1998, 225; *Luhmann* Rechtssystem und Rechtsdogmatik, Stuttgart, Berlin, Köln, Mainz 1974; *von Olenhusen* Handbuch des Medienrechts. Versorgungsrecht einschließlich Künstlersozialversicherungsgesetz (KSVG), Freiburg 1988; *Paschke* Medienrecht – Disziplinbildende Sinneinheit übergreifender Rechtsgrundsätze oder Chimäre? ZUM 1990, 209; *ders* Medienrecht, 3. Aufl Berlin, Heidelberg, New York 2009; *Petersen* Medienrecht, 5. Aufl 2010; *Platho* Werbung, nichts als Werbung und wo bleibt der Trennungsgrundsatz? ZUM 2000, 46; *Radlsbeck* Online-Magazine – rechtliche Würdigung von journalistisch redaktionell gestalteten Abrufdiensten, Berlin 2004; *Rehbock* Medien- und Presserecht, München 2005; *Reinemann* DVB-H, DMB und die interaktive Fernbedienung – Ist der Rundfunkbegriff den neusten technischen Entwicklungen gewachsen? ZUM 2006, 523; *Rossen-Stadtfeld* Medienaufsicht unter Konvergenzbedingungen ZUM 2000, 36; *Rüthers* Rechtstheorie, 5. Aufl München 2011; *Ruijsenaars* Zur Vermarktung der Titel mit Fernsehprogrammen ZUM 1993, 353; *Sachs* (Hrsg) Grundgesetz Kommentar 5. Aufl 2009; *Schiwy/Schütz/Dörr* (Hrsg) Medienrecht: Lexikon für Praxis und Wissenschaft, 5. Aufl Köln 2010; *Schoch* Konvergenz der Medien – Sollte das Recht der Medien harmonisierst werden? JZ 2002, 798; *Stammler* Paradigmenwechsel im Medienrecht ZUM 1995, 104; *Steiger* Umweltrecht – Ein eigenständiges Rechtsgebiet? AöR 117, 100; *Tilch* (Hrsg) Münchener Rechtslexikon, 3. Aufl München 2001 (zit Tilch/*Bearbeiter*); *Umbach/Clemens* (Hrsg) Grundgesetz – Mitarbeiterkommentar und Handbuch, Bd I, Heidelberg 2002; *Waldenberger/Hoß* Das Recht der elektronischen Presse AfP 2000, 237; *von Welser* Anmerkung zum EuGH Urteil Peek&Cloppenburg vs Cassina GRUR Int 2008, 596.

Übersicht

§ 1
Die Entwicklung des Medienrechts

1 Anfang der 80er Jahre gab es noch kein Medienrecht. Es gab das Rundfunkrecht, das Presserecht, das Äußerungsrecht, das Filmrecht, aber keinen gemeinsamen Oberbegriff.[1] Es war die Zeit, als es nur drei TV-Programme gab, eine vergleichsweise überschaubare überregionale Presselandschaft und weder Internet noch Mobiltelefone mit Internetzugang und Rundfunkempfangsmöglichkeit. Dies sollte sich bald ändern. Mitte der 80er Jahre, etwa zu der Zeit als privates Fernsehen in Deutschland – im Rahmen der neugeschaffenen dogmatischen Figur des „dualen Rundfunksystems"[2] – zugelassen wurde, setzte sich auch der Begriff „Medienrecht" auf breiter Front durch: Er findet Erwähnung in den allgemeinen Rechtslexika, wird Gegenstand einführender Lehrbücher und praxisorientierter Handbücher.[3] Die Zeitschrift, die 28 Jahrgänge „Film und Recht" hieß, firmierte 1985 um in „Zeitschrift für Urheber- und Medienrecht", das ehrwürdige „Archiv für Presserecht" trägt seit 1995 den Untertitel „Zeitschrift für das gesamte Medienrecht". Seitdem hat das Medienrecht eine fast inflationäre Entwicklung genommen. Es sind inzwischen sechs Lehrbücher auf dem Markt, die den Titel „Medienrecht" tragen.[4] Weitere Zeitschriften wie MultiMediaRecht und Kommunikation & Recht sind hinzugekommen. Gab es Ende der 80er Jahre noch keinen einzigen Kommentar zum Rundfunkstaatsvertrag, sind heute bereits vier auf dem Markt.[5] Die Zahl der einschlägigen Schriftenreihen hat sich verzehnfacht,[6] der Output an Promotionen ist selbst für Fachleute kaum noch zu überblicken. Ein ähnlich exponentielles Wachstum kann man übrigens bei den Medienwissenschaften konstatieren. Bereits 1991 beginnt *Faulstich* seinen Einführungsband „Medientheorien" mit den Worten: „Es scheint an der Zeit, das immer größer gewordene und mittlerweile kaum noch übersichtliche Feld programmatisch-theoretischer Beiträge zum Bereich Medien zu sichern und zu ordnen."[7] Fast zwei Dekaden später ist das medientheoretische Feld noch einmal wesentlich größer und unübersichtlicher geworden als 1991 – so groß, dass es inzwischen schon „Einführungen in die Einführungsliteratur" gibt.[8]

2 Auch vor der Aus- und Weiterbildung hat die Karriere des Medienrechts nicht haltgemacht. Seit einigen Jahren gibt es, wie ua an den Universitäten Mainz, Münster, Potsdam einen Schwerpunktbereich „Medienrecht" im Studium der Rechtswissenschaften. Zudem werden LL.M.-Studiengänge für Postgraduierte eingeführt, wie etwa der Studiengang Medienrecht in Mainz. In allerjüngster Zeit wurde durch die Bundesrechtsanwaltskammer ein Fachanwalt für Medien- und Urheberrecht eingeführt; der erste Jahrgang hat Ende 2007 die dafür erforderlichen Prüfungen absolviert und darf den entsprechenden Fachanwaltstitel tragen. Zeitlich etwas später als das deutsche, aber ebenso rasant, entwickelt sich das Medienrecht in der Europäischen Union und ihren Mitgliedstaaten.[9] Nur die frühere Zersplitterung der Zuständigkeiten innerhalb der

---

1 Tilch/*Wenzel* Stichwort „Medienrecht".
2 *Hesse* Kap 4 Rn 1 ff, Kap 5 Rn 1 ff.
3 Vgl zB *von Olenhusen; Fuhr/Rudolf/Wasserburg.*
4 *Beater* Medienrecht; *Branahl* Medienrecht: Eine Einführung; *Dörr/Schwartmann* Medienrecht; *Fechner* Medienrecht; *Paschke* Medienrecht; *Petersen* Medienrecht; *Rehbock* Medien- und Presserecht.
5 *Berlit/Meyer/Paschke*; *Beucher/Leyendecker/von Rosenberg*; *Hahn/Vesting*; *Hartstein/Ring/Kreile/Dörr/Stettner.*
6 ZB Schriftenreihe des Archivs für Urheber- und Medienrecht (UFITA), Schriftenreihe des Instituts für Europäisches Medienrecht (EMR), Schriftenreihe Information und Recht, Schriftenreihe zum Kommunikations- und Medienrecht, Schriftenreihe Medienrecht, Medienproduktion und Medienökonomie, Schriftenreihe des Instituts für Rundfunkrecht an der Universität zu Köln, Schriftenreihe Kommunikation und Recht uvm.
7 *Faulstich* 1.
8 *Grampp/Seifert.*
9 Vgl Castendyk/Dommering/Scheuer/*Dommering* Introduction 1 ff.

Kommission hat den Blick auf die Tatsache verdunkelt, dass es auch auf europäischer Ebene ein mehr und mehr zusammenwachsendes Medienrecht gibt.[10]

§ 2
Das Medienrecht als eigenständiges Rechtsgebiet

Auch wenn sich die Bezeichnung „Medienrecht“ inzwischen durchgesetzt hat, bleibt die Frage offen, ob hinter diesem Begriff ein eigenständiges Rechtsgebiet steht. Dies wird in der Literatur unterschiedlich beurteilt. 3

Die Auffassung, wonach das Medienrecht eine eigenständige Disziplin ist, wurde erstmals von *Paschke* entwickelt.[11] Als gemeinsamen und systematischen Bezugspunkt des Medienrechts sieht er die Massenkommunikation. Die Massenmedien erfüllten eine öffentliche Aufgabe und hätten laut BVerfG eine „schlechthin konstituierende Bedeutung für die freiheitlich demokratische Staatsordnung“. Medienrecht sei das „Sonderrecht der Massenkommunikation“ und es enthalte übereinstimmende Rechtsgrundsätze, die das Rechtsgebiet „Medienrecht“ verbinden würden.[12] In ähnliche Richtung geht *Beater*, der das Medienrecht als „Sonderunternehmensrecht der Massenmedien“ ansieht.[13] Er stützt sich darauf, dass an Medienunternehmen besondere Anforderungen gestellt würden, zB bei Sorgfalts- und Recherchepflichten, aber auch Privilegien verteilt würden, etwa im Bereich der Informationszugangsrechte.[14] Die Medien hätten bestimmte Funktionen in der Massengesellschaft, zB im politischen Diskurs, die durch das Medienrecht reguliert und abgesichert werden müssten.[15] In ähnliche Richtung geht auch *Stammler*, der einen Paradigmenwechsel im Medienrecht fordert – vom Presse- und Rundfunkrecht hin zum allgemeinen Kommunikationsrecht.[16] 4

Nach der Gegenauffassung erschöpft sich das Medienrecht in einer „bloßen Ansammlung von unterschiedlichen Normen“ mit einem Bezug zu den Massenmedien.[17] „Medienrecht“ wird definiert als die Summe der Rechtsvorschriften, die sich mit „Medien“ befassen, vom Strafrecht bis zum Arbeitsrecht.[18] Das Medienrecht befasse sich mit einem „Konglomerat von einzelnen Rechtsnormen“ und Lebenssachverhalten.[19] Es sei ein Querschnittsbereich, wie das Autorecht.[20] Mit anderen Worten könnte man diese Meinungsströmung zusammenfassen wie folgt: Der einzige Zusammenhang, den das Medienrecht aufweist, ist der, dass es sich um Rechtsnormen handelt, mit denen sich ein in den Medien arbeitender Rechtsanwalt bzw. Justiziar regelmäßig beschäftigen muss. 5

Wie *Beater* zu Recht anmerkt,[21] wird die Gegenauffassung häufig beiläufig vertreten; Gründe für die Auffassung vom Medienrecht als „Sammelsurium“ von in der Medienpraxis bedeutsamen 6

10 Ein Großteil der zur Ordnung des Medienrechts erforderlichen Kompetenzen ist in der Kommission seit 2004 bei der Kommissarin *Viviane Reding* gebündelt, die für „Informationsgesellschaft und Medien“ zuständig ist.
11 *Paschke* ZUM 1990, 209 ff. und später in der ersten Aufl seines Lehrbuchs zum Medienrecht aus dem Jahr 1993.
12 *Paschke* Rn 7 ff.
13 *Beater* JZ 2005, 822; *Beater* Rn 8.
14 *Beater* JZ 2005, 822, 823 f.
15 *Beater* JZ 2005, 822, 826 f.
16 *Stammler* ZUM 1995, 104, 114.
17 *Petersen* § 1 Rn 11, 14 f; *Dörr* GRUR 2002, 141 ff; *Lecheler* JURA 1998, 225; *Fechner* Rn 3; *Bamberger* 23; *Schiwy/Schütz/Dörr* 309.
18 *Lecheler* JURA 1998, 225.
19 *Petersen* § 1 Rn 14.
20 *Petersen* § 1 Rn 2, 11.
21 *Beater* JZ 2005, 822, 823.

Vorschriften und ihrer Interpretation werden kaum genannt. Die lobenswerte Ausnahme von dieser Regel ist *Petersen*, der dieser Fragestellung immerhin das erste Kapitel seines Lehrbuchs widmet.[22]

7 Zunächst macht er – zu Recht – darauf aufmerksam, dass ein Medienbezug im Sachverhalt noch nicht bedeutet, dass es sich um ein medienrechtliches Rechtsproblem handelt.[23] So lasse sich die Frage, unter welchen Voraussetzungen bei einer Internetauktion ein Vertrag zustande komme, mit dem BGB und den allgemeinen Lehren und Prinzipien der Rechtsgeschäftslehre lösen. Es gehe nicht um medienspezifische oder gar medienrechtliche Probleme. Ähnliches gelte für Fernabsatzgeschäfte. Die besondere Regelung in § 312d Abs 1 BGB diene dem Verbraucherschutz; dieses Ziel sei kein genuin medienrechtliches Rechtsschutzziel. *Petersen* ist an dieser Stelle durchaus zuzustimmen. In der Tat verbirgt sich nicht in jeder medialen Verkleidung ein medienrechtliches Rechtsproblem. Seine prägnant formulierte Aussage, wonach jedes Medium neue Rechtsprobleme hervorbringe, die allerdings nicht notwendigerweise medienrechtliche sein müssten, trifft den Kern. Fraglich ist allerdings, ob diese Erkenntnis ein Argument gegen die Existenz des Medienrechts als einem eigenständigen Rechtsgebiet liefert. Mir scheint es eher ein Argument für die andere Position zu sein. Gerade die Meinung, die Medienrecht auf alles ausweitet, was den Medienjuristen interessieren muss, gerät in Gefahr, jede Vorschrift und jede Gerichtsentscheidung mit Medienbezug dem Corpus Iuris des Medienrechts zuzuordnen. Gerade die Befürworter eines „Medienrechts als Disziplin" beschränken das Medienrecht auf bestimmte Aspekte der Regulierung von Massenmedien und sind daher in ihrem Ansatz selektiver.

8 *Petersens* zweite Argumentationslinie geht tiefer und trifft auch aus meiner Sicht den entscheidenden Punkt: Medienrecht als eigenständige Rechtsmaterie setzt aus seiner Sicht voraus, dass es mehr als nur eine „lebensweltliche Erscheinung" ist.[24] In seiner Kritik stützt er sich auf den Systembegriff von *Canaris*.[25] Danach ist ein eigenständiges Rechtsgebiet gekennzeichnet durch Grundprinzipien, wie das der Privatautonomie im Zivilrecht, den Vorrang und Vorbehalt des Gesetzes im Öffentlichen Recht oder das Schuldprinzip im Strafrecht.[26] Durch ein mit derartigen Prinzipien geknüpftes „System konsistenter Binnenverweisungen" ließen sich „weiterführende Aussagen über nicht unmittelbar gesetzlich geregelte Fragen" treffen. Es ließen sich im Medienrecht, so lautet sein Argument, allenfalls (Leit-)Gesichtspunkte verallgemeinern, „Grundprinzipien des Medienrechts mit gleichsam universeller Geltung" gebe es jedoch nicht.[27]

9 Zuzustimmen ist *Petersen* in seinem Grundansatz: Zu den Bedingungen, die erfüllt sein müssen, um vom Medienrecht als einem eigenständigen Rechtsgebiet sprechen zu können, gehören in der Tat Grundprinzipien, die Wertungswidersprüche deutlich machen und helfen, Lücken im Recht durch systematische Rechtsfortbildung zu schließen. Hier ist allerdings der Unterschied zur Gegenauffassung gar nicht so groß, denn auch diese verlangt – allerdings methodologisch etwas weniger scharf – gemeinsame „Rechtsgrundsätze"[28] oder besondere „Maßstäbe" für die Medien.[29] Obwohl der methodologische Ansatz von *Petersen* richtig ist, möchte ich ihm aus drei Gründen im Ergebnis nicht zustimmen.

10 Der erste Grund besteht darin, dass *Petersen* die Latte zu hoch legt. Wenn er Grundprinzipien des Medienrechts von gleichsam universeller Geltung fordert, verlangt er mehr als *Canaris*,

---

22 Rn 3 ff.
23 *Petersen* § 1 Rn 11.
24 *Petersen* § 1 Rn 11.
25 *Petersen* § 1 Rn 13 verweist auf *Canaris* passim; ausf dazu noch § 1 Rn 14.
26 *Petersen* 2. Aufl Rn 13.
27 *Petersen* 2. Aufl Rn 13.
28 *Paschke* ZUM 1990, 209, 212.
29 *Beater* JZ 2005, 822, 828.

auf dessen Systembegriff er sich stützt. In einer scharfsinnigen Analyse zeigt dieser auf, dass Prinzipien im Gegensatz zu Axiomen zueinander in Widerspruch stehen können. Prinzipien würden keinen Anspruch auf ausschließliche Geltung erheben, sondern ergänzten und beschränkten sich gegenseitig.[30] Die vielen Beispiele, die *Canaris* heranzieht, untermauern darüber hinaus seine Auffassung, dass es im Zivilrecht eine Vielzahl von Prinzipien gibt, die einen nur begrenzten Anwendungsbereich aufweisen, etwa nur relevant sind für das Sachenrecht oder die Rechtsgeschäftslehre. Universell geltende Rechtsprinzipien, zu welchen man vielleicht noch die Privatautonomie zählen mag, sind selbst im Zivilrecht selten. Und auch sie sind, wie bereits ausgeführt, nicht universell in dem Sinne, dass sie nicht „in wechselseitiger Ergänzung und Beschränkung“[31] mit anderen Prinzipien und einzelgesetzlichen Wertungen konkurrieren müssten. Im Ergebnis kann daher auch von Grundprinzipien im Medienrecht keine universelle Geltung gefordert werden.

Der zweite Grund liegt in der Tatsache, dass Grundprinzipien des Medienrechts existieren. 11
Ein bekanntes Beispiel ist das Gebot der Neutralität der Medien im Wettbewerb und das Beeinflussungsverbot. Hier sprechen auch Kommentarliteratur und Rechtsprechung von einem solchen Grundsatz; so führt zB der BGH in der „Guldenburg“-Entscheidung[32] aus:

„(...) besteht beim Merchandising in einem weiteren Umfang eine nicht zu vernachlässigende Gefahr der Kollision mit tragenden Grundsätzen des Medienrechts, nämlich mit den Geboten der Neutralität im Wettbewerb und der Bewahrung der Unabhängigkeit der Programmgestaltung sowie der Abwehr sachfremder Einflüsse Dritter auf diese. (...)“

Die beiden genannten Prinzipien haben – teilweise im Zusammenwirken mit dem dritten 12
tragenden Grundsatz des Medienwerberechts, dem Trennungsprinzip – in einer Vielzahl von Fällen eine wichtige Rolle gespielt.[33] Die Erkenntnis derartiger Prinzipien bzw tragender Grundsätze hilft darüber hinaus, die Normen des positiven Rechts, ihre *ratio legis* und ihre Funktion im Gesamtzusammenhang besser zu verstehen.[34] Ähnlich wie das Prinzip der Privatautonomie haben Prinzipien wie das Beeinflussungsverbot eine verfassungsrechtliche Grundlage. Ein Teil der dogmatischen Aufgabe besteht deswegen auch darin, diesen Zusammenhang – beim Beeinflussungsverbot zB den Zusammenhang mit der Medienfreiheit und Medienautonomie in Art 5 Abs 1 S 2 GG – näher zu erforschen und differenziert darzustellen.

Ähnlich wie im Deliktsrecht die Figur der „im Verkehr erforderlichen Sorgfalt“ eine zentrale 13
Rolle spielt,[35] hat sich die „publizistische Sorgfalt (...) in den vergangenen drei Jahrzehnten zu einem der zentralen Begriffe des Medienrechts entwickelt“.[36] Die publizistische Sorgfalt beschreibt Anforderungen, die an die Massenmedien gestellt werden, und zwar in verschiedenen Ausprägungen, etwa bei der Recherche, der Verdachtsberichterstattung, der Zitattreue, der Verantwortung für die Meinungsäußerungen Dritter (zB bei Anzeigen, Leserbriefen, Live-Interviews im Fernsehen, Chatrooms) uva mehr. Wie das Beeinflussungsverbot ist auch die publizistische Sorgfalt ist ein intensiv vom Verfassungsrecht geprägter Begriff.[37]

---

30 *Canaris* 52 f.
31 *Canaris* 52 f.
32 BGH ZUM 1993, 363 Rn 34–37, bestätigt durch BVerfG ZUM 1999, 71 ff; zur Literatur vgl statt vieler und mwN *Ruijsenaars* ZUM 1993, 353 ff.
33 BGH ZUM 1990, 291 ff – Werbung im Programm; BGH ZUM 1993, 92 ff – Ereignis Sponsorwerbung; OLG Frankfurt aM WRP 1994, 115 ff; OLG Koblenz ZUM 2001, 800 ff – ZDF-Medienpark; OLG Stuttgart WRP 1992, 513 ff.
34 Ausf. zu Bedeutung und Funktion von Trennungsprinzip, Beeinflussungsverbot und dem Gebot der Neutralität im Wettbewerb unten Teil 3 Kap 3 (Rundfunkwerberecht) Rn 31 ff; *Platho* ZUM 2000, 46 ff; *Engels* RuF 1997, 214 ff.
35 *Von Bar*; *Kötz/Wagner* Rn 120 ff, 168 ff.
36 *Peters* NJW 1997, 1334 ff.
37 *Beater* Rn 1157 ff; BVerfG NJW 1980, 2072 – Böll.

14 Wie anfangs beschrieben, ist das Medienrecht ein noch vergleichsweise junges Rechtsgebiet.[38] Es ist deshalb wenig erstaunlich, dass die dogmatische Durchdringung des Rechtsgebiets noch am Anfang steht. Damit komme ich zu meinem dritten Grund für ein Medienrecht als eigenständige Disziplin: Die Frage, ob das Medienrecht ein eigenständiges Rechtsgebiet ist, lässt sich nur perspektivisch beantworten und nicht auf der Basis des dogmatischen Status Quo. „Medienrecht als Disziplin" ist – zum heutigen Zeitpunkt – weniger eine Beschreibung des gegenwärtigen Zustands, als viel mehr eine Aufforderung an die Rechtswissenschaft, die dogmatische Kärrnerarbeit zu leisten, an deren Ende weitere oder zumindest besser verstandene Grundprinzipien des Medienrechts stehen. Mit anderen Worten: Die Arbeit an einer Dogmatik des Medienrechts aufzugeben, bevor man sie angefangen hat, erinnert an den Fuchs, dem die Trauben zu hoch hängen und der sie deshalb als sauer bezeichnet.[39]

15 In diesem Kontext ist daran zu erinnern, welche Funktion die Dogmatik in einem Rechtssystem einnimmt:[40] (1.) Sie ordnet den umfangreichen und oft unübersichtlichen Rechtsstoff. Erst durch sie wird das Recht lehr- und lernbar, erst durch sie sieht man gleichsam den Wald und nicht nur die Bäume. (2.) Sie reduziert die Anzahl theoretisch möglicher Lösungsansätze auf überschaubare Lösungsmuster und dient damit der Rechtssicherheit. (3.) Dogmatik führt zu mehr Gerechtigkeit, indem sie auf Widersprüche innerhalb des Gesetzesrechts bzw seiner Auslegung hinweist. (4.) Damit ermöglicht und begrenzt sie gleichzeitig die Rechtsfortbildung – nicht nur die des Richters, sondern auch die des Gesetzgebers.[41]

16 Rechtsfortbildung wurde im Medienrecht bisher überwiegend von den Gerichten angestoßen. Eine der berühmtesten Rechtsfortbildungen im deutschen Recht überhaupt, die Entwicklung des Allgemeinen Persönlichkeitsrechts,[42] gehört zumindest auch zum medienrechtlichen Kanon. Von ähnlich fundamentaler dogmatischer Bedeutung ist die Rechtsprechung des Bundesverfassungsgerichts zur Rundfunkfreiheit als „funktionalem Grundrecht".[43] Die Rechtswissenschaft hat sich bis heute damit begnügt, die Rechtsprechung nachzuzeichnen und dogmatisch zu verfeinern. Eigene Ansätze, die später von der Rechtsprechung übernommen wurden, sind im Medienrecht bisher die Ausnahme geblieben. Dies muss jedoch nicht so bleiben.

17 Ein mögliches medienrechtswissenschaftliches Forschungsprogramm zu skizzieren, würde an dieser Stelle zu weit führen, weshalb hier nur einige Beispiele angefügt werden können: Genannt werden kann hier zunächst das erwähnte Trennungsprinzip, dessen Interpretation und Reichweite von großer Relevanz ist für die Auslegung bestehender Regelungen, zB zum Sponsoring, zur redaktionellen Werbung und zum Product Placement.[44] Trennungsprinzip und Beeinflussungsverbot sind zentrale Prinzipien im Bereich des Medienwerberechts; ihr richtiges Ver-

---

38 Zur Geschichte des Medienrechts instruktiv *Schiwy/Schütz/Dörr* 317.

39 Es bedarf keiner näheren Begründung, dass auch ein dogmatisch durchgearbeitetes Rechtsgebiet „Medienrecht" nicht „selbstständig neben dem Zivil- oder Öffentlichen Recht stehen könnte" (vgl *Petersen* § 1 Rn 11 und *Fechner* Rn 3). Auch mit einem solchen Postulat würde man die Anforderungen an das „Medienrecht als Disziplin" überspannen. Es reicht völlig aus, wenn man realistische Ziele verfolgt, etwa vergleichbar einem Rechtsgebiet wie dem Umweltrecht, vgl *Steiger* AöR 117, 110 ff; *Hoppe/Beckmann* JuS 1989, 425 ff, die der Frage nachgehen, ob und inwieweit das Umweltrecht eine eigene, von anderen unterschiedene, auf bestimmten Prinzipien, Strukturen und Instituten eigener Art beruhende Rechtsmaterie ist.

40 Sehr instruktiv *Rüthers* Rn 321 ff; vgl auch *Luhmann* 18 ff; *Canaris* 40 ff; *Larenz/Canaris* 45; *Koch/Rüßmann* 246 ff.

41 Wie man am Beispiel der „Anscheinsvollmacht" sehen kann, gibt es auch Rechtsfortbildung jenseits der Dogmatik, aber sie ist nach wie vor die Ausnahme von der Regel, vgl *Canaris* 98; Gegen die Anscheinsvollmacht spricht sich daher insb *Flume* aus (§ 49, 4); vgl zur Entwicklung der Anscheinsvollmacht insgesamt MünchKommBGB/*Schramm* § 167 BGB Rn 54 ff. mwN.

42 Zur Historie und Dogmatik ausf vgl *Beater* Rn 328 ff.

43 So zB BVerfGE 57, 295, 320 – 3. Rundfunkurteil; BVerfGE 90, 60, 87 – 8. Rundfunkurteil.

44 S Band 1 Kap 3 Rn 168.

ständnis definiert die zukünftige Autonomie der Medien gegenüber der ständig wachsenden ökonomischen Sphäre.[45]

Ein weiteres Beispiel für ein zentrales Konzept des Medienrechts, welches näher erforscht werden könnte, ist das des Öffentlichkeitsbegriffs. Dahinter steht das Grundprinzip, dass private, also nicht-öffentliche Kommunikation rechtlich so weit wie möglich ungeregelt bleiben sollte. Es handelt sich um einen der wenigen Begriffe, die sowohl im privaten Medienrecht (hier: im Urheberrecht) als auch im öffentlichen Medienrecht eine wichtige Rolle spielen. Die Öffentlichkeit markiert sowohl die Grenze zwischen privater (Individual-)Kommunikation und Massenkommunikation als auch – im Rahmen der informationellen Selbstbestimmung – die Grenze zwischen privatem und öffentlichen Leben. Im Urheberrecht ist die Frage, ob eine Nutzung öffentlich ist oder nicht durch eine gesetzliche Definition in § 15 Abs 3 UrhG geregelt. Im Presserecht stellte sich die Frage, ob ein Prominenter sich in der Öffentlichkeit befindet, oder „erkennbar zurückgezogen" privat bleiben wollte.[46] Im regulativen öffentlichen Medienrecht wird – ähnlich wie im Urheberrecht – zwischen Individualkommunikation und Massenkommunikation, zwischen privater und öffentlicher Auswertung differenziert. Bisher sind die Konzepte des Urheberrechts und des regulativen Medienrechts noch unterschiedlich.[47] Auf der Ebene des europäischen Rechts wurde in einer der wichtigsten Entscheidung zur Abgrenzung von privater und öffentlicher Sphäre vom EuGH in einer das Urheberrecht betreffenden Frage erstmals auf die parallele Abgrenzung im öffentlichen Medienrecht abgestellt: Nach der Rechtsprechung des Gerichtshofes bedeutet „öffentlich" im Rahmen dieses Begriffes eine unbestimmte Zahl möglicher Fernsehzuschauer (Urteile vom 2.6.2005 in der Rechtssache C-89/04, Mediakabel, Slg 2005, I-4891, Rn 30, und vom 14.7.2005 in der Rechtssache C-192/04, Lagardère Active Broadcast, Slg 2005, I-7199, Rn 31).[48] 18

Weitere Beispiele rechtsdogmatischer Fragestellungen könnten aus einer Entwicklung folgen, die den Lebenssachverhalt „Medien" zurzeit grundlegend verändert und die deshalb auch von keinem Medienrechtler als unbedeutend angesehen wird: die Konvergenz.[49] Die digitale Technik erlaubt, sämtliche Medieninhalte in binäre Datenpakete zu verwandeln und beliebig zu verbreiten. Damit verlieren nicht nur die bisher klaren Unterschiede zwischen den Medien Fernsehen, Presse und Internet ihre Trennschärfe (zB ist eine Online-Zeitung noch eine Zeitung oder müsste sie den Regelungen des Rundfunks unterworfen werden?), sondern auch die Unterschiede zwischen Massen- und Individualkommunikation verschwimmen (zB ist ein Blog noch Individualkommunikation, wenn er ins Netz gestellt wird?). Am Ende der Entwicklung wird ein einheitliches „Medienterminal" in jedem Haushalt stehen, welches Inhalte bietet, die heute als Zeitung, Fernsehprogramm, Internetangebot, CD-ROM, DVD etc online und offline über unterschiedliche Vertriebskanäle vermarktet werden. Obwohl schon heute über verschiedene Medien dieselben oder zumindest ähnliche Inhalte derselben Anbieter (zB Bild-Zeitung, Bild.T-Online) verbreitet werden, gibt es nach wie vor unterschiedliche Regelungen im Presserecht, im Rund- 19

45 S Band 1 Kap 3 Rn 142.

46 BVerfG GRUR 2000, 446 ff – Caroline von Monaco; inzwischen teilweise überholtes Kriterium, vgl BVerfG NJW 2008, 1793 ff.

47 Dies wird deutlich, wenn man etwa die engen Grenzen der privaten Auswertung in § 15 Abs 3 UrhG, zB bei der Hotelnutzung einerseits, und die Zulassungsfreiheit derartiger Nutzungen zB in § 20 Abs 2 RStV miteinander kontrastiert.

48 EuGH [2006] C 306/05 SGAE von Rafael Hoteles; dazu Castendyk/Dommering/Scheuer/*Castendyk* European Media Law Art 1 TWFD Rn 38 ff.

49 *Europäische Kommission* Grünbuch zur Konvergenz 1997, 623; zur Entstehungsgeschichte des Grünbuchs *Knothe* K&R 1998, 95, 97 ff; *Gounalakis* 12 ff; *Petersen* § 1 Rn 21 ff; *Paschke* Rn 18; *Schoch* JZ 2002, 798 ff; *Fechner* Kap 1 Rn 11, Kap 12 Rn 7, *Stammler* ZUM 1995, 104 ff; *Rossen-Stadtfeld* ZUM 2000, 36 ff; *Reinemann* ZUM 2006, 523 ff; *Holznagel* NJW 2002, 2351 ff.

funkrecht und im Recht der Telemedien.[50] Auch auf der verfassungsrechtlichen Ebene werden nach wie vor grundlegende Unterschiede zwischen Rundfunk- und Pressefreiheit gemacht, die im Zeialter der konvergenten Medien überholt erscheinen.[51] Die medienrechtliche Dogmatik könnte an dieser Stelle die Aufgabe übernehmen zu prüfen, ob diese Unterschiede noch gerechtfertigt sind und ob unterschiedliche Maßstäbe für unterschiedliche Massenmedien heute noch zeitgemäß sind.[52] Die Konvergenz ist freilich selbst kein tragendes Prinzip des Medienrechts,[53] sie ist eher ein heuristisches Instrument zur Auffindung von Regelungs- und Wertungswidersprüchen im Medienrecht, die weniger die Auslegung des geltenden als die Ausgestaltung des zukünftigen Medienrechts beeinflussen könnte.

20 Bisher steht einem einheitlichen Medienrechtsgesetzbuch in Deutschland nicht nur die fehlende dogmatische Durchdringung des Rechtsgebiets, sondern vor allem die komplexe Gesetzgebungskompetenzverteilung zwischen Bund und Ländern entgegen. Ein Beispiel dafür ist der mühsame Einigungsprozess beider Seiten bei der Internetregulierung.[54] Das österreichische Gegenbeispiel beweist jedoch, dass ein Medienrechtsgesetzbuch möglich ist (Bundesgesetz vom 12.6.1981 über die Presse und andere Publizistische Medien (Mediengesetz), StF: BGBl Nr 314/1981 in der Fassung BGBl I Nr 49/2005, 151/2005 und 112/2007). Nachdem der Bund seine Rahmenkompetenz für das Presserecht 2006 aufgegeben hat, könnten die Länder einen einheitlichen gesetzlichen Rahmen für die Medien schaffen. Die Erweiterung des Rundfunkstaatsvertrags um Telemedien[55] war insofern nur ein erster Schritt.

---

50 Die Diskussion lässt sich am Beispiel des Online-Zeitung demonstrieren, vgl *Waldenberger/Hoß* AfP 2000, 237 ff; *Gounalakis* ZUM 2003, 180, 181; *Radlsbeck* 54 f; Sachs/*Bethger* Art 5 GG Rn 68; *Umbach/Clemens* Art 5 GG Rn 70; Dreier/Badura/*Bullinger* 193, 201.

51 Vgl zur überkommenen Lehre zB *Hesse* Rn 43 ff, 59 ff; differenzierend *Gounalakis* ZUM 2003, 180, 182; für ein einheitliches Mediengrundrecht plädiert *Hoffmann-Riem* Art 5 Rn 138 ff. Die Differenzierung geschieht dann auf der Ebene der unterschiedlichen Regulierungsnotwendigkeiten auf einfach-gesetzlicher Ebene, nicht auf der Ebene der Abgrenzung von unterschiedlichen Medienfreiheiten aus Art 5 Abs 1 S 2 GG.

52 Selbstverständlich kann aus der Prämisse „Medien werden technisch konvergent" nicht der Schluss gezogen werden, deswegen müsse auch das Recht „konvergieren"; dies wäre, wie *Petersen* (3. Aufl Rn 23) zu Recht anmerkt, ein naturalistischer Fehlschluss von einem Sein auf ein Sollen. Der Schluss wird erst möglich durch die – oft allerdings nur implizit vorhandene – zusätzliche rechtliche (Sollens-)Prämisse, wonach gleiche Sachverhalte nicht ungleich behandelt werden sollten, also der Grundprämisse, der auch die Argumentationsfigur des Wertungswiderspruchs zugrunde liegt.

53 So aber *Petersen* (§ 1 Rn 23), der die Gutachten von *Gounalakis* und *Schoch* zum 64. Deutschen Juristentag mit methodologisch strenger Elle misst.

54 Vgl *Géczy-Sparwasser* passim; *Schoch* JZ 2002, 798, 805; *Holznagel* JZ 2001, 905, 906.

55 Vgl 9. Rundfunkänderungsstaatsvertrag 2007.

Kapitel 3
Europäisches Medienrecht

Literatur

Alich Neuere Entwicklungen auf dem Gebiet der Lizenzierung von Musikrechten durch Verwertungsgesellschaften in Europa GRUR-Int 2008, 996; *Amschewitz* Die Durchsetzungsrichtlinie und ihre Umsetzung im deutschen Recht, Tübingen 2008; *Ann* Die Europäisierung des Markenrechts ZEuP 2002, 5; *Auer* Neues zu Umfang und Grenzen der richtlinienkonformen Auslegung NJW 2007, 1106; *Baetzgen* Internationales Wettbewerbs- und Immaterialgüterrecht im EG-Binnenmarkt, Kollisionsrecht zwischen Marktspaltung (‚Rom II') und Marktintegration (Herkunftslandprinzip), Köln ua 2007; *Badura/Scholz* (Hrsg) Wege und Verfahren des Verfassungslebens, Festschrift für Peter Lerche zum 65. Geburtstag, München 1993 (zit Badura/Scholz/*Bearbeiter* FS Lerche); *Barendt* Freedom of Speech, 2. Aufl Oxford 2005; *Barendt/Hitchens* Media Law: Cases and Materials, Longman Law Series, 1. Aufl London 2000; *Bartosch* Neues Tatbestandsmerkmal der „Belastung des Staatshaushalts" iSd Art 87 Abs 1 EG NVwZ 2001, 643; *Baumann* Die Dienstleistungsfreiheit auf dem Gebiet der audiovisuellen Medien, Berlin 1998; *Beater* Zum Verhältnis von europäischem und nationalem Wettbewerbsrecht GRUR Int 2000, 963; *Becker* (Hrsg) Die Verwertungsgesellschaften im Europäischen Binnenmarkt, Baden Baden 1990; *Becker* Von „Dassonville" über „Cassis" zu „Keck" EuR 1994, 162; *Behrens* Die Konvergenz der wirtschaftlichen Freiheiten im europäischen Gemeinschaftsrecht EuR 1992, 145; *Beiser* Auslandsausschüttungen im Licht der Niederlassungs- und Kapitalverkehrsfreiheit GesRZ 2003, 187; *Berger* Novellierung der Fernsehrichtlinie ohne Novellierung des Fernsehübereinkommens? ZUM 1996, 119; *Berlit* Auswirkungen des Gesetzes zur Verbesserung der Durchsetzung von Rechten des geistigen Eigentums im Patentrecht WRP 2007, 732; *Betz* Kabelbelegung: Diktatur des Marktes? Media Perspektiven 1997, 431; *Bieber/Epiney/Haag* Die europäische Union. Europarecht und Politik, 10. Aufl Baden-Baden 2012; *Bodewig/Wandtke* Die doppelte Lizenzgebühr als Berechnungsmethode im Lichte der Durchsetzungsrichtlinie GRUR 2008, 220; *Bornkamm* E-Commerce Directive vs IP Rights Enforcement GRUR Int 2007, 642; *Broche/Chatterjee/Orssich/Tosics* State Aid for Films – a policy in motion? Competition Policy Newsletter 2007/1, 44; *Brömmelmeyer* Der Binnenmarkt als Leitstern der Richtlinie über unlautere Geschäftspraktiken GRUR 2007, 295; *Buchner/Rehberg* Wann ist der Verbraucher ein „mündiger" Verbraucher? Zur Diskussion um die Nutrition&Health Claims-Verordnung der EU GRUR Int 2007, 394; *Bundschuh* Fernsehen und Jugendschutz in Europa, Baden-Baden 1998/99; *Bülow* Themen Sponsoring im Fernsehen, München 1998; *Calliess/Ruffert* (Hrsg) EUV/AEUV – Das Verfassungsrecht der Europäischen Union mit Europäischer Grundrechtscharta, Kommentar 4. Aufl München 2011 (zit Calliess/Ruffert/*Bearbeiter*); *Castendyk* Die deutsche Filmförderung – Eine Evaluation, Konstanz 2008 (zit *Castendyk* Filmförderung); *ders* Rechtliche Begründungen in der Öffentlichkeit – Ein Beitrag zur Rechtskommunikation über Massenmedien, Wiesbaden 1994 (zit *Castendyk* Rechtliche Begründungen); *ders* Quotas in favour of independent producers: Art 5 „Television without frontiers"-Directive, Communication Law 2006, Vol 11, No. 3 CL, 88; *ders* Marienhof und die Folgen ZUM 2005, 2; *Castendyk/von Albrecht* Der Richtlinienvorschlag der EG-Kommission zum Satellitenfernsehen GRUR Int 1992, 734; *Castendyk/Bark* Unterliegt das Filmförderungsgesetz der Beihilfekontrolle der Art 87 ff. EGV? Ein Beitrag zu den EG-rechtlichen Grenzen der Filmförderung in Deutschland ZUM 2003, 480; *Castendyk/Böttcher* Ein neuer Rundfunkbegriff für Deutschland? Die Richtlinie für audiovisuelle Mediendienste und der deutsche Rundfunkbegriff MMR 2008, 13; *Castendyk/Dommering/Scheuer* European Media Law, Kluwer Law International, Amsterdam 2008 (zit Castendyk/Dommering/Scheuer/*Bearbeiter*); *Castendyk/Keil/Wickleder* Möglichkeiten rechtlicher Regulierung zugunsten der Film- und Fernsehprodzuenten in Nordrhein-Westfalen, Gutachten im Auftrag der Landesanstalt für Medien NRW, Potsdam April 2005, abrufbar unter http://www.lfm-nrw.de/downloads/medienrat2005/medienrat-dok6.pdf; *Classen* Auf dem Weg zu einer einheitlichen Dogmatik der EG-Grundfreiheiten? EWS 1995, 97; *Cordes* Die Grenzbeschlagnahme in Patentsachen GRUR 2007, 483; *Czychowski* Das Gesetz zur Verbesserung der Durchsetzung von Rechten des geistigen Eigentums – Teil II: Urheberrecht GRUR-RR 2008, 265; *Dauses* (Hrsg) Handbuch des EU Wirtschaftsrechts, Loseblattsammlung, 34. Aufl Stand Oktober 2013, München (zit Dauses/*Bearbeiter*); *Degenhart* Wirtschaftliche Betätigung öffentlich-rechtlicher Rundfunkanstalten: Der Medienpark des ZDF ZUM 2001, 357; *Deinert* Das Herkunftslandprinzip und seine Bedeutung für das Internationale Deliktsrecht EWS 2006, 445; *Deutsch* Noch einmal: Das Verbraucherleitbild des EuGH und das „Nissan-Urteil" GRUR 1997, 44; *Dietz* Die Schutzdauerrichtlinie der EU, GRUR Int 1995, 670; *Dörr* Öffentlich-rechtlicher Rundfunk und die Vorgaben des Europarechts Media Perspektiven 2005, 333; *ders* Die Maastricht Entscheidung des Bundesverfassungsgerichts und ihre Auswirkungen auf die Medienpolitik ZUM 1995, 14; *Dörr/Charisse* Die Rangfolge im Kabel und die Dienstleistungsfreiheit AfP 1999, 18; *Dörre/Maaßen* Teil III: Änderung im Grenzbeschlagnahmeverfahren und im Recht der geografischen

Herkunftsangaben GRUR-RR 2008, 269; *Dreier* Die Umsetzung der Richtlinie zum Satellitenrundfunk und zur Kabelweiterleitung ZUM 1995, 458; *Drexl* Auf dem Weg zu einer neuen europäischen Marktordnung der kollektiven Wahrnehmung von Online-Rechten der Musik? – Kritische Würdigung der Kommissionsempfehlung vom 18.10.2005, in Riesenhuber (Hrsg) Wahrnehmungsrecht in Polen, Deutschland und Europa, 2006, 193; *Ehlers* (Hrsg) Europäische Grundrechte und Grundfreiheiten, 3. Aufl Berlin 2009 (zit Ehlers/*Bearbeiter*); *van Eijk* Universal service: a new look at an old concept: Broadband access as a universal service in Europe, abrufbar unter http://www.ivir.nl/publicaties/vaneijk/ITS-paperNicovanEijk.pdf; *von Einem* Grenzüberschreitende Lizenzierung von Musikwerken in Europa – Auswirkungen der Empfehlung der EU-Kommission zur Rechtewahrnehmung auf das System der Gegenseitigkeitsverträge MMR 2006, 647; *Eisenführ/Schennen* Gemeinschaftsmarkenverordnung, 4. Aufl Köln 2014; *Eisenkolb* Die Enforcement – Richtlinie und ihre Wirkung – Ist die Enforcement-Richtlinie mit Ablauf der Umsetzungsfrist unmittelbar wirksam? GRUR 2007, 387; *Engel* Europäische Konvention über grenzüberschreitendes Fernsehen. Ein Schritt in die falsche Richtung ZRP 1988, 240; *Enzinger* Der europäische Rechtsrahmen für kollektive Rechtewahrnehmung GRUR Int 2006, 985; *Fezer* UWG Kommentar, 2. Aufl München 2010 (zit Fezer/*Bearbeiter*); *ders* Das Informationsgebot der Lauterkeitsrichtlinie als subjektives Verbraucherrecht WRP 2007, 1021; *Frese* Die Rechtmäßigkeit europäischer Fernsehquoten aus kompetenzieller, grundrechtlicher und welthandelsrechtlicher Sicht, Frankfurt, Berlin, Bern, New York, Paris, Wien 1998; *Frey/Rudolph* EU Richtlinie zur Durchsetzung der Rechte des geistigen Eigentums, Anmerkungen zur Harmonisierung des immaterialgüterrechtlichen Sanktionsrechts aus urheberrechtlicher Perspektive ZUM 2004, 522; *Gamerith* Der Richtlinienvorschlag über unlautere Geschäftspraktiken – Möglichkeiten einer harmonischen Umsetzung WRP 2005, 391; *Gangloff* Ich sehe was, was Du nicht siehst. Medien in Europa: Perspektiven des Jugendschutzes, Berlin 2001; *Gaster* Die Erschöpfungsproblematik aus Sicht des Gemeinschaftsrechts GRUR Int 2000, 571; Geiger/Khan/Kotzur EUV/AEUV Vertrag über die Europäische Union und Vertrag über die Arbeitsweise der Europäischen Union 5. neubearbeitete und erweiterte Auflage 2010; *Geiss/Gerstenmaier/Winkler* Festschrift für Karl-Peter Mailänder zum 70. Geburtstag, Berlin 2006 (zit Geiss/*Bearbeiter* FS Mailänder); *Gerhardt* Verwertungsgesellschaften im Europäischen Binnenmarkt – Diskussionsbericht ZUM 2003, 38; *Gersdorf* Der Runfunkbegriff. Vom technologieorientierten zum technologieneutralen Begriffsverständnis, München 2007; *ders* Caroline-Urteil des EGMR: Bedrohung der nationalen Medienordnung AfP 2005, 220; *Gibbons* Jurisdiction over (Television) Broadcasters: Criteria for Defining 'Broadcaster' and 'Content Service Provider' in Die Zukunft der Fernsehrichtlinie – The Future of the Television without Frontiers Directive, EMR-Schriftenreihe, Baden-Baden 2005, 53; *Glöckner* Europäisches Lauterkeitsrecht, 1. Aufl München 2006; *ders* Ist die Union reif für die Kontrolle an der Quelle? WRP 2005, 795; *ders* Richtlinienvorschlag über unlautere Geschäftspraktiken, deutsches UWG oder die schwierige Umsetzung von europäischen Generalklauseln WRP 2004, 936; *Glöckner/Henning-Bodewig* Die EG-Richtlinie über unlautere Geschäftspraktiken WRP 2005, 1311; *Gornig* Äußerungsfreiheit und Informationsfreiheit als Menschenrechte, Berlin 1988; *Gounalakis* Funktionsauftrag und wirtschaftliche Betätigung des Zweiten Deutschen Fernsehens. Am Beispiel des ZDF-Medienparks. ZDF-Schriftenreihe, Band 59 Mainz 2000; *Grabitz/Hilf/Nettesheim* (Hrsg) Das Recht der Europäischen Union, Stand 51. Ergänzungslieferung, München 2013 (zit Grabitz/Hilf/Nettesheim/*Bearbeiter*); *Greissinger* Vorgaben des EG-Vertrages für nationales Rundfunk- und Multimediarecht, Baden-Baden 2001; *Groebel* The UNESCO Global Study on Media Violence, Paris UNESCO 1998; *Dörr/Grote/Marauhn* (Hrsg) EMRK/GG – Konkordanzkommentar zum europäischen und deutschen Grundrechtsschutz, 2. Aufl Tübingen 2013 (zit Grote/Marauhn/*Bearbeiter*); *Gundel* Die Europäische Gemeinschaft im Geflecht des internationalen Systems zum Schutz des geistigen Eigentums ZUM 2007, 603; *Gyertyánfy* Collective Management of Music Rights in Europe After the CISAC Decision IIC 2010, 59; *Haedicke* Informationsbefugnisse des Schutzrechtsinhabers im Spiegel der EU-Richtlinie zur Durchsetzung der Rechte des geistigen Eigentums, in Festschrift für Gerhard Schricker 2005, 19 (zit *Bearbeiter* FS Schricker); *Hahn/Vesting* (Hrsg) Beck'scher Kommentar zum Rundfunkrecht, 3. Aufl München 2012 (zit Hahn/Vesting/*Bearbeiter*); *Halfmeier* Vom Cassislikör zur E-Commerce Richtlinie: Auf dem Weg zu einem europäischen Mediendeliktsrecht ZEuP 2001, 837; *Handig* Urheberrechtliche Aspekte bei der Lizenzierung von Radioprogrammen im Internet GRUR Int 2007, 210; *ders* Neuer Wein in den alten Schläuchen des Folgerechts – Die geplante Anpassung aufgrund der europäischen Folgerechts-Richtlinie ZUM 2006, 546; *Hansen/Schmidt-Bischoffshausen* Ökonomische Funktion von Verwertungsgesellschaften – Kollektive Wahrnehmung im Lichte von Transaktionskosten- und Informationsökonomik GRUR Int 1997, 461; *Hartstein/Ring/Kreile/Dörr/Stettner/Cole* Rundfunkstaatsvertrag, 55. Aktualisierung Heidelberg 2013; *Hecker* Die Richtlinie über unlautere Geschäftspraktiken – Einige Gedanken zu den „aggressiven Geschäftspraktiken" – Umsetzung ins deutsche Recht WRP 2006, 640; *Heide* Schutz von Forschungsergebnissen im Lebensmittelbereich in Zeiten der Health Claims Verordnung GRUR Int 2010, 296; *Heine* Die Wahrnehmung von Online-Musikrechten durch Verwertungsgesellschaften im Binnenmarkt, Berlin 2008; *Heine/Eisenberg* Verwertungsgesellschaften im Binnenmarkt – die kollektive Wahrnehmung von Urheberrechten nach der Dienstleistungsrichtlinie? GRUR-Int 2009, 227; *Heinze/Roffael* Internationale Zuständigkeit für

Entscheidungen über die Gültigkeit ausländischer Immaterialgüterrechte GRUR Int 2006, 787; *Heinze/Heinze* Transit als Markenverletzung – Schlusswort des EuGH in der Entscheidung „Montex/Diesel“ GRUR 2007, 740; *Helm* Der Abschied vom verständigen Verbraucher WRP 2005, 931; *Henning-Bodewig* EU-Richtlinie über unlautere Geschäftspraktiken GRUR Int 2005, 629; *dies* Herkunftslandprinzip im Wettbewerbsrecht – Anmerkungen zu OLG Hamburg – Active Two GRUR 2004, 822; *dies* Nationale Eigenständigkeit und europäische Vorgaben im Lauterkeitsrecht GRUR Int 2010, 549; *Hentschel* Die Vereinbarkeit der deutschen Kulturförderung mit dem Beihilfenrecht der Europäischen Gemeinschaft, Frankfurt 2006; *Herdegen* Europarecht, 13. Aufl München 2011; *Hermsen* Das neue europäische Grenzbeschlagnahmeverfahren, Mitteilungen der deutschen Patentanwälte (Mitt) 2006, 261; *Herrmann/Lausen* Rundfunkrecht, 2. Aufl München 2004; *Hess* Die EG-Rundfunkrichtlinie vor dem Bundesverfassungsgericht AfP 1990, 95; *Hoeren* Entwurf einer EU-Richtlinie zum Urheberrecht in der Informationsgesellschaft MMR 2000, 515; *Hoeren/Sieber/Holznagel* Handbuch Multimedia-Recht 36. Aufl 2013 (zit Hoeren/Sieber/*Bearbeiter*); *Hoffmann* Das Auskunftsverfahren nach § 101 Abs 9 UrhG nF MMR 2009, 655; *Holoubeck* Medienfreiheit in der Europäischen Menschrechtskonvention AfP 2003, 193; *Hönge* Der Medienmarkt in Europa – Aspekte zum Jugendmedienschutz, 2001, abrufbar unter http://www.kjr-muenchen-stadt.de/publikationen/k3_2001/k3_09_2001.php4; *Jacobs/Papier/Schuster* (Hrsg) Festschrift für Peter Raue zum 65. Geburtstag, Köln 2006, 529 (zit Jacobs/*Bearbeiter* FS Raue); *Jarass* Elemente einer Dogmatik der Grundfreiheiten II EuR 2000, 705; *ders* Elemente einer Dogmatik der Grundfreiheiten EuR 1995, 202; *ders* Voraussetzung der innerstaatlichen Wirkung des EG-Rechts NJW 1990, 2420; *Jung* Die Health Claims Verordnung – Neue Grenzen gesundheitsbezogener Werbung für Lebensmittel WRP 2007, 389; *Jury* Die Maßgeblichkeit von Art 49 EG für nationale rundfunkpolitische Ordnungsentscheidungen unter besonderer Berücksichtigung von Art 151 EG, 1. Aufl Frankfurt 2005; *Kadelbach/Petersen* Europäische Grundrechte als Schranken der Grundfreiheiten. Anmerkung zum EuGH-Urteil in der Rs Schmidberger (Brennerblockade) EuGRZ 2003, 492; *Kampf* Produktpiraterieverordnung 2003 – Schwerpunkte der Neufassung ZfZ 2004, 110; *Kanitz/Steinberg* Grenzenloses Gemeinschaftsrecht? – Die Rechtsprechung des EuGH zu Grundfreiheiten, Unionsbürgerschaft und Grundrechte als Kompetenzproblem EuR 2003, 1013; *Kingreen* Theorie und Dogmatik der Grundrechte im europäischen Verfassungsrecht EuGRZ 2004, 570; *Kingreen/Störmer* Die subjektiv-öffentlichen Rechte des primären Gemeinschaftsrechts EuR 1998, 263; *Klass* Zu den Grenzen der Berichterstattung über Personen des öffentlichen Lebens AfP 2007, 517; *Kleist/Scheuer* Neue Regelungen für audiovisuelle Mediendienste – Vorschriften zu Werbung und Jugendschutz und ihre Anwendung in den Mitgliedstaaten MMR 2006, 206; *dies* Audiovisuelle Mediendienste ohne Grenzen MMR 2006; 127; *dies* Klärung von Grundsatzfragen – Die EU überprüft die Finanzierung des öffentlich-rechtlichen Rundfunks, Funkkorrespondenz vom (10.) 11.3.2005, 3; *Knaak* Die Kennzeichnungskraft im Gemeinschaftsrecht GRUR Int 2007, 801; *ders* Internationale Zuständigkeiten und Möglichkeiten des forum shopping in Gemeinschaftsmarkensachen – Auswirkungen der EuGH-Urteile Roche Niederlande und GAT/LUK auf das Gemeinschaftsmarkenrecht GRUR Int 2007, 386; *ders* Die Richtlinie zur Umsetzung der Rechte des geistigen Eigentums und ihr Umsetzungsbedarf in Deutschland GRUR Int 2004, 745; *Koenig/Füg* How to put the EC State Aid Action Plan into Action – Rendering the Market Failure Test Operational EStAL 2005, 591; *Koenig/Haratsch* The Licence-Fee-Based Financing of Public Service Broadcasting in Germany after the Altmark Trans Judgement EStAL, 2003, 569; *dies* Die Wiedergeburt von Art 86 Abs 2 EG in der RAI – Entscheidung der Europäischen Kommission ZUM 2004, 122; *Koenig/Husi* Public Funding of Digital Broadcasting under EC State Aid Law EStAL 2004, 605; *Koenig/Kühling* How to cut a long story short: Das Preussen Elektra-Urteil des EuGH und die EG-Beihilfenkontrolle über das deutsche Rundfunkgebührensystem ZUM 2001, 537; *Köhler* Zur Umsetzung der Richtlinie über unlautere Geschäftspraktiken GRUR 2005, 793; *ders* Irreführungsrichtlinie und deutsches Wettbewerbsrecht GRUR Int 1994, 396; *Kraft/Bron* Grundfreiheiten und grenzüberschreitende Verschmelzung im Lichte aktueller EuGH-Rechtsprechung (Sevic) IStR 2006, 26; *Krebber* Europeanisation of Regulatory Television Policy – The Decision Making Process of the Television without Frontiers Directives from 1989 and 1997, Baden-Baden 2002; *Kreile/Becker* Neuordnung des Urheberrechts der Europäischen Union GRUR Int 1994, 901; *Kühling* Die Kommunikationsfreiheit als europäisches Gemeinschaftsgrundrecht, Berlin 1999; *Kutt* Grenzüberschreitende Kapitalgesellschaften und ihre Besteuerung im deutschen Körperschaftssteuerrecht – insbesondere im Lichte der Niederlassungsfreiheit des EG-Vertrages, des Doppelbesteuerungsabkommen und des Steuerwettbewerbs, Regensburg 2001; *Ladeur* Die Globalisierung der Telekommunikation und die kooperative Herausbildung einer neuen transnationalen Rechtsordnung – das Beispiel der mobilen Satellitenkommunikation ArchPT 1998, 243; *Leitgeb* Die Revision der Fernsehrichtlinie – Überblick über die wesentlichen geplanten Änderungen unter besonderer Berücksichtigung der Liberalisierung des Verbotes von Produktplatzierungen ZUM 2006, 837; *Leitzen* Innergemeinschaftlicher Transit, Markenverletzung und Produktpiraterie – zugleich Anmerkung zu BGH „Diesel“ und EuGH „Class International/Colgate Palmolive“ GRUR 2006, 89; *Lenz* Ein Grundrechtskatalog für die Europäische Gemeinschaft? NJW 1997, 3289; *Lerche* Konsequenzen aus der Entscheidung des Bundesverfassungsgerichts zur EG-Fernsehrichtlinie AfP 1995, 632; *Loewenheim* Harmonisierung des Urheberrechts in Europa

GRUR Int 1997, 285; *Loschelder* Die Enforcement-Richtlinie und das Urheberrecht, in Jacobs/Papier/Schuster (Hrsg) Festschrift für Peter Raue, München 2006, 529; *Lüder* First Experience With EU-wide Online Music Licensing GRUR Int 2007, 649; *ders* The Next Ten Years in EU Copyright: Making Markets Work, Fordham Intellectual Property Media & Entertainment Law Journal 2007, Vol 18, 1; *Luginbühl* Die neuen Wege zur einheitlichen Auslegung des Europäischen Patentrechts GRUR 2010, 97; *Mankowski* Internet und Internationales Wettbewerbsrecht GRUR Int 1999, 909; *Marauhn* Zum Verhältnismäßigkeitsgrundsatz in Großbritannien VerwArch 85 (1994), 52; *Martin-Pérez de Nanclares* Die EG-Fernsehrichtlinie, Frankfurt ua 1995; *Meisterernst/Haber* Die VO (EG) 1924/2006 über nährwert- und gesundheitsbezogene Angaben WRP 2007, 363; *Merkel* Das Übereinkommen mit Leben füllen – Was ist erreicht, was ist zu tun? UNESCO heute, Ausgabe 5/6, Mai/Juni 2006, abzurufen unter http://deposit.ddb.de/ep/netpub/28/34/66/972663428/_data_dync/_stand_Dezember_2006/0506/kkv.htm; *Metzger* Licensing and collecting in the 21st century: whats's in sight and who's ahead GRUR Int 2010, 687; *Michel* Konvergenz der Medien – Auswirkungen auf das Amsterdamer Protokoll und das Europäische Beihilfenrecht MMR 2005, 284; *Moser/Scheuermann* Handbuch der Musikwirtschaft, 6. Aufl München 2003 (zit Moser/Scheuermann/*Bearbeiter*); *Mühl* Diskriminierung und Beschränkung, Berlin 2004; *Müller* Rechtewahrnehmung durch Verwertungsgesellschaften bei der Nutzung von Musikwerken im Internet ZUM 2009, 121; *Musiol* Erste Erfahrungen mit der Anwendung des § 101 Abs 9 UrhG – wann erreicht die Verletzung ein gewerbliches Ausmaß? GRUR-RR 2009, 1; *Oeter* Rundfunk als Wirtschaftsgut? Die audiovisuelle Industrie im Visier des Welthandelsrechts AfP 2005, 6; *Ohly* Bausteine eines europäischen Lauterkeitsrechts WRP 2008, 182; *ders* Das Herkunftslandprinzip im Bereich vollständig angeglichenen Lauterkeitsrechts WRP 2006, 1401; *ders* Herkunftslandprinzip und Kollisionsrecht GRUR Int 2001, 898; *Ohly/Bodewig/Dreier/Götting/Haedicke/Lehmann* (Hrsg) Perspektiven des Geistigen Eigentums und Wettbewerbsrechts, Festschrift für Gerhard Schricker zum 70. Geburtstag, München 2005 (zit *Bearbeiter* FS Schricker 2005); *Ohly/Spence* Vergleichende Werbung: Die Auslegung der Richtlinie 97/55/EG in Deutschland und Großbritannien GRUR Int 1999, 681; *Oldekop* Das nicht eingetragene Gemeinschaftsgeschmacksmuster – Eine Chance für Designer? WRP 2006, 801; *Oppermann/Classen/Nettesheim et.al.* Europarecht, 5. Aufl München 2011; *Pagenberg* neue Überlegungen zur europäischen Patentgerichtsbarkeit. Ist Deutschland noch zu retten? GRUR Int 2010, 195; *Pakuscher* Der Richtlinienvorschlag der EU-Kommission zur Schutzfristenverlängerung für ausübende Künstler und Tonträgerhersteller ZUM 2009, 89; *Peters* Einführung in die Europäische Menschenrechtskonvention, München 2003; *Peukert/Kur* Stellungnahme des Max-Planck Instituts für geistiges Eigentum, Wettbewerbs- und Steuerrecht zur Umsetzung der Richtlinie 2004/48/EG GRUR Int 2006, 292; *Pfeifer* A legal view of selected aspects and the development of Digital Europe GRUR Int 2010, 671; *Pleitgen* Von Uruguay über Paris nach Hongkong? – Die audiovisuelle Industrie im Spannungsfeld zwischen Welthandel und kultureller Vielfalt AfP 2005, 1; *Reinbothe* Der acquis communautaire des Europäischen Urheberrechts: Stand und Entwicklung der Rechtsangleichung und Harmonisierungskonzept EWS 2007, 193; *ders* Die EG-Richtlinie zum Urheberrecht in der Informationsgesellschaft GRUR Int 2001, 733; *Reinbothe/von Lewinski* The WIPO Treaties 1996, London 2002 (zit *Reinbothe/von Lewinski* WIPO Treaties); *dies* The EC Directive on Rental and Lending Rights and on Piracy, London 1993 (zit *Reinbothe/von Lewinski* EC Directive; *Riesenhuber* (Hrsg) Systembildung im Europäischen Urheberrecht, Berlin 2007 (zit Riesenhuber/*Bearbeiter*); *Ritz* Inhalteverantwortlichkeit von Online-Diensten: Strafbarkeit von Online-Diensten in ihrer Funktion als Inhalteanbieter, Online-Service-Provider und Internet-Access-Provider für die Verbreitung von Pornographie im elektronischen Datennetz, Frankfurt aM 1998; *Rosenkranz* Die völkerrechtskonforme Auslegung des EG-Sekundärrechts dargestellt am Beispiel des Urheberrechts EuZW 2007, 238; *Roßnagel* (Schriftleitung) Der Rechtsrahmen für die neue Medienlandschaft – Eine Richtlinie über audiovisuelle Mediendienste EMR Schriftenreihe Band 36, Baden-Baden 2008, abrufbar unter http://www.emr-sb.de/home/EMR_Band_36.pdf (zit Roßnagel/*Bearbeiter*); *Roßnagel/Scheuer* Das europäische Medienrecht MMR 2005, 271; *Sack* Herkunftslandprinzip und internationale elektronische Werbung nach der Novellierung des TDG WRP 2002, 271; *Schmitt-Vockenhausen* Revision der EG-Fernsehrichtlinie ZUM 1998, 377; *Schmittmann* Das Urteil des LG Stuttgart zum Brutto/Nettoprinzip bei Fernsehwerbeunterbrechungen – Landesmedienrecht im Konflikt zum primären und sekundären Gemeinschaftsrecht AfP 1997, 515; *Schneider/Hommelhoff/Schmidt/Timm/Grunewald/Drygala* Festschrift für Marcus Lutter: Deutsches und europäisches Gesellschafts-, Konzern- und Kapitalmarktrecht, Köln 2000 (zit *Bearbeiter* FS Lutter); *Schricker* Die Bekämpfung der irreführenden Werbung in den Mitgliedstaaten der EG GRUR Int 1990, 112; *Schricker/Bastian/Knaak* (Hrsg) Gemeinschaftsmarke und Recht der Mitgliedstaaten, München 2006 (zit Schricker/Bastian/Knaak/*Bearbeiter*); *Schricker/Henning-Bodewig* (Hrsg) Neuordnung des Wettbewerbsrechts, Baden-Baden 1999 (zit Schricker/Henning-Bodewig/*Bearbeiter*); *Schultz* Das Verhältnis von Gemeinschaftsgrundrechten und Grundfreiheiten des EGV AöR 2007, 316; *Schulz* Der Bedeutungswandel des Urheberrechts durch Digital Rights Management GRUR 2006, 470; *ders* Medienkonvergenz light – Zur neuen Europäischen Richtlinie über audiovisuelle Mediendienste EuZW 2008, 107; *Schwartmann* (Hrsg) Praxishandbuch Medien-, IT- und Urheberrecht, 2. Aufl Heidelberg 2011; *Schwartz* Fernsehen ohne Grenzen: Zur Effektivität und zum Verhältnis von EG-Richtlinie und

Europarats-Konvention EuR 24 (1989), 1; *Schwarze* (Hrsg) Rundfunk und Fernsehen im Lichte der Entwicklung des nationalen und internationalen Rechts, Baden-Baden 1986; *Seichter* Die Umsetzung der Richtlinie zur Durchsetzung des geistigen Eigentums WRP 2006, 391; *ders* Der Umsetzungsbedarf der Richtlinie über unlautere Geschäftspraktiken WRP 2005, 1087; *Seidel* (Hrsg) Hörfunk und Fernsehen im Gemeinsamen Markt, Baden-Baden 1983; *Selmayr/Kamann* Public Broadcasting and EC State Aid Law: No „Carte Blanche" after Altmark Trans (Rs C-280/00) K&R 2004, 49; *Söhring/Seelmann-Eggebert* Die Entwicklung des Presse- und Äußerungsrechts in den Jahren 2000 bis 2004 NJW 2005, 571; *Spindler* Europäisches Urheberrecht in der Informationsgesellschaft GRUR 2002, 105; *Spindler/Dorschel* Vereinbarkeit der geplanten Auskunftsansprüche gegen Internet-Provider mit EU-Recht CR 2006, 341; *Spindler/Weber* Die Umsetzung der Enforcement-Richtlinie nach dem Regierungsentwurf für ein Gesetz zur Verbesserung der Durchsetzung von Rechten des geistigen Eigentums ZUM 2007, 257; *Stein* Bananen-Split? Entzweien sich BVerfG und EuGH über den Bananenstreit? EuZW 1998, 261; *Steinbeck* Richtlinie über unlautere Geschäftspraktiken: Irreführende Geschäftspraktiken – Umsetzung in das deutsche Recht WRP 2006, 632; *Stender-Vorwachs/Theißen* Die Richtlinie für audiovisuelle Mediendienste – Fernsehrichtlinie reloaded? ZUM 2007, 613; *dies* Die Revision der Fernsehrichtlinie ZUM 2006, 362; *Stock* Europäisches Medienrecht im Werden RuF 1989, 180; *Stotz* Vorrang des Gemeinschaftsrechts – Anmerkungen zum Boisdet-Urteil des Conseil d'Etats EuZW 1991, 118; *Streinz* (Hrsg) EUV/AEUV, Kommentar, 2. Aufl München 2012 (zit Streinz/*Bearbeiter*); *Streinz/Ohler/Herrmann* Der Vertrag von Lissabon zur Reform der EU, 3. Aufl München 2010; *Stürner* Caroline-Urteil des EGMR – Rückkehr zum richtigen Maß AfP 2005, 213; *Sumrada/Nohlen* Control of State Aid for Public Service Broadcasting: Analysis of the European Commission's Recent Policy EStAL 2005, 609; *Tigchelaar* State Aid to Public Broadcasting – Revisted EStAL 2003, 169; *Tilmann* Neue Überlegungen zum Patentrecht GRUR 2006, 824; *Trenkelbach* Internetfreiheit. Die europäische Menschenrechtskonvention als „Living Instrument" vor neuen Herausforderungen? Berlin 2005; *Uerpmann-Wittzack/Jankowska-Gilberg* Die Europäische Menschenrechtskonvention als Ordnungsrahmen für das Internet MMR 2008, 83; *Ulich* Der Pornographiebegriff und die EG-Fernsehrichtlinie, Baden-Baden 2000; *Ullmann* Das Europäische Urheberrecht in der deutschen Rechtsprechung, in Riesenhuber (Hrsg) Systembildung im Europäischen Urheberrecht, Berlin 2007, 301; *Uwemedimo* Licensing and collecting in the 21st century: whats's in sight and who's ahead GRUR Int 2010, 685; *Vázquez-Lopez* Collective and individual exercise of copyright in the digital environment: An international perspective focused on developement GRUR Int 2010, 689; *Wandtke/Ohst* Zur Reform des deutschen Geschmacksmustergesetzes GRUR Int 2005, 91; *Wank* Die Niederlassungsfreiheit in der EU: die Rechtslage in Deutschland NZA 2005 (Beilage 2 zu Heft 21), 88; *Walter* (Hrsg) Europäisches Urheberrecht, Kommentar, 1. Aufl Wien 2000 (zit Walter/*Bearbeiter*); *Walter/von Lewinski* (Hrsg) European Copyright Law, Commentary, 1. Aufl New York 2010 (zit Walter/von Lewinski/*Bearbeiter*); *Weiden* Aktuelle Berichte – Juni 2007 GRUR 2007, 491; *Weitbrecht/Mühle* Europäisches Kartellrecht 2009 EuZW 2010, 327; *von Ungern-Sternberg* Einwirkung der Durchsetzungsrichtlinie auf das deutsche Schadensersatzrecht GRUR 2009, 460; *Weigend* Strafrechtliche Pornographieverbote in Europa ZUM 1994, 133; *von Welser* Die neue europäische Produktpiraterieverordnung EWS 2005, 202; *Wiedemann* Ein Kyoto-Protokoll für die Kultur, ARD-Jahrbuch 2007, 23, abrufbar unter http://www. ard.de/intern/publikationen//id= 686346/property=download/nid=8080/1lyv3cz/artikel. pdf; *Würfel* Europarechtliche Möglichkeiten einer Gesamtharmonisierung des Urheberrechts, Karlsruhe 2005.

Übersicht

§ 1
Einleitung

I. Zur Bedeutung des europäischen Medienrechts für das nationale Recht

1 Das europäische Medienrecht hat in den letzten 20 Jahren erheblich an praktischer Bedeutung gewonnen. Dafür gibt es viele Gründe.

2 Zunächst ist das europäische Medienrecht wichtig für das Verständnis des nationalen Medienrechts. Viele deutsche rundfunkrechtliche Normen beruhen auf europäischen Harmonisierungsvorgaben, so im öffentlichen Medienrecht zB die Werberegulierung und die Quotenvorgaben im Rundfunkstaatsvertrag; im privaten Medienrecht gehen die letzten fünf Novellierungen des Urheberrechtsgesetzes auf Vorgaben aus Brüssel zurück.[1]

3 Diese nationalen Normen müssen richtlinienkonform ausgelegt werden. Das folgt bereits aus der Verpflichtung der Mitgliedstaaten, Richtlinien in nationales Recht umzusetzen (Art 288 Abs 3 AEUV). Dies gilt selbst dann, wenn die Umsetzungsfrist noch nicht abgelaufen ist.[2] Prozessual eröffnet dieser Umstand grds eine zusätzliche Instanz. Das Gericht des Mitgliedstaats kann eine das Gemeinschaftsrecht betreffende Rechtsfrage dem EuGH zur Vorabentscheidung vorlegen, wenn es die Rechtsfrage für entscheidungserheblich hält und begründete Zweifel an der Auslegung des Gemeinschaftsrechts hat. Die praktische Folge ist, dass das Gerichtsverfahren Jahre länger dauern kann.[3]

4 Die sog Grundfreiheiten, insb die Dienstleistungsfreiheit, bilden einen Maßstab, an dem sich nationales Medienrecht messen lassen muss, soweit es um grenzüberschreitende Sachverhalte geht. Dabei fungieren die Grundfreiheiten gegenüber dem nationalen Recht ähnlich wie Grundrechte im nationalen Verfassungsrecht. Eingriffe in die Grundfreiheiten müssen geeignet, erforderlich und verhältnismäßig sein.

„[...] Aus der Rechtsprechung des Gerichtshofs ergibt sich ..., dass nationale Maßnahmen, die die Ausübung der durch den Vertrag garantierten grundlegenden Freiheiten behindern oder weniger attraktiv machen können, vier Voraussetzungen erfüllen müssen: Sie müssen in nichtdiskriminierender Weise angewandt werden, sie müssen aus zwingenden Gründen des Allgemeininteresses gerechtfertigt sein, sie müssen geeignet sein, die Verwirklichung des mit ihnen verfolgten Zieles zu gewährleisten, und sie dürfen nicht über das hinausgehen, was zur Erreichung dieses Zieles erforderlich ist. [...]“[4]

5 Der aus dem deutschen Recht stammende europäische Verhältnismäßigkeitsgrundsatz ist allerdings nicht völlig identisch mit dem deutschen Original.[5] So fällt auf, dass die jün-

---

1 RL 93/83/EWG des Rates zur Koordinierung bestimmter urheber- und leistungsschutzrechtlicher Vorschriften betreffend Satellitenrundfunk und Kabelweiterverbreitung v 27.9.1993, umgesetzt ua in den §§ 20a und 20b, 87 Abs 4 UrhG, die RL 93/98/EWG des Rates zur Harmonisierung der Schutzdauer des Urheberrechts und bestimmter verwandter Schutzrechte v 29.10.1993, umgesetzt ua in §§ 66, 67, 71, 72 Abs 3 UrhG, die RL 96/9/EG des Europäischen Parlaments und des Rates über den rechtlichen Schutz von Datenbanken v 11.3.1996, umgesetzt ua in §§ 87a–87e, 127a UrhG, sowie die RL 2001/29/EG des Europäischen Parlaments und des Rates zur Harmonisierung bestimmter Aspekte des Urheberrechts und der verwandten Schutzrechte in der Informationsgesellschaft v 22.5.2001, umgesetzt ua in §§ 16 Abs 1, 19a, 44a, 52a UrhG.

2 BGHZ 138, 55 ff; grundlegend zur sog „Vorwirkung“ bzw „stand still“-Prinzip EuGH, Slg 1997, I-7411 ff, (Inter-Environnement Wallonie).

3 So war es zB im Rechtstreit über die Auslegung der Fernseh-RL hinsichtlich des Brutto-Netto-Prinzips, vgl LG Stuttgart ZUM 1997, 62; OLG Stuttgart MMR 2001, 48; EuGH ZUM 2000, 58.

4 EuGH Rs C-55/94 – Gebhard, Slg 1995 I-04165 Rn 37.

5 *Grabitz/Hilf/Nettesheim* Das Recht der Europäischen Union, Grundrechtsschutz und rechtsstaatliche Grundsätze, 51. Ergänzungslieferung 2013, Rn 403 ff; *Badura/Scholz/Ossenbühl* FS Lerche, 151 ff; *Marauhn* VerwArch 85 (1994) 52 ff; EuGH C-380/03 EuZW 2007, 46, Rn 144 mwN.

gere Rechtsprechung des EuGH in Abkehr von der klassischen Verhältnismäßigkeitsformel die Angemessenheitsprüfung nicht mehr ausdrücklich als eigenständige Prüfungsstufe bezeichnet.[6]

Die Dienstleistungsfreiheit und Art 10 EMRK hatten drastische Auswirkungen auf die nationalen Rundfunkmonopole, die ohne sie möglicherweise noch heute existierten.[7] Unter Rückgriff auf diese Freiheitsrechte wurde die Monopolstellung vieler öffentlichrechtlicher Rundfunkanstalten gebrochen, ua in Italien, den Niederlanden, Belgien, Österreich, Portugal und Griechenland. Auch in Deutschland war die Tatsache, dass eine Einstrahlung und Weiterverbreitung ausländischer Programme, wie zB des seit 1984 zunächst von Luxemburg ausstrahlenden TV-Senders RTL Television, aus europarechtlichen Gründen nicht zu verhindern sein würde, einer der Gründe für die Zulassung privaten Rundfunks. 6

Ebenfalls von erheblicher Relevanz ist das EU-Kartellrecht. Rechtsgrundlage ist die VO 139/2004 über die Kontrolle von Unternehmenszusammenschlüssen (FusionskontrollVO).[8] Die Verordnung findet auf Zusammenschlüsse von gemeinschaftsweiter Bedeutung Anwendung. Wichtige Fusionsverfahren in Deutschland sind am Widerstand der Kommission gescheitert. So sähe zB der Pay-TV-Markt in Deutschland heute anders aus, wenn 1994 der Zusammenschluss des 1990 gegründeten Gemeinschaftsunternehmen „Premiere" von der Kirch-Gruppe, Bertelsmann und Telekom oder später in abgeschwächter Form 1999 von der Kommission genehmigt worden wäre.[9] 7

Schließlich hat das Verbot wettbewerbsverfälschender Beihilfen (Art 107 Abs 1 AEUV) Auswirkungen auf die deutsche Medienordnung.[10] Zum einen begrenzt es die Handlungs- und Wachstumsmöglichkeiten der öffentlich-rechtlichen Rundfunkanstalten,[11] zum anderen bietet es den Rahmen, den die deutsche Filmförderung auf Bundes und Landesebene nicht überschreiten darf.[12] 8

II. Rechtsquellen, Normenhierarchie und Wirkung europäischer Normen

Im Gemeinschaftsrecht existiert eine ähnliche Normenhierarchie wie im innerstaatlichen Recht. An ihrer Spitze steht das primäre Gemeinschaftsrecht, das die Gründungsverträge, die Protokolle zu den Verträgen und die allgemeinen Rechtsgrundsätze umfasst. Mit dem Vertrag von Lissabon werden die bisherigen Verträge über Europäische Union und Europäische Gemeinschaft ersetzt durch den Vertrag über die Europäische Union (EU) und den über die Arbeitsweise der Europäischen Union (AEUV). Die Verträge bilden gleichzeitig die Grundlage des von den Gemeinschaftsorganen erlassenen sekundären Gemeinschaftsrechts. Dazu gehören Verordnungen, Richtlinien und Entscheidungen. Auch Empfehlungen und Stellungnahmen kön- 9

6 EuGH Rs C-36/97 und C-37/97 – Kellinghusen, Slg 1998 I-06337 Rn 33; Rs C-233/94 – Einlagensicherung, Slg 1997 I-2405 Rn 54; Rs C-280/93 – Bananenmarktordnung, Slg 1994 I-04973. Unterschiede bestehen auch im Ausmaß der gerichtlichen Kontrolle gegenüber dem Gemeinschaftsgesetzgeber, vgl auch *Stein* EuZW 1998, 261, 262 ff; *Lenz* NJW 1997, 3289 ff.

7 EuGH Rs C-155/73 – Sacchi, Slg 1974, 409; Rs C-352/84 – Bond van Adverteeders, Slg 1988, 2085; Rs C-260/89 – ERT, Slg 1991 I-2925; Rs C-288/89 – Gouda, Slg 1991 I-4007; EGMR NJW 1991, 620 – Autronic; EGMR AfP 1994, 281 – Lentia; vgl auch *Barendt/Hitchens* 162 ff, *Greissinger* 92 ff.

8 Verordnung 139/2004/EG des Rates v 20.1.2004 über die Kontrolle von Unternehmenszusammenschlüssen (EG-Fusionskontrollverordnung).

9 ABlEG 1994 L 364, 1 – MSG Media Service bzw ABlEG 1999 L 53, 1 – Bertelsmann/Kirch/Premiere.

10 S unten Rn 82 ff.

11 S unten Rn 82 ff.

12 S unten Rn 84 ff.

nen eine rechtliche Wirkung bei der Interpretation des europäischen und nationalen Rechts entfalten. Zwischen sekundärem und primärem EU-Recht stehen die völkerrechtlichen Abkommen, die gem Art 216 Abs 2 AEUV die Gemeinschaftsorgane binden. Die Regeln des allgemeinen Völkerrechts (Gewohnheitsrecht und allgemeiner Rechtsgrundsätze) finden Geltung, soweit sie nicht von den Regeln des EU Rechts verdrängt werden.[13] Gemeinsam mit den politischen Zielsetzungen der Gemeinschaft bildet der Bestand des EU Rechts den sog gemeinschaftlichen Besitzstand (acquis communautaire), den die Beitrittsstaaten übernehmen müssen. Anpassungen des bestehenden Gemeinschaftsrechts im Hinblick auf die Aufnahme neuer Staaten werden durch Abkommen zwischen den Mitgliedstaaten und dem beitretenden Staat geregelt (Art 49 Abs 2 EUV).

10 Die Verordnung entspricht in ihrer Normqualität am ehesten einem innerstaatlichen Gesetz (vergleiche Art 288 Abs 2 AEUV). Sie gilt unmittelbar und ist in allen Teilen auch für den einzelnen verbindlich. Gem Art 296 AEUV muss die europäische Gemeinschaft Verordnungen begründen. Sie sind im Amtsblatt der Gemeinschaften, Teil L, zu veröffentlichen. Das für die Medien in Europa wichtigste Beispiel ist die FusionskontrollVO.

11 Während das primäre Gemeinschaftsrecht und auch die Verordnungen nach Art 288 AEUV für die Mitgliedstaaten ohne weitere Umsetzungsnormen rechtlich verbindlich sind,[14] bedürfen die Richtlinien nach Art 288 Abs 3 AEUV noch der Umsetzung durch die Mitgliedstaaten. Erst nach Ablauf der in der Richtlinie vorgesehenen Umsetzungsfrist kann eine Richtlinie unter bestimmten Voraussetzungen unmittelbare Wirkungen entfalten, mit der Folge, dass abweichendes nationales Recht nicht zum Nachteil des Betroffenen angewendet werden darf.[15] Bei begünstigenden Richtlinien kann sich der Einzelne nach Ablauf der Umsetzungsfrist unmittelbar auf die Richtlinie berufen, sofern diese inhaltlich unbedingte und ausreichend konkrete Rechte verbürgt bzw Regelungen enthält.[16] Bei der Anwendung einschlägiger, europäischer Richtlinien ist demnach von entscheidender Bedeutung, ob die für die Umsetzung einer einschlägigen Richtlinie vorgeschriebene Umsetzungsfrist noch läuft oder bereits abgelaufen ist, und ob der Mitgliedstaat die Richtlinie umgesetzt hat oder nicht:

- Ist die Umsetzungsfrist einer einschlägigen Richtlinie noch nicht abgelaufen, so kann sie jedoch schon **Vorwirkungen** zeigen und es kann für die mitgliedstaatlichen Gerichte angezeigt sein, die Richtlinie bereits zu beachten und das nationale Recht entsprechend richtlinienkonform auszulegen („stand still").[17] Die richtlinienkonforme Auslegung hat innerhalb der Grenzen der nationalen Methodenlehre und unter voller Ausschöpfung eventuell bestehender Beurteilungsspielräume, **nicht jedoch contra legem**, das heißt nicht entgegen dem expliziten Wortlaut der nationalen Regelung zu erfolgen.[18] Eine solche richtlinienkonforme Auslegung ist vor allem dann angezeigt, wenn die anzuwendende nationale Norm letztlich auf einer Wertungsfrage beruht und die Wertung bei Geltung des Gemeinschaftsrechts in jedem Fall anders ausfällt.[19] Enthält eine noch nicht umgesetzte Richtlinie jedoch strengere Regeln als das nationale Recht, so kann sie noch keine Vorwirkungen zeigen. Eine Verbots-

---

13 Vgl *Herdegen* § 9 Rn 1.

14 Grundlegend zum Vorrang des Gemeinschaftsrechts EuGH Rs 6/64 – Costa ENEL, Slg 1964, 585.

15 EuGH Rs C-212/04 – Adelener, Slg 2006 I-6057.

16 EuGH Rs 152/84 – Marshall, Slg 1986, 723, 749; keine unmittelbare Wirkung jedoch zwischen Privatpersonen, EuGH Rs C-192/94 – El Corte Ingles, Slg 1996 I-1281.

17 Weiterführend *Auer* NJW 2007, 1106.

18 EuGH Rs C-212/04 – Adelener, Slg 2006 I-6057; BGH GRUR 1998, 824, 827 – Testpreis-Angebot.

19 Bspw in der Entscheidung des 1. Zivilsenats zur Frage der Zulässigkeit vergleichender Werbung, welche in Vorgriff auf die Regelungen der Werberichtlinie RL 97/55/EG zur Änderung der RL 84/450/EWG über irreführende Werbung bis dato wettbewerbswidrige, vergleichende Werbung bereits zuließ, sofern nur die ebenfalls in der Richtlinie geforderten Voraussetzungen erfüllt sind – BGH GRUR 1998, 824 ff – Testpreis-Angebot.

oder Eingriffsregel bedarf einer gesetzlichen Grundlage, welche vor Ablauf der Umsetzungsfrist eben noch nicht gegeben ist.[20]

- Ist die Umsetzungsfrist bereits abgelaufen, ist eine Richtlinie **unmittelbar** anwendbar, sofern die Richtlinie von ihrem Inhalt her unbedingt und hinreichend bestimmt ist, um im Einzelfall angewendet werden zu können. Sind diese Voraussetzungen gegeben, können sich Einzelne gegenüber dem Staat vor nationalen Behörden und Gerichten auf die sie begünstigenden Vorschriften der Richtlinie berufen.[21] Unmittelbar anwendbar ist das Richtlinienrecht grds nur gegenüber dem Staat. Die begünstigende Drittwirkung für den Einzelnen gilt unter bestimmten Voraussetzungen allerdings auch gegenüber privaten Arbeitgebern.[22] Eine unmittelbare Drittwirkung zulasten Dritter wird vom EuGH bisher abgelehnt.[23]
- Widersprechen sich das Richtlinienrecht und das nationale Recht, so sind die mitgliedstaatlichen Gerichte gehalten, den Konflikt unter Anwendung aller gebotener Auslegungsregeln unter Berücksichtigung des Gemeinschaftsrechts zu beseitigen[24] oder das entgegenstehende nationale Recht nicht anzuwenden. Die Nichtanwendung von (weiter-)geltenden und einschlägigen, nationalen Normen führt jedoch weder auf der nationalen Ebene zu Rechtsklarheit noch kann damit zu einem einheitlichen Gemeinschaftsrecht sinnvoll beigetragen werden. Bei Unvereinbarkeit von Gemeinschaftsrecht und nationalem Recht bietet sich für den Richter deshalb das Vorlageverfahren an, insb weil die Konfliktlage dadurch dem nationalen Gesetzgeber besonders deutlich vor Augen geführt wird.[25]
- Richtlinien müssen effektiv umgesetzt werden („effet utile"-Prinzip). Über den Inhalt und die Geltung des Richtlinienrechts im innerstaatlichen Recht dürfen für den einzelnen und die nationalen Organe kein Zweifel bestehen. Deshalb müssen Richtlinien grds in Form von Außenrechtssätzen (Gesetzen, Rechtsverordnungen und Ähnlichem) umgesetzt werden. Eine Umsetzung in Form einer bloßen Verwaltungsvorschrift ist deswegen problematisch.[26]
- Die Nichtumsetzung von Richtlinien kann auch zu einem **Staatshaftungsanspruch** führen.[27] Der EuGH hat in weitgehender Rechtsfortbildung Schadensersatzansprüche des Einzelnen aus dem Gemeinschaftsrecht selbst auch dann bejaht, wenn das nationale Staatshaftungsrecht überhaupt keine Basis für Schadensersatzansprüche wegen der Verletzung von Gemeinschaftsrecht bietet. Die Voraussetzungen, die der EuGH für eine derartige Staatshaftung aufstellt, ähneln den Kriterien für die unmittelbare Wirkung von nicht umgesetzten Richtlinien. So muss die Richtlinie dem Einzelnen subjektive Rechte verleihen. Der Inhalt der Rechte muss soweit konkretisiert sein, dass das Mindestmaß der gebotenen Begünstigung klar erkennbar ist. Außerdem muss zwischen dem Verstoß des Mitgliedstaates gegen die Umsetzungsfrist und dem entstandenen Schaden für den begünstigten ein kausaler Zusammenhang bestehen. Die Ausgestaltung der Staatshaftung überlässt der EuGH dem nationalen Haftungsrecht. Die aus der „Francovic"-Rechtsprechung[28] gewonnenen Erkennt-

20 Riesenhuber/*Ullmann* 303.
21 EuGH Rs 8/81 – Becker, Slg 1982, 53; stRspr, vgl zB EuGH Rs 152/84 – Mindestrentenalter, Slg 1986, 9723; Rs C-319/97 Slg 1999 I-03143; Rs C-174/00 Slg 2002 I-07869; Rs C-231/06 EuZW 2007, 644.
22 EuGH Rs 152/84 – Marshall, Slg 1986, 723, 749.
23 EuGH Rs C-91/92 – Faccini Dori, Slg 1994 I-3325; vgl aber EuGH Rs C-397/01 – Pfeiffer, Slg 2004 I – 8835.
24 EuGH Rs C-212/04 – Adelener, Slg 2006 I-6057; *Auer* NJW 2007, 1106 ff.
25 S unten Rn 128 ff; vgl auch Riesenhuber/*Ullmann* 305.
26 Vgl EuGH Rs C-361/88 – TA Luft, Slg 1991 I-2567.
27 Ein aktuelles Beispiel aus dem Bereich der Medien ist die Klage der VG Media gegen die Bundesrepublik, die sich bei der Umsetzung der Richtlinie Urheberrecht in der Informationsgesellschaft nicht in der Lage gesehen hatte, den Sendern einen Vergütungsanspruch aus §§ 53 ff. UrhG auf der Basis ihres Signalrechts gem § 87 UrhG zu gewähren (KG Berlin ZUM 2009, 567 rechtskräftig).
28 EuGH C-6/90 ua – Francovich, Slg 1991 I-5357.

nisse und Grundsätze wendet der EuGH seit Mitte der neunziger Jahre auch auf die Verletzung von unmittelbar wirksamen primärem Gemeinschaftsrecht an. Auch hier stellt der Entschädigungsanspruch aus Sicht des Gerichts eine notwendige Ergänzung der unmittelbaren Wirkung dar, die den Gemeinschaftsvorschriften zukommen, auf deren Verletzung der entstandene Schaden beruhe. Dabei lehnt der EuGH ausdrücklich ein besonderes Verschulden des verantwortlichen Organs als Haftungserfordernis ab. Die Anerkennung einer solchen Staatshaftung revolutioniert das deutsche Staatshaftungsrecht, das bis dahin keinen Anspruch wegen legislativen Unrechts kannte.[29]

III. Verhältnis des europäischen zum nationalen Recht

12 Das Gemeinschaftsrecht genießt **Vorrang** gegenüber dem nationalen Recht.[30] Der EuGH hat in der Rechtssache Costa/Enel[31] eine für das Verhältnis des Gemeinschaftsrechts zum nationalen Recht grundlegende Feststellung getroffen: Die Staaten hätten Hoheitsrechte endgültig auf das von ihnen geschaffene Gemeinwesen übertragen. Sie könnten diesen Akt durch spätere einseitige Maßnahmen nicht rückgängig machen. Das Primat des Gemeinschaftsrechts ergebe sich aber auch aus dem Grundsatz der Vertragstreue, dem Diskriminierungsverbot (Art 18 AEUV) und der unmittelbaren Geltung von Verordnungen in jedem Mitgliedstaat (Art 288 AEUV). Das Gemeinschaftsrecht ist insoweit ein besonderes Völkerrecht, da es im Rang zwischen Verfassungsrecht und einfachem Gesetzesrecht steht oder nur den Rang einfachen Gesetzesrechts hat (Art 59 GG). Das Verhältnis von inkorporiertem oder transformiertem Völkerrecht und staatlichem Recht bestimmt sich nach der Regel, wonach das spätere Gesetz das frühere Gesetz verdrängt („lex posterior"-Grundsatz). Der Vertrag von Lissabon hat entgegen der ursprünglichen Planung keinen ausdrücklichen Vorrang des EU-Rechts bestimmt. Stattdessen bekennnen sich die Mitgliedsstaaten in einer Erklärung zum Lissaboner Vertrag zu den hergebrachten, auf der EuGH-Rechtsprechung beruhenden Grundsätzen, die in einem der Erklärung angehängten Rechtsgutachten des Jurisischen Dienstes des Rates näher beschrieben sind.

13 Fraglich ist lediglich, ob es sich beim Vorrang des Gemeinschaftsrechts um einen **Geltungsvorrang** handelt oder nur um einen **Anwendungsvorrang** im Sinne einer Kollisionsregel. Bei einem Geltungsvorrang würde ein Verstoß des nationalen Rechts gegen das EU-Recht automatisch zu dessen Unwirksamkeit führen, während bei einer Kollisionsregel das EU-rechtswidrige innerstaatliche Recht nur im konkreten Fall nicht angewendet werden dürfte. Auch ein Anwendungsvorrang kann jedoch weit reichende Folgen haben. Dies zeigt sich am Beispiel der Bestandskraft von (gemeinschaftsrechts-)widrigen Verwaltungsakten. Der Vorrang des Gemeinschaftsrechts setzt sich zumindest insoweit gegen die Bestandskraft durch, als eine Geldstrafe, die nach dem Zeitpunkt des Beitritts eines Mitgliedstaates wegen der Nichtbeachtung eines bestandskräftigen Veraltungsaktes verhängt wurde, nicht verlangt werden kann.[32]

14 Etwas komplexer ist das Verhältnis zwischen Gemeinschaftsrecht und **deutschem Verfassungsrecht.** Grds bot bereits Art 24 Abs 1 GG (und bietet heute Art 23 GG) eine ausreichende Basis für den Vorrang des Gemeinschaftsrechts. Das BVerfG verneinte jedoch in der ersten „Solange-Entscheidung" 1974 den Vorrang des Gemeinschaftsrechts, weil es die Grundrechtsge-

---

29 Ausf dazu Dauses/*Stettner* A IV Rn 46f.

30 Der Vorrang des Gemeinschaftsrechts wird von den Gerichten der Mitgliedstaaten – nach anfänglichem Zögern – allgemein anerkannt. Ein Überblick geben *Bieber/Epiney/Haag* 94ff; zur Haltung des französischen Conseil d'Etats vgl *Stotz* EuZW 1991, 118ff.

31 EuGH Rs 6/64 – Costa/Enel, Slg 10, 1251.

32 EuGH Rs C-224/97 – Ciola, Slg 1999 I-2517.

währleistungen des Gemeinschaftsrechts für nicht ausreichend hielt. **Solange** der allgemein verbindliche Grundrechtsstandard des EU Rechts demjenigen des Grundgesetzes noch nicht mit Sicherheit entspräche, sei es Sache des nationalen Verfassungsgerichts, sekundäres Gemeinschaftsrecht auf seine Vereinbarkeit mit den Grundrechten zu überprüfen und gegebenenfalls seine Unanwendbarkeit festzustellen.[33] Später hatte das Gericht angesichts der Weiterentwicklung der gemeinschaftsrechtlichen Grundrechte durch den Europäischen Gerichtshof die **„Solange-Formel"** umgedreht. Solange die Europäische Gemeinschaft einen wirksamen, dem Grundgesetz im Wesentlichen entsprechenden Schutz der Grundrechte gewährleistet, will das BVerfG seine Gerichtsbarkeit über die Anwendung von sekundärem Gemeinschaftsrecht nicht mehr ausüben und nicht mehr am Maßstab des Grundgesetzes messen.[34] Entsprechende Vorlagen nach Art 100 Abs 1 GG seien somit unzulässig.[35] Diese zweite „Solange-Formel" hat das BVerfG in seinem Maastricht-Urteil im Grundsatz bestätigt und hinzugefügt, dass es seine Gerichtsbarkeit über die Anwendbarkeit von sekundärem Gemeinschaftsrecht in Deutschland in einem „Korporationsverhältnis" zum EuGH ausüben wolle, indem der EuGH den Grundrechtsschutz im Einzelfall garantiere und das BVerfG sich auf eine generelle Gewährleistung des unabdingbaren Grundrechtsschutzes beschränken könne.[36] In seiner jüngsten Entscheidung zum Vertrag von Lissabon spricht das Gericht unter Bezugnahme auf die Präambel und Art 23 GG von einem Grundsatz der Europafreundlichkeit.[37] Der unabdingbare und gewissermaßen „europarechtsfeste" Grundrechtsbestand ist der in Art 79 Abs 3 GG gewährte Kernbestand der Grundrechte. Dabei definiert das Gericht verfassungsrechtlich gesicherte Tabuzonen, die eine Art gesicherter Restsouveränität der Bundesrepublik Deutschland abstecken; dazu gehören laut der letztgenannten BVerfG-Entscheidung das Gewaltmonopol des Staates, die Budgethoheit, das Straf- und Familienrecht aber auch die grundlegende Medienordnung.[38] Außerdem will das BVerfG selbst prüfen, ob die EU beim Erlass von Sekundärrecht im Rahmen ihrer Kompetenz bleibt, denn die Bundesrepublik habe ihre Souveränität nur insoweit aufgegeben, als die EU sich im Rahmen der „begrenzten Einzelermächtigung" bewege.

Kurz zusammengefasst lassen sich deshalb drei Varianten differenzieren: Einfaches Verfas- 15
sungsrecht muss dem Gemeinschaftsrecht weichen. Verfassungsrecht, für das es keinen dem Grundgesetz im Wesentlichen vergleichbaren Grundrechtsschutz auf europäischer Ebene gibt, bleibt anwendbar. Und schließlich kann auch der **unantastbare Kernbestand** des Art 79 Abs 3 GG nicht von entgegenstehendem Gemeinschaftsrechts verdrängt werden.

Diese sog **Ewigkeitsgarantie** des Art 79 Abs 3 GG führt auch dazu, dass das BVerfG seine 16
frühere Rechtsprechung, wonach eine Verfassungsbeschwerde nicht unmittelbar gegen supranationale Hoheitsakte gerichtet werden konnte (da es sich dabei nicht um einen Akt deutscher öffentlicher Gewalt handelte) aufgegeben hat. Denn auch Akte einer supranationalen Organisation betreffen Grundrechte; sie berühren damit die Gewährleistung des Grundgesetzes und die Aufgaben des BVerfG.[39] Die Reduzierung der inhaltlichen Kontrolle im Grundrechtsbereich beinhaltet außerdem keine Beschränkung der **Kontrolle in Kompetenzfragen**. Ausgehend vom Demokratieprinzip als tragendem Strukturprinzip des Grundgesetzes iSd Art 79 Abs 3 GG behält sich das Gericht deswegen vor, das jeweilige Zustimmungsgesetz dahingehend zu kontrollieren, ob es sich an die durch die Verträge den Gemeinschaftsorganen zugewiesenen Kompetenzen

33 BVerfGE 37, 271, 279 ff – Solange I.
34 BVerfGE 73, 339, 375 ff – Solange II; zu den neuesten Entwicklungen *Voßkuhle* NVwZ – Beilage 2013, 27 f.
35 S aber unten in der nachfolgenden Rn 16; BVerfGE 73, 339, 387 – Solange II.
36 BVerfGE 89, 155 – Maastricht; vgl *Dörr* ZUM 1995, 14 ff.
37 BVerfG NJW 2009, 2267, Rn 225.
38 BVerfG NJW 2009, 2267 Rn 249 ff; krit *Schmittmann* AfP 2009, 350.
39 BVerfGE 89, 155, 175 – Maastricht.

hält. Diese Überprüfung einer möglichen Kompetenzüberschreitung durch einen Rechtsakt der Europäischen Gemeinschaft wird auch von anderen Gerichten in Europa vertreten und vom Europäischen Parlament mit Besorgnis betrachtet.[40]

§ 2
Europäisches Primärrecht

I. Grundfreiheiten

17 Gem Art 26 AEUV ist es vorrangiges Ziel der Europäischen Gemeinschaft, einen einheitlichen Binnenmarkt als Raum ohne Binnengrenzen zu errichten, in dem der freie Verkehr von Waren, Personen, Dienstleistungen und Kapital gewährleistet ist. Unterschiedlich strenge Regelungen in den einzelnen Mitgliedstaaten können den freien Waren- und Dienstleistungsverkehr im Binnenmarkt behindern und damit das gegenüber dem nationalen Recht **vorrangige Primärrecht der Gemeinschaft** verletzen. Neben dem allgemeinen Diskriminierungsverbot aus Art 18 AEUV sind im Bereich des Medienrechts vor allem die primärrechtlichen Vorschriften zum Schutze des freien Warenverkehrs (Art 34ff. AEUV) und des freien Dienstleistungsverkehrs (Art 56ff. AEUV) von Bedeutung. Daneben können auch die Niederlassungsfreiheit und die Kapitalverkehrsfreiheit eine Rolle spielen. Allerdings sind nationale medienrechtliche Bestimmungen, die auf Gemeinschaftsebene bereits abschließend harmonisiert wurden, anhand der betreffenden Harmonisierungsmaßnahmen und nicht des primären Gemeinschaftsrechts zu beurteilen.[41]

18 Eine mitgliedstaatliche, gesetzliche Regelung verstößt damit gegen primäres Gemeinschaftsrecht, wenn die Rechtsfrage **noch nicht durch sekundäres Gemeinschaftsrecht abschließend harmonisiert** wurde, wenn der **Anwendungsbereich einer Grundfreiheit** eröffnet ist und die nationale Maßnahme nicht durch die expliziten **Schrankenregelungen** der Grundfreiheiten oder den durch Rechtsprechung bestätigten immanenten Schranken gerechtfertigt ist.[42]

19 Nationales Recht, welches gegen die Grundfreiheiten verstößt, ist zwar nicht nichtig, darf aber von den Gerichten nicht angewandt werden.[43] Verstößt eine nationale Rechtsvorschrift etwa gegen die Warenverkehrsfreiheit (zB das deutsche Reinheitsgebot für Bier)[44], und wird diese jedoch für den grenzüberschreitenden Warenverkehr aufgehoben und nur für Inländer beibehalten, so ist der Verstoß gegen Gemeinschaftsrecht nicht mehr gegeben. In diesen Fällen der **Inländerdiskriminierung** ist das Gemeinschaftsrecht nicht mehr betroffen, sondern es kommen Verstöße gegen nationales Verfassungsrecht in Betracht.[45]

1. Warenverkehrsfreiheit, Art 34 AEUV

20 **a) Grundsatz.** Art 34 AEUV verbietet **mengenmäßige Einfuhrbeschränkungen** und nach gefestigter Rechtssprechung des EuGH auch sämtliche **Maßnahmen gleicher Wirkung** zwi-

40 Vgl *Herdegen* Rn 247f; BVerfGE NJW 2010, S 3422.
41 EuGH EuZW 2002, 89 – Daimler Chrysler; EuGH NJW 2004, 131 – DocMorris.
42 Wie etwa im Urteil EuGH GRUR 1979, 468 – Cassis de Dijon.
43 EuGH EuZW 1997, 574 – Morrelato.
44 EuGH Rs 178/84 – Reinheitsgebot für Bier, Slg 1987, 1227.
45 S dazu EuGH EuZW 1992, 189 – Steen/Deutsche Bundespost.

schen den Mitgliedstaaten. Als Maßnahme mit gleicher Wirkung ist laut EuGH jede Regelung der Mitgliedstaaten anzusehen, die geeignet ist, den innergemeinschaftlichen Handel zwischen den Mitgliedstaaten unmittelbar oder mittelbar, tatsächlich oder potenziell zu behindern.[46] Es ist nicht erforderlich, dass die nationale Regelung gerade bezweckt, den Handel zwischen den Mitgliedstaaten zu regeln. Vielmehr kommt es lediglich darauf an, wie sich die Regelung tatsächlich oder potenziell auf den innergemeinschaftlichen Handel auswirken kann. Mit dieser **sog *„Dassonville-Formel"*** hat der EuGH den Anwendungsbereich des Art 34 AEUV gleich einer Generalklausel weiterentwickelt, welche eine Überprüfung sämtlicher Beschränkungen des innergemeinschaftlichen Warenverkehrs erlaubt. Fehlt es an einer anerkannten **Rechtfertigung** für solche Beschränkungen aufgrund **Art 36** AEUV oder entsprechend der ***Cassis-de-Dijon*-**Rechtsprechung[47], so unterfallen sie dem Verbot des Art 34 AEUV. Soweit sich also Hemmnisse für den Warenverkehr daraus ergeben, dass importierte Waren aus anderen Mitgliedstaaten, die dort rechtmäßig hergestellt und in den Verkehr gebracht worden sind, bestimmten nationalen, warenbezogenen Vorschriften entsprechen müssen, sind sie – vorbehaltlich einer anerkannten Rechtfertigung – gem Art 34 AEUV als verbotene Maßnahmen mit gleicher Wirkung zu qualifizieren, selbst wenn diese Vorschriften unterschiedslos für importierte wie für einheimische Waren gelten.

Aus dieser Rechtsprechung folgt das **Prinzip der gegenseitigen Anerkennung**: Die in einem Mitgliedstaat rechtmäßig hergestellten und in Verkehr gebrachten Waren sind – vorbehaltlich gerechtfertigter Beschränkung – in der gesamten Gemeinschaft verkehrsfähig. 21

Der EuGH hat seit seiner ***Keck*-Entscheidung**[48] von 1993 bis 2009 zwischen Regelungen unterschieden, welche die Merkmale der **Ware selbst**, und solchen, die lediglich **Modalitäten des Verkaufs der Ware** betreffen. 22

Als **warenbezogene Regelung** sind bspw Regelungen anzusehen, die an Waren bestimmte Anforderungen, etwa hinsichtlich der Bezeichnung, Form, Abmessung, Zusammensetzung, Aufmachung, Etikettierung und Verpackung stellen.[49] Soweit eine Vorschrift nicht die Merkmale der Ware selbst regelt, sondern nur bestimmte Modalitäten ihres Verkaufs beschränkt oder verbietet, stellte sie laut EuGH grds keine Maßnahme gleicher Wirkung iSd Art 34 AEUV dar. Als Verkaufsmodalitäten sind insb solche Vorschriften anzusehen, die das Wer, Wo, Wann und Wie der Produktvermarktung regeln. Dazu gehören bspw Werbebeschränkungen und Werbeverbote, etwa bzgl der Fernsehwerbung[50] oder das Verbot des Versandhandels mit apothekenpflichtigen Arzneimitteln.[51] 23

Eine lediglich **Verkaufsmodalitäten** betreffende Regelung fällt nur dann unter Art 34 AEUV, wenn sie erstens nicht für alle betroffenen Wirtschaftsteilnehmer gilt, die ihre Tätigkeit im Inland ausüben und sie zweitens den Absatz der inländischen Erzeugnisse und der Erzeugnisse aus anderen Mitgliedstaaten rechtlich wie tatsächlich nicht in gleicher Weise berührt.[52] Als Orientierung kann die Frage dienen, ob auf Basis der jeweils fraglichen Regelung bei einer Einfuhr-Inspektion eines ausländisches Produktes festgestellt werden könnte, dass das Produkt in seiner konkreten Aufmachung und Verpackung im Inland nicht angeboten werden darf.[53] Von 24

46 EuGH GRUR Int 1974, 467 – Dassonville.
47 EuGH GRUR 1979, 468 – Cassis de Dijon; weiterführend *Becker* EuR 1994, 162ff.
48 EuGH GRUR 1994, 296 – Keck und Mithouard.
49 EuGH WRP 1995, 677 – Mars; WRP 1997, 706 – Zeitschriften-Gewinnspiel.
50 EuGH WRP 1995, 470 – Leclerc-Siplec; GRUR Int 1997, 913, 917 – de Agostini.
51 EuGH NJW 2004, 131 – DocMorris.
52 EuGH GRUR 1994, 296 – Keck und Mithouard; EuGH NJW 2004, 131 – DocMorris.
53 Vgl Piper/Ohly/*Ohly* Einf C Rn 15 mit weiteren Beispielen; weiterführend auch Ehlers/*Epiney* 227ff; *Ackermann* RIW 1994, 189.

der *Keck*-Formel profitieren allerdings nur solche Regelungen, die den Absatz inländischer Erzeugnisse und der Erzeugnisse aus anderen Mitgliedstaten rechtlich wie tatsächlich in gleicher Weise berühren.

„Nach Randnummer 17 des Urteils Keck und Mithouard fallen nationale Bestimmungen, die bestimmte Verkaufsmodalitäten beschränken oder verbieten, nur dann nicht in den Anwendungsbereich des Artikels 30 EG-Vertrag, wenn sie nicht geeignet sind, den Marktzugang für Erzeugnisse aus einem anderen Mitgliedstaat zu versperren oder stärker zu behindern, als sie dies für inländische Erzeugnisse tun".[54]

24a Da die Keck-Formel im Einzelfall immer wieder Schwierigkeiten bereitet hatte, geriet sie zuehmend in die Kritik.[55] Der Schwerpunkt wurde daher auf den in der *Keck*-Formel nachgelagerten Satz gelegt, ob „bestimmte Verkaufsmodalitäten" unter den gegebenen Voraussetzungen geeignet seien, den *Marktzugang* für ausländische Produkte zu versperren oder stärker zu behindern als für inländische. Entscheidende Wertungsfrage war hiernach, ob eine Marktzutrittsschranke oder eine Regelung mit marktneutraler Wirkung vorliegt. In der Entscheidung Kommission/Italien vom 10.2.2009 ging der EuGH noch einen Schritt weiter. In einer Vorbemerkung fasste er zusammen, dass eine Maßnahme gleicher Wirkung in drei Konstellationen vorliege: (a) wenn Maßnahmen bezweckten oder bewirkten, Erzeugnisse aus anderen Mitgliedsstaaten weniger günstig zu behandeln, (b) wenn bestimmte Vorschriften besondere Auswirkugnen für ausländische Waren hätten (entspricht dem Produktbezug der Keck-Formel) und (c) wenn nationale Maßnahmen den Zugang zum Markt behindern würden.

Die neuen Kriterien führen die Keck-Formel auf ihre Ursprünge zurück; sie ist nur noch ein Kriterium in einer deutlich weiter gefassten Prüfung: Maßnahmen gleicher Wirkung liegen nicht vor, wenn die nationale Regelung Verkaufsmodalitäten betrifft und dabei weder eine rechtliche noch eine faktische Ungleichbehandlung zu erkennen ist. Die erweiterte Prüfung beinhaltet die Frage, ob die nationale Regelung Produktbezug aufweist oder eine rechtliche Diskriminierung bedingt oder aber zu einem Marktzugangshindernis führt.

25 **b) Ausnahmen/Rechtfertigungsgründe.** Fällt eine Beschränkung unter Art 34 AEUV, so kann diese entweder durch die **geschriebene Schranke des Art 36 AEUV** oder durch ungeschriebene Rechtfertigungsgründe als „zwingende Allgemeinwohlinteressen" nach der **Cassis-de-Dijon-Rechtsprechung** gleichwohl gerechtfertigt werden.

26 Bei der Prüfung ist allerdings zu beachten, dass Maßnahmen, die nicht unterschiedslos für einheimische wie für eingeführte Produkte gelten, ausschließlich durch Art 34 AEUV gerechtfertigt werden können.[56] Die Prüfung der Rechtfertigung nach Art 34 AEUV hat vor der Prüfung der immanenten Einschränkungen von Art 34 AEUV zu erfolgen. Denn als rechtfertigende „zwingende Erfordernisse" kommen nur solche in Betracht, die nicht in Art 36 AEUV genannt sind.[57]

27 **aa) Art 36 AEUV.** Eine **Rechtfertigung** von Beschränkungen, die unter Art 34 AEUV fallen, kommt aus Art 36 AEUV in Betracht, wenn folgende **Voraussetzungen** gegeben sind: **(a)** Es liegt einer der in Art 36 AEUV abschließend aufgezählten Rechtfertigungsgründe vor. **(b)** Die Beschränkung genügt dem Verhältnismäßigkeitsgebot. **(c)** Die Beschränkung darf weder ein Mittel zur willkürlichen Diskriminierung noch eine verschleierte Beschränkung des Handels zwischen den Mitgliedstaaten darstellen.

---

54 EuGH GRUR Int. 2001, 553 – *Gourmet*, Slg 2001, I-1795 Rn 17.
55 Vgl *Reich* EuZW, 2006, 304.
56 Weiterführend *Mühl* 345 ff.
57 EuGH EuZW 1993, 129 – Michel Debus.

Nach Art 36 AEUV können solche Einfuhr-, Ausfuhr- und Durchfuhrverbote oder -beschränkungen gerechtfertigt sein, die aus Gründen der öffentlichen Sittlichkeit, Ordnung und Sicherheit, zum Schutze der Gesundheit und des Lebens von Menschen, Tieren oder Pflanzen, des nationalen Kulturguts von künstlerischem, geschichtlichem oder archäologischem Wert oder des gewerblichen und kommerziellen Eigentums gerechtfertigt sind. Im Bereich des privaten Medienrechts und Wettbewerbsrechts kommt vor allem dem **Schutz der Gesundheit und des Lebens** (insb bei Arzneimitteln) sowie dem Schutz des gewerblichen und kommerziellen Eigentums besondere Bedeutung zu. Unter letzteren Begriff fallen sämtliche **Rechte des geistigen Eigentums**, insb technische Schutzrechte wie Patente und Gebrauchsmuster, Kennzeichenrechte wie Marken, Unternehmensbezeichnungen und Werktitel sowie das Designrecht, Urheberrecht und die verwandten Schutzrechte.[58] Der EuGH hat auch geographische Herkunftsangaben als Rechte gem Art 36 AEUV anerkannt.[59] 28

Das **Verhältnismäßigkeitsgebot** gilt im gesamten Gemeinschaftsrecht und erfordert, dass die zu überprüfende Maßnahme **geeignet, erforderlich und angemessen** sein muss, um die berechtigten Belange der Maßnahme zu erreichen. Während den Mitgliedstaaten hinsichtlich der Erforderlichkeit der Maßnahme, dh die Frage, ob es nicht ein milderes aber ebenso zuverlässiges Mittel gegeben hätte ein Prognosespielraum zukommt, ist die Frage der Geeignetheit voll überprüfbar.[60] Schließlich ist eine Maßnahme nur dann angemessen, wenn sie in einem angemessenen Verhältnis zum verfolgten Zweck steht. Auch hier steht dem Gesetzgeber ein weiter Spielraum für eigene Wertungen zu. 29

bb) Immanente Einschränkungen von Art 34 AEUV. Nach der Rechtsprechung des EuGH sind auch solche Regelungen als Maßnahmen gleicher Wirkung gem Art 34 AEUV zu beurteilen, die sich nicht auf eingeführte Waren beziehen, sondern unterschiedslos für ausländische und inländische Waren gelten, sofern sie die Einfuhr solcher ausländischer Waren behindern, die nach ausländischem Recht rechtmäßig hergestellt und in den Verkehr gebracht worden sind.[61] Allerdings können solche Regelungen nicht nur nach Art 36 AEUV, sondern auch nach den **ungeschriebenen Rechtfertigungsgründen**, also den immanenten Einschränkungen des Art 34 AEUV zulässig sein. 30

In seinem ***Cassis-de-Dijon*-Urteil** entschied der EuGH, dass nationale Regelungen, die unterschiedslos für heimische wie für importierte Erzeugnisse gelten, aber zu Hemmnissen für den freien Binnenhandel führen, in Ermangelung einer gemeinschaftsrechtlichen Regelung hingenommen werden müssen, wenn sie notwendig sind, um **zwingenden Erfordernissen des Allgemeininteresses** gerecht zu werden.[62] Zu den zwingenden Erfordernissen des Allgemeininteresses zählt der EuGH ua den Verbraucherschutz, den Gesundheitsschutz, die Lauterkeit des Handelsverkehrs und den Umweltschutz. Das Ziel der jeweiligen nationalen Regelung muss daher mit dem Gemeinschaftsrecht vereinbar sein. Beschränkende – diskriminierungsfreie – Regelungen sind außerdem nur dann zulässig, wenn sie dem **Grundsatz der Verhältnismäßigkeit** entsprechen, also in einem angemessenen Verhältnis zum verfolgten Zweck stehen, und wenn dieser Zweck nicht durch Maßnahmen erreicht werden kann, die den innergemeinschaftlichen Handel weniger beschränken.[63] 31

58 Streinz/*Schroeder* Art 36 EGV Rn 19 ff.
59 EuGH GRUR Int 1993, 76 – Exportur.
60 EuGH GRUR 1993, 747 – Yves Rocher; EuGH GRUR Int 1994, 231 – Clinique; EuGH EuZW 2007, 46 – Tabakwerberichtlinie.
61 EuGH Rs 120/78 – Cassis de Dijon, Slg 1979, 649.
62 EuGH Rs C-368/95 – Familiapress, Slg 1997 I-3689.
63 EuGH GRUR 1993, 747 – Yves Rocher; EuGH GRUR 1994, 303 – Clinique; EuGH NJW 1995, 3243 – Mars; EuGH GRUR Int 1997, 912 – de Agostini.

32 Eine Rechtfertigung kann demnach unter folgenden **Voraussetzungen** gegeben sein: **(a)** Es fehlt eine abschließende, gemeinschaftsrechtliche Regelung. Liegt eine gemeinschaftsrechtliche Regelung in dem betroffenen Bereich vor, so ist zunächst festzustellen, ob diese eine vollständige Harmonisierung bezweckt oder lediglich Mindeststandards festlegen soll. Nur sofern eine vollständige Harmonisierungsmaßnahme vorliegt, ist eine Berufung auf sonstige „zwingende Erfordernisse des Allgemeinwohls" nicht möglich.[64] **(b)** Es liegt ein zwingendes Erfordernis für das Allgemeinwohl vor. Hier eröffnet sich mangels abschließender Definition von Algemeinwohlbelangen ein gewisser Spielraum, wobei der EuGH bislang nur gewichtige Belange anerkannt hat, welche von einiger Bedeutung für die Gesellschaft sind.[65] So wurden anerkannt: Die wirksame steuerliche Kontrolle; Schutz der öffentlichen Gesundheit, Schutz der Lauterkeit des Handelsverkehrs, Umweltschutz, Verbraucherschutz, Schutz der Sozialsysteme, Schutz der Medienvielfalt. **(c)** Die zu überprüfende Regelung gilt unterschiedslos für importierte wie inländische Waren. Sofern auch nur mittelbare Unterschiede (mittelbare Diskriminierung) in der Anwendung der Regelung existieren, sind nach dem EuGH lediglich die geschriebenen Rechtfertigungsgründe des Art 36 AEUV einschlägig.[66] **(d)** Die Beschränkung muss dem Gebot der Verhältnismäßigkeit genügen (erforderlich und angemessen), wie für Art 36 AEUV (ehem Art 30 EGV) entwickelt worden ist.

33 **cc) Die Grundrechte als Rechtfertigungsgründe und Schranken-Schranken.** Neben dem Grundsatz der Verhältnismäßigkeit sind nach ständiger Rechtsprechung des EuGH die **Grundrechte der Union** als selbstständige **Schranken-Schranken** in die Überprüfung von Eingriffen in die Grundfreiheiten heranzuziehen.[67] Soll ein Eingriff in die Grundfreiheiten durch einen geschriebenen oder ungeschriebenen Rechtfertigungsgrund gedeckt sein, so ist die „im Gemeinschaftsrecht vorgesehene Rechtfertigung im Lichte der allgemeinen Rechtsgrundsätze und insb der Grundrechte auszulegen".[68] Das soll sowohl für die geschriebenen Rechtfertigungsgründe als auch die immanenten Schranken der Grundfreiheiten gelten,[69] sowie für nichtdiskriminierende Verkaufsmodalitäten, bei welchen eine Beeinträchtigung der Grundfreiheiten nach Maßgabe der *Keck*-Formel gar nicht vorliegt und sich die Frage der Rechtfertigung an sich gar nicht stellt.[70]

34 In seiner jüngeren Rechsprechung verstärkt der EuGH die Rolle der Grundrechte noch und sieht in ihnen auch ein eigenständiges Gegengewicht zu den Grundfreiheiten: Da die Grundrechte der Union sowohl von der Union als auch den Mitgliedstaaten zu beachten seien, stellt ihr Schutz laut EuGH ein berechtigtes Interesse dar, welches **Beschränkungen der Grundfreiheiten** rechtfertigen kann.[71] Grundrechte im Sinne des EuGH sind jedoch lediglich die Grundrechte der Union, da die Beeinträchtigung der Grundfreiheiten den Anwendungsbereich der Unionsgrundrechte automatisch eröffne und damit mitgliedstaatliche Grundrechte verdränge.[72]

---

64 EuGH EuZW 2002, 89 – Daimler Crysler; GRUR 2004, 174 – DocMorris; EuGH GRUR Int 1997, 912 – de Agostini.

65 MwN Streinz/*Schroeder* Art 30 EGV Rn 33 ff.

66 EuGH GRUR 2004, 174 – DocMorris.

67 EuGH Rs C-368/95 – Familiapress, Slg 1997 I-3689, Rn 24.

68 EuGH Rs C-368/95 – Familiapress, Slg 1997 I-3689, Rn 24.

69 EuGH Rs C-368/95 – Familiapress, Slg 1997 I-3689, Rn 24.

70 EuGH Rs C-71/02 – Karner, Slg 2004, I-3025.

71 EuGH Rs C-415/93 – Bosman, Slg 1995 I-4921, Rn 79 EuGH Rs C-112/00 – Schmidberger (Brennerblockade), Slg 2003 I-5659; vgl weiterführend *Kadelbach/Petersen* EuGRZ 2003, 492 ff.

72 EuGH Rs C-112/00 – Schmidberger, Slg 2003, I-5659. Krit zur Verdrängung der mitgliedstaatlichen Grundrechte *Kanitz/Steinberg* EuR 2003, 1013; *Kingreen/Störmer* EuR 1998, 263; *Kingreen* EuGRZ 2004, 570.

Die Grundrechte der Gemeinschaft entfalten damit im Verhältnis zu den Grundfreiheiten ein **doppeltes Spannungsfeld**: Einerseits können sie die Wirkung der wirtschaftlichen Grundfreiheiten verstärken, indem sie als Schranken-Schranken für Eingriffe in die Grundfreiheiten wirken und auf diese Weise den **Schutz von Individualinteressen** in den Abwägungsprozess einbringen.[73] Andererseits können sie auch eine Schutzkonstellation hervorrufen, die eine **Einschränkung der Grundfreiheiten** durch die Mitgliedstaaten erfordert und rechtfertigt.[74] 35

2. Dienstleistungsfreiheit, Art 56 ff. AEUV

Dienstleistungen sind nach Art 57 AEUV Leistungen, die in der Regel gegen Entgelt erbracht werden, soweit sie nicht den Vorschriften über den freien Waren- und Kapitalverkehr und über die Freizügigkeit von Personen unterliegen. Dazu gehören nach dem EuGH auch **Rundfunksendungen** (Hörfunk und Fernsehen).[75] 36

Art 56 AEUV schützt sowohl den Erbringer als auch den Empfänger grenzüberschreitender Dienstleistungen. Entsprechend sind **sämtliche Beschränkungen der Dienstleistungsfreiheit** verboten, insb die Diskriminierung von In- und Ausländern, aber **auch alle sonstigen Maßnahmen**, die geeignet sind, den Dienstleistungsverkehr zwischen den Mitgliedstaaten mittelbar oder unmittelbar, aktuell oder potenziell zu behindern. Der Schutzbereich der Dienstleistungsfreiheit ist damit korrespondierend zur Warenverkehrsfreiheit weit auszulegen.[76] Auch unterschiedslos auf In- und Ausländer anwendbare Regelungen fallen in den Anwendungsbereich des Art 56 AEUV, wenn sie geeignet sind, die Tätigkeiten von Dienstleistern, die in einem anderen Mitgliedstaat ansässig sind und ihre Dienstleistungen dort rechtmäßig erbringen, zu unterbinden oder zu behindern.[77] Eine Abgrenzung zwischen **produktbezogenen und lediglich vertriebsbezogenen Maßnahmen** wie in der ***Keck*-Entscheidung** wurde hier allerdings vom EuGH noch nicht getroffen.[78] 37

Rechtfertigungsgründe vergleichbar mit Art 36 AEUV sind in den Art 56 ff. AEUV nicht vorgesehen. Sofern noch keine abschließende gemeinschaftsrechtliche Regelung besteht, sind nach der Rechtsprechung des EuGH Beschränkungen der Dienstleistungsfreiheit jedoch zulässig, wenn sie zur Erreichung **eines der Ziele des Art 52 AEUV** oder aus **zwingenden Gründen des Allgemeininteresses** erforderlich sind, hierzu in einem angemessenen Verhältnis stehen und diese zwingenden Gründe oder Ziele nicht durch weniger einschneidende Maßnahmen erreicht werden können.[79] Die Beschränkungen dürfen nicht in diskriminierender Weise angewandt werden. Zu den „zwingenden Gründen des Allgemeininteresses" zählen, wie bei Art 34 AEUV, nur besonders beachtliche Gründe, unter anderem die Lauterkeit des Handelsverkehrs,[80] der Schutz der Verbraucher sowie der Schutz der sittlichen, religiösen und kulturellen Besonderheiten der Sozialordnung[81] und der Menschenwürde.[82] 38

---

73 Weiterführend auch *Schultz* AöR 2007, 316 ff; Ehlers/*Ehlers* 177 ff.
74 EuGH Rs C-415/93 – Bosmann, Slg 1995, I-4921, Rn 79; EuGH Rs C-112/00 – Schmidberger, Slg 2003, I-5659.
75 EuGH Rs 155/73 – Sacchi, Slg 1974, 409, 428 ff; weiterführend *Baumann* 163 ff.
76 Streinz/*Müller-Graff* Art 56 AEUV, Rn 85.
77 EuGH EuZW 2000, 763 – Corsten; EuGH EuZW 2003, 415 – Kommission/Luxemburg.
78 Vgl EuGH GRUR Int 1997, 913 – de Agostini, wo der EuGH zwar eine Verkaufsmodalität als Einschränkung der Dienstleistungsfreiheit anerkennt und diese Frage gar nicht aufwirft; vgl auch *Behrens* EuR 1992, 145 ff.
79 EuGH NJW 1996, 579 – Gebhard; EuGH GRUR Int 1997, 913 – de Agostini; EuGH NJW 2004, 139 – Gambelli.
80 EuGH GRUR Int 1997, 913 – de Agostini; EuGH WRP 1995, 801 – Alpine Investments.
81 EuGH NJW 2004, 139 – Gambelli für das Verbot von Internetwetten.
82 EuGH EuZW 2004, 753 – Omega Spielhallen für Verbot eines Laserdrom, in dem menschliche Tötungshandlungen simuliert werden.

3. Niederlassungsfreiheit, Art 49 Abs 2 AEUV

39 Die Niederlassungsfreiheit verbürgt das **Freizügigkeitsrecht der Selbstständigen**, also Freiberufler, Handwerker und sonstigen Gewerbetreibenden (Unternehmer) und stellt damit einen der drei Eckpfeiler des Freizügigkeitsrechts in der Union dar, neben Art 45 Abs 1 AEUV (Arbeitnehmerfreizügigkeit) und Art 21 AEUV (allg. Freizügigkeitsrechts der Unionsbürger). Da insb im Bereich der freien Berufe umfangreiche, mitgliedstaatliche Zugangsbestimmungen gewachsen sind, soll Art 49 AEUV in diesem Bereich das **Prinzip der gegenseitigen Anerkennung** verstärken. Die Vorschrift ist jedoch nur für Fälle mit **grenzüberschreitendem Bezug** anwendbar. Die Fälle der **Inländerdiskriminierung** können nicht unter Berufung auf Art 49 AEUV gelöst werden.

40 Auf die Niederlassungsfreiheit können sich sowohl natürliche als auch juristische Personen[83] berufen, die einer **selbstständigen Erwerbstätigkeit**[84] nachgehen bzw in einem anderen Mitgliedstaat ihre **Niederlassung** begründen. Der EuGH definiert den Begriff der Niederlassung als „tatsächliche Ausübung einer wirtschaftlichen Tätigkeit mittels einer **festen Einrichtung** in einem anderen Mitgliedstaat auf unbestimmte Zeit".[85]

41 Eine besondere Ausprägung hat der **Begriff der Niederlassung im europäischen Medienrecht** erhalten. Durch die Fernseh-RL 89/552/EWG[86] wurden die Mitgliedstaaten verpflichtet, bei den **„ihrer Rechtshoheit unterworfenen Fernsehveranstaltern"** für die Einhaltung der von der Richtlinie aufgestellten Regelungen bei den durch diese erfassten Sendungen zu sorgen. In Folge hatte der EuGH die Frage zu klären, welcher Mitgliedstaat bei mehreren Niederlassungen eines Fernsehveranstalters die Rechtshoheit innehält. Der EuGH stellte auf eine qualifizierte Niederlassung ab, an welcher der Fernsehveranstalter den „Mittelpunkt seiner Tätigkeit" habe und in dem insb „die Entscheidungen über die Programmpolitik und die endgültige Zusammenstellung der zu sendenden Programme getroffen würden".[87] Dabei sei es laut EuGH unbeachtlich, dass bei der Ermittlung der Kriterien für die qualifizierte Niederlassung die Ausübung der Rechtshoheit über diesen Veranstalter einem anderen Mitgliedstaat zufalle, als dem Mitgliedstaat, für dessen Gebiet die Programme ausschließlich bestimmt sind.[88] Diese Rechtsprechung des EuGH fand Eingang in die revidierte Fernseh-RL, der Richtlinie über audiovisuelle Mediendienste, die aber im Kern am Sendelandsprinzip festgehalten hat.[89]

42 Die Niederlassungsfreiheit wird vom EuGH seit den Entscheidungen ***Klopp***,[90] ***Vlassopulou***,[91] ***Kraus***[92] und ***Inasti***[93] zunehmend als „Behinderungsverbot" verstanden, welches unabhängig vom Vorliegen einer Diskriminierung einschlägig sein kann. Art 49 AEUV verbiete **„auch geringfügige oder unbedeutende Beschränkungen"** der Niederlassungsfreiheit.[94]

43 Als **Ausnahme** von dem grundsätzlichen Behinderungsverbot verweist der EuGH in ständiger Rechtsprechung auf **„zwingende Gründe des Allgemeinwohls"**[95] und rekurriert damit auf einen

83 Weiterführend *Schön* FS Lutter 685 ff; *Wank* NZA 2005, 88 ff.
84 Der Begriff dient der Abgrenzung zur Arbeitnehmerfreizügigkeit, vgl EuGH EuZW 2006, 179 ff – Ritter-Coulais.
85 EuGH Rs C-221/89 – Factortame, Slg 1991, I-3905, Rn 20.
86 Vgl unten Rn 134 ff.
87 EuGH Rs C-222/94 – Kommission/Vereinigtes Königreich, Slg 1996, I-4025, Rn 58, 60; EuGH Rs C-56/96 – VT4 Ltd, Slg 1997, I-3143, Rn 19 ff.
88 EuGH Rs C-56/96 – VT4 Ltd, Slg 1997, I-3143, Rn 19 ff.
89 Vgl unten Rn 164 ff.
90 EuGH Rs 107/83 – Klopp, Slg 1984, 2971.
91 EuGH Rs C-340/89 – Vlassopoulou, Slg 1999, I-2357.
92 EuGH Rs C-19/92 – Kraus, Slg 1993, 1663.
93 EuGH Rs C-53/95 – Inasti, Slg 1996, I-703 Rn 9, 11.
94 EuGH Rs C-49/89 – Societé Corsica Ferries, Slg 1989, 4441, Rn 7 f.
95 Vgl etwa EuGH Rs C-140/03 – Kommission/Griechenland, Slg 2005, I-3177 Rn 27; Rs C-19/92 – Kraus, Slg 1993, 1663; Rs C-55/94, Gebhard, Slg 1995, 4165, Rn 37.

Grundsatz der allgemeinen Grundfreiheitendogmatik. Danach können beschränkende Maßnahmen ausnahmsweise gerechtfertigt sein, wenn (a) sie nicht in diskriminierender Weise angewandt werden, (b) aus zwingenden Gründen des Allgemeinwohls gerechtfertigt sind und (c) dem Grundsatz der Verhältnismäßigkeit entsprechen, dh geeignet, erforderlich und angemessen sind.

4. Kapitalverkehrsfreiheit

Eine genaue Definition der Kapitalverkehrsfreiheit ist bislang weder vom Gemeinschaftsgesetz- 44
geber noch vom EuGH getroffen worden. Aus der Zusammenschau aller primär- und sekundärrechtlichen Regelungen, aus der EuGH-Rechtsprechung sowie aus dem ökonomischen Verständnis des Begriffs lässt sich jedoch ableiten, dass unter **Kapitalverkehr** jede über die Grenzen eines Mitgliedstaates der Gemeinschaft hinweg stattfindende Übertragung von Geld- oder Sachkapital zu verstehen ist, welche primär zu Anlagezwecken erfolgt.[96]

Der **Schwerpunkt der Rechtsprechung** des EuGH zur Kapitalverkehrsfreiheit lag anfänglich 45
insb in der **Abgrenzung zu den anderen europäischen Grundfreiheiten**, insb zur Warenverkehrsfreiheit,[97] Dienstleitungsfreiheit[98] und zur Niederlassungsfreiheit,[99] da der Gebrauch dieser Freiheiten in der Regel einen Kapitaltransfer als Gegenleistung nach sich zieht und die Liberalisierung der Kapitalverkehrsfreiheit nicht in gleichem Maße, wie die der anderen Freiheiten erfolgt.

Art 63 Abs 1 AEUV verbietet grds **alle Beschränkungen** des Kapitalverkehrs zwischen den 46
Mitgliedstaaten selbst sowie zwischen den Mitgliedstaaten und Drittstaaten. Damit ist ausschließlich der **grenzüberschreitende Kapitalverkehr** erfasst.[100] Als „Beschränkung" iSd Art 63 Abs 1 AEUV hat der EuGH sowohl Beschränkungen bei der Ausfuhr von Banknoten angesehen[101], als auch eine mitgliedstaatliche Regelung, welche grenzüberschreitende Kapitalbeteiligungen verbietet.[102] Die letztgenannte ***Veronica*-Entscheidung** beschäftigte sich mit einer niederländischen medienrechtlichen Vorschrift, welche die Tätigkeiten von Rundfunkveranstaltern einer umfassenden Genehmigungspflicht unterwarf, um so die Gründung von ausländischen Rundfunkaktiengesellschaften zu verhindern. Der EuGH qualifizierte diese Vorschrift eindeutig als Beschränkung iSd Art 63 AEUV, ging jedoch davon aus, dass dieses konkrete **Genehmigungserfordernis für Medienunternehmen** der Erhaltung eines pluralistischen und nichtkommerziellen Rundfunksystems und damit als Beschränkung dem **Allgemeinwohlinteresse** diene. So sei der beschränkende Eingriff in die Kapitalverkehrsfreiheit jedenfalls dann gerechtfertigt, wenn die Auslandsgründung lediglich dazu diene, sich den Verpflichtungen aus den inländischen Vorschriften zu entziehen.[103] Damit rekurriert der EuGH auch bei der Kapitalverkehrsfreiheit auf die sich verfestigende **Grundfreiheitendogmatik**[104], die er bereits zu Art 34 und 36 (ehem 28, 30 EGV) entwickelt hatte.

---

96 Vgl Calliess/Ruffert/*Bröhmer* Art 63, Rn 8; weiterführend *Beiser* GesRZ 2003, 187 ff.

97 Vgl dazu EuGH Rs 7/78 – Thompson, Slg 1978, 2247, Rn 27, 28.

98 Vgl dazu EuGH Rs 267/86 – ASPA, Slg 1988, 4769, Rn 22–25; Rs C-484/93 – Svensson und Gustavsson, Slg 1995, I-3955 Rn 10, 11; Rs C-118/96 – Safir, Slg 1998, I-1897 Rn 9 ff.

99 EuGH Rs C-302/97 – Konle, Slg 1999, I-3099.

100 Allgemeine Ansicht; vgl dazu Calliess/Ruffert/*Bröhmer* Art 63 , Rn 43; weiterführend *Kutt*; vgl auch *Kraft*/*Bron* IStR 2006, 26 ff.

101 EuGH Rs 203/80 – Casati, Slg 1981, 2595, Rn 13.

102 EuGH Rs C-148/91 – Veronica, Slg 1993, 487, Rn 15.

103 EuGH Rs C-148/91 – Veronica, Slg 1993, 487, Rn 9, 13, 15; ein Beispiel für die Abgrenzungsfeinheiten: Regelungen zu Erbschaften egeln unter die Bestimmungen über den freien Kapitalverkehr, nicht aber wenn es um Beteiligungen geht, die einen sicheren Einfluss auf eine Kapitalgesellschaft vermitteln, unter die Niederlassungsfreiheit, zuletzt bestätig in EuGH EuZW 2012, 751.

104 Weiterführend *Classen* EWS 1995, 97 ff; *Jarass* EuR 1995, 202 ff. und 2000, 705 ff.

II. Grundrechte: Art 10 EMRK

1. Einleitung

47 Die **Konvention zum Schutz der Menschenrechte und Grundfreiheiten** (EMRK)[105] wurde am 4.11.1950 in Rom von den Mitgliedsstaaten des Europarates unterzeichnet. Inzwischen ist sie von 47 Mitgliedern des Europarates ratifiziert.[106] Sie stimmt inhaltlich in vielen Punkten mit der Allgemeinen Erklärung der Menschenrechte der Vereinten Nationen (im Folgenden: „Erklärung") überein, der als politischem Bekenntnis jedoch nur – in Teilen – gewohnheitsrechtliche Geltung zukommt.[107] Die Vertragsparteien der EMRK konnten sich darauf einigen, der Konvention „Zähne" zu geben: ein Beschwerderecht für jedermann und eine gerichtsähnliche Institution, die über die Beschwerden entscheidet. Außerdem enthält die EMRK im Gegensatz zur Erklärung klare und spezifische Schrankenregelungen, die sie justitiabler macht als die Erklärung. Nach Art 6 Abs 1 EU gilt auch die Grundrechte-Charta der EU neben der als Rechtsquelle in gleichem Rang wie EU und AEUV. Gleichzeitig wurde auch die EMRK aufgewertet, weil die EU der EMRK förmlich beigetreten ist (Art 6 Abs 2 EU) und die EMRK nach Art 6 Abs 3 zu den allgemeinen Grundsätze des EU-Rechts zählt. Wie weit sich dies auf die Rechtsprechung des EuGH auswirkt, bleibt abzuwarten. Erste Ansätze zeigen sich – für das Medienrecht bedeutsam – in der Promusicae-Entscheidung.[108]

48 Die EMRK ist bisher durch insgesamt 13 **Protokolle** ergänzt bzw revidiert worden. Die Protokolle, die materielle Grundrechte gewähren, sind Zusatzprotokolle. Sie können in Kraft treten, auch wenn sie nicht von allen Mitgliedstaaten der EMRK ratifiziert worden und binden dann nur die ratifizierenden Staaten. Dadurch sind in den verschiedenen Mitgliedstaaten materiell unterschiedliche Grundrechtsstandards möglich.

49 Die EMRK gehört zum Grundbestand (sog „acquis communitaire") des **Gemeinschaftsrechts.**[109] Immer wieder hat der **EuGH** europäische Grundrechte aus der EMRK als Schranken-Schranke der wirtschaftlichen Grundfreiheiten des AEUV angewendet. Wenn sich also ein Mitgliedstaat auf einer Vertragsausnahme berief, um eine Grundfreiheit, wie zB die Dienstleistungsfreiheit, einzuschränken, musste diese Rechtfertigung wiederum im Lichte der Bedeutung des jeweiligen Grundrechts ausgelegt werden.[110]

50 Art 10 Abs 1 S 1 und 2 EMRK statuieren die **Meinungs-** und **Informationsfreiheit**; sie schützt sowohl Individuen als auch Massenmedien. S 2 erlaubt den Mitgliedsstaaten, Rundfunk- und Kinobetreiber, d.h. also bestimmte audiovisuelle Diensteanbieter, einer Lizenzierungspflicht zu unterwerfen. Abs 2 enthält eine ausdifferenzierte Schrankenregelung.

51 Die **praktische Relevanz** von Art 10 EMRK für die Massenmedien in Europa sollte nicht unterschätzt werden: Ähnlich wie die Dienstleistungsfreiheit gem Art 56 ff. AEUV war Art 10 EMRK wichtig für die Öffnung nationaler Rundfunkmärkte, die über viele Jahrzehnte durch **staatliche Rundfunkmonopole** gekennzeichnet waren. So wurde das Rundfunkmonopol des Österreichischen Rundfunks (ORF) in der Entscheidung des EGMR in der Sache *Lentia*[111] für konventions-

---

105 Konvention zum Schutze der Menschenrechte und Grundfreiheiten, abgeschlossen in Rom am 4.11.1950, BGBl 1952 Teil II S 686.

106 Der aktuelle Stand der Ratifikationen ist abrufbar unter http://conventions.coe.int/Treaty/Commun/ChercheSig.asp?NT=005&CM=7&DF=3/27/2008&CL=GER.

107 *Peters* 1; eine bindende Gewährleistung enthält hingegen der Internationale Pakt über bürgerliche und politische Rechte, ua auch zur Meinungsfreiheit, vgl Grote/Marauhn/*Grote/Wenzel* Kap 18 Rn 10.

108 EuGH Rs C-275/06 Slg 2008, I-271–348 Rn 61 ff – Promusicae.

109 Grote/Marauhn/*Grote/Wenzel* Kap 18 Rn 11 mwN; *Kühling* 110 ff.

110 Ein gutes Beispiel aus dem Bereich der Medienfreiheiten ist die Entscheidung EuGH Rs C-368/95 – Familiapress, Slg 1997, I-3689 Rn 24 f; vgl allgemein *Peters* 29 mwN.

111 EGMR AfP 1994, 281 – Lentia; Radio ABC v Österreich, Rep 1997 – VI, 2188, Rn 26 ff.

widrig erklärt und musste durch eine duale Rundfunkordnung unter Zulassung privaten Rundfunks ersetzt werden. Die **zweite** wesentliche **Bedeutung** von Art 10 EMRK für das nationale Medienrecht liegt darin, dass – ähnlich wie in einer verfassungsrechtlichen Überprüfung – die **nationalen Standards am Maßstab** der EMRK gemessen und überprüft werden. Dies ist auch für Staaten relevant, die – wie die Bundesrepublik Deutschland – über ein vergleichbares Grundrecht in der eigenen Verfassung verfügen.[112] Das hat zuletzt die Entscheidung in Sachen *Caroline von Hannover* gezeigt, in der der EGMR Personen der Zeitgeschichte einen größeren Schutz der Privatsphäre zubilligte als das BVerfG.[113] Hier hat das oberste deutsche Gericht verlangt, einer konventionsgemäßen Auslegung von nationalen Rechtsnormen den Vorzug zu geben, soweit Interpretationsspielräume bestehen.[114] Der **dritte Grund** für die zunehmende Bedeutung der EMRK ist ihre Relevanz für das **EU-Recht**. Europäische Rechtsakte wie etwa Richtlinien sind einer Kontrolle am Maßstab deutscher Grundrechte grds[115] entzogen. Sie müssen sich jedoch am Maßstab der EMRK messen lassen.[116]

2. EMRK als Rechtsquelle, Begünstigte, Drittwirkung und Prüfungsfolge

Der Rang der EMRK als **Rechtsquelle** ist in den einzelnen Mitgliedstaaten unterschiedlich. Teilweise steht sie über den nationalen Verfassungen, zum Beispiel in der Schweiz, teilweise hat sie Verfassungsrang, wie in Österreich, teilweise lediglich Gesetzesrang, wie in Deutschland. Obwohl damit in Deutschland formal der Grundsatz des *lex posterior* gilt, wonach alle zeitlich nach dem Zustimmungsgesetz erlassenen deutschen Gesetze der EMRK vorgehen müssen, sollte die Ausstrahlungswirkung auf das einfache Recht nicht unterschätzt werden. Aus dem Grundsatz der **völkerrechtsfreundlichen Auslegung** wird der Schluss gezogen, dass sämtliche Organe des Staates, einschließlich der Gerichte, die Urteile des EGMR, berücksichtigen müssen. Unterbleibt eine Auseinandersetzung mit der EMRK, verstößt dies gegen das Rechtsstaatsprinzip.[117] Wie weit die Bindung deutscher Gerichte und deutscher Behörden an die EMRK geht, zeigt das Beispiel des Caroline-Urteils.[118] 52

Die EMRK gewährt jedem, der unter die Gerichtsbarkeit eines Mitgliedsstaats fällt,[119] **Rechte und Freiheiten**. Dazu gehören Freiheitsrechte, wie das Recht auf Achtung des Privatlebens (Art 8 EMRK), Gedanken-, Gewissens- und Religionsfreiheit (Art 9 EMRK), aber auch Gleichheitsrechte und justizbezogene Rechte, wie das Recht auf ein faires Verfahren (Art 6 EMRK). Rechtssubjekte sind natürliche und juristische Personen. 53

Im Rechtsschutzsystem der EMRK existieren zwei Verfahrensarten, die **Individualbeschwerde** und die – praktisch unbedeutende – Staatenbeschwerde. Mit dem 11. Protokoll wurde die Menschenrechtskommission in einen ständigen Gerichtshof mit hauptamtlichen tätigen Rich- 54

---

112 Noch praxisrelevanter ist die EMRK selbstverständlich für Staaten, die keinen vergleichbaren Grundrechtsschutz kennen, wie etwa beim Vereinigten Königreich.

113 *Klass* AfP 2007, 517 ff; s unten Rn 68 ff.

114 BVerfGE 111, 307, 329.

115 S Rn 14.

116 EuGH Rs C-368/95 – Familiapress, Slg 1997, I-3689 Rn 24 f; EuGH NVwZ 2006, 1033 Rn 52 – Familienzusammenführung.

117 BVerfGE NJW 2004, 3407 – Bindungswirkung der Entscheidungen des EGMR.

118 *Klass* AfP 2007, 517 ff; in seinem jüngsten Urteil v 26.2.2008 hat das BVerfG das Verhältnis von Grundgesetz und EMRK näher betrachtet: Danach findet die Pressefreiheit ihre Schranken nach Art 5 Abs 2 GG nicht nur in den Vorschriften des Kunsturhebergesetzes, sondern auch in Art 8 EMRK. Damit hat das Gericht elegant die Frage umschifft, welchem der beiden Normkomplexen der Vorrang gebührt, vgl BVerfG WRP 2008, 645 ff.

119 Der Beschwerdeführer muss deshalb nicht Staatsangehöriger des Konventionsstaats sein, dessen Jurisdiktion er unterliegt.

tern umgewandelt. Die wichtigste Zulässigkeitsvoraussetzungen für die Individualbeschwerde ist die effektive Ausschöpfung des innerstaatlichen Rechtswegs (Art 35 Abs 1 EMRK).

55 Adressaten der sich aus der EMRK ergebenden Verpflichtungen sind Staaten, nicht Privatpersonen. Dennoch entfaltet die EMRK eine Art **mittelbarer Drittwirkung**. So kann die Rechtsverletzung von einer privaten Person ausgehen, zB von einem Presseunternehmen; hier kann dem Staat vorgeworfen werden, dass er die Rechte der Einzelnen nicht genügend gegen Angriffe Dritter schützt bzw Regelungen trifft, die diese Eingriffe zulassen.[120]

56 Die **Prüfungsreihenfolge**[121] ähnelt einer Grundrechtsprüfung. Zunächst muss allerdings geprüft werden, ob die EMRK überhaupt anwendbar ist.[122] Danach muss festgestellt werden, ob in den Schutzbereich eines von der EMRK geschützten Rechts eingegriffen worden ist. Im dritten Schritt muss geklärt werden, ob der Eingriff durch die allgemeine Schrankenregelung (Art 15 bis 17 EMRK) oder durch spezielle Rechtfertigungen in Abs 2 des jeweiligen Grundrechts gerechtfertigt ist. Im vierten Schritt geht es um die Frage, ob der Eingriff „notwendig für eine demokratische Gesellschaft" ist bzw ob es ein „pressing social need" für den Eingriff gibt. Diese Prüfung entspricht der **Verhältnismäßigkeitsprüfung** in Deutschland. Sie enthält eine Abwägung der Bedeutung des Eingriffsziels im Verhältnis zur Schwere des Eingriffs. Dazu kommt: Je nach Eingriff und je nach Ziel der Beschränkung hat der Mitgliedsstaat einen unterschiedlich großen Beurteilungsspielraum („margin of appreciation"). Dieser Beurteilungsspielraum ist größer in Bereichen, die starkem gesellschaftlichen Wandel unterliegen, wie zB Moralvorstellungen. Der Spielraum ist ebenfalls eher größer, wenn im betreffenden Rechtsbereich ein gemeinsamer Standard in Europa fehlt.[123] Im Bereich der Meinungsfreiheit ist die Marge eher klein, insb wenn es nicht nur um die Interessen eines Einzelnen, sondern um Themen geht, die von allgemeinem Interesse sind.[124]

3. Die Meinungs- und Informationsfreiheit

57 Art 10 EMRK schützt den **gesamten Prozess** der Meinungsbildung. Umfasst ist sowohl die Freiheit zur Mitteilung von Informationen und Ideen als auch das Recht auf den freien Empfang von Informationen. Dies schließt auch die Sammlung und Gewinnung von Informationen ein.[125] Allerdings geht der Anspruch nicht so weit, dass ein Anspruch auf Zugang zu noch nicht veröffentlichten Informationen bestehen würde.[126] Art 10 EMRK ist deshalb zu Recht als Grundnorm des europäischen Medien- und TK-Rechts bezeichnet worden.[127] Der EGMR hat eine Bereichdogmatik der **Medienfreiheiten** entwickelt, die im Hinblick auf ihre grundrechtsdogmatische Ausdifferenzierung in Europa keinen Vergleich zu scheuen braucht.[128]

58 Um den **Schutzbereich** des Art 10 EMRK zu eröffnen, ist lediglich eine **Äußerung** im Sinne einer zu vermittelnden Informationen notwendig. Dabei wird nicht wie in Deutschland zwischen Meinungen und Tatsachen unterschieden. Auch kommerzielle Äußerungen werden grds geschützt.[129] Die Äußerung falscher Tatsachen und kommerzielle Meinungsäußerungen können allerdings stärker beschränkt werden als andere Äußerungen.[130]

---

120 EGMR NJW 2004, 2647 – Caroline von Hannover; EGMR 28.6.2001 – Verein gegen Tierfabriken, Appl 24699/94.
121 *Peters* 256 ff.
122 Dies ist zB nicht der Fall, wenn der betreffende Staat die EMRK bzw das einschlägige Protokoll nicht ratifiziert hat.
123 *Peters* 25.
124 EGMR 25.8.1998 – Hertel v Schweiz, Appl 25181/94, Rep 1998 – VI, 2298 ff. Rn 47.
125 EGMR 27.3.1994 – Goodwin, Appl 17488/90; EGMR 15.7.2003 – Ernst ua, Appl 33400/96.
126 EGMR 19.2.1998 – Guerra, Appl 14967/89.
127 *Trenkelbach* 59.
128 *Kühling* 129 ff.
129 Castendyk/Dommering/Scheuer/*Dommering* Art 10 ECHR passim; Grote/Mahraun/*Grote* Kap 18.
130 S unten Rn 64.

Art 10 Abs 2 EMRK enthält eine detaillierte **Schrankenregelung**. Um zulässig zu sein, muss der Eingriff erstens gesetzlich vorgesehen sein, zweitens eines der in dieser Norm genannten Ziele verfolgen und drittens in einer demokratischen Gesellschaft notwendig und damit verhältnismäßig sein. 59

Der EGMR fasste wichtige **Grundsätze** seiner Rechtsprechung zu Art 10 EMRK im Fall *Observer* wie folgt zusammen: 60

„Die Meinungsäußerungsfreiheit stellt eine der wesentlichen Grundlagen einer demokratischen Gesellschaft dar; unbeschadet des Art 10 Abs 2 gilt sie nicht nur für Nachrichten oder Ideen, welche positiv aufgenommen werden, welche als unschädlich angesehen werden, oder welche auf Gleichgültigkeit stoßen, sondern auch und gerade für solche, die Angriffe enthalten, schockieren oder irritieren. Die Freiheiten gem Art 10 unterliegen einer Reihe von Ausnahmen, welche jedoch so auszulegen sind, dass die Notwendigkeit irgendwelcher Beschränkungen überzeugend dargelegt wird. Diese Grundsätze sind von besonderer Bedeutung hinsichtlich der Presse. Wenn sie auch nicht die Grenzen überschreiten darf, die sich ua hinsichtlich der nationalen Sicherheitsinteressen oder zur Aufrechterhaltung der Ansehens der Justiz begeben, ist es dennoch ihre Aufgabe, Nachrichten und Ideen über Angelegenheiten von öffentlichem Interesse zu verbreiten. Es ist nicht nur Aufgabe der Presse, solche Nachrichten und Ideen mitzuteilen, sondern die Öffentlichkeit hat auch das Recht, sie zu empfangen. Sonst wäre die Presse nicht in der Lage, ihre wesentliche Rolle als Wächter der Öffentlichkeit („public watchdog") wahrzunehmen." [131]

4. Differenzierung des Schutzstandards nach Inhalten

Die Meinungsfreiheit kann verschiedene Funktionen in einer Gesellschaft haben.[132] Sie kann ein **„Marktplatz der Meinungen"** sein; sie ermöglicht Diskussionen und Auseinandersetzungen und damit letztlich Erkenntnisgewinn. Außerdem hat sie eine besondere Bedeutung für die **demokratische Meinungsbildung**. Ähnlich wie das BVerfG hält der EGMR die Meinungsfreiheit für ein besonders zentrales Grundrecht, weil sie Teil der demokratischen Ordnung ist.[133] In der öffentlichen Diskussion würden die politischen Alternativen formuliert, zwischen denen die Bürger wählen können.[134] Die Sicht der Medien als fünfte Gewalt, als „public watchdog", hat zu Folge, dass bei der Schutzbedürftigkeit von Äußerungen zu differenzieren ist.[135] 61

Besonders geschützt sind **Politiker** und **Journalisten**.[136] Eingriffe in ihre Meinungsfreiheit sind nur unter sehr restriktiven Voraussetzungen zulässig. Hier ist der Beurteilungsspielraum der Mitgliedstaaten deutlich geringer. Diese im Fall *Lingens* 1986 aufgestellten Grundsätze bestimmen seitdem die Rechtsprechung des Gerichtshofs. Gleichzeitig müssen Politiker allerdings auch härtere Kritik hinnehmen. Die Bezeichnung des Verhaltens eines Politikers als „unmoralisch und würdelos" war vor diesem Hintergrund ebenso zulässig wie die Bezeichnung als „Trottel".[137] 62

Im Rahmen der Verhältnismäßigkeitsprüfung unterscheidet der EGMR zwischen **Tatsachenbehauptungen** und **Werturteilen**. Bei Tatsachenbehauptungen darf ein Wahrheitsbeweis 63

131 EGMR EuGRZ 1995, 16 ff – Observer/Guardian.
132 Vgl *Barendt* 13 ff.
133 *Holoubeck* 195 f.
134 Krit dazu *Castendyk* Rechtliche Begründungen 50 ff.
135 EGMR 7.12.1976 – Handyside, Appl 5493/72; 26.4.1979 – Sunday Times, Appl 6538/74.
136 *Holoubeck* 194 f.
137 EGMR 8.7.1986 – Lingens, Appl 9815/82, Rn 41; 1.7.1987 – Oberschlick II, Appl 20834/92, Rn 24 f.

verlangt werden. Unrichtige Tatsachenbehauptungen werden idR nur geschützt, wenn sie unter Beachtung der (journalistischen) Sorgfaltspflichten gewonnen wurden.[138] Die jeweilige nationale Regelung muss den Wahrheitsbeweis erlauben. Die Weigerung der spanischen Gerichte, im Strafverfahren gegen *Castells* den Wahrheitsbeweis zuzulassen, war für das Gericht ausschlaggebend, eine Verletzung des Art 10 EMRK anzunehmen.[139] Zu berücksichtigen ist auch der sog „chilling effect", so dass zB ein grds gerechtfertigtes Bußgeld wegen einer falschen Tatsachenbehauptung gegen Art 10 EMRK verstoßen kann, wenn es zu hoch ist und Menschen von riskanten Äußerungen von vorneherein abschrecken kann.[140]

64 Eingeschränkten Schutz genießt die **„commercial speech"**.[141] Dies gilt allerdings nicht, wenn es um mehr geht als um **Werbung** für ein Produkt oder eine Dienstleistung, zB wenn auf Missstände hingewiesen wird.[142] Nicht zu verwechseln mit diesem geringeren Schutz ist der Umstand, dass das Gericht nicht in die komplexen Abwägungen des Wettbewerbsrechts des jeweiligen Mitgliedsstaates eingreifen will und deshalb den Beurteilungsspielraum seiner Gerichte und Behörden ausweitet.[143]

65 Ähnlich wie in Deutschland wird zwischen Meinungsäußerungen differenziert, die **Relevanz** für die politische bzw öffentliche Meinungsbildung aufweisen, und solchen Äußerungen, die lediglich die private Neugier befriedigen.[144]

66 Der Ermessenspielraum der nationalen Gerichte und Behörden ist besonders hoch bei **religiösen** und **moralischen Fragen**. Damit vertritt das Gericht nicht die Meinung, dass solche Fragen keine Bedeutung für den politischen oder gesellschaftlichen Diskurs aufweisen, sondern es geht davon aus, dass es hier keinen einheitlichen Standard über alle Mitgliedsstaaten hinweg gibt. Das Verhältnismäßigkeitsprinzip ist dennoch zu beachten. Dies wurde deutlich im Fall *Verein gegen Tierfabriken*.[145]

67 Der Verein wollte in einem Fernsehspot im Schweizer Fernsehen auf **Tierquälerei** bei der Tierhaltung hinweisen. Das Schweizer Rundfunkrecht verbietet[146] jedoch – ebenso wie das deutsche[147] – religiöse und politische Werbung. Der Fernsehsender weigerte sich, den Spot auszustrahlen. Das Gericht stellte einen Eingriff in den Schutzbereich fest, da eine Entscheidung des Schweizer Bundesgerichts und damit der Staat iSd Art 1 EMRK für das Ausstrahlungsverbot verantwortlich war. In der Prüfung der Rechtfertigung konzedierte das Gericht, dass ein Verbot politischer Werbung der Meinungsvielfalt dienen könne, indem es verhindere, dass finanzkräftige Gruppen einen politischen Wettbewerbsvorteil erhalten. Dies sei ein legitimer Zweck zum Schutz der Rechte Anderer iSd Art 10 Abs 2 EMRK.[148] Im Rahmen der **Verhältnismäßigkeit** sei jedoch im Einzelfall abzuwägen zwischen dem Recht des Beschwerdeführers auf freie Meinungsäußerung und dem Ziel, die öffentliche Meinungsbildung gegen übermäßige Beeinflussung durch finanzkräftige Gruppen zu schützen. Das Gericht argumentierte, dass die Verhinderung des politischen Wettbewerbsvorteils kein dringendes soziales Bedürfnis sein könne, wenn das Verbot der politischen Werbung **nicht für Printmedien** gelte. Die schweizerische Regierung habe außerdem nicht dargelegt, dass der kleine Verein gegen Tierfabriken eine finanzstarke Gruppie-

---

138 *Holoubeck* 194.
139 EGMR 23.4.1992 – Castells, Appl 11798/85, Rn 42.
140 EGMR 15.2.2005 – Steel & Morris, Appl 68416/01.
141 EGMR 24.2.1994 – Casado Coca, Appl 15450/89, Rn 33 ff.
142 EGMR 25.3.1985 – Barthold, Appl 8734/79.
143 EGMR 20.11.1989 – markt intern Verlag, Appl 10572/83; 24.2.1994 – Casado Coca, Appl 15450/89.
144 *Barendt* 155; s unten Rn 68 ff.
145 EGMR 28.6.2001 – Verein gegen Tierfabriken, Appl 24699/94.
146 Art 18 Abs 5 des Bundesgesetzes über Radio und Fernsehen.
147 Vgl § 7 Abs 7 RStV.
148 EGMR 28.6.2001 – Verein gegen Tierfabriken, Appl 24699/94, Rn 63 ff.

rung darstelle. Deshalb sei das Verbot in einer demokratischen Gesellschaft nicht notwendig und verletze Art 10 EMRK.

5. Prominente und ihre Privatsphäre

Im Jahre 2004 hatte das EGMR darüber zu entscheiden, ob die deutschen Gerichte die **Privatsphäre Prominenter** ausreichend schützen. Sein Urteil[149] hatte Folgen im konkreten Fall[150] und darüber hinaus.[151] Es ging um eine **Bildberichterstattung** über Urlaube von *Caroline von Hannover*. Nach der ständigen Rechtsprechung des BVerfG waren Personen der Zeitgeschichte in der Öffentlichkeit nur geschützt, wenn sie sich – außerhalb des häuslichen Bereichs – erkennbar in eine räumliche Abgeschiedenheit begeben hatten, zB wenn man sich in den kaum beleuchteten hinteren Teil eines Gartenlokals zurückgezogen hatte.[152] 68

Diese eher räumliche Abgrenzung zwischen geschützte **Privatsphäre** und öffentlicher Sphäre beim Schutz des Rechts am eigenen Bild wurde vom EGMR für nicht ausreichend gehalten. Entscheidend für die Abwägung zwischen dem Recht am eigenen Bild (geschützt von Art 8 EMRK) und der durch Art 10 EMRK geschützten **Pressefreiheit** war für den EGMR die Frage, ob der Beitrag zur gesellschaftlichen Meinungsbildung beitragen könne. Welches Gewicht die Meinungsfreiheit im Einzelfall erhalte, hänge deshalb davon ab, ob es sich um einen Beitrag zu einer Diskussion in einer demokratischen Gesellschaft handele oder ob nur die Neugier am Privatleben bestimmter meist prominenter Personen betroffen sei. Die Auslegung des § 23 Abs 1 KUG durch die deutschen Gerichte war deshalb in zweierlei Hinsicht problematisch: Zum einen passt die Kategorie der Person der Zeitgeschichte nicht auf Prominente, die kein öffentliches Amt bekleiden. Zum anderen unterscheiden die deutschen Gerichte nicht zwischen einem Beitrag zur Diskussion in einer demokratischen Gesellschaft und einem solchen, der nur der Befriedigung privater Neugier dient.[153] 69

Der BGH versucht seit dem diese vom EGMR aufgestellten Grundsätze zu beachten und mit in seine Abwägung einzustellen.[154] Dabei versucht das Gericht in Diktion und Formulierung an die bisherige Rechtsprechung anzuknüpfen und damit den von der EGMR-Entscheidung veranlassten Bruch mit der alten Auslegung von § 23 KUG nicht allzu drastisch erscheinen zu lassen. So wird zB betont, dass die Presse selbst nach publizistischen Kriterien entscheiden dürfe, was der Befriedigung des öffentlichen Interesses diene. „Das BVerfG hat zwar die Entscheidung des erkennenden Senats insoweit bestätigt, als dort der Schutz der Privatsphäre gegen unerwünschte Aufnahmen auf die Fälle erkennbarer räumliche Abgeschiedenheit beschränkt worden ist. Das schließt es jedoch nicht aus, bei der erforderlichen Interessenabwägung zwischen Presse- 70

149 EGMR NJW 2004, 2647 ff; krit dazu ua *Gersdorf* AfP 2005, 220 ff; *Stürner* AfP 2005, 213 ff; *Söhring/Seelmann-Eggebert* NJW 2005, 571; *Klass* AfP 2007, 517 ff.

150 Als Folge des Urteils einigten sich Caroline von Hannover und die Bundesregierung außergerichtlich auf die Zahlung von € 115.000,–. Damit wurden ihr nicht nur die Gerichtskosten erstattet, sondern sollten auch die entstandenen immateriellen Schäden ausgeglichen werden, vgl *Klass* 517 Fn. 7.

151 *Klass* 519 ff; vgl zB EGMR NJW 2012, 753 – Naomi Campbell, EGMR NJW 2012 – Caroline von Hannover Nr 2; EGMR NJW 2012, 747 – Max Mosley.

152 BVerfG NJW 2000, 1021 ff, mit der die vorausgegangene BGH-Rechtsprechung (vgl ua BGH AfP 1996, 140 ff.) zur Erweiterung des Prominentenschutzes auch auf Teile des öffentlichen Raumes bestätigt wurde.

153 Das BVerfG hat zwar in anderen Entscheidungen durchaus den Schutz politischer relevanter Meinungsäußerungen höher gewichtet und besonders geschützt (zB BVerfGE 102, 347, 362 f – Benetton-Werbung); diese Differenzierung wurde jedoch bei der Definition der Person der Zeitgeschichte nicht relevant.

154 BGH ZUM 2007, 382 ff – Caroline V; es ging um Fotos, die Caroline und ihren Ehemann im Urlaub auf einer öffentlichen Straße zeigten und um Bilder, die das prominente Paar auf einer Straße in St. Moritz abbildeten, ebenfalls verbunden mit einer Berichterstattung über ihren Urlaub; vgl außerdem BGH AfP 2007, 472 ff – Lebenspartnerin von Herbert Grönemeyer.

freiheit und Schutz der Privatsphäre den Informationswert für die Öffentlichkeit stärker zu berücksichtigen."[155]

71 Im Ergebnis folgte der BGH jedoch dem EGMR. Obwohl es sich – iSd alten Rechtsprechung – um Personen der Zeitgeschichte handelte, die sich nicht erkennbar in einer räumliche Abgeschiedenheit zurückgezogen hatten, wurde die Veröffentlichung der Fotos aus dem Urlaub von *Caroline von Hannover* für unzulässig gehalten. Der Urlaub gehöre zum Kernbereich der Privatsphäre. Die Veröffentlichung der Fotos sei weder von **allgemeinem Interesse**, noch handle es sich um ein zeitgeschichtliches Ereignis. Der Informationswert für die Öffentlichkeit sei gering, es ginge vielmehr um Unterhaltung ohne gesellschaftliche Relevanz. Nur bei den Fotos, die die Krankheit von Fürst *Rainier von Monaco* thematisierten, bestünde ein Zusammenhang mit einem zeitgeschichtlichen Ereignis, der die Bildberichterstattung zulässig mache.[156]

72 Das **BVerfG** hat sich mit dieser Fragestellung in grundlegender Weise in seiner Entscheidung vom 26.2.2008 auseinander gesetzt.[157] Es ist dabei ebenfalls der neuen Linie gefolgt. Es hält allerdings an seiner Ansicht fest, dass auch **unterhaltende Beiträge**, etwa über prominente Personen, am Schutz der Pressefreiheit teilhaben. Erst bei der Abwägung mit kollidierenden Persönlichkeitsrechten durch die Gerichte komme es auf das Gewicht des **Informationsinteresses** und auf die Weise an, in der die Berichterstattung einen Bezug zu Fragen aufweise, welche **die Öffentlichkeit wesentlich angehen**. Das Gericht sieht sich in der Nachprüfung der Instanzgerichte auf die Frage begrenzt, ob der Einfluss der deutschen Grundrechte, **auch unter Berücksichtigung** der Gewährleistungen der EMRK auf die Auslegung der zivilrechtlichen Normen und auf die Abwägung der kollidierenden Schutzgüter hinreichend beachtet ist. Im Hinblick auf die bisher zentrale Unterscheidung zwischen **absoluten** und **relativen Personen** der **Zeitgeschichte** macht der Erste Senat darauf aufmerksam, dass er diese Unterscheidung nur als eine mögliche Abkürzung der Umschreibung für Personen verstanden wissen will, deren Bild die Öffentlichkeit für beachtenswert hält. In Rn 82 der Entscheidung regt es deswegen an, **neue**, auf der Basis der EGMR-Rechtsprechung stehende **Typisierungen** und **Fallgruppen** zu entwickeln.

6. Zurechnung

73 Geschützt ist auch die Verbreitung von Ideen anderer durch die Medien. Ihre Rolle als Marktplatz der Meinungen schützt sie auch, wenn sie ehrverletzende oder sogar rassistische Äußerungen verbreiten. Voraussetzung ist allerdings, dass die Äußerungen Dritter dem jeweiligen Medium nicht zugerechnet werden können. Im Fall *Jersild* interviewte der gleichnamige Journalist dänische Neonazis. Diese äußerten sich extrem verächtlich über bestimmte ethnische Minderheiten. Das Interview wurde in einem Nachrichtenmagazin ausgestrahlt. Es sollte auf das Problem des anwachsenden Rassismus bei den dänischen Jugendlichen aufmerksam machen. Der Journalist und der Fernsehsender wurden wegen Beihilfe und Anstiftung zur Rassendiskriminierung zu einem Bußgeld verurteilt. Bei der Rechtfertigung des Bußgelds musste – zugunsten des dänischen Verbots – Art 4 und 5 der UN Antirassismus-Konvention berücksichtigt werden. Aufgrund der Rolle der Medien als „watch dog" und Spiegel der Gesellschaft und weil die Äußerungen der Jugendlichen weder dem Journalisten nach dem Fernsehsender zurechenbar waren, müssten besonders starke Gründe für ein Verbot vorliegen. Und so entschieden die Richter in ihrer Mehrheit (12 gegen 7), dass die Informationsfreiheit in diesem Falle höher zu gewichten sei

155 BGH ZUM 2007, 382, 384 Rn 22.
156 BGH ZUM 2007, 382, 385 Rn 26.
157 BVerfG v 26.2.2008, 1 BvR 1602/07, 1606/07 und 1626/07.

als der Minderheitenschutz. Das Bußgeld sei deshalb unverhältnismäßig gewesen und verletze Art 10 EMRK.[158]

III. Kartell- und Wettbewerbsrecht

Zum europäischen Kartellrecht kann auf die Ausführungen von *Müller* in Band 3 Kap 2, zum europäischen Wettbewerbsrecht auf den von *Andrea Kyre* bearbeiteten Teil zum privaten europäischen Medienrecht[159] verwiesen werden. 74

IV. Beihilfenrecht

1. Einleitung

Der Gemeinsame Markt kann nicht nur durch missbräuchliches Verhalten von Kartellen oder 75
durch Unternehmenszusammenschlüsse gestört werden, sondern auch durch staatliche Eingriffe. Von staatlicher Seite gewährte **Subventionen** oder **sonstige Hilfen** an einheimische Unternehmen oder ganze Wirtschaftszweige können ebenso den Wettbewerb verfälschen, zB wenn dadurch die einheimischen Produkte und Dienstleistungen künstlich verbilligt werden. Art 107 Abs 1 AEUV möchte verhindern, dass der Handel zwischen Mitgliedstaaten durch solche von staatlichen Stellen gewährte Vergünstigungen beeinträchtigt wird, wenn dadurch der Wettbewerb verfälscht wird oder verfälscht zu werden droht.

Beihilfen durch die Mitgliedstaaten sind deshalb grds gem Art 107 Abs 1 AEUV verboten.[160] 76
Dieses Verbot gilt allerdings nicht absolut. Es bestehen zum einen im AEUV festgelegte **Ausnahmen**, zB Beihilfen zur Beseitigung von Schäden, die durch Naturkatastrophen entstanden sind (Art 107 Abs 2b) AEUV), Ausnahmen, die **im Ermessen** der Kommission liegen (Art 107 Abs 3 AEUV), zB zur Förderung strukturschwacher Gebiete, und Ausnahmen, die in sog **Freistellungsverordnungen** vereinheitlicht worden sind (Art 107 Abs 3c) AEUV. Art 106 Abs 2 AEUV bietet eine weitere Ausnahmeregelung für Unternehmen, die **Dienstleistungen von allgemeinem öffentlichen Interesse** erbringen, im Medienbereich sind dies zB öffentlich-rechtliche Sender. Voraussetzung ist ua, dass die Kompensation für die Erbringung der Dienstleistung von allgemeinem wirtschaftlichem Interesse auf das Notwendige beschränkt ist und keine sog Überkompensation stattfindet. Art 14 AEUV, der durch den Vertrag von Amsterdam Eingang in den damaligen EG-Vertrag gefunden hatte, legt ein allgemeines Bekenntnis zu den Diensten von allgemeinem wirtschaftlichem Interesse ab.

2. Struktur und Verfahren

Rechtsgrundlage der Beihilfekontrolle durch die EU-Kommission sind die **Art 107–108 sowie** 77
Art 106 Abs 2 AEUV. Die Struktur der Beihilferegelung im AEUV ist relativ einfach. Art 107 Abs 1 AEUV statuiert den Grundsatz, wonach Beihilfen unzulässig sind. In Abs 2 werden bestimmte allgemeine Ausnahmen gemacht, etwa für Sozialbeihilfen; hier besteht kein Handlungsspielraum für die Kommission. Die in Abs 3 genannten Ausnahmen, zB zur Förderung der wirtschaftlichen Entwicklung von strukturschwachen Gebieten oder zur Kulturförderung, stehen im Er-

158 EGMR NStZ 1995, 237 – Jersild.
159 Vgl Rn 205 ff.
160 Calliess/Ruffert/*Cremer* Art 107 EUV Rn 1.

messen der Kommission. Das **Beihilfeverfahren** ergibt sich aus Art 108 AEUV und der Verordnung (EG) Nr 659/1999 des Rates vom 22.3.1999 über besondere Vorschriften für die Anwendung von Art 108 AEUV.[161] Art 109 AEUV ermöglicht Durchführungs- und Freistellungsverordnungen.

78 Die Mitgliedstaaten sind verpflichtet, der Kommission neue Beihilfen oder Änderungen bestehender Beihilferegelung vor ihrer Durchführung anzumelden (sog **Notifizierung**). Ausgenommen von der Notifizierungspflicht sind nur die Beihilfen, die unter eine Gruppenfreistellungsverordnung der Kommission fallen. Der Mitgliedstaat darf die angemeldete Maßnahme solange nicht durchführen, bis die Kommission entschieden hat. Die Kommission hat in der Regel zwei Monate[162] Zeit, um eine Entscheidung zu fällen. Diese relativ kurze Frist wird von der Kommission häufig eingehalten, weil im Vorfeld – vor der offiziellen Anmeldung der Beihilfe – informelle Gespräche zwischen den Behörden des jeweiligen Mitgliedstaats und der Kommission stattfinden. Vor der Genehmigung gewährte Beihilfen sind rechtswidrig.[163]

79 Beim Verfahren unterscheidet Art 108 AEUV zwischen zwei Varianten: **bestehende und „neue" Beihilfen**. Als bestehende Beihilfen gelten nach Art 1d VO 659/1999 ua: aus der Zeit vor dem Beitritt stammende Beihilfen, genehmigte Beihilfen, Beihilfen, die länger als 10 Jahre zurückliegen, sowie Beihilfen, die zum Zeitpunkt ihrer Einführung keine Beihilfen waren und zu solchen erst aufgrund der Entwicklung des gemeinsamen Marktes wurden, ohne dass sie eine Änderung durch den Mitgliedstaat erfahren haben. Als eine solche Beihilfe wurden zB die **Rundfunkgebühren** in Deutschland eingestuft.[164] Bestehende Beihilfen können gem Art 108 Abs 1 AEUV überprüft werden. Nach der Einleitung der Überprüfung kann die Beihilfe jedoch weitergewährt werden und muss nicht ausgesetzt werden. Gem Art 108 Abs 1 S 2 AEUV kann die Kommission zweckdienliche Maßnahmen vorschlagen, um die Beihilferegelung statthaft zu machen.

80 **Neue Beihilfen** oder **Änderungen** bestehender Beihilfen müssen angemeldet werden (Art 108 Abs 3 S 1 AEUV). Hält die Kommission eine geplante Beihilfe für mit dem Gemeinsamen Markt unvereinbar, leitet sie ein Verfahren nach Art 108 Abs 2 ein.[165] An dessen Ende steht entweder einer Verbot oder die Aufforderung, die geplante Beihilfe umzugestalten.

81 Wird eine neue Beihilfe nicht notifiziert, kann die Kommission **einstweilige Anordnungen** erlassen, um die Zahlung einer Beihilfe bis zum Abschluss des Hauptverfahrens zu verhindern (Art 11 der VO 659/1999). Wird die Beihilfe für nicht freistellungsfähig erachtet, kann die Kommission anordnen, dass der Mitgliedstaat eine bereits geleistete Beihilfe vom Beihilfeempfänger zurückzufordern hat. Außerdem kann die Kommission gegen den betreffenden Mitgliedstaat ein Vertragsverletzungsverfahren gem Art 258 AEUV einleiten und zwar sowohl wegen der Verletzung der Notifizierungspflicht als auch gegebenenfalls wegen Nichtbefolgung der Anordnungen.

3. Relevanz des Art 107 Abs 1 AEUV für die Medien

82 Die Beihilfekontrolle durch die EU-Kommission ist von großer **Bedeutung für die Medien** auch in Deutschland. Die prominenteste Fallgruppe ist die Finanzierung des öffentlich-rechtlichen Rundfunks und hier insb die **Gebührenfinanzierung**. Die Debatte über die Finanzierung von Sendern wie RAI, BBC, ZDF, TVE oder ORF, die Anfang der 90er Jahre erstmals unter Beihilfegesichtspunkten geführt wurde, ging auf Beschwerden privater Rundfunkveranstalter zurück, die von der EU-Kommission allerdings zunächst diktatorisch behandelt wurden. Der Gerichtshof

161 ABlEG 1999, L 83, 1.
162 Sog „Lorenz-Frist", vgl EuGH Rs 120/73, Slg 1973, 1741, Rn 4.
163 EuGH Rs C-345/90, Slg 1991 I-5505 Rn 16.
164 Entscheidung der Kommission v 24.4.2007 zur Finanzierung des öffentlich-rechtlichen Rundfunks in Deutschland, KOM (2007) 1761 endg Rn 200.
165 S Art 4 Abs 4 der VO 659/1999.

erster Instanz entschied jedoch in den Fällen „Gestevisión Telecinco“ und „TF1“, dass die Kommission ihren Verpflichtungen nicht nachgekommen ist.[166] Als Reaktion auf die damit erstmals drohende Kontrolle der Rundfunkfinanzierung durch die Kommission verlangten eine Reihe von Mitgliedstaaten, insb Belgien, Deutschland und Schweden, die öffentlich-rechtlichen Rundfunksender aus der Beihilfekontrolle herauszunehmen und schlugen einen klarstellenden Zusatz im EG-Vertrag vor. Dieses Unterfangen war nur teilweise erfolgreich. Die Mitgliedstaaten einigten sich auf das Amsterdamer Protokoll zum EG-Vertrag.[167] Darin heißt es unter anderem:

„[...] Die Bestimmungen des Vertrages zur Gründung der Europäischen Gemeinschaft berühren nicht die Befugnis der Mitgliedstaaten, den öffentlich-rechtlichen Rundfunk zu finanzieren, sofern die Finanzierung der Rundfunkanstalten dem öffentlich-rechtlichen Auftrag, wie er von den Mitgliedstaaten den Anstalten übertragen, festgelegt und ausgestaltet wird, dient und die Handels- und Wettbewerbsbedingungen in der Gemeinschaft nicht in einem Ausmaß beeinträchtigt, dass dem gemeinsamen Interesse zuwiderläuft, wobei den Erfordernissen der Erfüllung des öffentlich-rechtlichen Auftrages Rechnung zu tragen ist.“

Das Amsterdamer Protokoll ist ein integraler Bestandteil des Vertrages und keine bloße Ab- 83
sichtserklärung. Es erkennt die Kompetenz der Mitgliedstaaten an, für den öffentlich-rechtlichen Rundfunk einen bestimmten Aufgabenkreis festzulegen und auszugestalten. Die Kommission hingegen sieht in dem Amsterdamer Protokoll – pointiert ausgedrückt – kaum mehr als eine Paraphrasierung des Art 106 Abs 2 AEUV.[168] Für die Kommission sind die „Mitteilung über die Dienstleistungen von allgemeinem Interesse in Europa“ aus dem Jahr 1996[169] und die darauf beruhende Rundfunkmitteilung[170] die weitaus wichtigeren Rechtsquellen. Auf Beschwerden ua des VPRT[171] und der Premiere AG aus dem Jahr 2002 und nach langen Diskussionen mit Bund und Ländern einigte sich die Kommission mit der Bundesregierung 2006 über bestimmte Änderungen ua bei der Rundfunkgebühr, der Definition des Rundfunkauftrags und der Transparenz der Geldflüsse. Dieser Kompromiss wurde mit dem 12. Rundfunkänderungsstaatsvertrag in deutsches Recht umgesetzt.

Als **zweites Beispiel** für die Relevanz des Beihilfetatbestandes kann hier die staatliche bzw 84
staatlich organisierte **Filmförderung** in Deutschland genannt werden. In allen Mitgliedstaaten der EU existieren Filmförderungsprogramme, die insb Gelder an Filmproduktionsfirmen und Filmauswerter (Verleih, Kino, etc) vergeben.[172] In Deutschland wird Filmförderung sowohl auf Landesebene (zB durch das Medienboard Berlin-Brandenburg[173], den FilmFernsehFonds Bayern[174] oder die Filmstiftung NRW[175]) als auch auf Bundesebene ua über die Filmförderungsanstalt (FFA) betrieben.[176] Seit Anfang der 90er Jahre werden sie von der Kommission nach Art 107ff.

166 EuGH Rs T-95/96 – Gestevisiòn Telecinco, Slg 1998 II 3407, Rn 90; T-17/96 – TF1, Slg 1999 II 1757, Rn 90.

167 Protokollerklärung Nr 32 der Amsterdamer Regierungskonferenz („Amsterdamer Protokoll“) über den öffentlich-rechtlichen Rundfunk in den Mitgliedstaaten.

168 Vgl die sog Rundfunkmitteilung (Mitteilung der Kommission über die Anwendung der Vorschriften über Staatliche Beilhilfen auf den öffentlich-rechtlichen Rundfunk) von 2009, http://ec.europa.eu/competition/state_aid/legislation/broadcasting_communication_de.pdf. sowie die Entscheidung der Kommission KOM (2007) 1761 endg, Rn 217.

169 Mitteilung der Kommission v 11.9.1996 KOM (96) 443 endg.

170 Mitteilung der Kommission über die Anwendung der Vorschriften über Staatliche Beihilfen auf den öffentlich-rechtlichen Rundfunk, ABlEG 2001, C 320, 4, die voraussichtlich 2008 reformiert wird.

171 Verband privater Rundfunk und Telemedien eV.

172 *Castendyk* Filmförderung 125 ff.

173 www.medienboard.de.

174 www.fff-bayern.de.

175 www.filmstiftung.de.

176 www.ffa.de; neben der FFA fördert ua auch der Bundesbeauftragte für Kultur und Medien, etwa durch die Finanzierung des deutschen Filmpreises.

AEUV überprüft.[177] Dabei hat die Kommission sowohl ihre Rechtsauffassungen[178] als auch ihre Kriterien für die Zulässigkeit von Filmförderungen immer weiter verfeinert. In der sog Kinomitteilung aus dem Jahre 2001[179], die in jüngster Zeit grundlegend überarbeitet wurde,[180] sind die relevanten Kriterien zusammengefasst. Streitpunkte sind dabei ua die Frage, ob die Mitgliedsstaaten einen „Ländereffekt" zur Voraussetzung ihrer Förderung machen dürfen (sog Territorialisierung), wie hoch der Anteil der Förderung am Gesamtbudget eines Films sein darf und an welchen Kriterien die allein genehmigungsfähige „kulturelle" Filmförderung zu erkennen ist.[181] Bei der folgenden Darstellung des Tatbestands der Beihilfe werden diese beiden Bereiche, die Rundfunkgebührenfinanzierung[182] und die Filmförderung, zur Illustration herangezogen.[183] So deuten sich in der neuesten Entwicklung der Gruppenfreistellung einige Veränderungen an. Demnach soll eine Gruppenfreistellung voraussichtlich auch für Beihilferegelungen zur Förderung der Drehbuchgestaltung, Entwicklung, Produktion, des Vertriebs und der Promotion von audiovisuellen Werken, sowie der Kinoförderung gelten, sofern sie vorgeschriebenen Kriterien erfüllt werden.

4. Der Tatbestand der Beihilfe

85 **a) Übersicht.** Eine staatliche Beihilfe iSd Art 107 Abs 1 AEUV liegt vor, wenn folgende **Tatbestandsmerkmale** erfüllt sind:

aa) eine staatliche oder aus **staatlichen Mitteln** finanzierte Maßnahme gleich welcher Art,
bb) die bestimmte Unternehmen oder Wirtschaftszweige **begünstigt**,
cc) den **Wettbewerb** verfälscht oder zu verfälschen droht und den **Handel** zwischen Mitgliedstaaten beeinträchtigt.

86 **aa) Staatliche Mittel. Staatliche Mittel** im og Sinne liegen vor, wenn eine Beihilfe unmittelbar vom Staat oder von öffentlichen oder privaten Einrichtungen, die vom Staat zur Durchführung der Beihilfenregelung eingerichtet oder beauftragt wurden, gewährt wird.[184] Wenn die Mittel nicht direkt aus dem Staatshaushalt fließen, sondern von Privatpersonen an eine öffentliche Einrichtung gezahlt werden, können sie dennoch als „staatliche oder aus staatlichen Mitteln

177 Vgl zB Entscheidung der Kommission zum Deutschen Filmförderfond (DFFF) K(2006) 6682 endg, Staatliche Beihilfe – N695/2006 – Deutscher Filmförderungsfond; Entscheidung K(2007) 2432 Staatliche Beihilfe – N248/2007 – FilmFernsehFonds Bayern; Entscheidung K(2007) 2437 Staatliche Beihilfe – N236/2007 – Medienboard Berlin-Brandenburg; Entscheidung K(2007) 2431 Staatliche Beihilfe – N230/2007 – Filmstiftung NRW; Entscheidung K(2004) 4762 endg Stattliche Beilhilfe – N411/2004 – Förderung von Film- und Fernsehproduktionen in den deutschen Ländern, Entscheidung SG (99) D/4249, Staatliche Beihilfe – N4/98 – Filmförderungsgesetz.

178 *Broche/Chaterjee/Orssich/Tosics*, Competition Policy Newsletter 2007/1, 44 ff.

179 Mitteilung der Kommission an den Rat, das Europäische Parlament, den Wirtschafts- und Sozialausschuss und den Ausschuss der Regionen zu bestimmten Rechtsfragen im Zusammenhang mit Kinofilmen und anderen audiovisuellen Werken v 26.9.2001 KOM (2001) 534 endg, ABlEG 2002 C 43, 6 (sog Kinomitteilung).

180 Kinomitteilung KOM (2013/C 332/1)

181 *Broche/Chaterjee/Orssich/Tosics* Competition Policy Newsletter, 2007/1, 44 ff.

182 Andere Vorteile öffentlich-rechtlicher Sender, die ebenfalls Begünstigungscharakter haben, wie etwa die Gewährträgerhaftung des Staates und die steuerliche Sonderbehandlung (vgl Entscheidung der Kommission KOM (2007) 1761 endg, Rn 152 ff.) sollen hier außer Betracht bleiben.

183 Selbstverständlich gibt es weitere Beispiele, zB die Subventionierung von DVB-T, vgl Castendyk/Dommering/Scheuer/*Braun* Art 87 EC, Rn 56 ff; Entscheidung der Kommission v 9.11.2005 über die Staatliche Beihilfe, die die Bundesrepublik Deutschland zugunsten der Einführung des digitalen terrestrischen Fernsehens (DVB-T) in Berlin-Brandenburg gewährt hat, ABlEG 2006, L 200, 14 Rn 62 ff; vgl auch *Koenig/Hus* EStAL 2004, 605, 608 ff.

184 Dauses/*Götz/Martínez Soria* Bd II H III, Rn 56 ff; Grabitz/Hilf/Nettesheim*von Wallenberg* Bd II Art 107 Rn 31 ff.

stammende Zuwendungen" angesehen werden, wenn (a) die Vergünstigungen unmittelbar oder mittelbar aus staatlichen Mitteln gewährt werden[185] und (b) die Entscheidung über die konkrete Zuwendung dem Staat zurechenbar ist.[186]

Die Kommission geht davon aus, dass die deutschen **Rundfunkgebühren** staatliche Mittel sind, da sie vom Staat beschlossen werden und den Anstalten des öffentlichen Rechts zufließen.[187] Bund und Länder weisen demgegenüber darauf hin, dass Rundfunkanstalten schon aus verfassungsrechtlichen Gründen „staatsfrei" sein müssen (s Band 4 Teil 1 Kap 1). Ähnliche Probleme stellen sich bei der Filmförderung: Die Filmförderungsanstalt (FFA) erhebt ua die sog **Filmabgabe**, § 66 FFG, die zB von den Kinobetreibern entrichtet werden muss. Die FFA ist eine Anstalt öffentlichen Rechts, keine staatliche Institution. Sie wird von der Filmwirtschaft selbst kontrolliert. Die Gremien, die über die Projektfilmförderung entscheiden, sind staatsfrei zusammengesetzt. Der Staat beschränkt seine Kontrolle auf die Rechtsaufsicht. 87

In der älteren Rechtsprechung des EuGH wurden **parafiskalische Abgaben**[188], dh staatlich bestimmte Abgaben eines bestimmten Personenkreises, die nicht in den Staatshaushalt fließen, sondern in gesonderte Fonds oder Einrichtungen, als staatliche Mittel betrachtet.[189] Im *Preussen Elektra*-Urteil[190] entschied der Gerichtshof jedoch, dass eine Begünstigung nur dann aus staatlichen Mitteln stammt, wenn die Zuwendung Auswirkungen auf den Staatshaushalt hat. Die bloße Tatsache, dass die Vergütungsverpflichtung des Stromeinspeisungsgesetzes auf einem Gesetz beruhe, habe keine Bedeutung.[191] Ein Teil der Literatur hat die Entscheidung dahingehend interpretiert, dass unabhängig davon, ob eine staatliche Einrichtung oder eine privatwirtschaftliche Institution zwischengeschaltet wird, der **Staatshaushalt** durch die Subvention belastet werden muss.[192] Diese Interpretation ist allerdings nicht zwingend. Denkbar ist, dass die Bedingung „Auswirkung auf den öffentlichen Haushalt" **nur** für Sachverhalte wie bei *Preussen Elektra* gilt, in denen die Mittel ausschließlich zwischen Privaten zirkulieren.[193] Die Entscheidung zur *Stardust Marine*[194] verdeutlicht diese Auffassung für zwischengeschaltete Institutionen: Der Gerichtshof sah Vergünstigungen einer privatrechtlich organisierten Bank in staatlichem Eigentum 88

185 Vgl EuGH Rs C-72/91 und C-73/91 – Sloman Neptun, Slg 1993 I 887 Rn 19; Rs C-189/91 – Kirsammer-Hack, Slg 1993 I-6185 Rn 16; Rs C-52/97 ua – Vicido ua, Slg 1998 I-2629 Rn 13; Rs C-200/97 – Ecotrade, Slg 1998 I-7907 Rn 35; Rs C-295/97 – Piaggio, Slg 1999 I-3735 Rn 35; Rs C-379/98 – Preussen Elektra, Slg 2001 I-2099 Rn 58; Rs C-482/99 – Stardust Marine, Slg 2002, I-4397 Rn 24.

186 EuGH Rs C-482/99 – Stardust Marine, Slg 2002, I-4397 Rn 24; Rs 67, 68 und 70/85 – Van der Kooy, Slg 1988, 219 Rn 35; Rs C-303/88 – Italien/Kommission, Slg 1991 I-1433 Rn 11; Rs C-305/89 – Italien/Kommission, Slg 1991 I-1603 Rn 13.

187 Entscheidung der Kommission KOM (2007) 1761 endg, Rn 148 ff; umstritten, vgl ausführlich dazu Libertus in Hahn/Vesting, Rundfunkrecht, 3. Aufl 2012, § 13 RStV, Rn 38 ff.

188 EuGH Rs 173/73, Slg 1974, 709 Rn 35; EuG Rs T-358/94 – Air France/Kommission, Slg 1996 II-2109; Dauses/*Götz/Martínez Soria* Bd II, H III, Rn 58.

189 Vgl *Koenig/Kühling* ZUM 2001, 537 (543) mwN; ähnlich auch Generalanwalt Jacobs, der parafiskalische Abgaben dann annimmt, wenn die Mittel zweckgebunden in einen zum Staatshaushalt gehörenden Sonderfonds fließen und dann an bestimmte Dritte ausgezahlt werden; Schlussanträge zum Urteil EuGH Rs C-379/98 – Preussen Elektra, Slg 2001 I-2099 Rn 165.

190 EuGH Rs C-379/98 – Preussen Elektra AG, Slg 2001 I-2099.

191 EuGH Rs C-379/98 – Preussen Elektra AG, Slg 2001 I-2099 Rn 59: „Der Umstand, dass die Abnahmepflicht auf einem Gesetz beruht und bestimmten Unternehmen unbestreitbare Vorteile gewährt, kann damit der Regelung nicht den Charakter einer staatlichen Beihilfe iSv Art 92 Abs 1 EGV verleihen", so auch der Generalanwalt in seinen Schlussanträgen zum Urteil, Rn 165 ff.

192 Vgl *Bartosch* NVwZ 2001, 643, 645 f; *Koenig/Kühling* ZUM 2001, 537, 543 mwN.

193 Diese Auffassung wird von der Kommission vertreten, s Entscheidung der Kommission KOM (2007) 1761 endg, Rn 151; in etwas andere Richtung geht jedoch der EuGH Rs C-72/91 und C-73/91 – Sloman Neptun, Slg 1993 I-887 Rn 19 ff.

194 EuGH Rs C-482/99 – Stardust Marine, Slg 2002, I-4397.

als staatliche Mittel an, obwohl sie diese Mittel aus ihrem laufenden Geschäftsbetrieb erwirtschaftet hatte. Entscheidend sei, dass die Mittel „unter **staatlicher Kontrolle** und damit den zuständigen nationalen Behörden zur Verfügung stehen".[195] Das Element der staatlichen Kontrolle wurde sowohl bzgl der Einnahmeseite mit Blick auf das staatsfern organisierte KEF-Verfahren bezweifelt, als auch bzgl der Ausgabeseite, da die Verwendung der **Rundfunkgebühr** durch die Rundfunksender gerade keiner staatlicher Kontrolle unterliege.[196]

89 Im Jahre 2009 wurde eine *neue Mitteilung über die Anwendung der Vorschriften über staatliche Beihilfen auf den öffentlich-rechtlichen Rundfunk* (ABl C 257 vom 27.10.2009 [2009/C 257/01]) veröffentlicht. Darin fasst die Kommission die einschlägigen Kriterien und Grundsätze auf der Basis der EuGH-Rechtsprechung[197] zusammen. Danach fällt eine Maßnahme nur dann unter die Ausnahmeregelung des Art 106 Abs 2 AEUV, wenn (1.) die betreffende Dienstleistung eine Dienstleistung von allgemeinem und wirtschaftlichen Interesse darstellt und klar als solche definiert ist, (2.) das betreffende Unternehmen ausdrücklich mit der Erbringung dieser Dienstleistung betraut wurde, (3.) die Anwendung des Beihilfeverbots die Erfüllung der dem Unternehmen übertragenen besonderen Aufgaben verhindern würde und (4.) die Freistellung von diesen Vorschriften die Entwicklung des Handels nicht in einem Ausmaß beeinträchtigt, das dem Interesse der Gemeinschaft zuwiderläuft. Die Dienstleistung und die Betrauung müssen genau festgelegt sein. Hier werden von der Kommission bestimmte Mindeststandards vorausgesetzt.[198] Eine neue Voraussetzung für die Zulässigkeit einer Rundfunkbeihilfe ist die Durchführung eines *Ex-ante-Evaluierungsverfahrens und eines sog „market impact assessment"*, also der Untersuchung der Auswirkungen auf den Markt.

90 Dieses „market impact assessment" ist schon Teil des sog „Beihilfekompromisses", den Bundesregierung, Länder und Kommission mit Bezug auf den deutschen öffentlich-rechtlichen Rundfunk erreicht hatten (vgl Mitteilung der Kommission vom 24.4.2007[199]). Wegen dieses Kompromisses ist die zwischen 1998–2007 intensiv geführte Diskussion[200] heute nicht mehr relevant. Dasselbe gilt für das Filmförderungsgesetz (FFG). Der EuGH hat sich zwar nicht zur deutschen Filmförderung geäußert. Die Bundesregierung hat jedoch seit 1991 alle FFG-Novellen notifiziert und die von der Kommission gewünschten Änderungen vorgenommen, obwohl die freiwilligen Beiträge der Fernsehsender nicht unter den Begriff der staatlichen Mittel subsumiert werden können.[201]

---

195 EuGH Rs C-482/99 – Stardust Marine, Slg 2002, I-4397 Rn 37; damit erteilte der Gerichtshof denjenigen Interpretationen eine Absage, die nach *Preussen Elektra* die Voraussetzung „aus staatlichen Mitteln" nur für gegeben ansahen, wenn der Staatshaushalt unmittelbar belastet wird, so auch Castendyk/Dommering/Scheuer/*Braun* Art 87 EC Rn 11.

196 Vgl *Bartosch* NVwZ 2001, 643, 645 f; *Koenig/Kühling* ZUM 2001, 537, 545 m.w.N; *Gounalakis* 166 ff; aA *Degenhardt* ZUM 2001, 357, 370.

197 Vgl insbesondere EuG-TV Danmark-Entscheidung aus dem Jahr 2008 (vgl BeckRS 2008, 71120).

198 Vgl dazu *Bartosch,* EuZW 2009, 684, 687 f; *Pichler,* Medien und Recht 7–8/2009, 347 ff; *Thum,* NVwZ 2007, 521, 525 ff.

199 Entscheidung der Kommission KOM (2007) 1761 endg, Rn 322 ff.

200 Hinsichtlich der Rechtslage in Deutschland vgl Schreiben der Generaldirektion Wettbewerb der EU-Kommission zur Finanzierung der öffentlich-rechtlichen Rundfunkanstalten in Deutschland und zur Vereinbarkeit des bestehenden Systems mit dem gemeinsamen Markt, v 3.3.2005, Staatliche Beihilfe E 3/2005, epd medien 2005, Nr 21; s anders die Antwort der Bundesregierung v 6.5.2005, Journalist.de 6/2005, 1 ff (abrufbar unter http://www.journalist.de/downloads/pdf/dokumentationen/finanzierung.pdf); vgl Analyse von *Kleist/Scheuer* Funkkorrespondenz 11.3.2005, 3 ff; *Sumrada/Nohlen* EStAL 2005, 609, 618 ff; *Dörr* Media Perspektiven 2005, 333, 335 ff; *Jury* 80 ff; *Koenig/Haratsch* EStAL 2003, 569, 570 ff; *Koenig/Kühling* ZUM 2001, 537, 538 ff; *Michel* MMR 2005, 284, 285 ff; Auffassung der Kommission (vgl Schreiben der Generalirektion Wettbewerb der EU-Kommission v 3.3.2005, epd medien 2005 Nr 21 Rn 118, wird ua unterstützt von *Selmayr/Kamann* K&R 2004, 49, 52; *Tigchelaar* EStAL 2003, 169, 173.

201 *Castendyk/Bark* ZUM 2003, 480, 483.

bb) Begünstigung. Eine **Begünstigung** als weitere Voraussetzung des Art 107 Abs 1 AEUV ist gegeben, wenn Unternehmen geldwerte Vorteile ohne marktgerechte Gegenleistung erhalten.[202] Ob eine angemessene Gegenleistung vorliegt, ist danach zu beurteilen, ob ein privater Investor dieselbe Summe für die Leistung zahlen würde (sog **„private investor test"**).[203] Der EuGH geht davon aus, dass auch **adäquate Gegenleistungen** für die Erfüllung von Gemeinwohlsverpflichtungen iSd Art 106 Abs 2 AEUV den Tatbestand der Beihilfe entfallen lassen können.[204] 91

Auch bei der Rundfunkgebühr ist das Tatbestandsmerkmal der Begünstigung umstritten. 92
Denn es ist fraglich, ob die **Rundfunkgebühr** nicht doch eine angemessene Gegenleistung für die Leistungen der Rundfunkanstalten ist.[205] Die Voraussetzungen, die der EuGH für die „angemessene Gegenleistung" aufstellt, überschneiden sich teilweise mit denen des Ausnahmetatbestands für Unternehmen, die **Dienstleistungen von allgemeinem öffentlichen Interesse** erbringen (Art 106 Abs 2 EGV).[206] **Eine der vier** Voraussetzungen ist, dass die Parameter, anhand derer die angemessene Gegenleistung für das Unternehmen berechnet wird, zuvor (dh vor der Betrauung mit der gemeinwirtschaftlichen Tätigkeit) objektiv und transparent aufgestellt werden müssen. Dies ist bei der Rundfunkgebühr nicht der Fall, denn sie wird von der KEF ex post geprüft und letztendlich von den Ländern bestimmt.[207] Schon deshalb erfüllt die Rundfunkgebühr auch das Tatbestandsmerkmal der Begünstigung.[208]

Die **Filmförderung** ist ebenfalls begünstigend. Betrachtet man die **Einnahmeseite**, ist un- 93
problematisch, dass die Filmabgabe keine angemessene Gegenleistung für eine Leistung der FFA darstellt. Bei der **Ausgabenseite** sieht es nicht anders aus: Die Referenzförderung ist keine Gegenleistung für die Leistung eines geförderten Filmherstellers. Die Projektfilmförderung als erfolgsbedingt rückzahlbares Darlehen hielte angesichts einer Rückzahlungsquote von unter 10%[209] keinem „private investor test" stand.[210] Nur bei Förderarten, wie der Filmtheaterförderung nach § 56 Abs 3 FFG, bei der die FFA zinslose Darlehen für Investitionen (zB neue Bestuhlung eines Kinos) vergibt, die in der Regel auch zurückgezahlt werden, liegt die Begünstigung nicht im Förderbetrag selbst, sondern lediglich in der Differenz zum marktüblich verzinsten Darlehen.

cc) Wettbewerbs- und Handelsbeeinträchtigung. Eine Beihilfe ist mit dem gemeinsa- 94
men Markt unvereinbar, wenn die Auswirkungen auf den innergemeinschaftlichen **Handel** eine verzerrende Wirkung auf den **Wettbewerb** in der Gemeinschaft entfaltet oder entfalten kann. Dies ist zB dann der Fall, wenn die Beihilfe die Stellung eines Unternehmens gegenüber seinen Wettbewerbern in diesem Handel stärkt.[211] Bei der Auswirkung auf den Wettbewerb ist

202 Calliess/Ruffert/*Cremer* Art 107 (ex 87) EUV, Rn 7 mwN.
203 EuG Rs T-358/94 – Air France/Kommission, Slg 1996 II-2109 Rn 70 ff; Dauses/*Götz/Martínez Soria* Bd II H III Rn 62.
204 EuGH Rs C-53/00 – Ferring, Slg 2001 I-9067 Rn 17 ff; Rs C-280/00 – Altmark Trans, Slg 2003 I-7747 Rn 87 ff.
205 Vgl *Koenig/Kühling* ZUM 2001, 537, 538 ff; Michel MMR 2005, 284, 285 ff.
206 Die Auffassung, wonach nach der Altmark-Entscheidung kein Raum mehr für eine selbstständige Prüfung des Art 86 Abs 2 EGV verbleiben würde, ist wohl überholt, vgl *Koenig/Haratsch* ZUM 2004, 122 ff.
207 Vgl Band 4 Teil 1 Kap 1.
208 Entscheidung der Kommission KOM (2007) 1761 endg Rn 160 ff.
209 Vgl *Castendyk* Filmförderung 143 f.
210 Gesondert ist die Förderung nach dem Filmfernsehabkommen zwischen ARD-Sendern, ZDF und FFA zu beurteilen, da die Rundfunkanstalten als Gegenleistung für ihre Förderung Senderechte an den geförderten Filmen erhalten. Die Begünstigung könnte nur in der Differenz zwischen nach dem Abkommen vereinbarten, für die Filmproduzenten vergleichsweise günstigen und den üblichen Vertragsbedingungen bestehen.
211 EuGH Rs 730/79 – Philip Morris/Kommission, Slg 1980, 2671 Rn 11, Grabitz/Hilf/Nettesheim /*von Wallenberg* Bd II Art 107 Rn 54.

seitens der Kommission der relevante Markt zu definieren, wenn sie die Beihilfeentscheidung begründet.[212]

95 Angesichts des **internationalen Programm- und Sportrechtehandels** sowie der grenzüberschreitenden Wirkung der Werbung geht die Kommission davon aus, dass eine staatliche Finanzierung öffentlich-rechtlicher Rundfunksender den **innergemeinschaftlichen Handel beeinflusst**. Da private und **öffentlich-rechtliche Sender** um dieselben Zuschauer und zumindest teilweise um dieselben Werbekunden kämpfen, kann sich die Begünstigung **wettbewerbsverfälschend** auswirken.[213] Weitere Argumente basieren auf der Tätigkeit der kommerziellen Tochterfirmen und der Onlinerangebote des öffentlich-rechtlichen Rundfunks in Deutschland.

96 Auch die **Filmproduktion** und **Filmauswertung** ist ein internationales Geschäft, so dass deren Förderung den innergemeinschaftlichen Handel und Wettbewerb verzerren kann. Die derzeit aktuelle Frage bei Rundfunkgebührenfinanzierung und Filmförderung ist deshalb weniger, ob sie Beihilfen darstellen, sondern eher, inwieweit und in welcher Ausgestaltung sie ausnahmsweise zulässig sein können. Für die Rundfunkgebührenfinanzierung kommt als Ausnahmevorschrift vor allem der erwähnte Art 106 Abs 2 AEUV in Betracht, für die Filmförderung geht es um die Bereichsausnahme in Art 107 Abs 3d) AEUV.[214]

97 **b) Art 106 Abs 2 AEUV.** Eine Ausnahme für Unternehmen, die mit **Dienstleistungen von allgemeinem öffentlichen Interesse** betraut sind, kommt unter drei Voraussetzungen in Betracht (vgl die *Mitteilung über die Anwendung der Vorschriften über staatliche Beihilfen auf den öffentlich-rechtlichen Rundfunk* vom 27.10.2009 (2009/C 257/01):[215]

1. Die zu erbringenden Dienstleistungen von allgemeinem wirtschaftlichem Interesse muss vom Mitgliedstaat klar definiert sein (**Definition**).
2. Das Unternehmen muss mit der Erbringung der Dienstleistung durch eine öffentliche Stelle betraut sein (**Betrauung**). Die Einhaltung der allgemeinen wirtschaftlichen Verpflichtungen im Einklang mit dem Betrauungsakt muss durch eine unabhängige Stelle überwacht werden.
3. Die staatliche Beihilfe darf nicht über die Netto-Mehrkosten der allgemeinen wirtschaftlichen Dienstleistung hinausgehen, wobei andere Einkünfte, die unmittelbar oder mittelbar aus der Erbringung der öffentlichen Dienstleistungen entstehen, zu berücksichtigen sind (**Verhältnismäßigkeit**).

98 Bei der **Definition** des Rundfunkauftrags gesteht die Kommission – entsprechend dem Amsterdamer Protokoll[216] – den Mitgliedsstaaten gesetzgeberisches Ermessen zu. Die Rolle der Kommission beschränkt sich auf die Kontrolle **offensichtlicher Fehler**.[217] Auch wenn es den Mitgliedstaaten frei steht, den öffentlichen Auftrag selbst zu definieren,[218] müssen diese Definitionen

---

212 Vgl EuGH, verbd Rs C-329/93, C-62/95, C-63/95 – Bremer Vulkan, Slg 1996 I-5151 Rn 53 ff; s anders Schlussanträge des Generalanwalts Alber zu EuGH Rs C-351/98 – Spanien/Kommission, Slg 2002 I-8031 Rn 78 ff.

213 Entscheidung der Kommission KOM (2007) 1761 Rn 184 ff.

214 Selbstverständlich kommen theoretisch beide Ausnahmeregelungen für Rundfunkgebühr und Filmförderungen Betracht. Dies wird aber nur bei der Rundfunkgebühr thematisiert, vgl zB Hahn/Vesting/*Libertus* § 13 Rn 46 f; Castendyk/Dommering/Scheuer/*Schmahl* Art 151 EC, Rn 27; Grabitz/Hilf/*von Wallenberg* Bd II Art 87 Rn 182 f.

215 So die Kommission bereits in dem Verfahren der staatlichen Beihilfe – C 62/1999 (ex NN 140/1998) – Italien, ABlEG 1999, C 351, 20 ff, Entscheidung der Kommission betreffend der Maßnahmen Italiens zu Gunsten von RAI K(2003) 3528, ABlEG 2004, L 119, 1, Rn 95 ff; *Koenig/Haratsch* ZUM 2004, 122 ff. und in der Entscheidung der Kommission KOM (2007) 1761 Rn 217 ff.

216 S oben Rn 82.

217 Entscheidung der Kommission KOM (2007) 1761 Rn 220.

218 Mit dieser Möglichkeit sind interessante Fragestellungen, wie zB, ob ein Marktversagen erforderlich ist, um eine Einrichtung mit der Dienstleistung von öffentlichem Interesse zu betrauen, leider abgeschnitten (vgl krit zum Konzept des Marktversagens jedoch *Koenig/Füg* EStAL 2005, 591 ff.).

jedoch hinreichend präzise sein. Dabei hat die Kommission die sehr weit gefasste Definition des Rundfunkauftrags in den meisten deutschen Rundfunkgesetzen grds akzeptiert. In Einzelfällen, zB bei Digitalkanälen und bei Internetangeboten, hat sie jedoch Präzisierungen verlangt.[219] Die Zulassung öffentlich-rechtlicher E-Commerce-Angebote, von Werbung, Sponsoring und Merchandising über das Internet, von Pay-TV und Pay-Per-View und ähnlicher kommerzieller Dienste wäre hingegen ein „offensichtlicher Fehler".

Bei der **Betrauung** hat die Kommission Zweifel daran erkennen lassen, ob die interne Kontrolle durch den Rundfunk- bzw Verwaltungsrat effizient ist.[220] Dies gilt insb für die noch unzureichende Kontrolle der kommerziellen Tochter- und Beteiligungsfirmen der Rundfunkanstalten. 99

Zur **Verhältnismäßigkeit** hat die Kommission eine Vielzahl von Anforderungen an die Kommission. Gem der Rundfunkmitteilung muss die Kommission im Rahmen von Art 106 Abs 2 AEUV darüber wachen, dass die Subventionierung der Dienstleistung von allgemeinem wirtschaftlichem Interesse den Wettbewerb auf dem gemeinsamen Markt nicht in unverhältnismäßig hohem Maße beeinträchtigt. Neben der klaren Definition des öffentlichen Auftrags erfordert dies eine ebenso klare Trennung zwischen gemeinwirtschaftlichen und anderen kommerziellen Tätigkeiten. Nur auf Grundlage einer solchen differenzierten Mittelzuweisung lässt sich feststellen, ob die öffentliche Finanzierung tatsächlich auf die Nettokosten des öffentlich-rechtlichen Auftrages begrenzt ist. Die Anforderungen an die getrennte Buchführung ergeben sich dabei aus der Transparenz-RL. Nur damit können unzulässige Quersubventionierungen kommerzieller Töchter mit Mitteln aus der Rundfunkgebühr verhindert werden. 100

c) Art 107 Abs 3d) AEUV. Ein Filmförderungsprogramm kann von der Kommission nach Art 107 Abs 3d) AEUV als Förderung der Kultur genehmigt werden,[221] wenn sie die Handels- und Wettbewerbsbedingungen in der Gemeinschaft nicht in einem Maß beeinträchtigen, das dem gemeinsamen Interesse zuwiderläuft. Nach Ansicht der Kommission ist eine Filmförderung in diesem Sinne noch angemessen, wenn maximal 50% der Gesamtkosten des Films von der Filmförderung zugeschossen werden, wobei Ausnahmen für kleine, schwierige oder kulturell besonders wichtige Filme möglich sind.[222] Der Produzent muss mindestens 20% des Filmbudgets in anderen Mitgliedsstaaten ausgeben dürfen, ohne dass die ihm gewährte Beihilfe gekürzt wird (sog „80/20-Regel"). Damit wird der *Territorialisierungsgrad* auf 80% limitiert.[223] 101

Es muss außerdem sichergestellt sein, dass **Produktionen mit nicht kulturellem Inhalt** von der Förderung ausgeschlossen sind, der EuGH nennt als Beispiele Werbung oder Pornographie.[224] Wichtig ist daneben, dass nicht die Wirtschaftsförderung im Vordergrund steht. Diese Voraussetzungen waren bei der FFA ua über das **Qualitätserfordernis** (welches iS einer kulturellen Qualität ausgelegt werden muss) und § 19 FFG sichergestellt. Neuerdings verlangt die Kommission aber auch zusätzliche **„kulturelle" Kriterien**. Bisher hielt sie dies nur bei „Incentive"-Förderungen, wie dem Deutschen Filmförderungsfonds, für erforderlich. Bei den jüngsten Genehmigungsverfahren hat sich gezeigt, dass die EU-Kommission zwischen – förderungswürdigen – „kulturellen" und – nicht förderungsfähigen – technischen bzw wirtschaftlichen Teilen 102

219 Entscheidung der Kommission KOM (2007) 1761 Rn 236, 248 ff.
220 Entscheidung der Kommission KOM (2007) 1761 Rn 255 ff.
221 Denkbar ist selbstverständlich auch eine andere Ausnahme, zB die Förderung strukturschwacher Gebiete, vgl Art 107 Abs 2c) AUEV iVm der Verordnung (EG) Nr 1628/2006 (Regionalfreistellungsverordnung).
222 Kritik an diesem – allerdings in der Praxis nicht sehr ernst genommen – Kriterium übt *Hentschel* 289.
223 Vgl Kinomitteilung KOM (2001) 534 endg Rn 6, Veröffentlichung der Kinomitteilung von 2013, am 14.11.2013.
224 Vgl Entscheidung der Kommission SG(98) D/6935, Staatliche Beihilfe – N3/98 – Frankreich, 6 f.

der Filmproduktion differenzieren möchte.[225] Es ist jedoch problematisch, zwischen „kultureller“ und „wirtschaftlicher“ Filmförderung zu unterscheiden. Eine Trennung in „kulturell wertvolle“ und „Kommerzfilme“ ist nicht möglich und wäre auch mit Bezug auf die Funktion des Films als kultureller Spiegel der Gesellschaft verfehlt. Auch erfolgreiche und massenattraktive Filme können einen ganz erheblichen Einfluss auf die private und öffentliche Meinungsbildung erlangen und kulturell eine ganze Generation mitprägen. Noch problematischer ist die einseitige Bevorzugung „kreativer“ Beiträge, denn zum einen sind auch Teile der „technischen“ Beiträge heutzutage künstlerisch, zB im Bereich der digitalen Nachbearbeitung, zum anderen sind auch rein technische Beiträge notwendig, um den Film entstehen zu lassen.

§ 3
Medien im Völkerrecht und Europa

I. Einleitung

103 Das Völkerrecht beeinflusst Rundfunk und Medien unter verschiedenen Gesichtspunkten.

104 Von ganz erheblicher praktischer Bedeutung sind die völkerrechtlichen Regelungen für das **Fernmeldewesen.**[226] So wird etwa das Frequenzspektrum im Rahmen internationaler Vereinbarungen zwischen den Staaten aufgeteilt.[227] Die Verteilung von Frequenzen richtet sich nach dem internationalen **Fernmeldevertrag (IFV)**[228] und der **Vollzugsordnung für den Funkdienst (VO Funk)**. Danach koordiniert, verteilt und registriert die **Internationale Fernmeldeunion (IFU),** eine Sonderorganisation der UNO, die Frequenzen. In mehrjährigem Abstand finden sog Weltfunkkonferenzen statt, bei denen die Vollzugsanordnungen ergänzt und geändert werden. Die danach auf nationaler Ebene zur Verfügung stehenden Frequenzen werden in Deutschland nach Maßgabe des **TKG** in einem mehrstufigen Verfahren vergeben.[229] Ebenfalls bedeutsam sind die Handelsliberalisierungen, die im Anschluss an die Uruguay-Runde der WTO-Verhandlungen auch für den **Telekommunikationssektor** erreicht wurden.[230] Da das TK-Recht nicht zum Medienrecht gehört, soll dieser Aspekt im Folgenden nicht weiter vertieft werden.

105 Bei **Rundfunk- und Mediendiensten** wurde in den letzten Jahren vor allem diskutiert, ob und inwieweit derartige Angebote unter das **WTO-Regime** fallen. Die in den GATT- und GATS-Abkommen vereinbarten Liberalisierungen sind für den audiovisuellen Sektor durchaus relevant:[231] Wäre etwa das **GATT-Abkommen** von 1947 auf Rundfunksendungen anwendbar, wären Quotenregelungen, wie zB die europäische Quote in Art 4 der Fernseh-RL, völkerrechtswidrig.[232] Die Anwendung des welthandelsrechtlichen Grundsatzes der Inländerbehandlung könnte zB dazu führen, dass in Europa ansässige US-amerikanische Zweigniederlassungen Anspruch auf europäische Fördermittel hätten. Auch im Bereich der Kabelweiterleitung dürften außereuropäi-

225 Entscheidung der EU-Kommission zum neuen UK-Fund K(2007) 6075 endg, Staatliche Beihilfe – NN 6/06 – UK film development and production funds; Entscheidung der Kommission zum Deutschen Filmförderfond (DFFF) K(2006) 6682 endg, Staatliche Beihilfe – N695/2006 – Deutscher Filmförderungsfond.
226 Zur Einführung vgl *Ladeur* ArchPT 1998, 243 ff.
227 Einen ersten Einstieg bietet *Herrmann/Lausen* 5. Kap § 29 Rn 1 ff.
228 Vertragstext in der Fassung des Schweizer Bundesgesetzblatts abrufbar unter http://www. admin.ch/ch/d/sr/i7/0.784.16.de.pdf.
229 *Herrmann/Lausen* 5. Kap § 29 Rn 26 ff.
230 Vgl Grabitz/Hilf/*Tietje* Bd IV E 27 Rn 63 ff.
231 Zur Bedeutung der welthandelsrechtlichen Regelung für den Rundfunk allgemein *Pleitgen* AfP 2005, 1 ff.
232 Castendyk/Dommering/Scheuer/*Castendyk* Art 4 TWFD Rn 37 ff; *Oeter* AfP 2005, 6 ff.

sche Anbieter nicht mehr benachteiligt werden. Schließlich würde jede Subvention für Medienangebote, gegebenenfalls sogar auch die Rundfunkgebühr, dem harten Erforderlichkeitstest des GATT-Abkommens ausgesetzt.

Neben der WTO bestimmen auch die Aktivitäten der **UNESCO** die völkerrechtliche Diskussi- 106
on der audiovisuellen Medien. In Ausfüllung des Prinzips des „free flow of information" verabschiedete sie 1972 eine – rechtlich unverbindliche – Deklaration zum **freien Informationsfluss** bei Rundfunksendungen. Dabei erkennt sie damals auch noch das gegenläufige Prinzip des „prior agreement" an (Art IX Abs 1), welches heute mehr in den Hintergrund getreten ist.[233]

Wichtig ist daneben auch die **kulturelle Dimension** von Rundfunk und Telemediendiens- 107
ten, die völkerrechtlich gesehen auch die Funktion hat, Liberalisierungen aus rein wirtschaftlichen Motivationen heraus Grenzen zu setzen. Nach langer und intensiver Debatte wurde am 20.10.2005 das „Übereinkommen zum Schutz der Förderung der Vielfalt kultureller Ausdrucksformen" verabschiedet. Kulturpolitische Ziele der Nationalstaaten können damit gewisse Einschränkungen des Welthandels rechtfertigen.[234]

Nicht zuletzt hat das Völkerrecht **für den Einzelnen** die Bedeutung einer Garantie der **In-** 108
formations- und Meinungsfreiheit. Hervorzuheben ist zunächst Art 19 der Allgemeinen Erklärung der Menschenrechte (GA-Res 217 III vom 10.12.1948), in dem es heißt: „Jeder Mensch hat das Recht auf freie Meinungsäußerung; dieses Recht umfasst die Freiheit, Meinungen unangefochten anzuhängen und Informationen und Ideen mit allen Verständigungsmitteln ohne Rücksicht auf Grenzen zu suchen, zu empfangen und zu verbreiten." Dieses Freiheitsrecht wurde später in Art 19 Abs 2 **Internationaler Pakt über bürgerliche und politische Rechte** (IPbürgR)[235] fast wortgleich übernommen. Angesichts der nahezu weltweiten Ratifikation dieses Paktes wird heute von einer völkergewohnheitsrechtlichen Geltung des Menschenrechts auf Meinungs- und Informationsfreiheit ausgegangen.[236] Dies muss auch die EU bei der Gestaltung ihrer Politik in den Bereichen von Medien, Telekommunikation und Informationstechnologie beachten. Selbstverständlich ist das Menschenrecht auf Meinungs- und Informationsfreiheit, ähnlich wie die entsprechenden Regelungen im Grundgesetz und in der EMRK, nicht schrankenlos gewährleistet. Als legitime Gründe für eine Einschränkung dieser Kommunikationsfreiheiten nennt Art 19 Abs 3 IPbürgR die Rechte anderer, den Schutz der nationalen Sicherheit, des ordre public, der Volksgesundheit und der öffentlichen Sicherheit.

Auch die **Europäische Menschenrechtskonvention** (EMRK)[237] stellt eine völkerrechtliche 109
Grundlage für das Menschenrecht auf Meinungs- und Informationsfreiheit dar. Da die EMRK zum sog „acquis communitaire" gehört und damit immer stärker in die Rolle eines Grundrechtskatalogs für das EU-Recht hineingewachsen ist, wurde die EMRK bereits in § 2, II dieses Abschnitts als Teil des europäischen Primärrechts dargestellt.[238]

II. GATT/GATS

Die völkerrechtlich aktuellste **Problemstellung** betrifft die Frage, wie der Rundfunk- und die 110
sonstigen audiovisuellen Medienangebote im WTO-Kontext zu verorten sind. Rundfunk trans-

---

233 UNESCO World Communication Report 2006.
234 *Wiedemann* 23 ff; *Merkel* 9 ff.
235 Internationaler Pakt über bürgerliche und politische Rechte (IPbürgR) v 16.12.1966, BGBl 1973 II S 1534.
236 Vgl Böckstiegel/*Wolfrum* 395; *Gornig* 230 ff. passim.
237 Konvention zum Schutze der Menschenrechte und Grundfreiheiten v 4.11.1950 in der Fassung der Bekanntmachung v 17.5.2002, BGBl II S 1054.
238 S oben Rn 47.

portiert Information, Kultur und Unterhaltung. Die audiovisuellen Dienste dienen der öffentlichen Meinungsbildung und Unterhaltung, sind aber gleichzeitig auch Wirtschaftsunternehmen, die mit ihren Waren und Dienstleistungen Geld verdienen müssen. Diese kulturelle und ökonomische **Doppelnatur** warf die Frage auf, ob und inwieweit welthandelsrechtliche Normen auf Rundfunkangebote anwendbar sind. Zentraler Dreh- und Angelpunkt für das Welthandelsrecht ist die WTO mit ihren circa 160 Mitgliedstaaten; sie wirkt auf den Abbau von Handelsbeschränkungen zwischen den Mitgliedstaaten hin. Die WTO bildet das Dach für eine ganze Reihe von multilateralen Handelsabkommen.[239]

111 Grundlegend ist zunächst das **GATT-Abkommen** aus dem Jahre 1947,[240] mit dem der Handel mit Waren liberalisiert wurde. Es stellt für die Mitgliedstaaten strenge, zT unmittelbar umzusetzende Regeln auf Mengenmäßige Beschränkungen sind grds verboten: es gilt das Gebot der Inländergleichbehandlung. Es enthält außerdem Regelungen über Subventionen und ihre Zulässigkeit. Im Jahr 1995 kam das Abkommen über die Liberalisierung von Dienstleistungen (GATS)[241] hinzu. Dieses Abkommen enthält Rahmenbedingungen für den Dienstleistungsverkehr. Die Einbeziehung des audiovisuellen Sektors in das GATS war während der Uruguay-Verhandlungsrunde äußerst umstritten. Die Europäer, insb Frankreich, betonten die kulturelle Seite des Sektors und forderten eine „exception culturelle". Andere Staaten, allen voran die USA und Japan, hielten audiovisuelle Güter nur für Unterhaltungsdienstleistungen, die keine Ausnahmeregelungen verdienen würden. Am 14.12.1993 wurden die diesbezüglichen Verhandlungen als gescheitert abgebrochen. Es gelang den Europäern nicht, eine Ausnahmeregelung zu Gunsten des audiovisuellen Sektors durchzusetzen. Damit unterfallen auch Rundfunkprogramme grds dem Abkommen.

112 Die Folgen für den audiovisuellen Sektor in Europa sind jedoch gering, da das **GATS-Abkommen** völlig anders strukturiert ist als das GATT-Abkommen. Nach dem GATS-Abkommen besteht ohne eine spezifische Verpflichtung (**„specific committment"**) nicht einmal Anspruch auf Marktzugang. Nur für Dienstleistungen, die ausdrücklich in einem Anhang benannt sind („Positivliste"), gilt der Grundsatz der Inländerbehandlung. Angesichts ihrer harten Verhandlungsposition bei der Uruguay-Runde wenig erstaunlich, hat die EU niemals Verpflichtungen für den audiovisuellen Bereich angemeldet.

113 Da also GATT und GATS unterschiedlich große Liberalisierungsforderungen stellen, ist die **Abgrenzung** zwischen Waren und Dienstleistungen von erheblicher Bedeutung. Dennoch wurden die Begriffe „Ware" und „Dienstleistung" nicht definiert. Allerdings wurden in der **„Services Sectoral Classification List",**[242] bestimmte audiovisuelle Dienstleistungen aufgeführt. Hierzu gehören die Produktion, öffentliche Vorführung und der Vertrieb von Kino- und Videofilmen, das Radio und Fernsehdienste. Daraus ergibt sich ein in der Praxis schwer zu handhabendes, durchaus widersprüchliches Ergebnis. So ist ein klassischer Spielfilm als eine auf einem Träger fixierte Bild- und Tonsequenz unstreitig eine Ware im Sinne des GATT. Die Vorführung oder Ausstrahlung des Spielfilms ist jedoch als Dienstleistung und nicht als Ware einzuordnen. Gleichzeitig enthält das GATT-Abkommen von 1947 Regelungen zu Kinoquoten, die streng genommen die Vorführung der „Ware Film" im Kino und damit eine Dienstleistung regeln.[243] Noch

---

239 Dazu gehört auch das im Urheberrecht so bedeutsame TRIPS-Abkommen, vgl zur WTO die Aufzählung unter http://www.wto.org/english/docs_e/legal_e/legal_e.htm#agreements.

240 Allgemeines Zoll- und Handelsabkommen (engl *General Agreement on Tariffs and Trade*).

241 Allgemeines Abkommen über den Handel mit Dienstleistungen (engl *General Agreement on Trade in Services*).

242 GATT. Doc. MTN.GNS/W/120 (07/10/1991), abrufbar unter http://www.wto. org/english/tratop_e/serv_e/serv_sectors_e.htm.

243 Es wurde diskutiert, ob das GATT und die genannten Regelungen auf Fernsehsendungen analog Anwendung finden können. Zur Klärung dieser von den USA im Jahre 1961 in das GATT getragenen Frage wurde eine Arbeits-

verschärft werden diese Abgrenzungsprobleme mittlerweile im Kontext des Internets. Über die systematische Einordnung der über das Netz vermarkteten digitalen Produkte besteht keine Einigkeit. Während einerseits digitale Produkte grds als Dienstleistung angesehen werden, wird andererseits vertreten, elektronisch übertragene Produkte wären generell als Waren im Sinne des GATT-Abkommens anzusehen.[244]

III. Übereinkommen über das grenzüberschreitende Fernsehen

Die Mitgliedsstaaten des **Europarates** haben 1989 das Europäische Übereinkommen über das grenzüberschreitende Fernsehen (FsÜ) abgeschlossen.[245] Die Konvention wurde mit Änderungsprotokoll vom 1.10.1998 an die 1997 revidierte Fernseh-RL angepasst.[246] Das auf diese Weise revidierte FsÜ trat am 1.3.2002 in Kraft. Der Kreis der Vertragsstaaten ist größer als der der Mitgliedstaaten der EU, für die gleichzeitig die Fernseh-RL gilt. Als völkerrechtlicher Vertrag wird das Übereinkommen durch Ratifikation in den einzelnen Vertragsstaaten gültig. Das Zustimmungsgesetz[247] hat in der Bundesrepublik den Rang eines einfachen Bundesgesetzes. 114

Die **politische Motivation** für eine parallele rundfunkrechtliche Regelung zur damaligen Fernseh-RL war vielgestaltig.[248] So machte der Satellitenrundfunk auch nicht an den Grenzen der damaligen Europäischen Gemeinschaft halt, so dass eine europaweite Mindestregelung sinnvoll erschien, die auch Staaten wie die Schweiz oder Norwegen miteinbeziehen konnte. Außerdem wollten viele Mitgliedstaaten und auch die deutschen Bundesländer auf ihre exklusiven Kompetenzen im Rundfunkbereich nicht verzichten und waren nicht bereit, der Europäischen Gemeinschaft Kompetenzen zuzugestehen.[249] Da sie gleichzeitig einsehen mussten, dass angesichts des Satellitenrundfunks eine gewisse Harmonisierung rundfunkrechtlicher Vorschriften in Europa notwendig war, hielten sie ein völkerrechtliches Instrument mit geringerer Bindungswirkung für besser geeignet. Dieses politische Ziel, die Fernseh-RL zu verhindern, wurde jedoch nicht erreicht. Damit hat das FsÜ für EU-Mitgliedstaaten nur noch eine geringe Bedeutung. 115

Der Vorrang der Fernseh-RL und heute der AVMDR wird durch eine Kollisionsregel sichergestellt. Nach Art 27 Abs 1 FsÜ sind die Bestimmungen der Fernseh-RL bzw AVMDR in EU-Mitgliedstaaten vorrangig, es sei denn, dass es zu dem Regelungsgegenstand keine Vorschrift der 116

---

gruppe eingesetzt, die sich jedoch nicht auf einen Standpunkt einigen konnte, vgl *Frese* 143 f. Ob Quotenregelungen im Fernsehen, wie in Art 4–6 der Fernsehrichtlinie, die schließlich auch Kinofilme einschließen, gegen das GATT-Abkommen verstoßen, wurde in den vom GATT vorgesehenen Schlichtungsverfahren jedoch noch nicht überprüft, vgl dazu auch Castendyk/Dommering/Scheuer/*Castendyk* Art 4 TWFD Rn 37 ff.

244 Castendyk/Dommering/Scheuer/*Castendyk* Art 4 TWFD Rn 32 ff.

245 Europäisches Übereinkommen über das grenzüberschreitende Fernsehen v 5.5.1989, Text im Internet unter http://conventions.coe.int/Treaty/ger/Treaties/Html/132.htm. Das FsÜ ist inzwischen in Bulgarien, Deutschland, Finnland, Frankreich, Großbritannien, Italien, Lettland, Malta, Norwegen, Österreich, Polen, San Marino, der Schweiz, Slowakei, Spanien, Türkei, Ungarn, Vatikanstadt und Zypern in Kraft. Unterzeichnet haben weiterhin Albanien, Estland, Griechenland, Kroatien, Liechtenstein, Litauen, Luxemburg, Niederlande, Portugal, Rumänien, Schweden, Slowenien, Tschechische Republik und die Ukraine, abrufbar unter http://conventions.coe.int/Treaty/Commun/ChercheSig.asp?NT=132&CM=7&DF=2/27/2008&CL=GER.

246 Ebenso gibt es bereits Bestrebungen, das Abkommen an die AVMDR anzupassen, s Bericht des ständigen Ausschusses (Report TT-T(2007)007) v 8. und 9.10.2007, TOP 5, abrufbar unter http://www.coe.int/t/e/human_rights/media/2_transfrontier_television/T- TT(2007)007_en.asp#TopOfPage.

247 Das FsÜ trat in Deutschland am 1.11.1993 in Kraft, vgl *Dörr* ZUM 1994, 342, 343.

248 Vgl *Schwartz* EuR 24, 1 Fn 11; *Berger* ZUM 1996, 119 ff; *Engel* ZRP 1988, 240.

249 Die Länder hatten vergeblich versucht, die Zustimmung der Bundesregierung zur Fernsehrichtlinie mit einer einstweiligen Anordnung des Bundesverfassungsgerichts zu verhindern, BVerfGE 1980, 74 ff; auch in der Hauptsache hat das höchste deutsche Gericht den Ländern seinen Schutz versagt (BVerfGE 92, 203 ff.); vgl dazu ua *Lerche* AfP 1995, 632 ff.

Richtlinie gibt. Zwischen den EU-Mitgliedsstaaten hatte das FsÜ deswegen nur noch die Bedeutung einer **Interpretationshilfe** bei der Auslegung der Fernseh-RL. Denn es entspricht dem Grundsatz der völkerrechtsfreundlichen Auslegung, gleichlautende Regelungen in Richtlinien ohne Widerspruch zur FsÜ zu interpretieren.[250] Dieser Ansatz wird auch vom EuGH vertreten. In einem Fall, der Art 18 der Fernseh-RL[251] betraf, suchte der EuGH nach Ansatzpunkten auch im FsÜ (und seinem „**Explanatory Memorandum**").[252] Allerdings muss es sich um gleichlautende Regelungen handeln. In dem Verfahren Kommission gegen Vereintes Königreich,[253] in dem das Vereinigte Königreich ebenfalls für einen „consistent approach" votierte, verweigerte sich der EuGH dieser Argumentationslinie, weil die jeweiligen Regelungen einen anderen Wortlaut und unterschiedliche Kriterien verwendeten.

117 Ziel des Übereinkommens ist die Sicherung des „**free flow of information**" und der Unabhängigkeit der Rundfunkveranstalter durch Erleichterung der grenzüberschreitenden Verbreitung von Fernsehprogrammen. Es gilt, anders als die AVMDR, **nur für grenzüberschreitende** Programme (Art 3). Die Vertragsstaaten werden verpflichtet, den freien Empfang zu gewährleisten und die Weiterverbreitung von Programmen (im Kabelnetz) nicht einzuschränken (Art 4). Die Vertragsstaaten sind frei, für die ihrem Recht unterworfenen Fernsehveranstalter strengere oder ausführlichere Vorschriften zu erlassen (Art 28). Sie könnten also zB über das Verbot der Werbung für Tabakerzeugnisse hinausgehende, weitere inhaltliche Werbeverbote einführen, die Anzahl und Dauer der nach dem Übereinkommen zulässigen Werbungsunterbrechungen verringern oder die zulässige tägliche Sendezeit für Werbung reduzieren.

118 In seinem **Inhalt** gleicht das Übereinkommen in den meisten Punkten der alten **Fernseh-RL**. Die Quotenregelung zugunsten der europäischen audiovisuellen Produktionen, die Werbebeschränkungen, die Gegendarstellung und der Jugendschutz sind fast identisch geregelt. Unterschiede bestehen bei der Werbung insofern, als die gezielte Einstrahlung und die damit verbundene Abschöpfung von **Werbeeinnahmen aus dem Empfangsland** nicht zulässig ist, wenn dadurch die Werbebestimmungen des Empfangslands umgangen werden (Art 16). Darüber hinaus enthält die Konvention auch Programmgrundsätze, wonach Menschenwürde und Grundrechte anderer Personen zu achten sind, die Nachrichten objektiv sein und die freie Meinungsbildung fördern sollen (Art 7). Auch der Zugang der Öffentlichkeit zu wichtigen Ereignissen darf – ähnlich wie bei der Richtlinie – nicht durch Vergabe von Exklusivrechten übermäßig beeinträchtigt werden (Art 9).

119 Zur Beratung und Vermittlung zwischen den Vertragsparteien wird ein **ständiger Ausschuss** eingesetzt (Art 20). Nach Art 21 ist der ständige Ausschuss berechtigt, Empfehlungen gegenüber den Vertragsparteien in Bezug auf die Anwendung und Auslegung der FsÜ abzugeben. Der Ausschuss hat bspw eine einflussreiche Empfehlung zur damals noch neuartigen virtuellen Werbung im Fernsehen abgegeben.[254] Sie folgte dem Verhaltenskodex der European Broadcasting Union (EBU) und der Association of Commercial Television in Europe (ACT) aus dem Jahr 1996. Diese Auffassung des ständigen Ausschusses hatte starken Einfluss auf die Auslegung der parallelen Normen in der Fernseh-RL.[255]

---

250 Es ist stRspr, dass Vorschriften des sekundären Gemeinschaftsrechts – soweit wie möglich – in Übereinstimmung mit von der Gemeinschaft abgeschlossenen völkerrechtlichen Verträgen auszulegen sind. Vgl EuGH Rs C-61/94 – Kommission/Deutschland, Slg 1996 I-3989 Rn 52.

251 RL 1989/552/EWG des Rates v 3.10.1989 zur Koordinierung bestimmter Rechts- und Verwaltungsvorschriften der Mitgliedstaaten über die Ausübung der Fernsehtätigkeit.

252 EuGH Rs C-320/94 ua – RTI, Slg 1996 I-6471.

253 EuGH Rs C-222/94 – Kommission/Vereintes Königreich, Slg 1996 I-4025.

254 Empfehlung des ständigen Ausschusses (Recommendation (97) 1, adopted by the Standing Committee on Transfrontier Television at its 12th meeting) abgedr bei *Hartstein/Ring/Kreile/Dörr/Stettner* RStV § 7 Rn 60.

255 Mitteilung der Kommission zu Auslegungsfragen auf bestimmte Aspekte der Bestimmungen der Richtlinie „Fernsehen ohne Grenzen" über Fernsehwerbung, ABlEG 2004 C 102, 2 Rn 42.

Vergleicht man Konvention und Richtlinie, so bestehen die größten Unterschiede nicht in ihrem Inhalt, sondern in ihrer **Durchsetzbarkeit**. Die AVMDR ist nach ihrer Verabschiedung bindend. Sie muss innerhalb der vorgegebenen Frist in allen Mitgliedstaaten umgesetzt werden. Spätere Änderungen sind nicht möglich. Die Einhaltung dieser Vorgaben wird von der Kommission überwacht; im Falle der Zuwiderhandlung bleibt ihr das Mittel des Vertragsverletzungsverfahrens. Außerdem liegt die letztverbindliche Auslegung für alle Mitgliedstaaten in einer Hand: der des EuGH. Darüber hinaus kann die Richtlinie, wenn sie nicht umgesetzt wird, unter bestimmten Voraussetzungen unmittelbare Wirkung entfalten.[256] Beim Übereinkommen beruhen Beitritt und Umsetzung dagegen auf **Freiwilligkeit**. Eine spätere Kündigung, die Änderungen des Rundfunkrechts entgegen dem FsÜ in diesem Mitgliedsstaat erlauben würde, ist ebenso möglich wie die Erklärung von Vorbehalten bei der Unterzeichnung. Eine einheitliche Auslegung ist nicht gewährleistet. Eine unmittelbare Wirkung dieser rein völkerrechtlichen Regelung kommt nicht in Betracht. 120

§ 4 Entscheidungskompetenzen

I. Gesetzgebungskompetenzen

Die EU verfügt nur über die Kompetenzen, die ihnen die Mitgliedstaaten durch die Gründungsverträge übertragen haben (Art 4 Abs 1, Art 5 Abs 2 S 2 EU). Diese begrenzte Kompetenz, das Erfordernis einer spezifischen Ermächtigungsgrundlage für die Gesetzgebung der Gemeinschaft und ihrer Organe wird als Prinzip der begrenzten Einzelermächtigung bezeichnet.[257] Ein klassischer Nationalstaat hat hingegen eine sog Kompetenz-Kompetenz, d.h. er kann sich selbst Kompetenzen schaffen. Das Prinzip der **begrenzten Einzelermächtigung** ist in Art 5 Abs 1 EU und für die Befugnisse der Gemeinschaftsorgane in Art 13 Abs 1 S 2 EU, Art 3 ff. EU statuiert. Die Praxis der Kommission und des EuGH folgt einem großzügigen Verständnis vom Umfang der Gemeinschaftskompetenzen. Dies liegt daran, dass sich diese Organe der EU als Motor der Integration verstehen. Aber auch Vertreter der Mitgliedstaaten im Rat tragen zur Kompetenzausweitung der EU bei, weil sich bestimmte Bereiche, wie zB staatliche Monopole, auf europäischer Ebene leichter liberalisieren lassen. Es ist daher wenig verwunderlich, wenn das BVerfG die deutschen Vertreter im Rat dazu ermahnt hat, auf die Einhaltung der Kompetenzschranken der Gemeinschaft zu achten.[258] Der EuGH hat zu überprüfen, ob die Gemeinschaftsorgane für den Erlass der fraglichen Maßnahme zuständig waren. Dabei muss zwischen gemeinschaftlicher und mitgliedsstaatlicher Zuständigkeit abgegrenzt werden. Daneben prüft der EuGH, ob die Gemeinschaftsorgane für den fraglichen Rechtsakt die richtige Kompetenzgrundlage gewählt haben.[259] 121

Die Entscheidung über die richtige Grundlage für die Zuständigkeit ist deshalb von Bedeutung, weil davon nicht nur die anzuwendenden Verfahrensvorschriften (zB Beteiligung anderer Organe, Beschlussverfahren etc) abhängen, sondern dies auch Rückwirkungen auf den zulässigen Inhalt einer Regelung haben kann.[260] 122

256 S oben Rn 11.
257 BVerfGE 89, 155 ff; Calliess/Ruffert/*Calliess* Art 5 EUV Rn 8.
258 BVerfGE 92, 203, 235.
259 EuGH Rs C-156/93 – Parlament/Kommission, Slg 1995 I-2019; Rs C-303/94 – Parlament/Rat, Slg 1996 I-2943; Rs C-189/97 – Parlament/Rat, Slg 1999 I-1689; Rs C-209/97 – Kommission/Rat, Slg 1999 I-8067; EuGH Gutachten 2/00 – Cartagena, Slg 2002 I-7699; Rs C-491/01 – British American Tobacco, Slg 2002 I-11453.
260 EuGH Rs 45/86 – Kommission/Rat, Slg 1987, 1520.

123 Sind im EU oder AEUV Befugnisse für eine bestimmte Tätigkeit vorgesehen und hält die Gemeinschaft sie dennoch für erforderlich, kann der Rat einstimmig auf Vorschlag der Kommission nach Anhörung des Europäischen Parlaments die geeigneten Vorschriften erlassen (Art 352 AEUV). Ein Rückgriff auf diesen Artikel ist nur möglich, wenn andere Ermächtigungsgrundlagen nicht eingreifen. In der Vergangenheit sind auf der Grundlage der allgemeinen Kompetenznorm des Art 352 AEUV Maßnahmen ua im Bereich des Umweltschutzes erlassen worden. Neben dieser subsidiären Handlungsermächtigung gibt es Zuständigkeiten kraft **Sachzusammenhangs** und **Annexzuständigkeiten.**[261] Damit sind Gemeinschaftsorgane durch die aus den Verträgen eingeräumte Befugnis gleichzeitig auch zum Erlass solcher Maßnahmen ermächtigt, die zur wirksamen und sinnvollen Ausführung dieser ausdrücklich erteilten Befugnis erforderlich sind.

124 Ermächtigungen zur **Rechtsangleichung** finden sich in Art 114ff. AEUV. Die Basisnorm ist Art 114 AEUV mit Ermächtigung zum Erlass von Richtlinien für die Angleichung derjenigen Rechts- und Verwaltungsvorschriften der Mitgliedstaaten, die sich unmittelbar auf die Errichtung oder das Funktionieren des gemeinsamen Marktes auswirken. Von einer unmittelbaren Auswirkung kann gesprochen werden, wenn innerstaatliche Rechtsvorschriften die Freiheit des Wirtschaftsverkehrs behindern, den Wettbewerb zwischen den Mitgliedstaaten beeinträchtigen oder die gemeinsamen Politiken der Gemeinschaft oder die Koordinierung der Wirtschaft oder Sozialpolitik der Mitgliedstaaten gefährden.[262]

125 Art 114 AEUV hat einen weiten Anwendungsbereich und bietet der EU viel **Freiraum** für die Bewertung der jeweils gebotenen Angleichungsziele. Auch das Fehlen entsprechender Vorschriften kann eine Beeinträchtigung des gemeinsamen Marktes bedeuten. Man muss also nicht warten, bis die Mitgliedstaaten eigene Rechtsvorschriften erlassen. Die Rechtsangleichung nach Art 114 AEUV kann nur durch den Erlass von Richtlinien erfolgen. Die Richtlinie ist nach dem „effet utile"-Prinzip ohnehin darauf beschränkt, bestimmte Ergebnisse vorzugeben und ist damit ein flexibles Harmonisierungsinstrument.

126 Art 115 Abs 1 AEUV ermächtigt die Gemeinschaftsorgane zum Erlass von Maßnahmen zur Angleichung der Rechts- und Verwaltungsvorschriften der Mitgliedstaaten, welche die Errichtung und das Funktionieren des **Binnenmarktes** zum Gegenstand haben. Art 115 AEUV ähnelt Art 114 AEUV, ist jedoch für auf den Binnenmarkt bezogene Maßnahmen *lex specialis*[263] bzw *„Rechtsangleichungs-Grundnorm"*.[264] Angesichts der materiellen Identität der Begriffe „gemeinsamer Markt" und „Binnenmarkt"[265] sind es im Wesentlichen die gleichen inhaltlichen Anforderungen.

127 Die allgemeine Harmonisierungskompetenz für den Binnenmarkt aus Art 114 AEUV und die speziellen Rechtsangleichungsbefugnisse der Marktfreiheiten[266] rechtfertigen jedoch nicht jede Harmonisierung unter Berufung auf mögliche Gefährdungen der Marktfreiheiten oder potentiell denkbare Wettbewerbsverzerrungen. Dies hat der EuGH in seiner Leitentscheidung zum Tabakwerbeverbot deutlich gemacht.[267] Der EuGH sah in dem umfassenden Werbeverbot im Interesse des freien Warenverkehrs und der Dienstleistungsfreiheit eine über die Kompetenzermächtigung hinausgehende Regelung, weil bestimmte Werbeträger, wie zB Plakat- oder Kinowerbung, gar nicht Gegenstand des grenzüberschreitenden Handels bzw Dienstleistungsver-

---

261 EuGH Rs 22/70 – AETR, Slg 1971, 263; Grabitz/Hilf/Nettesheim/*Krenzler* Bd IV E 1, Rn 25ff, 34ff.
262 Grabitz/Hilf/Nettesheim/*Tietje* Bd II Art 115 Rn 18ff.
263 Grabitz/Hilf/Nettesheim/*Tietje* Bd II Art 114 Rn 56.
264 So *Oppermann* § 18 Rn 9f; Grabitz/Hilf/Nettesheim/*Tietje* Bd II Art 115 Rn 1ff; Calliess/Ruffert/*Kahl* Art 115 Rn 3f.
265 Grabitz/Hilf/Nettesheim/*Tietje* Bd II Art 115 Rn 4f.
266 Art 52 Abs 2 AUEV für die Dienstleistungsfreiheit, sowie Art 46, 50, 53, 54, 62 iVm 52 Abs 2, 53 und 64 Abs 2 AEUV.
267 EuGH Rs C-376/98 – Tabakwerbeverbot, Slg 2000 I-8419.

kehrs waren.[268] Außerdem konnte der EuGH auch keine spürbaren Wettbewerbsverzerrungen erkennen, die von der Richtlinie hätten beseitigt werden können.[269]

II. Vorlage an den EuGH

1. Vorabentscheidungsverfahren gem Art 267 AEUV

128 Die Gerichte der Mitgliedstaaten der EU haben bei der Anwendung des nationalen Rechts den **Vorrang des Gemeinschaftsrechts** zu beachten. Beruht eine nationale Regelung auf Gemeinschaftsrecht, so ist diese auch „europäisch", dh konform mit Zweck und Wortlaut des Gemeinschaftsrechts anzuwenden bzw auszulegen.[270]

129 Erachtet ein mitgliedstaatliches Gericht eine das Gemeinschaftsrecht betreffende Rechtsfrage für entscheidungserheblich und hat es begründete Zweifel an der Auslegung dieses Gemeinschaftsrechts, so kann es diese nach Art 267 Abs 2 AEUV dem EuGH zur **Vorabentscheidung** vorlegen.[271] Ein letztinstanzlich entscheidendes, mitgliedstaatliches Gericht ist in einem solchen Fall zur Vorlage an den EuGH gem Art 267 Abs 3 AEUV sogar verpflichtet. Die verbindliche Auslegung des Gemeinschaftsrechts ist ausschließlich dem EuGH vorbehalten, dem gem Art 19 EU das sog **Auslegungsmonopol** zukommt.[272]

130 Durch die Vorlagepflicht soll zum einen eine einheitliche Auslegung und Anwendung von Gemeinschaftsrecht gesichert und zum anderen verhindert werden, dass sich in einem Mitgliedstaat nationale Rechtsprechung festigt, welche mit den Vorschriften des Gemeinschaftsrechts in Widerspruch steht. Die Vorlagepflicht der letztinstanzlichen mitgliedstaatlichen Gerichte entfällt entsprechend nur, wenn die Rechtsfrage nicht entscheidungserheblich ist oder bereits Gegenstand einer Auslegung durch den EuGH war oder die richtige Auslegung und damit Anwendung des Gemeinschaftsrechts derart offenkundig ist, dass für einen vernünftigen Zweifel kein Raum ist.

131 Hat der EuGH über eine Vorlagefrage entschieden, so ist grds nur das im Ausgangsverfahren befasste staatliche Gericht an diese Auslegung gebunden. Im Interesse einer einheitlichen Auslegung des Gemeinschaftsrechts sind jedoch sämtliche mitgliedstaatlichen Gerichte gehalten, das Gemeinschaftsrecht in der Auslegung durch den EuGH anzuwenden oder aber die Auslegungsfrage erneut vorzulegen.

132 Der EuGH ist als **gesetzlicher Richter** iSd Art 101 Abs 1 S 2 GG anzusehen. Missachtet ein Gericht seine Vorlagepflicht, kann eine Verfassungsbeschwerde wegen Verstoßes gegen den verfassungsrechtlichen Grundsatz des gesetzlichen Richters erhoben werden.[273]

2. Typische Auslegungsfragen

133 Für die mitgliedstaatlichen Gerichte können sich sowohl aus dem primären Gemeinschaftsrecht als auch aus dem sekundären Gemeinschaftsrecht vielfältige **Auslegungsfragen** ergeben. Wäh-

268 EuGH Rs C-376/98 – Tabakwerbeverbot, Slg 2000 I-8419, Rn 99 ff.
269 EuGH Rs C-376/98 – Tabakwerbeverbot, Slg 2000 I-8419, Rn 108 ff.
270 Dreyer/Kotthoff/Meckel/*Dreyer* § 15 UrhG Rn 29.
271 Auch die Auslegung einer Richtlinie selbst kann Gegenstand eines Vorlageverfahrens sein, vgl EuGH WRP 1998, 290, 292 ff – Inter-Environnement Wallonie.
272 Zu den Auslegungsprinzipien des EuGH vgl Rs 283/81 – CILFIT, Slg 1982, 3415; Rs C-336/03 – easy car (UK) Ltd, Slg 2005, I-1947; zum Gebot des effet utile vgl EuGH Rs C-231/96 – Edis, Slg 1998, I-4951; Rs C-223/98 – Adidas, Slg 1999, I-7081.
273 BVerfGE 73, 399, 366 – Solange II.

rend jedoch das primäre Gemeinschaftsrecht und auch die sekundäres Gemeinschaftsrecht bildenden Verordnungen nach Art 288 Abs 2 AEUV für die Mitgliedstaaten ohne weitere Umsetzungsnormen rechtlich verbindlich sind,[274] bedürfen die Richtlinien nach Art 288 Abs 3 AEUV noch der Umsetzung durch die Mitgliedstaaten. Erst nach Ablauf der in der Richtlinie vorgesehenen Umsetzungsfrist kann eine Richtlinie unter bestimmten Voraussetzungen unmittelbare Wirkungen entfalten und darf abweichendes nationales Recht nicht zum Nachteil des Betroffenen angewendet werden.[275] Bei begünstigenden Richtlinien kann sich der Einzelne nach Ablauf der Umsetzungsfrist unmittelbar auf die Richtlinie berufen, sofern diese inhaltlich unbedingt ist und ausreichend konkrete Rechte verbürgt bzw Regelungen enthält.[276] Bei der Anwendung einschlägiger europäischer Richtlinien ist demnach von entscheidender Bedeutung, ob die für die Umsetzung einer einschlägigen Richtlinie vorgeschriebene Umsetzungsfrist noch läuft oder bereits abgelaufen ist, und ob der Mitgliedstaat die Richtlinie umgesetzt hat oder nicht:

- Ist die Umsetzungsfrist einer einschlägigen Richtlinie noch nicht abgelaufen, so kann sie jedoch schon **Vorwirkungen** zeigen und es für die mitgliedstaatlichen Gerichte angezeigt sein, das Richtlinienrecht bereits zu beachten und das nationale Recht bereits richtlinienkonform auszulegen.[277] Bereits aus der Verpflichtung der Mitgliedstaaten, Richtlinien in nationales Recht umzusetzen (Art 288 Abs 3 AEUV), folgt auch die Verpflichtung, nationales Recht im Regelungsbereich einer Richtlinie **richtlinienkonform** im Hinblick auf Zweck und Wortlaut der Richtlinie auszulegen. Dabei hat eine Auslegung innerhalb der Grenzen der nationalen Methodenlehre und unter voller Ausschöpfung eventuell bestehender Beurteilungsspielräume, **nicht jedoch contra legem**, das heißt nicht entgegen dem expliziten Wortlaut der nationalen Regelung, zu erfolgen.[278] Der von der Rechtsprechung des *EuGH* geprägte Grundsatz der richtlinienkonformen Auslegung kann von den nationalen Gerichten auch verlangen, das nationale Recht, wo dies nötig und möglich ist, richtlinienkonform fortzubilden.[279] Daraus folgt hier das Gebot einer richtlinienkonformen Rechtsfortbildung durch teleologische Reduktion des § 439 Absatz III BGB auf einen mit Art 3 EWG RL/1999/44 Artikel 3 der Richtlinie zu vereinbarenden Inhalt. Eine solche richtlinienkonforme Auslegung ist vor allem dann angezeigt, wenn die anzuwendende, nationale Norm letztlich auf einer Wertungsfrage beruht und die Wertung bei Geltung des Gemeinschaftsrechts in jedem Fall anders ausfällt.[280] Enthält eine noch nicht umgesetzte Richtlinie jedoch strengere Regeln als das nationale Recht, so kann sie noch keine Vorwirkungen zeigen. Eine Verbots- oder Eingriffsregel bedarf einer gesetzlichen Regelung, welche vor Ablauf der Umsetzungsfrist eben noch nicht vorliegt.[281]
- Ist die Umsetzungsfrist bereits abgelaufen, ist das Richtlinienrecht **unmittelbar** anwendbar, sofern es eindeutig ist, für die Angehörigen eines Mitgliedstaates subjektive Rechte verbürgt und nationale Normen nicht entgegenstehen. Widersprechen sich das Richtlinienrecht und nationales Recht, so sind die mitgliedstaatlichen Gerichte gehalten, den Konflikt

---

274 Grundlegend zum Vorrang des Gemeinschaftsrechts EuGH Rs 6/64 – Costa Enel, Slg 1964, 1251.
275 EuGH NJW 2006, 2465 – Adelener.
276 EuGH Rs 152/84 – Marshall, Slg 1986, 723, 749; keine unmittelbare Wirkung jedoch zwischen Privatpersonen EuGH NJW 1996, 1401 – El Corte Ingles.
277 Weiterführend *Auer* NJW 2007, 1106.
278 EuGH NJW 2006, 2465 – Adelener; BGH GRUR 1998, 824, 827 – Testpreis Angebot.
279 BGH NJW 2009, S 427 Rn 21; BGH NJW 2012, 1073.
280 Bspw in der Entscheidung des Zivilsenats I. zur Frage der Zulässigkeit vergleichender Werbung, welche in Vorgriff auf die Regelungen der Werberichtlinie RL 97/55/EG zur Änderung der RL 84/450/EWG über irreführende Werbung bis dato wettbewerbswidrige, vergleichende Werbung bereits zuließ, sofern nur die ebenfalls in der Richtlinie geforderten Voraussetzungen erfüllt sind – BGHZ 138, 55 – Testpreis-Angebot.
281 Riesenhuber/*Ullmann* 303.

unter Anwendung aller gebotenen Auslegungsregeln unter Berücksichtigung des Gemeinschaftsrechts zu beseitigen[282] oder das entgegenstehende nationale Recht nicht anzuwenden. Die Nichtanwendung von (weiter-)geltenden und einschlägigen nationalen Normen führt jedoch weder auf der nationalen Ebene zu Rechtsklarheit, noch kann damit zu einem einheitlichen Gemeinschaftsrecht sinnvoll beigetragen werden. Bei Unvereinbarkeit von Gemeinschaftsrecht und nationalem Recht bietet sich für einen Richter daher das Vorlageverfahren an, insb weil die Konfliktlage dadurch dem nationalen Gesetzgeber besonders deutlich vor Augen geführt wird.[283]

3. Die Auslegung sekundären Gemeinschaftsrechts

Die Auslegung des Gemeinschaftsrechts ist nicht nur im Rahmen eines Vorlageverfahrens, sondern ist bereits im Rahmen der richtlinienkonformen Auslegung des nationalen Rechts von Bedeutung. Das Gemeinschaftsrecht enthält keine Vorschriften zu den anzuwendenden Auslegungsmethoden. Der EuGH, dem das ausschließliche **Auslegungsmonopol** zukommt, hat in seiner Rechtsprechung noch keine abschließende Auslegungsmethodik entwickelt, den Urteilen lassen sich gleichwohl Auslegungsregeln entnehmen. Auch stellt der EuGH bei der Auslegung von sekundärem Gemeinschaftsrecht auf den Wortlaut, den systematischen Zusammenhang sowie den Sinn und Zweck der Norm ab. Allerdings ergibt sich bereits beim Abstellen auf den **Wortlaut** die Besonderheit, dass im Gemeinschaftsrecht die verschiedenen Sprachfassungen der einzelnen Mitgliedstaaten gleichrangig nebeneinander stehen. Die Auslegung einer gemeinschaftsrechtlichen Vorschrift würde streng genommen zunächst einen Vergleich aller Sprachfassungen erfordern. Demgegenüber betont der EuGH, dass das Gemeinschaftsrecht einer eigenen Terminologie folgt und seine Rechtsbegriffe nicht zwingend mit dem Gehalt nationaler Rechtbegriffe übereinstimmen müssen.[284] Auch die **systematische Auslegungsmethode** erkennt der EuGH an, wonach jede Vorschrift des Gemeinschaftsrechts in ihrem Zusammenhang zu sehen und im Lichte des gesamten Gemeinschaftsrechts auszulegen ist, insb im Hinblick auf die Grundfreiheiten.[285] Die auszulegende Norm muss sich also widerspruchsfrei in die sonstigen Bestimmungen der Norm sowie verwandter Normen auf dem Gebiet einfügen und mit ihrer Ermächtigungsgrundlage sowie den allgemeinen Grundsätzen des Gemeinschaftsrechts in Einklang stehen.[286] In diesem Zusammenhang hat der EuGH auch den Vorrang der von der Gemeinschaft selbst abgeschlossenen völkerrechtlichen Verträge vor dem abgeleiteten Gemeinschaftsrecht anerkannt und lässt bisher in diesen engen Grenzen die **völkerrechtskonforme Auslegung** des Sekundärrechts zu.[287] Auf nicht durch die Gemeinschaft abgeschlossene völkerrechtliche Verträge und auf solche, die lediglich Mindeststandards in dem geregelten Rechtsgebiet aufstellen sollen, dürfte diese Methode jedoch nicht anwendbar sein. Anderenfalls könnte strengeres Gemeinschaftsrecht ausgehöhlt werden, sofern eine verwandte völkerrechtliche Norm geringeres Schutzniveau aufweist.[288] Die Reichweite der völkerrechtskonformen Auslegung ist durch den EuGH anlässlich des Vorlageverfahrens *Peek&Cloppenburg* 134

282 EuGH NJW 2006, 2465 – Adeneler; *Auer* NJW 2007, 1106 ff.
283 Riesenhuber/*Ullmann* 305.
284 Walter/*von Lewinski* AT Kap 1, Rn 35.
285 EuGH Slg 1992, I-3669 – Delhaize et Le Lion; WRP, 1994, 380, 381 – Clinique; Rs C-220/98 – Estée Lauder, Slg 2000, I-117.
286 Walter/*von Lewinski* AT Kap 1 Rn 36.
287 EuGH Rs C-61/94 – Kommission/BRD, Slg 1996 I-3989/4021; weiterführend *Rosenkranz* EuZW 2007, 238 ff.
288 Anderer Auffassung jedoch Generalanwältin Eleanor Sharpston im Schlussantrag v 17.1.2008 im Vorlageverfahren Peek&Cloppenburg vs Cassina, abrufbar unter http://eurlex. europa.eu/LexUriServ/LexUriServ.do?uri= CELEX:62006C0456:DE:HTML.

vs Cassina[289] aktuell behandelt worden, wobei der EuGH in seiner Entscheidung die Auslegung der verfahrensgegenständlichen Richtlinie (Art 4 Abs 1 InfoRL 2001/29/EG) an den verwandten Vorgaben des Völkerrechts misst. Damit lässt der EuGH allerdings zum Ausdruck kommen, dass bei Fehlen einer explizit weiteren Regelung des Sekundärrechts das Schutzniveau einer völkerrechtlichen Vorschrift durchaus auch die Auslegung des Sekundärrechts beschränken kann. Ob der EuGH damit allerdings auch eine allgemeine Auslegungsregel aufstellen wollte, wonach die Mindeststandards des Völkerrechts zugleich den Maximalstandard für die Auslegung des gemeinschaftlichen Sekundärrechts vorgeben, wird aus der Entscheidung nicht deutlich. Eine solche Auslegungsregel würde auch der allgemein überkommenen Auffassung widersprechen, wonach das urheberrechtliche Konventionsrecht lediglich obligatorische Mindestrechte vorschreibt. In der Praxis des EuGH stellt schließlich die **teleologische Auslegung (Sinn und Zweck der Norm)** die wichtigste Auslegungsmethode dar, bei welcher der EuGH mit Blick auf den **effet utile** darauf abstellt, welche Auslegung die praktische Wirksamkeit der einschlägigen Bestimmungen am besten garantiert oder die Verwirklichung der Vertragsziele am besten fördert.[290] Ferner kann der Sinn und Zweck der Norm den **Erwägungsgründen** des jeweiligen Rechtsaktes entnommen werden, welche nach Art 296 AEUV zwingend zur Rechtsetzung gehören, auch wenn sie selbst nicht zu den operativen Bestimmungen des Rechtsaktes zählen.

§ 5
Öffentliches und europäisches Medienrecht

I. Überblick

135 Bei der Beschreibung des für audiovisuelle Medien **relevanten Sekundärrechts** soll im Folgenden das Schwergewicht auf aktuelle Fragestellungen gelegt werden. Die Fernseh-RL (FsRi) von 1997 wurde mit der Richtlinie über audiovisuelle Mediendienste (AVMDR) Ende 2007 novelliert; die nur für Fernsehangebote geltende Fernseh-RL wurde auf fernsehähnliche Medienangebote auf Abruf erweitert. Diese Novellierung wurde 2009 in deutsches Recht umgesetzt. Zentrale Vorschriften der FsRi und der AVMDR sind idR wortgleich in deutsches Medienrecht umgesetzt worden. Mit Bezug auf die Interpretation etwa der Werberegulierung kann deshalb der Leser weitgehend auf die Kommentierung des deutschen Fernsehwerberechts verwiesen werden.[291] Dasselbe gilt für den Bereich des Jugendmedienschutzes.[292]

136 Medienregulierung wird zu Recht vor allem als **Inhalteregulierung** verstanden. Es geht um rechtliche Grenzen, die sich auf Medieninhalte beziehen. Dennoch sollte nicht außer Acht gelassen werden, dass die Regulierung der technischen Seite, insb der Verbreitung, erheblichen Einfluss auf das Medienangebot und die Medienvielfalt haben kann. Deswegen sollen neben der – alten und neuen – Richtlinie zur Inhalteregulierung die **technischen Rahmenbedingungen** erwähnt werden, die auf europäischer Ebene zunehmend harmonisiert werden.

289 EuGH GRUR Int 2008, 593 – Peek & Cloppenburg vs Cassina; krit dazu *von Welser* GRUR Int 2008, 596.
290 Weiterführend Walter/*von Lewinski* AT Kap 1 Rn 37.
291 S Band 3 Kap 3.
292 S Band 4 Teil 3 Kap 4.

II. Sekundärrecht im Bereich des Medienrechts

1. Von der Fernseh-RL zur Audiovisuellen Mediendienste-RL

a) Entstehungsgeschichte.[293] Die Anstrengungen der Europäischen Gemeinschaft, im Bereich des Rundfunks zu einer gemeinschaftsweiten Regelung zu kommen, reichen zurück in die **80er Jahre**. Damals gab es verschiedene Entwicklungen, die eine Harmonisierung erforderlich machten. Die neue Satellitentechnik ermöglichte die paneuropäische Ausstrahlung von Fernsehprogrammen. Eine ausschließlich nationale Regulierung des Fernsehens war nicht mehr möglich. Die Grundlagen für die erforderliche **Regelungskompetenz** der EG waren durch die Entscheidung des EuGH in Sachen *Sacchi* geschaffen worden.[294] Überdies bröckelten in dieser Zeit die ersten nationalen Rundfunkmonopole von in der Regel öffentlich-rechtlichen Sendern. Es wurde möglich, durch Zulassung privater Sender einen dynamischen Wachstumsmarkt zu etablieren. Gleichzeitig versuchte man seitens des Europäischen Parlaments, den Gefahren der Kommerzialisierung des Rundfunks auch auf europäischer Ebene zu begegnen.[295] 137

1984 legte die Kommission das sog **Grünbuch** „Fernsehen ohne Grenzen" vor.[296] Ihre Zielsetzung war die Schaffung eines einheitlichen europäischen Rundfunkmarktes im Rahmen eines gemeinsamen Binnenmarktes für Dienstleistungen. Dabei träumte sie auch von paneuropäischen Satellitenprogrammen, die sich an das gesamte europäische Publikum richten sollten, wie dies bei Euronews Realität wurde. In den Bereichen, in denen Beschränkungen der Dienstleistungsfreiheit für zulässig angesehen wurden, sollte ein Mindeststandard durch eine Richtlinie etabliert werden. Das Grünbuch nannte die Bereiche Jugendschutz, Werbung, Gegendarstellung und Urheberrecht.[297] 138

Zwei Jahre später legte die Kommission einen ersten Entwurf für die Fernseh-RL vor. Erst nach langen und intensiven Diskussionen wurde die **Richtlinie „Fernsehen ohne Grenzen"** am 3.10.1989 vom Ministerrat in zweiter Lesung endgültig verabschiedet, wobei sowohl Kommission als auch einige Mitgliedstaaten ihre Auffassung zu verschiedenen Bestimmungen in Protokollerklärungen festhielten.[298] Die ursprüngliche Absicht, auch den Hörfunk mit einzubeziehen, wurde nicht realisiert; deswegen wird die Richtlinie zu Recht auch die „Fernseh-RL" (im Folgenden abgekürzt „FsRi") genannt. 139

Erheblichen Widerstand gegen die Richtlinie leisteten die deutschen **Bundesländer**, die eine Aushöhlung ihrer **Rundfunkkompetenz** befürchteten. Das von den Ländern angerufene BVerfG bestätigte, dass die Bundesregierung in der Tat ihre Rechte verletzt hatte.[299] Sie hätte im Gesetzgebungsverfahren der Gemeinschaft nicht konsequent genug vertreten, dass der Gemeinschaft die Kompetenz für die Regelung von Quoten im Fernsehen fehle. Diese Auffassung ent- 140

293 Zur Entstehungsgeschichte der Richtlinie vgl ausf *Krebber* passim und *Stock* RuF 1989, 180 ff.

294 S oben Rn 36 ff.

295 Entschließungsanträge der Abgeordneten Pedini, Hahn ua sowie Schinzel ua, abgedruckt bei *Seidel* 244 ff.

296 Grünbuch der EG-Kommission Fernsehen ohne Grenzen. Die Errichtung des gemeinsamen Marktes für den Rundfunk, insb über Satellit und Kabel (Mitteilung der Kommission an den Rat vom 14.6.1984, KOM (84) 300 endgültig), auszugsweise abgedruckt bei *Schwarze* 191 ff.

297 Die Harmonisierung des Urheberrechts stellte sich als politisch so schwierig heraus, dass sie erst in einer späteren Richtlinie, der sog Kabel- und Satelliten-RL (RL 93/83/EWG des Rates v 27.9.1993, ABlEG 1993 L 20048, 15) erreicht wurde. Vgl dazu den Vorschlag der EG-Kommission für eine Richtlinie zur Koordinierung bestimmter urheber- und leistungsschutzrechtlicher Vorschriften betreffend Satellitenrundfunk und Kabelweiterverbreitung, ZUM 1992, 21 ff; *Castendyk/von Albrecht* GRUR Int 1992, 734 ff.

298 Richtlinie des Rates vom 3.10.1989 zur Koordinierung bestimmter Rechts- und Verwaltungsvorschriften der Mitgliedstaaten über die Ausübung der Fernsehtätigkeit, abgedruckt ua in Media Perspektiven, Dokumentation, 1989, 107 ff; vgl zur Gesetzgebungsgeschichte ausf *Krebber* passim.

299 BVerfGE 83, 238, 295 ff; vgl dazu *Hess* AfP 1990, 95; Hahn/Vesting/*Hahn/Witte* Präambel Rn 7.

sprach dem vorher gemeinsam mit den Bundesländern entwickelten Rechtsstandpunkt. Der Verstoß gegen diese formellen Spielregeln der Außenvertretung blieb allerdings ohne Folgen, da mit dem neuen Art 23 GG die Außenvertretung der Länder durch den Bund im EU-Gesetzgebungsverfahren ohnehin neu geregelt wurde.

141 Am 17.6.1997 wurde die **erste Revision** der Richtlinie vom Ministerrat verabschiedet.[300] Die Revision brachte für bestimmte Bereiche, wie etwa das Sendelandsprinzip, Präzisierungen mit sich. Außerdem wurden neue Regelungen eingeführt, wie etwa Art 3a, der sicherstellen sollte, dass **Ereignisse von erheblicher gesellschaftlicher Bedeutung** im jeweiligen Mitgliedstaat nicht nur im Pay-TV ausgestrahlt werden. Teleshopping wurde ausdrücklich zugelassen und gesondert geregelt. Im Bereich des Jugendschutzes konnten sich Strömungen nicht durchsetzen, den sog **V-Chip** („violence chip") verbindlich zu machen.[301] Erfolglos war auch der Versuch, neue audiovisuelle Dienste, wie zB On-Demand-Angebote, ebenfalls dem Regelkorsett der Fernseh-RL zu unterwerfen. Dies ist erst mit der zweiten Revision der Fernseh-RL geschehen, die Ende 2007 in Kraft trat.[302]

142 Die Fernseh-RL wurde im Dezember 2007 durch die Richtlinie über Audiovisuelle Mediendienste (AVMDR) abgelöst. Wie der Name schon andeutet, versucht die AVMDR rundfunkrechtliche Regulierung auf rundfunkähnliche Angebote im Internet auszuweiten und damit Regelungsungleichgewichte zwischen linearen und non-linearen Angeboten einzuebnen. Für beide Bereiche sollen Hindernisse für grenzüberschreitende Angebote verringert werden. Der Verabschiedung im Parlament vom 29.11.2007 waren lange und zähe Verhandlungen vorangegangen, die bereits im Jahre 2002 begonnen hatten.[303] Einem 2005 von der Kommission vorgelegten Entwurf[304] waren im Europäischen Parlament mehr als 150 Änderungsanträge entgegengebracht worden. Erst 2007, nach Einreichung eines geänderten Vorschlags durch die Kommission,[305] einigte sich der Rat auf einen gemeinsamen Standpunkt. Diese unter deutscher Ratspräsidentschaft erreichte politische Einigung wurde als Durchbruch gefeiert.[306] Der Kern der Revision der Fernseh-RL ist die Erweiterung des Anwendungsbereichs auf audiovisuelle Mediendienste, die nach dem Konzept der gestuften Regulierung – ähnlich wie in Deutschland Rundfunk und Telemedien – unterschiedlich ausführlichen Regelungen unterliegen. Die Regulierung von **Fernsehangeboten** (auch „lineare" Angebote genannt) hat sich demgegenüber weniger verändert. Dennoch gibt es einige Neuregelungen, die Erwähnung verdienen, weil sie sehr praxisrelevant sein werden: liberalisiert[307] wurden die Werbemengenbegrenzungen, die Werbeunterbrecherregelungen und das Trennungsprinzip, letzteres durch Einführung einer zulässigen Form der Produktplatzierung. Die nächste Runde der Reform der Richtlinie wurde im letzten Jahr durch das „Grünbuch über die Vorbereitung über die vollstädige Konvergenz der audiovisuellen Welt" (KOM 2013 231 final) eingeleitet. Die Gewichtung des Grünbuchs zeigt, dass Regulierungsfragen bei der kommerziellen Kommunikation und dem Jugendschutz eher wenig Aufmerksamkeit von der Kommission erhalten haben.

---

300 Vgl *Schmitt-Vockenhausen* ZUM 1998, 377; *Berger* ZUM 1996, 119;

301 Dieser in den USA teilweise verwendete Chip reagiert auf ein zusammen mit dem Fernsehbild ausgestrahltes Signal und schaltet den Bildschirm schwarz, wenn der Fernsehanbieter die Sendung mit diesem Signal gekennzeichnet hat.

302 S unten Rn 167 ff.

303 Vgl Überblick der Kommission, abrufbar unter http://ec.europa.eu/avpolicy/reg/history/codecision/index_en.htm.

304 KOM (2005) 646 endg.

305 KOM (2007), 170.

306 *Schulz* EuZW 2008, 107.

307 Vgl ua Roßnagel/*Schmid* 93; Roßnagel/*Mastroianni* 85.

2. Richtlinie über audiovisuelle Mediendienste (AVMDR)[308]

a) Geltungsbereich und Definition. aa) Grundsatz. Die AVMDR gilt für klassische Fernsehangebote (lineare audiovisuelle Mediendienste) und non-lineare Angebote mit einer Ähnlichkeit zu TV-Angeboten. Die im Dezember 2007 in Kraft getretene AVMDR basiert, ebenso wie der Rundfunkstaatsvertrag mit seiner Unterscheidung zwischen Rundfunk und Telemedien, auf dem Prinzip der **abgestuften Regelungsdichte**. Die Regelungen für das Fernsehen gehen weiter als die für die nicht-linearen audiovisuellen Mediendienste. Um den Rundfunkbegriff nach der AVMDR näher zu bestimmen, muss man drei Kategorien von Angeboten unterscheiden, denen wiederum drei Regulierungsebenen entsprechen: 143

(1) Am wenigsten reguliert sind Angebote, die als Dienste der Informationsgesellschaft der E-Commerce-RL unterfallen,[309] den elektronischen Kommunikationsdiensten nach der Rahmen-RL zuzuordnen sind oder gar keine medien- oder telekommunikationsspezifische Regulierung genießen.
(2) Auf der mittleren Ebene liegt die Regulierung der non-linearen audiovisuellen Mediendienste.
(3) Am stärksten reguliert sind die linearen audiovisuellen Mediendienste und damit Fernsehdienste, wie sie im Wesentlichen schon nach der Fernseh-RL definiert waren.

Mengenlogisch formuliert: **Dienste der Informationsgesellschaft** machen die Gesamtmenge aus. Davon bilden die **audiovisuellen Mediendienste** eine Teilmenge, von der wiederum (lineare) **Fernsehdienste** und (non-lineare) On-Demand-Dienste Teilmengen sind. Die Regeln für die Gesamtmenge gelten auch für die Teilmengen, wenn es keine abweichende, speziellere Regel gibt. Im Kern geht es damit um zwei Abgrenzungen: (1) zwischen Diensten der Informationsgesellschaft und audiovisuellen Mediendiensten und (2) zwischen linearen und non-linearen audiovisuellen Mediendiensten. 144

bb) Geltungsbereich. Abgrenzung zwischen Diensten der Informationsgesellschaft und audiovisuellen Mediendiensten. Gem Art 1(a) AVMDR umfasst der Begriff der audiovisuellen Mediendienste Dienstleistungen iSd Art 49 und 50 des EG-Vertrags (heute Art 56, 57 AEUV) (wirtschaftliche Tätigkeiten), für die ein Mediendiensteanbieter die **redaktionelle Verantwortung** trägt. Ihr Hauptzweck ist die Bereitstellung von Sendungen zur Information, Unterhaltung oder Bildung der allgemeinen Öffentlichkeit **über elektronische Kommunikationsnetze** iSv Art 2a der RL 2002/21/EG, also zB über Satellit, Kabel, Internet oder UMTS. Audiovisuelle Mediendienste, die sich auf vorwiegend **nicht-wirtschaftliche Tätigkeiten** erstrecken, wie zB private Internetseiten oder nicht-kommerzielle Blogs, unterfallen nicht dem Anwendungsbereich der Richtlinie. 145

Das Kriterium der **redaktionellen Verantwortlichkeit**, näher definiert in Art 1(c) AVMDR, stellt klar, dass nur solche audiovisuellen Dienste gemeint sind, bei denen ein Mediendiensteanbieter die redaktionelle Gestaltung und Zusammenstellung der Sendungen verantwortet. 146

Es geht um die Bereitstellung von Sendungen zur Information, Unterhaltung und Bildung der allgemeinen Öffentlichkeit **als Hauptzweck** der audiovisuellen Mediendienste. Das ‚Haupt- 147

---

308 RL 2007/65/EG des Europäischen Parlaments und des Rates v 11.12.2007 zur Änderung der RL 89/552/EWG des Rates zur Koordinierung bestimmter Rechts- und Verwaltungsvorschriften der Mitgliedstaaten über die Ausübung der Fernsehtätigkeit, ABlEG 2007, L 332, 27.

309 RL 2000/31/EG des Europäischen Parlaments und des Rates v 8.6.2000 über bestimmte rechtliche Aspekte der Dienste der Informationsgesellschaft, insb des elektronischen Geschäftsverkehrs im Binnenmarkt, ABlEG 2000, L 178, 1.

zweckkriterium' schließt solche Dienste aus, bei denen audiovisuelle Inhalte lediglich eine Nebenerscheinung darstellen, wie zB Internetseiten, die lediglich ergänzend audiovisuelle Elemente enthalten, wie ua elektronische Ausgaben von Zeitungen und Zeitschriften, Glücksspiele mit einem einen Geldwert darstellenden Einsatz oder Suchmaschinen.[310]

148 Auch audiovisuelle Dienste bestehen aus **„Sendungen"**; sie sind in Art 1(b) AVMDR definiert als Abfolgen von bewegten Bildern mit oder ohne Ton, die Einzelbestandteil eines **Sendeplans** oder eines **Katalogs** sind und **die nach Form und Inhalt mit Fernsehsendungen vergleichbar** sind. Beispiele für Sendungen sind ua Spielfilme, Sportberichte, Fernsehkomödien, Dokumentarfilme oder Kindersendungen. Audiovisuelle Mediendienste müssen damit also eine gewisse **‚Fernsehähnlichkeit'** aufweisen und laut Erwägungsgrund 17 sogar auf das gleiche Publikum wie Fernsehsendungen ausgerichtet sein. Der Sendungsbegriff muss allerdings unter Berücksichtigung der Entwicklungen auf dem Gebiet des Fernsehens dynamisch ausgelegt werden. Auch wenn Art 1(b) AVMDR derzeit typische Fernsehsendungen wie zB Spielfilme als Beispiele anführt, kann die weitere Entwicklung auch neue Fernsehformen und -inhalte mit sich bringen.

149 Erwägungsgrund 16 stellt außerdem klar, dass nur solche audiovisuellen Mediendienste erfasst sind, die **Massenmedien** sind. Heranzuziehen ist die vom EuGH in der Rechtssache *Mediakabel*[311] – im Rahmen der Definition der Allgemeinheit – geforderte Intention des Diensteanbieters, eine **unbestimmte Zahl** möglicher Zuschauer zu erreichen.

150 **cc) Geltungsbereich. Abgrenzung zwischen Fernsehen und audiovisuellen Mediendiensten auf Abruf.** Die Richtlinie unterscheidet zwischen Fernsehen und Mediendiensten auf Abruf nach dem **Kriterium der Linearität**. Ein Fernsehprogramm ist ein linearer audiovisueller Mediendienst. Dieser wird gem Art 1(e) für den zeitgleichen Empfang von Sendungen auf der Grundlage eines **Sendeplans** bereitgestellt. Es handelt sich damit letztlich um ein technisches Kriterium.[312] Dies entspricht weitgehend dem Gegensatz zwischen dem Senderecht (§ 20 UrhG) und dem Recht der öffentlichen Zugänglichmachung (§ 19a UrhG) im Urheberrecht und folgt der schon vom EuGH in *Mediakabel* und *Largadere* und *SGAE* praktizierten Parallelisierung zwischen öffentlichem und privatem Medienrecht.[313] Der von der DLM befürwortete[314] Ansatz einer Abstufung der verschiedenen audiovisuellen Mediendienste nach Wirkungsintensität und Meinungsrelevanz in Anlehnung an das deutsche Recht wurde nicht übernommen.[315] Die in Erwägungsgrund 20 genannten Beispiele für lineare Dienste umfassen analoges und digitales Fernsehen, Live Streaming, Webcasting und Near-Video-On-Demand.[316]

151 **b) Das Sendelandsprinzip.** Das **Sendelandsprinzip**, das im Englischen treffender **„home country control"**-Prinzip genannt wird,[317] regelt die Frage, welcher Staat für die Aufsicht und

310 Vergleiche Erwägungsgrund 18.
311 EuGH Rs C-89/04 – Mediakabel, Slg 2005, I-4891, Rn 30.
312 *Gersdorf* 32 ff, der darauf hinweist, dass dies der von der EU-Kommission angestrebten Technologieneutralität nicht entspricht.
313 EuGH Rs C-89/04 – Mediakabel, Slg 2005, I-4891, Rn 30; Rs C-192/04 – Lagardère Active Broadcast, Slg 2005, I-7199, Rn 31; Rs C- 306/05 – SGAE, Slg 2006, I-1519, Rn 37 ff. (dazu auch oben Teil 1 Kap 2 Rn 18 Medienrecht als Disziplin).
314 http://ec.europa.eu/avpolicy/docs/reg/modernisation/2003_review/contributions/wc_dlm.pdf, Papier Fokusgruppe 1, http://ec.europa.eu/avpolicy/docs/reg/modernisation/focus_groups/fg1_wp_de.pdf.
315 *Stender-Vorwachs/Theißen* ZUM 2006, 362, 367.
316 Krit dazu *Gersdorf* 29 ff.
317 Denn entscheidend ist nicht, von wo aus gesendet wird, sondern wo der Fernsehveranstalter niedergelassen ist.

Zulassung eines Mediendiensteveranstalters zuständig ist (Art 2), sowie die Verpflichtung zur freien und ungehinderten Weiterverbreitung von audiovisuellen Mediendienste, die innerhalb der Union zugelassen sind (Art 2a). Nach diesem zentralen Prinzip der Richtlinie darf die Kontrolle ausschließlich in dem Staat erfolgen, in dem der Rundfunkveranstalter niedergelassen ist. Damit soll eine **mehrfache Zuständigkeit** verhindert werden. Ein Mitgliedstaat muss den freien Empfang eines in einem anderen Mitgliedsstaat ordnungsgemäß zugelassenen Fernsehprogramms gewährleisten und darf ua die Kabeleinspeisung nicht aus Gründen behindern, die dem Harmonisierungsziel der Richtlinie widersprechen.

Das Sendelandsprinzip wurde in Deutschland in § 52 Abs 1 RStV umgesetzt.[318] Bezogen auf 152
die Bundesrepublik Deutschland spricht man auch vom **Führerscheinprinzip**. Die Analogie ist einleuchtend: Wer seinen Führerschein in Hamburg gemacht hat, braucht für bayerische Straßen nicht nochmals eine Führerscheinprüfung zu absolvieren. Europäisch gewendet, reicht auch ein Führerschein aus Riga oder Lissabon. Dasselbe Prinzip gilt für die Zulassung eines Rundfunkprogramms; ist es in einem Mitgliedsstaat zugelassen, darf ein anderer Mitgliedsstaat nicht als Voraussetzung für die Kabelverbreitung eine erneute Zulassung verlangen.

Auch wenn sich Art 2 und 2a AVMDR auf die Prinzipien „home country control" und unge- 153
hinderte Weiterverbreitung reduzieren lassen, geht es doch um **komplexe Fragestellungen**. Das lässt sich an einem **hypothetischen Beispiel** illustrieren: Nehmen wir an, ein Teleshopping-Sender mit Sitz in Kopenhagen strahlt ein Programm in deutscher Sprache aus, welches sich an das deutsche Publikum richtet; die Redaktion sitzt in Kiel, Geschäftsführung und Sendetechnik in Kopenhagen. Nehmen wir weiter an, dass die dänischen Regelungen für Teleshopping weniger streng sind als die deutschen. Darf der Sender damit die deutschen Regelungen „umgehen"? Wo liegt der Sitz des Senders wirklich – am Ort der Geschäftsführung oder am Ort der Redaktion – und welcher Staat ist deshalb zuständig für eine Sendelizenz und die Kontrolle? Dürfte die Landesmedienanstalt eines Bundeslandes eine Erlaubnis zur Kabelweitersendung daran knüpfen, dass die strengeren deutschen Regelungen eingehalten werden? Dürfte die Weiterverbreitung untersagt werden, wenn der Sender ab 22.00 Uhr drastische Werbung für pornographische DVDs macht? Dürfen andere Teleshopping-Sender bei der Vergabe von Kabelplätzen in einem Bundesland bevorzugt behandelt werden, wenn sie dort zugelassen sind oder dort Arbeitsplätze schaffen? Art 2 und 2a AVMDR beantworten diese Fragen.

Mit der Revision der Fernseh-RL im Jahre 1997 wurde das **Sendestaatsprinzip** konkretisiert: 154
danach ist ein Fernsehveranstalter der Gerichtshoheit eines Mitgliedstaat unterworfen, wenn er dort seine **Niederlassung** hat.[319] Er gilt nach Art 2 Abs 3 a) AVMDR als dort niedergelassen, wo er seine **Hauptverwaltung** hat und wo die **redaktionellen Entscheidungen** über das Programmangebot getroffen werden. Fallen Hauptverwaltung und Sitz der redaktionellen Entscheidung auseinander, so kommt es darauf an, wo der wesentliche Teil des Senderpersonals beschäftigt ist.[320] Dass in einem solchen Falle die Entscheidung im Einzelfall nicht einfach ist, hat die Au-

---

318 „Die zeitgleiche und unveränderte Weiterverbreitung von bundesweit empfangbaren Fernsehprogrammen, die in Europa in rechtlich zulässiger Weise [...] veranstaltet werden, ist durch Landesrecht im Rahmen der vorhandenen technischen Möglichkeiten zu gestatten. Die Weiterverbreitung von Fernsehprogrammen kann unter Beachtung europäischer rundfunkrechtlicher Regelungen ausgesetzt werden. Landesrechtliche Regelungen zur analogen Kanalbelegung sind zulässig, soweit sie zur Erreichung klar umrissener Ziele von allgemeinem Interesse erforderlich sind. Sie können insb zur Sicherung einer pluralistischen, am Angebot der Meinungsvielfalt orientierten Medienordnung getroffen werden. Einzelheiten, insb die Rangfolge bei der Billigung der Kabelkanäle, regelt das Landesrecht."

319 Dabei wurden Entscheidungen des EuGH zur alten Richtlinie in Gesetzesform gegossen, vgl Erwägungsgründe 11–18 zur FsRi von 1997; ua EuGH Rs C-222/94 – Kommission v Vereinigtes Königreich, Slg 1996 I-4025; Rs C-23/93 – TV 10 v Commissariaat voor de Media, Slg 1994 I-4795.

320 Zu Details vgl Castendyk/Dommering/Scheuer/*Dommering* Art 2 TWFD Rn 7 ff.

seinandersetzung um die in Luxemburg zugelassenen, aber auf das holländische Publikum ausgerichteten Sender RTL 4 und RTL 5 gezeigt, deren Sendepersonal in beiden Staaten beschäftigt war.[321]

155 Eine weitere Problematik ist die **Umgehung** möglicher Beschränkungen im Empfangsland. Art 3 Abs 3 und 4 AVMDR enthalten eine komplexe Regelung für diesen Fall: Wenn eine Aufsichtsbehörde zu dem Schluss gelangt, dass ein der Rechtshoheit eines **anderen Mitgliedstaats** unterworfener Fernsehveranstalter Fernsehprogramme veranstaltet, die ganz oder vorwiegend auf ihr Gebiet ausgerichtet sind, kann sie sich mit dem Mitgliedstaat, dessen Rechtshoheit der Fernsehveranstalter unterworfen ist, in Verbindung setzen, um eine beiderseits zufrieden stellende Lösung zu finden. Auf Ersuchen der Aufsichtsbehörde bzw des Mitgliedstaats, wo sie ihren Sitz hat, fordert der Mitgliedstaat, dessen Rechtshoheit der Fernsehveranstalter unterworfen ist, diesen Veranstalter auf, die Bestimmungen einzuhalten. Der Mitgliedstaat, dessen Rechtshoheit der Fernsehveranstalter unterworfen ist, unterrichtet danach den erstgenannten Mitgliedstaat binnen zwei Monaten über die im Anschluss an das Ersuchen erzielten Ergebnisse. Jeder der beiden Mitgliedstaaten kann den gem Artikel 23a eingesetzten Kontaktausschuss um Prüfung des Falles ersuchen. Gelangt der erstgenannte Mitgliedstaat danach zu dem Schluss, dass die aufgrund der Anwendung des Absatzes 2 erzielten Ergebnisse nicht zufrieden stellend sind und dass der betreffende Fernsehveranstalter sich in dem Mitgliedstaat, dessen Rechtshoheit er unterworfen ist, niedergelassen hat, **um** die strengeren Bestimmungen in den von dieser Richtlinie erfassten Bereichen, denen er unterliegen würde, wenn er im erstgenannten Mitgliedstaat niedergelassen wäre, **zu umgehen**, so kann er selbst gegen den Fernsehveranstalter **Maßnahmen ergreifen**. – Die Fernseh-RL enthielt keine vergleichbare Vorschrift, lediglich im Erwägungsgrund 14 war ein Verweis auf die *TV 10*-Entscheidung des EuGH zu finden. Die Ausnutzung eines Rechtsgefälles war für sich genommen keine Umgehung iS eines **Missbrauchtatbestandes**.[322]

156 Hält sich der Sendestaat **nicht** an die in der Richtlinie vorgegebenen Mindeststandards, darf der Empfangsstaat – mit Ausnahme der og Regelung für Umgehungen – gem Art 2a AVMDR die Weiterverbreitung nicht behindern oder untersagen. Dies musste der EuGH in *Paul Denuit* der belgischen Regierung ins Stammbuch schreiben, die **Cartoon Networks** aus Großbritannien die Kabeleinspeisung verweigerte, weil der Sender die **Quotenregelung** nicht eingehalten hatte.[323]

157 Die weitere **Ausnahme** vom strikten Prinzip des **„free flow"** besteht gem Art 2a Abs 2 AVMDR für den Fall, dass ein Programm offensichtlich und schwerwiegend gegen die **Jugendschutzvorschriften** in Art 3b oder 22 FsRi verstößt und ein Konsultationsverfahren zwischen Sende- und Empfangsstaat keinen Erfolg hat.[324] Zwar kann eine Behörde des Empfangsstaats in diesen Fällen die Weiterverbreitung dieses Programms untersagen, **die Interpretation** von Begriffen wie „Pornographie", „ernsthafte Jugendgefährdung" etc richtet sich jedoch nach dem **Recht des jeweiligen Sitzlandes** und der Auslegung des EuGH. Wird also zB in einem Mitgliedsstaat der Begriff „Pornographie" liberaler ausgelegt als in einem anderen, kann lediglich der EuGH über eine verbindliche Interpretation dessen entscheiden, was die AVMDR als Minimalgrenze für Sexualdarstellung im Fernsehen vorgibt. Daran ändert sich nichts, wenn die entsprechende Verbotsnorm nicht im Rundfunkrecht, sondern zB im Strafrecht geregelt ist. Andernfalls könnte der vom EuGH geforderte „effet utile" (dh, die Durchsetzung der Vorgaben der Richtlinie) durch die Wahl der Rechtsmaterie unterlaufen werden.

---

321 Castendyk/Dommering/Scheuer/*Dommering* Art 2 TWFD Rn 52 ff.
322 EuGH Rs C-56/96 – VT 4, Slg 1997 I-3143.
323 EuGH Rs C-14/96 – Paul Denuit, Slg 1997 I-2785.
324 Vgl die Verfahren EuG Rs T-69/99 – Euro-tica Rendez-Vous Television, Slg 2000 II-4039; EFTA E-8/97, TV Sverige 1000, ABlEG 1998, C 275, 6.

Allerdings gilt der **Grundsatz der ungehinderten Weiterverbreitung** nur unmittelbar. Zumindest **mittelbar** kann man die Ausstrahlung eines Programms behindern, das gegen Regelungen verstößt, die **nicht in der AVMDR harmonisiert** worden sind. Das Schulbeispiel dafür ist die EuGH-Entscheidung *de Agostini/TV-Shop*.[325] Es ging um ein Fernsehprogramm, TV 3, das in Großbritannien zugelassen und auf das schwedische Fernsehpublikum ausgerichtet war. Anders als in Großbritannien ist in Schweden an Kinder gerichtete Werbung verboten. Die schwedische Wettbewerbsbehörde ging gegen Werbespots für Kinder in mittelbarer Weise vor: Sie versuchte nicht, die Weiterverbreitung oder gar den Empfang von TV 3 in Schweden zu untersagen, sondern eröffnete Bußgeldverfahren gegen die schwedischen Werbetreibenden, die Kinderwerbung auf TV 3 geschaltet hatten. Auch diese mittelbare Behinderung des freien Empfangs bzw der Weiterverbreitung verstößt gegen Art 2 und 2a AVMDR, wenn es sich um einen Rechtsbereich handelt, der in der Richtlinie **harmonisiert** ist. Dies war bei der Kinderwerbung der Fall, die damals in Art 16 FsRi geregelt war. Zuständig für Regulierung und Kontrolle war ausschließlich die britische Behörde, bei der TV3 die Sendezulassung erworben hatte. In der damit verbundenen Rechtssache *TV-Shop* ging es hingegen um irreführende Werbung, die **nicht** in der Richtlinie **harmonisiert** war.[326] Hier – so der Gerichtshof – hinderte die Richtlinie einen Mitgliedsstaat nicht daran, in Anwendung allgemeiner Vorschriften zum Schutz der Verbraucher vor irreführende Werbung, Maßnahmen gegen einen Werbetreibenden wegen einer aus einem anderen Mitgliedstaat ausgestrahlten Werbung zu ergreifen. Allerdings dürfen diese Maßnahmen nicht die Weiterübertragung von Fernsehsendungen aus diesem anderen Mitgliedstaat in sein Gebiet unterbinden.[327] 158

Kabelrangfolgeregelungen können gegen den Grundsatz der freien Weiterverbreitung verstoßen. In einem sog Mahnschreiben (1. Stufe eines Vertragsverletzungsverfahrens gem Art 258 AEUV) hatte die Kommission bereits 1995 die Vereinbarkeit von Rangfolgeregelungen in drei deutschen Landesmediengesetzen mit Art 56 AEUV infrage gestellt, die in diesem Bundesland zugelassene Anbieter in der Rangfolge bevorzugten (sog Landeskinderklausel). Die Regelungen wurden deshalb geändert.[328] Auch Kriterien, die deutschsprachige Programme bevorzugen, oder solche mit regionalem oder lokalem Bezug können eine – zumindest verdeckte – Diskriminierung ausländischer Veranstalter beinhalten.[329] 159

c) Möglichkeiten der Inländerdiskriminierung. Die AVMDR setzt mit ihren Regelungen nur einen **Mindeststandard**. Dies drückt Art 3 Abs 1 AVMDR aus, der es den Mitgliedstaaten erlaubt, **strengere** und **ausführlichere** Bestimmungen in den von dieser Richtlinie erfassten Bereichen zu erlassen. Macht ein Mitgliedstaat davon Gebrauch, werden inländische Fernsehanbieter möglicherweise schlechter behandelt als die ausländischen Konkurrenten, die von anderen Mitgliedstaaten aus nach Deutschland einstrahlen. Man nennt dies eine **„Inländerdiskriminierung“**. Ein Beispiel aus dem Rundfunkstaatsvertrag ist das deutsche Verbot, Kindersendungen mit Werbung zu unterbrechen, während die AVMDR die Unterbrechung von Kindersendungen mit einer Länge von mehr als 30 Minuten erlaubt. 160

Allerdings dürfen diese strengeren Vorschriften nicht gegen **primäres Gemeinschaftsrecht** (zB Dienstleistungsfreiheit, Art 10 EMRK) verstoßen.[330] Sie sind, wenn es sich um Be- 161

325 EuGH verbd Rs C-34, 35 und 36/95 – de Agostini, Slg 1997 I-3834 ff.
326 Für irreführende Werbung existieren eigene Harmonisierungsrichtlinien, vgl insb die RL 2006/114/EG über irreführende und vergleichende Werbung v 12.12.2006 und hierzu Hefermehl/Köhler/Bornkamm/*Köhler*, Einl. Rn 3.41 ff.
327 Urteil des EuGH verbd Rs C-34, 35 und 36/95 – de Agostini, Slg 1997 I-3843.
328 Vgl *Betz* Media Perspektiven 1997, 431 ff.
329 Vgl dazu auch *Dörr/Charisse* AfP 1999, 18.
330 EuGH Rs C-6/98 – ARD vs ProSieben; Rs C-245/01, RTL vs NLM, Slg 2003, I-12.489.

schränkungen oder mittelbare Diskriminierungen handelt, nur gerechtfertigt, wenn sie zwingende Gründe des Allgemeinwohls für sich in Anspruch nehmen können.[331] Außerdem muss bei der Überprüfung der Richtlinienkonformität des nationalen Rechts zwischen einer – möglicherweise zulässigen – Inländerdiskriminierung und einer Fehlinterpretation der Richtlinie durch Legislative, Judikative oder Exekutive des Mitgliedsstaates unterschieden werden.[332]

162 **d) Einzelne Regelungen zu Werbung und Sponsoring. aa) Allgemeines.** Die AVMDR enthält umfangreiche Regelungen zur Werbung, zum Sponsoring und zum Teleshopping. Sie enthalten ua das Trennungsprinzip, das Verbot der Schleichwerbung, die begrenzte Zulassung gekennzeichneter Produktplatzierung, Bestimmungen zur Möglichkeit der Unterbrechung von Fernsehsendungen mit Fernsehwerbung, inhaltliche Werbeverbote, etwa mit Bezug auf Tabakprodukte oder rezeptpflichtige Arzneimittel, Regelungen zum Sponsoring und zum Sponsorhinweis, Werbemengenbegrenzungen pro Stunde sowie Regelungen für Teleshoppingspots, -fenster und -sender.

163 **bb) Prinzipien.** Das Trennungsgebot ist in Art 10 Abs 1 AVMDR enthalten. Die nur für lineare Dienste geltende Regelung lautet:

„Fernsehwerbung und Teleshopping müssen als solche leicht erkennbar und vom redaktionellen Inhalt unterscheidbar sein. Unbeschadet des Einsatzes neuer Werbetechniken müssen Fernsehwerbung und Teleshopping durch optische und/oder akustische und/oder räumliche Mittel eindeutig von anderen Sendungsteilen abgesetzt sein."

164 **Erkennbarkeit** und **Abtrennung** („eindeutig von anderen Sendungsteilen abgesetzt sein") sind zwei unterschiedliche Konzepte. Abtrennung geht weiter als Identifizierung. Werbung muss durch optische, akustische oder räumliche Mittel vom Programm abgetrennt werden. Der Unterschied kann am Beispiel der Produktplatzierung deutlich gemacht werden. Wenn eine Produktplatzierung, zB ein Softdrink auf dem Tisch des Protagonisten, mit einem Warnhinweis (zB roter Punkt) versehen wäre, wäre die werbliche Aussage Teil der Handlung und damit Teil des Programms. Das Erkennbarmachen durch den roten Punkt würde daran nichts ändern. Das Trennungsprinzip im engeren Sinne, welches ausschließlich nur für lineare audiovisuelle Mediendienste (Fernsehdienste) Geltung beansprucht, würde dies nicht zulassen.[333]

165 Der Zusatz „unbeschadet des Einsatzes **neuer Werbetechniken**" verfolgt das Ziel, neue Formen der Werbung, wie sie insb bei interaktiven Internetangeboten zur Zeit entstehen, nicht zu behindern. Würde man lineare Angebote (und zwar auch die, die über das Internet verbreitet werden) auf konventionelle Formen der Fernsehwerbung beschränken, würden lineare Angebote gegenüber non-linearen zu sehr eingeschränkt.[334] Ein Beispiel für eine solche neue Werbetechnik ist „enhanced advertising": bei internetbasiertem Fernsehen ist es möglich, Requisiten – etwa das Kleid der Protagonistin – als Ausgangspunkt für weitergehende Produktinformationen zu nutzen. Der Zuschauer kann mit der Maus/der Fernbedienung das Kleid anklicken und es öffnet sich ein Pop-up oder ein Sublevel mit kommerziellen Informationen. Betrachtet man das Kleid selbst als Werbung, wäre der Trennungsgrundsatz verletzt. Um derartige neue Werbetechniken dennoch zuzulassen, wurde der Zusatz „unbeschadet [...]" eingefügt. Wohlgemerkt lässt der Zusatz nur Erleichterungen beim Trennungsgrundsatz zu, nicht beim Erkennbarkeitsgrundsatz.

---

331 Ausf dazu Castendyk/Dommering/Scheuer/*Scheuer*/*Ader* Art 3 TWFD Rn 11 ff.
332 Vgl auch *Schmittmann* AfP 1997, 515, 525.
333 Zu den Ausnahmen von diesem Grundsatz s unten Rn 182 ff.
334 Vgl Erwägungsrund 57 zur AVMDR.

cc) Produktplatzierung. Die zentrale Ausnahme vom Trennungsgrundsatz ist die zulässige **Produktplatzierung**. Sie wird definiert in Art 1 (m) AVMDR als eine kommerzielle Kommunikation, die sich auf Produkte, eine Dienstleistungen oder Marken bezieht und zwar als Gegenleistung für ein Entgelt oder eine geldwerte Leistung. Der Begriff ist etwas anders definiert als Schleichwerbung in Art 1d FsRi, im Ergebnis sind die Unterschiede jedoch gering: Bei der Schleichwerbung muss das Entgelt (bzw die entgeltwerte Leistung) des Werbetreibenden **an den Sender** geleistet werden oder dem Sender zumindest zurechenbar sein,[335] bei der Produktplatzierung reicht es aus, wenn es **an den Filmhersteller** gegeben wird. 166

Aus Erwägungsgrund 61 (und in Art 3g AVMDR) wird deutlich, dass Sachspenden (dies betrifft Produkte und Dienstleistungen) nur dann erfasst werden, wenn sie einen **signifikanten Wert** haben. Überlässt also zB ein Modehaus der Filmproduktionsfirma ein Abendkleid, damit die Hauptdarstellerin dieses in einer zentralen Szene des Films trägt, wäre dies streng genommen eine Produktplatzierung. Denn damit würde ein Produkt für eine ähnliche Gegenleistung (ie: der Wert des Abendkleids) präsentiert werden. Nach Erwägungsgrund 61 ist zu prüfen, ob der Wert des Abendkleids – im Verhältnis zu den gesamten Produktionskosten – ins Gewicht fällt. Liegt der kumulierte Wert aller von einem Hersteller gespendeten Gegenstände unter 1% der Filmherstellungskosten, kann der Wert sicherlich nicht mehr als signifikant bezeichnet werden.[336] 167

Auch wenn die Richtlinie über audiovisuelle Mediendienste „product placement" zulässt, bindet sie die Zulässigkeit jedoch an enge Voraussetzungen: Es muss auf die Produktplatzierung mit einem Warnhinweis hingewiesen werden. Die Werbeverbote für bestimmte Produkte (Tabakprodukte, rezeptpflichtige Medikamente) gelten auch für das „product placement". Die Platzierung des Produkts oder der Dienstleistung darf nicht zu offensichtlich sein (Kriterium der „undue prominence")[337] und sie darf keinen unmittelbar werblichen Charakter haben, zB dadurch dass unmittelbar zum Kauf des Produkts aufgefordert wird. 168

Außerdem darf der Werbetreibende keinen Einfluss auf Inhalt oder Sendplatz der jeweiligen Sendung erhalten. Das Beeinflussungsverbot in Art 3g AVMDR entspricht dem bereits bekannten aus Art 17 Abs 1 (a) FsRi, wonach es dem Sponsor verboten ist, Inhalt oder Programmplatz einer gesponserten Sendung zu beeinflussen. Auch hier ist es schwierig, die Grenze zu bestimmen, ab der unzulässiger Einfluss ausgeübt wird.[338] Ein Beispiel wird in Erwägungsgrund 63 genannt: das sog Themen-Placement.[339] 169

Die Regeln für die statthafte Produktplatzierung gelten **nicht nur für lineare**, sondern auch für non-lineare Angebote. Aufgrund des Warnhinweises sind sie jedoch vor allem eine Ausnahme und Spezialregelung zum Trennungs-, und nicht zum Erkennbarkeitsgrundsatz. 170

Regelungen für Fernsehdienste. Anders als die Vorgängernorm Art 18 FsRi enthält Art 18 AVMDR keine Begrenzung der **täglichen Werbezeit** mehr. Eine von der EU-Kommission in Auftrag gegebene empirische Studie hatte ergeben, dass diese Grenze ohnehin von keinem TV-Sender je erreicht wurde.[340] Geblieben ist nur die Begrenzung der stündlichen Werbezeit, wonach nicht mehr als 20% pro Stunde Werbe- und Teleshoppingspots ausgestrahlt werden dürfen. 171

335 S Band 3 Kap 3.

336 Castendyk/Dommering/Scheuer/*Castendyk* Art 1 AVMSD Rn 144 ff.

337 Zur Auslegung des Begriffs der „undue prominence" vgl Castendyk/Dommering/Scheuer/*Castendyk* Art 3g AVMSD Rn 25 f; eine zu enge Interpretation des Begriffs würde Produktplatzierungen unmöglich machen.

338 Castendyk/Dommering/Scheuer/*Castendyk* Art 3g AVMSD Rn 22 f.

339 Zum Themen-Placement nach altem Recht, vgl *Castendyk* ZUM 2005, 2 ff; *Bülow* passim.

340 Vgl Gutachten Carat/KOAN, Comparative study on the impact of control measures on the televisual advertising markets in European Union Member States and certain other countries, abrufbar unter http://ec.europa.eu/avpolicy/docs/library/studies/2003/44_03_finalrep_fr.pdf.

Weggefallen ist auch die Limitierung von **Teleshopping-Fenstern** auf maximal acht pro Tag und eine maximale Zeit von drei Stunden pro Tag (Art 18a AVMDR). Weitergehende Einschränkungen wären angesichts der in dieser Hinsicht regulatorisch weit weniger beschränkten Internet-Shoppingangebote auch nicht zu rechtfertigen gewesen.

172 **e) Einzelne Regelungen zu Quotenvorgaben. aa) Quoten für Fernsehveranstalter.** Für Veranstalter linearer audiovisueller Dienste änderte die AVMDR am bis 2007 geltenden Rechtszustand nichts. Gem Art 16 AVMDR müssen die Mitgliedstaaten mit angemessenen Mitteln dafür sorgen, dass die Fernsehveranstalter in ihrer Zuständigkeit den **Hauptteil ihrer Sendezeit**, die nicht aus Nachrichten, Sportberichterstattung, Spielshows oder Werbung bzw Teleshopping besteht (qualifizierte Sendezeit), mit europäischen Werken bestücken.[341] Diese Quotenregelung war und ist sehr umstritten. 1988 hätte der Konflikt zwischen Frankreich, das eine Quote forderte, und Mitgliedstaaten wie Großbritannien und Deutschland, die sie ablehnten, fast zu einem Scheitern der Verhandlungen geführt. In Deutschland hat die Quotenregelung jedoch fast keine praktische Bedeutung. Ihre Einhaltung wird praktisch nicht überprüft und die Nicht-Einhaltung würde auch keine negativen Rechtsfolgen haben. Dies liegt zum einen daran, dass die Bundesrepublik Deutschland in einer Protokollerklärung zur Fernseh-RL von 1989 festgehalten hat, dass es sich bei der Regelung in Art 4 nur um eine politische Absichtserklärung und nicht um eine bindende Verpflichtung handelt.[342] Auch wenn EuGH und BVerfG derartige Protokollerklärungen nicht für geeignet halten, klare und bindende Vorschriften des sekundären Gemeinschaftsrechts auszuhebeln,[343] bestimmt diese politische Haltung jedoch nach wie vor die Aufsichtpraxis der Landesmedienanstalten. Der zweite Grund liegt darin, dass die Angaben darüber, ob Fernsehsender die **Quotenvorgaben** der Richtlinie einhalten, von den betroffenen Fernsehsendern selbst gemacht werden.[344] Eine unabhängige Überprüfung hätte mit dem Problem zu kämpfen, dass die Prüfung, ob ein Film europäisch oder außereuropäisch ist (vgl die Definition in Art 1 n AVMDR), große Schwierigkeiten bereitet, zB müsste eruiert werden, wo die Filmschaffenden zur Zeit der Produktion ihren Wohnsitz hatten.

173 Art 5 AVMDR enthält eine weitere TV-bezogene Quotenvorgabe zu Gunsten **unabhängiger Produzenten.**[345] Der **Schwellenwert** von wahlweise mindestens 10% der qualifizierten Sendezeit oder 10% ihrer Haushaltsmittel ist jedoch so niedrig, dass kein deutscher Fernsehsender Schwierigkeiten hat, diese Vorgabe einzuhalten. Sie wäre so lediglich für solche Fernsehveranstalter relevant, die ihr Programm ausschließlich mit eigenen Mitarbeitern herstellen, wie dies bei vielen ARD-Sendern in den sechziger und siebziger Jahren noch der Fall war.[346]

174 **bb) Non-lineare audiovisuelle Mediendienste.** In der ausführlichen Konsultation der EU-Kommission vor der Richtlinie für audiovisuelle Medien wurde diskutiert, ob eine **Quotenregelung** auch für audiovisuelle Mediendienste sinnvoll sein könnte.[347] Die Befürworter argumen-

---

341 Ausf zu Art 4, zu seiner Entstehungsgeschichte, Interpretation und der streitigen Vereinbarkeit mit höherrangigem Recht Castendyk/Dommering/Scheuer/*Castendyk* Art 4 TWFD Rn 3 ff.

342 Castendyk/Dommering/Scheuer/*Castendyk* Art 4 TWFD Rn 15 ff.

343 EuGH Rs C-292/89 – Antonissen, Slg 1991 I-745; BVerfGE 83, 238, 295 ff.

344 Erst die AVMDR beinhaltet eine Verpflichtung, unabhängige Daten über die Einhaltung der Quotenvorgaben zu erheben. Diese wurde bisher nur teilweise erfüllt, vgl die Study on the implementation of the provisions of the Audiovisual Media Services Directive concerning the promotion of European works in audiovisual media services – SMART2010/0002.

345 Ausf zu Art 5 vgl *Castendyk* Communication Law 2006, 88 ff.

346 Vgl *Castendyk/Keil/Wickleder* passim.

347 Vgl sog Hieronymi Report, 56 ff, abrufbar unter http://www.europarl.europa.eu/comparl/cult/media_services_directive_en.pdf.

tierten mit dem Interesse der europäischen Filmproduktionsindustrie. Die Gegner brachten vor, dass Quoten bei On-Demand-Diensten nicht dazu führen würden, dass sich mehr Menschen europäische Produktionen ansehen würden. Das Angebot im Internet sei zu groß, um Steuerungseffekte zu erzielen. Eine Quote, die einen bestimmten Prozentsatz der Programmakquisition des On-Demand-Anbieters ausmachen würde, liefe Gefahr, europäische Anbieter gegenüber ihrer internationalen Konkurrenz zu sehr zu benachteiligen. Das Ergebnis war eine weiche Quotenregelung, die es weitgehend den Mitgliedsstaaten überlässt, über das „wie" zu entscheiden. Danach müssen die Mitgliedsstaaten dafür sorgen, dass audiovisuelle Mediendienste auf Abruf die **Produktion** europäischer Werke und den **Zugang** hierzu fördern. Die Förderung kann zB ein Beitrag zur klassischen Filmförderung sein,[348] aber auch ein gesetzlich festgelegter Anteil an europäischen Werken im Programmkatalog des Anbieters.

f) Jugendschutz. Die Regelungen zum Jugendschutz existierten schon vorher und wurden allerdings teilweise den Besonderheiten der verschiedenen Dienste angepasst.[349] Art 3h AVMDR stellt regeln für non-lineare Mediendienste auf, Art 22 AVMDR überträgt die auf Fernsehveranstalter. Wie im deutschen Recht wird zwischen **jugendgefährdenden** und minderjährige Zuschauer lediglich **beeinträchtigenden** Sendungen unterschieden. Art 3h und 22 Abs 1 AVMDR unterscheiden verwirrenderweise in „beeinträchtigen" und „ernsthaft beeinträchtigen". Gem Art 22 Abs 1 AVMDR müssen die Mitgliedstaaten angemessene Maßnahmen ergreifen, um Sendungen zu verhindern, welche die körperliche, geistige und sittliche Entwicklung von Minderjährigen ernsthaft beeinträchtigen können, insb solche, die Pornographie oder grundlose Gewalttätigkeiten zeigen. Programme, welche die körperliche, geistige oder sittliche Entwicklung von Minderjährigen (nur) beeinträchtigen können, sollen durch die Wahl der Sendezeit oder durch sonstige **technische Maßnahmen**, wie zB durch **Verschlüsselung** und Zugangscodes dafür sorgen, dass diese von Minderjährigen üblicherweise nicht wahrgenommen werden (Art 22 Abs 2 AVMDR). 175

Art 22 Abs 3 AVMDR fordert, dass **jugendbeeinträchtigende** Programme (dies gilt in Deutschland für Filme mit einer FSK-Freigabe von 16 oder 18 Jahren) nur ausgestrahlt werden, wenn ihre Ausstrahlung durch akustische Zeichen angekündigt oder durch optische Zeichen während der gesamten Sendung kenntlich gemacht wird. Diese Regelung wurde in Deutschland in § 10 Abs 2 JMStV umgesetzt und erfordert in der Praxis den bekannten **Warnhinweis** „Diese Sendung ist für Jugendliche unter [...] Jahren nicht geeignet".[350] Art 3b AVMDR verbietet Sendungen, die zu Hass aufgrund von Rasse, Geschlecht, Religion oder Nationalität aufstacheln. 176

Die Bestimmungen zum Jugendschutz in der AVMDR stehen im Einklang mit **europäischem und internationalem Recht** zum Schutz von Kindern und Jugendlichen und der Menschenwürde auf dem Feld der Medien. Auf EU-Ebene betrifft dies zum Beispiel die Rahmenentscheidung gegen die sexuelle Ausbeutung von Kindern und Kinderpornographie vom 20.12.2003. Auf internationaler Ebene sind dies Vorgaben wie die UNO-Konvention der Rechte des Kindes vom 20.11.1983 oder der UNESCO-Resolution „Kinder und Gewalt auf dem Bildschirm" vom 12.11.1997.[351] 177

In Europa herrschen große **Unterschiede** bei der Einschätzung, ob ein bestimmtes Programm Minderjährige gefährdet oder zumindest ihre Entwicklung beeinträchtigt.[352] Die Unterschiede sind fast ebenso groß wie die Unterschiede der **moralischen Vorstellungen**. Dies lässt sich am Beispiel der Pornographie illustrieren, die in Europa sehr unterschiedlich definiert wird.[353] Wie oben 178

348 In Deutschland gibt es bereits eine solche Filmabgabe für On-Demand-Anbieter bzw die Inhaber solcher Rechte (§ 67 Abs 2 FFG).
349 Castendyk/Dommering/Scheuer/*Ukrow* Art 3b AVMDR Rn 2.
350 Näheres dazu in Hahn/Vesting/*Hertel* § 10 JMStV Rn 5 f.
351 *Groebel* passim; *Roßnagel/Scheuer* MMR 2005, 271.
352 *Bundschuh* 123 f; *Gangloff* 104 ff.

ausgeführt,[354] ist der vom EuGH und dem EGMR gewährte Spielraum für die Mitgliedstaaten, Grundfreiheiten oder Grundrechte einzuschränken, im Bereich von Menschenwürde, Jugendschutz und öffentlicher Moral sehr groß. Dies ergibt sich auch aus dem Subsidiaritätsprinzip in Art 5 Abs 2 EUV. Dies mag ein Grund dafür sein, dass die Jugendmedienschutzregelungen in Europa nach wie vor sehr unterschiedlich ausfallen. Jedenfalls müssen Beschränkungen der Grundfreiheiten, insb der Dienstleistungsfreiheit des Fernsehanbieters, verhältnismäßig sein. Dies gilt auch für Regelungen zum Jugendschutz und zum Schutz der Menschenwürde.[355]

179 **g) Gegendarstellung.** Art 23 AVMDR garantiert für lineare audiovisuelle Mediendienste das Recht auf **Gegendarstellung** oder auf **gleichwertige Maßnahmen.**[356] Die Mitgliedstaaten müssen insb dafür Sorge tragen, dass die tatsächliche Ausübung des Rechts auf Gegendarstellung oder auf gleichwertige Maßnahmen nicht durch Auferlegung unverhältnismäßiger Bedingungen behindert wird. Bei der Regelung des Verfahrens muss darauf geachtet werden, dass die Frist für die Wahrnehmung des Rechts auf Gegendarstellung oder auf gleichwertige Maßnahmen auch von juristischen Personen oder natürlichen Personen wahrgenommen werden kann, deren Wohnsitz oder Niederlassung sich einem anderen Mitgliedstaat befindet.

180 Aus deutscher Sicht sind nur wenige Elemente dieser Vorschrift relevant. Zum einen ist zu beachten, dass sog **„gleichwertige Maßnahmen“** ausreichen. In einer Protokollerklärung hat Frankreich klargestellt, dass unter diesen Begriff sämtliche der Gegendarstellung vergleichbare, rechtliche oder behördliche, Rechtsbehelfe fallen.[357] Damit sind auch Mittel gemeint, die im technischen Sinne keine Gegendarstellungen sind, wie zB ein Anspruch auf Unterlassung oder auf Widerruf. Nicht ausreichen dürfte es angesichts von Art 23 Abs 5 AVMDR, wenn lediglich ein Rekurs zu einer Institution der Selbstregulierung eröffnet wäre, zum Beispiel zum Deutschen Presserat.[358]

181 Das Recht auf Gegendarstellung oder auf Widerruf im transnationalen Kontext betrifft auch das Internationale Privatrecht. Im Bereich des Deliktsrechts wurde dieser Bereich durch die Verordnung (EG) Nr 864/2007 („Rom II“)[359] harmonisiert. Im Rahmen der Entstehungsgeschichte von Rom II wurde – nach intensivem Lobbying der Medienverbände – das Sendestaatsprinzip für Medien eingeführt. Damit wurden Widersprüche zu Art 2 AVMDR verhindert. Art 6 Abs 2 iVm Art 4 Rom II legt deshalb fest, dass das Recht des Staates anwendbar ist, in dem der Fernsehveranstalter oder der Verlag seine Niederlassung hat. Damit gilt – entgegen dem ursprünglichen Entwurf – für die Gegendarstellung und vergleichbare Rechtsbehelfe nicht das Recht des Staates, in dem der Betroffene niedergelassen ist.

3. Telekommunikationsrichtlinien

182 **a) Überblick.** Nach der wegweisenden Entscheidung in den USA, das Monopol von AT&T aufzulösen und den Telekommunikationsgiganten in einzelne Teile aufzuspalten (1984), folgte

353 Vgl hierzu ua *Ulich* 114 ff; *Ritz* passim; *Weigend* ZUM 1994, 133 ff; *Hönge* passim.
354 S Rn 56.
355 Castendyk/Dommering/Scheuer/*Ukrow* Art 22 TWFD Rn 9 ff.
356 Ausf dazu Castendyk/Dommering/Scheuer/*Palzer/Scheuer* Art 23 TWFD Rn 4 ff.
357 *Martin-Pérez de Nanclares* 155.
358 Weiter gefasst scheint hier die entsprechende Regelung im Fernsehübereinkommen zu sein, vgl Explanatory Report FsÜ Rn 169.
359 Verordnung (EG) Nr 864/2007 des Europäischen Parlaments und des Rates v 11.7.2007 über das auf außervertragliche Schuldverhältnisse anzuwendende Recht (Rom II), ABlEG 2007, L 199, 40.

die EU-Kommission diesem Beispiel. In den achtziger und neunziger Jahren wurde eine Reihe von Richtlinien erlassen, die die Mitgliedstaaten dazu zwangen, die nationalen Monopolunternehmen, wie zB die Deutsche Post, zu privatisieren und die Märkte zu liberalisieren. Die EU-Kommission ging zu Recht davon aus, dass eine Privatisierung und Liberalisierung einen erheblichen Dynamisierungsschub auslösen würde.[360]

Die Leitlinien ergaben sich aus dem **Grünbuch** über die Entwicklung des gemeinsamen Marktes für Telekommunikationsdienstleistungen und Telekommunikationsgeräte aus dem Jahr 1987.[361] Die **Marktöffnung** sollte in drei Bereichen stattfinden: bei den Endgeräten, bei den Diensten und bei den Netzen. Dabei wurden vier Regelungsziele verfolgt: die Liberalisierung und Privatisierung durch schrittweise Aufhebung besonderer und ausschließlicher Rechte auf dem Telekommunikationssektor, die Harmonisierung durch Angleichung der rechtlichen Rahmenbedingungen, die Gewährleistung eines chancengleichen und fairen Wettbewerbs und die Sicherstellung von Universaldienstleistungen. Diese Ziele wurden erfolgreich mit einer Reihe von Richtlinien verfolgt, ua der Endgeräte-RL, der Dienste-RL, der Kabel-RL und der Wettbewerbs-RL. Besonders zentral waren die Richtlinien, die versuchten, den sog offenen Netzzugang (ONP) zu garantieren. In diesen Zusammenhang gehört auch die Verordnung zur Entbündelung des Zugangs zum **Teilnehmeranschluss** (sog local loop), die für Diensteanbieter den Zugang zum Teilnehmeranschluss zu transparenten, fairen und diskriminierungsfreien Bedingungen europaweit sicherstellen sollte. 183

1999 war die Zeit reif, diese Telekommunikationspolitik zu evaluieren. Die Kommission regte einen **Kommunikationsbericht** an, der die bisherige Situation beurteilen und neue Vorschläge für eine Regulierung entwerfen sollte.[362] Die vorgeschlagenen Reformen betrafen weniger eine weitere Liberalisierung der Märkte, sondern mehr die Sicherung und Vereinfachung des Erreichten. Dabei sollte ein technologieneutraler Ansatz gewählt werden. Der Fokus lag nicht länger auf der Infrastruktur für Telekommunikationsdienstleistungen, sondern – gewissermaßen unter Streichung des „tele" – auf der Regulierung sämtlicher Kommunikationsangebote und -strukturen. Der neue Schlüsselbegriff lautet „elektronische Kommunikationsnetze". Im Übrigen wurde deutlich gemacht, dass die einheitlichen Regelungsstandards auch für Rundfunkverbreitung gelten sollten. Der nachfolgende Gesetzgebungsprozess führte zu fünf neuen Richtlinien (der Rahmen-RL, der Zugangs-RL, der Datenschutz-RL für elektronische Kommunikation, der Genehmigungs-RL und der Universaldienst-RL), die im Jahre 2001 verabschiedet wurden. Bei der anschließenden Umsetzung in Deutschland wurden außerdem Fehler und Lücken des bisherigen Regulierungsrahmens beseitigt. Vor allem konnten die Ende der Achtzigerjahre noch kaum bekannten Telekommunikationsdienstleistungen, wie etwa das Internet oder die Mobiltelefonie, berücksichtigt werden. Ebenfalls relevant ist die Frequenzentscheidung,[363] die versucht, die Verfügbarkeit und effiziente Nutzung des Frequenzspektrums europaweit zu koordinieren. 184

b) Die Rahmen-RL.[364] In der Rahmen-RL werden die wesentlichen **Grundsätze** des europäischen Regulierungsrahmens vorgestellt. Die Erwägungsgründe 5 und 6 machen deutlich, dass die **Konvergenz** von Telekommunikation, Medien und Informationstechnologie einen ein- 185

360 Vgl Maunz/Dürig/*Lerche* Art 87f GG Rn 25.
361 KOM (87) 290 vom 30.6.1987.
362 KOM (1999) 539 endg, 10.11.1999.
363 Entscheidung Nr 676/2002/EG des Europäischen Parlaments und Rates v 7.3.2002 über einen Rechtsrahmen für die Frequenzpolitik in der Europäischengemeinschaft (Frequenzentscheidung), ABlEG 2002, L 108, 1.
364 RL 2002/21/EG des Europäischen Parlaments und des Rates v 7.3.2002 über einen gemeinsamen Rechtsrahmen für elektronische Kommunikationsnetze und -dienste (Rahmenrichtlinie), ABlEG 2002, L 108, 33.

heitlichen Regelungsrahmen erzwingt, der für alle Übertragungsnetzwerke und Dienste gilt. In Art 2c Rahmen-RL wird nochmals deutlich gemacht, dass es nicht darum geht, **Inhalte** von Diensten, in welcher Form sie auch immer angeboten werden, rechtlichen Regeln zu unterwerfen. Dies sei, von Ausnahmen abgesehen, Sache des nationalen Gesetzgebers.

186 Das in Art 8 der Rahmen-RL näher ausgeführte zentrale Ziel ist die Gewährleistung **effektiven Wettbewerbs**. Dabei wird das Konzept der **beträchtlichen Marktmacht** weiterentwickelt und dem allgemeinen wettbewerbsrechtlichen Konzept der marktbeherrschenden Stellung angenähert.[365] Das Verfahren der Marktregulierung soll dabei in **drei Schritten** erfolgen: In einem Marktdefinitionsverfahren werden auf nationaler Ebene diejenigen Märkte ermittelt, die reguliert werden müssen. Dabei müssen die Empfehlungen der Kommission berücksichtigt werden. Die auf diese Weise ermittelten Märkte werden im sog Marktanalyseverfahren darauf hin untersucht, ob wirksamer Wettbewerb existiert. Nur wenn ein wirksamer Wettbewerb fehlt, können Unternehmen, die über beträchtliche Marktmacht verfügen, Verpflichtungen auferlegt werden.

187 Die Genehmigungs-RLen verlangt von den Mitgliedstaaten, dass die entsprechenden Märkte von einer **unabhängigen Regulierungsbehörde** kontrolliert werden. Das bezieht sich insb auf die Unabhängigkeit der Marktbeteiligten. Dies macht eine staatliche Kontrolle schwierig, soweit der Staat selbst größere Anteile an den betreffenden Telekommunikationsunternehmen besitzt.

188 **c) Die Genehmigungs-RL.**[366] Die Genehmigungs-RL **beendete** die bis dahin üblichen **Einzelgenehmigungen**. Stattdessen favorisiert sie, ähnlich wie die Gruppenfreistellungsverordnungen im europäischen Wettbewerbsrecht, allgemeine Genehmigungsvoraussetzungen. Gem Art 3 Abs 2 Genehmigungs-RL können von den betreffenden Unternehmen Anzeigen verlangt werden, jedoch keine Einzellizenzierung. Ausnahmen sollen nur noch für die Frequenz- und Nummerverteilung gelten, denn sie werden weiterhin als knappe Güter angesehen. Diese Prinzipien gelten grds auch für den **Rundfunkbereich**. Nach Art 5 Genehmigungs-RL müssen auch Rundfunkfrequenzen mittels offener, transparenter und nicht diskriminierender Verfahren vergeben werden.

189 **d) Die Zugangs- und Zusammenschaltungs-RL.**[367] Mit dieser Richtlinie werden die nationalen Regulierungsbehörden dazu angehalten, die in Art 8 der Rahmen-RL festgelegten Ziele zu realisieren, insb durch angemessene **Zugangs-** und **Zusammenschaltungsregeln** sowie die Gewährleistung der **Interoperabilität** von Kommunikationsdiensten. Der Begriff des Zugangs wird dabei weit ausgelegt, er beinhaltet jegliche Bereitstellung von Einrichtungen oder Diensten, wobei nur die Nachfrage von Leistungen durch Anbieter, nicht aber die von Endkunden erfasst wird. Eine Zusammenschaltung meint jede Art von Verbindung von Netzen, so dass den Nutzern die Kommunikation in verschiedenen Netzen untereinander ermöglicht wird, zB von einem Mobilfunknetz zu einem anderen. Möglich sind Maßnahmen gegenüber allen Unternehmen und solchen, die sich nur an Unternehmen mit beträchtlicher Marktmacht richten.

---

365 Damit wurde die bisherige feste Grenze von 25% durch ein flexibleres Kriterium ergänzt, vgl Castendyk/Dommering/Scheuer/*van Eijk* Directive 2002/21/EC, Rn 7.

366 RL 2002/20/EG des Europäischen Parlaments und des Rates v 7.3.2002 über die Genehmigung elektronischer Kommunikationsnetze und -dienste (Genehmigungsrichtlinie), ABlEG 2002, L 108, 21.

367 RL 2002/19/EG des Europäischen Parlaments und des Rates v 7.3.2002 über den Zugang zu elektronischen Kommunikationsnetzen und zugehörigen Einrichtungen sowie deren Zusammenschaltung (Zugangs-RL), ABlEG 2002, L 108, 7.

e) Die Datenschutz-RL.[368] Die **Datenschutz-RL** fasst nochmals alle Grundsätze der in den klassischen Datenschutzrichtlinien[369] in der EU festgehaltenen Prinzipien für den **Kommunikationssektor** zusammen. Dabei soll zwischen dem Schutz der Privatsphäre und dem Recht an den eigenen Daten sowie dem Interesse an der wirtschaftlichen Verwertung personenbezogener Daten ein vernünftiger Ausgleich gefunden werden. Die zentrale Vorschrift ist Art 5, der die Mitgliedstaaten verpflichtet, Schutzvorschriften gegen die unrechtmäßige Kenntnisnahme von Kommunikationen zu erlassen. Dabei geht es vor allem um die Speicherung von Nutzungs- und Benutzerdaten sowie die Lokalisierung der Kommunikation, wie sie zB im Mobilfunkbereich möglich ist. 190

Ein wichtiges Thema war auch die Übermittlung von ungewollten Fax-Mitteilungen, SMS und E-Mails (SPAM). Dabei entstand ein Konflikt zwischen Kommission und Europäischem Parlament.[370] Die Kommission befürchtete, zu viel **SPAM** würde das Internet verstopfen, das Parlament sah sich mehr auf der Seite der Anbieter. Am Ende wurde ein sog „opt in" eingeführt. Danach müssen die Verbraucher dem Empfang derartiger Werbemitteilungen ausdrücklich zustimmen. Lediglich wenn Unternehmen bereits auf elektronische Weise Kontakt zu ihren Kunden aufgenommen haben, können Sie nicht verlangte Werbemitteilungen an sie senden. In diesem Fall muss der Kunde jedoch die Möglichkeit haben, sich wieder aus dem Verteiler nehmen zu lassen („opt out"). 191

f) Die Universaldienst-RL.[371] Das Ziel der Universaldienst-RL ist die Sicherstellung eines bestimmten Mindestangebots bzw einer bestimmten **Mindestversorgung** von allen Diensten zu einem für alle Nutzer erschwinglichen Preis. Zu diesem Zweck definiert die Richtlinie ein **Mindestangebot**, welches in allen Mitgliedstaaten bestehen muss. Es ist im Wesentlichen begrenzt auf Sprachtelefondienste, (noch) nicht auf Internetzugang. Entsprechende Vorschläge wurden im Gesetzgebungsverfahren abgelehnt.[372] Der Spielraum der Mitgliedstaaten bei der Kontrolle der Preisbildung ist begrenzt. Bis dahin übliche Versuche, die Positionen marktbeherrschender Unternehmen durch Zulassung überhöhter Preise und Anschlusskosten zu stabilisieren, werden durch das vorgesehene Preisbildungsverfahren erschwert. Relevant für den Rundfunkbereich ist Art 31, der bestimmte „must carry"-Verpflichtungen vorsieht. 192

g) Reform des TK-Richtlinienpakets. aa) Gesetzgebungsverfahren November 2007 legte die *Kommission* Vorschläge für eine Reform des Telekom-Rechtsrahmens vor. In der ersten Lesung wurde keine Einigung erzielt.[373] Kritisiert wurde ua die geplante Schaffung einer unabhängigen europäischen Regulierungsbehörde, die vorgesehene Regulierung von Netzen der nächsten Generation und das Vetorecht der *Kommission* bei der Auferlegung von Abhilfemaßnahmen. Nach Verhandlungen wurde anstelle der europäischen Behörde lediglich ein beratendes *Gremium Europäischer Regulierungsstellen für elektronische Kommunikation* (*GEREK*) vorge- 193

368 RL 2002/58/EG des Europäischen Parlaments und des Rates v 12.7.2002 über die Verarbeitung personenbezogener Daten und den Schutz der Privatsphäre in der elektronischen Kommunikation (Datenschutzrichtlinie für elektronische Kommunikation), ABlEG 2002, L 201, 37.

369 RL 95/46/EG des Europäischen Parlaments und des Rates v 24.10.1995 zum Schutz natürlicher Personen bei der Verarbeitung personenbezogener Daten und zum freien Datenverkehr, ABlEG 1995, L 281, 31 sowie RL 97/66/EG des Europäischen Parlaments und des Rates v 15.12.1997 über die Verarbeitung personenbezogener Daten und den Schutz der Privatsphäre im Bereich der Telekommunikation, ABlEG 1998, L 24, 1ff.

370 Vgl Darstellung in Castendyk/Dommering/Scheuer/*van Eijk* ECRF Rn 21.

371 RL 2002/22/EG des Europäischen Parlaments und des Rates v 7.3.2002 über den Universaldienst und Nutzerrechte bei elektronischen Kommunikationsnetzen und -diensten (Universaldienstrichtlinie) ABlEG 2002, L 108, 51.

372 Vgl *van Eijk* 21.

373 http://ec.europa.eu/information_society/policy/ecomm/tommorrow/index_eu.htm.

sehen, das die *European Regulators Group* (*ERG*) ersetzen und die Arbeit der nationalen Regulierer besser koordinieren soll. Ferner wurde das Vetorecht der *Kommission* für Abhilfemaßnahmen in ein Mitspracherecht umgewandelt. In der zweiten Lesung kam daraufhin eine weitestgehende Einigung zu Stande. Die Verabschiedung des Pakets verzögerte sich weiterhin, weil das *Parlament*, anders als der *Rat*, im Mai 2009 für Internetsperren bei Urheberrechtsverstößen eine richterliche Anordnung verlangte. Erst in der dritten Lesung konnte im November 2009 im Vermittlungsverfahren ein Kompromiss erreicht werden, wodurch ein Scheitern der gesamten Reform verhindert wurde. Nach Veröffentlichung im EU-Amtsblatt traten die beiden Richtlinien am 19.12.2009 in Kraft und waren bis zum 25.5.2011 in nationales Recht umzusetzen. Am 10.05.2012 trat das „Gesetz zur Änderung telekommunikationsrechtlicher Regelungen" (TKG-ÄndG) in Kraft. Im Gesetzgebungsverfahren wurden insbesondere die Regelungen zum Verbraucherschutz, zB bzgl. „kostenloser Warteschleifen", sowie Regelungen zur Förderung des Breitbandausbaus, zur Netzneutralität und zur Ausgestaltung der Fequenzregulierung kontrovers diskutiert.[374]

194 **bb) Überblick.** Das Reformpaket aus zwei Richtlinien und einer Verordnung hat Auswirkungen fünf Rechtsakte. Die RL 2009/140/EG ändert die Rahmen-RL 2002/21/EG (RRL), die Zugangs-RL 2002/19/EG (ZRL) und die Genehmigungs-RL 2002/20/EG (GRL); die RL 2009/136/EG reformiert die Universaldienst-RL 2002/22/EG (URL) und die Telekom-Datenschutz-RL 2002/58/EG (DSRL); die VO (EG) Nr 1211/2009 schafft das bereits erwähnte supranationale *Gremium Europäischer Regulierungsstellen für elektronische Kommunikation* (*GEREK*). Ziel der Reform ist die weitere Stärkung des Binnenmarkts durch Anpassung der Rahmenvorgaben an die technischen und wirtschaftlichen Entwicklungen im TK-Sektor seit der letzten Novelle im Jahr 2002. Der Rechtsrahmen soll effektiver werden, indem Regulierungsinstrumente konkretisiert, Marktregulierungsverfahren optimiert, der Zugang zu Funkfrequenzen effizienter gestaltet und Verbraucherrechte gestärkt werden.

195 **cc) Wesentliche Neuregelungen. aaa) Vorabregulierung.** Ein wesentliches Ziel der Reform war die Präzisierung und Harmonisierung der **Vorabregulierung** hinsichtlich der bestehenden Verfahrensschritte Marktdefinition, Marktanalyse und Auferlegung von Abhilfemaßnahmen. Durch die Reform soll zB die Regulierung verbessert werden, in denen ein marktbeherrschendes Unternehmen den Wettbewerb und dadurch Innovationen behindert. Dies gilt auch für neue und verbesserte Infrastrukturen, etwa beim Ausbau der schnellen Breitbandnetze. Erstmals wird das Ziel der Deregulierung ausdrücklich genannt. Danach soll die sektorspezifische Vorabregulierung je nach Wettbewerbsentwicklung auf den Märkten schrittweise abgebaut und die elektronische Kommunikation am Ende ausschließlich dem Wettbewerbsrecht unterworfen weden. Bisdahin bleibt es bei dem Grundsatz, dass eine Deregulierung erst dann gerechtfertigt ist, wenn auf einem regulierten Markt dauerhaft wirksamer Wettbewerb besteht.

196 **bbb) Straffung des Marktdefinitions- und Marktanalyseverfahrens.** Um die Regulierung effizienter zu gestalten, wurde das Marktdefinitions- und Marktanalyseverfahren gestrafft, zB wurden Fristen für die nationalen Regulierer eingeführt, um den Marktbeteiligten mehr Sicherheit hinsichtlich der Regulierungsbedingungen zu geben. Die Regelungen des § 14 TKG müssen deshalb angepasst werden. Die Zahl der Gemeinschaftskonsultationen wurde verringert und der Vorrang der nationalen Konsultation festgeschrieben. Die *Kommission* leitete im Juni 2009 ein entsprechendes Vertragsverletzungsverfahren gegen Deutschland auf Grund der An-

374 Vgl *Scherer/Heinickel*, NVwZ 2012, 585.

wendung dieser Vorschrift durch die *BNetzA* ein. Im Zuge der nunmehr anstehenden Umsetzung des Reformpakets hat der Gesetzgeber Gelegenheit, die §§ 12 und 13 TKG zu überarbeiten.

ccc) Mitspracherechte der Kommission und des GEREK. Die von der Reform geschaffene neue Behörde wird „GEREK" („Gremium Europäischer Regulierungsstellen für elektronische Kommunikation") heißen und die bisherige Zusammenarbeit zwischen den nationalen Regulierungsbehörden innerhalb der „Gruppe Europäischer Regulierungsstellen" (ERG) durch ein besser strukturiertes Konzept ablösen. GEREK-Beschlüsse werden grundsätzlich mit der Mehrheit der Leiter der nationalen Telekom-Regulierer gefasst: mit einfacher Mehrheit bei GEREK-Stellungnahmen zur Prüfung der von nationalen Regulierungsbehörden notifizierten Abhilfemaßnahmen durch die Kommission und mit Zwei-Drittel-Mehrheit in allen anderen Fällen. Die GEREK-Beschlüsse werden von einem unabhängigen, supranationalen und mit Fachleuten besetzten Amt vorbereitet. Außerdem wird GEREK die unabhängige Arbeit der nationalen Telekom-Regulierungsbehörden beratend begleiten, unterstützen und ergänzen, vor allem wenn es um grenzübergreifende Regulierungsfragen geht. Über den GEREK-Sitz müssen die Regierungen der 27 Mitgliedstaaten noch entscheiden. 197

ddd) Funktionelle Trennung als neue Abhilfemaßnahme. Neben die bestehenden Abhilfemaßnahmen in der ZRL tritt nunmehr gem Art 13a ZRL das Regulierungsinstrument der funktionellen Trennung, welches in das TKG neu einzufügen ist. Damit können die nationalen Telekom-Regulierer ein zusätzliches Instrument in die Hand, mit dem sie Telekommunikationsunternehmen als letzten Ausweg zwingen können, Netzbetrieb und Dienstleistungen innerhalb des Unternehmens voneinander zu trennen. Eine funktionale Trennung kann den Wettbewerb auf den Märkten rasch verbessern, ohne die Anreize für Investitionen in neue Netze zu mindern. Im Vereinigten Königreich ist die funktionale Trennung seit Januar 2006 in Kraft und löste einen Boom bei den Breitbandanschlüssen aus (von 100.000 ungebündelten Teilnehmeranschlüssen im Dezember 2005 auf 5,5 Mio Anschlüsse drei Jahre später). 198

eee) Frequenzverwaltung. Ein weiterer Schwerpunkt der Reform liegt in der Harmonisierung und Flexibilisierung der Frequenzverwaltung. Politisches Ziel bei der Frequenzzuweisung ist die effizientere Nutzung von frei werdendem Frequenzspektrum auf Grund der Digitalen Dividende geht. Schon bisher unterliegen die Mitgliedstaaten einer weit reichenden Kooperationspflicht untereinander und mit der *Kommission*. Obwohl die Vorschriften relativ weich formuliert sind, sind sie durchaus praxisrelevant. So eröffnete die *Kommission* im Oktober 2009 gegen Deutschland ein Vertragsverletzungsverfahren auf Grund des Ausschlusses des „Festen Funkdienstes" von der Frequenzzuteilung im 2,5–2,69 GHz-Spektrum, der nach Auffassung der *Kommission* gegen die Entscheidung 2008/477/EG zur Harmonisierung dieses Frequenzbands verstieß. 199

Bestehende Beschränkungen an Frequenznutzungsrechten können gem Art 9a RRL innerhalb von 5 Jahren ab dem 25.5.2011 auf Antrag der Unternehmen durch die Regulierer neu bewertet und geändert werden. Nach den neuen Vorgaben hat der nationale Gesetzgeber zudem die Übertragung oder Vermietung individueller Rechte zur Nutzung von Funkfrequenzen sicherzustellen. Diese Vorgabe könnte eine Anpassung des TKG erforderlich machen, wonach die *BNetzA* bislang lediglich die Möglichkeit hat, Frequenzbereiche nach öffentlicher Konsultation unter bestimmten Bedingungen für den Handel freizugeben. Nunmehr unterliegen die Mitgliedstaaten der ausdrücklichen Verpflichtung, den Frequenzhandel auf nationaler Ebene zuzulassen. 200

fff) Stärkung der Verbraucherrechte. Außerdem will die Reform Verbraucherrechte stärken. Hierzu gehören gem Art 20–22 URL neue Mindestanforderungen an Vertragsinhalte und transparente Angaben zu Leistungen, Preisen und Vertragslaufzeiten in Endkundenverträgen. 201

Es ist sicherzustellen, dass Teilnehmer im Fall der Änderung von Vertragsbedingungen den Vertrag ohne Zahlung von Vertragsstrafen widerrufen können. Weitere Neuerungen betreffen die Erleichterung des Anbieterwechsels, der nationale Gesetzgeber muss den Anspruch des Verbrauchers auf Wechsel seines Festnetz- oder Mobilfunkanbieters innerhalb eines Werktags unter Beibehaltung der bisherigen Telefonnummer ermöglichen und des Schutzes der Verbraucher vor Datenschutzverletzungen. Diensteanbieter müssen zB die Verkehrsdaten über jeden Anruf und jede Internetsitzung, sicher aufbewahren. Der Verbraucher muss bei einer Datenschutzverletzung benachrichtigt werden. Darüber hinaus werden die Vorschriften über die Wahrung der Privatsphäre und den Datenschutz verstärkt und zB auf „Cookies" und ähnliche Techniken ausgedehnt. So müssen die Internetnutzer besser über den Einsatz von „Cookies" und den Umgang mit ihren personenbezogenen Daten informiert werden und können in der Praxis leichter über ihre persönlichen Informationen bestimmen. Ferner erhalten Internet-Diensteanbieter neue Rechtsmittel zum Schutz ihres Unternehmens und ihrer Kunden vor Spam-Versendern. Die Frage der (automatischen) Sperrung des Internet bei Urheberrechtsverletzungen blieb bis zum Abschluss des Gesetzgebungsverfahrens stark umstritten. Nach intensiven Verhandlungen wurde mit einer Internetfreiheits-Klausel eine ausdrückliche Bestimmung in das neue Telekommunikationsrecht aufgenommen, wonach die Mitgliedstaaten bei allen Maßnahmen, die sie in Bezug auf den Zugang zu Diensten und Anwendungen und deren Nutzung ergreifen, die Grundrechte und Grundfreiheiten der Bürger achten müssen. Außerdem müssen solche Maßnahmen angemessen, verhältnismäßig und notwendig sein. Sie müssen auch die Unschuldsvermutung und das Recht auf Privatsphäre wahren. Bei etwaigen Maßnahmen der Mitgliedstaaten in Bezug auf ihren Internetzugang (zB zur Bekämpfung von Kinderpornografie oder anderen Rechtsverletzungen) haben die Bürger Anspruch auf ein vorheriges, faires und unparteiisches Verfahren, bei dem sie angehört werden müssen, sowie auf eine wirksame und zeitnahe gerichtliche Überprüfung. Ein gesetzlich vorgesehenes automatisches „3 Strikes and you are out"-Modell ist damit ausgeschlossen.

202 **ggg) Netzneutralität** Die nationalen Regulierungsbehörden können eine Mindestqualität für Netzübertragungsdienste vorschreiben, um die „Netzneutralität" und „Netzfreiheit" zu fördern. Die *Kommission* wird verpflichtet, die Neutralität des Internet zu beobachten und dem *Parlament* und dem *Rat* regelmäßig über den Stand der Netzneutralität Bericht zu erstatten. In Deutschland ist das Thema noch entwicklungsfähig. Im Koalitionsvertrag der Regierungsparteien findet sich nur ein knapper Passus zum Thema: „Wir vertrauen darauf, dass der bestehende Wettbewerb die neutrale Datenübermittlung im Internet und anderen neuen Medien (Netzneutralität) sicherstellt, werden die Entwicklung aber sorgfältig beobachten und nötigenfalls mit dem Ziel der Wahrung der Netzneutralität gegensteuern". Erste Fälle einer Einschränkung der Netzneutralität sind in Deutschland jedoch schon geschehen. Zuletzt erregte die Auseinandersetzung zwischen *Skype* und dem Mobilfunk-Serviceprovider *T-Mobile* Aufmerksamkeit. *Skype* hatte einen VoIP-Client entwickelt, mit dem Nutzer eines iPhone über IP-Verbindungen telefonieren können.

4. Filmförderung

203 Filmförderungen sind staatliche Beihilfen, die gem Art 87 EG-Vertrag von der Kommission genehmigt werden müssen. Nach Abs 3 (d) dieser Vorschrift können Beihilfen zur Förderung der Kultur und der Erhaltung des kulturellen Erbes genehmigt werden, wenn und soweit sie die Handels- und Wettbewerbsbedingungen in der Gemeinschaft nicht in einem Maße beeinträchtigen, das dem gemeinsamen Interesse zuwiderläuft. Die Kriterien, die die EU-Kommission bei der Genehmigung von Filmförderungen verwendet, wurden 1998 in der Entscheidung über die französische Filmförderung des CNC entwickelt und im Jahr 2001 in der sog „Kinomittei-

lung“[375] festgelegt, die 2013 überarbeitet und neu gefasst wurde.[376] Es sind derzeit vier Voraussetzungen:

Die Beihilfe muss einem kulturellen Produkt zugute kommen. Jeder Mitgliedsstaat muss sicherstellen, dass die Beihilfen nur für Produktionen gewährt werden, die nach überprüfbaren nationalen Kriterien einen kulturellen Inhalt haben.

Entweder darf verlangt werden, dass bis zu 160% des Beihilfebetrages, der für die Produktion eines bestimmten audiovisuellen Werks gewährt wird, im beihilfegewährenden Gebiet ausgegeben werden darf, oder der für die Produktion eines bestimmten audiovisuellen Werks gewährte Beihilfebeetrag kann als prozentualer Anteil an den Ausgaben für Filmproduktionstätigkeiten im beihilfegewährenden Mitgliedsstaat berechnet werden; in der Regel ist dies bei Förderregelungen in Form von Steueranreizen der Fall.

In jedem Falle aber muss der Produzent mindestens 20% des Filmbudgets in anderen Mitgliedsstaaten ausgeben dürfen, ohne dass die ihm gewährte Beihilfe gekürzt wird (sog „80/20-Regel“). Damit wird der *Territorialisierungsgrad* auf 80% limitiert.

Außerdem soll die Höhe der Beihilfe grds auf 50% des Produktionsbudgets beschränkt sein, damit für normale marktwirtschaftliche Geschäftsinitiativen weiterhin Anreize bestehen und ein Förderwettlauf zwischen den Mitgliedsstaaten vermieden wird (sog „50/50-Regel“). Ausnahmen gelten für sog „kleine und schwierige Filme“. Bei bestimmten grenzüberschreitend produzierten Filmen kann der Anteil der Förderung bis zu 60% betragen.

Zusätzliche Beihilfen für besondere Filmarbeiten (zB Postproduktion) werden nicht genehmigt, damit die Neutralität der Anreizwirkung gewahrt bleibt und der Mitgliedstaat, der die Beihilfe gewährt, nicht gerade die betreffenden Unternehmen schützen oder ins Land locken kann.

Diese Kinomitteilung von 2013 gilt nicht nur für Produktionsförderung, sondern auch für Drehbuch- Entwicklungs-, Vertriebs- und Promotionförderung. Für die Drehbuchförderung gelten die Förderhöchstsätze nicht. 204

Die EU-Kommission hatte sich vor der Reform vorgenommen, die Voraussetzungen für eine zulässige Filmförderung in den Mitgliedsstaaten zu verschärfen.[377] So war geplant, den *Territorialisierungsgrad* von derzeit 80% zu reduzieren und für alle Förderungen, zB bei der Referenzförderung nach dem FFG, ‚kulturelle Tests‘ einzuführen. 205

Während die Kommission bei der Territorialisierung der Filmförderung nur geringfügig strengere Kriterien als zuvor eingeführt hat, ist nunmehr die Einführung einer Liste kultureller Kriterien verpflichtend, auf deren Grundlage ein audiovisuelles Werk geprüft wird.[378] Die reformierte Kinomitteilung wird auf alle Fördermaßnahmen angewendet, über die nach dem 15.11.2013 entschieden werden muss, auch wenn das Notifizierungsverfahren bereits vorher begonnen wurde. Die geplante Verodnung sieht Beilhilfen für die Produktion audiovisueller Werke, für die Vorbereitung der Produktion, für Vertriebsbeihilfen, für Vertrieb und Promotion und voraussichtlich auch die für Kinoförderung vor. Sofern diese die in der VO genannten Voraussetzungen erfüllen, gilt auch für diese Bereiche die Gruppenfreistellug und eine Zustimmung der Kommission zu den gewährten Beihilfen nicht mehr nötig ist. Diese Beilhifen sollen voraussichtlich nicht gelten für audiovisuelle Werke deren Anmeldeschwelle für Investitionsbeihilfen € 20,– Mio übersteigt. 206

375 Mitteilung der Kommission an den Rat, das Europäische Parlament, den Wirtschafts- und Sozialausschuss und den Ausschuss der Regionen zu bestimmten Rechtsfragen im Zusammenhang mit Kinofilmen und anderen audiovisuellen Werken v 26.9.2001; die Mitteilung wurde mehrfach verlängert, zuletzt bis Ende 2012.

376 Kinomitteilung KOM (2013/C 332/1).

377 Die damaligen Mitglieder der zuständigen unit H3 der DG Wettbewerb hatten ihre Ziele und ihre Rechtsauffassung in einem Aufsatz dargestellt: *Broche/Chaterjee/Orssich/Tosics* Competition Policy Newsletter 2007/1, 44 ff.

378 Kinomitteilung KOM (2013/C 332/1), Ziff 52, Nr 1.

§ 6
Privates europäisches Medienrecht

I. Überblick

207 Vor dem Hintergrund der durch den EG-Vertrag verbürgten Grundfreiheiten sowie dem Ziel eines einheitlichen Binnenmarktes ist auch der Bereich des privaten Medienrechts Gegenstand zahlreicher Harmonisierungsbemühungen durch europäisches Sekundärrecht. Aus diesen Vorschriften lassen sich zunehmend auch bestimmte Grundprinzipien ableiten, welche für den jeweils geregelten Bereich maßgeblich sind.

1. Die Instrumente des Sekundärrechts

208 Als Sekundärrecht werden alle Rechtsakte bezeichnet, die von den Organen der Gemeinschaft auf Grundlage der Europäischen Verträge erlassen wurden. **Verordnungen** kommt unmittelbare Geltung in den Mitgliedstaaten zu (Art 288 Abs 2 AEUV). **Richtlinien** hingegen bedürfen der Umsetzung in nationales Recht der Mitgliedstaaten (Art 288 Abs 3 AEUV49 Abs 3 EGV). Entsprechend sind Richtlinien für die Mitgliedstaaten hinsichtlich des zu erreichenden Ziels verbindlich, die Wahl der Umsetzungsform und der Mittel für die Umsetzung ist jedoch den Mitgliedstaaten überlassen. Die Mitgliedstaaten sind verpflichtet, Richtlinien fristgerecht umzusetzen. Wird eine Richtlinie nicht fristgerecht umgesetzt, so kann sie unmittelbare Wirkung in den Mitgliedstaaten erlangen,[379] sofern sie inhaltlich unbedingt[380] und hinreichend bestimmt ist.[381] Schließlich können Mitgliedstaaten, die eine Richtlinie nicht fristgerecht umsetzen, schadensersatzpflichtig gegenüber ihren Bürgern werden, sofern diese einen Schaden aufgrund der fehlenden oder fehlerhaften Umsetzung einer Richtlinie erleiden.[382] Aus der Umsetzungsverpflichtung der Mitgliedstaaten folgt auch die Verpflichtung, nationales Recht im Regelungsbereich einer Richtlinie **richtlinienkonform** im Hinblick auf Zweck und Wortlaut der Richtlinie auszulegen.[383] Wesentliches Hilfsmittel dabei sind die Erwägungsgründe zur Richtlinie, welche in sämtlichen Amtssprachen gleichermaßen verbindlich sind.[384] Diese **Vorwirkungen** von Richtlinien können unabhängig von der Umsetzungsfrist bestehen.[385] **Entscheidungen** regeln einen Einzelfall und sind – vergleichbar mit Verwaltungsakten des deutschen Rechts – für diejenigen verbindlich, die in der Entscheidung bezeichnet werden (Art 288 Abs 4 AEUV). **Empfehlungen und Stellungnahmen** sind hingegen gar nicht verbindlich (Art 288 Abs 5 AEUV), können jedoch bereits Problemstellungen und Regelungsabsichten aufzeigen, die später durch verbindliche Rechtsetzungsmittel umgesetzt werden.

379 *Jarass* NJW 1990, 2420, 2423.
380 EuGH Rs 41/74 – van Duyn, Slg 1974, 1337.
381 EuGH NJW 1982, 499 – Becker; EuGH EuZW 1999, 476 – Kortas; vgl *Geiger* Art 249 EG Rn 15; Streinz/*Schroeder* Art 249 EG Rn 106 ff.
382 EuGH NJW 92, 165 – Francovich; EuGH NJW 96, 3141 – Pauschalreise-Richtlinie.
383 EuGH NJW 2006, 2465 – Adeneler; BGH GRUR 1998, 824, 827 – Testpreis Angebot; Streinz/*Schroeder* Art 349 EG Rn 126; vgl *Auer* NJW 2007, 1106 ff.
384 EuGH EuZW 1997, 34, 346 – Ebony.
385 Näher dazu oben Kap 3 § 1 II.

2. Europäische Strukturprinzipien

a) Herkunftslandprinzip. Das Herkunftslandprinzip beruht auf der Regel, dass die Mitgliedstaaten die in ihrem Hoheitsgebiet niedergelassenen Anbieter von Waren oder Dienstleistungen nach ihren nationalen Vorschriften zu messen haben (Kontrolle im Niederlassungsland) und dass kein Mitgliedstaat den freien Verkehr von Waren und Dienstleistungen aus einem anderen Mitgliedstaat behindern darf (Verkehrsfreiheit).[386] Das Herkunftslandprinzip knüpft an diese Regel an und schränkt für den Bereich des grenzüberschreitenden Warenverkehrs die Kontrolle im Niederlassungsland ein: Die Zulässigkeit einer Handlung in den Mitgliedstaaten darf nach dem Herkunftslandprinzip nicht strenger beurteilt werden als nach dem Recht des Mitgliedstaates, in dem der Handelnde seinen Sitz hat. Der Handelnde soll sich also an seinem Heimatrecht orientieren können und bei grenzüberschreitenden Aktivitäten nicht zusätzlich auch das Recht aller Mitgliedstaaten berücksichtigen müssen, in denen sich seine Handlung auswirkt. Durch das Prinzip soll eine Doppelkontrolle im Heimatstaat wie im Empfangsstaates vermieden werden.[387] Umstritten ist, ob das Herkunftslandprinzip lediglich eine (strengere) Doppelkontrolle vermeiden will, oder auch die Anwendbarkeit des Rechts des Herkunftslandes anordnet.[388] Das Herkunftslandprinzip ist **kein allgemeiner Grundsatz** des Gemeinschaftsrechts, sondern gilt nur in dem Bereich, in dem es durch eine gemeinschaftsrechtliche Norm angeordnet wird. Angesichts der fortschreitenden, grenzüberschreitenden Wirkungen medialer Waren und Dienstleistungen ist das Herkunftslandprinzip im **Bereich des Medienrechts** bereits mehrmals kodifiziert worden.[389] Die wichtigsten Vorschriften dazu finden sich in Art 2, 2a der Fernseh-RL 89/552/EWG, in Art 3 der E-Commerce-RL 2000/31/EG und in Art 4 der RL 2005/29/EG über unlautere Geschäftspraktiken (2005/29/EG).[390] Das Herkunftslandprinzip spielt – sofern bereichsspezifisch verbürgt – insb in den Bereichen eine Rolle, in denen eine vollständige Harmonisierung noch nicht erfolgt ist.[391] Außerhalb des Geltungsbereichs eines bereichsspezifischen Herkunftslandprinzips sind Regelungen im Bereich des Art 34 AEUV bei fehlender Harmonisierung durch Sekundärrecht am Maßstab der Rechtfertigungsgründe des Art 36 AEUV und der zwingenden Erfordernisse der *Cassis-de-Dijon*-Rechtsprechung zu messen.[392] 209

b) Grundsatz der gemeinschaftsweiten Erschöpfung. Sowohl durch die Rechtsprechung des EuGH als auch durch Bestimmungen des Sekundärrechts hat sich der Grundsatz der gemeinschaftsweiten Erschöpfung entwickelt, wonach das urheberrechtliche Verbreitungsrecht in der gesamten Gemeinschaft verbraucht wird, wenn der Berechtigte wenigstens in einem Mitgliedstaat der Veräußerung eines Vervielfältigungsstückes zugestimmt hat. Eine territoriale Aufspaltung des Gebiets der Gemeinschaft in Bezug auf das Verbreitungsrecht ist also unwirksam, nicht jedoch im Verhältnis zu Drittstaaten.[393] Dieses urheberrechtliche Prinzip soll einen Interes- 210

---

386 Vgl Piper/Ohly/*Ohly* Einf C Rn 65.
387 Zu den Problemen des anwendbaren Rechts vgl *Henning-Bodewig* GRUR 2004, 822 ff.
388 Meinungsstand zur **Fernseh-RL** vgl *Sack* WRP 2002, 271 ff; Harte/Henning/*Glöckner* Einf C Rn 10; *Halfmeier* ZeuP 2001, 837 ff; der EuGH geht nicht von der Anwendbarkeit des Rechts des Herkunftslandes aus, vgl EuGH GRUR Int 1997, 913 ff – *de Agostini*; Meinungsstand zur **E-Commerce-RL** vgl *Mankowski* GRUR Int 1999, 909 ff; Fezer/*Hausmann*/*Obergfell* Einf I, Rn 123 ff; *Ohly* GRUR Int 2001, 899 ff; *Sack* WRP 2002, 271 ff; Meinungsstand **Richtlinie über unlautere Geschäftspraktiken** vgl *Glöckner* WRP 2005, 795 ff; *Glöckner*/*Henning-Bodewig* WRP 2005, 1311 ff.
389 Weiterführend *Baetzgen*; vgl auch *Deinert* EWS 2006, 445 ff. und *Ohly* WRP 2006, 1401 ff.
390 Vgl Piper/Ohly/*Ohly* Einf C, Rn 66, 70 ff; *Brömmelmeyer* GRUR 2007, 295 ff.
391 *Brömmelmeyer* GRUR 2007, 295, 300.
392 Vgl oben Kap 3 § 2 II Ziff 1.
393 Walter/*Walter* Stand der Harmonisierung Rn 59, 64 f; *Gaster* GRUR Int 2000, 571.

senausgleich schaffen zwischen den Interessen des Urhebers sowie der Eigentümer von rechtmäßig erworbenen Vervielfältigungsstücken eines Werkes. Die Erschöpfung bezieht sich jedoch nicht auf das Werk oder den Schutzgegenstand an sich, sondern nur auf das jeweils veräußerte Vervielfältigungsstück. Der Verbrauch des Verbreitungsrechts durch Erschöpfung hat zur Folge, dass rechtmäßig erworbene Vervielfältigungsstücke weitergegeben, insb verkauft, getauscht oder verschenkt werden dürfen.[394] Im medienrechtlichen Sekundärrecht ist der europäische Erschöpfungsgrundsatz in Art 4 der Computerprogramm-RL 91/250 EWG, in Art 5c) und/Abs 2 der Datenbank-RL 96/9/EG, in Art 9 Abs 2 der Vermiet- und Verleih-RL 92/100/EWG sowie in Art 4 Abs 2 der Informationsgesellschafts-RL 2001/29/EG vorgesehen. Der Grundsatz der gemeinschaftsweiten Erschöpfung wurde für den europäischen Gesetzgeber mit den ersten urheberrechtlichen Richtlinien relevant, der EuGH hatte den Grundsatz jedoch bereits zuvor im Hinblick auf Art 34 AEUV und Art 36 AEUV entwickelt.[395] Mit der Regelung der Informationsgesellschafts-RL, die sich auf sämtliche Werkkategorien erstrecken soll, ist die horizontale Wirkung des Prinzips der gemeinschaftsweiten Erschöpfung zusätzlich klargestellt.[396]

II. Sekundärrecht

1. Geistiges Eigentum

211 **a) Urheberrecht.** Die Harmonisierung des Urheberrechts ist bislang weitgehend durch Richtlinien erfolgt. Dabei ist die Kompetenz der Europäischen Gemeinschaft zur Rechtsetzung in Bezug auf das geistige Eigentum beschränkt. Mangels spezieller Regelungsgrundlage nach AEUV wurden die einzelnen von der Gemeinschaft auf diesem Gebiet erlassenen Richtlinien mit einem Harmonisierungsbedürfnis begründet, um den **Binnenmarkt** zu ermöglichen bzw jegliche Störungen des Binnenmarktes zu vermeiden (Art 114 AEUV).[397] Dadurch ist der Grad der Harmonisierung durch die Richtlinien stets ausgerichtet an den Auswirkungen der verschiedenen Rechte und Ausnahmen auf den Binnenmarkt. Gem den Prinzipien der Subsidiarität und Proportionalität, wie in Art 5 Abs 2, 3 EU niedergelegt, ist den Mitgliedstaaten dabei soviel Freiraum wie möglich zu lassen und dabei soviel Harmonisierung wie nötig vorzuschreiben.[398]

212 Vor dem Hintergrund des technologischen Fortschritts und der damit anwachsenden Möglichkeit der globalen Vermarktung von Medienprodukten und -dienstleistungen hat die Europäische Gemeinschaft unter Berufung auf die Erfordernisse des Binnenmarktes eine Reihe von Richtlinien geschaffen, die zwar bereichsspezifische Regelungen treffen, jedoch nicht umhin kommen, auch allgemeine, urheberrechtliche Fragestellungen zumindest in ihrem Regelungsbereich zu beantworten.[399] Die Aktivitäten der Gemeinschaft gehen auf das von der Kommission bereits 1988 vorgelegte **„Grünbuch über Urheberrecht und technologische Anforderungen"**[400] zurück. Im Nachgang und ergänzend zum Grünbuch hat die Kommission am 17.1.1991

394 Walter/*Walter* Stand der Harmonisierung Rn 35 ff.
395 EuGH GRUR Int 1971, 450 – Polydor; EuGH GRUR Int 1981, 229 – Gebührendifferenz II; zur Erschöpfung des Rechts der öffentlichen Wiedergabe vgl EuGH GRUR Int 1980, 602 – Coditel I; zur Ausnahme beim Vermiet- und Verleihrecht vgl EuGH GRUR Int 1989, 668 – Warner Brothers/Christiansen.
396 Vgl Art 4 Abs 2, InfoRL.
397 Ausf zur Rechtsgrundlage der einzelnen Richtlinien *Würfel* 144 ff; vgl auch *Roßnagel/Scheuer* MMR 2005, 274.
398 *Reinbothe* GRUR Int 2001, 734.
399 Zu einigen, materiellen, Urheberrechtsfragen, die sich aus den horizontalen Wirkungen der ergangenen Richtlinien ableiten, *Würfel* 165 ff.
400 KOM (1988), 172 endg.

ein **„Arbeitsprogramm auf dem Gebiet des Urheberrechts und der verwandten Schutzrechte"** vorgelegt,[401] in welchem sich die Kommission nicht nur auf das Ziel der Vereinheitlichung des bestehenden Urheberrechtsschutzes beruft, sondern sich auch für eine **Anhebung des Schutzniveaus** des Urheberrechts ausspricht, um die Gegenwart und Zukunft der schöpferischen Tätigkeit der Urheber, Unternehmen des Kultursektors, der Verbraucher und letztlich der ganzen Gesellschaft zu sichern".[402] Zu den sich mit der fortschreitenden Digitalisierung der Gesellschaft aufgeworfenen Fragen legte die Kommission schließlich 1995 das **Grünbuch „Urheberrecht und verwandte Schutzrechte in der Informationsgesellschaft"**[403] vor, und gab einen Ausblick auf die weiteren, technologiebedingten Harmonisierungsbemühungen auf dem Gebiet des Urheberechts.

Die im Folgenden skizzierten, bisher ergangenen Europäischen Richtlinien bilden somit ein urheberrechtliches ***acquis communautaire***,[404] welches seit 2004 Gegenstand einer umfassenden Überprüfung durch die Europäische Kommission ist, mit dem Ziel, eine weitergehende Kohärenz zwischen den einzelnen Rechtsinstrumenten zu schaffen und das gesamte Regelwerk zu vereinfachen.[405] 2006 hat die Kommission ein erstes Arbeitsprogramm für eine Reform der Urheberrechtsvergütungen vorgelegt.[406] 213

aa) Computerprogramm-RL 91/250/EWG in der Fassung der RL 2009/24/EG. Mit den rasanten technischen Entwicklungen in der Computertechnologie und den sich damit bereits abzeichnenden nahezu unbegrenzten Einsatzmöglichkeiten dieser Technologie stellte sich bereits 1991 das Erfordernis, einheitliche Rahmenbedingungen für den Schutz von den Computerprogrammen zu schaffen. Mit der Computerprogramm-RL (CPRL)[407] verfolgte die Europäische Kommission die Einführung einer einheitlichen Schutzschwelle für Computerprogramme[408] und führte einen Rechtsschutz auch in den Mitgliedstaaten ein, in welchen ein solcher Schutz noch nicht eindeutig gegeben war. Als erste Richtlinie mit urheberrechtlicher Relevanz behandelt die Computerprogramm-RL erstmals auch klassische Fragen des Urheberrechts auf Gemeinschaftsebene, wie die Frage nach dem Urheberbegriff und der Definition von Werken im urheberrechtlichen Sinn. Die Richtlinie wurde in Deutschland durch das 2. UrhGÄndG vom 9.6.1993[409] umgesetzt. 214

Die Richtlinie bestimmt, dass Computerprogramme **„urheberrechtlich als literarische Werke"** im Sinne der Revidierten Berner Übereinkunft (RBÜ) geschützt sind (Art 1 Abs 1 S 1 der 215

401 KOM (1990), 584 endg.
402 KOM (1990), 584 endg.
403 KOM (1995), 382 endg.
404 Krit dazu Riesenhuber/*Reinbothe* 84, der im bestehenden acquis communautaire keine strukturelle Vorgehensweise der Gemeinschaft sieht – wie im Grünbuch von 1988 initiiert –, sondern lediglich das Ergebnis von Einzelmaßnahmen im Hinblick auf den Binnenmarkt.; vgl weiterführend auch *Reinbothe* FS Schricker 2005, 483 ff. und *Reinbothe* EWS 2007, 193; anders *Kreile/Becker* GRUR Int 1994, 904, die gerade in der bereichsspezifischen Vorgehensweise der Kommission und der Zusammenführung einer Vielzahl von Einzellösungen zu einem Gesamtkonzept das Geheimnis der europäischen Integration sehen; vgl auch *Loewenheim* GRUR Int 1997, 285; weiterführend *Gundel* ZUM 2007, 603.
405 Das Arbeitspapier der Kommission kann abgerufen werden unter http://ec.europa.eu/internal_market/copyright/review/review_de.htm; dazu *Roßnagel/Scheuer* MMR 2005, 274; im Einzelnen zu den vergleichbaren Richtlinienvorschriften, die unterschiedlich behandelt werden, *Würfel* 155 ff.
406 http://ec.europa.eu/internal_market/copyright/levy_reform/index_de.htm: Proposal: Fair compensation for private copying: copyright levies reform.
407 RL 91/250/EWG des Rates v 14.5.1991 über den Rechtsschutz von Computer-Programmen, ABlEG 1991 L 122 42 modifiziert durch RL 2009/24/EG des Europäisches Parlaments v 23.4.2009 abgedruckt GRUR Int 2009, 677 ff.
408 Riesenhuber/*Reinbothe* 85.
409 BGBl 1993 I S 910, in Kraft getreten am 24.6.1993.

CPRL). Die urheberrechtliche Schutzschwelle ist bereits erfüllt, wenn es sich um eine **„eigene geistigen Schöpfung“** handelt (Art 1 Abs 3 CPRL).[410] Weitere Anforderungen, wie etwa qualitative („Schöpfungshöhe“) oder ästhetische Merkmale eines Computerprogramms dürfen nach der Richtlinie nicht aufgestellt werden, um ein Computerprogramm als schutzfähig anzusehen.[411] Geschützt werden damit Programme aller Ausdrucksformen, einschließlich des Entwurfsmaterials (Art 1 Abs 1 S 2, Abs 2 S 1 CPRL). Nicht geschützt sind jedoch die einem Computerprogramm zugrunde liegenden Ideen und Grundsätze (Art 1 Abs 2 S 2 CPRL).[412] Ob die grafische Benutzeroberfläche von Computerprogrammen als Ausdrucksform unter den urheberrechtlichen Schutz fällt, liegt dem EuGH als Vorlagefrage in Sachen BSA gegen Ministerstvo kultury vor.[413]

216 Ergänzend und auch ausgleichend im Interessenkonflikt zwischen Rechtsinhaber und Nutzer[414] definiert die Richtlinie den Schutzumfang von Computerprogrammen neu, indem sie **spezifische Schranken** für den Schutz von Computerprogrammen vorsieht. So werden bspw bestimmte Bearbeitungen und Vervielfältigungen durch die Nutzer als Handlungen eingestuft, die **keiner Zustimmung des Rechtsinhabers** bedürfen, sofern sie für eine **bestimmungsgemäße Benutzung**[415] des Computerprogramms durch den rechtmäßigen Erwerber bzw die Einrichtung der Interoperabilität des Computerprogramms notwendig sind (Art 5 und 6 CPRL – Dekompilierung). Gleichzeitig gibt sie die Notwendigkeit der Schaffung besonderer, geeigneter Schutzmaßnahmen vor, um dem unerlaubten Kopieren und Verbreiten von Computerprogrammen wirksam zu begegnen (Art 7 CPRL).

217 Neben der abgesenkten Schutzschwelle für Computerprogramme trägt die Richtlinie ferner auch den wirtschaftlichen Bedingungen der Entstehung bzw Schöpfung von Computerprogrammen Rechnung. Diese stellen in der Regel das Ergebnis von komplexen Entwicklungsschritten dar, welche insb regelmäßig von mehreren, auf die einzelnen Entwicklungsschritte spezialisierten Experten geschaffen werden. Die Richtlinie trifft entsprechend Festlegungen zu einer möglichen **Rechteinhaberschaft** und erkennt ausdrücklich auch Personengruppen als „Urheber“ an (Art 2 Abs 1 Hs 1 CPRL),[416] wobei diesen die Rechte daran dann gemeinsam zustehen (Art 2 Abs 2 CPRL). Ebenso können nach der Richtlinie auch juristische Personen als Urheber angesehen werden, wenn diese nach dem mitgliedstaatlichen Recht als Rechtsinhaber gelten.

218 Hervorzuheben ist in diesem Zusammenhang die Regelung der Rechteinhaberschaft an Computerprogrammen, die **im Rahmen eines Arbeitsverhältnisses** geschaffen werden: Wurde ein Computerprogramm von einem Arbeitnehmer in Wahrung seiner Aufgaben oder nach Anweisungen des Arbeitgebers geschaffen, so ist ausschließlich der Arbeitgeber zur Ausübung aller wirtschaftlichen Rechte an dem geschaffenen Programm berechtigt, es sei denn es liegt eine abweichende Vereinbarung vor (Art 2 Abs 3 CPRL). Ob mit dieser Regelung eine Definition des Urhebers erfolgen sollte oder ob lediglich eine Übertragungsvermutung der wirtschaftlichen Rechte vorliegt, ist nach der Richtlinie nicht ganz klar. Entscheidend für die Auslegung können hier die gesetzlichen Vergütungsansprüche der Urheber von Computerprogrammen sein, wenngleich es zweifelhaft erscheint, ob dem Arbeitnehmer-Urheber tatsächlich auch die Vergütungs-

---

410 Walter/*Walter* Software RL Art 1 Rn 13 ff.

411 Diese Absenkung der Schutzschwelle überwand die bis dahin stRspr in Deutschland, wonach Computerprogramme grds zwar als urheberrechtlich schutzfähig angesehen, jedoch die Schutzanforderungen sehr hoch angesetzt wurden. Der BGH verlangte in einem zweistufigen Prüfungsverfahren einerseits einen Abgleich des Computerprogramms mit vorbekannten Programmen, um sodann für die Schutzfähigkeit zu fordern, dass „schöpferische Eigenheiten gegenüber dem Vorbekannten“ vorliegen. BGH GRUR 1985, 1041, 1047 – Inkasso-Programm.

412 Walter/*Walter* Software RL Art 1 Rn 26 ff.

413 Zur Begründung der Vorlage siehe Schlussanträge des Generalanwalts in RS c-393/09 Beck RS 2010, 91196 ff.

414 Riesenhuber/*Reinbothe* 85.

415 Walter/*Blocher* Software RL Art 5 Rn 6, 23 ff.

416 Walter/*Walter* Software RL Art 2 Rn 7 ff.

ansprüche „genommen“ oder lediglich dem Arbeitgeber die ungehinderte Verwertung des Computerprogramms ermöglicht werden sollte.[417]

bb) Vermiet- und Verleih-RL 92/100/EWG in der Fassung der RL 115/2006/EG. Auch die Vermiet- und Verleih-RL (VVRL)[418] entstand 1992 vor dem Hintergrund der erweiterten Kapitalisierungsmöglichkeiten von bespielten Bild- und/oder Tonträgern über global wirkende neue Technologien. Die Möglichkeiten dieser Technologien verlangten nach einheitlichen Regelungen zum Vermiet- und Verleihrecht, um Handelsschranken und Wettbewerbsverzerrungen zu vermeiden. Gleichzeitig wurde eine länderübergreifend wirksame Bekämpfung der Produktpiraterie erforderlich, welche mit den neuen technologischen Möglichkeiten neuen Aufschwung gewann. Die VVRL wurde in Deutschland mit dem 3. UrhGÄndG vom 23.6.1995[419] umgesetzt. 219

Die VVRL widmet sich erneut den klassischen Regelungsgegenständen des Urheberrechts und der verwandten Schutzrechte. Aus den Erwägungsgründen zur Richtlinie wird erstmals besonders deutlich, dass sich die Intention der Europäischen Rechtssetzung von einem rein industriellpolitischen Ansatz entfernt[420] und dem angemessenen Schutz von urheberrechtlichen Werken eine grundlegende wirtschaftliche und kulturelle Bedeutung für die Europäische Gemeinschaft zuschreibt.[421] 220

Ohne den Werkbegriff explizit definieren zu wollen, deklariert die Richtlinie das Vermiet- und Verleihrecht als ausschließliches Recht, welches sowohl Urhebern als auch ausübenden Künstlern, Tonträgerherstellern, und Filmherstellern zusteht (Art 3 Abs 1 VVRL). Damit geht die Richtlinie generell von der Schutzfähigkeit von Tonaufnahmen und Filmwerken aus, ohne Dispositionsmöglichkeit für die Mitgliedstaaten.[422] Durch einen Verweis auf Computerprogramme (Art 4 VVRL) wird ferner die urheberrechtliche Schutzfähigkeit von Software bestätigt. Mit der vollwertigen Einbeziehung der ausübenden Künstler sowie der Tonträger- bzw Filmhersteller in den Kreis der ausschließlichen Rechteinhaber hebt die Richtlinie den bis dahin geltenden Schutzstandard merklich an.[423] 221

Das **Vermietrecht** ist **als Verbotsrecht** und nicht als Vergütungsanspruch konzipiert worden.[424] Da davon auszugehen war, dass sich die Produzenten von Filmwerken und Tonträgern das Vermietrecht regelmäßig einräumen lassen würden, führte die Richtlinie ein weiteres Instrument ein als Ausgleich zwischen den Interessen der Produzenten einerseits und den Beteiligungsinteressen der Urheber und der ausübenden Künstler andererseits: den **unverzichtbaren Anspruch** der Urheber und ausübenden Künstler auf **angemessene Vergütung für die Vermietung** (Art 5 Abs 1 und Abs 2 VVRL). Dieser Vergütungsanspruch kann (muss jedoch nicht) laut Richtlinie auf Verwertungsgesellschaften, die Urheber oder ausübende Künstler vertreten, übertragen und von diesen geltend gemacht werden (Art 5 Abs 3 VVRL).[425] Mit der Unverzicht- 222

417 Krit Riesenhuber/*von Lewinski* 220.

418 RL 92/100/EWG des Rates v 19.11.1992 zum Vermiet und Verleihrecht sowie zu bestimmten dem Urheberrecht verwandten Schutzrechten im Bereich des geistigen Eigentums, ABlEG 1992, L 346 S 61, zuletzt geändert durch die Richtlinie des Europäischen Parlaments und des Rates v 12.12.2006 zum Vermiet- und Verleihrecht, GRUR Int 2007, 219 ff; *[**Anm d Verf**: Angesichts der kürzlichen Änderungen, die zu einer neuen Nummerierung der Artikel der Richtlinie führten, kann die zitierte Literatur noch Verweise auf die alten Artikel der Richtlinie enthalten.].*

419 BGBl 1995 I S 842, in Kraft getreten am 30.6.1995.

420 *Würfel* 142.

421 Erwägungsgründe 1 bis 7 zur Richtlinie.

422 Riesenhuber/*Riesenhuber* 133, 146.

423 Eingehend Walter/*von Lewinski* VVRL Art 2 Rn 1 ff.

424 Vgl *Loewenheim* GRUR 1997, 286.

425 Weiterführend zur Entstehung und zum Ziel des Interessenausgleiches der VVRL s *Reinbothe/von Lewinski* EC Directive, 4 f.

barkeit auf das Recht auf angemessene Vergütung führte die Richtlinie erstmals eine Regelung zur Beschränkung der Vertragsfreiheit im Urhebervertragsrecht ein.[426] Die Rechteinhaber können zwar das Vermietrecht auf den Produzenten übertragen, behalten jedoch ihren Vergütungsanspruch. Ziel dieser Bestimmung war, neben dem oben genannten Interessenausgleich auch das regelmäßig vorhandene Ungleichgewicht in den typischen Vertragsverhältnissen zwischen Urhebern/ausübenden Künstlern und Produzenten auszugleichen.[427] Jedoch erreicht die Richtlinie den Interessenausgleich und die Aufhebung des Ungleichgewichts nicht ganz. Ohne konkrete Bestimmungen zur Umsetzung dieser Garantie einer angemessenen Vergütung für die Vermietung wird das beschriebene Ungleichgewicht lediglich abgemildert. Ein tatsächlicher Ausgleich erfordert auch zwingende Vergütungssätze, zumindest jedoch eine zwingende kollektive Wahrnehmung der Vergütungsansprüche bspw durch eine Verwertungsgesellschaft, welche dann einheitliche (und nicht verhandelbare) Verwertungstarife festlegen kann. Ohne kollektive Bündelung der Interessen aller Urheber/ausübenden Künstler bleibt die Bestimmung der angemessenen Vergütung weiterhin im ungleichen Verhältnis zwischen Urheber/ausübender Künstler und Produzent angesiedelt.[428]

223 Für den Filmbereich beinhaltet die Richtlinie eine weitere wichtige Regelung: Für **ausübende Künstler** ist eine **zwingende Übertragungsvermutung für das Vermietrecht** bei Abschluss eines Vertrages mit einem Filmhersteller über eine Filmproduktion statuiert (Art 3 Abs 4 VVRL). Den Mitgliedstaaten steht offen, ob die Übertragungsvermutung mangels entgegenstehender Vertragsbestimmungen eintritt (Art 3 Abs 4 VVRL) oder ob die Ermächtigung zur Vermietung bereits mit Unterzeichnung eines Vertrages über die Mitwirkung an einer Filmproduktion konkludent erteilt wird (Art 3 Abs 6 VVRL). Die Übertragungsvermutung setzt lediglich voraus, dass der Vertrag für den ausübenden Künstler eine angemessene Vergütung iSd Art 5 VVRL vorsieht.[429] Während diese Übertragungsvermutung für die ausübenden Künstler zwingend vorgeschrieben ist, stellt es die Richtlinie (Art 3 Abs 5 VVRL) den Mitgliedstaaten frei, eine ähnliche Regelung auch für **Urheber** vorzusehen – freilich nur in demselben Umfang (nur für Filmwerke und Vermietrecht) und unter den gleichen Voraussetzungen (angemessene Vergütung).

224 Bei der **Ausgestaltung des Verleihrechts** gibt die Richtlinie den Mitgliedstaaten einen größeren Spielraum. Sie erlaubt den Mitgliedstaaten, **Ausnahmeregelungen zum ausschließlichen Verleihrecht** zu treffen, insb in Bezug auf Tonträger, Filme und Computerprogramme. Das Verleihrecht muss entsprechend nicht als ausschließliches Verbotsrecht konzipiert werden, sondern kann subsidiär auch durch die Statuierung eines gesonderten Vergütungsanspruches zumindest für Urheber ausgestaltet werden (Art 6 Abs 1 und 2 VVRL).[430] Damit versucht die Richtlinie wiederum einen Interessenausgleich zwischen Verwertern und Urhebern zu schaffen, findet jedoch nur einen unbefriedigenden Kompromiss, solange ausübende Künstler unberücksichtigt bleiben können und auch keine zwingenden Vorschriften zur Festsetzung der gesonderten Vergütung vorgesehen sind.[431] Für das Verleihrecht ist der unverzichtbare Vergütungsanspruch aus Art 5 Abs 2 VVRL zudem nicht anwendbar.[432]

225 Ebenfalls von Bedeutung ist Art 1 Abs 2 VVRL, wonach klargestellt wird, dass sich das Vermiet- und das Verleihrecht an Originalen und Vervielfältigungsstücken von urheberrechtlich geschützten Werken nicht durch Veräußerung und darauf bezogene Verbreitungshandlun-

426 Riesenhuber/*von Lewinski* 223.
427 Walter/*von Lewinski* VVRL Art 4 Rn 15.
428 Krit auch Riesenhuber/*von Lewinski* 224, 230.
429 Weiterführend zur Entstehung dieser Regelung Riesenhuber/*von Lewinski* 221 ff.
430 Zur „Bibliothekstantieme" vgl Walter/*von Lewinski* VVRL Art 5 Rn 8, 9.
431 Riesenhuber/*Reinbothe* 87.
432 Vgl *Reinbothe/von Lewinski* EC Directive, 68 ff.

gen erschöpft.[433] Nach Art 9 Abs 2 VVRL erschöpft sich lediglich das **Verbreitungsrecht der Leistungsschutzberechtigten**, jedoch „nur mit dem Erstverkauf des Gegenstandes in der Gemeinschaft durch den Rechteinhaber oder mit seiner Zustimmung". Mit diesem Prinzip der **gemeinschaftsweiten Erschöpfung** wurde zugleich auch eine **internationale Erschöpfung** abgelehnt, so dass Veräußerungsgeschäfte außerhalb der EU und des EWR nicht zur Erschöpfung des Verbreitungsrechts der Leistungsschutzberechtigten führen. Die Rechteinhaber sollten somit berechtigt werden, Parallelimporte aus Drittländern zu unterbinden.[434]

Schließlich regelt die Richtlinie bestimmte **verwandte Schutzrechte** im Bereich des geistigen Eigentums und harmonisiert die Verwertungsrechte in körperlicher Form für ausübende Künstler, Tonträger- und Filmhersteller sowie Sendeunternehmen einschließlich Kabelsendeunternehmen (sog **„Europäische Leistungsschutzrechte"**, Art 7–9 VVRL).[435] Die Richtlinie hat die im ROM-Abkommen[436] berücksichtigten Rechteinhaber sowie das Leistungsschutzrecht der Filmhersteller harmonisiert, geht jedoch in vielen Punkten über den Schutzstandard des ROM-Abkommens hinaus. Nach den letzten Änderungen durch die InfoRL enthält die Richtlinie folgende Bestimmungen: Für ausübende Künstler und Sendeunternehmen ist ein **ausschließliches Aufzeichnungsrecht** vorgesehen. Das **ausschließliche Verbreitungsrecht** wird ausübenden Künstlern in Bezug auf die Aufzeichnungen ihrer Darbietungen, Tonträgerherstellern, Filmherstellern und Sendeunternehmen eingeräumt. Ein **Vergütungsrecht** für die Zweitnutzung von Tonträgern zum Zwecke der **Sendung und öffentlichen Wiedergabe** steht sowohl Künstlern als auch Tonträgerherstellern zu. Ausübenden Künstlern und Sendeunternehmen steht das ausschließliche Recht zu, die **Weitersendung sowie öffentliche Wiedergabe** ihrer Darbietungen bzw Sendungen zu erlauben oder zu verbieten. 226

cc) Satelliten- und Kabel-RL 93/83/EWG. Die Satelliten- und Kabel-RL von 1993[437] entstand im Zuge der Abspaltung des urheberrechtlichen Teils der RL 89/552/EWG zum Fernsehen ohne Grenzen.[438] Die Richtlinie sollte der Rechtsvereinheitlichung in dem wirtschaftlich und kulturpolitisch wichtigen Bereich des grenzüberschreitenden Rundfunks über Satellit und Kabel dienen und einen einheitlichen audiovisuellen Raum schaffen. Die Richtlinie wurde in Deutschland mit dem 4. UrhGÄndG vom 8.5.1998[439] umgesetzt. 227

Auch diese Richtlinie definiert **keinen eigenen Werkbegriff**, sondern setzt einen solchen in Mitgliedstaaten voraus. Wie schon in der VVRL wird die Schutzfähigkeit von Filmwerken und audiovisuellen Werken vorausgesetzt (Art 1 Abs 5 SKRL). Bei der Definition der **Rechteinhaber** für das Satelliten-Senderecht berücksichtigt die Richtlinie bereits getroffene, gemeinschaftsrechtliche Regelungen: So steht das Satelliten-Senderecht nach der Richtlinie nur den Urhebern zu (Art 2 SKRL). Für die ausübenden Künstler, Tonträgerhersteller und Sendeunternehmen bestimmt sich das Satelliten-Senderecht bereits nach den Vorschriften der Vermiet- und Verleih-RL (Art 4 und 2 SKRL iVm Art 8 Abs 1, 2 und 3 VVRL).[440] Das **KabelweiterverbreitungsR** wird **für Urheber und Leistungsschutzberechtigte** bzgl Rundfunksendungen als ausschließliches 228

433 Vgl dazu EuGH GRUR Int 1998, 878 ff – Videogrammdistributor/Laserdisken.

434 Von Hartlieb/Schwarz/*Mielke*/*Schwarz* 576 Rn 3.

435 Eingehend Walter/*von Lewinski* VVRL Art 6–10.

436 Internationales Abkommen über den Schutz der ausübenden Künstler, der Hersteller von Tonträgern und der Sendeunternehmen (ROM-Abkommen) v 26.10.1961; zur Entstehung des Abkommens *Ulmer* GRUR Int 1961, 569 ff.

437 RL 93/83/EWG des Rates v 27.9.1993 zur Koordinierung bestimmter urheber- und leistungsschutzrechtlicher Vorschriften betreffend Satellitenrundfunk und Kabelweiterverbreitung, ABlEG 1993 L 248, 15.

438 RL 89/552/EWG des Rates v 3.10.1989 zur Koordinierung bestimmter Rechts- und Verwaltungsvorschriften der Mitgliedstaaten über die Ausübung der Fernsehtätigkeit, ABlEG 1989 L 298, 23.

439 BGBl 1998 I S 902, in Kraft getreten am 1.6.1998.

440 Eingehend zum Senderecht Walter/*Dreier*/*Walter* SKRL Art 2, 3.

Recht gewährt.[441] Die Regelungen über die Kabelweiterverbreitung beziehen sich nur auf grenzüberschreitende Weiterverbreitung, so dass die Regelung der Kabelweiterverbreitung innerhalb eines Landes den Mitgliedstaaten vorbehalten bleibt. Ferner sind die Mitgliedsaaten verpflichtet, **Urhebern** ein **ausschließliches Recht** zur öffentlichen Wiedergabe ihrer **Werke über Satellit** zu gewähren (Art 2 SKRL).[442] Für **Leistungsschutzberechtigte** verweist die Richtlinie hinsichtlich des Satelliten-Senderechts auf den ausschließlichen Rechtsschutz aus der Vermiet- und Verleih-RL (Art 4 SKRL).

229 Eine zentrale Regelung ist die **zwingende kollektive Rechtewahrnehmung des Kabelweiterverbreitungsrechts** (Art 9 Abs 1 SKRL) hinsichtlich der Rechte der Urheber und ausübenden Künstler aus der Kabelweiterleitung ihrer Werke.[443] Im Vordergrund dieser Bestimmung stand jedoch nicht das Ziel, die Urheber und ausübenden Künstler als schwächere Vertragspartei gegenüber den Verwertern zu stärken. Regelungsziel der Richtlinie war einerseits festzuschreiben, dass der Erwerb der Kabelweitersendungsrechte auf vertraglicher Grundlage beruht. Zum anderen erforderte die Anerkennung des ausschließlichen Kabelweitersendungsrechts für Urheber und Leistungsschutzberechtigte durch den EuGH,[444] wonach diese Rechte eine nach dem EG gerechtfertigte Handelsschranke darstellen, die Einführung einer Zwangslizenz, um den freien Dienstleistungsverkehr zu gewährleisten.[445] Die Pflicht zur kollektiven Rechtewahrnehmung beruht auf der Überlegung, dass die Kabelweitersendungsunternehmen die Weiterleitungsrechte von einer Vielzahl einzelner Rechteinhaber benötigen, die sich schon allein deshalb nicht feststellen lassen, weil die Kabelsendeunternehmen über den Inhalt der von ihnen weitergeleiteten Programme keine oder nur kurzfristige Informationen erhalten.[446] Ergänzend enthält die Richtlinie eine **Außenseiterregelung.**[447] Diese Regelung beinhaltet eine Fiktion, wonach eine Verwertungsgesellschaft, die Rechte der gleichen Art wahrnimmt, auch dann als wahrnehmungsberechtigt gilt, wenn ein Rechteinhaber seine Rechte aus Kabelweiterleitung dieser Verwertungsgesellschaft nicht übertragen hat (Art 9 Abs 2 SKRL). Die Fiktion gilt in diesem Fall auch zugunsten des Rechteinhaber, der insb hinsichtlich seiner Vergütungsansprüche die gleichen Rechte gegen die Verwertungsgesellschaft geltend machen kann, wie die per Wahrnehmungsvertrag gebundenen Rechteinhaber (Art 9 Abs 2 S 3 SKRL). Damit bleibt das Kabelweiterverbreitungsrecht für Urheber und ausübende Künstler nur noch auf dem Papier als ausschließliches Recht bestehen. Denn im Ergebnis bedarf es für eine Kabelweiterverbreitung aufgrund der Verwertungsgesellschaftspflicht sowie der Außenseiterregelung weder der Einholung der Erlaubnis vom Rechteinhaber, noch einer Mitgliedschaft des Rechteinhabers in der Verwertungsgesellschaft.[448] Für **Sendeunternehmen**, die Rechte in Bezug auf ihre eigenen Sendungen geltend machen, begründet die Richtlinie ausdrückliche **keine Verwertungsgesellschaftspflicht**, da hier eine Behinderung des Dienstleistungsverkehrs nicht droht (Art 10 SKRL).[449]

230 Für die **Satellitenweitersenderechte** begründet die Richtlinie keine Zwangslizenz – jedoch eine andersartige, bedeutsame **Fiktion des Nutzungslandes** (Art 1 Abs 2d) SKRL). Als zentrale Regelung der Richtlinie wird die **Sendelandtheorie** verankert, die besagt, dass eine öffentliche

---

441 Walter/*Dreier*/*Walter* SKRL Art 8 Rn 3.
442 Zur Abgrenzung zum urheberrechtsfreien Empfang vgl EuGH GRUR Int 2000, 548 ff – SatKabel-RL/Hotelzimmer.
443 Weiterführend hierzu *Dreier* ZUM 1995, 458 ff.
444 EuGH GRUR Int 1980, 602 ff – Coditel I; GRUR Int 1983, 175 ff – Coditel II.
445 Riesenhuber/*von Lewinski* 226, 227.
446 Vgl *Loewenheim* GRUR Int 1997, 286.
447 Walter/*Dreier*/*Walter* SKRL Art 9 Rn 7.
448 Walter/*Dreier*/*Walter* SKRL Art 9 Rn 7, 8; vgl EuGH, ZUM-RD 2006, 493 – Uradex-BRUTELE.
449 Weiterführend Walter/*Dreier* SKRL Art 3 Rn 1, 9.

Wiedergabe über Satellit nur in dem Mitgliedstaat stattfindet, in dem die „programmtragenden Signale unter der Kontrolle des Sendeunternehmens und auf dessen Verantwortung in eine ununterbrochene Kommunikationskette eingegeben werden, die zum Satelliten und zurück zur Erde führt". Damit kommt es – in Abkehr von der **sog „Bogsch-Theorie"**[450] – für die Nutzung bzw die Nutzungserlaubnis nicht mehr auf den Empfang einer Satellitensendung in den verschiedenen Mitgliedstaaten an. Findet eine öffentliche Wiedergabe über Satellit in einem Drittstaat statt, so gilt diese Wiedergabe als in einem Mitgliedstaat erfolgt, wenn die programmtragenden Signale von einer in einem Mitgliedstaat gelegenen Erdfunkstation an den Satelliten geleitet wurden. Ebenso verhält es sich, wenn zwar weder die Wiedergabe noch die Erdfunkstation in einem Mitgliedstaat stattfindet bzw stationiert ist, jedoch ein in einem Mitgliedstaat niedergelassenes Senderunternehmen die öffentliche Wiedergabe in Auftrag gegeben hat. Diese Regelungen haben die möglichst weite und unbeschränkte Verbreitung von Sendungen zum Ziel, ohne dass von den Satellitenunternehmen auch die Nutzungsrechte für die intendierten Ausstrahlungsgebiete zu erwerben wären.[451] Gleichzeitig soll die Sendelandtheorie auch verhindern, dass Anbieter in Drittländer mit geringerem Schutzniveau abwandern.[452] Für Rechteinhaber ist die Sendelandtheorie schließlich von besonderer Relevanz, denn sie haben nach der erstmaligen Vergabe des Rechts zur Satellitensendung später keine rechtliche Möglichkeit mehr zu verhindern, dass ihre Werke überall in der Reichweite der Satellitenausstrahlung empfangen werden können. Rechteinhaber müssten daher bereits bei der ersten Vergabe des Rechtes eine angemessene Vergütung erzielen, ohne dass die Richtlinie hierfür verbindliche Regelungen oder eine Verwertungsgesellschaftspflicht statuiert.[453]

Da die üblichen Verwertungsverträge, insb Koproduktionsverträge vor Verabschiedung der Richtlinie territorial aufgespaltene Auswertungsregelungen vorsahen, schaffte die Richtlinie **Übergangsbestimmungen**, bis die neue Rechtslage zwingend zu beachten war (Art 7 SKRL). Hinsichtlich der Rechte der **Leistungsschutzberechtigten** finden die Regelungen erst für Nutzungshandlungen nach dem **1.1.1995** Anwendung (Art 14 Abs 1 SKRL). **Verwertungsverträge** über Werke und andere geschützte Gegenstände, welche vor dem 1.1.1995 abgeschossen wurden, sind **bis zum 1.1.2000** von dem Sendelandprinzip der Richtlinie ausgenommen.[454] 231

Wie aufgezeigt, nimmt die Richtlinie sowohl im Bereich des Satellitenrundfunks als auch der Kabelweiterverbreitung **weitgehende Einschränkungen des Urheberrechts** im Interesse ihrer übergeordneten, medienpolitischen Ziele hin, so dass die Modelle der Richtlinie nicht ohne weiteres auf andere urheberrechtliche Regelungsbereiche anwendbar sein können,[455] insb auch, weil die Praxis noch erhebliche Schwierigkeiten im Umgang mit den neuen Vorschriften der Richtlinie zeigt.[456] 232

450 Zur „Bogsch-Theorie" Walter/*Dreier* SKRL Art 1 Rn 12; krit zur Praktikabilität der Theorie auch *Handig* GRUR Int 2007, 210, 213 f.

451 Nach der „Bogsch-Theorie" wäre im Interesse der Rechteinhaber diese „Doppel-Lizenzierung" erforderlich gewesen.

452 Krit zum Sendelandprinzip *Handig* GRUR Int 2007, 210 ff.

453 Krit *Kreile/Becker* GRUR Int 1994, 910, die insb auf das Fehlen einer festen Bezugsgröße für die Bemessung der Vergütung hinweisen, da sich aus den Erwägungsgründen lediglich ergibt, dass bei der Vereinbarung einer angemessenen Vergütung auch die „potenzielle Einschaltquote" betrachtet werden soll, ohne den Begriff Einschaltquote zu definieren.

454 Eingehend Walter/*Dreier* SKRL Art 7 Rn 8 ff.

455 So auch Riesenhuber/*Reinbothe* 88.

456 Vgl Bericht der Kommission über die Anwendung der RL 93/83/EWG des Rates zur Koordinierung bestimmter urheber- und leistungsschutzrechtlicher Vorschriften betreffend Satellitenrundfunk und Kabelweiterverbreitung, KOM (2002) 430 endg, 2.2.1.: Hier konstatiert die Kommission, dass die Möglichkeiten der Sendelandprinzips nicht flächendeckend genutzt werden und dass ein wirtschaftliches Interesse der Sendeunternehmen an der Satellitenverbreitung ihrer Programme nicht mehrheitlich besteht, wodurch der Unionsbürger einerseits direkt in seinem

233 **dd) Schutzdauer-RL 93/98/EWG in der Fassung der RL 116/2006/EG.** Die 1993 erlassene Schutzdauer-RL (SDRL)[457] gehört zu den wichtigsten Harmonisierungsmaßnahmen auf dem Gebiet des Urheberrechts. Sie führte in allen Mitgliedstaaten die Vereinheitlichung der Schutzdauer für das Urheberrecht und die Leistungsschutzrechte ein und erweiterte damit die 50-jährige Mindestschutzdauer nach der Berner Übereinkunft, die nach Auffassung des europäischen Gesetzgebers aufgrund der gestiegenen Lebenserwartung nicht mehr ausreichend war, um einen Schutz über zwei Generationen zu erfassen.[458] Das Ziel der Richtlinie war es, eine wesentliche Grundlage zur Vereinheitlichung des Rechtsschutzes im Binnenmarkt zu schaffen.[459] In Deutschland wurde die Richtlinie 1995 mit dem 3. UrhGÄndG vom 23.6.1995[460] umgesetzt.

234 Die Richtlinie gibt **verbindliche Schutzfristen** vor: Für Urheber gilt der Schutz 70 Jahre nach dem Tod des Urhebers (Art 1 Abs 1 SDRL) und für Leistungsschutzrechte 50 Jahre nach Aufführung bzw Veröffentlichung der Aufzeichnung über die Aufführung (Art 3 Abs 1 SDRL). Für Filmhersteller gilt die 50-Jahre-Schutzfrist ab erstmaliger Aufzeichnung oder ab erstmaliger Wiedergabe, falls der Film nach der Aufzeichnung erlaubterweise öffentlich wiedergegeben wird (Art 3 Abs 3 SDRL). Die Rechte der Sendeunternehmen erlöschen 50 Jahre nach der Erstsendung (Art 3 Abs 4 SDRL). Auf das **Urheberpersönlichkeitsrecht** findet die Richtlinie ausdrücklich keine Anwendung (Art 9 SDRL).[461]

235 Die Schutzfristen gelten für alle Werke und Schutzgegenstände, die **bis zum 1.7.1995** in mindestens einem Mitgliedstaat noch geschützt waren (Art 10 Abs 2 iVm Art 13 Abs 1 SDRL). Dies hat zur Folge, dass der durch Ablauf der bis dahin geltenden Schutzfristen in einem Mitgliedstaat erloschene Schutz am 1.7.1995 wiederauflebte, wenn das Werk oder der Schutzgegenstand zu diesem Datum in einem anderen Mitgliedstaat noch geschützt war.[462]

Die Richtlinie verankert in zweierlei Hinsicht die **Notwendigkeit eines Schutzfristenvergleichs**: Die neu festgesetzte Schutzdauer soll längere Schutzfristen, die am 1.7.1995 in einem Mitgliedstaat bereits liefen, nicht verkürzen (Art 10 Abs 1 SDRL).[463] Im Verhältnis zu **Drittländern** soll die festgelegte Schutzdauer lediglich eine Maximalschutzdauer in der europäischen Gemeinschaft festlegen, ohne dass jedoch die Schutzdauer des Drittlandes, dessen Staatsangehörigkeit der Rechtsinhaber besitzt, überschritten wird (Art 7 SDRL).[464]

236 Zur Frage, wie Nutzungshandlungen zu bewerten sind, die im Vertrauen auf die Gemeinfreiheit vor dem Wiederaufleben der Schutzfrist getätigt worden sind, stellt die Richtlinie den

---

täglichen Leben berührt wird und zugleich erhebliche negative Auswirkungen auf die kulturelle, sprachliche, soziale und wirtschaftliche Verflechtung innerhalb der Gemeinschaft zu befürchten sind; zu den Schwierigkeiten in der tatsächlichen Umsetzung und Anwendung des in der Richtlinie verankerten Ursprungslandprinzips eingehend auch *Würfel* 158.

457 RL 93/98/EWG des Rates v 29.10.1993 zur Harmonisierung der Schutzdauer des Urheberrechts und bestimmter verwandter Schutzrechte, ABlEG 1993, L 290, 9, zuletzt geändert durch RL 2006/116/EG des Europäischen Parlaments und des Rates v 12.12.2006, ABlEG 2006, L 372, 12.

458 So Erwägungsgrund 6 zur Richtlinie.

459 Vorausgegangen war eine Entscheidung des EuGH v 24.1.1989, wonach es mit dem EG unvereinbar war, wenn in einem Mitgliedstaat – aufgrund noch laufender Schutzfrist – ein Tonträger als unrechtmäßig hergestellt zu betrachten ist, obwohl der Tonträger in einem anderen Mitgliedstaat wegen bereits abgelaufener Schutzfrist rechtmäßig hergestellt worden ist – GRUR Int 1989, 319 – Schutzfristenunterschiede.

460 BGBl 1995 I S 842, in Kraft getreten am 30.6.1995.

461 Krit hierzu *Dietz* GRUR Int 1995, 677.

462 *Kreile/Becker* GRUR Int 1994, 908; eingehend auch *Dietz* GRUR Int 1995, 681; zum Wiederaufleben der Schutzfristen in den Mitgliedstaaten im Vergleich Walter/*Walter* Anh zu Art 10.

463 Zum Schutzfristenvergleich unter Bezugnahme auf die Phil-Collins-Entscheidung des EuGH (GRUR Int 1994, 53), wonach das allgemeine Diskriminierungsverbot aus Art 12 EG auch im Urheber- und Leistungsschutzrecht anzuwenden ist; vgl auch Walter/*Walter* SDRL Art 10 Rn 16–18; *Dietz* GRUR Int 1995, 680 ff; zur Regelung der Schutzdauer für DDR-Werke nach der Deutschen Wiedervereinigung vgl *Katzenberger* FS Schricker 2005 § 64 Rn 69.

464 S auch Erwägungsgründe 22–24 zur Richtlinie.

Grundsatz der Nichtrückwirkung auf, so dass solche Nutzungshandlungen unberührt bleiben sollen (Art 10 Abs 3 SDRL). Die Mitgliedstaaten sollen hierzu die notwendigen Bestimmungen treffen, um insb die erworbenen Rechte Dritter zu schützen.[465]

Die Richtlinie verweist auf den **Werkbegriff** iSd Art 2 der Berner Übereinkunft und sieht damit von einer allgemeinen Aussage zu diesem Begriff ab. Speziell erwähnt werden jedoch Filmwerke und Fotografien: Da die **Rechtsinhaberschaft an Filmwerken** in der Berner Übereinkunft offen gelassen und von den Mitgliedstaaten unterschiedlich beurteilt wird, wird ein Filmwerk wieder – wie schon in den Richtlinien zuvor – explizit dem Hauptregisseur als Hauptdurheber zugeordnet (Art 2 Abs 1 SDRL). Die Mitgliedstaaten können nach der Richtlinie weitere Urheber als Miturheber eines Filmwerkes benennen. Damit lässt die Richtlinie die Frage nach der Filmurheberschaft weiter offen,[466] selbst wenn sie eine weitere Bestimmung enthält, wonach die Schutzfrist für Filmwerke erst 70 Jahre nach dem Tod des Längstlebenden von folgenden Personen beginnt: Hauptregisseur, Urheber des Drehbuchs, Urheber der Dialoge, Komponist der speziell für das Filmwerk/audiovisuelle Werk komponierten Musik (Art 2 Abs 2 SDRL). Diese Aufzählung eines weiteren Personenkreises ist lediglich für eine einheitliche Schutzfristberechnung bestimmt, denn der Tod des Längstlebenden soll immer ausschlaggebend sein, unabhängig davon, ob dieser (von den Mitgliedstaaten) „als Miturheber benannt worden" ist (Art 2 Abs 2 SDRL).[467] Dennoch ist die Aufzählung abschließend, so dass andere, nach mitgliedstaatlichem Recht in Frage kommende Urheber eines Filmwerkes (zB Kameramann und Cutter nach deutschem Recht) für die Schutzfristberechnung keine Berücksichtigung mehr finden. 237

Auch **Fotografien** werden explizit als urheberrechtlich geschützte Werke eingeordnet, wenn sie das Ergebnis eigener geistiger Schöpfung der Urhebers sind, mit der Folge der Anwendbarkeit der für Urheber geltenden Schutzfrist (Art 6 S 1 SDRL). Andere Kriterien zur Bestimmung der urheberrechtlichen Schutzfähigkeit von Fotografien erlaubt die Richtlinie nicht – wie schon für Computerprogramme geschehen, wird auch hier für den speziell geregelten Bereich die Schutzschwelle herabgesenkt.[468] Den Mitgliedstaaten bleibt anheim gestellt, ob sie den Schutz für andere Fotografien auch vorsehen – und damit die Schutzschwelle noch weiter absenken (Art 6 S 3 SDRL).[469] 238

ee) Vorschlag der Kommission zu einer Änderungsrichtlinie zur Schutzdauer-RL. Mit ihrem 2008 erlassenen Richtlinienvorschlag entfachte eine neue Diskussion zur Schutzdauerfrage für den Schutz der Darbietungen ausübender Künstler und Tonträgerhersteller und schlägt darin eine **Verlängerung von 50 auf 95 Jahre** vor.[470] Eine Rückwirkung ist nicht vorgesehen, das heißt lediglich solche Darbietungen und Tonträger, welche zum Zeitpunkt des Inkrafttretens einer Änderung n och nicht gemeinfrei geworden sind, sollen in den Genuss der verlängerten Schutzfrist fallen.[471] Nur die somit in der Schutzdauer verlängerten Schutzgegenstände sollen ferner von begleitenden Maßnahmen erfasst sein: Hier ist ein zusätzlicher Vergütungsanspruch der ausübenden Künstler vorgesehen, welche ihm der Tonträgerhersteller zu zahlen hat, falls dieser durch einen vorangehenden Buy-Out Vertrag umfassende Rechte übertragen hat. Eine 239

465 Zum Grundsatz der Wahrung wohlerworbener Rechte *Dietz* GRUR Int 1995, 683 f.

466 So auch Riesenhuber/*Riesenhuber* 145; *Dreyer/Kotthoff/Meckel* § 64 UrhG Rn 17.

467 Krit zum Versäumnis der Definition der Miturheberschaft *Dietz* GRUR Int 1995, 673, 675 f.

468 Dreyer/Kotthoff/Meckel/*Meckel* § 64 UrhG Rn 18; anders Riesenhuber/*Riesenhuber* 132, der in der Vorschrift gerade keine Absenkung der Schutzschwelle sieht sondern eine besondere Hervorhebung der Anforderung an die künstlerische und professionelle Qualität einer Fotografie sieht.

469 Zum Hintergrund dieser Regelung *Dietz* GRUR Int 1995, 670, 677.

470 Vorschlag zu einer Richtlinie zur Änderung der Schutzdauer-RL v 16.7.2008 abrufbar unter http://europa.eu/rapid/pressReleasesAction.do?reference=IP/08/240&format=HTML&aged=0&language=DE&guiLanguage=en.

471 Ausf *Pakuscher* ZUM 2009, 90 ff.

Bagatellgrenze soll zugleich den Kreis der umfassten Tonträgerhersteller begrenzen, wobei den Mitgliedstaaten freigestellt sein soll, ob sie Tonträgerhersteller mit einem Jahresumsatz von weniger als € 2 Mio aus der Pflicht zur zusätzlichen Vergütung ausnehmen wollen. Zur Wahrnehmung dieser Vergütungsansprüche räumt der Richtlinienvorschlag die Möglichkeit zur Wahrnehmung durch eine Verwertungsgesellschaft ein. Durch ein besonderes Kündigungsrecht der ausübenden Künstler gegenüber ihrem Tonträgerhersteller sollen die ersteren jedoch davor bewahrt werden, dass ihre Rechte bei einem Tonträgerhersteller verlängert liegen bleiben, welcher die Aufnahme nicht mehr ausreichend online und offline vermarktet **(sog use-it-or-lose-it Klausel).** Im Falle der Kündigung sollen jedoch die ausübenden Künstler gehalten sein, innerhalb eines Jahres nach Kündigung die Nutzungen selbst aufzunehmen, anderenfalls würde die verlängerte Schutzfrist nicht zur Anwendung kommen.

240 **ff) Datenbank-RL 96/9/EG.** Mit der im Jahr 1996 erlassenen Datenbank-RL (DBRL)[472] sollte die Rechtsposition von Datenbankherstellern maßgeblich verbessert werden. Ausgangspunkt war die Erkenntnis, dass Datenbanken als Mittel des Informationsmanagements angesichts der ständig steigenden Informationsflut unverzichtbar geworden sind, ihr Aufbau und Betrieb zugleich erhebliche persönliche, technische und finanzielle Investitionen der Hersteller erfordert.[473] Gleichzeitig sind die Datenbankhersteller aufgrund der fortschreitenden Digitalisierung der Gefahr ausgesetzt, dass die von ihnen mit hohen Investitionen entwickelten Datenbanken von Dritten zum Aufbau und Betrieb einer identischen und im Wesentlichen übereinstimmenden Datenbank übernommen werden, ohne dass diese vergleichbare Aufwendungen zu tragen hätten.[474] Die DBRL wurde in Deutschland durch Art 7 des Informations- und Kommunikationsgesetzes vom 13.6.1997 eingeführt.[475]

241 Zunächst bedurfte es der Festlegung des Schutzes von Datenbanken, wobei sich die Richtlinie hierbei – in Anknüpfung an die bereits in der Computer-RL getroffenen Schutzvoraussetzungen – für die Anerkennung **urheberrechtlichen Schutzes** von Datenbanken entschied, sofern diese eine „eigene Schöpfung ihres Urhebers" darstellen (Art 3 Abs 1 S 1 DBRL).[476] Weitere Voraussetzungen für den Urheberrechtsschutz dürfen nicht aufgestellt werden (Art 3 Abs 1 S 2 DBRL). Geschützt wird nur die „Datenbank als solche" und der Schutz erstreckt sich nicht auf ihren Inhalt (Art 3 Abs 2 DBRL). Wie in der Computerprogramm-RL werden auch Gruppen von Urhebern anerkannt, sofern dies nach dem Recht des jeweiligen Mitgliedstaates anerkannt wird (Art 4 Abs 1 DBRL). Die rechtliche Ausgestaltung, wie mit der Urheberschaft von Arbeitnehmern umzugehen ist, überlässt die Richtlinie jedoch anders als die Computerprogramm-RL der Ausgestaltung der Mitgliedstaaten.[477]

242 Ergänzend verbürgt die Richtlinie den Herstellern von Datenbanken ein **Recht sui generis** (Art 7 ff. DBRL), welches unabhängig davon gegeben sein soll, ob die hergestellte Datenbank urheberrechtlichen Schutz genießt.[478] Die Richtlinie verlangt lediglich, dass die Herstellung der Datenbank eine in qualitativer oder quantitativer Hinsicht wesentliche **Investition für die Beschaffung, die Überprüfung oder die Darstellung ihres Inhaltes** erforderte (Art 7 Abs 1 DBRL).[479]

472 RL 96/9/EWG des Parlaments und des Rates v 11.3.1996 über den rechtlichen Schutz von Datenbanken, ABlEG 1996, L 77 S 20.

473 Erwägungsgrund 10 zur Richtlinie.

474 Erwägungsgrund 38 zur Richtlinie.

475 BGBl 1997 I S 1870, in Kraft getreten am 1.1.1998.

476 Eingehend Walter/*von Lewinski* DBRL Art 3 Rn 7 ff.

477 Erwägungsgrund 29 zur Richtlinie.

478 Zum Schutzgegenstand eingehend Walter/*von Lewinski* DBRL Art 7 Rn 1 ff.

479 Riesenhuber leitet aus diesem vom urheberrechtlichen Schutz unabhängigen Recht sui generis her, dass es bei der Beurteilung des Urheberrechts für Datenbanken in besonderem Maße auf die geistige Schöpfung des Urhebers ankommen müsse, vgl Riesenhuber/*Riesenhuber* 130.

Wie für Computerprogramme sieht die Richtlinie zum Schutz der Urheber und der Hersteller von Datenbanken eine Reihe von **ausschließlichen Rechten** vor (Art 5, 7 DBRL).[480] Die starke Rechtsposition der Urheber und Datenbankhersteller wird jedoch wieder durch **Schrankenregelungen** ausgeglichen, die bei einem rechtmäßigen Datenbankbenutzer regelmäßig erforderlich sind, um Zugang zum Inhalt der Datenbank zu erhalten bzw die Datenbank bestimmungsgemäß zu nutzen (Art 6 Abs 3, 8 Abs 2, 3 DBRL). Die Nutzer sind gegenüber den Urhebern bzw den Datenbankherstellern wiederum verpflichtet, jede Schädigung oder Beeinträchtigung von Datenbanken zu unterlassen. Damit wird ein **Drei-Stufen-Test** verankert, der zu einem Ausgleich zwischen Nutzerinteresse und Schutzinteresse führen soll, und lediglich die „normale Nutzung" von Datenbanken und damit eventuell verbundene urheberrechtlich relevante Handlungen erlauben soll. 243

Sowohl die Rechte als auch die Pflichten der rechtmäßigen Nutzer sind vertragsfest verbürgt (Art 15 iVm Art 6 Abs 1 und Art 8 DBRL), so dass abweichende vertragliche Bestimmungen nichtig wären. 244

gg) Informationsgesellschafts-RL 2001/29/EG – sog Multimedia-RL. Die Informationsgesellschafts-RL (InfoRL)[481] gehört zu den meist diskutierten urheberrechtlichen Richtlinien. Insb die digitalen Technologien in der Informationsgesellschaft und die damit verknüpften globalen digitalen Netze erforderten auf Gemeinschaftsebene eine erneute Befassung mit zahlreichen, klassischen Problemen des Urheberrechts.[482] Mit der Richtlinie wollte der Gemeinschaftsgesetzgeber – wenn auch nur hinsichtlich einiger Aspekte[483] – einen *building block* für das Funktionieren der Informationsgesellschaft in allen Mitgliedstaaten schaffen,[484] um einer Zersplitterung des Binnenmarktes entgegenzuwirken und die grenzüberschreitende Verwertung geistigen Eigentums zu ermöglichen.[485] Gleichzeitig sollte diese Richtlinie die Verpflichtungen der Europäischen Union und ihrer Mitgliedstaaten aus den beiden WIPO-Verträgen WCT und WPPT von 1996 auf EU-Ebene umsetzen, um den Beitritt der Europäischen Gemeinschaft und ihrer Mitgliedstaaten zu diesen Abkommen vorzubereiten.[486] 2003 wurde die Richtlinie in Deutschland umgesetzt.[487] 245

Die Richtlinie betrifft **zentrale Themen des Urheberechts**, wie etwa kollektive Rechtewahrnehmung, *Digital Rights Management (DRM)*, Anwendung von Vergütungssystemen auf 246

480 Zu den Rechten im Einzelnen Walter/*von Lewinski* DBRL Art 5 Rn 3 ff.

481 RL 2001/29/EG des Europäischen Parlaments und des Rates v 22.5.2001 zur Harmonisierung bestimmter Aspekte des Urheberrechts und der verwandten Schutzrechte in der Informationsgesellschaft, ABlEG 2001, L 167, 10.

482 Erwägungsgründe 5, 6 zur Richtlinie.

483 Erwägungsgründe 5, 7 zur Richtlinie, die ausdrücklich festhalten, dass kein Bedarf an neuen Konzepten für den Schutz des geistigen Eigentums besteht, sondern lediglich Anpassungen der urheberrechtlichen Bestimmungen an die neuen Formen und Möglichkeiten der Verwertung erfolgen müssen, sofern beträchtliche Unterschiede zwischen den Mitgliedstaaten bestehen und dies die Funktionsfähigkeit des Binnenmarktes beeinträchtigen kann.

484 *Reinbothe* GRUR Int 2001, 734.

485 Dies basierte auf der Grundlage des Grünbuchs der Kommission v 19.7.1995 zum Urheberrecht und zu den verwandten Schutzrechten in der Informationsgesellschaft, KOM (95) 382 endg und der darauf folgenden Mitteilung der Kommission v 20.11.1996 – Initiativen zum Grünbuch über Urheberrecht und verwandte Schutzrechte in der Informationsgesellschaft, KOM (96) 568 endg, welche bereits eine sog „digitale Agenda" an den zu bearbeitenden Fragestellungen aufstellte; Erwägungsgrund 15 zur Richtlinie.

486 WIPO-Urheberrechtsvertrag/WIPO Copyright Treaty (WCT) und WIPO-Vertrag über Darbietungen und Tonträger/WIPO Performances and Phonogram Treaty (WPPT) v 20.12. 1996; vgl *Reinbothe/von Lewinski* WIPO Treaties, 487. S auch Erwägungsgrund 15 zur Richtlinie. Eingehend zur Historie der Richtlinie Walter/*von Lewinski/Walter* InfoRL Kap II Rn 5 ff; *Reinbothe* GRUR Int 2001, 735 ff.

487 Durch das Gesetz zur Regelung des Urheberrechts in der Informationsgesellschaft v 10.9.2003, BGBl I S 1774.

private und digitale Vervielfältigungen, die rechtliche Einordnung von *Caching* und *Browsing*, die Kontrolle von digitalen Online-Diensten und die Reichweite des Verbreitungsrechts und des Erschöpfungsgrundsatzes bei Online-Verbreitung.[488] Bereits angesichts dieser Fülle von Grundsatzfragen konnte die Richtlinie jedoch nicht allen Anforderungen gerecht werden. Insb fehlt auf horizontaler Ebene zu den anderen Richtlinien eine Angleichung von Formulierungen, wodurch das Verhältnis zwischen dieser wohl allgemeinsten, urheberrechtlichen Richtlinie zu den **speziellen, werkbezogenen oder leistungsschutzrechtsbezogenen Richtlinien** hätte deutlicher ausgearbeitet werden können.[489] Denn gem Art 1 Abs 2 InfoRL bleiben die anderen, vorstehend behandelten Richtlinien des *acquis communautaire* unberührt. Enthalten die früheren Richtlinien also Bestimmungen, die auch in der InfoRL angesprochen sind, bleiben also grds die früheren Regelungen bestehen und werden nicht durch die InfoRL abgeändert.[490]

247 In den vor der Info-RL erlassenen europäischen Richtlinien wurden Verwertungsrechte nicht im Allgemeinen geregelt. Auch die Frage der Behandlung von Online-Übertragungen blieb bis dahin weitgehend offen.[491] Um eine dieser Lücken zu schließen, schafft die Info-RL nun eine **einheitliche Definition des Vervielfältigungsrecht**s, wonach allen Urhebern, Künstlern, Tonträger- bzw Filmherstellern sowie Sendeunternehmen das ausschließlich Recht zusteht, die unmittelbare oder mittelbare, vorübergehende oder dauerhafte Vervielfältigung auf jede Art und Weise und in jeder Form ganz oder teilweise zu erlauben oder zu verbieten (Art 2 InfoRL). Damit bestätigt die Richtlinie, dass jeder noch so flüchtige Kopiervorgang eine Vervielfältigung im Sinne des Urheberrechts ist.

248 Die Richtlinie vereinheitlicht für Urheber das **Recht der öffentlichen Wiedergabe**.[492] Sie führt zudem erstmals gemeinschaftsweit das **Recht der öffentlichen Zugänglichmachung** ein (Art 3 Abs 1, 2 InfoRL), welches als interaktives Wiedergaberecht („öffentliche Zugänglichmachung ... [für] Mitglieder der Öffentlichkeit von Orten und Zeiten ihrer Wahl") für Urheber und Leistungsschutzberechtigte gleichermaßen gelten soll.[493] Aus den Erwägungsgründen[494] ist zu entnehmen, dass hier nur das ausschließliche Recht gemeint ist, „interaktive Übertragungen auf Abruf für die Öffentlichkeit zugänglich zu machen", so dass **lediglich interaktiv herbeigeführte Vorgänge**, nicht jedoch *near on demand* oder andere nicht-interaktive Vorgänge erfasst werden sollen.[495] Die Richtlinie lässt in Zusammenhang mit dem Recht auf öffentliche Zugänglichmachung offen, wo der Ort der relevanten Verwertungshandlung hinsichtlich der Zu-

488 Zu Aspekten der Diskussion Riesenhuber/*Reinbothe* 92 f.

489 Ausdrücklich lässt die Info-RL gem Art 1 Abs 2 die bestehenden gemeinschaftsrechtlichen Regelungen der Computerprogramm-, der Vermiet- und Verleih-, der Kabel- und Satelliten-, der Schutzdauer- sowie der Datenbank-RL unberührt.

490 Ausnahmen hiervon macht nur Art 11 Info-RL; *Reinbothe* GRUR 2001, 734.

491 Walter/*Walter* InfoRL Rn 14: Lediglich Art 5d der Datenbank-RL regelt ausdrücklich „jede öffentliche Wiedergabe", wodurch auch Online-Übertragungen umfasst sein sollten.

492 Unklar bleibt allerdings, ob auch die klassischen Formen der öffentlichen Wiedergabe (Aufführung, Vortrag, Vorführung) erfasst sein sollen. Vgl hierzu Walter/*Walter* Info-RL Rn 77 f, der im Ergebnis in Hinblick auf das Begriffsverständnis des Art 6 WCT die klassischen Wiedergabeformen der Aufführung, des Vortrages und der Vorführung nicht erfasst sieht.

493 S Walter/*Walter* InfoRL Rn 46, der den Hintergrund für diese Unterscheidung auch darin sieht, dass die Sende- und Aufführungsrechte im leistungsschutzrechtlichen Bereich nach dem Stand der internationalen Konventionen und der nationalen Urhebergesetze weit weniger entwickelt waren als für das Urheberrecht. Da die Richtlinie die Vorschriften der Vermiet- und Verleih-RL ausdrücklich unberührt lässt, ist das Recht der öffentlichen Sendung und Wiedergabe für den Kreis der Leistungsschutzberechtigten dort (Art 8 VVRL) zudem bereits geregelt; eingehend hierzu *Reinbothe* GRUR 2001, 734.

494 Erwägungsgrund 25 zur Richtlinie.

495 Krit *Spindler* GRUR 2002, 108, der zu Recht auf die Schwierigkeiten der Unterscheidung zwischen Abruf- und Verteilerdiensten hinweist.

gänglichmachung der Werke liegen soll oder muss.[496] In der Begründung der Kommission zum ersten Richtlinienentwurf wird jedoch ausdrücklich auf den Akt des Zugänglichmachens Bezug genommen, unabhängig davon, ob das Werk abgerufen wird. Demnach wäre auf den **Ort der Abrufbarkeit**, also des Angebotes, abzustellen.[497]

Auch in Hinblick auf das **Verbreitungsrecht** sollte die Richtlinie die Lücken schließen, die sich aus den Regelungen der bisherigen Richtlinien ergaben. In diesen war zwar das Konzept des abgespaltenen Verbreitungsrechts bereits angelegt, jedoch waren die Regelungen entweder auf spezifische Werke bezogen (Computerprogramme, Datenbanken) oder aber nur für Leistungsschutzberechtigte formuliert (in Art 9 Vermiet- und Verleih-RL). Die InfoRL füllt nun die Lücken und statuiert für Urheber aller Werkkategorien ein selbstständiges Verbreitungsrecht (Art 4 Abs 1 InfoRL).[498] Urheber von **Computerprogrammen und Datenbanken** sind nicht erfasst, da deren Verbreitungsrechte bereits in der Computerprogramm-RL bzw der Datenbank-RL verankert wurden. Leistungsschutzberechtigte sind von der Richtlinie ebenfalls nicht betroffen, da das Verbreitungsrecht für sie bereits in der Vermiet- und Verleih-RL harmonisiert wurde. 249

Anknüpfend an das einheitliche **Verbreitungsrecht** für Urheber wird auch das Prinzip der **gemeinschaftsweiten Erschöpfung** für Urheber einheitlich verankert (Art 4 Abs 2 InfoRL). Danach soll das Verbreitungsrecht nur dann erschöpft sein, wenn der Erstverkauf oder andere erstmalige Eigentumsübertragungen in Bezug auf das Original oder Vervielfältigungsstücke eines Werkes in der Gemeinschaft durch den Rechtsinhaber oder mit dessen Zustimmung erfolgt. Eine **internationale Erschöpfung** soll nicht möglich sein. Diese Regelung lehnt sich an den bereits in Art 9 Abs 2 der Vermiet- und Verleih-RL statuierten Erschöpfungsgrundsatz für die Leistungsschutzberechtigten an. Demgegenüber soll nach Art 3 Abs 3 InfoRL keine Erschöpfung durch die öffentliche Wiedergabe bzw Zugänglichmachung nach Art 3 Abs 1, 2 InfoRL eintreten, wobei die Richtlinie nicht klar macht, inwiefern eine Differenzierung zwischen körperlicher Übergabe einer Kopie in Abgrenzung zum Onlinevertrieb angezeigt ist.[499] 250

Die vorgenannten Rechte werden von der Richtlinie unter wichtige **Schranken** gestellt, welche **abschließend aufgezählt** werden und teils zwingend, teils fakultativ ausgestaltet sind.[500] So können mit Rücksicht auf die rein technischen Vorgänge **flüchtige oder begleitende Vervielfältigungen**, wenn sie integraler oder wesentlicher Teil eines technischen Verfahrens sind, nicht durch die Ausschließlichkeitsrechte verhindert werden. Es gilt eine Ausnahme, wenn deren alleiniger Zweck ist, die Übertragung bzw die rechtmäßige Nutzung zu ermöglichen, und wenn diese keine eigenständige wirtschaftliche Bedeutung haben (Art 5 Abs 1 InfoRL).[501] Ferner soll durch die erlaubte **Privatkopie** (Art 5 Abs 2 b) InfoRL) ein Rechts- und Interessenausgleich zwischen den Rechteinhabern und Nutzern geschaffen werden, da vor dem Hintergrund der neuen Medien eine Neubewertung von bestimmten, nicht kommer- 251

496 Die Kommission wies in ihrem ersten Richtlinienentwurf darauf hin, dass keine neue kollisionsrechtliche Regelung getroffen werden soll: Vorschlag für eine Richtlinie des Europäischen Parlaments und des Rates zur Harmonisierung bestimmter Aspekte des Urheberrechts und der verwandten Schutzrechte in der Informationsgesellschaft, KOM (97) 628 endg v 10.12.1997. Zurückzugreifen wäre demnach auf die allgemeinen Grundsätze; krit dazu *Spindler* GRUR 2002, 108.

497 Begründung zu Art 3 erster Richtlinienvorschlag für eine Richtlinie des Europäischen Parlaments und des Rates zur Harmonisierung bestimmter Aspekte des Urheberrechts und der verwandten Schutzrechte in der Informationsgesellschaft, KOM (97) 628 endg v 10.12.1997; vgl eingehend auch *Spindler* GRUR 2002, 109.

498 Zum Umfang des Verbreitungsrechts s EuGH GRUR Int 2008, 593 – Peek & Cloppenburg vs Cassina.

499 Krit *Hoeren* MMR 2000, 515, 517; *Spindler* GRUR 2002, 110.

500 Eingehend zu den Schrankenregelungen *Reinbothe* GRUR 2001, 737; vgl auch Erwägungsgrund 32 zur Richtlinie.

501 Erwägungsgrund 33.

ziellen Vervielfältigungen stattzufinden hat.[502] Der Anwendungsbereich der Regelungen des Art 5 InfoRL wird durch die werkspezifischen Regelungen der Computerprogramm-RL und der Datenbank-RL beschränkt, da diese spezifische Ausnahmeregelungen enthalten. Ebenso sind die speziellen Vorschriften der Vermiet- und Verleih-RL im Bereich der Leistungsschutzrechte zu beachten.[503]

252 Zur Anwendung der Schrankenregelung sieht die Richtlinie einen **Drei-Stufen-Test** (Art 5 Abs 5 InfoRL) vor. Danach dürfen die durch die Schranken geregelten Ausnahmen nur für solche Sonderfälle angewandt werden, in denen die „normale Verwertung des Werkes oder Schutzgegenstandes nicht beeinträchtigt wird und die berechtigten Interessen des Rechtinhabers nicht ungebührlich verletzt werden". Für die fakultativen Schrankenbestimmungen des Art 5 Abs 2, 3, und 4 InfoRL liegt dieser zusätzliche Kontrollmechanismus nahe. Für die zwingenden Schrankenbestimmungen des Art 5 Abs 1 InfoRL kann die Anwendung des Drei-Stufen-Tests aber bedeuten, dass den Mitgliedsstaaten ein Ausgestaltungsspielraum hinsichtlich der unbestimmten Rechtsbegriffe „vorübergehend" und „flüchtig oder begleitend" zukommt. In diesem Fall wären weiterhin abweichende Regelungen in den Mitgliedstaaten möglich.[504]

253 Schließlich statuiert die Richtlinie horizontal für alle Werke und Schutzgegenstände den **Schutz von technischen Schutzmaßnahmen**, womit auch die entsprechenden Bestimmungen des WCT und WPPT umgesetzt werden sollen (Art 6 InfoRL).[505] Der Begriff von Schutzmaßnahmen ist nicht näher definiert, wurde jedoch allgemein unter dem Begriff des ***Digital Rights Management*** (DRM) diskutiert, worunter allgemein die Verwaltung und Vermarktung von Werken in ihrer digitalen Gestalt und deren Sicherung zu verstehen ist.[506] Im Kern werden die Mitgliedstaaten verpflichtet, einen angemessenen Rechtsschutz gegen Umgehungsmaßnahmen oder -vorrichtungen zu etablieren, um technische Sicherungen zum Schutz von Urheberrechten, verwandten Schutzrechten oder des *sui generis* Schutzes von Datenbanken unantastbar zu machen.[507] Vervollständigt wird dieser Schutz durch die Verpflichtung der Mitgliedstaaten, die **Identifikation der Rechteinhaber** zu gewährleisten: Sie sind verpflichtet, angemessenen rechtlichen Schutz zu schaffen gegen unbefugte Entfernung oder Veränderung von elektronischen Informationen über die Rechtewahrnehmung bzw die Rechteinhaber – also Schutz gegen Handlungen, die Umgehungsakte vorbereiten bzw fördern können. Ferner sind Vorkehrungen zu treffen gegen die Einfuhr und Verbreitung von Werken oder sonstigen Schutzgegenständen, bei denen die elektronischen Informationen für die Wahrnehmung der Rechte entfernt oder geändert wurden (Art 7 Abs 1 InfoRL).

254 Erwähnenswert aus den von der Richtlinie vorgeschriebenen Sanktionen ist Art 8 Abs 3 InfoRL. Danach müssen die Mitgliedstaaten sicherstellen, dass die Rechteinhaber gerichtliche Anordnungen gegen Vermittler beantragen können, deren Dienste von einem Dritten zur Verletzung von Urheberrechten oder Leistungsschutzrechten benutzt werden – unabhängig davon, ob der Vermittler selbst eine Urheberverletzung begangen hat. Diese Regelung verhindert gemeinschaftsweit, dass sich **Access oder Service Provider** unter Berufung auf die Schranken oder Ausnahmen von Rechten gem Art 5 InfoRL von jeder Verantwortung freisprechen können.[508]

---

502 Erwägungsgründe 31, 38, 39; eingehend zur Privatkopie *Reinbothe* GRUR 2001, 739.
503 Eingehend zu den Schwierigkeiten der Bestimmung des Anwendungsbereiches der Richtlinie Walter/*Walter* InfoRL Rn 89 ff.
504 Krit auch Walter/*Walter* InfoRL Rn 96, 100 ff; anders hingegen *Spindler* GRUR 2002, 111.
505 Erwägungsgründe, 47, 48, 51 zur Richtlinie.
506 *Schulz* GRUR 2006, 471.
507 Eingehend *Spindler* GRUR 2002, 116 ff.
508 *Reinbothe* GRUR 2001, 743.

hh) Folgerechts-RL 2001/84/EG. Unter dem Folgerecht versteht man den unverzichtbaren Anspruch des Urhebers auf **Beteiligung an den Erlösen**, welche bei einer **Weiterveräußerung von Werk-Originalen** erzielt werden. Das Grundanliegen dieses Vergütungsanspruches besteht darin, den Urheber an den Wertsteigerungen zu beteiligen, die seine Werke typischerweise im Laufe der Zeit auf dem Markt erfahren.[509] Insb auf dem mit Originalwerken handelnden Kunstmarkt bestand und besteht ferner stets auch eine deutliche Tendenz, Ankäufe als Vermögensanlage und nicht aus reiner Sammlerfreude zu betreiben, und Weiterverkäufe entsprechend mit dem Ziel eines deutlichen Vermögensvorteils zu steuern. 255

Vor Erlass der Folgerechts-RL im Jahr 2001 (FFRL)[510] war das Folgerecht zwar in den meisten Mitgliedstaaten bereits anerkannt, jedoch unterschiedlich ausgestaltet, so dass zu befürchten stand, dass der Kunstmarkt sich zielgerichtet – und zum Nachteil der Urheber – auf die Länder verlagern würde, welche gar kein Folgerecht kannten bzw ein solches lediglich mit einem geringen Schutzniveau ausgestalteten. Die hierdurch befürchteten Störungen des Binnenmarktes gaben Anlass zu einer gemeinschaftsweiten Harmonisierung, soweit die Unterschiede sich auf den Wettbewerb im Binnenmarkt direkt auswirken.[511] 256

Das Folgerecht ist in der Richtlinie eindeutig als **unverzichtbarerer Beteiligungsanspruch** statuiert und stellt damit der Rechtsnatur nach einen urheberrechtlichen Vergütungsanspruch dar (Art 1 Abs 1 FRRL). 257

Das Folgerecht soll laut Richtlinie nicht den **Erstverkauf** von Werk-Originalen durch den Urheber erfassen (Art 1 Abs 1 FRRL), wobei anerkannt ist, dass auch erste Kommissionsverkäufe als Erstverkauf und nicht als Weiterveräußerung gelten.[512] Lediglich **Weiterveräußerungen** sollen einen Beteiligungsanspruch aus Folgerecht auslösen, wobei die Richtlinie auch klarstellt, dass nur solche Weiterveräußerungen erfasst sind, an denen „Vertreter des Kunstmarktes wie Auktionshäuser, Kunstgalerien und allgemeine Kunsthändler als Verkäufer, Käufer oder Mittler beteiligt sind" (Art 1 Abs 2 FRRL). Damit sollen private (Weiter-)Verkäufe ausgenommen werden,[513] wobei die Richtlinie hier entgegen ihren erklärten Zielen verkennt, dass sich auch durch rein private Weiterverkäufe unter Sammlern erhebliche Verkaufserlöse erzielen lassen. Der zentrale Begriff **„Vertreter des Kunstmarktes"** wird in der Richtlinie nicht abschließend definiert.[514] Satt dessen wird klargestellt, dass sowohl Verkäufer, Mittler als auch Käufer zu Vertretern des Kunstmarktes gehören können, so dass im Sinne des Richtlinienziels ein Spielraum verbleibt, um alle typischen Weiterveräußerungen mit hohem Erlöspotenzial erfassen zu können.[515] 258

Als urheberrechtliche Besonderheit bezieht sich das Folgerecht traditionell in erster Linie auf die **Werke der bildenden Kunst**, da insb diese von dem Geschäft der Weiterveräußerung 259

509 Walter/*Walter* FRRL, Einleitung, Rn 3.

510 RL 2001/84/EG des Europäischen Parlaments und des Rates v 27.9.2001 über das Folgerecht des Urhebers des Originals eines Kunstwerks, ABlEG 2001, L 272, 32.

511 Erwägungsgründe 10, 13, 14, 15 zur Richtlinie, in denen auch klargestellt wird, dass gerade keine vollständige Harmonierung aller Vorschriften erfolgen soll, sondern den Mitgliedstaaten so viel Spielraum wie möglich für einzelstaatliche Entscheidungen zu lassen ist. Die Gefahr der Abwanderung der Verkaufsgeschäfte ins Ausland wurde bereits im Richtlinienvorschlag der Kommission aus dem Jahre 1996 eingehend untersucht, wobei insb auf die „Verlagerungskosten" eingegangen wurde. Diese Kostenanalyse sollte insb als Maßstab bei der Bemessung der Höhe der zwingenden Beteiligung des Urhebers herangezogen werden.

512 Walter/*Walter* FRRL Einleitung Rn 3.

513 So ausdrücklich gefordert in Erwägungsgrund 18 zur Richtlinie.

514 Walter/*Walter* FRRL Art 1 Rn 5; anders *Handig* ZUM 2006, 546, 549, der eine abschließende Aufzählung der Richtlinie annimmt.

515 Weiterführend *Katzenberger* FS Schricker 2005, 377 ff.

betroffen sind.[516] Entsprechend zählt die Richtlinie beispielhaft vor allem verschiedene Werke der bildenden Kunst als unter das Folgerecht fallende Kunstwerke auf, wie Bilder, Collagen, Gemälde, Zeichnungen etc (Art 2 Abs 1 FRRL). Die Aufzählung enthält jedoch auch Keramiken und Glasobjekte, so dass auch **Werke der angewandten Kunst** unter das Folgerecht fallen dürften, sofern sie als Original angesehen werden können.[517]

260 Die Richtlinie gibt den Mitgliedstaaten vor, einen Mindestbetrag festzusetzen, ab dem eine Weiterveräußerung im Sinne der Richtlinie den Beteiligungsanspruch des Urhebers auslöst (Art 3 Abs 1 FRRL), wobei der **Mindestbetrag nicht höher als € 3.000,–** sein darf (Art 3 Abs 2 FRRL). Hier galt es einen Höchstbetrag zu finden, der keine Werkart ohne Not von dem Folgerecht ausschließt, wobei gleichzeitig jedoch eine gewisse **Erheblichkeitsschwelle** statuiert, um den durch das Folgerecht verbürgten Eigentumseingriff zu Lasten des Veräußerers rechtfertigen zu können.

261 Bei Erreichen des von den Mitgliedstaaten entsprechend festgelegten Mindestbetrages entsteht ein Beteiligungsanspruch des Urhebers in der von der Richtlinie vorgegebenen Höhe. Die Höhe der **Beteiligung ist gestaffelt** nach der Höhe des Erlöses aus der Weiterveräußerung abzüglich Steuern (Art 4, 5 FRRL). Die Abstufungen und Begrenzungen sind von der Richtlinie fast vollständig vorgegeben.[518] Es ist eine **Kappungsgrenze** für die Höhe der Beteiligung mit € 12.500 vorgegeben. Maßgeblicher Gedanke für die Staffelung der Beträge war, dass bei Verlagerung des Weiterverkaufs ins Ausland Verlagerungskosten entstehen, die mit dem Wert des Kunststücks steigen, insb hinsichtlich der Versicherungskosten, etwaiger Steuern oder Zollabgaben. Für die Verkäufer sollte es künftig attraktiver sein, die Weiterveräußerung im Gemeinschaftsgebiet abzuwickeln, selbst wenn sie eine Beteiligung aus dem Folgerecht an den Urheber zu zahlen hätten.[519]

262 Die Richtlinie stellt es den Mitgliedstaaten schließlich frei, ob sie eine zwingende oder fakultative Wahrnehmung der Beteiligungsansprüche aus dem Folgerecht durch eine **Verwertungsgesellschaft** vorschreiben (Art 6 Abs 2 FRRL). Vor dem Hintergrund der Unverzichtbarkeit des Anspruches erscheint diese Klarstellung sinnvoll. Für die Durchsetzungsstärke der Urheber hätte eine zwingende Vorschrift hier jedoch insofern Sinn gemacht, als dass Verwertungsgesellschaften grds bessere organisatorische, personelle wie auch finanzielle Strukturen mitbringen, um dem zum Teil repressiven und auch sehr unübersichtlichen Geschäft des Kunsttransfers gerecht zu werden.[520]

263 **b) Gewerbliche Schutzrechte.** Auf dem Gebiet der gewerblichen Schutzrechte beschränkten sich die Maßnahmen der Europäischen Gemeinschaft zunächst überwiegend auf die Harmonisierung des materiellen bereichsspezifischen Rechts der Mitgliedstaaten oder auf die Schaffung einer einheitlichen Rechtsgrundlage auf gemeinschaftlicher Ebene, zB durch Schaffung einheitlicher Rechte, die in der gesamten Gemeinschaft gelten, so bspw **Gemeinschaftsmarken, Gemeinschaftsgeschmacksmuster** oder das noch in Erörterung befindliche **Gemeinschaftspatent.** In der Erkenntnis, dass Nachahmungen, Produktpiraterie und allgemein die

---

516 Zu den verschiedenen, historischen Wurzeln und der Entstehungsgeschichte der FRRL s mwN. Walter/*Walter* FRRL Einleitung Rn 9, 12 ff.

517 So auch *Handig* ZUM 2006, 547.

518 Gem Art 4 Abs 2 FRRL können statt 4% auch 5% für Veräußerungserlöse bis € 50.000,– normiert werden: Gem Art 4 Abs 3 FRRL kann die Staffelung für den Eingangssatz im Verhältnis gemindert werden (nicht jedoch unter 4%), wenn die Mitgliedstaaten weniger als € 3.000,– bereits als Mindestverkaufserlös ansetzen, der den Beteiligungsanspruch nach sich zieht.

519 Krit hierzu Walter/*Walter* FRRL Art 4 Rn 1 ff.

520 So auch Walter/*Walter* FRRL Art 6 Rn 6.

Verletzung geistigen Eigentums in der globalisierten Informationsgesellschaft ständig zunehmen, leitete die Kommission mit der **Enforcement-RL** auch die Schaffung einheitlichen Rechtsschutzes ein, um die von Land zu Land noch sehr unterschiedlichen Möglichkeiten der Rechtsdurchsetzung zu harmonisieren und damit die Flucht der Verletzer in Länder mit weniger wirksamen Schutz gegen Piraterie und Nachahmung entgegenzuwirken.

aa) Marken-RL und Gemeinschaftsmarken-Verordnung. Bereits 1988 wurde mit der Ersten Marken-RL (MarkenRL)[521] das mitgliedstaatliche Markenrecht in wesentlichen Zügen harmonisiert, welche durch das Markenreformgesetz von 1994 in deutsches Recht umgesetzt wurde.[522] Mit der Richtlinie wurden die **Markenformen** (Art 2 MarkenRL) sowie die absoluten und relativen **Eintragungshindernisse** (Art 3, 4 MarkenRL) vereinheitlicht, ferner die **Rechte aus der Marke** (Art 5 MarkenRL) sowie aus ihrer Benutzung (Art 10 MarkenRL). Mit der Richtlinie wurde der Grundsatz der europaweiten Erschöpfung bestätigt (Art 7 Abs 1 MarkenRL). 264

Mit der späteren Gemeinschaftsmarkenverordnung (GMVO)[523] wurde für das gesamte Gemeinschaftsgebiet die **einheitliche Gemeinschaftsmarke** (Art 1 GMVO) geschaffen, welche einheitlich beim **Harmonisierungsamt** für den Binnenmarkt (Marken, Muster und Modelle) in Alicante (HABM)[524] verwaltet werden sollte. Markenfähig als Gemeinschaftsmarke sind seither alle Zeichen, die sich graphisch darstellen lassen, sofern sie geeignet sind, Waren und Dienstleistungen eines Unternehmens von denjenigen anderer Unternehmens zu unterscheiden (Art 4 GMVO).[525] Als zusätzliche Erweiterung markenrechtlichen Schutzes sieht die MarkenRL für die Mitgliedstaaten die Option vor, den Ruf und die Unterscheidungskraft **bekannter Marken** gegen Schädigung und Ausbeutung zu schützen. Dies wird entsprechend auch in der GMVO verbürgt. 265

Die RL 2008/95/EG zur Angleichung der Rechtsvorschriften der Mitgliedstaaten über die Marken verfolgt nunmehr die weitestgehende Anpassung der mitgliedstaatlichen Vorschriften, die sich am unmittelbarsten auf das Funktionieren des Binnemarktes auswirken.[526] Das Gemeinschaftsmarkenrecht wird insb von den Grundsätzen der relativen Autonomie, der Einheitlichkeit sowie der Koexistenz und Äquivalenz mit nationalen Marken bestimmt.[527] Die Verordnung enthält unmittelbar wirksame Vorschriften hinsichtlich der materiellen Schutzvoraussetzungen für die Gemeinschaftsmarken, zum Anmelde- und Eintragungsverfahren, zur Schutzdauer sowie zu spezifischen Verfahrens- und Zuständigkeitsvorschriften.[528] Für Klagen wegen Verletzung einer Gemeinschaftsmarke gelten primär die **besonderen Zuständigkeitsvorschriften** der Verordnung (Art 90 Abs 1 GMVO iVm den Vorschriften des EuGVÜ[529] und der 266

521 Erste RL 89/104/EWG des Rates zur Angleichung der Rechtsvorschriften der Mitgliedstaaten über die Marken v 21.12.1988, ABlEG 1989, L 40, 1 v 11.2.1989.

522 Markenrechtsreformgesetz v 25.10.1994, BGBl 1994 I S 3082, in Kraft getreten am 1.1.1995.

523 Verordnung VO 40/94/EG des Rates über die Gemeinschaftsmarke v 20.12.1993, ABlEG 1994, L 11, 1 und Verordnung VO/3288/94/EG des Rates zur Änderung der Verordnung VO 40/94/EG über die Gemeinschaftsmarke zur Umsetzung der im Rahmen der Uruguay-Runde beschlossenen Übereinkunft v 22.12.1994, ABlEG 1994, L 349, 83, in Kraft getreten am 1.1.1995, Geltung ab 1.1.1996.

524 Das Harmonisierungsamt nahm am 1.4.1996 seine Arbeit auf; weiterführend *Ann* ZEuP 2002, 5 ff.

525 Zum Erfordernis der Kennzeichnungskraft vgl *Knaak* GRUR Int 2007, 801 ff.

526 RL 2008/95/EG des Europäischen Parlaments und des Rates v 22.10.2008 zur Angleichung der Rechtsvorschriften der Mitgliedstaaten über die Marken abgedruckt in GRUR Int 2009, 126 ff.

527 Eingehend *Eisenführ/Schennen* Art 1 GMVO Rn 3.

528 Eingehend Schricker/Bastian/Knaak/*Knaak* GMVO Rn 55 ff; zum Vorlageverfahren des BGH im Fall „Diesel" und zu der Frage, ob Warentransit nach richtlinienkonformer Auslegung bereits eine Markenrechtsverletzung sein kann vgl *Leitzen* GRUR 2006, 89 ff.

529 Brüsseler EWG-Übereinkommen über die gerichtliche Zuständigkeit und die Vollstreckung gerichtlicher Entscheidungen in Zivil- und Handelssachen, BGBl 1998 II S 1412.

EuGVVO[530]), wobei statt der Schaffung einer europäischen Gemeinschaftsmarkengerichtsbarkeit die nationalen Gerichte der Mitgliedstaaten als Gemeinschaftsmarkengerichte für Streitigkeiten über die Verletzung von Gemeinschaftsmarken zuständig sein sollen.[531]

267 **bb) Geschmacksmuster-RL und Gemeinschaftsgeschmacksmuster-Verordnung.** Zu den gemeinschaftsrechtlich inzwischen weitestgehend harmonisierten Bereichen zählt auch das Designrecht. Zum einen wurden die nationalen Designgesetze durch die europäische Geschmacksmuster-RL (GGRL) von 1998 harmonisiert.[532] Vereinheitlicht wurden dabei insb die **Definitionen des Musters** und seiner Schutzvoraussetzungen **Neuheit und Eigenart.**[533] Die Richtlinie wurde 2004 in deutsches Recht umgesetzt.[534] Die Richtlinie hebt den Designschutz gemeinschaftsweit an indem sie dieses als eigenständiges gewerbliches Schutzrecht begreift und damit von den Anforderungen des Urheberrechts loskoppelt.[535]

268 Zum anderen hat der Gemeinschaftsgesetzgeber ein Gemeinschaftsgeschmacksmuster geschaffen, welches in der Geschmacksmusterverordnung (GGVO) kodifiziert ist.[536] Eine Besonderheit des Schutzes als Gemeinschaftsrecht besteht in der **Einführung eines nicht eingetragenen Gemeinschaftsgeschmacksmusters**, welches insb dem Schutz kurzlebiger Produkte, wie bspw Modeneuheiten dient und drei Jahre lang gegen Nachahmungen schützt.[537]

269 Die Europäische Kommission hat im Juli 2007 zwei weitere Verordnungen erlassen, die erforderlich sind, um dem Beitritt der EG zur Genfer Akte des Haager Abkommens über die internationale Eintragung gewerblicher Muster und Modelle Wirkung zu verleihen.[538] Nach diesem Beitritt können europäische Unternehmen Designsmuster **mit einem einzigen Antrag** nicht nur **innerhalb der EU**, sondern auch **in den Vertragsstaaten der Genfer Akte** schützen lassen. Diese Verordnungen vereinfachen die Regelungen zur Prüfung von Anmeldungen und Verlängerungen von Gemeinschaftsgeschmackmustern und schaffen eine einheitliche Zuständigkeit für die Verwaltung der eingetragenen Designsmuster durch das **Harmonisierungsamt** für den Binnenmarkt (HABM).

270 Mit zwei weiteren Verordnungen[539] wurden die an das HABM zu entrichtenden **Gebühren** sowie die Gebühren für internationale Anmeldungen, in denen die Europäische Gemeinschaft benannt ist, vereinheitlicht.

---

530 Verordnung 44/2001 des Rates v 22.12.2000 über die gerichtliche Zuständigkeit und die Anerkennung und Vollstreckung von Entscheidungen in Zivil- und Handelssachen, ABlEG 2001, L 12, 1.

531 Zu den damit verbundenen Problemen bei der Rechtsdurchsetzung *Knaak* GRUR Int 2007, 386 ff; zur Reichweite der Zuständigkeiten nationaler Gerichte nach der EuGVÜ und der EuGVO eingehend *Heinze/Roffael* GRUR 2006, 787 ff.

532 RL 98/71/EG des Europäischen Parlaments und des Rates v 13.10.1998 über den rechtlichen Schutz von Mustern und Modellen, ABlEG 1998, L 289, 28.

533 Eingehend Eichmann/von Falckenstein/*Eichmann* § 2 GeschmMG Rn 1.

534 Gesetz zur Reform des Geschmacksmusterrechts v 12.3.2004, BGBl 2004 I S 390, in Kraft getreten am 1.6.2004; seit dem 1.1.2014 Umbenennung in Designgesetz.

535 Zum eigenständigen Charakter des Geschmacksmusters und seinem Verhältnis zu den anderen Rechtsinstituten vgl *Wandtke/Ohst* GRUR Int 2005, 91 ff. und *Wöhrn* Band 2 Teil 7.

536 Verordnung (EG) Nr 6/2002 des Rates v 12.12.2001 über das Gemeinschaftsgeschmacksmuster, ABlEG 2002, L 3, 1; durch die sprachliche Änderung auf nationaler Ebene, kommt es zu sprachlichen Differenzen zur Formulierung auf europäischer Ebene.

537 Weiterführend *Oldekop* WRP 2006, 801 ff.

538 Verordnung (EG) Nr 876/2007 der Kommission v 24.7.2007 zur Änderung der Verordnung (EG) Nr 2245/2002 zur Durchführung der Verordnung (EG) Nr 6/2002 des Rates über das Gemeinschaftsgeschmacksmuster nach dem Beitritt der Europäischen Gemeinschaft zur Genfer Akte des Haager Abkommens über die internationale Eintragung gewerblicher Muster und Modelle (Text von Bedeutung für den EWR), ABlEG 2007, L 193, 13.

539 Verordnung (EG) Nr 877/2007 der Kommission v 24.7.2007 zur Änderung der Verordnung (EG) Nr 2246/2002 über die an das Harmonisierungsamt für den Binnenmarkt (Marken, Muster und Modelle) zu entrichtenden Gebühren nach dem Beitritt der Europäischen Gemeinschaft zur Genfer Akte des Haager Abkommens über die internationale Eintragung gewerblicher Muster und Modelle, ABlEG 2007, L 193, 16.

Mit dem Beitritt der Europäischen Union zur Genfer Akte des Haager Abkommens am 24.9.2007 sind die Verordnungen zum Gemeinschaftsgeschmacksmuster verbindlich geworden und traten zum 1.1.2008 in Kraft. 271

cc) Patentschutz. Seit dem 1.6.1978 besteht nach dem **Europäischen Patentübereinkommen von 1973 (EPÜ)**[540] die Möglichkeit, beim Europäischen Patentamt in München mit einer einzigen Patentanmeldung (**Europäisches Patent**), welche in Deutsch, Englisch oder Französisch abgefasst sein kann, Patentschutz in mehreren europäischen Staaten gleichzeitig zu erreichen. Dem Anmelder steht die Auswahl der einzelnen Staaten offen. Soll ein Patent in mehr als drei Ländern angemeldet werden, so ist eine „gesammelte" Anmeldung über das europäische Patent preisgünstiger als eine Einzelanmeldung in den jeweiligen Staaten. Da das Europäische Patent als ein **Bündel nationaler Patente** aber jeweils nur wie ein nationales Patent wirkt, erspart die gesammelte Anmeldung jedoch nicht den Arbeitsaufwand und die einzelnen Gebühren, die jährlich für den Patentschutz in den einzelnen Ländern zu entrichten sind. Für Verletzungs- und Nichtigkeitsverfahren sind entsprechend nur die jeweiligen nationalen Patentgerichte zuständig. 272

Nicht nur um einen einheitlichen Patentschutz im Binnenmarkt zu gewährleisten, sondern auch zur Vereinfachung und der Erreichung eines Patentschutzes in der Gemeinschaft, haben die Mitgliedstaaten bereits 1989 ein **Übereinkommen zum Gemeinschaftspatent** als Sonderabkommen zum EPÜ ausgehandelt, welches jedoch mangels ausreichender Ratifizierung nicht in Kraft getreten ist.[541] 273

Auf Gemeinschaftsebene begannen bereits im Jahr 2000 die Bemühungen der Kommission um die **Schaffung eines Gemeinschaftspatentsystems**, welches insb Anreize für Investitionen in Forschung und Entwicklung bieten und die Wettbewerbsfähigkeit der Wirtschaft insgesamt fördern soll. Der von der Europäischen Kommission am **1.8.2000** vorgelegte **Vorschlag für eine Verordnung des Rates über das Gemeinschaftspatent** ist jedoch nachfolgend auf erhebliche Widerstände und Kritik gestoßen und bislang nicht in Kraft getreten.[542] 274

Ziel der gesetzgeberischen Bemühungen ist es, ein übernational wirkendes, **einheitliches Gemeinschaftspatent** einzuführen, welches durch eine einzige Patentanmeldung Patentschutz in allen EU-Staaten herbeiführt. Das **Gemeinschaftspatent als übernationales Patent** soll einheitlich in allen Mitgliedstaaten der EU wirken und für den Anmelder damit Administrationsaufwand wie Kosten sparen. Der Vorschlag der Kommission enthält Bestimmungen über die Schaffung eines einheitlichen Schutztitels mit den damit verbundenen Rechten aus dem Patent, über Klagemöglichkeiten zur Durchsetzung dieser Rechte, die Nichtigkeitsgründe sowie Bestimmungen betreffend die Verwaltung der erteilten Gemeinschaftspatente, zB deren jährliche Verlängerung. Laut Vorschlag soll das **Europäische Patentamt** für die Erteilung von Gemeinschaftspatenten zuständig werden. Die Kommission schlägt den **Beitritt der Gemeinschaft zum EPÜ** vor, um dem Europäischen Patentamt die Erteilung von Gemeinschaftspatenten zu ermöglichen. Das Europäische Patentamt könnte sodann Europäische Patente und Gemeinschaftspatente nach Maßgabe der einheitlichen Standards des EPÜ erteilen, was die Rechtseinheitlichkeit und Rechtssicherheit auf dem Gebiet des Patentrechts in Europa gewährleisten würde. Durch die Zentralisierung der Anmeldungen beim Europäischen Patentamt kämen dem Gemeinschaftspatent ferner die besonderen Erfahrungen des Europäischen Patentamts, die die- 275

540 V 5.10.1973, BGBl 1976 II S 826, zuletzt geändert durch die Akte vom 17.12.1991 zur Revision von Art 63 des EPÜ, BGBl 1993 II S 242. Dem EPÜ gehören 31 Staaten an, darunter alle EU-Mitgliedstaaten.
541 ABlEG 1989, L 401, 1 abrufbar unter: http: //eur-lex.europa.eu/LexUriServ/LexUriServ.do?uri=CELEX:41989A0695(01):DE:HTML.
542 KOM 2000, 412 endg, ABlEG 2000, L 337, 278.

ses als prüfendes Amt bereits sammeln konnte, zugute. Mit einem **weiteren Vorschlag im Jahr 2003**[543] schlug die Kommission ergänzend die Übertragung der Zuständigkeit in Patentsachen auf den EuGH und die Errichtung eines **Gemeinschaftspatentgerichts** und einer **Gemeinschaftspatentgerichtsbarkeit bis zum Jahre 2010** vor. Dieser Vorschlag zielt auf einen Ratsbeschluss auf der Grundlage der Art 257 AEUV und 281 AEUV zur Bildung einer gerichtlichen Kammer mit der Bezeichnung „Gemeinschaftspatentgericht" innerhalb des EuGH. Diese Kammer wäre im ersten Rechtszug **ausschließlich zuständig** für bestimmte Streitsachen im Zusammenhang mit dem Gemeinschaftspatent, wie aus der **Verletzung** eines Gemeinschaftspatents, der **Benutzung** der Erfindung nach Veröffentlichung der Gemeinschaftspatentanmeldung, für **einstweilige Maßnahmen**, **Schadensersatz** aus den vorgenannten Bereichen sowie für die Verhängung von **Zwangsgeldern** im Falle der Nichtbefolgung einer Entscheidung oder Anordnung. Laut Vorschlag der Kommission soll das Gericht erster Instanz künftig gem Art 256 AEUV als Rechtsmittelinstanz gegen Entscheidungen des Gemeinschaftspatentgerichts fungieren können.

276 Das Konzept eines Gemeinschaftspatents hat bislang heftige Diskussionen hervorgerufen, die das weitere gesetzgeberische Vorgehen zum Stillstand brachten.[544] Zum einen wird über die immensen **Kosten und den Administrationsaufwand für Übersetzungen** gestritten, die eine gemeinschaftsweite Patentanmeldung allein dadurch verursachen würde, dass die Patentbeschreibung in die Amtssprachen aller Mitgliedstaaten übersetzt werden müsse. Zum anderen stößt die Errichtung einer zentralen Gemeinschaftspatentgerichtsbarkeit auf Kritik, da ein solches Harmonisierungsinstrument für überflüssig gehalten wird. Insb bestünde bei einem Beitritt der Gemeinschaft zur EPÜ bereits die Möglichkeit von Vorlagefragen an den EuGH, die eine ausreichende Harmonisierung gewährleisten würden.

277 Am 4.12.2009 hat der Europäische Wettbewerbsrat grundlegende Kernelemente eines Gemeinschaftspatentes in einer Verordnung verankert, die nunmehr im Europäischen Parlament beraten wird.[545] Die vorgelegte Verordnung soll ermöglichen, dass Erfindungen mit der Patenterteilung sofort EU-weiten Rechtsschutz genießen. Benannt werden soll das Schutzrecht nunmehr „EU-Patent". Ferner haben sich die Minister auf ein einheitliches Patentgericht geeinigt. Es wurden Grundzüge eines einheitlichen Streitregelungssystems aufgestellt sowie zur Höhe der Jahresgebühren.[546] Die Fragen zur notwendigen Anzahl der Übersetzungen sowie Einzelheiten zur EPÜ Revision wurden hierin jedoch weiterhin ausgeklammert, so dass eine Einigung hier wohl nicht abzusehen ist.[547]

278 **c) Rechtsdurchsetzung. aa) Grenzbeschlagnahme-Verordnung (VO 1383/2003/EG).** Von großer praktischer Bedeutung ist die Produktpiraterieverordnung (Piraterie-VO).[548] Als unmittelbar wirkende, gemeinschaftsrechtliche Regelung geht die Piraterie-VO dem mitgliedstaat-

---

543 Vorschlag der Europäischen Kommission für einen Beschluss des Rates zur Übertragung der Zuständigkeit in Gemeinschaftspatentsachen auf den Gerichtshof, KOM (2003) 827 endg v 23.12.2003 abrufbar unter: http://eur-lex.europa.eu/LexUriServ/LexUriServ.do?uri=CELEX:52003PC0827:DE:NOT.

544 Zur aktuellen Diskussion vgl *Tilmann* GRUR 2006, 824 ff; *Weiden* GRUR 2007, 491 ff.

545 Vereinbarung abrufbar unter http://consilium.europa.eu7uedocs/cms_data/docs/pressdata/en/intm/111744.pdf.

546 Ausf dazu *Luginbühl* GRUR Int 2010, 97 ff sowie *Pagenberg* GRUR Int 2010, 195 ff.

547 Conclusions on an enhanced patent system in Europe Council of European Union abgedruckt GRUR Int 2010, 207 ff; Näheres auch unter http://www.epo.org/patents/law/legislative-initiatives/community-patent_de.html.

548 EG-Verordnung Nr 1383/2003 des Rates v 22.7.2003 über das Vorgehen der Zollbehörden gegen Waren, die im Verdacht stehen, bestimmte Rechte geistigen Eigentums zu verletzen, und die Maßnahmen gegenüber Waren, die erkanntermaßen derartige Rechte verletzen, abgedruckt in GRUR Int 2003, 1002; eingehend hierzu *Kampf* ZfZ 2004, 110; *von Welser* EWS 2005, 202.

lichen Recht vor, so dass eine Angleichung der bereichsspezifischen mitgliedstaatlichen Regelungen erfolgt. Werden schutzrechtsverletzende Waren, wie etwa raubkopierte Filme, Musik oder Software importiert, so können die Raubkopien bereits an der Grenze durch die Zollbehörden angehalten werden. Den **Kreis der schutzrechtsverletzenden Waren** fasst die Verordnung recht weit und nennt neben nachgeahmten (kennzeichenrechtsverletzenden) und unerlaubt hergestellten (urheber- und designverletzenden) Waren auch solche, welche ein mitgliedstaatlich geschütztes Patent oder näher bezeichnete Rechte an Sorten, Ursprungsbezeichnungen oder geographischen Angaben verletzen (Art 2 Abs 1 Piraterie-VO).[549] Sie erfasst auch die Einfuhr und die **Durchfuhr (Transit)** von Nichtgemeinschaftswaren.[550]

Die Piraterie-VO regelt die Einzelheiten des Verfahrens der Grenzbeschlagnahme von schutz- **279**
rechtsverletzenden Waren und **gilt für den Warenverkehr mit Drittstaaten**. Einfuhren von Gemeinschaftswaren, also von Waren aus anderen EG-Mitgliedstaaten, unterfallen hingegen nicht der Piraterie-VO. Auch Parallelimporte fallen nicht in der Anwendungsbereich der Piraterie-VO.[551]

Im Regelfall wird das Grenzbeschlagnahmeverfahren durch einen Antrag des Rechtsinha- **280**
bers eingeleitet. Nach Art 9 Abs 1 Piraterie-VO hält die Zollstelle die Waren zurück, wenn der Verdacht besteht, dass es sich um schutzrechtsverletzende Ware handelt, und ermöglicht dem Antragsteller, die Waren zu untersuchen. Handelt es sich um Piraterieware, sieht Art 13 Piraterie-VO die Einleitung eines gerichtlichen Verfahrens vor. Daneben ermächtigt Art 11 Piraterie-VO die Mitgliedstaaten, ein vereinfachtes Verfahren zu regeln.[552]

bb) Enforcement-RL (RL 2004/48/EG). Die Enforcement-RL[553] regelt die prozessuale **281**
Durchsetzung der geistigen Eigentumsrechte und ist eine der bedeutendsten Harmonisierungsmaßnahmen auf dem Gebiet der geistigen Schutzrechte in Europa.[554] Ihr Regelungsumfang ist im Gegensatz zu den vorangehenden Richtlinien aussergewöhnlich weit, denn sie bezieht sich auf das gesamte Spektrum der Immaterialgüterrechte. Dabei bezweckt die Richtlinie nicht die materiell-rechtliche Harmonisierung von einzelnen Fragen des Immaterialgüterrechts.[555] Vielmehr verpflichtet sie die Mitgliedstaaten zur **Schaffung von materiell-rechtlichen Sanktionen und verfahrensrechtlichen Instrumenten**, um einen verbesserten Rechtsschutz bei Schutzrechtsverletzungen zu schaffen (Art 3). Auch wenn dieses Ziel durch eine Verordnung unmittelbar hätte erreicht werden können, trug die Kommission bei der Wahl des Rechtsinstruments den unterschiedlichen nationalen Rechtstraditionen Rechnung und setzte sich als Kompromiss das Ziel, den Schutz der Rechte des geistigen Eigentums im nationalen Kontext sicher zu stellen.[556] Durch ihre verbindlichen verfahrensrechtlichen Vorgaben dringt die Richtlinie dennoch weit in die nationalen Rechtssysteme vor und führt daher zu weit grösseren Implementierungsproblemen als die bis dato bekannten Richtlinien.[557] Als Spielraum überlässt die die Richtlinie den Mitgliedstaaten die Ausgestaltung der einzelnen verbindlichen Maßnahmen und Verfahren nach dem Grundsatz des **Verhältnismäßigkeitsprinzips** (Art 3 Abs 2).

---

549 Eingehend *von Welser* EWS 2005, 202 ff; vgl auch *Cordes* GRUR 2007, 483.
550 EuGH WRP 2000, 713, 715 – The Polo/Lauren Company; EuGH GRUR Int 2004, 317, 319 – Rolex-Plagiate; EuGH GRUR 2007, 146 – Montex/Diesel; zur Montex/Diesel Entscheidung, welche in einem Vorlageverfahren erging, eingehend *Heinze/Heinze* GRUR 2007, 740, 745.
551 BFH GRUR Int 2000, 780, 781 – Jockey.
552 Vgl *von Welser* EWS 2005, 202, 207; weiterführend *Berlit* WRP 2007, 732.
553 RL 2004/48/EG des Europäischen Parlaments und des Rates v 29.4.2004 zur Durchsetzung des geistigen Eigentums, ABlEG 2004, L 195, 16.
554 Eingehend *Knaak* GRUR 2004, 745 ff.
555 Vgl Erwägungsgrund 15.
556 Vgl Begründung zum Richtlinienvorschlag, KOM (2003) 46 endg v 30.1.2003.
557 Eingehend Walter/von Lewinski/*Walter/Goebe* Enforcement Directive Rn 13.0.2.

282 Die Regelungen sollen im **gesamten Bereich des Immaterialgüterrechts** gelten (Art 1), wie sich insb aus der Erklärung der Kommission 2005/295/EG[558] ergibt, in welcher ua Urheberrechte und verwandte Schutzrechte, Schutzrechte sui generis der Hersteller von Datenbanken, Marken-, Design- und Patentrechte genannt sind.[559] Die Richtlinie selbst verzichtet auf eine umfassende Aufzählung dieser Rechte, denn ihr erklärtes Ziel ist es, sowohl die auf Europäischer Ebene gewährten Immaterialgüterrechte einzubeziehen, als auch solche, die nur nach dem nationalen Recht eines Mitgliedstaates auf dessen Territorium gewährt werden.[560] Aufgrund dieses weiten Ansatzes sind die auf europäischer Ebene gewährten verwandten Schutzrechte ebenfalls mit erfasst: dh die Rechte der ausübenden Künstler, Tonträgerhersteller, Sendeunternehmen und Filmhersteller gemäß der Vermiet- und Verleih-RL; die Rechte der Datenbankhersteller als Schutzrecht sui generis gemäß der Datenbank-RL; die Rechte der wissenschaftlichen Ausgaben und einfacher Lichtbildner ohne urheberechtliche Schöpfungshöhe wie sie sie in der Schutzdauer-RL behandelt werden; schließlich sämtliche künftigen Immaterialgüter-Schutzrechte, welche auf europäischer und/oder nationaler Ebene künftig eingeführt werden.

283 Die in der Richtlinie vorgesehenen Maßnahmen sollen bei **allen Verletzungen** der genannten Rechte anwendbar sein, die auf gemeinschaftsrechtlicher oder mitgliedstaatlicher Ebene als solche einzustufen sind (Art 2 Abs 1). Der anfängliche Richtlinienentwurf der Kommission sah hier noch eine Beschränkung auf solche Verletzungshandlungen vor, welche in gewerblicher Absicht vorgenommen werden oder zu maßgeblicher Schädigung des Rechtsinhabers führen. Diese Beschränkung wurde im anschließenden Verabschiedungsverfahren jedoch wieder gestrichen, wohl wissend, dass die Masse an Verletzungshandlungen sicherlich einem der beiden Kriterien entsprechen würde, zumal selbst private Handlungen wie illegale Downloads in der Gesamtbetrachtung zu maßgeblichen Schäden führen. Dennoch hat diese Streichung insofern grosse Bedeutung, als dass nicht jeder einzelne Verletzungsfall zu einem maßgeblichen Schaden geführt haben muss.[561] Die Vorgaben der Richtlinie sind dabei als **Mindestvorgaben** zu betrachten (Art 2 Abs 1) – jeweilige, günstigere Vorgaben des nationalen Rechts bleiben unberührt.[562] Ebenso bleiben **spezielle Regelungen** der vorangehenden europäischen Richtlinien und Verordnungen unberührt (Art 2 Abs 2 und 3), wie etwa nach Art 7 der Computerprogramm-RL, Art 6 und Art 8 der Informationsgesellschafts-RL sowie die Regelungen zur Abwehr von Produktpiraterie nach der Grenzbeschlagnahmeverordnung.

284 Beachtlich ist der **Kreis der Aktivlegitimierten** gemäß der Richtlinie: Sowohl die originären Rechtsinhaber, als auch Inhaber derivativer Rechte wie etwa Lizenznehmer sowie kollektive Rechtewahrnehmungsgesellschaften sind berechtigt, Verfahren und Maßnahmen gemäß der Richtlinie zu verlangen (Art 4). Dabei stellt die Richtlinie klar, dass sich diese Berechtigungen im Rahmen der Vorgaben des jeweils anwendbaren Rechts bewegen, was zunächst als conflict of law Regel zu werten ist.[563] Im Hinblick auf die Aktivlegitimation von kollektiven Rechtewahrnehmungsgesellschaften wird der Richtlinie jedoch auch entnommen, dass das nationale Recht in Umsetzung der Richtlinie solchen Gesellschaften nunmehr auch weitestgehende Klagebefugnisse einzuräumen hat.[564]

---

558 Erklärung der Kommission zur Richtlinie 2005/295/EG, ABlEG 2005, L 94, 37.
559 Weiterführend Jacobs/*Loschelder* FS Raue 529 ff.
560 Vgl Erwägungsgrund 13; Walter/von Lewinski/*Walter/Goebel* Enforcement Directive Rn 13.1.7.
561 Walter/von Lewinski/*Walter/Goebel* Enforcement Directive Rn 13.2.2.
562 Walter/von Lewinski/*Walter/Goebel* Enforcement Directive Rn 13.2.4.
563 Walter/von Lewinski/*Walter/Goebel* Enforcement Directive Rn 13.4.9.
564 Vgl Erwägungsgrund 18; Walter/von Lewinski/*Walter/Goebel* Enforcement Directive Rn 13.4.15.

Die von der Richtlinie avisierten Maßnahmen sind ausdrücklich auf **verwaltungsrechtliche** bzw **zivilrechtliche Maßnahmen** beschränkt (Art 16). **Strafrechtliche Maßnahmen** sind nicht umfasst (Art 2 Abs 3b). 285

Zentrale Regelungen sind eine verschärfte **Beweisvorlagepflicht** des Verletzers (Art 6), Maßnahmen zur **Beweissicherung** (Art 7), **Auskunftsansprüche** gegen **potenzielle Verletzer** (Art 8), **einstweilige Maßnahmen** und Sicherungsmaßnahmen (Art 9) und ein **Schadensersatzanspruch** gegen vorsätzliche Verletzer von Schutzrechten (Art 13). 286

Die **Beweisvorlagepflicht** (Art 6) ist als prozessuale Maßnahme ausgestaltet, die das zuständige Gericht auf Antrag anordnen kann, sofern der Antragsteller selbst alle verfügbaren Beweismittel zur Begründung seines Anspruchs vorgelegt hat und darüber hinaus weitere Beweismittel benennt, die sich jedoch im Besitz des Antragsgegners befinden.[565] Ist die streitgegenständliche Rechtsverletzung in gewerblichem Ausmaß erfolgt, so muss sich die Beweisvorlagepflicht unter den gleichen Voraussetzungen auch auf gegnerische Bank-, Finanz- und Handelsunterlagen erstrecken. Diese weitreichende prozessuale Maßnahme, die unmittelbaren Einblick in die Geschäftsunterlagen ermöglicht, hat starke Kritik ausgelöst, denn sie stellt auch auf die Ermittlung der (eventuellen, anderen) Nutznießer der Rechtsverletzung ab und entfernt sich damit von dem eigentlichen, verfahrensgegenständlichen Beweisthema.[566] 287

Die vorprozessualen Maßnahmen der **einstweiligen Beweissicherung** (Art 7) sind nicht an eine Gefahr der Beweisvernichtung geknüpft,[567] eine „behauptete Rechtsverletzung" ist ausreichend, wenn der Antragsteller im Übrigen alle vernünftigerweise verfügbaren Beweismittel zur Anspruchsbegründung vorgelegt hat.[568] Wie wahrscheinlich eine Rechtsverletzung sein bzw schon bewiesen sein muss, um vorprozessuale Maßnahmen anordnen zu können, obliegt der Ausgestaltung durch die Mitgliedstaaten.[569] Gleichwohl unterstreicht die Richtlinie den Charakter einstweiligen Rechtsschutzes und statuiert eine Verpflichtung für den Kläger, innerhalb angemessener Zeit ein Hauptverfahren anzustrengen (Art 7 Abs 3). Anderenfalls kann der Beklagte die einstweilig verhängten Maßnahmen aussetzen und Schadensersatzansprüche gegen den Kläger geltend machen. Diese an sich selbstverständliche Regelung ist hinsichtlich der Vorgaben zur „angemessenem Zeit" beachtlich. Die Fristenregelungen der einzelnen Mitgliedstaaten sollen hierbei maßgeblich bleiben. In Ermangelung solcher gibt die Richtlinie jedoch 20 Arbeitstage oder 31 Kalendertage vor – je nach dem was länger ist. Diese nicht verlängerbaren Zeitvorgaben belegen einmal mehr, wie weitestgehend die Richtlinie in die Rechtssysteme der Mitgliedstaaten eingreifen kann, selbst wenn sie keine materiell-rechtliche Harmonisierung beinhaltet. Darüber hinaus können sowohl die sich gegenüberstehenden Parteien als auch die Gerichte der Mitgliedstaaten in unnötige Arbeit gezwungen werden, falls sich im Laufe des einstweiligen Rechtsschutzverfahren außergerichtliche Vergleichsgespräche und dergleichen entwickeln, welche mit Fristende noch nicht abgeschlossen sind.[570] 288

Eine der wichtigsten Regelungen der Richtlinie beinhaltet das **Auskunftsrecht** (Art 8), wonach die Mitgliedstaaten gewährleisten müssen, dass der Kläger Auskünfte über den Ursprung und die Vertriebswege von rechtsverletzenden Waren und über den Umfang der Rechtsverlet- 289

565 Vgl auch *Seichter* WRP 2006, 391, 392; zum erforderlichen Grad der Wahrscheinlichkeit einer Rechtsverletzung vgl *Eisenkolb* GRUR 2007, 387, 391.
566 *Knaak* GRUR Int 2004, 747, der auch eine Kollision mit dem Verbot des „Ausforschungsbeweis" sieht, vgl BGH GRUR 2002, 1046, 1048 – Faxkarte; weiterführend *Haedicke* FS Schricker 2005, 19 ff.
567 So forderte es noch der erste Richtlinievorschlag; vgl Stellungnahme der Deutschen Vereinigung für gewerblichen Rechtsschutz und Urheberrecht GRUR 2003, 682 f.
568 Eingehend Walter/von Lewinski/*Walter*/*Goebel* Enforcement Directive Rn 13.7.19 ff.
569 Vgl *Knaak* GRUR Int 2004, 748; *Eisenkolb* GRUR 2007, 391; *Seichter* WRP 2006, 391, 395; krit *Tillmann* GRUR 2005, 737, 738.
570 *Amschewitz* 141 ff.

zung erhalten kann. Diese obligatorische Vorgabe der Richtlinie beruht auf der einleuchtenden Erkenntnis, dass ein Auskunftsrecht der Schlüssel zur Erlangung von Rechtsschutz überhaupt sein kann, wenn man die Unübersichtlichkeit der Vorgänge betrachtet, die sich aus den zunehmend vernetzten Produktions- und Vertriebskanälen sowie der Dimensionen der Rechtsverletzungen im Internet ergeben.[571] Da die Richtlinie jedoch erklärtermaßen keine materiellrechtliche Harmonisierung verfolgt, stellt sich jedoch bzgl des Auskunftsrechts die Frage nach dessen **Rechtsnatur**. Der Anspruch könnte sowohl als materielles als auch als rein prozessuales Recht betrachtet werden, was kontrovers diskutiert wurde und wird.[572] Im Falle materiellrechtlichen Charakters wäre mit der Einführung des Auskunftsrechts auch die Pflicht der Mitgliedstaaten verbunden, dem Kläger ein eigenes Klagerecht gegen den Auskunftsverpflichteten einzuräumen, wohingegen bei lediglich prozessualem Charakter die Möglichkeit, gegen den Auskunftsverpflichteten selbstständig vorgehen zu können, nicht erforderlich wäre. Ausgehend vom konkreten Wortlaut der Richtlinie wird vorrangig der materiall-rechtliche Ansatz vertreten und ist in Deutschland im Hinblick auf das Auskunftsverlangen gegen Service Provider auch umgesetzt worden.[573]

290 Inhaltlich kann sich der Anspruch auf **Namen, Adressen aller involvierten Personen, Warenmengen und auf die Preise** der Waren beziehen (Art 8 Abs 2). Unter den Kreis der involvierten Personen sind sowohl die Hersteller von rechtsverletzenden Waren, als auch dessen Vertriebspartner, Zulieferer zu rechnen, ferner auch Vorbesitzer jeder Art sowie sämtliche Dienstleister, die ihre Dienstleitungen zu den Herstellungs- und Absatzwegen erbracht haben. Ausgehend vom Ziel des Auskunftsrechts, den Geschädigten in die Lage zu versetzen, seine Schadensersatzansprüche berechnen und geltend machen zu können, sind ferner auch jegliche Abnehmeradressen herauszugeben.[574]

291 Auch der **Kreis der Verpflichteten** ist von der Richtlinie sehr weit definiert und umfasst neben dem Verletzer (Art 8 Abs 1) auch jede andere Person, die nachweislich rechtsverletzende Ware in gewerblichem Ausmaß in ihrem Besitz hatte (Art 8 Abs 1a), oder rechtsverletzende Dienstleistungen in gewerblichem Ausmaß in Anspruch nahm (Art 8 Abs 1b), oder nachweislich für rechtsverletzende Tätigkeiten verwendete Dienstleistungen in gewerblichem Ausmaß erbrachte (Art 8 Abs 1c), oder nach den Angaben der unter a)–c) genannten Personen an der Herstellung, Erzeugung oder am Vertrieb solcher Waren bzw Dienstleistungen beteiligt war (Art 8 Abs 1d).[575]

292 Die **Ausdehnung des Kreises** der Auskunftspflichtigen, auf Personen, die von anderen der Mitwirkung lediglich bezichtigt wurden, hat zu heftiger Kritik bei den interessierten Kreisen geführt.[576] Insb von der Regelung des Art 8 Abs 1c) sind **Access-Provider** erfasst, die sich bei Herausgabe der Namen und Adressen ihrer registrierten Nutzer im Konflikt mit **datenschutzrechtlichen Vorgaben** sehen, welche die Richtlinie nur unzureichend berücksichtigen würde.[577] In seiner Entscheidung *ProMusicaE/Telefonica de Espana* arbeitete der EuGH unter Berufung auf das Verhältnismäßigkeitsprinzip zwar heraus, dass die Mitgliedstaaten bei der Umsetzung dieser Richtlinienvorschrift eine Abwägung zwischen Urheberrecht und Datenschutz auch im Hin-

---

571 *Amschewitz* 145 ff.
572 *Haedicke* FS Schricker, 19, 28 ff.
573 Eingehend Walter/von Lewinski/*Walter/Goebel* Enforcement Directive Rn 13.8.9 ff; *Czychowski* GRUR-RR 2008, 265, 267 ff; *Dörre/Maaßen* GRUR-RR 2008, 219 ff.
574 Walter/von Lewinski/*Walter/Goebel* Enforcement Directive Rn 13.8.21 f.
575 Zum Begriff „gewerblichem Ausmaß" vgl Erwägungsgrund 14 zur Richtlinie.
576 Vgl *Knaak* GRUR Int 2004, 749, der diese Bestimmung als unvereinbar mit deutschem Recht hält; vgl auch *Eisenkolb* GRUR 2007, 391; *Seichter* WRP 2006, 391, 395.
577 *Eisenkolb* GRUR 2007, 392.

blick auf das Verhältnismäßigkeitsprinzip treffen müssen.[578] Festzuhalten bleibt jedoch, dass nach Maßgabe der **Kollisionsregelung des Art 2 Abs 3a)** der Richtlinie spezifische materiellrechtliche europäische Regelungen unberührt bleiben sollen sowie auch die Datenschutz-RL 95/46/EG und die Richtlinie über den elektronischen Geschäftsverkehr RL 2000/31/EG. Erwähnenswert an dieser Stelle ist, dass die Richtlinie über den Datenschutz in der elektronischen Kommunikation-RL 2002/58/EG nicht explizit in der besagten Kollissionsregelung erwähnt wird. Danach gelten insb die speziellen Vorschriften der Datenschutz-RL, die die Herausgabe persönlicher Daten lediglich dann erlauben, wenn dies einer Rechtspflicht des Dateninhabers entspricht. Diese Rechtspflicht wird durch die Enforcement-RL jedoch gerade begründet, so dass die Mitgliedstaaten im Ergebnis für die Fälle des Auskunftsrechtes zur Aufnahme entsprechender Regelungen gegenüber dem Access-Provider verpflichtet sein müssten.[579] Diese Sicht bestätigt der EuGH in seiner wenig später getroffenen Entscheidung LSG/Tele2[580] wonach die Mitgliedstaaten zwar zur Verhältnismäßigkeit bei der Umsetzung der Richtlinienvorgaben verpflichtet sind, keinesfalls jedoch davon abgehalten werden sollten, zumutbare Verpflichtungen der Access-Provider zur Herausgabe von persönlichen Verkehrsdaten ihrer privaten Nutzer zu etablieren, um zivilrechtliche Prozesse wegen Verletzung von Immaterialgüterrechten zu ermöglichen. In diesem Zusammenhang seien laut EuGH die Access-Provider als Vermittler iSd Art 8 Abs 3 der Informationsgesellschafts-RL anzusehen.[581]

Um zu verhindern, dass rechtsverletzende Waren in die Vertriebswege gelangen, statuiert 293 die Richtlinie flankierend zu den dargestellten Maßnahmen ein **gerichtliches Beschlagnahmeverfahren** (Art 9 Abs 3–7), welches die Vorschriften der **Grenzbeschlagnahmeverordnung** VO 1383/2003 ergänzt und über die Fälle der Einfuhr und Ausfuhr hinaus auf alle Verletzungstatbestände anwendbar sein soll.[582] Die Gerichte sollen demnach unabhängig von zollrechtlichen Vorschriften befugt sein, die Beschlagnahme von rechtsverletzenden Waren anzuordnen.

Schließlich ist eine weitere obligatorische Maßnahme aus der Richtlinie hervorzuheben: Die 294 Mitgliedstaaten haben dafür Sorge zu tragen, dass die Gerichte auf Antrag des Verletzten die Veröffentlichung ihrer Urteile anordnen (Art 15). Die Maßnahme der Urteilsveröffentlichung soll dabei neben einem gewissen Strafaspekt auch der Abschreckung von potenziellen Verletzern dienen.[583] Ferner verfolgt die Richtlinie damit auch das allgemeine öffentliche Informationsinteresse.[584] Nachdem die Umsetzungsfrist bereits am 29.4.2006 abgelaufen war,[585] hat der Bundestag am 11.4.2008 dem Regierungsentwurf des „Gesetzes zur Verbesserung der Durchsetzung von Rechten des geistigen Eigentums" mit mehreren Änderungen zugestimmt.[586] Dieses trat am 1.9.2008 in Kraft.[587]

Die heftig umstrittene Frage, ob Internet-Provider zur Herausgabe persönlicher Daten ihrer Nutzer ohne richterliche Entscheidung gezwungen werden können, hat der deutsche Gesetzge-

578 Vgl EuGH Rs C-275/06 – Promusicae, abrufbar unter http://curia.europa.eu/jurisp/cgi-bin/form.pl?lang=DE&Submit=Rechercher$doc%20require=alldocs&numaff=C-275/06; vgl auch *Spindler/Dorschel* CR 2006, 341, 346 f.

579 Eingehend Walter/von Lewinski/*Walter/Goebel* Enforcement Directive Rn 13.8.31.

580 Abrufbar unter http://eur-lex.europa.eu/LexUriServ/LexUriServ.do?uri=CELEX:62007O0557:DE:HTML.

581 Vgl auch Erwägungsgrund 23.

582 Vgl *Knaak* GRUR Int 2004, 750, der hierin eine Kompensation zu den durch die EU-Erweiterung verschobenen Außengrenzen und damit reduzierten Möglichkeiten für die Zollbeschlagnahme sieht; weiterführend *Hermsen* Mitt 2006, 261 ff.

583 Walter/von Lewinski/*Walter/Goebel* Enforcement Directive Rn 13.15.6.

584 Vgl Erwägungsgrund 27.

585 Zur unmittelbaren Anwendbarkeit der Richtlinie vgl *Eisenkolb* GRUR 2007, 387; *Peukert/Kur* GRUR Int 2006, 292 ff.

586 Vgl zu den Entwürfen BT-Drucks 16/5048 und BT-Drucks 16/8783; *Spindler/Weber* ZUM 2007, 257 ff.

587 Gesetz zur Verbesserung der Durchsetzung von Rechten des geistigen Eigentums vom 7.7.2008, BGBl I 2008 S 1191 ff.

ber im Rahmen seiner Pflicht zur Beachtung des Verhältnismäßigkeitsprinzips mit der Festschreibung eines Richtervorbehaltes beantwortet.[588]

295 **cc) Vorschlag für eine Richtlinie zu strafrechtlichen Sanktionen zum Schutz geistigen Eigentums.** Der Vorschlag der Kommission[589] dient der Angleichung der Rechtsvorschriften der Mitgliedstaaten auf dem Gebiet der strafrechtlichen Sanktionen bei Verletzungen der Rechte an geistigem Eigentum, bspw der Raubkopie oder der unerlaubten Nachahmung. Die Kommission schlägt die Festlegung bestimmter **Mindeststrafen** vor, welche die Mitgliedsstaaten auch überschreiten dürfen.

296 **dd) Entschließung des Rates zur Verbesserung der Durchsetzung von Rechten des geistigen Eigentums.** Mit seiner Entschließung am 1.3.2010 fordert der Rat die Kommission, die Europäische Beobachtungsstelle für Marken- und Produktpiratеie sowie Mitgliedstaaten auf, in ihren Kampf gegen die massenhafte Verletzung immaterieller Schutzrechte zu intensivieren.[590] Insb verlangt der Rat die Schaffung nationaler Strategien und transparenter Koordinierungsstrukturen, die Zusammenstellung eventueller Verbesserungsmaßnahmen zur EuGVVO sowie die Überprüfung der Möglichkeiten, einen geänderten Vorschlag für die Richtlinie zu strafrechtlichen Sanktionen vorzulegen, die besonders auf die typischen verbundenen Delikte der Produktpiraterie eingeht.

2. Lauterkeitsrecht

297 Die europäische Harmonisierung im Lauterkeitsrecht erfolgte bislang weitgehend durch den Erlass von Richtlinien, die den Mitgliedstaaten genügend Freiraum lassen sollten, die Vorgaben der Richtlinien in ihr eigenes Lauterkeitsrecht einzupflegen.[591] Dabei hat sich die Rechtsangleichung auf diesem Gebiet bislang als weit schwieriger erwiesen als im Recht des geistigen Eigentums.[592] Ursache dafür sind die **grundlegenden materiellen, verfahrensrechtlichen sowie methodischen Unterschiede** im System des Lauterkeitsrechts in den einzelnen Mitgliedstaaten. Während bspw in **Deutschland, Österreich und in der Schweiz** ein monistischer Ansatz verfolgt wird und daher eigenständige Gesetze zum unlauteren Wettbewerb existieren, folgt das **französische Recht** einer dualistischen Konzeption und verortet das Verbot des unlauteren Wettbewerbs einerseits im allgemeinen Deliktsrecht und schützt die Verbraucher ergänzend mit den Mitteln des Strafrechts und des Verwaltungsrechts. Die ***common-law*-Länder** wiederum favorisieren eine starke Selbstkontrolle der Werbewirtschaft und enthalten daher nur ergänzende deliktsrechtliche und verwaltungsrechtliche Vorschriften.[593]

298 Die Harmonisierungsbemühungen der Kommission umfassen bislang **allgemeine, lauterkeitsrechtliche Bestimmungen**, wie etwa die Richtlinie über irreführende und vergleichende Werbung von 1984 und 1997. Daneben treten **produktspezifische Regelungen**, zum Beispiel über Tabak- und Arzneimittelwerbung. Das allgemeine Verbraucherrecht nimmt bei der Zielset-

---

588 BT-Drucks 16/5048, 6.

589 Vorschlag zu einer Richtlinie des Europäischen Parlaments und des Rates über strafrechtliche Maßnahmen zur Durchsetzung geistigen Eigentums, KOM (2006), 168 endg v 26.4.2006.

590 ABl EU Nr C 56 v 6.3.2010, 1.

591 Zu den internationalen und gemeinschaftsrechtlichen Vorgaben eingehend *Henning-Bodewig* GRUR Int 2010, 549 ff.

592 Schricker/Henning-Bodewig/*Ohly* 69 ff; *Schricker* GRUR Int 1990, 771 ff; *Ohly/Spence* GRUR Int 1999, 681, 689.

593 Eingehend *Ohly* WRP 2008, 177 unter Berufung auf die umfassende Ausarbeitung von *Glöckner*.

zung dieser Bestimmungen eine immer größere Bedeutung ein,[594] welchem insb durch die Schaffung von einheitlichen Informationspflichten Genüge getan werden soll.[595]

a) Allgemeines Lauterkeitsrecht. aa) Richtlinie über irreführende und vergleichende Werbung (RL 84/450/EWG in der Fassung der RL 2006/114/EG). Die erste lauterkeitsrechtliche Richtlinie war die RL 84/450/EWG (Richtlinie über irreführende und vergleichende Werbung).[596] Erweiterung hierzu brachten die RL 97/55/EG[597] sowie die RL 2005/29/EG.[598] Mit der RL 2006/114/EG[599] wurden die bisherigen Vorschriften der Richtlinie über irreführende und vergleichende Werbung schließlich aufgehoben und neu kodifiziert. 299

Ziel der Richtlinie ist es, die in den Mitgliedstaaten stark unterschiedlichen Vorschriften zu vereinheitlichen, indem sie zunächst die **Begriffe der „Werbung", der „irreführenden Werbung"**[600] **sowie der „vergleichenden Werbung"**[601] (Art 2a–c der RL) definiert. Ferner nennt sie Kriterien, die bei der Beurteilung des Irreführungsvorwurfes zu berücksichtigen sind (Art 3 der RL)[602] um bestimmte **Ausnahmen vom Verbot der vergleichenden Werbung** zulassen (Art 4 der RL).[603] Die Richtlinie verpflichtet die Mitgliedstaaten, geeignete und wirksame Mittel zur **Bekämpfung irreführender Werbung** sowie zur **Einhaltung der Vorgaben an vergleichende Werbung** zu gewährleisten (Art 5 der RL). Dabei lässt sie den Mitgliedstaaten jedoch einen weiten Spielraum, was auch Ausdruck des Kompromisses zwischen den unterschiedlichen Lauterkeitsrechts-Systemen in den Mitgliedstaaten ist: **Personen und Organisationen**, die nach nationalem Recht ein berechtigtes Interesse am Verbot irreführender Werbung oder an der Regelung vergleichender Werbung haben, sollen entweder selbst **gerichtliche Schritte** einleiten dürfen oder aber sich an eine hierfür zuständige **Verwaltungsbehörde** wenden können, die dann über die Einleitung gerichtlicher Schritte entscheidet. Dieser Rechtsschutz kann durch ein **System der freiwilligen Selbstkontrolle** ergänzt werden (Art 6 der RL). Da es den Mitgliedstaaten offensteht, auch strengere Regelungen vorzusehen, setzt die Richtlinie lediglich einen **Mindeststandard** (Art 8 Abs 1 der RL). Hierdurch und durch die relativ weiten Handlungsspielräume blieb die Harmonisierungswirkung dieser Richtlinie gering.[604] 300

Während die ursprüngliche Richtlinie sich noch auf die Schutzzwecktrias berief (den Schutz der Verbraucher, der Gewerbetreibenden und der Allgemeinheit), ist dieser Schutzzweck durch die spätere Richtlinie über unlautere Geschäftspraktiken (2005) eingeschränkt worden auf den **Schutz von Gewerbetreibenden** (Art 1 der RL). Das Verhältnis zum Verbraucher sowie der All- 301

594 *Ohly* WRP 2008, 180.
595 Krit *Ohly* WRP 2008, 180.
596 RL 84/450/EWG des Rates v 10.9.1984 zur Angleichung der Rechts- und Verwaltungsvorschriften der Mitgliedstaaten über irreführende Werbung, ABlEG 1984, L 250, 17.
597 RL 97/55/EG des Europäischen Parlaments und des Rates v 6.10.1995 zur Änderung der RL 84/450/EWG über irreführende Werbung zwecks Einbeziehung der vergleichenden Werbung, ABlEG 1997, L 290, 18.
598 RL 2005/29/EG des Europäischen Parlaments und des Rates v 11.5.2005 über unlautere Geschäftspraktiken, ABlEG 2005, L 149, 22.
599 RL 2006/114/EG des Europäischen Parlaments und des Rates v 12.12.2006 über irreführende und vergleichende Werbung, ABlEG 2006, L 376, 21.
600 Zur Auslegung des Begriffs der „irreführenden Werbung": EuGH GRUR Int 1991, 215 – Pall/Dallhausen; EugH GRUR Int 1993, 951 – Nissan; EuGH GRUR 1994, 203 – Clinique.
601 Zur Auslegung des Begriffs „vergleichende Werbung": EuGH GRUR 2002, 354 –Toshiba/Katun; EuGH GRUR 2003, 533 – Pippig Augenoptik; EuGH GRUR 2006, 345 – Siemens/VIPA.
602 Eingehend *Köhler* GRUR Int 1994, 396ff; *Schricker* GRUR Int 1990, 112, 114ff; Harte/Henning/*Glöckner* Einf B, Rn 9ff; eingehend zu den Unterschieden in den Regelungen zu irreführender Werbung *Beater* GRUR Int 2000, 963ff.
603 Ausf s bei *Henning-Bodewig* GRUR Int 2010, 556f; Umsetzung der Ausnahmeregeln in das deutsche UWG bereits durch Gesetz v 1.9.2000, BGBl 2000 I S 1374.
604 Vgl auch *Schricker* GRUR Int 1990, 112ff; Harte/Henning/*Glöckner* Einf B, Rn 33ff.

gemeinheit soll seitdem ausschließlich und abschließend die Richtlinie über unlautere Geschäftspraktiken von 2005 regeln.

302 **bb) Richtlinie über unlautere Geschäftspraktiken (RL 2005/29/EG).** Die RL 2005/29/EG über unlautere Geschäftspraktiken[605] soll als **Rahmen-RL** eine horizontale, dh **produkt- und medienübergreifende Rechtsangleichung** erreichen.[606] Ihr Regelungsbereich ist nicht auf bestimmte Produkte oder Kommunikationsmedien beschränkt. Vielmehr sollen Unternehmer und Verbraucher in die Lage versetzt werden, sich in einem einzigen Rechtsrahmen zu orientieren, das alle Aspekte unlauteren Wettbewerbs in der Europäischen Union erfasst.[607] Die Richtlinie ist daher dem Funktionieren des Binnenmarktes gewidmet,[608] in der Erkenntnis, dass die Rechtsvorschriften der Mitgliedstaaten und damit das Verbraucherschutzniveau immer noch so stark abweichen, dass Hemmnisse für das ordnungsgemäße Funktionieren des Binnenmarktes entstehen können.[609]

303 Allerdings erfasst die Richtlinie lediglich die **Verhältnisse zwischen Unternehmer und Verbraucher („B2C")**, nicht jedoch Maßnahmen, die sich ausschließlich gegen Unternehmer („B2B") richten (Art 1 der RL), die weiterhin von der Richtlinie über irreführende und vergleichende Werbung (1984, 1997) geregelt werden sollen. Sie bleibt auch gegenüber einigen, bereichsspezifischen, gemeinschaftsrechtlichen Regelungen subsidiär (Art 3 Abs 4 der RL). So wird im Einzelfall das Ziel der Richtlinie, ein „einziges, gemeinsames, generelles Verbot"[610] unlauterer Geschäftspraktiken zu schaffen, nicht ganz erreicht.[611] Durch die Trennung der Regelungen zum Mitbewerberschutz und Verbraucherschutz wird zudem eine weitere Komplexität an Normen geschaffen, die nicht notwendig ist und darüber hinaus in der Sache auch nicht getrennt betrachtbar ist.[612]

304 Die Richtlinie enthält eine **Binnenmarktklausel** (Art 4 der RL), wonach es den Mitgliedstaaten untersagt ist, von der Richtlinie restriktivere Regelungen zu treffen. In Anlehnung an das **Herkunftslandprinzip**[613] des EG-Vertrages sollen Produkte, die nach dem Recht des Herkunftslandes rechtmäßig hergestellt und vertrieben werden, grds genauso auch in allen anderen Mitgliedstaaten abgesetzt werden können.[614] Die Richtlinie lässt allerdings offen, ob mit dieser Regelung allein auf die bisherige Rechtsprechung des EuGH zu Art 28 EG und der ***Keck-* und *Cassis de Dijon*-Rechtsprechung** verwiesen werden soll oder ob den Mitgliedstaaten generell die Freiheit zur Regelung von Verkaufsmodalitäten untersagt werden soll.[615]

305 Hinsichtlich der Definition der unlauteren Geschäftspraktiken enthält die Richtlinie neben einer **Generalklausel** (Art 5 der RL)[616] auch eine sog **„black-list"**, welche 31 verbotene Hand-

605 RL 2005/29/EG des Europäischen Parlaments und des Rates v 11.5.2005 über unlautere Geschäftspraktiken im binnenmarktinternen Geschäftsverkehr zwischen Unternehmern und Verbrauchern, ABlEG 2005, L 149, 22.
606 Eingehend zur RL *Köhler* GRUR 2005, 793; *Henning-Bodewig* GRUR Int 2005, 629; die Richtlinie geht auf das am 2.10.2001 vorgelegte Grünbuch über Verbraucherschutz im Binnenmarkt zurück, KOM (2001) 531 endg.
607 Erwägungsgründe 6, 7 zur Richtlinie.
608 Eingehend zu den Zielen der Richtlinie *Brömmelmeyer* GRUR 2007, 295 ff.
609 Erwägungsgrund 3 zur Richtlinie.
610 Erwägungsgrund 13 zur Richtlinie.
611 Krit auch *Brömmelmeyer* GRUR 2007, 295 ff; vgl auch *Henning-Bodewig* GRUR 2005, 629 ff; zu den daraus resultierenden künftigen Konfliktfeldern im Lauterkeitsrecht vgl *Ohly* WRP 2008, 182 ff.
612 So auch Stellungnahmen der deutschen Vereinigung, GRUR 2004, 215 ff. und des MPI in GRUR Int 2003, 926 ff; *Glöckner* WRP 2004, 936, 938; vgl auch Piper/Ohly/*Ohly* Einf C Rn 43 ff.
613 Vgl Kap 3 § 6 I Ziff 2.
614 Krit zur eigenständigen Bedeutung der Binnenmarktklausel *Brömmelmeyer* GRUR 2007, 295 ff.
615 Krit auch *Gamerith* WRP, 2005, 391, 411; *Glöckner* WRP 2004, 936, 939; *Brömmelmeyer* GRUR 2007, 295 ff.
616 Durch die Generalklausel wird der Begriff der „unlauteren Geschäftspraxis" durch EuGH-Auslegung gemeinschaftsrechtliche Konturen gewinnen, vgl *Ohly* WRP 2008, 180 f.

lungen aufzählt – die **sog „per-se-Verbote“** (Anh I zu Art 5 Abs 5 der RL), die unwiderleglich[617] und „unter allen Umständen als unlauter anzusehen sind“, ohne dass eine weitere Überprüfung, zB der Auswirkungen nötig wäre.[618] Neben der Generalklausel sowie der „black-list“ enthält die Richtlinie auch Aussagen zu **irreführenden Handlungen und Unterlassungen** (Art 6, 7 der RL), allerdings wesentlich umfassender als die zuvor erlassene RL 84/450/EWG. Es sollen nun alle „unwahren oder zur Täuschung geeigneten Angaben“ als irreführend erfasst sein, welche geeignet sind, den **Durchschnittsverbraucher** zu einer Entscheidung zu veranlassen, die er ansonsten nicht getroffen hätte. Der Durchschnittsverbraucher ist angemessen gut unterrichtet und angemessen aufmerksam und kritisch unter Berücksichtigung sozialer, kultureller und sprachlicher Faktoren – was das Verbraucherleitbild des EuGH kodifiziert.[619] Schließlich werden Regelungen zum Verbot **aggressiver Geschäftspraktiken** aufgestellt (Art 8 der RL).[620] Bzgl der von den Mitgliedstaaten zu gewährleistenden **Sanktionen** geht die Richtlinie nicht über die RL 84/450/EWG hinaus.

cc) Richtlinie über Unterlassungsklagen (RL 1998/27/EG). Die RL 1998/27/EG über Un- 306
terlassungsklagen[621] verpflichtet die Mitgliedstaaten, bei der Verletzung von bestimmten, im Anhang bezeichneten Richtlinien die **Möglichkeit von Unterlassungsklagen** in ihr nationales Recht aufzunehmen. Geschützt werden soll der Bereich des Verbraucherschutzes. Die Richtlinie lässt den Mitgliedstaaten die Wahl zwischen einem **Behördenmodell** oder einem **zivilrechtlichen Modell,**[622] indem klagebefugt sowohl Verbraucherschutzbehörden als auch Verbraucherschutzorganisationen sein können. Ergänzt wird die Richtlinie durch die Verordnung über die Zusammenarbeit im Verbraucherschutz (VO Nr 2006/2004/EG).

dd) Verordnung über die Zusammenarbeit im Verbraucherschutz (VO Nr 2006/2004/ 307
EG). Die Verordnung 2006/2004/EG[623] setzt beim Verbraucherschutz verstärkt auf ein Behördenmodell, indem sie die Mitgliedstaaten zur Benennung von Verbraucherschutzbehörden verpflichtet, die bei (grenzüberschreitenden Sachverhalten) weitgehende Befugnisse zur Unterbindung von Verstößen gegen bestimmte Richtlinien haben sollen (Anh zu Art 3a) der Verordnung), so zB gegen die RLen 84/450/EWG und 97/55/EG über irreführende und vergleichende Werbung; die RL 2005/29/EG über unlautere Geschäftspraktiken und die RL 89/552/EWG zur Koordinierung bestimmter Rechts- und Verwaltungsvorschriften der Mitgliedstaaten über die Ausübung von Fernsehtätigkeit. Die Verordnung ist auf das Behördenmodell zugeschnitten, das in den meisten EU Mitgliedstaaten besteht,[624] und soll sicherstellen, dass im Bereich des Verbraucherschutzes in Europa nicht nur entsprechende materielle Verbraucherschutzvorschriften existieren, sondern zugunsten der Verbraucher auch Möglichkeiten der Durchsetzung ihrer Rechte vorgehalten werden. Durch das Gesetz über die Durchsetzung der Verbraucherschutzgesetze bei

617 Vgl *Hefermehl/Köhler/Bornkamm* RL 2005/29/EG Anh I, Rn 1ff.
618 Vgl *Henning-Bodewig* GRUR 2005, 629ff.
619 Erwägungsgrund 18 zur Richtlinie; Piper/Ohly/*Ohly* Einf C, Rn 52; EuGH GRUR Int 2000, 354 – Estée Lauder/Lancaster – Lifting Creme; *Helm* WRP 2005, 931, 936; *Deutsch* GRUR 1997, 44; weiterführend *Fezer* WRP 2007, 1021.
620 Vgl *Hecker* WRP 2006, 640; zu Kopplungsgeschäften vgl EuGH Urt v 14.1.2010 RS C-304/08 GRUR Int 2010, 221 – *Wettbewerb eV gegen Plus GmbH.*
621 RL 1998/27/EG des Europäischen Parlaments und des Rates v 19.5.1998 über Unterlassungsklagen zum Schutz der Verbraucherinteressen, ABlEG 1998, L 166, 51.
622 Erwägungsgrund 10 zur Richtlinie.
623 Verordnung 2006/2004/EG des Europäischen Parlaments und des Rates v 27.10.2004 über die Zusammenarbeit zwischen den für die Durchsetzung der Verbraucherschutzgesetze zuständigen nationalen Behörden, ABlEG 2004, L 364, 1.
624 Piper/Ohly/*Ohly* Einf C Rn 42.

innergemeinschaftlichen Verstößen (VerbrSchDG) sollen in Deutschland die Voraussetzungen für die Verordnung geschaffen werden.[625]

308 **b) Medienspezifisches Werberecht (Internet und Fernsehen). aa) Richtlinie über den elektronischen Geschäftsverkehr (RL 2000/31/EG).** Die RL 2000/31/EG über den elektronischen Geschäftsverkehr (sog „E-Commerce-RL")[626] ist eine bereichsspezifische Richtlinie. Sie soll den freien Verkehr von Informationen im Binnenmarkt gewährleisten (Art 1 Abs 1). Zu diesem Zweck statuiert sie ein Herkunftslandprinzip,[627] welches nahezu sämtliche Rechtsvorschriften für die Tätigkeit von Internet-Anbietern umfassen soll. Darüber hinaus regelt die Richtlinie hauptsächlich Informationspflichten (Art 5, 6), Vorschriften zum Vertragsschluss im Internet (Art 9 ff.) und die Haftung von Diensteanbietern (Art 12 ff.). Deutschland hat die Richtlinie teilweise im BGB und teilweise durch das Teledienstegesetz (TDG), welches mittlerweile durch das Telemediengesetz abgelöst wurde, und in anderen medienspezifischen Gesetzen umgesetzt.

309 **bb) Fernabsatz-RL 1997/7/EG und die Richtlinie über den Fernabsatz von Finanzdienstleistungen (RL 2002/65/EG) sowie RL 2002/58/EG über den Datenschutz in der elektronischen Kommunikation.** Zusammengenommen betreffen beide Richtlinien[628] größtenteils den **schuldrechtlichen Verbraucherschutz**, wobei die Finanzdienstleistungen seit der Fernabsatz-RL (2002) erst erfasst sind. Die Richtlinien enthalten Regelungen zu **Informations- und Auskunftspflichten**, zum **Widerrufsrecht des Verbrauchers** bei Fernabsatzgeschäften und zu den Rechten der Verbraucher bei Zusendung unbestellter Waren bzw bei der Erbringung unaufgeforderter Dienstleistungen. Diese Richtlinienbestimmungen sind in Deutschland zunächst durch das Fernabsatzgesetz eingeführt und im Rahmen der Schuldrechtsreform ins BGB integriert worden. Die werberechtliche Regelung der Richtlinien, wonach **Werbung mittels Anrufmaschinen und Faxzusendungen** ohne Einwilligung des Beworbenen (Art 10) strikt verboten ist, ist mit der spezielleren Bestimmung der Richtlinie über den Schutz der Privatsphäre in der elektronischen Kommunikation[629] überlagert worden. Diese Richtlinie dient der Konkretisierung der Datenschutz-RL 95/46/EG, wobei ihr primäres Ziel nicht Lauterkeit des Wettbewerbs oder des Verbraucherschutzes ist sondern der Schutz der Privatsphäre gem Art 8 EMRK. Dabei enthält sie allgemeine Aussagen zu **zulässigen Werbeformen**: Durch die spezielle Regelung des Art 13 sollen Privatpersonen vor allen Formen unerbetener, **belästigender Werbung („Spam")** geschützt werden, welche mittels Telekommunikationsmedien verbreitet werden. Solche Methoden sollen stets die Einwilligung des Adressaten erfordern **(sog „Opt-In-Lösung")**. Für die Regelung der **Telefonwerbung** behalten die Mitgliedstaaten einen gewissen Spielraum. In Bezug auf **juristische Personen** lässt die Richtlinie den Mitgliedsstaaten ebenfalls einen weiteren Gestaltungsspielraum.[630]

310 **cc) Richtlinie über audiovisuelle Mediendienste (RL 2007/65/EG).** Bis 2007 galt die sog Fernseh-RL über die Ausübung der Fernsehtätigkeit (RL 89/552/EWG in der Fassung der RL 97/

625 BT-Drucks 16/2930.

626 RL 2000/31/EG des Europäischen Parlaments und des Rates über bestimmte rechtliche Aspekte des Informationsgesellschaft, insb des elektronischen Geschäftsverkehrs, im Binnenmarkt v 8.6.2000, ABlEG 2000, L 178, 1.

627 Vgl Kap 3 § 6 I Ziff 2.

628 RL 1997/7/EG des Europäischen Parlaments und des Rates v 20.5.1997 über den Verbraucherschutz bei Vertragsabschlüssen im Fernabsatz, ABlEG 1997, L 144, 19; RL 2002/65/EG des Europäischen Parlaments und des Rates über den Fernabsatz von Finanzdienstleistungen an Verbraucher, ABlEG 2002, L 271, 16.

629 RL 2002/58/EG des Europäischen Parlaments und des Rates v 12.7.2002 über die Verarbeitung personenbezogener Daten und den Schutz der Privatsphäre in der elektronischen Kommunikation, ABlEG 2002, L 201, 37, geändert durch RL v 15.3.2006, ABlEG 2006, L 105, 54.

630 Näher Piper/Ohly/*Ohly* § 7 Rn 10.

36/EG). Sie wurde 2007 durch die Richtlinie über audiovisuelle Mediendienste (AVMDR) abgelöst.[631] Während die **frühere Fernseh-RL** einen **medienspezifischen Ansatz** verfolgte und sich ursprünglich nur auf Fernsehsendungen mit spezifischen Regelungen für Werbung, Sponsoring und Teleshopping bezog, passt die AVMDR die Bestimmungen nun auf die veränderten Marktverhältnisse aufgrund zunehmender Medienkonvergenz an. Die Regelungen der AVMDR betreffen nunmehr **alle audiovisuellen Mediendienste allgemein**, wobei die Richtlinie zwischen **linearen und nicht-linearen Diensten** (also Abrufdiensten) unterscheidet.[632] Die Richtlinie betrachtet Mediendienste jedoch **technologieneutral** und stellt allein auf die redaktionelle Verantwortung für Inhaltsauswahl und Organisation ab.

Die Richtlinie enthält Werbebeschränkungen (Kap IV) wie Regelungen zur zulässigen Dauer **311** und Modalitäten der **Werbeunterbrechungen** in Sendungen, wobei Kino- und Fernsehfilme, Nachrichtensendungen sowie Kindersendungen unterschiedlich behandelt werden: Werbepausen bei Kino- und Fernsehfilmen sowie bei Nachrichtensendungen sollen zukünftig einmal alle 30 Minuten möglich sein bei einer maximalen Werbezeit von 12 Minuten pro Stunde. Gleiches gilt auch bei Kindersendungen mit der Besonderheit, dass Kindersendungen mit weniger als 30 Minuten Laufzeit nicht unterbrochen werden dürfen. Vollständig verboten wird **Fernsehwerbung für Tabakprodukte und verschreibungspflichtige Medikamente**.

Das Gebot der **Trennung von Werbung und Programm** wird für alle linearen Dienste auf- **312** rechterhalten und **Schleichwerbung** allgemein für alle audiovisuellen Mediendienste verboten. **Produktplatzierungen** in redaktionellen Inhalten sollen nach der Neufassung der Richtlinie jedoch gelockert werden,[633] indem ein **Erlaubnisvorbehalt** für Kinofilme, Filme und Serien sowie bei Sportsendungen und Sendungen der leichten Unterhaltung eingeführt wird. Bei erlaubten Produktplatzierungen muss jedoch – entsprechend den Bestimmungen zum Sponsoring – ergänzend zu Beginn und am Ende der Sendung sowie nach jeder Werbeunterbrechung auf die Produktplatzierung hingewiesen werden. Darüber hinaus muss sichergestellt sein, dass die freie Programmgestaltung von den Absprachen über die Produktplatzierung gewahrt bleibt. Nicht erlaubt ist die Produktplatzierung weiterhin bei Nachrichtensendungen, Kinderprogrammen, Dokumentationen und Ratgebersendungen.[634] **Den Mitgliedstaaten bleibt es überlassen, weitergehende Verbote zu erlassen oder aufrecht zu erhalten.**

313–319
nicht belegt

§ 7
Das Recht der Verwertungsgesellschaften

I. Primärrecht

Die territoriale Organisationsstruktur von Verwertungsgesellschaften sowie deren Zusammenar- **320** beit über Gegenseitigkeitsverträge verleiht diesen Gesellschaften eine **monopolistische Grundstruktur**, die vor dem Hintergrund des Europäischen Wettbewerbsrechts nach Art 81 und 82 EGV

631 RL 2007/65/EG des Europäischen Parlaments und des Rates v 11.12.2007 zur Änderung der RL 89/552/EWG des Rates zur Koordinierung bestimmter Rechts- und Verwaltungsvorschriften der Mitgliedstaaten über die Ausübung der Fernsehtätigkeit, ABlEG 2007, L 332, 27.
632 Eingehend *Stender-Vorwachs/Theißen* ZUM 2007, 613 ff; vgl auch Schwartmann/*Schwartmann* 34, 126 f; weiterführend *Kleist/Scheuer* MMR 2006, 127.
633 Weiterführend *Leitgeb* ZUM 2006, 837 ff.
634 Weiterführend *Kleist/Scheuer* MMR 2006, 206 ff.

(heute Art 101 und 102 AEUV) bereits mehrmals Gegenstand von Überprüfungsverfahren durch die Europäische Kommission war.[635] Während Art 101 AEUV wettbewerbsbeschränkende Abreden verbietet, sanktioniert Art 102 AEUV den Missbrauch einer marktbeherrschenden Stellung.[636] Die eindeutige Qualifizierung einer durch eine Verwertungsgesellschaft vorgenommenen Maßnahme unter die Europäischen Wettbewerbsregeln erfordert jedoch einen detaillierten Blick auf die Umstände des Falles.[637] Entscheidend ist insb die Unterscheidung danach, ob und wie sich ein Verhalten einer Verwertungsgesellschaft auf das interne Mitgliedschaftsverhältnis, auf das externe Verhältnis zu den Nutzern oder zu einer anderen Verwertungsgesellschaft auswirkt. Dabei darf das Ziel einer Verwertungsgesellschaft, den Handel mit Rechten zu vereinfachen und damit Kulturgut einem möglichst unbeschränkten Kreis von Nutzern zugänglich zu machen, nicht vernachlässigt werden. Gerade vor dem Hintergrund ihres historisch bedingten nationalen Charakters sowie der Aufgabe, den Rechtsinhabern eine stärkere Position gegenüber den oftmals überlegenen Verwertern zu bieten, befindet sich eine Verwertungsgesellschaft in der rechtlichen Beurteilung in einem nahezu zwingenden Konflikt mit dem freien europäischen Markt. Die Regulierungsvorstöße der Europäischen Kommission zielen in Zusammenhang mit Verwertungsgesellschaften jedoch nicht auf ein Verbot dieser Organisationen ab, sondern vielmehr auf die Änderung der Vergabepraxis für musikalische Rechte, insb im Bereich der naturgemäß multiterritorialen Onlinerechte.[638]

1. Diskriminierungsverbot und Umfang zwingender Rechtewahrnehmung durch eine Verwertungsgesellschaft

321 In der ***GEMA Entscheidung***[639] hat die Europäische Kommission das interne Mitgliedschaftsverhältnis der GEMA untersucht, nachdem diese **ausländische Mitglieder** von einer Wahrnehmung ausschloss sowie die Mitglieder einer langen Vertragsbindung unterwarf. Unter dem Vorwurf der Diskriminierung anderer Gemeinschaftsangehöriger sowie der Hinderung eines freien Marktes erreichte die Kommission einen Vergleich mit der GEMA, wonach diese alle Gemeinschaftsangehörige gleich zu behandeln hat und ihre Mitglieder bestimmte Nutzungsrechte oder Nutzungsterritorien von der kollektiven Wahrnehmung durch die GEMA ausnehmen können. Das somit aufgestellte Diskriminierungsverbot bestätigte auch die spätere ***GVL Entscheidung*** der Europäischen Kommission.[640]

322 In der ***BRT/SABAM Entscheidung***[641] des EuGH war darüber zu urteilen, ob die SABAM unter Ausnutzung ihrer marktbeherrschenden Stellung ihre Mitglieder zur **weltweiten Vergabe aller Nutzungsrechte** zwingen kann, ohne dass diese bestimmte Rechte ausnehmen könnten.[642] Der EuGH arbeitete in dieser Entscheidung den Grundsatz heraus, dass Verwertungsgesellschaften im Interesse einer funktionsfähigen und breiten Rechtewahrnung bestimmte Wahrnehmungszwänge aufstellen müssen. Diese dürfen jedoch das notwendige Maß nicht überschreiten, was jedoch der Beurteilung durch die nationalen Gerichte vorbehalten bleibt. In ihrer Entscheidung

---

635 Eingehend zu den kontinental europäischen Strukturen der Verwertungsgesellschaften *Gyertyánfy* IIC 2010, 66 ff.
636 Eingehend zu den europäischen Vorgaben in Zusammenhang mit Verwertungsgesellschaften Hoeren/Sieber/*Müller* Teil 7.5 Rn 17 ff.
637 Zusammenfassend zu den Entwicklungen im Europäischen Kartellrecht 2009 s *Weitbrecht/Mühle* EuZW 2010, 327 ff.
638 Hoeren/Sieber/*Müller* Teil 7.5. Rn 18.
639 Kommission v 2.6.1971 GRUR Int 1973, 86 – GEMA I.
640 EuGH GRUR Int 1983, 734 ff – GVL.
641 EuGH EuR 1974, 345 – *Belgische Radio en Televisie ./. SV SABAM und NV Fonior.*
642 SABEM ist die belgische Schwestergesellschaft der GEMA und nimmt hinsichtlich musikalischer Werke die Rechte von Komponisten, Textdichtern sowie Verlagen wahr, www.sabam.be.

Banghalter and Homem Christo v SACEM,[643] in der sich die Parteien um die zwingende Wahrnehmung der Online Rechte stritten, knüpfte die Europäische Kommission an diese EuGH Entscheidung an, beschied jedoch, dass im Online Bereich die individuelle Rechtewahrnehmung durch den Rechtsinhaber jedoch auch eigenständig möglich sein kann – etwa unter Verwendung von DRM Systemen. Daher sei eine opt-out Möglichkeit von der kollektiven Rechtewahrnehmung nicht abträglich für die Ziele der Verwertungsgesellschaft.

2. Regeln für die Festsetzung von Nutzungstarifen

Sowohl in der Entscheidung ***Basset/SACEM***[644] als auch in ***Ministére Public/Tournier***[645] arbeitete der EuGH Grundsätze für die Tarifpolitik von Verwertungsgesellschaften heraus. Im ersteren Fall beschied das Gericht, dass die Festlegung von zusätzlichen Tarifen für öffentliche Vorführung dann keine Maßnahme gleicher Wirkung sei, wenn der Zusatztarif grundsätzlich nicht nur für importierte Tonträger geschaffen wurde, sondern die öffentliche Aufführung von Tonträgern allgemein abgelten soll. Hintergrund des Streites war, dass der Zusatztarif für die öffentliche Vorführung vorrangig bei solchen importierten Tonträgern geltend zu machen war, welche aus einem Ursprungsland kamen, in welchem die öffentliche Vorführung noch nicht mit den dortigen Tarifen für die erstmalige Veröffentlichung des Tonträgers abgegolten war. Im Fall Tournier hatte der EuGH unter anderem darüber zu entscheiden, ob die Diskotheken-Tarife der SACEM[646] als unfaire Maßnahme angesehen werden müssen, da sie wesentlich höher waren als die üblichen Tarife der anderen Verwertungsgesellschaften in anderen Mitgliedstaaten. Hier betonte der EuGH zwar einmal mehr, dass die Beurteilung der Angemessenheit von Tarifen den mitgliedstaatlichen Gerichten vorzubehalten ist. Gleichzeitig jedoch legte die Europäische Kommission im Auftrag des EuGH Marktforschungsergebnisse vor, wonach die SACEM-Tarife die vergleichbaren Tarife ihrer Schwesterngesellschaften um den Faktor 3.2 bis 5.5 überschritten, so dass die SACEM sich schließlich zu einer Reduktion der fraglichen Tarife gezwungen sah. 323

Schließlich war die Tarifgerechtigkeit auch Thema einer EuGH Entscheidung aus dem Fernsehbereich: Im Fall ***Kanal 5 und TV 4 AB/STIM***[647] verklagten zwei private Fernsehsender die schwedische Verwertungsgesellschaft STIM, da sie die Werbeumsätze als Grundlage der für ihre Musiknutzung anzusetzenden Pauschaltarife unter Ausnutzung der marktbeherrschenden Stellung der STIM als unangemessen ansahen.[648] Diese Klage hatte jedoch keinen Erfolg. Der EuGH unterstrich zunächst, dass die Wahrung der wirtschaftlichen Interessen ihrer Mitglieder zu den zentralen Aufgaben einer Verwertungsgesellschaft gehöre. Die Werbeumsätze eines Fernsehsenders seien – wie auch die Gesamtumsätze einer Diskothek im Fall *Tournier* – als reguläres Ergebnis der Musiknutzung anzusehen. Die Pauschalierung von Tarifen sei wiederum keine Ausnutzung einer marktbeherrschenden Stellung, solange es keine alternativen, jedoch ebenso leicht zu adminstrierenden Verfahren gäbe, die eine punktgenaue Zuordnung der gespielten Musik sowie der in dem Umfeld getätigten Werbeumsätze ermöglichten. Die Festlegung abweichender Tarife für gebührenfinanzierte, öffentlich-rechtliche Fernsehsender sei ebenfalls keine wettbewerbsrechtlich bedenkliche Maßnahme, wenn diese keine Werbeumsätze haben. 324

643 Abrufbar unter http://ec.europa.eu/competition/antitrust/cases/dec_docs/37219/37219_11_3.pdf.
644 Abrufbar unter http://eur-lex.europa.eu/LexUriServ/LexUriServ.do?uri=CELEX:61985J0402:DE:HTML.
645 EuGH ZUM 1990, 239 – Ministére Public ./. Tournier.
646 SACEM ist die französische Schwestergesellschaft der GEMA und nimmt hinsichtlich musikalischer Werke die Rechte von Komponisten, Textdichtern sowie Verlagen wahr, www.sacem.fr.
647 EuGH GRUR-Int 2009, 316 ff.
648 STIM ist die schwedische Schwestergesellschaft der GEMA und nimmt hinsichtlich musikalischer Werke die Rechte von Komponisten, Textdichtern sowie Verlagen wahr, www.stim.se.

3. Gegenseitigkeitsverträge

325 Im Fall ***Ministére Public/Tournier***[649] führte der EuGH Grundsätzliches zur wettbewersbrechtlichen Unbedenklichkeit von Gegenseitigkeitsverträgen unter Verwertungsgesellschaften aus: Er betonte, dass Gegenseitigkeitsverträge zunächst einmal die territorial umfassende Rechteklärung ermöglichen sollen und zudem dazu dienen, die Abwicklung der Rechteklärung im Ausland von einer verbundenen Verwertungsgesellschaft und damit verlässlich, von einem örtlich versierten Partner durchführen zu lassen. Diese Vertragsziele seien wettbewerbsrechtlich unbedenklich, denn sie zielen nicht darauf ab, Wettbewerb auszuschließen, sondern vielmehr auf die verlässliche und effektive Durchführung des Wahrnehmungsauftrages der Verwertungsgesellschaften.[650]

II. Sekundärrecht

1. Regelungsansätze in den bereichsspezifischen Richtlinien

326 Eine allgemeine EU-Richtlinie zum Recht der Verwertungsgesellschaften existiert bislang nicht. Wie nachstehend noch darzustellen, sind jedoch künftig gerade in diesem Bereich die grössten Veränderungen und Regelungsansätze auf europäischer Ebene zu erwarten, da das Europäische Parlament bereits mehrfach zur Schaffung eines einheitlichen Rechtsrahmens aufgerufen hat. Vereinzelt finden sich Regelungen zum Recht der Verwertungsgesellschaften bereits in den bereichsspezifischen Richtlinien:

327 **a) Vermiet- und Verleih-RL 115/2006/EG.** Die Vermiet- und Verleih-RL etablierte als erste europäische Regelung einen Anspruch auf angemessene Vergütung für Urheber wie ausübende Künstler, wobei dieser Anspruch unabhängig von der Vergabe des Vermietrechts beim originären Rechtsinhaber verbleiben soll (Art 4 Abs 1).[651] Die Richtlinie eröffnet die Möglichkeit, den Vergütungsanspruch über eine Verwertungsgesellschaft geltend zu machen (Art 4 Abs 3), wobei das Ob und Wie dieser Wahrnehmung den Mitgliedstaaten überlassen bleibt (Art 4 Abs 4). Weitere Vorgaben zu einer Verwertungsgesellschaft enthält die Richtlinie nicht.

328 **b) Satelliten- und Kabel-RL 93/83/EG.** Die Satelliten- und Kabel-RL sieht hingegen bereits eine zwingende Wahrnehmung des Kabelweiterverbreitungsrechts vor (Art 9 Abs 1), denn allein durch eine Verwertungsgesellschaftspflicht sah man gewährleistet, dass auch die Rechte von Aussenseitern abgedeckt werden und somit die Funktionsfähigkeit von Kabelweitersendeunternehmen gesichert werden kann (Art 9 Abs 2).[652]

329 **c) Informationsgesellschafts-RL 2001/29/EG.** In der Informationsgesellschafts-RL 2001/29/EG fand das Prinzip der kollektiven Rechtewahrnehmung durch eine Verwertungsgesellschaft lediglich Eingang in die Erwägungsgründe,[653] wonach die kollektive Rechtewahrnehmung im Informationszeitalter zunehmend an Bedeutung gewinnen kann. Die Richtlinie selbst macht hierzu keine Vorgaben, was auch daran gelegen haben kann, dass bereits im Vorfeld der Entstehung dieser Richtlinie grundsätzliche Debatten über die Frage geführt wurden, ob Digital Rights

649 EuGH ZUM 1990, 239 – Ministére Public ./. Tournier.
650 Krit hierzu Walter/von Lewinski/*Schierholz* Collective Management Rn 12.0.36 f.
651 Vgl Kap 3 § 6 II Ziff 1a), bb).
652 Vgl Kap 3 § 6 II Ziff 1a), cc).
653 Vgl Erwägungsgrund 17.

Management Systeme langfristig die kollektive Rechtewahrnehmung hinfällig machen könnten.[654]

d) Folgerechts-RL 2001/84/EG. Die Folgerechts-RL 2001/84/EG erlaubt die Wahrnehmung des Folgerechts über eine Verwertungsgesellschaft und stellt es den Mitgliedstaaten anheim, eine solche zu etablieren (Art 6 Abs 2).[655] Bis auf das Gebot der Transparenz und Effizienz macht die Richtlinie jedoch keine weiteren Vorgaben zur Ausgestaltung einer solchen, möglichen Verwertungsgesellschaft. 330

e) Enforcement-RL 2004/48/EG. Schließlich nimmt die Enforcement-RL 2004/48/EG die Verwertungsgesellschaft auf in den Kreis der Aktivlegitimierten und verpflichtet die Mitgliedstaaten, auch Verwertungsgesellschaften eine eigene Handhabe gegen Rechtsverletzungen zu kodifizieren.[656] 331

2. Vorstöße zu einer allgemeinen Harmonisierung

Bereits 1997 forderte das Europäische Parlament die Schaffung eines einheitlichen, horizontalen Regelungsrahmens für Verwertungsgesellschaften, wonach deren tragende Rolle für die Rechteklärung in der Informationsgesellschaft berücksichtigt werden solle, jedoch gleichzeitig die wettbewerbsrechtlichen Rahmenvorgaben und Transparenzgebote auch für solche Gesellschaften Anwendung finden sollten. Angesichts der rasanten Zunahme der Werkverbreitungen im Internet sowie der zunehmend agilen Musikindustrie, die nach den anfänglichen Versäumnissen die Chancen des Internet als Erlösquelle erkannte, begann sich die Rechtsentwicklung auf die kollektive Rechtewahrnehmung zu fokussieren[657] – Die europäischen Vorstöße kamen jedoch erst viel später, nahezu hinkend hinter den Entwicklungen: 332

a) Entwurf einer Entschließung des Europäischen Parlaments über einen Gemeinschaftsrahmen für Verwertungsgesellschaften vom 11.12.2003. Das Europäische Parlament hat 2003 den Ausschuss für Recht und Binnenmarkt beauftragt, einen Bericht über einen Gemeinschaftsrahmen für Verwertungsgesellschaften im Bereich des Urheberrechts auszuarbeiten. Der Bericht wurde dem Parlament am 11.12.2003 vorgelegt[658] und gelangte zum Ergebnis, dass in der Europäischen Union im Bereich der kollektiven Rechtewahrnehmung von Urheber- und Leistungsschutzrechten künftig Handlungsbedarf besteht, der insb durch die (damals unmittelbar bevorstehende) Erweiterung der EU überdacht werden sollte: Durch die nach dem Territorialitätsprinzip organisierte Wahrnehmung und Verwaltung von Rechten sowie der faktisch bestehenden regionalen Monopole der Verwertungsgesellschaften können Wettbewerbsbeschränkungen entstehen, die vor dem Ziel der Errichtung eines einheitlichen Binnenmarktes das zentrale Anliegen der Europäischen Union betreffen.[659] 333

654 Vgl Kap 3 § 6 II Ziff 1a), gg). Eingehend zur Debatte Walter/von Lewinski/*Schierholz* Collective Rights Management Rn 12.0.41.
655 Vgl Kap 3 § 6 II Ziff 1a), hh).
656 Vgl Kap 3 § 6 II Ziff 1c), bb).
657 Eingehend *Gyertyánfy* IIC 2010, 59 ff.
658 Bericht über einen Gemeinschaftsrahmen für Verwertungsgesellschaften im Bereich des Urheberrechts, Europäisches Parlament, Dok A5-0478/2003 v 11.12.2003.
659 Weiterführend *Enzinger* GRUR Int 2006, 985, 986 f; eingehend Walter/von Lewinski/*Schierholz* Collective Rights Management Rn 12.0.49 ff.

334 Der Ausschuss hat in seinem Bericht hervorgehoben, dass Verwertungsgesellschaften ein unverzichtbares Bindeglied zwischen Rechtsinhabern und Verwertern darstellen und darüber hinaus auch die wichtige gesellschaftspolitische wie kulturelle Funktion haben, Werke für eine breite Öffentlichkeit bereit zu halten. Um diese wichtigen Funktionen der Verwertungsgesellschaften jedoch auch unter Binnenmarktgesichtpunkten aufrechterhalten zu können, forderte der Ausschuss den Rat und die Kommission auf, einen **Gemeinschaftsrahmen für die Verwertungsgesellschaften** festzulegen. Zu errichten seien laut Bericht einheitliche Regelungen zu **Verfahrens- und Abstimmungsvorschriften** sowie zur **Transparenz** der Tätigkeit der Verwertungsgesellschaften; **Monopolstellungen** müssten reguliert und gleichzeitig die **individuelle Wahlfreiheit** der Rechtsinhaber zwischen verschiedenen Verwertungsgesellschaften gefestigt werden; **Diskriminierungen** von Rechtsinhabern und Repertoires müssten abgeschafft und **Gegenseitigkeitsverträge** als **„One-Stop-Shop"** insoweit anerkannt werden, als dass den verschiedenen Gruppen der Rechtsinhaber die Möglichkeit gegeben wird, Lizenzvergaben auszuhandeln, und die Erzielung und Verteilung von Einnahmen aus der Verwertung ihrer Rechte getrennt verwaltet wird.

335 **b) Die politische Haltung der europäischen Kommission bis 2004 zu den multilateralen Abkommen der Verwertungsgesellschaften** bestand im Wesentlichen aus Einzelfallentscheidungen:

336 **aa) Das *Cannes Abkommen von 1997***, durch welches sich die grössten Europäischen Verwertungsgesellschaften und die fünf international grössten Musikverleger zusammengeschlossen haben zur zentralen Lizenzierung der mechanischen Rechte,[660] wurde von der Kommission im Jahre 2000 als Zusammenschluss nach Art 81 EGV (heute Art 101 AEUV) genehmigt; die Kommission forderte jedoch die Streichung eines darin enthaltenen Wettbewerbsverbotes.[661]

337 **bb)** Hinsichtlich des wenig später im Jahre 2000 geschlossenen ***IFPI Simulcasting Abkommens*** der Verwertungsgesellschaften für musikalische Aufführungsrechte gewährte die Kommission eine Ausnahmegenehmigung nach Art 81 Abs 3 EGV (heute Art 101 AEUV),[662] welches zunächst bis 2004 galt und danach verlängert wurde. Das Abkommen regelte die einheitliche Vergabe von Online-Lizenzen für die öffentliche Wiedergabe musikalischer Werke im Internet, die eine multi-territoriale Lizenzvergabe erforderlich macht. Die Kommission genehmigte das Abkommen unter der Prämisse, dass durch das IFPI Simulcasting Agreement ein neues Lizenzprodukt eingeführt worden sei – nämlich ein one-stop-shop für multi-territory und multi-repertoire Lizenzen. Die Absprache von verbindlichen Tarifen für dieses Lizenzprodukt sei ein unentbehrliches Element des Gesamtsystems. Die darin zugleich enthaltene Beschränkung der Preispolitik der teilnehmenden Verwertungsgesellschaften sei laut Kommission hinnehmbar, denn gleichzeitig würden die Verwertungsgesllschaften mit dem Vorteil ausgestattet, ihr gesamtes Repertoire in diesen one-stop-shop einbringen zu können. Das IFPI Simulcasting Abkommen wurde später dergestalt erweitert, dass es europäischen Sendeunternehmen erlaubte, die Verwertungsgesellschaft ihrer Wahl anzurufen, um die Rechteklärung für die multi-territory und multi-repertoire Lizenz durchzuführen. Diese Abschaffung der nationalen Monopolstellung der Verwertungsgesellschaften veranlasste die Kommission, ihre Ausnahmegenehmigung auch über 2004 hinaus zu verlängern, die bis heute gilt.

---

660 Eingehend *Heine* 130.
661 Entscheidung der Kommission v 4.10.2006 Sache COMP7C2/38.681.
662 Entscheidung der Kommission v 8.10.2002 Sache COMP/C2/38.014 abrufbar unter http: //eur-lex.europa.eu/LexUriServ/LexUriServ.do? uri=CELEX:52001XC081(02):DE:HTML.

cc) Das ebenfalls im Jahre 2000 geschlossene ***Santiago Abkommen*** der Verwertungsgesellschaften für musikalische Leistungsschutzrechte genehmigte die Kommission ebenfalls ausnahmsweise bis 2004 unter den parallelen Argumenten wie das vorstehende IFPI Simulcasting Abkommen. Zu einer Verlängerung der Ausnahmgenehmigung kam es indes nicht, da das Santiago Abkommen unverändert vorsah, dass alle Nutzer sich zur Rechteklärung weiterhin an ihre zuständige, nationale Verwertungsgesellschaft zu wenden haben.[663] Die Kommission sah hierin einen Verstoss gegen europäisches Wettbewerbsrecht und die Begründung einer solchen Markstellung als nicht gerechtfertigt an, obwohl sich die Argumente der beteiligten Gesellschaften hören ließen: Sie stützten die Festlegung der nationalen Zuständigkeit der einzelnen Gesellschaften auf die Notwendigkeit, jeweils national verankerte und rechtlich kompetente Gesellschaften auch mit der Rechtsdurchsetzung bzw Abwehr von Rechtsverletzungen zu mandatieren. 338

Vor diesen Hintergründen legte die Kommission schließlich ihre Mitteilung an den Europäischen Rat vom 16.4.2004 vor. 339

c) Mitteilung der Kommission an den Rat, das Europäische Parlament und den Europäischen Wirtschafts- und Sozialausschuss vom 16.4.2004. In ihrer Mitteilung vom 16.4.2004[664] setzt sich die Kommission mit den Grundlagen und Problemen der individuellen Rechtewahrnehmung einerseits und dem Rechtsrahmen für die kollektive Rechtewahrnehmung auseinander. Während sich die Kommission bis dato lediglich in den ergangenen Richtlinien bereichsspezifisch mit der Frage der kollektiven Rechtewahrnehmung befasst hat,[665] trifft sie in ihrer Mitteilung vom 16.4.2004 nunmehr allgemeine Aussagen und kommt zum Ergebnis, dass in einzelnen Aspekten der Bedarf nach gemeinschaftsweiten Rechtsakten besteht.[666] 340

Dabei bestehe laut Kommission hinsichtlich einer gemeinschaftsweiten Regelung der **individuellen Rechtewahrnehmung** kein unmittelbarer Handlungsbedarf, da in den Mitgliedstaaten insgesamt eine ausreichende gemeinsame Grundlage vorhanden sei, wenngleich die Rechtsnormen der Mitgliedstaaten die privatautonome Regelungsbefugnis der Urheber punktuell unterschiedlich bewerten (zB hinsichtlich der Übertragung von Rechten für unbekannte Nutzungsarten) oder unterschiedliche Auslegungen von Urheberrechtsverträgen praktiziert werden. 341

Hinsichtlich der **kollektiven Rechtewahrnehmung** stellt die Kommission jedoch ein Defizit an gemeinschaftsweiten Regelungen fest. Es sei erforderlich, einheitliche Vorschriften zur Form der kollektiven Rechtewahrnehmung festzulegen, da diese sowohl im Interesse der Rechtsinhaber als auch der Nutzer liegen und auch im Hinblick auf die wirtschaftliche und kulturelle Funktion von Verwertungsgesellschaften erforderlich sind. Hierfür müssen einheitliche Bedingungen für die Tätigkeit der Verwertungsgesellschaften geschaffen werden, was schließlich auch der Transparenz und dem besseren Zugang zu den Lizenzen dienen soll. Insb favorisiert die Kommission die **gemeinschaftsweite Lizenzierung des Rechts der öffentlichen Wiedergabe oder der Zugänglichmachung** und sieht insb vier Lösungsmöglichkeiten: Die Einführung einer Gemeinschaftsvorschrift, wonach jede Lizenz zur öffentlichen Wiedergabe oder Zugänglichmachung per definitionem Nutzungshandlungen in der gesamten Gemeinschaft erlauben soll. Ferner könne das Modell des Sendelandprinzips (verankert in der Satelliten- und Kabel-RL) auch für dieses Recht übernommen werden. Zudem könne das ausschließliche Recht zur öffent- 342

663 Ausf zum Abkommen Moser/Scheuermann/*Kreile*/*Becker* 638.
664 KOM (2004), 261 endg.
665 Vgl oben Rn 209–254; vgl auch Walter/*Dillenz* AT Kap 4 Rn 24 ff. und *Würfel* 181 ff; eingehend auch Walter/von Lewinski/*Schierholz* Collective Rights Management Rn 12.0.54 ff.
666 Weiterführend *Enzinger* GRUR Int 2006, 985, 986 f; vgl auch *Würfel* 185 ff.

lichen Wiedergabe oder Zugänglichmachung auf einen Vergütungsanspruch mit gesetzlich vorgeschriebener kollektiver Wahrnehmung beschränkt werden. Alternativ hierzu könnte ein Modell wie das für die Musikwirtschaft getroffene Simulcasting-Abkommens[667] herangezogen werden, wonach den Nutzern das Wahlrecht zusteht, welche Verwertungsgesellschaft die gewünschte Lizenz erteilt, oder es könnte den Verwertungsgesellschaften der Auftrag erteilt werden, automatisch gemeinschaftsweite Lizenzen einzuräumen.

343 **d) Empfehlung der Kommission vom 18.10.2005 für die länderübergreifende kollektive Wahrnehmung von Urheberrechten und verwandten Schutzrechten, die für legale Online-Musikdienste benötigt werden.** Eine Harmonisierung der rechtlichen Rahmenbedingungen für die Tätigkeit von Verwertungsgesellschaften hatte die Kommission zwar bereits 1996[668] angekündigt und darin die Wettbewerbsverzerrungen bemängelt, die sich aus der aktuellen Praxis der Lizenzierung über Verwertungsgesellschaften ergeben können, die durch Gegenseitigkeitsverträge miteinander verbunden sind und damit eine Monopolstellung innehaben. Jedoch erst nachfolgend auf ihre Mitteilung vom 16.4.2004[669] legte sie am 18.10.2005 eine „Empfehlung für die länderübergreifende kollektive Wahrnehmung von Urheberrechten und verwandten Schutzrechten, die für legale Online-Musikdienste benötigt werden",[670] vor und unternahm damit einen konkreten Anstoß zu künftigen Regelungen, wobei dieser zunächst in Form einer nicht verbindlichen Empfehlung[671] erging. Nach Art 288 AEUV sind Empfehlungen **rechtlich unverbindlich**, so dass ihre Nichtbefolgung keine negativen Auswirkungen hat. Die Empfehlung ist an die Mitgliedstaaten und alle Marktteilnehmer gerichtet. Aufgrund der in der Empfehlung geforderten erheblichen Umwälzungen ist diese bei den interessierten Kreisen, insb den Verwertungsgesellschaften trotz ihrer Unverbindlichkeit auf erhebliche Beachtung gestoßen.[672]

344 Basierend auf einer im Juli 2005 veröffentlichten Studie zur Rechtewahrnehmung[673] stellt die Kommission in ihrer Empfehlung zunächst grds die aktuelle Praxis bei der grenzüberschreitenden Lizenzierung von Musik im Online-Bereich[674] in Frage, wonach nationale Verwertungsgesellschaften jeweils nur territoriale Rechte an ihrem Repertoire einräumen und über **Gegenseitigkeitsverträge** ihre ausländischen Schwesterngesellschaften mit der Vertretung ihres Repertoires im Ausland beauftragen. Über die Gegenseitigkeitsverträge könne zwar jede verbundene Verwertungsgesellschaft für ihr Territorium auch über das Repertoire der Schwesterngesellschaften und damit über das sog **„Weltrepertoire"** verfügen, doch führe dies einerseits zu einer zeitaufwendigen **„territory-by-territory"-Lizenzierung,**[675] was den grenzüberschreitenden Geschäftsverkehr behindere. Andererseits geht mit den Gegenseitigkeitsverträgen eine Monopolstellung der Verwertungsgesellschaften einher, die zu einer Verzerrung des Wettbewerbes

---

667 Ausf zum Simulcasting-Abkommen *von Einem* MMR 2006, 650 f.
668 Mitteilung der Kommission – Initiativen zum Grünbuch über Urheberrecht und verwandte Schutzrechte in der Informationsgesellschaft, KOM (1996), 568.
669 Vgl oben Rn 258 ff.
670 Empfehlung der Kommission v 18.10.2005 für die länderübergreifende kollektive Wahrnehmung von Urheberrechten und verwandten Schutzrechten, die für legale Online-Musikdienste benötigt werden, ABlEG 2005, L 276, 54; eingehend hierzu Geiss/*Gerlach* FS Mailänder 523 ff; umfassend hierzu Walter/von Lewinski/*Schierholz* Collective Rights Management Rn 12.0.87 ff.
671 Walter/*von Lewinski* AT Kap 1 Rn 17.
672 Eingehend *Gyertyánfy* IIC 2010, 70 ff.
673 Studie der Kommission v 7.7.2005 über eine Initiative der Gemeinschaft über die grenzüberschreitende kollektive Rechtewahrnehmung von Urheberechten, abrufbar unter: http://ec.europa.eu/internal_market/copyright/docs/management/study-collectivemgmt_en.pdf, im folgenden Studie zur Rechtewahrnehmung genannt.
674 Zu den von der Empfehlung betroffenen Musik-Online-Rechten vgl weiterführend *Lüder* GRUR Int 2007, 651 ff.
675 Erwägungsgrund 7 zur Empfehlung.

führt sowie den Rechtsinhabern keine freie Wahl mehr lässt, sich die Verwertungsgesellschaft ihres Vertrauens auszusuchen.

Das Ziel der Empfehlung ist die **Vereinfachung der Lizenzierungsverfahren**, um legale Musikdienste zu fördern.[676] Die Kommission fordert im Ergebnis die **Wahl- und Wechselfreiheit für Rechtsinhaber** hinsichtlich der Verwertungsgesellschaft **für den Online-Bereich** (Ziff 3) und zwar unabhängig von ihrer Staatsangehörigkeit (Ziff 13a). Hierzu sollen Rechtsinhaber den von der Verwertungsgesellschaft wahrzunehmenden Rechteumfang im Hinblick auf Inhalt und Territorium individuell bestimmen können (Ziff 5a–c). Die Verwertungsgesellschaften sollen entsprechend sicherstellen, dass Onlinerechte, die ein Rechtsinhaber im Rahmen seiner Wahl- und Wechselfreiheit einer anderen Verwertungsgesellschaft übertragen hat, vom Geltungsbereich der noch bestehenden Gegenseitigkeitsverträge ausgenommen werden (Ziff 5d). Die Kommission geht davon aus, dass sich hierdurch das über Gegenseitigkeitsverträge lizenzierbare Repertoire nach und nach verringern und dies zur **Aufhebung des Modells der Gegenseitigkeitsverträge** führen würde.[677] Mit diesen Maßnahmen soll im Onlinebereich schrittweise die Möglichkeit der Vergabe von **EU-weiten Direktlizenzen** durch eine Verwertungsgesellschaft ermöglicht werden. Ergänzend sollen einheitliche Rechenschafts- und Informationspflichten (Ziff 6ff., 14), Beteiligungsmöglichkeiten (Ziff 13b) sowie Transparenzvorschriften zu den Verwaltungskosten (Ziff 11f.) die Leistungen der Verwertungsgesellschaften untereinander vergleichbarer machen. Alle Berechtigten sollen ihre Ausschüttungen nach dem **gleichen Verteilungsschlüssel** erhalten, unabhängig davon, ob sie von der Verwertungsgesellschaft direkt vertreten wurden oder indirekt über einen Gegenseitigkeitsvertrag mit einer Schwesterngesellschaft (Ziff 10, 13a). 345

Die Empfehlung der Kommission ist sowohl bei den Verwertungsgesellschaften als auch auf Verwerterseite auf heftige Kritik gestoßen.[678] Auch das Europäische Parlament warf der Kommission vor, nicht genügend und umfassend konsultiert zu haben und somit zu verkennen, dass den Verwertungsgesellschaften ein hoher Stellenwert in der breit gefächerten Verbreitung von Werken sowie der Sicherung angemessener Vergütungen für die Berechtigten beizumessen ist.[679] Die Empfehlung verkennt bereits, dass die Online-Rechte im Musikbereich nicht sämtlich von Verwertungsgesellschaften wahrgenommen werden.[680] So ist zwar zutreffend, dass die Urheberrechte und Verlagsrechte an den Kompositionen für Online-Dienste über die jeweilige Verwertungsgesellschaft wahrgenommen werden. Für den ebenso notwendigen Erwerb der Leistungsschutzrechte der ausübenden Künstler und Tonträgerhersteller an der konkreten Aufnahme geht 346

676 Erwägungsgrund 8 der Empfehlung.

677 Studie zur Rechtewahrnehmung 54ff.

678 Eingehend zu den Reaktionen Walter/von Lewinski/*Schierholz* Collective Rights Management Rn 12.0.92ff; detailliert zu den alternativen Lizenzierungsmodellen *von Einem* MMR 2006, 649ff; vgl auch *Hoeren* Kollektive Wahrnehmung von Urheberrechten und verwandten Schutzrechten, Stellungnahme zur Anhörung der Enquete-Kommission „Kultur in Deutschland“, abrufbar unter http://www.bundestag.de/parlament/gremien/kommissionen/enqkultur/oeffentlanh/5_Verwertungsgesellschaften/stellungnahmen/2_Stellungnahmen_Anwendungspraxis_und_Europ_ische_ Perspektiven/3_K-Drs_16-240.pdf; demgegenüber *Lüder* GRUR Int 2007, 649, 657, wonach sich die Schaffung neuer Plattformen der Rechteklärung abzeichnet, welche von den existierenden Verwertungsgesellschaften gemeinsam betrieben werden könnten.

679 Resolution des Europäischen Parlaments v 13.3.2007 2006/2008 INI, basierend auf dem Lévai Report, abrufbar unter http://www.europarl.europa.eu/oeil/file/jsp?id=5303682.

680 Vgl Geiss/*Gerlach* FS Mailänder 526ff: Lediglich für den nicht-interaktiven und wirtschaftlich bisher unbedeutenden Bereich des Webcasting und Simulcasting seien die Verwertungsgesellschaften der ausübenden Künstler und Tonträgerhersteller zuständig. Zu diesen existieren funktionierende Gegenseitigkeitsverträge unter den Verwertungsgesellschaften, welche in Abstimmung mit der EU-Kommission (Generaldirektion Wettbewerb) entwickelt wurden – IFPI Simulcasting-Abkommen ABlEG 2001, C 231, 18; krit auch *Lüder* Fordham Intellectual Property Media & Entertainment Law Journal 2007, 14ff.

die Empfehlung jedoch unzutreffend von zuständigen Verwertungsgesellschaften aus. Diese Rechte werden (derzeit) ausschließlich über die jeweiligen Tonträgerhersteller lizenziert. Ebenso wird mit dem Modell der Kommission die Möglichkeit der Wahrnehmung des sog Weltrepertoires aufgegeben, ohne dass gesichert ist, dass die Verwertungsgesellschaften tatsächlich EU-weite Direkt-Lizenzen vergeben können. Denn die Rechtsinhaber könnten im Rahmen ihrer Wahl- und Wechselfreiheit weiterhin die Wahrnehmung ihrer Online-Rechte territorial aufspalten. Gegenüber dem Weltrepertoire-Modell stiege der Verwaltungsaufwand auf Verwerterseite erheblich an, schon allein deshalb, weil zunächst die für den jeweiligen Rechtsinhaber zuständige Verwertungsgesellschaft in jedem einzelnen Fall ermittelt werden müsste.[681]

347 Schließlich erscheint die Annahme der Kommission, durch die geforderten Maßnahmen den Wettbewerb unter den Verwertungsgesellschaften zu fördern, nicht überzeugend. Denn bei dem Kommissionsmodell würde ein „Kampf um die Rechtsinhaber" beginnen, den die etablierten und entsprechend finanziell und organisatorisch ausgestatteten Verwertungsgesellschaften erfolgreicher zu führen in der Lage sind. Von entscheidender Bedeutung werden nämlich Qualität der Wahrnehmungsdienstleistung und insb Umfang der Ausschüttung sein, die eine bestimmte Verwertungsgesellschaft gewährleistet. Je mehr wirtschaftlich bedeutende Rechtsinhaber eine Verwertungsgesellschaft für sich gewinnen kann, umso stärker können die wirtschaftlich weniger bedeutenden Rechtsinhaber „aufgefangen" und mit attraktiven Ausschüttungen gebunden werden. Darüber hinaus besteht gerade auch durch die Wahlfreiheit der Rechtsinhaber die Möglichkeit, dass diese sich für eine Verwertungsgesellschaft entscheiden, welche insb für die Wahrnehmung eines bestimmten inhaltlichen Repertoires bekannt ist, was wiederum zu einer vom Repertoire abhängigen Konzentration unter den Verwertungsgesellschaften führen kann.[682]

348 **e) Statement of Objections der Europäischen Kommission in Sachen CISAC Muster-Gegenseitigkeitsvertrag vom 31.1.2006 und die CISAC Entscheidung von 2008.**[683] Den vorläufigen Abschluss der Entwicklungen markiert das Statement of Objections der Kommission von 2006 sowie die Entscheidung der Kommission von 2008, worin sie den Muster-Gegenseitigkeitsvertrag der CISAC[684] in wesentlichen Punkten kritisiert. Dieser verstosse gegen europäisches Wettbewerbsrecht, indem darin die nationale Zuständigkeit der einzelnen Verwertungsgesellschaften nach wie vor aufrecht bleibe sowie in diskriminierender Weise den Verwertungsgesellschaften verbiete, Mitglieder aufzunehmen, die ihren Wohnsitz in einem anderen Mitgliedstaat haben. Auf diese Weise würde die Monopolstellung der einzelnen Gesellschaften verfestigt und Wettbewerb untereinander verhindert.[685] Die CISAC Entscheidung der Kommission verlangt damit den freien Wettbewerb der einzelnen Verwertungsgesellschaften untereinander – wie ein wettbewerbsrechtlich unbedenkliches System grenzüberschreitender Lizenzen allerdings auszusehen hat, schreibt die Kommission nicht vor.[686] Die meisten betroffenen Verwertungsgesellschaften, wie auch die GEMA, klagten unter Vortrag der vorangehend dargstellten Argumente für die notwendige Vernetzung der Gesellschaften sowie der

681 Zu den Parametern ökonomisch effizienter, kollektiver Rechtewahrnehmung vgl eingehend *Hansen/Schmidt-Bischofshausen* GRUR Int 1997, 461 ff.

682 So auch Geiss/*Gerlach* FS Mailänder, 523, 529.

683 Europäische Kommission COMP/C2/38.698 – CISAC; siehe auch *Weitbrecht/Mühle* EuZW 2010, 327 ff.

684 Die CISAC ist eine internationale non-governmental und non-profit Organisation und repräsentiert über ihre Mitgliedsverwertungsgesellschaften die Rechte der Komponisten, Autoren und Verleger im Musikbereich, eingehend zur CISAC *Uwemedimo* GRUR Int 2010, 685 ff.

685 Eingehend *Müller* ZUM 2009, 121, 130.

686 Zu möglichen Methoden des solchen Wettbewerbs *Metzger* GRUR Int 2010, 687; s auch *Peifer* GRUR Int 2010, 671 ff. und *Vâsquez-Lopez* GRUR Int 2010, 689 ff.

territorialen Kompetenzen vor dem Europäischen Gericht Erster Instanz – eine Entscheidung steht derzeit noch aus.

Nachdem Anfang 2010 eine Neubesetzung der Kommission erfolgte, bleibt künftig abzuwarten, ob und welcher gemeinschaftsweite Regelungsbedarf im Recht der Verwertungsgesellschaften verfolgt werden wird. 349

Kapitel 4
Ansprüche im Bereich des geistigen Eigentums

Literatur Kapitel 4 und 5

Ahrens Der Wettbewerbsprozess, 7. Aufl Köln ua 2013; *ders* Die Bildung kleinteiliger Streitgegenstände als Folge des TÜV-Beschlusses, WRP 2013, 129; *ders* Brauchen wir einen Allgemeinen Teil der Rechte des Geistigen Eigentums? GRUR 2006, 617; *Ahrens M* Neues zur Annahmeverweigerung im europäischen Zustellungsrecht NJW 2008, 2817; *Arnold/Slopek* Die Herausgabe des Verletzergewinns nach der Tripp-Trapp-Entscheidung des BGH, NJW 2009, 3694; *Alexander* Die Sanktions- und Verfahrensvorschriften der Richtlinie 2005/29/EG über unlautere Geschäftspraktiken im Binnenmarkt – Umsetzungsbedarf in Deutschland? GRUR Int 2005, 809; *Asendorf* Gesetz zur Stärkung des Schutzes geistigen Eigentums und zur Bekämpfung der Produktpiraterie, NJW 1990, 1283; *Austin* The Concept of „Justiciability" in Foreign Copyright Infringement Cases, IIC 2009, 393; *Balganesh* Demystifying the Right to Exclude: Of Property, Inviolability, and Automatic Injunctions, Harvard Journal of Law and Public Policy 2008 Bd 31; *Baronikians* Eilverfahren und Verjährung, WRP 2001, 121; *Bartholomew/Tehranian* The Secret Life of Legal Doctrine: The Divergent Evolution of Secondary Liability in Trademark and Copyright Law, Berkeley Technology Law Journal 2006 Bd 21, 1363; *Battenstein* Instrumente zur Informationsbeschaffung im Vorfeld von Patent- und Urheberrechtsverletzungsverfahren, Hamburg 2006; *Beater* Informationsinteressen der Allgemeinheit und öffentlicher Meinungsbildungsprozess ZUM 2005, 602; *Berger* Die internationale Zuständigkeit bei Urheberrechtsverletzungen in Internet-Websites aufgrund des Gerichtsstands der unerlaubten Handlung nach Art 5 Nr 3 EuGVVO GRUR Int 2005, 465; *Bergmann* Schadensersatz und das Prinzip der Erschöpfung – Herausgabe des Verletzergewinns wegen Urheberrechtsverletzung in der Absatzkette GRUR 2010, 874; *Berlit* Auswirkungen des Gesetzes zur Verbesserung der Durchsetzung von Rechten des geistigen Eigentums im Patentrecht WRP 2007, 732; *Berneke* Die einstweilige Verfügung in Wettbewerbssachen, 2. Aufl München 2003; *ders* Der enge Streitgegenstand von Unterlassungsklagen des gewerblichen Rechtsschutzes und des Urheberrechts in der Praxis WRP 2007, 579; *Bernreuther* Einstweilige Verfügung und Erledigungserklärung GRUR 2007, 660; *ders* Die negative Feststellungsklage im einstweiligen Verfügungsverfahren WRP 2010, 1191; *Bodewig* Praktische Probleme bei der Abwicklung der Rechtsfolgen einer Patentverletzung – Unterlassung, Beseitigung, Auskunft GRUR 2005, 632; *Bodewig/Wandtke* Die doppelte Lizenzgebühr als Berechnungsmethode im Lichte der Durchsetzungsrichtlinie GRUR 2008, 220; *Bohne* Zur Auskunftserteilung durch Access-Provider nach Schutzrechtsverletzung im Internet GRUR-RR 2005, 145; *Borges* Pflichten und Haftung beim Betrieb privater WLAN NJW 2010, 2624; *Bork* Effiziente Beweissicherung für den Urheberrechtsverletzungsprozeß – dargestellt am Beispiel raubkopierter Computerprogramme NJW 1997, 1665; *Bornkamm* Unterlassungstitel und Wiederholungsgefahr in Keller/Plassmann/von Falck (Hrsg) Festschrift für Winfried Tilmann, Köln ua 2003; *ders* Der Schutz vertraulicher Informationen im Gesetz zur Durchsetzung von Rechten des geistigen Eigentums – In-camera-Verfahren im Zivilprozess? in Ahrens/Bornkamm/Kunz-Hallstein (Hrsg) Festschrift für Eike Ullmann, Saarbrücken 2006, 893; *Brandi-Dohrn* Schutzrechtshaftung und Schutzrechte im Konzern, in Beier/Brüning-Petit/Heath (Hrsg) Festschrift für Jochen Pagenberg zum 65. Geburtstag, Köln ua 2006; *Breyer* Verkehrssicherungspflichten von Internetdiensten im Lichte der Grundrechte MMR 2009, 14; *ders* Die Haftung für Mitbenutzer von Telekommunikationsanschlüssen NJOZ 2010, 1085; *Brüggemann* Urheberrechtsdurchsetzung im Internet – Ausgewählte Probleme des Drittauskunftsanspruchs nach § 101 UrhG MMR 2013, 278; *Busch* Zurückweisung einer Abmahnung bei Nichtvorlage der Originalvollmacht nach § 174 S 1 BGB? GRUR 2006, 477; *Busche/Stoll* TRIPs – Internationales und europäisches Recht des geistigen Eigentums, Kommentar, 2. Aufl Köln ua 2013; *Büscher/Dittmer/Schiwy* Kompaktkommentar Gewerblicher Rechtsschutz mit Urheber- und Medienrecht, 2. Aufl Köln ua 2011; *Büscher* Klagehäufung im gewerblichen Rechtsschutz – alternativ, kumulativ, eventuell? GRUR 2012, 16; *Buxbaum* Konzernhaftung bei Patentverletzung durch die Tochtergesellschaft GRUR 2009, 240; *Cadet* Main features of the revised Brussels I Regulation EuZW 2013, 218; *Carroll* Patent Injunctions and the Problem of Uniformity Cost, Michigan Telecommunications and Technology Law Review 2007 Bd 13, 421; *Cepl* Die mittelbare Urheberrechtsverletzung, Berlin 2005; *Cook* EU Intellectual Property Law, Oxford 2010; *Cornish/Llewelyn* The Enforcement of Patents in the United Kingdom IIC 2000, 627; *Damm/Rehbock* Widerruf, Unterlassung und Schadensersatz in den Medien, 3. Aufl München 2008; *Danckwerts* Neues vom Störer: Was ist ein „von der Rechtsordnung gebilligtes Geschäftsmodell"? GRUR-Prax 2011, 260; *Danckwerts* Aktuelle Entscheidungen zur Dringlichkeit – Welche Risiken birgt ein Vollverstreckungsverzicht? GRUR-Prax 2010, 473; *Depoorter/Vanneste* Norms and Enforcement: The Case Against Copyright Litigation, Oregon Law Review 2006 Bd 84, 1127; *Deutsch* Der BGH-Beschluss zur unberechtigten Schutzrechtsverwarnung und seine Folgen für die Praxis GRUR 2006, 374; *Dreier* Ausgleich, Abschreckung und andere Rechtsfolgen von Urheberrechtsverletzungen GRUR Int 2004, 706; *ders* TRIPS und die Durchsetzung von Rechten des geistigen Eigentums GRUR Int 1996, 205; *Dreier/Schulze* Urheberrecht Kommentar, 4. Aufl München 2013 (zit Dreier/Schulze/*Bearbeiter*); *Dreier/Leistner* Urheberrecht im Internet: die Forschungsheraus-forderungen GRUR 2013, 881; *Diessel* Trolling for Trolls: The Pitfalls of the Emerging Market Competition Requirement for Permanent Injunctions in Patent Cases Post-eBay, Michigan Law Review 2007 Bd 106, 305; *Dornis/Förster* Die Unterwerfung: Rechtsnatur und Rechtsnachfolge GRUR 2006, 195; *Dörre* Der medienrechtliche Rückrufanspruch GRUR-Prax 2010, 4; *Drobnig* Originärer Erwerb und Übertragung von Immaterialgüterrechten im Kollisionsrecht RabelsZ 40 (1976) 195; Durner Fernmeldegeheimnis und informationelle Selbstbestimmung als Schranken urheberrechtlicher Sperrverfügungen im Internet? ZUM 2010, 833; *Eisenkolb* Die Enforcement-Richtlinie und ihre Wirkung – Ist die Enforcement-Richtlinie mit Ablauf der Umsetzungsfrist unmittelbar wirksam? GRUR 2007, 387; *Eisermann* Einstweilige Maßnahmen auf dem Gebiet der Brüssel I-VO, 2011; *Elfring* Geistiges Eigentum in der Welthandelsordnung, Köln ua 2007; *Erichson* Court-Ordered Confidentiality in Discovery, Chicago-Kent Law Review 2006 Bd 81, 357; *Ewert/von Hartz* Die Abmahnung im Urheberrecht auf dem Weg in die Bedeutungslosigkeit? ZUM 2007, 450; *Fayaz* Sanktionen wegen der Verletzung von Gemeinschaftsmarken: Welche Gerichte sind zuständig und welches Recht ist anzuwenden? 1. Teil GRUR Int 2009, 459, 2. Teil GRUR Int 2009, 566; *Federrath* Technische Grundlagen von Auskunftsansprüchen ZUM 2006, 434; *Flechsig/Karg* Inhalt und Umfang der Nachbesserungsmöglichkeiten im Gegendarstellungsrecht ZUM 2006, 177; *Frank/Wiegand* Der Besichtigungsanspruch im Urheberrecht de lege ferenda, CR 2007, 481; *Frenz* Die Lizenzverweigerung nach dem zweiten Microsoft-Urteil WRP 2012, 1483; *Fröhlich* Standards und Patente – Die ETSI IPR Policy GRUR 2008, 205; *Gamerith* Die Verwirkung im Urheberrecht WRP 2004, 75; *Gärtner/Worm* Möglichkeiten der Bekämpfung von Produktpiraterie Mitt 2007, 254; *Geiger* Of ACTA, „Pirates" and Organized Criminality – How „Criminal" Should the Enforcement of Intellectual Property Be? IIC 2010, 629; *Gercke* Die Bedeutung der Störerhaftung im Kampf gegen Urheberrechtsverletzungen ZUM 2006, 593; *Gloy/Loschelder* Wettbewerbsrecht, 4. Aufl München 2010; *Götz* Schaden und Bereicherung in der Verletzerkette GRUR 2001, 295; *Götting* Die persönliche Haftung des GmbH-Geschäftsführers für Schutzrechtsverletzungen und Wettbewerbsverstöße GRUR 1994, 6; *Goldstein* Sealing and Revealing: Rethinking the Rules Governing Public Access to Information Generated Through Litigation, Chicago-Kent Law Review 2006 Bd 81, 375; *Gounalakis* Rechtliche Grenzen der Autocomplete-Funktion von Google NJW 2013, 2321; *Grabinski* Grenzüberschreitende Beweisaufnahme im deutschen Patentverletzungsverfahren unter besonderer Berücksichtigung der Verordnung (EG) Nr 1206/2001 in Grosch/Ullmann (Hrsg) Gewerbliche Schutzrechte und ihre Durchsetzung, Festschrift für Tilman Schilling zum 70. Geburtstag, Köln ua 2007, 191; *Grosheide* Durchsetzung von Urheberrechten im Wege einstweiliger Maßnahmen GRUR Int 2000, 310; *Haberstumpf* Zum Umfang der Verbietungsrechte des Verlegers in Ohly/Bodewig/Dreier/Götting/Haedicke/Lehmann (Hrsg) Perspektiven des Geistigen Eigentums und Wettbewerbsrechts – Festschrift für Gerhard Schricker zum 70. Geburtstag, München 2005, 309; *Haedicke* Informationsbefugnisse des Schutzrechtsinhabers im Spiegel der EG-Richtlinie zur Durchsetzung der Rechte des geistigen Eigentums in Ohly/Bodewig/Dreier/Götting/Haedicke/Lehmann (Hrsg) Perspektiven des Geistigen Eigentums und Wettbewerbsrechts – Festschrift für Gerhard Schricker zum 70. Geburtstag, München 2005, 19; *Hahn* Das Verbotsrecht des Lizenznehmers im Urhebervertragsrecht, Baden-Baden 2007; *Harte-Bavendamm/Henning-Bodewig* Kommentar zum UWG, 3. Aufl 2013; *Hartmann* Neue Regeln gegen Abmahnungsmissbrauch im UrhG, GRUR-RR 2014, 97; *Hartmann* Unterlassungsansprüche im Internet – Störerhaftung für nutzergenerierte Inhalte, Hamburg 2009; *von Hartz* Beweissicherungsmöglichkeiten im Urheberrecht nach der Enforcement-Richtlinie im deutschen Recht ZUM 2005, 376; *ders* Beweissicherung im gewerblichen Rechtsschutz und Urheberrecht, Baden-Baden 2004; *Hass* Zur persönlichen Haftung des GmbH-Geschäftsführers bei Wettbewerbsverstößen und Verletzung gewerblicher Schutzrechte in Grosch/Ullmann (Hrsg) Gewerbliche Schutzrechte und ihre Durchsetzung, Festschrift für Tilman Schilling zum 70. Geburtstag, Köln ua 2007, 249; *Hecht* Verantwortlichkeit für Benutzerkonten im Internet K&R 2009, 462; *Heermann/Hirsch* (Hrsg) Münchener Kommentar zum Lauterkeitsrecht, München 2006 (zit MüKo/*Bearbeiter* § 1 UWG Rn 1); *Heinemeyer/Kreitlow/Nordmeyer/Sabellek* Kampf gegen Filesharing als Modell verfehlter Mehrfachkompensation? MMR 2012, 279; *Hendel* Die urheberrechtliche Relevanz von Hyperlinks ZUM 2014, 102; *Hess, B* Übersetzungserfordernisse im europäischen Zivilverfahrensrecht IPRax 2008, 400; *Hess, G* Vertragsstrafenklage und wettbewerbsrechtliche Gerichtszuständigkeit in Ahrens/Bornkamm/Kunz-Hallstein (Hrsg) Festschrift für Eike Ullmann, Saarbrücken 2006, 927; *G Hess* Unterwerfung als Anerkenntnis? WRP 2003, 353; *Heydn/Schmid-Petersen/Vassilaki* Durchsetzung von Rechten des geistigen Eigentums, München 2009; *Hoffmann* Die Entwicklung des Internet-Rechts bis Mitte 2007, NJW 2007, 2594; *ders* Das Auskunftsverfahren nach § 101 Abs 9 UrhG nF – Überblick über die Rechtsprechung im ersten Jahr nach Inkrafttreten der gesetzlichen Neuregelung MMR 2009, 655; *ders* Die Entwicklung des Internet-Rechts bis Mitte 2009 NJW 2009, 2649; *Hoene* Negative Feststellungsklage WRP 2008, 44; *Hoeren/Herring* Urheberrechtsverletzung durch WikiLeaks? – Meinungs-, Informations- und Pressefreiheit vs. Urheberinteressen MMR 2011, 143; *Hoeren/Neubauer* Der EuGH, Netlog und die Haftung für Host-Provider WRP 2012,

508; *Hoffmann* Das Auskunftsverfahren nach § 101 Abs 9 UrhG n.F. Überblick über die Rechtsprechung im ersten Jahr nach Inkrafttreten der gesetzlichen Neuregelung MMR 2009, 655; *Hoffmann* Die Entwicklung des Internetrechts bis Mitte 2013 NJW 2013, 2645; *Holznagel* Melde- und Abhilfeverfahren zur Beanstandung rechtswidrig gehosteter Inhalte nach europäischem und deutschem Recht im Vergleich zu gesetzlich geregelten notice and take-down-Verfahren GRUR Int 2014, 105; *Ibbeken* Das TRIPs-Übereinkommen und die vorgerichtliche Beweishilfe im gewerblichen Rechtsschutz, Köln ua 2004; *Ingerl/Rohnke* Markengesetz Kommentar, 3. Aufl München 2010; *Junker* Discovery im deutsch-amerikanischen Rechtsverkehr, Heidelberg 1987; *Katyal* Privacy vs Piracy, Yale Journal of Law & Technology, 2004 Bd 7, 222 (zit Yale J Law & Tech); *Kindl/Meller-Hannich/Wolf* Gesamtes Recht der Zwangsvollstreckung, 2. Aufl 2013; *Kircher* Der Sequestrationsantrag im einstweiligen Rechtsschutz: Ausweg aus der Obliegenheit zur Abmahnung? in Grosch/Ullmann (Hrsg) Gewerbliche Schutzrechte und ihre Durchsetzung, Festschrift für Tilman Schilling zum 70. Geburtstag, Köln ua 2007, 293; *Kitz* Die Auskunftspflicht des Zugangsvermittlers bei Urheberrechtsverletzungen durch seine Nutzer GRUR 2003, 1014; *ders* Urheberschutz im Internet und seine Einfügung in den Gesamtrechtsrahmen ZUM 2006, 444; *Klaka* Persönliche Haftung des gesetzlichen Vertreters für die im Geschäftsbetrieb der Gesellschaft begangenen Wettbewerbsverstöße und Verletzungen von Immaterialgüterrechten GRUR 1988, 729; *Klein* Keine Vertragsstrafe für die Schwebezeit GRUR 2007, 664; *Klette* Zur (regelmäßig nicht zulässigen) einstweiligen Einstellung der Zwangsvollstreckung aus Unterlassungs-Urteilsverfügungen GRUR 1982, 471; *Klute* Strategische Prozessführung im Verfügungsverfahren GRUR 2003, 34; *ders* Eine Streitschrift wider die Kenntniserlangung – Zustellungsmängel von Beschlussverfügungen und deren Heilung GRUR 2005, 924; *Knaak* Die EG-Richtlinie zur Durchsetzung der Rechte des geistigen Eigentums und ihr Umsetzungsbedarf im deutschen Recht GRUR Int 2004, 745; *Knieper* Mit Belegen gegen Produktpiraten WRP 1999, 1116; *Kochendörfer* Verletzerzuschlag auf Grundlage der Enforcement-Richtlinie? ZUM 2009, 389; *ders* EuGH: Unterlassungstitel gilt nach Ansicht des Generalanwalts gemeinschaftsweit GRUR-Prax 2010, 503; *Köhler* Das neue Gesetz gegen unseriöse Geschäftspraktiken NJW 2013, 3473; *ders* Neubeurteilung der wettbewerblichen Haftung des Rechtsnachfolgers eines Unternehmers? WRP 2010, 475; *ders* Zur Erstattungsfähigkeit von Abmahnkosten, in Ahrens/Bornkamm/Gloy/Starck/von Ungern-Sternberg (Hrsg) Festschrift für Willi Erdmann zum 65. Geburtstag, Köln ua 2002, 845; *ders* „Täter" und „Störer" im Wettbewerbs- und Markenrecht – Zur BGH-Entscheidung „Jugendgefährdende Medien bei eBay" GRUR 2008, 1; *ders* Die wettbewerbsrechtlichen Abwehransprüche (Unterlassung, Beseitigung, Widerruf) NJW 1992, 137; *Köhler/Bornkamm* Gesetz gegen den unlauteren Wettbewerb, Kommentar, 28. Aufl München 2010; *Köllner* Diverse Anmerkungen zur Bemessung des Schadensersatzes bei Patentverletzungen Mitt 2006, 535; *Kramer* Zivilrechtlicher Auskunftsanspruch gegenüber Access Providern: Verpflichtung zur Herausgabe der Nutzerdaten von Urheberrechtsverletzern unter Berücksichtigung der Enforcement-Richtlinie (RL 2004/48/EG), Hamburg 2007; *Kühnen* Handbuch der Patentverletzung, 6. Aufl 2013; *Kunz-Hallstein/Loschelder* Gemeinsame Stellungnahme der Ausschüsse für Patent- und Gebrauchsmusterrecht, Geschmacksmusterrecht und Urheberrecht zum Referentenentwurf für ein „Gesetz zur Verbesserung der Durchsetzung von Rechten des geistigen Eigentums" (Stand: 3.1.2006) GRUR 2006, 393 (zit GRUR-Stellungnahme); *Kurtz* Grenzüberschreitender einstweiliger Rechtsschutz im Immaterialgüterrecht, Göttingen 2004; *Ladeur* Der Auskunftsanspruch aus § 101 UrhG und seine Durchsetzung – Zivilrechtsanwendung ohne Methode und jenseits der Drittwirkung der Grundrechte? NJOZ 2010, 1606; *Landes/Lichtman* Indirect Liability for Copyright Infringement: An Economic Perspective, Harvard Journal of Law and Technology 2003 Bd 16, 395; *Lemley/Reese* Reducing Digital Copyright Infringement Without Restricting Innovation, Stanford Law Review 2004 Bd 56, 1345; *Lemley/Reese* A Quick and Inexpensive System for Resolving Digital Copyright Disputes, Cardozo Arts & Entertainment Law Journal 2005 Bd 23, 1; *Lehment* Zur Bedeutung der Kerntheorie für den Streitgegenstand WRP 2007, 237; *Leible/Sosnitza* Haftung von Internetauktionshäusern – reloaded NJW 2007, 3324; *Leistner* Grundlagen und Perspektiven der Haftung für Urheberrechtsverletzungen im Internet ZUM 2012, 722; *Leistner* Störerhaftung und mittelbare Schutzrechtsverletzung GRUR-Beil 2010, 1; *ders* Von „Grundig-Reporter(n) zu Paperboy(s)" – Entwicklungsperspektiven der Verantwortlichkeit im Urheberrecht GRUR 2006, 801; *Lieber/Zimmermann* Die einstweilige Verfügung im Gewerblichen Rechtsschutz, München 2009; *Lindacher* Internationales Wettbewerbsverfahrensrecht, Köln, 2009; *Lindner* Der Rückrufanspruch als verfassungsrechtlich notwendige Kategorie des Medienprivatrechts ZUM 2005, 203; *Loewenheim* Bemerkungen zur Schadensberechung nach der doppelten Lizenzgebühr bei Urheberrechtsverletzungen, in Ahrens/Bornkamm/Gloy/Starck/von Ungern-Sternberg (Hrsg) Festschrift für Willi Erdmann zum 65. Geburtstag, Köln ua 2002, 131; *Loschelder* Rechtsfortbildung der Schadensberechnungsmethode „Herausgabe des Verletzergewinns" NJW 2007, 1503; *ders* Die Enforcement-Richtlinie und das Urheberrecht, in Jacobs/Papier/Schuster (Hrsg) Festschrift für Peter Raue zum 65. Geburtstag, Köln 2006, 529; *Lucchi* Intellectual Property Rights in Digital Media: A Comparative Analysis of Legal Protection, Technological Measures and New Business Models Under EU And US Law, Buffalo Law Review 2005 Bd 53, 101; *Maloney* The Enforcement of Patent Rights in the United States IIC 2000, 723; *Mantz* Die Haftung des Betreibers eines gewerblich betriebenen WLANs und die Haftungsprivilegierung des § 8 TMG, GRUR-RR 2013, 497; *Mantz* Die Rechtsprechung zum neuen Auskunftsanspruch nach § 101 UrhG K&R 2009, 21; *Markfort* Geistiges Eigentum im Zivilprozess, Frankfurt 2001; *Maume/Tapia* Der Zwangslizenzeinwand ein Jahr nach Orange Book Standard – mehr Fragen als Antworten GRUR Int 2010, 923; *McGuire* Beweismittelvorlage und Auskunftsanspruch nach der Richtlinie 2004/48/EG zur Durchsetzung der Rechte des Geistigen Eigentums GRUR Int 2005, 15; *Meier-Beck* Die Verwarnung aus Schutzrechten – mehr als eine Meinungsäußerung! GRUR 2005, 535; *ders* Herausgabe des Verletzergewinns – Strafschadensersatz nach deutschem Recht? GRUR 2005, 617; *ders* Schadenskompensation bei der Verletzung gewerblicher Schutzrechte nach dem Durchsetzungsgesetz WRP 2012, 503; *Mellulis* Handbuch des Wettbewerbsprozesses, 3. Aufl Köln 2000; *Menninger/Nägele* Die Bewertung von Gewerblichen Schutzrechten und Urheberrechten für Zwecke der Schadensberechnung im Verletzungsfall WRP 2007, 912; *Gräfin von Merveldt* Der Auskunftsanspruch im gewerblichen Rechtsschutz, Baden-Baden 2007; *Graf von Merveldt* Der Ausschluss kartellrechtlicher Einwendungen im Patentverletzungsverfahren WuW 2004, 19; *Metzger* A Primer on ACTA – What Europeans Should Fear about the Anti-Counterfeiting Trade Agreement, JIPITEC (Journal of Intellectual Property, Information Technology and Electronic Commerce Law) 2010, 109; *Mittag* Der Unterlassungsanspruch gegen Mediendarstellungen im einstweiligen Rechtsschutz, Hamburg 2006; *Musielak* Kommentar zur Zivilprozessordnung, 10. Aufl München 2013; *Nägele/Nitsche* Gesetzentwurf der Bundesregierung zur Verbesserung der Durchsetzung von Rechten des geistigen Eigentums WRP 2007, 1047; *Nieder* Die Patentverletzung, München 2004; *Nieland* Störerhaftung bei Meinungsforen im Internet – Nachträgliche Löschungspflicht oder Pflicht zur Eingangskontrolle? NJW 2010, 1494; *Nill* Sachliche Zuständigkeit bei Geltendmachung der Kosten von Abschlussschreiben GRUR 2005, 740; *Ntouvas* Unterlassungsanspruch bei Patentverletzung: neue Erkenntnisse des US Supreme Court GRUR Int 2006, 889; *Obergfell* Expansion der Vorbeugemaßnahmen und zumutbare Prüfpflichten von File-Hosting-Diensten NJW 2013, 1995; *Oetker* Die Zustellung von Unterlassungsverfügungen innerhalb der Vollziehungsfrist des § 929 II ZPO GRUR 2003, 119; *Ohly* Schadensersatzansprüche wegen Rufschädigung und Verwässerung im Marken- und Lauterkeitsrecht GRUR 2007, 926; *Ott* Haftung für verlinkte urheberrechtswidrige Inhalte in Deutschland, Österreich und den USA GRUR Int 2007, 14; *ders* Erfüllung von Löschungspflichten bei Rechtsverletzungen im Internet WRP 2007, 605; *Otten* Die auskunftsrechtliche Anordnung nach § 101 IX UrhG in der gerichtlichen Praxis GRUR-RR 2009, 369; *Paal* Immaterialgüter, Internetmonopole und Kartellrecht GRUR 2013, 873; *Pansch* Die einstweilige Verfügung zum Schutze des geistigen Eigentums im grenzüberschreitenden Verkehr, Köln ua 2005; *Paschke/Busch* Hinter den Kulissen des medienrechtlichen Rückrufanspruchs NJW 2004, 2620; *Patnaik* Enthält das deutsche Recht effektive Mittel zur Bekämpfung von Nachahmungen und Produktpiraterie? GRUR 2004, 191; *Peifer* Die dreifache Schadensberechnung im Lichte zivilrechtlicher Dogmatik WRP 2008, 48; *Peukert/Kur* Stellungnahme des Max-Planck-Instituts für Geistiges Eigentum, Wettbewerbs- und Steuerrecht zur Umsetzung der Richtlinie 2004/48/EG zur Durchsetzung der Rechte des geistigen Eigentums in deutsches Recht GRUR Int 2006, 292; *Piper/Ohly/Sosnitza* UWG, 5. Aufl 2010; *Prütting* Geistiges Eigentum und Verfahrensrecht, insbesondere beweisrechtliche Fragen in Haesemann/Gennen/Bartenbach (Hrsg) Festschrift für Kurt Bartenbach zum 65. Geburtstag, Köln ua 2005, 417; *Raabe* Der Auskunftsanspruch nach dem Referentenentwurf zur Verbesserung der Durchsetzung von Rechten des geistigen Eigentums ZUM 2006, 439; *Rauscher/Wax/Wenzel* (Hrsg) Münchener Kommentar zur Zivilprozessordnung, 4. Aufl München 2013; *Rebmann/Säcker/Rixecker* Münchener Kommentar zum Bürgerlichen Gesetzbuch, Bd 11: Internationales Privatrecht, Internationales Wirtschaftsrecht, 5. Aufl München 2010; *Rehbinder* Tauschbörsen, Sharehoster und UGC-Streamingdienste ZUM 2013, 241; *Resnik* Uncovering, Disclosing, and Discovering – How the Public Dimensions of Court-Based Processes are at Risk, Chicago-Kent Law Review 2006 Bd 81, 521; *Retzer* Widerlegung der „Dringlichkeitsvermutung" durch Interessenabwägung? GRUR 2009, 329; *Rieble* „Kinderwärmekissen" und Vertragsstrafendogmatik GRUR 2009, 824; *Riesenhuber* (Hrsg) Systembildung im Europäischen Urheberrecht, INTERGU-Tagung 2006, Berlin 2007 (zit Riesenhuber/*Bearbeiter*); *Rohlfing* Die Umsetzung der Enforcement-Richtlinie ins deutsche Recht, Hamburg 2009; *Rojahn* Praktische Probleme bei der Abwicklung der Rechtsfolge einer Patentverletzung GRUR 2005, 623; *Sack* Notwendige Differenzierungen bei unbegründeten Abnehmerverwarnungen WRP 2007, 708; *Sack* Die Haftung für unbegründete Schutzrechtsverwarnung WRP 2005, 253; *ders* Unbegründete Schutzrechtsverwarnungen, Köln ua 2006; *Säcker/Rixecker* (Hrsg) Münchener Kommentar zum Bürgerlichen Gesetzbuch, Bd 1, München 2006; *Schack* Urheberrechtliche Schranken, übergesetzlicher Notstand und verfassungskonforme Auslegung, in Ohly/Bodewig/Dreier/Götting/Haedicke/Lehmann (Hrsg) Perspektiven des Geistigen Eigentums und Wettbewerbsrechts – Festschrift für Gerhard Schricker zum 70. Geburtstag, München 2005, 511; *ders* Internationales Zivilverfahrensrecht, 5. Aufl München 2010; *ders* Urheber- und Urhebervertragsrecht, 6. Aufl Tübingen 2013; *Schaub* Schadensersatz und Gewinnabschöpfung im Lauterkeits- und Immaterialgüterrecht GRUR 2005, 918; *Schlosser* EU-Zivilprozessrecht, 3. Aufl München 2009; *Schmidhuber* Schadensersatz bei falscher oder unvollständiger Erteilung einer Auskunft WRP 2008, 296; *Schmidt* „und/oder"? Kein großer Fang mit „Schleppnetz-Anträgen" GRUR-Prax 2014, 71; *Schmidt* Anmerkungen zur Diskussion um die Beschränkung des

Akteneinsichtsrechts in den Filesharingverfahren GRUR 2010, 673; *Schneider* Die EU-Enforcementrichtlinie 2004/48/EG und deren Umsetzung in das deutsche Markenrecht, Hamburg 2009; *Schricker/Loewenheim* (Hrsg) Urheberrecht, Kommentar, 4. Aufl München 2010 (zit Schricker/Loewenheim/*Bearbeiter*); *Schulz* Schubladenverfügung und die Kosten der nachgeschobenen Abmahnung WRP 2007, 589; *Schuschke/Walker* Vollstreckung und Vorläufiger Rechtsschutz, Kommentar, 4. Aufl Köln 2008; *Schütze* Deutsches Internationales Zivilprozessrecht unter Einschluss des Europäischen Zivilprozessrechts, 2. Aufl Berlin 2005; *Schwippert* Nach TÜV und Branchenbuch Berg WRP 2013, 135; *Seichter* Die Umsetzung der Richtlinie zur Durchsetzung der Rechte des geistigen Eigentums WRP 2006, 391; *ders* Der Auskunftsanspruch nach Artikel 8 der Richtlinie zur Durchsetzung der Rechte des geistigen Eigentums, in Ahrens/Bornkamm/Kunz-Hallstein (Hrsg) Festschrift für Eike Ullmann, Saarbrücken 2006, 983; *Sieber/Höfinger* Drittauskunftsansprüche nach § 101a UrhG gegen Internetprovider zur Verfolgung von Urheberrechtsverletzungen MMR 2004, 575; *Spieker* Haftungsrechtliche Aspekte für Unternehmen und ihre Internet-Werbepartner (Affiliates) GRUR 2006, 903; *Spindler* Datenschutz- und Persönlichkeitsrechte im Internet – der Rahmen für Forschungsaufgaben und Reformbedarf GRUR 2013, 996; *Spindler* Bildersuchmaschinen, Schranken und konkludente Einwilligung im Urheberrecht – Besprechung der BGH-Entscheidung „Vorschaubilder" GRUR 2010, 785; *Spindler/Weber* Die Umsetzung der Enforcement-Richtlinie nach dem Regierungsentwurf für ein Gesetz zur Verbesserung der Durchsetzung von Rechten des geistigen Eigentums ZUM 2007, 257; *Spindler/Weber* Der Geheimnisschutz nach Art 7 der Enforcement-Richtlinie MMR 2006, 711; *Spindler/Leistner* Die Verantwortlichkeit für Urheberrechtsverletzungen im Internet – Neue Entwicklungen in Deutschland und in den USA GRUR Int 2005, 773; *Steinbeck* „Windsor Estate" – Eine Anmerkung GRUR 2008, 110; *dies* Ist die negative Feststellungsklage Hauptsache iSv § 937 I ZPO? NJW 2007, 1783; *dies* Morpheus – eine mögliche Urteilsbegründung WRP 2013, 416; *Stieper* Konkrete Verletzungsform reloaded – Die Rückkehr zum prozessualen Streitgegenstandsbegriff WRP 2013, 561; *Sujecki* Entwicklung des Europäischen Privat- und Zivilprozessrechts in den Jahren 2008 und 2009 EuZW 2010, 448; *Teplitzky* Zum Streitgegenstand der wettbewerbsrechtlichen Unterlassungsklage WRP 2010, 181; *ders* Gerichtliche Hinweise im einseitigen Verfahren zur Erwirkung einer einstweiligen Unterlassungsverfügung GRUR 2008, 34; *ders* Wettbewerbsrechtliche Ansprüche, 10. Aufl Köln ua 2011; *ders* Der Streitgegenstand in der neuesten Rechtsprechung des I. Zivilsenats des BGH WRP 2007, 1; *ders* „Markenparfümverkäufe" und Streitgegenstand WRP 2007, 397; *ders* Die wettbewerbsrechtliche Unterwerfung heute – Neuere Entwicklungen eines alten Streitbereinigungsmittels GRUR 1996, 696; *ders* Unterwerfung oder Unterlassungstitel? WRP 1996, 171; *ders* Die Regelung der Abmahnung in § 12 Abs 1 UWG, ihre Reichweite und einige ihrer Folgen, in Ahrens/Bornkamm/Kunz-Hallstein (Hrsg) Festschrift für Eike Ullmann, Saarbrücken 2006, 999; *Thole* Aktuelle Entwicklungen bei der negativen Feststellungsklage NJW 2013, 1192; *Thun* Der immaterialgüterrechtliche Vernichtungsanspruch, München 1998; *Tilmann* Konstruktionsfragen zum Schadensersatz nach der Durchsetzungs-Richtlinie in Grosch/Ullmann (Hrsg) Gewerbliche Schutzrechte und ihre Durchsetzung, Festschrift für Tilman Schilling zum 70. Geburtstag, Köln ua 2007, 367; *ders* Beweissicherung nach europäischem und deutschem Recht in Ahrens/Bornkamm/Kunz-Hallstein (Hrsg) Festschrift für Eike Ullmann, Saarbrücken 2006; *ders* Gewinnherausgabe im gewerblichen Rechtsschutz und Urheberrecht – Folgerungen aus der Entscheidung „Gemeinkostenanteil" GRUR 2003, 647; *ders* Beweissicherung nach Art 7 der Richtlinie zur Durchsetzung der Rechte des geistigen Eigentums GRUR 2005, 737; *Tilmann/Schreibauer* Die neueste BGH-Rechtsprechung zum Besichtigungsanspruch nach § 809 BGB – Anmerkungen zum Urteil des BGH „Faxkarte" GRUR 2002, 1015; *Tilmann/Schreibauer* Beweissicherung vor und im Patentverletzungsprozess, in Ahrens/Bornkamm/Gloy/Starck/von Ungern-Sternberg (Hrsg) Festschrift für Willi Erdmann zum 65. Geburtstag, Köln ua 2002, 901; *Torremans* Lucasfilm v Ainsworth IIC 2010, 751; *Ullmann* Wer sucht, der findet – Kennzeichenverletzung im Internet GRUR 2007, 633; *ders* Die Verwarnung aus Schutzrechten – mehr als eine Meinungsäußerung? GRUR 2001, 1027; *Ullrich* Patents and Standards – A Comment on the German Federal Su-preme Court Decision Orange Book Standard IIC 2010, 337; *von Ungern-Sternberg* Die Rechtsprechung des EuGH und des BGH zum Urheberrecht und zu den verwandten Schutzrechten im Jahre 2013 GRUR 2014, 209; *ders* Die Rechtsprechung des EuGH und des BGH zum Urheberrecht und zu den verwandten Schutzrechten im Jahre 2012 GRUR 2013, 248; *ders* Urheberrechtlicher Werknutzer, Täter und Störer im Lichte des Unionsrechts GRUR 2012, 576; *ders* Grundfragen des Klageantrags bei urheber- und wettbewerbsrechtlichen Unterlassungsklagen, Teil I GRUR 2011, 375, Teil II GRUR 2011, 486; *ders* Einwirkung der Durchsetzungsrichtlinie auf das deutsche Schadensersatzrecht GRUR 2009, 460; *Vollkommer/Huber* Neues Europäisches Zivilverfahrensrecht in Deutschland – Das Gesetz zur Verbesserung der grenzüberschreitenden Forderungsdurchsetzung und Zustellung NJW 2009, 110; *Walter/von Lewinski* European Copyright Law, Commentary, Oxford 2010; *Wandtke/Bullinger* Praxiskommentar zum Urheberrecht, 3. Aufl München 2009 (zit Wandtke/Bullinger/*Bearbeiter*); *Wandtke* Doppelte Lizenzgebühr im Urheberrecht als Modell für den Vermögensschaden von Persönlichkeitsrechtsverletzungen im Internet? GRUR 2000, 942; *Wedemeyer* Änderung von Werken der Baukunst – zu Ansprüchen des Urhebers, Festschrift für Henning Piper zum 65. Geburtstag, München 1996, 787; *Weisert* Rechtsprobleme der Schubladenverfügung WRP 2007, 504; *von Welser* Die Wahrnehmung urheberpersönlichkeitsrechtlicher Befugnisse durch Dritte, Berlin 2000; *Wenzel* Das Recht der Wort- und Bildberichterstattung, 5. Aufl Köln 2003; *Wiebe* Providerhaftung in Europa: Neue Denkanstöße durch den EuGH, Teil 1, WRP 2012, 1182, Teil 2 WRP 2012, 1335; *Wilmer* Überspannte Prüfpflichten für Host-Provider? – Vorschlag für eine Haftungsmatrix NJW 2008, 1845; *Zahn* Die Herausgabe des Verletzungsgewinnes, Köln ua 2005; *Zöller* Zivilprozessordnung, 30. Aufl Köln 2013; *Zöllner* Der Vorlage- und Besichtigungsanspruch im gewerblichen Rechtsschutz – Ausgewählte Probleme, insbesondere im Eilverfahren GRUR-Prax 2010, 74; *Zombik* Der Kampf gegen Musikdiebstahl im Internet ZUM 2006, 450.

Übersicht

§ 1 Einleitung

1 Ebenso wie das allgemeine Zivilrecht sieht das **Medienrecht** bei Verletzung bestimmter Rechtspositionen zivilrechtliche Ansprüche desjenigen vor, dessen Rechtsposition beeinträchtigt wurde. Trotz der Breite des Medienrechts, welches als **Querschnittsmaterie** eine Vielzahl unterschiedlicher Gesetze betrifft, gibt es viele Gemeinsamkeiten. So hat der Betroffene bei Verletzung von geschützten Rechten wie Persönlichkeitsrechten oder Urheberrechten eine Reihe von Ansprüchen, die unter anderem auf Unterlassung, Auskunft und Schadensersatz gerichtet sind. Diese zentralen Ansprüche und deren Durchsetzung werden an dieser Stelle besprochen. Neben diesen zentralen Ansprüchen sind in den einzelnen Spezialgesetzen eine Reihe weiterer Ansprüche geregelt, die hier nicht berücksichtigt werden. So kennt bspw das Äußerungsrecht, welches zum Teil in den Landespressegesetzen geregelt ist, einen – in der praktischen Relevanz kaum zu überschätzenden – Gegendarstellungsanspruch. Das Lauterkeitsrecht sieht im Gesetz gegen den unlauteren Wettbewerb (UWG) einen – praktisch wenig relevanten – Gewinnabschöpfungsanspruch vor. Diese Spezialansprüche werden in den jeweiligen Fachkapiteln erörtert.

2 Umfassende Neuerungen der einzelnen Ansprüche enthält die Richtlinie zur Durchsetzung der Rechte des geistigen Eigentums (Enforcement-RL).[1] Die Umsetzungsfrist dieser Richtlinie lief bereits Ende April 2006 ab. Die folgenden Ausführungen beruhen auf dem „Gesetz zur Verbesserung der Durchsetzung von Rechten geistigen Eigentums", das diese Richtlinie umgesetzt hat. Dieses Gesetz enthielt keine relevanten zeitlichen Übergangsbestimmungen.[2] Daher richtet sich die Frage, ob die durch das „Gesetz zur Verbesserung der Durchsetzung von Rechten geistigen Eigentums" geänderten oder neu begründeten Ansprüche auch für Rechtsverletzungen gelten,

1 RL 2004/48/EG zur Durchsetzung der Rechte des geistigen Eigentums.
2 BGH GRUR 2009, 515, 517 Rn 22 – Motorradreiniger.

die vor dem Inkrafttreten dieses Gesetzes begangen worden sind, nach den allgemeinen Vorschriften. Zu den allgemeinen Grundsätzen über die zeitliche Geltung von Gesetzen zählt der in Art 170 EGBGB kodifizierte allgemein anerkannte Grundsatz, dass vertragliche und gesetzliche Schuldverhältnisse wegen ihres Inhalts und ihrer Wirkung dem Recht unterstehen, das zur Zeit der Verwirklichung des Entstehungstatbestands gegolten hat. Die Frage, ob entsprechende Ansprüche bestehen, richtet sich nach dem zur Zeit der beanstandeten Handlung geltenden Recht. Ausgelöst durch den Referentenentwurf des Bundesjustizministeriums über das Gesetz zur Verbesserung der Durchsetzung von Rechten geistigen Eigentums[3] wurde in der Literatur gefordert, einen allgemeinen Teil der Rechte des geistigen Eigentums zu schaffen, in dem unter anderem die Rechtsfolgen der Verletzung einheitlich geregelt werden.[4] In der Tat legen die Gemeinsamkeiten, die nicht erst durch die Enforcement-RL, sondern zum Teil bereits durch das Produktpirateriegesetz im Jahre 1990 geregelt wurden, eine solche gemeinsame Behandlung nahe.[5] Gleichwohl setzte sich diese Idee nicht durch. Nachfolgend werden die Ansprüche erläutert, die sich aus der Verletzung von Immaterialgüterrechten ergeben. Die Vorschriften des Urheberrechtsgesetzes werden im Folgenden exemplarisch vorgestellt. Die Ausführungen gelten in weiten Teilen auch für die anderen Spezialgesetze zum Schutz geistigen Eigentums wie das Markengesetz, das Patentgesetz und das Gebrauchsmustergesetz.

3 Für die **Auslegung** der Ansprüche ist auf die Begründung zum Regierungsentwurf,[6] auf die Enforcement-RL[7] und ihre Erwägungsgründe[8] sowie auf die Art 41–61 TRIPs[9] zurückzugreifen. Nach der Rechtsprechung des EuGH unterliegen der Schutz der Rechte des geistigen Eigentums und die von den Gerichten hierzu getroffenen Maßnahmen nicht dem Gemeinschaftsrecht, soweit es sich um einen Bereich handelt, in dem die Gemeinschaft noch keine Rechtsvorschriften erlassen hat und der somit in die Zuständigkeit der Mitgliedstaaten fällt. Wird dagegen festgestellt, dass eine Gemeinschaftsregelung in dem betreffenden Bereich besteht, findet das Gemeinschaftsrecht Anwendung, was die Verpflichtung umfasst, soweit wie möglich eine dem TRIPs-Übereinkommen entsprechende Auslegung vorzunehmen.[10] Nach Meinung des EuGH ist das TRIPs-Übereinkommen insofern anwendbar, als es die Organe der Union und die Mitgliedstaaten bindet.[11] Einzelpersonen können sich allerdings nicht unmittelbar auf das TRIPs-Übereinkommen berufen, da diese nicht inhaltlich unbedingt und hinreichend genau seien.[12] Hinsichtlich der Normen, die auf zwingenden gemeinschaftsrechtlichen Vorgaben beruhen, ist das ihrer Umsetzung dienende innerstaatliche Recht nicht am Maßstab der deutschen Grundrechte durch das BVerfG zu prüfen, sondern unterliegt dem auf Gemeinschaftsebene gewährleisteten Grundrechtsschutz.[13] Bereits zuvor wurde die Richtlinie von der Rechtsprechung bei der Gesetzesauslegung berücksichtigt.[14] Nach ständiger Rechtsprechung des EuGH muss das nationale Recht der

---

3 Dieses Gesetz dient der Umsetzung der RL 2004/48/EG über die Durchsetzung der Rechte des geistigen Eigentums.

4 Vgl *Ahrens* GRUR 2006, 617; Riesenhuber/*Walter* 243, 285.

5 Gesetz zur Stärkung des Schutzes des geistigen Eigentums und zur Bekämpfung der Produktpiraterie (PrPG), BGBl 1990 I S 422; hierzu *Asendorf* NJW 1990, 1283.

6 Abgedr in BT-Drucks 16/5048.

7 Vgl Kommentierung der Enforcement-RL bei Walter/von Lewinski/*Walter/Graf* Enforcement Directive, 1193–1364.

8 Abgedr in ABl EG L 157 v 30.4.2004, 45 ff.

9 Das Übereinkommen über handelsbezogene Aspekte der Rechte des geistigen Eigentums (Trade-Related Aspects of Intellectual Property Rights) ist integraler Bestandteil des WTO-Übereinkommens v 15.4.1994; BGBl 1994 II S 1730.

10 EuGH GRUR 2008, 55, 56 – Merck Genéricos/Merck & Co Inc; EuGH GRUR Int 1998, 140 – Dior.

11 EuGH GRUR 2012, 593, 594 Rn 39 – SCF.

12 EuGH GRUR 2012, 593, 594 Rn 46 – SCF.

13 BVerfG GRUR 2007, 1064, 1066 – Kopierschutzumgehung.

14 BGH WRP 2006, 1377 Rn 41 – Restschadstoffentfernung.

Mitgliedstaaten richtlinienkonform ausgelegt werden.[15] Voraussetzung der richtlinienkonformen Auslegung ist, dass die in Rede stehende Bestimmung der Richtlinie inhaltlich unbedingt und hinreichend genau ist.

Der Inhalt der Ansprüche, die sich aus der Verletzung von Rechten des geistigen Eigentums 4 ergeben, bestimmt sich nach dem **Recht des Schutzlandes**. Nach Art 8 Abs 1 Rom-II-Verordnung[16] ist auf außervertragliche Schuldverhältnisse aus einer Verletzung von Rechten des geistigen Eigentums das Recht des Staates anzuwenden, für den der Schutz beansprucht wird. Art 8 Abs 1 des Verordnungsvorschlages verwies demgegenüber noch auf das Recht des Staates, „in dem" der Schutz beansprucht wird. Die Kommission verstand dies als Verweis auf die lex loci protectionis. Mit der neu formulierten Verweisung auf das Recht des Staates, „für den" der Schutz beansprucht wird, war keine inhaltliche Änderung beabsichtigt. Das Schutzlandprinzip entsprach schon vor seiner Kodifizierung durch den Gemeinschaftsgesetzgeber der in Deutschland überwiegend vertretenen Auffassung.[17] Umstritten war lediglich die Reichweite des Schutzlandprinzips, insb die – richtigerweise zu verneinende – Frage, ob auch die Erstinhaberschaft am Urheberrecht nach dem Recht des Schutzlandes bestimmt werden soll.[18] Nach Art 8 Abs 2 Rom-II-VO ist bei außervertraglichen Schuldverhältnissen aus einer Verletzung von gemeinschaftsweit einheitlichen Rechten des geistigen Eigentums auf Fragen, die nicht unter den einschlägigen Rechtsakt der Gemeinschaft – also der GMV[19] oder der GGV[20] – fallen, das Recht des Staates anzuwenden, in dem die Verletzung begangen wurde.[21] Bei Handlungen, die mehrere Staaten berühren, muss die Rechtsverletzung lokalisiert werden. Bei einem grenzüberschreitenden Vertrieb können die rechtswidrigen Verbreitungshandlungen in mehreren Staaten vorliegen.[22] Bei Angeboten im Internet reicht die bloße Abrufbarkeit nicht aus. Der EuGH lokalisiert die Online-Nutzung dort, wo gezielt Mitglieder der Öffentlichkeit angesprochen werden.[23] Anhaltspunkt kann unter anderem die Sprache des Internetauftritts sein.

Im Lauterkeitsrecht gilt demgegenüber das Marktortprinzip. Nach Art 6 Abs 1 Rom-II-Verordnung ist auf außervertragliche Schuldverhältnisse aus unlauterem Wettbewerbsverhalten das Recht des Staates anzuwenden, in dessen Gebiet die Wettbewerbsbeziehungen oder die kollektiven Interessen der Verbraucher beeinträchtigt worden sind oder wahrscheinlich beeinträchtigt werden. Bei der Werbung und beim Versand von Produkten aus dem EU-Ausland an Endverbraucher in Deutschland liegt der Marktort im Inland, weil dort die von diesem Handel ausgehenden Wirkungen auftreten.[24]

15 *Eisenkolb* GRUR 2007, 387.

16 Verordnung (EG) Nr 864/2007 des Europäischen Parlaments und des Rates v 11. 7. 2007 über das auf außervertragliche Schuldverhältnisse anzuwendende Recht (Rom II).

17 BGH GRUR 2009, 840, 841 Rn 17 – Le-Corbusier-Möbel II; BGH WRP 2007, 1219, 1222 Rn 24 – Wagenfeld-Leuchte; BGH GRUR 2007, 691, 692 – Staatsgeschenk; BGH GRUR 2004, 421, 422 – CD-Export; BGH GRUR 2003, 876, 877 – Sendeformat; BGH ZUM 2003, 955 – Hundertwasserhaus; BGH GRUR 2003, 328, 329 – Sender Felsberg; BGHZ 126, 252, 255 – Joseph Beuys; BGHZ 136, 380 – Spielbankaffaire; OLG München GRUR-RR 2010, 161 – Bronzeskulptur.

18 Vgl US Court of Appeals GRUR Int 1999, 639 – Itar-Tass; *Schack* Rn 1038; Büscher/Dittmer/Schiwy/*Obergfell* Vor §§ 120 ff. Rn 5; *Obergfell* IPRax 2005, 9, 13; *Ginsburg* GRUR Int 2000, 97, 107; Wandtke/Bullinger/*von Welser* Vor §§ 120 ff. UrhG Rn 11; *Drobnig* RabelsZ 40 (1976) 195, 197.

19 Verordnung (EG) Nr 207/2009 des Rates über die Gemeinschaftsmarke.

20 Verordnung (EG) Nr 6/2002 des Rates über das Gemeinschaftsgeschmacksmuster.

21 BGH GRUR 2010, 718, 722 Rn 60 – Verlängerte Limousinen.

22 BGH GRUR 2013, 62, 64 Rn 46 – Italienische Bauhausmöbel.

23 EuGH GRUR 2012, 1245, 1247 Rn 39 – Football Dataco.

24 Gemeinsamer Senat der obersten Gerichtshöfe des Bundes GRUR 2013, 417 – Medikamentenkauf im Versandhandel.

§ 2
Aktivlegitimation und Passivlegitimation

5 Die aus einer Rechtsverletzung folgenden Ansprüche richten sich gegen den Rechtsverletzer, also den Täter, Mittäter, Anstifter oder Gehilfen. Während Mittäter bei der Tat dergestalt zusammenwirken, dass sie sich die Tatbeiträge des jeweils anderen zurechnen lassen müssen, unterstützt der Gehilfe den Haupttäter bei dessen Tat. Für den Beihilfe leistenden Gehilfen handelt es sich um eine fremde Tat. Gleichwohl richten sich die zivilrechtlichen Ansprüche gegen Gehilfen ebenso wie gegen Täter. Darüber hinaus können sich einige Ansprüche – wie insb der Unterlassungsanspruch – auch gegen den Störer richten, der – ohne selbst Täter oder Teilnehmer zu sein – adäquat kausal zur Rechtsverletzung beiträgt. Schließlich gibt es auch Ansprüche, wie den neu geschaffenen Auskunftsanspruch gegen Provider, die sich gegen Dritte richten, ohne dass es auf deren Tatbeitrag ankäme.

I. Aktivlegitimation

1. Rechteinhaber

6 Aktivlegitimiert ist grds jeder, dessen geschützte Rechtsposition verletzt wird. Dies sind im Urheberrecht neben dem **Urheber** und dem Leistungsschutzberechtigten selbst grds auch deren **Rechtsnachfolger.** Nach dem Tod des Urhebers gehen die Rechte nach § 28 Abs 1 UrhG auf die Erben über. Der Urheber kann die Ausübung der Urheberrechte nach § 28 Abs 2 UrhG auch einem **Testamentsvollstrecker** übertragen.[25] Erteilt der Urheber eine ausschließliche Lizenz, so sind grds sowohl er als auch sein Lizenznehmer befugt, gegen Rechtsverletzungen Dritter vorzugehen.[26] Nach der Rechtsprechung ist derjenige, der eine ausschließliche Lizenz erteilt, auch nach Lizenzvergabe klagebefugt, sofern er von den Lizenzeinnahmen profitiert.[27] Daneben verbleibt das **Urheberpersönlichkeitsrecht** auch nach einer Lizenzvergabe beim Urheber. Die Verletzung der Urheberpersönlichkeitsrechte begründet ebenfalls Unterlassungs- und Schadensersatzansprüche.[28] Eine Klagebefugnis des **Lizenznehmers** ist durchaus keine Selbstverständlichkeit, wie § 30 Abs 3 MarkenG, § 31 Abs 3 DesignG und Art 32 Abs 3 GGVO zeigen. Sofern lizenzvertraglich nichts anderes geregelt ist, kann der Lizenznehmer an einer Marke oder einem Design aus der lizenzierten Marke oder dem lizenzierten Design nur mit Zustimmung des Rechtsinhabers vorgehen.[29] Nach § 30 Abs 4 MarkenG kann der Lizenznehmer einer vom Inhaber der Marke erhobenen Verletzungsklage beitreten.[30] § 30 Abs 4 MarkenG ist allerdings keine materiellrechtliche, sondern ausschließlich eine verfahrensrechtliche Vorschrift. Sie gibt dem Lizenznehmer insb keinen eigenen Schadensersatzanspruch. Einen Schadensersatzanspruch hat nach § 14 Abs 4 MarkenG nur der Markeninhaber. Den möglicherweise beim Lizenznehmer entstandenen Schaden kann der Markeninhaber allerdings im Wege der Drittschadensliquidation

---

25 Vgl KG GRUR 2006, 53 – Bauhaus-Glasleuchte II.

26 Dreier/Schulze/*Dreier* § 97 UrhG Rn 19; *Schack* Rn 531; *Haberstumpf* FS Schricker 2005, 309, 310 ff; *Stumpf/Groß* Rn 398; *Pahlow* GRUR 2007, 1001 ff.

27 BGH GRUR 1992, 697, 698 – ALF; BGH GRUR 1999, 984, 985 – Laras Tochter.

28 Vgl BGH GRUR 2002, 532 – Unikatrahmen; Schricker/Loewenheim/*Dietz* Vor §§ 12 ff. UrhG Rn 12a; *von Welser* 92 ff.

29 Vgl *Ingerl/Rohnke* § 30 MarkenG Rn 73, *Ruhl* Art 32 GGVO Rn 22; *Pahlow* GRUR 2007, 1001; *Steinbeck* GRUR 2008, 110, 112.

30 BGH GRUR 2007, 877, 879 – Windsor Estate.

im eigenen Namen geltend machen. Demgegenüber kann der Lizenznehmer nicht Leistung an sich, sondern nur an den Markeninhaber verlangen.[31]

2. Abtretung

Die Aktivlegitimation kann auch durch Abtretung von Ansprüchen begründet werden. Der Zessionar kann die Ansprüche des Zedenten durchsetzen. Allerdings ist dabei zu beachten, dass Unterlassungs- und Beseitigungsansprüche grds nicht ohne das zugrundeliegende Stammrecht übertragen werden können, da sie als unselbstständige Ansprüche der Verwirklichung und dem Schutz des Stammrechts dienen.[32] 7

3. Ermächtigung und gewillkürte Prozessstandschaft

Auch soweit Ansprüche nicht abtretbar sind, hindert dies eine Geltendmachung durch Dritte grds nicht. Grundlage hierfür ist die Ermächtigung nach § 185 Abs 1 BGB, die in der gewillkürten Prozessstandschaft ihr prozessuales Pendant findet.[33] Im Wege der gewillkürten Prozessstandschaft können auch urheberpersönlichkeitsrechtliche Ansprüche durchgesetzt werden.[34] Anders als bei der Abtretung wird der geltend zu machende Anspruch hier nicht vom Stammrecht abgespalten. Daher ist eine solche Ermächtigung auch bei unabtretbaren Ansprüchen zulässig.[35] Aufgrund der Ermächtigung kann der Erklärungsempfänger Rechtswirkungen in der Sphäre des Ermächtigenden durch Handlungen im eigenen Namen bewirken. Hier liegt auch der Unterschied zur Vollmacht, die ein Handeln des Erklärungsempfängers im fremden Namen voraussetzt. Die Vollmacht ist personenbezogen, die Ermächtigung hingegen gegenstandsbezogen. Die gewillkürte Prozessstandschaft setzt neben einer Ermächtigung ein eigenes wirtschaftliches Interesse des Prozessstandschafters voraus.[36] Ein solches kann sich bei Verwertungsgesellschaften aus dem Wahrnehmungsvertrag ergeben.[37] 8

II. Passivlegitimation

1. Täter und Teilnehmer

Passivlegitimiert ist grds derjenige, der als Täter oder Teilnehmer ein fremdes Recht verletzt. Dies kann grds auch schuldlos geschehen. Ob dem Verletzer ein Verschulden vorzuwerfen ist, spielt nur bei wenigen Ansprüchen – bspw beim Anspruch auf Schadensersatz – eine Rolle. Täter kann auch derjenige sein, der eine unbefugte Nutzungshandlung zwar nicht selbst vorgenommen hat, dem diese jedoch als eigene zuzurechnen ist, weil er sie veranlasst hat.[38] Wer durch sein eigenes Tun weder als Täter noch als Teilnehmer fremde Schutzrechte verletzt, kann 9

---

31 BGH GRUR 2007, 877, 880 – Windsor Estate; dagegen *Steinbeck* GRUR 2008, 110, 113.
32 OLG Hamburg ZUM 1999, 78, 80 – Spiegel CD-ROM; *von Welser* 100.
33 BGH GRUR 1994, 800, 801 – Museumskatalog.
34 BGH Urt v 16.5.2013, Az I ZR 28/12 Rn 25 – Beuys-Aktion; *Schack* Rn 565; eine entsprechende Befugnis eines Bühnenverlages auch ohne ausdrückliche Ermächtigung hält hingegen das KG für möglich KG NJOZ 2005, 4093 – Die Weber (Leitsätze abgedruckt in GRUR-RR 2006, 84).
35 BGH GRUR 2002, 248, 250 – SPIEGEL-CD-ROM; OLG Zweibrücken GRUR 1978, 546, 547 – Zirkusname; *von Welser* 104.
36 BGHZ 107, 384, 389 – Emil Nolde; BGHZ 119, 237, 242 – Universitätsemblem; OLG München ZUM 1997, 388, 390 – Schwarzer Sheriff; OLG München ZUM 1985, 448, 450 – Sammelbilder.
37 BGH Urt v 16.5.2013, Az I ZR 28/12 Rn 26 – Beuys-Aktion; *von Welser* 112.
38 KG GRUR-RR 2013, 204 – Foto-Nutzung.

als Störer auf Beseitigung und Unterlassung in Anspruch genommen werden, wenn er in irgendeiner Weise willentlich und adäquat kausal an der rechtswidrigen Beeinträchtigung mitgewirkt hat, sofern es ihm rechtlich und tatsächlich möglich sowie zumutbar war, die unmittelbare Rechtsverletzung zu verhindern. Keine Störerhaftung, sondern eine täterschaftliche Haftung liegt vor, wenn sich der Betreiber eines Internetportals urheberrechtlich geschütztes Material, das Dritte hochladen, zu eigen macht. Ein solches Zueigenmachen liegt nach Auffassung des Bundesgerichtshofes vor, wenn der Betreiber des Internetportals die eingestellten Inhalte vor ihrer Freischaltung auf Vollständigkeit und Richtigkeit überprüft.[39] Dies gilt auch dann, wenn für die Nutzer des Internetportals erkennbar ist, dass die Inhalte nicht vom Betreiber, sondern von Dritten stammen. Es kommt nach Auffassung der Rechtsprechung insb darauf an, wie die fremden Inhalte in die eigene Internetseite eingebunden werden. Ein Indiz dafür, dass sich der Portalbetreiber die Inhalte zu eigen macht, kann auch darin liegen, dass er sich umfassende Nutzungsrechte an den fremden Inhalten einräumen lässt und Dritten anbietet, diese Inhalte kommerziell zu nutzen. Unter Anwendung dieser, vom Bundesgerichtshof entwickelten, Kriterien hat die 8. Zivilkammer des Landgerichts Hamburg eine täterschaftliche Haftung der Betreiberin der Internetseite Youtube angenommen.[40] Im April 2012 hatte die 10. Zivilkammer des Landgerichts Hamburg in dem Rechtsstreit GEMA vs Youtube hingegen eine solche Täterhaftung abgelehnt.[41] Aus Sicht der Rechtsinhaber ist dieses von der GEMA erstrittene Urteil ein Rückschritt.

2. Störer

10 **a) Ausgangspunkt.** Von erheblicher praktischer Bedeutung ist die Frage, ob und inwieweit jemand für Rechtsverstöße haftet, die ein Dritter begeht und zu denen er – ohne Täter oder Teilnehmer zu sein – willentlich und adäquat kausal beiträgt. Dabei kann als Mitwirkung auch die Unterstützung oder Ausnutzung der Handlung eines eigenverantwortlich handelnden Dritten genügen, sofern der in Anspruch Genommene die rechtliche Möglichkeit zur Verhinderung dieser Handlung hatte. Diese Frage hat die Rechtsprechung in der Vergangenheit bspw in Bezug auf die Haftung von **Presseunternehmen** für urheberrechtsverletzende Anzeigenwerbung beschäftigt. In Bezug auf das in § 95a Abs 3 Nr 1 UrhG geregelte Werbeverbot hat das BVerfG die Störerhaftung als eine schwierige und von der höchstrichterlichen Rechtsprechung bislang ungeklärte Frage bezeichnet.[42] In Bezug auf Internetangebote, die es jedermann ermöglichen, Inhalte hochzuladen, hat dieser Problemkreis eine besondere aktuelle Relevanz erhalten. Dabei kann diese Frage bspw bei **Internetauktionshäusern**, auf deren Seiten markenverletzende Plagiate angeboten werden, ebenso relevant werden wie bei **Internetforen**, auf denen persönlichkeitsverletzende Behauptungen aufgestellt werden oder bei Internetseiten, auf denen Nutzer Musik, Fotos oder kurze Filmsequenzen hochladen können.

11 Als Ausgangspunkt betont die Rechtsprechung, dass die Störerhaftung nicht über Gebühr auf Dritte, die nicht selbst die rechtswidrige Handlung vorgenommen haben, erstreckt werden darf. Die Bejahung der Störerhaftung Dritter setzt deshalb die **Verletzung von Prüfungspflichten** voraus.[43]

39 BGH GRUR 2010, 616, 618 – marions-kochbuch.de.
40 LG Hamburg BeckRS 2010, 21389 – Sarah Brightman vs Youtube.
41 LG Hamburg ZUM 2012, 596 – GEMA vs Youtube.
42 BVerfG GRUR 2007, 1064, 1066 – Kopierschutzumgehung.
43 BVerfG GRUR 2012, 601 – Leuchtturm und 99 Luftballons; BGH GRUR 2013, 1229 – Kinderhochstühle im Internet II; BGH GRUR 2013, 751 – Autocomplete-Funktion: BGH GRUR 2012, 311 – Blog-Eintrag; BGH GRUR 2001, 529, 431 – Herz-Kreislauf-Studie; BGH GRUR 1999, 418, 419 – Möbelklassiker; BGH GRUR 1995, 751, 752 – Schlussverkaufs-

Wer nur durch Einsatz organisatorischer oder technischer Mittel an der von einem anderen vorgenommenen urheberrechtlichen Nutzungshandlung beteiligt war, muss demgemäß, wenn er als Störer in Anspruch genommen wird, ausnahmsweise einwenden können, dass er im konkreten Fall nicht gegen eine Pflicht zur Prüfung auf mögliche Rechtsverletzungen verstoßen hat. So kann er insb geltend machen, dass ihm eine solche Prüfung nach den Umständen überhaupt nicht oder nur eingeschränkt zumutbar war. Bei Produkten, die nicht nur rechtmäßig, sondern auch rechtswidrig verwendet werden können (Dual-Use), hängt die Störerhaftung davon ab, ob der rechtsverletzende Gebrauch des Produkts durch selbstständig handelnde Dritte bei objektiver Betrachtung nicht außerhalb aller Wahrscheinlichkeit liegt und ob dem als Störer in Anspruch Genommenen eine Haftung billigerweise zugemutet werden kann.[44] Hatte der als Störer in Anspruch Genommene gezielt damit geworben, dass ein Produkt für eine bestimmte urheberrechtswidrige Handlung verwendet werden kann, ist es ihm zuzumuten, zu prüfen, ob die von ihm damit geschaffene Gefahr von Rechtsverletzungen fortbesteht. Er ist dann verpflichtet, von einem Inverkehrbringen der Software abzusehen, solange diese Gefahr nicht ausgeräumt ist.[45]

b) Bereiche/Branchen. (aa) Presse. Eine Störerhaftung im Zeitungs- und Zeitschriftengewerbe hinsichtlich des Anzeigengeschäfts bejaht die Rechtsprechung nur unter besonderen Voraussetzungen. Um die tägliche Arbeit von Presseunternehmen nicht über Gebühr zu erschweren und die Verantwortlichen nicht zu überfordern, obliegt diesen keine umfassende Prüfungspflicht. Vielmehr haftet ein Presseunternehmen für die Veröffentlichung wettbewerbswidriger oder schutzrechtsverletzender **Werbeanzeigen** nur im Fall grober, unschwer zu erkennender Verstöße.[46] Insb bei Schutzrechten, deren Prüfung sowohl in tatsächlicher als auch in rechtlicher Hinsicht Kenntnisse erfordert, über die das Presseunternehmen typischerweise nicht verfügt, lässt sich das Bestehen einer Prüfungspflicht und deren Verletzung in aller Regel nicht bejahen. 12

Dabei ist zu berücksichtigen, dass der an der Zumutbarkeit orientierte Umfang der Prüfungspflicht verschieden sein kann, je nachdem, ob es sich lediglich um eine Kleinanzeige oder um ein ganzseitiges, entsprechend teures Inserat handelt. War mit Blick auf die redaktionelle Gestaltung der einzelnen im Inserat wiedergegebenen Artikel ohnehin eine eingehendere Prüfung angezeigt, kann sich ein Verlag bspw nicht ohne weiteres darauf berufen, dass es sich bei den Verboten des Heilmittelwerbegesetzes um wenig bekannte Detailregelungen handelt.[47] Grds treffen den Verleger im Fall von Werbeanzeigen keine besonderen Nachforschungspflichten. Denn „unschwer" ist ein Rechtsverstoß in aller Regel nur dann zu erkennen, wenn er aus sich heraus – also bspw unter Berücksichtigung des Anzeigeninhalts und gegebenenfalls unter Einbeziehung sonstiger beim Verleger vorhandenen Informationen – ersichtlich ist.[48] Weitergehende Nachforschungen sind nach Auffassung der Rechtsprechung im Hinblick auf den Charakter des Anzeigengeschäfts als Massenverfahren, der in der Regel nur geringen wirtschaftlichen Bedeutung der einzelnen Anzeigen für das Presseunternehmen und der regelmäßigen Eilbedürftigkeit der Vorbereitung und Ausführung des Anzeigenauftrags grds nicht zumutbar. Der Verlag ist in aller Regel auch nicht etwa gehalten, von einem Anzeigenkunden die Vorlage von Belegen für ein behauptetes Lizenzrecht einzufordern. Ein derartiges in der Regel rechtlich nicht einfa- 13

werbung II; BGH GRUR 1973, 203, 204 – Badische Rundschau; OLG Stuttgart Urt v 2.10.2013, Az 4 U 78/13 – Wikipedia.

44 BGH GRUR 2009, 841, 843 Rn 20 – Cybersky.

45 BGH GRUR 2009, 841, 843 Rn 20 – Cybersky; *von Ungern-Sternberg* GRUR 2010, 386, 391.

46 BGH GRUR 1997, 313, 316 – Architektenwettbewerb; BGH GRUR 1999, 418, 420 – Möbelklassiker.

47 BGH GRUR 2001, 529, 431 – Herz-Kreislauf-Studie.

48 KG NJOZ 2005, 1094, 1096 – Comicfigur.

ches und zeitlich aufwendiges Prüfungsverfahren ist mit dem Charakter des Anzeigengeschäfts eines Presseverlages nicht vereinbar. Denn regelmäßig ist insoweit eine Kette von Rechtsübertragungen eingehend zu prüfen.[49]

14 **(bb) Internet.** Von besonderer Bedeutung ist die Frage der Störerhaftung im Online-Bereich. Bei der Tätigkeit von Internetprovidern ergibt sich besonders häufig die Frage, unter welchen Voraussetzungen diese für Handlungen Dritter haftbar gemacht werden können.[50] Die Rechtsprechung hatte sich schon häufig mit der Frage zu beschäftigen, ob und wieweit Internetauktionshäuser für Rechtsverletzungen bei Fremdversteigerungen haften. In aller Regel werden Angebote durch den Versteigerer in einem automatischen Verfahren – also ohne inhaltliche Überprüfung – ins Internet gestellt. Nach Auffassung des BGH können Internetauktionshäuser unter bestimmten Voraussetzungen als Störer für Immaterialgüterrechtsverletzungen haften.[51]

15 Nach der älteren Rechtsprechung des BGH wurde der Unterlassungsanspruch grds nicht dadurch ausgeschlossen, dass das **Telemediengesetz** (TMG) nur eine eingeschränkte Haftung für bestimmte **Provider** vorsieht.[52] §§ 7–10 TMG regeln die Verantwortlichkeit von Providern. Der BGH wendete § 10 TMG allerdings zunächst nicht auf Unterlassungsansprüche an.[53] Die Haftungsprivilegierung in § 10 TMG sollte vielmehr allein für die strafrechtliche Verantwortlichkeit und die Schadensersatzhaftung gelten.[54] Dies schloss der BGH aus dem Wortlaut des § 10 TMG, nach dem der Diensteanbieter grds nur bei positiver Kenntnis – im Falle von Schadensersatzansprüchen allerdings auch bei fahrlässiger Unkenntnis – haftet. Fielen Unterlassungsansprüche in den Anwendungsbereich des § 10 TMG, so würden an diese – systemwidrig – höhere Anforderungen als an Schadensersatzansprüche gestellt. Demgegenüber geht der EuGH davon aus, dass die dem § 10 TMG zugrundeliegende Regelung in Art 14 E-Commerce-RL[55] einschränkungslos anwendbar ist.[56] Der EuGH verweist in diesem Zusammenhang auf den 42. Erwägungsgrund der E-Commerce-RL, nach dem die in der E-Commerce-RL hinsichtlich der Verantwortlichkeit festgelegten Ausnahmen nur die Fälle erfassen, in denen die Tätigkeit des Anbieters von Diensten der Informationsgesellschaft „rein technischer, automatischer und passiver Art" ist.[57] Art 14 E-Commerce-RL ist danach im Hinblick auf den Anbieter eines Internetreferenzdienstes wie bspw Google anwendbar, wenn dieser keine aktive Rolle gespielt hat, die ihm eine Kenntnis der gespeicherten Daten oder eine Kontrolle über sie verschaffen konnte.[58] Hat dieser Anbieter keine derartige Rolle gespielt, kann er für die Daten, die er auf Anfrage eines Werbenden gespeichert

---

49 KG NJOZ 2005, 1094, 1096 – Comicfigur.

50 Vgl *Schack* Rn 684a ff; *Leistner* GRUR 2006, 801 ff; *Ott* GRUR Int 2007, 14 ff; zur Störerhaftung in den Vereinigten Staaten *Spindler/Leistner* GRUR Int 2005, 773 ff; *Bartholomew/Tehranian* Berkeley Technology Law Journal 2006, 1363 ff; *Landes/Lichtman* Harvard Journal of Law and Technology 2003, 395 ff.

51 BGH GRUR 2004, 860 – Internet-Versteigerung I; BGH GRUR 2007, 708 – Internet-Versteigerung II; BGH GRUR 2008, 702 – Internetversteigerung III.

52 Vgl Wandtke/Bullinger/*von Welser* § 44a UrhG Rn 15.

53 Der erste Leitsatz der BGH-Entscheidung Internet-Versteigerung II lautete wie folgt: „Die Unanwendbarkeit des Haftungsprivilegs gem § 10 S 1 TMG (= § 11 S 1 TDG 2001) auf Unterlassungsansprüche gilt nicht nur für den auf eine bereits geschehene Verletzung gestützten, sondern auch für den vorbeugenden Unterlassungsanspruch (Fortführung von BGHZ 158, 236, 246 ff – Internet-Versteigerung I)" (abgedruckt in GRUR 2007, 708).

54 BGH GRUR 2008, 702 – Internet-Versteigerung III; BGH GRUR 2007, 708, 710 – InternetVersteigerung II; BGH GRUR 2007, 890, 892 – Jugendgefährdende Medien bei eBay; BGH GRUR 2007, 724, 725 – Meinungsforum.

55 RL 2000/31/EG des Europäischen Parlaments und des Rates v 8.6.2000 über bestimmte rechtliche Aspekte der Dienste der Informationsgesellschaft, insb des elektronischen Geschäftsverkehrs.

56 EuGH GRUR 2010, 445, 450 ff – Google und Google France.

57 EuGH GRUR 2010, 445, 451 Rn 113 – Google und Google France.

58 EuGH GRUR 2010, 445, 451 Rn 114 – Google und Google France; EuGH GRUR 2011, 1025 Rn 113 – L'Orèal/eBay; BGH GRUR 2013, 1229, 1232 Rn 37 – Kinderhochstühle im Internet II.

hat, nicht zur Verantwortung gezogen werden, es sei denn, er hat die Informationen nicht unverzüglich entfernt oder den Zugang zu ihnen gesperrt, nachdem er von der Rechtswidrigkeit dieser Informationen oder Tätigkeiten des Werbenden Kenntnis erlangt hat.[59] Ein Internet Service Provider kann sich nicht auf die in Art 14 E-Commerce-RL vorgesehene Ausnahme berufen, wenn er sich etwaiger Tatsachen oder Umstände bewusst war, auf deren Grundlage ein sorgfältiger Wirtschaftsteilnehmer die Rechtswidrigkeit der fraglichen Verkaufsangebote hätte feststellen müssen und er, falls ein solches Bewusstsein gegeben war, nicht unverzüglich tätig geworden ist.[60] Auch der I. Zivilsenat des BGH hatte seine Rechtsprechung daraufhin geändert. In seiner Entscheidung „Vorschaubilder" erwähnt der I. Zivilsenat des BGH die Möglichkeit einer Haftungsbeschränkung durch Art 14 E-Commerce-RL, ohne allerdings § 10 TMG zu nennen.[61] In weiteren Entscheidungen weist der I. Zivilsenat des BGH auf die Möglichkeit einer Haftungsprivilegierung nach § 10 TMG bei Unterlassungsansprüchen hin.[62] Eine Haftungsprivilegierung nach § 10 TMG scheidet aus, wenn es um eigene Inhalte des Diensteanbieters geht, etwa die Suchvorschläge bei der Suchwortergänzungsfunktion-Funktion von Google.[63] Demgegenüber geht der VI. Zivilsenat des BGH davon aus, dass die Haftungsbeschränkung des § 10 S 1 TMG nicht für Unterlassungsansprüche gilt.[64]

Nach Auffassung des BGH ist es einem Unternehmen, das im Internet eine Plattform für 16
Fremdversteigerungen betreibt, grds nicht zuzumuten, jedes Angebot vor Veröffentlichung im Internet auf eine mögliche Rechtsverletzung hin zu untersuchen, da diese Verpflichtung das gesamte Geschäftsmodell in Frage stellen würde.[65] Sofern das Unternehmen allerdings auf eine klare Rechtsverletzung hingewiesen wurde, muss es nicht nur das konkrete Angebot unverzüglich sperren, sondern auch Vorsorge treffen, dass es möglichst nicht zu weiteren derartigen Schutzrechtsverletzungen kommt. Zur Auffindung von Rechtsverletzungen können sich Unternehmen bspw einer Filtersoftware bedienen, die durch Eingabe von Suchbegriffen Verdachtsfälle aufspürt, die gegebenenfalls manuell überprüft werden müssen. Ähnlich wie die Haftung für rechtswidrige Anzeigen beurteilt die Rechtsprechung die Haftung für die Setzung eines Hyperlinks auf ein rechtwidriges Angebot. Die Verantwortlichkeit des Pressunternehmens ist begrenzt, sofern der Hyperlink nur zur Ergänzung eines redaktionellen Artikels gesetzt wird. Allein aus dem Setzen eines Hyperlinks lässt sich nicht der Vorwurf konstruieren, das Unternehmen mache sich den Inhalt des durch den Hyperlink leichter zugänglich gemachten Internetauftritts in irgendeiner Weise zu eigen.[66]

c) Rechtsprechung zur Störerhaftung. Die Rechtsprechung hatte in den vergangenen 17
Jahren häufig Gelegenheit, die Grundsätze zur Störerhaftung schärfer zu konturieren. Anlass hierfür waren typischerweise Internetsachverhalte. Dabei finden sich teilweise Tendenzen, die ausufernde Störerhaftung einzuschränken. Anknüpfungspunkt für die Einschränkung ist in aller Regel die Zumutbarkeit der Prüfungspflicht.[67]

59 Das Entfallen des Haftungsprivilegs des Art 14 E-Commerce-Richtlinie begründet freilich noch keine Vorentscheidung für die Einordnung einer Handlung als täterschaftlich; BGH GRUR 2013, 1229, 1231 Rn 30 – Kinderhochstühle im Internet II.
60 EuGH GRUR 2011, 1025, 1033 Rn 124 – L'Orèal/eBay.
61 BGH GRUR 2010, 628, 633 Rn 39 – Vorschaubilder; hierzu *Spindler* GRUR 2010, 785; *Ohly* GRUR 2010, 776, 784.
62 BGH GRUR 2010, 633, 635 Rn 24 – Sommer unseres Lebens; BGH GRUR 2013, 1030, 1033 Rn 44 – File-Hosting-Dienst; vgl auch BGH GRUR 2013, 1229 – Kinderhochstühle im Internet II.
63 BGH GRUR 2013, 751, 752 Rn 20 – Autocomplete-Funktion.
64 BGH GRUR 2012, 751, 752 Rn 9 – RSS-Feeds; BGH GRUR 2012, 311, 312 f. Rn 19 – Blog-Eintrag.
65 BGH GRUR 2004, 860, 864 – Internet-Versteigerung; *Ullmann* GRUR 2007, 633, 639.
66 BGH GRUR 2004, 693, 696 – Schöner Wetten.
67 BGH GRUR 2007, 708, 712 – Internet-Versteigerung II; OLG Köln MMR 2007, 786 – Rapidshare; OLG Frankfurt GRUR-RR 2008, 73 – Filesharing durch Familienangehörige.

18 **(aa) Internet-Versteigerung.** Umfangreiche Rechtsprechung existiert zum Thema Haftung bei Internetversteigerungen. Eine nicht unerhebliche Einschränkung der Prüfungspflichten hat der BGH vorgenommen.[68] In der Entscheidung „Internet-Versteigerung II" hatte der BGH darauf hingewiesen, dass die Grenze des Zumutbaren dann erreicht sei, wenn keine Merkmale vorhanden seien, die sich zur Eingabe in ein entsprechendes Suchsystem eigneten.[69] Gerade bei Verstößen gegen das Urheberrecht wird es häufig an entsprechenden Merkmalen fehlen. Bei Markenverletzungen in Online-Auktionen hingegen eignen sich die Markennamen typischerweise besonders gut für solche Suchsysteme. Diese für Provider vorteilhafte **Konkretisierung der Prüfungspflichten** bei Fehlen von für die Eingabe in Suchsysteme geeigneten Merkmalen wird an anderer Stelle dadurch wieder aufgehoben, dass die Anforderungen an ein Unterlassungsurteil niedrig gesetzt werden. Der BGH wies in den beiden genannten Entscheidungen ausdrücklich darauf hin, dass der Umstand, dass eine lückenlose Vorabkontrolle, die sämtliche Rechtsverletzungen sicher erkennt, technisch nicht möglich sei, eine Verurteilung zur Unterlassung nicht hindere, da auch im Falle einer Verurteilung zur Unterlassung (im Erkenntnisverfahren) die Betreiber des Auktionshauses für Zuwiderhandlungen (im Vollstreckungsverfahren) nur haftbar zu machen seien, wenn sie ein Verschulden nach § 890 ZPO treffe.[70] Für Rechtsverletzungen, die sie in einem Filterverfahren nicht erkennen können, träfe sie kein Verschulden.[71] Die Prüfungspflicht des Unternehmens kann der Rechteinhaber bspw durch ein substantiiertes Hinweisschreiben begründen.[72] Dieses muss die erforderlichen Kenntnisse vermitteln und den Adressaten in die Lage versetzen, mit sachgerechten Kontrollmaßnahmen zu reagieren.[73] Der Hinweis muss so konkret gefasst sein, dass der Adressat den Rechtsverstoß unschwer feststellen kann. Dabei hängt das Ausmaß des insoweit vom Betreiber zu verlangenden Prüfungsaufwands von den Umständen des Einzelfalls ab, insbesondere vom Gewicht der angezeigten Rechtsverletzungen auf der einen und den Erkenntnismöglichkeiten des Betreibers auf der anderen Seite.[74] Da die Prüfungspflicht durch ein solches Schreiben allerdings erst begründet wird, darf dieses nicht als Abmahnschreiben mit Aufforderung zur Abgabe einer strafbewehrten Unterlassungserklärung verfasst werden, will sich der Rechteinhaber nicht dem Vorwurf einer unbegründeten Schutzrechtsverwarnung und damit eines Eingriffes in den eingerichteten und ausgeübten Gewerbebetrieb des Presseunternehmens aussetzen. Bei einem erneuten Verstoß kann dann ein Abmahnschreiben versandt werden.

19 **(bb) Rapidshare.** Eine Reihe von Urteilen beschäftigte sich mit der Haftung des **Webhosting-Diensteanbieters Rapidshare.**[75] Die Gerichte hatten über die Verantwortlichkeit der Betreiberin der Internetseite „www.rapidshare. com" und den Umfang der gesetzlichen Prüf- und Kontrollpflichten zu entscheiden. Die Anbieterin der Website „www.rapidshare.com" stellte ihren Nutzern Speicherkapazität zur Verfügung. Die Nutzer konnten dort beliebige Inhalte ablegen und erhielten dann einen Download-Link, den sie öffentlich zugänglich machen konnten.

---

68 BGH GRUR 2013, 1229, 1231 Rn 34 ff – Kinderhochstühle im Internet II; BGH GRUR 2011, 1038 – Stiftparfüm; BGH GRUR 2008, 702 – Internet-Versteigerung III; BGH GRUR 2007, 708 – Internet-Versteigerung II.
69 BGH GRUR 2007, 708, 712 – Internet-Versteigerung II.
70 Gegen eine solche Verlagerung der Fragen ins Vollstreckungsverfahren *Leible/Sosnitza* NJW 2007, 3324, 3326.
71 BGH GRUR 2008, 702, 706 Rn 53 – Internet-Versteigerung III.
72 Vgl BGH GRUR 2007, 708 – Internet-Versteigerung II.
73 OLG Hamburg ZUM-RD 2010, 466, 467 – Abmahnung ohne Bilder.
74 BGH GRUR 2011, 1038 – Stiftparfüm.
75 BGH MMR 2013, 185 – Alone in the Dark; BGH Urt v 15.8.2013 – I ZR 80/12 – File-Hosting-Dienst; OLG Köln MMR 2007, 786 – Rapidshare; OLG Hamburg MMR 2008, 823 – Rapidshare I; OLG Hamburg MMR 2010, 51 – Rapidshare II; OLG Düsseldorf MMR 2010, 483 – Rapidshare; OLG Düsseldorf ZUM-RD 2010, 599; *Obergfell* NJW 2013, 1995; *von Ungern-Sternberg* GRUR 2014, 209, 220.

Die Anbieterin führte kein Verzeichnis über die Dateien. Sie teilte ihren Nutzern lediglich die genaue Adresse der jeweiligen Datei in der Form eines Download-Links mit. Über die Bekanntgabe dieses Links entschied allein der die Datei hochladende Nutzer. Mit Hilfe von derartigen Links wurden allerdings auf anderen, im Ausland betriebenen Internetseiten, Verzeichnisse geführt, über die nach einzelnen Dateien recherchiert werden kann und die dann direkt auf die Dateien bei „www.rapidshare.com" verlinken.

Eine der ersten Entscheidungen zur Zulässigkeit des Geschäftsmodells von Rapidshare traf 20
das Oberlandesgericht Köln.[76] Nachdem das LG Köln auf Antrag der GEMA gegen die Betreiberin eine auf Unterlassung gerichtete einstweilige Verfügung erlassen hatte, beschränkte das OLG die der Betreiberin im Rahmen der Störerhaftung obliegenden Prüfungspflichten auf solche Urheberrechtsverletzungen, die dieser von den Rechtsinhabern nach konkreter Abmahnung der einzelnen Titel genannt und die sie in denjenigen Linklisten, auf die sie selber verweise, aufdecken und unterbinden könne. Dementsprechend sei die Betreiberin zu einer regelmäßigen Überprüfung der Linklisten verpflichtet. Das Landgericht meinte, dass ein Webhosting-Diensteanbieter, der Kenntnis davon erlangt hat, dass über seinen Dienst urheberrechtlich geschützte Werke zum Download bereitgehalten werden, generell im Rahmen des technisch und wirtschaftlich Möglichen und Zumutbaren verpflichtet sei, dafür Vorsorge zu treffen, dass diese Werke auch zukünftig nicht über seinen Dienst zugänglich gemacht werden.[77] Die Prüfungspflicht umfasse auch fremde Internetangebote, welche es ermöglichen, über den Dienst abrufbare Dateien aufzufinden. Nach dem sehr weitreichenden **Tenor der landgerichtlichen Entscheidung** sollte es die Betreiberin unterlassen, *„die Musikwerke ... über ihr Internetangebot www...com öffentlich zugänglich zu machen"*. Demgegenüber sah der **Tenor der oberlandesgerichtlichen Entscheidung** das Verbot vor, *„die Musikwerke ... als Datei ihres Internetangebotes www...com öffentlich zugänglich zu machen, wenn das jeweilige Musikwerk über einen zu der Datei führenden Link der unter www... und/oder www... ansteuerbaren Link-Sammlung abgerufen werden kann"*.

In Fällen dieser Art ist entscheidend, welche **technischen Möglichkeiten** dem Betreiber ei- 21
ner Plattform zur Verfügung stehen, um Verstöße in der Zukunft abzustellen. Nach Auffassung des Oberlandesgerichts Köln steht der Eignung sämtlicher an das Hochladen (Upload) anknüpfender automatischer Systeme der Umstand entgegen, dass mit dem Hochladen ebenso gut ein legaler Zweck – nämlich die Erstellung einer Privatkopie – verfolgt werden könne.[78] Auch an geeigneten technischen Möglichkeiten, die bei Dateien mit urheberrechtlich geschützten Inhalten eine Weitergabe des Download-Links unterbinden könnten, ohne dass die Betreiberin damit zugleich gegen ihre vertraglichen oder gesetzlichen Verpflichtungen gegenüber legalen Nutzern ihres Dienstes verstoßen würde, wird es regelmäßig fehlen. Als Prüfungsmöglichkeit verblieb danach allein die manuelle Kontrolle einschlägiger Link-Sammlungen. Solche Link-Sammlungen zeichnen sich dadurch aus, dass eine Aufbereitung der dort erfassten Download-Links durch bestimmte Ordnungs- oder Suchfunktionen stattfindet, sodass hierüber mehr oder weniger gezielt nach Dateien eines bestimmten Inhalts gesucht werden kann. Nach Ansicht des Oberlandesgerichts Köln war es der Betreiberin zuzumuten, von dieser Überprüfungsmöglichkeit in Bezug auf die in der vorherigen Abmahnung der GEMA genannten Werke Gebrauch zu machen. Sharehoster, die Server zur Verfügung stellen, auf denen Kunden Dateien hochladen und speichern können, die mit Hilfe eines Download-Links, den die Kunden auch an Dritte weitergeben können, abgerufen oder anderweitig gespeichert werden können, sind also nicht eo ipso Täter oder Teilnehmer dabei vorkommender Urheberrechtsverletzungen. Dies gilt zumindest dann,

76 OLG Köln MMR 2007, 786 – Rapidshare.
77 LG Köln ZUM 2007, 568 – Rapidshare.
78 OLG Köln MMR 2007, 786, 788 – Rapidshare.

wenn kein Verzeichnis der auf dem Server gespeicherten Daten angeboten wird.[79] Eine strengere Haltung hat das OLG Hamburg eingenommen.[80] Nach Auffassung des Oberlandesgerichts Hamburg kann ein Geschäftsmodell, das auf Grund seiner Struktur durch die Möglichkeit des anonymen Hochladens von Dateien der massenhaften Begehung von Urheberrechtsverletzungen wissentlich Vorschub leistet, von der Rechtsordnung nicht gebilligt werden.[81] Hinsichtlich des identifizierbaren Nutzerkreises, der schon in der Vergangenheit Rechtsverletzungen begangen hat, ist dem Betreiber nach Meinung des Oberlandesgerichts Hamburg eine konkrete inhaltliche Überprüfung des Inhaltes von Dateien bereits vor oder jedenfalls während des Hochladens abzuverlangen. Dieser grundsätzlichen Ablehnung des Geschäftsmodells ist das Oberlandesgericht Düsseldorf mit beachtlichen Gründen entgegengetreten.[82] Nach Auffassung des Bundesgerichtshofes muss ein Sharehoster nach Hinweisen auf klare Rechtsverletzungen im Rahmen des technisch und wirtschaftlich Zumutbaren verhindern, dass derselbe oder andere Nutzer das ihm konkret benannte, urheberrechtlich geschützte Werk Dritten erneut über seine Server anbieten.[83] Soll eine Störerhaftung vermieden werden, so ist es nach Meinung des Bundesgerichtshofes zumutbar, einschlägige Linksammlungen manuell darauf zu überprüfen, ob sie Verweise auf bestimmte urheberrechtsverletzende Dateien enthalten.[84] Die Prüfpflichten bestehen in Bezug auf jedes Werk, hinsichtlich dessen dem Sharehoster eine klare Rechtsverletzung angezeigt worden ist.[85] Sie verringern sich nicht schon deswegen, weil er auf eine große Zahl von Verletzungen hingewiesen worden ist. In dem vom Bundesgerichtshof entschiedenen Fall nahm dieser eine Prüfungspflicht bei dem Öffentlich-Zugänglichmachen von über 4.800 Musiktiteln an.[86] Nach Auffassung des Oberlandesgerichts Hamburg kann aus der ursprünglichen Störerhaftung eine Gehilfenhaftung werden, wenn der Sharehoster vom Rechteinhaber auf die Verletzung hingewiesen wurde, sich aber hartnäckig weigert, die entsprechende Datei zu entfernen.[87]

22 **(cc) Usenet.** Auch das Usenet hat die Rechtsprechung immer wieder beschäftigt.[88] Das Usenet ist ein dezentral organisiertes Netz aus Servern, das ursprünglich für den Austausch von Textnachrichten geschaffen wurde, inzwischen allerdings für den Austausch unterschiedlichster Dateien genutzt wird. Im Usenet werden die Dateien zunächst nicht vollständig auf sämtlichen Servern gespeichert, sondern lediglich die sogenannten Header der Nachrichten. Erst wenn ein Nutzer den Header einer Nachricht auswählt, so ruft der Newsserver des Providers den Nachrichteninhalt von den Newsservern eines anderen Unternehmens ab, liefert diesen an den Nutzer und nimmt eine zeitlich begrenzte Zwischenspeicherung vor.

23 In eine ähnliche Richtung wie die Rapidshare-Entscheidung des Oberlandesgerichts Köln geht die Usenet-Entscheidung des Oberlandesgerichts Düsseldorf.[89] Ein Tonträgerhersteller hatte einen Usenet-Provider auf Unterlassung in Anspruch genommen, da über einen Server eine Musikaufnahme aus dem Repertoire des Tonträgerherstellers abgerufen werden konnte. Der

79 OLG Köln MMR 2007, 786 – Rapidshare.
80 OLG Hamburg MMR 2008, 823 – Rapidshare I; OLG Hamburg MMR 2010, 51 – Rapidshare II; krit hierzu *Breyer* MMR 2009, 14.
81 OLG Hamburg MMR 2010, 51 – Rapidshare II.
82 OLG Düsseldorf MMR 2010, 483 – Rapidshare.
83 BGH MMR 2013, 185 – Alone in the Dark.
84 Krit hierzu *Hoeren* MMR 2013, 188, 189.
85 BGH Urt v 15.8.2013 – I ZR 80/12 – File-Hosting-Dienst.
86 BGH Urt v 15.8.2013 – I ZR 80/12 – File-Hosting-Dienst.
87 OLG Hamburg GRUR-RR 2013, 382 – Hörspiel.
88 OLG Hamburg ZUM-RD 2009, 439 – Usenet II; OLG Hamburg ZUM-RD 2009, 246.
89 OLG Düsseldorf MMR 2008, 254 – Usenet.

angegriffene Usenet-Provider vermittelt seinen Kunden einen kostenpflichtigen Zugang zum Usenet. Das LG hatte eine entsprechende einstweilige Verfügung erlassen und zur Begründung ausgeführt, das ein Usenet-Provider als Host-Provider und nicht nur als Access- oder Cache-Provider zu qualifizieren sei und nach den allgemeinen Grundsätzen als Störer für Rechtsverletzungen auf Unterlassung in Anspruch genommen werden könne.[90] Das OLG Düsseldorf hob die einstweilige Verfügung des Landgerichts auf und betonte als rechtlichen Ausgangspunkt, dass für die Störerhaftung die Verletzung einer Prüfungspflicht, deren Einhaltung im Einzelfall möglich und zumutbar sein muss, erforderlich sei.[91] Usenet-Provider könnten für Urheberrechtsverletzungen ihrer Kunden nicht verantwortlich gemacht werden. Dabei dürfe also nicht zunächst eine Verurteilung zur Unterlassung vorgenommen werden und die Frage, ob der Schuldner alles ihm Zumutbare getan hat, in das Vollstreckungsverfahren verlagert werden.[92] Das OLG Düsseldorf wies darauf hin, dass der Aufwand für die Überprüfung verhältnismäßig sein müsse. Ein Dienstanbieter müsse insb nicht jeden nur denkbaren Aufwand betreiben, um die Nutzung rechtswidriger Inhalte zu vermeiden. In die **Gesamtbetrachtung** einzubeziehen seien die Bedeutung des Einzelfalls und der erforderliche technische und wirtschaftliche Aufwand sowie die Auswirkung auf andere Teile des Dienstes. Die besondere Funktionsweise des Usenet bringt es mit sich, dass der einen Newsserver betreibende Provider in aller Regel nur als sog Cache-Provider zu qualifizieren ist. Die aus dem Usenet bezogenen fremden Dateien werden erst nach Anforderung durch einen Nutzer des Providers zwischengespeichert. Die fremden Dateien sind grds bis zur Anforderung nur ohne Inhalt als sog Header auf dem Server der Antragsgegnerin vorhanden. Diese Header verglich das OLG Düsseldorf mit Links, da der konkrete Inhalt der Nachricht erst nach einer Kundenanfrage auf den Server geladen und dann gespeichert werde.[93] Nach Auffassung des OLG Düsseldorf hat ein Cache-Provider wesentlich weniger Möglichkeiten, eine Störung abzustellen als ein Host-Provider. Zum einen würde eine entsprechende Überwachungspflicht eine ständige Überprüfung der neu eingestellten Beiträge voraussetzen, zum anderen sind die Betreiber von Newsservern selbst nicht in der Lage, rechtsverletzende fremde Inhalte vollständig aus dem Usenet zu löschen, da – anders als bei Internetforen – ein Betreiber eines Newsservers nur diejenigen Daten löschen kann, die auf seinem eigenen Server gespeichert sind. Bei jeder neuen Anforderung von Daten werden diese erneut auf seinen Server übertragen. Schließlich wies das OLG Düsseldorf darauf hin, dass die Rechtsinhaber selbst in der Lage seien, entsprechende Dateien mittels einer sog **Cancel-Message** zu löschen. Bei diesem sog Fremd-Cancel wird eine Nachricht mit bestimmten Informationen in das Usenet eingestellt. Diese Nachricht enthält Informationen über die zu löschende Datei, deren Absender und den Absender der Cancel-Message. Die Cancel-Message wird nach dem Absenden im Usenet verteilt und sorgt dafür, dass die zu löschende Nachricht weltweit auf den Newsservern gelöscht wird. Das Löschen der Nachricht setzt eine entsprechende Konfiguration der Newsserver voraus. Die Konfiguration wiederum liegt in den Händen der jeweiligen Betreiber. Durch eine Cancel-Message kann eine bestimmte Datei auf einem Großteil der Server gelöscht werden. Sie bietet damit eine **Möglichkeit der Selbsthilfe**. Diese Rechtsprechung trägt den Besonderheiten des Usenet Rechnung. Sie schränkt die Störerhaftung für diesen besonderen Bereich ein und kann nicht verallgemeinert werden. Auch bei der Beurteilung des Usenet war die Rechtsprechung des Oberlandesgerichts Hamburg strenger und bejahte die Störerhaftung des Zugangsvermittlers.[94]

90 OLG Düsseldorf MMR 2007, 534 – Usenet.
91 OLG Düsseldorf MMR 2008, 254 – Usenet.
92 OLG Düsseldorf MMR 2008, 254 – Usenet.
93 OLG Düsseldorf MMR 2008, 254 – Usenet.
94 OLG Hamburg ZUM-RD 2009, 439 – Usenet II.

24 **(dd) Soziale Netzwerke.** Zur Haftung von sozialen Netzwerken hat auch der EuGH Stellung bezogen.[95] Die belgische Verwertungsgesellschaft SABAM ging gegen die Netlog NV vor, die eine Online-Plattform für ein soziales Netzwerk betreibt. Netlog sollte es unterlassen, musikalische oder audiovisuelle Werke aus dem Repertoire von SABAM zur Verfügung zu stellen. Der EuGH verneinte die Verpflichtung, ein entsprechendes Filtersystem bereitzustellen. Nach Art 15 der E-Commerce-Richtlinie erlegen die Mitgliedstaaten Diensteanbietern keine allgemeine Verpflichtung auf, die von ihnen übermittelten oder gespeicherten Informationen zu überwachen oder aktiv nach Umständen zu forschen, die auf eine rechtswidrige Tätigkeit hinweisen. Der EuGH stellte fest, dass die Einführung des Filtersystems in konkreten Fall bedeuten würde, dass der Hosting-Anbieter zunächst unter sämtlichen Dateien, die von den Nutzern seiner Dienste auf seinen Servern gespeichert werden, die Dateien ermittelt, die Werke enthalten können, an denen Inhaber von Rechten des geistigen Eigentums Rechte zu haben behaupten (1.), dass er sodann ermittelt, welche dieser Dateien in unzulässiger Weise gespeichert und der Öffentlichkeit zur Verfügung gestellt werden (2.), und dass er schließlich die Zurverfügungstellung von Dateien, die er als unzulässig eingestuft hat, blockiert (3.). Eine solche präventive Überwachung würde eine aktive Beobachtung der von den Nutzern beim Hosting-Anbieter gespeicherten Dateien erfordern, und sie würde sowohl fast alle auf diese Weise gespeicherten Informationen als auch sämtliche Nutzer der Dienste dieses Anbieters betreffen. Eine solche Verpflichtung ist mit Art 15 der E-Commerce-Richtlinie nicht in Übereinstimmung zu bringen.[96]

25 **(ee) WLAN.** Große Aufmerksamkeit hat die Entscheidung des BGH zur Störerhaftung eines WLAN-Inhabers ausgelöst.[97] Den Teilnehmern einer Internet-Tauschbörse war der Musiktitel „Sommer unseres Lebens" über die IP-Adresse des Beklagten zum Download angeboten worden. Die klagende Rechteinhaberin verlangte von dem Beklagten Unterlassung, Schadensersatz und Erstattung der Abmahnkosten. Der Beklagte verteidigt sich damit, zum fraglichen Zeitpunkt im Urlaub gewesen zu sein. Sein Rechner habe sich in der fraglichen Zeit in einem abgeschlossenen, für Dritte unzugänglichen Büroraum befunden. Zunächst verneinte der BGH eine täterschaftliche Haftung. Werde ein geschütztes Werk der Öffentlichkeit von einer IP-Adresse aus zugänglich gemacht, die zum fraglichen Zeitpunkt einer bestimmten Person zugeteilt sei, so spreche zwar eine tatsächliche Vermutung dafür, dass diese Person für die Rechtsverletzung verantwortlich sei. Der sich daraus ergebenden sekundären Darlegungslast des Anschlussinhabers war der Beklagte jedoch nachgekommen, indem er vorgetragen hatte, zum fraglichen Zeitpunkt im Urlaub gewesen zu sein, während sich sein Rechner in einem für Dritte unzugänglichen, abgeschlossenen Büroraum befunden habe.[98] Seine Rechtsprechung[99] zur Zurechnung von Rechtverletzungen, die unter Verwendung von eBay-Zugangsdaten begangen werden, will der BGH auf die vorliegende Konstellation nicht übertragen, da eine IP-Adresse keine mit einem eBay-Konto vergleichbare Identifizierungsfunktion habe.[100] Anders als bei Kontodaten ist es bei einem Internetanschluss – ebenso wie bei einem Telefonanschluss – keineswegs unüblich, Dritten den Zugriff zu gestatten. Der BGH bejaht allerdings eine Störerhaftung. Den Inhaber eines WLAN-Routers trifft die Obliegenheit, die im Kaufzeitpunkt des

95 EuGH GRUR 2012, 382 – SABAM vs Netlog; hierzu *Trstenjak* GRUR Int 2012, 393; *Hoeren/Neubauer* WRP 2012, 508; *Roth* ZUM 2012, 125; *Wiebe* WRP 2012, 1182; *Wiebe* WRP 2012, 1335.
96 EuGH GRUR 2012, 265 – Scarlet vs SABAM; EuGH GRUR 2012, 382 – SABAM vs Netlog.
97 BGH GRUR 2010, 633 – Sommer unseres Lebens; vgl *Borges* NJW 2010, 2624.
98 BGH GRUR 2010, 633, 634 Rn 12 – Sommer unseres Lebens.
99 Vgl BGH GRUR 2009, 597 – Halzband.
100 BGH GRUR 2010, 633, 634 Rn 15 – Sommer unseres Lebens.

Routers für den privaten Bereich marktüblichen Sicherungen ihrem Zweck entsprechend wirksam einzusetzen.[101]

(ff) Haftung für Personen im Haushalt. Streitig ist häufig auch die Haftung für Personen, die mit dem Anschlussinhaber in demselben Haushalt wohnen.[102] Der Bundesgerichtshof hat der Haftung für Kinder enge Grenzen gesetzt. Danach genügen Eltern ihrer Aufsichtspflicht über ein minderjähriges Kind, regelmäßig bereits dadurch, dass sie das Kind über die Rechtswidrigkeit einer Teilnahme an Internettauschbörsen belehren und ihm eine Teilnahme daran verbieten.[103] Eine Verpflichtung der Eltern, die Nutzung des Internets durch das Kind zu überwachen oder den Computer des Kindes zu überprüfen, besteht grundsätzlich nicht. Zu derartigen Maßnahmen sind Eltern erst dann verpflichtet, wenn sie konkrete Anhaltspunkte dafür haben, dass das Kind ihrem Verbot zuwiderhandelt. Der Inhaber eines Internetanschlusses haftet auch für das Verhalten eines volljährigen Familienangehörigen nicht, wenn er keine Anhaltspunkte dafür hatte, dass dieser den Internetanschluss für illegales Filesharing missbraucht.[104] Zur Begründung weist der Bundesgerichtshof darauf hin, dass die Überlassung eines Internetanschlusses an volljährige Familienangehörige auf familiärer Verbundenheit beruht und dass Volljährige für ihre Handlungen selbst verantwortlich sind. Im Blick auf das besondere Vertrauensverhältnis zwischen Familienangehörigen und die Eigenverantwortung von Volljährigen darf der Anschlussinhaber einem volljährigen Familienangehörigen seinen Internetanschluss überlassen, ohne diesen belehren oder überwachen zu müssen.[105] Erst wenn der Anschlussinhaber konkreten Anlass für die Befürchtung hat, dass der volljährige Familienangehörige den Internetanschluss für Rechtsverletzungen missbraucht, muss er die zur Verhinderung von Rechtsverletzungen erforderlichen Maßnahmen ergreifen. Die Vermutung, dass der Anschlussinhaber eine Urheberrechtverletzung selber begangen habe, ist nach Meinung des OLG Köln bereits dann entkräftet, wenn weitere Personen Zugriff auf den Internetanschluss haben.[106] Wird ein geschütztes Werk der Öffentlichkeit von einer IP-Adresse aus zugänglich gemacht, so spricht zwar eine tatsächliche Vermutung dafür, dass der Anschlussinhaber für die Rechtsverletzung verantwortlich ist. Daraus wiederum ergibt sich eine **sekundäre Darlegungslast** des Anschlussinhabers, der einwendet, er habe keine Rechtsverletzung begangen. Der Anschlussinhaber ist aber prozessual nicht gehalten, die im Rahmen der sekundären Darlegungslast vorgebrachten Tatsachen auch zu beweisen, um die tatsächliche Vermutung dafür, dass er für die Rechtsverletzung verantwortlich ist, zu entkräften. Eine Umkehr der **Beweislast** ist mit der sekundären Darlegungslast nicht verbunden.[107] Eine Haftung als Haushaltsvostand kommt nicht in Betracht, wenn der Anschlussinhaber seine Wohnung vollständig einer anderen Person überlassen hat.[108] Dies gilt jedenfalls im Fall einer beschränkten Nutzungsüberlassung, etwa wenn den Gästen der Internetzugang nur zum Versand von E-Mails und zu beruflichen Zwecken eröffnet wird. Ein ausdrückliches Verbot von illegalen Internetaktivitäten unter Einschluss des Filesharings ist dann nach Meinung des LG Frankfurt nicht erforderlich.[109] 26

101 BGH GRUR 2010, 633, 635 Rn 23 – Sommer unseres Lebens.
102 Vgl BVerfG GRUR 2012, 601 – Leuchtturm und 99 Luftballons.
103 BGH GRUR 2013, 511 – Morpheus.
104 BGH Urt v 8.1.2014, Az I ZR 169/12 – BearShare.
105 BGH Urt v 8.1.2014, Az I ZR 169/12 – BearShare.
106 OLG Köln MMR 2011, 396; OLG Köln MMR 2012, 184.
107 LG München ZUM 2013, 583 – Sekundäre Darlegungslast; LG Düsseldorf MMR 2013, 126 – Darlegungslast in Filesharing-Verfahren.
108 LG Köln GRUR-RR 2013, 286 – Untermieter.
109 LG Frankfurt GRUR-RR 2013, 507 – Ferienwohnung; hierzu *Mantz* GRUR-RR 2013, 497.

3. Haftung bei Verletzung von Verkehrspflichten

27 In einer wettbewerbsrechtlichen Entscheidung hat der BGH für die Haftung von Internetauktionshäusern eine strengere Haftung begründet.[110] In dem Fall machte ein Interessenverband des Videofachhandels wettbewerbsrechtliche Unterlassungsansprüche gegen das Internetauktionshaus eBay geltend, da Dritte dort unter anderem jugendgefährdende Schriften angeboten hatten. Anstatt die Haftung als Störer zu begründen, sah der BGH eine Haftung von eBay als Täterin eines Wettbewerbsverstoßes nach § 3 UWG. Da das Internetauktionshaus eBay die ernsthafte Gefahr begründet habe, dass Dritte durch das Wettbewerbsrecht geschützte Interessen von Marktteilnehmern verletzen, sei es auf Grund einer wettbewerbsrechtlichen Verkehrspflicht dazu verpflichtet, diese Gefahr im Rahmen des Möglichen und Zumutbaren zu begrenzen.[111] Soweit eBay gegen eine wettbewerbsrechtliche Verkehrspflicht verstößt, sei eine täterschaftliche Haftung für eine unlautere Wettbewerbshandlung gegeben. Nach Auffassung der Literatur ist die Störerhaftung neben dieser täterschaftlichen Haftung für Verkehrspflichtverletzungen überflüssig.[112]

Ähnlich hat der BGH auch in einem Fall argumentiert, in dem es um die Haftung des Inhabers eines eBay-Accounts ging.[113] Dort hatte der BGH den Beklagten, dessen Ehefrau unter Verwendung seiner Zugangsdaten Schmuck bei dem Internetauktionshaus eBay angeboten hatte, für die damit einhergehenden Marken- und Urheberrechtsverletzungen haftbar gemacht. Der BGH betonte, dass eine bei der Verwahrung der Zugangsdaten für das Mitgliedskonto gegebene Pflichtverletzung einen eigenen, gegenüber den Grundsätzen der Störerhaftung und gegebenenfalls bestehenden Verkehrspflichten im Bereich des Wettbewerbsrechts selbstständigen Zurechnungsgrund darstellt.[114] Dieser selbstständige Zurechnungsgrund reicht deutlich weiter als die spezialgesetzlichen Zurechnungsnormen, die eine Haftung des Unternehmens- oder Betriebsinhabers von Mitarbeitern oder Beauftragten vorsehen (§ 99 UrhG). Die Haftung des Account-Inhabers wird in der Literatur teilweise als Haftung wegen Verletzung einer Verkehrspflicht eingeordnet.[115] Die Ungleichbehandlung zu dem Fall des Missbrauchs eines fremden WLAN-Anschlusses erklärt sich aus dem Umstand, dass ein Internetanschluss – nicht anders als ein Telefonanschluss – typischerweise auch von Dritten Personen genutzt wird, wohingegen durch ein geheimes Passwort geschützte Kontodaten regelmäßig einer bestimmten Person zuzuordnen sind.

4. Haftung des Unternehmensinhabers

28 Nach § 99 UrhG hat der Verletzte die Ansprüche aus § 97 Abs 1 UrhG und § 98 UrhG auch gegen den Inhaber des Unternehmens, wenn in dem Unternehmen von einem Arbeitnehmer oder Beauftragten ein nach dem UrhG geschütztes Recht widerrechtlich verletzt worden ist. § 99 UrhG entspricht § 8 Abs 2 UWG. Die eigenständige verschuldensunabhängige Haftung des Unternehmensinhabers nimmt diesem die Möglichkeit einer Entlastung (Exkulpation), die nach den allgemeinen Vorschriften, namentlich § 831 BGB, gegeben wäre.[116] § 99 UrhG begründet somit eine Erfolgshaftung des Unternehmensinhabers ohne Entlastungsmöglichkeit; er haftet auch für die

110 BGH GRUR 2007, 890 – Jugendgefährdende Medien bei eBay.
111 BGH GRUR 2007, 890, 893 – Jugendgefährdende Medien bei eBay; eingehend hierzu *Köhler* GRUR 2008, 1.
112 *Köhler* GRUR 2008, 1, 6.
113 BGH GRUR 2009, 597 – Halzband.
114 BGH GRUR 2009, 597, 598 Rn 16 – Halzband.
115 *Leistner* GRUR-Beilage 1/2010, 6 ff; *Hecht* K&R 2009, 462 ff; *Hoffmann* NJW 2009, 2649, 2652; dagegen *von Ungern-Sternberg* GRUR 2010, 386, 392.
116 Wandtke/Bullinger/*Bohne* § 99 UrhG Rn 1.

ohne sein Wissen und gegen seinen Willen von einem Beauftragten begangenen Verstöße. Der Unternehmensbegriff ist hier weit zu verstehen. Entscheidend ist die organisatorische Eingliederung des Mitarbeiters.[117] Erfasst werden die Ansprüche auf Unterlassung, Beseitigung, Vernichtung, Rückruf und Überlassung. Für Schadensersatzansprüche gilt die Vorschrift nicht.[118] Allerdings kann § 831 BGB daneben anwendbar sein.[119]

§ 99 UrhG setzt voraus, dass die urheberrechtsverletzende Handlung unternehmensbezogen 29
ist. Diese Unternehmensbezogenheit ist als ungeschriebenes Tatbestandsmerkmal grds vom Anspruchsteller darzulegen und im Bestreitensfall zu beweisen.[120] Sofern allerdings der Anspruchsteller von sich aus nicht den Sachverhalt ermitteln kann, während der in Anspruch genommene Unternehmensinhaber über die erforderlichen Informationen verfügt oder diese sich unschwer zu verschaffen vermag, so darf dieser sich nicht auf ein einfaches Bestreiten der Unternehmensbezogenheit der Verletzungshandlung zurückziehen. Tut er dies dennoch und beteiligt sich nicht an der Aufklärung des Sachverhalts, so gilt die Behauptung des Anspruchstellers, eine Unternehmensbezogenheit liege vor, trotz mangelnder Substantiierung als gem § 138 Abs 2 ZPO zugestanden.[121] Bei einer juristischen Person wie etwa einer Kapitalgesellschaft (GmbH, AG) ist die juristische Person der Unternehmensinhaber, nicht etwa die Anteilseigner oder gesetzlichen Vertreter.[122]

5. Haftung des Mutterunternehmens

Beauftragte nach § 99 UrhG können auch selbständige Unternehmen sein.[123] Es kommt entschei- 30
dend darauf an, ob die angegriffene Handlung innerhalb des Organismus des Unternehmensinhabers begangen worden ist und ob der Handelnde kraft eines Vertrags in diesen Organismus dergestalt eingegliedert ist, dass einerseits der Erfolg seiner Handlung zumindest auch dem Unternehmensinhaber zugutekommt und andererseits dem Unternehmensinhaber ein bestimmender Einfluss jedenfalls auf diejenige Tätigkeit des Handelnden eingeräumt ist, in deren Bereich das beanstandete Verhalten fällt. Dabei kommt es nicht darauf an, welchen Einfluss sich das in Anspruch genommene Mutterunternehmen bereits gesichert hat, sondern welchen Einfluss es sich sichern könnte und daher auch sichern müsste. Unter Anwendung dieser Grundsätze hielt das Landgericht Hamburg den Betreiber der Internetsuchmaschine Google für die Inhalte, die auf der Internetseite des hundertprozentigen Tochterunternehmens Youtube stehen, für verantwortlich.[124] Für rechtlich selbständige Tochterunternehmen kommt zudem eine Haftung als Verrichtungsgehilfe nach § 831 BGB in Betracht. Selbstständigen Unternehmen fehlt es zwar häufig an der erforderlichen Abhängigkeit und Weisungsgebundenheit gegenüber dem Geschäftsherrn. Soweit ein rechtlich selbstständiges Unternehmen eine Tätigkeit ausübt, bei der es den Weisungen eines anderen Unternehmens unterworfen ist, kann es auch dessen Verrichtungsgehilfe sein.[125] Für die Abgrenzung kommt es nicht auf die rechtliche Ausgestaltung der Beziehung oder den gesellschaftsrechtlichen Status an. Entscheidend ist vielmehr, ob nach den tatsächlichen Verhältnissen eine Eingliederung in den Organisationsbereich des Geschäftsherrn

117 *Schack* Rn 683a.
118 *Schack* Rn 683a.
119 BGH GRUR 2012, 1279, 1283 Rn 43 – DAS GROSSE RÄTSELHEFT.
120 OLG München GRUR-RR 2007, 345 – Beweislastverteilung; Wandtke/Bullinger/*Bohne* § 99 UrhG Rn 5.
121 OLG München GRUR-RR 2007, 345, 347 – Beweislastverteilung; Zöller/*Greger* Vor § 284 ZPO Rn 34c.
122 Dreier/Schulze/*Dreier* § 100 UrhG Rn 7; Schricker/Loewenheim/*Wild* § 97 UrhG Rn 2.
123 LG Hamburg Urt v 3.9.2010, Az 308 O 27/09 Rn 167 – Sarah Brightman.
124 LG Hamburg Urt v 3.9.2010, Az 308 O 27/09 Rn 168 – Sarah Brightman.
125 BGH GRUR 2012, 1279, 1283 Rn 45 – DAS GROSSE RÄTSELHEFT; OLG Düsseldorf GRUR-RR 2013, 273 – Scheibenbremse; *Buxbaum* GRUR 2009, 240, 243.

erfolgt ist und der Handelnde dessen Weisungen unterliegt. Dies ist dann der Fall, wenn das Tochterunternehmen als Werkzeug oder verlängerter Arm des Mutterunternehmens tätig ist.[126]

6. Haftung des gesetzlichen Vertreters

31 § 99 UrhG begründet bei juristischen Personen zwar eine Haftung der juristischen Person selbst. Ein Durchgriff auf die gesetzlichen Vertreter ist damit indes noch nicht gegeben.[127] Eine persönliche Haftung des gesetzlichen Vertreters einer Kapitalgesellschaft (AG, GmbH) für Schutzrechtsverletzungen ist weder in den Spezialgesetzen zum Schutz geistigen Eigentums, noch im GmbH-Gesetz oder im Aktien-Gesetz ausdrücklich geregelt. Es besteht jedoch in Rechtsprechung und Literatur weitgehend Einigkeit darin, dass auch der gesetzliche Vertreter einer Kapitalgesellschaft einer solchen Haftung ausgesetzt ist, wenn sein Verhalten für die Rechtsverletzung ursächlich ist.[128] Wenn der gesetzliche Vertreter nicht selbst gehandelt hat, kommt es maßgeblich auf seine Kenntnis an. Der BGH nimmt eine täterschaftliche Haftung dann an, wenn die Geschäftsführer bzw Vorstände die Rechtsverletzung trotz Kenntnis nicht verhindert haben.[129]

32 Der Geschäftsführer einer GmbH haftet nicht für die von der GmbH zu vertretende Rechtsverletzung, wenn er an dieser nicht teilgenommen hat und nichts von ihr wusste.[130] Die Frage, ob eine behauptete Unwissenheit nur vorgeschoben wird, um einer Haftung zu entgehen, ist unter Würdigung sämtlicher Umstände des Einzelfalles zu beantworten. Allenfalls bei rechtsverletzenden Maßnahmen, die zentrale Produkt- oder Marketingentscheidungen widerspiegeln, kann die Kenntnis des Organs (widerleglich) zu vermuten sein.[131] Nach Auffassung des Oberlandesgerichts Hamburg bleibt es hingegen bei der Haftung, wenn sich der Geschäftsführer infolge seines Organisationsverschuldens der Möglichkeit zur Kenntnis- und Einflussnahme begeben hat.[132] Eine Haftung scheidet nach Auffassung des Kammergerichts allerdings dann aus, wenn der Geschäftsführer im Rahmen seiner sekundären Darlegungslast denjenigen Mitarbeiter benennt, der die konkrete Verletzungshandlung begangen haben soll.[133]

§ 3
Zivilrechtliche Ansprüche

I. Unterlassungsanspruch

33 Nach § 97 Abs 1 UrhG hat der Rechteinhaber bei bereits erfolgter oder drohender Rechtsverletzung gegen denjenigen, der sein nach dem UrhG geschütztes Recht widerrechtlich verletzt, einen Unterlassungsanspruch. § 97 Abs 1 S 1 UrhG setzt für den Unterlassungsanspruch zusätz-

126 OLG Düsseldorf GRUR-RR 2013, 273, 274 – Scheibenbremse.
127 *Klaka* GRUR 1988, 729; *Götting* GRUR 1994, 6, 9.
128 BGH GRUR 2009, 841, 843 Rn 15 – Cybersky; OLG Hamburg GRUR-RR 2013, 464 – Z Games Abo; KG GRUR-RR 2013, 172 – Haustürwerbung.
129 BGH GRUR 2010, 616, 619 Rn 34 – marions-kochbuch.de; BGH GRUR 2012, 1145, 1148 Rn 36 – Pelikan.
130 BGH GRUR 1986, 248, 250 – Sporthosen; BGH GRUR 1986, 250, 253 – Sportschuhe; eingehend *Hass* FS Schilling 249.
131 OLG Hamburg GRUR-RR 2013, 464 – Z.Games Abo.
132 KG GRUR-RR 2013, 172 – Haustürwerbung; OLG Hamburg GRUR-RR 2006, 182 – Miss 17; OLG Hamburg GRUR 2002, 240 – Super Mario; LG Hamburg Urt v 18.06.2013, Az 310 O 182/12.
133 KG GRUR-RR 2013, 204 – Foto-Nutzung.

lich zu einer erfolgten Rechtsverletzung eine Wiederholungsgefahr voraus. § 97 Abs 1 S 2 UrhG gewährt einen vorbeugenden Unterlassungsanspruch, wenn eine Rechtsverletzung erstmalig droht.

1. Widerrechtlichkeit

Der Unterlassungsanspruch setzt die widerrechtliche Verletzung einer absoluten, also gegenüber jedermann wirkenden Schutzposition voraus.[134] Ein Eingriff in eine geschützte Rechtsposition kann nur dann als Verletzung gewertet werden, wenn sie widerrechtlich erfolgt. Wird die Handlung durch eine Schranke der §§ 44a ff. UrhG erlaubt, liegt bereits kein Eingriff vor.[135] Eine Verletzung scheidet auch beim Vorliegen eines tatbestandsausschließenden Einverständnisses aus. Willigt der Urheber bspw in Änderungen seines Werkes ein, so liegt ein tatbestandsausschließendes Einverständnis vor, mit der Folge, dass sich die Frage nach der Rechtswidrigkeit gar nicht mehr stellt.[136] Die Rechtswidrigkeit wird durch die Tatbestandsmäßigkeit eines Eingriffes indiziert.[137] Ein Verschulden ist allein für den Schadensersatzanspruch von Bedeutung. Die allgemeinen Rechtfertigungsgründe spielen im Urheberrecht nur eine untergeordnete Bedeutung.[138] 34

2. Wiederholungsgefahr

a) Entstehung der Wiederholungsgefahr. Nach § 97 Abs 1 S 1 UrhG kann derjenige, der ein Urheberrecht oder ein anderes nach dem UrhG geschütztes Recht widerrechtlich verletzt, von dem Verletzer auf Beseitigung der Beeinträchtigung, bei Wiederholungsgefahr auf Unterlassung in Anspruch genommen werden.[139] Zu den anderen nach dem UrhG geschützten Rechten gehören sämtliche im UrhG genannten absoluten Rechtspositionen, wie bspw ausschließliche Nutzungsrechte iSd § 31 Abs 3 UrhG.[140] Grds setzt der Unterlassungsanspruch – ebenso wie der Beseitigungsanspruch – eine Rechtsverletzung voraus. Ebenso wie beim Beseitigungsanspruch ist ein schuldhaftes Handeln des Rechtsverletzers nicht erforderlich. § 97 Abs 1 S 1 UrhG verlangt für den Unterlassungsanspruch – zusätzlich zu den Voraussetzungen des Beseitigungsanspruches, namentlich einer erfolgten Rechtsverletzung – eine Wiederholungsgefahr. Eine bereits begangene Verletzungshandlung begründet allerdings die Vermutung für das Vorliegen einer solchen Wiederholungsgefahr. Eine bereits erfolgte Rechtsverletzung begründet die Vermutung der Wiederholungsgefahr nicht nur für die identische Verletzungsform, sondern für alle im Kern gleichartigen Verletzungshandlungen.[141] Nach Auffassung des BGH kann die Verletzung eines bestimmten Schutzrechts – beispielsweise eines Urheber- oder Leistungsschutzrechts an einem Foto – die Vermutung der Wiederholungsgefahr nicht nur für Verletzungen desselben Schutzrechts, sondern auch für Verletzungen anderer Schutzrechte begründen, soweit die Verletzungshandlungen trotz Verschiedenheit der Schutzrechte im Kern gleichartig sind.[142] 35

---

134 Dreier/Schulze/*Dreier* § 97 UrhG Rn 3.
135 Wandtke/Bullinger/*von Wolff* § 97 UrhG Rn 29.
136 *Wedemeyer* FS Piper 787, 791; *von Welser* 61 ff.
137 *Schack* Rn 680.
138 Vgl *Schack* FS Schricker 2005, 511, 516.
139 § 97 Abs 1 UrhG entspricht § 139 Abs 1 PatG und § 14 Abs 5 MarkenG.
140 *Schack* Rn 675.
141 BGH GRUR 2013, 1235 Rn 18 – Restwertbörse II.
142 BGH GRUR 2013, 1235 Rn 20 – Restwertbörse II.

36 **b) Fortfall der Wiederholungsgefahr.** Sie kann in aller Regel nur durch Abgabe einer vertragsstrafenbewehrten Unterlassungserklärung oder durch eine gerichtliche Entscheidung, die den Unterlassungsanspruch tituliert, beseitigt werden. Da die Wiederholungsgefahr nicht nur die identische Verletzungsform, sondern auch sämtliche im Kern gleichartigen Verletzungsformen erfasst, erstreckt sich der Unterlassungsanspruch des Verletzten nicht nur auf das konkret beanstandete Verhalten. Vielmehr werden Verallgemeinerungen in gewissem Umfang mit umfasst.[143]

3. Erstbegehungsgefahr

37 **a) Entstehung der Erstbegehungsgefahr.** § 97 Abs 1 S 2 UrhG stellt fest, dass der Unterlassungsanspruch auch dann besteht, wenn eine Zuwiderhandlung erstmalig droht (Erstbegehungsgefahr). Eine Erstbegehungsgefahr setzt das Vorliegen konkreter Tatsachen voraus, aus denen sich greifbar ergibt, dass ein Eingriff in das Schutzrecht drohend bevorsteht. Die bloße Möglichkeit einer künftigen Rechtsverletzung reicht nicht aus. Ein auf Erstbegehungsgefahr gestützter vorbeugender Unterlassungsanspruch besteht, soweit ernsthafte und greifbare tatsächliche Anhaltspunkte dafür vorhanden sind, der Anspruchsgegner werde in naher Zukunft einen bestimmten Rechtsverstoß begehen.[144] Die Erstbegehungsgefahr muss sich auf eine konkrete Verletzungshandlung beziehen. Die drohende Verletzungshandlung muss sich so konkret abzeichnen, dass sich für sämtliche Tatbestandsmerkmale beurteilen lässt, ob ihre Verwirklichung droht.[145] So begründet etwa die Anmeldung einer Marke eine Erstbegehungsgefahr hinsichtlich sämtlicher im Waren- und Dienstleistungsverzeichnis genannten Waren und Dienstleistungen.[146] Wird eine Gemeinschaftsmarke angemeldet, folgt daraus nach Ansicht des OLG Hamburg ein unionsweiter Unterlassungsanspruch, wenn die ältere Marke, deren Verletzung droht, ebenfalls eine Gemeinschaftsmarke ist.[147] Nach Ansicht des OLG Hamburg begründet die Ausstellung eines schutzrechtsverletzenden Gegenstandes auf einer Messe eine bundesweite Erstbegehungsgefahr unter anderem hinsichtlich des Inverkehrbringens.[148] Strenger sieht dies der BGH, der für sämtliche in den Unterlassungstenor aufzunehmenden Verhaltensweisen konkrete Anhaltspunkte fordert, um eine darauf bezogene Erstbegehungsgefahr nach einer Messeausstellung zu bejahen.[149] Nach der etwas großzügigeren Praxis des OLG Köln ist auch ohne weitergehende Feststellungen zumindest von einer Erstbegehungsgefahr des Anbietens, Vertreibens und sonstigen Inverkehrbringens im Inland auszugehen, da das Ausstellen von Produkten auf einer Messe in Deutschland typischerweise zu dem Zweck geschieht, sie an interessierte Messebesucher und damit jedenfalls auch an inländische Abnehmer zu verkaufen.[150] Es obliegt danach dem Aussteller, für jeden Messebesucher erkennbare gegenteilige Tatsachen – wie etwa den Hinweis „Not for sale in Germany"– darzulegen und notfalls zu beweisen. Bei Gemeinschaftsrechten

143 BGH GRUR 2006, 421, 422 – Markenparfümverkäufe.
144 BGH GRUR 2003, 903, 904 – ABC der Naturheilkunde; BGH GRUR 2001, 1174, 1175 – Berühmungsaufgabe; BGH GRUR 1992, 318, 319 – Geld-zurück-Garantie; BGH GRUR 1999, 1097, 1099 – Preissturz ohne Ende; BGH GRUR 2009, 841, 842 Rn 7 – Cybersky.
145 BGH GRUR 2010, 1103 Rn 23 – Pralinenform II.
146 BGH GRUR 2004, 600, 601 – d-c-fix/CD-FIX; OLG München GRUR-RR 2008, 6, 7 – B.T.I. und bti/BPI; KG GRUR 2007, 338 – Markenspekulant.
147 OLG Hamburg Urt v 19.7.2007, Az 3 U 91/05 – ZACK follow your style.
148 OLG Hamburg NJWE-WettbR 1999, 138 – Altenborger Rahm Zeege; vgl OLG Köln GRUR-RR 2013, 472, 476 – Mikado.
149 BGH GRUR 2010, 1103 Rn 23 – Pralinenform II; vgl hierzu auch OLG Karlsruhe, Urt v 8.5.2013, Az 6 U 34/12.
150 OLG Köln GRUR-RR 2013, 472, 476 – Mikado.

(Gemeinschaftsmarken und Gemeinschaftsgeschmacksmustern) begründet eine Verletzungshandlung, die in einem Mitgliedstaat begangen wird, in der Regel eine Begehungsgefahr für das gesamte Gebiet der Europäischen Union.[151] Eine Erstbegehungsgefahr wird auch dadurch begründet, dass sich jemand berühmt, zu einer bestimmten Handlung berechtigt zu sein.[152] Eine solche Berühmung, aus der die ernsthaft drohende Gefahr einer Begehung abzuleiten ist, kann unter Umständen auch in Erklärungen zu sehen sein, die im Rahmen der Rechtsverteidigung in einem gerichtlichen Verfahren abgegeben werden. Indes kann der Umstand allein, dass sich jemand gegen die Klage verteidigt und dabei die Auffassung äußert, zu dem beanstandeten Verhalten berechtigt zu sein, noch nicht als eine Berühmung gewertet werden, die eine Erstbegehungsgefahr begründet.[153] Eine Rechtsverteidigung kann aber dann eine Erstbegehungsgefahr begründen, wenn den Erklärungen die Bereitschaft zu entnehmen ist, der Erklärende werde sich in naher Zukunft in der streitgegenständlichen Weise verhalten. Das Entstehen einer solchen Erstbegehungsgefahr kann dadurch verhindert werden, dass eindeutig klargestellt wird, dass es dem Erklärenden nur um die Rechtsverteidigung geht und keine Rechtsverletzungen zu besorgen sind.[154]

b) Fortfall der Erstbegehungsgefahr. Die Ausräumung der Erstbegehungsgefahr erfordert 38
grds keine strafbewehrte Unterlassungserklärung.[155] In aller Regel ist nicht einmal eine einfache Unterlassungserklärung erforderlich. Vielmehr reicht häufig bereits eine bloße Absichtserklärung aus. Denn anders als für die durch einen begangenen Rechtsverstoß begründete Wiederholungsgefahr besteht für den Fortbestand der Erstbegehungsgefahr keine Vermutung. Der Wegfall der einmal begründeten Erstbegehungsgefahr kann nur dann angenommen werden, wenn die Umstände entfallen sind, die diese Gefahr begründet haben, oder wenn aus anderen Gründen aus diesen Umständen nicht mehr auf eine drohende Schutzrechtsverletzung geschlossen werden kann.[156] Nach der Rechtsprechung kann die Erstbegehungsgefahr etwa durch eine eindeutige Erklärung beseitigt werden.[157] Das OLG Köln lässt ein entgegengesetztes Verhalten – actus contrarius – durch das unmissverständlich und ernsthaft zum Ausdruck gebracht wird, dass von der Verletzungshandlung abgesehen werde, zur Beseitigung einer Erstbegehungsgefahr ausreichen.[158] Nach Meinung des OLG Hamburg wird eine etwaige Erstbegehungsgefahr schon dadurch ausgeräumt, dass der Abgemahnte dem Abmahnenden ankündigt, er werde die beanstandete Bezeichnung abändern und sodann auch entsprechend verfährt.[159] Bei der durch eine Markenanmeldung hervorgerufenen Erstbegehungsgefahr soll es ausreichen, dass die Anmeldung auf die Abmahnung hin sogleich zurückgenommen wird und der Anmelder unzweideutig und vorbehaltlos erklärt, er gebe seine Eintragungsabsicht auf.[160] Ausreichend ist jedenfalls eine einfache Unterlassungserklärung, wobei auch diese nicht ohne Not abgegeben werden

151 Zur Gemeinschaftsmarke BGH GRUR 2008, 254 Rn 39 – The Home Store; Österreichischer OGH GRUR Int 2007, 256, 258 – Lucky Strike; Österreichischer OGH GRUR Int 2007, 433, 434 – Cilgin Boga; Büscher/Dittmer/Schiwy/*Hoffrichter-Daunicht* Art 97/98 GMV Rn 8; ebenso zum Gemeinschaftsgeschmacksmuster BGH GRUR 2010, 718, 722 – Verlängerte Limousinen; Ruhl Art 89 GGV Rn 39.
152 BGH GRUR 2001, 1174, 1175 – Berühmungsaufgabe; BGH GRUR 1987, 125, 126 – Berühmung.
153 BGH GRUR 2006, 879, 880 – Flüssiggastank.
154 BGH GRUR 2001, 1174, 1175 – Berühmungsaufgabe; BGH GRUR 1992, 404, 405 – Systemunterschiede.
155 *Teplitzky* Kap 10 Rn 21.
156 BGH GRUR 2012, 1230 1236 Rn 38 – MPEG-2-Videosignalcodierung.
157 BGH GRUR 1993, 53, 55 – Ausländischer Inserent; BGH GRUR 1992, 404 – Systemunterschiede; BGH GRUR 1992, 116, 117 – Topfguckerscheck.
158 OLG Köln NJOZ 2005, 3635.
159 OLG Hamburg GRUR-RR 2007, 309 – INMAS.
160 KG WRP 2007, 433, 434 – Erstbegehungsgefahr aus Markenanmeldung.

sollte. Eine durch Berühmung geschaffene Erstbegehungsgefahr entfällt grds mit der Aufgabe der Berühmung. Eine solche liegt in der uneingeschränkten und eindeutigen Erklärung, dass die beanstandete Handlung in Zukunft nicht vorgenommen werde.[161]

II. Beseitigungsanspruch

39 Beseitigungs- und Unterlassungsansprüche werden zusammen als negatorischer Rechtsschutz bezeichnet.[162] Ihnen ist gemein, dass sie kein Verschulden des Verletzers voraussetzen.

40 Der ebenfalls in § 97 Abs 1 S 1 UrhG geregelte Beseitigungsanspruch setzt, anders als der Unterlassungsanspruch, keine Wiederholungsgefahr voraus. Auch nach Abgabe einer strafbewehrten Unterlassungserklärung kann demnach eine Beseitigungspflicht bestehen. Der Beseitigungsanspruch kann einen – möglicherweise schuldlos handelnden Verletzer – mitunter erheblich belasten, da ihm nunmehr Handlungspflichten auferlegt werden. Handelte der Verletzer nicht schuldhaft, so kann er nach § 100 UrhG statt der Beseitigung eine Geldentschädigung zahlen, wenn ihm durch die Erfüllung der in §§ 97, 98 UrhG genannten Ansprüche ein unverhältnismäßig großer Schaden entstehen würde und dem Verletzten die Abfindung in Geld zuzumuten ist.[163] § 100 UrhG ist im Verhältnis zu dem in § 251 BGB kodifizierten Ablösungsrecht lex specialis.[164]

41 Hinsichtlich der Rechtsfolge weist der Beseitigungsanspruch Gemeinsamkeiten mit dem auf Naturalrestitution ausgerichteten Schadensersatzanspruch auf. Anders als der Schadensersatzanspruch ist der Beseitigungsanspruch nicht auf die Restitution eines eingetretenen Schadens, sondern auf die Beseitigung einer fortdauernden Störungsquelle gerichtet.[165] Der Beseitigungsanspruch dient damit allein der Abwehr gegenwärtiger oder künftiger Störungen. Eine über die Beseitigung hinausgehende Herstellung eines urheberrechtskonformen Zustandes lässt sich mit einem Beseitigungsanspruch nicht herstellen.[166]

III. Vernichtungsanspruch

42 Ein Sonderfall des Beseitigungsanspruches ist der Vernichtungsanspruch.[167] Dieser in § 98 UrhG kodifizierte Anspruch wurde ebenfalls durch das Gesetz zur Verbesserung der Durchsetzung von Rechten geistigen Eigentums reformiert. Erfasst werden nur Gegenstände, die sich im territorialen Anwendungsbereich des UrhG befinden.[168] Eine nicht unerhebliche Änderung enthält die

---

161 BGH GRUR 2001, 1174 – Berühmungsaufgabe.
162 Wandtke/Bullinger/*von Wolff* § 97 UrhG Rn 41.
163 Vgl *Schack* Rn 702.
164 Wandtke/Bullinger/*Bohne* § 100 UrhG Rn 2.
165 Einen Anspruch auf Beseitigung kann bspw ein Architekt geltend machen, dessen Bauwerk unzulässig verändert wurde (BGH ZUM 1999, 146, 147 – Treppenhausgestaltung; LG Berlin GRUR 2007, 964, 966 – Berliner Hauptbahnhof).
166 So entschied etwa das LG Berlin in dem Streit um die Gestaltung des Berliner Hauptbahnhofes, dass durch die bloße Entfernung einer – den Entwürfen des Architekten nicht entsprechenden – Flachdecke noch kein den eine abgehängte Decke vorsehenden Entwürfen entsprechenden Zustand herbeigeführt wird (LG Berlin GRUR 2007, 964, 966 – Berliner Hauptbahnhof). Der negatorische Rechtsschutz bietet indes keinen Anspruch auf Verwirklichung der Planung. Dies kann sich allenfalls aus vertraglichen Abreden ergeben. Auch die Wiederherstellung eines Gebäudes durch Hinzufügung von Gebäudeteilen kann nicht durch einen Beseitigungsanspruch, sondern nur durch einen auf Naturalrestitution gerichteten Schadensersatzanspruch erreicht werden (OLG München ZUM-RD 1998, 87, 89 – Farbfenster).
167 *Schack* Rn 707.
168 OLG München GRUR-RR 2010, 161 – Bronzeskulptur.

Neuregelung im Hinblick auf Vorrichtungen. Hierfür ist nun nicht mehr erforderlich, dass diese ausschließlich oder nahezu ausschließlich zur rechtswidrigen Herstellung von Vervielfältigungsstücken verwendet werden.[169] Vielmehr reicht bereits aus, dass diese „vorwiegend" hierfür Verwendung finden.[170] Eine besondere praktische Bedeutung des Vernichtungsanspruches liegt darin, dass dieser im einstweiligen Verfügungsverfahren durch den zuständigen Gerichtsvollzieher gesichert werden kann, indem eine Herausgabe zur Verwahrung stattfindet.[171] Ein solches Vorgehen hat die in der Praxis wichtige Folge, dass das Abmahnerfordernis in aller Regel entfällt.[172] Bei der erforderlichen Interessenabwägung ist zu berücksichtigen, wie hoch die Gefahr einzuschätzen ist, dass der Verletzer nach einem Hinweis auf die Entdeckung der Verletzungshandlung versuchen wird, die Verletzungsgegenstände beiseite zu schaffen und sich dadurch dem Vernichtungsanspruch zu entziehen. Parallel zur Herausgabe kann im einstweiligen Verfügungsverfahren ein Verbot der Rückgabe der Plagiate an den Lieferanten beantragt werden.[173]

1. Anspruchsgegenstände

a) Vervielfältigungsstücke. § 98 Abs 1 S 1 UrhG gewährt dem Rechtsinhaber einen An- 43
spruch auf Vernichtung der im Besitz oder Eigentum des Verletzers befindlichen rechtswidrig hergestellten, verbreiteten oder zur rechtswidrigen Verbreitung bestimmten Vervielfältigungsstücke.[174] Vervielfältigungsstücke sind nicht nur Vervielfältigungen iSd § 16 UrhG, sondern auch unfreie Bearbeitung iSd § 23 UrhG.[175] Der Schutzrechtsinhaber muss substantiiert vortragen, dass sich rechtswidrige Vervielfältigungsstücke im Inland befinden.[176] Hatte der Verletzer Besitz an den Gegenständen und leugnet er später, Besitzer zu sein, so trägt er hierfür die Beweislast.[177]

b) Vorrichtungen. § 98 Abs 1 S 2 UrhG erklärt diesen Anspruch im Hinblick auf die im Ei- 44
gentum des Verletzers stehenden Vorrichtungen, die vorwiegend zur Herstellung dieser Vervielfältigungsstücke gedient haben, für entsprechend anwendbar. Der Begriff der Vorrichtung ist weit zu verstehen und umfasst sämtliche in Art 10 der Enforcement-RL genannten Materialien und Geräte. Bemerkenswert ist, dass der Vernichtungsanspruch Vorrichtungen nur dann erfasst, wenn sie im Eigentum des Verletzers stehen.[178] Der bloße Besitz reicht also bei Vorrichtungen nicht aus. Grund hierfür ist die Überlegung, dass der Vernichtungsanspruch anderenfalls den Eigentümer der Vorrichtungen, der mit dem Verletzer nicht identisch zu sein braucht, treffen würde. Damit werden bspw gutgläubige Vermieter von entsprechenden Maschinen privilegiert.

169 Vgl zur bisherigen Rechtslage BGH GRUR 1988, 301, 302 – Videorekorder-Vernichtung.
170 Vgl *Spindler/Weber* ZUM 2007, 257, 260; *Berlit* WRP 2007, 732, 734.
171 Wandtke/Bullinger/*Bohne* § 98 UrhG Rn 8.
172 OLG Karlsruhe GRUR-RR 2013, 182 – Spielesteuerung; OLG Frankfurt BeckRS 2010, 21960; OLG Hamburg GRUR-RR 2007, 29, 30 – Cerebro Card; OLG Frankfurt GRUR 2006, 264 – Abmahnerfordernis; OLG Nürnberg WRP 1995, 427; OLG Nürnberg WRP 1981, 342; *Teplitzky* Kap 41 Rn 30; *Kircher* FS Schilling 293, 295; differenzierend OLG Braunschweig GRUR-RR 2005, 103 – Flüchtige Ware.
173 OLG Frankfurt GRUR-RR 2003, 96 – Uhrennachbildungen.
174 § 98 Abs 1 UrhG entspricht § 140a Abs 1 PatG und § 18 Abs 1 MarkenG.
175 BGH GRUR 1999, 984, 988 – Laras Tochter.
176 Vgl OLG Düsseldorf GRUR 1993, 903, 907 – Bauhaus-Leuchte.
177 Wandtke/Bullinger/*Bohne* § 98 UrhG Rn 20.
178 Zur Gesetzgebungsgeschichte *Spindler/Weber* ZUM 2007, 257, 261; zum Referentenentwurf *Peukert/Kur* GRUR Int 2006, 292, 294.

Während des Gesetzgebungsverfahrens zum **Gesetz zur Verbesserung der Durchsetzung von Rechten geistigen Eigentums** schlug der Bundesrat vor, den Vernichtungsanspruch auf im fremden Eigentum stehende Vorrichtungen zu erstrecken, da anderenfalls die Gefahr der Umgehung der Vernichtung durch Eigentumsübertragung drohe und die Verhältnismäßigkeitsprüfung als Korrektiv ausreiche.[179] Die Bundesregierung lehnte diese Vorschläge wegen verfassungsrechtlicher Bedenken ab.[180]

45 **c) Ausnahmen.** § 98 Abs 5 UrhG nimmt Bauwerke sowie ausscheidbare Teile von Vervielfältigungsstücken und Vorrichtungen, deren Herstellung und Verbreitung nicht rechtswidrig ist, vom Anwendungsbereich des § 98 Abs 1 UrhG aus. Als Beispiele für ausscheidbare Teile werden etwa einzelne Seiten eines gebundenen Buches genannt.[181] Lässt sich bspw ein Film durch die Entfernung einzelner urheberrechtsverletzender Bestandteile – bspw durch einen anderen Schnitt oder durch die Einblendung anderer Musik – dergestalt verändern, dass die Urheberrechtsverletzung vermieden wird, so ist dieses mildere Mittel nach dem Rechtsgedanken des § 98 Abs 5 UrhG einer Vernichtung der entsprechenden Datenträger (Filmrollen etc) vorzuziehen.[182]

2. Verhältnismäßigkeit

46 § 98 Abs 4 UrhG schließt den Vernichtungsanspruch aus, wenn die Maßnahme im Einzelfall unverhältnismäßig ist, wobei auch die berechtigten Interessen Dritter zu berücksichtigen sind. Die Neuregelung des § 98 UrhG verzichtet darauf, neben der Unverhältnismäßigkeit eine andere Beseitigungsmöglichkeit als Voraussetzung für den Anspruchsausschluss zu fordern. Im Ergebnis würde die Durchsetzung des Vernichtungsanspruchs im Vergleich zur bisherigen Rechtslage damit – entgegen der Intention des Gesetzgebers – erschwert werden. Nach Auffassung der Literatur ist trotz der Änderung des Wortlautes des § 98 UrhG daran festzuhalten, dass ein Ausweichen auf weniger einschneidende Maßnahmen nur bei Unverhältnismäßigkeit und Vorhandensein anderer Beseitigungsmöglichkeiten in Betracht kommt.[183]

3. Rechtsfolge

47 **a) Vernichtung.** Verlangt werden kann insb die Herausgabe an einen Gerichtsvollzieher zum Zwecke der Vernichtung.[184] Der Gesetzgeber hat in § 98 UrhG lediglich das „ob“, nicht hingegen das „wie“ der Vernichtung geregelt. Die Herausgabe an den Gerichtsvollzieher ist in aller Regel die sicherste Form, um die Vernichtung der Plagiate sicherzustellen.[185]

48 **b) Überlassung.** Nach § 98 Abs 3 UrhG kann alternativ zur Vernichtung verlangt werden, dass die Vervielfältigungsstücke, die im Eigentum des Verletzers stehen, gegen eine angemessene Vergütung, welche die Herstellungskosten nicht übersteigen darf, überlassen werden.

---

179 Stellungnahme des Bundesrates, BT-Drucks 16/5048, 54.
180 Gegenäußerung der Bundesregierung, BT-Drucks 16/5048, 62.
181 Vgl Dreier/Schulze/*Dreier* § 101 UrhG aF Rn 12.
182 Wandtke/Bullinger/*Bohne* § 98 UrhG Rn 47.
183 Wandtke/Bullinger/*Bohne* § 98 UrhG Rn 4.
184 BGH GRUR 2003, 228, 229 – P-Vermerk; OLG Hamburg GRUR-RR 2007, 3, 5 – Metall auf Metall; OLG München GRUR-RR 2010, 161 – Bronzeskulptur.
185 BGH GRUR 2003, 228, 230 – P-Vermerk; *Thun* 156.

IV. Rückrufanspruch

Ein Novum im Immaterialgüterrecht stellt der Rückrufsanspruch dar, der ebenfalls durch das Gesetz zur Verbesserung der Durchsetzung von Rechten geistigen Eigentums in das UrhG aufgenommen wurde und auf der Enforcement-RL basiert.[186] Im Äußerungsrecht hatte die Rechtsprechung bereits vor der Enforcement-RL einen Anspruch auf Rückruf von persönlichkeitsrechtsverletzenden Produkten anerkannt.[187] Auch dieser Rückrufsanspruch lässt sich als ein Sonderfall des Beseitigungsanspruches auffassen.[188] Nach §98 Abs 2 UrhG kann der Rechtsinhaber den Rückruf von rechtswidrig hergestellten, verbreiteten oder zur rechtswidrigen Verbreitung bestimmten Vervielfältigungsstücken verlangen.[189] Der Anspruch kommt typischerweise dann in Betracht, wenn der Verletzer noch Verfügungsgewalt über die Gegenstände hat.[190] Sofern der Verletzer allerdings keine Verfügungsgewalt mehr über die Vervielfältigungsstücke hat, so wird der Anspruch häufig an dem in §275 BGB kodifizierten Grundsatz scheitern, dass niemand zu einer unmöglichen Leistung verpflichtet ist – ultra posse nemo obligatur. Man wird dem Verletzer allerdings zumuten können, dass er seinen Abnehmern die Rücknahme auf eigene Kosten anbietet.[191] Während des Gesetzgebungsverfahrens schlug der Bundesrat vor, eine Klarstellung aufzunehmen, wonach der Anspruch ausgeschlossen ist, wenn eine tatsächliche oder rechtliche Einflussmöglichkeit des Verletzers nicht mehr gegeben ist.[192] Die Bundesregierung hielt dies nicht für erforderlich, da sich bereits aus allgemeinen schuldrechtlichen Grundsätzen ergebe, dass der Anspruch bei Unmöglichkeit ins Leere gehe.[193] Schon vor der Kodifizierung des Rückrufsanspruches wurde in der obergerichtlichen Rechtsprechung vertreten, dass der Schuldner, dem der Vertrieb eines bestimmten Produkts untersagt worden ist, auch dafür Sorge zu tragen habe, dass von ihm bereits veräußerte, aber von seinen Abnehmern noch nicht abgesetzte Vertriebsstücke vom Markt genommen werden.[194] Nach Kodifizierung des Rückrufsanspruches ist allerdings zweifelhaft, ob ein Anspruch auf Verhinderung der Weiterverbreitung bereits aus dem Unterlassungsanspruch folgt. Es ist dem Rechtsinhaber durchaus zuzumuten, den Rückrufsanspruch gerichtlich oder außergerichtlich geltend zu machen, um eine entsprechende Pflicht des Verletzers, auf seine Abnehmer einzuwirken, zu begründen. 49

V. Entfernungsanspruch

Alternativ zum Rückrufsanspruch kann der Verletzte nach § 98 Abs 2 UrhG von dem Verletzer die endgültige Entfernung von rechtswidrig hergestellten, verbreiteten oder zur rechtswidrigen 50

186 Wandtke/Bullinger/*Bohne* §98 UrhG Rn 37; *Bodewig* GRUR 2005, 632, 636; zum persönlichkeitsrechtlichen Rückrufsanspruch vgl LG Berlin ZUM 2004, 139 – Hinter den Kulissen; *Paschke/Busch* NJW 2004, 2620ff; Wenzel/*Burkhardt* 1019.
187 LG München I ZUM 2006, 79, 81 (eine Durchsetzung im Wege der einstweiligen Verfügung für möglich erachtend); LG Berlin ZUM 2004, 139 – Hinter den Kulissen; *Paschke/Busch* NJW 2004, 2620ff; *Dörre* GRUR-Prax 2010, 4; *Lindner* ZUM 2005, 203; Wenzel/*Burkhardt* 1019.
188 Vgl BGH GRUR 1958, 402, 405 – Lili Marleen; *Bodewig* GRUR 2005, 632, 636; zweifelnd *Paschke/Busch* NJW 2004, 2620, 2623.
189 § 98 Abs 2 UrhG entspricht § 140a Abs 3 PatG und § 18 Abs 2 MarkenG.
190 Vgl BGH GRUR 1954, 337, 342 – Radschutz; BGH GRUR 1958, 402, 405 – Lili Marleen; BGH GRUR 1974, 666, 669 – Reparaturversicherung; *Köhler* NJW 1992, 137, 140; dagegen *Bodewig* GRUR 2005, 632, 636.
191 Vgl Wandtke/Bullinger/*Bohne* § 98 UrhG Rn 38; *Bodewig* GRUR 2005, 632, 636; *Spindler/Weber* ZUM 2007, 257, 259; dagegen *Peukert/Kur* GRUR Int 2006, 292, 295.
192 Stellungnahme des Bundesrates, BT-Drucks 16/5048, 54f.
193 Gegenäußerung der Bundesregierung, BT-Drucks 16/5048, 62.
194 OLG Köln GRUR-RR 2008, 365 – Möbelhandel; OLG Frankfurt GRUR-RR 2009, 412 – Abreißschreibtischunterlage.

Verbreitung bestimmten Vervielfältigungsstücken aus den Vertriebswegen verlangen.[195] Grds hat der Rechtsinhaber keinen Zugriff auf bereits ausgelieferte Ware.[196]

VI. Schadensersatzanspruch

51 Nach § 97 Abs 2 S 1 UrhG hat der Rechtsinhaber einen Schadensersatzanspruch gegen denjenigen, der vorsätzlich oder fahrlässig ein Urheberrecht oder ein anderes nach dem UrhG geschütztes Recht verletzt.[197] Voraussetzung ist also neben der Rechtsverletzung ein Verschulden. Vorsatz setzt das Wissen und Wollen des Erfolges und das Bewusstsein der Rechtswidrigkeit voraus.[198] Fahrlässig handelt, wer die im Verkehr erforderliche Sorgfalt außer Acht lässt. Wer sich bewusst im Grenzbereich des rechtlich Zulässigen bewegt, handelt in aller Regel fahrlässig.[199] Irrt der Verletzer über die Rechtslage, so schließt dies nur den Vorwurf des vorsätzlichen Handelns, nicht hingegen den Fahrlässigkeitsvorwurf aus.[200]

1. Wahlrecht zwischen drei Methoden der Schadensberechnung

52 Der Umfang des Schadensersatzes richtet sich grds nach §§ 249 ff. BGB.[201] Nach § 249 Abs 1 S 1 BGB ist der Zustand herzustellen, der bestehen würde, wenn der zum Ersatz verpflichtende Schaden nicht eingetreten wäre. Diese Naturalrestitution ist bei Schutzrechtsverletzungen in aller Regel nicht möglich. Daher hat der Verletzer nach § 251 BGB Geldentschädigung einschließlich entgangenen Gewinns nach § 252 BGB zu zahlen. Die hypothetische Gewinnentwicklung ist indes häufig nur schwer nachweisbar. Daher hat die Rechtsprechung dem Verletzten zwei weitere Möglichkeiten der Schadensberechnung bereit gestellt, die zwischenzeitlich auch vom Gesetzgeber kodifiziert wurden.[202] Dies sind die Herausgabe des Verletzergewinns gem § 97 Abs 2 S 2 UrhG und die Zahlung einer angemessenen Lizenzgebühr nach § 97 Abs 2 S 3 UrhG. Zwischen diesen drei Arten der Schadensberechnung darf der Verletzte frei wählen.[203] Bei diesen drei Bemessungsarten handelt es sich lediglich um Variationen bei der Ermittlung des gleichen einheitlichen Schadens und nicht um verschiedene Ansprüche mit unterschiedlichen Rechtsgrundlagen.[204] Grundsätzlich sollten die Berechnungsmethoden zu übereinstimmenden Ergebnissen führen, was bei der Berechnung zu berücksichtigen ist.[205]

53 Das Wahlrecht zwischen den Berechnungsarten darf noch während eines laufenden Zahlungsklageverfahrens ausgeübt werden. Der Gläubiger soll auf Änderungen der Sach- und Beweislage reagieren können, die sich nicht selten erst im Laufe eines Verfahrens ergeben. Daher erlischt dieses Wahlrecht – abgesehen von der Erfüllung – erst dann, wenn der nach einer bestimmten Berechnungsweise geltend gemachte Anspruch rechtskräftig zuerkannt worden

---

195 § 98 Abs 2 UrhG entspricht § 140a Abs 3 PatG und § 18 Abs 2 MarkenG.
196 *Peukert/Kur* GRUR Int 2006, 292, 295.
197 § 97 Abs 2 UrhG entspricht § 139 Abs 2 PatG und § 14 Abs 6 MarkenG.
198 Wandtke/Bullinger/*Kefferpütz* § 97 UrhG Rn 49.
199 BGH GRUR 2007, 871, Rn 42 – Wagenfeld-Leuchte; BGH GRUR 1998, 568, 569 – Beatles-Doppel-CD.
200 *Schack* Rn 681.
201 *Schack* Rn 688; *Ohly* GRUR 2007, 926, 929 ff.
202 Vgl BGH GRUR 1993, 55 – Tchibo/Rolex II; BGH GRUR 2000, 226 – Planungsmappe; *Dreier* GRUR Int 2004, 706; *Bodewig/Wandtke* GRUR 2008, 220, 223 ff; vgl auch *Peifer* WRP 2008, 48.
203 BGH Urt v 25.3.2010, Az I ZR 122/08, Rn 17 – Werbung des Nachrichtensenders.
204 BGH GRUR 1993, 55 – Tchibo/Rolex II; Gloy/Loschelder/*Melullis* § 23 Rn 51.
205 *Meier-Beck* WRP 2012, 503, 507.

ist.[206] Der Verletzte verliert das Wahlrecht auch dann, wenn über seinen Schadensersatzanspruch bereits für ihn selbst unangreifbar nach einer Berechnungsart entschieden worden ist.[207] Der aus einer Schutzrechtsverletzung folgende Schadensersatzanspruch sowie der der Bezifferung dieses Anspruchs dienende Auskunftsanspruch sind zeitlich nicht durch die vom Gläubiger nachgewiesene erste Verletzungshandlung begrenzt.[208]

a) Entgangener Gewinn. Für die Berechnung des Schadensersatzanspruches nach 54
§§ 249 ff. BGB ist die tatsächliche Vermögenssituationen des Geschädigten mit der Situation zu vergleichen, die bestehen würde, wenn das schadensträchtige Ereignis nicht eingetreten wäre. Dabei ist auch der entgangene Gewinn zu berücksichtigen.[209] In der Praxis nehmen Schutzrechtsinhaber von dieser Berechnungsmethode häufig Abstand, da hierfür unter Umständen interne Kalkulationen offengelegt werden müssten.

b) Verletzergewinn. Nach § 97 Abs 2 S 2 UrhG kann bei der Bemessung des Schadens- 55
ersatzes auch der Gewinn berücksichtigt werden, den der Verletzer durch die Verletzung des Rechts erzielt hat. Mit dieser Regelung wird die ständige – an Rechtsfolgen der Geschäftsführung ohne Auftrag angelehnte – Rechtsprechung kodifiziert. Der Verletzte kann somit den Verletzergewinn herausverlangen. Dieser Anspruch setzt nicht voraus, dass der Verletzte seinerseits hätte gewinnbringend wirtschaften können. Ersatzfähig ist aber nur der Anteil vom Gewinn, der auf der Verletzung des Schutzrechts beruht. Dabei darf der Verletzer seine Gemeinkosten vom Verkaufserlös abziehen, soweit diese den schutzrechtsverletzenden Gegenständen unmittelbar zugerechnet werden können.[210] Zu diesen abzugsfähigen Kosten gehören neben den Kosten der Produktion, des Materials und des Vertriebs auch die Kosten des Personals, das für die Herstellung und den Vertrieb des Nachahmungsprodukts eingesetzt war, sowie bei Investitionen in Anlagevermögen die anteiligen Kosten für Maschinen und Räumlichkeiten, die ausschließlich für die Produktion und den Vertrieb der Nachahmungsprodukte verwendet worden sind.[211] Ausgangspunkt für die Unterscheidung der anzurechnenden und der nicht anzurechnenden Kosten ist die Überlegung, dass für die Ermittlung des Schadensersatzes nach dem Verletzergewinn zu unterstellen ist, dass der Verletzte einen entsprechenden Betrieb unterhält, der dieselben Produktions- und Vertriebsleistungen wie der Betrieb des Verletzers hätte erbringen können. Nicht abzugsfähig sind daher die Kosten, die unabhängig vom Umfang der Produktion und des Vertriebs durch die Unterhaltung des Betriebs entstanden sind. Hierzu zählen bspw allgemeine Marketingkosten, die Geschäftsführergehälter, die Verwaltungskosten sowie die Kosten für Anlagevermögen, das nicht konkret der Rechtsverletzung zugerechnet werden kann. Nicht anrechenbar sind ferner Anlauf- und Entwicklungskosten sowie Kosten für die nicht mehr veräußerbaren Produkte.[212] Bei der unerlaubten Ausstrahlung von Filmaufnahmen durch einen Nachrichtensender, kann der Verletzte einen Bruchteil der Werbeeinnahmen beanspruchen, die der Nachrichtensender durch Werbung im Umfeld der Sendung erzielt hat.[213]

---

206 BGH GRUR 1974, 53, 54 – Nebelscheinwerfer; BGH GRUR 1982, 301 – Kunststoffhohlprofil II; OLG Hamburg ZUM 2009, 482, 485 – Bauhaus aus Italien II.
207 BGH GRUR 2008, 93, 94 – Zerkleinerungsvorrichtung.
208 BGH GRUR 2007, 877, 879 – Windsor Estate.
209 Vgl BGH GRUR 1971, 35, 39 – Maske in Blau.
210 BGH GRUR 2001, 329 – Gemeinkostenanteil; BGH GRUR 2006, 419, 420 – Noblesse; OLG Düsseldorf GRUR 2004, 53, 54 – Gewinnherausgabeanspruch; *Meier-Beck* WRP 2012, 503, 505.
211 BGH GRUR 2007, 431, 434 – Steckverbindergehäuse.
212 BGH GRUR 2007, 431, 434 – Steckverbindergehäuse.
213 BGH Urt v 25.3.2010, Az I ZR 122/08 – Werbung des Nachrichtensenders.

56 Besonderheiten können sich bei der Berechnung des Verletzergewinns in der Absatzkette ergeben. Haben mehrere Personen nacheinander urheberrechtliche Nutzungsrechte verletzt, ist der Verletzte grundsätzlich berechtigt, von jedem Verletzer innerhalb der Verletzerkette die Herausgabe des von diesem erzielten Gewinns zu fordern.[214] Jeder Verletzer innerhalb einer Verletzerkette greift durch das unbefugte Inverkehrbringen des Schutzgegenstands erneut in das ausschließliche Verbreitungsrecht ein.[215] Jeder Verletzer muss seinen gesamten Gewinn auskehren, unabhängig davon, ob der Verletzte den von den Verletzern erzielten Gewinn selbst hätte erzielen können.[216] Bei der Bemessung des Anspruchs gegen den Hersteller auf Herausgabe des Verletzergewinns will der BGH Ersatzzahlungen, die der Hersteller deshalb an seine Abnehmer leistet, weil diese am Weitervertrieb der rechtsverletzenden Gegenstände gehindert sind, nicht abziehen. Dem liegt die Erwägung zugrunde, dass bei der Bemessung des Schadensersatzes anhand des Verletzergewinns fingiert wird, der Rechtsinhaber hätte ohne die Rechtsverletzung durch Verwertung seines Schutzrechts den gleichen Gewinn wie der Verletzer erzielt. Der (fingierte) Gewinn des Rechtsinhabers wäre jedoch nicht durch Schadensersatzzahlungen an seine Abnehmer geschmälert worden.[217]

Die Herausgabe des Verletzergewinns auf allen Handelsstufen kann zu einer ungerechtfertigten Besserstellung des Verletzten führen, soweit ein Verletzer, der als Hersteller und Lieferant in der Verletzerkette weiter oben platziert ist, von Verletzern, die in der Verletzerkette weiter unten stehen, wegen deren Inanspruchnahme durch den Verletzten mit Erfolg in Regress genommen wird. In dieser Konstellation mindert die Ersatzzahlung des Lieferanten an seine Abnehmer dessen an den Verletzten herauszugebenden Gewinn. Der vom Lieferanten an den Verletzten herauszugebende Gewinn wird also durch Ersatzzahlungen gemindert, die er seinerseits seinen Abnehmern wegen deren Inanspruchnahme durch den Verletzten erbringt.[218] Dies kann zur Konsequenz haben, dass sich der Verletzte Bereicherungsansprüchen des Verletzers ausgesetzt sieht, worauf der BGH hinweist. Hat etwa der Hersteller dem Rechtsinhaber den Verletzergewinn herausgegeben, bevor er seinen Abnehmern wegen deren Inanspruchnahme durch den Rechtsinhaber Schadensersatz leistet, kann er vom Rechtsinhaber wegen späteren Wegfalls des rechtlichen Grundes für die Leistung nach § 812 Abs 1 S 2 Fall 1 BGB die Herausgabe des überzahlten Verletzergewinns beanspruchen.[219] Um dieses unerwünschte Ergebnis zu vermeiden, wird vorgeschlagen, den Gewinnnherausgabeanspruch auf den höchsten, auf einer Stufe erzielten Verletzergewinn zu begrenzen.[220]

57 **c) Angemessene Lizenzgebühr.** Nach § 97 Abs 2 S 2 UrhG kann der Schadensersatzanspruch auch auf der Grundlage des Betrages berechnet werden, den der Verletzer als angemessene Vergütung hätte entrichten müssen, wenn er die Erlaubnis zur Nutzung des verletzten Rechts eingeholt hätte. Mit Einführung dieser Vorschrift wurde die Rechtsprechung zur Berechnung des Schadensersatzanspruches nach der Lizenzanalogiemethode kodifiziert. Zu beachten ist auch hier, dass der Gewinn grundsätzlich dem Schutzrechtsinhaber zusteht.[221] Die Berechnung kann bspw als Pauschallizenzgebühr oder auf der Grundlage einer Stücklizenz

---

214 BGH GRUR 2009, 856, 862 – Tripp-Trapp-Stuhl.
215 BGH GRUR 2009, 856, 863 Rn 69 – Tripp-Trapp-Stuhl.
216 BGHZ 145, 366, 375 – Gemeinkostenanteil.
217 BGH GRUR 2002, 532, 535 – Unikatrahmen; BGH GRUR 2009, 856, 863 Rn 74 – Tripp-Trapp-Stuhl.
218 BGH GRUR 2009, 856, 864 Rn 75 ff – Tripp-Trapp-Stuhl.
219 BGH GRUR 2009, 856, 864 Rn 79 – Tripp-Trapp-Stuhl; anders bei der Schadensberechnung im Wege der Lizenzanalogie: BGH GRUR 2009, 660, 664 Rn 39 – Resellervertrag.
220 *Arnold/Slopek* NJW 2009, 3694, 3696.
221 *Meier-Beck* WRP 2012, 503, 506 f.

vorgenommen werden. Die Prozentsätze sind von Branche zu Branche unterschiedlich.[222] Bei der Festsetzung einer angemessenen Lizenzgebühr können branchenübliche Vergütungssätze und Tarife als Maßstab heranzuziehen sein. Es ist daher zu prüfen, ob für die einschlägige Nutzungsart Tarifwerke von Verwertungsgesellschaften oder Vergütungssätze anderer Organisationen existieren, die als allgemein übliche Vergütungssätze anzusehen sind oder zumindest als Anhaltspunkt dienen können.[223] Lassen sich keine üblichen Honorare ermitteln, ist die angemessene Lizenzgebühr gem § 287 ZPO unter Berücksichtigung aller Umstände in freier Beweiswürdigung zu schätzen. Dabei sind der Umfang der Nutzung, der Wert des verletzten Rechts sowie Umfang und Gewicht des aus dem geschützten Werk übernommenen Teils zu berücksichtigen.

Für die Berechnung kann auf die eigene Vertragspraxis des Anspruchstellers zurückgegriffen werden. Kann dieser belegen, dass eine ausreichende Zahl von Lizenzverträgen nach seinem Vergütungsmodell abgeschlossen wurde, kommt es grundsätzlich nicht darauf an, ob die in den Lizenzverträgen aufgeführten Lizenzsätze und sonstigen Konditionen für derartige Werke allgemein üblich und objektiv angemessen sind.[224] Werden die vom Verletzten geforderten Lizenzsätze tatsächlich auf dem Markt gezahlt, können sie einer Schadensberechnung im Wege der Lizenzanalogie auch dann zu Grunde gelegt werden, wenn sie über dem Durchschnitt vergleichbarer Vergütungen liegen. Lagen die tatsächlich gezahlten Lizenzsätze allerdings deutlich unter dem objektiven Wert, so ist der Anspruchsteller nicht darauf beschränkt.[225]

Bei Verletzung des Urheberrechts an Fotografien wollen manche Gerichte im Rahmen der Schadensschätzung gem § 287 ZPO bei der Ermittlung der üblichen Vergütung die Honorarempfehlungen der Mittelstandsgemeinschaft Fotomarketing (MFM) zu Grunde legen.[226] Dies ist nach Auffassung des BGH nicht ohne weiteres möglich.[227] Für die Zugrundelegung der MFM-Empfehlungen ist vielmehr erforderlich, dass das Gericht entweder über hinreichende eigene Sachkunde verfügt oder diese einholt, um beurteilen zu können, ob die entsprechenden MFM-Empfehlungen marktübliche Honorarsätze enthalten.

2. Verletzerzuschlag

a) GEMA-Zuschlag. Nach ständiger Rechtsprechung ist die GEMA[228] berechtigt, bei Berechnung des Schadens, der durch ungenehmigte öffentliche Musikaufführungen entstanden ist, von höheren Gebührensätzen auszugehen, als sie für zuvor angemeldete öffentliche Musikdarbietungen verlangt. Dieser Zuschlag rechtfertigt sich daraus, dass die GEMA, um Urheberverletzungen nachzugehen, eine umfangreiche Überwachungsorganisation unterhalten muss.[229] In der Begründung zum Gesetzentwurf der Bundesregierung wird ausdrücklich klargestellt, dass die Neuregelung des § 97 UrhG diesen Kontrollzuschlag nicht berührt.[230] 58

---

222 Vgl *Menninger/Nägele* WRP 2007, 912, 915.
223 BGH GRUR 2009, 407, 409 Rn 29 – Whistling for a train.
224 BGH GRUR 2009, 660, 663 – Resellervertrag.
225 BGH GRUR 2009, 407, 409 Rn 27 – Whistling for a train.
226 OLG Brandenburg GRUR-RR 2009, 413 – MFM-Bildhonorartabellen; OLG Düsseldorf NJW-RR 1999, 194; OLG Düsseldorf NJW-RR 2007, 486 – Informationsbroschüre; LG Berlin GRUR 2000, 797, 798; dagegen OLG Hamburg MMR 2010, 196, 197 – Food-Fotos; offen gelassen von BGH GRUR 2010, 623, 626 Rn 36 – Restwertbörse.
227 BGH NJW 2006, 615, 617 – Pressefotos; ebenso.
228 Gesellschaft für musikalische Aufführungs- und mechanische Vervielfältigungsrechte.
229 BGH GRUR 1955, 549; BGH GRUR 1973, 379 – Doppelte Tarifgebühr; *Dreier* GRUR Int 2004, 706, 709.
230 Begründung zum Gesetzesentwurf der Bundesregierung, BT-Drucks 16/5048, 48, eingehend hierzu *Bodewig/Wandtke* GRUR 2008, 220, 225 ff; *Patnaik* GRUR 2004, 191, 192.

59 **b) Verdopplung der Lizenzgebühr wegen fehlender Urhebernennung.** Nach der Rechtsprechung kommt auch bei fehlender Urhebernennung ein Verletzerzuschlag in Betracht.[231] Werden bspw Werbefotos ohne Einwilligung des Urhebers im Internet unter Weglassung des Bildquellennachweises veröffentlicht, so nehmen einige Gerichte bei der Schadensberechnung einen Aufschlag wegen fehlender Urhebernennung vor. Dies soll allerdings bei einem einmaligen Privatverkauf in einem Internetauktionshaus nicht der Fall sein.[232]

60 **c) Kein allgemeiner Verletzerzuschlag.** Während des Gesetzgebungsverfahrens zum Gesetz zur Verbesserung der Durchsetzung von Rechten geistigen Eigentums schlug der Bundesrat vor, dem Rechteinhaber unter bestimmten Voraussetzungen zu ermöglichen, eine doppelte Lizenzgebühr als vermuteten Verletzergewinn geltend zu machen.[233] Die Bundesregierung hat diese Forderung abgelehnt, weil sie ihrer Ansicht nach auf die Gewährung eines Strafschadensersatzes hinausliefe.[234]

VII. Geldentschädigung

61 Nach § 97 Abs 2 S 4 UrhG können Urheber und bestimmte Leistungsschutzberechtigte auch wegen des Schadens, der nicht Vermögensschaden ist, eine Entschädigung in Geld verlangen, wenn und soweit dies der Billigkeit entspricht. Die Geldentschädigung setzt voraus, dass eine schwerwiegende Verletzung des Urheberpersönlichkeitsrechts vorliegt und dass die Beeinträchtigung nicht in anderer Weise befriedigend ausgeglichen werden kann. Ob eine schwerwiegende Verletzung des Persönlichkeitsrechts vorliegt, hängt dabei insbesondere von der Bedeutung und Tragweite des Eingriffs, Art und Weise der Verletzung, Intensität und Dauer der Verletzung, ferner von Anlass und Beweggrund des Handelnden sowie vom Grad seines Verschuldens ab.[235] Hinsichtlich der Höhe der Entschädigung ist die Rechtsprechung bei Urheberrechtsverletzungen deutlich weniger großzügig als bei Verletzungen des allgemeinen Persönlichkeitsrechts.[236] In einem Fall, in welchem ein Musiker Teile von 12 Musiktiteln übernommen, mit eigenen Texten verbunden und bei der GEMA als eigene Werke angemeldet hatte, bestätigte das Oberlandesgericht Hamburg einen Geldentschädigungsanspruch von über € 60.000,–.[237] Die Voraussetzungen für die Leistung einer Geldentschädigung sind nicht nur bei einem zielgerichteten Verhalten erfüllt, sondern auch dann, wenn der Verletzer für eine weite Verbreitung der Verletzung verantwortlich ist und ihm jedenfalls ein hohes Maß an Fahrlässigkeit im Hinblick auf die Rechtsverletzung vorzuwerfen ist.

VIII. Bereicherungsausgleich

62 § 102a UrhG stellt klar, dass die Regelung der Rechtsfolgen im UrhG nicht abschließend ist. Die Ansprüche aus anderen gesetzlichen Vorschriften bleiben unberührt. Der Verletzte hat einen

---

231 OLG Düsseldorf NJW-RR 2007, 486 – Informationsbroschüre; LG Hamburg ZUM 2004, 675, 679; vgl auch OLG Hamburg MMR 2010, 196, 197 – Food-Fotos; *Loewenheim* FS Erdmann 131 ff; dagegen *Schack* Rn 693a.
232 OLG Braunschweig GRUR 2012, 920 – MFM-Honorarempfehlungen.
233 Stellungnahme des Bundesrates, BT-Drucks 16/5048, 53 f; zust *Bodewig/Wandtke* GRUR 2008, 220; *Berlit* WRP 2007, 732, 733 f.
234 Gegenäußerung der Bundesregierung, BT-Drucks 16/5048, 61.
235 OLG Hamburg ZUM-RD 2013, 428 – Dark Sanctuary; LG Hamburg ZUM-RD 2010, 331 – Dark Sanctuary.
236 Übersichten zum Urheberecht bei *Schack* Rn 694; zum allgemeinen Persönlichkeitsrecht bei *Damm/Rehbock* Rn 998 ff.
237 OLG Hamburg ZUM-RD 2013, 428 – Dark Sanctuary; LG Hamburg ZUM-RD 2010, 331 – Dark Sanctuary.

Anspruch auf Herausgabe der durch die Rechtsverletzung erlangten ungerechtfertigten Bereicherung nach § 812 Abs 1 S 1 2. Fall BGB. Anders als im Schadensersatzrecht ist für das Bereicherungsrecht nicht die Vermögenslage des Gläubigers, sondern die des Schuldners entscheidend.[238] Gegenstand der Bereicherung kann jeder vermögenswerte Vorteil sein. Bei Eingriffen in Immaterialgüterrechte stellt der Gebrauch des immateriellen Schutzgegenstandes das Erlangte iSd § 812 BGB dar. Da der dadurch erlangte Vorteil naturgemäß nicht wieder herausgegeben werden kann, ist Wertersatz zu leisten. In der Höhe entspricht der Wertersatz einer angemessenen Lizenzgebühr. Anders als beim Schadensersatzanspruch ist kein Verschuldensnachweis erforderlich. Diesem Vorteil steht allerdings der Nachteil gegenüber, dass der Verletzer gegebenenfalls Bereicherungswegfall nach § 818 Abs 3 BGB geltend machen kann, sofern nicht die Ausschlussgründe der §§ 818, 819 BGB greifen.[239] Hierin liegt ein nicht unwesentlicher Unterschied zur Lizenzanalogie im Rahmen des auf schuldhaftes Handeln gestützten Schadensersatzanspruchs. Zu beachten ist, dass für die deliktische Bereicherungshaftung nach § 852 BGB besondere Verjährungsregeln gelten.

IX. Geschäftsanmaßung

Der Anspruch auf Herausgabe des Verletzergewinns kann auch auf die Geschäftsanmaßung 63
nach §§ 687 Abs 2, 681, 667 BGB gestützt werden. Behandelt jemand ein fremdes Geschäft als sein eigenes, obwohl er weiß, dass er nicht dazu berechtigt ist, so kann der Geschäftsherr nach § 687 Abs 2 BGB, die sich aus den §§ 677, 678, 681, 682 BGB ergebenden Ansprüche geltend machen. Da die Haftung aus § 687 Abs 2 BGB allerdings nur vorsätzliche Eingriffe erfasst, ist ihr praktischer Anwendungsbereich gering.[240]

X. Unselbstständiger Auskunftsanspruch

Auskunftsansprüche können mehreren Funktionen dienen. Einerseits versetzen sie den Rechts- 64
inhaber in die Lage, den Schadensersatzanspruch nach den verschiedenen Berechnungsmethoden zu beziffern, um entscheiden zu können, welche Art der Berechnung die für ihn günstigste ist. Andererseits bestehen Auskunftsansprüche gegen den Verletzer über Dritte (Drittauskunftsanspruch) und gegen Dritte, die nicht zugleich Verletzer sind.[241] Letztere sind insb im Bereich der Internetpiraterie von entscheidender Bedeutung.

1. Vorbereitender Auskunftsanspruch

Der vorbereitende Auskunftsanspruch dient der Bezifferung des Anspruchs auf Schadensersatz 65
bzw Bereicherungsausgleich.[242] Grundlage sind §§ 242, 259, 260 BGB, die § 102a UrhG unberührt lässt. Der Anspruch auf Auskunftserteilung setzt voraus, dass der Verletzte in entschuldbarer Weise über das Bestehen oder den Umfang seines Anspruchs auf Schadensersatz oder Bereicherungsausgleich im Ungewissen ist und sich die zur Durchsetzung dieser Ansprüche notwendi-

238 BGH NJW 1981, 2402 – Carrera; BGH GRUR 1956, 427 – Dahlke.
239 Vgl BGH GRUR 1988, 606, 609 – Differenzlizenz; BGH NJW 1977, 1194 – Kunststoffhohlprofil.
240 MünchKommBGB/*Seiler* § 687 BGB Rn 30.
241 Eingehend *Raabe* ZUM 2006, 439 ff; *Seichter* FS Ullmann 983, 985 ff; *Spindler/Weber* ZUM 2007, 257, 261.
242 BGH GRUR 2010, 623, 626 Rn 43 – Restwertbörse; BGH GRUR 1980, 227, 232 – Monumenta Germaniae Historica; BGHZ 129, 66, 75 – Mauerbilder.

gen Auskünfte nicht auf zumutbare Weise selbst beschaffen kann, während der Verletzer sie unschwer erteilen kann. Geschuldet werden alle Angaben, die der Verletzte zur Prüfung und Berechnung des Anspruchs auf Schadensersatz bzw Bereicherungsausgleich benötigt.[243] Der vorbereitende Auskunftsanspruch ist – ebenso wenig wie der Schadensersatzanspruch – zeitlich durch die vom Gläubiger nachgewiesene erste Verletzungshandlung begrenzt.[244] Inhalt und Umfang des Auskunftsanspruchs bestimmen sich unter Abwägung der Interessen der Parteien. Der Anspruch wird begrenzt durch das prozessuale Ausforschungsverbot. Insb darf der Anspruch nicht zur Ausforschung von Kalkulationsinterna und Kundenbeziehungen benutzt werden.[245] Wird ein bestimmtes Schutzrecht verletzt, kann grundsätzlich nicht Auskunft darüber verlangt werden, ob auch andere Schutzrechte verletzt worden sind. Denn dies liefe auf die Anerkennung eines allgemeinen Auskunftsanspruchs heraus und würde der Ausforschung unter Vernachlässigung allgemein gültiger Beweislastregeln Tür und Tor öffnen. Sofern allerdings über die bereits begangene Verletzung des einen Schutzrechts hinaus rechtliche Beziehung zwischen den Beteiligten bestehen, kann sich der Auskunftsanspruch auch auf andere Schutzgegenstände erstrecken.[246] So kann bspw bei der Verletzung urheberrechtlicher Nutzungsrechte an bestimmten Werken einer Verwertungsgesellschaft aufgrund der rechtlichen Beziehung zwischen ihr und dem auf Auskunft in Anspruch Genommenen ein Anspruch auf Erteilung einer Auskunft über die Verletzung von Nutzungsrechten an weiteren Werken aus Treu und Glauben zustehen, wenn dem kein anerkennenswertes Interesse des Auskunftspflichtigen entgegensteht.[247]

66 Da dem Auskunftsschuldner eine vollständige Offenbarung gegenüber dem Anspruchsteller, der regelmäßig ein Konkurrent des Anspruchstellers sein wird, nicht zuzumuten ist, besteht die Möglichkeit eines **Wirtschaftsprüfervorbehalts**. Die Namen der Kunden werden dann gegebenenfalls einem zur Verschwiegenheit verpflichteten Wirtschaftsprüfer übermittelt und nicht dem Anspruchsteller.[248] Der Wirtschaftsprüfer kann dann feststellen, ob sich unter den Namen bspw auch Kunden des Gläubigers befinden.

Bei Auskunftsmängeln ist zu unterscheiden: Bei unvollständiger Auskunft besteht ein Ergänzungsanspruch.[249] Bei unsorgfältiger Auskunft besteht ein Anspruch auf Abgabe einer eidesstattlichen Versicherung nach §§ 259 Abs 2, 260 Abs 2 BGB. Der Auskunftspflichtige hat auf Verlangen an Eides statt zu versichern, dass er die Angaben nach bestem Wissen so vollständig gemacht hat, wie er dazu im Stande ist, wenn Grund zu der Annahme besteht, dass die Auskunft nicht mit der erforderlichen Sorgfalt erfolgt ist. Ausreichend ist, dass sich ein solcher Verdacht aus den Angaben selbst oder anderen Umständen ergibt.[250] Erteilt der Auskunftspflichtige wiederholt Auskünfte, die mehr oder weniger unrichtig, unvollständig oder ungenau sind, so besteht regelmäßig der Verdacht, dass er seine Sorgfaltspflicht verletzt hat, auch wenn die zuletzt erteilte Auskunft nun tatsächlich richtig, vollständig und genau sein sollte.[251]

---

243 Dreier/Schulze/*Dreier* § 97 UrhG Rn 79.
244 BGH GRUR 2010, 623, 627 Rn 54 – Restwertbörse; BGH GRUR 2007, 877, 879 – Windsor Estate; zust *Steinbeck* GRUR 2008, 110, 111.
245 LG München I GRUR-RR 2008, 74, 76 – Biogas Fonds.
246 BGH GRUR 2010, 623, 627 Rn 51 – Restwertbörse.
247 BGH GRUR 1988, 604, 605 – Kopierwerk.
248 Vgl BGH GRUR 1981, 535 – Wirtschaftsprüfervorbehalt; *Bornkamm* FS Ullmann 893, 897 ff.
249 BGH GRUR 2001, 841, 845 – Entfernung der Herstellungsnummer.
250 Vgl LG Düsseldorf GRUR-RR 2009, 195 – Sorgfältige Auskunft.
251 LG Düsseldorf GRUR-RR 2009, 195, 196 – Sorgfältige Auskunft.

2. Rechnungslegung und Belegvorlage

Die Rechnungslegung ist eine qualifizierte Form der Auskunft und dient der Bezifferung des Schadensersatzanspruchs.[252] Der Schutzrechtsinhaber soll eine Abrechnung über Einnahmen und Ausgaben unter Vorlage der Belege erhalten. Der Anspruch auf Rechnungslegung ist gewohnheitsrechtlich anerkannt.[253] In § 97 Abs 1 S 2 UrhG aF war die Rechnungslegung im Rahmen des Gewinnherausgabeanspruches auch kodifiziert.[254] In der Gesetzgebungsgeschichte finden sich keinerlei Anhaltspunkte dafür, dass die Streichung dieser Regelung inhaltliche Änderungen nach sich ziehen sollte. Nach § 259 Abs 1 BGB muss derjenige, der verpflichtet ist, über eine mit Einnahmen oder Ausgaben verbundene Verwaltung Rechenschaft abzulegen, dem Berechtigten eine die geordnete Zusammenstellung der Einnahmen oder der Ausgaben enthaltende Rechnung mitteilen und, soweit Belege erteilt zu werden pflegen, Belege vorlegen. 67

XI. Selbstständige Auskunftsansprüche

Die selbstständigen Auskunftsansprüche sind nicht nur Hilfsansprüche, die der Bezifferung des Schadensersatzes und dem Bereicherungsausgleich dienen. Vielmehr sollen sie den Gläubiger in die Lage versetzen, den Sachverhalt aufzuklären, um bspw die Quellen und Vertriebswege der Film- und Musikpiraterie aufdecken zu können. Ein in der Praxis nicht unwesentlicher Unterschied zum unselbstständigen Auskunftsanspruch besteht darin, dass die selbstständigen Auskunftsansprüche in der Regel dem Eilrechtsschutz offen stehen. 68

1. Auskunft über Dritte

a) Anspruchsvoraussetzungen. Nach § 101 Abs 1 UrhG kann derjenige, der in gewerblichem Ausmaß das Urheberrecht oder ein anderes nach dem UrhG geschütztes Recht widerrechtlich verletzt, von dem Verletzten auf unverzügliche Auskunft über die Herkunft und den Vertriebsweg der rechtsverletzenden Vervielfältigungsstücke oder sonstigen Erzeugnisse in Anspruch genommen werden.[255] Dieser Drittauskunftsanspruch ist verschuldensunabhängig.[256] Vor dem **Gesetz zur Verbesserung der Durchsetzung von Rechten geistigen Eigentums** erfasste der sog Drittauskunftsanspruch nach § 101 UrhG nur die Herstellung und Verbreitung.[257] Die Neufassung stellt ausdrücklich klar, dass der Anspruch nicht auf die Verletzung von körperlichen Verwertungsrechten nach § 15 Abs 1 UrhG beschränkt ist.[258] Der Auskunftsanspruch gilt bei allen Rechtsverletzungen, gleich ob die Verwertungshandlung körperlicher oder unkörperlicher Natur war.[259] § 101 Abs 4 UrhG schließt den Auskunftsanspruch aus, wenn die Inanspruchnahme im Einzelfall unverhältnismäßig ist. 69

Das Erfordernis des **„gewerblichen Ausmaßes"** wurde durch **das Gesetz zur Verbesserung der Durchsetzung von Rechten geistigen Eigentums** eingefügt. Bislang sah § 101a Abs 1 70

252 Dreier/Schulze/*Dreier* § 97 UrhG Rn 80.
253 Vgl BGH GRUR 1998, 376 – Coverversion; LG Köln ZUM-RD 2009, 33, 39 – Kaminmodell; OLG Hamburg Urt v 30.3.2011, Az 5 U 207/08 – Wagenfeld-Leuchte; Begründung zum Gesetzesentwurf der Bundesregierung, BT-Drucks 16/5048, 48.
254 Dreier/Schulze/*Dreier* § 97 UrhG Rn 78.
255 § 101 Abs 1 UrhG entspricht § 140b Abs 1 PatG und § 19 Abs 1 MarkenG.
256 OLG München GRUR 2007, 419 – Lateinlehrbuch; eingehend *Gräfin von Merveldt*.
257 OLG Hamburg GRUR-RR 2007, 381, 382 – Betriebsrats-Check.
258 Begründung zum Gesetzesentwurf der Bundesregierung, BT-Drucks 16/5048, 49.
259 Begründung zum Gesetzesentwurf der Bundesregierung, BT-Drucks 16/5048, 49.

aF UrhG das Erfordernis des geschäftlichen Verkehrs vor.[260] Das gewerbliche Ausmaß kann sich aus der Quantität oder aus der Qualität der Rechtsverletzungen ergeben. Gewerbsmäßigkeit liegt demgegenüber vor, wenn sich der Täter durch die wiederholte Tatbegehung eine fortlaufende Einnahmequelle von einigem Umfang und einiger Dauer schaffen möchte.[261]

71 **b) Umfang der Auskunftspflicht.** Die Angaben müssen sich nach § 101 Abs 3 UrhG beziehen auf (1.) Namen und Anschrift der Hersteller, Lieferanten und anderer Vorbesitzer der Vervielfältigungsstücke oder sonstigen Erzeugnisse, der Nutzer der Dienstleistungen sowie der gewerblichen Abnehmer und Verkaufsstellen, für die sie bestimmt waren, und (2.) die Menge der hergestellten, ausgelieferten, erhaltenen oder bestellten Vervielfältigungsstücke oder sonstigen Erzeugnisse sowie über die Preise, die für die betreffenden Vervielfältigungsstücke oder sonstigen Erzeugnisse bezahlt wurden.

2. Belegvorlage

72 Auch der Drittauskunftsanspruch wird durch einen Anspruch auf Belegvorlage ergänzt. Der Schuldner eines selbstständigen Auskunftsanspruchs, der die Namen seiner Lieferanten und gewerblichen Abnehmer offenbaren muss, ist in aller Regel auch zur Vorlage entsprechender Belege über den Einkauf und Verkauf wie bspw Rechnungen und Lieferscheine verpflichtet. Soweit die Belege Daten enthalten, auf die sich die geschuldete Auskunft nicht bezieht, ist einem berechtigten Geheimhaltungsinteresse des Schuldners dadurch Rechnung zu tragen, dass die geheimhaltungsbedürftigen Daten in den Kopien abgedeckt oder geschwärzt werden. Eine Verpflichtung zur Vorlage von Belegen sieht das BGB in den allgemeinen Vorschriften über Auskunft und Rechnungslegung (§§ 259, 260 BGB) nur für die Rechnungslegung, nicht dagegen für die Auskunft (§ 260 Abs 1 BGB) vor. In der Rechtsprechung ist jedoch anerkannt, dass sich im Rahmen des Auskunftsanspruchs ausnahmsweise auch ein Anspruch auf Vorlage von Belegen ergeben kann, wenn der Gläubiger hierauf angewiesen ist und dem Schuldner diese zusätzliche Verpflichtung zugemutet werden kann.[262]

3. Auskunftsanspruch gegen Dritte

73 Von dem Auskunftsanspruch gegen den Verletzer über Dritte streng zu unterscheiden ist der Auskunftsanspruch gegen Dritte, die nicht zugleich Verletzer sind. Ein Novum im deutschen Recht stellt der Auskunftsanspruch aus § 101 Abs 2 UrhG[263] dar, der sich gegen Dritte richtet, die das Schutzrecht nicht selber verletzen.[264]

74 **a) Gemeinschaftsrechtliche Vorgaben.** Der Auskunftsanspruch gegen Dritte ist gemeinschaftsrechtlich nicht vorgegeben. Zwar verbietet die Datenschutz-RL für elektronische Kommunikation[265] einen solchen, gegen Dritte gerichteten Auskunftsanspruch nach Ansicht des EuGH

260 Vgl Dreier/Schulze/*Dreier* § 101a UrhG Rn 6.
261 BGH GRUR 2004, 421, 427 – Tonträgerpiraterie.
262 BGH GRUR 2001, 841 – Entfernung der Herstellungsnummer II; BGH GRUR 2002, 709 – Entfernung der Herstellungsnummer III; BGH GRUR 2003, 433 – Cartier-Ring; OLG Hamburg ZUM 2009, 482 – Bauhaus aus Italien II; OLG Hamburg Urt v 30.3.2011, Az 5 U 207/08 – Wagenfeld-Leuchte.
263 § 101 Abs 2 UrhG entspricht § 140b Abs 2 PatG und § 19 Abs 2 MarkenG.
264 Vgl Wandtke/Bullinger/*Bohne* § 101 UrhG Rn 3; *Bohne* GRUR-RR 2005, 145; *Kitz* ZUM 2006, 444; *Zombik* ZUM 2006, 450.
265 RL 2002/58/EG des Europäischen Parlaments und des Rates v 12.7.2002 über die Verarbeitung personenbezogener Daten und den Schutz der Privatsphäre in der elektronischen Kommunikation.

nicht. Umgekehrt finden sich allerdings weder in der E-Commerce-RL[266] noch in der Multimedia-RL[267] oder in der Enforcement-RL[268] Vorschriften, die einen solchen Auskunftsanspruch gebieten.[269] Nach Ansicht des EuGH kann insb Art 8 der Enforcement-RL nicht dahingehend ausgelegt werden, dass die Mitgliedstaaten die Pflicht zur Weitergabe der personenbezogenen Daten im Rahmen eines zivilrechtlichen Verfahrens vorsehen müssen.[270] Es obliegt daher den Mitgliedstaaten, ob sie eine solche Regelung in ihren nationalen Vorschriften vorsehen wollen oder nicht. Dabei haben sie im Rahmen ihres Beurteilungsspielraums bei der Umsetzung der Richtlinien ein angemessenes Gleichgewicht zwischen den verschiedenen, durch die Gemeinschaftsrechtsordnung geschützten Grundrechten sicherzustellen. Dazu gehörten auf der einen Seite der Schutz des Eigentums und das Recht auf wirksamen Rechtsbehelf, auf der anderen Seite das Recht auf Achtung des Privatlebens.

b) Anspruchsvoraussetzungen. (aa) Anhängiger Verletzungsprozess oder offensichtliche Rechtsverletzung. Nach § 101 Abs 2 UrhG besteht ein Auskunftsanspruch in Fällen offensichtlicher Rechtsverletzung oder in Fällen, in denen der Verletzte gegen den Verletzer Klage erhoben hat, unbeschadet von § 101 Abs 1 UrhG auch gegen eine Person, die in **gewerblichem Ausmaß** (1.) rechtsverletzende Vervielfältigungsstücke in ihrem Besitz hatte, (2.) rechtsverletzende Dienstleistungen in Anspruch nahm, (3.) für rechtsverletzende Tätigkeiten genutzte Dienstleistungen erbrachte oder (4.) nach den Angaben einer in Nr 1, 2 oder 3 genannten Person an der Herstellung, Erzeugung oder am Vertrieb solcher Vervielfältigungsstücke, sonstigen Erzeugnisse oder Dienstleistungen beteiligt war. Einen allgemeinen Richtervorbehalt sieht der Anspruch nicht vor. Der Gesetzgeber befürchtete eine zu hohe Belastung der Gerichte.[271] 75

(bb) Gewerbliches Ausmaß. Nach Erwägungsgrund 14 der Enforcement-RL zeichnen sich in gewerblichem Ausmaß vorgenommene Rechtsverletzungen dadurch aus, dass sie **zwecks Erlangung eines unmittelbaren oder mittelbaren wirtschaftlichen oder kommerziellen Vorteils** vorgenommen werden. Die Instanzgerichte gingen zunächst davon aus, dass das Erfordernis des gewerblichen Ausmaßes nicht nur bei dem in Anspruch genommenen Dritten, typischerweise einen Internet-Service-Provider, sondern auch beim Rechtsverletzer vorliegen müsse.[272] Nach Auffassung des Bundesgerichtshofes bieten Wortlaut und Systematik des § 101 Abs 2 S 1 Nr 3 UrhG keine Anhaltspunkte dafür, dass der Anspruch auf Auskunft gegen die Person, die in gewerblichem Ausmaß für rechtsverletzende Tätigkeiten genutzte Dienstleistungen erbrachte, nur unter der einschränkenden Voraussetzung besteht, dass die rechtsverletzenden Tätigkeiten gleichfalls ein gewerbliches Ausmaß hatten.[273] Der Begriff „in gewerblichem Ausmaß" in § 101 76

---

266 RL 2000/31/EG des Europäischen Parlaments und des Rates v 8.6.2000 über bestimmte rechtliche Aspekte der Dienste der Informationsgesellschaft, insb des elektronischen Geschäftsverkehrs.
267 RL 2001/29/EG des Europäischen Parlaments und des Rates v 22.5.2001 zur Harmonisierung bestimmter Aspekte des Urheberrechts und der verwandten Schutzrechte in der Informationsgesellschaft.
268 RL 2004/48/EG des Europäischen Parlaments und des Rates v 29.4.2004 zur Durchsetzung der Rechte des geistigen Eigentums.
269 EuGH WRP 2008, 334, 342 Rn 58 – Promusicae v Telefónica.
270 EuGH WRP 2008, 334, 342 Rn 58 – Promusicae v Telefónica; EuGH GRUR 2009, 579, 582 Rn 27 – LSG v Tele2.
271 Begründung zum Gesetzesentwurf der Bundesregierung, BT-Drucks 16/5048, 38; krit hierzu *Peukert/Kur* GRUR Int 2006, 292, 297.
272 Vgl OLG Köln NJOZ 2010, 1129 – Culcha Candela; OLG Köln MMR 2010, 421; OLG Köln MMR 2009, 334 – Die schöne Müllerin; OLG Köln GRUR-RR 2009, 9 – Ganz anders; OLG Karlsruhe MMR 2010, 419; OLG Zweibrücken MMR 2010, 214.
273 BGH GRUR 2012, 1026, 1027 Rn 11 – Alles kann besser werden; BGH WRP 2013, 70, 71 Rn 11 – Two Worlds II; BGH GRUR 2013, 536 – Die Heiligtümer des Todes; BGH Beschluss v 16.5.2013, Az I ZB 25/12 – Back to black.

Abs 2 S 1 UrhG bezieht sich nicht auf das Wort „Rechtsverletzung", sondern auf den – bei Nr 3 dieses Satzes – verwendeten Begriff des „Erbringens von Dienstleistungen".

77 **c) Zeugnisverweigerungsrecht.** Der Auskunftsanspruch gegen Dritte entfällt, wenn dieser nach §§ 383–385 ZPO zeugnisverweigerungsberechtigt ist. Der zur Auskunft Verpflichtete kann vom Anspruchsteller Ersatz der für die Auskunftserteilung erforderlichen Aufwendungen verlangen.

78 **d) Haftung für Auskünfte.** § 101 Abs 5 UrhG sieht einen Schadensersatzanspruch des Verletzten vor, wenn der Auskunftsverpflichtete die Auskunft vorsätzlich oder grob fahrlässig, falsch oder unvollständig erteilt. In der Enforcement-RL fehlt eine entsprechende Vorschrift.[274] Im Hinblick auf den schuldhaft handelnden Verletzer hat diese Vorschrift nur klarstellenden Charakter.[275] Die Schadensersatzhaftung für schuldhaft unrichtig erteilte Auskünfte ergibt sich hier bereits aus § 97 UrhG.[276] Anders verhält es sich hingegen bei den auskunftspflichtigen Dritten, die selber keine Schutzrechtsverletzung begangen haben. Sofern man eine Schadensersatzhaftung dieser Dritten nicht bereits wegen eines Verstoßens gegen das durch die Auskunftsansprüche begründete gesetzliche Schuldverhältnis als gegeben erachtet, hat § 101 Abs 5 UrhG hier konstituierende Wirkung.

79 Nach § 101 Abs 6 UrhG haftet derjenige, der eine wahre Auskunft erteilt hat, ohne dazu nach § 101 Abs 1 oder 2 UrhG verpflichtet gewesen zu sein, Dritten gegenüber nur, wenn er wusste, dass er zur Auskunftserteilung nicht verpflichtet war. Indem § 101 Abs 6 UrhG eine Haftung für grobe Fahrlässigkeit nicht vorsieht, wird die Gefahr begründet, dass vermeintliche Auskunftsansprüche auch bei Zweifeln über ihr Bestehen erfüllt werden.[277]

80 **e) Durchsetzung im Wege der einstweiligen Verfügung.** Nach § 101 Abs 7 UrhG kann die Auskunftsverpflichtung in Fällen offensichtlicher Rechtsverletzung im Wege der einstweiligen Verfügung nach den §§ 935–945 ZPO angeordnet werden. Diese Regelung ist eine Ausnahme von dem Grundsatz, dass eine Anspruchsdurchsetzung im Wege des Eilverfahrens die Hauptsache nicht vorwegnehmen darf.[278] Da die einmal erteilte Auskunft eine nicht rückgängig zu machende Erfüllung des Auskunftsanspruches darstellt, verlangt § 101 Abs 7 UrhG die Offensichtlichkeit der Rechtsverletzung.

81 **f) Beweisverwertung.** Nach § 101 Abs 8 UrhG dürfen die Erkenntnisse in einem Strafverfahren oder in einem Verfahren nach dem OWiG wegen einer vor der Erteilung der Auskunft begangenen Tat gegen den Verpflichteten oder gegen einen in § 52 Abs 1 StPO bezeichneten Angehörigen nur mit Zustimmung des Verpflichteten verwertet werden.

82 **g) Richtervorbehalt bei Fernmeldegeheimnis.** In Fällen der Internetpiraterie ergeben sich typischerweise datenschutzrechtliche Fragen. Das verfassungsrechtlich geschützte Fernmeldegeheimnis und die Rechte des geistigen Eigentums, die ebenfalls Verfassungsrang haben, müssen in einen Ausgleich gebracht werden.[279] § 101 Abs 9 und 10 UrhG tragen dem

274 Wandtke/Bullinger/*Bohne* § 101 UrhG Rn 23; *Spindler/Weber* ZUM 2007, 257, 261; *Schmidhuber* WRP 2008, 296.
275 *Schmidhuber* WRP 2008, 296, 300.
276 Vgl *Schmidhuber* WRP 2008, 296, 299.
277 Wandtke/Bullinger/*Bohne* § 101 UrhG Rn 25.
278 OLG Hamburg GRUR-RR 2007, 381, 382 – Betriebsrats-Check.
279 Vgl *Sieber/Höfinger* MMR 2004, 575, 581 ff; zur entsprechenden Rechtsentwicklung in den in den Vereinigten Staaten US Court of Appeals for the District of Columbia Circuit GRUR Int 2004, 527 – RIAA v Verizon; *Katyal* Yale J Law & Tech, 2004, 222.

Fernmeldegeheimnis Rechnung. Die Vorschrift dient der Wahrung des Fernmeldegeheimnisses in Fällen, in denen bei Internet-Providern **Verkehrsdaten** abgefragt werden, um die entsprechenden **Bestandsdaten** zu erhalten.[280] Nach § 101 Abs 9 UrhG ist für die Auskunftserteilung eine **vorherige richterliche Anordnung über die Zulässigkeit der Verwendung der Verkehrsdaten** erforderlich, wenn die Auskunft nur unter Verwendung von Verkehrsdaten iSd § 3 Nr 30 TKG erteilt werden kann. Diese ist von dem Verletzten zu beantragen. Für den Erlass dieser Anordnung ist das Landgericht, in dessen Bezirk der zur Auskunft Verpflichtete seinen Wohnsitz, seinen Sitz oder eine Niederlassung hat, ohne Rücksicht auf den Streitwert ausschließlich zuständig. Die Entscheidung trifft die Zivilkammer. Die Kosten der richterlichen Anordnung trägt der Verletzte. Gegen die Entscheidung des Landgerichts ist die Beschwerde statthaft. Die Beschwerde eines Anschlussinhabers gegen die Gestattung der Auskunftserteilung ist auch dann statthaft, wenn sie erst nach Erteilung der Auskunft eingelegt worden ist.[281] Die Vorschriften zum Schutz personenbezogener Daten bleiben unberührt. § 101 Abs 10 UrhG erhält die nach Art 19 Abs 1 S 2 GG erforderliche Nennung des in Art 10 GG kodifizierten Fernmeldegeheimnisses.

Auskünfte über den Namen des hinter einer IP-Adresse stehenden Anschlussinhabers richten sich nach Auffassung des BGH nach den Regelungen über die Bestandsdatenabfrage.[282] Es handele sich nicht um Verkehrsdaten, die nur auf richterliche Anordnung erhoben werden dürften, da die Zuordnung einer zu einem bestimmten Zeitpunkt benutzten dynamischen IP-Adresse zu einem Anschlussinhaber keine Aussage darüber enthalte, mit wem der Betreffende worüber und wie lange kommuniziert habe.[283] In dem vom BGH entschiedenen Fall ging es allerdings nicht um den Auskunftsanspruch nach § 101 Abs 9 UrhG, sondern um die Frage, ob der Verwendung der Daten ein Beweisverwertungsverbot entgegenstand. Zutreffend ist, dass es sich bei dem Namen eines Anschlussinhabers um Bestandsdaten und nicht um Verkehrsdaten handelt.[284] Der in § 101 Abs 9 UrhG geregelte Richtervorbehalt ist nichtsdestotrotz nicht etwa obsolet. Denn diese Bestandsdaten können in aller Regel nur „unter Verwendung der Verkehrsdaten" iSd § 101 Abs 9 UrhG ermittelt werden.

Da grundsätzlich eine Verpflichtung zur Löschung der Daten besteht, kann vorläufiger Rechtsschutz in Anspruch genommen werden, um dem Provider die Sicherung der Daten aufzugeben bzw deren Löschung zu verbieten.[285]

Während des Gesetzgebungsverfahrens zum Gesetz zur Verbesserung der Durchsetzung von **83**
Rechten geistigen Eigentums schlug der Bundesrat vor, diesen Richtervorbehalt zu streichen und die Zulässigkeit der Weitergabe von Bestandsdaten festzuschreiben, auch wenn zur Ermittlung der Bestandsdaten intern Verkehrsdaten verarbeitet werden müssten.[286] Die Bundesregierung lehnte diesen Vorschlag unter Hinweis auf die Sensibilität der Daten, die zur Erfüllung des Auskunftsanspruches herangezogen werden müssen, ab.[287] Auch den vom Bundesrat vorgetragenen Hinweis auf die Kosten dieser gerichtlichen Überprüfung ließ die Bundesregierung nicht gelten, da diese Kosten später im Rahmen des Schadensersatzanspruches vom Verletzer herausverlangt werden könnten.

280 Vgl Wandtke/Bullinger/*Bohne* § 101 UrhG Rn 13; *Spindler/Weber* ZUM 2007, 257, 261; *Berlit* WRP 2007, 732, 736; *Nägele/Nitsche* WRP 2007, 1047, 1050.
281 BGH GRUR 2013, 536 – Die Heiligtümer des Todes.
282 BGH GRUR 2010, 633, 635 Rn 29 – Sommer unseres Lebens.
283 BGH GRUR 2010, 633, 635 Rn 29 – Sommer unseres Lebens.
284 Ebenso OLG Frankfurt GRUR-RR 2010, 91 – Speicherung auf Zuruf.
285 Vgl OLG Karlsruhe MMR 2010, 419; OLG Schleswig GRUR-RR 2010, 239 – Limited Edition; OLG Köln GRUR-RR 2009, 9 – Ganz anders; OLG Hamburg MMR 2010, 338; *Otten* GRUR-RR 2009, 369; *Hoffmann* MMR 2009, 655, 657.
286 Stellungnahme des Bundesrates, BT-Drucks 16/5048, 55 ff.
287 Gegenäußerung der Bundesregierung BT-Drucks 16/5048, 63.

84 In einer neueren Entscheidung hat das BVerfG festgestellt, dass das allgemeine Persönlichkeitsrecht das **Grundrecht auf Gewährleistung der Vertraulichkeit und Integrität informationstechnischer Systeme** umfasst.[288] Für den Auskunftsanspruch ist dieses neu definierte Grundrecht auf Gewährleistung der Vertraulichkeit und Integrität informationstechnischer Systeme indes ohne Bedeutung, da Art 10 GG vorrangig ist. Soweit eine Ermächtigung sich auf eine staatliche Maßnahme beschränkt, durch welche die Inhalte und Umstände der laufenden Telekommunikation im Rechnernetz erhoben oder darauf bezogene Daten ausgewertet werden, ist der Eingriff allein an Art 10 Abs 1 GG zu messen.[289]

XII. Urkundenvorlage und Besichtigung nach § 101a Abs 1 UrhG

1. Zweck

85 Nicht selten benötigt der Rechtsinhaber Informationen, um feststellen zu können, ob überhaupt eine Rechtsverletzung vorliegt.[290] So kann eine Urheberrechtsverletzung hinsichtlich einer Software häufig nur bei Kenntnis des entsprechenden Quellcodes nachgewiesen werden. Ausländische Rechtsordnungen hatten diesbezüglich seit langem umfangreiche Möglichkeiten der vorprozessualen Beweissicherung vorgesehen. Zu nennen ist bspw die **pretrial discovery**[291] in den Vereinigten Staaten oder die **Anton Piller Order**[292] in Großbritannien. § 101a Abs 1 UrhG setzt Art 6 und 7 der Enforcement-RL um und gewährt dem Verletzen einen Anspruch auf Vorlage einer Urkunde und Duldung der Besichtigung einer Sache gegen denjenigen, der mit hinreichender Wahrscheinlichkeit das Urheberrecht oder ein anderes nach dem UrhG geschütztes Recht widerrechtlich verletzt hat.[293] Der Anspruch richtet sich auf die Vorlage einer Urkunde oder Duldung der Besichtigung einer Sache, die sich in der Verfügungsgewalt des – möglichen – Verletzers befindet.

86 Bereits vor Einfügung des § 101a UrhG hat die Rechtsprechung einen Besichtigungsanspruch aus § 809 BGB abgeleitet. In der Faxkarten-Entscheidung hatte der BGH – gestützt auf § 809 BGB – den Beklagten verurteilt, den Quellcode der Programme bzw Programmteile für ein urheberrechtlich geschütztes System offen zu legen.[294] Zur Begründung dieses Anspruchs wies der BGH auf Art 43 TRIPs hin.[295] Die EU-Mitgliedstaaten sind verpflichtet, ihr nationales Recht TRIPS-konform auszulegen.[296] Art 43 TRIPs sieht ausdrücklich vor, dass das Gericht dem Gegner einer in Beweisnot befindlichen Partei die Beibringung von Beweismitteln auferlegen kann, die sich in seinem Besitz befinden.[297] Auch diese Vorschrift sieht den Schutz vertraulicher Informationen vor.[298]

---

288 BVerfG Urt v 27.2.2008, Az 1 BvR 370/07 – Grundrecht auf Gewährleistung der Vertraulichkeit und Integrität informationstechnischer Systeme.
289 BVerfG Urt v 27.2.2008, Az 1 BvR 370/07 Rn 184 – Grundrecht auf Gewährleistung der Vertraulichkeit und Integrität informationstechnischer Systeme.
290 Vgl *Bork* NJW 1997, 1665 ff.
291 Vgl *Maloney* IIC 2000, 723; *Resnik* Chicago-Kent Law Review 2006, 521; *Erichson* Chicago-Kent Law Review 2006, 357.
292 Vgl House of Lords GRUR Int 1982, 262 – Anton Piller Order; *Nieder* Rn 187; *Cornish/Llewelyn* IIC 2000, 627, 635 ff.
293 § 101a Abs 1 UrhG entspricht § 140c Abs 1 PatG und § 19a Abs 1 MarkenG.
294 Vgl BGH GRUR 2002, 1046, 1048 – Faxkarte; *Kühnen* GRUR 2005, 185; *Gärtner/Worm* Mitt 2007, 254, 256; *Haedicke* FS Schricker 2005, 19, 26.
295 Das TRIPs-Übereinkommen (Trade-Related Aspects of Intellectual Property Rights) ist integraler Bestandteil des WTO-Übereinkommens.
296 EuGH GRUR 2001, 235, 237 – Dior; Wandtke/Bullinger/*von Welser* § 121 UrhG Rn 16.
297 *Dreier* GRUR Int 1996, 205 ff.
298 Busche/Stoll/*Vander* Art 43 TRIPs Rn 8.

Art 50 Abs 1(b) TRIPs sieht auch einstweilige zivilrechtliche Maßnahmen zu Beweissicherung vor.[299] Dieser Besichtigungsanspruch konnte bei Vorliegen einer gewissen Wahrscheinlichkeit für eine Rechtsverletzung auch im einstweiligen Verfügungsverfahren durchgesetzt werden.[300] Der Bundesgerichtshof wendet auf Fälle, bei denen die beanstandete Handlung vor dem Inkrafttreten des § 101a UrhG lag, nach wie vor § 809 BGB an.[301] § 101a UrhG korrespondiert mit §§ 421, 422 ZPO die – auf einen Antrag des Beweisführers – eine prozessrechtliche Vorlegungspflicht festschreiben, bei deren Nichtbeachtung die Behauptungen des Beweisführers nach § 427 ZPO als bewiesen angenommen werden können.[302] Daneben kann das Gericht auch ohne Antrag die Vorlage nach § 142 ZPO anordnen, wobei der Ungehorsam gegen eine solche Anordnung im Rahmen der freien Beweiswürdigung negativ zu Buche schlagen kann.[303]

2. Anspruchsvoraussetzungen

a) Anspruchsgegenstand. Gegenstand des Vorlageanspruches sind Urkunden und Gegen- 87
stände, die sich in der Verfügungsgewalt des – möglichen – Verletzers befinden. § 101a Abs 1 S 2 UrhG erstreckt den Anspruch auf die Vorlage von Bank-, Finanz- oder Handelsunterlagen, sofern die hinreichende Wahrscheinlichkeit einer in gewerblichem Ausmaß begangenen Rechtsverletzung besteht. Der Besichtigungsanspruch bezieht sich auf Sachen. Dieser Begriff ist weit auszulegen.[304] Erfasst werden bspw auch Computerprogramme.

b) Passivlegitimation. Passivlegitimiert ist nur der Verletzer, sofern sich die Sache in sei- 88
ner Verfügungsgewalt befindet. Der Anwendungsbereich des § 101a UrhG ist einerseits weiter als der des § 809 BGB, da nur Verfügungsgewalt, nicht hingegen der für den Besitz zusätzlich erforderliche Besitzzwille vorausgesetzt wird.[305] Andererseits ist der Anwendungsbereich enger, da sich § 101a UrhG nur gegen den Verletzer richtet. § 809 ZPO setzt insofern lediglich das Bestehen eines Hauptanspruches „in Ansehung der Sache" voraus.[306] So sind Fallgestaltungen denkbar, in denen Ansprüche „in Ansehung der Sache" in Betracht kommen, die sich gegen eine andere Person richten. So kann § 809 BGB gegen einen nichtverletzenden Besitzer geltend gemacht werden, um anschließend wegen des betroffenen Gegenstandes einen Rückrufanspruch gegen den Verletzer nach § 98 Abs 2 UrhG geltend zu machen.

c) Hinreichende Wahrscheinlichkeit. Der Anspruch greift nicht bei jedwedem Verdacht. 89
Art 6 der Enforcement-RL verlangt, dass der Rechtsinhaber sämtliche verfügbaren Beweismittel bereits vorgelegt hat. Anders als die Richtlinie stellt der Anspruch nicht auf die Vorlage der Beweismittel, sondern auf eine hinreichende Wahrscheinlichkeit ab.[307] Die Anforderungen an die Wahrscheinlichkeit dürfen nicht zu niedrig angesetzt werden.[308] Übereinstimmungen und Ähnlichkeiten hinsichtlich der grafischen und funktionalen Gestaltung einer Webseite, die auch auf

299 Busche/Stoll/*Vander* Art 50 TRIPs Rn 9.
300 OLG Frankfurt GRUR-RR 2006, 295, 296 – Quellcode-Besichtigung.
301 BGH GRUR 2013, 509 – UniBasic-IDOS.
302 Vgl Zöller/*Greimer* § 422 ZPO Rn 2; *Loschelder* FS Raue 529, 531 f; *McGuire* GRUR Int 2005, 15, 16 f.
303 Zu § 142 ZPO eingehend BGH GRUR 2006, 962, 966 f – Restschadstoffentfernung; *Tilmann/Schreibauer* FS Erdmann 901 ff; *Knaak* GRUR Int 2004, 745, 747.
304 Wandtke/Bullinger/*Ohst* § 101a UrhG Rn 21.
305 Vgl Wandtke/Bullinger/*Ohst* § 101a UrhG Rn 8.
306 Vgl MünchKommBGB/*Hüffer* § 809 BGB Rn 3.
307 Begründung zum Gesetzesentwurf der Bundesregierung, BT-Drucks 16/5048, 40.
308 Vgl dagegen Wandtke/Bullinger/*Ohst* § 101a UrhG Rn 9.

nachschaffender Nachprogrammierung beruhen können, lassen noch nicht auf eine hinreichende Wahrscheinlichkeit einer Urheberrechtsverletzung durch Quellcodeübernahme schließen.[309] Einem Anspruch auf Herausgabe des Quellcodes steht nicht entgegen, dass unstreitig nicht das gesamte Computerprogramm übernommen wurde, sondern lediglich einzelne Komponenten.[310] Die Rechtsverletzung muss für die Anwendung des Art 43 TRIPs zur Überzeugung des Gerichts feststehen; für die Durchsetzung im Eilverfahren nach Art 50 TRIPs reicht die Glaubhaftmachung aus.[311] Insb bei Besichtigungsansprüchen, die mit Eingriffen in den verfassungsrechtlich geschützten Bereich der Wohnung einhergehen, besteht keine Veranlassung, die Eingriffsanforderungen zu senken.

90 **d) Erforderlichkeit.** Voraussetzung des Anspruches auf Vorlage und Besichtigung ist, dass dieser zur Begründung von Ansprüchen des Verletzten – gemeint sind die sonstigen Ansprüche, also bspw Unterlassungs- und Schadensersatzansprüche – erforderlich ist. Hierdurch soll gewährleistet werden, dass der Anspruch nicht zur Ausforschung der Gegenseite missbraucht wird.[312] Der Anspruch ist danach ausgeschlossen, wenn andere zumutbare Informationsquellen bestehen.[313]

91 **e) Verhältnismäßigkeit.** § 101a Abs 2 UrhG schließt den Anspruch aus, wenn die Inanspruchnahme im Einzelfall unverhältnismäßig ist. Eine Maßnahme ist bspw dann unverhältnismäßig, wenn das Geheimhaltungsinteresse des angeblichen Verletzers das Interesse des Rechtsinhabers überwiegt und dem Geheimhaltungsinteresse durch Maßnahmen zur Sicherung der Vertraulichkeit nicht hinreichend Rechnung getragen werden kann. Bei der Abwägung ist unter anderem zu berücksichtigen, dass es sich bei den Parteien regelmäßig um konkurrierende Unternehmen handeln wird. Die Erlangung von Kenntnissen, bspw über den von der Konkurrenz verwendeten Quellcode einer Software kann erhebliche Folgen haben, die sich auch durch Schadensersatzansprüche nach § 101a Abs 5 UrhG kaum kompensieren lassen.

3. Schutz der Vertraulichkeit

92 § 101a Abs 1 S 3 UrhG schränkt den Anspruch ein, soweit der vermeintliche Verletzer geltend macht, dass es sich um vertrauliche Informationen handelt.[314] In diesem Fall trifft das Gericht die erforderlichen Maßnahmen, um den im Einzelfall gebotenen Schutz zu gewährleisten.[315] Die Maßnahmen zum Schutz der Geheimhaltungsinteressen stehen im Ermessen des Gerichts.[316] Bspw kann dem Anspruchsgegner auferlegt werden, dass die Offenbarung gegenüber einem zur Verschwiegenheit verpflichteten Dritten zu erfolgen hat, der dann darüber Auskunft geben kann, ob und gegebenenfalls in welchem Umfang die behauptete Rechtsverletzung vorliegt. § 172 Nr 2 GVG erlaubt dem Gericht für die Verhandlung oder für einen Teil davon die Öffentlichkeit ausschließen, wenn ein wichtiges **Geschäfts-, Betriebs-, Erfindungs- oder Steuergeheimnis** zur Sprache kommt, durch dessen öffentliche Erörterung überwiegende schutzwürdige Interessen verletzt würden. In diesem Fall kann das Gericht die anwesenden

309 LG Köln MMR 2009, 640 – Facebook.
310 BGH GRUR 2013, 509 – UniBasic-IDOS.
311 Busche/Stoll/*Vander* Art 50 TRIPs Rn 18.
312 Vgl Begründung zum Gesetzesentwurf der Bundesregierung, BT-Drucks 16/5048, 40.
313 Wandtke/Bullinger/*Ohst* § 101a UrhG Rn 16; *von Hartz* ZUM 2005, 376, 380.
314 Eingehend zum Vertraulichkeitsschutz *Bornkamm* FS Ullmann 893 ff; *Spindler/Weber* MMR 2006, 711 ff.
315 Vgl auch BGH GRUR 2010, 318 – Lichtbogenschnürung.
316 Begründung zum Gesetzesentwurf der Bundesregierung, BT-Drucks 16/5048, 41.

Personen nach § 174 Abs 3 GVG zur Geheimhaltung von Tatsachen verpflichten, die durch die Verhandlung oder durch ein die Sache betreffendes amtliches Schriftstück zu ihrer Kenntnis gelangen. § 353d Nr 2 StGB stellt einen Verstoß gegen diese Schweigepflicht unter Strafe. Ist über die Frage der Schutzrechtsverletzung im selbstständigen Beweisverfahren ein Sachverständigengutachten erstellt worden, können möglicherweise berührte Geheimhaltungsinteressen des vermeintlichen Verletzers in aller Regel in der Weise gewahrt werden, dass der Schutzrechtsinhaber die Einsicht in das Gutachten (zunächst) auf namentlich benannte anwaltliche Vertreter beschränkt und diese zur Verschwiegenheit verpflichtet werden.[317] Zur Einsicht durch den Schutzrechtsinhaber persönlich darf ein solches Gutachten nicht freigegeben werden, bevor der vermeintliche Schutzrechtsverletzer Gelegenheit hatte, seine Geheimhaltungsinteressen geltend zu machen. Diesem obliegt die Darlegung, welche Informationen im Gutachten Geheimhaltungswürdiges offenbaren und welche Nachteile ihm aus der Offenbarung drohen.

Die Entscheidung darüber, welche Maßnahmen erforderlich sind, stellt § 101a UrhG in das 93
Ermessen des Gerichts. Die Vorlage kann bspw gegenüber einem zur Verschwiegenheit verpflichteten Dritten erfolgen, der anschließend seinerseits Auskunft über den Umfang der Rechtsverletzung geben kann.[318] Möglich ist auch ein sog **In-camera-Verfahren** in Anlehnung an § 99 VwGO.[319] Neben dem Ausschluss der Öffentlichkeit nach § 172 Nr 2 GVG und einem Geheimhaltungsverbot nach § 174 Abs 3 GVG entfällt in einem solchen In-camera-Verfahren auch die Anwesenheit des Klägers selber.

4. Durchführung der Vorlage und Besichtigung

Der Vorlagepflicht wird durch die Aushändigung der Urkunde genügt. Bei der Besichtigung 94
kann der Gegenstand nicht nur betrachtet, sondern eingehend untersucht werden. Dabei kann der Gegenstand in Betrieb gesetzt oder auch auseinandergebaut werden.[320] Die Besichtigung darf auch durch Fotografien oder Ausdrucke dokumentiert werden.[321]

5. Durchsetzung

a) Einstweilige Verfügung. Nach § 101a Abs 3 UrhG kann die Verpflichtung zur Vorlage 95
einer Urkunde oder zur Duldung der Besichtigung einer Sache im Wege der einstweiligen Verfügung nach den §§ 935 bis 945 ZPO angeordnet werden. Bei der Beurteilung der Dringlichkeit sind die Gerichte unterschiedlich großzügig. Bei der Besichtigungsverfügung schließt ein längeres Zuwarten die Dringlichkeit nach Auffassung des OLG Düsseldorf nicht aus.[322] Ein längeres Abwarten ist nur dann dringlichkeitsschädlich, wenn das besondere Interesse an der Verfahrensart des einstweiligen Verfügungsverfahrens gerade in dem schnellen Erlangen eines Titels liegt. Das besondere Interesse, dass im Falle des § 101a Abs 3 UrhG ein solches Vorgehen rechtfertigt, besteht jedoch darin, den Antragsgegner nicht durch eine Beteiligung am Verfahren in die Lage zu

---

317 BGH GRUR 2010, 318 – Lichtbogenschnürung.
318 Vgl BGH GRUR 2002, 1046 – Faxkarte; *Bornkamm* FS Ullmann 893, 901; *Kühnen* GRUR 2005, 185, 187; *von Hartz* ZUM 2005, 376, 380.
319 Eingehend hierzu *Spindler/Weber* MMR 2006, 711, 713; *Bornkamm* FS Ullmann 893, 904 ff; *Ahrens* GRUR 2005, 837, 839; *von Hartz* ZUM 2005, 376, 381; *Seichter* WRP 2006, 391, 394.
320 Wandtke/Bullinger/*Ohst* § 101a UrhG Rn 21; *Spindler/Weber* ZUM 2007, 257, 264.
321 *Nägele/Nitsche* WRP 2007, 1047, 1052; *Tilmann* FS Ullmann 1015, 1017.
322 OLG Düsseldorf BeckRS 2010, 18850, dagegen OLG Köln ZUM 2009, 427.

versetzen, die zu sichernden Beweismittel zu vernichten. Es bedarf hier des Verfügungsverfahrens, weil nur dieses Verfahren die Anordnung von Maßnahmen ohne Beteiligung des Gegners ermöglicht. Anders als im Falle etwa der Unterlassungsverfügung kann der Antragsteller hier im Fall fehlender Eilbedürftigkeit nicht auf den Klageweg verwiesen werden.

Das Gericht trifft die erforderlichen Maßnahmen, um den Schutz vertraulicher Informationen zu gewährleisten. Dies gilt insb in den Fällen, in denen die einstweilige Verfügung ohne vorherige Anhörung des Gegners erlassen wird. Dies entspricht der bisherigen Rechtsprechung zu § 809 BGB.[323]

96 **b) Beweissicherungsverfahren.** Neben der einsteiligen Verfügung kommt ein Beweissicherungsverfahren in Betracht. Nach § 493 ZPO können die Ergebnisse der selbstständigen Beweisaufnahme in einem späteren Hauptsachverfahren verwertet werden. Obwohl §§ 485 ff. ZPO keine ausdrückliche Duldungspflicht des Verletzers vorsieht, hat die Rechtsprechung sich nach der sog **Düsseldorfer Praxis** dadurch beholfen, dass auf entsprechenden Antrag eine die Beweissicherungsanordnung ergänzende Duldungsanordnung ausgesprochen wird.[324] Dabei ist es zweckmäßig, die von Amts wegen zuzustellende Beweissicherungsanordnung zusammen mit der im Parteibetrieb zuzustellenden Duldungsverfügung in dem Zeitpunkt zuzustellen, in dem der Sachverständige beim Schuldner erscheint, um die Besichtigung durchzuführen.[325]

6. Beweisverwertung

97 § 101a Abs 4 UrhG ordnet die entsprechende Anwendung des in § 101 Abs 8 UrhG enthaltenen Beweisverwertungsverbotes an. Auch hier dürfen die Erkenntnisse in einem Strafverfahren oder in einem Verfahren nach dem OWiG wegen einer vor der Erteilung der Auskunft begangenen Tat gegen den Verpflichteten oder gegen einen in § 52 Abs 1 StPO bezeichneten Angehörigen nur mit Zustimmung des Verpflichteten verwertet werden.

7. Schadensersatzpflicht

98 Nach § 101a Abs 5 UrhG kann der vermeintliche Verletzer von demjenigen, der die Vorlage oder Besichtigung begehrt hat, den Ersatz des ihm durch das Begehren entstandenen Schadens verlangen, wenn keine Verletzung vorlag oder drohte. Der Anspruch ist verschuldensunabhängig.[326] Die Vorschrift ergänzt § 945 ZPO, der nur dann greift, wenn sich eine vorläufige Maßnahme als von Anfang an ungerechtfertigt erweist, aber gerade nicht den Fall regelt, dass zwar zunächst eine hinreichende Wahrscheinlichkeit einer Rechtsverletzung vorlag, der Verdacht sich aber nicht bestätigt.[327] Auch Art 50 Abs 7 TRIPs sieht einen Schadensersatzanspruch bei einstweiligen Maßnahmen vor.[328] § 101a Abs 5 UrhG geht insofern weiter, da er – anders als der Schadensersatzanspruch aus § 945 ZPO – sowohl das Verfügungs- als auch das Hauptsacheverfahren erfasst.

---

323 OLG Frankfurt ZUM-RD 2007, 406, 407 – Durchsetzung eines Besichtigungsanspruches im Wege der einstweiligen Verfügung; KG NJW 2001, 233 – Beweissicherung bei vermuteter Urheberverletzung an Computerprogrammen.
324 Vgl *Kühnen* GRUR 2005, 185, 187.
325 Ein Musterbeschluss, aus dem sich die entsprechende Antragsformulierung ergibt, ist wiedergegeben bei *Kühnen/Geschke* Rn 107.
326 Wandtke/Bullinger/*Ohst* § 101a UrhG Rn 41; *Spindler/Weber* ZUM 2007, 257, 266.
327 Wandtke/Bullinger/*Ohst* § 101a UrhG Rn 40.
328 Busche/Stoll/*Vander* Art 50 TRIPs Rn 34.

8. Besichtigung und Urkundenvorlage nach anderen Vorschriften

a) Besichtigung. § 102a UrhG lässt Ansprüche aus anderen gesetzlichen Vorschriften unberührt. Somit können Ansprüche auf Urkundenvorlage auch auf § 809 BGB gestützt werden. Nach § 809 BGB kann derjenige, der gegen den Besitzer einer Sache einen Anspruch in Ansehung der Sache hat oder sich Gewissheit verschaffen will, ob ihm ein solcher Anspruch zusteht, wenn die Besichtigung der Sache aus diesem Grunde für ihn von Interesse ist, verlangen, dass der Besitzer ihm die Sache zur Besichtigung vorlegt oder die Besichtigung gestattet.[329] Der Anspruch nach § 809 BGB ist auf die Besichtigung konkreter Gegenstände gerichtet und begründet kein generelles Nachforschungs- und Durchsuchungsrecht in Geschäftsräumen des Schuldners.[330] 99

§ 809 BGB setzt voraus, dass der Anspruchsgegner Besitzer der zu besichtigenden Sache ist und gewährt daher nicht solche Ermittlungs- und Kontrollmaßnahmen, mit denen der Anspruchsteller erst ermitteln will, ob der Anspruchsgegner im Besitz derjenigen Sache ist, in Ansehung derer er einen Anspruch hat oder sich Gewissheit hierüber verschaffen will.[331] In zwei grundlegenden Entscheidungen hat der BGH die Voraussetzungen für den Besichtungsanspruch näher ausgestaltet.[332] In der **Druckbalken-Entscheidung** urteilte der für Patentrecht zuständige X. Zivilsenat, dass eine gewisse Wahrscheinlichkeit einer Patentverletzung nicht genüge. Sie müsse vielmehr erheblich sein. Von diesen strengen Voraussetzungen ist der für Urheberrecht zuständige I. Zivilsenat in seiner **Faxkarten-Entscheidung** abgewichen. Ein erheblicher Grad an Wahrscheinlichkeit sei nicht notwendigerweise erforderlich. Vielmehr müsse eine Einzelfallabwägung vorgenommen werden, bei der insb zu berücksichtigen ist, ob dem Besichtungsgläubiger noch andere Beweismittel zur Verfügung stehen und inwiefern das Geheimhaltungsinteresse des Besichtigungsschuldners beeinträchtigt werde. 100

b) Urkundenvorlage. Auch der allgemeine Anspruch auf Urkundenvorlage aus § 810 BGB besteht neben § 101a UrhG. Nach § 810 BGB kann derjenige, der ein rechtliches Interesse daran hat, eine in fremdem Besitz befindliche Urkunde einzusehen, von dem Besitzer unter bestimmten Voraussetzungen die Gestattung der Einsicht verlangen. Urkunden iSd § 810 BGB sind ebenso wie im Prozessrecht die durch Niederschrift verkörperten Gedankenerklärungen.[333] Mangels schriftlicher Verkörperung sind elektronische Datenträger ebenso wenig wie Fotografien als Urkunden einzuordnen. Diese materiellrechtliche Anspruchsgrundlage korrespondiert mit § 142 ZPO, erfasst aber anders als diese prozessuale Norm nur Urkunden. Nach § 142 ZPO kann das Gericht anordnen, dass eine Partei oder ein Dritter die in ihrem oder seinem Besitz befindlichen Urkunden und sonstigen Unterlagen, auf die sich eine Partei bezogen hat, vorlegt. Hierdurch wird der prozessuale Beibringungsgrundsatz modifiziert.[334] Für § 142 ZPO verbleibt auch nach Umsetzung der Enforcement-RL ein praktisch nicht unerheblicher Anwendungsbereich, da sich § 142 ZPO auch gegen Dritte richten kann. § 142 ZPO erfasst nicht nur Urkunden im prozessualen Sinn, also Verkörperungen von Gedankenerklärung durch Schriftzeichen,[335] sondern auch sonstige Unterlagen wie etwa Fotos und Zeichnungen.[336] Für eine solche gerichtliche Vorlageanord- 101

329 RGZ 69, 401, 405 f – Nietzsche-Briefe.
330 BGH GRUR 2004, 420 – Kontrollbesuch.
331 BGH GRUR 2004, 420, 421 – Kontrollbesuch.
332 BGH GRUR 1985, 512 – Druckbalken; BGH GRUR 2002, 1046 – Faxkarte; MünchKommBGB/*Hüffer* § 809 BGB Rn 11 ff; *Frank/Wiegand* CR 2007, 481 ff; *Patnaik* GRUR 2004, 191, 192 f.
333 MünchKommBGB/*Hüffer* § 810 BGB Rn 3.
334 Vgl *Prütting* FS Bartenbach 417, 420 ff; Musielak/*Stadler* § 142 ZPO Rn 1.
335 BGH NJW 1976, 294; Musielak/*Huber* § 415 ZPO Rn 4.
336 Zöller/*Greger* § 142 ZPO Rn 1.

nung reicht es aus, dass ein Eingriff in das Schutzrecht wahrscheinlich ist.[337] Nicht erforderlich ist demnach der Nachweis der Benutzungshandlung.

XIII. Sicherung von Schadensersatzansprüchen

102 Eine Neuerung im deutschen Recht enthält § 101b UrhG. § 101b setzt Art 9 Abs 2 S 2 der Enforcement-RL um, nach der die mitgliedstaatlichen Behörden die Übermittlung von **Bank-, Finanz- oder Handelsunterlagen** oder einem geeigneten Zugang zu den entsprechenden Unterlagen anordnen können. Art 9 Abs 2 S 2 ergänzt Art 9 Abs 2 S 1 der Enforcement-RL, nach der die mitgliedstaatlichen Gerichte die Möglichkeit der vorsorglichen Beschlagnahme beweglichen und unbeweglichen Vermögens des Verletzers einschließlich der Sperrung seiner Bankkonten unter Beschlagnahme sonstiger Vermögenswerte haben sollen. Der zuletzt genannten Vorschrift in Art 9 Abs 2 S 2 der Enforcement-RL wird bereits durch die **Arrestvorschriften** in §§ 916ff. ZPO hinreichend Rechnung getragen.[338] Die Möglichkeit, diesen Anspruch im Wege einer einstweiligen Verfügung durchzusetzen, ist an das zusätzliche Erfordernis der Offensichtlichkeit geknüpft.[339] § 101b UrhG privilegiert denjenigen, dessen Schutzrechte verletzt wurden gegenüber anderen Gläubigern, indem er gemäß § 101b UrhG über weitergehende Rechte zur Durchsetzung von Zwangsvollstreckungsmaßnahmen verfügt als andere Gläubiger, die lediglich im Wege der eidesstattlichen Versicherung über die Vermögensverhältnisse des Schuldners Klarheit gewinnen können. [340] Die Gerichte legen § 101b UrhG deswegen eng aus. Ein Schadensersatzanspruch besteht nur dann offensichtlich, wenn eine Fehleinschätzung nahezu ausscheidet.[341] Dies ist beispielsweise nicht der Fall, wenn aufklärungsbedürftige Umstände vorliegen. In der Literatur wird darauf hingewiesen, dass das Erfordernis der „Offensichtlichkeit" über Art 9 Enforcement-RL hinaus gehe, der insofern nur eine „ausreichende Sicherheit" voraussetze.[342] In der Literatur wird die Einordnung der Schadensersatzsicherungsvorschrift in das materielle Recht kritisiert; vorzugswürdig sei eine Ergänzung der prozessualen Arrestvorschriften gewesen.[343] Anders als der in mancherlei Hinsicht ähnliche § 101a UrhG dient § 101b UrhG nicht der Beweisgewinnung, sondern allein der Sicherung von Schadensersatzansprüchen.[344] § 101b UrhG ergänzt die Arrestvorschriften, indem er dem Gläubiger Kenntnisse verschaffen soll, die zur Anwendung der Restvorschriften erforderlich sind. Die damit einhergehende Privilegierung der Schutzrechteinhaber wird in der Literatur kritisiert.[345] Voraussetzung für den Anspruch ist, dass die Zwangsvollstreckung ohne die Vorlage gefährdet wäre.[346] Nach § 101b Abs 1 UrhG kann der Verletzte den Verletzer bei einer in gewerblichem Ausmaß begangenen Rechtsverletzung in den Fällen des § 97 Abs 1 UrhG auch auf Vorlage von Bank-, Finanz- oder Handelsunterlagen oder einen geeigneten Zugang zu den entsprechenden Unterlagen in Anspruch nehmen, die sich in der Verfügungsgewalt des Verletzers befinden und die für die Durchsetzung des Schadensersatzanspruchs erforderlich sind, wenn ohne die Vorlage die Erfüllung des Schadensersatzanspruchs fraglich ist. § 101b Abs 2 UrhG schließt den Anspruch

337 Vgl BGH WRP 2006, 1377 – Restschadstoffentfernung.
338 *Peukert/Kur* GRUR Int 2006, 292, 302.
339 *Spindler/Weber* ZUM 2007, 257, 266.
340 OLG Frankfurt GRUR-RR 2012, 197 – Vorlage von Bankunterlagen.
341 Frankfurt GRUR-RR 2012, 197, 198 – Vorlage von Bankunterlagen.
342 *Spindler/Weber* ZUM 2007, 257, 266.
343 *Peukert/Kur* GRUR Int 2006, 292, 302.
344 Wandtke/Bullinger/*Ohst* § 101b UrhG Rn 4.
345 *Seichter* WRP 2006, 391, 399.
346 Wandtke/Bullinger/*Ohst* § 101b UrhG Rn 11.

aus, wenn die Inanspruchnahme im Einzelfall unverhältnismäßig ist. Nach § 101b Abs 3 UrhG kann die Verpflichtung zur Urkundenvorlage im Wege der einstweiligen Verfügung nach den §§ 935–945 ZPO angeordnet werden, wenn der Schadensersatzanspruch offensichtlich besteht. Das Gericht trifft die erforderlichen Maßnahmen, um den Schutz vertraulicher Informationen zu gewährleisten. Dies gilt insb in den Fällen, in denen die einstweilige Verfügung ohne vorherige Anhörung des Gegners erlassen wird.

XIV. Urteilsveröffentlichung

Nach § 103 S 1 UrhG kann der obsiegenden Partei im Urteil die Befugnis zugesprochen werden, das Urteil auf Kosten der unterliegenden Partei öffentlich bekannt zu machen, wenn sie ein berechtigtes Interesse darlegt. Art und Umfang der Bekanntmachung werden im Urteil bestimmt. Die Befugnis erlischt, wenn von ihr nicht innerhalb von drei Monaten nach Eintritt der Rechtskraft des Urteils Gebrauch gemacht wird. Das Urteil darf gem § 103 S 2 UrhG erst nach Rechtskraft bekannt gemacht werden, wenn nicht das Gericht etwas anderes bestimmt. Der Anspruch auf Urteilsveröffentlichung dient der Beseitigung der durch die Rechtsverletzung verursachten Beeinträchtigung.[347] Das berechtigte Interesse der obsiegenden Partei kann nur auf Grund einer Interessenabwägung festgestellt werden, wobei auf den Zeitpunkt der letzten mündlichen Verhandlung abzustellen ist, da es Zweck der Urteilsbekanntmachung ist, fortwirkende Störungen zu beseitigen.[348] Die Bekanntmachung des Urteils muss notwendig, geeignet und angemessen sein, um den beeinträchtigenden Eindruck in der Öffentlichkeit zu korrigieren. Bei der Interessenabwägung kommt es einerseits darauf an, wie schwer der Verletzte durch die Rechtsverletzung beeinträchtigt ist und in welchem Ausmaß die Öffentlichkeit von ihr Kenntnis genommen hat, andererseits, ob die Veröffentlichung für den Verletzer zumutbar ist.[349] 103

Für Beschlüsse gilt § 103 UrhG nach überwiegender Ansicht nicht.[350] Dies ergibt sich aus dem Wortlaut „Urteil". Zudem nennt § 103 S 4 UrhG die Rechtskraft als Voraussetzung. Allerdings ist dieser Ausschluss von Beschlussverfügungen im Hinblick auf Art 15 Enforcement-RL kaum zu rechtfertigen. Art 15 Enforcement-RL gibt den EU-Mitgliedstaaten auf, sicherzustellen, dass die Gerichte bei Verfahren wegen Verletzung von Rechten des geistigen Eigentums auf Antrag des Antragstellers und auf Kosten des Verletzers geeignete Maßnahmen zur Verbreitung von Informationen über die betreffende Entscheidung, einschließlich der Bekanntmachung und der vollständigen oder teilweisen Veröffentlichung, anordnen können. 104

Der Verletzte kann ein für ihn günstiges Urteil oder einen Beschluss in einem Verfügungsverfahren grundsätzlich auch ohne gerichtlich zugesprochene Befugnis veröffentlichen.[351] Gleiches gilt für eine ihm gegenüber abgegebene strafbewehrte Unterlassungserklärung. Allerdings sind hier die Grenzen des Wettbewerbsrechts zu beachten. Die Veröffentlichung eines ungeschwärzten Urteils im Internet kann eine wettbewerbswidrige Handlung darstellen, wenn das veröffentlichte Urteil dem Prozessgegner eine rechtswidrige Handlung bescheinigt hat.[352] 105

347 BGH GRUR 2002, 799, 801 – Stadtbahnfahrzeug; *Schack* Rn 732.
348 BGH GRUR 2002, 799, 801 – Stadtbahnfahrzeug; BGH GRUR 1998, 568, 570 – Beatles-Doppel-CD.
349 OLG Hamburg Urt v 30.3.2011, Az 5 U 207/08 – Wagenfeld-Leuchte.
350 OLG Frankfurt NJW-RR 1996, 423 – Veröffentlichung einer Beschlussverfügung; Dreier/Schulze/*Dreier* § 103 UrhG Rn 5.
351 OLG Frankfurt NJW-RR 1996, 423, 424 – Veröffentlichung einer Beschlussverfügung.
352 OLG Hamm MMR 2008, 750.

106 Auch bei der Veröffentlichung außerhalb des Anwendungsbereiches des § 103 UrhG kann unter Umständen ein Kostenerstattungsanspruch nach den Grundsätzen der Geschäftsführung ohne Auftrag oder als Schadensersatzanspruch greifen.[353]

§ 4 Einwendungen und Einreden

I. Verjährung

1. Dreijährige Regelfrist

107 Seit dem Schuldrechtsmodernisierungsgesetz gilt für die Ersatzansprüche aus Immaterialgüterrechtsverletzungen die dreijährige Regelfrist des § 195 BGB.[354] So verweist § 102 UrhG ebenso wie auf § 141 PatG und § 20 MarkenG auf § 195 BGB. Nach § 199 Abs 1 BGB beginnt die regelmäßige Verjährungsfrist grundsätzlich mit dem Schluss des Jahres, in dem der Anspruch entstanden ist und der Gläubiger von den Anspruch begründenden Umständen und der Person des Schuldners Kenntnis erlangt oder ohne grobe Fahrlässigkeit erlangen müsste. Vor Gericht obliegt es dem Schuldner, entsprechende Umstände darzulegen, aus denen sich die Kenntnis oder die grob fahrlässige Unkenntnis ergibt.[355]

108 §§ 203ff. BGB regeln die **Hemmung der Verjährung**. Nach § 203 BGB ist die Verjährung gehemmt, wenn zwischen dem Schuldner und dem Gläubiger Verhandlungen über den Anspruch oder die den Anspruch begründenden Umstände schweben, bis der eine oder der andere Teil die Fortsetzung der Verhandlungen verweigert. Nach § 204 Abs 1 Nr 9 BGB wird die Verjährung durch die Zustellung des Antrags auf Erlass einer einstweiligen Verfügung oder, wenn der Antrag nicht zugestellt wird, dessen Einreichung, wenn die einstweilige Verfügung innerhalb eines Monats seit Verkündung oder Zustellung an den Gläubiger dem Schuldner zugestellt wird, gehemmt. Der Zeitraum, während dessen die Verjährung gehemmt ist, wird nach § 209 BGB in die Verjährungsfrist nicht eingerechnet. Die verjährungshemmende Wirkung erstreckt sich auf sämtliche Ansprüche, die durch die einstweilige Verfügung gesichert bzw befriedigt werden sollen. Maßgeblich ist der Streitgegenstand des Verfahrens. Die einstweilige Verfügung zur Sicherung eines Unterlassungsanspruchs hemmt daher nicht die Verjährung des Schadensersatzanspruches.[356] Die Hemmung endet gem § 204 Abs 2 BGB sechs Monate nach der rechtskräftigen Entscheidung oder anderweitigen Beendigung des eingeleiteten Verfahrens. Das einstweilige Verfügungsverfahren endet, im Fall eines Urteils mit dessen formeller Rechtskraft des Urteils, im Falle des Beschlusses mit Erlass der Verfügung.[357]

2. Zehnjährige Ausnahmefrist

109 Liegt **keine Kenntnis oder grob fahrlässige Unkenntnis** vor, bestimmen sich die Fristen nach § 199 Abs 2-4 BGB. Schadensersatzansprüche verjähren nach § 199 Abs 3 BGB ohne Rücksicht auf die Kenntnis oder grob fahrlässige Unkenntnis in zehn Jahren von ihrer Entstehung an und ohne

---

353 Dreier/Schulze/*Dreier* § 103 UrhG Rn 11.
354 Gesetz zur Modernisierung des Schuldrechts (Schuldrechtsmodernisierungsgesetz) v 26.11.2001.
355 Vgl KG ZUM 2010, 346, 354 – Angemessene Vergütung eines Drehbuchautors; LG München I ZUM 2010, 733, 740 – Tatort-Vorspann.
356 MünchKommBGB/*Grothe* § 204 BGB Rn 49.
357 MünchKommBGB/*Grothe* § 204 BGB Rn 99.

Rücksicht auf ihre Entstehung und die Kenntnis oder grob fahrlässige Unkenntnis in 30 Jahren von der Begehung der Handlung, der Pflichtverletzung oder dem sonstigen, den Schaden auslösenden Ereignis an, wobei die früher endende Frist maßgeblich ist. Ansprüche, die nicht auf Schadensersatz gerichtet sind, also insb Unterlassungsansprüche, verjähren nach § 199 Abs 4 BGB ohne Rücksicht auf die Kenntnis oder grob fahrlässige Unkenntnis in zehn Jahren von ihrer Entstehung an.

Die Ansprüche aus der deliktischen **Bereicherungshaftung** unterliegen demgegenüber der zehnjährigen Frist des § 852 S 2 BGB. Hat der Ersatzpflichtige durch eine unerlaubte Handlung auf Kosten des Verletzten etwas erlangt, so ist er auch nach Eintritt der Verjährung des Anspruchs auf Ersatz des aus einer unerlaubten Handlung entstandenen Schadens zur Herausgabe nach den Vorschriften über die Herausgabe einer ungerechtfertigten Bereicherung verpflichtet. Dieser Anspruch verjährt in zehn Jahren von seiner Entstehung an, ohne Rücksicht auf die Entstehung in 30 Jahren von der Begehung der Verletzungshandlung oder dem sonstigen, den Schaden auslösenden Ereignis an. Hat der Verpflichtete durch die Verletzung auf Kosten des Berechtigten etwas erlangt, verweist § 102 S 2 UrhG auf § 852 BGB. Entsprechende Regelungen finden sich auch in § 141 S 2 PatG, § 20 S 2 MarkenG. Die Spezialgesetze zum Schutz geistigen Eigentums stellen die in der Praxis wichtigsten Anwendungsfelder für § 852 BGB dar.[358] Im Ergebnis wird der Ersatzumfang mit Ablauf der dreijährigen Regelverjährung nach §§ 195, 199 Abs 1 BGB beschränkt. Während zuvor die Kompensation sämtlicher Nachteile verlangt werden konnte, ist der Ausgleich danach auf die dem Verletzer verbliebene Bereicherung begrenzt.[359]

II. Verwirkung

Anders als die Einrede der Verjährung ist die Einwendung der Verwirkung von Amts wegen zu beachten.[360] Der auf § 242 BGB beruhende Verwirkungseinwand schließt eine verspätete Geltendmachung von Rechten gegenüber dem Verpflichteten unter bestimmten Umständen aus und sanktioniert eine besondere Form der unzulässigen Rechtsausübung. Die Entscheidung über die Verwirkung erfolgt durch Abwägen aller auf beiden Seiten zu berücksichtigenden Umstände, wobei Art und Inhalt des geltend gemachten Rechts für die Voraussetzungen und die Maßstäbe von besonderer Bedeutung sind. Ein Freibrief für künftige Rechtsverletzungen ist damit nicht verbunden.[361] Der Bundesgerichtshof setzt die Wertigkeit des Urheberrechts bei der Abwägung der beiderseitigen Interessen hoch an, da das Urheberrecht seinen Wert aus der ihm zugrundeliegenden schöpferischen, geistigen Leistung erhält und persönlichkeits- und vermögensrechtlichen Schutz aus den Verfassungssätzen der Kunstfreiheitsgarantie und des Eigentums genießt. Der Verwirkungseinwand erfordert, dass der Verletzer sich einen wertvollen Besitzstand geschaffen hat und dass angesichts des wertvollen Besitzstandes die Rechtsverletzung dem Rechtsinhaber so offenbar wird, dass sein Schweigen vom Verletzer als Billigung gedeutet werden kann oder jedenfalls als sicherer Hinweis, der Rechtsinhaber werde von der Verfolgung seiner Rechte absehen.[362] Der Verwirkungseinwand setzt ein Zeitmoment und ein Umstandsmoment voraus. Erforderlich ist, dass der Rechtsinhaber über einen Zeitraum trotz Kenntnis die Verletzungshandlung duldet. Darüber hinaus müssen Umstände vorliegen, die bei objektiver Beurteilung darauf hindeuten, dass der Verletzer sich darauf einrichten durfte, dass die Rechte 110

358 MünchKommBGB/*Wagner* § 852 BGB Rn 4.
359 Schricker/Loewenheim/*Wild* § 102 UrhG Rn 6; MünchKommBGB/*Wagner* § 852 BGB Rn 5.
360 *Schack* Rn 686.
361 BGH GRUR 2014, 363 – Peter Fechter.
362 BGH GRUR 1981, 652, 653 – Stühle und Tische.

nicht mehr gegen ihn geltend gemacht werden. Schließlich muss sich der Verletzer auch genau darauf tatsächlich eingerichtet haben. Da jede erneute Verletzungshandlung einen eigenen Unterlassungsanspruch begründet, beginnt die für die Beurteilung des Zeitmoments maßgebliche Frist jeweils neu zu laufen. Nach der Rechtsprechung beginnt die Frist für die Verwirkung bei jeder Rechtsverletzung neu.[363] Nicht ausreichend für den Verwirkungseinwand wäre ein Verhalten des Rechteinhabers, aus dem der Verletzer eine grundsätzliche Lizenzbereitschaft ableiten kann. Anders als bspw in den Vereinigten Staaten kann der Umstand, dass der Rechtsinhaber zu erkennen gibt, dass ihm eher an einem finanziellen Ausgleich als an der Unversehrtheit des Schutzrechts gelegen ist, für sich allein noch nicht zu seinem Nachteil gereichen.[364] Auch Patentverwertungsgesellschaften, die selbst keine Produkte herstellen, sondern lediglich versuchen, ihre Patente durch Lizenzverträge zu verwerten, können Unterlassungsansprüche durchsetzen.[365] Allerdings kann dieser Umstand im Rahmen der Ermessensentscheidung über die Einstellung der Zwangsvollstreckung zu berücksichtigen sein. Nach Auffassung des LG Düsseldorf kann es in solchen Fällen auch am Vorliegen der Dringlichkeit mangeln, so dass der Unterlassungsanspruch nicht im Wege der einstweiligen Verfügung durchgesetzt werden kann.[366]

III. Zwangslizenzeinwand

111 In Konstellationen, in denen der Rechteinhaber eine marktbeherrschende Stellung einnimmt, können auch kartellrechtliche Einwendungen eine Rolle spielen. Solche Fallkonstellationen tauchen nicht selten dann auf, wenn technische Schutzrechte für einen bestimmten **Industriestandard** – bspw im Telekommunikationsbereich – grundlegend sind.[367] Auch bei nicht technischen Schutzrechten sind solche kartellrechtlichen Einwendungen denkbar. Auch die Ausübung von Urheber- und Leistungsschutzrechten kann den Vorwurf des Missbrauches einer marktbeherrschenden Stellung begründen.[368] Zu den Voraussetzungen des kartellrechtlichen Zwangslizenzeinwands gehört es, dass der Nutzer beim Schutzrechtsinhaber um die Erteilung einer Lizenz zu angemessenen Bedingungen nachgesucht hat. Ein solches Nachsuchen wird man dann als gegeben erachten können, wenn dem Schutzrechtsinhaber ein konkretes Vertragsangebot

363 BGH Urt v 15.8.2013, Az I ZR 188/11, Rn 21 ff – Hard Rock Café; OLG Düsseldorf Urt v 28.6.2007, Az 2 U 22/06; OLG München Beschluss v 23.3.2009, Az 19 U 5448/08.

364 Für Aufsehen gesorgt hat eine patentrechtliche Entscheidung in den Vereinigten Staaten, nach der Schutzrechtsinhaber Unterlassungsansprüche nur unter besonderen Bedingungen durchsetzen können. Nach den in den Vereinigten Staaten für Patentverletzungen geltenden Rechtsgrundsätzen besteht ein Unterlassungsanspruch nur dann, wenn eine Wiedergutmachung der Verletzung unmöglich ist (1), gesetzliche Rechtsbehelfe keine angemessene Kompensation bieten (2), die Interessen des Anspruchstellers überwiegen (3) und das öffentliche Interesse dem Unterlassungsanspruch nicht entgegenliefe (4). Ist der Schutzrechtsinhaber lizenzierungsbereit und setzt sein Patent nicht geschäftlich um, so kann es bereits an der ersten Vorraussetzung fehlen (US Supreme Court GRUR Int 2006, 782 – eBay v MercExchange; eingehend hierzu *Diessel* Michigan Law Review 2007 Bd 106, 305; *Carroll* Michigan Telecommunications and Technology Law Review 2007 Bd 13, 421).

365 OLG Karlsruhe GRUR-RR 2010, 120, 122 – Patentverwertungsgesellschaft.

366 LG Düsseldorf GRUR 2000, 692, 696 – NMR – Kontrastmittel.

367 Vgl BGH GRUR 2009, 694 – Orange-Book-Standard; OLG Karlsruhe GRUR-RR 2007, 177 – Orange Book-Standard; LG Düsseldorf GRUR-RR 2007, 181 – MPEG 2-Standard; LG Düsseldorf Urt v 13.2.2007, Az 4a O 124/05 – GSM-Standard; dagegen OLG Düsseldorf Urt v 28.6.2002, VI-U (Kart) 18/01 – Standard-Spundfass; offengelassen von BGH GRUR 2004, 966 – Standard-Spundfass; eingehend *Maume/Tapia* GRUR Int 2010, 923; *Ullrich* IIC 2010, 337; *Graf von Merveldt* WuW 2004, 19 ff; *Fröhlich* GRUR 2008, 205, 212 ff.

368 Vgl EuGH GRUR Int 1995, 490 – Magill TV Guide; EuGH GRUR 2004, 524 – IMS; EuG Urt v 17. 9. 2007, T-201/04 – Microsoft; BGH GRUR 2013, 618 – Internet-Videorecorder II; Wandtke/Bullinger/*von Welser* Vor §§ 120 ff. Rn 44 ff.

unterbreitet wurde, welches sich sachlich als interessengerecht erweist. Nach Auffassung des BGH handelt der Schutzrechtsinhaber nur dann missbräuchlich, wenn der Beklagte ihm ein unbedingtes Angebot auf Abschluss eines Lizenzvertrags gemacht hat, an das er sich gebunden hält und das der Schutzrechtsinhaber nicht ablehnen darf, ohne gegen das Diskriminierungs- oder das Behinderungsverbot zu verstoßen, und wenn der Beklagte, solange er den Gegenstand des Patents bereits benutzt, diejenigen Verpflichtungen einhält, die der abzuschließende Lizenzvertrag an die Benutzung des lizenzierten Gegenstands knüpft.[369]

Beide Patentkammern des LG Düsseldorf und der BGH stehen auf dem Standpunkt, dass ein kartellrechtlicher Zwangslizenzeinwand grds möglich ist. Rechtsdogmatisch gründet sich dieser Einwand – dolo agit, qui petit, quod statim redditurus est – auf § 242 BGB. Der wegen einer Patentverletzung in Anspruch Genommene kann dem Schadensersatzbegehren des Patentinhabers im Wege der Einrede einen Anspruch auf Lizenzerteilung entgegen halten.[370] Nach Auffassung des BGH und des OLG Karlsruhe kann diese Einrede auch dem Unterlassungsbegehren entgegengehalten werden.[371] Das Landgericht Düsseldorf hat dem EuGH mit Beschluss v 21.3.2013 mehrere Fragen zum kartellrechtlichen Zwangslizenzeinwand vorgelegt.[372] Unter anderem fragt das Landgericht Düsseldorf, ob der Inhaber eines standardessentiellen Patentes, der gegenüber einer Standardisierungsorganisation seine Bereitschaft erklärt hat, jedem Dritten eine Lizenz zu fairen, angemessenen und nicht-diskriminierenden Bedingungen zu erteilen, seine marktbeherrschende Stellung missbraucht, wenn er gegenüber einem Patentverletzer einen Unterlassungsanspruch gerichtlich geltend macht, obwohl der Patentverletzer seine Bereitschaft zu Verhandlungen über eine solche Lizenz erklärt hat. 112

Eine gesetzliche Regelung enthält § 87 Abs 5 S 1 UrhG. Danach sind Sendeunternehmen und Kabelunternehmen gegenseitig verpflichtet, einen Vertrag über die Kabelweitersendung zu angemessenen Bedingungen abzuschließen, sofern nicht ein die Ablehnung des Vertragsabschlusses sachlich rechtfertigender Grund besteht. Nach § 87 Abs 5 S 2 UrhG ist der Vertrag auf Verlangen des Kabelunternehmens oder des Sendeunternehmens gemeinsam mit den in Bezug auf die Kabelweitersendung anspruchsberechtigten Verwertungsgesellschaften zu schließen, sofern nicht ein die Ablehnung eines gemeinsamen Vertragsschlusses sachlich rechtfertigender Grund besteht. Nach Auffassung des Bundesgerichtshofes ist die vorherige Einschaltung der Schiedsstelle gemäß §§ 14 Abs 1 Nr 2, 16 Abs 1 UrhWahrnG auch dann erforderlich ist, wenn eine entsprechende Zwangslizenz nicht klageweise verfolgt wird, sondern als Einrede im Verletzungsprozess geltend gemacht wird.[373] Das Gericht hat den Rechtsstreit beim Vorliegen der Voraussetzungen des Zwangslizenzeinwands in entsprechender Anwendung des § 16 Abs 2 S 2 UrhWahrnG auszusetzen, um den Parteien die Anrufung der Schiedsstelle zu ermöglichen.[374] 113

IV. Kommunikationsgrundrechte

1. Grundsätze

Eingriffe in das Urheberrecht können grundsätzlich nicht durch Heranziehung deutscher oder europäischer Kommunikationsgrundrechte gerechtfertigt werden.[375] Das Grundrecht der Presse- 114

369 BGH GRUR 2009, 694 – Orange-Book-Standard; BGH GRUR 2013, 618, 622 Rn 50 – Internet-Videorecorder II.
370 BGH GRUR 2004, 966 – Standard-Spundfass.
371 BGH GRUR 2009, 694 – Orange-Book-Standard; OLG Karlsruhe GRUR-RR 2007, 177, 179 – Orange Book-Standard.
372 LG Düsseldorf GRUR Int 2013, 547.
373 BGH GRUR 2013, 618 – Internet-Videorecorder II.
374 BGH GRUR 2013, 618, 622 Rn 48 – Internet-Videorecorder II.
375 Zur Europäischen Menschenrechtskonvention vgl EGMR GRUR 2013, 859 – Ashby Donald.

freiheit wird nach Art 5 Abs 2 GG durch die allgemeinen Gesetze eingeschränkt, zu denen auch das Urheberrechtsgesetz gehört. Das Urheberrechtsgesetz hat den Konflikt zwischen dem Interesse der Presse und dem Interesse des Urhebers geregelt.[376] Das Urheberrechtsgesetz enthält grundsätzlich eine abschließende Regelung der aus dem Urheberrecht fließenden Befugnisse. Das dem Urheber vom Gesetz eingeräumte Ausschließlichkeitsrecht ist das Ergebnis einer vom Gesetzgeber bereits vorgenommenen Abwägung zwischen dem Interesse des Urhebers an einer möglichst umfassenden und uneingeschränkten Ausschließlichkeitsbefugnis und den Interessen der Allgemeinheit an einem möglichst unbeschränkten Zugang und einer möglichst umfassenden Nutzung des urheberrechtlich geschützten Werks.[377] So kann beispielsweise nicht das auf veröffentlichte Werke beschränkte Zitatrecht unter Berufung auf Kommunikationsgrundrechte auf unveröffentlichte Werke ausgedehnt werden.[378]

2. Haftung für Hyperlinks

115 Ein Anspruch kann nur in Ausnahmefällen im Hinblick auf Kommunikationsgrundrechte ausgeschlossen sein. Mit einer solchen Konstellation hatte sich der Bundesgerichtshof in seiner Entscheidung „AnyDVD“ beschäftigt. Dort wendeten sich die Rechteinhaber dagegen, dass die Beklagte auf ihrer Website „www.heise.de“ in einem Bericht über ein Programm zur Umgehung von Kopierschutz einen Link zur Website des Herstellers, auf der das Programm zum Herunterladen angeboten wurde, aufgenommen hatten.[379] Nach Auffassung des Bundesgerichtshofes wurde das Setzen des Hyperlinks im konkreten Fall von der in Art 11 I und II der Charta der Grundrechte der EU geregelten Meinungs- und Medienfreiheit erfasst. Die gegen das Urteil eingelegte Verfassungsbeschwerde war erfolglos. Das Bundesverfassungsgericht verneinte einen Verstoß gegen deutsche Grundrechte.[380] Zwar wäre die Regelung des § 95a UrhG selbst an den EU-Grundrechten zu messen. Gegenstand des angegriffenen Urteils sei indes nicht eine grundrechtliche Überprüfung von § 95a UrhG, sondern die Frage, ob ein nach den Grundsätzen der Teilnehmerhaftung iVm § 95a UrhG möglicherweise bestehender zivilrechtlicher Unterlassungsanspruch im konkreten Fall wegen entgegenstehender Grundreche zu versagen sei. Die Abwägung der konkurrierenden Grundrechtspositionen müsse daher am Maßstab des Grundgesetzes gemessen werden. Das Bundesverfassungsgericht hielt es für unbedenklich, dass der Bundesgerichtshof das Setzen eines Links in einem Online-Artikel wegen seiner Einbettung in eine pressetypische Stellungnahme neben der Pressefreiheit des Art 5 Abs 1 S 2 GG auch der Meinungsfreiheit nach Art 5 Abs 1 S 1 GG unterstellt. Die Pressefreiheit schützt – soweit sie über den Schutz des meinungsbildenden Diskussionsprozesses hinausgeht – auch die bloß technische Verbreitung von Äußerungen Dritter, selbst soweit damit keine eigene Meinungsäußerung des Verbreiters verbunden ist.

3. Haftung von Medienhändlern

116 Auch bei der Haftung von Medienhändlern spielt die grundrechtlich geschützte Pressefreiheit eine Rolle. Für Urheberrechtsverletzungen haftet grundsätzlich nicht nur der Hersteller, sondern auch die Personen, die das rechtsverletzende Produkt vertreiben.[381] Diese können sich im Rah-

---

376 BGH GRUR 2003, 956 – Gies-Adler; BGH GRUR 2005, 940 – Marktstudien.
377 BGH GRUR 2003, 956 – Gies-Adler.
378 KG NJW-RR 2008, 857 – Günther Grass; anders hingegen OLG Hamburg GRUR-RR 2000, 146 – Gregor Gysi (nicht beanstandet von BVerfG NJW 2000, 2416).
379 BGH GRUR 2011, 513 – AnyDVD.
380 BVerfG GRUR 2012, 390 – AnyDVD.
381 BGH GRUR 2009, 856 – Tripp-Trapp-Stuhl.

men der zivilrechtlichen Gewährleistung an ihren Lieferanten halten. Bei Büchern wird dieser Grundsatz durchbrochen. Mit unterschiedlichen Begründungen wird bereits eine Haftung des Buchhändlers verneint.[382] Nach zutreffender Auffassung des Landgerichts Hamburg kommt zwar eine täterschaftliche Haftung in Betracht. Da der Buchvertrieb aber erforderlich für das Funktionieren der freien Medien ist, wird er von der Pressefreiheit erfasst.[383] Dagegen geht das Landgericht Berlin fälschlich davon aus, dass schon gar keine Tatherrschaft besteht.[384] Die aus Art 5 GG folgende Privilegierung gilt allerdings nicht zugunsten von Tonträger- Händlern, wenn es sich bei dem Verletzungsmuster nicht um einzelne rechtswidrige Aufnahmen, sondern um ein insgesamt rechtswidrig erstelltes Album handelt, dessen Rechtswidrigkeit ohne weiteres durch Vergleich mit der im Internet abrufbaren Diskographie des Rechteinhabers feststellbar ist.[385]

382 OLG München Ureil v 24.10.2013, Az 29 U 885/13 – Buchbinder Wanninger.
383 LG Hamburg GRUR-RR 2011, 249 – Online-Buchhändler.
384 LG Berlin NJW 2009, 787.
385 LG Hamburg Urt v 18.6.2013, Az 310 O 182/12; LG Hamburg Urt v 13.4.2012, Az 308 I 125/12.

Kapitel 5
Durchsetzung von Ansprüchen im Bereich des geistigen Eigentums

Literatur (vgl Literaturübersicht zu Kap 4)

Übersicht

§ 1
Berechtigungsanfrage

1 Bei einer Schutzrechtsverletzung bestehen mehrere Möglichkeiten des Vorgehens. Der Schutzrechtsinhaber kann sogleich nach Kenntniserlangung gerichtliche Hilfe in Anspruch nehmen oder zunächst versuchen, mit dem Verletzer eine außergerichtliche Einigung zu erzielen. Neben der Abmahnung als klassischem Mittel des außergerichtlichen Vorgehens ist bei Schutzrechtsverletzungen auch die Berechtigungsanfrage gebräuchlich.

I. Funktion

2 Anders als eine Abmahnung enthält eine Berechtigungsanfrage keine Aufforderung, eine Handlung sofort einzustellen. Sie dient dazu, zunächst in einen Meinungsaustausch über die Zulässigkeit eines bestimmten Verhaltens einzutreten. Insb in Fällen, in denen die rechtliche Situation nicht eindeutig ist, kann eine Berechtigungsanfrage gegenüber einer Abmahnung vorzugswürdig sein. Spricht ein Schutzrechtsinhaber in nicht eindeutigen Fällen eine Abmahnung aus und stellt sich diese später als ungerechtfertigt heraus, kann der Abgemahnte darauf mit einer Gegenabmahnung reagieren. Der Anspruchsteller sieht sich dann selbst mit Unterlassungs- und Schadensersatzansprüchen konfrontiert. Grundlage eines solchen Vorgehens desjenigen, der in Anspruch genommen wurde, ist die Rechtsprechung des BGH zu unberechtigten Schutzrechtsverwarnungen, die Unterlassungsansprüche gem §§ 3, 4 Nr 10 UWG zur Folge ha-

ben können.[1] Darüber hinaus kommen bei einer ungerechtfertigten Abmahnung Ansprüche des Abgemahnten aus § 823 Abs 1 BGB sowie gegebenenfalls aus § 826 BGB in Betracht.

II. Inhalt

In der Berechtigungsanfrage weist der Inhaber der Schutzrechte auf diese hin und trägt den Sachverhalt vor, den er als schutzrechtsverletzend betrachtet. Damit verbunden ist eine – üblicherweise mit einer Fristsetzung verbundene – Aufforderung zu erklären, aufgrund welcher Umstände sich der Adressat als berechtigt ansieht, sich des jeweiligen Schutzrechtes zu bedienen. Das weitere Vorgehen bestimmt sich nach der Reaktion des Anspruchsgegners. Trägt der Anspruchsgegner rechtliche oder tatsächliche Gründe vor, die sein Handeln als erlaubt erscheinen lassen, so werden die Parteien in aller Regel versuchen, den Konflikt außergerichtlich zu lösen. Stellt sich demgegenüber heraus, dass der Anspruch tatsächlich besteht, so sollte der Schutzrechtsinhaber vor Einleitung gerichtlicher Schritte noch eine ordnungsgemäße Abmahnung mit der Aufforderung zur Abgabe einer strafbewehrten Unterlassungserklärung folgen lassen. Denn die Abmahnung wird durch die Berechtigungsanfrage nicht ersetzt. Reicht er demgegenüber sofort einen Antrag auf Erlass einer einstweiligen Verfügung bei Gericht ein, so läuft er Gefahr, dass die Gegenseite den Anspruch mit der Kostenfolge des § 93 ZPO anerkennt.[2] 3

§ 2
Abmahnung

I. Funktion

Eine Abmahnung besteht in aller Regel in einer förmlichen Beanstandung des Rechtsverstoßes und der damit verbundenen Androhung gerichtlicher Schritte.[3] Zugleich enthält die Abmahnung eine Aufforderung zur Abgabe einer strafbewehrten Unterlassungserklärung innerhalb einer bestimmten Frist. Außerdem werden in aller Regel zugleich Ansprüche auf Auskunft, Vernichtung, Schadensersatz und Kostenerstattung geltend gemacht. 4

II. Erforderlichkeit

Nach § 97a Abs 1 S 1 UrhG soll der Verletzte den Verletzer vor Einleitung eines gerichtlichen Verfahrens auf Unterlassung abmahnen und ihm Gelegenheit geben, den Streit durch Abgabe einer mit einer angemessenen Vertragsstrafe bewehrten Unterlassungsverpflichtung beizulegen. Die Abmahnung dient der außergerichtlichen Beilegung der Streitigkeit. Es handelt sich lediglich um eine Obliegenheit. Nach dem Gesetzeswortlaut besteht gerade keine Pflicht, eine solche Abmahnung vor Einleitung gerichtlicher Schritte, also einem Antrag auf Erlass einer einstweiligen Verfügung oder einer Klage, auszusprechen. Unterbleibt die Abmahnung vor Einleitung gerichtlicher Schritte, so riskiert der Antragsteller bzw Kläger, dass der Antragsgegner bzw Beklagte 5

---

1 BGH WRP 2005, 1418 – Unberechtigte Schutzrechtsverwarnung; BGH GRUR 2006, 433, 435 – Unbegründete Abnehmerverwarnung; *Sack* 2007, 708 ff; *Deutsch* GRUR 2006, 374 ff.
2 OLG Hamburg GRUR 2006, 616 – Anerkenntnis nach Berechtigungsanfrage.
3 BGH GRUR 2007, 164, 165 – Telefax-Werbung II; MüKo/*Ottofülling* § 12 UWG Rn 57.

den gerichtlich geltend gemachten Anspruch umgehend mit der Kostenfolge des § 93 ZPO anerkennt. Diese vorprozessuale Abmahnlast besteht auch bei einer markenrechtlichen Löschungsklage wegen Verfalls.[4] Dem steht nicht entgegen, dass dem Kläger in Ermangelung eines Störungszustandes materiell-rechtlich kein Kostenersatz zusteht.

III. Ausnahmsweise Entbehrlichkeit

6 In Ausnahmefällen kann von einer Abmahnung abgesehen werden. Eine Abmahnung ist bspw entbehrlich, wenn absehbar ist, dass sie erfolglos bleiben wird oder wenn eine vorherige Abmahnung aufgrund besonderer Umstände unzumutbar ist.

1. Voraussichtliche Erfolglosigkeit

7 Die Erfolglosigkeit der Abmahnung ist etwa dann vorhersehbar, wenn der Verletzer eindeutig zu erkennen gegeben hat, dass er einer Abmahnung keine Folge leisten werde. Eine Abmahnung ist umgekehrt nicht schon dann entbehrlich, wenn sich der spätere Antragsgegner außergerichtlich – ohne entsprechend abgemahnt worden zu sein – auf den Standpunkt gestellt hatte, eine Rechtsverletzung liege nicht vor. So kann der wegen einer Schutzrechtsverletzung in Anspruch Genommene auf die sogenannte Berechtigungsanfrage eine gegenteilige Rechtsauffassung äußern, ohne dass er bei einer unmittelbar folgenden gerichtlichen Inanspruchnahme die Möglichkeit verliert, den Anspruch noch kostenfrei nach § 93 ZPO anzuerkennen.[5] Der Austausch von unterschiedlichen Rechtsansichten macht eine vorherige Abmahnung also nicht schon wegen voraussichtlicher Erfolglosigkeit entbehrlich. Denn die Entscheidung, ob sich jemand nach einer Abmahnung doch noch unterwirft, ist eine Frage, die von vielen Faktoren abhängt. Häufig spricht die kaufmännische Vernunft für die Unterwerfung, auch wenn man die Rechtsansicht des Abmahnenden nicht teilt und das eigene Verhalten für rechtmäßig hält.[6] Eine voraussichtliche Erfolglosigkeit liegt in aller Regel vor, wenn die Parteien sich in der Vergangenheit schon häufiger wegen ähnlicher Schutzrechtsverletzungen oder Wettbewerbsverstöße auseinandergesetzt haben und in keinem der Fälle – trotz Abmahnung – eine Unterlassungserklärung abgegeben wurde.

2. Antrag auf Herausgabe zur Verwahrung

8 Nach der Rechtsprechung ist eine vorgerichtliche Abmahnung zur Vermeidung der Kostenfolge des § 93 ZPO ausnahmsweise dann unzumutbar, wenn neben der Unterlassung zugleich die Herausgabe rechtsverletzender Gegenstände – zB Raubkopien – zur Sicherung des Vernichtungsanspruches beantragt wird.[7] Eine derartige Inverwahrungnahme wäre in aller Regel aussichtslos, wenn der Verletzer durch die Abmahnung gewarnt wird, da er dann die Produkte beiseiteschaffen kann. Nach Ansicht des OLG Hamburg gilt dieser Grundsatz selbst dann, wenn vor Stellung des Verfügungsantrages eine staatsanwaltschaftliche Durchsuchung der Räumlichkeiten des Schuldners stattgefunden hat.[8] Grundsätzlich reicht die Herausgabe zur Verwahrung zur

4 KG GRUR-RR 2007, 255 – Abmahnlast.
5 OLG Hamburg GRUR 2006, 616 – Anerkenntnis nach Berechtigungsanfrage.
6 OLG Hamburg GRUR 2006, 616 – Anerkenntnis nach Berechtigungsanfrage.
7 OLG Karlsruhe GRUR-RR 2013, 182 – Spielsteuerung; OLG Frankfurt BeckRS 2010, 21960; OLG Hamburg GRUR-RR 2007, 29 – Cerebro Card; OLG Frankfurt aM GRUR 2006, 264 – Abmahnerfordernis; *Kircher* FS Schilling 293, 295 ff; dagegen OLG Braunschweig GRUR-RR 2005, 103 – Flüchtige Ware.
8 OLG Hamburg GRUR-RR 2007, 29, 30 – Cerebro Card.

Sicherung aus. § 195 Nr 2 GVGA (Geschäftsanweisung für Gerichtsvollzieher) definiert die Sequestration als „Verwahrung und Verwaltung" einer Sache.[9] Erfordert die in einer einstweiligen Verfügung angeordnete Sicherstellung einer Sache nur eine Verwahrung (ohne Verwaltung), so liegt nach § 195 Nr 3 GVGA keine Sequestration vor. Trotz § 758a Abs 1 S 2 ZPO, der eine richterliche Anordnung der Wohnungsdurchsuchung bei Gefährdung des Durchsuchungserfolges für nicht erforderlich erklärt, empfiehlt es sich, vorsorglich einen entsprechenden Antrag zu stellen.

IV. Inhalt

1. Bezeichnung des vorgeworfenen Verhaltens

In der Abmahnung muss die Verletzungshandlung genau bezeichnet werden. Dem Abgemahn- 9
ten muss sich aus der Abmahnung erschließen, was ihm konkret in tatsächlicher und rechtlicher Hinsicht zum Vorwurf gemacht wird.[10] Für den Bereich des Urheberrechts wurden die Anforderungen an die Abmahnung durch das **Gesetz gegen unseriöse Geschäftspraktiken vom 1.10.2013** näher geregelt. Nach § 97a Abs 2 S 1 UrhG hat die Abmahnung in klarer und verständlicher Weise Name oder Firma des Verletzten anzugeben, wenn der Verletzte nicht selbst, sondern ein Vertreter abmahnt (1.), die Rechtsverletzung genau zu bezeichnen (2.), geltend gemachte Zahlungsansprüche als Schadensersatz- und Aufwendungsersatzansprüche aufzuschlüsseln (3.) und, wenn darin eine Aufforderung zur Abgabe einer Unterlassungsverpflichtung enthalten ist, anzugeben, inwieweit die vorgeschlagene Unterlassungsverpflichtung über die abgemahnte Rechtsverletzung hinausgeht (4.). Nach § 97a Abs 2 S 2 UrhG ist eine Abmahnung unwirksam, die diesen Anforderungen nicht entspricht.

2. Aufforderung zur Abgabe einer Unterlassungserklärung

Zudem wird in aller Regel unter Fristsetzung die Abgabe einer Unterlassungserklärung verlangt 10
und für den Fall der Nichtabgabe ein Gerichtsverfahren angedroht.[11] Grundsätzlich besteht keine Verpflichtung, eine Unterlassungserklärung vorzuformulieren. Es ist allerdings gängige Praxis, dem Abmahnschreiben den Entwurf einer Unterlassungserklärung beizufügen. Bei der Formulierung dieser Unterlassungserklärung sind gewisse Verallgemeinerungen zulässig.[12] Erweiterungen über die konkret erfolgte Verletzungsform hinaus müssen sich allerdings im Rahmen dessen halten, was materiell-rechtlich beansprucht werden kann.[13] Gibt der Verletzer eine Unterlassungserklärung ab, die nicht ausreichend ist, muss er nicht noch einmal verwarnt werden. Vielmehr kann der Unterlassungsanspruch – soweit er noch besteht – dann unverzüglich gerichtlich geltend gemacht werden. Die Unterwerfungserklärung muss nach Inhalt und Umfang dem Unterlassungsanspruch entsprechen. Nach der Rechtsprechung beschränkt sich die durch eine Verletzungshandlung begründete Vermutung der Wiederholungsgefahr nicht allein auf die genau identische Verletzungsform, sondern umfasst auch alle im Kern gleichartigen Verletzungsformen.[14] An den Fortfall der Wiederholungsgefahr durch Abgabe einer Unterwerfungser-

---

9 Vgl Schuschke/Walker/*Schuschke* Vollstreckung und Vorläufiger Rechtsschutz, 5. Aufl 2011, § 938 ZPO Rn 20 ff.

10 *Bernecke* WRP 2007, 579, 587.

11 Fehlt die Androhung gerichtlicher Schritte kann es unter Umständen beim Kostenrisiko des § 93 ZPO bleiben (OLG Hamburg WRP 1986, 292). Der Anspruch auf Erstattung der Abmahnkosten bleibt aber unberührt.

12 KG GRUR-RR 2008, 29, 30 – in voller Länge und/oder in Teilen.

13 KG GRUR-RR 2008, 29, 30 – in voller Länge und/oder in Teilen.

14 BGH GRUR 2006, 421, 423 – Markenparfümverkäufe; BGH GRUR 1991, 772, 774 – Anzeigenrubrik I; BGH GRUR 1993, 579, 581 – Römer GmbH.

klärung werden strenge Anforderungen gestellt. Bestehen am Inhalt der Unterwerfungserklärung auch nur geringe Zweifel, dann reicht sie grundsätzlich nicht aus, die Besorgnis eines künftigen Verstoßes auszuräumen.[15]

3. Vertragsstrafe

11 Die Unterlassungserklärung wird im Fall der Wiederholungsgefahr mit einem Vertragsstrafeversprechen für den Fall eines Verstoßes gegen die Unterlassungsverpflichtung verbunden. Die Vertragsstrafe soll künftige Verletzungshandlungen verhindern. Die angemessene Höhe der Vertragsstrafe richtet sich nach den Umständen des Einzelfalls. Zu berücksichtigen sind Art, Größe und Umsatz des verletzenden Unternehmens, Schwere und Ausmaß des Verstoßes, dessen Gefährlichkeit für den Verletzten, die Bereitschaft des Verletzers zu weiteren gleichartigen Verletzungshandlungen, das Verschulden des Verletzers sowie das im Zusammenhang mit dem Verstoß an den Tag gelegte Verhalten des Verletzers.[16] In der Praxis liegt die mittlere Spanne angemessener Vertragsstrafen zwischen € 5.000,– bis € 10.000,–. Vor allem in Wiederholungsfällen sind auch höhere Vertragsstrafen angemessen. Die Erklärung darf nicht so formuliert sein, dass unklar bleibt, ob die Vertragsstrafe für jeden Fall der Zuwiderhandlung oder nur einmalig zu zahlen ist.[17] Die Ernsthaftigkeit der Unterlassungserklärung muss ersichtlich sein. Ist der Unterlassungsschuldner kein Kaufmann, so kann die Vertragsstrafe nach § 343 BGB herabgesetzt werden, wenn sie unverhältnismäßig hoch ist.[18] Für Kaufleute schließt § 348 HGB eine Herabsetzung aus. Steht eine vereinbarte Vertragsstrafe in einem außerordentlichen Missverhältnis zur Bedeutung der Zuwiderhandlung, ist ihre Herabsetzung nach dem Grundsatz von Treu und Glauben gem § 242 BGB geboten, auch wenn eine Verringerung der Vertragsstrafe nach § 343 BGB durch § 348 HGB ausgeschlossen ist.[19] Die Vertragsstrafe ist dann allerdings nicht auf die nach § 343 BGB angemessene Höhe, sondern nur auf das Maß zu reduzieren, das ein Eingreifen des Gerichts nach § 242 BGB noch nicht rechtfertigen würde.

4. Hamburger Brauch

12 Die Vertragsstrafe kann allerdings auch variabel vereinbart werden. Dies sieht der modifizierte „Hamburger Brauch" vor. So kann sich der Abgemahnte verpflichten, eine für jeden Fall der Zuwiderhandlung vom Verletzten (oder einem Dritten) nach billigem Ermessen festzusetzende, im Streitfall von einem Gericht zu überprüfende, Vertragsstrafe zu zahlen, wobei diese durch einen Höchstbetrag begrenzt werden kann. Nach § 315 Abs 3 S 2 BGB kann eine gerichtliche Überprüfung der vom Gläubiger vorgenommenen Bestimmung der Vertragsstrafenhöhe in der Vereinbarung ausdrücklich vorgesehen werden. Unzulässig ist es demgegenüber, die Festsetzung von vornherein einem Gericht zu überlassen.[20] Die richterliche Billigkeitskontrolle nach § 315 Abs 3 S 2 BGB kommt auch einem Kaufmann zugute, so dass es auf § 348 HGB, wonach eine unter Kaufleuten vereinbarte Vertragsstrafe nicht herabgesetzt werden kann, nicht ankommt.[21] Bei der Bemessung der nach billigem Ermessen festzusetzenden Vertragsstrafe ist ein für diesel-

---

15 BGH GRUR 1996, 290 – Wegfall der Wiederholungsgefahr I; BGH GRUR 1997, 379, 380 – Wegfall der Wiederholungsgefahr II.
16 BGH GRUR 1994, 146, 147 – Vertragsstrafebemessung; OLG Frankfurt GRUR-RR 2008, 385 – Cartoons.
17 OLG Hamburg GRUR-RR 2008, 230, 233 – Chefkoch.
18 BGH GRUR 1984, 72 – Vertragsstrafe für versuchte Vertreterabwerbung.
19 BGH GRUR 2009, 181, 184 – Kinderwärmekissen; *Rieble* GRUR 2009, 824.
20 Vgl BGH GRUR 1978, 192, 193 – Hamburger Brauch.
21 BGH GRUR 2010, 355, 358 Rn 30 – Testfundstelle.

be Zuwiderhandlung gegebenenfalls bereits gerichtlich verhängtes Ordnungsgeld zu berücksichtigen.[22] Wenn der Abgemahnte statt eines festen Betrags eine vom Gläubiger nach billigem Ermessen zu bestimmende Vertragsstrafe innerhalb eines Rahmens verspricht, so beseitigt ein solches Versprechen die Wiederholungsgefahr nur, wenn der die Vertragsstrafe begrenzende Höchstbetrag die Höhe eines fest zu vereinbarenden Betrags übersteigt.[23] Als ungefährer Richtwert einer solchen Obergrenze nimmt die Rechtsprechung das Doppelte des im jeweiligen Fall angemessenen festen Betrags einer Vertragsstrafe an.[24] Besondere Vorsicht ist geboten, wenn der Abmahnende einen festen Betrag fordert und der Abgemahnte eine nach billigem Ermessen zu bestimmende Vertragsstrafe mit Höchstgrenze verspricht. Die Rechtsprechung hat hier eine vom Abgemahnten gewählte Höchstgrenze mit einem Aufschlag von 50% auf die vom Abmahnenden geforderte feste Vertragsstrafe (€ 7.500,– Höchstgrenze statt € 5.000,– fest) als zu niedrig erachtet.[25]

5. Frist

Dem Schutzrechtsverletzer muss eine angemessene Frist zur Abgabe der verlangten Unterlassungserklärung gesetzt werden. Der Abgemahnte muss ausreichend Zeit haben, um den Sachverhalt aufzuklären und anwaltlichen Rat einzuholen. Auf der anderen Seite hat der Verletzte ein Interesse daran, dass der festgestellte Rechtsverstoß umgehend abgestellt wird. Eine zu kurz bemessene Frist macht die Abmahnung nicht unwirksam, sondern führt nur dazu, dass eine angemessene Frist in Gang gesetzt wird. Das Ende der Frist sollte der Abmahnende möglichst genau unter Angabe von Datum und – gegebenenfalls – Uhrzeit vorgeben. Schließlich enthält eine Abmahnung in der Regel eine ausdrückliche Androhung gerichtlicher Schritte für den Fall, dass die Unterlassungserklärung überhaupt nicht oder nicht rechtzeitig abgegeben wird. Die Abmahnung ist grundsätzlich formlos möglich. Schon aus Beweisgründen ist allerdings eine schriftliche Abmahnung zu empfehlen. 13

V. Keine Zurückweisung wegen fehlender Vollmachtsvorlage

Ob eine Abmahnung nach § 174 BGB zurückgewiesen werden kann, wenn ihr keine Originalvollmacht beigefügt ist, war lange Zeit umstritten.[26] Der I. Zivilsenat des BGH hat sich nun der Auffassung angeschlossen, wonach § 174 S 1 BGB auf die mit einer Unterwerfungserklärung verbundene Abmahnung nicht anwendbar ist.[27] 14

Bereits in der Abmahnung kann ein Vertragsangebot zum Abschluss eines Unterwerfungsvertrags liegen, wenn es von einem Rechtsbindungswillen getragen und hinreichend bestimmt

22 BGH GRUR 2010, 355, 358 Rn 33 – Testfundstelle.
23 BGH GRUR 1985, 937, 938 – Vertragsstrafe bis zu ... II.
24 BGH GRUR 1985, 155, 157 – Vertragsstrafe bis zu ... I; BGH GRUR 1985, 937, 938 – Vertragsstrafe bis zu ... II.
25 OLG Frankfurt GRUR-RR 2008, 385 – Cartoons.
26 Gegen ein Recht zur Zurückweisung: OLG München WRP 1971, 487; OLG Hamburg NJW 1986, 2119; OLG Karlsruhe NJW-RR 1990, 1323; OLG Köln WRP 1985, 360; KG GRUR 1988, 79; Köhler/Bornkamm § 12 UWG Rn 1.27; Harte/Henning/*Brüning* § 12 UWG Rn 31; *Busch* GRUR 2006, 477, 478; für ein Recht zur Zurückweisung: OLG Düsseldorf GRUR-RR 2001, 286 – T-Company LP; OLG Dresden NJWE-WettbR 1999, 140; OLG Nürnberg NJW-RR 1991, 1393; für ein Zurückweisungsrecht bei gleichzeitigem Inaussichtstellen der Unterwerfung für den Fall der Vorlage einer Vollmacht: OLG Hamburg WRP 1986, 106; OLG Stuttgart NJWE-WettbR 2000, 125; gegen ein Recht zur Zurückweisung bei gleichzeitiger Unterwerfung OLG Celle Urt v 2.9.2010, Az 13 U 34/10; umfassende Nachweise bei BGH GRUR 2010, 1120 Rn 12 ff – Vollmachtsnachweis.
27 BGH GRUR 2010, 1120, 1121 Rn 14 – Vollmachtsnachweis.

ist. Auf eine solche Abgabe eines Vertragsangebots ist § 174 BGB weder direkt noch analog anwendbar. Nach zutreffender Auffassung des I. Zivilsenats besteht keinerlei Veranlassung, die einheitliche Erklärung des Abmahnenden in eine geschäftsähnliche Handlung (Abmahnung) und ein Vertragsangebot (Angebot auf Abschluss eines Unterwerfungsvertrags) aufzuspalten und auf erstere die Bestimmung des § 174 S 1 BGB anzuwenden.[28] Um mögliche Auseinandersetzungen über diese Rechtsfrage zu vermeiden, kann es sich allerdings gleichwohl anbieten, der Abmahnung eine Vollmacht beizufügen oder die Bevollmächtigung zumindest anwaltlich zu versichern.

VI. Abgabe und Zugang

15 Auch die Frage, ob der Abmahnende die Abgabe und den Zugang der Erklärung beweisen muss, war lange umstritten. Die wohl überwiegende Ansicht ging davon aus, dass der Abmahnende lediglich die ordnungsgemäße Absendung, nicht hingegen deren Zugang beweisen müsse.[29] Nach einer neueren Entscheidung des BGH trifft den Beklagten, der auf die Klageerhebung hin eine strafbewehrte Unterlassungserklärung abgegeben hat und geltend macht, ihm sei die Abmahnung des Klägers nicht zugegangen, grundsätzlich die Darlegungs- und Beweislast für die Voraussetzungen einer dem Kläger die Prozesskosten auferlegenden Entscheidung nach § 93 ZPO.[30] Der Beklagte muss also den Nichtzugang beweisen. Allerdings ist der Kläger im Rahmen der sekundären Darlegungslast gehalten, substantiiert darzulegen, dass das Abmahnschreiben abgesandt worden ist. Kann nicht festgestellt werden, ob das Abmahnschreiben dem Beklagten zugegangen ist oder nicht, so kommt § 93 ZPO nicht zur Anwendung. Die Nichterweislichkeit eines fehlenden Zugangs geht also zu Lasten des Beklagten. Diese Verteilung der Beweislast beruht auf der Überlegung, dass der Beklagte für den Ausnahmetatbestand des § 93 ZPO beweisbelastet ist.

16 Ein Nachweis des Zugangs ist in der Praxis nicht einfach zu führen. So soll es nach der Rechtsprechung keinen allgemeinen Erfahrungssatz geben, dass Telefaxsendungen den Empfänger vollständig und richtig erreichen.[31] Einem Sendebericht mit „OK-Vermerk" kommt demnach nicht der Wert eines Anscheinsbeweises zu. Der „OK"-Vermerk belegt nach Meinung des Bundesgerichtshofes nur das Zustandekommen der Verbindung, nicht aber die erfolgreiche Übermittlung der Signale an das Empfangsgerät.[32] Sofern die entsprechenden Kontaktdaten bekannt sind, empfiehlt es sich, die Abmahnung vorab per Fax und Email und anschließend als Einschreiben zu versenden.

VII. Aufwendungsersatz

17 Die Abmahnkosten sind grundsätzlich erstattungsfähig. Der Anspruch auf Erstattung der Abmahnkosten setzt voraus, dass der Gläubiger die Abmahnung in dem ernsthaften Willen aus-

---

28 BGH GRUR 2010, 1120, 1121 Rn 15 – Vollmachtsnachweis.
29 OLG Hamburg GRUR 1976, 444; OLG Karlsruhe WRP 2003, 1146; OLG Köln WRP 1985, 360; Harte/Henning/*Brüning* § 12 UWG Rn 24; dagegen KG WRP 1994, 39, 40; OLG Düsseldorf NJWE-WettbR 1996, 256; OLG Düsseldorf GRUR-RR 2001, 199; Hefermehl/Köhler/*Bornkamm* § 12 UWG Rn 1.31.
30 BGH GRUR 2007, 629, 630 – Zugang des Abmahnschreibens.
31 BGH NJW 2013, 2514; BGH NJW 1995, 665; BAG NZA 2003, 158; OLG Schleswig GRUR-RR 2008, 138, 139 – Sendeprotokoll.
32 BGH NJW 2013, 2514; BGH Beschl v 21.7.2011, Az IX ZR 148/10.

gesprochen hat, den Unterlassungsanspruch notfalls gerichtlich geltend zu machen.[33] Dabei werden für die Erstattung unterschiedliche Anspruchsgrundlagen herangezogen.[34] Sie sind allerdings nicht als Kosten des sich möglicherweise anschließenden Gerichtsverfahrens anzusehen und können daher nicht im Kostenfestsetzungsverfahren geltend gemacht werden.[35] Zwar zählen zu den Prozesskosten nicht nur die durch die Einleitung und Führung eines Prozesses ausgelösten Kosten, sondern auch diejenigen Kosten, die der Vorbereitung eines konkret bevorstehenden Rechtsstreits dienen. Die Kosten einer Abmahnung gehören nicht zu den einen Rechtsstreit unmittelbar vorbereitenden Kosten, auch wenn die Abmahnung dem Schuldner die Möglichkeit nehmen soll, den gerichtlich geltend gemachten Anspruch mit der Kostenfolge des § 93 ZPO anzuerkennen, da die Zulässigkeit und die Begründetheit der Klage gerade nicht von einer vorangegangenen Abmahnung abhängen.[36] Vereinbaren der Abmahnende mit seinem Anwalt, dass die Abmahnung ihm nicht in Rechnung gestellt werden soll, besteht – mangels Eingehung einer Verbindlichkeit – weder ein Freistellungs- noch ein Zahlungsanspruch.[37]

1. Aufwendungsersatz

Soweit die Abmahnung berechtigt ist und den Anforderungen des § 97a Abs 2 S 1 Nr 1–4 UrhG entspricht, kann nach § 97a Abs 3 S 1 UrhG Ersatz der erforderlichen Aufwendungen verlangt werden. § 97a Abs 3 S 2 UrhG in der Fassung des **Gesetzes gegen unseriöse Geschäftspraktiken vom 1.10.2013** sieht eine Deckelung des Ersatzanspruches vor, um den zunehmenden Abmahnmissbrauch einzudämmen.[38] Danach beschränkt sich der Ersatz der erforderlichen Aufwendungen für die Inanspruchnahme anwaltlicher Dienstleistungen hinsichtlich der gesetzlichen Gebühren auf Gebühren nach einem Gegenstandswert für den Unterlassungs- und Beseitigungsanspruch von € 1.000, wenn der Abgemahnte eine natürliche Person ist, die nach diesem Gesetz geschützte Werke oder andere nach diesem Gesetz geschützte Schutzgegenstände nicht für ihre gewerbliche oder selbständige berufliche Tätigkeit verwendet (1.), und nicht bereits wegen eines Anspruchs des Abmahnenden durch Vertrag, auf Grund einer rechtskräftigen gerichtlichen Entscheidung oder einer einstweiligen Verfügung zur Unterlassung verpflichtet ist (2.). Diese Beschränkung greift nach § 97a Abs 3 S 4 UrhG allerdings nicht, wenn der genannte Wert nach den besonderen Umständen des Einzelfalles unbillig ist. 18

Bei Rechtsverletzungen im geschäftlichen Verkehr sollen die Vorschriften des § 12 UWG daneben Anwendung finden.[39] § 12 Abs 1 UWG regelt nur den Ersatz für die Kosten vorgerichtlicher Abmahnungen. Die Vorschrift bietet nach Auffassung des BGH keine Anspruchsgrundlage für Abmahnkosten, die erst nach Erlass einer entsprechenden einstweiligen Verfügung anfallen.[40] § 97a Abs 1 S 2 UrhG dient ebenso wie § 12 Abs 1 S 2 UWG neben der Warnfunktion für den Verletzer auch der Vermeidung gerichtlicher Verfahren.[41] 19

33 BGH GRUR 2007, 164, 165 Rn 12 – Telefax-Werbung II.
34 Vgl Ahrens/*Scharen* Kap 11 Rn 4 ff; *Köhler* FS Erdmann 845 ff.
35 BGH GRUR 2006, 439, 440 – nicht anrechenbare Geschäftsgebühr.
36 BGH GRUR 2006, 439, 440 – nicht anrechenbare Geschäftsgebühr.
37 OLG Hamm GRUR-RR 2014, 133, 134.
38 *Köhler* NJW 2013, 3473; *Hartmann* GRUR-RR 2014, 97.
39 Begründung zum Gesetzesentwurf der Bundesregierung, BT-Drucks 16/5048, 49.
40 BGH GRUR 2010, 257, 258 – Schubladenverfügung; OLG Köln WRP 2008, 379, 380 – Abmahnung bei Schubladenverfügung.
41 Vgl BGH GRUR 2006, 439, 440 – nicht anrechenbare Geschäftsgebühr; OLG Köln WRP 2008, 379, 380 – Abmahnung bei Schubladenverfügung; Fezer/*Büscher* § 12 UWG Rn 3; Harte/Henning/*Brüning* § 12 UWG Rn 3.

2. Schadensersatz

20 Lag eine schuldhafte Schutzrechtsverletzung vor, so kann der Anspruch auf Erstattung der Abmahnkosten auch unter dem Gesichtspunkt des Schadensersatzes begründet sein.[42]

3. Geschäftsführung ohne Auftrag

21 Schließlich kann neben dem Anspruch aus § 97a Abs 1 S 2 UrhG ein Anspruch nach den Grundsätzen der Geschäftsführung ohne Auftrag bestehen. Die durch die Abmahnung wegen Schutzrechtsverletzungen entstehenden Kosten sind nach den von der Rechtsprechung entwickelten Grundsätzen auf Grund Geschäftsführung ohne Auftrag gem §§ 683 S 1, 677, 670 BGB erstattungsfähig.[43] Auch dieser Anspruch greift allerdings nicht, wenn der Abmahnende zuvor bereits eine entsprechende einstweilige Verfügung – eine sogenannte Vorrats- oder Schubladenverfügung – bei Gericht erwirkt hat. Eine Abmahnung vor Einleitung eines gerichtlichen Verfahrens liegt grundsätzlich im Interesse des Abgemahnten, da er auf diese Weise dem an sich bestehenden Unterlassungsanspruch die Grundlage entziehen und den Abmahnenden klaglos stellen kann, ohne dass die Kosten eines Gerichtsverfahrens anfallen. Diesen Zweck erfüllt eine nach Einleitung des gerichtlichen Verfahrens ausgesprochene Abmahnung nicht mehr. Eine solche Abmahnung liegt nicht im Interesse des Abgemahnten, sondern dient allein dem Interesse des Abmahnenden, der auf diese Weise verhindern will, im Falle eines Kostenwiderspruchs mit den Verfahrenskosten belastet zu werden.[44] Nach Auffassung des OLG Düsseldorf können die Verfahrenskosten allerdings auch dann dem Antragsteller auferlegt werden, wenn sich der Antragsgegner nach Erlass einer Schubladenverfügung weigert, eine Unterlassungserklärung abzugeben.[45]

4. Einschränkungen

22 Die Beauftragung eines Anwalts für Abmahnungen ist dann ausnahmsweise nicht erforderlich, wenn bei typischen, unschwer zu verfolgenden Wettbewerbsverstößen der Abmahnende über hinreichende eigene Sachkunde zur zweckentsprechenden Rechtsverfolgung verfügt.[46] Auch größeren Wirtschaftsunternehmen mit eigener Rechtsabteilung ist im Fall der eigenen Betroffenheit regelmäßig nicht zuzumuten, Abmahnungen selbst auszusprechen.[47] Grundsätzlich ist der Geschädigte – außerhalb des Immaterialgüter- und Wettbewerbsrechts – nur in einfach gelagerten Fällen gehalten, den Schaden zunächst selbst geltend zu machen. Die sofortige Einschaltung eines Anwalts kann sich als erforderlich erweisen, bspw wenn der Geschädigte aus Mangel an geschäftlicher Erfahrung nicht in der Lage ist, den Schaden selbst anzumelden.[48] Ein Anspruch auf Kostenerstattung besteht auch bei nachgeschobenen Abmahnungen

---

42 BGH WRP 2007, 783, 785 – Abmahnaktion; BGH GRUR 1982, 489 – Korrekturflüssigkeit; BGH GRUR 1990, 1012, 1014 – Pressehaftung I; OLG Hamburg NJOZ 2007, 4818 – Tchibo/Tchico; Wandtke/Bullinger/*Kefferpütz* Vor §§ 97 ff. UrhG Rn 29; *Kühnen/Geschke* Rn 251; Ahrens/*Scharen* Kap 11 Rn 12.

43 BGH GRUR 1970, 189 – Fotowettbewerb; BGH GRUR 1973, 384, 385 – Goldene Armbänder; BGH GRUR 1984, 691, 692 – Anwaltsabmahnung; BGH GRUR 1992, 176 – Abmahnkostenverjährung.

44 BGH GRUR 2010, 257, 258 – Schubladenverfügung; OLG Köln WRP 2008, 379, 380 – Abmahnung bei Schubladenverfügung; OLG München GRUR-RR 2006, 176 – Schubladenverfügung; *Teplitzky* Kap 41 Rn 86; differenzierend *Schulz* WRP 2007, 589, 593.

45 OLG Düsseldorf BeckRS 2010, 02308.

46 BGH GRUR 2007, 620 – Immobilienwertgutachten; BGH GRUR 2004, 789 – Selbstauftrag.

47 BGH Urt v 8.5.2008, Az I ZR 83/06 – Abmahnkostenersatz; vgl dagegen BGH GRUR 1984, 691 – Anwaltsabmahnung; OLG Düsseldorf MMR 2006, 559, 560; Harte/Henning/*Brüning* § 12 UWG Rn 85.

48 BGH GRUR 2007, 620 – Immobilienwertgutachten; BGH GRUR 2007, 621 – Abschlussschreiben.

nicht, die erst nach Erwirkung einer sogenannten Schubladenverfügung ausgesprochen werden.[49]

§ 3 Reaktionsmöglichkeiten des Abgemahnten

Die Reaktion des Abgemahnten hängt vor allem davon ab, ob die Abmahnung begründet war oder nicht. War die Abmahnung begründet, so besteht eine Antwortpflicht des Abgemahnten. Als Folge einer vom Abgemahnten begangenen Verletzungshandlung und der daraufhin erklärten Abmahnung kommt zwischen ihm und dem Abmahnenden eine Sonderbeziehung eigener Art zustande, die in besonderem Maß durch Treu und Glauben und das Gebot gegenseitiger Rücksichtnahme bestimmt wird. Ist die Abmahnung hingegen unbegründet, muss der Abgemahnte darauf grundsätzlich nicht reagieren.[50] Eine Ausnahme kann allerdings dann gelten, wenn der Abgemahnte in zurechenbarer Weise den Anschein eines Verstoßes gesetzt hat.[51] 23

I. Unterlassungserklärung

1. Beseitigung der Wiederholungsgefahr

Die Wiederholungsgefahr kann nur durch einen Unterlassungstitel oder durch eine strafbewehrte Unterlassungserklärung beseitigt werden.[52] Da bei einem erfolgten Schutzrechtseingriff die Wiederholungsgefahr vermutet wird, reicht hier – anders als bei der Erstbegehungsgefahr – eine einfache Unterlassungserklärung nicht aus. Erforderlich ist vielmehr die Abgabe einer strafbewehrten Unterlassungs- und Verpflichtungserklärung. Die Wiederholungsgefahr besteht nicht nur für identische Verletzungshandlungen, sondern auch für alle im Kern gleichartigen Verletzungsformen.[53] Gibt der Verletzer eine Unterlassungserklärung ab, ist zunächst zu prüfen, ob diese weit genug reicht, denn nur dann ist die Wiederholungsgefahr beseitigt. Dafür muss es sich um eine ernst gemeinte, den Anspruchsgegenstand uneingeschränkt abdeckende, eindeutige und unwiderrufliche Unterlassungserklärung unter Übernahme einer angemessenen Vertragsstrafe für den Fall zukünftiger Zuwiderhandlung handeln. Eine eingeschränkte Unterlassungserklärung führt in aller Regel nicht zum Wegfall der Wiederholungsgefahr.[54] Ist die Unterlassungserklärung objektiv geeignet, die Wiederholungsgefahr zu beseitigen, wird der Abmahnende sie annehmen. Der Versand des Abmahnschreibens mit beigefügter Unterlassungserklärung stellt einen Antrag auf Abschluss eines Unterwerfungsvertrages dar, den der Abgemahnte durch seine Unterschrift annimmt. Ändert der Abgemahnte den Entwurf ab, so stellt dies nach § 150 Abs 2 BGB einen neuen Antrag dar, den der Abmahnende annehmen kann. In der Praxis ist es gleichwohl üblich, die Unterlassungserklärung auch dann ausdrücklich anzunehmen, wenn diese nicht verändert wurde, sondern dem ursprünglichen Entwurf entspricht. 24

49 OLG Köln WRP 2008, 379; OLG München GRUR-RR 2006, 176 – Schubladenverfügung.
50 BGH GRUR 1995, 167 – Kosten der unbegründeten Abmahnung; OLG Frankfurt GRUR-RR 2013, 246 – Filesharing durch Ehepartner.
51 Köhler/Bornkamm § 12 UWG Rn 1.63.
52 Zum Entfallen der Wiederholungsgefahr aufgrund eines Unterlassungstitels BGH GRUR 2003, 450, 452 – Begrenzte Preissenkung; *Bornkamm* FS Tilmann 769, 777.
53 BGH GRUR 1997, 931, 932 – Sekundenschnell.
54 BGH GRUR 2008, 871 Tz 41 – Wagenfeld-Leuchte.

25 Gibt der Verletzer eine inhaltlich unzureichende Unterlassungserklärung ab, die nur einen Teil der Rechtsverstöße abdeckt, so ist es in aller Regel ratsam, diesen Teil anzunehmen und hinsichtlich des restlichen Teils gerichtliche Hilfe in Anspruch zu nehmen. Eine Unterlassungserklärung per Fax ist, sofern sie hinreichend strafbewehrt ist und die sonstigen inhaltlichen Wirksamkeitsvoraussetzungen erfüllt, grundsätzlich geeignet, die Wiederholungsgefahr zu beseitigen. Verlangt der Gläubiger allerdings eine schriftliche Bestätigung, so muss der Schuldner diesem Verlangen nachkommen, da sonst die Fax-Erklärung mangels ernsthafter Unterwerfungsbereitschaft ihre Wirkung verliert.[55]

2. Vorüberlegungen

26 Unter Umständen kann es wegen des unterschiedlichen Haftungsmaßstabes auch in Fällen einer begründeten Abmahnung angeraten sein, lieber eine einstweilige Verfügung ergehen zu lassen, als sich zu unterwerfen.[56]

27 **a) Verschuldensmaßstab.** Bei Verstößen gegen einen gerichtlichen Titel kommt es auf das eigene Verschulden an. Die Unterlassungserklärung ist ein abstraktes Schuldanerkenntnis iSd §§ 780f BGB.[57] Auch die einfache Unterlassungserklärung ohne Vertragsstrafe begründet – nach ihrer Annahme – ein vertragliches Dauerschuldverhältnis.[58] Der vertragliche Unterlassungsanspruch ist zwar verschuldensabhängig, es besteht allerdings eine Verschuldensvermutung. Der Schuldner muss beweisen, dass ihn im Hinblick auf den Verstoß gegen die Unterlassungserklärung kein Verschulden trifft.[59] An die Widerlegung der Vermutung werden strenge Anforderungen gestellt.[60] Zudem haftet der Schuldner einer vertraglichen Unterlassungserklärung für sämtliche Erfüllungsgehilfen nach § 278 BGB.[61] Nach der Rechtsprechung ist es insb ohne Bedeutung, ob der Erfüllungsgehilfe von der Unterlassungsverpflichtung überhaupt Kenntnis hat.[62]

28 **b) Vertragsstrafe statt Ordnungsmittel.** Zudem ist das Interesse des Abmahnenden, bei einem Verstoß die gerichtlichen Ordnungsmittel zugunsten der Staatskasse durchzusetzen, in aller Regel geringer, als selber die Vertragsstrafe ausgezahlt zu erhalten.

29 **c) Schadensersatzhaftung.** Die Unterlassungserklärung hat auch Auswirkungen auf mögliche Schadensersatzansprüche. Denn ein Verstoß gegen die Erklärung führt zu Ersatzansprüchen aus § 280 BGB. Verstößt der Schuldner einer vertraglichen Unterlassungspflicht gegen den Unterlassungsvertrag, so stellt dies eine Vertragsverletzung dar, die einen Schadensersatzanspruch begründet.[63] Diesbezüglich ist dem vertraglichen Unterlassungsschuldner die ohne die Unterlassungserklärung bestehende Exkulpationsmöglichkeit nach § 831 BGB verwehrt. Dies kann vor dem Hintergrund, dass für sämtliche Erfüllungsgehilfen gehaftet wird, nachteilig sein.

---

55 BGH GRUR 1990, 530, 532 – Unterwerfung durch Fernschreiben.
56 *Teplitzky* Kap 41 Rn 45.
57 BGH GRUR 1995, 678, 679 – Kurze Verjährungsfrist; BGH GRUR 1997, 386, 387 – Altunterwerfung II; BGH GRUR 1998, 953, 954 – Altunterwerfung III; *Dornis/Förster* GRUR 2006, 195.
58 *Melullis* Rn 651; *Köhler* GRUR 1996, 231.
59 BGH GRUR 1982, 688 – Seniorenpass; BGH GRUR 1998, 471 – Modenschau im Salvatorkeller; *Melullis* Rn 641.
60 BGH GRUR 1998, 963 – Verlagsverschulden II; *Teplitzky* Kap 20 Rn 15.
61 *Teplitzky* WRP 1996, 171.
62 BGH GRUR 1988, 561 – Verlagsverschulden I; BGH GRUR 1998, 963 – Verlagsverschulden II.
63 BGH GRUR 1995, 678 – Kurze Verjährungsfrist; *Köhler* GRUR 1996, 231; Hefermehl/Köhler/*Bornkamm* § 12 UWG Rn 1.159.

3. Zustandekommen eines Unterwerfungsvertrages

Für das Zustandekommen eines solchen Vertrags gelten grundsätzlich die allgemeinen Vorschriften.[64] Grundsätzlich kann bereits in der Abmahnung ein Vertragsangebot liegen, wenn es von einem Rechtsbindungswillen getragen und hinreichend bestimmt ist.[65] Sofern der Abgemahnte allerdings die Erklärung nicht – wie gefordert – fristgemäß und unverändert abgibt, liegt in der Unterlassungserklärung ein neues Angebot iSd § 150 BGB. Dieses Angebot ist nach Auffassung des BGH – in Abweichung von § 147 Abs 2 BGB – grundsätzlich unbefristet.[66] Mit Annahme der Unterlassungserklärung kommt ein sogenannter Unterwerfungsvertrag zustande, der den gesetzlichen Unterlassungsanspruch durch einen selbständigen vertraglichen Unterlassungsanspruch aufgrund eines abstrakten Schuldversprechens – gegebenenfalls teilweise – ersetzt.[67] Handelt der Schuldner nach Zugang der Unterlassungserklärung aber noch vor Zustandekommen des Unterlassungsvertrags seiner Erklärung zuwider, so besteht kein Anspruch auf Zahlung der Vertragsstrafe.[68] Der Unterwerfungsvertrag kommt grundsätzlich erst mit der Annahme des Angebotes zustande.[69] Sofern die Erklärung nicht vollständig oder in wesentlichen Punkten von der vorformulierten Unterlassungserklärung abweicht, ist der Zugang der Annahmeerklärung nach § 151 BGB grundsätzlich entbehrlich.[70] Ein konkludenter Verzicht auf den Zugang der Annahme im Sinne des § 151 BGB kann hingegen nicht angenommen werden, wenn die Unterwerfungserklärung hinter dem vorangegangen Verlangen des Gläubigers zurückbleibt.[71] Eine ausreichende Unterlassungsverpflichtungserklärung beseitigt die Wiederholungsgefahr, auch wenn sie vom Verletzten nicht angenommen wird.[72] Aus Sicht des Abmahnenden ist daher eine rasche Annahme geboten, wenn die Erklärung den Anforderungen entspricht. Eine Unterlassungserklärung stellt kein Anerkenntnis des zugrundeliegenden gesetzlichen Unterlassungsanspruchs dar.[73] Gibt der Abgemahnte nicht ausdrücklich zu erkennen, dass der Vorwurf des Abmahnenden zu Recht erfolgt ist, kann in der Abgabe einer strafbewehrten Unterlassungserklärung nicht das Anerkenntnis des zugrundeliegenden gesetzlichen Unterlassungsanspruchs und der Pflicht zur Übernahme der Abmahnkosten gesehen werden. Dies gilt auch dann, wenn der Abgemahnte die Unterlassungserklärung abgibt, ohne zu erklären, dass dies ohne Anerkennung einer Rechtspflicht geschieht.[74] Eine Kündigung des Unterwerfungsvertrags aus wichtigem Grund nach § 314 BGB oder wegen Wegfalls der Geschäftsgrundlage nach § 313 Abs 1, Abs 3 S 2 BGB kommt grundsätzlich nur in Ausnahmefällen in Betracht. Eine Änderung der Beurteilung der tatsächlichen Verhältnisse durch ein Instanzgericht in einem Parallelverfahren berechtigt grundsätzlich nicht zur Kündigung eines Unterwerfungsvertrages.[75] 30

Bei schuldhaftem Verstoß gegen den Unterwerfungsvertrag ist die vereinbarte Vertragsstrafe zu bezahlen. Der Gläubiger des Vertragsstrafeversprechens ist dann lediglich für die objektive 31

64 BGH GRUR 2010, 355, 356 Rn 17 – Testfundstelle; BGH GRUR 2006, 878 Rn 14 – Vertragsstrafevereinbarung; *Teplitzky* Kap 20 Rn 7 f.
65 BGH GRUR 2010, 355, 356 Rn 18 – Testfundstelle; BGH GRUR 2002, 824 – Teilunterwerfung; Fezer/*Büscher* Lauterkeitsrecht § 8 UWG Rn 129.
66 BGH GRUR 2010, 355, 357 Rn 21 – Testfundstelle.
67 BGH NJW 2010, 1874, 1876 Rn 20 – Presserechtlicher Unterlassungsvertrag.
68 BGH GRUR 2006, 878 – Vertragsstrafevereinbarung; *Klein* GRUR 2007, 664.
69 BGH WRP 2006, 1139, 1140 – Vertragsstrafenvereinbarung.
70 BGH GRUR 2002, 824, 825 – Teilunterwerfung; Hefermehl/Köhler/*Bornkamm* § 12 UWG Rn 1.118.
71 OLG Köln GRUR-RR 2010, 339 – Matratzen im Härtetest.
72 BGH GRUR 1985, 937, 938 – Vertragsstrafe bis zu ... I; OLG München NJW-RR 2003, 1487, 1489 – Esra; *Melullis* Rn 647.
73 BGH Urt v 24.9.2013, Az I ZR 219/12 – Medizinische Fußpflege; *Melullis* Rn 657; *Hess* WRP 2003, 353; unrichtig hingegen KG WRP 1977, 793, 794.
74 BGH Urt v 24.9.2013, Az I ZR 219/12, Rn 10 – Medizinische Fußpflege.
75 BGH NJW 2010, 1874, 1875 Rn 14 ff – Presserechtlicher Unterlassungsvertrag.

Zuwiderhandlung beweispflichtig, für einen etwaigen Mangel des Verschuldens hingegen der Schuldner. In die Unterlassungserklärung wird vom Abmahnenden üblicherweise eine Regelung aufgenommen, nach der die Vertragsstrafe bei mehrfachem Verstoß gegen den Unterwerfungsvertrag für jede einzelne Handlung zu zahlen ist. Nach Auffassung des BGH ist ein Verzicht auf die Einrede des Fortsetzungszusammenhangs zur Beseitigung der Wiederholungsgefahr regelmäßig nicht erforderlich.[76] Aus Sicht des Abgemahnten sollte eine entsprechende Regelung, welche die Zusammenfassung mehrerer Verstöße zu einer einzigen Zuwiderhandlung nach den Grundsätzen der Handlungseinheit verhindert, aus dem Vertragsstrafeversprechen entfernt werden.[77]

32 Setzt sich der Schuldner bzw Verletzer über den Unterwerfungsvertrag hinweg und verletzt das Schutzrecht erneut, hat der Gläubiger bzw Rechtsinhaber einen neuen gesetzlichen Unterlassungsanspruch. Bei erneuter Abmahnung kann die verwirkte Vertragsstrafe geltend gemacht werden sowie eine neue Unterlassungserklärung mit höherer Vertragsstrafe gefordert werden, da die bisherige Vertragsstrafe offenbar nicht ausreichte, um den Schuldner von weiteren Rechtsverletzungen abzuhalten. Außerdem kann er den neuen gesetzlichen Unterlassungsanspruch stattdessen auch unmittelbar gerichtlich geltend machen. Der Rechtsinhaber kann an einem solchen Vorgehen Interesse haben, da er auf diese Weise neben der ursprünglichen Unterlassungserklärung zusätzlich einen gerichtlichen Titel erhält. Bei weiteren Verstößen kann er dann sowohl die Zahlung der Vertragsstrafe fordern als auch die Verhängung eines Ordnungsgeldes beantragen.

33 Die Verpflichtungen mehrerer Schuldner, die auf Unterlassung und im Falle einer Zuwiderhandlung auf eine Vertragsstrafe haften, stehen grundsätzlich nebeneinander.[78] Eine gesamtschuldnerische Haftung kann vertraglich ebenso gut übernommen werden. Davon ist bspw auszugehen, wenn sich die Schuldner einheitlich strafbewehrt zur Unterlassung verpflichten, bspw indem sie nach Aufzählung der Vertragsschließenden nur noch als eine Partei bezeichnet werden.[79] Übernimmt eine Gesellschaft bürgerlichen Rechts eine vertragliche Unterlassungsverpflichtung, haften ihre Gesellschafter regelmäßig allein auf das Interesse und nicht persönlich auf Unterlassung, falls die Gesellschaft das Unterlassungsgebot verletzt.[80] Eine mit der Gesellschaft deckungsgleiche Verpflichtung der Gesellschafter besteht bei Unterlassungspflichten nicht.

4. Beschränkung

34 Die Erklärung sollte keinesfalls über den bestehenden Anspruch hinausgehen. Sämtliche Beschränkungen, die das materielle Recht widerspiegeln, sind in Unterlassungserklärungen zulässig.[81] Zulässig sind daher bspw zeitliche Befristungen für die beschränkte Dauer eines gesetzlichen Verbotes.[82] Eine Unterlassungserklärung kann also durchaus ausdrücklich auf die maximale Laufzeit eines Schutzrechts – bspw eines eingetragenen Designs – begrenzt werden. Ebenso zulässig ist die Aufnahme einer auflösenden Bedingung. Eine Unterlassungserklärung kann also zusätzlich zur Laufzeitbegrenzung unter der auflösenden Bedingung abgegeben werden, dass das Schutzrecht schon vor Ablauf der maximalen Laufzeit erlischt. Für zulässig erachtet wird, dass sich ein Schuldner unter der auflösenden Bedingung einer Änderung oder einer

---

76 BGH NJW 1993, 721, 722 – Fortsetzungszusammenhang.
77 BGH GRUR 2009, 181, 184 – Kinderwärmekissen.
78 *Teplitzky* Kap 20 Rn 18.
79 BGH GRUR 2009, 181, 183 – Kinderwärmekissen.
80 BGH GRUR 2013, 1268 – Markenheftchen II.
81 Hefermehl/Köhler/*Bornkamm* § 12 UWG Rn 1.126.
82 Hefermehl/Köhler/*Bornkamm* § 12 UWG Rn 1.127; *Nieder* Rn 207; *Teplitzkly* GRUR 1996, 696.

endgültigen Klärung der Rechtslage unterwirft. Wird eine Unterwerfungserklärung unter der auflösenden Bedingung einer allgemein verbindlichen, also auf Gesetz oder höchstrichterlicher Rechtsprechung beruhenden, Klärung des zu unterlassenden Verhaltens als rechtmäßig abgegeben, so führt dies noch nicht dazu, dass die Wiederholungsgefahr bestehen bleibt.[83] Etwas anderes gilt jedoch dann, wenn zur auflösenden Bedingung nicht eine solche Klärung allgemeiner Art, sondern allein der für den Verletzer günstige Ausgang eines von ihm gegen den Verletzten eingeleiteten Feststellungsverfahrens gemacht wird. Eine solche Erklärung lässt keinen hinreichend eindeutigen Unterlassungswillen erkennen, da sie hauptsächlich gerade nicht der außergerichtlichen Streitbeilegung, sondern nur seiner Verlagerung in ein dem Verletzer genehmes Verfahren und der Ermöglichung der Fortsetzung des Wettbewerbshandelns nach Beendigung dieses Verfahrens dienen soll.[84]

Die Formulierung „ohne Anerkennung einer Rechtspflicht, gleichwohl rechtsverbindlich", 35
die häufig von Unterlassungsschuldnern in die Erklärung aufgenommen wird, verdeutlicht, dass die Unterlassungsverpflichtung unabhängig davon bestehen soll, ob der Unterlassungsschuldner auch schon kraft Gesetzes zur Unterlassung verpflichtet ist.[85] Die Aufnahme dieser Formulierung soll insb dazu dienen, im Hinblick auf die vom Abmahnenden geltend gemachten Anwaltskosten die Berechtigung der Abmahnung bestreiten zu können. Vor dem Hintergrund einiger Entscheidungen,[86] welche die Unterlassungserklärung einem Anerkenntnis gleichstellen, ist eine solche Formulierung durchaus sinnvoll.[87]

5. Warnung der Lieferanten und Abnehmer

Hält der Abgemahnte die Abmahnung für begründet, kommen neben der Abgabe einer Unterlas- 36
sungserklärung gegebenenfalls weitere Maßnahmen in Betracht. Handelt es sich bei dem abgemahnten Unternehmen um einen Hersteller, so wird dieser in der Regel gut daran tun, vor Erteilung von Auskünften über seine Abnehmer diese auf den Konflikt hinzuweisen. Zugleich kann es sich für den abgemahnten Hersteller empfehlen, Unterlassungserklärungen für seine Abnehmer vorzuformulieren, durch die Abnehmer unterzeichnen zu lassen und vor Auskunftserteilung an das abmahnende Unternehmen zu versenden. Auf diese Weise kann der abgemahnte Hersteller vermeiden, dass sämtliche seiner Abnehmer ebenfalls kostenpflichtig verwarnt werden, die Kundenbeziehungen in Mitleidenschaft gezogen werden und der Hersteller gegebenenfalls sämtliche Abmahnkosten seiner Abnehmer zu tragen hat.

6. Absichtserklärung bei Erstbegehungsgefahr

Bei Vorliegen einer Erstbegehungsgefahr besteht grundsätzlich noch kein Anspruch auf Abgabe 37
einer Unterlassungserklärung – erst recht keiner strafbewehrten. Vielmehr entfällt die Erstbegehungsgefahr in der Regel bereits mit den sie begründenden Umständen. Für die Beseitigung der Erstbegehungsgefahr reicht in aller Regel ein kontradiktorisches Verhalten aus.[88] Bei einer Anspruchsberühmung reicht bspw deren Aufgabe.[89] Auch die Rechtsprechung hält eine Unterlas-

83 BGH NJW-RR 1993, 1000 – Bedingte Unterwerfung.
84 BGH NJW-RR 1993, 1000 – Bedingte Unterwerfung.
85 OLG Düsseldorf GRUR 1993, 851 – Anweisungswidriges Inserat.
86 Vgl KG WRP 1977, 793; AG Meldorf NJW 1989, 2548; AG Oberhausen WRP 2000, 137; AG Charlottenburg WRP 2002, 1472; dagegen OLG Celle GRUR-RR 2013, 177 – Medizinische Fußpflege.
87 *Hess* WRP 2003, 353; Hefermehl/Köhler/*Bornkamm* § 12 UWG Rn 1.111.
88 *Nieder* Rn 86.
89 *Berneke* Rn 6.

sungserklärung nicht für erforderlich. So lässt das OLG Hamburg bereits die Ankündigung, ein beanstandetes Verhalten zu ändern, ausreichen.[90]

II. Schutzschrift

1. Funktion

38 Die ZPO kennt das Rechtsinstitut der Schutzschrift nicht. Sie ist allerdings gewohnheitsrechtlich anerkannt. Durch eine Schutzschrift kann jemand, der befürchtet, dass gegen ihn eine einstweilige Verfügung beantragt wird, versuchen, das Gericht davon abzuhalten, die einstweilige Verfügung zu erlassen oder zumindest eine mündliche Verhandlung anzuberaumen. Nach § 937 Abs 2 ZPO kann das Gericht über einen Verfügungsantrag in dringenden Fällen ohne mündliche Verhandlung entscheiden. Diese vom Gesetzgeber als Ausnahme gedachte Vorschrift stellt in der Praxis den Regelfall dar.[91] Die Einreichung einer Schutzschrift kommt typischerweise dann in Betracht, wenn der Abgemahnte auf die Abmahnung des Schutzrechtsinhabers hin die Abgabe einer strafbewehrten Unterlassungserklärung verweigert und deshalb damit rechnen muss, dass der vermeintlich Verletzte gerichtliche Hilfe in Anspruch nehmen wird.

39 In aller Regel wird mit der Schutzschrift die Zurückweisung des Antrages auf Erlass der einstweiligen Verfügung beantragt, als Hilfsantrag die Anberaumung einer mündlichen Verhandlung. Darüber hinaus kann beantragt werden, den Erlass und Vollzug der einstweiligen Verfügung von einer Sicherheitsleistung abhängig zu machen. In der Schutzschrift kann der mutmaßliche Antragsgegner Einwendungen sowohl gegen das Vorliegen eines Verfügungsanspruches als auch eines Verfügungsgrundes vortragen. Darüber hinaus kann er beantragen, dass der Erlass und der Vollzug der Verfügung von einer Sicherheitsleistung abhängig gemacht werden. Diesbezüglich kann der Antragsgegner bspw vortragen, dass durch die einstweilige Verfügung ein hoher Schaden eintreten kann und dass dieser Schaden durch den Schadensersatzanspruch nach § 945 ZPO voraussichtlich nicht abgedeckt werden kann. Hält das Gericht die in der Schutzschrift geäußerten Bedenken für irrelevant, so kann es die einstweilige Verfügung im Beschlusswege erlassen. Sind die in der Schutzschrift geäußerten Bedenken hingegen relevant, so wird das Gericht in aller Regel einen Termin zur mündlichen Verhandlung bestimmen.

40 Kann der Schutzrechtsinhaber zwischen mehreren örtlich zuständigen Gerichten wählen, was häufig der Fall ist, wenn die Schutzrechtverletzung an mehreren Gerichtsorten zugleich stattfindet, so ist der Abgemahnte gut beraten, bei sämtlichen in Betracht kommenden Gerichten eine entsprechende – jeweils gleichlautende – Schutzschrift zu hinterlegen.[92] Da nach § 937 Abs 1 ZPO die Gerichte in der Hauptsache auch für einstweilige Verfügungen zuständig sind, sollte die Schutzschrift bei sämtlichen in Betracht kommenden Hauptsachegerichten hinterlegt werden, um einen lückenlosen Schutz zu gewährleisten. Aufgrund der Konzentrationsvorschriften, die unter anderem im Urheberrecht bestehen, ist die Anzahl der in Betracht kommenden Gerichte relativ überschaubar.[93] Die Europäische EDV-Akademie des Rechts gGmbH betreibt unter der Website www.schutzschriftenregister.de das sogenannte „Zentrale Schutzschriftenregister" (ZSR). Die Kosten trägt zunächst der Hinterleger. Die teilnehmenden Gerichte – unter anderem das LG Düsseldorf, das LG Mannheim, das LG Frankfurt am Main und das LG Hamburg – haben ihre Bereitschaft erklärt, nach Eingang eines Verfügungsantrages elektronisch eine ent-

90 OLG Hamburg GRUR-RR 2007, 309 – INMAS.
91 *Berneke* Rn 134; Harte/Hennning/*Retzer* § 12 UWG Rn 607.
92 *Berneke* Rn 126.
93 Übersichten hierzu finden sich bei Wandtke/Bullinger/*Kefferpütz* § 105 UrhG Rn 5; Dreier/Schulze/*Schulze* § 105 UrhG Rn 5.

sprechende Anfrage an das ZSR zu übermitteln.[94] Eine gesetzliche Verpflichtung der teilnehmenden Gerichte besteht allerdings nicht.

2. Vorüberlegungen

41 Die Einreichung einer Schutzschrift kann für den Antragsgegner auch nicht unerhebliche Nachteile mit sich bringen, die gegen die möglichen Vorteile der Schutzschrift abzuwägen sind. Insb bei ausländischen Antragsgegnern kann es durch die Einreichung einer Schutzschrift dazu kommen, dass eine – trotz der Schutzschrift – erlassene einstweilige Verfügung später vereinfacht zugestellt werden kann, wenn die Schutzschrift durch einen Rechtsanwalt eingereicht wurde. Hier kann nämlich dann die Zustellung von Anwalt zu Anwalt erfolgen. Die wohl überwiegende Meinung geht davon aus, dass eine Zustellung nach § 172 Abs 1 ZPO an den Bevollmächtigten zu erfolgen hat.[95] Um zu vermeiden, dass sich ein Schutzrechtsverletzer vor Erlass der einstweiligen Verfügung bei Gericht rechtliches Gehör verschafft, kann der Schutzrechtsinhaber versuchen, zunächst eine Beschlussverfügung zu erwirken und den Antragsgegner erst anschließend abmahnen. Da bei dieser Abmahnung auf den Umstand, dass bereits eine einstweilige Verfügung erlassen wurde, nicht hingewiesen werden braucht, wird eine solche einstweilige Verfügung als Vorrats- oder Schubladenverfügung bezeichnet. Grundsätzlich hat dieses Vorgehen für den Antragsteller den Nachteil, dass ein Anspruch auf Ersatz der Abmahnkosten nicht besteht.[96]

3. Berücksichtigung der Schutzschrift durch das Gericht

42 Derjenige, der befürchtet, dass ein Verfügungsantrag gegen ihn bei Gericht eingereicht wird, wird naturgemäß versuchen, dem Verfügungsantrag durch Einreichung einer Schutzschrift zuvor zu kommen. Wenn zu diesem Zeitpunkt bei Gericht noch kein entsprechendes Verfügungsverfahren anhängig ist, so dass die Schutzschrift keinem Verfahren zugeordnet werden kann, wird die Schutzschrift in das bei Gericht geführte allgemeine Register eingetragen.[97] In der Praxis ist es üblich, dass auf der ersten Seite der Schutzschrift darum gebeten wird, dass diese umgehend der für Urheberrechtstreitigkeiten (bzw für jeweils einschlägige Schutzrechtstreitigkeiten) zuständigen Kammer vorgelegt wird. Grundsätzlich muss eine dem Gericht vorliegende Schutzschrift bei der Entscheidungsfindung berücksichtigt werden. Dies gilt selbst dann, wenn sich der Vortrag des Antragstellers zu seinem Nachteil auswirkt.[98] Wird hingegen kein Verfügungsantrag eingereicht, so ist die Schutzschrift gegenstandslos.

4. Erstattungsfähigkeit der Kosten

43 Die Kosten einer Schutzschrift sind erstattungsfähig, wenn ein Antrag auf Erlass einer einstweiligen Verfügung bei Gericht anhängig gemacht wird und entweder – aufgrund des Vortrags in der Schutzschrift – rechtskräftig zurückgewiesen oder vom Antragsteller zurückgenommen wird.[99] Die

94 Vgl *Lieber/Zimmermann* Rn 113.
95 OLG Köln GRUR 2001, 4056 – Wahrung der Vollziehungsfrist; OLG Celle, GRUR 1998, 77 – Wiederbefüllte Druckpatronen.
96 OLG München GRUR-RR 2006, 176 – Schubladenverfügung.
97 Ahrens/*Spätgens* Kap 6 Rn 12.
98 *Berneke* Rn 129.
99 BGH GRUR 2003, 456 – Kosten der Schutzschrift I; BGH ZUM 2008, 136 – Kosten der Schutzschrift II, BGH GRUR 2008, 640 – Kosten der Schutzschrift III.

Frage, ob Kosten der Rechtsverfolgung oder Rechtsverteidigung notwendig sind, beurteilt sich nach einem objektiven Maßstab. Wurde der Antrag auf Erlass einer einstweiligen Verfügung bereits zurückgenommen, bevor die Schutzschrift eingereicht wurde, so sind die Kosten auch dann nicht erstattungsfähig, wenn der Antragsgegner nicht wusste, dass der Antrag zurückgenommen worden war.[100] Notwendig iSd § 91 Abs 1 S 1 ZPO sind nur solche Maßnahmen, die im Zeitpunkt ihrer Vornahme objektiv erforderlich oder geeignet waren.[101] Da eine nach Rücknahme des Verfügungsantrages eingereichte Schutzschrift ihr Ziel naturgemäß nicht mehr erreichen kann, ist sie keine objektiv zur Rechtsverteidigung erforderliche Maßnahme. Auf eine verschuldete oder unverschuldete Kenntnis des Antragsgegners von der Antragsrücknahme kommt es nicht an.[102]

III. Gegenabmahnung

1. Abmahnung wegen Behinderung und Eingriffs in den Gewerbebetrieb

44 War die Schutzrechtsverwarnung unbegründet, so kommt eine Gegenabmahnung in Betracht. Denn eine unbegründete Schutzrechtsverwarnung stellt in aller Regel nicht nur einen Eingriff in den eingerichteten und ausgeübten Gewerbebetrieb nach § 823 Abs 1 BGB dar, sondern zugleich eine wettbewerbswidrige Behinderung nach §§ 3, 4 Nr 10 UWG.[103] Dies gilt in besonderem Maße, wenn nicht der Hersteller, sondern dessen Abnehmer abgemahnt werden. Handelt es sich bei den Abnehmern um Handelsunternehmen, so werden diese in aller Regel wenig Interesse an einer Schutzrechtsauseinandersetzung haben. Stattdessen ist es durchaus möglich, dass die beanstandeten Produkte ausgelistet werden. Zudem sorgen viele Handelsunternehmen durch entsprechende Formulierung in ihren Einkaufsbedingungen dafür, dass sämtliche Aufwendungen, die durch von Dritten ausgesprochene Abmahnungen entstehen, von dem Lieferanten zu tragen sind. Die Abnehmerverwarnung trifft das herstellende Unternehmen zwar nur mittelbar, dafür aber umso nachhaltiger.

2. Abmahnung zur Androhung einer negativen Feststellungsklage

45 Der zu Unrecht Abgemahnte ist grundsätzlich nicht gehalten, vor der Erhebung einer negativen Feststellungsklage eine Gegenabmahnung auszusprechen.[104] Eine Gegenabmahnung ist vielmehr nur dann ausnahmsweise veranlasst, wenn die Abmahnung in tatsächlicher oder rechtlicher Hinsicht auf einer offensichtlich unzutreffenden Annahme beruht, bei deren Richtigstellung mit einer Änderung der Auffassung des Abmahnenden gerechnet werden kann. Denn nur in solchen Fällen entspricht eine Gegenabmahnung dem mutmaßlichen Willen und dem Interesse des Abmahnenden und kann der Abgemahnte daher die Kosten der Gegenabmahnung erstattet verlangen.

3. Aufwendungsersatz für Rechtsverteidigung

46 Nach § 97a Abs 4 S 1 UrhG kann der Abgemahnte Ersatz der für die Rechtsverteidigung erforderlichen Aufwendungen verlangen, soweit die Abmahnung unberechtigt oder unwirksam ist, es

---

100 BGH ZUM 2008, 136 – Kosten der Schutzschrift II; OLG Karlsruhe WRP 1981, 39; Ahrens/*Spätgens* Kap 6 Rn 37; Piper/Ohly/*Piper* § 12 UWG Rn 133; *Heydn*/*Schmid-Petersen*/*Vassilaki* Rn 451.
101 BGH ZUM 2008, 136, 137 – Kosten der Schutzschrift II.
102 BGH ZUM 2008, 136, 137 – Kosten der Schutzschrift II.
103 Vgl BGH GRUR 2005, 882 – Unberechtigte Schutzrechtsverwarnung; krit hierzu *Deutsch* GRUR 2006, 374, 375.
104 BGH GRUR 2004, 790, 792 – Gegenabmahnung.

sei denn, es war für den Abmahnenden zum Zeitpunkt der Abmahnung nicht erkennbar, dass die Abmahnung unberechtigt war. Diese Regelung wurde durch das **Gesetz gegen unseriöse Geschäftspraktiken vom 1.10.2013** eingefügt. § 97a Abs 4 S 2 UrhG lässt weiter gehende Ersatzansprüche ausdrücklich unberührt. Zu diesen Ansprüchen gehören etwa Schadensersatzansprüche aus § 823 Abs 1 BGB.

IV. Negative Feststellungsklage

Hält der Abgemahnte die Abmahnung für unberechtigt, so kommen grundsätzlich eine Gegen- 47
abmahnung, die Einreichung einer Schutzschrift und eine negative Feststellungsklage in Betracht. Die negative Feststellungsklage ist auf die Feststellung gerichtet, dass der Anspruch des vermeintlich Verletzten nicht besteht. Weist der Abgemahnte die Abmahnung zurück – was gegebenenfalls mit einer Gegenabmahnung verbunden werden kann – und lenkt der Abmahnende daraufhin nicht ein und gibt sofort zu erkennen, dass er nicht weiter an seinen Ansprüchen festhalten werde, so bleibt für den Abgemahnten eine Bedrohung bestehen: Es besteht die Gefahr, dass der Abmahnende lediglich zum jetzigen Zeitpunkt seine Ansprüche nicht weiter verfolgt, aber dies irgendwann in der Zukunft nachholt. Hier kann dem Abgemahnten nicht zugemutet werden, sich auf den relativ unklar konturierten Verwirkungseinwand zu verlassen. Vielmehr besteht ein Feststellungsinteresse dahingehend, dass gerichtlich geklärt wird, ob eine Schutzrechtsverletzung vorgelegen hat oder nicht. Die negative Feststellungsklage entspricht der Leistungsklage mit umgekehrtem Rubrum. Sie führt allerdings nicht dazu, dass der Gläubiger für einen möglichen späteren Verfügungsantrag an den gewählten Gerichtsstand gebunden wäre.[105]

Zulässigkeitsvoraussetzung der negativen Feststellungsklage ist nach § 256 ZPO ein rechtli- 48
ches Interesse an der Feststellung des Bestehens oder Nichtbestehens eines Rechtsverhältnisses. Dieses Feststellungsinteresse wird durch die Abmahnung begründet. Das Feststellungsinteresse entfällt, wenn der Schutzrechtsinhaber seinerseits eine positive Leistungsklage mit umgekehrtem Rubrum auf Unterlassung erhebt und diese nicht mehr einseitig ohne Zustimmung des Beklagten zurückgenommen werden kann.[106] Eine solche einseitige Rücknahme der Leistungsklage ist nach § 269 Abs 1 ZPO nach Beginn der mündlichen Verhandlung nicht mehr möglich. Voraussetzung für das Entfallen des Feststellungsinteresses ist die Identität der Streitgegenstände.[107] Das Feststellungsinteresse entfällt auch bei Einreichung einer Leistungsklage umgekehrten Rubrums dann nicht, wenn der Antrag der negativen Feststellungsklage über den umgekehrten Antrag der Leistungsklage hinaus geht. Eine solche Konstellation kann sich bspw dann ergeben, wenn der Abmahnende die Abmahnung weiter fasst als seine Leistungsklage. Verlangt ein Markeninhaber bspw in der Abmahnung einschränkungslos die Verwendung eines bestimmten Zeichens zu unterlassen und beschränkt sich in der Leistungsklage später darauf, die Kennzeichnung für bestimmte Produkte bzw für Produkte einer bestimmten Warenklasse zu unterlassen, so bleibt ein Feststellungsinteresse des Abgemahnten dahingehend bestehen, dass im Hinblick auf sämtliche anderen Waren bzw Klassen kein Anspruch besteht. Hinsichtlich des in der Abmahnung geltend gemachten überschießenden Teils besteht also noch weiter ein Feststellungsinteresse. Die Beweislastverteilung bei der negativen Feststellungsklage ist nicht anders als bei

---

105 Str vgl OLG Frankfurt GRUR 1997, 485 – Korrektur des Gerichtsstands; Zöller/*Vollkommer* § 937 ZPO Rn 1; Musielak/*Huber* § 937 ZPO Rn 3; *Steinbeck* NJW 2007, 1783, 1785.
106 BGH GRUR 2006, 217 – Detektionseinrichtung I; BGH GRUR 1994, 846, 847 – Parallelverfahren II; *Hoene* WRP 2008, 44.
107 Vgl BGH GRUR 2008, 360, 361 Tz 23 – EURO und Schwarzgeld.

der Unterlassungsklage. Der beklagte Anspruchsteller hat demnach die Voraussetzung des von ihm in der Abmahnung geltend gemachten Anspruches im Rahmen der negativen Feststellungsklage darzulegen und ggf zu beweisen. Die Beweislast für das Vorliegen des Feststellungsinteresses trägt der Kläger. Anders als eine Abmahnung begründet eine Berechtigungsanfrage noch kein Feststellungsinteresse.

§ 4
Einstweilige Verfügung

49 Führt die außergerichtliche Abmahnung nicht zu dem gewünschten Erfolg, so kann der Rechtsinhaber gerichtliche Hilfe in Anspruch nehmen. § 104 UrhG eröffnet für sämtliche Urheberrechtsstreitsachen den ordentlichen Rechtsweg. Aufgrund der Schnelllebigkeit der Medien ist der vorläufige Rechtsschutz in Form des einstweiligen Verfügungsverfahrens im Medienrecht von besonderer Bedeutung.[108] Nach § 937 Abs 2 ZPO kann die Entscheidung im Verfügungsverfahren in dringenden Fällen ohne mündliche Verhandlung ergehen. Auch Art 50 Abs 2 TRIPs sieht eine Befugnis der Gerichte vor, gegebenenfalls einstweilige Maßnahmen ohne Anhörung der anderen Partei zu treffen, insb dann, wenn durch eine Verzögerung dem Rechtsinhaber wahrscheinlich ein nicht wiedergutzumachender Schaden entstünde oder wenn nachweislich die Gefahr besteht, dass Beweise vernichtet werden.

Voraussetzung für den Erlass einer einstweiligen Verfügung ist ein Verfügungsanspruch und ein Verfügungsgrund. Das Vorliegen von Verfügungsanspruch und Verfügungsgrund sind dem Gericht glaubhaft zu machen. Der Antrag, mit dem der Berechtigte die Unterlassung einer Urheberrechtsverletzung begehrt, muss die Verletzungsform beschreiben.[109] Besonders gut eignen sich hierfür Abbildungen. Eine Wiedergabe des kopierten Originals kommt nur in Fällen einer identischen Übernahme in Betracht.

I. Gerichtszuständigkeit (international, örtlich, sachlich, funktional)

50 Im Vordergrund für die hier zu besprechende Anspruchsdurchsetzung steht der deliktische Gerichtsstand aus § 32 ZPO, Art 5 Abs 3 EuGVVO. Bei gegebener internationaler Zuständigkeit kann dabei auch ausländisches Sachrecht anzuwenden sein. Das Territorialitätsprinzip steht dem nicht entgegen.[110]

1. Internationale Zuständigkeit

51 Die EuGVVO gilt grundsätzlich unabhängig von der Staatsangehörigkeit für alle Personen, die ihren Sitz in einem EG-Mitgliedstaat haben.[111] Ab dem 10.1.2015 wird die EuGVVO durch eine Neufas-

108 Bei einstweiligen Verfügungen im Bereich des geistigen Eigentums ist Art 50 TRIPs zu beachten. Art 50 TRIPs ist zwar nicht unmittelbar anwendbar, aber zur Auslegung der einschlägigen Bestimmungen des deutschen Rechts mit heranzuziehen (BGH GRUR 2002, 1046, 1048 – Faxkarte; OLG Düsseldorf GRUR-RR 2008, 329, 330 – Olanzapin).
109 BGH GRUR 2003, 786 – Innungsprogramm.
110 UK Supreme Court GRUR Int 2011, 1098 – Lucasfilm vs Ainsworth; Österreichischer OGH GRUR Int 1994, 638 – Adolf Loos – Werke II; OLG Köln ZUM 2009, 651; *Schack* Internationales Zivilverfahrensrecht Rn 509; *Schauwecker* GRUR Int 2008, 96, 99; *von Welser* GRUR Int 2011, 1103, 1104.
111 Wandtke/Bullinger/*von Welser* Vor §§ 120 UrhG ff. Rn 28.

sung[112] ersetzt.[113] Hat der Beklagte keinen Wohnsitz in einem Mitgliedstaat, so richtet sich die Zuständigkeit grundsätzlich nach den nationalen Prozessordnungen. Der Gerichtsstand der unerlaubten Handlung richtet sich gem Art 5 Nr 3 EuGVVO nach dem Tatort. Diese Vorschrift regelt neben der internationalen Zuständigkeit auch die örtliche Zuständigkeit, so dass ein Rückgriff auf die §§ 12ff. ZPO ausgeschlossen ist. Dies ist anders beim allgemeinen Gerichtsstand des Beklagtensitzes nach Art 2 EuGVVO, der nur die internationale Zuständigkeit regelt, so dass für die örtliche Zuständigkeit auf §§ 12ff. ZPO zurückgegriffen werden muss.[114] Der deliktische Gerichtsstand besteht an jedem Ort, an dem das Recht verletzt wird oder eine solche Verletzung droht. Der EuGH differenziert bei der Bestimmung des deliktischen Gerichtsstandes zwischen den einzelnen Rechten.[115] Bei Persönlichkeitsrechtsverletzungen im Internet wird der erforderliche objektive Inlandsbezug durch die Kollision der widerstreitenden Interessen im Inland begründet.[116] Die reine Abrufbarkeit einer Seite soll nicht genügen. Umgekehrt soll aber auch die Zielgerichtetheit bzw Bestimmungsgemäßheit bei Persönlichkeitsrechtverletzungen nicht zum relevanten Kriterium erhoben werden.[117] Die internationale Zuständigkeit wird nicht schon dadurch begründet, dass der Betroffene an seinem Wohnsitz in Deutschland die Äußerungen abgerufen hat und diese vereinzelt Geschäftspartnern bekannt geworden sind.[118] Richten sich die in fremder Sprache und Schrift gehaltenen Berichte über Vorkommnisse im Ausland ganz überwiegend an Adressaten im Ausland, ist der für die internationale gerichtliche Zuständigkeit maßgebliche deutliche Inlandsbezug nicht gegeben. Bei Wettbewerbsverletzungen im Internet hängt der Erfolgsort im Inland nach der obergerichtlichen Rechtsprechung davon ab, ob sich der Internetauftritt hier bestimmungsgemäß auswirken soll.[119] Im Urheberrecht bewirkt die Handlung unmittelbar die Urheberrechtsverletzung, so dass Handlungs- und Erfolgsort zusammenfallen.[120] Der Rechtsinhaber kann überall dort klagen, wo die Inhalte bestimmungemäß abrufbar sind.[121] Für die Zuständigkeit ist es ohne Bedeutung, ob die behauptete Rechtsverletzung tatsächlich vorliegt. Ausreichend ist vielmehr, dass die Verletzung behauptet wird und nicht von vornherein ausgeschlossen ist.[122] Nach Art 31 EuGVVO können die im Recht eines Mitgliedstaats vorgesehenen einstweiligen Maßnahmen bei den Gerichten dieses Staates auch dann beantragt werden, wenn für die Entscheidung in der Hauptsache das Gericht eines anderen Mitgliedstaats aufgrund dieser Verordnung zuständig ist.[123] Die Mitgliedstaaten können also die Eilzuständigkeiten grundsätzlich unabhängig regeln.

Nach Auffassung des OLG Köln ist ein schädigendes Ereignis nicht iSd Art 5 Nr 3 EuGVVO in 52
Deutschland eingetreten, wenn auf einer Internet-Seite mit der Top-Level Domain „uk" unter der Verwendung von – die Urheberrechte Dritter verletzender – Fotos Waren mit Euro-Preisen angeboten werden, eine elektronische Korrespondenz in deutscher Sprache aber nicht als Option

112 Verordnung (EU) Nr 1215/2012 des Europäischen Parlaments und des Rates vom 12.12.2012 über die gerichtliche Zuständigkeit und die Anerkennung und Vollstreckung von Entscheidungen in Zivil- und Handelssachen.
113 Zu den Neuerungen *Cadet* EuZW 2013, 218.
114 Wandtke/Bullinger/*von Welser* Vor §§ 120 UrhG ff. Rn 29.
115 EuGH WRP 2013, 1456 Rn 32 – Pinckney.
116 BGH GRUR 2013, 751 – Autocomplete-Funktion; BGH GRUR 2012, 311 – Blog-Eintrag.
117 BGH GRUR 2010, 261, 263f. Rn 19 – rainbow.at; vgl BGH GRUR 2010, 461 – New York Times.
118 BGH GRUR 2011, 558 – www.womanineurope.com.
119 OLG München GRUR-RR 2010, 53 – Treuebonus II; OLG Stuttgart PharmR 2010, 123, 124 – Werbeauftritt einer niederländischen Apotheke.
120 LG Köln ZUM-RD 2010, 359, 361 – Website; *Schack* Internationales Zivilverfahrensrecht Rn 343.
121 EuGH GRUR 2012, 1245 – Football Dataco; BGH GRUR 2010, 628 – Vorschaubilder; OLG Köln GRUR-RR 2008, 71 – Internet-Fotos; OLG München ZUM 2012, 587 – Sparen & Vorsorgen; LG München MMR 2010, 72.
122 BGH WRP 2007, 1219, 1221 – Wagenfeld-Leuchte; *von Ungern-Sternberg* GRUR 2008, 291, 300.
123 Vgl LG Hamburg GRUR Int 2002, 1025, 1026 – Seifenverpackung.

angeboten wird.[124] Danach genügt es für die Annahme einer Begehung des angenommenen Urheberrechtsverstoßes (auch) in Deutschland als Erfolgsort der Handlung nicht, dass die Internetseite, auf der sich die Fotos befinden sollen, global und damit auch in Deutschland abgerufen werden kann. Das OLG Köln verweist insofern auf die Rechtsprechung des BGH, nach der bei Wettbewerbsverletzungen im Internet der Erfolgsort dann im Inland belegen ist, wenn sich der Internet-Auftritt bestimmungsgemäß hier auswirken soll.[125] Dies müsse für Urheberrechtsverletzungen, die aus einer unberechtigten öffentlichen Zugänglichmachung nach § 19a UrhG bestehen, zumindest dann ebenfalls gelten, wenn die Fotos zu gewerblichen Zwecken online zur Verfügung gestellt werden. Diese Auffassung ist wenig überzeugend. Zwar mag es bspw bei Werbetexten darauf ankommen, in welcher Sprache die Internetseite angeboten wird. Fotos und Musik sind indes typische Beispiele für sprachunabhängige Werke. Der Urheber muss es nicht dulden, wenn jemand sich seiner Rechte bedient, um damit seine Internetseite zu schmücken, gleich in welcher Sprache diese angeboten wird.[126] Bei persönlichkeitsverletzenden Pressedelikten ist die internationale Zuständigkeit auf den am Verbreitungsort als Erfolgsort erlittenen Schaden begrenzt.[127] Nur der jeweilige Teilschaden kann erfolgreich an dem deliktischen Gerichtsstand eingeklagt werden. Will der Kläger seinen Gesamtschaden an einem Gerichtsstand einklagen, so muss er hierzu den allgemeinen Gerichtsstand wählen. Nach Auffassung des EuGH zu Persönlichkeitsrechtsverletzungen im Internet kann der gesamte entstandene Schaden entweder in dem EU-Mitgliedstaat, in welchem der Verletzer niedergelassen ist oder in dem, in welchem sich der Mittelpunkt der Interessen des Geschädigten befindet, eingeklagt werden. Letzterer entspricht in aller Regel dem gewöhnlichen Aufenthaltsort des Geschädigten.[128] Der EuGH gibt dem Geschädigten eine weitere Wahlmöglichkeit: Neben dem Ort der Niederlassung des Betreibers der Webseite, der in aller Regel mit dem allgemeinen Gerichtsstand des Beklagtensitzes gemäß Art 2 EuGVVO zusammenfällt, kann er den gesamten entstandenen Schaden auch an seinem eigenen gewöhnlichen Aufenthaltsort einklagen. Bei Rechten des geistigen Eigentums spielt der gewöhnliche Aufenthaltsort des Inhabers indes keine Rolle.[129] Bei Urhebervermögensrechten will der EuGH die Kognitionsbefugnis gemäß Art 5 Nr 3 EuGVVO auf den Schaden begrenzen, der in dem Land verursacht wurde, welches das Urheberrecht gewährt.[130] Der gesamte Schaden kann danach nur am Sitz des Verletzers eingeklagt werden.

53 Grundsätzlich kann ein Disclaimer, mit dem der Werbende ankündigt, Adressaten in einem bestimmten Land nicht zu beliefern, ein Indiz für eine Einschränkung des Verbreitungsgebiets sein.[131] Ein wirksamer Disclaimer setzt voraus, dass er klar und eindeutig gestaltet und auf Grund seiner Aufmachung als ernst gemeint aufzufassen ist. Rechtlich relevant ist der Disclaimer allerdings nur, wenn ihn der Werbende auch tatsächlich beachtet und nicht entgegen seiner Ankündigung gleichwohl in das vom Vertrieb ausgenommene Absatzgebiet liefert. Nach Auffassung des OLG Köln muss der Disclaimer – zumindest auch – auf der Startseite sichtbar sein.[132] Vorschriften, die der EuGVVO entsprechen, enthalten das EuGVÜ und das LGVÜ. Die EuGVÜ gilt im

---

124 OLG Köln GRUR-RR 2008, 71 – Internet-Fotos.
125 BGH WRP 2006, 736, 738 – Arzneimittelwerbung im Internet; BGH GRUR 2005, 431 – Hotel Maritime.
126 Vgl KG NJW 1997, 3321 – concertconcept.com; Schack MMR 2000, 135, 138; Wandtke/Bullinger/*von Welser* Vor §§ 120 ff. UrhG Rn 34.
127 EuGH NJW 1995, 1881 – Shevill/Presse Alliance; OLG München NJOZ 2008, 675 – Wettbewerbswidrige Anzeigen in ausländischer Zeitung; Thomas/Putzo/*Hüßtege* Art 5 EuGVVO Rn 17; *Berger* GRUR Int 2005, 465, 468 f.
128 EuGH GRUR 2012, 300 – eDate Advertising; BGH GRUR 2012, 850 – www.rainbow.at II.
129 EuGH GRUR 2012, 654 Rn 24 – Wintersteiger.
130 EuGH WRP 2013, 1456, 1459 Rn 47 – Pinckney.
131 BGH GRUR 2006, 513, 515 Rn 22 – Arzneimittelwerbung im Internet.
132 OLG Köln Beschl v 23.12.2009, Az 6 W 124/09.

Verhältnis zwischen Dänemark und den übrigen EU-Mitgliedern.[133] Das LGVÜ[134] gilt im Verhältnis zu den Vertragsstaaten, die nicht zur EU gehören.[135] Dies sind Island, Norwegen und die Schweiz.[136] Ist kein Staatsvertrag einschlägig, kommt es zu einer doppelfunktionalen Anwendung der Regeln über die örtliche Zuständigkeit auf die internationale Zuständigkeit.[137] Die internationale Zuständigkeit liegt vor, wenn ein deutsches Gericht örtlich zuständig ist. Den allgemeinen Gerichtsstand regeln die §§ 13, 17 ZPO. Den Gerichtsort der unerlaubten Handlung bestimmt § 32 ZPO.[138]

2. Örtliche Zuständigkeit

Die örtliche Zuständigkeit bestimmt sich in aller Regel nach §§ 12ff. ZPO. Begehungsort von 54
Rechtsverstößen ist bei Internetangeboten deutschlandweit tätiger Unternehmen nicht nur der Ort des Erscheinens einer Publikation, sondern grundsätzlich auch jeder Verbreitungsort.[139] Bei deutschlandweit abrufbaren Internetangeboten liegt eine Verletzung nach Auffassung des OLG München an jedem Ort vor, an dem die Seite abrufbar ist.[140] Die überwiegende Auffassung fordert bei Internetsachverhalten hingegen die bestimmungsgemäße Abrufbarkeit der Internetseite mit dem rechtsverletzenden Angebot am Gerichtsort aus.[141] Danach gelten grundsätzlich keine anderen Kriterien als bei der Bestimmung der internationalen Zuständigkeit. Bei Internetdelikten besteht also die Möglichkeit des forum shoppings für den Verletzten.[142] § 104a UrhG sieht für Klagen wegen Urheberrechtsstreitsachen gegen eine natürliche Person, die nach dem UrhG geschützte Werke oder andere nach dem UrhG geschützte Schutzgegenstände nicht für ihre gewerbliche oder selbständige berufliche Tätigkeit verwendet, eine ausschließliche Gerichtszuständigkeit des Gerichts vor, in dessen Bezirk die Person zur Zeit der Klageerhebung ihren Wohnsitz, in Ermangelung eines solchen ihren gewöhnlichen Aufenthalt hat. Wenn die beklagte Person im Inland weder einen Wohnsitz noch ihren gewöhnlichen Aufenthalt hat, ist das Gericht zuständig, in dessen Bezirk die Handlung begangen ist.

3. Sachliche Zuständigkeit

Nach § 23 Nr 1 GVG sind die Amtsgerichte für Streitigkeiten über Ansprüche, deren Gegen- 55
standswert € 5000,- nicht übersteigt, zuständig. Für darüber liegende Gegenstandswerte begründet § 71 Abs 1 GVG die Zuständigkeit der Landgerichte.[143] Eine streitwertunabhängige Zuständigkeit der Landgerichte gibt es also – anders als bspw in Kennzeichenstreitsachen nach § 140 Abs 1 MarkenG und in Wettbewerbssachen nach § 13 Abs 1 UWG – nicht.[144] § 105 UrhG enthält – ebenso wie § 140 Abs 2 MarkenG – eine Konzentrationsermächtigung für die Bundes-

133 BGH WRP 2005, 493, 494 – Hotel Maritime.
134 Luganer Übereinkommen über die gerichtliche Zuständigkeit und die Vollstreckung gerichtlicher Entscheidungen in Zivil- und Handelssachen.
135 Vgl OLG München BeckRS 2009, 29653 – REFODERM.
136 Thomas/Putzo/*Hüßtege* Vor Art 1 EuGVVO Rn 3; Wandtke/Bullinger/*von Welser* Vor §§ 120 UrhG ff. Rn 27.
137 *Schack* Rn 720; Wandtke/Bullinger/*von Welser* Vor §§ 120 UrhG ff. Rn 32.
138 BGH GRUR 1980, 227, 229 – Monumenta Germaniae Historica.
139 OLG Hamm MMR 2008, 178 – Forumshopping; OLG Hamburg GRUR 2007, 614 – forum-shopping, zur örtlichen Zuständigkeit bei Rundfunkwerbung OLG Düsseldorf GRUR-RR 2005, 33 – Möbel-Werbespot.
140 OLG München GRUR-RR 2013, 388 – Kleine Partysonne.
141 LG Hamburg ZUM 2012, 596; LG Köln ZUM 2013, 66, 67; LG Frankfurt MMR 2012, 764; LG Berlin ZUM-RD 2012, 160 – Wikimedia.
142 LG Frankfurt ZUM-RD 2012, 610.
143 Vgl *Schack* Rn 719.
144 Zur Zuständigkeit bei Vertragsstrafenklagen *Hess* FS Ullmann 927.

länder, die Urheberrechtsstreitigkeiten bestimmten Amts- oder Landgerichten zuweisen können.[145]

4. Funktionale

56 Die Spezialgesetze zum Schutz geisteigen Eigentums ermächtigen die Bundesländer durch Verordnung entsprechende Zuständigkeitsvorschriften zu schaffen. So gehören etwa nach der Legaldefinition in § 104 S 1 UrhG zu den Urheberstreitigkeiten alle Ansprüche, die sich aus einem im Urheberrechtsgesetz geregelten Rechtsverhältnis ergeben. Ziel ist unter anderem, dass Richter mit Urheberstreitsachen betraut werden, die häufig über urheberrechtliche Fragen zu entscheiden haben und auf diese Weise entsprechende Erfahrungen sammeln. Um diesen Zweck zu erreichen, ist der Begriff der Urheberrechtsstreitsache weit auszulegen.[146] Eine Urheberrechtsstreitsache im Sinne der funktionalen Zuständigkeit liegt auch dann vor, wenn sich der Klageanspruch ausschließlich auf die Verletzung ausländischen Urheberrechts stützt.[147]

II. Formulierung der Anträge

57 Besonderes Augenmerk muss der Formulierung der Anträge gelten. Diese dürfen nicht zu weit und sollten nicht zu eng formuliert sein. Ist der Klageantrag nicht hinreichend bestimmt, so ist dieser Antrag schon als unzulässig abzuweisen. Ein inhaltlich zu weit gehender Antrag kann demgegenüber zur Abweisung als – teilweise – unbegründet führen. Bei der Formulierung der Anträge ist zwischen Sicherungs- und Regelungsverfügungen auf der einen Seite und Leistungsverfügungen auf der anderen Seite zu unterscheiden. Der Antragssteller legt den Verfahrensgegenstand der Sicherungs- bzw Regelungsverfügung fest, indem er die Tatsachen für den zu sichernden bzw zu regelnden Anspruch und für die Notwendigkeit seiner Sicherung bzw Regelung vorträgt. Dem Bestimmtheitserfordernis des § 253 Abs 2 Nr 2 ZPO ist bei der Sicherungs- bzw Regelungsverfügung bereits genügt, wenn zweifelsfrei erkennbar ist, welches Rechtsschutzziel der Antragsteller verfolgt.[148] Nach § 938 Abs 1 ZPO bestimmt das Gericht nach freiem Ermessen, welche Anordnungen zur Erreichung des Zwecks erforderlich sind. Insofern ist die Bindung des Gerichts an die Formulierung des Antrages durch § 938 Abs 1 ZPO gelockert. Es steht dem Gericht daher frei, Maßnahmen anzuordnen, die von der wörtlichen Formulierung des Antrags abweichen, ohne gegen den Grundsatz der Antragsbindung nach § 308 Abs 1 ZPO zu verstoßen. Sofern die Anordnung noch mit dem vom Antragssteller verfolgten Rechtsschutzziel übereinstimmt, führt dies grundsätzlich nicht zu einer negativen Kostenfolge für den Antragssteller. Demgegenüber gilt für Leistungsverfügungen das Bestimmtheitserfordernis des § 253 Abs 2 Nr 2 ZPO uneingeschränkt.[149] Unterlassungsverfügungen sind grundsätzlich Sicherungsverfügungen und keine Leistungsverfügungen.[150] Gleichwohl sind die Anforderungen an die Formulierung des Antrages hier tendenziell strenger als bei der Regelungsverfügung.

---

145 Übersichten bei *Ingerl/Rohnke* § 140 MarkenG Rn 18 ff; Wandtke/Bullinger/*Kefferpütz* § 105 UrhG Rn 5; Dreier/Schulze/*Schulze* § 105 UrhG Rn 5.

146 OLG Hamm Beschl v 27.4.2012, Az 32 SA 29/12.

147 Entgegen LG Frankfurt Urt v 2.2.2012, Az 2-03 O 419/99.

148 Schuschke/Walker/*Schuschke* § 938 ZPO Rn 2.

149 *Berneke* Rn 123; *Lieber/Zimmermann* Rn 211.

150 Zöller/*Vollkommer* § 935 ZPO Rn 2; für eine Einordnung als Leistungsverfügung hingegen Schuschke/Walker/*Schuschke* Vor § 935 ZPO Rn 20.

1. Bestimmtheit

Nach § 253 Abs 2 Nr 2 ZPO muss die Klageschrift die bestimmte Angabe des Gegenstandes und des Grundes des erhobenen Anspruchs, sowie einen bestimmten Antrag enthalten. Die Anforderungen an die Bestimmtheit des Antrages sollten nicht unterschätzt werden. Die Entscheidung darüber, was dem Beklagten verboten ist, darf nicht dem Vollstreckungsgericht überlassen werden.[151] Aus diesem Grund sind bspw Unterlassungsanträge, die Formulierungen wie „eindeutig" und „unübersehbar" enthielten, für zu unbestimmt und damit als unzulässig erachtet worden.[152] Steht bspw nicht eindeutig fest, welcher Gegenstand – bspw ein Computerprogramm – mit einer bestimmten Bezeichnung gemeint ist, sind die entsprechenden Klageanträge grundsätzlich nur dann hinreichend bestimmt, wenn sie dessen Inhalt auf andere Weise so beschreiben, dass Verwechslungen soweit wie möglich ausgeschlossen sind. Dabei kann die gebotene Individualisierung bei einem Computerprogramm durch Bezugnahme auf Programmausdrucke oder Programmträger erfolgen.[153] 58

Grundsätzlich genügt eine wörtliche Beschreibung des Gegenstands, auf den sich die Verurteilung zur Unterlassung bezieht, den Bestimmtheitsanforderungen, sofern sich die Eigenschaften des Gegenstands, auf die es ankommt, mit Worten beschreiben lassen.[154] Ist der angegriffene Gegenstand bildlich darstellbar – wie etwa bei einem Werk der bildenden oder angewandten Kunst oder bei einer Fotografie – so kann diese Abbildung auch in den Antrag aufgenommen werden.[155] Grundsätzlich kann ein Unterlassungsantrag auch mit dem Wort „wie" an das Charakteristische des konkreten Verletzungstatbestands anknüpfen.[156] 59

2. Streitgegenstand

Besondere Bedeutung bei der Ausarbeitung von Anträgen im Klage- oder Verfügungsverfahren und deren Begründung hat der Streitgegenstandsbegriff. Dieser ist in Bezug auf die Rechtshängigkeit, die Rechtskraft, die Klagehäufung und die Klageänderung einheitlich. Werden gegen einen Verletzer mehrere Verfahren anhängig gemacht, so kann einem zweiten und möglichen weiteren Verfahren die Rechtshängigkeitssperre des § 261 Nr 3 ZPO entgegenstehen, wenn es sich um gleichlautende Klageanträge handelt. Dies ist allerdings dann nicht der Fall, wenn der zugrundeliegende Lebenssachverhalt ein anderer ist. Nach dem zweigliedrigen Streitgegenstandsbegriff bestimmt sich der Streitgegenstand nach dem Antrag und dem zu seiner Begründung vorgetragenen Lebenssachverhalt.[157] Der Umfang der materiellen Rechtskraft einer Unterlassungsverurteilung ist beschränkt auf den Streitgegenstand, über den entschieden worden ist. Dieser wird durch die konkrete Verletzungshandlung begrenzt, aus der das Klagebegehren hergeleitet worden ist. In Rechtskraft erwächst der in die Zukunft gerichtete Verbotsausspruch nur in seinem Bezug auf die festgestellte Verletzungshandlung.[158] Unzulässig ist grundsätzlich die alternative Klagehäufung.[159] 60

---

151 BGHZ 156, 1, 8 – Paperboy; BGH Urt v 22.11.2007, Az I ZR 12/05, Rn 20 – Planfreigabesystem; BGH GRUR 2008, 84, 85 – Versandkosten; BGH GRUR 2005, 443, 445 – Ansprechen in der Öffentlichkeit II; BGH GRUR 2005, 692, 693 – „statt"-Preis.

152 BGH GRUR 2008, 84, 85 – Versandkosten; BGH GRUR 1979, 116, 117 – Der Superhit.

153 BGH GRUR 2008, 357, 359 Tz 24 – Planfreigabesystem.

154 BGH GRUR 2007, 871, 872 – Wagenfeld-Leuchte; BGH GRUR 2000, 228 – Musical-Gala.

155 Vgl BGH GRUR 2007, 871, 872 Tz 19 – Wagenfeld-Leuchte.

156 Vgl BGH GRUR 2001, 529; KG NJW-RR 2007, 47.

157 BGH GRUR 2013, 401, 402 Tz 18 – Biomineralwasser; BGH GRUR 2007, 691 Tz 17 – Staatsgeschenk; BGH GRUR 2007, 172 – Lesezirkel II; BGH GRUR 2007, 605 – Umsatzzuwachs; BGH GRUR 2001, 755, 756 – Telefonkarte; *Büscher* GRUR 2012, 16, 23; *Berneke* WRP 2007, 579; *Teplitzky* WRP 2007, 1.

158 BGH GRUR 2006, 421, 422 – Markenparfümverkäufe; zust *Lehment* WRP 2007, 237, 238; krit hierzu *Teplitzky* WRP 2007, 1ff; *Teplitzky* WRP 2007, 397ff.

61 **a) Unterschiedliche Lebenssachverhalte.** Zu dem Lebenssachverhalt, der die Grundlage der Streitgegenstandsbestimmung bildet, gehören alle Tatsachen, die bei natürlicher Betrachtungsweise zu dem durch den Kläger/Antragsteller zur Entscheidung gestellten Tatsachenkomplex gehören. Das ist dann der Fall, wenn der Tatsachenstoff nicht sinnvoll auf verschiedene eigenständige, den Sachverhalt in seinem Kerngehalt verändernde Geschehensabläufe aufgeteilt werden kann, selbst wenn diese einer eigenständigen rechtlichen Bewertung zugänglich sind.[160] Der Streitgegenstand wird damit durch den historischen Lebensvorgang bestimmt, auf den sich das Rechtsschutzbegehren bezieht. Ein und derselbe Unterlassungsantrag kann auf unterschiedliche Lebenssachverhalte gestützt werden. Trotz einheitlichen Antrags liegen dann mehrere Streitgegenstände vor. So liegt der Fall bspw bei einem Unterlassungsantrag, der zunächst auf Erstbegehungsgefahr und später auch noch auf eine Verletzungshandlung gestützt wird.[161] Stützt der Kläger sein Unterlassungsbegehren sowohl auf Wiederholungsgefahr wegen der behaupteten Verletzungshandlung, als auch auf Erstbegehungsgefahr wegen Erklärungen des Beklagten bei der Rechtsverteidigung im gerichtlichen Verfahren, so handelt es sich um zwei verschiedene Streitgegenstände.[162]

62 **b) Unterschiedliche Schutzrechte.** Werden Ansprüche auf verschiedene Schutzrechte gestützt, liegen mehrere Streitgegenstände vor. Im Markenrecht stellt grundsätzlich jedes Registerrecht einen eigenen Streitgegenstand dar. Wenn aus einer Marke geklagt wird, umfasst der Streitgegenstand alle drei Erscheinungsformen der Markenverletzung – Schutz bei Doppelidentität (1.) Verwechslungsschutz (2.) und Bekanntheitsschutz (3.).[163] Geht der Kläger aus einem Schutzrecht vor, wird der Gegenstand der Klage durch den Antrag und das im Einzelnen bezeichnete Schutzrecht festgelegt. So liegen etwa drei unterschiedliche Streitgegenstände vor, wenn ein Kläger sein Begehren auf sein Leistungsschutzrecht als Tonträgerhersteller, auf sein Leistungsschutzrecht als ausübender Künstler und auf sein Urheberrecht des am einem entsprechenden Musikwerk stützt.[164] Kommen bei einem Sachverhalt Ansprüche aus mehreren Normen in Betracht – bspw aus Schutzrechtsverletzung und ergänzendem wettbewerbsrechtlichen Leistungsschutz – kommt es darauf an, ob der Kläger die Klage allein auf den eine Norm betreffenden Sachverhalt gestützt hat oder ob er zudem auch einen Lebenssachverhalt vorgetragen hat, der geeignet ist, den Tatbestand weiterer Normen zu erfüllen.[165] Die Benennung der jeweiligen Normen ist hierfür nicht entscheidend. Stützt der Kläger seinen Antrag jedoch erkennbar nur auf eine bestimmte Norm – bspw auf § 97 UrhG – ohne zugleich zu den Voraussetzungen des ergänzenden wettbewerbsrechtlichen Leistungsschutzes vorzutragen, so ist der Streitgegenstand darauf begrenzt. Weist das Gericht die Klage ab, so steht die Rechtskraft des Urteils einer auf andere Normen gestützten Klage nicht entgegen.[166] Auch wenn neben Ansprüchen aus einem Schutzrecht wettbewerbsrechtliche Ansprüche unter dem Gesichtspunkt der Irreführung geltend gemacht werden, handelt es sich grundsätzlich um unterschiedliche Streitgegenstände.[167]

---

159 BGH GRUR 2011, 521 Tz 8 – TÜV I; BGH GRUR 2011, 1043 Tz 37 – TÜV II.
160 BGH GRUR 2013, 401, 402 Tz 19 – Biomineralwasser.
161 Hefermehl/Köhler/*Bornkamm* § 12 UWG Rn 2.23.
162 BGH GRUR 2006, 429, 433 – Schlank-Kapseln.
163 BGH GRUR 2012, 621 Tz 32 – Oscar.
164 BGH GRUR 2013, 614 – Metall auf Metall II.
165 BGH GRUR 2003, 716, 717 – Reinigungsarbeiten.
166 BGH GRUR 2001, 756, 757 – Telefonkarte; Hefermehl/Köhler/*Bornkamm* § 12 UWG Rn 2.23a.
167 BGH GRUR 2009, 672, 678 Rn 57 – OSTSEE-POST; BGH GRUR 2009, 678, 682 Rn 44 – POST/RegioPost.

c) Unterschiedliche Territorien. Ansprüche aus der Verletzung von im Ausland bestehenden urheberrechtlichen Rechtspositionen sind im Verhältnis zu Ansprüchen aus der Verletzung von Rechten nach dem deutschen Urheberrechtsgesetz nach Auffassung der Rechtsprechung eigene Streitgegenstände. Daher muss der Kläger zweifelsfrei klarstellen, dass er mit der Klage auch die Verletzung im Ausland bestehender Rechte geltend machen will.[168] 63

d) Wettbewerbsrecht. Im Wettbewerbsrecht vertritt der Bundesgerichtshof einen weiten Streitgegenstandsbegriff. Bei der wettbewerbsrechtlichen Unterlassungsklage bildet die konkrete Verletzungsform grundsätzlich den Streitgegenstand, wenn mit der Klage ein entsprechendes Unterlassungsbegehren verfolgt wird.[169] Das Begehren richtet sich gegen ein konkret umschriebenes Verhalten, das bei natürlicher Betrachtungsweise den Tatsachenkomplex und damit die Beanstandungen umschreibt, zu der die konkrete Verletzungsform Anlass geben kann. Beanstandet der Kläger/Antragsteller in einem solchen Fall etwa eine Werbeanzeige unter mehreren Gesichtspunkten, überlässt er es bei einem Erfolg der Klage bzw des Antrags dem Gericht zu bestimmen, auf welchen Aspekt das Unterlassungsgebot gestützt wird.[170] Der Kläger/Antragsteller kann in Fällen, in den er eine konkrete Werbeanzeige unter verschiedenen Aspekten jeweils gesondert angreifen möchte, diese verschiedenen Aspekte im Wege der kumulativen Klagehäufung zu jeweils getrennten Klagezielen machen. In diesem Fall muss er die einzelnen Beanstandungen in verschiedenen Klageanträgen umschreiben, wobei er zur Verdeutlichung jeweils auf die konkrete Verletzungsform Bezug nehmen kann. Das Gericht muss dann die beanstandete Anzeige unter jedem der geltend gemachten Gesichtspunkte zu prüfen.[171] Das Kostenrisiko, dass nicht alle Anträge erfolgreich sind, trägt naturgemäß der Kläger/Antragsteller. 64

3. Kerntheorie

Der Verbotstenor umfasst grundsätzlich auch abgewandelte, denselben Kern enthaltende Handlungen. Diese sogenannte Kerntheorie wurde vom BVerfG ausdrücklich gebilligt.[172] Vom Schutzumfang eines Unterlassungstitels werden daher auch sämtliche Handlungen erfasst, die mit der im Tenor beschriebenen Handlung im Kern überstimmen, dh die mit der verbotenen Verletzungshandlung zwar nicht identisch sind, die aber lediglich solche Abweichungen aufweisen, dass sie den Kern der verbotenen Handlung unberührt lassen und deshalb als gleichwertig angesehen werden.[173] Der Unterlassungstitel erfasst auch solche Handlungen, die nur unbedeutend von der verbotenen Form abweichen und den Kern des gerichtlichen Verbots unberührt lassen, wenn sich nur das Charakteristische des verbotenen Verhaltens in der im anschließenden Vollstreckungsverfahren beanstandeten Handlung wiederfindet.[174] Zur Auslegung des Unterlassungstitels sowie zur Ermittlung des Kerns der konkreten Verletzungshandlung sind die Entscheidungsgründe heranzuziehen. 65

168 BGH GRUR 2010, 628, 629 Rn 17 – Vorschaubilder; BGH GRUR 2007, 691 Tz 18 – Staatsgeschenk; BGH GRUR 2004, 855, 856 – Hundefigur; *von Ungern-Sternberg* GRUR 2008, 291, 301.

169 BGH GRUR 2013, 1052, 1053 Tz 11 – Einkaufswagen III; BGH GRUR 2013, 401, 403 Tz 24 – Biomineralwasser; BGH GRUR 2012, 184 Tz 15 – Branchenbuch Berg.

170 BGH GRUR 2013, 401, 403 Tz 24 – Biomineralwasser.

171 BGH GRUR 2013, 401, 403 Tz 25 – Biomineralwasser.

172 BVerfG GRUR 2007, 618 – Organisationsverschulden.

173 Vgl zum Äußerungsrecht KG AfP 2007, 582; OLG München AfP 2001, 322; zum Wettbewerbsrecht OLG Düsseldorf GRUR-RR 2003, 127, 131 – Euro-Service II; OLG Hamburg, GRUR 1990. 637 – Geändertes Formular.

174 BGH GRUR 2007, 607 – Telefonwerbung für „Individualverträge“; OLG Köln GRUR-RR 2008, 62 – Verlosung von WM Tickets.

4. Verallgemeinerungen

66 Begehrt der Kläger einen wettbewerbsrechtlichen Verbotsausspruch, der nicht nur die tatsächlich geäußerte Werbeaussage erfasst, sondern auch solche Werbung, die im Kern der konkret verbotenen Werbung entspricht, so ist dies grundsätzlich zulässig. Durch eine solche Verallgemeinerung kann versucht werden, einen Verbotstenor zu erhalten, der nicht bereits durch geringfügige Abänderungen der angegriffenen konkreten Werbung umgangen werden kann.[175] Eine solche Verallgemeinerung soll als Hinweis darauf, dass einem gerichtlichen Verbot des Werbeverhaltens grundsätzlich nicht nur identische, sondern auch kerngleiche Handlungen unterfallen, zulässig sein.[176] Diese Grundsätze, welche die Rechtsprechung zu Unterlassungsklagen im wettbewerbsrechtlichen Bereich zur Verhinderung von Umgehungen des Verbotsausspruchs entwickelt hat, sind im Recht der Bildberichterstattung nicht anwendbar.[177] Die Zulässigkeit einer Bildveröffentlichung bedarf in jedem Einzelfall einer Interessenabwägung, die in Bezug auf Bilder, die noch gar nicht bekannt sind und bei denen insb offen bleibt, in welchem Kontext sie veröffentlicht werden, naturgemäß nicht vorgenommen werden kann.[178] Bei bereits erfolgter Markenverletzung besteht regelmäßig für sämtliche in § 14 Abs 3 MarkenG genannten Verwertungshandlungen (Anbringen, Anbieten, Inverkehrbringen, Einführen, Ausführen etc) eine Begehungsgefahr.[179]

5. Materiellrechtliche Grenzen

67 In materiellrechtlicher Hinsicht kann ein Antrag zu weit gefasst sein, wenn bspw die Aktivlegitimation nicht für sämtliche Rechte nachgewiesen wird, für bestimmte Handlungen keine Erstbegehungs- oder Wiederholungsgefahr vorliegt oder das vermeintliche Recht, auf das der Antrag – teilweise – gestützt wird, nicht (mehr) existiert. Wird bspw ein Musikwerk unzulässigerweise als Handyklingelton verwendet, so geht ein Antrag, der sich allgemein gegen die Vervielfältigung und Verbreitung des Werkes „in bearbeiteter Form" richtet, zu weit.[180] Als materiellrechtlich zu weitgehend hat das OLG München bspw den Antrag angesehen, Beiträge aus bestimmten – namentlich genannten – Fachzeitschriften per E-Mail oder auf sonstige einzeln bezeichnete Übertragungsarten anzubieten oder zu versenden, da die Möglichkeit bestehe, dass von dem Antrag auch schutzunfähige Beiträge oder Beiträge, an denen die Kläger keine Nutzungsrechte haben, umfasst sind.[181] Nicht selten wird in urheberrechtlichen Verfahren auch unrichtigerweise neben dem Verbot der Verwertung auch ein Verbot der Veröffentlichung eines Werkes beantragt, obwohl dieses bereits rechtmäßig veröffentlicht wurde und das Veröffentlichungsrecht damit bereits verbraucht ist. § 12 UrhG erfasst nur die Erstveröffentlichung.[182] Ebenfalls häufig übersehen Antragssteller, dass beim Anbieten von urheberrechtlich geschützten Gegenständen im Internet unter Verwendung entsprechender Bilder typischerweise auch § 19a UrhG betroffen ist.[183] Bestimmte zulässige Nutzungshandlungen können gegebenenfalls negativ – bspw mit der Formulierung „soweit nicht" – aus dem Antrag ausgenommen werden.

---

175 Vgl BGH GRUR 2002, 177, 179 – Jubiläumsschnäppchen; BGH WRP 2000, 1131, 1132 – Lieferstörung; BGH GRUR 2000, 907, 909 – Filialleiterfehler.

176 BGH GRUR 2002, 177, 179 – Jubiläumsschnäppchen; BGH NJW 1994, 2820 – Rotes Kreuz; *Melullis* Rn 943.

177 BGH WRP 2008, 495 – „kerngleiche" Bildberichterstattung.

178 BGH WRP 2008, 495, 496 – „kerngleiche" Bildberichterstattung.

179 BGH GRUR 2006, 421, 424 Rn 42 – Markenparfümverkäufe.

180 OLG Hamburg NJW-RR 2002, 1410 – Handy-Klingeltöne.

181 OLG München MMR 2007, 525, 526 – Subito.

182 *Schack* Rn 328; Schricker/Loewenheim/*Dietz* § 12 UrhG Rn 7; *von Welser* 27 f; dagegen LG Berlin GRUR 1983, 761 – Portraitbild; OLG München NJW-RR 1997, 493, 494 – Zeichen am Himmel.

183 Zutreffend OLG Hamburg Urt v 30.3.2011, Az 5 U 207/08 – Wagenfeld-Leuchte.

III. Voraussetzungen

1. Verfügungsanspruch

Der Verfügungsanspruch ist die materiellrechtliche Grundlage, auf welche der Antragsteller sein Antragsbegehren stützt.[184] Im Verfügungsverfahren werden typischerweise Unterlassungsansprüche durchgesetzt. Die Unterlassungsverfügung dient der vorläufigen Sicherung des Unterlassungsanspruches. Ohne die Verfügung wäre der Unterlassungsanspruch bei Fortdauer der Rechtsverletzung für den betreffenden Zeitraum endgültig vereitelt. Die Unterlassungsverfügung führt zwar – für einen Zeitraum – zu einer Befriedigung des Unterlassungsanspruchs. Gleichwohl handelt es sich lediglich um eine vorläufige Sicherungsmaßnahme. Neben dem Unterlassungsanspruch kann auch der Drittauskunftsanspruch aus § 101 Abs 1 UrhG sowie der Auskunftsanspruch gegen Dritte aus § 101 Abs 2 UrhG gem § 101 Abs 7 UrhG im Wege der einstweiligen Verfügung durchgesetzt werden, wenn eine offensichtliche Rechtsverletzung vorliegt.[185] Die Rechtsverletzung muss zur Bejahung eines Auskunftsanspruchs im einstweiligen Verfügungsverfahren so eindeutig sein, dass eine Fehlentscheidung kaum möglich ist. Grund für diesen strengen Maßstab ist, dass eine einmal erteilte Auskunft kann nicht wieder zurückgenommen werden kann.[186] Schließlich kann auch der Vernichtungsanspruch gesichert werden. Da im einstweiligen Rechtsschutz keine endgültigen Verhältnisse geschaffen werden dürfen, kommt eine Vernichtung der Gegenstände, da diese vollendete Tatsachen schafft, nicht in Betracht. Daher kann lediglich eine Herausgabe der Gegenstände zur Verwahrung an den Gerichtsvollzieher angeordnet werden. 68

2. Verfügungsgrund

Nach § 935 ZPO sind einstweilige Verfügungen in Bezug auf den Streitgegenstand zulässig, wenn zu besorgen ist, dass durch eine Veränderung des bestehenden Zustandes die Verwirklichung des Rechts einer Partei vereitelt oder wesentlich erschwert werden könnte. Ein Verfügungsgrund liegt somit vor, wenn die Sache eilbedürftig ist. Anhaltspunkte für die Eilbedürftigkeit sind unter anderem die Intensität der Verletzung, der drohende Schaden und die Unzumutbarkeit des Zuwartens in der Hauptsacheklage.[187] Für diese Eilbedürftigkeit wird synonym auch das Wort Dringlichkeit verwendet.[188] Obwohl die einstweilige Verfügung grundsätzlich nur der vorläufigen Sicherung dient, erledigen sich in der Praxis viele Streitigkeiten durch ein Verfügungsverfahren, ohne dass gleichzeitig oder später noch ein Hauptsachverfahren eingeleitet wird. Abzulehnen ist daher die vereinzelt gebliebene Auffassung einiger Gerichte, die Dringlichkeitsvermutung könne auch durch zu langes Warten mit der Hauptsacheklage widerlegt werden.[189] 69

a) Dringlichkeitsvermutung. § 12 Abs 2 UWG begründet für Unterlassungsansprüche eine Vermutung der Dringlichkeit, so dass der Antragsteller im Lauterkeitsrecht von der Glaubhaftmachung der Eilbedürftigkeit befreit ist. Nach § 12 Abs 2 UWG können einstweilige Verfügungen zur Sicherung der im UWG bezeichneten Ansprüche auf Unterlassung auch ohne die Darlegung und Glaubhaftmachung der in den §§ 935 und 940 ZPO bezeichneten Voraussetzungen erlassen 70

184 Wandtke/Bullinger/*Kefferpütz* Vor §§ 97 ff. UrhG Rn 91.
185 Vgl OLG Hamburg GRUR-RR 2007, 381 – BetriebsratsCheck.
186 OLG Hamburg GRUR-RR 2013, 13 – Replay PSP.
187 *Lieber/Zimmermann* Rn 182.
188 Vgl OLG Hamburg GRUR-RR 2007, 181 – Slowakischer Fußball; KG NJW-RR 2001, 1201 – Aufstellung einer Skulptur in Gartenanlage; OLG Köln GRUR 2000, 417 – Elektronischer Pressespiegel.
189 OLG Hamm Urt v 06.9.2010, Az I-5 U 38/10; OLG Köln Urt v 5.7.1999, Az 16 U 3/99.

werden. Inwieweit diese Vorschrift bei den Spezialgesetzen zum Schutz des geistigen Eigentums anwendbar ist, ist umstritten. Nach inzwischen wohl überwiegender Meinung gilt § 12 Abs 2 UWG weder im Kennzeichenrecht[190] noch im Urheberrecht.[191] Hier muss die Eilbedürftigkeit also besonders begründet werden. Der Erlass einer einstweiligen Verfügung bedarf einer besonderen Rechtfertigung. Den Nachteilen, die dem Antragsteller aus einem Zuwarten bis zur Hauptsacheentscheidung entstehen können, sind die Nachteile gegenüberzustellen, die dem Antragsgegner aus der Anordnung drohen.[192] Das Interesse des Antragstellers muss so sehr überwiegen, dass der beantragte Eingriff in die Sphäre des Antragsgegners auf Grund eines bloß summarischen Verfahrens gerechtfertigt ist.[193]

71 **b) Entfallen der Dringlichkeit.** Ob eine Sache dringlich ist, richtet sich grundsätzlich nach der Zeitspanne zwischen der Kenntnisnahme von der Rechtsverletzung und der Beantragung der einstweiligen Verfügung. Es kommt auf die Kenntnis der zuständigen Person(en) an. Bei Unternehmen wird auf die Figur des „Wissensvertreters" abgestellt, also auf die Personen, die allein oder zusammen mit anderen kraft Einzelweisung oder Organisationsstruktur dazu befugt sind, über ein Vorgehen gegen Schutzrechtsverletzungen zu entscheiden. Die Regelung des § 166 Abs 1 BGB ist Ausformung eines allgemeinen Rechtsgedankens, wonach sich derjenige, der einen anderen mit der Erledigung bestimmter Angelegenheiten in eigener Verantwortung betraut, sich das in diesem Rahmen erlangte Wissen des anderen unabhängig von einem Vertretungsverhältnis zurechnen lassen muss. Das führt dazu, dass die Kenntnis von Mitarbeitern einer juristischen Person, die durch konkrete Einzelweisung oder durch die Organisationsstruktur des Unternehmens bestimmungsgemäß zuständig für den betroffenen Sachverhalt sind, jener zuzurechnen ist.[194] Dies kann unter Umständen auch ein externer Rechtsanwalt sogar außerhalb eines konkreten Auftrags sein.[195] Bloßes „Kennenmüssen" reicht nicht aus. Allerdings kann eine besondere Nachlässigkeit in eigenen Angelegenheiten als Anhaltspunkt dafür berücksichtigt werden, dass dem Verletzten der Erhalt seines Rechts selbst nicht so wichtig ist.[196] Die Oberlandesgerichte beurteilen die Frist, innerhalb derer ein Antrag noch als dringlich anzusehen ist, unterschiedlich.[197] Die Bandbreite liegt zwischen einem und bis zu sechs Monaten, wobei zum Teil Regelfristen entwickelt wurden, stets aber die besonderen Umstände des Einzelfalls berücksichtigt werden. Das OLG München ging in seiner älteren Rechtsprechung von einer Frist von vier Wochen[198] und in neueren Entscheidungen von einem Monat[199] aus, nach deren Verstreichen die Dringlichkeitsvermutung widerlegt ist.[200] Das LG Bochum, das LG Düsseldorf und das LG Köln haben sich in Einzelfällen bereits dieser Monatsfrist angeschlossen. Auch das OLG Hamm geht von einer Monatsfrist aus.[201] Das Oberlandesgericht Hamburg war früher in besonderen Fällen auch noch mehrere Monate nach Kenntniserlangung von der Rechtverletzung bereit, eine besondere Eilbedürftigkeit anzuneh-

190 OLG München GRUR 2007, 174 – Wettenvermittlung; *Lieber/Zimmermann* Rn 180.
191 Vgl Wandtke/Bullinger/*Kefferpütz* Vor §§ 97 ff. UrhG Rn 93; OLG Hamburg GRUR-RR 2002, 249 – Handy-Klingeltöne; OLG Stuttgart ZUM-RD 2009, 455, 457 – Ordenssammlung.
192 OLG München GRUR-RR 2013, 388 – Kleine Partysonne.
193 OLG Düsseldorf GRUR-RR 2012, 146 – E-Sky.
194 OLG Frankfurt NJW 2000, 1961 – T-Online.
195 OLG Frankfurt aM Beschl v 11.6.2013, Az 6 W 61/13.
196 OLG Düsseldorf GRUR-RR 2012, 146, 147 – E-Sky.
197 Umfangreiche Übersicht bei Köhler/Bornkamm/*Köhler* § 12 UWG Rn 3.15.
198 OLG München GRUR 1980, 1017 – Contact-Linsen; OLG München GRUR 1980, 329 – Vertriebsunternehmen.
199 OLG München GRUR-RR 2008, 310 – Jackpot-Werbung.
200 OLG München GRUR 1992, 328 – Dringlichkeitsvermutung.
201 OLG Hamm MMR 2009, 628 – Bundesligakarten.

men.[202] Nach der neueren Rechtsprechung des OLG Hamburg ist die Dringlichkeitsvermutung des § 12 Abs 2 UWG in aller Regel widerlegt, wenn der Verletzte fast zwei Monate zwischen der Kenntniserlangung von dem Wettbewerbsverstoß und der Einreichung des Verfügungsantrages vergehen lässt, ohne den Verletzten vorher abzumahnen.[203] In anderen Entscheidungen hat das Oberlandesgericht Hamburg bereits ein Zuwarten von ca. sechs Wochen als dringlichkeitsschädlich beurteilt.[204] Die Frist beginnt grundsätzlich erst mit Kenntnis der konkreten Verletzungshandlung.[205]

Umstritten ist, ob eine wegen zu langen Zuwartens entfallene Dringlichkeit im Hinblick auf die Erstbegehungsgefahr der Annahme der Dringlichkeit für den auf Wiederholungsgefahr gestützten Anspruch entgegensteht, wenn der in Anspruch Genommene das angekündigte Verhalten später tatsächlich umgesetzt hat. Die wohl überwiegende Ansicht geht davon aus, dass dann, wenn die Verletzungsform ihrer Ankündigung entspricht, kein Grund für die Annahme einer neuen Dringlichkeit bestehe.[206] Gegen diese Ansicht lässt sich anführen, dass es sich bei dem auf die Erstbegehungsgefahr gestützten vorbeugenden Unterlassungsanspruch und dem auf eine Verletzungshandlung gestützten Unterlassungsanspruch um verschiedene Streitgegenstände handelt.[207] Nach – schwierig zu begründender – Auffassung einiger Gerichte – unter anderem des OLG München und des LG München – kann die Dringlichkeit bei Internetsachverhalten dadurch entfallen, dass die Verletzungshandlung auf der angegriffenen Website eingestellt wurde. Folgt man dieser Rechtsauffassung, so kann der Geschädigte seine Ansprüche nur im Hauptsacheverfahren verfolgen, sobald die Rechtsverletzung von der Website entfernt wurde. 72

Zu den Umständen, unter denen die Dringlichkeit entfällt, gehört nicht nur das unbegründete Zuwarten mit der Beantragung der einstweiligen Verfügung, sondern auch verzögerndes Verhalten des Antragstellers im Prozess. Lässt der Antragsteller vor Erlass der einstweiligen Verfügung gegen sich ein Versäumnisurteil ergehen, macht er damit deutlich, dass es ihm nicht eilig war.[208] Gleiches gilt, wenn der erstinstanzlich unterlegene Verfügungskläger sich die Berufungsbegründungsfrist um einen Monat verlängern lässt und diese verlängerte Frist fast vollständig ausnutzt.[209] Keine Dringlichkeit besteht, wenn er gegen einen zurückweisenden Beschluss des Landgerichts sofortige Beschwerde einlegt, diese aber nicht unmittelbar begründet.[210] Die Dringlichkeit kann aber auch durch ein Verhalten nach Erlass der einstweiligen Verfügung beeinflusst werden.[211] Erklärt bspw der Gläubiger nach Erlass einer einstweiligen Verfügung im Hinblick auf Vergleichsverhandlungen sein Einverständnis, „bis zu einer Entscheidung des Verfügungsverfahrens" auf die Zwangsvollstreckung aus dem Titel zu verzichten, kann dies die Dringlichkeitsvermutung nach Auffassung des OLG Köln beseitigen.[212] 73

202 OLG Hamburg GRUR 1983, 436 – Puckmann.
203 OLG Hamburg WRP 2007, 1251, 1252 – Simyo Industries.
204 OLG Hamburg GRUR-RR 2008, 366 – Simplify your Production; OLG Hamburg GRUR-RR 2007, 302, 304 – Titelseite.
205 OLG Hamburg ZUM 2009, 575 – Ich & Ich.
206 OLG Stuttgart ZUM-RD 2009, 455, 458 – Ordenssammlung; OLG Hamburg NJW-RR 2008, 100, 101; KG NJW-RR 2001, 1201, 1202; *Teplitzky* WRP 2005, 654, 661; *Teplitzky* Kap 54 Rn 37; dagegen Harte/Henning/*Retzer* § 12 UWG Rn 315; Fezer/*Büscher* § 12 UWG Rn 68; Wandtke/Bullinger/*Kefferpütz* Vor §§ 97 ff. UrhG Rn 90; OLG München NJOZ 2002, 1450, 1452.
207 Vgl BGH GRUR 2006, 421, Rn 25 – Markenparfümverkäufe; *Berneke* Rn 81.
208 OLG Hamm GRUR 2007, 173 – interoptik.de.
209 KG BeckRS 2009 14692.
210 KG BeckRS 2008 09719 – Unterlassene Beschwerdebegründung.
211 KG NJOZ 2010, 1562; OLG Köln BeckRS 2010, 5259; OLG Frankfurt Urt v 25.3.2010, Az 6 U 219/09, – Whiskey-Cola, abgerufen am 2.8.2010 unter www.rechtsprechung.hessen.de.
212 OLG Köln BeckRS 2010, 5259.

Will sich der Gläubiger nicht der Gefahr eines Schadensersatzanspruches aus § 945 ZPO aussetzen, kann er nach Auffassung des OLG Frankfurt für sich kein Eilbedürfnis reklamieren.[213] Die Dringlichkeitsvermutung des § 12 Abs 2 UWG kann bspw auch dadurch widerlegt sein, dass sich die in erster Instanz erfolgreiche Verfügungsklägerin – auf den mit der Terminierung erfolgten Hinweis des Berufungsgerichts auf Bedenken hinsichtlich ihrer Aktivlegitimation – zur Vermeidung eines – ihre erwirkte einstweilige Verfügung aufhebenden – Endurteils in die Säumnis flüchtet.[214]

74 **c) Eignung für summarisches Verfahren.** Nach Rechtsprechung der Oberlandesgerichte muss der Antragsteller bei Urheberrechtsverletzungen mangels Geltung der Vermutung des § 12 Abs 2 UWG nicht nur die Eilbedürftigkeit gemäß den §§ 935, 940 ZPO glaubhaft zu machen hat. Zusätzlich muss das Begehren des Antragstellers auch für eine Entscheidung im summarischen Verfahren geeignet sein, wobei für diese Eignungsprüfung gefordert wird, dass die Urheberrechtsfähigkeit keinen durchgreifenden Zweifeln begegnet und die Rechtsverletzung ohne Schwierigkeiten feststellbar ist.[215]

3. Glaubhaftmachung

75 Ebenso wie ein Kläger in einem ordentlichen Klageverfahren diejenigen Tatsachen darzulegen und zu beweisen hat, die seine Ansprüche begründen, muss der Antragsteller diese im einstweiligen Verfügungsverfahren glaubhaft machen. Die Glaubhaftmachung ist eine vereinfachte Form der Beweisführung. Zur Glaubhaftmachung können sämtliche nach der ZPO zulässigen Beweismittel verwendet werden. Ein abschließender Katalog von Glaubhaftmachungsmitteln existiert nicht. Außerdem sind insb auch eidesstattliche Versicherungen zulässig.[216] Grundsätzlich muss der Antragsteller auch das Nichtvorliegen etwaiger Einreden und Einwendungen glaubhaft machen.[217] Diese Glaubhaftmachungslast erstreckt sich freilich nicht auf alle denkbaren Umstände, die dem geltend gemachten Anspruch entgegenstehen könnten, sondern nur auf solche, deren Vorliegen aufgrund des ansonsten vorgetragenen Sachverhalts sowie gegebenenfalls der Beantwortung der Abmahnung als wahrscheinlich erscheint.

76 Die Anforderungen an die Glaubhaftmachung dürfen nicht überspannt werden. Insb bei urheberrechtlichen Rechteketten kann ein lückenloser Nachweis sehr schwierig sein. Da hier unter Umstünden langwierige Recherchen erforderlich wären, betont die Rechtsprechung, dass ein schneller und wirksamer Rechtsschutz nicht dadurch unmöglich gemacht werden darf, dass man dem Rechteinhaber nicht gestattet, mit einigermaßen plausiblen Glaubhaftmachungsmitteln einen einstweiligen Titel zu erwirken, weil sich später herausstellen kann, dass sich etwaige Lücken in der Rechtekette nur durch in zweiter Instanz vorgelegtes Material schließen lassen.[218] Das OLG Hamburg verweist zur Begründung darauf, dass sich die Anforderungen an ein Parteivorbringen auch danach richten, wie sich die Gegenseite zum Vortrag des Antragstellers einlässt.[219] Bei längerer Recherche riskiert der Antragsteller, dass die Eilbedürftigkeit seines Antrags verneint wird.

---

213 OLG Frankfurt Urt v 25.3.2010, Az 6 U 219/09, Rn 7 – Whiskey-Cola.
214 OLG Celle MMR 2009, 483 – Flucht in die Säumnis.
215 KG GRUR-RR 2003, 262 Harry-Potter-Lehrerhandbuch; KG ZUM-RD 2011, 544, 551.
216 Wandtke/Bullinger/*Kefferpütz* Vor §§ 97 ff. UrhG Rn 92.
217 Wandtke/Bullinger/*Kefferpütz* Vor §§ 97 ff. UrhG Rn 91.
218 OLG Hamburg GRUR-RR 2003, 135 – Bryan Adams.
219 OLG Hamburg GRUR-RR 2003, 135 – Bryan Adams.

4. Mündliche Verhandlung und Prozessleitung

Findet eine mündliche Verhandlung statt, so gelten grundsätzlich die Vorschriften der ZPO über die mündliche Verhandlung. Eine Besonderheit besteht allerdings darin, dass die Parteien in der mündlichen Verhandlung auch völlig neue Tatsachen einbringen können.[220] Grundsätzlich ist es Sache der Parteien, zum Sach- und Streitstand vorzutragen und zu entscheiden, welche Angriffs- und Verteidigungsmittel in den Rechtsstreit eingeführt werden sollen. Nach § 139 Abs 1 ZPO hat das Gericht das Sach- und Streitverhältnis mit den Parteien nach der tatsächlichen und rechtlichen Seite zu erörtern. Dabei soll das Gericht dahin wirken, dass die Parteien sich rechtzeitig und vollständig über alle erheblichen Tatsachen erklären, insb ungenügende Angaben zu den geltend gemachten Tatsachen ergänzen, die Beweismittel bezeichnen und die sachdienlichen Anträge stellen. Diese Hinweispflicht gilt grundsätzlich auch im Verfügungsverfahren.[221] 77

5. Wiederholte Antragstellung bei verschiedenen Gerichten

Das zuweilen praktizierte Vorgehen, einen Verfügungsantrag im Falle der Anberaumung einer mündlichen Verhandlung zurückzunehmen, um ihn anschließend in der Hoffnung besserer Erfolgsaussichten bei einem anderen Gericht erneut einzureichen, stellt nach der Auffassung des OLG Hamburg einen Fall des missbräuchlichen »forum-shoppings« dar, welcher die Dringlichkeitsvermutung des § 12 Abs 2 UWG entfallen lässt.[222] Nach dem OLG Hamburg hat ein Antragsteller in einem einstweiligen Verfügungsverfahren gem § 12 Abs 2 UWG kein schützenswertes Interesse daran, einem Gericht den Antrag sanktionslos wieder entziehen zu können, nur weil zweifelhaft ist, ob das angerufene Gericht seiner Rechtsauffassung uneingeschränkt folgt. Das im Rahmen von § 12 Abs 2 UWG vorausgesetzte Rechtsschutzbedürfnis bestehe allein darin, zeitnah eine gerichtliche Überprüfung des Sachverhalts sowie eine vollstreckbare Entscheidung zu erhalten und umfasse daher nicht das Interesse des Antragstellers, nur solche Verfahren beschreiten zu wollen, deren Ausgang mit Sicherheit dem erwünschten Ergebnis entspricht. Ein unheilbarer Verfahrensmangel liegt demgegenüber vor, wenn der zweite Verfügungsantrag eingereicht wird, bevor der erste zurückgenommen wurde.[223] 78

6. Vollziehung der einstweiligen Verfügung

a) Erfordernis der Vollziehung. Eine einstweilige Verfügung muss nach §§ 929 Abs 2, 936 ZPO innerhalb eines Monats nach Zustellung (Beschluss) bzw Verkündung (Urteil) vollzogen werden, anderenfalls verliert sie nach § 929 Abs 2 ZPO ihre Wirkung. Der Verfügungsgegner kann sie dann nach § 927 Abs 1 ZPO aufheben lassen. Unter der Vollziehung einer einstweiligen Verfügung ist nach §§ 928, 936 ZPO grundsätzlich deren Vollstreckung zu verstehen. Da die Vollstreckung eines Unterlassungsgebotes mittels Ordnungsmitteln nach § 890 ZPO erst dann in Betracht kommt, wenn der Schuldner gegen dieses Gebot verstoßen hat, genügt zur Vollziehung bereits die Zustellung der mit der Ordnungsmittelandrohung versehenen Entscheidung im Parteibetrieb nach §§ 191, 192 ZPO.[224] Ebenso als Vollziehung anzusehen wäre ein separater Antrag auf Androhung von Ordnungsmitteln, der in der Praxis allerdings selten vorkommt, da der 79

220 *Berneke* Rn 145; *Klute* GRUR 2003, 34.
221 Vgl OLG Stuttgart NJW 2001, 1145 – Hinweispflicht und Befangenheit; *Berneke* Rn 145; krit zur Anwendung im einseitigen Beschlussverfahren *Teplitzky* GRUR 2008, 34.
222 OLG Hamburg GRUR 2007, 614 – forum-shopping.
223 OLG Hamburg BeckRS 2010 10601.
224 Vgl BGH GRUR 1993, 415 – Straßenverengung; *Teplitzky* Kap 55 Rn 40.

Antrag auf Androhung von Ordnungsmitteln in aller Regel in den Verfügungsantrag aufgenommen wird. Besonderes Augenmerk ist geboten, wenn die einstweilige Verfügung auch einen Auskunftsanspruch enthält. § 888 ZPO sieht zur Vollstreckung eines Anspruchs auf Auskunftserteilung die Anordnung von Zwangsmitteln vor. Ist die Auskunft nicht innerhalb der Monatsfrist erteilt worden, ist der fristgerechte Antrag des Gläubigers auf Festsetzung eines derartigen Zwangsmittels erforderlich.[225]

80 **b) Monatsfrist.** Die Notwenigkeit der Vollziehung im Parteibetrieb gilt auch für eine Urteilsverfügung, die gem § 317 ZPO bereits von Amts wegen zugestellt werden. Ist seit dem Tag, an dem die einstweilige Verfügung verkündet (Urteilsverfügung) oder dem Antragsteller zugesandt worden ist (Beschlussverfügung), ein Monat verstrichen, so kann diese nicht mehr vollzogen werden.[226] Der Antragsgegner könnte dann die Verfügung entweder durch einen Widerspruch nach §§ 924, 936 ZPO oder durch einen Antrag nach §§ 927, 936 ZPO aufheben lassen. Bei Auslandszustellungen reicht die rechtzeitige Beantragung aus.[227]

81 **aa) Beschlussverfügungen.** Einstweilige Verfügungen, die ohne mündliche Verhandlung im Beschlusswege ergehen, werden dem Antragsteller vom Gericht zugesandt. Der Antragsgegner erhält hingegen vom Gericht keine Zustellung oder Mitteilung. Vielmehr hat der Antragsteller die Beschlussverfügung im Parteibetrieb zustellen zu lassen. Die einmonatige Vollziehungsfrist beginnt mit dem **Zugang der Beschlussverfügung** beim Antragsteller.

82 **bb) Urteilsverfügungen.** Bei der nach einer mündlichen Verhandlung erlassenen Urteilsverfügung beginnt die Monatsfrist für die Zustellung im Parteibetrieb mit der **Verkündung des Urteils**. Die Urteilsverfügung wird zwar beiden Parteien von Amts wegen zugestellt. Gleichwohl muss der Antragssteller sie noch vollziehen.[228] Die Zustellung durch das Gericht reicht also keinesfalls aus.

83 Da die Vollziehungsfrist bereits mit der Verkündung des Verfügungsurteils zu laufen beginnt, ist der Antragsteller gehalten, frühzeitig bei Gericht um Aushändigung einer geeigneten Urteilsausfertigung nachzusuchen. Die Vollziehungsfrist wird nämlich insb nicht dadurch gehemmt, dass der Antragsteller auf die Aushändigung einer solchen Urteilsausfertigung warten muss. Wird eine einstweilige Verfügung auf einen Widerspruch hin modifiziert oder auf die Berufung des Antragsgegners in der zweiten Instanz neu erlassen, so bedarf es einer erneuten Zustellung.[229]

84 **c) Heilung.** War der Zustellungsvorgang mangelhaft, so kommt eine Heilung nach § 189 ZPO in Betracht.[230] Ist nicht der Zustellungsvorgang, sondern das zugestellte Schriftstück selbst mangelhaft, so kommt eine Heilung nach § 189 ZPO nicht in Betracht.[231]

---

225 OLG Düsseldorf BeckRS 2010 05025.

226 § 929 Abs 2 ZPO stellt zwar auf die „Zustellung" der Beschlussverfügung an den Antragsteller ab; allerdings setzt auch eine formlose Aushändigung des Beschlusses die Frist in Gang, da der Verfügungsgläubiger von diesem Zeitpunkt an zustellen kann (Zöller/*Vollkommer* § 929 ZPO Rn 5; *Berneke* Rn 305; Ahrens/*Berneke* Kap 57 Rn 50).

227 Vgl OLG Düsseldorf GRUR-RR 2001, 94, 95 – Zustellung im Parteibetrieb; *Berneke* Rn 308.

228 BGH GRUR 2009, 890, 891 – Ordnungsmittelandrohung; OLG Stuttgart GRUR-RR 2009, 194 – Zustellungserfordernis; OLG München Urt v 6.2.2013, Az 15 U 2848/12; Kindl/Meller-Hannich/Wolf/*Haertlein*, § 929 ZPO Rn 14.

229 OLG Düsseldorf NJW-RR 2000, 68; OLG Hamburg GRUR-RR 2007, 152.

230 Vgl Zöller/*Vollommer* § 929 ZPO Rn 14; Ahrens/*Berneke* Kap 57 Rn 42; *Klute* GRUR 2005, 924.

231 *Teplitzky* Kap 55 Rn 47a; Harte/Henning/*Retzer* § 12 UWG Rn 539; Zöller/*Stöber* § 189 ZPO Rn 8; MüKo/*Häublein* § 189 ZPO Rn 7; dagegen Musielak/*Wolst* § 189 ZPO Rn 2.

d) Zuzustellendes Dokument. Grundsätzlich ist eine Ausfertigung oder eine beglaubigte Abschrift zuzustellen.[232] Die Zustellung muss dergestalt erfolgen, dass das gerichtliche Gebot aus sich heraus verständlich ist.[233] Dabei darf bspw keine Seite fehlen.[234] Bei einer Urschrift, die Farbbilder enthält, reicht die Zustellung einer schwarz/weißen Ausfertigung grundsätzlich nicht aus.[235] Dienen die farbigen Ablichtungen allein der Identifizierung urheberrechtswidrig verwendeter Lichtbilder, so genügt die Zustellung einer schwarz/weißen Ausfertigung, wenn sich hieraus erkennen lässt, auf welche Lichtbilder sich das ausgesprochene Verbot tatsächlich bezieht.[236] 85

aa) Ausfertigung. Eine Ausfertigung ist eine in gesetzlich bestimmter Form gefertigte Abschrift, die die bei den Akten verbleibende Urschrift nach außen vertritt.[237] Sie bietet dem Zustellungsempfänger die Gewähr der Übereinstimmung mit der bei den Akten verbleibenden Urteilsurschrift. Bei der Zustellung im Parteibetrieb wird dem Zustellungsadressaten eine Ausfertigung oder eine beglaubigte Abschrift der Ausfertigung ausgehändigt.[238] Der Gerichtsvollzieher übergibt dem Schuldner die Ausfertigung bzw die beglaubigte Abschrift verbunden mit der beglaubigten Abschrift des Zustellungsvermerkes. Anschließend erhält der Gläubiger die Ausfertigung fest verbunden mit der Zustellungsurkunde zurück. Vor Weiterleitung der Dokumente an den Gerichtsvollzieher empfiehlt es sich dringend, diese auf ihre Fehlerlosigkeit hin zu überprüfen. Denn eine unvollständige Ausfertigung kann nicht Grundlage einer wirksamen Vollziehung sein.[239] 86

Die **Ausfertigung** muss die **Unterschriften der Richter** wiedergeben.[240] Eine Wiedergabe in Maschinenschrift reicht aus.[241] Eine zum Zwecke der Zustellung hergestellte Ausfertigung muss die Urschrift wortgetreu wiedergeben. Gibt die zugestellte Ausfertigung die Unterschrift eines Richters wieder, der das Urteil nicht selbst unterschrieben hat, enthält sie einen derart schwerwiegenden Fehler, dass die Zustellung nicht als wirksam angesehen werden kann.[242] Ebenso erforderlich ist, dass die Ausfertigung einen **Ausfertigungsvermerk** enthält, der die **Unterschrift des Urkundsbeamten** der Geschäftsstelle, den Vermerk „Ausgefertigt“ und das **Gerichtsiegel** trägt.[243] 87

bb) Beglaubigte Abschrift der Ausfertigung. Die Beglaubigung der Abschriften wird nach § 192 Abs 2 S 2 ZPO von dem Gerichtsvollzieher vorgenommen. Die Beglaubigung der Ausfertigung kann **auch durch den Rechtsanwalt** erfolgen.[244] Für die Beglaubigung ist erforderlich, dass sich die Beglaubigung unzweideutig auf das gesamte Schriftstück erstreckt und des- 88

---

232 *Berneke* Rn 316.
233 Vgl OLG Düsseldorf GRUR 1984, 78 – Vollziehung ohne Anlagen; OLG Köln GRUR 1987, 404 – Unvollständige Zustellung.
234 BGH GRUR 1998, 746 – Unzulängliche Zustellung.
235 OLG Frankfurt GRUR 2009, 995, 996 – Farbige Skulpturen; OLG Hamburg GRUR-RR 2007, 406 – Farbige Verbindungsanlage.
236 OLG Köln GRUR-RR 2010, 175, 176 – Farbige Lichtbilder im Beschlusstenor.
237 BGH NJW 2010, 2519 Rn 7 – Zustellung einer Urteilsausfertigung; MüKo/*Häublein* § 166 ZPO Rn 11.
238 Vgl BGH GRUR 2004, 264, 265 – Euro-Einführungsrabatt; *Berneke* Rn 316.
239 BGH GRUR 1998, 746 – Unzulängliche Zustellung.
240 Vgl OLG Hamm GRUR 1989, 298; MüKo/*Häublein* § 166 ZPO Rn 12.
241 Zöller/*Stöber* § 169 ZPO Rn 14.
242 OLG Hamm GRUR 1989, 298.
243 Vgl BGH NJW 2010, 2519 Rn 8; BGH NJW 1963, 1307, 1309; OLG Hamburg WRP 1994, 408, 409; *Berneke* Rn 317; Zöller/*Stöber* § 169 ZPO Rn 15; MüKo/*Schlingloff* § 12 UWG Rn 512.
244 BGH GRUR 2004, 264, 265 – Euro-Einführungsrabatt; Zöller/*Stöber* § 192 ZPO Rn 6; MüKo/*Häublein* § 169 ZPO Rn 10.

sen Blätter als Einheit derart verbunden sind, dass die körperliche Verbindung als dauernd gewollt erkennbar und nur durch Gewaltanwendung zu lösen ist.[245] Eine aus mehreren Blättern bestehende Abschrift einer Beschlussverfügung sollte mit Heftklammern zusammengeheftet werden, wobei sich der **Beglaubigungsvermerk** auf dem letzten Blatt befinden und sich damit auf das gesamte zugestellte Schriftstück beziehen sollte.[246] Auch hier müssen der **Ausfertigungsvermerk**, also die **Unterschrift des Urkundsbeamten** der Geschäftsstelle, der Vermerk „Ausgefertigt" und das **Gerichtsiegel** erkennbar sein.[247]

89 **cc) Antragsschrift und Anlagen.** Ob zusätzlich die Antragsschrift oder weitere Anlagen zuzustellen sind, beurteilt sich vor allem danach, ob dies gerichtlich angeordnet ist. Die Praxis der Oberlandesgerichte im Hinblick auf solche Anordnungen und die Rechtsfolgen unterlassener Zustellungen von Antragsschriften und Anlagen ist durchaus unterschiedlich.[248] So ordnet das Landgericht Düsseldorf bspw in derartigen Fällen an: *„Bei Zustellung sind diesem Beschluss beglaubigte und einfache Abschrift der Antragsschrift nebst Anlagen beizufügen"*.[249] Bei Beschlussverfügungen ist die Zustellung der Antragsschrift zumindest dann erforderlich, wenn die Verfügung nicht aus sich heraus klar und eindeutig ist.[250] Selbiges gilt, wenn Dokumente durch ausdrückliche Bezugnahme im Tenor der Entscheidung zu deren Bestandteil gemacht wurden.[251] Nach Auffassung des OLG München ist die Beifügung der Antragsschrift für eine wirksame Zustellung auch dann erforderlich, wenn das Gericht in der Verfügung auf den Antrag Bezug genommen und ihn ausdrücklich zum Bestandteil seines Beschlusses gemacht hat, selbst wenn das mit einer einstweiligen Verfügung ausgesprochene Verbot aus sich heraus verständlich ist.[252] Ähnlich sieht es das OLG Frankfurt. Damit der Verfügungsschuldner Umfang und Inhalt des Verbots zweifelsfrei ermitteln kann, ist es bei einer mit keiner Begründung versehenen Beschlussverfügung, die auf Anlagen Bezug nimmt, erforderlich, dem Beschluss zumindest diejenigen Anlagen zuzustellen, die Aufschluss über den Inhalt und die Reichweite des Verbots geben können.[253] Hierzu gehören in jedem Fall Anlagen, auf die im Verbotstenor verwiesen wird, sowie in der Regel auch die Antragsschrift, die in Ermangelung einer Beschlussbegründung zur Ermittlung des Verbotskerns herangezogen werden kann.[254] Macht der Verfügungstenor die Wirksamkeit von der gleichzeitigen Zustellung von Anlagen abhängig, müssen diese in anwaltlich beglaubigter Form mit zugestellt werden.[255] Die Übereinstimmung der zugestellten Anlagen mit den beim Gericht vorgelegten Anlagen kann nur durch deren anwaltliche Beglaubigung sichergestellt werden. Denn die Feststellung der Übereinstimmung der dem Antragsgegner zugestellten Anlagen mit den mit der Antragsschrift dem Gericht vorgelegten Anlagen liegt naturgemäß in der Hand des Antragstellers.[256] Nach Auffassung des OLG Hamburg ist die Vollziehungsfrist hingegen auch gewahrt, wenn die Antragsschrift nicht mit zugestellt wird.[257] Es sei

---

245 Instruktiv BGH GRUR 2004, 264, 265 – Euro-Einführungsrabatt; vgl BGH NJW 1974, 1383, 1384.
246 BGH GRUR 2004, 264, 265 – Euro-Einführungsrabatt; *Bernecke* Rn 318.
247 Vgl OLG Hamburg WRP 1994, 408, 409; OLG Düsseldorf GRUR 1989, 542 – eV-Vollziehung; MüKo/*Häublein* § 166 ZPO Rn 13.
248 Vgl hierzu OLG Jena NJW-RR 2013, 831; LG Köln BeckRS 2010, 17446.
249 LG Düsseldorf BeckRS 2009, 19089.
250 Vgl OLG Jena NJW-RR 2013, 831; OLG Hamm BeckRS 2010 04617; OLG Düsseldorf, GRUR 1984, 78 – Vollziehung ohne Anlagen; LG Meiningen Beschl v 13.9.2012, Az HK O 15/12; MüKo/*Schlingloff* § 12 UWG Rn 512.
251 OLG Köln GRUR 1987, 404 – Unvollständige Zustellung; OLG Koblenz Urt v 21.3.2013, Az 9 U 1156/12.
252 OLG München NJW-RR 2003, 1722.
253 OLG Frankfurt GRUR-RR 2011, 340 – Ankle Tube.
254 OLG Frankfurt GRUR-RR 2011, 340 – Ankle Tube
255 LG Köln Urt v 9.6.2011, Az 31 O 133/11.
256 LG Köln Urt v 9.6.2011, Az 31 O 133/11.
257 OLG Hamburg Urt v 3.5.2012, Az 3 U 155/10.

Sache des Verfügungsschuldners, sich die Antragsschrift zu beschaffen, um Verstöße gegen die Verfügung zu vermeiden.[258] Nach Meinung des OLG Köln ist die Vollziehungsfrist sogar auch dann gewahrt, wenn der Verfügungsbeschluss zugestellt wird, die Beifügung der Antragsschrift aber unterbleibt, selbst wenn das Gericht in dem Verfügungsbeschluss dem Antragsteller aufgegeben hat, der Antragsgegnerin eine anwaltlich beglaubigte Durchschrift der Antragsschrift mit zuzustellen, die Wirksamkeit der Zustellung von der Einbeziehung der Antragsschrift aber nicht abhängig gemacht hat.[259] Anlagen, die ausdrücklich im Tenor in Bezug genommen und dadurch zum integrierenden Bestandteil der Verfügung werden, müssen allerdings vollständig mit zugestellt werden, um die Vollziehungsfrist zu wahren.[260] Aus Praxissicht empfiehlt es sich, beglaubigte Kopien der Antragsschrift und der Anlagen generell mit zuzustellen, da dies jedenfalls keinen Nachteil mit sich bringt. Die dem Gerichtsvollzieher nach § 192 Abs 2 ZPO auszuhändigenden Schriften müssen ebenfalls einen Ausfertigungsvermerk enthalten. Auch zuzustellende Anlagen müssen beglaubigt werden, wobei der Beglaubigungsvermerk das gesamte Dokument umfassen muss.[261]

e) Zustellungsadressat. Grundsätzlich ist der Antragsgegner selber und nicht sein anwalt- 90
licher Vertreter Zustellungsadressat. Sofern der Antragsgegner im Verfügungsverfahren anwaltlich vertreten wurde, ist an seinen Verfahrensbevollmächtigten zuzustellen. Andernfalls ist die Verfügung nicht wirksam vollzogen.[262] Wurde der Antragsgegner in einem vorausgegangenen Abmahnverfahren von einem Rechtsanwalt vertreten, so rechtfertigt dies allein noch nicht, ihn als Zustellungsadressaten anzusehen.[263] In Zweifelsfällen bietet es sich an, sowohl an den Antragsgegner selbst als auch an seinen anwaltlichen Vertreter zuzustellen.

f) Antrag bei der Parteizustellung. Die Zustellung wird dadurch eingeleitet, dass an die 91
Gerichtsvollzieherverteilerstelle des zuständigen Amtsgerichtes am Sitz des Antragsgegners ein entsprechender Zustellungsauftrag gerichtet wird. Dem zuständigen Gerichtsvollzieher kann das Schriftstück mit Auftrag allerdings auch direkt übermittelt werden, was sich in eiligen Fällen durchaus anbietet. Dem Gerichtsvollzieher sind das zuzustellende Schriftstück und die erforderlichen Abschriften nach § 192 Abs 2 ZPO auszuhändigen. Da die Urschrift (Original) der Verfügung in den Gerichtsakten verbleibt, handelt es sich dabei um Ausfertigungen. Bei **Urteilsverfügungen** reicht auch eine so genannte **abgekürzte Ausfertigung** nach § 750 Abs 1 ZPO, die keinen Tatbestand und keine Entscheidungsgründe enthält, grundsätzlich aus.[264]

g) Zustellung von Anwalt zu Anwalt. Grundsätzlich ist die einstweilige Verfügung dem 92
Antragsgegner zuzustellen. Hat der Antragsgegner einen Verfahrensbevollmächtigen, so muss an diesen zugestellt werden.[265] Eine Bestellung mit der Folge, dass der Verfahrensbevollmächtigte zum Zustellungsadressaten wird, liegt vor, wenn dieser dem Gericht oder dem Antragsteller mitgeteilt hat, für das Verfahren bevollmächtigt zu sein. Gegebenenfalls kann bereits die Einrei-

---

258 OLG Hamburg Urt v 3.5.2012, Az 3 U 155/10.
259 OLG Köln NJOZ 2004, 2621.
260 OLG Köln NJW-RR 1987, 575; OLG Köln GRUR 1995, 284.
261 Ahrens/*Berneke*, Kapitel 57 Rn 36; für Beglaubigungserfordernis, wenn die Wirksamkeit im Verfügungstenor von der gleichzeitigen Zustellung der Anlagen abhängig gemacht wurde: LG Köln Urt v 9.6.2011, Az 31 O 133/11.
262 OLG Hamburg GRUR-RR 2007, 296 – Sicherheitsprofil; OLG Hamburg NJOZ 2007, 2691 Vollziehung einer Urteils-Unterlassungsverfügung.
263 OLG Düsseldorf GRUR-RR 2005, 102 – Haartrockner; OLG Köln GRUR-RR 2005, 143 – Couchtisch; MüKo/*Schlingloff* § 12 UWG Rn 508.
264 MüKo/*Schlingloff* § 12 UWG Rn 513.
265 OLG Köln GRUR 2001, 456 – Wahrung der Vollziehungsfrist; *Teplitzky* Kap 55 Rn 43.

chung einer Schutzschrift ausreichen, wenn der Antragsteller von ihr Kenntnis erlangt.[266] Der Antragssteller ist aber gut beraten, in Zweifelsfällen sowohl an den Antragsgegner als auch an dessen mutmaßlichen Verfahrensbevollmächtigen zuzustellen. Nach § 195 ZPO kann von Anwalt zu Anwalt zugestellt werden, wenn beide Parteien anwaltlich vertreten sind. Die Einschaltung eines Gerichtsvollziehers erübrigt sich in solchen Fällen. Grundsätzlich reicht bei der Zustellung von Anwalt zu Anwalt die Übermittlung einer beglaubigten Abschrift der Ausfertigung. Anders als bei der Zustellung mittels Gerichtsvollzieher muss die Ausfertigung nicht beigefügt werden. Für die Zustellung einer beglaubigten Abschrift von Anwalt zu Anwalt ist es erforderlich, dass die Abschrift mit einem Beglaubigungsvermerk, der den Gleichlaut aller Seiten bestätigt, zugestellt wird. Die Beglaubigung muss sich unzweideutig auf das gesamte Schriftstück erstrecken und dessen Blätter als Einheit derart verbinden, dass die körperliche Verbindung als dauernd gewollt erkennbar und nur durch Gewaltanwendung zu lösen ist.[267]

93 Die Zustellung mittels Telefax, bei dem die Seiten naturgemäß unverbunden sind, kann insofern problematisch sein. Nach Auffassung des OLG Brandenburg reicht es nicht aus, dass die Abschrift auf der ersten und auf der letzen Seite mit einem entsprechenden Vermerk versehen ist.[268] Nach Auffassung des OLG Frankfurt ist die Übereinstimmung der einer Faxsendung mit der Urschrift nicht zweifelsfrei gewährleistet, wenn sich bei einer per Fax übermittelten, mit verschiedenen Anlagen versehenen Beschlussverfügung der Beglaubigungsvermerk auf der Schlussseite der Sendung befindet.[269]

94 Die Zustellung erfolgt mit Hilfe eines vorbereiteten **Empfangsbekenntnisses**, welches von dem Verfahrensbevollmächtigten des Antragsgegners zu unterzeichnen und zurückzusenden ist. Die Zustellung ist insofern vereinfacht, als anstelle der Zustellung durch den Gerichtsvollzieher die einfache Übersendung per Post oder per Telefax ausreicht.[270] Die einstweilige Verfügung ist dann zugestellt, wenn der Anwalt des Antragsgegners von der Verfügung Kenntnis erlangt und seinen Annahmewillen durch die Unterzeichnung des Empfangsbekenntnisses bekundet.[271] Der Adressat muss vom Zugang des Schriftstücks nicht nur Kenntnis erhalten, sondern zudem entscheiden, ob er es als zugestellt ansieht. Die Äußerung des Willens, das Schriftstück anzunehmen (Empfangsbereitschaft), ist – anders als etwa bei einer Zustellung durch den Gerichtsvollzieher – zwingende Voraussetzung einer wirksamen Zustellung.[272] Zur Unterzeichnung eines solchen Empfangsbekenntnisses ist der Anwalt standesrechtlich verpflichtet.

95 **h) Zustellung im Ausland.** Bei einstweiligen Verfügungen ist eine Zustellung unabhängig davon erforderlich, ob es sich um eine Beschluss- oder eine Urteilsverfügung handelt. Zustellungen im Ausland beurteilen sich im Verhältnis zwischen den EU-Staaten nach der EuZVO.[273] Umfangreiche Informationen zur Zustellung in der EU enthält der „Europäische Gerichtsatlas für Zivilsachen" (http://ec.europa.eu/justice_home/judicialatlascivil/html/index_de.htm). Art 15 EuZVO sieht die Parteizustellung vor.[274] Danach kann jeder Verfahrensbeteiligte gerichtliche Schriftstücke unmittelbar durch zuständige Personen des Empfangsmitgliedstaats zustel-

266 Vgl OLG Köln GRUR-RR 2001, 71 – Schutzschriftanwalt.
267 BGH GRUR 2004, 264, 265 f – Euro-Einführungsrabatt.
268 OLG Brandenburg BeckRS 2008 08676.
269 OLG Frankfurt GRUR-RR 2010, 400 – Versteckter Beglaubigungsvermerk.
270 OLG Köln NJOZ 2007, 1981; OLG München BeckRS 2007, 09698.
271 BGH WRP 2007, 189, 190 – Empfangsbekenntnis; OLG Köln NJOZ 2007, 1981.
272 OLG Hamm BeckRS 2010 04617.
273 Verordnung (EG) Nr 1393/2007 des Europäischen Parlaments und des Rates v 13.11.2007 über die Zustellung gerichtlicher und außergerichtlicher Schriftstücke in Zivil- oder Handelssachen in den Mitgliedstaaten (Zustellung von Schriftstücken) und zur Aufhebung der Verordnung (EG) Nr 1348/2000 des Rates.
274 Vgl *Schack* Internationales Zivilverfahrensrecht Rn 689.

len lassen, wenn eine solche unmittelbare Zustellung nach dem Recht dieses Mitgliedstaats zulässig ist. Soweit das deutsche Recht Parteizustellung zulässt, kann sich die Partei, welche eine einstweilige Verfügung im Ausland zustellen will, unmittelbar an die zuständige Person im Empfangsstaat wenden, wenn auch dieser die Parteizustellung erlaubt.

Daneben gilt das „Haager Übereinkommen vom 15.11.1965 über die Zustellung gerichtlicher und außergerichtlicher Schriftstücke im Ausland in Zivil- oder Handelssachen" (HZÜ). Fragen können sich insb bei der Zustellung von Beschlussverfügungen, von Entscheidungen mit Ordnungsmittelandrohung bzw von isolierten Ordnungsmittelandrohungen und von Entscheidungen ohne Begründung ergeben. 96

aa) Beschlussverfügungen. Grundsätzlich können – trotz fehlenden rechtlichen Gehörs – auch Beschlussverfügungen im Ausland zugestellt werden. Das KG hatte über einen Fall zu entscheiden, in dem die Antragstellerin eine Beschlussverfügung in den Niederlanden zustellen ließ. Das KG hielt diese Zustellung für wirksam.[275] Zwar sei zur Vollstreckung aus der einstweiligen Verfügung in den Niederlanden eine dort zu beantragende Anerkennung notwendig. Der Vollzug der einstweiligen Verfügung durch Zustellung derselben im Parteibetriebe sei indes keine Vollstreckungsmaßnahme, sondern habe dieser nach § 750 ZPO vorauszugehen. Auch wenn die Zustellung der Wahrung der Vollziehungsfrist diene, könne daraus nicht entnommen werden, dass sie bereits eine Maßnahme der Zwangsvollstreckung sei. 97

bb) Ordnungsmittelandrohung. Die Zustellung von **Entscheidungen mit Ordnungsmittelandrohung** im Ausland kann nach Auffassung der Literatur wegen Eingriffs in fremde Hoheitsrechte unzulässig sein.[276] Dies soll erst recht für einen nachfolgenden **Ordnungsmittelbeschluss** gelten. Um die Wirksamkeit der Zustellung nicht zu gefährden, wird vorgeschlagen, zunächst keine Strafandrohung zu beantragen.[277] Bestelle sich für den Verfügungsschuldner später ein inländischer Prozessvertreter, so könne diesem gegebenenfalls ein nachträglicher Androhungsbeschluss zugestellt werden. Allerdings ist dann fraglich, ob dann der Zweck der Zustellung, nämlich die einstweilige Verfügung zu vollziehen, erreicht werden kann.[278] Nach der Rechtsprechung des BGH ist dies zweifelhaft. Der BGH hatte über einen Fall zu entscheiden, bei dem ein in Großbritannien ansässiges Unternehmen – gestützt auf § 945 ZPO – auf Schadensersatz wegen Zustellung einer deutschen Beschlussverfügung ohne Strafandrohung in Großbritannien geklagt hatte. Der BGH hielt die Klage für unbegründet, da die Zustellung der einstweiligen Verfügung nur dann als Vollziehung angesehen werden kann, wenn diese bereits eine Strafandrohung enthält.[279] Das KG differenziert danach, wann die Androhung der Ordnungsmittel beantragt wird.[280] Geschieht dies mit der Beantragung der Verfügung zusammen, so soll kein Eingriff in fremde Hoheitsrechte vorliegen. Werde der Antrag nachträglich separat gestellt, so liege ein Eingriff vor.[281] Ebenso beurteilt dies das Oberlandesgericht München. Das Oberlandesgericht München hält die Ordnungsmittelandrohung bei Urteilen gegen im Ausland ansässige Beklagte für zulässig.[282] In einem Fall, der dem OLG München zur Entscheidung vorlag, wendete 98

275 KG NJWE-WettbR 1999, 161.
276 Köhler/Bornkamm/*Köhler* § 12 UWG Rn 2.49; Harte/Henning/*Brüning* Vor § 12 UWG Rn 118; *Lindacher* 113, 119 f; *Schack* Internationales Zivilverfahrensrecht Rn 980; *Schütze* Rn 564.
277 Vgl *Lindacher* 152.
278 Vgl *Teplitzky* Kap 55 Rn 40a.
279 BGH NJW 1996, 198, 200.
280 KG NJWE-WettbR 1999, 161.
281 KG NJWE-WettbR 1999, 161, 162.
282 OLG München GRUR 1990, 677, 678 – Postervertrieb; ebenso Ahrens/*Ahrens* Kap 68 Rn 18.

sich ein Fotograf gegen die unerlaubte Verbreitung seiner Fotos durch ein schweizerisches Unternehmen in Deutschland. Das OLG München hielt ein Urteil mit Strafandrohung für zulässig, da die Androhung von Ordnungsmitteln noch kein Akt der Zwangsvollstreckung sei. Die Androhung im Urteil setze nur die Unterlassungspflicht und die Möglichkeit der Zwangsvollstreckung voraus. Nur wenn das Ordnungsmittel durch besonderen Beschluss angedroht werde, liege darin der Beginn der Zwangsvollstreckung.[283] Nach Auffassung der Literatur ist die Zustellung von Ordnungsgeldandrohungen in der EU zulässig.[284] Hierfür spricht Art 49 EuGVVO, der auch Ordnungsgelder im Sinne des § 890 ZPO erfasst.[285]

99 **cc) Fehlende Begründung.** Auch bei fehlender Begründung kann die Auslandszustellung einer Beschlussverfügung – trotz §§ 922, 936 ZPO – wirksam sein. Zwar ist die Vollziehung der Beschlussverfügung durch Zustellung zugleich eine Vollstreckungsmaßnahme. Eine Geltendmachung im Ausland iSd § 922 Abs 1 S 2 ZPO liegt darin allerdings – nach Auffassung des OLG Köln – noch nicht.[286] Das OLG Köln hielt eine Zustellung für wirksam, bei der die Antragstellerin eine Beschlussverfügung, die mit keiner Begründung versehen war, in Dänemark zustellen ließ. Aus dem Fehlen einer Begründung könne kein die Unwirksamkeit bzw die Unbeachtlichkeit der Auslandszustellung begründender Mangel hergeleitet werden. Zwar sei die durch die Zustellung bewirkte Vollziehung einer einstweiligen Verfügung eine besondere Form der Vollstreckung des vorläufigen Titels. Darin erschöpfe sich die Funktion der Vollziehung indes nicht. Diese sei vielmehr Voraussetzung der Wirksamkeit der getroffenen Anordnung über die in § 929 Abs 2 ZPO genannte Monatsfrist hinaus und Teil des der Vollstreckung vorgelagerten Verfahrens der Erwirkung bzw Erhaltung der einstweiligen Verfügung selbst. Die Vollstreckung erfolge im Rahmen des eigenständigen Verfahrens nach § 890 ZPO, das seinerseits die Zustellung des Antrags auf Verhängung von Ordnungsmitteln an den Unterlassungsschuldner voraussetze. Die Zustellung der diesem Vollstreckungsverfahren zugrundeliegenden Beschlussverfügung stelle sich demgegenüber lediglich als Ankündigung der Absicht, von dem titulierten Unterlassungsgebot Gebrauch machen zu wollen, dar und sei als ein der Geltendmachung des Verbots vorgelagerter Akt einzuordnen. Nach Auffassung des OLG Hamburg ist das Begründungserfordernis zwar gesetzlich zwingend vorgeschrieben, aber sanktionslos. Sinn und Zweck das Begründungserfordernisses liege allein in der Sicherung der ordnungsgemäßen Auslandszustellung, da eine Reihe von Ländern ausländische Gerichtsentscheidungen nicht förmlich zustellten, wenn ihnen nicht entnommen werden könne, auf welcher rechtlichen Grundlage die Verurteilung erfolgt sei.[287]

100 **i) Folgen der Fristversäumung.** Die Vollziehungsfrist ist der Disposition der Parteien entzogen. Sie kann weder abgekürzt noch verlängert werden. Bei ihrer Versäumung gibt es im Zivilprozess keine Wiedereinsetzung in den vorigen Stand. Die unterbliebene Vollziehung führt auf Antrag des Verfügungsschuldners zur Aufhebung der einstweiligen Verfügung und zur Ablehnung des Verfügungsantrags im Rechtsmittelverfahren sowie zur Auferlegung der Verfahrenskosten.[288]

283 OLG München GRUR 1990, 677, 678 – Postervertrieb.
284 *Kurtz* 113 ff; *Lindacher* 120.
285 Vgl *Giebel* IPRax 2009, 324, 326; *Kurtz* 115.
286 OLG Köln GRUR 1999, 66 – DAN/DANNE.
287 OLG Hamburg Urt v 19.8.2004, Az 5 U 32/04.
288 BGH GRUR 1993, 415 – Straßenverengung; KG WRP 2007, 810, 811 – Wahrung der Vollziehungsfrist.

IV. Sofortige Beschwerde

Lehnt das Gericht den Erlass einer einstweiligen Verfügung ab, so kann der Antragsteller hiergegen mit der sofortigen Beschwerde vorgehen. 101

V. Rechtsbehelfe

Gegen die einstweilige Verfügung stehen verschiedene Rechtsbehelfe zur Auswahl. Dies sind der Widerspruch (gegen Beschlussverfügungen), die Berufung (gegen Urteilsverfügungen) und bestimmte Anträge auf Aufhebung. 102

1. Widerspruch

Gegen eine Beschlussverfügung kann Widerspruch nach §§ 924, 936 ZPO eingelegt werden. 103 Durch Widerspruch gegen eine Beschlussverfügung erreicht der Antragsgegner, dass über den Verfügungsantrag mündlich verhandelt wird.[289] Der Widerspruch kann darauf gestützt werden, dass die allgemeinen Prozessvoraussetzungen, der Verfügungsgrund oder der Verfügungsanspruch bei Erlass der einstweiligen Verfügung nicht vorlagen, letztere also von Anfang an nicht gerechtfertigt war. Auch die Versäumung der Vollziehungsfrist nach §§ 929 Abs 2, 936 ZPO kann den Widerspruch rechtfertigen. Nach § 95 Abs 1 Nr 4c) GVG sind Kennzeichen- und Geschmacksmustersachen grundsätzlich Handelssachen. Die Kammern für Handelssachen sind nach § 96 Abs 1 GVG zuständig, wenn dies beantragt wird. Sollte in Markensachen eine einstweilige Verfügung von einer allgemeinen Zivilkammer erlassen worden sein, so empfiehlt es sich für den Widersprechenden, zu beantragen, dass die Kammer für Handelssachen über den Widerspruch entscheidet. Erfahrungsgemäß fällt es einer Kammer, die über einen bestimmten Sachverhalt noch nicht entschieden hat, leichter, die Angelegenheit unvoreingenommen zu beurteilen, als einer Kammer, die die einstweilige Verfügung erlassen hat und sich insofern schon eine Meinung gebildet hat. Dies gilt in besonderem Maße dann, wenn der Widersprechende seinen Widerspruch nicht auf eigenen Sachvortrag stützt, sondern im Wesentlichen auf rechtliche Erwägungen.

Besondere Formen des Widerspruches sind der Kostenwiderspruch und der Unterwerfungswiderspruch. Mit beiden setzt sich der Schuldner gegen die Auferlegung der Kosten zur Wehr. 104

a) Kostenwiderspruch. Sofern die einstweilige Verfügung nach Meinung des Antragsgegners in der Sache begründet war, kann er auch einen Widerspruch nur gegen die Kostenentscheidung erheben. Ein solches Vorgehen bietet sich bspw dann an, wenn der Antragsteller es unterlassen hat, den Antragsgegner vor Beantragung der einstweiligen Verfügung abzumahnen und die Abmahnung nicht aus besonderen Gründen entbehrlich war. 105

b) Unterwerfungswiderspruch. Dem Antragssteller sind die Kosten des Verfügungsverfahrens bei unterbliebener Abmahnung nach § 93 ZPO auch dann aufzuerlegen, wenn der Antragsgegner nach Zustellung der einstweiligen Verfügung eine strafbewehrte Unterlassungserklärung abgibt und gleichzeitig vollen Umfangs Widerspruch einlegt.[290] Umstritten ist, wie sich 106

---

289 *Berneke* Rn 190.
290 OLG Hamburg GRUR 1988, 242; Hefermehl/Köhler/*Bornkamm* § 12 UWG Rn 3.42; *Teplitzky* Kap 55 Rn 10.

eine erst nach Widerspruchseinlegung abgegebene Unterlassungserklärung auswirkt. Nach einer Auffassung ist ein Unterwerfungswiderspruch mit der Kostenfolge des § 93 ZPO sogar noch in der mündlichen Verhandlung möglich.[291] Sofern im Einzelfall nicht wirklich triftige Gründe dagegen sprechen, sollte die Unterlassungserklärung vorher oder zeitgleich mit dem Widerspruch abgegeben werden. Da durch Abgabe einer strafbewehrten Unterlassungserklärung die Wiederholungsgefahr entfällt, muss der Antragssteller die Hauptsache für erledigt erklären.[292] Nach übereinstimmender Erledigungserklärung wird nach § 91a ZPO durch Beschluss über die Kosten des Verfahrens entschieden.

2. Berufung

107 Gegen eine Urteilsverfügung kann nach § 511 ZPO Berufung eingelegt werden. Der Antragsgegner kann die Berufung insb auch damit begründen, dass die Verfügung zwischenzeitlich der Aufhebung wegen veränderter Umstände – bspw aufgrund der Versäumung der Vollziehungsfrist – unterliegt.[293]

3. Aufhebungsanträge

108 Daneben kann der Verfügungsschuldner wahlweise auch die Aufhebung der einstweiligen Verfügung wegen Nichterhebung der Hauptsacheklage (§ 926 ZPO)[294] oder wegen veränderter Umstände (§ 927 ZPO) beantragen. Ist die Hauptsache nicht anhängig, so hat das Gericht gemäß § 926 Abs 1 ZPO auf Antrag ohne mündliche Verhandlung anzuordnen, dass die Partei, die die einstweilige Verfügung erwirkt hat, binnen einer zu bestimmenden Frist Klage zu erheben habe. Wird dieser Anordnung nicht Folge geleistet, so ist auf Antrag die Aufhebung des Arrestes durch Endurteil auszusprechen. § 926 ZPO weicht von Art 50 Abs 6 TRIPs ab. Art 50 Abs 6 TRIPs bestimmt, dass einstweilige Maßnahmen auf Antrag des Antragsgegners aufgehoben oder auf andere Weise außer Kraft gesetzt werden, wenn das Verfahren, das zu einer Sachentscheidung führt (Hauptsacheverfahren), nicht innerhalb einer angemessenen, näher bestimmten Frist eingeleitet wird. Trotz dieser Abweichungen gehen einige Gerichte davon aus, dass § 926 ZPO den Anforderungen des Art 50 Abs 6 TRIPs genüge, mit der Folge, dass eine einstweilige Verfügung nicht schon deswegen aufzuheben ist, weil nicht innerhalb der in Art 50 Abs 6 TRIPs genannten Fristen Hauptsacheklage erhoben wird.[295]

Veränderte Umstände sind unter anderem das nachträgliche Erlöschen des Verfügungsanspruchs, das Ergehen eines den Verfügungsanspruch verneinenden Urteils im Hauptsachverfahren oder die Versäumung der Vollziehungsfrist nach §§ 929 Abs 2, 936 ZPO. Erweist sich die Anordnung einer einstweiligen Verfügung als von Anfang an ungerechtfertigt oder wird die Anordnung aufgrund § 926 Abs 2 ZPO aufgehoben, ist der Antragsteller gem § 945 ZPO auch verpflichtet, dem Antragsgegner den Schaden zu ersetzen, der ihm aus der Vollziehung der einstweiligen Verfügung oder dadurch entstanden ist, dass er Sicherheit geleistet hat, um die Vollziehung abzuwenden oder die Aufhebung der einstweiligen Verfügung zu erwirken.

---

291 OLG Hamburg WRP 1972, 537; OLG Celle WRP 1975, 242; OLG München WRP 1976, 264; Harte/Henning/*Retzer* § 12 UWG Rn 488; *Berneke* Rn 246.

292 BGH NJW-RR 2006, 566; Harte/Henning/*Retzer* § 12 UWG Rn 489; Ahrens/*Scharen* Kap 51 Rn 65.

293 Harte/Henning/*Retzer* § 12 UWG Rn 500; *Berneke* Rn 215.

294 Die von § 926 ZPO abweichende Vorschrift des Art 50 Abs 6 TRIPs, die keinen Klageerzwingungsantrag, sondern den automatischen Beginn einer Frist von 20 Arbeitstagen oder 31 Kalendertagen vorsieht, ist nicht unmittelbar anwendbar (LG Mannheim GRUR-RR 2009, 277, 280 – Pan European License).

295 OLG Hamburg GRUR 2003, 873 – Pflanzgutangebot; OLG Frankfurt GRUR-RR 2004, 198 – Softwarefälschung

§ 5
Abschlussverfahren

I. Funktion

Die einstweilige Verfügung ist nur ein vorläufiger Titel. Der Verfügungsschuldner kann die bereits dargestellten Rechtsbehelfe gegen die Verfügung einlegen.[296] Die Abschlusserklärung beseitigt diese Bestandsschwäche des Verfügungstitels, indem sie ihn einem endgültigen Titel gleichstellt.[297] Die Erklärung muss also zumindest zum Ausdruck bringen, dass durch sie der Verfügungstitel nach Bestandskraft und Wirkung als einem entsprechenden Hauptsachetitel gleichwertig anerkannt wird, mit der Folge, dass auf sämtliche Möglichkeiten eines Vorgehens gegen den Titel und den titulierten Anspruch verzichtet wird, die auch durch einen rechtskräftigen Hauptsachetitel ausgeschlossen wären.[298] Die Abschlusserklärung muss dem Inhalt der einstweiligen Verfügung entsprechen, damit sie die erwünschte Gleichstellung mit dem Hauptsachetitel erreichen kann, und darf grundsätzlich nicht an Bedingungen geknüpft sein.[299] Sie muss einen Verzicht auf die möglichen Rechtsbehelfe gegen die einstweilige Verfügung – aus §§ 924, 926, 927 ZPO – enthalten. Allerdings soll der Verzicht den Verfügungsgläubiger nicht besser stellen, als er bei einem rechtskräftigen Hauptsachetitel stünde, was bei einem uneingeschränkten Verzicht auf den Rechtsbehelf des § 927 ZPO, der es dem Verfügungsschuldner ermöglicht, die Aufhebung der einstweiligen Verfügung wegen veränderter Umstände zu beantragen, der Fall wäre. Denn einem Hauptsachetitel können unter den Voraussetzungen der §§ 323, 767 ZPO nachträglich entstandene Einwendungen entgegengehalten werden. Zu den Einwendungen, die eine Vollstreckungsabwehrklage gegen einen in der Hauptsache titulierten Unterlassungsanspruch begründen können, gehören nicht nur Gesetzesänderungen, sondern – im stark richterrechtlich geprägten Wettbewerbsrecht – auch Änderungen in der höchstrichterlichen Rechtsprechung.[300] Die Formulierung in einer Abschlusserklärung, nach der diese unter einer „auflösenden Bedingung einer auf Gesetz oder höchstrichterlicher Rechtsprechung beruhenden eindeutigen Klärung des zu unterlassenden Verhaltens als rechtmäßig" steht, ist grundsätzlich zu weitgehend, da eine solche auflösende Bedingung zur Folge hätte, dass der Verfügungsschuldner nach Bedingungseintritt sämtliche Rechte aus §§ 924, 926, 927 ZPO geltend machen könnte. Der BGH hat eine entsprechend formulierte Bedingung allerdings als – zulässigen – Vorbehalt der Rechte aus § 927 ZPO ausgelegt, mit der Folge, dass durch die Gleichstellung des vorläufigen mit einem endgültigen Titel das Rechtsschutzbedürfnis für eine Hauptsacheklage entfällt.[301] Will der Antragsgegner nicht gegen die einstweilige Verfügung vorgehen, so empfiehlt es sich, von sich aus innerhalb von zwei Wochen nach Zustellung der einstweiligen Verfügung eine Abschlusserklärung abzugeben.[302] Eine Abschlusserklärung muss dem Inhalt der einstweiligen Verfügung entsprechen, damit sie die angestrebte Gleichstellung des vorläufigen Titels mit dem Hauptsachetitel erreichen kann und das Rechtsschutzbedürfnis für eine Unterlassungsklage entfallen lässt.[303] Grundsätzlich zulässig ist es auch, sich einen Kostenwiderspruch vorzubehalten.[304] 109

---

296 Vgl *Teplitzky* Kap 43 Rn 2.
297 BGH GRUR 2005, 692, 694 – „statt"-Preis.
298 *Teplitzky* Kap 43 Rn 8.
299 BGH GRUR 2009, 1096, 1097 Rn 14 – Mescher weis.
300 BGH GRUR 2009, 1096, 1097 Rn 17 – Mescher weis; vgl auch BGH NJW 2010, 1874, 1876 Rn 22 – Presserechtlicher Unterlassungsvertrag.
301 BGH GRUR 2009, 1096, 1098 Rn 27 – Mescher weis.
302 Vgl OLG Hamm BeckRS 2009 88339.
303 BGH GRUR 2005, 692 – „statt"-Preis.
304 OLG Düsseldorf BeckRS 2010, 02308.

II. Abschlussschreiben

110 Das Abschlussschreiben ist eine Aufforderung an den Verfügungsschuldner, eine Abschlusserklärung abzugeben. In aller Regel wird diese Aufforderung mit der Androhung einer Klageerhebung für den Verweigerungsfall verbunden.[305] Da das Abschlussschreiben der Vorbereitung einer möglichen Hauptsacheklage dient, ist es nicht an den Verfahrensbevollmächtigten des Verfügungsverfahrens, sondern direkt an den Verfügungsschuldner zu adressieren, sofern sich nicht der Verfahrensbevollmächtigte auch für ein etwaiges Hauptsacheverfahren legitimiert hat. Erhebt der Verfügungsgläubiger eine Hauptsacheklage ohne vorher ein Abschlussschreiben versendet zu haben, so riskiert er, bei sofortigem Anerkenntnis nach § 93 ZPO die Prozesskosten tragen zu müssen.[306] Will der Verfügungsgläubiger das Kostenrisiko des § 93 ZPO vermeiden, muss er dem Verfügungsschuldner auch dann – gegebenenfalls zum zweiten Mal – Gelegenheit geben, innerhalb einer angemessenen Frist eine Abschlusserklärung abzugeben, wenn das Gericht auf den Widerspruch des Verfügungsschuldners hin die Beschlussverfügung durch Urteil bestätigt hat.[307] Ebenso wie bei der Abmahnung der Entwurf einer Unterlassungsklärung beigefügt werden kann, besteht die Möglichkeit – allerdings nicht die Verpflichtung – dem Abschlussschreiben den Entwurf einer Abschlusserklärung beizufügen. In der Regel wird dem Verfügungsschuldner eine Frist zur Abgabe der Abschlusserklärung gesetzt, wobei eine Frist von einem Monat ab Zugang des Abschlussschreibens ausreicht.[308]

III. Kosten

111 Die Kosten des Abschlussschreibens sind grundsätzlich vom Verfügungsschuldner zu erstatten, sofern für das Abschlussschreiben Veranlassung bestand. Dies kann in aller Regel erst dann bejaht werden, wenn der Verfügungsgläubiger nicht innerhalb einer Frist von zwei Wochen nach Zustellung der Verfügung von sich aus eine Abschlusserklärung abgegeben hat.[309] Es handelt sich dabei allerdings nicht um eine starre Zeitvorgabe. Zu berücksichtigen ist zunächst, dass die Rechtsposition des Verfügungsgläubigers bereits durch die einstweilige Verfügung gesichert ist. Dem Verfügungsgläubiger kann es im Einzelfall durchaus zugemutet werden, länger als zwei Wochen zu warten, wenn der Verfügungsschuldner die Bereitschaft zum Einlenken bereits signalisiert hat und der Abschlusserklärung nur noch solche Hinderungsgründe entgegenstehen, mit deren rascher Behebung gerechnet werden kann.[310]

Ausnahmen von dem Grundsatz der Erstattungsfähigkeit gelten dann, wenn der Gläubiger in einem durchschnittlich komplizierten Fall über eine eigene Rechtsabteilung verfügt oder wenn das Abschlussschreiben nicht erforderlich war.[311] Letzteres ist der Fall, wenn der Schuldner sich bereits zuvor unterworfen oder eine Abschlusserklärung abgegeben hatte. Das Abschlussschreiben gehört hinsichtlich der Anwaltsgebühren nicht zum Verfügungsverfahren, sondern zur angedrohten Hauptsacheklage.[312] Gibt der Antragsgegner die geforderten Erklärun-

305 Vgl OLG Frankfurt WRP 2007, 556, 557.
306 Harte/Henning/*Retzer* § 12 UWG Rn 652; *Berneke* Rn 343.
307 OLG Frankfurt GRUR-RR 2006, 111, 112 – Aufforderung zur Abschlusserklärung.
308 *Berneke* Rn 352.
309 OLG Hamburg ZUM-RD 2009, 382, 385 – Yacht II; Harte/Henning/*Retzer* § 12 UWG Rn 664; *Berneke* Rn 404.
310 OLG Frankfurt GRUR-RR 2003, 294 – Wartefrist.
311 OLG Stuttgart WRP 2007, 688, 689 – Abschlusserklärung.
312 BGH GRUR 2010, 1038, 1039 Rn 27 – Kosten für Abschlussschreiben.

gen ab, steht dem Antragsteller grundsätzlich ein materiell-rechtlicher Kostenerstattungsanspruch zu.[313]

Gibt der Schuldner eine Abschlusserklärung ab, bejaht die wohl überwiegende Ansicht eine Analogie zu § 12 Abs 1 S 2 UWG.[314] Nach anderer Ansicht kann nach wie vor auf die Grundsätze der Geschäftsführung ohne Auftrag zurückgegriffen werden.[315] 112

§ 6
Klage

Der Verletzte kann seine Ansprüche (daneben) auch im Hauptsacheverfahren geltend machen. 113
Anders als im Verfügungsverfahren, in dem im Wesentlichen nur die Unterlassungs-, Drittauskunfts- und Vernichtungsansprüche durchgesetzt bzw gesichert werden können, sind im Klageverfahren sämtliche Ansprüche insb auch Schadensersatzansprüche und die zur Bezifferung erforderlichen unselbständigen Auskunfts- und Rechnungslegungsansprüche durchsetzbar. Eine Besonderheit bei Immaterialgüterrechtsverletzungen besteht darin, dass die Schadensersatzfeststellungsklage hier die sonst übliche Stufenklage in ihrer praktischen Bedeutung völlig verdrängt.

I. Stufenklage

Ist der Schaden des Gläubigers bzw die Bereicherung des Schuldners noch nicht bezifferbar, so 114
kann der nach § 253 Abs 2 Nr 2 ZPO erforderliche bestimmte Klageantrag nicht gestellt werden. Hier hilft dem Gläubiger § 254 ZPO, der eine Verbindung von Auskunfts- und Zahlungsklage im Wege der Stufenklage ermöglicht.[316] Bei einem einheitlichen Streitgegenstand kann das Gericht grundsätzlich die einzelnen, unselbständigen Posten der Höhe nach verschieben, sofern die Endsumme nicht überschritten wird.[317] Ein solches Vorgehen ist jedoch dann unzulässig, wenn ein auf konkrete Rechtsverletzungen gestützter Zahlungsanspruch mit Beträgen aufgefüllt wird, die einem noch nicht bezifferten Zahlungsanspruch einer Stufenklage entnommen werden. Bei Immaterialgüterrechtsverletzungen ist die Stufenklage allerdings eine seltene Ausnahme.

II. Kombination von Auskunfts- und Schadensersatzfeststellungsklage

Die Rechtsprechung lässt auch eine Verbindung von Auskunfts- und Schadensersatzfest- 115
stellungsklage zu. Das nach § 256 Abs 1 ZPO erforderliche Feststellungsinteresse entfällt nach Ansicht des BGH im Immaterialgüterrecht nicht schon dadurch, dass der Kläger im Wege

---

313 BGH GRUR-RR 2008, 368 – Gebühren für Abschlussschreiben.

314 Hefermehl/Köhler/*Bornkamm* § 12 UWG Rn 3.73; *Nill* GRUR 2005, 740, 741; dagegen *Teplitzky* FS Ulmann 999, 1005.

315 Vgl BGH GRUR 2010, 1038, 1039 Rn 26 – Kosten für Abschlussschreiben; BGH GRUR 1973, 384, 385 – Goldene Armbänder; *Teplitzky* FS Ullmann 2006, 999, 1005.

316 Vgl BGH GRUR 2004, 855, 856 – Hundefigur; *Schack* Rn 723.

317 BGH GRUR 1990, 353, 355 – Raubkopien.

der Stufenklage nach § 254 ZPO auf Leistung klagen könnte.[318] Denn die Kombination von Auskunfts- und Feststellungsklage kann aufgrund prozessökonomischer Erwägungen geboten sein, wenn etwa auch nach erteilter Auskunft die Begründung des Schadensersatzanspruches Schwierigkeiten bereitet. Zudem schützt die Feststellungsklage den Verletzten vor einer drohenden Verjährung. Bei einem stattgebenden Feststellungsurteil verjährt der Schadensersatzanspruch gem § 197 Abs 1 Nr 3 BGB erst in 30 Jahren. Diese großzügige Handhabung des Feststellungsinteresses durch die Rechtsprechung begründet freilich keine Verpflichtung, von der Möglichkeit der Kombination von Auskunfts- und Schadensersatzfeststellungsklage auch Gebrauch zu machen. Der Kläger kann ebenso eine Stufenklage einreichen.[319]

§ 7
Vollstreckung

I. Überblick

116 Die Vollstreckung von titulierten Unterlassungsansprüchen erfolgt durch Ordnungsmittel nach § 890 ZPO und setzt einen vollstreckbaren Unterlassungstitel, eine gerichtliche Ordnungsmittelandrohung, die Zustellung des Titels und der Ordnungsmittelandrohung sowie eine schuldhafte Zuwiderhandlung voraus. Eine durch Urteil erlassene Verbotsverfügung wird mit der Verkündung des Urteils wirksam und ist vom Schuldner ab diesem Zeitpunkt zu beachten, wenn sie eine Ordnungsmittelandrohung enthält. Aus der Notwendigkeit, die auf Unterlassung gerichtete Urteilsverfügung durch Zustellung zu vollziehen, folgt nicht, dass der Unterlassungsschuldner das Verbot nicht bereits ab der Urteilsverkündung zu beachten hat.[320] Die Vollstreckung vertretbarer Handlungen, wie bspw der Vernichtung von Gegenständen, richtet sich nach § 887 ZPO. Unvertretbare Handlungen, wie bspw Auskunft und Rechnungslegung, werden nach § 888 ZPO im Wege des Zwangsmittelverfahrens vollstreckt. Die in § 888 ZPO vorgesehenen Zwangsmittel sind Beugemittel und können durch Vornahme der geschuldeten Handlung abgewendet werden. Die Abgabe von Willenserklärungen – wie bspw die Einwilligung in eine Markenlöschung – wird nach § 894 ZPO vollstreckt.

II. Ordnungsmittelverfahren

117 Handelt der Schuldner eines titulierten und mit Ordnungsmittelandrohung versehenen Unterlassungsanspruches dem Unterlassungsgebot zuwider, so kann ein Ordnungsgeld und für den Fall, dass dieses nicht beigetrieben werden kann, Ordnungshaft verhängt werden. Nach § 890 ZPO kann alternativ auch von Anfang an Ordnungshaft verhängt werden. Für das Verschulden reicht bereits Fahrlässigkeit aus.[321] Der Schuldner muss allerdings selber schuldhaft gehandelt haben. Ein Verschulden von Hilfspersonen reicht nicht aus, da weder § 278 BGB noch § 831 BGB anwendbar sind.[322] Eine juristische Person muss sich jedoch das Verschulden ihrer Organe nach § 31 BGB

---

318 BGH GRUR 2001, 1177, 1178 – Feststellungsinteresse II; BGH GRUR 1972, 180, 183 – Cheri; Ahrens/*Loewenheim* Kap 69 Rn 2; *Melullis* Rn 1057; *Teplitzky* Kap 52 Rn 16.
319 BGH GRUR 2004, 855, 856 – Hundefigur.
320 BGH GRUR 2009, 890 – Ordnungsmittelandrohung.
321 Zöller/*Stöber* § 890 ZPO Rn 5.
322 Hefermehl/Köhler/*Köhler* § 12 UWG Rn 6.6.

und ein etwaiges Organisationsverschulden zurechnen lassen.[323] Ein Organisationsverschulden trifft den Betriebsinhaber schon dann, wenn er nicht unverzüglich nach erlangter Kenntnis vom Vollstreckungstitel alle ihm zumutbaren Maßnahmen trifft, um Zuwiderhandlungen zu vermeiden, insb auch Verstöße von Angestellten.[324] Er ist verpflichtet, ein etwaiges verbotswidriges Verhalten Dritter durch aktives Tun zu verhindern.[325] Er muss dazu die geeigneten Anordnungen erteilen und deren Ausführung überwachen. Nach Auffassung des OLG Köln muss der Unterlassungsschuldner, dem der Vertrieb eines bestimmten Produkts untersagt worden ist, auch dafür Sorge tragen, dass von ihm bereits veräußerte, aber von seinen Abnehmern noch nicht abgesetzte Vertriebsstücke vom Markt genommen werden.[326] Dagegen spricht nach Meinung des OLG Köln auch nicht der Umstand, dass die Abnehmer der Schuldnerin nicht in deren Vertriebsorganisation eingebunden und als eigenständige Unternehmen auch nicht weisungsabhängig sind. Nach Einschätzung des OLG Köln liegt es nahe, dass die Handelspartner einen Hinweis der Schuldnerin, dass ihr der weitere Vertrieb gerichtlich untersagt sei, zum Anlass nehmen, ihrerseits den Verkauf der Ware zu stoppen, da aufgrund der parallelen Rechtslage damit zu rechnen wäre, dass die Gläubigerin sonst auch gegen sie vorgehen würde.[327] Diese weite Auslegung eines titulierten Unterlassungsanspruches überzeugt nicht. Der in § 98 Abs 2 UrhG kodifizierte Anspruch auf Rückruf und auf endgültiges Entfernen aus den Vertriebswegen wäre anderenfalls überflüssig.

Der Verbotsumfang ist nicht auf die konkrete Verletzungsform begrenzt. Die sogenannte Kern- 118
theorie, nach welcher der Schutzumfang eines Unterlassungsgebots nicht nur Verletzungsfälle, die mit der verbotenen Form identisch sind, sondern auch solche gleichwertigen Äußerungen umfasst, die ungeachtet etwaiger Abweichungen im Einzelnen den Äußerungskern unberührt lassen, wurde vom BVerfG ausdrücklich gebilligt.[328] Die Zuordnung einer Handlung zum Kernbereich des Verbots scheidet allerdings aus, wenn sie nicht Gegenstand der Prüfung im Erkenntnisverfahren gewesen ist.[329] Nach einer wenig überzeugenden Entscheidung des OLG Frankfurt soll der Vertrieb von Piraterieware einerseits und von parallel importierter (nicht erschöpfter) Originalware andererseits mit einem einheitlichen Klageantrag verfolgt werden können. Gleichwohl müsse die Begründung eines etwaigen Vollstreckungsantrags sich daran orientieren, auf welchen dieser Gesichtspunkte ein antragsgemäß erlassenes Verbot gestützt worden sei.[330] Ein Grund für diese differenzierende Behandlung der Kerngleichheit im Erkenntnisverfahren einerseits und im Ordnungsgeldverfahren andererseits ist nicht ersichtlich. Bei rechtsverletzenden Webseiten kommt es im Ordnungsmittelverfahren darauf an, ob diese einen hinreichenden Inlandsbezug aufweisen.[331]

Das Mindestmaß des einzelnen Ordnungsgelds beträgt € 5,–, das Höchstmaß € 250.000,–. 119
Die Verhängung eines Ordnungsmittels nach § 890 ZPO ist neben der Geltendmachung eines Anspruchs auf Vertragsstrafe möglich. Eine bereits titulierte Vertragsstrafe ist bei der Festsetzung des Ordnungsmittels zu berücksichtigen.[332] Mehrere Einzelakte, mit denen ein Schuldner gegen ein tituliertes Unterlassungsgebot verstößt, werden dabei nicht als fortgesetzte Handlung zu einer einheitlichen Tat zusammengefasst.[333]

323 BVerfG GRUR 2007, 618 – Organisationsverschulden; Zöller/*Stöber* § 890 ZPO Rn 5.
324 OLG Zweibrücken GRUR 2000, 921 – CHRONOSLIM.
325 BGH NJW-RR 2003, 1235, 1236 – Gartenbaubetrieb.
326 OLG Köln GRUR-RR 2008, 365 – Möbelhandel.
327 OLG Köln GRUR-RR 2008, 365 – Möbelhandel.
328 BVerfG GRUR 2007, 618 – Organisationsverschulden.
329 BGH WRP 2013, 1485, 1486 – Umsatzangaben.
330 OLG Frankfurt Urt v 7.2.2013, Az 6 U 188/12 – Converse.
331 OLG Hamburg MMR 2010, 432 – Google.
332 BGH GRUR 2010, 355, 358 Rn 33 – Testfundstelle; OLG Köln NJW-RR 1986, 1191 – Verhängung eines Ordnungsmittels.
333 BGH GRUR 2009, 427 – Mehrfachverstoß gegen Unterlassungstitel.

III. Einstweilige Einstellung der Zwangsvollstreckung

120 In Ausnahmefällen kommt auch eine einstweilige Einstellung der Zwangsvollstreckung nach §§ 719, 707 ZPO in Betracht.[334] Bei einstweiligen Verfügungen hat ein solcher Antrag in der Praxis nur selten Erfolg. Die Einstellung der Zwangsvollstreckung ist nur unter besonderen Umständen möglich. Diese können darin liegen, dass bei der Entscheidung bereits feststeht, dass das angefochtene Urteil keinen Bestand haben kann. Eine solche Situation liegt vor, wenn es nach dem glaubhaft gemachten Vortrag des Antragsgegners an der Dringlichkeit fehlt.[335] In anderen Fällen bedarf es insb einer Abwägung der beiderseitigen Interessen der Parteien.[336]

IV. Vollstreckung gegen Auslandsansässige

121 Es besteht ein erhebliches Bedürfnis danach, im Inland erwirkte Entscheidungen gegen Auslandsansässige zu vollstrecken. Ob in solchen Fällen eine Inlandsvollstreckung oder eine Auslandsvollstreckung vorzugswürdig ist, beurteilt sich insb danach, ob der Titelschuldner über hinreichendes Vermögen im Inland verfügt. Die Inlandsvollstreckung wirft dabei vergleichsweise wenig Fragen auf.

1. Auslandsvollstreckung

122 Verfügt der Titelschuldner über kein Vermögen im Inland, so kommt nur eine Auslandsvollstreckung in Betracht. Die Vollstreckung erfolgt auf der Grundlage des inländischen Titels nach ausländischem Zwangsvollstreckungsrecht. Grundsätzlich kommen für die Auslandsvollstreckung zwei Wege in Betracht. Die Anerkennung und Vollstreckbarerklärung im Zweitstaat unter Anwendung dortigen Vollstreckungsrechts (1) oder die Festsetzung des Ordnungsmittels im Erststaat und dessen anschließende Vollstreckbarerklärung im Zweitstaat (2).[337] Bei der Vollstreckung im Ausland ist Art 38 EuGVVO zu beachten.[338] Nach Art 38 Abs 1 EuGVVO werden die in einem Mitgliedstaat ergangenen Entscheidungen, die in diesem Staat vollstreckbar sind, in einem anderen Mitgliedstaat vollstreckt, wenn sie dort auf Antrag eines Berechtigten für vollstreckbar erklärt worden sind. Eine wesentliche Vereinfachung bringt die reformierte EuGVVO nF,[339] die ab dem 10.1.2015 gilt.[340] Eine der Neuerungen ist die Abschaffung des Exequaturverfahrens.[341]

123 **a) Vollstreckung auf der Grundlage von Beschlussverfügungen.** Die Vollstreckung von Beschlussverfügungen ist im Hinblick auf Art 34 EuGVVO problematisch. Art 34 Nr 2 EuGVVO regelt den Fall fehlenden rechtlichen Gehörs. Zudem kann auch der ordre-public-Vorbehalt aus Art 34 Nr 1 EuGVVO betroffen sein.[342] Nach der Rechtsprechung des Europäischen Gerichtshofes

---

334 Eingehend *Klette* GRUR 1982, 471.
335 OLG Köln GRUR 1982, 504 – Gastechnik.
336 OLG Koblenz WRP 1981, 545.
337 Ahrens/*Ahrens* Kap 16 Rn 45.
338 Vgl BGH NJW 1996, 198.
339 Verordnung (EU) Nr 1215/2012 des Europäischen Parlaments und des Rates v 12.12.2012 über die gerichtliche Zuständigkeit und die Anerkennung und Vollstreckung von Entscheidungen in Zivil- und Handelssachen.
340 Zu den Neuerungen *Cadet* EuZW 2013, 218.
341 Art 39 EuGVVO nF (VO 1215/2012) lautet: „Eine in einem Mitgliedstaat ergangene Entscheidung, die in diesem Mitgliedstaat vollstreckbar ist, ist in den anderen Mitgliedstaaten vollstreckbar, ohne dass es einer Vollstreckbarerklärung bedarf".
342 Vgl EuGH EuZW 2009, 422 – Gambazzi/DaimlerChrysler.

sind gerichtliche Entscheidungen, durch die einstweilige oder auf eine Sicherung gerichtete Maßnahmen angeordnet werden und die ohne Ladung der Gegenpartei ergangen sind, auf der Grundlage der EuGVÜ nicht vollstreckbar.[343] Der BGH überträgt diese Auffassung auf die EuGVVO.[344] In einem vom BGH zu entscheidenden Fall hatte die Gläubigerin gegen die Schuldnerin bei einem schwedischen Gericht einen Arrestbeschluss erwirkt. Die Schuldnerin war vor Erlass des Arrestbeschlusses weder gehört worden, noch war ihr zuvor ein verfahrenseinleitendes Schriftstück zugestellt worden. Sie hat jedoch gegen den Arrest fristgerecht den zulässigen Rechtsbehelf eingelegt. Nach Auffassung des BGH kann der Beschluss in Deutschland nicht für vollstreckbar erklärt werden. Der BGH verwies auf Art 45 Abs 1 EuGVVO iVm Art 34 Nr 2 EuGVVO. Danach kann eine Entscheidung nicht anerkannt und damit nicht für vollstreckbar erklärt werden, wenn dem Beklagten, der sich nicht auf das Verfahren eingelassen hat, das verfahrenseinleitende Schriftstück nicht so rechtzeitig und in einer Weise zugestellt worden ist, dass er sich verteidigen konnte, es sei denn, der Beklagte hat gegen die Entscheidung keinen Rechtsbehelf eingelegt, obwohl er die Möglichkeit dazu hatte. Eine Vollstreckung im Ausland scheidet in solchen Fällen aus. Anders ist die Situation freilich dann, wenn kein Rechtsbehelf eingelegt wurde, obwohl die Möglichkeit dazu bestand.[345] Nach Auffassung des OLG München kann eine von einem französischen Gericht ohne Anhörung der Gegenseite erlassene einstweilige Verfügung in Deutschland mit einer Vollstreckungsklausel versehen werden, wenn die Möglichkeit, in Frankreich Rechtsbehelf einzulegen, bestand und genutzt wurde.[346] Die Vollstreckung einer in Abwesenheit ergangenen Entscheidung dürfe nicht nach Art 34 Nr 2 EuGVVO versagt werden, wenn der Beklagte gegen die in Abwesenheit ergangene Entscheidung einen Rechtsbehelf einlegen konnte, mit dem er hätte geltend machen können, dass ihm das verfahrenseinleitende Schriftstück oder das gleichwertige Schriftstück nicht so rechtzeitig und in einer Weise zugestellt worden sei, dass er sich habe verteidigen können. In dem vom OLG München zu entscheidenden Fall konnten die Antragsgegner nicht nur einen Rechtsbehelf einlegen, sondern haben es auch getan. Ihre Beschwerde wurde vom Tribunal de Grande Instance de Paris nach kontradiktorischem Verfahren zurückgewiesen.[347]

In der Literatur wird wegen der skizzierten Rechtsprechung empfohlen, ausdrücklich zu beantragen, dass das Gericht dem Antragsgegner den Verfügungsantrag zustellt und ihm Gelegenheit zur Äußerung gibt.[348] Da bei der Zustellung im Ausland in aller Regel eine Übersetzung erforderlich ist, bietet es sich an, der Antragsschrift bereits eine beglaubigte Übersetzung beizufügen. Um den zeitlichen und finanziellen Aufwand gering zu halten, sollte die Antragsschrift kurz gefasst werden. Grundsätzlich reicht es aus, dass sämtliche die Schlüssigkeit begründenden Tatsachen im Schriftsatz enthalten sind. Bestellt sich dann ein Rechtsanwalt für den Antragsgegner, so können Details anschließend in der Replik ausgeführt werden. Im Anwendungsbereich der EuZVO[349] sind grundsätzlich auch diejenigen Anlagen zu übersetzen, die zur vollständigen Substantiierung erforderlich sind.[350] Die Übersetzungskosten sind vom Antragsteller vorzuschießen und können im Kostenfestsetzungsverfahren geltend gemacht werden.[351] Das 124

343 EuGH GRUR Int 1980, 512, 514 – Denilauler.

344 BGH GRUR 2007, 813, 814 – Ausländischer Arrestbeschluss.

345 LG Berlin BeckRS 2008, 15977.

346 OLG München BeckRS 2010, 21929.

347 OLG München BeckRS 2010, 21929.

348 *Heydn/Schmid-Petersen/Vassilaki* Rn 666; *Kurtz* 104.

349 Verordnung (EG) Nr 1393/2007 des Europäischen Parlaments und des Rates v 13.11.2007 über die Zustellung gerichtlicher und außergerichtlicher Schriftstücke in Zivil- oder Handelssachen in den Mitgliedstaaten (Zustellung von Schriftstücken) und zur Aufhebung der Verordnung (EG) Nr 1348/2000 des Rates.

350 *Schlosser* Art 8 EuZVO Rn 5.

351 OLG Düsseldorf BeckRS 2009, 18543.

zuzustellende Schriftstück iSd Art 8 EuZVO muss die Unterlagen enthalten, die es dem Antragsgegner bzw Beklagten erlauben, den Gegenstand und die Begründung des Rechtsbehelfs zu verstehen und zu erkennen, dass ein gerichtliches Verfahren besteht, in dessen Verlauf er seine Rechte dadurch geltend machen kann, dass er sich in einem laufenden Verfahren verteidigt oder dass er gegen eine – auf einen einseitigen Antrag hin ergangene Entscheidung – einen Rechtsbehelf einlegt.[352] Nur Unterlagen, die bspw lediglich Beweisfunktion haben und insofern für das Verständnis des Gegenstands und des Grundes der Klage erlässlich sind, müssen nicht übersetzt werden.[353] Sind diese Voraussetzungen nicht erfüllt, besteht ein Recht zur Annahmeverweigerung, welche auch gegenüber der Übermittlungsstelle erklärt werden kann.[354] Aus diesem Grund muss der Antragsteller auch nicht das Risiko eingehen, die Anlagen nur teilweise übersetzen zu lassen. Nach Auffassung des OLG Düsseldorf kann der Antragsteller im Kostenfestsetzungsverfahren bspw auch die Übersetzung von englischsprachigen Dokumenten in die niederländische Sprache ansetzen, wenn die Zustellung in Belgien erfolgt; der Antragsgegner kann dem nicht entgegenhalten, dass die englische Sprache im internationalen Handelsverkehr verbreitet ist.[355]Auch bezüglich der Vollstreckung von Beschlussverfügungen bringt die ab dem 10.1.2015 geltende EuGVVO nF[356] eine Vereinfachung. Wird die Verfügung von dem in der Hauptsache zuständigen Gericht erlassen, so ist sie nach der Zustellung auch dann vollstreckbar, wenn keine mündliche Verhandlung stattgefunden hatte.[357]

125 **b) Vollstreckung von Ordnungsmittelbeschlüssen im Ausland.** Mitunter schwierig kann die Vollstreckung von Ordnungsgeldern im EU-Ausland sein. Zwar sind Ordnungsgelder Forderungen im Sinne der EuVTVO.[358] Das Ordnungsgeldverfahren genügt indes regelmäßig nicht den in Art 12ff. EuVTVO geregelten Mindestvorschriften für Verfahren über unbestrittene Forderungen.[359]

126 **c) Erforderlichkeit von Begründung und Vollstreckungsklausel.** Um im Ausland anerkannt und für vollstreckbar erklärt werden zu können, muss die Entscheidung mit einer Begründung (§ 922 Abs 1 S 2 ZPO) und mit einer Vollstreckungsklausel (§ 31 AVAG)[360] versehen sein.[361] Eine einstweilige Verfügung, deren Zwangsvollstreckung in einem anderen Vertrags- oder Mitgliedstaat betrieben werden soll, ist nach § 31 AVAG auch dann mit der Vollstreckungs-

---

352 EuGH NJW 2008, 1721, 1724 Tz 64 – Ingenieurbüro Weiss/IHK Berlin.

353 EuGH NJW 2008, 1721, 1724 Tz 69 – Ingenieurbüro Weiss/IHK Berlin.

354 OLG Frankfurt NJW-RR 2009, 71 – Auslandszustellung in Italien.

355 OLG Düsseldorf BeckRS 2009, 18543.

356 Verordnung (EU) Nr 1215/2012 des Europäischen Parlaments und des Rates vom 12.12.2012 über die gerichtliche Zuständigkeit und die Anerkennung und Vollstreckung von Entscheidungen in Zivil- und Handelssachen (vgl Cadet EuZW 2013, 218)

357 Art 2a EuGVVO nF (VO 1215/2012) lautet: „Für die Zwecke von Kapitel III umfasst der Ausdruck „Entscheidung" auch einstweilige Maßnahmen einschließlich Sicherungsmaßnahmen, die von einem nach dieser Verordnung in der Hauptsache zuständigen Gericht angeordnet wurden. Hierzu gehören keine einstweiligen Maßnahmen einschließlich Sicherungsmaßnahmen, die von einem solchen Gericht angeordnet wurden, ohne dass der Beklagte vorgeladen wurde, es sei denn, die Entscheidung, welche die Maßnahme enthält, wird ihm vor der Vollstreckung zugestellt".

358 EG-Verordnung Nr 805/2004 des Europäischen Parlaments und des Rates v 21.4.2004 zur Einführung eines europäischen Vollstreckungstitels für unbestrittene Forderungen.

359 BGH NJW 2010, 1883 Rn 20ff – Europäischer Vollstreckungstitel; vgl zur Vorinstanz OLG München IPRax 2009, 342 (Leitsätze in GRUR-RR 2009, 324); dagegen *Lindacher* 156.

360 Gesetz zur Ausführung zwischenstaatlicher Verträge und zur Durchführung von Verordnungen und Abkommen der Europäischen Gemeinschaft auf dem Gebiet der Anerkennung und Vollstreckung in Zivil- und Handelssachen (Anerkennungs- und Vollstreckungsausführungsgesetz – AVAG).

361 *Kurtz* 102f.

klausel zu versehen, wenn dies für eine Zwangsvollstreckung im Inland nach § 796 Abs 1, § 929 Abs 1 und § 936 ZPO nicht erforderlich wäre.

2. Inlandsvollstreckung

Verfügt der Titelschuldner über hinreichendes Vermögen im Inland, so bietet sich eine Inlandsvollstreckung an. Urteile im Hauptsache- oder im Verfügungsverfahren können ab dem Zeitpunkt ihrer Verkündung vollstreckt werden, sofern das Urteil eine Ordnungsmittelandrohung enthält.[362] Eine Vollziehung der Urteilsverfügung durch Zustellung im Parteibetrieb erübrigt sich dadurch allerdings nicht.[363] Soll die einstweilige Verfügung nur im Inland Wirkung entfalten, so schadet es nicht, wenn die Gegenseite zuvor nicht angehört wurde. Eine Beschlussverfügung kann gegebenenfalls auch durch eine Auslandszustellung wirksam vollzogen werden.[364] Allerdings ist hier zu beachten, dass die Zustellung einer Entscheidung mit Strafandrohung in einem Nicht-EU-Staat, der auch nicht Vertragsstaat des LGVÜ ist, nach Auffassung der Literatur in fremde Hoheitsrechte eingreifen kann.[365] Jedenfalls dann, wenn ein Ordnungsmittel durch separaten Beschluss angedroht wird, liegen darin nach der obergerichtlichen Rechtsprechung der Beginn der Zwangsvollstreckung und gegebenenfalls ein Eingriff in fremde Hoheitsrechte.[366] 127

V. Klarstellungsverfügung

Nicht selten besteht seitens des Gläubigers Unklarheit darüber, ob ein bereits ergangener Titel eine nunmehr neu beanstandete Rechtsverletzung erfasst oder nicht. Fraglich ist in diesem Zusammenhang häufig, ob ein Rechtsschutzbedürfnis für die Erwirkung einer **Klarstellungsverfügung** vorliegt. Nach Auffassung des Oberlandesgerichts Köln besteht für einen erneuten Verfügungsantrag ein Rechtsschutzbedürfnis, wenn und soweit eine bereits erlassene einstweilige Verfügung auslegungsfähig ist und ernsthafte Zweifel vorliegen, ob die nunmehr beanstandete Verletzungshandlung gegen den vorhandenen Unterlassungstitel verstößt.[367] Das Oberlandesgericht Düsseldorf hält es für zulässig, dass der Verfügungsgläubiger gegen eine modifizierte Verletzungshandlung sowohl im Wege einer neuen Unterlassungsklage oder eines Antrags auf Erlass einer einstweiligen Verfügung als auch im Wege der Zwangsvollstreckung aus dem bereits bestehenden Titel vorgeht.[368] 128

§ 8
Überlegungen zur Vorgehensweise

Neben der Berechtigungsanfrage, die sich vor allem bei nicht eindeutigen Konstellationen anbietet, hat der Schutzrechtsinhaber grundsätzlich – sofern nicht eine einstweilige Verfügung 129

362 BGH GRUR 2009, 890, 891 Tz 11 – Ordnungsmittelandrohung.
363 BGH GRUR 2009, 890, 891 Tz 15 – Ordnungsmittelandrohung.
364 Vgl *Berneke* Rn 308; Ahrens/*Ahrens* Kap 16 Rn 33.
365 *Lindacher* 151 f.
366 OLG München GRUR 1990, 677 – Postervertrieb; KG NJWE-WettbR 1999, 161.
367 OLG Köln Urt v 24.8.2012 – 6 U 72/12.
368 OLG Düsseldorf GRUR 1994, 81 – Kundenzeitschriften; offen gelassen von OLG Hamburg Urt v 29.1.2004, Az 3 U 109/03.

mangels Dringlichkeit ausscheidet – zwei verschiedene Möglichkeiten des Vorgehens. Er kann zunächst abmahnen oder sogleich eine einstweilige Verfügung beantragen. Entscheidet er sich für die zuletzt genannte Option und erlässt das Gericht die Verfügung im Beschlusswege, stehen ihm drei Wege offen. Er kann die Verfügung zustellen, die Abmahnung unter Hinweis auf die Verfügung nachholen oder die Abmahnung ohne Hinweis auf die Verfügung nachholen. Welche Variante vorzugswürdig ist, hängt von einer Vielzahl von Faktoren des Einzelfalls ab.

130 Grundsätzlich kann der Schutzrechtsinhaber auch schon vor der Abmahnung eine einstweilige Verfügung beantragen und anstelle deren Zustellung eine Abmahnung – ohne oder mit Hinweis auf die Verfügung – aussprechen. Dieses Vorgehen hat bspw den Vorteil, dass er vor der Abmahnung die Meinung des Gerichts erfährt, was sich insb bei unklaren Tatsachen- oder Rechtsfragen anbieten kann. Gegebenenfalls kann der Verfügungsantrag zurückgezogen werden. Außerdem kann auf diese Weise in aller Regel verhindert werden, dass sich die Gegenseite durch Einreichung einer Schutzschrift Gehör bei Gericht verschafft. Einer der Nachteile dieses Vorgehens ist, dass der Schutzrechtsinhaber die Abmahnkosten später nicht gestützt auf § 12 UWG oder Geschäftsführung ohne Auftrag von der Gegenseite verlangen kann.[369] Zudem können nach Auffassung des OLG Düsseldorf die Verfahrenskosten auch dann dem Antragsteller auferlegt werden, wenn dieser zunächst eine einstweilige Verfügung erwirkt und den Antragsgegner anschließend erfolglos abmahnt, ohne auf die Verfügung hinzuweisen.[370] Der Zweck der Abmahnung, überflüssige Gerichtsverfahren zu vermeiden, werde nicht erreicht, wenn vor der Abmahnung bereits eine einstweilige Verfügung erlassen wurde.

---

369 OLG Köln WRP 2008, 379, 380 – Abmahnung bei Schubladenverfügung; *Weisert* WRP 2007, 504, 505.
370 OLG Düsseldorf BeckRS 2010, 02308; dagegen LG Hamburg BeckRS 2008, 25092.

Kapitel 6
Lizenzvertragsrecht

Literatur

Ahrens Brauchen wir einen Allgemeinen Teil der Rechte des Geistigen Eigentums? GRUR 2006, 617; *Ann/Barona* Schuldrechtsmodernisierung und gewerblicher Rechtsschutz, Köln 2002; *von Ann* (Hrsg) Festschrift für Reimar König zum 70. Geburtstag, Köln 2003; *Bahr* Die Behandlung von Vertikalvereinbarungen nach der 7. GWB-Novelle WuW 2004, 259; *Bandasch/Lemhöfer/Horn* Die Verwaltungspraxis des Bundeskartellamtes zu den Lizenzverträgen nach §§ 20, 21 GWB, Köln ua 1969; *Barona* Die Haftung des Patentlizenzgebers für Tauglichkeitsmängel der Erfindung nach neuem Schuldrecht, Baden-Baden 2004; *Bartenbach, B* Die Patentlizenz als negative Lizenz, Köln 2002; *dies* Negative Lizenz Mitt 2002, 503; *dies* Die Schuldrechtsreform und ihre Auswirkungen auf das Lizenzvertragsrecht Mitt 2003, 102; *Bartenbach, K* Patentlizenz- und Know-how-Vertrag, Köln 7. Aufl 2013; *ders* Zwischenbetriebliche Forschungs- und Entwicklungskooperation und das Recht der Arbeitnehmererfindung, Köln 1985; *ders* Aktuelle Probleme des Gewerblichen Rechtsschutzes, Köln 2007 – Band 2; *Bartenbach, K/Fock* Das neue nicht eingetragenen Geschmacksmuster – Ende des ergänzenden wettbewerblichen Leistungsschutzes im Geschmacksmusterrecht oder dessen Verstärkung? WRP 2002, 119; *Bartenbach, K/Söder* Lizenzvertragsrecht nach neuem GWB: Lizenzgebührenpflicht über den Inhalt des Schutzrechts hinaus und nach Schutzrechtsende Mitt 2007, 353; *Bausch* Patentlizenz und Insolvenz des Lizenzgebers NZI 2005, 289; *Bechtold/Bosch/Brinker/Hirsbrunner* EG-Kartellrecht, Kommentar, 2. Aufl München 2009; Beck'sche Formularsammlung zum gewerblichen Rechtsschutz mit Urheberrecht, 4. Aufl München 2009; *Berger* Vertragsstrafen und Schadenspauschalierungen im Internationalen Wirtschaftsrecht RIW 1999, 401; *ders* Zur Wirksamkeit von Lösungsklauseln für den Konkursfall ZIP 1994, 173; *ders* Lizenzen in der Insolvenz des Lizenzgebers GRUR 2013, 321; *Billhardt* Horizontale und vertikale Wettbewerbsbeschränkungen im Gesetz gegen Wettbewerbsbeschränkungen, Frankfurt aM ua 2004; *Bornkamm* Markenrecht und wettbewerbsrechtlicher Kennzeichenschutz GRUR 2005, 97; *Brandt* Softwarelizenzen in der Insolvenz unter besonderer Berücksichtigung der Insolvenz des Lizenzgebers NZI 2001, 337; *Bruns* Das Wahlrecht des Insolvenzverwalters und vertragliche Lösungsrechte ZZP 110 (1997), 305; *Bühling* Die Markenlizenz im Rechtsverkehr GRUR 1998, 196; *Busse* PatG 7. Aufl Berlin 2013; *Dahlheimer/Feddersen/Miersch* EU-Kartellverfahrensverordnung, Kommentar zur VO 1/2003, München 2005; *Drexel* Die neue Gruppenfreistellungsverordnung über Technologietransfer-Vereinbarungen im Spannungsfeld von Ökonomisierung und Rechtssicherheit GRUR Int 2004, 716; *von Einsele* (Hrsg) Festschrift 50 Jahre VPP, Duisburg 2005; *Erdmann/Bornkamm* Schutz von Computerprogrammen – Rechtslage nach der EG-Richtlinie GRUR 1991, 877; *Fammler* Der Markenlizenzvertrag, 2. Aufl München 2007; *Feil* Europäische Union – Kommission erlässt neue Gruppenfreistellungsverordnung für Technologietransfer-Vereinbarungen nebst Leitlinie GRUR Int 2004, 454; *Fezer* Markenrecht, München 4. Aufl 2009; *ders* Markenfunktionale Wechselwirkung zwischen Markenbekanntheit und Produktähnlichkeit – Gemeinschaftsrechtliche Verwechslungsgefahr als Produktkontrolle und Produktverantwortung des Markeninhabers – Zur „Canon"-Entscheidung des EuGH WRP 1998, 1123; *ders* Lizenzrechte in der Insolvenz des Lizenzgebers – Zur Insolvenzfestigkeit der Markenlizenz – WRP 2004, 793; *Finger* Die Offenkundigkeit des mitgeteilten Fachwissens bei Know-how-Verträgen GRUR 1970, 3; *Fischer* Anmerkungen zum Urteil des BGH vom 11.6.1970, X ZR 23/68 – Kleinfilter GRUR 1970, 549; *ders* Verwertungsrechte bei Patentgemeinschaften GRUR 1977, 313; *Forkel* Gebundene Rechtsübertragung, Köln ua 1977; *ders* Lizenzen an Persönlichkeitsrechten durch gebundene Rechtsübertragung GRUR 1988, 491; *Gallego* Die Anwendung des kartellrechtlichen Missbrauchsverbots auf unerlässliche Immaterialgüterrechte im Lichte der IMS Health- und Standard-Spundfass-Urteile GRUR Int 2006, 16; *Groß* Der Lizenzvertrag, 10. Aufl Frankfurt aM 2011; *Groß/Rohrer* Lizenzgebühren, 3. Aufl Frankfurt 2012; *von Großfeld* (Hrsg) Festschrift für Wolfgang Fikentscher zum 70. Geburtstag, Tübingen 1998; *Grützmacher* Insolvenzfeste Softwarelizenz- und Softwarehinterlegungsverträge – Land in Sicht? CR 2006, 289; *Hellebrand/Himmelmann* Lizenzsätze für technische Erfindungen, 4. Aufl Köln ua 2011; *Hauck* Patentlizenzverträge in der Insolvenz des Lizenzgebers GRUR-Prax 2013, 437; *Henn* Patent- und Know-how-Lizenzvertrag, 5. Aufl Heidelberg 2003; *Hölzlwimmer* Produkthaftungsrechtliche Risiken des Technologietransfers durch Lizenzverträge, München 1995; *Hoeren/Schuhmacher* Verwendungsbeschränkungen im Softwarevertrag CR 2000, 137; *Hoffmann* Immaterialgüterrechte in der Insolvenz ZInsO 2003, 732; *Horns* Anmerkungen zu begrifflichen Fragen des Softwareschutzes GRUR 2001, 1; *Ingerl/Rohnke* Markengesetz, 3. Aufl München 2010; *von Jaeger/Pohlmann/Rieger/Schroeder* (Hrsg) Frankfurter Kommentar zum Kartellrecht, Loseblatt, Köln Stand 11/2013 (zit Frankfurter Kommentar zum Kartellrecht – Bearbeiter); *Kahlenberg/Haellmigk* Neues Deutsches Kartellgesetz – Stichtag 1.7.2005: Änderung des GWB BB 2005, 1509; *Karl/Reichelt* Die Änderung des Gesetzes gegen Wettbewerbsbeschränkungen durch die 7. GWB-Novelle DB 2005, 1436; *Keller* Kartellrechtliche Schranken für Lizenzverträge, Bern 2004; *von Keller* (Hrsg) Festschrift für Winfried Tilmann zum 65. Geburtstag, Köln 2003; *Klauer/Möhring* Patentrechtskommentar Band I, 3. Aufl München 1971; Arbeitskreis für Insolvenz- und Schiedsgerichtswesen eV (Hrsg) Kölner Schriften zur InsO, 2. Aufl Köln 2000; *Körner* Der Bestand bzw Fortbestand von Schutzrechten und Know-how als Voraussetzung der Lizenzgebühren – bzw Schadensersatzpflicht GRUR 1982, 341; *Kraßer/Schmid* Der Lizenzvertrag über technische Schutzrechte aus der Sicht des deutschen Zivilrechts GRUR Int 1982, 324; *Kuebart* Verrechnungspreise im Internationalen Lizenzverkehr: Grundlagen der Ermittlung steuerlich angemessener Lizenzgebühren bei Verträgen zwischen international verbundenen Unternehmen und Ermittlung eines ganzheitlichen Preisermittlungsprogramms, Bielefeld 1995; *Lange* Marken- und Kennzeichenrecht, 2. Aufl München 2012; *Lichtenstein* Der Lizenzvertrag im engeren Sinne NJW 1965, 1839; *Lindenmaier/Weiss* Patentgesetz, 6. Aufl Köln ua 1973; *Lorenz* Die Beurteilung von Patentlizenzvereinbarungen anhand der Innovationstheorie WRP 2006, 1008; *Lorenzen* Designschutz im europäischen und internationalen Recht: zur Anwendung und Auslegung internationalen und europäischen Designschutzrechts, insbesondere der materiellen Geschmacksmustervorschriften der Richtlinie 98/71/EG und der Verordnung (EG) Nr 6/2002 über das Gemeinschaftsgeschmacksmuster, Hamburg 2002; *Loschelder* Der Schutz technischer Entwicklungen und praktischer Gestaltungen durch das Marken- und Lauterkeitsrecht – Versuch einer Bewertung der Rechtsprechung der letzten zwei Jahre GRUR Int 2004, 767; *Lüdecke* Erfindergemeinschaften, Berlin 1962; *ders* Die Ausübungspflicht des Lizenznehmers GRUR 1952, 211; *ders* Zur rechtlichen Natur der Lizenz NJW 1966, 815; *Lüdecke/Fischer* Lizenzverträge, Berlin 1957; *Magen* Lizenzverträge und Kartellrecht, Heidelberg 1963; *Magold* Personenmerchandising, Frankfurt aM 1994; *Manz/Ventroni/Schneider* Auswirkungen der Schuldrechtsreform auf das Urheber(vertrags)recht ZUM 2002, 409; *Marly* Praxishandbuch Softwarerecht, 5. Aufl München 2009; *Mummenthey* Vertraulichkeitsvereinbarungen CR 1999, 651; *Nack* Neue Gedanken zur Patentierbarkeit von computerimplementierten Erfindungen – Bedenken gegen Softwarepatente – ein déjà vu? GRUR Int 2004, 771; *Nägele* Der aktuelle Stand der geplanten europäischen Gesetzgebung zur Patentierbarkeit computerimplementierter Erfindungen Mitt 2004, 101; *Nerlich/Römermann* Insolvenzordnung, Kommentar, Loseblatt, München Januar 2011; *Nirk* Die Einordnung der Gewährleistungsansprüche und Leistungsstörungen bei Verträgen über Patente in das Bürgerliche Gesetzbuch GRUR 1970, 329; *Ohl* Wegfall der Lizenz vor Ablauf des Patents GRUR 1992, 77; *Pagenberg/Beier* Lizenzverträge – Licence Agreements, 6. Aufl Köln ua 2008; *Palandt* Bürgerliches Gesetzbuch, 72. Aufl München 2013 (zit Palandt/*Bearbeiter*); *Paulus* Software in Vollstreckung und Insolvenz ZIP 1996, 2; *Pfaff/Osterrieth* Lizenzverträge – Fomularkommentar, 3. Aufl München 2010; *Plath/Scherenberg* Zur Insolvenzfestigkeit des Erwerbs von Nutzungsrechten an Software CR 2006, 153; *Pohlmann* Zum wettbewerbsrechtlichen Leistungsschutz bei Herkunftstäuschung EWiR 1999, 667; *Polley* Verwendungsbeschränkungen in Softwareüberlassungsverträgen CR 1999, 345; *Preu* Der Einfluß der Nichtigkeit oder Nichterteilung von Patenten auf Lizenzverträge GRUR 1974, 623; *Rahlf/Gottschalk* Neuland: Das nicht eingetragene Gemeinschaftsgeschmacksmuster GRUR Int 2004, 821; *von Rebmann/Säcker/Rixecker* (Hrsg) Münchener Kommentar, Kommentar zum Bürgerlichen Gesetzbuch, 6. Aufl München 2012; *Reichl* Beobachtungen zur Patentierbarkeit computerimplementierter Erfindungen Mitt 2006, 6; *Reimer* Patentgesetz und Gebrauchsmustergesetz, 3. Aufl Köln ua 1968; *Röhling* Die Zukunft des Kartellverbots in Deutschland nach In-Kraft-Treten der neuen EU-Verfahrensrechtsordnung GRUR 2003, 1019; *Sack* Der „spezifische Gegenstand" von Immaterialgüterrechten als immanente Schranke des Art 85 Abs 1 EG-Vertrag bei Wettbewerbsbeschränkungen in Lizenzverträge RIW 1997, 449; *ders* Zur Vereinbarkeit wettbewerbsbeschränkender Abreden in Lizenz- und Know-how-Verträgen mit europäischem und deutschem Kartellrecht WRP 1999, 592; *Schade* Die Ausübungspflicht bei Lizenzen, Köln ua 1967; *Scheffler* Besonderheiten bei der Abwehr von Ansprüchen aus parallelen Gebrauchs- und Geschmackmustern im Falle widerrechtlicher Entnahme geistigen Eigentums Mitt 2005, 216; *Schlötelburg* Musterschutz an Zeichen GRUR 2005, 123; *Smid/Lieder* Das Schicksal urheberrechtlicher Lizenzen in der Insolvenz des Lizenzgebers – Auswirkungen des § 103 InsO DZWiR 2005, 7; *Schmoll/Hölder* Patentlizenz- und Know-how-Verträge in der Insolvenz – Teil I: Insolvenz des Lizenznehmers GRUR 2004, 743; *dies* Patentlizenz- und Know-how-Verträge in der Insolvenz – Teil II: Insolvenz des Lizenzgebers GRUR 2004, 830; *Schölch* Softwarepatente ohne Grenzen GRUR 2001, 16; *Schöninger* Softwarepatente – BGH ebnet der Patentierung von Computerprogrammen den Weg CR 2000, 129; *Schuhmacher* Wirksamkeit von typischen Klauseln in Softwareüberlassungsverträgen CR 2000, 641; *Schulte* Patentgesetz, Kommentar, 8. Aufl Köln 2008; *Schultze/Pautke/Wagener* Die Gruppenfreistellungsverordnung für Technologietransfervereinbarungen, Praxiskommentar, Frankfurt aM 2005; *Sefzig* Das Verwertungsrecht des einzelnen Miterfinders GRUR 1995, 302; *Seifert* Zur Preisabstandspflicht in Taschenbuchlizenzverträgen – Zugleich eine Anmerkung zum BGH-Urteil „Preisabstandsklausel" ZUM 1986, 667; *Stickelbrock* Urheberrechtliche Nutzungsrechte in der Insolvenz – von der Vollstreckung nach §§ 112 ff. UrhG bis zum Kündigungsverbot des § 112 InsO WM 2004, 549; *Storch* Folgen der Unwirtschaftlichkeit der Lizenzverwertung GRUR 1978, 168; *Ströbele/Hacker* Markengesetz, 10. Aufl Köln 2012; *Stumpf* Die Eintragung von Lizenzen im Markenregister MarkeNr 2005, 425; *Völp* Weitergeltung der Lizenz bei Veräußerung des Schutzrechts

GRUR 1983, 45; *von Troller* Immaterialgüterrecht Bd II, 3. Aufl Basel 1983; *Ullmann* Urheberrechtlicher und patentrechtlicher Schutz von Computerprogrammen, Aufgaben der Rechtsprechung CR 1992, 641; *Ullrich* Lizenzverträge im europäischen Wettbewerbsrecht – Einordnung und Einzelfragen Mitt 1998, 50; *Wallner* Softwarelizenzen in der Insolvenz des Lizenzgebers ZIP 2004, 2073; *Wiedemann* Lizenzen und Lizenzverträge in der Insolvenz, Köln 2006; *Wimmer* (Hrsg) Frankfurter Kommentar zur Insolvenzordnung, 7. Aufl Berlin 2013; *Zeising* Die insolvenzrechtliche Verwertung und Verteidigung von gewerblichen Schutzrechten – Teil I Mitt 2000, 206; *ders* Lizenzverträge im Insolvenzverfahren Mitt 2001, 240.

Übersicht

§ 1
Zweck des Lizenzvertrages/Lizenzpolitik

1 Ein erteiltes bzw eingetragenes Schutzrecht gibt grundsätzlich nur dessen Inhaber das Recht, das ihm gewährte Monopol zu verwerten; Dritte sind als Folge dieses Monopols von der Nutzung des durch das Schutzrecht geschützten Gegenstands (zB der Erfindung bei einem Patent bzw Gebrauchsmuster, der Form bei einem Design, etc) ausgeschlossen (vgl etwa § 9 S 1 und S 2 PatG). Allerdings bezieht sich der Rechtsschutz nicht auf die Erfindung oder das Design an sich, sondern er besteht nur insoweit, als Erfindung oder Design auch tatsächlich geschützt sind; maßgeblich für den Rechtsschutz ist deshalb nicht die Erfindung oder das Design selbst, sondern das für sie bestehende Schutzrecht (wie Patent oder Design), das in seinem Schutzbereich abweichen kann.

2 Der Schutzrechtsinhaber hat die Möglichkeit, die ihm durch die Schutzrechtserteilung bzw -eintragung vermittelten Vermögenswerte auf verschiedene Weise wirtschaftlich zu verwerten, zB durch Eigennutzung, Übertragung auf einen Dritten (zB durch Verkauf) oder durch Erteilung von Lizenzen an Dritte. Die Lizenzierung ist dabei im modernen Wirtschaftsleben die wichtigste Form der beschränkten Rechtsübertragung geworden. Dies wird durch die umfangreiche Rechtsprechung bestätigt, die aufgrund bis heute fehlender spezialgesetzlicher Regelungen des Lizenzvertrages zusammen mit der Rechtslehre die Entwicklung des Lizenzvertragsrechts über Jahrzehnte geprägt hat. Dabei lassen sich unter den **Begriff des Lizenzvertrages** alle Verträge

fassen, deren Ziel es ist, **Nutzungsrechte** an schutzfähigen schöpferischen Leistungen oder an speziellen technischen Kenntnissen vollständig oder teilweise zu **übertragen**. Dabei darf die vollständige Übertragung eines Nutzungsrechts nicht mit einer vollständigen Übertragung des Schutzrechts bzw. dessen Gegenstands verwechselt werden (zB im Falle einer Verkaufs). Im Falle der Lizenz werden grundsätzlich nur Nutzungsrechte an einen Dritten übertragen, das Schutzrecht bzw der ihm zugrunde liegende Gegenstand (wie eine Erfindung oder ein Design) verbleiben bei dem Schutzrechtsinhaber (= Lizenzgeber); im Falle des Verkaufs erwirbt der Käufer den gesamten Gegenstand, also das Schutzrecht und den ihm zugrunde liegenden Gegenstand (auch Vollrechtsübertragung genannt), siehe im Übrigen nachstehend Rn 27 ff.

Lizenzverträge dienen heute nicht mehr allein der technischen und wirtschaftlichen Ver- 3
wertung eines Schutzrechts. Es lassen sich vielmehr **drei Hauptgruppen** von Lizenzverträgen unterscheiden:[1]

- Vorrangig sind sog **Verwertungslizenzen**. Ihre positive Verwertungsfunktion entspricht dem „herkömmlichen Grundgedanken" der Lizenzvergabe: Im Vordergrund steht dabei die Überlegung, durch die Erteilung der Lizenz Lizenzeinnahmen zu erzielen.

Über den mit der Lizenzierung ursprünglich verbundenen Erlaubnis- und Verwertungsgedanken hinaus haben sich zwei weitere Formen von Lizenzierungen entwickelt:

- Zum einen der **Lizenzaustauschvertrag**, den Wettbewerber gleicher oder sich berührender Branchen abschließen, um ihre jeweiligen Entwicklungsleistungen zu ergänzen. Hierunter sind aber auch Verträge zur Aufhebung von Sperrpositionen zu fassen, bei denen die Vertragsparteien gegenseitig darauf verzichten, Verletzungsansprüche geltend zu machen, da beide nicht ohne gegenseitige Verletzung von Schutzrechten arbeiten können (solche Verträge werden teilweise auch als „Nichtangriffsabreden" bezeichnet).[2]
- Zum anderen können Lizenzverträge auch eine (verdeckte) **Gewinnabschöpfung** bezwecken bzw bewirken. Als solche werden sie formal zwar als Lizenzverträge ausgestaltet, dienen aber der (verdeckten) Gewinnverlagerung insbesondere zwischen konzernverbundenen Unternehmen, oftmals von einer Tochtergesellschaft auf die (manchmal im Ausland mit einem günstigeren Steuerrecht ansässige) Muttergesellschaft.[3]

Insofern erschöpft sich die Vergabe von Lizenzen nicht in ihrer Erteilung an Fremdunternehmen (die in der Regel Wettbewerber des Schutzrechtsinhabers sind); Sie findet sich vielmehr auch bei der Einräumung von Nutzungsrechten an Schutzrechten innerhalb eines Verbundes mehrerer Unternehmens (Konzern).

Die Entscheidung des Schutzrechtsinhabers zur **Erteilung einer Lizenz** kann aus **unter-** 4
schiedlichen Motiven erfolgen. Zum einen können die Kapazitäten des eigenen Unternehmens ausgelastet sein; durch die Lizenzvergabe kann dann eine weitere wirtschaftliche Verwertungsmöglichkeit des Schutzrechts ohne eine – ggf risikobehaftetere – Ausweitung des eigenen Unternehmens erfolgen. Mit einer Lizenzvergabe zB an Wettbewerber, die mit anderen Produkten am Markt auftreten, lässt sich ggf auch ein geplantes eigenes Tätigwerden in diesem Raum vorbereiten. So kann der Lizenzgeber das Produkt am Markt unter Minimierung des eigenen Risikos „testen" lassen. Die Lizenzierung zB eines ausländischen Schutzrechtes „erspart" dem Lizenzgeber Risiken aufgrund fehlender Kenntnisse zB über die örtlichen Marktverhältnisse und gibt ihm dabei die Chance, trotz fehlender Vertriebs- oder Vermarktungsfähigkeit eine weitere Ein-

1 *Pfaff/Osterrieth* A Rn 15 ff.
2 *Pfaff/Osterrieth* A Rn 15.
3 *Pfaff/Osterrieth* A Rn 18 f; BFH GRUR 2001, 346 – Überlassung eines Konzernnamens.

nahmequelle zu erlangen; zugleich kann sie ihn vor einem zu hohen Risiko des eigenen Kapitaleinsatzes bewahren.

5 Ein weiterer Bereich, in dem Lizenzverträge Bedeutung erlangen, ist die Beilegung von Schutzrechtsstreitigkeiten.[4] So kann es insbesondere für den Lizenzgeber günstig sein, einer evt durch eine Verletzungsstreitigkeit ausgelösten Vernichtung des Schutzrechtes durch Vergabe einer (oftmals kostenlosen) Lizenz zu entgehen.

6 Mangels spezialgesetzlicher Regelungen des Lizenzvertrages sind die Vertragsparteien bei der Gestaltung eines Lizenzvertrages im Wesentlichen frei. Es gilt der **Grundsatz der Vertragsfreiheit**. Grenzen ergeben sich jedoch insbesondere aus dem deutschen und europäischen Kartellrecht sowie sonstiger nationaler Rechtsschranken; sonstiges ausländisches Recht kann eine Rolle spielen, wenn der Lizenzvertrag auch Auswirkungen auf den entsprechenden ausländischen Rechts-/ Wirtschaftsraum hat (so kann zB US-Kartellrecht zu beachten sein, wenn zwei deutsche Unternehmen eine Lizenzvereinbarung über ein US-Patent schließen und die Vertragsprodukte in den USA produziert und/oder vertrieben werden). Entscheidend für die Ausgestaltung sind die jeweiligen Interessen der Vertragspartner. Ein auf alle denkbaren Fälle passendes Vertragsmuster existiert nicht und kann wegen der Vielschichtigkeit der unterschiedlichen Fallgestaltungen auch nicht entworfen werden. Andererseits gibt es eine Vielzahl von typischen Problemkreisen im Zusammenhang mit der Gestaltung und Durchführung von Lizenzverträgen, die im vorhinein bedacht werden sollten und zu deren Regelung musterähnliche „Bausteine“ in den Lizenzvertrag aufgenommen werden können.

§ 2
Lizenzvertrag als „gewagtes Geschäft“

7 Lizenzverträge über gewerbliche Schutzrechte werden allgemein als „gewagte Geschäfte“ eingeordnet.[5] Häufig kann der Lizenznehmer die wirtschaftliche Verwertbarkeit des Schutzrechtes nicht mit Sicherheit beurteilen, so dass der Abschluss eines Lizenzvertrages und die damit regelmäßig verbundenen Investitionen und sonstigen Vorleistungen **für den Lizenznehmer ein Wagnis** bedeuten. Andererseits können sich dadurch unerwartete Gewinnchancen eröffnen.[6] Der Lizenznehmer muss sich „seine“ Risiken bei Vertragsabschluss selbst vergegenwärtigen und abschätzen. Der Lizenzgeber hat regelmäßig keinen Einfluss auf die Auswertung des Schutzrechts durch den Lizenznehmer; insofern kann der Lizenzgeber die tatsächlichen Nutzungsmöglichkeiten und Potentiale für den Lizenznehmer ebenso wenig kennen bzw sicher vorhersagen wie dessen reale Stellung am Markt.

8 Die **Risiken des Lizenzgebers** liegen indes in der technischen und wirtschaftlichen Leistungsfähigkeit des Lizenznehmers begründet, da sich seine Gewinne in Form der vereinbarten Lizenzgebühren nach dessen Markterfolg bemessen. Mit der Zurverfügungstellung der Nutzungsbefugnis an einem Schutzrecht hat der Lizenzgeber eine Vorleistung erbracht, so dass er auch unter Beachtung von Einmalzahlungen und Mindestlizenzgebühren an dem wirtschaftlichen Risiko des Lizenznehmers über die ihm evt nicht zufließenden Lizenzgebühren beteiligt ist (sieht man einmal von Pauschallizenzen ab, bei denen nur eine einzige, bei Vertragsschluss bezifferte Zahlung vereinbart wird, ab). Auch unvorhersehbare Ereignisse, die beide Parteien

---

4 Hierzu auch *Pagenberg/Geissler* Muster 11; sowie zu diesem und anderen Motiven *Bartenbach* Patentlizenz- und Know-how-Vertrag Rn 8ff.
5 BGH GRUR 1961, 27, 28f – Holzbauträger; *Kraßer* § 41 I 4; *Busse/Hacker* § 15 Rn 57 PatG.
6 RG GRUR 1932, 865, 867.

des Vertrages betreffen, wie zB Angriffe auf das lizenzierte Schutzrecht oder Veränderungen der Marktverhältnisse, können ein zusätzliches Wagnis bedeuten. Dieser Wagnischarakter des Lizenzvertrages wird von Rechtsprechung und Lehre bei Fragen der rechtlichen Einordnung oder angemessenen Risikoverteilung bzw Risikozuweisung, zB im Bereich des Leistungsstörungsrechts, berücksichtigt.[7]

§ 3
Rechtscharakter des Lizenzvertrages

Wie eingangs erwähnt, gibt es – etwa im Gegensatz zu den sehr umfangreich normierten Rege- 9
lungen des Miet- oder Kaufrechts – kein kodifiziertes, dh gesetzlich detailliert geregeltes, Lizenzvertragsrecht. Gleichwohl finden sich in verschiedenen Gesetzen einige rudimentäre gesetzliche Regelungen zur Lizenz. Darauf aufbauend haben Rechtsprechung und Literatur das heutige Lizenzvertragsrecht entwickelt.

I. Die Regelungen in Spezialgesetzen

Beispielhaft sei nachfolgend auf die vereinzelten gesetzlichen Bestimmungen zur **Markenli- 10
zenz** verwiesen. Zur Frage, welche Gegenstände bzw. Schutzrechte „lizenzfähig" sind, siehe im Übrigen unten § 4.

Die „Erste Richtlinie des Rates zur Angleichung der Rechtsvorschriften der Mitgliedsstaa- 11
ten über die Marken" (EG Nr 89/104 vom 21.12.1988, im folgenden MarkenRL)[8] stellte für die damaligen EG-Mitgliedsstaaten verbindliche Vorgaben für Registermarken auf, die von den Mitgliedsstaaten innerhalb einer bestimmten Frist in nationales Recht umzusetzen waren. In Deutschland erfolgte diese Umsetzung durch die Regelungen in § 30 Abs 1, 2 MarkenG, der sich zugleich auch auf die Lizenzierung von sogenannten Benutzungsmarken und sogenannten notorisch bekannten Marken erstreckt. Bei der Regelung des Art 8 MarkenRL orientierte sich der europäische Gesetzgeber seinerseits stark an Art 43 Abs 1, 2 des Gemeinschaftspatentübereinkommens (GPÜ), der durch eine Anpassung des Patentgesetzes (PatG) umgesetzt wurde. Die Regelungen zur Lizenz des § 30 Abs 1, 2, 5 MarkenG entsprechen deshalb weitgehend denen des § 15 Abs 2, 3 PatG. § 15 Abs 2 PatG geht – genauso wie Art 8 MarkenRL – auf Art 43 Abs 1, 2 GPÜ zurück, so dass zur Auslegung auch der Bestimmungen zu Markenlizenzen ergänzend das umfangreiche Material zu Patentlizenzen herangezogen werden kann.[9] Ähnliche Regelungen wie zur Regelung einer Markenlizenz finden sich auch zur Lizenzierung einer Gemeinschaftsmarke, und zwar in Art 22 Abs 1, 2, 3 S 1, 4 und Art 24 der Gemeinschaftsmarkenverordnung (GMVO). Diese Regelungen stimmen inhaltlich weitgehend mit **§§ 30 Abs 1 bis 4, 31 MarkenG** überein.

Die Rechtsgrundlage für Markenlizenzverträge bildet im deutschen Recht § 30 MarkenG. 12
Nach dessen Absatz 1 kann „das durch die Eintragung, die Benutzung oder die notorische Bekanntheit einer Marke begründete Recht für alle oder für einen Teil der Waren oder Dienstleistungen, für die die Marke Schutz genießt, Gegenstand von ausschließlichen oder nicht aus-

---

7 *Barona* 42; dazu noch unten Rn 159 ff.
8 ABl EG Nr L 40 v 11.2.1989 S 1.
9 Ströbele/Hacker/*Hacker* § 30 MarkenG Rn 2; *Lange* Marken- und Kennzeichenrecht § 4 Rn 2083.

schließlichen Lizenzen für das Gebiet der Bundesrepublik Deutschland insgesamt oder einen Teil dieses Gebiets sein". Der Begriff der „Lizenz" wird in § 30 MarkenG vorausgesetzt und nicht näher bestimmt. Die Gesetzessprache des Gewerblichen Rechtschutzes[10] wie auch des Kartellrechts[11] geben weder eine Konkretisierung des Lizenzbegriffs, noch definieren sie ihn in eindeutiger Weise.

13 Angesichts dessen muss der Begriff der Lizenz aus dem jeweiligen Sinnzusammenhang sowie aus dem Zweck der einzelnen Vorschriften ermittelt werden.

II. Rechtstypologische Einordnung

1. Zivilrechtliche Grundlagen

14 Inhaltlich regelt der Lizenzvertrag üblicherweise die Gestattung eines entgeltlichen oder unentgeltlichen Nutzungsrechts an Schutzrechtsanmeldungen, Schutzrechten beziehungsweise sonstigen schöpferischen Leistungen[12] durch den Rechtsinhaber dieser Vertragsgegenstände (Lizenzgeber) gegenüber dem Nutzungsberechtigten (Lizenznehmer). Die aus dem allgemeinen Zivilrecht bekannte Unterscheidung zwischen Verpflichtungs- und Verfügungsgeschäft (sog. Abstraktionsprinzip) findet sich auch im Lizenzvertragsrecht.[13] Inhalt des Verpflichtungsgeschäfts ist die Pflicht des Lizenzgebers, dem Lizenznehmer das Recht zur Nutzung und Auswertung des Lizenzgegenstandes zu verschaffen. Dazu korrespondiert die Pflicht des Lizenznehmers, hierfür die vereinbarte Lizenzgebühr zu bezahlen. Das Verfügungsgeschäft hingegen ist das Geschäft, das die Erfüllung dieser gegenseitigen Pflichten bewirkt[14]. Da beide Geschäfte aber zeitlich regelmäßig zusammenfallen, können sie als eine Einheit bewertet werden.[15]

15 Der Lizenzvertrag ist ein **gegenseitiger Vertrag**, auf den die Vorschriften des allgemeinen zivilrechtlichen Leistungsstörungsrechts der §§ 320 ff BGB anzuwenden sind.

16 Unabhängig von seiner Rechtsnatur (vgl nachfolgend Rn 17 ff) wird der Lizenzvertrag als **Dauerschuldverhältnis** begriffen,[16] so dass – unabhängig von seiner Einordnung unter einen bestimmten Vertragstypus des BGB – die allgemeinen Regeln über Dauerschuldverhältnisse gelten. Da bei einem Dauerschuldverhältnis fortlaufend neue Leistungs- und Schutzpflichten für die Vertragsparteien entstehen, ist dieses in seiner Durchführung von einem besonderen gegenseitigen Vertrauen der Vertragsparteien geprägt und dementsprechend auch abhängig. Der Wegfall dieses Vertrauens berechtigt demzufolge zur Kündigung des Dauerschuldverhältnisses aus wichtigem Grund[17]. Zudem können die Vertragsparteien voneinander die Einhaltung gesteigerter Rücksichtnahmepflichten erwarten, deren Nichteinhaltung besondere Rechtsfolgen (§ 242 BGB) auslöst. Die Rücktrittsmöglichkeit vom Lizenzvertrag ist gemäß seinem Charakter als Dauerschuldverhältnis grundsätzlich eingeschränkt, hängt aber aufgrund der geltenden Vertragsfreiheit – wie auch hinsichtlich aller anderen Regeln – jeweils vom Inhalt des im Einzelfall geschlossenen Lizenzvertrages ab.

---

10 *Bartenbach, B* 44 ff.
11 *Bartenbach, B* 44 ff.
12 Ausf zum Begriff der Lizenz ua *Bartenbach, B* 26 ff.
13 *Lüdecke* NJW 1966, 815.
14 *Lüdecke/Fischer* Vorbm 6, 33; *Götting* § 23 II, 197 mwN.
15 RG JW 1911, 667.
16 BGH BB 1997, 1503; GRUR 2006, 435, 437.
17 BGH GRUR 1992, 112, 114 – Pulp-wash.

2. Die Rechtsnatur des Lizenzvertrages/Vertragstypus

Die Frage, ob und welchem der typischen Vertragsverhältnisse des BGB (zB Miete, Kauf, Pacht) 17
der Lizenzvertrag zuzuordnen ist, ist deshalb von besonderem Interesse, als sich an eine solche Zuordnung unterschiedliche rechtliche Konsequenzen knüpfen (zB hinsichtlich des Umfangs der Nutzungsrechte, ihrer Übertragbarkeit, der Gewährleistungsansprüche, ihrer Verjährung), wenn die Parteien nicht sämtliche dieser uns weiterer denkbarer Aspekte im Lizenzvertrag regeln. Trotz verschiedener Berührungspunkte des Lizenzvertrages mit unterschiedlichsten Vertragsverhältnissen des BGB, wie dem Kauf-, dem Miet-, dem Pacht-, dem Nießbrauchs- oder auch dem Gesellschaftsrecht, geht die wohl hL[18] heute davon aus, dass es sich bei einem Lizenzvertrag – über seine Qualifikation als Dauerschuldverhältnis hinaus (vgl vorstehend Rn 16)[19] – um einen **Vertrag eigener Art**[20] (sui generis, vgl § 311 Abs 1 BGB) handelt, da ein Lizenzvertrag Elemente aus ganz verschiedenen gesetzlich normierten Vertragstypen aufweist.

Resultat der Einordnung des Lizenzvertrages als Vertrag eigener Art ist, dass die Rechtsfol- 18
gen eines Vertragsmangels vor Vertragsschluss nicht endgültig bestimmt werden können, wenn die Parteien nicht sämtliche Rechte, Pflichten sowie Rechtsfolgen bei auftretenden Problemen in der Abwicklung des Vertragsverhältnisses im Vertrag ausdrücklich festgelegt haben. Die Vertragsparteien sind dann einer gewissen Rechtsunsicherheit ausgesetzt. Im Regelfall kann dann jedoch auf die Vorschriften der vorgenannten Vertragstypen zurückgegriffen werden, soweit sich die im Lizenzvertrag ungeregelte (Rechts-)Frage einem dieser Rechtsgebiete beziehungsweise Rechtsinstitute zuordnen lässt. Besteht diese Möglichkeit nicht, müssen die für die Lücke im Lizenzvertrag anzuwendenden Rechtsregeln aus der Natur des Vertragsverhältnisses selbst entwickelt,[21] dh durch sogenannte ergänzende Vertragsauslegung ermittelt werden.

3. Lizenzvertrag im weiteren und engeren Sinne

Mit dem **Lizenzvertrag im weiteren Sinne** ist – ausgehend von der bereits angesproche- 19
nen Trennung von schuldrechtlichem Verpflichtungs- und dinglichem Erfüllungsgeschäft (Abstraktionsprinzip) – der schuldrechtliche Vertrag gemeint, der den Lizenzgeber zur Gewährung eines Nutzungsrechts verpflichtet und den Lizenznehmer zur Einforderung dieser Rechtsposition berechtigt. Der **Lizenzvertrag im engeren Sinne** ist hingegen der Vollzug dieses schuldrechtlichen Vertrages durch konkrete Einräumung der Lizenz, also des Nutzungsrechts selbst.

Die praktische Bedeutung der Unterscheidung dieser beiden Ebenen des Lizenzvertrages er- 20
gibt sich aus der dadurch möglichen Unterscheidung von Verletzungen und damit einhergehenden Rechtsfolgen auf einer oder beiden Ebenen. So kann zB die Verletzung des schuldrechtlichen Überlassungsvertrages zu Ansprüchen des Lizenzgebers gegen den Lizenznehmer aus positiver Vertragsverletzung (§ 280 BGB, ggf iVm § 241 Abs 2 BGB) führen, während die Verletzung des (dinglichen) Erfüllungsvertrages daneben Ansprüche aus dem lizenzierten Schutzrecht selbst begründen kann.

18 BGHZ 26, 7, 9 – Sympatol; BGH GRUR 1959, 125, 127 – Pansana; BGH GRUR 1961, 27, 29 – Holzbauträger; BGH GRUR 1970, 547, 548 – Kleinfilter; BGH GRUR 1979, 768, 769 – Mineralwolle; *Nirk* GRUR 1970, 329, 330; *Kraßer/Schmid* GRUR Int 1982, 324, 328.

19 Neuerdings allerdings einschränkend BGH GRUR 2009, 946, 948 – Reifen Progressiv, dort für die urheberrechtliche Lizenz.

20 RGZ 142, 212, 213 – Maffei; RGZ 155, 306, 310 – Funkverband; BGH GRUR 1951, 471, 473 – Filmverwertungsvertrag (zum Urheberrecht); BGH GRUR 1970, 547, 548 ff – Kleinfilter; BGH GRUR 1979, 767, 768 – Mineralwolle; *Busse/Hacker* § 15 PatG Rn 56; Ströbele/Hacker/*Hacker* § 30 MarkenG Rn 26; *Kraßer/Schmidt* GRUR Int 1982, 324, 328; *Bartenbach, B* Mitt 2003, 102, 104.

21 RGZ 75, 400, 405.

4. Inhalt der Lizenz

21 Wie bereits angesprochen, versteht man unter einer Lizenz die Gestattung, den Lizenzgegenstand zu benutzen. Nach ganz hM bedeutet dies sowohl bei der ausschließlichen als auch bei der einfachen Lizenz (vgl dazu noch unten Rn 29ff, 33) die Gewährung eines **positiven Benutzungsrechts**. Inhalt der Lizenz ist dann nicht lediglich der Verzicht des Lizenzgebers gegenüber dem Lizenznehmer auf seine gesetzlichen Verbietungsrechte aus dem lizenzierten Recht, sondern die Verschaffung eines eigenen (positiven) Benutzungsrechts zu Gunsten des Lizenznehmers, durch das wechselseitige Rechte und Pflichten zwischen den Vertragsparteien begründet werden.[22]

22 Dem steht die ebenso mögliche Gestattung eines Nutzungsrechts als sog **„negative Lizenz"** gegenüber.[23] Dabei wird dem Lizenznehmer kein positives Benutzungsrecht eingeräumt, sondern der Lizenzgeber als Inhaber eines gewerblichen Schutzrechts erklärt gegenüber dem Lizenznehmer lediglich einen Verzicht dahingehend, dem Lizenznehmer die Nutzung des Schutzrechtsgegenstandes zu verbieten. Auch eine „negative Lizenz" kann selbstverständlich ausdrücklich zum Inhalt eines Lizenzvertrages gemacht werden (s dazu unten Rn 40ff).

23 Die praktische Bedeutung dieser Unterscheidung zwischen einem eingeräumten positiven Benutzungsrecht einerseits und einer negativen Lizenz andererseits verdeutlichen die mit diesen Fallgestaltungen einhergehenden, jeweils **unterschiedlichen Verpflichtungen des Lizenzgebers**. Bei einem positiven Benutzungsrecht erschöpft sich die Verpflichtung des Lizenzgebers nicht nur in einer „passiven" Duldung der Nutzung des Lizenzgegenstandes; vielmehr erstreckt sich die Verpflichtung auch darauf, dem Lizenznehmer die vereinbarte Nutzung „aktiv" zu ermöglichen. Den Lizenzgeber treffen somit eine Verschaffungspflicht[24] im Rahmen der vereinbarten Benutzung und mit Blick auf die Benutzung auch eine Sicherungspflicht derselben. Er hat nicht nur alles zu unterlassen, was zu einer Beeinträchtigung des Lizenzgegenstandes führen oder diesen gefährden könnte, sondern er muss die Voraussetzungen für die Benutzung durch den Lizenznehmer aktiv schaffen. Diese Verschaffungspflicht bewirkt für den Lizenzgeber unter anderem eine Pflicht zur Mitwirkung und Unterstützung; konkret hat er zB für die Erlangung und Aufrechterhaltung lizenzierter Schutzrechtspositionen Sorge zu tragen (zB beim Patent die Zahlung der jeweiligen Jahres-/Aufrechterhaltungsgebühren) und die vertragsgemäße Nutzungsmöglichkeit zu gewährleisten, zB durch Überlassung von die lizenzierten Schutzrechtspositionen begleitendem Know-how.

5. Ausschließliche Lizenz

24 **a) Inhalt.** Bei einer ausschließlichen Lizenz verpflichtet sich der Lizenzgeber, **keine weiteren Lizenzen an Dritte zu vergeben**; er muss sich vielmehr jeder weiteren Verfügung enthalten und darf auch nicht auf das lizenzierte Schutzrecht verzichten.[25] An einer Veräußerung des lizenzierten Schutzrechts (durch Vollrechtsübertragung, etwa im Rahmen eines Verkaufs) ist der

---

22 *Benkard/Ullmann* § 15 PatG Rn 99, 109; *Klauer/Möhring/Nirk* § 9 PatG Rn 41; *Henn* Rn 40ff; *Groß* Rn 13, 18 – jeweils mwN zum Meinungsstand; *Fammler* 5f, unter Verweis auf *Fezer* § 30 MarkenG Rn 6ff. und *Ingerl/Rohnke* § 30 MarkenG Rn 6f.

23 RGZ 17, 53, 54; RGZ 33, 103f; geändert seit RGZ 155, 306, 310, 313; s auch BGH GRUR 1965, 591, 595 – Wellplatten; offen gelassen in BGH GRUR 1982, 411f – Verankerungsteil; s insb *Lichtenstein* NJW 1965, 1839, 1843; zur historischen Entwicklung s *Henn* Rn 41ff; *Bartenbach, B* 53ff; *Troller* Immaterialgüterrecht II, 821, 824; *Völp* GRUR 1983, 45, 49ff; *Lichtenstein* NJW 1965, 1839ff.

24 *Busse/Hacker* § 15 PatG Rn 116 unter Bezug auf RGZ 155, 306, 315.

25 BGH IIC 2000, 601 – Rotorscheren; *Pfaff/Osterrieth* Lizenzverträge B Rn 167f; *Lüdecke/Fischer* C 127, 317; *Kraßer/Schmid* GRUR Int 1982, 324, 330 mwN.

Lizenzgeber indes nicht gehindert; denn die erteilte Lizenz – auch die einfache – muss der Erwerber zB einer lizenzierten Marke wegen ihrer dinglichen Wirkung gegen sich gelten lassen (Sukzessionsschutz nach § 30 Abs 5 MarkenG). Die Veräußerung eines lizenzierten Schutzrechts an einen Dritten durch den Schutzrechtsinhaber führt also nicht zu einer Beendigung eines zuvor von ihm abgeschossenen Lizenzvertrages.

Diese Ausschließlichkeit kann auch im Verhältnis zwischen Lizenzgeber und Lizenznehmer einen unterschiedlichen Umfang entfalten. So spricht man von einer **Alleinlizenz**, wenn der Lizenzgeber sich lediglich verpflichtet, in dem jeweiligen Lizenzgebiet keine weiteren Lizenzen zu vergeben, er sich selbst jedoch das Recht zur eigenen Nutzung des Lizenzgegenstandes – neben dem Alleinlizenznehmer – vorbehält. Wird demgegenüber vereinbart, dass sich der Lizenzgeber auch dieser Eigennutzung in dem jeweiligen Lizenzgebiet enthalten soll, so handelt es sich um eine **Exklusivlizenz**. 25

Nach hM wird bei der ausschließlichen Lizenz für den Fall, dass die Parteien keine Regelung zu der Frage getroffen haben, ob der Lizenzgeber neben dem Lizenznehmer noch zur Eigennutzung berechtigt sein soll, im Zweifel angenommen, dass er ein solches Recht nicht besitzt.[26] Dementsprechend sollte der Lizenzgeber, der sich eine Eigennutzung vorbehalten will, stets eine ausdrückliche vertragliche Regelung hierüber anstreben. 26

b) Abgrenzung zur Rechtsübertragung. Der Lizenznehmer erhält mit der ausschließlichen Lizenz eine starke Rechtsposition. Dies macht eine Abgrenzung von Lizenzvergabe und (Voll-)Rechtsübertragung (vgl zB § 27 Abs 1 MarkenG) notwendig. Entscheidend muss hierbei auf den Umfang der eingeräumten Rechtsposition abgestellt werden. Denn je umfangreicher die Möglichkeiten der Benutzung des Lizenzgegenstandes für den Lizenznehmer ausgestaltet sind, desto mehr stellt sich die Frage nach dem Übertragungswillen der Schutzrechtsposition durch den Lizenzgeber. Eine **rechtsgeschäftliche Übertragung** erfolgt im Wege der **Abtretung**. Als schuldrechtlicher Vertrag wird dann üblicherweise ein Kaufvertrag (Rechtskauf iSv §§ 433, 453 BGB) zugrunde liegen. Beim **ausschließlichen Lizenzvertrag** ist aber gerade **kein Rechtsinhaberwechsel** beabsichtigt. Der Lizenznehmer soll lediglich ein – wenn auch umfassendes – Nutzungsrecht erhalten. Die Ausgestaltung dieses Nutzungsrechts bewirkt lediglich eine konstitutive Teilrechtsübertragung, durch die der Vollrechtsinhaber partiell sein Nutzungsrecht „verliert",[27] also eine beschränkte Übertragung der Rechte auf den Lizenznehmer erfolgt (Teilrechtsübertragung, § 413 BGB iVm §§ 398 ff BGB analog).[28] Was die Parteien tatsächlich gewollt haben, muss ggf durch Auslegung ermittelt werden. 27

Für eine solche Auslegung ist auch bei Lizenzverträgen auf die allgemeinen zivilrechtlichen Auslegungsregeln in den §§ 133, 157 BGB zurückzugreifen. Bedeutung erlangt im Zusammenhang mit einer solchen Auslegung auch die sog **Zweckübertragungslehre**; sie hat in § 31 Abs 5 UrhG ihren gesetzlichen Niederschlag gefunden und ist auch auf andere gewerbliche Schutzrechte anwendbar.[29] Mit dieser Lehre hat der BGH[30] – bspw im Bereich der Einräumung von Rechten an Patenten bzw Patentanmeldungen – auf den allgemeinen Grundsatz verwiesen, dass der Schöpfer einer schutzfähigen Leistung – wenn er über diese einen Vertrag abschließt, der seine Rechtsposition beschränkt – grundsätzlich so wenig wie möglich von seinen Rechten ab- 28

26 *Henn* Rn 144 mwN; *Groß* Rn 36.
27 *Ahrens* GRUR 2006, 617, 623; *Lange* Marken und Kennzeichenrecht § 4 Rn 2084 f.
28 *Forkel* Gebundene Rechtsübertragungen 56 ff; *Kraßer/Schmid* GRUR Int 1982, 324, 328; *Ahrens* GRUR 2006, 617, 623.
29 BGH GRUR 79, 637 – White Christmas; BGH GRUR 84, 119, 121 – Synchronisationssprecher; Schricker/Loewenheim/*Schricker/Loewenheim* § 31 UrhG Rn 74.
30 BGH GRUR 2000, 788, 789 – Gleichstromsteuerschaltung mwN.

bzw aufgeben will; deshalb soll im Zweifel nur die Einräumung von Rechten in dem Umfang angenommen werden können, deren Verschaffung nach den Umständen des Einzelfalls unabdingbar zur Erreichung des mit einem Dritten vereinbarten Geschäftszwecks ist.[31] Für das Lizenzvertragsrecht bedeutet dieser Grundsatz, dass im Zweifel stets nur die Einräumung eines Nutzungsrechts, nicht aber eine Vollrechtsübertragung gewollt ist.[32]

6. Einfache, nicht ausschließliche Lizenz

29 Durch eine einfache Lizenz erwirbt der Lizenznehmer die Befugnis, das Schutzrecht in der vertraglich vereinbarten Form zu benutzen. Im Gegensatz zur ausschließlichen Lizenz kann der Lizenzgeber Dritten – parallel zu bereits existierenden einfachen Lizenznehmern – weitere Lizenzen an dem Lizenzgegenstand einräumen und/oder diesen selbst benutzen. Der einfache Lizenznehmer erhält lediglich ein Benutzungsrecht, wie es ggf auch einer Vielzahl weiterer Vertragspartner eingeräumt wird. Unterlizenzen kann er nur mit Zustimmung des Lizenzgebers einräumen. Ist im Vertrag nicht ausdrücklich geregelt, welche Art der Lizenz vereinbart werden sollte, ist im Zweifel (Zweckübertragungslehre, vgl vorstehend Rn 28) von einer einfachen Lizenz auszugehen. Den Lizenzvertragsparteien ist daher zur Vermeidung von Missverständnissen zu raten, Art und Umfang der Lizenz eindeutig festzulegen.

30 Im Gegensatz zur ausschließlichen Lizenz wird durch die einfache Lizenz nur eine **schuldrechtliche Beziehung** zwischen den Vertragsparteien begründet.[33] Die Rechtsposition des einfachen Lizenznehmers ist damit gegenüber derjenigen des ausschließlichen Lizenznehmers schwächer ausgestaltet.[34]

31 Bei der Markenlizenz (ebenso wie bei der Designlizenz, vgl § 31 Abs 3 DesignG) ist der einfache Lizenznehmer genauso wie der ausschließliche Lizenznehmer nur mit Zustimmung des Markeninhabers berechtigt, gegen Dritte wegen Verletzung der Marke Klage zu erheben (§ 30 Abs 3 MarkenG). Dieser Grundsatz gilt zB auch für eine einfache Patentlizenz, wenngleich sich im PatG hierzu keine ausdrückliche gesetzliche Regelung findet.

32 Eine einfache Lizenz bleibt – ebenso wie eine ausschließliche Lizenz – bei Veräußerung des lizenzierten Schutzrechts durch den Lizenzgeber auch gegenüber dem Erwerber wirksam (sogenannter **Sukzessionsschutz**, vgl etwa § 15 Abs 3 PatG, § 22 Abs 3 GebrMG, § 31 Abs 5 DesignG, § 30 Abs 5 MarkenG). Zu beachten ist, dass der Erwerber des Schutzrechts nicht in den Lizenzvertrag eintritt, sondern dieser auch nach dem erfolgten Rechtsübergang weiter im Verhältnis zum früheren Schutzrechtsinhaber fortbesteht.[35]

7. Abgrenzung einfache/ausschließliche Lizenz

33 Haben die Parteien im Lizenzvertrag keine ausdrückliche Bestimmung über Art und Umfang der Lizenz getroffen, ist das von ihnen Gewollte durch Auslegung des Vertrags zu bestimmen (§§ 133, 157 BGB). Im Zweifel ist in Anlehnung an die zuvor erwähnte Zweckübertragungslehre von einer einfachen Lizenz auszugehen. Hierauf sollten sich die Parteien, insbesondere der Lizenzgeber,

---

31 BGH GRUR 2000, 788, 789 f – Gleichstromsteuerschaltung.

32 *Busse/Hacker* § 15 PatG Rn 19; mit zahlreichen Nachweisen zur unveröffentlichten BGH-Rechtsprechung; *Benkard/Ullmann* § 15 PatG Rn 24 mwN.

33 BGH GRUR 1982, 411, 412 – Verankerungsteil; *Fischer* GRUR 1980, 374, 377; *Pfaff/Osterrieth* Lizenzverträge B Rn 89.

34 BGH GRUR 1983, 237, 239 – Brückenlegepanzer.

35 Wobei dies vertraglich anders geregelt werden muss, vgl *Fezer* § 30 MarkenG Rn 41; *Stöbele/Hacker* § 30 MarkenG Rn 113.

jedoch nicht verlassen. Um späterem Streit und Auslegungsschwierigkeiten vorzubeugen, sollten die Vertragsparteien den Inhalt der Lizenz daher eindeutig festlegen.

Der Ausschließlichkeit einer Lizenz steht im Übrigen nicht entgegen, dass der Lizenzgeber 34 zuvor eine oder mehrere einfache Lizenzen erteilt hat.[36] Für die Erteilung weiterer Lizenzen nach Abschluss des ausschließlichen Lizenzvertrages fehlt dem Lizenzgeber jedoch die Verfügungsmacht, dh solche späteren Lizenzen sind dem ausschließlichen Lizenznehmer gegenüber unwirksam.[37] Zugleich muss der Lizenzgeber – soweit sich zB das Vertragsgebiet deckt – den (potentiellen) ausschließlichen Lizenznehmer natürlich darauf hinweisen, dass bereits einfache Lizenzen existieren.

8. Wirkung einer Lizenz

Nach bislang herrschender Meinung kommt nur der **ausschließlichen Lizenz** eine sogenannte 35 **dingliche Wirkung** zu, es sei denn sie wird dem Lizenznehmer mit nur schuldrechtlicher (relativer) Wirkung eingeräumt.[38]

Wenngleich es keine gesetzliche Vorgabe für den dinglichen Charakter einer ausschließli- 36 chen Lizenz gibt, misst die hM der Einräumung einer dinglichen Lizenz grundsätzlich dingliche Wirkung bei; entscheidend ist aber stets der Inhalt des Lizenzvertrages und was diesem für eine dingliche oder eventuell auch nur schuldrechtliche, ausschließliche Lizenz entnommen werden kann.[39] Konsequenz einer dinglichen Wirkung ist, dass auch der ausschließliche Lizenznehmer sich zur Abwehr von Verletzungen eines lizenzierten Schutzrechts, zB der Marke, auf die jeweiligen schutzrechtlichen Ansprüche des Lizenzgebers berufen und zB Markenverletzungsklage erheben kann, auch wenn er hierzu nach der (dispositiven) gesetzlichen Regelung noch der Zustimmung des Lizenzgebers gem § 30 Abs 3 MarkenG bedarf.[40]

Die zB in § 30 Abs 2 Nr 1 bis 5 MarkenG genannten Vertragsverletzungen führen nicht nur zu 37 schuldrechtlichen, sondern auch zu markenrechtlichen Ansprüchen selbst. Da der Markeninhaber die Markenrechtsverletzungen gegen den Lizenznehmer im Wege der Verletzungsklage geltend machen kann, bestehen diese Ansprüche auch gegen jeden dritten gewerblichen Abnehmer im Vertrieb des lizenzrechtswidrigen Produkts;[41] eine Erschöpfung des Markenrechts nach § 24 MarkenG tritt bei lizenzrechtswidrig in Verkehr gebrachten Produkten also nicht ein.[42]

Trotz der dinglichen Wirkung einer ausschließlichen Lizenz ist der ausschließliche Marken- 38 lizenznehmer – im Unterschied etwa zum ausschließlichen Patentlizenznehmer – nur mit Zustimmung des Inhabers des lizenzierten Schutzrechts befugt, **Unterlizenzen** zu vergeben, und zwar auch dann, wenn ihm eine Exklusivlizenz eingeräumt wurde.[43] Gleiches gilt für die **Übertragung der Lizenz** im Wege der Abtretung (§§ 398 ff BGB),[44] es sei denn, es gibt jeweils den

---

36 BGH GRUR 1955, 338, 340 BGH GRUR 1974, 335 – Abstandshalterstopfen.

37 *Kraßer* § 41 II 4; *Reimer* § 9 PatG aF Rn 84; *Tetzner* § 9 PatG aF Rn 49.

38 *Von Schultz* § 30 Rn 15 mHa OLG München NJW-RR 1997, 1266, 1267 – Fan-Artikel; *Starck* WRP 1994, 698, *Lange* Marken- und Kennzeichenrecht § 4 Rn 2090; vgl aber jetzt BGH GRUR 2009, 946, 948 – Reifen Progressiv, wonach dem einfachen Nutzungsrecht – jedenfalls im Rahmen der Urheberlizenz – ebenfalls ein dinglicher Charakter zu Teil wird.

39 Vgl *Lange* Marken- und Kenzeichenrecht § 4 Rn 2090, 2092, mHa BGH GRUR 1992, 310, 311 – Taschenbuchlizenz zum Urheberrecht.

40 *Fezer* § 30 MarkenG Rn 8; *Lange* Marken- und Kennzeichenrecht § 4 Rn 2090.

41 *Fezer* § 30 MarkenG Rn 8.

42 *Fezer* § 30 MarkenG Rn 8.

43 *Von Schultz* § 30 MarkenG Rn 30; *Fezer* § 30 MarkenG Rn 24; Ströbele/Hacker/*Hacker* § 30 MarkenG Rn 68; *Fammler* 100.

44 Ströbele/Hacker/*Hacker* § 30 MarkenG Rn 67.

insoweit verbietenden gesetzlichen Regelungen vorgehende vertragliche Individualvereinbarungen im Lizenzvertrag, die sich auch aufgrund einer Auslegung des Lizenzvertrages ergeben können[45]. Der Grund hierfür ist, dass die Vielfachnutzung die Herkunftsfunktion der Marke beeinträchtigen kann.[46]

39 Wie bereits erwähnt, bleibt bei einer Übertragung des lizenzierten Schutzrechts durch den Lizenzgeber auf einen Dritten oder einer nachfolgenden Lizenzeinräumung die zu diesem Zeitpunkt bereits erteilte Lizenz erhalten (für das Markenrecht folgt dies etwa §§ 27, 30 Abs 5 MarkenG). Dieser **Sukzessionsschutz** gilt sowohl für die einfache als auch für die ausschließliche Lizenz.[47] Allerdings können ggf Sonderregelungen zu beachten sein, die sich für das jeweilige Schutzrecht nach dem hierfür geltenden Landes- oder Gemeinschaftsrecht ergeben können. So ist zB bei Gemeinschaftsmarken die Regelung in Art 23 Abs 1 GMV zu beachten, wonach der Sukzessionsschutz gurndsätzlich erst ab Eintragung der Lizenz ins Register besteht, es sei denn der Erwerber war „bösgläubig“, dh er kannte den Umstand, dass bereits eine Lizenz erteilt war.

9. Negative Lizenz

40 Merkmal der negativen Lizenz ist, wie bereits geschildert (vgl. vorstehend Rn 22), dass dem Lizenznehmer kein positives Benutzungsrecht eingeräumt wird. Stattdessen hat der **Lizenzgeber** lediglich darauf **verzichtet, von seinem gesetzlichen Verbietungsrecht**[48] **aus dem lizenzierten Recht gegenüber dem Lizenznehmer Gebrauch zu machen.**

41 Praktische Relevanz erhält die Abgrenzung der negativen Lizenz von der ausschließlichen bzw einfachen Lizenz durch den Vergleich des Umfangs der den Lizenzgeber treffenden Pflichten. Im Unterschied zu dem positiven Benutzungsrecht ist der **Pflichtenkreis des Lizenzgebers** bei der negativen Lizenz üblicherweise allein auf die Duldung der Schutzrechtsnutzung durch den Lizenznehmer **beschränkt.**[49] Eine Verpflichtung des Lizenzgebers, das Vertragsschutzrecht und das darauf bezogene Benutzungsrecht aufrechtzuerhalten, besteht nicht. Er kann das Schutzrecht jederzeit fallen lassen oder darauf verzichten.[50]

42 Zur Verfolgung von Schutzrechtsverletzungen ist der Lizenznehmer einer negativen Lizenz grundsätzlich nicht berechtigt; auch kann er einen solchen Anspruch nicht gegen den Lizenzgeber durchsetzen. Abgesehen von der Möglichkeit, dass der Lizenzgeber im Vertrag eine Garantie übernommen hat, ist seine Haftung bzw sein Haftungsrisiko also stark begrenzt.

43 Ein wesentliches **Anwendungsfeld der negativen Lizenz** ist die vergleichsweise Beilegung von Streitigkeiten über Schutzrechtsverletzungen. Dies gilt insbesondere dann, wenn ein weiteres Vorgehen gegen den (vermeintlichen) Verletzer und späteren Lizenznehmer das Schutzrecht des Lizenzgebers gefährden würde (Gefahr einer Löschungs-/Nichtigkeitsklage). Abreden im vorgenannten Sinne kommen vor allem im Rahmen von Abgrenzungsvereinbarungen vor.[51] Zudem stellt die negative Lizenz eine Vertragsalternative dar, wenn besondere Mitwirkungspflichten und Haftungspflichten des Lizenzgebers ausgeschlossen werden sollen.[52]

---

45 Ströbele/Hacker/*Hacker* § 30 MarkenG Rn 67; *Fammler* 100.
46 *Von Schultz* § 30 MarkenG Rn 30.
47 Sonderregelungen gibt es etwa für Gemeinschaftsmarken vgl Art 23 Abs 1 GMV.
48 *Bartenbach, B* 17; *von Schultz* § 30 MarkenG Rn 1, 15.
49 *Bartenbach, B* 149 ff.
50 RG GRUR 1939, 963, 964.
51 Ströbele/Hacker/*Hacker* § 30 MarkenG Rn 5; *von Schultz* § 30 MarkenG Rn 16.
52 Zu den Entwicklungen in der Unternehmenspraxis s *Bartenbach, B* 127 ff.

10. Freilizenz

Die Freilizenz bzw Gratislizenz gewinnt häufig im Rahmen einer anhängigen Nichtigkeits- oder Löschungsklage gegen das betroffene Schutzrecht Bedeutung. Eine solche Lizenz wird dem **Kläger** eingeräumt, damit er **gegen Gestattung der unentgeltlichen Benutzung des Schutzrechts von seiner Klage gegen das Schutzrecht Abstand nimmt**. Dies ist auch vor Klageerhebung mit der Folge des Verzichts auf die Durchführung des Verfahrens denkbar. Streitig ist, ob der Lizenzgeber durch die Freilizenz lediglich auf sein Verbietungsrecht verzichtet[53] oder ein positives Nutzungsrecht einräumt. Grundsätzlich kann der Lizenzgeber neben der Freilizenz beliebig weitere Lizenzen einräumen, wobei eine Grenze nach dem Grundsatz von Treu und Glauben anzunehmen ist (§ 242 BGB), wenn dadurch die Grundlage des ursprünglichen Lizenzvertrages in Frage gestellt würde, mithin eine Vertragsverletzung vorliegt. Dies bedarf einer Abwägung im Einzelfall.[54] Zur Erteilung einer Unterlizenz ist der Lizenznehmer einer Freilizenz nicht berechtigt.[55] 44

11. Unterlizenz

Die Unterlizenz ist eine **von der Hauptlizenz abgeleitete Lizenz**, die der Hauptlizenznehmer (der dann seinerseits als Lizenzgeber fungiert) dem Unterlizenznehmer vertraglich einräumt. Bei der Einräumung von Unterlizenzen kann ein mehrstufiges System geschaffen werden, wenn dem Unterlizenznehmer das Recht eingeräumt wird, seinerseits wiederum Unterlizenzen zu vergeben. 45

Zu beachten ist, dass der Hauptlizenznehmer keine umfassenderen Rechte einräumen kann, als er selbst erhalten hat. Der Hauptlizenznehmer hat für eine ordnungsgemäße Rechnungslegung und die vom Unterlizenznehmer zu entrichtenden Lizenzgebühren einzustehen.[56] Dies sollte ebenso vertraglich festgehalten werden wie die Tatsache, dass die **Unterlizenz** in ihrem Bestand **vom Hauptlizenzvertrag abhängig** ist, also das Recht des Unterlizenznehmers mit dem des Hauptlizenznehmers erlischt.[57] Da mit Beendigung oder Unwirksamkeit der Hauptlizenz auch die Unterlizenz automatisch erlischt,[58] wird es ein vordringliches Anliegen des Unterlizenzgebers gegenüber seinen Unterlizenznehmern sein, seine Haftung für den Bestand der Hauptlizenz weitestgehend zu beschränken. 46

§ 4
Gegenstand des Lizenzvertrages

Jedes schutzfähige Recht, durch das der Rechtsinhaber eine Position erlangt, die rechtlich geschützt ist und ihm die Möglichkeit verschafft, andere von der Nutzung auszuschließen (wie zB Marke, Design, Gebrauchsmuster, Patent, Urheberrecht), kann grundsätzlich Gegenstand eines Lizenzvertrages sein. Die Nutzungserlaubnis kann spiegelbildlich alles umfassen, was seinerseits von dem Verbietungsrecht umfasst wird (vgl zB §§ 4, 14 MarkenG). Vereinfacht ausgedrückt: „Was verboten werden kann, lässt sich auch lizenzieren." 47

---

53 So zum früheren PatG *Lindenmaier/Weiss* § 9 PatG aF Rn 35.
54 *Groß* Rn 285, 411, 420.
55 LG Düsseldorf InstGE 5, 168, 171 – Flaschenkasten.
56 BGH GRUR 1953, 114, 118 – Reinigungsverfahren.
57 *Ohl* GRUR 1992, 77, 81 mwN.
58 RGZ 142, 168, 170 f; *Lüdecke/Fischer* D 71, 434 ff; *Groß* Rn 233; *Ohl* GRUR 1992, 77, 81 mwN.

48 Lizenzierbare Schutzrechte können insbesondere technische Schutzrechte (Gebrauchsmuster und Patent) und damit einhergehend Know-how, aber auch nichttechnische Schutzrechte (wie Marken, Designs sowie Urheberrechte) sein. Im Multimedia-Bereich sind insbesondere Lizenzverträge über Software, Datenbanken uä bedeutsam. Diese Rechte können auch gebündelt zum Gegenstand eines Lizenzvertrages gemacht werden.

49 Im Folgenden wird ein kurzer Überblick über die lizenzierbaren Rechte gegeben, dem sich die Behandlung des Lizenzvertrages, im Wesentlichen bezogen auf Lizenzverträge über Markenrechte, anschließt.

I. Patente und Patentanmeldungen/Erfindungen/ergänzende Schutzzertifikate

50 Die Regelung des **§ 15 Abs 2 PatG** bestimmt, dass der Patentinhaber berechtigt ist, die ihm nach § 15 Abs 1 PatG zustehenden Rechte, also das Recht auf das Patent, den Anspruch auf Erteilung des Patents und das Recht aus dem Patent, ganz oder teilweise zum Gegenstand von Lizenzen zu machen. **Art 73 EPÜ**[59] regelt dies entsprechend für europäische Patentanmeldungen beziehungsweise Patente.

51 Bei technischen Schutzrechten kommt eine Vielzahl lizenzierbarer Rechte in Betracht, so dass der Gegenstand eines solchen Lizenzvertrages sehr unterschiedlich sein kann. Möglich ist die Lizenzierung von **Patenten,**[60] Geheimpatenten,[61] angemeldeten oder zur Anmeldung vorgesehenen Erfindungen,[62] offen gelegten Patentanmeldungen,[63] Geheimverfahren und Erfindungen, für die ein Patentschutz (noch) nicht beabsichtigt[64] oder nicht möglich[65] ist.

52 Auch ein **zukünftiges, noch nicht entstandenes Erfindungs-(Schutz)recht** kann, soweit es bei Vertragsabschluss bestimmbar ist, Gegenstand eines Lizenzvertrages sein,[66] jedoch gilt § 15 Abs 2 PatG nicht für Lizenzen an nicht angemeldeten Erfindungen.[67] Diese können aber wiederum zum Gegenstand eines dem Patentlizenzvertrag der Art nach vergleichbaren Verwertungsvertrages gemacht werden.[68]

53 Bei der Vertragsgestaltung sind dann zwar nicht die Vorschriften des PatG, aber maßgeblich die sich aus dem Kartellrecht für Lizenzverträge ergebenden Schranken zu beachten.[69]

54 Lizenzverträge über die Nutzung von Erfindungen, die **zur Erteilung eines Patentes angemeldet** worden sind, sind zulässig.[70] Dabei sollte allerdings auf eine genaue Regelung des Vertragsgegenstandes geachtet werden; zum einen ist es möglich, die Verpflichtung des Lizenzgebers zur Lizenzerteilung nur unter der Voraussetzung der Patenterteilung zu vereinbaren, zum anderen kann die Verpflichtung des Lizenzgebers zur Lizenzerteilung unabhängig davon vereinbart werden, ob das Patent erteilt wird oder nicht. Dann aber macht der Lizenzgeber in der

---

59 Art 73 EPÜ „Vertragliche Lizenzen: Eine europäische Patentanmeldung kann ganz oder teilweise Gegenstand von Lizenzen für alle oder einen Teil der Hoheitsgebiete der benannten Vertragsstaaten sein."
60 Vgl dazu Fock, Patent- und Gebrauchsmusterrecht, Band 3 Kapitel 11.
61 BGH GRUR 1967, 245, 246 – Lizenzbereitschaft an Geheimpatent.
62 BGHZ 51, 263, 264 – Silobehälter.
63 BGH GRUR 1965, 160, 162 – Abbauhammer, zur bekannt gemachten Patentanmeldung (PatG 1968).
64 BGHZ 51, 263, 264 – Silobehälter; BGH GRUR 1961, 466, 467 – Gewinderollkopf.
65 *Benkard/Ullmann* § 15 PatG Rn 232 f.
66 BGH NJW 1982, 2861, 2862; *Schulte/Kühnen* § 15 PatG Rn 11.
67 *Benkard/Ullmann* § 15 PatG Rn 56; *Schulte/Kühnen* § 15 Rn 1 PatG mHa AmtlBegr zum 1. GPatG Blatt 1979, 280.
68 BT-Drucks 8/2087, 25.
69 BGHZ 51, 263, 264 ff – Silobehälter (unter Bezugnahme auf die zu diesem Zeitpunkt geltenden §§ 20, 21 GWB aF), vgl auch §§ 1 ff. GWB in Verbindung mit der TT-GVO Nr 774/2004.
70 BGH GRUR 1961, 466, 467 – Gewinderollekopf; BGH GRUR 1969, GRUR 677, 678 – Rüben-Verladeeinrichtung; *Kraßer* § 40 IVa; *Groß* Rn 13; *Keller* 29 f.

Regel keine Zusagen hinsichtlich der Patenterteilung, wenngleich er insoweit natürlich nicht daran gehindert ist, entsprechende Zusicherungen zu übernehmen.

Möglich ist es auch, ein **betriebsgeheimes Verfahren** zu lizenzieren; in diesen Fällen wird eine Schutzrechtsanmeldung bewusst unterlassen, um Dritten keinen Aufschluss über die Funktionsweise des Verfahrens zu vermitteln. Schwierigkeiten können sich in diesem Zusammenhang bei der Abgrenzung zum Know-how-Lizenzvertrag ergeben. 55

In Fällen, in denen zur Benutzung des lizenzierten Schutzrechts die Nutzung einer weiteren nicht durch den Vertrag lizenzierten Erfindung des Lizenzgebers notwendig ist, wird nach der Rechtsprechung auch ohne diesbezügliche Vereinbarung grundsätzlich eine Erstreckung der Lizenzierung auf die weitere Erfindung angenommen,[71] wobei die vertraglich festgesetzte Lizenzgebühr mangels abweichender Vereinbarungen nicht angepasst wird. Der Schutzrechtsinhaber sollte daher stets prüfen, ob der Lizenznehmer auch eine Lizenz an anderen Schutzrechten benötigt, um die eigentlich zu lizenzierende Technologie auszuüben, und wenn dies zu bejahen ist ggf die Lizenzkonditionen anpassen. 56

Über **§ 16a Abs 1 PatG** in Verbindung mit den Verordnungen der EU über die Schaffung von **ergänzenden Schutzzertifikaten** ist es möglich, einen über die maximale Laufzeit eines Patents (20 Jahre ab Patentanmeldung) hinausgehenden Schutz zu erhalten. Ein solches ergänzendes Schutzzertifikat verlängert also die Laufzeit[72] des Grundpatents, jedoch nur innerhalb der Grenzen der für das Grundpatent geltenden Zulassung. 57

Solche ergänzenden Schutzzertifikate sind häufig bei der Patentierung von Arzneimitteln (Wirkstoffen)[73] bzw Pflanzenschutzmitteln[74] anzutreffen.[75] 58

II. Gebrauchsmuster

Das Gebrauchsmuster wird auch als „kleines Patent" bezeichnet, da es sich ebenfalls auf technische Erfindungen bezieht und dem Patent weitgehend entspricht;[76] es unterscheidet sich inhaltlich im Wesentlichen durch geringere Anforderungen an die schöpferische Höhe: Während für ein Patent eine erfinderische Tätigkeit Voraussetzung ist, bedarf es für ein Gebrauchsmuster „nur" eines **erfinderischen Schrittes.** Formal unterscheidet es sich von einem Patent im Wesentlichen durch eine **kürzere Laufzeit** (maximal 10 Jahre) sowie dadurch, dass im Registrierungsverfahren eine **materielle Prüfung** der Schutzvoraussetzungen, namentlich der Neuheit und des erfinderischen Schrittes, **nicht stattfindet** (§§ 1, 8 GebrMG). In kartellrechtlicher Hinsicht steht das Gebrauchsmuster dem Patent gem Art 1 Abs 1 lit h TT-GVO 2014 gleich. 59

Der Inhaber eines Gebrauchsmusters kann dem Lizenznehmer gem **§ 22 Abs 2 GebrMG** sowohl ausschließliche als auch einfache Lizenzen einräumen. Vorstehende Erläuterungen zur 60

71 BGH GRUR 2005, 406, 407 – Leichtflüssigkeitsabscheider; aber Achtung: Für den Fall, dass die weitere Erfindung ein Verfahren betrifft, soll diese Erstreckung der Lizenz nicht „automatisch" greifen. Deshalb sollte der Lizenznehmer stets eine genaue Untersuchung vornehmen, welcher Erfindungen/Schutzrechte er bedarf, um die ihm ausdrücklich lizenzierte Technologie nutzen zu können.

72 Vgl zur Berechung BPatGE 35, 276, 278 ff.

73 ABl EG Nr L 182 v 2.7.1992 S 1, abgedr in GRUR Int 1993, 301 ff, geändert durch Vertrag v 24.6.1994 (BGBl II S 2022) und v 23.9.2003 (ABl EG L 236 v 23.9.2003 S 33).

74 ABl EG Nr L 198 v 8.8.1996 S 30.

75 Rechtsgrundlagen hierfür sind die Verordnungen (EWG) Nr 1768/92 v 18.6.1992, in Kraft getreten am 2.1.1993 bzw Nr 1610/96 v 23.7.1996, in Kraft getreten am 8.2.1997.

76 Vgl dazu *Fock* Patent- und Gebrauchsmusterrecht, Band 3 Kapitel 11.

Patentlizenz lassen sich daher auch auf die Gebrauchsmusterlizenz übertragen.[77] Die fehlende materielle Prüfung im Registrierungsverfahren hat insofern keinen Einfluss auf die Wirksamkeit eines Gebrauchsmusterlizenzvertrages.[78]

III. Know-how

61 Know-how steht für das nicht durch Schutzrechte gesicherte (betriebliche) Erfahrungswissen auf technischem oder kaufmännischem Gebiet, das gegenüber Dritten einen Vorteil gewährt, also geheim ist.[79] Die TT-GVO 2014 bezeichnet Know-how in ihrem Art 1 Abs 1 lit i als **„Gesamtheit nicht patentierter praktischer Kenntnisse**, die durch Erfahrungen und Versuche gewonnen werden."

62 Kennzeichnende Pflichten des Know-how-Lizenzvertrages sind auf Seiten des Lizenzgebers die Verpflichtung, dem Lizenznehmer sein jeweiliges Erfahrungswissen, uU einschließlich technischer Hilfestellung, zu überlassen, auf Seiten des Lizenznehmers die Verpflichtung zur Zahlung einer Lizenzgebühr. Solch lizenziertes Know-how ist von beiden Parteien geheim zu halten.

63 Bei dem zu überlassenden Know-how kann es sich auch um ein solches handeln, das erst nach Vertragsschluss zu erarbeiten ist.[80] Die konkrete Überlassung des Know-hows kann wiederum unterschiedlich ausgestaltet sein, zB durch einen Beratungs-, Erfahrungsaustausch- oder Nachbauvertrag. In der Praxis stellt sich die Lizenzierung von Know-how regelmäßig als Wissensüberlassung im Zusammenhang mit dem Abschluss eines Lizenzvertrages über die Nutzung von Schutzrechten dar (gemischter Schutzrechts- und Know-how-Lizenzvertrag, Art 1 Abs 1 lit b TT-GVO 2014).

IV. Marken

64 Der Begriff der „Marke" in **§ 3 Abs 1 MarkenG** umfasst alle Zeichen, insbesondere Wörter, einschließlich Personennamen, Abbildungen, Buchstaben, Zahlen, Hörzeichen, dreidimensionale Gestaltungen einschließlich der Form einer Ware oder ihrer Verpackung sowie sonstige Aufmachungen, einschließlich Farben und Farbzusammenstellungen, die geeignet sind, Waren oder Dienstleistungen eines Unternehmens von denjenigen anderer Unternehmen zu unterscheiden.[81]

65 Die Möglichkeit des Markeninhabers zur Einräumung von ausschließlichen oder einfachen Lizenzen normiert **§ 30 Abs 1 MarkenG.**

66 Wird eine gem § 4 Nr 1 MarkenG eingetragene Marke lizenziert, so erstreckt sich die Lizenz nur auf die eingetragene Marke, dh der Lizenznehmer erhält nicht zugleich eine Lizenz an verwechselbaren Zeichen iSd § 14 Abs 2 Nr 2 MarkenG.[82]

67 In **§ 30 Abs 2 bis 5 MarkenG** finden sich **Besonderheiten der Markenlizenz** gegenüber der Patentlizenz, die über § 31 MarkenG entsprechend für die durch Anmeldung von Marken begründeten Rechte und deren Lizenzierung gelten.

68 Aus **§ 30 Abs 2 MarkenG** ergibt sich das Recht des Lizenzgebers, **Rechte aus der Marke gegen den Lizenznehmer** geltend zu machen, sofern dieser hinsichtlich (i) der Dauer einer Li-

77 *Benkard/Grabinski* PatG § 22 GebrMG Rn 4; *Busse/Keukenschrijver* PatG § 22 GebrMG Rn 5.
78 *Busse/Keukenschrijver* PatG § 22 GebrMG Rn 5 mHa BGH GRUR 1977, 107, 109 – Werbespiegel.
79 *Finger* GRUR 1970, 3, 4; *Kraßer* GRUR 1970, 587, 588; *Groß* Rn 16; *Henn* Rn 29.
80 *Henn* Rn 31.
81 Vgl dazu auch Band 3 Kap 5.
82 BGH Mitt 2000, 504, 505 – SUBWAY/Subwear.

zenz, (ii) der von der Eintragung erfassten Form, in der die Marke benutzt werden darf, (iii) der Art der Waren oder Dienstleistungen, für die die Lizenz erteilt wurde, (iv) des Gebiets, in dem die Marke angebracht werden darf, oder (v) der Qualität der vom Lizenznehmer hergestellten Waren oder der von diesem erbrachten Dienstleistungen gegen eine Bestimmung des Lizenzvertrages verstößt.

Dem Lizenzgeber wird hierüber also – neben etwaigen Ansprüchen wegen der Verletzung der vertraglichen Verpflichtungen durch den Lizenznehmer – zusätzlich die Möglichkeit eingeräumt, gegen den Lizenznehmer auch unmittelbar aus der Marke mit einer Markenverletzungsklage vorzugehen.[83] In diesen Fällen steht den gewerblichen Abnehmern des Lizenzgebers sowie Dritten, die solche lizenzrechtswidrigen Waren vertreiben, der Erschöpfungseinwand des § 24 MarkenG nicht zur Seite; der Lizenzgeber kann entsprechende Ansprüche also auch diesen gegenüber geltend machen.[84] Zudem stehen dem Lizenzgeber die aus der Verletzung der Marke folgenden Ansprüche gem §§ 14ff MarkenG unbeschadet einer lizenzvertraglichen Vereinbarung, die seine Prozessführungsbefugnis beschränkt, zu.[85] 69

§ 30 Abs 2 MarkenG zählt die Verstöße gegen Bestimmungen des Lizenzvertrages, die unter seinen Anwendungsbereich fallen, abschließend auf; andere Verstöße können also lediglich vertragliche Ansprüche entstehen lassen,[86] soweit solche im Lizenzvertrag vorgesehen sind. 70

Nach der Bestimmung des **§ 30 Abs 3 MarkenG** kann der Lizenznehmer **Klage** wegen Verletzung einer Marke **nur mit Zustimmung des Markeninhabers** erheben. Dies gilt sowohl für ausschließliche als auch für einfache Lizenzen. Gleiches gilt für die markenrechtliche Löschungsklage.[87] Auch bei einer vorgerichtlichen Geltendmachung von Markenrechten, wie etwa der Abmahnung wegen Markenrechtsverletzung, ist das Zustimmungserfordernis des Markeninhabers (Lizenzgebers) zu beachten.[88] Natürlich ist es den Parteien eines Lizenzvertrages aber freigestelt, insoweit abweichendes zu regeln.[89] 71

Den **Beitritt des Lizenznehmers** zu einer vom Markeninhaber erhobenen **Verletzungsklage**, mit dem der Ersatz des eigenen Schadens geltend gemacht werden soll, regelt § 30 Abs 4 MarkenG. In seiner Entscheidung „Windsor Estate" führt der BGH[90] hierzu aus, dass ein Lizenznehmer, der gem **§ 30 Abs 4 MarkenG** der Verletzungsklage beitritt, die Stellung eines einfachen Streitgenossen erlangt und dem Lizenznehmer im Falle einer Markenverletzung kein eigener Schadensersatzanspruch gegen den Verletzer zusteht.[91] 72

In **§ 30 Abs 5 MarkenG** ist der **Sukzessionsschutz** geregelt, wonach der Rechtsübergang der Marke oder die Erteilung einer Lizenz nicht die Lizenzen berührt, die Dritten vorher erteilt worden sind. 73

Insgesamt ist bei den Regelungen des § 30 MarkenG zu beachten, dass diese nicht abschließend sind und zur ergänzenden Auslegung dieser Normen – wegen der bewussten Anlehnung an § 15 Abs 2 PatG – die Rechtsprechung und Literatur zum Patentlizenzvertrag herangezogen werden können.[92] 74

Da – im Unterschied zu Patenten – der Markenschutz gem § 47 Abs 1 MarkenG zunächst auf die Dauer von 10 Jahren ab Ende des Monats, in den die Anmeldung fällt, angelegt und in Abs 2 75

---

83 Wie in Art 8 Abs 2 der Markenrechts-RL vorgesehen.
84 *Bühling* GRUR 1998, 196, 198.
85 BGH GRUR 2003, 242, 244 – Dresdener Christstollen.
86 *Bühling* GRUR 1998, 196, 198.
87 BGHZ 138, 349 ff – MAC Dog.
88 OLG München NJW-RR 1997, 1266, 1268 – 1860 München.
89 BGH GRUR 1990, 361, 362 – Kronenthaler; BGH GRUR 1995, 54, 57 – Nicoline.
90 GRUR 2007, 877 ff.
91 BGH GRUR 2007, 877 ff.
92 *Fammler* 4.

eine Verlängerungsmöglichkeit um jeweils weitere zehn Jahre vorgesehen ist, wird bei einer Marke bei Vorliegen der jeweiligen Voraussetzungen auch von „ewigen Leistungsschutzrechten" gesprochen. Angesichts dieser möglichen „ewigen" Fortdauer einer Marke ist es im Lizenzvertrag besonders wichtig, interessengerechte Reglungen für die Vertragsparteien zu treffen, vor allem, wenn eine „begleitende" Marke im Rahmen eines gemischten Patent- und Markenlizenzvertrages lizenziert wird.

76 Die **Registrierung von Markenlizenzen** im deutschen Markenregister (wie diese etwa bei Patent- und Gebrauchsmusterlizenzen im Register vorgenommen werden kann) ist bei Marken nicht vorgesehen.

77 Im Gegensatz dazu sehen Art 22 und 23 Abs 1 Gemeinschaftsmarkenverordnung – GMVO (EG) Nr 40/94 des Rates vom 20.12.1993[93] – eine Registrierung von an Gemeinschaftsmarken erteilten Lizenzen vor. Zudem soll die Registrierungspflicht einer Gemeinschaftsmarke beim Harmonisierungsamt für den Binnenmarkt in Alicante Wirksamkeitsvoraussetzung für die Lizenzerteilung gegenüber Dritten sein[94]. Weiterhin ist seit dem 1.4.2002 die Eintragung einer Lizenz im internationalen Markenregister vorgesehen.[95] Deutschland behält sich jedoch, obschon Mitgliedstaat des MMA und des PMMA, ausdrücklich eine Nichtregistrierung vor.[96]

78 Wegen der besonderen „Sensibilität" der Marke und insbesondere der Gefahr der Irreführung und der Verwässerung sollte in folgenden Fällen **von** einer **Lizenzierung der Marke ggf abgesehen** werden:

- Der Lizenzgeber nutzt die Marke selbst; potentieller Lizenznehmer ist ein Wettbewerber des Lizenzgebers. Eine Ausnahme besteht bei besonderen Vertriebsformen.
- Die Produkte des Lizenznehmers erfüllen nicht die Qualtitätsanforderungen bzw entsprechen nicht den Qualitätsvorstellungen des Lizenzgebers. Denn auch wenn die Marke nicht die Garantie der Produktqualität, sondern den Nachweis der Herkunft enthält,[97] so schreibt der angesprochene Verkehr einer bestimmten Marke auch die ihm vertraute Qualität zu; die Lizenzierung dieser Marke darf nicht dazu führen, den Verkehr über die Produktqualität zu täuschen.[98]
- Der Lizenzgeber wird dem Risiko der Produkthaftung für mangelhafte Waren ausgesetzt, die der Lizenznehmer mit der lizenzierten Marke des Lizenzgebers vertreibt.[99] Liegt dem Lizenzvertrag eine Warenbezugspflicht zu Grunde, ist es möglich, den Lizenzgeber als (Quasi-) Unternehmer zu qualifizieren, mit der Folge, dass ihn selbst ein Haftungsrisiko bzgl der durch den Lizenznehmer vertriebenen Waren treffen kann.

V. Designs

79 Nach **§ 1 Nr 1 DesignG** ist ein Design die **zweidimensionale oder dreidimensionale Erscheinungsform** eines ganzen Erzeugnisses oder eines Teils davon, welches sich insbesondere aus den Merkmalen der Linien, Konturen, Farben, der Gestalt, Oberflächenstruktur oder der Werk-

---

93 ABl EG Nr L 11 v 14.1.1994 S 1 (ES, DA, DE, EL, EN, FR, IT, NL, PT).

94 *Pfaff/Osterrieth* Rn 974; vgl auch Schweyer in: Beck'sche Formularsammlung zum gewerbl RS mit UrhR V 11 Anm 14.

95 Regel 20 (bi.s) der gemeinsamen Ausführungsverordnung zum Madrider Abkommen und dem Madrider Protokoll.

96 *Stumpf* MarkeNr 2005, 425 ff.

97 EuGH GRUR 2003, 425 – Ansul/Ajax; s aber EuGH GRUR Int 1998, 875, 877 – CANNON/Canon mit Anm *Fezer* WRP 1998, 1123, 1126; BGH WRP 2005, 1527 – Otto.

98 BGH GRUR 1966, 45, 46 – Markenbenzin; BGHZ 44, 372, 377.

99 *Hölzlwimmer* (1995), 123 ff.

stoffe des Erzeugnisses selbst ergibt.[100] Die Schutzdauer des Designs beträgt gem § 27 Abs 2 DesignG maximal 25 Jahre, gerechnet ab dem Anmeldetag. Der Schutz entsteht nach Abs 1 mit der Eintragung in das Register des DPMA.

Der Rechtsinhaber kann gem **§ 31 DesignG** Lizenzen für das gesamte Gebiet oder einen Teil 80 des Gebiets der Bundesrepublik Deutschland erteilen. Diese können ausschließlich oder nicht ausschließlich sein. § 31 Abs 2 DesignG enthält eine ähnlich zu § 30 Abs 2 MarkenG ausgestaltete Regelung, nach der der Lizenzgeber unter den dort bestimmten Vertragsverletzungen gegenüber dem Lizenznehmer Rechte aus dem Design geltend machen kann. Ebenso regelt § 31 Abs 3 DesignG – vergleichbar zu § 30 Abs 3 MarkenG –, dass auch der Lizenznehmer Verfahren wegen Verletzung des Designs führen kann, jedoch mit dem Unterschied, dass der Inhaber einer ausschließlichen Lizenz keiner Zustimmung des Lizenzgebers bedarf, wenn dieser, nachdem er dazu aufgefordert wurde, innerhalb einer angemessenen Frist nicht selbst ein Verletzungsverfahren anhängig macht (§ 31 Abs 3 S 2 DesignG). Den Sukzessionsschutz normiert § 31 Abs 5 DesignG.

VI. Urheberrechte

Das Urheberrecht im subjektiven Sinne ist die Berechtigung des Werkschöpfers, also des Urhe- 81 bers, an seinem Geisteswerk.[101] Das Urheberrecht im objektiven Sinne regelt den Schutz bestimmter kultureller Geistesschöpfungen, die „Werke“ genannt werden.[102]

Gem **§ 2 Abs 2 UrhG** sind Werke nur persönliche geistige Schöpfungen. **§ 2 Abs 1 UrhG** ent- 82 hält eine Aufzählung der Werke, die insbesondere zu den geschützten Werken der Literatur, Wissenschaft und Kunst gehören.

Auch **Computerprogramme** genießen urheberrechtlichen Schutz nach den Vorschriften 83 der **§§ 69a ff UrhG** (vgl noch nachfolgend Rn 88 ff).

Für das Urheberrecht bestimmt **§ 31 UrhG**, dass der Urheber einem anderen das Recht ein- 84 räumen kann, das Werk für einzelne oder alle Nutzungsarten zu nutzen (**Nutzungsrecht**).

Das Nutzungsrecht kann gem § 31 Abs 1 S 2 UrhG als einfaches (Abs 2) oder ausschließliches 85 (Abs 3) Recht sowie räumlich, zeitlich oder inhaltlich beschränkt eingeräumt werden. Die Einräumung von Nutzungsrechten für noch nicht bekannte Nutzungsarten sowie Verpflichtungen hierzu war bislang gem § 31 Abs 4 UrhG unwirksam. Diese Regelung ist jedoch mit der zum 1. Januar 2008 in Kraft getretenen Urheberrechtsnovelle ersatzlos weggefallen. Nunmehr enthält § 31a UrhG Regelungen über Verträge über unbekannte Nutzungsarten. Danach kann der Urheber bei einem Vertrag, durch den er Rechte für unbekannte Nutzungsarten einräumt oder sich dazu verpflichtet, grundsätzlich diese Rechtseinräumung oder die Verpflichtung hierzu widerrufen. Lässt sich dem Lizenzvertrag die Nutzungsart nicht eindeutig entnehmen, so gilt nach der **Zweckübertragungslehre**[103] (§ 31 Abs 5 UrhG), dass der Urheber dem Erwerber im Zweifel nur soviel an Rechten einräumt, wie es zur Erreichung des Vertragszwecks unbedingt notwendig ist.

Das UrhG selbst gibt dem Lizenzgeber – abweichend zB von einer Lizenz an technischen 86 Schutzrechten – verschiedene Möglichkeiten, auf die Nutzung der Lizenz durch den Lizenznehmer Einfluss zu nehmen. So bestimmt es zB in § 34 UrhG, dass Nutzungsrechte iSv § 31 UrhG nur mit Zustimmung des Urhebers übertragen werden können und gem § 31 Abs 3 S 3, § 35 UrhG

100 Vgl dazu Band 2 Kap 7.
101 *Rehbinder* Rn 3; vgl allgemein auch Band 2 Kap 1.
102 *Rehbinder* Rn 2.
103 BGHZ 9, 262, 265; BGH GRUR 1987, 37, 39 – Videolizenzvertrag.

auch der ausschließliche Lizenznehmer der Zustimmung des Urhebers zur Einräumung einer einfachen Lizenz bedarf.

87 Räumt der Urheber einem anderen ein Nutzungsrecht am Werk ein, so verbleibt ihm gem § 37 Abs 1 UrhG im Zweifel das Recht der Einwilligung zur Veröffentlichung oder Verwertung einer Bearbeitung des Werkes. Gleiches wird in § 37 Abs 2 und 3 UrhG für die Ausübung anderer als der vereinbarten Nutzungsarten bestimmt.

VII. Software

88 Nutzungsrechte an Computerprogrammen können ebenfalls durch einen Lizenzvertrag eingeräumt werden.[104]

89 Programme für Datenverarbeitungsanlagen genießen „als solche" keinen Patent- oder Gebrauchsmusterschutz (§ 1 Abs 3 Nr 3, Abs 4 PatG, § 1 Abs 2 Nr 3, Abs 4 GebrMG, Art 52 Abs 2 Nr 3, Abs 3 EPÜ). Eine Patentierbarkeit computerimplementierter Erfindungen (Software)[105] hängt davon ab, ob ein „technischer" Bezug der Erfindung gegeben ist,[106] denn Patentschutz wird für die technische Lehre bzw die technische Umsetzung der Ideen und Konzepte eines Computerprogramms gewährt. Es ist anhand einer Gesamtbetrachtung des Anmeldegegenstandes im Einzelfall zu entscheiden, ob das Computerprogramm den erforderlichen technischen Bezug aufweist (sogenannte Technizität).[107]

90 Der Schutzbereich des Urheberrechts ist für Computerprogramme dann eröffnet, wenn sie gem § 2 Abs 1 Nr 1 UrhG Werkcharakter haben. Der Schutz als Werk iSv §§ 1, 2 UrhG umfasst im Unterschied zum Patent nur die äußere Form des Computerprogramms.[108]

91 Eine Definition des Computerprogramms enthalten die **§§ 69aff UrhG** allerdings nicht.[109] Der Begriff ist jedoch weit auszulegen.[110] Die Art des Computerprogramms ist für seinen Schutz nicht entscheidend, § 69a UrhG erfasst zB Systemsoftware ebenso wie Textverarbeitungs- oder Grafikprogramme, die der Datenverarbeitung dienen.

92 Der Schutz über § 69a UrhG besteht für **alle „Ausdrucksformen" des Programms**, einschließlich des „Entwurfsmaterials". Über § 69a Abs 2 S 2 UrhG erlangen die „Ideen und Grundsätze" als Grundlage eines Elements des Programms oder einer Schnittstelle keinen Schutz.

93 **§ 69c UrhG** vermittelt dem Rechtsinhaber das ausschließliche Recht, die dauerhafte oder vorübergehende Vervielfältigung (auch soweit dies für das Laden, Anzeigen, Ablaufen, Übertragen oder Speichern erforderlich ist), die Übersetzung, die Bearbeitung, das Arrangement und andere Umarbeitungen des Programms einschließlich der Vervielfältigung der erzielten

---

104 Zum Begriff Software s *Marly* Rn 1ff; „Software" bezeichnet als Sammelbegriff alle nicht physischen Funktionsbestandteile eines Computers; hiervon umfasst sind vor allem Computerprogramme sowie die zur Verwendung mit Computerprogrammen bestimmten Daten.

105 S Art 2 lit a des RL-Entwurfs v 20.2.2002; *Nack* GRUR Int 2004, 771; *Nägele* Mitt 2004, 101.

106 *Pagenberg/Geissler* Muster 17 Rn 71.

107 BGH GRUR 1992, 430, 431 – Tauchcomputer; BGH GRUR 2000, 498ff. (mit Anm *Betten*) – Logikverifikation; BGH GRUR 2003, 667 – Elektronischer Zahlungsverkehr; BGH Mitt 2005, 78 – Anbieten interaktiver Hilfe; BGH Mitt 2005, 20 – Rentabilitätsermittlung; *Reichel* Mitt 2006, 6ff; *Horns* GRUR 2001, 1, 13; *Schölch* GRUR 2001, 16, 17.

108 BGH GRUR 1984, 659, 660 – Ausschreibungsunterlagen; BGH GRUR 1985, 1041, 1047 – Inkassoprogramm; OLG Köln GRUR-RR 2005, 303ff; OLG Karlsruhe GRUR 1983, 300, 305; OLG Frankfurt GRUR 1983, 753, 755 – Pengo; *Pagenberg/Geissler* Muster 17 Rn 19.

109 BT-Drucks 12/4022, 9, bewusster Verzicht aufgrund der Schnelllebigkeit der Branche.

110 BGH GRUR 2005, 860ff. mwN; OLG Köln GRUR-RR 2005, 303ff; Begr des Entwurfs eines 2. UrhÄndG, BT-Drucks 12/4022, 9f; Schricker/Loewenheim/*Loewenheim* § 69a UrhG Rn 2; Dreier/Schulze/*Dreier* § 69a UrhG Rn 12; *Ullmann* CR 1992, 641, 643f; *Erdmann/Bornkamm* GRUR 1991, 877, 879; *Schultze/Pautke/Wagener* Art 1 Abs 1 lit g Rn 123.

Ergebnisse, jede Form der Verarbeitung des Originals oder von Vervielfältigungsstücken einschließlich der Vermietung sowie die drahtgebundene oder drahtlose öffentliche Wiedergabe einschließlich der öffentlichen Zugänglichmachung in der Weise, dass es Mitgliedern der Öffentlichkeit an Orten oder zu Zeiten ihrer Wahl zugänglich ist, selbst auszuführen oder zu gestatten.

Ausnahmen hierzu normieren die §§ 69d, 69e UrhG (vgl auch § 69g Abs 2 UrhG). **94**

Bei einer auf Computerprogramme bezogenen Lizenzierung sind allerdings die unterschied- **95**
lichen Schutzrichtungen des Patent- und Urheberrechts sowie die jeweiligen Rechtsfolgen bei Eingriffen in die Ausschließlichkeitsrechte zu beachten.[111] Das UrhG schützt nur die äußere Erscheinungsform des Programms. Gem § 69a Abs 2 S 2 UrhG werden „Ideen und Grundsätze" als Grundlage des Programms nicht geschützt. Diese können aber gerade als im Hintergrund des Programms stehende technische Lehre der Erfindung dem Patentschutz unterfallen. Ein Schutz für Lizenznehmer und Urheber vor der Entwicklung und Vermarktung eines parallelen Programms durch Dritte existiert nicht.

Aufgabe des Lizenzgebers ist es festzustellen, welche Rechte er vergeben kann.[112] Er trägt **96**
grundsätzlich die Verantwortung für die Verfügungsbefugnis über die lizenzierten Rechte.

Die besonderen Nutzungsmöglichkeiten von Software bedingen, dass in einen Software- **97**
lizenzvertrag Vertragsklauseln aufgenommen werden sollten, die inhaltlich weiter reichen, als dies bei den üblichen Abreden in Lizenzverträgen der Fall ist.[113] **Verwendungsbeschränkungen** dienen zB dazu, das Nutzungsrecht des Softwarelizenznehmers einzuschränken. Hierzu zählen etwa Vervielfältigungs- sowie Weiterverbreitungsverbote, sog **CPU-** und **Upgrade-Klauseln, Netzwerkklauseln** beziehungsweise **Klauseln zur Parallelnutzung, Kontroll- und Besichtigungsvereinbarungen** sowie **Hinterlegungsvereinbarungen**. Hinsichtlich dieser einschränkenden Vertragsklauseln sind die Grenzen des Kartellrechts zu beachten, wobei für Software-Lizenzverträge auch der Anwendungsbereich der TT-GVO 2004 eröffnet und daher zu beachten ist.

VIII. Persönlichkeitsrechte/Merchandising

Unter die Persönlichkeitsrechte fallen das Recht am eigenen Bild gem **§§ 22 ff KUG**, das Namens- **98**
recht gem **§ 12 BGB** und das von der Rechtsprechung als sonstiges Recht gem **§ 823 BGB** entwickelte allgemeine Persönlichkeitsrecht.[114]

Der Inhaber des Persönlichkeitsrechts kann Eingriffe in dieses Recht gestatten oder auf die **99**
Geltendmachung von Ansprüchen gegen den Eingreifenden verzichten.[115] Für die Lizenzierung von Persönlichkeitsrechten gelten die urheberrechtlichen Vorschriften über die Einräumung von Nutzungsrechten.[116] Maßgebliches Kriterium, den Umfang der dem Lizenznehmer im Einzelfall eingeräumten Rechte zu bestimmen, ist der mit dem Lizenzvertrag verfolgte Zweck. Auch hier ist von dem Grundsatz der Zweckübertragungslehre auszugehen, wonach Rechte nur in dem Umfang eingeräumt werden, wie dies zur Erreichung des Vertragszwecks unbedingt notwendig ist.[117]

---

111 *Schöniger* CI 2000, 129, 132.
112 BGH BB 1987, 1277, 1278.
113 *Marly* Rn 882 ff; *Hoeren/Schuhmacher* CR 2000, 137 ff; *Polley* CR 1999, 345 ff; *Schuhmacher* CR 2000, 641 ff.
114 BVerfGE 34, 269 ff; BGHZ 13, 334, 338 – Leserbrief.
115 BGH NJW-RR 1987, 231, 232 – NENA; *Magold* 502 f; *Schertz* Rn 375.
116 *Schertz* Rn 382; *Forkel* GRUR 1988, 491, 497.
117 Schricker/Loewenheim/*Schricker/Loewenheim* § 31 UrhG Rn 74 ff.

IX. UWG-Lizenz

100 Die vom BGH – schon vor der UWG-Reform[118] – anerkannte „§ 1 UWG-Lizenz“[119] betraf die Lizenzierung von bekannten – für die lizenzierten Waren nicht oder nicht mehr durch Sonderschutzrechte abgesicherten – Formgestaltungen oder Kennzeichnungen im wettbewerbsrechtlichen Leistungsschutz. Hierbei handelte es sich im Regelfall um die Einräumung einer negativen Lizenz.[120] Mit der UWG-Reform 2004 spricht man aufgrund der Verortung der früher in § 1 UWG enthaltenen Generalklausel (nunmehr § 3 Abs 1 UWG) nur noch von einer „UWG-Lizenz“. Ihr liegen folgende Erwägungen zugrunde:

101 Zwar ist es entsprechend dem **Grundsatz der Nachahmungsfreiheit**[121] grundsätzlich zulässig, fremde, nicht oder nicht mehr unter Sonderschutz stehende Erzeugnisse oder Kennzeichnungen nachzuahmen.[122] Jedoch ist dies dann als wettbewerbswidrig einzustufen, wenn die nachgeahmten Erzeugnisse von wettbewerblicher Eigenart sind und zusätzlich **besondere wettbewerbliche Umstände** vorliegen, die das Nachahmen unlauter erscheinen lassen. Gem **§ 4 Nr 9 lit a) bis c) UWG** zählen zu den unlauteren Wettbewerbshandlungen iSv § 3 UWG insbesondere die Fälle der Herkunftstäuschung, Rufausbeutung und das unredliche Erlangen der für die Nachahmung erforderlichen Kenntnisse und Unterlagen. Der Berechtigte kann bei Vorliegen einer unlauteren Nachahmung den Anspruch auf Unterlassung gem § 8 UWG geltend machen, der sich gegen die Art und Weise der Verwertung beziehungsweise Nachahmung einer fremden Leistung richtet.[123] Ebenso wie der Berechtigte solche Verbietungsrechts aus UWG durchsetzen kann, ist es ihm im Rahmen einer negativen Lizenz aber auch möglich, auf die Geltendmachung solcher Verbietungsrechte zu verzichten; durch die negative „Lizenzierung“ gestattet er insofern die Nachahmung.

102 „UWG-Lizenzen“ können unter Umständen mit dem Ziel abgeschlossen werden, Lizenzverträge, zB über Designs und Marken, zu ergänzen.[124] Das kommt insbesondere dann in Betracht, wenn der Sonderrechtsschutz nicht die gesamte Gestaltung einer Ware umfasst.

X. Umfang der Lizenz

103 Der Umfang einer Lizenz ist stets von der lizenzierten Rechtsposition und deren Schutzumfang abhängig. Zudem ist die Art der Benutzung von Bedeutung, insbesondere ob es sich um eine ausschließliche oder einfache Lizenz handelt. Schließlich sind die Beschränkungen des Nutzungsumfangs in zeitlicher, persönlicher sowie sachlicher Hinsicht zu beachten.

---

118 Rechtslage vor dem 3.7.2004, § 1 UWG aF.

119 Durch die UWG-Reform (Gesetz v 3.7.2004, BGBl I S 1414) wurde § 1 UWG aF durch § 3 UWG ersetzt, dessen Rechtsfolge – die Unterlassung – nunmehr gesondert in § 8 UWG geregelt ist.

120 Vgl oben Rn 40 ff.

121 BGHZ 60, 168, 169 – Modeneuheit; BGH WRP 1976, 370 – Ovalpuderdose.

122 BGH GRUR 2002, 275, 276 – Noppenbahnen; BGH GRUR 2002, 820, 822 – Bremszangen; BGH GRUR 2002, 86, 89 – Laubhefter; BGH GRUR 2005, 349 – Klemmbausteine III.

123 *Pohlmann* EWiR § 1 UWG, 1999, 667, Kommentierung zu BGH GRUR 1999, 751 ff – Güllepumpen.

124 Zum Verhältnis des neuen nicht eingetragenen Gemeinschaftsgeschmacksmusters zum wettbewerbsrechtlichen Leistungsschutz s *Bartenbach/Fock* WRP 2002, 119 ff; *Osterrieth* FS Tilmann 2003, 221 ff; *Rahlf/Gottschalk* GRUR Int 2004, 821 ff; *Lorenzen* 21 ff; im Übrigen *Schlötelburg* GRUR 2005, 12 zum Musterschutz an Zeichen; *Scheffler* Mitt 2005, 216 ff; *Loschelder* GRUR Int 2004, 767 ff; *Bornkamm* GRUR 2005, 97 ff – zum Markenrecht und wettbewerbsrechtlichen Leistungsschutz.

XI. Erscheinungsformen

Regelmäßig schließen Lizenzgeber und Lizenznehmer einen eigenständigen Vertrag, dessen Gegenstand ein **einzelnes Schutzrecht** oder eine **Vielzahl von Schutzrechten** (etwa Schutzrechtsfamilien, mehrere Erfindungen für bestimmte technische Anwendungsbereiche, mehrere Marken) bilden. Mit der Lizenzierung technischer Schutzrechte ist häufig **gleichzeitig** eine **Lizenzierung von Know-how**, anderen Schutzrechten oder wettbewerbsrechtlichen Gestattungen (UWG-Lizenzen) verbunden. Häufig werden Lizenzverträge auch im Rahmen eines **Vergleichs** gem § 779 BGB abgeschlossen, um Meinungsunterschiede über die Schutzrechtsbenutzung bzw Streit über eine Schutzrechtsverletzung beizulegen. Dies gilt gleichermaßen für gerichtliche Vergleiche[125] und außergerichtliche Vereinbarungen. 104

Im Rahmen der Vertragsfreiheit können Lizenzvereinbarungen in verschiedensten Fallgestaltungen in andere Verträge eingebunden werden, zB in **Forschungsaufträge oder Kooperationsverträge**,[126] weiterhin in Verträge über Unternehmenszusammenschlüsse oder als Nebenabreden in Verträge über den Verkauf von Unternehmen bzw Betriebsteilen sowie in Lieferaufträge. Seltener lassen sich auch in Arbeitsverträgen Lizenzvereinbarungen finden, die zB dem Arbeitgeber das Recht einräumen, „eingebrachte" freie oder frei gewordene Erfindungen des neuen Arbeitnehmers zu benutzen.[127] Schließlich ist an gerichtlich zuerkannte Zwangslizenzen zu denken.[128] 105

§ 5
Allgemeine Grundsätze der Lizenzvertragsgestaltung

I. Grundsatz der Vertragsfreiheit

Der von **§ 311 Abs 1 BGB**[129] vorausgesetzte Grundsatz der Vertragsfreiheit gilt auch für die Gestaltung von Lizenzverträgen. Diese können also in der Regel Beschränkungen jedweder Art, insbesondere persönlicher, sachlicher, räumlicher und zeitlicher Art, enthalten.[130] Dies gilt auch für das gewählte Recht, dem ein Lizenzvertrag unterliegen soll, vgl Art 27 EGBGB. Grenzen der Vertragsgestaltung normieren die Generalklauseln des BGB (§§ 138, 242, 826 BGB) sowie auf öffentlich-rechtlicher Ebene die Vorschriften des nationalen Kartellrechts der von einer Lizenzvereinbarung betroffenen Länder. 106

II. Beschränkungen der Lizenz

1. Einführung

Aus dem Grundsatz der Vertragsfreiheit (§ 311 Abs 1 BGB) ergibt sich, dass die Parteien eines Lizenzvertrages Beschränkungen persönlicher, sachlicher, räumlicher und zeitlicher Art vereinbaren können. Dies gilt für ausschließliche sowie nicht ausschließliche Lizenzen. Hinsichtlich der ausschließlichen Lizenz ist jedoch die dadurch vermittelte grundsätzlich ausschließliche Nut- 107

125 BGH GRUR 2005, 845 – Abgasreinigungsvorrichtung.
126 *Bartenbach* Zwischenbetriebliche Forschungs- und Entwicklungskooperation 128.
127 BGH GRUR 1985, 129 – Elektrodenfabrik.
128 BGH GRUR 2004, 996 – Standard-Spundfass.
129 Palandt/*Heinrichs* § 311 BGB Rn 1; MünchKommBGB/*Emmerich* § 311 BGB Rn 1, 10.
130 MünchKommBGB/*Kramer* vor § 145 BGB Rn 2ff, 6, 19.

zungsbefugnis des Lizenznehmers zu bedenken, die als solche erhalten bleiben muss, da ansonsten dem Vertrag gerade der Charakter der Ausschließlichkeit genommen wird.[131]

108 Allgemein unterscheidet man die durch den Lizenzvertrag festgelegten Bindungen nach ihrer **schuldrechtlichen und schutzrechtsbezogenen Art**, da sich bei Verletzungen durch den Lizenznehmer daran anknüpfend unterschiedliche Rechtsfolgen ergeben.

109 Zunächst handelt es sich bei jedem **Überschreiten einer Beschränkung**, mit der der Lizenznehmer belastet wird, um eine **Vertragsverletzung** gegenüber dem Lizenzgeber, die die allgemeinen zivilrechtlichen Rechtsfolgen nach sich ziehen. **Zusätzlich** kann sich das Verhalten des Lizenznehmers aber auch als eine **Schutzrechtsverletzung** darstellen. Dementsprechend normiert zB § 30 Abs 2 MarkenG, bei welchen Verstößen gegen die Bestimmungen bzw Beschränkungen des Lizenzvertrages der Inhaber einer Marke – neben vertraglichen Ansprüchen – auch die Rechte aus der Marke selbst gegen den Lizenznehmer geltend machen kann. Diese stellen somit tatsächliche Markenverletzungen dar.[132] Verstößt der Lizenznehmer also gegen Bestimmungen bzw Beschränkungen über die Dauer der Lizenz (§ 30 Abs 2 Nr 1 MarkenG), über die Form der Benutzung (§ 30 Abs 2 Nr 2 MarkenG), über die Art der Waren oder Dienstleistungen (§ 30 Abs 2 Nr 3 MarkenG), über das „Lizenzgebiet“ (§ 30 Abs 2 Nr 4 MarkenG) sowie gegen Bestimmungen betreffend die Qualität der von ihm hergestellten Waren oder Dienstleistungen (§ 30 Abs 2 Nr 5 MarkenG), so stellt sein Verhalten neben einer Vertragsverletzung gleichzeitig auch eine Markenverletzung dar.

110 Liegen die Voraussetzungen einer Markenverletzung vor, kann der Lizenzgeber auch Ansprüche nach §§ 14 ff MarkenG geltend machen.[133] Dabei stehen ihm nicht nur Unterlassungs- und Schadensersatzansprüche gegen den Lizenznehmer zu, sondern auch weitergehende Ansprüche, zB auf Drittauskunft (§ 19 MarkenG) und Vernichtung der widerrechtlich gekennzeichneten Gegenstände (§ 18 MarkenG).

111 Die Ansprüche wegen Vertragsverletzung einerseits und Markenverletzung andererseits stehen in keinem besonderen Konkurrenz- beziehungsweise Abhängigkeitsverhältnis. Aufgrund dieser Unabhängigkeit kann es aber zu Unterschieden der Anspruchsvoraussetzungen im Bereich des Verschuldens, der Darlegungs- und Beweislast sowie bei der Verjährung kommen.

112 **Vertragsverletzungen** hinsichtlich rein schuldrechtlich wirkender Pflichten sind nicht von den Markenrechtsverletzungsansprüchen umfasst. Darunter fallen bspw die Nichterfüllung von Ausübungs- oder Mitwirkungspflichten, die Nichtzahlung von Lizenzgebühren, die Nichteinhaltung von Bezugsverpflichtungen, das Nichtanbringen von Lizenzvermerken, vertragswidrige Anmutung der Verpackung oder Ausstattung der Vertriebsstätte und die Verweigerung von Auskünften.[134]

113 Im Verhältnis zu Dritten, namentlich den gewerblichen Abnehmern des Lizenznehmers, kommt es ebenfalls entscheidend auf die Differenzierung zwischen schuldrechtlichen und markenrechtlichen Pflichtverletzungen an:

114 Bringt der Lizenznehmer Waren unter Verstoß gegen lizenzvertragliche Vereinbarungen iSv § 30 Abs 2 Nr 1 bis 5 MarkenG in den Verkehr und werden diese Waren von Dritten weitervertrieben, so stehen dem Lizenzgeber auch gegen die gewerblichen Abnehmer unmittelbar die Ansprüche nach den §§ 14 ff MarkenG zu, da eine Erschöpfungswirkung mit Inverkehrbringen dann nicht eintritt.[135]

115 Eine rein schuldrechtliche Vertragsverletzung des Lizenznehmers hat hingegen grundsätzlich keine Auswirkungen auf die rechtliche Stellung des Abnehmers. Dies ist nur in den Fällen

---

131 RGZ 83, 93, 94 f; RG GRUR 1934, 306, 307.
132 *Von Schultz* § 30 MarkenG Rn 19; *Fezer* § 30 MarkenG Rn 28; Ströbele/Hacker/*Hacker* § 30 MarkenG Rn 23 ff.
133 Ströbele/Hacker/*Hacker* § 30 MarkenG Rn 23 ff.
134 *Bartenbach* Patentlizenz- und Know-how-Vertrag Rn 1186; *von Schultz* § 30 MarkenG Rn 23.
135 *Fezer* § 24 MarkenG Rn 28; *Lange* Marken- und Kennzeichenrecht § 4 Rn 2095.

der §§ 823, 826 BGB bzw §§ 3, 4 Nr 10 UWG anders zu beurteilen, wenn den Abnehmer über ein bloßes Hinnehmen oder Ausnutzen eines Vertragsbruchs hinaus der Vorwurf einer vorsätzlichen unerlaubten Handlung trifft, etwa weil er mit dem Lizenznehmer bewusst zur Schädigung des Lizenzgebers zusammenwirkt, er den Lizenznehmer zum Vertragsbruch[136] verleitet oder er gezielt an der Schädigung des Lizenzgebers zu Wettbewerbszwecken mitwirkt.[137]

Die Abgrenzung zwischen einer **markenrechtlichen oder einer schuldrechtlichen Beschränkung der Lizenz** ist im Wege der Auslegung vorzunehmen. Dabei sind die Wertungen des § 30 Abs 2 Nr 1 bis 5 MarkenG, der bestimmte Regelungen über den Schutzinhalt des Markenrechts im Einzelnen normiert, heranzuziehen.[138] 116

2. Persönliche Grenzen der Lizenz (Lizenznehmerseite)

Unterschieden werden kann im Wesentlichen zwischen der persönlichen, der Betriebs- sowie der Konzernlizenz. 117

Die **persönliche** – einfache oder ausschließliche – **Lizenz ist an den Lizenznehmer als natürliche Person gebunden.**[139] Daraus folgt, dass sie weder vererbt noch veräußert[140] werden kann. Im Gegensatz zur Betriebslizenz kann der Inhaber einer persönlichen Lizenz diese auch nach Verkauf des Unternehmens in einem neuen Unternehmen nutzen, falls er dessen Inhaber wird. Dadurch ist der Lizenznehmer zwar nicht auf einen bestimmten Unternehmensbereich beschränkt, er kann seine Lizenz aber nicht zusammen mit dem Unternehmen veräußern; zudem kann er im Zweifel keine Unterlizenz erteilen. 118

Merkmal der **Betriebslizenz** ist, dass sie **an ein bestimmtes Unternehmen gebunden** ist. Die Betriebslizenz kann als einfache oder ausschließliche Lizenz ausgestaltet sein.[141] Die Übertragung der Betriebslizenz ist nur zusammen mit einer Übertragung des Geschäftsbetriebs insgesamt möglich. 119

Bei einer **Konzernlizenz** gilt das **Nutzungsrecht für alle** oder mehrere iSv § 15 AktG **konzernmäßig verbundenen Gesellschaften.** Bedeutsam sind vor allem die drei folgenden Varianten: 120

(1) Alle nutzungsberechtigten Konzerngesellschaften werden Vertragspartner des Lizenzvertrages und somit jeweils Lizenznehmer. Dabei wird für die einzelnen Konzerngesellschaften oftmals auch die Möglichkeit eines späteren „Eintritts“ vertraglich vorgesehen.[142]

(2) Durch eine Optionsabrede wird die Verpflichtung des Lizenzgebers vereinbart, jeder Konzerngesellschaft eine Lizenz zu bestimmten Bedingungen zu erteilen, wobei der Beitritt zu dieser Vereinbarung von der Entscheidung der jeweiligen Konzerngesellschaft abhängt. Es ist einerseits möglich, dass der Lizenznehmer in Vollmacht für alle Konzerngesellschaften handelt oder jede Konzerngesellschaft dem Vertrag beitritt.[143] Bei Ausübung des Optionsrechts wird jeweils ein (eigenständiger) Lizenzvertrag abgeschlossen.

(3) Durch den Lizenzvertrag wird bestimmt, dass der Lizenznehmer Unterlizenzen (nur) verbundenen Unternehmen einräumen darf, so dass diese nicht Vertragspartner des eigent-

---

136 BGHZ 37, 30, 34 – Selbstbedienungsgroßhandel; BGH GRUR 1976, 372, 374 – Möbelentwürfe; BGH GRUR 1985, 1059 – Vertriebsbindung; BGH GRUR 1969, 474, 475 – Bierbezug; BGH GRUR 1997, 920, 921 – Automatenaufsteller; BGH GRUR 2000, 724 – Außenseiteranspruch II.

137 *Fezer* § 30 MarkenG Rn 32; *Busse/Hacker* § 15 PatG Rn 69; *Kraßer* § 40 VI 3.

138 *Fezer* § 30 MarkenG Rn 32.

139 RGZ 76, 239.

140 Einhellige Meinung; *Groß* Rn 40.

141 RGZ 134, 91, 96 – Drahtgewebeziegel.

142 *Groß* A Rn 42.

143 *Henn* Rn 174, wonach die Konzernabrede ein Garantieversprechen des Lizenznehmers verbunden mit einem unbefristeten Optionsangebot des Lizenzgebers auf direkten Einbezug verbundener Unternehmen in den Vertrag ist.

lichen Lizenzgebers, sondern „nur“ Partner des (Unter-)Lizenzvertrages mit dem Hauptlizenznehmer werden.

121 Die Frage, welche Variante der Konzernlizenz gewählt werden sollte, lässt sich nicht pauschal, sondern nur im Einzelfall beantworten.[144] Für den Lizenzgeber können insofern der Umfang der Haftung, die Kontrollmöglichkeiten hinsichtlich der vertragsgemäßen Nutzung, die Sicherung des Know-hows, die Länge der Vertragseinbindung etc von Interesse sein. Für den Konzern hingegen können Aspekte wie der Umfang der Nutzungsberechtigung sowie die Flexibilität bei der Ausübung der Nutzungsrechte eine Rolle spielen.

3. Territoriale Beschränkung der Lizenz

122 Ein Schutzrecht, wie etwa eine nationale Marke, ein nationales Patent oder nationales Design, gewährt Schutz stets nur für das Territorium des Staates, für den das Schutzrecht erteilt ist.

123 Dementsprechend genießen für Deutschland erteilte Schutzrechte lediglich Schutz für das Gebiet der Bundesrepublik Deutschland.[145] Der Schutz zB von Benutzungsmarken iSv § 4 Nr 2 MarkenG kann zudem regional begrenzt sein.[146] Demgegenüber erstreckt sich nach Art 1 Abs 2 GMVO der Schutzbereich einer Gemeinschaftsmarke auf den EU-Bereich insgesamt.[147]

124 Der **räumliche Geltungsbereich einer Lizenz** ist demnach **auf den räumlichen Geltungsbereich des lizenzierten Schutzrechts beschränkt.**[148] Ergibt sich aus dem Lizenzvertrag keine Beschränkung der räumlichen Geltung zB einer Markenlizenz, decken sich regelmäßig der territoriale Geltungsbereich des Markenrechts und der der Markenlizenz.[149]

125 Aus § 30 Abs 1 MarkenG ergibt sich, dass der räumliche Geltungsbereich der Lizenz auch auf einen Teil des Gebiets der Bundesrepublik Deutschland begrenzt werden kann. Bei IR-Marken gilt, dass Gebietslizenzen für einzelne Mitgliedsstaaten der EU, in denen dem Markeninhaber ein nationales Markenrecht zusteht, erteilt werden können.[150]

126 Im Falle einer räumlichen Beschränkung des Nutzungsrechts an dem Lizenzgegenstand spricht man von einer **Bezirks- bzw Gebietslizenz.**[151] Ziel der Beschränkung ist es, dem Lizenznehmer Nutzungshandlungen nur für ein bestimmtes Gebiet zu gewähren und ihn vom Wettbewerb in anderen Gebieten fernzuhalten. Der Lizenznehmer, der in ein Gebiet liefert, dass nicht vom Lizenzvertrag umfasst ist, begeht deshalb in der Regel nicht nur eine Vertragsverletzung, sondern auch eine Schutzrechtsverletzung mit den oben thematisierten weitergehenden (Markenverletzungs-)Ansprüchen (vgl etwa § 30 Abs 2 Nr 4 MarkenG).

127 Bestehen parallele Schutzrechte für den gleichen Gegenstand in verschiedenen Ländern (zB über eine IR-Marke), und erteilt der Lizenzgeber eine Lizenz beschränkt auf ein oder mehrere Länder, so handelt es sich nicht um eine Gebietslizenz, sondern um eine **unbeschränkte Lizenz für das jeweilige Hoheitsgebiet.**[152] Gleiches gilt bei einer Gemeinschaftsmarke, wenn die Lizenz nur für einen der Mitgliedsstaaten erteilt wird (Art 22 GMVO).

---

144 *Henn* Rn 173 ff; zur Konzernlizenz s allg *Groß* A Rn 42.
145 *Lange* Marken- und Kennzeichenrecht § 3 Rn 184 ff, 1336 mwN.
146 *Lange* Marken und Kennzeichnungsrecht § 3 Rn 1336 mwN.
147 *Lange* Marken- und Kennzeichnungsrecht § 3 Rn 1338 mwN.
148 BGH GRUR 2004, 421, 422 – Tonträgerpiraterie durch EG-Export.
149 *Fezer* § 30 MarkenG Rn 14.
150 *Fezer* § 30 Rn 14.
151 RGZ 54, 272, 274; *Benkard/Ullmann* § 15 PatG Rn 66.
152 *Henn* Rn 208.

Die territoriale Beschränkung einer Lizenz kann unter **kartellrechtlichen Aspekten** problematisch sein; denn eine solche Beschränkung kann mittelbar zu Markt- und damit zu Wettbewerbsbeschränkungen führen, die nach Art 101 AEUV bzw § 1 GWB grundsätzlich verboten sind. Etwaige Verstöße hiergegen haben in der Regel die Nichtigkeit der gesamten Vereinbarung zur Folge. Deshalb ist die räumliche Beschränkung einer Lizenz insbesondere anhand des Art 101 Abs 1 AEUV zu überprüfen. Unzulässige Marktaufteilungen auf horizontaler Ebene können sich zB aus dem für den Lizenznehmer bestehenden umfassenden Verbot ergeben, unmittelbar oder mittelbar auf dem Markt zu verkaufen, auf dem andere Wettbewerber bereits agieren. Folge ist regelmäßig eine unzulässige Marktabschottung, die Auswirkungen auf die Preis- und Absatzverhältnisse mit sich bringt.[153] 128

Die **Zuweisung eines ausschließlichen Absatzgebiets unter Nichtkonkurrenten** stellt 129 nach Auffassung des EuGH einen Verstoß gegen Art 101 Abs 1 AEUV dar, weil dadurch Paralleleinfuhren und infolgedessen die Entstehung eines gemeinsamen Marktes verhindert wird.[154] Auch dies wirkt sich regelmäßig auf die Preis- und Absatzpolitik des Marktes aus.

Art 101 Abs 1 AEUV unterfallen schließlich auch **mittelbare Exportbeschränkungen**, zB 130 durch ein Verbot des Weiterverkaufs auf ausländischen Märkten.[155]

Ob durch territoriale Beschränkungen gegen kartellrechtliche Bestimmungen verstoßen 131 wird, ist stets eine Frage des Einzelfalls, der hier nicht näher nachgegangen werden kann.[156]

4. Zeitliche Beschränkung der Lizenz

Die zeitliche Geltung des Lizenzvertrages bestimmt sich zunächst nach den vertraglichen 132 Vereinbarungen. Diese können eine Befristung vorsehen oder eine unbefristete Lizenzerteilung regeln. Fehlt eine solche Vereinbarung, ist für die **Lizenzerteilung grundsätzlich** die **Laufzeit der lizenzierten Schutzrechtsposition maßgeblich.** Eine Befristung kann sich aber aus den Umständen ergeben: wenn etwa eine Markenlizenz mit einer Patentlizenz verbunden ist, gilt auch für die Markenlizenz im Zweifel eine Befristung auf die Dauer des Patents.[157]

Ein Lizenzvertrag sollte stets eine ausdrückliche Bestimmung betreffend seine Laufzeit, ggf 133 auch das Recht zur ordentlichen Kündigung, enthalten. Eine solche Regelung beugt Schwierigkeiten hinsichtlich der Feststellung der Laufzeit des Vertrages vor. Dies gilt insbesondere, wenn dieser mehrere Schutzrechte umfasst, potentielle Weiterentwicklungen mit einbezieht oder auch die Lizenzierung von Know-how beinhaltet. Kartellrechtlich bedenklich können Vereinbarungen sein, aus welchen sich für den Lizenzvertrag eine längere Laufzeit ergibt als für die Vertragschutzrechte.[158]

Bei der **Zeitlizenz** vereinbaren die Vertragsparteien die Dauer der Lizenz für einen bestimm- 134 ten Abschnitt der Laufzeit des Schutzrechts. Das Nutzungsrecht endet dann automatisch mit Ablauf der vereinbarten Dauer; dem Lizenznehmer ist es nach Ablauf – auch markenrechtlich – verboten, eine lizenzierte Marke weiter zu benutzen (§ 30 Abs 2 Nr 1 MarkenG).[159] In der Unternehmenspraxis finden sich Zeitlizenzen allerdings nur vereinzelt. Sie bieten sich etwa zur ver-

153 *Loewenheim/Meessen/Riesenkampf/Wägenbauer* Kartellrecht Band I Art 81 Abs 1 Rn 290 ff.
154 *Loewenheim/Meessen/Riesenkampf/Wägenbauer* Kartellrecht Band I Art 81 Abs 1 Rn 296 ff.
155 *Loewenheim/Meessen/Riesenkampf/Wägenbauer* Kartellrecht Band I Art 81 Abs 1 Rn 298 ff.
156 Vgl dazu Ströbele/Hacker/*Hacker* § 30 MarkenG Rn 113; *Schultz* § 30 MarkenG Rn 24; *Fammler* 12.
157 *Fezer* § 30 MarkenG Rn 12; Ströbele/Hacker/*Hacker* § 42 MarkenG Rn 32.
158 *Bartenbach/Söder* Mitt 2007, 353, 361 ff.
159 Ströbele/Hacker/*Hacker* § 30 MarkenG Rn 69, 72; *Fezer* § 30 MarkenG Rn 12, 50 f mwN; Nachweise bei *Ohl* GRUR 1992, 77, 81.

gleichsweisen Beilegung von Verletzungsstreitigkeiten im Zusammenhang mit der Vereinbarung einer Auslauffrist an.

135 **Kartellrechtliche Bedenken** gegen die Vereinbarung einer Laufzeit des Lizenzvertrages, die kürzer als die des Schutzrechts ist, ergeben sich nicht.[160] Die zeitliche Beschränkung des Benutzungsrechts stellt insofern auch keine Wettbewerbsbeschränkung iSv Art 101 Abs 1 AEUV bzw § 1 GWB dar; denn solche Vereinbarungen unterfallen dem spezifischen Gegenstand des Schutzrechts.[161]

136 Als **Längstlaufklausel („Evergreen-Klausel")** wird eine Vereinbarung bezeichnet, nach der bei einem Lizenzvertrag über mehrere Schutzrechte eine unbestimmte Laufzeit festgelegt wird und die Beendigung des Vertrages erst bei Erlöschen des letzten Schutzrechts eintritt. In diesen Fällen ist es auch möglich, dass während der Laufzeit neue lizenzierte Schutzrechte (Verbesserungen, Weiterentwicklungen) hinzutreten, welche zu einer (weiteren) Verlängerung der Laufzeit führen können.[162]

137 Mit einer Längstlaufklausel kann der (vorzeitige) Ausfall von Schutzrechten durch neu hinzugetretene Schutzrechtspositionen oder entsprechendes Know-how aufgewogen werden. Dabei wird regelmäßig vereinbart, dass der Vertrag erst mit Erlöschen des letzten Schutzrechts endet, was insbesondere dann zu einer sehr langen Laufzeit eines Lizenzvertrages führen kann, wenn neue Vertragsschutzrechte während der Laufzeit des Vertrages hinzutreten und die vollen Lizenzgebühren auch bei Wegfall vertragswesentlicher Schutzrechte fortzuzahlen sind.

138 Für den Lizenznehmer können diese Klauseln insofern problematisch werden, als er uU für die Gesamtdauer der Vertragslaufzeit die zu Anfang vereinbarte Lizenzgebühr zahlen muss, obwohl wesentliche Schutzrechte zwischenzeitlich wegfallen. Daraus folgt für ihn eine faktische Laufzeitverlängerung bezogen auf die Hauptschutzrechte, die er an sich eigentlich schon entgeltlos nutzen könnte.[163]

139 Unter kartellrechtlichen Gesichtspunkten soll eine Längstlaufklausel grundsätzlich keinen Bedenken begegnen.[164]

140 Aus Sicht des Lizenznehmers kann es angesichts dessen sinnvoll sein, die vertragswesentlichen von den sonstigen Schutzrechten abzugrenzen.

141 Durch die Aufnahme einer **Auslaufklausel** kann für den Eintritt einer (auch vorzeitigen) Vertragsbeendigung vereinbart werden, ob und inwieweit der Lizenznehmer die noch vorhandenen gekennzeichneten Waren nach Vertragsbeendigung, ggf durch Kündigung, veräußern bzw laufende Aufträge zum Abschluss bringen darf.[165] Voraussetzung für das Eingreifen einer solchen Klausel ist allerdings das Fortbestehen des lizenzierten Schutzrechtes. Das ist üblicherweise bei Zeitlizenzen und einer vorzeitigen Kündigung des Vertrages der Fall. Die konkrete Ausgestaltung ist eine Frage des Einzelfalls.[166]

142 Fehlt eine Auslaufklausel, darf der Lizenznehmer nach Auffassung des überwiegenden Teils der Lehre bereits hergestellte bzw gekennzeichnete Waren nach Ablauf der Vertragszeit noch lizenzgebührenpflichtig in den Verkehr bringen.[167] Dies gilt sowohl für die Umsatzlizenz als auch für die Herstellungslizenz.[168]

160 *Groß* Rn 554 mwN.
161 *Sack* WRP 1999, 592, 605; vgl noch unten Rn 315.
162 *Henn* Rn 370.
163 BGH GRUR 1980, 750, 751 – Pankreaplex II.
164 *Bartenbach/Söder* Mitt 2007, 353, 363 ff.
165 *Fammler* 182 ff; *Groß* Rn 481.
166 *Fammler* 183; *Groß* Rn 481 jeweils mit entsprechenden Mustern.
167 *Fammler* 183 mHa BGH GRUR 1963, 485, 487 – Micky-Maus-Orangen; *von Schultz* § 30 MarkenG Rn 34; *Benkard/Ullmann* § 15 PatG Rn 203; *Groß* Rn 482; *Schulte* § 15 PatG Rn 62 unter Hinweis auf BGH GRUR 1955, 87, 88 – Bäckereimaschinen; BGH 1959, 528, 531 – Auto-Bäckereimaschinen; OLG Hamburg ZIP 1988, 925, 926; früher bereits

5. Inhaltliche Beschränkung der Lizenz

Lassen sich dem Lizenzvertrag keine Beschränkungen der Benutzungshandlungen iSv § 14 MarkenG entnehmen, so stehen diese dem Lizenznehmer allesamt zu. Will der Lizenzgeber die Lizenz inhaltlich beschränken, ist hierzu eine ausdrückliche Regelung erforderlich. 143

Bei der Beschränkung in der Nutzungsart unterscheidet man in der Praxis insbesondere zwischen der Herstellungs- und der Vertriebslizenz.[169] 144

Überschreitet der Lizenznehmer die im Vertrag vereinbarte Benutzungsform, begeht er eine Schutzrechtsverletzung.[170] Verstößt er gegen sonstige Vertragsvereinbarungen, wie etwa Bezugsverpflichtungen oder Wettbewerbsverbote, stellt sein Verhalten – wie zuvor erläutert – lediglich eine Vertragsverletzung dar. 145

Die **Beschränkung einer Lizenz nach Nutzungsarten** ist **keine Wettbewerbsbeschränkung** iSd nationalen bzw europäischen Kartellrechts, da sie zum spezifischen Gegenstand des lizenzierten Schutzrechts gehört. In der Benutzungsbeschränkung ist vielmehr die Nichterteilung einer Lizenz bezogen auf andere dem Schutzrechtsinhaber vorbehaltene Nutzungsarten zu sehen.[171] 146

a) Eine **Herstellungslizenz**[172] räumt dem Lizenznehmer ausschließlich das Recht zur gewerbsmäßigen Herstellung des lizenzierten Gegenstandes ein. Ein Recht zu dessen Gebrauch oder Vertrieb erhält er nicht. In der Praxis stellt diese Lizenz jedoch die Ausnahme dar und wird in der Regel nur dann anzunehmen sein, wenn sich der Lizenzgeber oder ein Dritter verpflichtet, dem Lizenznehmer alle hergestellten Waren abzunehmen. 147

Von der Herstellungslizenz muss die **verlängerte Werkbank**[173] unterschieden werden, bei der ein Dritter im Auftrag des Lizenznehmers nach dessen Anweisungen das Produkt herstellt. Der Dritte verfügt dabei nicht selbst über eine Herstellungslizenz, sondern er setzt nur diejenige des Lizenznehmers bzw das Recht des Lizenzgebers um, indem er allein auf dessen Anweisung und nicht auf eigene Rechnung und Gefahr herstellt. Ihm fehlt daher ein bestimmender wirtschaftlicher Einfluss auf Art und Umfang von Herstellung und Vertrieb.[174] Bedient sich der Lizenznehmer in der vorgenannten Art und Weise fremder Werkstätten zur Herstellung, so vergibt er dadurch auch keine Unterlizenz. Gleichwohl kann der Lizenzgeber auch die Befugnis zur Einschaltung Dritter ausschließen. 148

b) Durch eine **Vertriebslizenz** (auch Verkaufs- bzw Handelslizenz genannt) wird dem Lizenznehmer lediglich das Recht eingeräumt, die lizenzierte Ware zu vertreiben, sie also feilzuhalten und in den Verkehr zu bringen,[175] wobei eine echte Vertriebslizenz nur dann anzunehmen ist, wenn der Lizenznehmer die Ware ab Lager des Lizenzgebers ausliefert.[176] Die Herstellung 149

RG GRUR 1943, 247 f.: Der Lizenzgeber habe auch selbst dann einen Anspruch auf die Lizenzgebühr für die während der Vertragsdauer mitverkauften, aber erst später angefertigten und ausgelieferten Gegenstände, wenn das Entstehen des Anspruchs auf Lizenzgebühren nach dem Vertrag von Anfertigung und Verkauf des Gegenstandes abhängig ist.

168 AA *Busse/Hacker* § 15 PatG Rn 112.

169 *Groß* Rn 26; *Benkard/Ullmann* § 15 PatG Rn 69; *Busse/Hacker* § 15 PatG Rn 72; BGH GRUR 1979, 768, 769 – Mineralwolle.

170 *Fezer* § 30 MarkenG Rn 15 iVm 29 ff.

171 *Sack* WRP 1999, 592, 607.

172 BGH GRUR 1959, 528, 530 – Autodachzelt; BGH GRUR 1966, 578, 580 – Zimcofot; BGH GRUR 1967, 378 – Schweißbolzen, zur Abgrenzung zwischen Herstellungslizenz und Werklieferungsvertrag; *Pagenberg/Geissler* Muster 7 Rn 1 ff.

173 LG Düsseldorf Mitt 1999, 370, 371 – Steckerkupplung; abweichend *Henn* Rn 133.

174 LG Düsseldorf Mitt 1999, 370, 371 – Steckerkupplung.

175 RGZ 65, 86, 90; *Lüdecke/Fischer* D 53, 410.

bleibt dem Lizenzgeber oder einem von ihm beauftragten Dritten vorbehalten. Der Lizenznehmer darf auf Grund der Vertriebslizenz die Ware anbieten, Verkaufsverhandlungen führen, Kaufverträge in eigenem Namen schließen und Lieferungen durchführen.

150 **aa)** Die sog **Ausfuhrlizenz** ist ein Sonderfall der Vertriebslizenz für die Fälle, in denen der Lizenzgeber in den Staaten, in die exportiert werden soll, Schutzrechte, zB Markenrechte, genießt. Wird die Ware in einem markenfreien Staat oder in einem Markenstaat mit Zustimmung des Lizenzgebers hergestellt, kann sie danach nicht ohne seine Zustimmung in markengeschützte Staaten exportiert werden. Im Zweifel ist von der stillschweigenden Vereinbarung einer solchen Ausfuhrlizenz auszugehen, wenn der Lizenzgeber weiß, dass sein Vertragspartner die im Inland hergestellte, lizenzierte Ware ins Ausland exportieren will.

151 Unter **kartellrechtlichen Gesichtspunkten** ist hinsichtlich der Ausfuhrlizenz auf die Kernbeschränkungen gem Art 4 Abs 1 lit c (konkurrierende Unternehmen) und Abs 2 lit b (nichtkonkurrierende Unternehmen) TT-GVO 2014 hinzuweisen, wonach Gebietszuweisungen außerhalb der dort normierten Ausnahmeregelungen nicht freigestellt, also nicht erlaubt, sind.

152 **bb)** Die **Einfuhrlizenz** ist ebenfalls ein Sonderfall der Vertriebslizenz, aufgrund derer der Lizenznehmer die Erlaubnis erhält, die Waren ins Inland zu importieren, in welchem ein Schutzrecht für selbige besteht.

153 Besteht in mehreren europäischen Staaten paralleler Markenschutz, gilt dies jedoch nicht ohne Einschränkung, denn auf Grund der gemeinschaftsweiten Erschöpfung kann der Lizenzgeber nur mit geringem Erfolg verhindern, dass die lizenzierten Waren nach ihrem Inverkehrbringen in andere Mitgliedsstaaten der EU exportiert werden.

154 **cc)** Daneben können durch **quotenmäßige Beschränkungen** Höchst- oder Mindestmengen oder beides für die Herstellung von Waren geregelt werden. Stellt der Lizenznehmer mehr als die vereinbarte Quote her, so liegt darin – bei kartellrechtlicher Zulässigkeit der Mengenbeschränkung – eine Vertrags- und Markenverletzung.

155 Bei Nichterreichen der vereinbarten **Mindestquote** ist zunächst nur eine Vertragsverletzung gegeben. Wurde das Nutzungsrecht allerdings abhängig von der Bedingung, die Mindestquote zu erreichen, erteilt, liegt in dem Nichterreichen nach herrschender, allerdings nicht unumstrittener Auffassung zusätzlich eine Schutzrechtsverletzung.[177]

156 Mindestmengenverpflichtungen werden grundsätzlich ohne Rücksicht auf ein bestehendes Wettbewerbsverhältnis der Parteien nicht als wettbewerbsbeschränkend eingeordnet.[178] Sie gehören zu dem spezifischen Gegenstand des lizenzierten Schutzrechts und unterfallen insoweit nicht dem Verbot des Art 101 AEUV.[179]

157 Die Vereinbarung einer **Höchstmenge** stellt, im Gegensatz zu der Vereinbarung einer Mindestmenge, die den Lizenznehmer nur zu einem möglichst umfassenden Gebrauch der Lizenz bewegen soll, eine mengenmäßige Produktions- und Absatz-/Vertriebsbeschränkung dar. Sie ist in vielen Variationen denkbar und erscheint typischerweise als eine Beschränkung der Stückzahl der herzustellenden, lizenzierten Waren.[180]

---

176 *Benkard/Ullmann* § 15 PatG Rn 69.

177 *Fezer* § 30 MarkenG Rn 15 iVm 29 ff; *Benkard/Ullmann* § 15 PatG Rn 73 mHa BGH GRUR 1967, 676, 680 – Gymnastiksandale.

178 *Fammler* 10 mHa EU-Kommission GRUR Int 1978, 371 – Campari; Ströbele/Hacker/*Hacker* § 30 MarkenG Rn 115; EU-Kommission WuW/EV 365, 366 f – Burroughs/Geha-Werke; TT-Leitlinien zu Art 81 EG Rn 155 Sätze 1, 2 lit e.

179 Ströbele/Hacker/*Hacker* § 30 MarkenG Rn 115 iVm 118; *Sack* WRP 1999, 592, 606 mwN.

180 BGHZ 52, 55, 57 – Frischhaltegefäß.

Höchstmengenbeschränkungen für den Lizenznehmer können **kartellrechtlich** bedenklich sein, wenn eine wechselseitige, dh sowohl für Lizenzgeber wie Lizenznehmer bestehende Output-Beschränkung vereinbart wird; eine nur einseitige Beschränkung muss dagegen nicht zwingend zu einer Verringerung des Absatzes am Markt führen.[181] 158

III. Rechte und Pflichten im Lizenzvertrag

1. Lizenzgeber

a) Benutzungsgestattung/Verschaffungspflicht. Primäre Pflicht des Lizenzgebers ist 159
nach hM zunächst die **Einräumung eines positiven Benutzungsrechts** am Lizenzgegenstand. Dies gilt nur dann nicht, wenn nach dem Lizenzvertrag lediglich eine negative Lizenz vereinbart ist.[182] In letzterem Falle erhält der Lizenznehmer nur das Recht zur andernfalls unbefugten Benutzung des Schutzrechts, und zwar gerade ohne dass damit eine positive Erlaubniserteilung verbunden wäre. In ersterem Fall ist es Inhalt der Verschaffungspflicht, dem Lizenznehmer die Nutzung des lizenzierten Rechts zu ermöglichen[183] und alles zu unterlassen, was zur Beeinträchtigung oder Gefährdung des Lizenzgegenstandes beitragen könnte.[184]

Auch ohne ausdrückliche Vereinbarung gehört es zum Inhalt der Verschaffungspflicht, den 160
Lizenzgegenstand frei von Rechten Dritter zur Verfügung zu stellen; allerdings nur soweit, wie dies dem Lizenzgeber unter Beachtung des Wagnischarakters des Lizenzvertrages möglich ist. Diese **Verpflichtung** bezieht sich auf den Zeitpunkt des Vertragsabschlusses und gehört zum Kerngehalt des Lizenzvertrages. Sie stellt einen allgemeinen Grundsatz des Lizenzvertragsrechts dar[185] und wird regelmäßig § 435 BGB entnommen.

Fehlt dem Lizenzgeber die **Lizenzvergabebefugnis,**[186] sei es, weil er weder Rechtsinhaber 161
des lizenzierten Rechts ist oder er als berechtigter (ausschließlicher) Lizenznehmer nicht zur Unterlizenzvergabe berechtigt ist, liegt bezogen auf die Rechtsverschaffungspflicht, und zwar bei positivem Benutzungsrecht genauso wie bei negativer Lizenz, eine anfängliche subjektive Unmöglichkeit (§ 311a BGB) vor. Handelt es sich um ein von dem potentiellen Lizenzgeber und einem Dritten gehaltenes gemeinsames Schutzrecht, ist eine Verfügung im Wege der Lizenzierung nur durch alle Gesellschafter bzw Teilhaber gemeinsam möglich (§ 719 Abs 1 bzw § 747 S 2 BGB).[187] Die Möglichkeit einer Lizenzierung ausschließlich des eigenen Anteils an dem Schutzrecht durch dessen In-/Teilhaber wird von der hM wegen § 744 Abs 1, § 743 Abs 2 BGB abgelehnt.[188]

---

181 Vgl Leitlinien zur Anwendung von Artikel 101 des Vertrages über die Arbeitsweise der Europäischen Union auf Technologietarife-Vereinbarungen, dort Rn 103 (veröffentlicht im Amtsblatt der EU vom 28.3.2014, C 89/3.

182 *Von Schultz* § 30 MarkenG Rn 1; *Bartenbach, B* Mitt 2002, 503, 511; *Bartenbach, B* Die Patentlizenz als negative Lizenz: Inhalt, Bedeutung und Abgrenzung zur positiven Lizenz.

183 *Von Schultz* § MarkenG Rn 1; *Busse/Hacker* § 15 PatG Rn 116 unter Bezug auf RG GRUR 1937, 1086, 1088 – Funkverband.

184 *Schulte/Kühn* § 15 PatG Rn 47.

185 Ausf zum früheren § 434 BGB aF *Klauer/Möhring/Nirk* § 9 aF PatG Rn 60; *Reimer* § 9 PatG aF Rn 26f; *Henn* Rn 318 mHa RG GRUR 1937, 1086, 1088 – Funkverband u BGH GRUR 1960, 44, 45f – Uhrgehäuse.

186 *Groß* Rn 62ff.

187 Zur Bruchteilsgemeinschaft BGH GRUR 2005, 663 – gummielastische Masse II; BGH GRUR 2001, 226, 227 – Rollenantriebseinheit; LG Düsseldorf GRUR 1994, 53, 56 – Photoplethysmograph; *Sefzig* GRUR 1995, 302; *Fischer* GRUR 1977, 313ff; *Lüdecke* Erfindungsgemeinschaften 111ff; zur Gesellschaft BGH GRUR 1979, 540, 541 – Biedermeiermanschetten.

188 *Benkard/Melullis* § 6 PatG Rn 35e; *Klauer/Möhring* § 3 PatG Rn 18; aA *Chakraborty/Tilmann* FS Reimer König 63, 77.

162 Verfügt der Lizenzgeber nicht über die Lizenzvergabebefugnis bzw kommt er seiner Verschaffungspflicht nicht nach, dürften zur Bestimmung der Rechtsfolgen die nachfolgend dargestellten allgemeinen Regelungen des Leistungsstörungsrechts, ohne Rückgriff auf die kauf- oder pachtrechtlichen Sondervorschriften,[189] heranzuziehen sein:

163 Ist es dem Lizenzgeber wegen **fehlender Rechtsinhaberschaft** nicht möglich, dem Lizenznehmer das lizenzierte Recht zu verschaffen (§ 275 Abs 1 BGB) und ist ihm dies auch unter zumutbaren Anstrengungen nicht möglich (§ 275 Abs 2 BGB), wird die geschuldete Leistung mithin verweigert, so tritt die Befreiung des Lizenznehmers von der Leistungspflicht ein (§ 311a BGB).[190] § 311a Abs 1 BGB stellt insoweit klar, dass der Vertrag trotz des schon bei Vertragsschluss vorliegenden Leistungshindernisses wirksam bleibt. § 326 Abs 1 BGB regelt weiter, dass in diesem Fall die Pflicht des Lizenznehmers zur Gegenleistung entfällt,[191] was insbesondere die Pflicht zur Zahlung der Lizenzgebühren betrifft. Darüber hinaus stehen ihm die Ansprüche gem § 311a Abs 2 BGB zu, so dass er bei ausbleibendem Entlastungsbeweis des Lizenzgebers (§ 311a Abs 2 S 2, §§ 276, 278 BGB) nach seiner Wahl Schadensersatz statt der Leistung gem § 280 Abs 1, § 281 BGB oder Aufwendungsersatz gem § 284 BGB geltend machen kann. Allerdings sind im Falle des Schadensersatzes statt der Leistung bei Berücksichtigung einer interessengerechten Risikoverteilung Haftungsbegrenzungen des Lizenzgebers hinsichtlich eines evtl entgangenen Gewinns des Lizenznehmers denkbar.

164 In der gleichen Weise sind wohl auch die Fälle zu behandeln, in denen der **Schutzrechtsinhaber** einem **Dritten eine Lizenz erteilt**, obwohl er zur Rechtsverschaffung auf Grund einer vorher eingeräumten ausschließlichen Lizenz nicht mehr in der Lage ist.[192]

165 Ist dem Lizenzgeber die **Rechtsverschaffung** grundsätzlich **möglich**, kommt er ihr aber aus anderen Gründen nicht nach, so besteht für den Lizenznehmer die Möglichkeit, auf Vertragserfüllung zu klagen. Die Ansprüche dürften auch hier aus den allgemeinen zivilrechtlichen Regelungen des Leistungsstörungsrechts folgen, ohne dass es eines Rückgriffs auf Kauf- oder Pachtrecht bedarf.[193]

166 Demgemäß kommen bei **(schuldhafter) Verschaffungspflichtverletzung** insbesondere Ansprüche auf Schadensersatz statt der Leistung gem §§ 280, 281 BGB[194] oder alternativ der Aufwendungsersatzanspruch gem § 284 BGB in Betracht. Zudem steht dem Lizenznehmer das Recht zum Rücktritt vom Vertrag (§ 323 BGB) bzw – bei bereits vollzogenem Vertrag – das Recht zur außerordentlichen Kündigung (§ 314 BGB) zu.

167 Eine **Garantieübernahme** durch den Lizenzgeber, die zu einer verschuldensunabhängigen Haftung nach § 276 Abs 1 S 1 BGB führt, kann sich zusätzlich aus der häufig in der Präambel des Vertrags niedergelegten Erklärung des Lizenzgebers ergeben, alleinverfügungsberechtigter Rechtsinhaber zu sein.

---

189 Nach früherem Recht hatte der Lizenzgeber auf Grund einer verschuldensunabhängigen Garantiepflicht für anfängliches Unvermögen einzustehen, wobei die rechtsdogmatische Herleitung auf Pachtrecht (*Groß* Rn 252, 331 f.) oder auf Kaufrecht (§§ 437, 440 iVm §§ 320 ff. BGB aF, so ua *Busse/Hacker* § 15 PatG Rn 116 mHa BGH v 23.4.1963 – I 1 ZR 121/62 nv – zum Nichtbestehen eines lizenzierten Gebrauchsmusters; *Kraßer/Schmid* GRUR Int 1982, 324, 338; *Benkard/Ullmann* § 15 PatG Rn 32 ff.) gestützt wurde.

190 Ebenso *Ann/Barona* Rn 84; *Manz/Ventroni/Schneider* ZUM 2002, 409, 412 zum Urheberrecht.

191 Palandt/*Grüneberg* § 311a BGB Rn 12.

192 Er ist Nichtberechtigter; dies entspricht dogmatisch im Ergebnis der hM, wonach der dingliche Charakter der ausschließlichen Lizenz auch gegen den Schutzrechtsinhaber wirkt und diesen nicht bloß schuldrechtlich bindet, OLG Karlsruhe 1980 GRUR 784, 785 – Laminiermaschine; *Kraßer* § 40 V, 691.

193 Zur alten Rechtslage BGH v 23.4.1963 – Ia ZR 121/63; teilweise wurde auch auf die Rechtsgrundsätze zur pVV und zur Kündigung aus wichtigem Grund (so ua auch *Kraßer/Schmid* GRUR Int 1982, 324, 335) zurückgegriffen.

194 So auch *Busse/Hacker* § 15 PatG Rn 119 mit Hinweisen zum Schadensumfang.

b) Aufrechterhaltung und Verteidigung der Schutzrechtsposition. aa) Betreiben des Erteilungsverfahrens und Kostentragung. Gegenstand der Verschaffungspflicht des Lizenzgebers ist auch die Pflicht zur Aufrechterhaltung und Verteidigung des lizenzierten Schutzrechts während der Vertragslaufzeit.[195] Davon werden auch die Pflichten zum Betreiben des Erteilungsverfahrens und zur Geheimhaltung von lizenziertem Know-how, sowohl bei ausschließlicher als auch bei einfacher Lizenz, umfasst. 168

Ist vertraglich nichts anderes vereinbart, muss der Lizenzgeber während der Vertragslaufzeit **Schutzrechtsanmeldungen weiterverfolgen** bzw Vertragsschutzrechte aufrecht erhalten, auch wenn hierfür eine ausdrückliche Abrede fehlt.[196] Um dieser Pflicht nachzukommen, hat der Lizenzgeber nicht nur die Schutzrechtsgebühren zu zahlen, sondern auch evt im Zusammenhang mit der Aufrechterhaltung oder Weiterverfolgung der Schutzrechte anhängige Verfahren (Einspruchs-, Nichtigkeits- oder Löschungsverfahren etc) ordnungsgemäß durchzuführen.[197] 169

Der Lizenzgeber ist im Rahmen der Aufrechterhaltungspflicht bei Fristversäumnis auch zur Stellung eines evt erforderlichen **Wiedereinsetzungsantrages** und ebenso zur **Einschränkung des Schutzrechts**, wenn dadurch eine Nichtigerklärung des Schutzrechts verhindert werden kann, verpflichtet.[198] 170

Bei **schuldhafter Nichtzahlung der Schutzrechtsgebühren** durch den Lizenzgeber tritt eine Befreiung des Lizenznehmers von der Pflicht zur Zahlung der Lizenzgebühren ein, falls die Schutzrechtsposition aus diesem Grund wegfällt (§ 275 BGB). Der Lizenzgeber ist dem Lizenznehmer darüber hinaus zum Schadensersatz nach §§ 280, 281 BGB verpflichtet.[199] 171

Die Bemessung des **Schadensersatzes** ist dabei insbesondere unter Berücksichtigung des Verlustes der Beteiligung an der Monopolposition zu ermitteln, da der Lizenznehmer plötzlich einer Wettbewerbssituation ausgesetzt sein kann, weil seine Konkurrenten den Lizenzgegenstand, da nicht mehr geschützt, nunmehr auch herstellen und vertreiben können. 172

Die vorgenannten Pflichten zur Aufrechterhaltung wie auch die nachfolgend dargestellte Pflicht zur Verteidigung der lizenzierten Schutzrechtsposition stellen leistungsbezogene (begleitende Verschaffungs-)Pflichten und keine begleitenden Obhuts- und Rücksichtnahmepflichten iSv § 241 Abs 2 BGB dar. Verstößt der Lizenzgeber gegen solche begleitende Verschaffungspflichten, begeht er eine Pflichtverletzung iSd § 280 Abs 1 BGB,[200] so dass sich die Ansprüche unmittelbar aus §§ 280 ff, 320 ff BGB ergeben.[201] 173

bb) Verteidigung des lizenzierten Schutzrechts gegen Angriffe Dritter. Aus vorstehenden Ausführungen ergibt sich bereits, dass auch die Verteidigung des lizenzierten Schutzrechts gegen Angriffe Dritter grundsätzlich zum Pflichtenkreis des Lizenzgebers gehört.[202] Im Falle eines Einspruchs beziehungsweise einer **Nichtigkeits- oder Löschungsklage** besteht gegenüber dem Lizenznehmer – gleich ob es sich um eine ausschließliche oder einfache Lizenz han- 174

195 RG GRUR 1937, 1086, 1088 – Funkverband; Ströbele/Hacker/*Hacker* § 30 MarkenG Rn 54 ff; *Busse/Hacker* § 15 PatG Rn 116.
196 *Pagenberg/Geissler* Muster 1 3 22; *Benkard/Ullmann* § 15 PatG Rn 152; *Busse/Hacker* § 15 PatG Rn 116; *Schulte/Kühnen* § 15 PatG Rn 47.
197 Allg Ansicht ua *Schulte/Kühnen* § 15 PatG Rn 47.
198 *Klauer/Möhring/Nirk* § 9 PatG aF Rn 59 mwN.
199 *Rasch* 29, 53; *Busse/Hacker* § 15 PatG Rn 116, 119; aA *Ann/Barona* Rn 126 f, wonach hier § 280 Abs 3 iVm § 282 BGB einschlägig ist.
200 So auch *Ann/Barona* Rn 121 ff.
201 So auch *Busse/Hacker* § 5 PatG Rn 116, 119.
202 *Busse/Hacker* § 15 PatG Rn 116; *Benkard/Ullmann* § 15 PatG Rn 152; *Klauer/Möhring/Nirk* § 9 aF PatG Rn 59; *Lüdecke/Fischer* C 108, 292 f.

delt[203] – die Verpflichtung des Lizenzgebers zur Führung dieses Verfahrens/Rechtstreits, da ansonsten die aus dem Monopolrecht abgeleitete Nutzungsbefugnis eingeschränkt oder gegenstandslos werden könnte.[204]

175 Gleichzeitig wird eine entsprechende **Informationspflicht des Lizenzgebers** im Verhältnis zum Lizenznehmer bzgl solcher Angriffe und seiner daraufhin ergriffenen Maßnahmen zu bejahen sein.

176 Handelt es sich um eine **ausschließliche Lizenz** und will sich der Lizenzgeber mit dem Kläger auf die Rücknahme eines solchen gegen ein lizenziertes Schutzrecht gerichteten Rechtsmittels gegen Erteilung einer Freilizenz einigen, so muss er sich ggf vorher mit dem Lizenznehmer abstimmen, weil dessen Ausschließlichkeitsposition dadurch betroffen sein kann. Bei der **einfachen Lizenz** hat der Lizenznehmer hingegen keine Möglichkeit der Einflussnahme auf eine entsprechende Einigung des Lizenzgebers mit Dritten; denn für die einfache Lizenz ist gerade das Nebeneinander mehrerer Lizenzen, deren Anzahl und Inhalt nicht vom Willen des Lizenznehmers abhängen, kennzeichnend. Eine Ausnahme besteht nur, falls der Lizenznehmer den Schutz einer Meistbegünstigungsklausel genießt.[205]

177 **Verletzt** der **Lizenzgeber** eine solche **Unterrichtungspflicht**, ergeben sich grundsätzlich die zuvor dargestellten Rechtsfolgen im Falle der Verletzung der Aufrechterhaltungspflicht. Im Rahmen der Bewertung der (schuldhaften) Verletzung sind jedoch auch die Erfolgsaussichten des Angriffs zu beachten; denn wenn sich dieser als objektiv berechtigt darstellt, weicht diese Situation nicht von der des nachträglichen Wegfalls der Schutzrechtsposition ab.

178 **cc) Vorgehen gegen Schutzrechtsverletzungen.** Ob und inwieweit der Lizenzgeber verpflichtet ist, im Interesse des Lizenznehmers gegen die Verletzung des lizenzierten Schutzrechts durch und gegen Dritte vorzugehen, bestimmt sich nach den Vereinbarungen im Lizenzvertrag, zB unter Berücksichtigung einer Meistbegünstigungsklausel für den Lizenznehmer bei einer nicht ausschließlichen Markenlizenz.[206] Gem **§ 30 Abs 3 MarkenG** kann sowohl der ausschließliche als auch der einfache Lizenznehmer Verletzungsklage nur mit Zustimmung des Markeninhabers erheben (anders zB im Patentrecht: dort wird der ausschließliche Lizenznehmer auch ohne eine ausdrückliche Ermächtigung im Lizenzvertrag als aus eigenem Recht klagebefugt angesehen). Die überwiegend vertretene Auffassung lehnt eine Pflicht des Lizenzgebers, gegen Schutzrechtsverletzungen Dritter vorzugehen, sowohl für die ausschließliche als auch für die einfache Lizenz ab, gleich welche Art von Schutzrecht lizenziert ist.[207] Zum Teil ist eine Verpflichtung des Lizenzgebers zum Vorgehen gegen Dritte aber insbesondere dann angenommen worden, wenn der Lizenznehmer nicht nach § 30 Abs 3 MarkenG ermächtigt ist, selbst gegen diese vorzugehen.[208] Aus vorstehenden Gründen ist den Parteien eines Lizenzvertrages dringend zu empfehlen, klare Regelungen hinsichtlich des Vorgehens gegen Dritte im Falle von Schutzrechtsverletzungen vorzusehen.

179 **dd) Aufgabe und Einschränkung des lizenzierten Schutzrechts.** In der Regel kann der **Schutzrechtsinhaber bei allen Sonderschutzrechten** auch **auf deren Aufrechterhaltung bzw deren Gegenstand verzichten**. Die **Rechtswirkungen** eines solchen Verzichts bzw einer solchen Beschränkung treten in der Regel **ex nunc** ein.

---

203 *Bartenbach, B* 141.
204 RGZ 54, 272, 274; RG GRUR 1935, 306, 307.
205 Vgl dazu noch unten Rn 190 ff.
206 *Fezer* § 30 MarkenG Rn 43.
207 *Kraßer/Schmid* GRUR Int. 1982, 324, 331 mwN; sa BGH GRUR 1965, 591, 596 – Wellpappen.
208 Ströbele/Hacker/*Hacker* § 30 MarkenG Rn 56.

Aufgrund der quasi-dinglichen Rechtsposition des **ausschließlichen Lizenznehmers**, nimmt die hM[209] die Unwirksamkeit des ohne Zustimmung des ausschließlichen Lizenznehmers erklärten Verzichts bzw einer solchen Beschränkung an. Zur Begründung wird die Vorschrift des § 1071 BGB herangezogen, nach der ein dem Nießbrauch unterliegendes Recht durch Rechtsgeschäft nur mit Zustimmung des Nießbrauchers aufgehoben werden kann. Da auf dieser Grundlage der Lizenznehmer für die Wirksamkeit des Verzichts seine Zustimmung erklärt haben muss, scheiden wechselseitige Schadensersatzansprüche im Falle vorangegangenen einvernehmlichen Handelns aus. 180

Demgegenüber ist der **einfache Lizenznehmer** nach allgemeiner Ansicht nicht in der Lage, das Wirksamwerden eines Verzichts zu verhindern. Er ist, falls für die Beschränkung kein sachlicher Grund besteht, auf Schadensersatzansprüche (§ 280 BGB)[210] gegen den Lizenzgeber zu verweisen. Wurde statt einer einfachen Lizenz „sogar" nur eine negative Lizenz vereinbart, stehen ihm auch solche Ansprüche nicht zu.[211] 181

c) Lizenzierung begleitender Schutzrechte. Eine Lizenz kann auch an einem begleitendem Schutzrecht, zB einer sog **begleitenden Marke**, eingeräumt werden. Insbesondere bei Marken ist damit die markenrechtliche Kennzeichnung von Rohstoffen, Grundstoffen, Halbfertigfabrikaten und Zwischenprodukten, die für das Endprodukt verwendet werden, gemeint. Der Lizenznehmer kann hierbei ein besonderes Interesse an der Nutzung der begleitenden Marke neben seiner eigenen haben. Das gilt vor allem für den Fall, dass er sich einer Bezugsbindung bzgl dieser Vorprodukte unterworfen hat. Inhaltlich vereinbaren die Vertragsparteien, dass der Lizenznehmer berechtigt sein soll, die in Lizenz hergestellten oder vertriebenen Produkte mit der Marke des Lizenzgebers zu kennzeichnen. Der Lizenznehmer kann dann neben dieser Marke seine eigene Marke anbringen, was insbesondere bei ausschließlichen Lizenzverträgen in Betracht kommt. Ebenso ist es aber möglich, dem Lizenznehmer die Benutzung seiner eigenen Marke oder seines Handelsnamens zu verbieten, soweit ihm das Recht verbleibt, auf den Hinweis seiner Herstellereigenschaft hinzuweisen. Häufig wird vertraglich bestimmt, dass der Lizenznehmer verpflichtet ist, die Ware statt mit der eigenen Marke mit der des Lizenzgebers zu kennzeichnen. 182

d) Aufklärungspflichten. Hat der Lizenzgeber **bei Vertragsschluss Kenntnis** von bestimmten Umständen, die das Schutzrecht beeinträchtigen, so muss er den Lizenznehmer hierüber aufklären. Das gilt zB für schwebende oder drohende streitige Auseinandersetzungen, Abhängigkeiten des Vertragsschutzrechts oder andere Mängel, die geeignet sind, den Bestand oder den Umfang des Schutzrechtes bzw des hierauf bezogenen Nutzungsrechts zu beeinträchtigen.[212] 183

Verletzt der Lizenzgeber seine Aufklärungspflicht, haftet er dem einfachen Lizenznehmer unter den Voraussetzungen des § 280 BGB. Im Falle bereits eingeräumter einfacher Lizenzen ist jedoch zu bedenken, dass der weitere einfache Lizenznehmer damit rechnen muss, dass der Lizenzgeber weitere Lizenzen erteilt hat bzw vergleichbare Belastungen des lizenzierten Schutzrechtes bestehen. Demnach muss es eine Frage des Einzelfalls bleiben, ob der Lizenzgeber beispielweise auf etwaige bereits bestehende weitere einfache Lizenzen hinsichtlich desselben 184

---

209 *Kraßer* § 26 A Ia) 4, 594; *Busse/Keukenschrijver* § 20 PatG Rn 17; Schulte/*Schulte* § 20 PatG Rn 12; *Reimer* § 9 PatG aF Rn 96; *Lüdecke/Fischer* C 93, 270; *Klauer/Möhring/Nirk* § 9 PatG aF Rn 36.

210 *Kraßer* § 26 A Ia) 4, 594; *Reimer* § 9 PatG aF Rn 96; *Groß* Rn 268.

211 *Bartenbach, B* 20 ff; *Benkard/Ullmann* § 15 PatG Rn 151.

212 *Klauer/Möhring/Nirk* § 9 PatG aF Rn 58. Vgl hierzu auch Schweyer in: Beck'sche Formularsammlung zum gewerbl RS mit UrhR V 11 Anm 2.

Schutzrechtes hinweisen muss (was zB denkbar sein könnte, wenn er zuvor den Eindruck erweckt hat, solche einfachen Lizenzen seien bislang nicht erteilt worden).

185 Der Lizenzgeber kann sich darüber hinaus haftbar machen, wenn er das Nichtbestehen weiterer Lizenzen bzw von Beeinträchtigungen zugesichert hat. Für den Lizenznehmer kann dieser Umstand für den Vertragsabschluss entscheidend gewesen sein, um zB einen (vermeintlichen) Wettbewerbsvorsprung vor potentiellen Wettbewerbern zu erreichen.

186 Hat der Lizenzgeber seine Aufklärungspflicht verletzt, kommt bei diesbezüglicher Arglist eine Anfechtung des Lizenzvertrages nach § 123 BGB in Betracht. Neben einer möglichen Haftung aus unerlaubter Handlung gem §§ 823, 826 BGB ist ein Schadensersatzanspruch nach § 280 Abs 1 BGB denkbar. Zudem kommt ein Rücktritt vom Vertrag nach Fristsetzung gem § 323 BGB auch dann in Betracht, wenn ein Vertretenmüssen der Pflichtverletzung durch den Lizenzgeber ausscheidet. Bei bereits erfolgtem Vollzug des Lizenzvertrages ist hingegen an Stelle des Rücktritts nur die Kündigung aus wichtigem Grund gem § 314 BGB möglich.

187 Eine Pflichtverletzung des Lizenzgebers bei oder vor Vertragsschluss kann eine Haftung wegen Verschuldens bei Vertragsschluss gem § 280 iVm § 311 Abs 2, § 241 BGB begründen.

188 Eine (Informations-)Nebenpflicht aus dem Lizenzvertrag stellt auch die sofortige Unterrichtung des Lizenznehmers durch den Lizenzgeber bei **Wegfall eines Schutzrechts** dar. Sie trifft den Lizenzgeber auch ohne ausdrückliche vertragliche Vereinbarung. Bei Verletzung dieser Pflicht macht er sich – unabhängig von seiner ggf bestehenden Verpflichtung zur Aufrechterhaltung des Schutzrechts – schadensersatzpflichtig. Zudem muss der Lizenzgeber Lizenzgebühren, die er für den Nutzungszeitraum nach Wegfall des Schutzrechts bezogen hat, unter Anwendung der bereicherungsrechtlichen Vorschriften (§§ 812ff BGB) zurückzahlen.

189 **e) Übertragung der Lizenz, Einbringung in eine Gesellschaft, Erteilung von Unterlizenzen.** Der Lizenzgeber ist grds frei in der Entscheidung, ob er einer Übertragung der Lizenz, der Zulässigkeit der Einbringung in eine Gesellschaft oder der Unterlizenzvergabe durch den Lizenznehmer zustimmt. Das ist auch dann anzunehmen, wenn es sich bei dem Lizenznehmer um eine Konzerngesellschaft handelt, die ein offensichtliches Interesse an der Weitergabe hat. Bei der vertraglichen Regelung einer solchen Pflicht kann, je nach Ausgestaltung, insbesondere hinsichtlich der Position des Lizenznehmers, eine Betriebs-, Konzern- oder eine persönliche Lizenz vereinbart sein.

190 **f) Meistbegünstigungsklausel.** Meistbegünstigungsklauseln werden regelmäßig **im Rahmen der Vergabe einfacher Lizenzen** vereinbart, um für den betroffenen Lizenznehmer zu erreichen, dass er hinsichtlich der Konditionen zur Nutzung des lizenzierten Gegenstands nicht schlechter steht als andere (einfache) Lizenznehmer. Der Lizenznehmer hat allerdings keinen Anspruch auf den Abschluss einer solchen Klausel, da der Lizenzgeber grundsätzlich frei darin ist, mit verschiedenen Lizenznehmern unterschiedliche Lizenzbedingungen zu vereinbaren.[213]

191 Bei Meistbegünstigungsklauseln unterscheidet man echte und unechte Meistbegünstigungsklauseln:[214] Eine **echte bzw rechtliche Meistbegünstigungsklausel** wird bei der Verpflichtung des Lizenzgebers angenommen, bei zukünftigen Lizenzabschlüssen Dritten keine besseren Konditionen zu gewähren als dem vertragsschließenden Lizenznehmer. Eine **unechte bzw wirtschaftliche Meistbegünstigungsklausel** wird bei der Verpflichtung des Lizenzgebers angenommen, dem vertragsschließenden Lizenznehmer die günstigeren, gleich günstige oder keine ungünstigeren Konditionen zu gewähren als Dritten.

---

213 Vgl aber *Henn* Rn 441ff.
214 *Busse/Hacker* § 15 PatG Rn 125.

Solange sich aus dem Wortlaut oder dem Sinn der vereinbarten Klausel nichts Gegenteiliges ergibt, kann mit Blick auf den vorgenannten Zweck einer solchen Klausel nicht angenommen werden, der vertragsschließende Lizenznehmer solle über die Gleichbehandlung mit Dritten hinaus stets auch im Verhältnis zu diesen bevorzugt werden. Der Rechtsverkehr interpretiert die Meistbegünstigungsklausel daher vorrangig dahingehend, dass allein die Gleichbehandlung des Lizenznehmers erreicht werden soll, so dass ein darüber hinausgehender Zweck ausdrücklich vereinbart werden muss. 192

Die Meistbegünstigungsklausel **bewirkt**, dass bei Abschluss eines neuen Lizenzvertrages mit einem anderen Lizenznehmer automatisch die dort vereinbarten **günstigeren Absprachen auch Bestandteil des eigenen Lizenzvertrages**, der die Meistbegünstigungsklausel enthält, werden,[215] es sei denn die Klausel enthält eine andere Regelung hinsichtlich des Wirksamwerdens, bspw, dass die günstigeren Bedingungen erst für Nutzungshandlungen ab Beginn des Folgejahres gelten. 193

Die **praktische Umsetzung der Meistbegünstigungsklausel** kann dann Schwierigkeiten bereiten, wenn andere Lizenzverträge teils günstigere, teils schlechtere Bedingungen enthalten.[216] In diesen Fällen ist eine Vertragsanalyse notwendig, die sich nicht nur auf den Vergleich der jeweiligen Lizenzgebührenbestimmungen beschränken darf; ein Vergleich nur einzelner Regelungen verbietet sich insofern. Die Vertragsanalyse erfordert vielmehr einen Gesamtvergleich aller getroffener Absprachen, um den wirtschaftlich günstigeren Vertragsinhalt ermitteln zu können. Dabei spielen Mindestlizenz- bzw Ausübungspflichten, der Umfang der Nutzungserlaubnis, die Laufzeit des Vertrages etc auf Seiten des Lizenznehmers ebenso eine Rolle wie etwaige sonstige Gegenleistungen, zB in Form der Einräumung einer Lizenz zugunsten des Lizenzgebers. Genauso sind aber auch zusätzliche Haftungspflichten des Lizenzgebers von Bedeutung. 194

Dem Lizenznehmer ist ein Anspruch darauf zuzubilligen, dass ihn der Lizenzgeber über den Abschluss neuer Verträge und deren Inhalt **informiert**, damit er selbst überprüfen kann, ob nunmehr günstigere Bedingungen vereinbart wurden. Diese Auskunftspflicht wird aus der Meistbegünstigungsklausel selbst hergeleitet und ist zu erfüllen, sobald ein neuer Lizenzvertrag geschlossen wurde. Die Auskunftspflicht besteht auch, wenn der Lizenzgeber meint, keine günstigeren Bedingungen vereinbart zu haben, denn sie dient vorrangig dazu, dass der Lizenznehmer selbst den Inhalt der neuen Verträge überprüfen kann. 195

Die in einem später abgeschlossenen Lizenzvertrag enthaltenen günstigeren Absprachen bleiben auch dann Inhalt des mit der Meistbegünstigungsklausel versehenen Vertrages, wenn der neue Lizenzvertrag, gleich aus welchen Gründen, beendet wird. Dies folgt aus ihrer automatischen Einbeziehung, die mithin nur noch eine einvernehmliche Änderung ermöglicht.[217] Soll in diesem Zusammenhang anderes gelten, muss ausdrücklich vereinbart werden, dass die günstigeren Absprachen nur solange gelten sollen, als auch der Vertrag mit den neuen Lizenznehmern tatsächlich weiterbesteht. 196

Ist der Lizenzgeber bereits durch frühere Verträge an eine Meistbegünstigungsklausel gebunden, empfiehlt es sich für den Lizenzgeber, vor dem Abschluss weiterer Lizenzverträge zu ggf günstigeren Bedingungen, auch die wirtschaftlichen Auswirkungen hinsichtlich der früheren Verträge zu überprüfen.[218] 197

215 *Finger* BB 1970, 1154 ff; zweifelnd hinsichtlich der automatischen Geltung *Henn* Rn 443.
216 *Reimer* § 9 PatG aF Rn 133; *Henn* Rn 443.
217 *Lüdecke/Fischer* C 61, 229.
218 Zur kartellrechtlichen Bewertung solcher Meistbegünstigungsklauseln s *Bartenbach* Patentlizenz- und Know-how-Vertrag Rn 1492 ff.

198 **g) Betätigungs- und Wettbewerbsklauseln.** Ein Betätigungs- und Wettbewerbsverbot wird idR dann zu Lasten des Lizenzgebers vereinbart werden, wenn es dem Willen des Lizenznehmers entspricht, alleiniger Anbieter des Lizenzgegenstandes auf dem für ihn vertraglich festgehaltenen oder in anderer Form bestimmbaren Markt zu sein. Einer ausschließlichen Lizenz in Gestalt einer Exklusivlizenz ist ein solches Verbot immanent, wenn sie sich – auch räumlich – auf alle Benutzungsformen (vgl zB § 14 MarkenG) erstreckt.

199 Unter **kartellrechtlichen Gesichtspunkten** kann sich ein Verstoß gegen Art 101 Abs 1 AEUV bzw § 1 GWB ergeben, wenn eine solche Vereinbarung über den Inhalt einer ausschließlichen Lizenz hinausgeht.[219] Das ist zB dann der Fall, wenn über den Inhalt des Schutzrechts hinaus jeglicher Wettbewerb in dem betreffenden Markt unterlassen werden soll.

200 **h) Preisabstandsklauseln/Preisbindungen des Lizenzgebers.** Durch eine Preisabstandsklausel verpflichtet sich der Lizenzgeber, Waren, die er (neben dem Lizenznehmer in derselben oder einer abweichenden Form) herstellt, entweder zu einem festgelegten oder jedenfalls nicht zu einem niedrigeren Preis zu verkaufen, als der Lizenznehmer.

201 Insbesondere im Verlagswesen sind solche **Preisabstandsklauseln** üblich; danach dürfen Verlagserzeugnisse bestimmte festgelegte Preise nicht unterschreiten.[220] Diese Klauseln sind auch in anderen Lizenzverträgen, insbesondere Markenlizenzverträgen, denkbar.[221]

202 **i) Gewährleistung/Haftung für Mängel. aa) Grundsätze.** Die Gewährleistungspflichten des Lizenzgebers sind **nicht spezialgesetzlich geregelt**. Ihre rechtsdogmatische Herleitung sowie die Einordnung der einzelnen Fallgestaltungen waren auch nach Inkrafttreten der Schuldrechtsmodernisierung 2002 umstritten und sind dies auch weiterhin; denn die Einordnung der Gewährleistungspflichten und ihrer Rechtsfolgen in das Rechtssystem des Schuldrechts gestaltet sich aufgrund der Besonderheiten des Lizenzverkehrs äußerst schwierig: Zum einen stellt der **Lizenzvertrag** ein **„gewagtes Geschäft“** dar, was unabhängig von Kompetenz und Leistungsfähigkeit der Vertragsparteien aus den rechtlichen Unsicherheiten (Schutzfähigkeit, Schutzumfang, Belastung mit Rechten Dritter) und seiner Abhängigkeit von Produktion, Markt, Wettbewerb und technologischer Entwicklung folgt. Zum anderen bestehen Besonderheiten beim Lizenzgegenstand, bspw die Lizenzierung im Anmeldestadium oder die Lizenzierung von parallelen Marken in unterschiedlichen Vertragsstaaten. Auch der Charakter des Lizenzvertrages als **Dauerschuldverhältnis** und die Spannbreite der unterschiedlichen Ausgestaltungsmöglichkeiten von einer uneingeschränkten ausschließlichen Lizenz bis hin zu einer negativen Lizenz mit Inhaltsbeschränkungen werfen spezifische Probleme auf.

203 Der Lizenzverkehr zeichnet sich generell durch die Vielschichtigkeit der Fallgestaltungen und die Schnelllebigkeit der technischen und wirtschaftlichen Entwicklung aus. Resultat ist häufig die grundlegende Veränderung der noch zum Zeitpunkt des Vertragsabschlusses zu Grunde liegenden Umstände während der Laufzeit des Vertrages. Hinzu tritt die Internationalität der Märkte, die weiteren Einfluss auf die lizenzierten Waren und deren Ausgestaltung, Herstellung, Position im jeweiligen Markt etc nehmen. Auch daraus ergibt sich, dass die gesetzlichen Gewährleistungsregeln der klassischen Vertragstypen keine angemessenen Lösungen bereit halten können, die den unterschiedlichen Interessen der Lizenzvertragspartner bei Störungen Rechnung tragen.

---

219 Zur kartellrechtlichen Bewertung von Betätigungs- und Wettbewerbsklauseln s *Bartenbach* Patentlizenz- und Know-how-Vertrag Rn 1510 ff.

220 BGH GRUR 1986, 91, 92 f – Preisabstandsklauseln; *Seifert* ZUM 1986, 667 ff; zu Taschenbuchrechten OLG München ZUM 1989, 585, 587 f.

221 Zur kartellrechtlichen Bewertung solcher Preisabstandsklauseln s *Bartenbach* Patentlizenz- und Know-how-Vertrag Rn 1522 f.

Daraus folgt, dass die Lizenzvertragsparteien bereits zum Zeitpunkt der Gestaltung des Vertrages die wesentlichen Fragen der Gewährleistung bzw Haftung für Mängel sowie Haftungsausschlüsse oder -beschränkungen regeln sollten. Der Rechtsanwender wird dabei weiterhin Korrekturen im Rahmen eines notwendigen, angemessenen Interessenausgleichs unter Heranziehung der gesetzlichen Regelungen vornehmen müssen. 204

Demzufolge lassen sich für Lizenzverträge folgende **Grundsätze** aufstellen, die den weiteren Ausführungen zu Grunde gelegt werden: 205

- Es ist das **allgemeine Leistungsstörungsrecht** anzuwenden, wobei es eines Rückgriffs auf die Grundsätze des Kauf-, Pacht-, oder Werkvertrages in der Regel nicht bedarf.
- Bei der Ausfüllung der Mängelansprüche ist auch weiterhin der Charakter des Lizenzvertrages als regelmäßig **„gewagtes Geschäft"** besonders maßgebliches Kriterium.[222] Bei der Anwendung des Leistungsstörungsrechts gilt das Gebot einer interessengerechten Risikoverteilung bzw eines angemessenen Interessenausgleichs.[223]
- Die bisherigen Unterscheidungen und Abgrenzungsschwierigkeiten zwischen Sach- und Rechtsmängeln, wie man sie zB aus dem Kaufvertragsrecht kennt, sind regelmäßig nicht entscheidend.
- Der Grundsatz der **Vertragsfreiheit** (§ 311 BGB) gilt unverändert für die Vereinbarungen über die Haftung des Lizenzgebers. Die Haftung des Lizenzgebers kann ganz oder teilweise ausgeschlossen oder erweitert werden, solange die Grenzen des Kartell- und AGB-Rechts beachtet werden.[224]
- Verletzt der Lizenzgeber seine Pflichten (Verschaffungspflicht etc), gelten die Grundsätze über die Haftung bei Pflichtverletzung.

bb) Bei Vertragsabschluss bestehende Rechte Dritter. Die Verschaffungspflicht bedeutet für den Lizenzgeber bei einer **ausschließlichen Lizenz** auch, dass er das lizenzierte Recht frei von Rechten Dritter zur Verfügung stellen muss. Dies gilt auch ohne ausdrückliche Vereinbarung und stellt eine Kernpflicht des Lizenzgebers dar. Bedeutung gewinnt diese Pflicht vor allem, wenn das lizenzierte Recht Belastungen durch einen Nießbrauch, ein Pfandrecht oder Lizenzen zugunsten Dritter ausgesetzt ist. 206

Bestehen solche Rechte Dritter und sind sie dem Lizenzgeber bekannt, muss er diese dem Lizenznehmer vor Vertragsschluss **offenbaren**, wenn aus ihnen eine Beeinträchtigung des Lizenzrechts des Lizenznehmers folgen kann. Unterlässt er dies, sind eine Anfechtung gem § 123 BGB sowie Schadensersatzforderungen aus §§ 311, 241, 280 BGB und ggf aus §§ 823, 826 BGB möglich. 207

Das **allgemeine Leistungsstörungsrecht** ist demnach anzuwenden, wenn die Vertragspartner nichts anderes geregelt haben oder der Vertrag nach §§ 119, 123 BGB wirksam angefochten worden ist.[225] Dabei ist einerseits **§ 311a BGB** in Betracht zu ziehen, da der Lizenzgeber bereits bei Vertragsschluss nicht das volle, sondern nur ein eingeschränktes Nutzungsrecht einräumen konnte. Die Rechtsfolgen bestimmen sich dann nach §§ 311a, 275, 280 ff BGB. In der Regel wird der Lizenzgeber das aus seiner Sphäre stammende Leistungshindernis zu vertreten haben, wenn er nicht gem der Beweislastregel des § 311a Abs 2 S 2 BGB nachweisen kann, dass ihm das Leistungshindernis bei Vertragsabschluss unbekannt war und er dies auch nicht zu vertreten hat. 208

---

222 RGZ 33, 103, 104; BGH GRUR 1961, 466, 468 – Gewinderollkopf; BGH GRUR 1982, 481, 481 – Hartmetallkopfbohrer.

223 *Bartenbach* Patentlizenz- und Know-how Vertrag Rn 1532.

224 BGH GRUR 1979, 768 – Mineralwolle; BGH GRUR 1974, 40, 43 – Bremsrolle; ersteres geschieht typischerweise mit dem Abschluss einer negativen Lizenz; vgl dazu *Bartenbach, B* 156 ff.

225 *Busse/Hacker* § 15 PatG Rn 116, 119.

209 Andererseits kann **§ 323 BGB** herangezogen werden, wonach dem Lizenznehmer ein Rücktrittsrecht wegen nicht oder nicht vertragsgemäßer Leistung zusteht. Ist der Lizenzvertrag bereits durchgeführt, bleibt das Kündigungsrecht des § 314 BGB. Die Schadensersatzansprüche gem §§ 280, 281 BGB bestehen daneben (§ 314 Abs 4, § 325 BGB). Hat der Lizenznehmer ein berechtigtes Interesse an einer teilweisen Weiterführung des Vertrags, könnte eine Lösung über Teilunmöglichkeit (vgl § 311a Abs 1 iVm § 275 Abs 1 BGB „soweit") bzw Teilleistung (§ 323 Abs 5 BGB) gesucht werden. Eine Vertragsanpassung gem § 313 BGB kommt bei beiderseitigen Fehlvorstellungen in Betracht, wenn der Vertrag bei Herabsetzung der Lizenzgebühr im Umfang der Beeinträchtigung der Rechte des Lizenznehmers fortgeführt werden soll. Ansonsten ist an eine Kündigung durch den Lizenznehmer zu denken.

210 Die Übertragung dieser Grundsätze auf die **einfache Lizenz** ist nur in einem beschränkten Umfang möglich, da der Lizenznehmer hier von Anfang an mit Benutzungsrechten Dritter zu rechnen hat. Ein Mangel ergibt sich insoweit nur, als die Rechte Dritter geeignet sind, sein nicht ausschließliches Nutzungsrecht zu beeinträchtigen.

211 Ist das **lizenzierte Schutzrecht** von einem älteren Schutzrecht **abhängig**, weil das jüngere Schutzrecht nur mit Zustimmung des Inhabers des älteren Schutzrechts benutzt werden darf (vgl § 24 Abs 2 PatG), so stellt dies ebenfalls einen Rechtsmangel dar.[226] In Betracht kommt eine Vertragsanpassung nach allgemeinem Leistungsstörungsrecht über § 313 BGB[227] bzw bei Unzumutbarkeit der Weiterführung des Vertrages eine Kündigung gem § 314 BGB. Ein Schadensersatzanspruch gem § 280 BGB kann unter Umständen am fehlenden Vertretenmüssen des Lizenzgebers scheitern. Hier ist zu beachten, dass die Rechtsprechung die unerwartete Abhängigkeit von einem Patent in der Vergangenheit der Risikosphäre des Lizenznehmers zugeordnet hat.[228] Zudem soll in Ausnahmefällen auch ohne ausdrückliche vertragliche Regelung ein stillschweigender Ausschluss jedweder Haftung für unerwartete Abhängigkeit von älteren Patenten/Gebrauchsmustern anzunehmen sein.[229] Hat der Lizenznehmer Kenntnis von dem Mangel, soll der Lizenzgeber grundsätzlich überhaupt nicht haften.[230]

212 Im Übrigen kann eine potentielle Haftung des Lizenzgebers vertraglich ausgeschlossen werden.[231]

213 **cc) Änderungen im Bestand der Schutzrechtsposition.** Hiervon erfasst werden Fälle, in denen der Lizenzgeber seine Verschaffungspflicht zwar nicht verletzt, die lizenzierten Schutzrechte jedoch trotzdem nicht rechtsbeständig erteilt oder diese gelöscht werden (zB §§ 48 ff MarkenG).

214 Da Gegenstand eines Lizenzvertrages auch eine bloße Schutzrechtsanmeldung sein kann (vgl etwa zum Markenrecht § 31 MarkenG), kann die **Zurückweisung der Anmeldung** (siehe etwa § 37 MarkenG) wegen des Nichtvorliegens der Schutzvoraussetzungen (für das Markenrecht vgl §§ 3, 8, 10 MarkenG) erhebliche Auswirkungen haben.

215 Durch die Schuldrechtsreform 2002 ist die frühere Unterscheidung zwischen (ursprünglicher) objektiver und subjektiver Unmöglichkeit obsolet geworden. Der Vertrag ist insofern stets

---

226 BGH GRUR 1962, 370, 373 – Schallplatteneinblendung.

227 *Pagenberg/Geissler* Muster I Rn 54; im Anschluss daran auch *Henn* Rn 320 und *Benkard/Ullmann* (10. Aufl) § 15 PatG Rn 171.

228 *Busse/Hacker* § 15 PatG Rn 117 mHa BGH v 3.5.1977 in *Liedl* 1974/77, 37, 341 – Dauerhaftmagnete; abl *Henn* Rn 319 f.

229 RGZ 163, 1, 8 f; RG GRUR 1935, 306, 308; BGH v 15.5.1973 – X ZR 65/70 nv; *Benkard/Ullmann* (9. Aufl) § 15 Rn 98; zu Recht krit *Henn* Rn 320.

230 *Henn* Rn 320.

231 *Busse/Hacker* § 15 PatG Rn 117 mHa BGH v 15.5.1979 – X ZR 65/68 nv.

wirksam. Dies stellt § 311a Abs 1 BGB klar. Die wechselseitigen Leistungsansprüche können jedoch nicht mehr geltend gemacht werden (§ 275 Abs 1 BGB; § 275 Abs 4, § 326 Abs 1 S 1 BGB). Zudem: Der Lizenznehmer hat nur dann einen Anspruch auf Schadensersatz statt der Leistung oder wahlweise auf Aufwendungsersatz gem § 284 BGB, wenn der Lizenzgeber gem § 311a Abs 2, §§ 276ff BGB die Unmöglichkeit bei Vertragsschluss kannte oder diese Unkenntnis zu vertreten hat.[232]

Insofern macht sich nach § 280 BGB der Lizenzgeber zB schadensersatzpflichtig, wenn er 216
wegen eines zurechenbaren Verhaltens die Versagung des Schutzrechts zu vertreten hat. Dies gilt auch im Falle der Zusicherung der Schutzfähigkeit.

Fällt ein lizenziertes Schutzrecht wegen Nichtigkeit weg, ist die Rechtsprechung seit je- 217
her davon ausgegangen, dass bei fehlender anderweitiger Vereinbarung keine Garantieverpflichtung bzw Haftung des Lizenzgebers für den zukünftigen Bestand der Schutzrechtsposition anzunehmen ist.[233] Nach der Rechtsprechung bleibt die Pflicht zur Zahlung der Lizenzgebühren bis zur Nichtigkeitserklärung erhalten, es sei denn, dass die Weiternutzung bzw -zahlung wegen offenkundiger Vernichtbarkeit als unzumutbar anzusehen ist.

Der Lizenznehmer ist trotz Wegfalls des vernichteten Schutzrechts mit **ex-tunc Wirkung** 218
nur zur (zukünftigen) Kündigung des Vertrages berechtigt.[234]

Im Falle des Wegfalls eines Schutzrechts dürfte in Anlehnung an die frühere Rechtspre- 219
chung[235] eine **Anpassung des Vertrages nach § 313 BGB** vorzunehmen sein.[236] Das bedeutet, dass gem § 313 Abs 3 S 2 BGB für die Zukunft ein Kündigungsrecht aus wichtigem Grund (§ 314 BGB) besteht, wenn das erloschene Schutzrecht wesentlicher Vertragsgegenstand war. Der Schadensersatzanspruch gem § 280 BGB kann daneben geltend gemacht werden (§ 314 Abs 4 BGB). Die Pflichtverletzung darf aber nicht allein in der Tatsache der Schutzrechtsvernichtung bestehen, so dass im Regelfall ein Schadensersatzanspruch mangels „weiterer" Pflichtverletzung des Lizenzgebers ausscheidet.

Ein Teil der Literatur sieht die Lösung solcher Fälle dagegen in der Regelung über die nach- 220
trägliche Unmöglichkeit.[237] Danach soll ein Rücktrittsrecht gem §§ 323, 324 BGB und im Falle des vollzogenen Lizenzvertrages ein außerordentliches Kündigungsrecht nach § 314 BGB bestehen. Auf Grund der Unmöglichkeit der Hauptleistungspflicht, die in der Verschaffung der Nutzungsmöglichkeit des Schutzrechts liegt, hat der Lizenznehmer gem § 275 Abs 1 BGB auch keinen Anspruch mehr auf diese Leistung. Dem Lizenznehmer stehen stattdessen gem § 275 Abs 4 BGB die Rechte aus den §§ 280, 283 bis 285, 311a und 326 BGB zu. Wie bereits ausgeführt, scheitert der Schadensersatzanspruch gem § 280 BGB aber idR an der fehlenden Pflichtverletzung des Lizenzgebers. Da die Voraussetzungen des § 280 BGB aber auch in den Fällen der §§ 283 bis 285 BGB vorliegen müssen, können diese Ansprüche ebenfalls nicht geltend gemacht werden. Im Ergebnis entfällt daher für die Zukunft die Verpflichtung des Lizenznehmers zur Zahlung der Lizenzgebühren gem § 326 Abs 1 BGB, wenn nicht ausnahmsweise die Regelung des § 326 Abs 2 BGB eingreift.[238]

---

232 *Groß* Rn 64; *Henn* Rn 233; *Bartenbach, B* Mitt 2003, 102, 106; *Busse/Hacker* § 15 PatG Rn 88.
233 BGH GRUR 1957, 595, 596 – Verwandlungstisch; BGH GRUR 1961, 466, 468 – Gewinderollkopf; BGH GRUR 1961, 572, 574 – Metallfenster; *Busse/Hacker* § 15 PatG Rn 90; *Henn* Rn 318; *Kraßer/Schmid* GRUR Int 1982, 324, 330, 338ff.
234 BGH GRUR 1957, 595, 596 – Verwandlungstisch; BGH GRUR 1969, 677 – Rüben-Verladeeinrichtung; *Kraßer/Schmid* GRUR Int 1982, 324, 330.
235 BGH GRUR 1957, 595, 596 – Verwandlungstisch; BGH BGUR 1958, 231, 232 – Rundstuhlwirkware.
236 *Ann/Barona* Rn 146; *Benkard/Ullmann* § 15 PatG Rn 201; wohl auch Palandt/*Grüneberg* § 313 BGB Rn 63.
237 *Busse/Hacker* § 15 PatG Rn 90.
238 Wird das Vertragsschutzrecht auf Veranlassung des einer wirksamen Nichtangriffsabrede unterliegenden Lizenznehmers durch einen Strohmann nichtig geklagt, dürften weder eine Vertragsanpassung und Kündigung

221 Unabhängig von diesem Meinungsstreit kann der Lizenznehmer über § 326 Abs 4 iVm §§ 346 bis 348 BGB für zukünftige Nutzungshandlungen bereits erbrachte Leistungen zurückfordern.[239]

222 Ist dem Lizenzgeber im Zusammenhang mit der Schutzrechtsverteidigung ein Fehlverhalten anzulasten (bspw die Versäumung der Rechtsmitteleinlegung), bedeutet dies idR eine schuldhafte Verletzung seiner Verschaffungspflicht.

223 Geraten bei einem Lizenzvertrag über mehrere Schutzrechte **einzelne Schutzrechte in Wegfall**, kommt nach der hier vertretenen Auffassung § 313 BGB zur Anwendung, falls keine anderweitigen Vertragsabsprachen getroffen wurden. Dabei ist zu prüfen, ob und inwiefern nach Wegfall einzelner Schutzrechte noch ein (wirtschaftliches) Interesse der Lizenzvertragsparteien zu bejahen ist bzw dem Lizenznehmer eine Weiterführung des Vertrages iSv § 313 Abs 3 S 1 BGB zugemutet werden kann. Vorrangig ist demgemäß die Möglichkeit der Vertragsanpassung unter evt Minderung der Lizenzgebühr auszuloten (§ 313 Abs 1 BGB), wobei im Rahmen einer Minderung auch evt Auswirkungen des Schutzrechtswegfalls im Markt bzw gegenüber Wettbewerbern zu berücksichtigen sind.[240] Bei Wegfall der Hauptvertragsrechte kann demgegenüber regelmäßig eine Unzumutbarkeit und damit folglich ein Kündigungsrecht des Lizenznehmers nach § 313 Abs 3 S 2 iVm § 314 BGB angenommen werden.

224 Die vorgenannten Rechtsfolgen sind grundsätzlich auch dann gegeben, wenn der Lizenzvertragsgegenstand zusätzlich **Know-how** umfasste und dieses **vorzeitig offenkundig** wird. Entscheidend dabei ist die Gewichtung des Know-hows zu den übrigen Schutzrechten sowie die Interessen der Parteien an der Fortgeltung des Vertrags.

225 Ist das **Schutzrecht** dagegen **bloß vernichtbar**, ergeben sich keine Änderungen hinsichtlich der Vertragspflichten des Lizenznehmers; insbesondere ist er weiter zu einer Zahlung der Lizenzgebühren in der vereinbarten Höhe verpflichtet.

226 Diese Pflicht entfällt nach höchstrichterlicher Rechtsprechung unter dem Aspekt von Treu und Glauben allenfalls dann, wenn die Wettbewerber des Lizenznehmers das Schutzrecht auf Grund seiner offenbaren oder wahrscheinlich gewordenen Vernichtbarkeit nicht mehr beachten. Denn solange, wie das Schutzrecht und damit die faktische Vorzugsstellung des Lizenznehmers aufgrund des Fortbestandes des lizenzierten Schutzrechts existiert, ist ein Festhalten an dem Lizenzvertrag für ihn nicht unzumutbar. Eine Vertragsanpassung nach § 313 BGB ist daher ebenso ausgeschlossen, wie eine außerordentliche Kündigung nach § 314 BGB. Ist ausnahmsweise von einer Unzumutbarkeit auszugehen, kommt entweder eine Kündigung gem § 314 BGB oder eine Minderung der Lizenzgebühren nach der Regelung des § 313 BGB in Betracht.

227 Der Lizenznehmer kann nach der Rechtsprechung in Anlehnung an die Grundsätze der offenbaren Vernichtbarkeit – trotz rückwirkenden Wegfalls eines Teils des Schutzbereichs[241] – die Lizenzgebühr mindern bzw den Lizenzvertrag kündigen, wenn die teilweise Vernichtung des Schutzrechts oder eine nachträgliche Beschränkung zur Vermeidung von Nichtigkeitsklagen erfolgt.[242] Ob der Lizenznehmer sein Recht zur Minderung der Lizenzgebühr nach § 313 BGB bzw zur Kündigung nach § 314 BGB ausüben darf, hängt davon ab, welche tatsächlichen Nutzungsmöglichkeiten ihm noch verbleiben und ob die ggf vorliegende Beeinträchtigung seiner wirtschaftlichen Stellung durch die Vernichtung bzw Beschränkung evt nur so geringfügig ist, dass

---

nach §§ 313, 314 BGB, noch eine Befreiung von der Pflicht zur Zahlung der Lizenzgebühren nach § 326 BGB in Betracht kommen.

239 Im Ergebnis so auch die bisherige Lehre vgl *Busse/Hacker* § 15 PatG Rn 116 unter Bezug auf BGH v 23.4.1963 – Ia ZR 21/63 – Schukostecker, dort nach Bereicherungsrecht gem § 440 Abs 1 iVm §§ 323, 325 BGB aF.

240 *Pfaff/Osterrieth* B Rn 133 unter Hinweis auf die Usancen im internationalen Lizenzverkehr.

241 *Kraßer* GRUR Int 1990, 611.

242 BGH GRUR 1957, 595, 596 – Verwandlungstisch; BGH GRUR 1958, 231, 232 – Rundstuhlwirkware; BGH GRUR 1961, 572, 574 – Metallfenster; *Schulte/Kühnen* § 15 PatG Rn 55; *Busse/Hacker* § 15 Rn 114 mwN.

die Weiterführung des Vertrages zumutbar erscheint. Schadensersatzansprüche nach §§ 280, 281 BGB kommen in diesem Zusammenhang für den Fall der nachträglichen Beschränkung dann in Betracht, wenn der Lizenzgeber zu Lasten des Lizenznehmers schuldhaft eine weitere Einschränkung veranlasst, als dies sachlich geboten war.

Nicht zu folgen ist der Rechtsprechung des RG,[243] wonach anfängliche oder nachträgliche Unmöglichkeit vorliegen soll, wenn ein Verletzungsstreit ergibt, dass der **Schutzumfang des Vertragsrechts wesentlich geringer** ist, als die Vertragspartner angenommen hatten. In Übereinstimmung mit der herrschenden Auffassung in der Literatur, kommen hier dieselben Grundsätze zur Anwendung wie in der Situation einer nachträglichen Vernichtung oder Beschränkung des Schutzrechtes.[244] Dieser Situation vergleichbar ergibt sich nämlich auch bei irrtümlicher Annahme eines größeren Schutzbereiches eine Monopolstellung des Lizenznehmers, die aus der Passivität und dem Respekt der Mitbewerber vor dem vermeintlich umfassenderen Schutzbereich folgt.[245] 228

dd) Produkthaftung des Lizenzgebers. Der Lizenzgeber haftet nach dem Produkthaftungsgesetz (ProdHaftG), wenn er neben dem Lizenznehmer selbst Hersteller iSv **§ 4 Abs 1 S 1 ProdHaftG** ist, etwa weil er das Endprodukt, einen Grundstoff oder ein Teilprodukt hergestellt hat oder nach der Fiktion des § 4 Abs 1 S 2 ProdHaftG als solcher gilt, weil er sich durch das Anbringen seines Namens, seiner Marke oder eines anderen unterscheidungskräftigen Kennzeichens als Hersteller ausgibt. Das kann insbesondere den Markenlizenzgeber betreffen, wenn das Produkt (auch die Verpackung)[246] mit seiner Marke gekennzeichnet ist. Dann weist die Verpackung oft nicht einmal auf den Lizenznehmer als Hersteller hin. Auch kann es ausreichend sein, wenn der Lizenznehmer einen bekannten Produktnamen fortführt.[247] 229

Nach hM ist der **Lizenzgeber einer Marke** zwar **nicht** als **Quasihersteller iSv § 4 Abs 1 S 2 ProdhaftG** anzusehen, doch wird dies teilweise auch anders gesehen und eine grundsätzliche Haftung des Lizenzgebers bejaht.[248] Der Lizenzgeber sollte sich daher – gleich auf was für Schutzrechte sich eine Lizenz bezieht – vertraglich im Innenverhältnis von gegen ihn gerichteten Produkthaftungsansprüchen durch den Lizenznehmer freistellen lassen.[249] 230

Zudem können vertraglich zu vereinbarende **Kontrollmöglichkeiten des Lizenzgebers** zur Überprüfung der Qualitätsstandards der Produkte des Lizenznehmers hilfreich sein. Schließlich kann auch eine Kündigungsmöglichkeit des Lizenzgebers nach Fristsetzung geregelt werden, falls der Lizenznehmer bestimmte Qualitätsstandards nicht erbringt bzw dauerhaft nicht einhält. 231

ee) Haftung für wirtschaftliche Verwertbarkeit. Eine Haftung des Lizenzgebers für die wirtschaftliche Verwertbarkeit des lizenzierten Rechts ist im Einklang mit dem Charakter des Lizenzvertrages als gewagtes Geschäft und mangels anderweitiger Abreden grds abzulehnen. Findet sich im Lizenzvertrag keine Garantieübernahme oder sonstige Haftungsvereinbarung zu Lasten des Lizenzgebers, so gehen Rechtsprechung und Lehre übereinstimmend davon aus, dass er weder für die Wirtschaftlichkeit der Auswertung des lizenzierten Schutz- 232

243 RGZ 78, 10, 11.
244 Ähnl *Busse/Hacker* § 15 PatG Rn 133 mHa BGH v 5.12.1961 – I ZR 76/60 nv: Die für den Fall der Nichtigkeit entwickelten Grundsätze gelten.
245 *Lüdecke/Fischer* C 43, 195; *Lindenmaier/Weiß* § 9 PatG aF Rn 18 begründen dieses Ergebnis mit dem Gesichtspunkt des Wegfalls der Geschäftsgrundlage.
246 OLG Düsseldorf NJW-RR 2001, 458.
247 BGH NJW 2005, 2695.
248 *Fammler* 121 mwN.
249 *Fammler* 121.

rechts[250] noch für eine gewinnbringende wirtschaftliche (gewerbliche, kommerzielle) Verwertbarkeit,[251] die Ertragsfähigkeit bzw Rentabilität[252] oder die Wettbewerbsfähigkeit[253] einzustehen hat.

233 **ff) Gesteigerte Haftung bei Abgabe einer Garantieerklärung.** In Lizenzverträgen werden seitens des Lizenzgebers häufig Zusagen über den Lizenzgegenstand gemacht. Darunter sind regelmäßig **Erklärungen über bestimmte Eigenschaften** zu verstehen, die der Lizenzgegenstand aufweisen soll.[254] Sie sind als Garantierklärungen iSv § 443 1. Alt BGB zu qualifizieren, wenn die Zusage des Lizenzgebers Inhalt des Vertrages geworden ist und er inhaltlich die Garantie für eine bestimmte Beschaffenheit des Lizenzgegenstandes übernimmt. Liegen diese Voraussetzungen vor, trifft den Lizenzgeber eine Einstandspflicht für das Vorhandensein dieser Eigenschaften und für die Folgen ihres Fehlens, und zwar unabhängig von der Frage seines Verschuldens.[255] Eine solche Garantieerklärung ist auch konkludent möglich, wenngleich diesbezüglich große Zurückhaltung geboten ist.[256]

234 Ob der Lizenzgeber eine Garantie in diesem Sinne übernommen hat, ist durch Auslegung zu klären; entscheidend ist, wie der Lizenznehmer die Erklärung des Lizenzgebers unter Berücksichtigung von Treu und Glauben verstehen durfte.[257]

235 Maßgebliches Kriterium für die Annahme einer Garantie ist, dass der erkennbare Wille des Lizenzgebers hervortritt, eine **Gewähr für das Vorhandensein bestimmter Eigenschaften des Lizenzgegenstandes** übernehmen und für alle Folgen eines diesbezüglichen Fehlens einstehen zu wollen.[258]

236 Die **Rechtsfolgen** einer Garantieübernahme ergeben sich aus § 280 Abs 1 iVm §§ 281, 276 BGB. Der Rechtsgedanke für die Haftung auf Grund einer Garantieübernahme wird nunmehr aus § 443 BGB hergeleitet, gleich ob die Garantie eine Erweiterung der gesetzlichen Haftung bewirkt oder eine selbständige Garantie vorliegt.[259] Gem § 276 Abs 1 S 1 BGB ist in diesem Fall eine verschuldensunabhängige Haftung möglich, so dass dem Lizenznehmer bei Nichteinhalten der Garantie durch den Lizenzgeber im Zweifel ein verschuldensunabhängiger Schadensersatzanspruch nach §§ 280, 276 Abs 1 BGB zusteht.[260]

237 Der „Schadensersatzanspruch statt der Leistung" gem § 281 BGB ist auf das Erfüllungsinteresse des Lizenznehmers gerichtet.[261] Unter der Geltung des früheren Rechts hat die hM dies bei Vorliegen einer zugesicherten Eigenschaft uneingeschränkt angenommen;[262] dies bedeutete für den Lizenznehmer sowohl einen Anspruch auf Ersatz seiner Aufwendungen als auch auf Ersatz

250 RG MuW 1931, 441, 442; RG GRUR 1932, 865, 867.
251 RGZ 75, 400, 403; BGH GRUR 1974, 40, 43 – Bremsrolle, für den Fall der Vereinbarung einer Mindestlizenzklausel.
252 RGZ 78, 363, 367; BGH GRUR 1955, 338, 340, 341 – Beschlagfreie Brillengläser; BGH GRUR 1960, 44, 45f – Uhrgehäuse; BGH GRUR 1961, 466, 467 – Gewinderollekopf; BGH GRUR 1965, 298, 301 – Reaktionsmessgerät mwN; BGH GRUR 1974, 40, 43 – Bremsrolle; *Henn* Rn 308; *Lüdecke/Fischer* B 20, 127; *Busse/Hacker* § 15 PatG Rn 123; *Reimer* § 9 PatG aF Rn 92; *Benkard/Ullmann* § 15 PatG Rn 190.
253 *Busse/Hacker* § 15 PatG Rn 123 mwN.
254 *Barona* 36; *Busse/Hacker* § 15 PatG Rn 124 – jeweils mwN.
255 *Barona* 36 ua mH auf BGH GRUR 1979, 769 ff – Mineralwolle; Palandt/*Putzo* § 443 BGB Rn 1 ff.
256 BGH BB 2000, 1647.
257 *Groß* Rn 307; *Barona* 36 f – jeweils mwN.
258 BGHZ 59, 158, 160; BGH BB 2000, 1647.
259 Unklar *Barona* 38.
260 *Groß* Rn 330, der allerdings alternativ auf § 536a BGB Bezug nimmt, und darauf hinweist, dass bei Verlangen des Schadensersatzes statt der Leistung eine Fristsetzung iSv § 281 Abs 1 S 1 BGB fraglich ist.
261 BGH NJW 1998, 2901 ff; Palandt/*Heinrichs* § 281 BGB Rn 17.
262 *Reimer* § 9 PatG aF Rn 36; *Benkard/Ullmann* (9. Aufl) § 15 PatG Rn 25; BGH GRUR 1970, 547, 549 – Kleinfilter.

seines entgangenen Gewinns.[263] Nichts anderes gilt im Grundsatz für die Haftung nach §§ 280, 281 BGB. Das folgt aus der freiwilligen Übernahme einer besonderen Garantie durch den Lizenzgeber, die den Lizenznehmer regelmäßig in seiner Entscheidung über das Ob des Vertragsabschlusses beeinflusst haben wird. Ein Lizenzgeber, der eine solche Garantie im Rahmen der Vertragsfreiheit übernimmt, hat daher hierfür vollumfänglich einzustehen.

2. Lizenznehmer

a) Die Pflicht zur Zahlung der Lizenzgebühr. aa) Allgemeines. Die Lizenzgebühr stellt das vom Lizenznehmer zu entrichtende übliche Entgelt für die Überlassung und/oder für die Benutzung des Lizenzgegenstandes dar.[264] Die Pflicht zur Zahlung der Lizenzgebühren stellt die **Hauptpflicht** des Lizenznehmers dar. Gesetzliche Bestimmungen zu Art und Höhe der Lizenzgebühr existieren nicht. Art und Umfang der Lizenzgebühr sollten als Gegenleistung für die vom Rechtsinhaber eingeräumte Monopolstellung nach den wirtschaftlichen Interessen des Lizenznehmers und der Interessenlage des Lizenzgebers sowie ergänzend nach dem allgemeinen Markt unter Beachtung kartellrechtlicher Regelungen bestimmt werden. 238

Durch Zahlung der Lizenzgebühren wird der Lizenzgeber im Allgemeinen an dem wirtschaftlichen Erfolg des Lizenznehmers aus der Nutzung des Lizenzgegenstandes beteiligt.[265] Dies kann durch einmalige Zahlung oder regelmäßig wiederkehrende Zahlungen bzw die Kombination solcher Zahlungen erfolgen. Der Lizenznehmer wird in der Regel zur Erbringung der Lizenzgebühr in Form von Geldleistungen verpflichtet sein. **Üblich** ist eine **prozentuale Beteiligung** des Lizenzgebers **am Umsatzerlös**, soweit sich die Nutzung des Lizenzrechts in Umsatzgeschäften niederschlägt.[266] Die Höhe der Lizenzgebühr liegt grundsätzlich im Ermessen der Vertragspartner, wobei sich im Einzelfall kartellrechtliche Grenzen ergeben können.[267] 239

Neben der Umsatzlizenz existiert auch die Stück- sowie die Pauschallizenz. Die unterschiedlichen Lizenzarten unterscheiden sich bei den für die Lizenzberechnung jeweils zu berücksichtigenden Parametern: 240

Bei der **Umsatzlizenz** muss zunächst die wirtschaftliche Berechnungsgrundlage (Brutto- oder Nettoumsatz) bestimmt werden; dabei geht es insbesondere um die Frage, welche Kosten des Lizenznehmers zur Berechnung des umsatzpflichtigen Erlöses vom Bruttoumsatz abgezogen werden dürfen. Hierzu zählen etwa handelsübliche Rabatte, wie Mengenrabatte oder Skonti, jedoch keine handels- oder branchenunüblichen Nachlässe bzw sonstigen Aufwendungen des Lizenznehmers, wie zB Werbekostenzuschüsse. Bei der Vertragsgestaltung sind die Parteien aber im Wesentlichen frei. 241

Bei der **Stücklizenz** wird je lizenziertem Gegenstand eine bestimmte, im Vertrag festgelegte Lizenzgebühr (Festbetrag) geschuldet. 242

Kommt die Lizenzierung, zB einer Marke, aufgrund der im Lizenzvertrag enthaltenen Vereinbarungen einer Übertragung gleich, etwa weil die Ausschließlichkeit, eine lange Laufzeit und nahezu keine Kontrollmöglichkeiten des Lizenzgebers geregelt sind, wird regelmäßig eine **Pau-** 243

263 AA *Pietzcker* § 6 aF PatG Anm 12, 22, 35, der nur den Aufwendungsersatzanspruch zubilligte; idS auch *Fischer* GRUR 1970, 549, 550 in Anm zu BGH GRUR 1970, 547 ff, der eine differenzierte Beurteilung, je nach Einzelfall gestützt auf § 242 BGB, vorgeschlagen hat; *Nirk* GRUR 1970, 329.

264 BGH WM 2004, 596, 597 – Honiglöffel.

265 BGH WM 2004, 596, 598 – Honiglöffel.

266 BGH GRUR 2002, 801, 803 – Abgestuftes Getriebe.

267 Zur kartellrechtlichen Bewertung s *Bartenbach* Patentlizenz- und Know-how-Vertrag Rn 1677 ff; *Bartenbach/Söder* Mitt 2007, 353, 354 ff.

schallizenz in Betracht kommen; diese ist dann in der Regel benutzungsunabhängig ausgelegt und sieht eine oder mehrere Pauschalzahlungen vor.

244 **bb) Bestimmung des Nutzungswertes einer Lizenz.** Fehlt dem Lizenzvertrag eine Regelung zur Höhe der Lizenzgebühr, ist eine **angemessene Gebühr** geschuldet.[268] Möglich ist es dann zB, eine Bestimmung der Gebühr nach billigem Ermessen durch den Lizenzgeber gem §§ 316, 315 BGB vornehmen zu lassen oder im Streitfall durch das Gericht gem §§ 315 Abs 3 S 2, 319 BGB.[269] Bei der Festlegung der Lizenzgebühr ist zu beachten, dass es nicht „ein einzig richtiges Ergebnis", sondern stets einen Ermessenspielraum des Lizenzgebers gibt, das Gericht also erst dann eine Leistungsbestimmung durch den Lizenzgeber ersetzt, wenn der Lizenzgeber die Grenzen der Billigkeit (deutlich) überschritten hat.[270] Falls der Lizenzgeber ein Bestimmungsrecht nicht erhalten soll, kommt zur Festlegung der Lizenzgebühr auch eine ergänzende Vertragsauslegung nach § 157 BGB in Betracht.[271] Regelmäßig ist als angemessen anzusehen, was vernünftige Lizenzvertragspartner unter Beachtung der beiderseitigen Interessen vereinbart haben würden, wenn sie den vorliegenden Benutzungssachverhalt zum Gegenstand einer vertraglichen Übereinkunft gemacht hätten.[272] Einen wichtigen Aspekt stellt in diesem Zusammenhang die (Branchen-)Üblichkeit im freien Lizenzverkehr dar.[273]

245 In der betrieblichen Praxis dürfte die Festlegung eines Nutzungswertes für eine zu erteilende Lizenz häufig mit Schwierigkeiten verbunden sein.[274] Dem Lizenzgeber ist im Zweifel eine Orientierung an seinen bisher abgeschlossenen Lizenzverträgen oder, soweit existent, an evt branchenüblichen Lizenzsätzen möglich. Zudem können in der wissenschaftlichen Literatur vorhandene Zusammenstellungen von üblichen Lizenzsätzen sowie deren Bewertungsfaktoren herangezogen werden.[275]

246 Darüber hinaus kann auch die Rechtsprechung zur **Schadensberechnung bei Schutzrechtsverletzungen nach der Lizenzanalogie** herangezogen werden.[276] Im Bereich von Markenlizenzen ist für an den Umsatz anknüpfende Lizenzsätze zB ein Bereich von 0,5% bis zu 10%[277] ausgemacht worden, bei der reinen Markenlizenz (ohne Know-how) für typische Konsumgüter wie Textilien oder Kosmetika werden auf den Umsatz bezogene Lizenzsätze zwischen 2% und 6% als üblich angesehen.[278] Verallgemeinernde Betrachtungen verbieten sich bei der Festlegung eines Lizenzsatzes bzw einer Lizenzgebühr jedoch; stets ist der Einzelfall entscheidend.

247 **cc) Entstehung und Fälligkeit des Anspruchs auf Lizenzgebühren und Verzug des Lizenznehmers.** Die Entstehung des Anspruchs auf Zahlung der Lizenzgebühren richtet sich nach dem hierfür vertraglich vereinbarten Zeitpunkt; das ist in der Regel die den Lizenzgebührenan-

---

268 *Magen* 180; *Busse/Hacker* § 15 PatG Rn 28; mHa OLG München v 18.7.1997 – 6 U 2366/97 nv.
269 BGH GRUR 1958, 565, 566 – Baustützen; *Fezer* § 30 MarkenG Rn 44; *Kraßer* § 41 III 2.
270 BGH GRUR 2005, 757, 760 – PRO-Verfahren, dort zu GEMA-Berechtigungsverträgen.
271 *Busse/Hacker* § 15 PatG Rn 128 mHa BGH 10.7.1959 – ZR 73/58 nv; nach *Kraßer* § 41 III 2 mHa BGH GRUR 1969, 677, 679 f – Rüben-Verladeeinrichtung, soll die ergänzende Vertragsauslegung dagegen vorrangig zu berücksichtigen sein.
272 BGH GRUR 2003, 789, 790 – Abwasserbehandlung; BGH GRUR 2002, 801, 803 – Abgestuftes Getriebe; BGH GRUR 2006, 136, 137 – Pressefotos.
273 BGH GRUR 2006, 136, 138 – Pressefotos.
274 Hierzu ausf *Kuebart* passim.
275 Vgl etwa bei Lizenzsätzen für technische Erfindungen die ausführlichen Übersichten bei *Hellebrand/Kaube/von Falckenstein* Lizenzsätze für technische Erfindungen.
276 Vgl *Ingerl/Rohnke* vor §§ 14–19d MarkenG Rn 255 ff; BGH GRUR 1966, 375, 378 – Meßmer Tee: 1%; OLG München OLG-Report 1995, 162 – Lancome/Flacon: 3 %–10 %.
277 S zB *Schweyer* in: Beck'sche Formularsammlung zum gewerbl RS mit UrhR V 11 Anm 16.
278 S hierzu im Einzelnen *Rohrer* Lizenzgebühren Rn 153 ff.

spruch auslösende **Nutzungshandlung** (Herstellung, Verkauf etc). Fälligkeit liegt vor, sobald der Lizenzgeber von seinem Lizenznehmer die Zahlung verlangen kann (§ 271 BGB). Das kann durch den Vertrag beliebig vereinbart werden. Bei Zweifeln finden die Auslegungsregeln der §§ 187 bis 193 BGB (§ 186 BGB) hinsichtlich der festgelegten Fristen und Termine Anwendung.

So kann für die Fälligkeit zB an den Vertragsabschluss mit dem Kunden des Lizenznehmers, 248
an die Fertigstellung oder an die Lieferung der Gegenstände, an die Rechnungsstellung gegenüber dem Kunden oder an den Eingang der Zahlung des Kunden beim Lizenznehmer angeknüpft werden, wodurch sich die Fälligkeit jeweils verschieben kann. Dem Interesse des Lizenzgebers entspricht es regelmäßig, dass Fälligkeit und Entstehung des Anspruchs gleichzeitig bzw zeitnah, und zwar – wenn möglich – zu dem **frühesten Nutzungstatbestand (zB die Herstellung des Lizenzgegenstandes bzw die Rechnungslegung)** erfolgen. Sind die Lizenzgebühren anhand des Lizenznehmerumsatzes zu ermitteln, so werden diese erst fällig, wenn die entsprechende wirtschaftliche Bezugsgröße für den vereinbarten Zeitraum bestimmt werden kann. Das gilt bspw, wenn ein bestimmter Prozentsatz des Umsatzes mit dem Lizenzprodukt innerhalb eines bestimmten Zeitraums als Lizenzgebühr abzuführen ist. In diesem Fall wird der Lizenzgebührenanspruch erst mit **Eingang der Zahlung** beim Lizenznehmer fällig. Überwiegend wird der Lizenznehmer aber verpflichtet sein, dem Lizenzgeber eine Abrechnung vorzulegen, deren Erstellung dann erst die Fälligkeit auslösen soll.

Zwar kann der Zeitpunkt der Fälligkeit beliebig bestimmt werden, doch wird unter Berück- 249
sichtigung der betrieblichen Abläufe des Lizenznehmers und des wirtschaftlichen Interesses des Lizenzgebers üblicherweise eine **halbjährliche oder jährliche**, nach dem Geschäftsjahr des Lizenznehmers bestimmte **Fälligkeit** geregelt, soweit es sich um laufende Lizenzgebühren handelt.[279] Die wirtschaftliche Bedeutung des Lizenzgegenstandes und die davon abhängige Höhe der Lizenzgebühr, evt auch die Bonität des Lizenznehmers, können uU auch zu kürzeren Abrechnungszeiträumen führen.

Bei einem **Zahlungsverzug des Lizenznehmers** iSv §§ 286, 287 BGB greifen mangels abwei- 250
chender Regelungen die Vorschriften über die gesetzlichen Verzugszinsen (§§ 288, 352 BGB). Verzug liegt bei schuldhafter Nichtleistung der Lizenzgebühren trotz Fälligkeit und Mahnung durch den Lizenzgeber vor. Eine Mahnung kann gem § 286 Abs 1 Nr 1 BGB entbehrlich sein, wenn für die Leistung der Lizenzgebühren eine Zeit nach dem Kalender bestimmt ist. Voraussetzung hierfür ist die vertragliche Festlegung eines unmittelbar oder mittelbar bestimmten Kalendertages.[280]

Bei § 286 BGB handelt es sich nicht um zwingendes Recht, so dass die Parteien andere Ver- 251
einbarungen über den Eintritt des Zahlungsverzugs treffen können, zB dessen automatischen Eintritt bei der Überschreitung bestimmter Fristen.

Auch die Höhe der zu entrichtenden **Verzugszinsen** kann vertraglich abweichend verein- 252
bart werden. Geschieht dies nicht, gilt § 288 Abs 2 BGB, wonach eine Geldschuld zwischen Unternehmen für die Dauer des Verzugs mit 8% über dem Basiszinssatz (§ 247 BGB) zu verzinsen ist (sa § 352 HGB).[281]

Nach § 288 Abs 4 BGB ist daneben die Geltendmachung eines **weiteren Schadens** durch 253
den Lizenzgeber nicht ausgeschlossen. Da dessen Nachweis jedoch im Einzelfall mit Schwierigkeiten verbunden sei kann,[282] sollte der Lizenzgeber versuchen, erhöhte Verzugszinsen als pau-

---

279 *Henn* Rn 270; abweichend *Pfaff/Osterrieth* B Rn 134, die von einer vierteljährlichen Fälligkeit als üblich ausgehen. Vgl auch *Schweyer* in: Beck'sche Formularsammlung zum gewerbl RS mit UrhR V 11 Anm 18, der ua nach Vertragsprodukten differenziert.

280 Vgl die Beispiele bei Palandt/*Heinrichs* § 286 BGB Rn 22.

281 Basiszinssatz am 1.7.2009 = 0,12%, der gesetzliche Zins beträgt demgemäß 8,12%.

282 *Groß* Rn 135.

schalierten Schadensersatz oder Sicherheiten für die Erfüllung der Zahlungspflicht zu vereinbaren.

254 Der Verzug des Lizenznehmers kann uU, grundsätzlich aber erst nach vorausgegangener Abmahnung durch den Lizenzgeber, auch ein **Kündigungsrecht** aus wichtigem Grund nach § 314 BGB begründen.[283] Liegt ein Fall des § 323 Abs 2 BGB vor, bedarf es einer Abmahnung gem § 314 Abs 2 S 2 BGB nicht.[284] Die weitergehende Geltendmachung von Schadensersatzansprüchen wird gem § 314 Abs 4 BGB durch eine Kündigung nicht ausgeschlossen.

255 **dd) Abrechnung; Pflicht zur Auskunft und Rechnungslegung.** Auch ohne vertragliche Regelung besteht für den Lizenzgeber – neben dem Anspruch auf Abrechnung durch den Lizenznehmer – ein Anspruch auf Auskunft und ggf Rechnungslegung, damit sich der Lizenzgeber über den Umfang der Nutzung durch den Lizenznehmer informieren kann. Ohne Bestimmung eines Abrechnungszeitraums ist innerhalb angemessener, das bedeutet faktisch einzelfallabhängiger, Frist abzurechnen.[285] Vertraglich ausdrücklich geregelt werden sollte demnach der **Zeitpunkt der Abrechnungserteilung** (zB zwei bis vier Wochen nach Ablauf des Abrechnungszeitraums), Form und Inhalt der Abrechnung (zB Zahl der gelieferten Gegenstände mit fortlaufenden Nummern, Rechnungs-/Lieferdatum, Preise, Rabatte, Nebenkosten) sowie der **Zahlungstermin** (zB zum Ende des Monats, in dem die Abrechnung erteilt werden muss). Verletzt der Lizenznehmer seine Abrechnungspflicht, steht dem Lizenzgeber – nach Fristsetzung gem §§ 280, 281 BGB – ein Anspruch auf Schadensersatz und/oder ggf das Recht zur Kündigung des Lizenzvertrags aus wichtigem Grund gem § 314 BGB zu.[286] Zudem ist es möglich, eine Vertragsstrafe im Falle der nicht ordnungsgemäßen Abrechnung zu vereinbaren.[287]

256 In der konkreten Ausgestaltung von Inhalt und Umfang des Auskunfts- und ggf Rechnungslegungsanspruchs sind die Vertragsparteien frei; je nach vertraglicher Regelung kann der Lizenznehmer also umfangreichen Abrechnungs-, Kontroll-, Nachweis-, Offenbarungs- und Rechenschaftspflichten unterliegen (oder auch nicht). Haben die Lizenzvertragsparteien **Inhalt und Umfang des Auskunftsanspruchs**, dem ggf eine weitergehende Rechnungslegungspflicht iSv § 259 BGB folgt, nicht festgelegt, ergeben sich Inhalt und Umfang der Auskunft/Rechnungslegung des Lizenznehmers unter Berücksichtigung der Grenzen von Erforderlichkeit und Zumutbarkeit (§ 242 BGB) aus den jeweiligen Umständen des Einzelfalls unter Einbeziehung der Verkehrsübung.[288] Im Zweifel hat der Lizenznehmer über die hergestellten bzw ausgelieferten Mengen und den Zeitpunkt der Lieferung Auskunft zu geben.[289] Ein allgemeiner Anspruch des Lizenzgebers auf Überprüfung der Richtigkeit der Angaben des Lizenznehmers besteht zwar nicht.[290] Die Pflicht zur Abgabe einer **eidesstattlichen Versicherung** über die Richtigkeit der erteilten Auskünfte kann den Lizenznehmer bzw sein Organ allerdings für den Fall treffen, dass der Lizenzgeber sich auf konkrete Anhaltspunkte stützen kann, nach denen der Lizenznehmer

283 Vgl zum früheren Recht BGH GRUR 2003, 982, 983 – Hotelvideoanlagen.
284 Zur Entbehrlichkeit der Nachfristsetzung mit Ablehnungsandrohung wegen ernstlicher und eindeutiger Erfüllungsverweigerung nach früherem Recht BGH NJW 1991, 1822, 1823f; BGH NJW 1992, 235; OLG Düsseldorf WiB 1997, 934f.
285 *Groß* Rn 138.
286 *Groß* Rn 139.
287 *Pagenberg/Geissler* Muster 1 Rn 224.
288 Allgemein zum Erfinderrecht BGH GRUR 2002, 801, 803f – Abgestuftes Getriebe.
289 RGZ 127, 243; RG GRUR 1936, 943, 946; zu den in die Abrechnung aufzunehmenden Angaben *Pagenberg/Geissler* Muster 1 Rn 223; Groß Rn 136ff; zum Umfang der Rechnungslegungspflicht BGH GRUR 1997, 610, 611f – Tinnitus-Masker.
290 *Pagenberg/Geissler* Muster 1 Rn 221 mHa BGH GRUR 1953, 114, 118; *Busse/Hacker* § 15 PatG Rn 140; aA *Henn* Rn 271 mwN.

seine Angaben nicht ordnungsgemäß iSv § 259 BGB gemacht hat.[291] Ein dahingehender Anspruch besteht allerdings grds erst nach Rechnungslegung durch den Lizenznehmer,[292] kann also nicht bereits im Voraus geltend gemacht werden.

Bei Einräumung einer **Unterlizenz** umfasst die Rechnungslegungspflicht des Hauptlizenznehmers auch die **Umsätze/Stückzahlen der Unterlizenznehmer**, ohne dass es hierfür einer ausdrücklichen vertraglichen Regelung bedarf.[293] 257

Bei Verletzung der Auskunfts- und Rechnungslegungsfrist durch den Lizenznehmer kann der Lizenzgeber seine Rechte im Klageweg geltend machen. Gleiches gilt für den Anspruch auf Abgabe einer eidesstattlichen Versicherung über die Richtigkeit einer erteilten Auskunft/Rechnungslegung (§ 259 Abs 2 BGB). Zudem kann sich bei fortgesetzter Falschauskunft unter Umständen ein Recht des Lizenzgebers zur Kündigung aus wichtigem Grund (§ 314 BGB) ergeben. 258

ee) Verjährung/Verwirkung. Die Ansprüche auf Zahlung der Lizenzgebühr unterliegen der **regelmäßigen Verjährungsfrist von drei Jahren (§ 195 BGB)**.[294] 259

Die Verjährungsfrist **beginnt** nach **§ 199 Abs 1 BGB** mit dem Schluss des Jahres, in dem der Lizenzgebührenanspruch entstanden, also in der Regel fällig ist und der Lizenzgeber von den den Anspruch begründenden Umständen und der Person des Schuldners (Lizenznehmer) Kenntnis erlangt hat oder ohne grobe Fahrlässigkeit erlangen müsste. Im Zweifel ist für die Kenntnis der den Lizenzanspruch begründenden Umstände bei laufenden Lizenzgebühren auf die Kenntnis der für ihre Berechnung maßgeblichen Faktoren abzustellen, die sich aus einer Abrechnung oder Auskunft etc des Lizenznehmers ergibt. Der Beginn der regelmäßigen Verjährungsfrist setzt also in der Regel eine Abrechnung samt Auskunft/Rechnungslegung durch den Lizenznehmer voraus. Ohne Rücksicht auf diese Kenntnis bzw grob fahrlässige Unkenntnis verjähren die Lizenzgebührenansprüche allerdings gem § 199 Abs 4 BGB taggenau in zehn Jahren von ihrer Entstehung an (also nicht – wie bei der regelmäßigen Verjährungsfrist nach § 195 BGB – erst mit Jahresschluss). 260

Ebenfalls der regelmäßigen Verjährung (§ 195 BGB) unterliegen **Schadensersatzansprüche wegen Nichterfüllung** (zB wegen unterlassener Ausübung).[295] Für Markenverletzungsansprüche gilt die besondere Verjährungsfrist des § 20 MarkenG, der wiederum auf die allgemeinen Verjährungsregelungen des BGB verweist. Sonstige im Rahmen des Lizenzvertragsverhältnisses entstehende Schadensersatzansprüche verjähren nach der speziellen Regelung des § 199 Abs 3 BGB. 261

Die §§ 203 ff BGB regeln Hemmung und Neubeginn der Verjährung. Die **Hemmung der Verjährung** tritt nach **§ 203 BGB** unter anderem bei Verhandlungen der Lizenzvertragsparteien über den Anspruch oder die den Anspruch begründenden Umstände ein und dauert fort, bis durch eine Partei die Fortsetzung der Verhandlungen verweigert wird. Weitere wichtige Hemmungstatbestände bilden die Klageerhebung nach § 204 Abs 1 Nr 1 BGB und nach § 204 Nr 11 BGB der Beginn eines schiedsrichterlichen Verfahrens (§ 1044 ZPO). Darunter fallen auch Schiedsverfahren im Ausland.[296] 262

Der Lizenznehmer kann der Geltendmachung des Lizenzgebührenanspruchs durch den Lizenzgeber den Einwand der **Verwirkung** entgegenhalten, wenn der Lizenzgeber den Anspruch über längere Zeit hindurch nicht geltend gemacht hat, der Lizenznehmer sich darauf eingerich- 263

291 *Busse/Hacker* § 15 PatG Rn 140.
292 *Benkard/Ullmann* § 15 PatG Rn 146 mHa BGH v 9.5.1978 – X ZR 17/75 nv.
293 BGH GRUR 1953, 114, 118 – Reinigungsverfahren; *Pagenberg/Geissler* Muster 1 Rn 225.
294 *Bartenbach, B* Mitt 1003, 101, 112.
295 *Benkard/Ullmann* § 15 PatG Rn 220.
296 Palandt/*Heinrichs* § 204 BGB Rn 26 mHa AmtlBegr in BT-Drucks 14/7052, 181.

tet hat und er sich auch darauf einrichten durfte, dass der Anspruch nicht mehr geltend gemacht wird, und deswegen die verspätete Geltendmachung durch den Lizenzgeber gegen Treu und Glauben (§ 242 BGB) verstößt.[297] Für die einer solchen Verwirkung zugrundeliegenden Umstände (Zeit-/Umstandsmoment) ist der Lizenznehmer darlegungs- und beweispflichtig.[298] Der Verwirkung können auch Gewährleistungsansprüche des Lizenznehmers unterliegen.[299]

264 Der Einwand der Verwirkung vertraglicher Ansprüche im Lizenzvertragsrecht dürfte mit Blick auf die durch die Schuldrechtsreform eingeführten verkürzten Verjährungsfristen (zB regelmäßige Verjährungsfrist früher 30 Jahre, jetzt 3 Jahre, § 195 BGB) nur noch in Ausnahmefällen greifen und auf Fälle der Verjährungshöchstfristen gem § 199 Abs 3 und 4 BGB beschränkt sein.

265 **ff) Dauer der Lizenzgebührenpflicht – Vertragsdauer, Wegfall oder Beschränkung des lizenzierten Schutzrechts.**[300] Grundsätzlich besteht die Pflicht zur Zahlung der Lizenzgebühren solange, wie der Lizenzvertrag selbst besteht, es sei denn die Parteien haben eine andere Regelung getroffen. In Ausnahmefällen sind Lizenzgebühren über den gesetzlichen Ablauf des Schutzrechts hinaus zu zahlen, falls vor Schutzrechtsablauf hergestellte Lizenzprodukte noch danach vertrieben werden.[301]

266 Wird zB eine Marke wegen eines Widerspruchs oder wegen Nichtigkeit ganz oder teilweise gelöscht, gelten die Wirkungen der Eintragung gem §§ 42, 43, 50, 51, 52 MarkenG als von Anfang an nicht eingetreten (vergleichbare Regelungen gibt es auch für andere Schutzrechte, wie zB Patente). In einem solchen Fall können (bisherige) Schutzrechtsverletzungen zB markenrechtlich keine Schadensersatz- oder Unterlassungsansprüche mehr nach sich ziehen; auch evt Umsatzeinbußen aufgrund der Nutzung durch Dritte muss der ausschließliche Lizenznehmer in diesen Fällen hinnehmen.[302] Diese allein auf das Schutzrecht bezogenen Rechtswirkungen ändern aber nichts an der Wirksamkeit des Lizenzvertrages. Nach ständiger höchstrichterlicher Rechtsprechung bleibt die Vorzugsstellung des Lizenznehmers bis zum Widerruf oder zur Nichtigerklärung des Schutzrechts erhalten, solange die Mitbewerber dieses respektieren.[303] Mithin besteht die Verpflichtung zur **Zahlung der Lizenzgebühren** grundsätzlich **solange, wie das Vertragschutzrecht besteht.** Als noch bestehend wird ein Schutzrecht auch dann angesehen, wenn es (bislang) zB nur in erster Instanz nichtig geklagt worden ist und über die Berufung hiergegen noch nicht entschieden ist. Die wechselseitigen Pflichten aus dem Lizenzvertrag, vor allem aber der Anspruch auf Zahlung der Lizenzgebühren, entfallen nicht aufgrund bloßer Vernichtbarkeit des Vertragsschutzrechts bzw Vorliegens von Nichtigkeits-, Versagungs- oder Löschungsgründen.[304] Die „Beschränkung im Geschäftsverkehr“, die in der Lizenzgebührenpflicht

---

297 BGH GRUR 2006, 401 ff – Zylinderrohr.
298 *Bartenbach* Patentlizenz- und Know-how-Vertrag Rn 1854.
299 BGH GRUR 1961, 466, 467 – Gewinderollkopf; *Busse/Hacker* § 15 PatG Rn 147.
300 RGZ 86, 45, 50 ff; BGH GRUR 1957, 595, 596 f – Verwandlungstisch; BGH GRUR 1958, 175, 177 – Wendemaschine II; BGH GRUR 1961, 466, 468 – Gewinderollkopf; BGH GRUR 1969, 409, 410 – Metallrahmen; BGH GRUR 1969, 677, 678 – Rüben-Verladeeinrichtung, BGH GRUR 1977, 107, 109 – Werbespiegel; BGH GRUR 1983, 237, 238 f – Brückenlegepanzer I; BGH WRP 2005, 1415, 1417 – Vergleichempfehlung II; vgl hierzu auch TB BKartA 1983/84, 40; *Pagenberg/Geissler* Muster 1 Rn 182 ff; *Benkard/Ullmann* § 15 PatG Rn 179; *Kraßer/Schmid* GRUR Int 1982, 324, 339; *Preuß* GRUR 1974, 623 ff; *Körner* GRUR 1982, 341 ff.
301 *Busse/Hacker* § 15 PatG Rn 112; *Bartenbach/Söder* Mitt 2007, 353, 361 ff.
302 Vgl zum Patentrecht BGH WRP 2005, 1415, 1418 – Vergleichsempfehlung II mwN.
303 BGH GRUR 2002, 787, 789 – Abstreiferleiste; bestätigt durch BGH WRP 2005, 1415, 1418 – Vergleichsempfehlung II.
304 BGH GRUR 1958, 175, 177 – Wendemaschine II; BGH GRUR 1969, 409, 410 – Metallrahmen; BGH GRUR 1969, 677, 678 – Rüben-Verladeeinrichtung; BGH GRUR 1977, 107, 109 – Werbespiegel; BGH GRUR 1983, 237, 238 f – Brückenlegepanzer I; *Preuß* GRUR 1974, 623 ff; *Kraßer* GRUR Int 1990, 690, 611, 612 f; der Patentinhaber kann durch Rechtsmittel im Nichtigkeitsverfahren natürlich den Eintritt der Rechtskraft hinauszögern; vgl zur Beendigung der Lizenzzahlungspflicht in diesem Fall OLG Braunschweig GRUR 1964, 344.

zu sehen ist, kann, solange die durch das bereits entstandene Schutzrecht bestehende Vorzugsstellung andauert, auch nicht über den Inhalt des Schutzrechts iSv § 1 GWB nF (§ 20 Abs 1 GWB aF) hinausgehen,[305] so dass einer entsprechenden Lizenzgebührenpflicht des Lizenznehmers auch kartellrechtlichen Bedenken nicht entgegenstehen. Diese Grundsätze finden – wie erläutert – bis zur rechtskräftigen Versagung einer lizenzierten Schutzrechtsanmeldung entsprechende Anwendung.[306]

Auch wenn ein lizenziertes Schutzrecht weiter verwertet wird, kann die Pflicht zur Zahlung der Lizenzgebühren nach Treu und Glauben (§ 242 BGB) allerdings dann **entfallen**, wenn dem Lizenznehmer **wegen offenbar oder wahrscheinlich gewordener Vernichtbarkeit des Schutzrechts** dessen wirtschaftliche Vorteile derart entzogen werden, dass die Weiterzahlung für die Zukunft unzumutbar ist.[307] Das gilt vor allem dann, wenn die Vorzugstellung des Lizenznehmers obsolet wird, weil seine Konkurrenten das Schutzrecht nicht mehr beachten.[308] 267

Nach dem BGH[309] gelten diese Grundsätze auch für die **einfache Lizenz**. Die faktische Vorzugsstellung des Lizenznehmers bis zum Schutzrechtswegfall ergibt sich hier aber bereits aus der „ungestörten Benutzung" ohne Benutzungsverbote des Schutzrechtsinhabers.[310] 268

Ist mit dem Lizenzvertrag über das Schutzrecht ein (tatsächlich genutzter) **Know-how-Lizenzvertrag** verbunden und fällt das lizenzierte Schutzrecht weg, ist die Lizenzgebühr für die weitere Nutzung des Know-hows nach § 313 BGB anzupassen.[311] Gleiches gilt für einen **Lizenzvertrag über mehrere Schutzrechte** bei Wegfall eines dieser Schutzrechte.[312] Besteht bei einem solchen Lizenzvertrag die Lizenzgebührenpflicht in einer Einmalzahlung,[313] muss die Lizenzgebühr für das entfallene Schutzrecht ermittelt werden. 269

Lizenzgeber und Lizenznehmer können die vorstehenden Rechtsfolgen durch andere Regelungen im Lizenzvertrag abändern, etwa (i) eine vollständige oder teilweise Rückzahlung der Lizenzgebühr bei rückwirkender Nichtigkeit des Vertragsschutzrechts oder (ii) eine (vorläufige) Aussetzung der Pflicht zur Lizenzgebührenzahlung im Falle der Erhebung eines Rechtsmittels (zB einer Nichtigkeits-/Löschungsklage) mit einer vom Ausgang des Verfahrens abhängigen Nachzahlung vereinbaren.[314] 270

gg) Lizenzgebühren für Nutzungshandlungen des Unterlizenznehmers. Ob der Lizenznehmer für Nutzungshandlungen des Unterlizenznehmers im Verhältnis zum Hauptlizenzgeber zur Zahlung von Lizenzgebühren verpflichtet ist, richtet sich nach dem Lizenzvertrag. Eine solche Verpflichtung kann als **Beteiligung an den Unterlizenzgebühreneinnahmen** des Unterlizenzgebers oder als Zahlung eines oder mehrerer **Festbeträge** ausgestaltet werden. Im Zwei- 271

305 BGH GRUR 1969, 677, 678 – Rüben-Verladeeinrichtung.
306 BGH GRUR 1965, 160, 162 – Abbauhammer; BGH GRUR 1969, 677, 680 – Rüben-Verladeeinrichtung; *Pfaff/Osterrieth* B I Rn 94.
307 BGH GRUR 1977, 784, 786 – Blitzlichtgeräte; BGH GRUR 1990, 667, 668 – Einbettungsmasse; BGH GRUR 2002, 609, 610 – Drahtinjektionseinrichtung, zu § 10 ArbEG.
308 BGH GRUR 1990, 667, 668 – Einbettungsmasse; BGH GRUR 2002, 609, 610 – Drahtinjektionseinrichtung zu § 10 ArbEG.
309 BGH GRUR 1983, 237, 239 – Brückenlegepanzer I.
310 BGH GRUR 1983, 237, 239 – Brückenlegepanzer I.
311 Für reine Know-how-Verträge vgl die Entscheidung der EU-Kommission v 22.12.1987 GRUR Int 1988, 505, 508 – RichProducts/Jusrol, in der die Kommission die Weiterzahlung von Lizenzgebühren auch nach Offenkundigwerden des Know-hows nicht beanstandet hat.
312 Bei teilweisem Wegfall eines lizenzierten Schutzrechts nach § 64 PatG bleibt der Lizenznehmer zur Gegenleistung verpflichtet, die allerdings meist zu mindern sein wird (BGH GRUR 1957, 595, 596 – Verwandlungstisch).
313 BGH NJW 1982, 2861, 2862f – Hartmetallkopfbohrer; GRUR 1982, 341, 343.
314 Zur kartellrechtlichen Bewertung der Verpflichtung zur Zahlung der Lizenzgebühr nach Erlöschen des Schutzrechts s *Bartenbach* Patentlizenz- und Know-how-Vertrag Rn 1870ff.

fel gilt bei der Stück- oder Umsatzlizenz, dass der Hauptlizenznehmer für die Benutzung durch den Unterlizenznehmer die gleichen Lizenzgebühren zu zahlen hat, wie dies bei eigener Benutzung der Fall wäre.[315] Sind in der zwischen Hauptlizenzgeber und Hauptlizenznehmer vereinbarten Lizenzgebühr jedoch Anteile für weitergehende Leistungen des Hauptlizenzgebers enthalten, wie etwa Schulungen oder besondere Gewährleistungen etc, so sind diese ggf herauszurechnen. Für den Eintritt der Fälligkeit der Lizenzgebühren, die der Hauptlizenznehmer aus der Unterlizenz zu zahlen hat, gelten die gleichen Voraussetzungen wie bei seiner Eigennutzung, wenn mit dem Hauptlizenzgeber keine andere Abrede getroffen wurde.

272 Haben Hauptlizenzgeber und Hauptlizenznehmer eine **Pauschallizenzgebühr** vereinbart, dürfte eine Gebührenpflicht des Hauptlizenznehmers betreffend die Nutzungshandlungen des Unterlizenznehmers anders zu bewerten sein. Wird ein Recht zur Unterlizenzvergabe und im bewussten Zusammenhang damit eine Pauschalgebühr geregelt, so ist anzunehmen, dass diese Gebühr auch bereits die Nutzungshandlungen des Unterlizenznehmers erfasst.

273 **b) Währungs- und Wertsicherungsklauseln.** Ein Lizenzvertrag mit Auslandsbezug enthält regelmäßig eine **Währungsklausel**, durch die bestimmt wird, welche Währung für die Berechnung der Lizenzgebühr gelten soll. Zu beachten ist, dass der Parteiwille dahin geht, dass die Währungsklausel auch die sonstigen Entgeltforderungen, bspw Vertragsstrafen, Schadensersatzansprüche im Zusammenhang mit dem Lizenzvertrag, Zinsen etc, einbezieht. Eine ausdrückliche Regelung empfiehlt sich in jedem Falle (auch unabhängig von § 244 BGB). Ist eine solche unterblieben, wird angenommen,[316] dass der Lizenznehmer frei zwischen der Landeswährung des Lizenzgebers und seiner eigenen wählen kann. Im Zweifel ist die Zahlung in der Landeswährung des Erfüllungsortes anzunehmen.

274 Durch **Wertsicherungsklauseln** sollen inflationäre Entwicklungen im Zusammenhang mit der Vereinbarung über die Lizenzgebühr berücksichtigt werden. Einer solchen bedarf es regelmäßig nicht bei der Umsatzlizenz, da der Lizenzgeber hier einen prozentualen Anteil vom Umsatz des Lizenznehmers erhält, somit bei Erhöhung der Verkaufspreise durch den Lizenznehmer die Lizenzgebühr ebenfalls steigt (dies gilt aber natürlich auch umgekehrt).

275 **c) Die Ausübungspflicht des Lizenznehmers (sog. „best efforts"-Klausel).** Die Ausübungspflicht dient dem Lizenzgeber zur Sicherung seiner durch den Lizenzvertrag angestrebten angemessenen Beteiligung an der Nutzung des Schutzrechts durch den Lizenznehmer. Dazu kann die Verpflichtung des Lizenznehmers vereinbart werden, mit der Herstellung der lizenzierten Waren in einem vereinbarten Zeitraum zu **beginnen**, diese in einer vereinbarten **(Mindest-) Menge** zu produzieren und im Zusammenhang mit deren Inverkehrbringen gewisse **Werbemaßnahmen** zu ergreifen. Ein weiterer Zweck der Ausübungspflicht kann darin bestehen, dass der Lizenzgeber durch sie eine Gegenleistung für zusätzliche Informationen hinsichtlich der Herstellung der lizenzierten Waren erhält, für die keine Entgeltregelung getroffen wurde. Zudem wird dadurch eine **Präsenz am Markt** erreicht, was für den Lizenzgeber ein wichtiger Faktor sein kann, wenn er in Zukunft selbst in diesem Bereich tätig sein will.

276 Ist die Ausübungspflicht nicht konkret vertraglich geregelt, kommt es maßgeblich auf den Willen der Vertragsparteien an, der anhand des Vertrages selbst, des damit erstrebten Zwecks und der vorvertraglichen Verhandlungen zu ermitteln ist, §§ 133, 157 BGB.[317] Als aus § 242 BGB hergeleitete Pflicht ist die Ausübungspflicht insbesondere nach dem Gebot von Treu und Glauben[318] und unter

---

315 Ebenso *Groß* Rn 234.

316 *Groß* Rn 438 mwN; *Henn* Rn 276 mit Formulierungsvorschlägen für Vertragsklauseln.

317 *Henn* Rn 280.

318 *Busse/Hacker* § 15 PatG Rn 142; BGH GRUR 1978, 166 – Banddüngersteuer.

dem Vorbehalt der **Zumutbarkeit**[319] zu bestimmen. Für die Zumutbarkeit ist eine Abwägung aller Umstände des Einzelfalls maßgeblich. Die Ausübungspflicht ist auf den Umfang des lizenzierten Schutzrechts beschränkt. So ist zB nach allgemeiner Meinung die Einräumung einer **ausschließlichen Lizenz** Indiz für die Übernahme eines (stillschweigenden) Ausübungszwangs durch den Lizenznehmer.[320] Die Vereinbarung einer ausschließlichen Lizenz ist jedoch kein zwingendes Indiz für die Ausübungspflicht, gegen die etwa die Vereinbarung einer Pauschalgebühr oder feste jährliche Zahlungen trotz Vorliegens der Ausschließlichkeitsabrede sprechen können.[321] Andererseits indiziert regelmäßig das Vorliegen einer Stück- oder Umsatzlizenz die Ausübungspflicht.[322]

Festgehalten werden kann, dass eine Ausübungspflicht um so eher anzunehmen ist, je mehr Befugnisse der Lizenznehmer erhält.[323] Bei einer **einfachen Lizenz** ist daher grundsätzlich **keine stillschweigende Ausübungspflicht** anzunehmen.[324] Anders kann dies nach der Rechtsprechung zu bewerten sein, wenn die Lizenzvergütung auf Stücklizenzbasis erfolgt[325] oder durch eine sog Anlaufklausel eine Erhöhung des Lizenzsatzes bei Ansteigen der Umsätze des Lizenznehmers geregelt wurde; außerdem dann, wenn der Lizenznehmer vom Lizenzgeber zusätzlich umfangreiche erhebliche Informationen zur Nutzung des Schutzrechts erhält oder der Lizenzgeber andere (kostenintensive) Verpflichtungen eingeht (zB Beteiligung an Kosten des Marketings etc).[326] Diese zusätzlichen Leistungen würde der Lizenzgeber im Falle der Verneinung einer Ausübungspflicht unentgeltlich erbringen.[327] Hiervon ist im Zweifel nicht auszugehen. 277

Vereinbaren die Parteien im Rahmen einer einfachen Lizenz eine **Mindestlizenzgebühr**, deutet dies darauf hin, dass dem Ausübungsanliegen des Lizenzgebers damit Genüge getan ist,[328] insbesondere da der Lizenznehmer das Risiko des Erreichens des vereinbarten Mindestabsatzes trägt. 278

Aus der Ausübungspflicht ergibt sich auch, dass der Lizenznehmer im Rahmen seiner Produktion die ihm vorgegebenen **Qualitätserfordernisse** beachten muss[329] (zB Vorgaben für das zu verwendende Material etc). Ob der Lizenznehmer sich daran hält, kann der Lizenzgeber nur überprüfen, wenn ihm entsprechende **Kontrollrechte**, zB in Form einer Stichprobenentnahme, eingeräumt wurden. Aus dem berechtigten Interesse des Lizenzgebers an der Einhaltung der Qualitätsvorgaben lässt sich jedoch nur eine auf den Lizenzbereich beschränkte Kontrolle ableiten. 279

Fraglich ist, inwieweit im Rahmen einer vertraglich nicht näher ausgestalteten Ausübungspflicht zugunsten des Lizenzgebers eine Verpflichtung des Lizenznehmers zur Einschaltung von 280

319 BGH GRUR 2000, 138, 139 – Knopflochnähmaschine; *Henn* Rn 283; *Groß* Rn 164.
320 KG GRUR 1939, 66; BGHZ 52, 55, 58; BGH GRUR 2000, 138 Knopflochnähmaschine; BGH GRUR 2003 173, 175 – Filmauswertungspflicht; *Busse/Hacker* § 15 PatG Rn 142; *Henn* Rn 278; *Schade* 29, 31f; *Lüdecke/Fischer* E 9, 44f; *Groß* Rn 151; *Benkard/Ullmann* § 15 PatG Rn 134; *Kraßer/Schmidt* GRUR Int 1982, 325, 333f; *Lüdecke* GRUR 1952, 211, 214; aA offenbar *Rasch* Der Lizenzvertrag, 55.
321 *Schade* 39f; *Reimer* § 9 PatG aF Rn 55.
322 *Benkard/Ullmann* § 15 PatG Rn 134 mwN; zur Stücklizenz RG GRUR 1937, 37, 38; RGZ 134, 91, 98; BGH GRUR 1961, 470, 471 – Mitarbeiterkunde; BGHZ 52, 55, 58 – Frischhaltegefäß; BGH GRUR 2000, 138 – Knopflochnähmaschine.
323 *Lüdecke/Fischer* E 9, 44f.
324 *Rasch* Der Lizenzvertrag, 39; *Schade* 34; *Henn* Rn 278; *Groß* Rn 152; *Groß* GRUR 1951, 369, 370.
325 RG GRUR 1937, 37, 38; KG GRUR 1935, 892, 893; BGH GRUR 1961, 470, 471 – Mitarbeiterurkunde; BGH GRUR 1980, 38, 40 – Fullplastverfahren mit Anm *Schricker* Mitt 1980, 31ff.
326 BGH GRUR 2003, 173, 175 – Filmauswertungspflicht, dort bei einem Filmverleihvertrag.
327 *Groß* Rn 152.
328 *Schade* 41f; *Henn* Rn 279; anders *Pagenberg/Geissler* Muster 1 Rn 169.
329 *Paff/Osterrieth* B Rn 149ff; *Groß* Rn 156ff.

besonders qualifizierten Drittfirmen (**verlängerte Werkbank**),[330] zur Errichtung einer strukturierten **Absatzorganisation** und zur Durchführung von **Werbemaßnahmen** zu bejahen ist. Da der Lizenznehmer letzteres jedoch regelmäßig schon im eigenen wirtschaftlichen Interesse veranlassen wird, bedarf es hierzu nicht der Annahme einer besonderen Verpflichtung, wenn sich nicht aus dem Inhalt des Lizenzvertrages etwas anderes ergibt.[331]

281 Ob dem Lizenznehmer mit Blick auf eine möglichst umfangreiche Auswertung des Schutzrechts zudem die Verpflichtung obliegt, die Verwertung des Lizenzgegenstandes auch unter **Einschaltung fremder Werkstätten** zu erbringen, ist einzelfallabhängig. Erklärt sich der Lizenznehmer etwa „unter Einsatz aller Mittel zur Förderung und Auswertung eines Schutzrechts bereit“, folgt daraus noch nicht die Verpflichtung zum Einsatz dritter Unternehmen zur Erfüllung der Ausübungspflicht; denn diese Formulierung soll regelmäßig nur die betrieblichen Möglichkeiten des Lizenznehmers betreffen, ohne dass die Lizenzvertragsparteien dabei die Einbeziehung dritter Unternehmen im Sinn haben. Ist vertraglich nichts anderes vereinbart, muss der Lizenznehmer die Ausübungspflicht allerdings auch nicht persönlich erbringen, sondern er kann von sich aus Dritte im Rahmen der Auftragsfertigung einschalten. Ob und wann er von diesem Recht Gebrauch macht bzw machen muss, ist unter dem Gesichtspunkt der Zumutbarkeit zu entscheiden.

282 Für den **Beginn der Ausübungspflicht** lassen sich keine allgemeingültigen Regeln aufstellen. Ist vertraglich dazu nichts vereinbart, ist zu beachten, dass dem Lizenznehmer in der Regel eine gewisse Anlauffrist zuzugestehen ist und es grundsätzlich seiner Entscheidung obliegt, wann er mit der Ausübung beginnt und seine Waren auf dem Markt anbietet, denn das wirtschaftliche Risiko der Rentabilität seiner Nutzung liegt im Zweifel allein bei ihm.[332]

283 Hinsichtlich der **Dauer der Ausübungspflicht** ist jedoch stets der Grundsatz von Treu und Glauben (§ 242 BGB) zu beachten. Ist die Erfüllung der Ausübungspflicht für den Lizenznehmer unzumutbar, so entfällt sie[333] oder besteht nur noch eingeschränkt.[334] Die Unzumutbarkeit kann sich für den Lizenznehmer zB daraus ergeben, dass er wegen wirtschaftlicher Gründe gehindert ist, den Lizenzgegenstand herzustellen oder zu vertreiben.[335] Für das Vorliegen der Unzumutbarkeit ist der Lizenznehmer darlegungs- und beweisbelastet.[336] Dazu muss er im Einzelfall die Marktsituation und die Aktivitäten, die er unternommen hat, um eine wirtschaftliche Herstellung und/oder Vertrieb zu gewährleisten, darstellen und darlegen, inwiefern eigene oder sonst verfügbare Fertigungsmöglichkeiten genutzt und Werbemaßnahmen ergriffen wurden.[337]

284 Offengelassen hat der BGH[338] in einer seiner Entscheidungen allerdings, ob der Lizenzgeber für den Fall, dass die Ausübungspflicht wegfällt, den gesamten Vertrag, zB durch **Kündigung**, einseitig lösen darf und bis wann dies billigerweise erfolgen kann. Statt eines Wegfalls der Ausübungspflicht können sich aus § 242 BGB jedoch auch Ansätze für eine **Umgestaltung (§ 313 BGB)** des Vertragsverhältnisses ergeben. Liegen die technischen bzw wirtschaftlichen Probleme nur bei dem Lizenznehmer vor, so dass allein er zur Herstellung und/oder zum Vertrieb nicht in

---

330 S dazu *Benkard/Ullmann* § 15 PatG Rn 137 mHa BGH v 10.10.1967 – X ZR 16/65 nv, dort bejaht.

331 *Groß* Rn 162; aA die wohl hM, die von einer Werbepflicht ausgeht, ua *Henn* Rn 284, *Benkard/Ullmann* § 15 PatG Rn 147; differenzierend *Pfaff/Osterrieth* B Rn 157 ff.

332 *Benkard/Ullmann* § 15 PatG Rn 137; *Groß* Rn 155; *Schade* 91 f.

333 HM, BGH GRUR 1978, 166 – Banddüngerstreuer; BGH GRUR 2000, 138, 139 – Knopflochnähmaschine; *Busse/Hacker* § 15 PatG Rn 143; *Benkard/Ullmann* § 15 PatG Rn 138; *Pfaff/Osterrieth* B Rn 146; *Groß* Rn 164; aA *Henn* Rn 287.

334 *Schade* 87 f; *Henn* Rn 287.

335 BGH GRUR 1970, 40, 42 – Musikverleger.

336 *Busse/Hacker* § 15 PatG Rn 143 mHa BGH v 5.1.1962, I ZR 81/60, nv; BGH GRUR 2003, 173 – Filmauswertungspflicht mwN.

337 Ebenso *Storch* GRUR 1978, 168 mit Anm zu BGB GRUR 1978, 166 ff – Banddüngerstreuer.

338 GRUR 1978, 166 – Banddüngerstreuer.

der Lage ist, dies anderen Wettbewerber aber möglich wäre, so ist ein Recht zur Kündigung des Lizenzvertrags durch den Lizenzgeber in Betracht zu ziehen. Denn in einem solchen Fall kann das Festhalten an dem Vertrag für den Lizenzgeber unzumutbar sein bzw werden.

Eine neben einer Ausübungspflicht vereinbarte **Mindestlizenzgebührenpflicht** bleibt unbeschadet eines Wegfalls der Ausübungspflicht bestehen. Der Lizenznehmer muss die Mindestlizenzgebühr also auch dann zahlen, wenn er den Lizenzgegenstand überhaupt nicht nutzt. 285

Bei **Verletzung der Ausübungspflicht** durch den Lizenznehmer kann der Lizenzgeber nach angemessener Fristsetzung zur Erfüllung (§ 281 BGB) und fruchtlosem Ablauf dieser Frist Schadensersatz wegen Nichterfüllung verlangen sowie vom Vertrag zurücktreten (§§ 241, 275, 280, 324, 325 BGB).[339] Im Rahmen des Schadensersatzes hat der Lizenznehmer die Lizenzgebühren zu entrichten, die bei pflichtgemäßer Ausübung des lizenzierten Schutzrechts entstanden wären.[340] Neben dem Anspruch auf Schadensersatz kann der Lizenzgeber den Vertrag auch aus wichtigem Grund gem § 314 BGB kündigen (§ 314 Abs 4 BGB). 286

Dabei muss der Lizenzgeber **darlegen und beweisen**, dass der Lizenznehmer (objektiv) gegen die Ausübungspflicht verstoßen hat.[341] Der Lizenznehmer muss demgegenüber darlegen und beweisen, dass er die Nichterfüllung nicht zu vertreten hat (§ 280 Abs 1 S 2 BGB) bzw die Erfüllung unter den konkreten Umständen für ihn unzumutbar geworden war (§§ 275, 280 Abs 1 S 2 BGB).[342] 287

Der entsprechende Schadensersatzanspruch wegen Nichtausübung besteht unbeschadet einer späteren Nichtigerklärung des lizenzierten Schutzrechts.[343] 288

d) Warenbezugspflichten. Besondere Warenbezugspflichten zu Lasten des Lizenznehmers dienen insbesondere zur Einhaltung der vom Lizenzgeber vorgegebenen Qualitätsanforderungen, zur Sicherung des Absatzes an Lizenzgeberprodukten im Vertragsgebiet und zur Flankierung der Lizenzgebührenverpflichtung.[344] Hierdurch kann der Lizenznehmer verpflichtet werden, die für die Herstellung der Lizenzprodukte notwendigen Waren vom Lizenzgeber oder einem von diesem bestimmten Dritten zu beziehen. 289

Mit Blick auf die zivilrechtliche Wirksamkeit solcher Vereinbarungen ist selten eine sittenwidrige Knebelung gem § 138 BGB bei derartigen Material-, Rohstoff- oder Vorrichtungsbezugspflichten vorzufinden. 290

Die Frage der Anwendbarkeit der Verbraucherschutzvorschriften auf das Lizenzvertragsrecht ist in der Rechtsprechung vielfach erörtert worden. Auf entsprechende Entscheidungen soll hier aber nur verwiesen werden.[345] Teilweise wird vertreten, dass ein Franchisevertrag, der eine Verpflichtung zu einem wiederkehrenden Bezug der zu vertreibenden Materialien enthält, den Verbraucherschutzvorschriften im VerbrhrG unterfallen kann.[346] 291

339 *Benkard/Ullmann* § 15 PatG Rn 137; zum früheren Schuldrecht BGH GRUR 1959, 616, 618 – Metallabsatz; BGH GRUR 1980, 38, 40 – Fullplastverfahren; BGH NJW 1983, 1188, 1189 – Persönlichkeiten Europas; BGH GRUR 2003, 173, 175 – Filmauswertungspflicht; LG München I InstGE 3, 97, 101 f – Überlastungskupplung.
340 BGH GRUR 1980, 38, 40 – Fullplastverfahren; LG München I InstGE 3, 97, 101 f.
341 BGH GRUR 2003, 173, 175 – Filmauswertungspflicht.
342 BGH GRUR 2003, 173, 175 – Filmauswertungspflicht; *Henn* Rn 283.
343 *Busse/Hacker* § 15 PatG Rn 142 mHa BGH v 10.10.1967 – I a ZR 16/65, nv; BGH GRUR 1977, 107, 109 – Werbespiegel; zur kartellrechtlichen Bewertung von Ausübungspflichten vgl *Bartenbach* Patentlizenz- und Know-how-Vertrag Rn 1935 ff.
344 *Groß* Rn 197; *Henn* Rn 289.
345 Vgl BGH DB 1995, 1860 ff – Ceiling-Doctor; anders die Vorinstanz OLG Hamm Urt v 7.2.1993, Az U 121/93, nv; OLG Frankfurt GRUR 1991, 787 (als „Lizenzvertrag" bezeichnetes Franchising, vermieten von Videofilmen mittels Präsentationsspulen in Supermärkten); BGH DB 1995, 1860, 1861 – Ceiling-Doctor, zu § 2 VerbrKrG. Vgl zur kartellrechtlichen Bewertung von Bezugspflichten *Bartenbach* Patentlizenz- und Know-how-Vertrag Rn 1958 ff.
346 Palandt/*Putzo* § 505 BGB Rn 8.

292 **e) Nichtangriffsabreden.** Aufgrund des auf den Lizenzvertrag anzuwendenden Grundsatzes von Treu und Glauben gem § 242 BGB ließe sich daran denken, dass der Lizenznehmer aus einer vertraglich begründeten besonderen Rücksichtnahmepflicht nicht selbst oder durch Dritte gegen den Bestand des Vertragsschutzrechtes vorgehen darf.[347] Andererseits könnte dem ein über den Vertragsinteressen stehendes (allgemeines) Interesse an einer möglichst weitgehenden Erhaltung des freien Wettbewerbs entgegenstehen, das formal begründete, aber vernichtbare Vertragsschutzrecht zu beseitigen.[348]

293 **Fehlt eine vertraglich vereinbarte Nichtangriffsabrede**, geht die hM[349] davon aus, dass selbst bei einem ausschließlichen Lizenzvertrag (der keinen gesellschaftsähnlichen Charakter hat und auch sonst eine vertrauensvolle Zusammenarbeit nicht erfordert) eine **Nichtangriffsabrede** nach § 242 BGB **nicht zu bejahen** ist.[350] Nur in **Ausnahmefällen** kann eine Vertragsauslegung ergeben, dass eine Pflicht des Lizenznehmers anzunehmen ist, das Vertragsschutzrecht nicht anzugreifen.[351] Dies zB für den Fall, dass Lizenzgeber und Lizenznehmer bei Vertragsabschluss Kenntnis von der Anfechtbarkeit bzw begründete Zweifel an der Rechtsbeständigkeit des Vertragsschutzrechts hatten. Unter diesem Aspekt sind auch Freilizenzen relevant. Bei der Erteilung einer solchen liegt es nämlich nahe, dass der Lizenzgeber aus besonderen Gründen das Nutzungsrecht ohne Gegenleistung einräumt. Regelmäßig dürfte der Lizenznehmer das Vertragsschutzrecht im Vorfeld angegriffen und sodann gegen Einräumung des unentgeltlichen Benutzungsrechts an diesem seinen Angriff zurückgezogen haben.[352]

294 Dies ist jedoch nicht zwingend. So kann auch der Fall vorliegen, dass sich während der Vertragslaufzeit neue beachtliche Nichtigkeitsgründe hinsichtlich der Rechtsbeständigkeit des Vertragsschutzrechtes ergeben, von denen die Parteien bei Vertragsschluss keine Kenntnis hatten.

295 Ist der zwischen den Parteien geschlossene Vertrag von einem besonderen **Treueverhältnis** geprägt, so kann sich im Einzelfall auch aus dem Gebot von Treu und Glauben (§ 242 BGB) eine Nichtangriffsverpflichtung des Lizenznehmers ergeben. Das kann vor allem bei Lizenzverträgen mit gesellschaftsähnlichem Charakter angenommen werden oder wenn das Vertragsverhältnis ansonsten ein besonderes Vertrauensverhältnis zwischen den Parteien offenbart.

296 Ist die Nichtangriffsabrede im Einzelfall **unwirksam**, berührt dies den übrigen Vertragsinhalt nur, soweit diese Teile nicht von der unwirksamen Klausel abtrennbar sind.[353] Nach § 139 BGB ist anhand des hypothetischen Parteiwillens im Zeitpunkt des Vertragsabschlusses zu überprüfen, ob der Bestand des gesamten Vertrages von der (Un-)Wirksamkeit der Nichtangriffsklausel abhängig sein sollte. In der Regel wird es im Interesse der Parteien liegen, den Lizenzvertrag in seinem Bestand möglichst zu erhalten.[354]

297 Der **sachliche Anwendungsbereich** der Nichtangriffsabrede erfasst bei der stillschweigend oder ausdrücklich vereinbarten Nichtangriffsabrede die bei Vertragsabschluss vorhandenen Schutzrechte für die Dauer der Vertragslaufzeit. Dies gilt grundsätzlich auch dann, wenn schon

---

347 Stillschweigend begründete Nichtangriffsabrede, BPatG Blatt 1991, 313, 314 f – Zeigerwerk; BPatGE 36, 177; BPatG v 22.1.2001 – 9 W (pat) 41/99 nv; aA BPatG GRUR 2005, 182; ausf *Winterfeldt* in FS 50 Jahre VPP 210 ff.

348 BGH GRUR 1987, 900, 901 – Entwässerungsanlage; BGHZ 10, 22, 23 – Konservendosen; *Benkard/Bruchhausen* § 15 PatG Rn 141; *Kraßer* § 42 Ib, 715; *Pagenberg/Geissler* Muster 1 Rn 281; *Groß* Rn 557; *Reimer* § 13 PatG aF Rn 13, der allerdings beim ausschließlichen Lizenznehmer im Gegensatz zum einfachen die Klagebefugnis für den Regelfall als einen Verstoß gegen Treu und Glauben bewertet und nicht für zulässig erachtet (Rn 20).

349 BGH GRUR 1956, 264, 265; BGH GRUR Int 1969, 31, 33; BPatG Urt v 11.12.1973, Az 2 Ni 31/72, nv.

350 BPatG v 14.10.1991 – 4 W (pat) 37/90, nv.

351 BGH GRUR 1971, 243, 245 – Gewindeschneidevorrichtungen; BGH GRUR 1989, 39, 40 – Flächenentlüftung.

352 EuGH GRUR Int 1989, 56, 57 – Nichtangriffsklausel.

353 EuGH GRUR Int 1966, 586, 588 – Société Technique Minière/Maschinenbau Ulm.

354 BGHZ 17, 41, 59 ff – Kokillenguss; BGH GRUR 1991, 558, 561 – Kaschierte Hartschaumplatten.

bei Vertragsabschluss die Beendigung des Lizenzvertrages vor Schutzrechtsablauf feststeht. Wenn nichts anderes vereinbart wurde, folgt aus der restriktiven Auslegung einer Nichtangriffsabrede, dass während der Vertragslaufzeit Änderungen des Schutzrechtsbestandes von dieser Klausel grundsätzlich nicht erfasst werden können.

Klauseln, die generell, dh ohne nähere Angaben und ohne Rücksicht auf ihren Gegenstand, darauf abzielen, **alle gegenwärtigen und zukünftigen Schutzrechte** und Schutzrechtsanmeldungen des Lizenzgebers vor einem Angriff durch den Lizenznehmer zu schützen, erscheinen bedenklich. Denn sie können zu einer Sicherung des Lizenzgebers auch auf solchen Gebieten führen, die mit den vertraglichen Beziehungen der Parteien gar nicht in Zusammenhang stehen. Dementsprechend tendieren Literatur[355] und Wettbewerbsbehörden[356] in diesen Fällen dazu, stets einen **kartellrechtswidrigen** Tatbestand anzunehmen. 298

Eine Nichtangriffsklausel muss **bestimmt** sein, dh es muss erkennbar sein, welches Schutzrecht von ihr erfasst sein soll. Handelt es sich um Schutzrechte, die sich für verschiedene Anwendungsgebiete eignen und bezieht sich der Lizenzvertrag nur auf eines dieser Gebiete, muss der Lizenznehmer trotzdem das Schutzrecht vollumfänglich „schützen“. 299

Ist der Lizenznehmer ein **Konzernunternehmen**, ist zu beachten, dass die Nichtangriffsabrede zwar den Lizenznehmer bindet, jedoch nicht dessen evt Unterlizenznehmer oder konzernverbundene Gesellschaften. In diesem Zusammenhang ist die rechtliche Selbständigkeit dieser Unternehmen zu berücksichtigen, so dass sich diese zwar durch einen Vertrag zugunsten Dritter (Lizenzgeber) zum Nichtangriff verpflichten können, dies aber nicht automatisch durch die Nichtangriffsabrede zwischen Lizenzgeber und Lizenznehmer erfolgt. 300

Die höchstrichterliche Rechtsprechung geht davon aus, dass mit Ende der Laufzeit des Lizenzvertrages regelmäßig auch die Nichtangriffsverpflichtung als Teil des Vertrages entfällt.[357] Die Nichtangriffsabrede wird meist nur für die **Dauer des Lizenzvertrages** vereinbart. Nichtangriffsabreden, die sich auf den Zeitraum nach Vertragsbeendigung erstrecken, können kartellrechtlich bedenklich sein (vgl auch Art 5 Abs 1 lit b TT-GVO 2014). 301

Eine Nichtangriffsabrede hindert den freien Wettbewerb allerdings nicht mehr, wenn das Vertragsschutzrecht durch Ablauf der Schutzdauer erloschen ist. Auswirkungen ergeben sich aufgrund des vertragssichernden Aspekts nur noch zwischen den früheren Vertragsparteien. Dieser (rückwirkende) Vertragsschutz ist im Gegensatz zu dem (inzwischen hinfällig gewordenen) Bestandsschutz unter kartellrechtlichen Gesichtspunkten unbedenklich.[358] 302

f) Wettbewerbsverbote für den Lizenznehmer. Durch Wettbewerbsverbote für den Lizenznehmer wird vor allem vereinbart, dass dieser keine Erzeugnisse herstellen und/oder vertreiben darf, die mit dem Lizenzgegenstand konkurrieren.[359] Zu denken ist auch daran, dem Lizenznehmer zu verbieten, ein Konkurrenzverfahren oder eine Marke zu verwenden, die mit dem lizenzierten Erzeugnis, Verfahren oder einer Marke in Wettbewerb steht. Auch die Weitergabe von Betriebsgeheimnissen, die dem Lizenznehmer aufgrund des Lizenzvertragsverhältnisses bekannt geworden sind, kann verboten werden. Schließlich kann ein Wettbewerbsverbot auch den Abschluss von Lizenzverträgen über Wettbewerbsprodukte bzw -verfahren mit Dritten verhindern. 303

---

355 Immenga/Mestmäcker/*Fuchs* Wettbewerbsrecht EG TT-VO Rn 325; *Bandasch/Lehmhöfer/Horn* 27 f; aA *Klauer/Möhring/Nirk* Anh zu § 9 PatG aF Rn 37.

356 TB BKartA 1961, 58, 59; TB BKartA 1964, 53; TN BKartA 1967, 88; TB BKartA 1969, 98; TP BKartA 1972, 96; TB BKartA 1975, 94; TB BKartA 1981/82, 93.

357 BGH GRUR 1965, 135, 137 – Vanal-Patent; BGH GRUR 1971, 243, 245 – Gewindeschneidevorrichtung.

358 BPatG Blatt 1982, 209, 210; *Benkard/Ullmann* § 15 PatG Rn 144.

359 EU-Kommission GRUR Int 1978, 372, 373 – Campari; *Fammler* 165.

304 Grundsätzlich sind Wettbewerbsverbote bei Einhaltung der in Art 3 TT-GVO 2014 festgesetzten Marktanteilsschwellen und bei Vorliegen der weiteren Anwendbarkeitsvoraussetzungen nach der TT-GVO 2014 **freigestellt**, solange sie nicht ausdrücklich von einer der Kernbeschränkungen erfasst werden (Art 4, 5 TT-GVO 2014).[360]

305 **g) Geheimhaltungs- oder Vertraulichkeitsvereinbarungen.** Eine Geheimhaltungsverpflichtung sollte nicht allein im vorvertraglichen Bereich zur Verhinderung der Weitergabe von im Rahmen der Vertragsverhandlungen ausgetauschten Informationen, deren Geheimhaltung für die jeweilige Vertragspartei von Bedeutung ist, sondern auch in einem nachfolgenden Lizenzvertrag geregelt werden. Dies gilt zumindest dann, wenn auch begleitendes Know-how überlassen wird. Sie kommt vor allem dann in Betracht, wenn zur Vertragserfüllung jedenfalls auf einer Seite technisches Wissen erforderlich ist oder solches zwischen den Vertragsparteien ausgetauscht wird. Sie kann auch einem eigenständigen Vertragswerk vorbehalten bleiben.

306 Geheimhaltungsvereinbarungen **enthalten** üblicherweise:[361] die Beschreibung der geheim zu haltenden Informationen, den Inhalt und Umfang der Vertraulichkeitsverpflichtung, die zeitliche Dauer der Vertraulichkeitsverpflichtung, die Ausnahmen von der Geheimhaltungsverpflichtung, die Absicherung der Verpflichtung durch Vertragsstrafe oder pauschalierten Schadensersatz und schließlich eine Schiedsvereinbarung bzw Gerichtsstandsvereinbarung sowie eine Abrede über das anzuwendende Recht. Bei Regelungen, welche Informationen als vertraulich anzusehen sind, sollte nicht formuliert werden, dass sämtliche zur Verfügung gestellten Informationen der Geheimhaltung unterliegen. Das ist aus Sicht des Adressaten nicht akzeptabel und im Zweifel auch nicht rechtlich durchsetzbar, denn nicht jede Information ist ihrer Natur nach als vertraulich einzustufen.[362]

307 Um die vertraulichen **Informationen** zu **identifizieren**, kann bereits in der Präambel die (gemeinsame) Zielrichtung der Vertragspartner beschrieben bzw der Gegenstand genannt werden, über den Informationen ausgetauscht werden sollen. Hierin ist bereits dann eine Einschränkung der Vertraulichkeitsvereinbarung zu sehen, wenn in Zusammenhang mit der Umschreibung der geheim zu haltenden Informationen auf den Zweck des Vertrages verwiesen wird. Es kann auch förmlich eine Kenntlichmachung der überlassenen Unterlagen als „geheim/vertraulich" vereinbart werden. Denkbar ist auch eine bloß zeitliche Anknüpfung, so dass bspw alle innerhalb eines bestimmten Zeitraums nach Vertragsabschluss übermittelten Informationen als geheim gelten. Zu Lasten des Geheimnisträgers bringt dies allerdings mit sich, dass er stets besorgt sein muss, dass nach Ablauf der Frist übermittelte Informationen nicht mehr als geheim zu qualifizieren sind.

308 Wenig praktikabel dürfte die Festlegung eines nach Vertragsschluss liegenden Zeitraums sein, in dessen Verlauf der Informationsgeber den sachlichen Umfang der geheim zu haltenden Informationen bestimmt. Einen Vertragsverstoß des Informationsempfängers stellt es nämlich dar, wenn er eine erst später als geheim qualifizierte Information schon vorher anderweitig übermittelt hat.

309 Die Festlegung von **Inhalt und Umfang** der Vertraulichkeitsverpflichtung zielt zunächst darauf, die Weitergabe der Informationen an Dritte zu verhindern. Ein dahingehendes Verbot ist vor allem dann ausdrücklich zu regeln, wenn im Rahmen eines umfangreicheren Vertragswerkes der Informationsempfänger die Nutzungsrechte der lizenzierten Schutzrechtspositionen in einem Unternehmensverbund verteilen kann.

---

360 Vgl zur kartellrechtlichen Bewertung von Wettbewerbsverboten *Bartenbach* Patentlizenz- und Know-how-Vertrag Rn 2120 ff.
361 Eingehend *Mummenthey* CR 1999, 651, 655 ff. mwN.
362 *Mummenthey* CR 1999, 651, 655.

Auch die **zeitliche Dauer** der Vertraulichkeitsvereinbarung sollte bestimmt und dem Innovationszyklus der entsprechenden Branche angepasst werden. Eine solche Befristung erscheint schon unter kartellrechtlichen Aspekten zweckmäßig. 310

Vor allem **kartellrechtliche** Gesichtspunkte erfordern den Ausschluss bestimmter Fallgruppen aus der Geheimhaltungsverpflichtung, was sich insbesondere auf das allgemein zugängliche Wissen, den eigenen Wissensstand des Informationsempfängers sowohl hinsichtlich des bei Vertragsschluss vorhandenen Know-hows, als auch des Ergebnisses eigener Know-how-Bildung sowie auf das Know-how bezieht, das der Informationsempfänger von außenstehenden Dritten (ohne Bruch einer eigenständigen Vertraulichkeitsverpflichtung) erhält. 311

Vertraulichkeitsvereinbarungen werden wegen der Schwierigkeiten ihrer Durchsetzbarkeit, insbesondere hinsichtlich des konkreten Nachweises eines Schadens durch den schuldhaften Geheimnisverrat, in der Praxis regelmäßig mit der Vereinbarung einer **Vertragsstrafe** verbunden.[363] Die Vertragsstrafe setzt für den Eintritt ihrer Sanktion nur den Nachweis eines (schuldhaften) Geheimnisverrats voraus und keinen darüber hinausgehenden Nachweis eines Schadens (zumindest dem Grunde nach).[364] 312

§ 6 Ausgewählte Einzelprobleme des Lizenzvertragsrechts

I. Kartellrecht

1. Allgemeines und Rechtsgrundlagen

Der sachliche und zeitliche Schutzbereich von gewerblichen Schutzrechten und Urheberrechten verleiht dem Schutzrechtsinhaber und, soweit eine ausschließliche Lizenz erteilt wird, auch häufig dem Lizenznehmer eine Monopolstellung. **Zweck der kartellrechtlichen Regelungen** ist es demgegenüber, ein möglichst hohes Maß an Wettbewerb zu erreichen und den freien Wettbewerb zu schützen. Bei dem hieraus grundsätzlich resultierenden Spannungsverhältnis zwischen Kartellrecht und den gewerblichen Schutzrechten sowie Urheberrechten ist einerseits zu beachten, dass die Ausübung und Durchsetzung von gewerblichen Schutzrechten, zB Markenrechten, in erheblicher Weise geeignet ist, den freien Warenverkehr zwischen den Mitgliedsstaaten zu beeinträchtigen,[365] andererseits das ausschließliche Schutzrecht Voraussetzung für einen frei funktionierenden Wettbewerb im Bereich gewerblicher Schutzrechte ist.[366] 313

Die entscheidenden Vorschriften zur kartellrechtlichen Bewertung von Lizenzverträgen nach europäischem Recht stellen die **Artt 101, 102 AEUV**[367] dar. Die Durchführung der in Artt 101, 102 AEUV normierten Wettbewerbsregeln bestimmt sich nach der seit dem 1.5.2004 geltenden VO (EG) Nr 1/2003 des Rates vom 16.12. 2002.[368] Das zur Bewertung von Lizenzverträgen 314

363 Zur Vertragsstrafe eingehend *Berger* RIW 1999, 401 ff.

364 Vgl zur kartellrechtlichen Bewertung von Geheimhaltungsverpflichtungen *Bartenbach* Patentlizenz- und Know-how-Vertrag Rn 2245 ff.

365 EuGH GRUR Int 1971, 279, 280 – Sirena; *Fammler* 7.

366 *Götting* § 6 V.

367 AEUV = Vertrag über die Arbeitsweise der Europäischen Union, veröffentlicht im Amtsblatt der Europäischen Union C 115/47 v 9.5.2008. Der AEUV ist das Resultat der Änderungen, die durch den Vertrag von Lissabon am Vertragsgefüge der EU vorgenommen wurden und hat in diesem Zusammenhang den Vertrag über die Gründung der Europäischen Union (= EG-Vertrag) ersetzt. Dabei wurden die Vertragsartikel ua neu beziffert (so entsprechen ua die Artt 101, 102 AEUV inhaltsgleich den früheren Artt 81, 82 EG).

368 ABl EG Nr L 1 v 4.1.2003 S 1 ff, sog EG-Kartellverfahrensverordnung Nr 1/2003.

heranzuziehende deutsche Kartellrecht hat sich aufgrund der mit der EG-Kartellverfahrensverordnung Nr 1/2003 vorgegebenen Angleichung an das europäische Kartellrecht grundlegend geändert. Durch die am 1.7.2005 in Kraft getretene 7. GWB-Novelle[369] sollte eine Zweiteilung des Wettbewerbsrechts in sich voneinander unterscheidendes europäisches und deutsches Recht möglichst verhindert werden,[370] obschon an einigen Besonderheiten des deutschen Rechts festgehalten wurde.[371] Nach **§ 1 GWB**, der eng an den Wortlaut des Art 101 Abs 1 AEUV angelehnt ist, gilt jetzt auch im deutschen Kartellrecht ein generelles Verbot wettbewerbsbeschränkender Vereinbarungen. **§ 2 GWB** regelt, entsprechend Art 101 Abs 3 AEUV, die Freistellung von nach § 1 GWB verbotenen Vereinbarungen. Lediglich eine Modifizierung haben im deutschen Kartellrecht hingegen die Vorschriften zur Missbrauchsaufsicht über marktbeherrschende Unternehmen (§§ 19–21 GWB) erhalten, wobei insoweit Abweichungen von Art 102 AEUV im Einzelfall möglich sind.

315 Grds nicht unter das Kartellverbot des Art 101 AEUV fallen alle Beschränkungen, die zum **„spezifischen Gegenstand" des Schutzrechtes**[372] gehören. Darunter sind Wettbewerbsbeschränkungen zu verstehen, die sich aus dem Wesen des jeweiligen Immaterialgüterrechts herleiten. Ergeben sich somit aus dem spezifischen Gegenstand des Schutzrechts bestimmte Verbietungsrechte, liegt in deren „Weiterreichung" an den Lizenznehmer keine Wettbewerbsbeschränkung iSv Art 101 AEUV, weil aufgrund des Vertragsinhalts lediglich Beschränkungen auferlegt werden, die vom Schutzrechtsinhaber ohne eine vertragliche Vereinbarung sowieso aufgrund der Verbotswirkung des Schutzrechtes geltend gemacht werden könnten.[373] Der Gegenstand des spezifischen Schutzrechts schränkt die Verbotswirkung des Art 101 AEUV zusätzlich insoweit ein, als die sich aus ihm ergebenden Grenzen enger sind als das Verbietungsrecht des Art 101 AEUV.

316 Um den spezifischen Gegenstand eines Schutzrechts zu ermitteln, müssen **3 Fallgruppen** unterschieden werden:

- Zunächst unterfallen gesetzliche **Beschränkungen** des Lizenznehmers, die **aus dem Schutzrecht selbst** folgen, dem spezifischen Schutzgegenstand. Das bedeutet, dass ein vertragliches Nutzungsverbot dann nicht an § 1 GWB bzw Art 101 AEUV zu messen ist, wenn es sich schon aus dem Schutzrecht selbst herleiten lässt.
- Weiterhin werden sonstige **vertragstypische Beschränkungen** des Lizenznehmers, bspw die Lizenzgebührenpflicht oder die Regelung qualitätssichernder Maßnahmen, nicht von § 1 GWB bzw Art 101 AEUV erfasst.
- Zudem wird vertreten,[374] dass die **Möglichkeit des Lizenzgebers**, seine **eigene** wettbewerbliche **Handlungsfähigkeit** durch den Lizenzvertrag **zu beschränken**, dem spezifischen Gegenstand des Schutzrechts zuzurechnen ist. Denn von diesem seien nicht nur Verbietungsrechte, sondern auch andere Verwertungsmöglichkeiten erfasst, worunter auch die Eigenbeschränkung des Lizenzgebers falle.

317 Was zum spezifischen Schutzgegenstand des Schutzrechts gehört, ist innerhalb der EU einheitlich zu bestimmen. Wäre dies unter Heranziehung der jeweiligen Rechtsordnungen der Mit-

369 Siebtes Gesetz zur Änderung des Gesetzes gegen Wettbewerbsbeschränkungen v 7.7.2005, BGBl I S 1954 ff.
370 AmtlBegr in BT-Drucks 15/3640, 21 ff; krit ua *Immenga* BB 2005 Heft 33, I.
371 Loewenheim/Meessen/Riesenkampff/*Meessen* Kartellrecht Einf Rn 74, 82.
372 *Sack* WRP 1999, 592, 593 ff; *Sack* RIW 1997, 449 ff; *Sack* FS Fikentscher 970 ff; krit hierzu *Lorenz* WRP 2006, 1008, 1012 ff.
373 *Sack* WRP 1999, 592, 596; vgl auch *Axster/Schütze*, die zwischen autonomer und nicht autonomer Geltendmachung des Schutzrechts unterscheiden, in *Loewenheim/Meessen/Riesenkampff* GRUR Rn 85.
374 *Sack* WRP 1999, 592, 595.

gliedsstaaten zu bestimmen, würde dies aufgrund der unterschiedlichen Reichweite der nationalen Schutzrechte zu voneinander abweichenden Wettbewerbsbeschränkungen innerhalb der EU führen.

Schließlich ist darauf hinzuweisen, dass kein Lizenzvertragstypus existiert, der nicht den kartellrechtlichen Grenzen unterliegt. Dies gilt demnach auch für Lizenzvereinbarungen im Rahmen eines gerichtlichen Vergleichs, die uneingeschränkt an den kartellrechtlichen Vorschriften zu messen sind.[375] 318

2. Verhältnis von deutschem und europäischem Kartellrecht

Das europäische Wettbewerbsrecht gilt in der Bundesrepublik grundsätzlich unmittelbar. Aus Art 103 Abs 2 lit e AEUV ergibt sich die Regelungskompetenz[376] des Rates bzgl des Verhältnisses der Artt 101ff AEUV zum nationalen Recht. Hierauf stützt sich die **Kartellverfahrensordnung (EG) Nr 1/2003**[377] zur Durchführung der (ehemaligen) Artt 81, 82 EG (jetzt Artt 101, 102 AEUV), die in Art 3 eine Regelung zum Verhältnis von deutschem und europäischem Recht enthält. Auch im GWB findet sich nunmehr mit **§ 22 GWB** eine Regelung, die ebenso wie Art 3 VO Nr 1/2003 einen erweiterten **Vorrang des Gemeinschaftsrechts** normiert. 319

Ein **Konfliktfall** liegt vor, wenn bei Eröffnung des Anwendungsbereichs von Art 101 AEUV und §§ 1, 2 GWB eine Vereinbarung jeweils nach der einen oder anderen Rechtsordnung verboten beziehungsweise erlaubt ist. Zwar ergibt sich aus Art 3 VO Nr 1/2003 kein Verbot der Anwendung des nationalen Rechts auf Konfliktfälle, doch müssen die Artt 101, 102 AEUV gleichfalls beachtet werden, wenn die Verhaltensweisen den zwischenstaatlichen Handel beeinträchtigen können. Diesbezüglich besteht ein Anwendungszwang. Nach Art 3 Abs 2 VO Nr 1/2003 ist es explizit zulässig, das nationale Wettbewerbsrecht neben den Artt 101, 102 AEUV parallel anzuwenden, was unter Berücksichtigung des Anwendungszwangs dazu führt, dass das nationale Recht angewendet werden *kann*, die Regelungen der Artt 101, 102 AEUV aber im Rahmen ihres Anwendungsbereichs (vorrangig) anzuwenden *sind*.[378] 320

Nach Art 3 Abs 2 S 1 VO Nr 1/2003 gilt der Vorrang auch dann, wenn das nationale Recht strengere Regelungen als das europäische bereit hält. In Übereinstimmung hierzu regelt § 22 Abs 2 S 1 GWB, dass bei Sachverhalten mit Auswirkungen auf den Gemeinsamen Markt die Vereinbarungen, die dem Verbot des Art 101 Abs 1 AEUV nicht unterfallen oder von diesem nach Art 101 Abs 3 AEUV freigestellt sind, nicht aufgrund des GWB für unzulässig erklärt werden dürfen.[379] 321

Liegt ein **grenzüberschreitender wettbewerbsbeschränkender Sachverhalt** in Form des Missbrauchs einer marktbeherrschenden Stellung vor, führt dies nach § 22 Abs 3 GWB bzw Art 3 Abs 1 S 2 VO Nr 1/2003 grundsätzlich zur Anwendbarkeit des **Art 102 AEUV**. Aus Art 3 Abs 2 S 1 VO Nr 1/2003 bzw § 22 Abs 2 S 2 GWB ergibt sich jedoch als Ausnahme zur vorgenannten Regel kein Anwendungsvorrang bzgl strengerer nationaler Vorschriften. Ist demnach ein Verhalten nach Art 102 AEUV im Gegensatz zum nationalen Recht zulässig, so müssen die nationalen Behörden Art 102 AEUV nicht vorrangig anwenden. Im umgekehrten Fall besteht jedoch der Vor- 322

375 BGH GRUR 2005, 845, 846 – Abgasreinigungsvorrichtung.

376 Nach EuGH WuW/E EWG/MUV 201, 204 – Farbenhersteller ist hierin eine Bestätigung für die nachstehend angesprochenen Fragen der parallelen Geltung der Rechte und des Vorrangs des Gemeinschaftsrechts im Konfliktfall zu sehen.

377 ABl EG Nr L 1 v 4.1.2003.

378 *Dalheimer/Feddersen/Miersch* Art 3 VO Nr 1/2003 Rn 3f; *Bechtold/Bosch/Brinker/Hirsbrunner* EG-Kartellrecht Einl Rn 23.

379 Vgl zum Vorrang des Gemeinschaftsrechts vor und nach der Reform *Röhling* GRUR 2003, 1019, 1021f.

rang des Art 102 AEUV. Daraus folgt, dass die strengeren Regelungen der §§ 19 Abs 1 und 20, 21 GWB bei zwischenstaatlichem Bezug grundsätzlich anwendbar bleiben.[380]

323 Liegt ein **Sachverhalt ohne Zwischenstaatlichkeit** vor, gilt grundsätzlich **nur deutsches Recht**. Gleichwohl kommt es insoweit auch zu einer indirekten Wirkung des europäischen Rechts.[381] Mithin sind die europäischen Vorschriften bei der Auslegung der §§ 1, 2 GWB stets mit zu beachten.

3. Artt 101, 102 AEUV

324 **a) Art 101 AEUV.** Gem **Art 101 Abs 1 AEUV** sind alle Vereinbarungen zwischen Unternehmen, Beschlüsse von Unternehmensvereinigungen und aufeinander abgestimmte Verhaltensweisen, welche den Handel zwischen den Mitgliedsstaaten zu beeinträchtigen geeignet sind und eine **Verhinderung, Einschränkung oder Verfälschung des Wettbewerbs** innerhalb des Gemeinsamen Marktes bezwecken oder bewirken, mit dem Gemeinsamen Markt unvereinbar und **verboten**. Die **Nichtigkeit** solcher Beschlüsse oder Vereinbarungen ergibt sich aus **Art 101 Abs 2 AEUV**. Regelbeispiele für solche Vereinbarungen stellen nach Art 101 Abs 1 AEUV insbesondere die unmittelbare oder mittelbare Festsetzung der An- oder Verkaufspreise oder sonstiger Geschäftsbedingungen (lit a), die Einschränkung oder Kontrolle der Erzeugung, des Absatzes, der technischen Entwicklung oder der Investitionen (lit b), die Aufteilung der Märkte oder Versorgungsquellen (lit c), die Anwendung unterschiedlicher Bedingungen bei gleichwertigen Leistungen gegenüber Handelspartnern, wodurch diese im Wettbewerb benachteiligt werden (lit d) sowie die an den Abschluss von Verträgen geknüpfte Bedingung, dass die Vertragspartner zusätzliche Leistungen annehmen, die weder sachlich noch nach Handelsbrauch in Beziehung zum Vertragsgegenstand stehen (lit e), dar.

325 **Adressaten** des Art 101 AEUV sind Unternehmen und Unternehmensvereinigungen, wobei der Begriff des Unternehmens weit ausgelegt werden muss, da er sich funktional am Zweck der Wettbewerbsregeln orientiert.[382] Ausreichend ist bereits die unabhängige Ausübung einer wirtschaftlichen Tätigkeit,[383] so dass die Rechtsform des Unternehmens nicht entscheidend ist.

326 Ebenso müssen die Mittel der Wettbewerbsbeschränkung weit ausgelegt werden, so dass eine **Vereinbarung** iSv Art 101 AEUV jede Willenserklärung zwischen mindestens zwei Personen bzw Unternehmen darstellt, durch die das Marktverhalten zumindest einer Partei geregelt wird.[384] Auch eine konkludente Vereinbarung reicht aus, die sich aus dem Verhalten der beteiligten Unternehmen, nicht jedoch allein aus der einseitigen Wettbewerbspolitik einer der Parteien, ergeben kann.[385]

327 Die Anwendbarkeit des Art 101 AEUV setzt voraus, dass die Vertragsparteien aufgrund ihres Verhaltens den Wettbewerb innerhalb der europäischen Grenzen beeinträchtigen können, dh den innergemeinschaftlichen Handel entweder unmittelbar oder mittelbar und entweder tatsächlich oder potentiell behindern können.[386] Dazu ist eine getroffene Vereinbarung dann

---

380 Loewenheim/Meessen/Riesenkampff/*Meessen* Einf Rn 86 f; *Karl/Reichelt* DB 2005, 1436, 1437; *Dalheimer/Feddersen/Miersch* Art 3 VO Nr 1/2003 Rn 6; *Bechtold/Bosch/Brinker/Hirsbrunner* EG-Kartellrecht Einl Rn 26.

381 BT-Drucks 15/346, 22, 32; *Karl/Reichelt* DB 2005, 1436 f.

382 Eingehend hierzu Frankfurter Kommentar zum Kartellrecht – *Roth/Ackermann* Art 81 EG Abs 1 Grundfragen Rn 11 ff; Loewenheim/Meessen/Riesenkampff/*Gippini-Fournier/Mojzesowicz* Art 81 Abs 1 Rn 35 ff.

383 Wiedemann/*Stockmann* § 7 Rn 2 mwN; Loewenheim/Meessen/Riesenkampff/*Gippini-Fournier/Mojzesowicz* Art 81 Abs 1 Rn 40; *Bechtold/Bosch/Brinker/Hirsbrunner* EG-Kartellrecht Art 81 EG Rn 9.

384 EuGH Slg 1970, 769, 803 – Boehringer/Kommission; EuGH Slg 1983, 3151, 3195 – Telefunken/Kommission.

385 EuGH WuW 2004, 327 – Adalat.

386 EuGH GRUR Int 1991, 215, 216 – Pall Corp/PJ Dahlhausen; EuGH GRUR 1994, 296 – Keck.

geeignet, falls sie über den jeweiligen nationalen Markt hinaus **zwischenstaatliche Auswirkungen** hat. In diesem Zusammenhang sind das Abschotten nationaler Märkte und die Beeinflussung der Handelsströme zwischen den Mitgliedsstaaten, zB durch Exportverbote, mengenmäßige Beschränkungen bei Erzeugung oder Vertrieb usw, zu nennen. Der Begriff **„Handel“** umfasst den gesamten Wirtschaftsverkehr.[387] Die diesbezüglichen Feststellungen müssen auf dem Markt getroffen werden, auf dem die Wirkungen der Vereinbarungen eintreten. Demnach kann Art 101 AEUV nicht zur Anwendung kommen, wenn die jeweiligen Unternehmen überhaupt keine Handlungsfreiheiten besitzen, die eingeschränkt werden könnten, was bei konzerninternen Sachverhalten zutrifft.[388]

Ein potentieller und damit dem Schutz des Art 101 AEUV unterfallender Wettbewerb ist an- 328
zunehmen, wenn unter Berücksichtigung aller relevanten Umstände mit der Aufnahme des Wettbewerbs in absehbarer Zeit mit hinreichender Wahrscheinlichkeit gerechnet werden kann.[389]

Ist die einzelne Lizenzvertragsklausel allein nicht geeignet, eine zwischenstaatliche Han- 329
delsbeeinträchtigung iSv Art 101 AEUV zu begründen, kann trotzdem ein Verstoß gegen Art 101 AEUV nach der sog **Bündeltheorie** des EuGH vorliegen. Dies ist bspw dann der Fall, wenn der betreffende Vertrag zu einer Vielzahl gleichartiger Vereinbarungen gehört, die zusammengenommen zu einer Abschottung, zB des deutschen Marktes, gegenüber Anbietern aus anderen Mitgliedsstaaten führen.[390]

Art 101 Abs 3 AEUV normiert, dass **vom Verbot des Art 101 Abs 1 AEUV** solche Vereinba- 330
rungen grundsätzlich **ausgenommen** sind, die unter angemessener Beteiligung der Verbraucher an dem entstehenden Gewinn zur Verbesserung der Warenerzeugung und -verteilung oder zur Förderung des technischen oder wirtschaftlichen Fortschritts beitragen. Dabei dürfen den beteiligten Unternehmen keine Beschränkungen auferlegt werden, die für die Verwirklichung dieser Ziele nicht unerlässlich sind oder Möglichkeiten eröffnet werden, für einen wesentlichen Teil der betreffenden Waren den Wettbewerb auszuschalten.

Diese Voraussetzungen müssen kumulativ vorliegen. 331

Für das Vorliegen dieser Voraussetzungen streitet eine Vermutung, wenn die zu unter- 332
suchende (Lizenz-)Vereinbarung beziehungsweise eine darin enthaltene Regelung einer **Gruppenfreistellungsverordnung** unterfällt. Für diesen Fall ergibt sich aus Art 2 VO Nr 1/2003 allerdings eine Beweislastumkehr für denjenigen, der die Freistellung nach Art 101 Abs 3 AEUV geltend macht. Er muss nachweisen, dass die vorliegende Vereinbarung von einer Gruppenfreistellungsverordnung erfasst wird.

Art 1 Abs 2 VO Nr 1/2003 regelt dabei eine direkte Wirkung des Art 101 Abs 3 AEUV, dh es 333
kann von einem Verbot mit Legalausnahme gesprochen werden.[391]

Der Lizenznehmer, der die Nichtigkeit eines Lizenzvertrages nach Art 101 Abs 1 und 2 AEUV 334
gegenüber dem Lizenzgeber geltend macht, muss daher den wirtschaftlichen und rechtlichen Gesamtzusammenhang, in den der Lizenzvertrag einzuordnen ist und in welchem sich ggf mit sonstigen derartigen Vereinbarungen eine kumulative Auswirkung auf den Wettbewerb ergibt,

387 EuGH GRUR Int 1991, 215, 216 – Pall Corp/PJ Dahlhausen; EuGH GRUR 1994, 296 – Keck; s auch die Konkretisierung durch die Leitlinien der Kommission über den Begriff der Beeinträchtigung des zwischenstaatlichen Handels in den Art 81, 82 EG, ABl EG Nr C 101 v 27.4.2004, 81.

388 EuG WiB 1995, 764 – Viho/Kommission.

389 Wiedemann/*Stockmann* § 7 Rn 13; Frankfurter Kommentar zum Kartellrecht *Roth/Ackermann* Art 81 Abs 1 EG Grundfragen Rn 173 ff. jeweils mwN.

390 EuGH GRUR Int 1968, 299, 300 – Brasserie de Haecht I; EuGH NJW 1977, 2020 – Concordia; vgl im Fall von Warenbezugspflichten OLG Karlsruhe WRP 1991, 42, 43 – Bezugsverpflichtung mit Ausschließlichkeitsbindung.

391 Zum Systemwechsel *Röhling* GRUR 2003, 1019, 1020 ff; *Hermanns/Brück* SchiedVZ 2004, 137, 138 f; *Weitbrecht* EuZW 2003, 69, 70; Loewenheim/Meessen/Riesenkampff/*Meessen* Art 81 Abs 3 EG Rn 2 ff.

darlegen und beweisen. Dies ist in der Regel sehr schwierig, wenn nicht gar unmöglich; denn die Prozesspartei verfügt in der Regel nicht über die Ermittlungs- und Aufklärungsmöglichkeiten der Kartellbehörden, so dass der Nachweis der Nichtigkeit des Lizenzvertrags wegen Kartellrechtsverstoßes durch den Lizenznehmer oft nicht geführt werden kann.

335 **b) Art 102 AEUV.** Aus Art 102 AEUV ergibt sich das **Verbot des Missbrauchs einer marktbeherrschenden Stellung.** Diese ist nach dem EuGH anzunehmen, wenn ein Unternehmen die Aufrechterhaltung eines wirksamen Wettbewerbs auf dem relevanten Markt dadurch verhindern kann, dass es die Möglichkeit erhält, sich seinen Wettbewerbern, seinen Abnehmern und den Verbrauchern gegenüber in einem nennenswerten Umfang unabhängig zu halten.[392]

336 Hierzu ist zunächst der in sachlicher und geographischer Hinsicht **relevante Markt** unter wirtschaftlicher Betrachtung zu bestimmen.[393]

337 Eine **missbräuchliche Ausnutzung** liegt vor, wenn das Verhalten eines Unternehmens in beherrschender Stellung geeignet ist, die Struktur eines Marktes zu beeinflussen, auf dem der Wettbewerb gerade wegen der Anwesenheit dieses Unternehmens sowieso schon geschwächt ist und es die Aufrechterhaltung des noch bestehenden Wettbewerbs oder dessen Entwicklung behindert.[394] Durch Art 102 AEUV wird daher nur das wettbewerbswidrige Verhalten sanktioniert, die Reduzierung der einmal wettbewerbskonform erreichten marktbeherrschenden Stellung ist nicht Regelungszweck des Art 102 AEUV.

338 Der Tatbestand des Art 102 AEUV ist sowohl beim **Ausbeutungsmissbrauch**, dh bei Verschlechterung des Preis-Leistungsverhältnisses durch das marktbeherrschende Unternehmen, als auch beim **Behinderungsmissbrauch**, dh der Ausnutzung der marktbeherrschenden Stellung dahin, dass den Wettbewerbern keinerlei Verhaltensspielraum zur Verbesserung ihrer Position bleibt, erfüllt.[395]

339 Bei **Verweigerung einer Lizenzerteilung** an Dritte liegt idR kein Missbrauch iSv Art 102 AEUV vor. Für möglich gehalten wird[396] ein Missbrauch einer marktbeherrschenden Stellung durch Verweigerung der Lizenzerteilung grundsätzlich nur in zwei Fällen: Zum einen, wenn sie ein allgemein missbräuchliches Marktverhalten schützen soll. Hierfür gelten beispielhaft die Ersatzteilfälle des EuGH[397], der einen Marktmissbrauch bejaht hat, wenn eine willkürliche diskriminierende Ablehnung einer Lizenz erfolgt, oder der Schutzrechtsinhaber sich zu einer Produktionseinstellung von Ersatzteilen entschließt, obwohl noch zahlreiche Exemplare des Modells im Verkehr sind, oder der Schutzrechtsinhaber eine exzessive Preisbildung für Ersatzteile betreibt. Zum anderen, wenn das Schutzrecht als Sperre für den Zugang zum Wettbewerb mit dem Schutzgegenstand auf Märkten eingesetzt wird, die der Schutzrechtsinhaber beherrscht.[398] Er kann sich damit den gesamten Markt selbst vorbehalten und/oder dadurch einen „Mehrwettbewerb" Dritter auf vor- oder nachgelagerten Märkten behindern.[399] Handelt es sich bei dem als relevant bestimmten Markt geografisch lediglich um einen nationalen Markt, auf dem noch keine Lizenz erteilt wurde, stellt die Lizenzverweigerung nach Auffassung des EuGH keinen Ver-

---

392 EuGH Slg 1978, 207, 286 – United Brands/Kommission; Loewenheim/Meessen/Riesenkampff/*Lübbig* Art 82 EG Rn 93 Fn 320 f. mit ausf Rechtsprechungsübersicht.
393 EuGH GRUR Int 1998, 301, 304 ff – Ladbroke/Kommission; zur Bestimmung des Marktes Wiedemann/*de Bronett* § 22 Rn 12 ff.
394 Wiedemann/*de Bronett* § 22 Rn 33, 35.
395 Loewenheim/Meessen/Riesenkampff/*Lübbig* Art 82 EG Rn 1.
396 *Ullrich* Mitt 1998, 50, 59.
397 EuGH GRUR Int 1990, 140 – Circa/Régie Renault und EuGH GRUR Int 1990, 141 – Volvo/Veng.
398 *Ullrich* Mitt 1998, 50, 59.
399 EuGH GRUR Int 1998, 301, 306 ff – Ladbroke/Kommission; EuGH GRUR Int 1995, 490 ff – Magill/TV Guide; *Pilny* GRUR Int 1995, 954 ff.

stoß gegen Art 102 AEUV dar. Auf dieser Grundlage sieht der EuGH in der Verweigerung der Lizenzerteilung auch dann keine diskriminierende Unterscheidung zwischen den Wirtschaftsteilnehmern dieses Marktes, wenn anderen Wirtschaftsteilnehmern Lizenzen angeboten wurden. Schließlich liegt ein Verstoß gegen Art 102 AEUV nach Ansicht des EuGH auch dann nicht vor, wenn einem einzelnen Lizenznehmer eine ausschließliche Lizenz in einem Mitgliedsstaat eingeräumt und gleichzeitig die Vergabe von Unterlizenzen für eine gewisse Zeitspanne verboten wurde.

Zusätzlich zu den vorgenannten Entscheidungen hat der EuGH[400] einen **Missbrauch durch eine Lizenzverweigerung ausnahmsweise** dann noch angenommen, wenn (kumulativ) (i) der Lizenzsucher beabsichtigt, auf dem vom Schutzrechtsinhaber bedienten Markt neue Erzeugnisse oder Dienstleistungen anzubieten, die der Schutzrechtsinhaber nicht anbietet, für die aber eine potentielle Nachfrage der Verbraucher besteht, und (ii) die Lizenzverweigerung nicht aus sachlichen Gründen gerechtfertigt und geeignet ist, dem Schutzrechtsinhaber den Markt in den betreffenden Mitgliedsstaaten vorzubehalten, indem jeglicher Wettbewerb auf diesem Markt ausgeschlossen wird. 340

c) Spürbarkeit und Bekanntmachung zur Bagatellvereinbarung. Ungeschriebenes Tatbestandsmerkmal für das Eingreifen der Artt 101, 102 AEUV ist die Spürbarkeit und die Eignung zur Beeinträchtigung des zwischenstaatlichen Handels innerhalb der EU.[401] Die Rechtsprechung hat diese Merkmale bislang nicht definiert. Als Grund für das Erfordernis einer Spürbarkeit ist anzuführen, dass aus ganz unerheblichen Beeinträchtigungen des zwischenstaatlichen Handelns keine Wettbewerbsverzerrung folgt und sie somit den Interessen des gemeinsamen Marktes nicht entgegenlaufen können.[402] 341

Zur Beurteilung der Spürbarkeit wurde zunächst auf eine Gesamtbetrachtung unter Berücksichtigung der Umstände des Einzelfalls abgestellt. 342

Die Kommission hat erstmals 1977 und dann 2001 eine Bekanntmachung zu Bagatellvereinbarungen[403] herausgegeben. Die **Bekanntmachung der EU-Kommission über Bagatell-Kartelle vom 22.12.2001** stellt eine Leitlinie mit Selbstbindungsfunktion dar und regelt zur Konkretisierung der Spürbarkeit, in welchem Umfang eine wirtschaftliche Betätigung aller Voraussicht nach nicht gegen Art 101 AEUV verstößt.[404] Das Bundeskartellamt hat zuletzt am 13.3.2007 eine Bagatellbekanntmachung erlassen, die sich im Wesentlichen an die Bekanntmachung der Kommission anlehnt.[405] 343

Hierzu wird die Spürbarkeit quantitativ mit Marktanteilsschwellen verbunden: So wird bei Unterschreitung eines bestimmten Marktanteils der beteiligten Unternehmen in Bezug auf den Vertragsgegenstand eine geringe Bedeutung der Vereinbarung angenommen, was wiederum zu der Vermutung führt, dass keine Spürbarkeit der Wettbewerbsbeschränkung vorliegt.[406] Die Bagatellbekanntmachung beinhaltet daher eine **Marktanteilsschwelle** für die beteiligten Unternehmen von insgesamt **10% für horizontale Vereinbarungen** (Unternehmen auf gleichen Marktstufen), während für **Vertikalvereinbarungen** (Unternehmen auf unterschiedlichen 344

400 EuGH GRUR Int 2004, 644 – IMS/Health/NDC Health GmbH & Co KG; dazu *Gallego* GRUR Int 2006, 16 ff.

401 Eingehend hierzu Frankfurter Kommentar zum Kartellrecht *Roth/Ackermann* Art 81 Abs 1 EG Grundfragen Rn 325 ff.

402 Immenga/Mestmäcker/*Rehbinder* EG-Wettbewerbsrecht I Abschn Einl E Rn 20 f.

403 Bekanntmachung v 22.12.2001 ABl EG Nr C 368 v 22.12.2001 S 13.

404 Frankfurter Kommentar zum Kartellrecht – *Roth/Ackermann* Art 81 EG Abs 1 Grundfragen Rn 327.

405 Bekanntmachung Nr 18/2007 über die Nichtverfolgung von Kooperationsabreden mit „geringer wettbewerbsbeschränkender Bedeutung v 13.3.2007".

406 Zur Bagatellbekanntmachung insgesamt und zu den einzelnen Schwellenwerten s *Bartenbach* Patentlizenz- und Know-how-Vertrag Rn 742 ff.

Marktstufen) eine Marktanteilsschwelle von **15 %** gilt. Handelt es sich um eine gemischte Vereinbarung gilt wiederum eine Schwelle von 10%.

345 Zu beachten ist aber, dass diese Grenzen nur Anhaltspunkte sind, dh im Einzelfall bei Überschreiten der Schwelle keine, andererseits bei Unterschreiten der Schwelle dennoch eine Spürbarkeit anzunehmen sein *kann*. Ein Bagatellfall liegt zudem dann vor, wenn die Marktanteilsschwellen in zwei aufeinanderfolgenden Jahren um nicht mehr als 2 Prozentpunkte überschritten werden. Die Bagatellbekanntmachung greift nicht ein, wenn die Vereinbarung eine Kernbeschränkung iSd Ziff 11 dieser Bekanntmachung enthält.

346 **d) Gruppenfreistellungsverordnungen.** Nach **Art 101 Abs 3 AEUV** können Vereinbarungen, die unter das Verbot von Art 101 Abs 1 AEUV fallen, unter bestimmten Voraussetzungen „freigestellt" werden. Hierbei wird die Einzelfreistellung von der Gruppenfreistellung getrennt; letztere wird auf der Grundlage von Gruppenfreistellungsverordnungen (GVO) durchgeführt. Bevor ein Sachverhalt unter Art 101 Abs 3 AEUV zu subsumieren ist, sind demgemäß zunächst die Voraussetzungen der Anwendbarkeit einer GVO zu überprüfen, wobei diese aufgrund ihrer Typisierung überwiegend nicht auf Marken- bzw Urheberrechtslizenzverträge anwendbar sind.[407] Die Technologietransfer-Gruppenfreistellungsverordnung (TT-GVO 2014) ist bspw nicht auf reine Markenlizenzverträge direkt oder analog anzuwenden, sondern stellt nur solche Markenlizenzen frei, die Nebenabreden im Zusammenhang mit einer Technologietransfervereinbarung (also zB Lizenzen über technische Schutzrechte) enthalten.[408] Gleiches gilt für die Gruppenfreistellungsverordnung für vertikale Vereinbarungen und aufeinander abgestimmte Verhaltensweisen, deren Anwendung im Bereich des Lizenzvertragsrechts ebenfalls problematisch ist; dieser unterfallen Schutzrechtslizenzen nur als Nebenabreden.[409]

4. GWB

347 Ausgangspunkt und Basis für die am 1.7.2005 in Kraft getretene 7. GWB Novelle war die am 1.5.2004 in Kraft getretene Verordnung EG Nr 1/2003 vom 16.12.2002 zur Durchführung von Art 101f AEUV sowie die gleichzeitig in Kraft getretene reformierte Gruppenfreistellungsverordnung über Technologietransfer-Vereinbarungen (TT-GVO 2004) vom 7.4.2004 (VO (EG) Nr 772/2004). Durch die Neuregelung des GWB erfolgte die Angleichung des deutschen an das europäische Kartellrecht, und zwar zum einen durch den dynamischen Verweis auf die Vorschriften der TT-GVO, zum anderen durch eine vollständige Übereinstimmung des **§ 1 GWB** mit Art 101 AEUV und der damit verbundenen Streichung der Unterscheidung zwischen vertikalen sowie horizontalen Vereinbarungen im deutschen Recht.

348 **§ 2 Abs 1 GWB** regelt nunmehr einen dem des Art 101 Abs 3 AEUV entsprechenden Freistellungstatbestand und durch **§ 2 Abs 2 GWB** finden europäische Gruppenfreistellungsverordnungen entsprechende Anwendung im nationalen Recht.

349 Im Gegensatz zu diesen grundlegenden Änderungen haben die Vorschriften zur **Missbrauchsaufsicht (§§ 19–21 GWB)** lediglich eine Modifizierung erfahren.

350 Insgesamt lässt sich feststellen, dass mit der 7. GWB-Novelle auch im deutschen Recht das Prinzip des generellen Verbots mit Legalausnahme Einzug gefunden hat. Aufgrund der erfolgten Angleichung sowie der an den europäischen Vorgaben zu orientierenden Auslegung

---

407 *Fammler* 12.

408 *Fammler* 12; vgl Verordnung (EU) Nr 316/2014 der Kommission vom 21.3.2014 über die Anwendung von Artikel 101 Abs 3 des Vertrags über die Arbeitsweise der Europäischen Union auf Gruppen von Technologietransfer-Vereinbarungen, abgedruckt im Amtsblatt der EU vom 28.3.2014, L 93/17.

409 *Fammler* 12.

des GWB[410] wurde eine noch weitergehende Übereinstimmung mit dem europäischen Kartellrecht erreicht.[411]

a) § 1 GWB. Aus dem fast vollständig mit Art 101 Abs 1 AEUV übereinstimmenden Wortlaut des § 1 GWB ergibt sich das **Verbot von Vereinbarungen** zwischen Unternehmen, Beschlüssen von Unternehmensvereinigungen und aufeinander abgestimmten Verhaltensweisen, die eine **Verhinderung, Einschränkung oder Verfälschung des Wettbewerbs bezwecken oder bewirken**. Regelbeispiele sieht § 1 GWB – im Gegensatz zu Art 101 Abs 1 AEUV – allerdings nicht vor. Wegen der inhaltlichen Anpassung an das europäische Kartellrecht durch die Novellierung des GWB sind aber die Regelbeispiele des Art 101 AEUV zur Auslegung von § 1 GWB ergänzend heranzuziehen.[412] 351

Entsprechend Art 101 AEUV ist auch im Rahmen des § 1 GWB zuerst das Merkmal der **Wettbewerbsbeschränkung** zu überprüfen. Nachdem die frühere Unterscheidung des § 1 GWB aF (horizontale Wettbewerbsbeschränkungen zwischen Wettbewerbern und vertikale Vereinbarungen zwischen Nichtwettbewerbern) ersatzlos weggefallen ist, sind nunmehr alle Vereinbarungen, Beschlüsse und abgestimmte Verhaltensweisen an § 1 GWB zu messen. Er gilt mithin sowohl für Lizenzgeber- als auch für Lizenznehmerbeschränkungen. 352

Weiterhin beansprucht § 1 GWB Geltung für Sachverhalte mit und ohne Auswirkungen auf den zwischenstaatlichen Handel.[413] Normadressaten sind **Unternehmen** und **Vereinigungen von Unternehmen**, also nach funktioneller Auslegung alle natürlichen und juristischen Personen, die sich als Anbieter oder Nachfrager von Waren oder Leistungen gegen Entgelt am Wirtschaftsleben beteiligen.[414] Ausreichend ist, dass die wirtschaftliche Betätigung nur vorübergehend vorgenommen wird[415] oder unmittelbar bevorsteht.[416] Der Begriff ist demnach weit auszulegen. 353

Dies gilt auch für den Begriff der „Unternehmensvereinigung", der alle Formen des Zusammenwirkens von Wettbewerbern erfasst, zu denen es nicht unmittelbar, sondern über eine nicht notwendigerweise unternehmerisch tätige Einrichtung kommt.[417] 354

Der **„Vereinbarung"** als Mittel der Wettbewerbsbeschränkung iSv § 1 GWB unterfallen alle Verträge im zivilrechtlichen Sinne sowie jede förmliche oder formlose, ausdrückliche oder stillschweigende Willenseinigung von zumindest zwei Personen.[418] Ein tatsächlicher rechtlicher Bindungswille ist dazu nicht erforderlich.[419] Die ebenfalls von § 1 GWB erfassten **„Beschlüsse"** sind Rechtsakte, die zur Regelung des Verhaltens des Unternehmens auf der Grundlage der jeweils geltenden Gesellschaftsverträge, Satzungen oder Geschäftsordnungen getroffen werden.[420] Die in § 1 GWB ebenfalls genannten „abgestimmten Verhaltensweisen" sind von eher geringer praktischer Bedeutung.[421] 355

---

410 Eingehend zu den Auslegungsgrundsätzen des GWB *Billhardt* 15 ff.
411 Eingehend zur 7. GWB-Novelle *Kahlenberg/Haellmigk* BB 2005, 1509 ff; *Karl/Reichelt* DB 2005, 1436 ff; *Bahr* WuW 2004, 259 ff; zur VO EG Nr 772/2004 *Drexl* GRUR Int 2004, 716 ff; *Feil* GRUR Int 2004, 454 ff; *Schultze/Pautke/Wagener* 23 ff.
412 BT-Drucks 15/3640, 23.
413 BT-Drucks 15/3640, 23.
414 BGH WuW/E BGH 442, 449 Gummistrümpfe; BGH WuW/E BGH 1246 f – Feuerwehrschutzanzüge.
415 BGH WuW/E BGH 1725, 1726 – Deutscher Landseer Club.
416 BGH WuW/E BGH 2953, 2959 – Gasdurchleitung.
417 Wiedemann/*Stockmann* § 7 Rn 48; Immenga/Mestmäcker/*Zimmer* § 1 GWB aF Rn 74 ff.
418 BGH WuW/E BGH 495, 497 – Ausschreibung für Putzarbeiten II; BGH WuW/E BGH 1147, 1153 – Teefarben.
419 BGH WuW/E BGH 495, 497 – Ausschreibung für Putzarbeiten II; BGH WuW/E BGH 602, 604 – Schiffspumpen; Immenga/Mestmäcker/*Zimmer* § 1 GWB aF Rn 94.
420 BGH WuW/E BGH 1205, 1210 – Verbandszeitschrift; Immenga/Mestmäcker/*Zimmer* § 1 GWB aF Rn 88 ff; Wiedemann/*Stockmann* § 7 Rn 50.
421 Ausf hierzu Immenga/Mestmäcker/*Zimmer* § 16 GWB Rn 92 ff.

356 Diese Begriffe wurden schon vor der Neugestaltung des GWB an den europäischen Regelungen orientiert ausgelegt, so dass sich diesbezüglich keine gravierenden Unterschiede ergeben.

357 Ebenfalls wurde auch schon im Rahmen des § 1 GWB aF das ungeschriebene Merkmal der **Spürbarkeit der Wettbewerbsbeschränkung** verlangt.[422] Es war bei nur theoretischen Außenwirkungen der Vereinbarung zu verneinen; denn die Regelung bezweckt nicht die Sanktionierung einer isolierten Benachteiligung eines Einzelnen, sondern die Beeinflussung des Waren- und Wirtschaftsverkehrs.[423]

358 Zwar sieht das GWB selbst keine Wesentlichkeitsschwelle ausdrücklich vor,[424] jedoch war schon früher aufgrund der vorzunehmenden „europafreundlichen" Auslegung und um zu verhindern, dass nationale Sachverhalte anders als solche mit zwischenstaatlicher Relevanz behandelt werden, zur Bestimmung der Spürbarkeit auf die Bagatellbekanntmachung der Kommission abzustellen.[425] Das Bundeskartellamt hat am 13.3.2007 eine an diese Bekanntmachung der Kommission angelehnte Bagatellbekanntmachung veröffentlicht.[426]

359 Nach Ansicht des BGH kann die Spürbarkeit bereits dann bejaht werden, wenn nur ein (1) drittes Unternehmen von der Wettbewerbsbeschränkung betroffen ist.[427] Entscheidend für eine Spürbarkeit bleibt auch dann aber die Qualität der Wettbewerbsbeschränkung und die qualitative Bedeutung für die Marktverhältnisse.

360 **b) § 2 GWB.** § 2 Abs 1 GWB stellt, entsprechend dem europäischen Regelungssystem (Verbot mit Legalausnahme), Vereinbarungen zwischen Unternehmen, Beschlüsse von Unternehmensvereinigungen oder aufeinander abgestimmte Verhaltensweisen, die unter angemessener Beteiligung der Verbraucher an den entstehenden Gewinnen zur Verbesserung der Warenerzeugung oder Warenverteilung oder zur Förderung des technischen oder wirtschaftlichen Fortschritts beitragen, **vom Verbot des § 1 GWB frei**. Verboten sind gleichwohl Beschränkungen, die für das Erreichen dieser Ziele nicht unerlässlich sind oder die die Möglichkeit einräumen, für einen wesentlichen Teil der jeweiligen Waren den Wettbewerb auszuschalten. Für eine Freistellung entsprechend dieser Norm bedarf es eines kumulativen Vorliegens dieser Voraussetzungen.

361 Die Regelung von § 2 Abs 1 GWB ist insofern **Art 101 Abs 3 AEUV nachgebildet**.

362 **§ 2 Abs 2 GWB** regelt, dass bei der Anwendung von Abs 1 Verordnungen des Rates oder der Kommission der Europäischen Gemeinschaft über die Anwendung von Art 101 Abs 3 AEUV auf bestimmte Gruppen von Vereinbarungen, Beschlüsse von Unternehmensvereinigungen und aufeinander abgestimmte Verhaltensweisen (**Gruppenfreistellungsverordnung**) entsprechend gelten. Die Gruppenfreistellungsverordnungen finden im deutschen Recht also auch dann einen direkten Anwendungsbereich, wenn es sich um einen rein nationalen Sachverhalt handelt, ohne dass die Möglichkeit der Beeinträchtigung des Handels zwischen den Mitgliedsstaaten der Europäischen Gemeinschaft besteht.

363 **Beweisbelastet** hinsichtlich des Vorliegens der Freistellungsvoraussetzungen aus § 2 GWB ist, wer sich auf eine Freistellung nach dieser Norm beruft. Macht ein Unternehmen die Anwendbarkeit einer GVO geltend, besteht zwar eine Vermutung für das Vorliegen der durch § 2 Abs 1 GWB normierten Voraussetzungen, doch entbindet dies nicht von dem Nachweis des Vor-

---

422 BGH WuW/E BGH 2469, 2470 – Brillenfassungen; BGHZ 68, 6, 12, – Fertigbeton I; BGH WuW/E BGH 2675, 2676 – Nassauische Landszeitung; BGH WuW/E BGH 2697, 2703 – Golden Toast.
423 OLG Naumburg GRUR-RR 2005, 98, 100.
424 BGH WuW/E BGH 2469, 2470 – Brillenfassungen.
425 BT-Drucks 15/3640, 23; *Groß* Rn 566.
426 Bekanntmachung Nr 18/2007.
427 BGH WuW/E BGH 200, 2001ff – Beistand bei Kostenangeboten; BGH NJW 1997, 2324, 2326 – Druckgussteile.

liegens der Voraussetzungen für die Freistellung nach der GVO.[428] Dieser Grundsatz ergibt sich schon aus Art 2 der VO Nr 1/2003.

Wie § 1 GWB wird auch § 2 GWB unter Beachtung der europäischen Regelungen ausgelegt.[429] 364

Für den **Prüfungsablauf** im deutschen Recht ergeben sich demnach folgende Fragestellungen: 365

- Liegt eine spürbare Wettbewerbsbeschränkung iSv § 1 GWB vor?
- Findet § 2 GWB im Einzelfall Anwendung?
- Greift eine Gruppenfreistellungsverordnung iSv § 2 Abs 2 GWB? Ist der sachliche und persönliche Anwendungsbereich einer GVO eröffnet?
- Liegen die Voraussetzungen für eine Freistellung nach der GVO vor?
- Ist die Vereinbarung nicht nach einer GVO freigestellt, ist grds eine Freistellung über § 2 Abs 1 GWB zu prüfen.

c) §§ 19 ff GWB. § 19 Abs 1 GWB regelt das **Verbot der missbräuchlichen Ausnutzung einer marktbeherrschenden Stellung** durch ein oder mehrere Unternehmen. Gem § 19 Abs 2 GWB ergibt sich die marktbeherrschende Stellung, wenn ein Unternehmen als Anbieter oder Nachfrager einer bestimmten Art von Waren oder gewerblichen Leistungen auf dem sachlich und räumlich relevanten Markt ohne Wettbewerber ist oder eine im Verhältnis zu seinen Wettbewerbern überragende Marktstellung hat. Dabei kann der für das GWB zu beachtende räumlich relevante Markt nach § 19 Abs 2 S 3 GWB im Einzelfall weiter zu fassen sein als die territorialen Grenzen der Bundesrepublik Deutschland. 366

5. Zivilrechtliche Folgen des Verstoßes gegen europäisches und/oder deutsches Kartellrecht

a) Nichtigkeit der Vereinbarung. Liegt ein Verstoß einer Vereinbarung gegen Art 101 Abs 1 AEUV bzw § 1 GWB vor und ergibt sich keine Freistellung nach Art 101 Abs 3 AEUV bzw § 2 GWB, so ist die Vereinbarung nach Art 101 Abs 2 AEUV bzw § 134 BGB iVm § 1 GWB nichtig. Die **Nichtigkeit des Gesamtvertrages** ist gemeinschaftsrechtlich **nur ausnahmsweise** dann anzunehmen, wenn er sich nicht von den kartellrechtswidrigen Vereinbarungen trennen lässt;[430] das ist der Fall, wenn es sich bei der Wettbewerbsbeschränkung um eine sog **„Kernbeschränkung"** handelt, vgl die Aufzählung in Art 4 GVO-TT 2014. Ansonsten ist in der Regel das auf den jeweiligen Lizenzvertrag anwendbare (vereinbarte) nationale Recht heranzuziehen, im deutschen Recht also § 139 BGB. Danach ist das Gesamtgeschäft dann nichtig, wenn nicht angenommen werden kann, dass es auch ohne die kartellrechtswidrigen Vereinbarungen abgeschlossen worden wäre. 367

Eine Frage des Einzelfalls ist es, ob eine geltungserhaltende Reduktion möglich ist.[431] 368

b) Schadensersatzpflicht und Unterlassungsanspruch. Schadensersatzansprüche kommen gem **§ 33 Abs 1 und Abs 3 GWB, § 823 Abs 1 BGB oder § 823 Abs 2 iVm § 1 GWB** in Betracht. 369

Der Anspruch steht gem § 33 Abs 1 S 3 GWB demjenigen zu, der als **Mitbewerber** oder **sonstiger Marktbeteiligter** durch einen Kartellverstoß betroffen ist. In Betracht kommen demnach 370

---

428 BT-Drucks 15/3640, 23, 44.
429 BT-Drucks 15/3640, 24.
430 Loewenheim/Meessen/Riesenkampff/*Jaeger* Kartellrecht Art 81 Abs 2 Rn 18 ff mwN.
431 BGH WuW/E BGH 1989, 1900 – Holzpaneele; BGH DB 1994, 34, 36 Ausscheiden der Gesellschafter; OLG Düsseldorf WuW/E OLG 3326, 3327 – Fördertechnik.

uU auch Lieferanten, Abnehmer oder Endverbraucher.[432] § 33 Abs 2 GWB normiert, dass die Ansprüche aus Abs 1 auch von rechtsfähigen Verbänden zur Förderung gewerblicher oder selbstständiger beruflicher Interessen geltend gemacht werden können, soweit ihnen eine erhebliche Zahl von Unternehmen angehört, die Waren oder Dienstleistungen gleicher oder verwandter Art auf demselben Markt vertreiben, wenn sie insbesondere nach ihrer personellen, sachlichen und finanziellen Ausstattung im Stande sind, ihre satzungsmäßigen Aufgaben der Verfolgung gewerblicher oder selbstständiger beruflicher Interessen tatsächlich wahrzunehmen und die Zuwiderhandlung die Interessen ihrer Mitglieder berührt. Hiervon erfasst werden zB die Kammern der freien Berufe sowie Innungen des Handwerks.[433]

371 Aus **§ 33 Abs 4 GWB** folgt, dass das angerufene Gericht an die bestandskräftige Feststellung eines Verstoßes gegen Artt 101, 102 AEUV oder das GWB durch die Kartellbehörde, die Kommission der Europäischen Gemeinschaft oder das als Wettbewerbsbehörde „handelnde" Gericht in einem anderen Mitgliedstaat der Europäischen Gemeinschaft gebunden ist.

372 Schließlich regelt **§ 33 Abs 5 GWB** den Eintritt der **Hemmung der Verjährung** für den Fall, dass seitens der europäischen Behörden oder der Mitgliedsstaaten ein Kartellverfahren eingeleitet wird.

373 **c) Sonstige Schadensersatzansprüche.** Neben solchen Ansprüchen aus § 33 GWB können Schadensersatz- und Unterlassungsansprüche im Einzelfall auch auf der Grundlage von § 826 BGB sowie §§ 8, 9 UWG iVm §§ 3, 4 UWG bestehen.[434]

II. Lizenzen in der Insolvenz

374 Die Behandlung von Lizenzen in der Insolvenz richtet sich nach der Insolvenzordnung (InsO),[435] die die Konkursordnung (KO), die Vergleichsordnung (VerglO) und die Gesamtvollstreckungsordnung (GesO) seit dem 1.1.1999 ersetzt hat. Nachdem das Interesse an der Thematik der Insolvenzfestigkeit von Lizenzen zuletzt etwas nachgelassen hatte,[436] hat diese Problematik zuletzt durch zwei Entscheidungen des BGH[437] wieder an Aktualität gewonnen. Auch der Gesetzgeber hat sich des Themas der Lizenzen in der Insolvenz in der Vergangenheit immer wieder angenommen und im Jahr 2008 einen Gesetzentwurf erarbeitet, der Lizenzen „insolvenzfest" machen sollte; Ziel war es, dass der Lizenznehmer durch eine Insolvenz seines Lizenzgebers nicht (mehr) Gefahr laufen sollte, die Lizenz zu verlieren, wenn der Insolvenzverwalter sein Wahlrecht nach § 103 InsO ausübt und die weitere Erfüllung des Lizenzvertrages ablehnt. Die entsprechende Neuregelung sollte als neuer § 108a Eingang in die InsO finden; hiernach sollte ein entsprechender Vertrag zwischen dem Lizenznehmer und dem insolventen Lizenzgeber „mit Wirkung für die Insolvenzmasse fortbestehen". Das Gesetzesvorhaben wurde aber bislang (Stand Juni 2014) aufgrund kontroverser Diskussionen der Fachkreise noch immer nicht umgesetzt.

---

432 *Kahlenberg/Haellmigk* BB 2005, 1509, 1514; nach BT-Drucks 15/3640, 25 soll „jedermann" anspruchsberechtigt sein.

433 Immenga/Mestmäcker/*Emmerich* § 33 GWB Rn 59.

434 Immenga/Mestmäcker/*Emmerich* § 33 GWB Rn 61.

435 BGBl I S 2866. Zur Behandlung von Lizenzen in der Insolvenz vgl eingehend *Wiedemann* Lizenzen und Lizenzverträge in der Insolvenz; *Schmoll/Hölder* GRUR 2004, 743 ff u *Hölder/Schmoll* GRUR 2004, 830 ff; *Bausch* NZI 2005, 289; zur insolvenzrechtlichen Verwertung von gewerblichen Schutzrechten vgl *Zeising* Mitt 2000, 206.

436 Vgl zuletzt LG Mannheim ZIP 2004, 576 und BGH ZIP 2006, 87.

437 BGH GRUR 2012, 914 – Take Five; BGH GRUR 2012, 916 – M2Trade mit Anmerkung Cepl GRUR-Prax 2012, 393.

Nach **§ 35 InsO** erfasst die **Insolvenzmasse** das gesamte Vermögen, das dem Schuldner zur Zeit der Eröffnung des Verfahrens gehört und das er während des Verfahrens erlangt.[438] Nicht dazu zählen gem § 36 Abs 1 InsO die Gegenstände, die nicht der Zwangsvollstreckung unterliegen. 375

Die Lizenz gehört demnach zur Insolvenzmasse, wenn sie der Zwangsvollstreckung unterliegt.[439] Eine Zwangsvollstreckung in das Lizenzrecht wird unter den Voraussetzungen des § 857 ZPO grundsätzlich bejaht.[440] § 851 ZPO regelt allerdings, dass die Pfändung nur insoweit erfolgen kann, als ein übertragbares Recht vorliegt. Deshalb müssen einfache und ausschließliche Lizenz getrennt voneinander betrachtet werden. Im Ergebnis unterliegt demnach nur die ausschließliche, nicht hingegen die einfache Lizenz der Zwangsvollstreckung. 376

Das bedeutet, dass auch **nur die ausschließliche Lizenz gem § 36 InsO in die Insolvenzmasse fällt**, die einfache Lizenz hingegen nicht dazu gehört und somit nicht dem Insolvenzbeschlag unterliegt. Hinsichtlich der einfachen Lizenz steht dem Insolvenzverwalter demnach nur eine begrenzte Verfügungsberechtigung zu, so dass er entweder das Schutzrecht für Rechnung der Masse benutzen oder den Lizenzvertrag unter bestimmten Voraussetzungen kündigen kann.[441] 377

§ 103 InsO enthält das **Wahlrecht des Insolvenzverwalters**, der bei noch nicht vollzogenen gegenseitigen Verträgen frei entscheiden kann, ob er vom jeweiligen Vertragspartner (Lizenzgeber oder Lizenznehmer) die weitere Erfüllung verlangt oder diese endgültig ablehnt. Bei Wahl der Erfüllung hat der Insolvenzverwalter den Vertragspartner vollständig aus der Insolvenzmasse zu befriedigen. Entscheidet er sich hingegen für die Ablehnung der Erfüllung, erhält der Vertragspartner an Stelle seines Erfüllungsanspruches einen Anspruch auf Schadensersatz, der jedoch nur eine einfache Insolvenzforderung darstellt.[442] 378

Daraus folgt, dass der **Lizenzvertrag**, obschon ihm der Charakter eines Dauerschuldverhältnisses zukommt, **grds nicht insolvenzfest** ist, weil auch er dem Wahlrecht des Insolvenzverwalters unterliegt.[443] Eine Ausnahme gilt nur für die Fälle des § 108 Abs 1 S 1 InsO.[444] 379

Ein Wahlrecht des Insolvenzverwalters kommt allerdings dann nicht in Betracht, wenn die **Verpflichtung aus dem Lizenzvertrag schon vollständig erfüllt** ist (zB bei Erteilung der ausschließlichen Lizenz gegen Einmalzahlung). Dabei ist aber darauf hinzuweisen, dass auch bei Zahlung/Erfüllung einer einmaligen Lizenzgebühr der Vertrag nicht unbedingt iSv § 103 InsO vollständig erfüllt sein muss; denn Teile der Literatur[445] wie auch die Rechtsprechung[446] nehmen auch bei Nichterfüllung einer nicht gänzlich untergeordneten vertraglichen Nebenpflicht eine noch nicht vollständige Vertragserfüllung an. 380

1. Insolvenz des Lizenzgebers

Nach Eröffnung des Insolvenzverfahrens ist es möglich, dem Schuldner gem § 21 Nr 2 InsO ein allgemeines Verfügungsverbot aufzuerlegen, so dass die Verwaltungs- und Verfügungsbefugnis gem § 22 InsO – auch mit Blick auf die Lizenz – auf den Insolvenzverwalter übergeht. 381

438 FK-InsO/*Schuhmacher* § 35 InsO Rn 1 ff.
439 Zur Lizenz in der Zwangsvollstreckung vgl *Bartenbach* Patentlizenz- und Know-how-Vertrag Rn 623 ff.
440 FK-InsO/*Schuhmacher* § 35 Rn 1 ff.
441 *Reimer* § 9 PatG aF Rn 123.
442 FK-InsO/*Wegener* § 103 Rn 2.
443 *Wiedemann* Lizenzen und Lizenzverträge in der Insolvenz Rn 1123.
444 Vgl noch unten Rn 382.
445 Vgl den Überblick bei *Wiedemann* Lizenzen und Lizenzverträge in der Insolvenz Rn 1131; *Wallner* ZIP 2004, 2073, 2075.
446 LG Mannheim ZIP 2004, 576, 577.

382 **§ 108 Abs 1 S 1 InsO** bestimmt, dass **Miet- und Pachtverhältnisse** des Schuldners auch nach Eröffnung des Insolvenzverfahrens fortbestehen. § 108 Abs 1 S 1 InsO gilt allerdings nach überwiegender Auffassung lediglich dann, wenn es sich um einen Vertrag über unbewegliche Gegenstände und Räume handelt. Dies ist bei einem auf ein gewerbliches Schutzrecht bzw. Urheberrecht bezogenen Lizenzvertrag nicht der Fall, und zwar auch dann nicht, wenn man den Lizenzvertrag als einen einer Rechtspacht ähnlichen Dauernutzungsvertrag iSv §§ 108, 112 InsO einstuft.[447] Ist aber § 108 Abs. 1 S 1 InSO nicht anwendbar, gilt § 108 Abs 1 S 2 InsO.[448] Letzterer regelt den Fortbestand für Vertragsverhältnisse, die der Lizenzgeber eingegangen ist, und betrifft diejenigen Gegenstände, die einem Dritten, der ihre Anschaffung oder Herstellung finanziert hat, zur Sicherheit übertragen wurden.

383 Die dementsprechend bestehende Gesetzeslage ist wegen der Problematik der Vereinbarung einer insolvenzfesten Lizenz in der Literatur auf Kritik gestoßen.[449]

384 Der BGH hat zuerst im Zusammenhang mit **Softwarelizenzverträgen** detaillierter zur insolvenzfesten Vereinbarung von Lizenzen Stellung genommen.[450] Dabei hat er sich speziell mit Softwarelizenzen und deshalb auch urheberrechtlichen Fragen auseinandergesetzt:

385 Dem BGH lag ein Lizenzvertrag vor, der ein Kündigungsrecht aus wichtigem Grund für beide Vertragspartner enthielt, falls die Fortsetzung des Vertrages unzumutbar würde. Für den Fall einer Kündigung wurde vereinbart, dass der Source-Code an dem vorliegenden Softwareprodukt in der zum Zeitpunkt der Kündigung aktuellen Version inklusive aller Nutzungs- und Vertriebsrechte automatisch auf den Lizenznehmer übergehen sollte. Hierfür hatte der Lizenznehmer eine bestimmte einmalige Vergütung zu erbringen. Der Insolvenzverwalter des Lizenzgebers lehnte im Rahmen seines Wahlrechts nach § 103 InsO die Erfüllung ab mit der Folge, dass der Lizenznehmer von dem vorgenannten Kündigungsrecht Gebrauch machte. Der BGH hielt die Übertragung der Nutzungsrechte auf den Lizenznehmer für wirksam. Maßgeblich sei, dass bedingt begründete Rechte im Falle der Insolvenz auch dann als bestehende Rechte anzusehen seien, wenn der Zeitpunkt des Bedingungseinritts erst nach Insolvenzeröffnung liege. Die Vertragsabrede habe zu einem wirksamen, wenn auch aufschiebend bedingten dinglichen Rechtsübergang bereits vor Insolvenzeröffnung geführt. Einen Konflikt mit **§ 119 InsO** lehnte der BGH ebenso wie die Annahme einer unzulässigen Lösungsklausel ab. Von der sonst üblichen (unzulässigen) Lösungsklausel unterscheide sich die vertragliche Abrede gerade dadurch, dass eine Kündigung auch aufgrund von Tatsachen außerhalb einer Insolvenz möglich sei. Eine unzulässige Anknüpfung an die Insolvenzeröffnung bzw die Ausübung des Wahlrechts nach § 103 InsO für die Kündigung sei deshalb zu verneinen.

386 Inwieweit in Zukunft mögliche vertragliche Vereinbarungen eine insolvenzfeste Einräumung von Nutzungsrechten begründen können, muss in Ermangelung einer gesetzlichen Regelung weiter abgewartet werden. Dabei ist auch zu beachten, dass eine **Kündigungsklausel** der vorgenannten Art eher unüblich ist und nicht jeder Lizenzgeber eine vollständige Übertragung seiner Rechte, wenn auch nur aufschiebend bedingt, im Falle einer allgemeinen Kündigung aus wichtigem Grund, vereinbaren will.[451] Auch ob die in dieser BGH-Entscheidung aufgestellten Voraussetzungen (die aufschiebend bedingte dingliche Verfügung über das Nutzungsrecht, die Einräumung eines für beide Parteien bestehenden allgemeinen Kündigungsrechts aus wichtigem Grund (unabhängig von dem Insolvenztatbestand) sowie eine angemessene Gegenleistung für die Übertragung des Nutzungsrechts) auf **Lizenzen an anderen Schutzrechten** ohne Weite-

447 *Cepl* NZ 2000, 357, 359.
448 FK-InsO/*Wegener* § 108 InsO Rn 15.
449 *Brandt* NZI 2001, 337, 343; *Fezer* WRP 2004, 793, 800 f; *Paulus* ZIP 1996, 2, 6; *Zeising* Mitt 2001, 240, 241.
450 BGH ZIP 2006, 87 – Softwarenutzungsrecht.
451 *Plath/Scherenberg* CR 2006, 153, 155.

res übertragen werden kann, ist keineswegs sicher. Parteien, die diesen Weg wählen, dürfen sich also nicht in völliger Sicherheit wiegen. Die Entscheidung weist aber zumindest einen ersten Weg.

Nach der vorstehend dargestellten Entscheidung „Softwarenutzungsrecht“ hatte sich der BGH in der Entscheidung „Reifen Progressiv“ erneut mit der Frage des **Fortbestands von Unterlizenzen** zu befassen; konkret ging es um die Frage, was mit einer vom Hauptlizenznehmer eingeräumten Unterlizenz passiert, wenn die Hauptlizenz erlischt.[452] Der BGH bejahte den Fortbestand und begründete dies mit der Erwägung, dass auch ein einfaches Nutzungsrecht – wie ein ausschließliches – keinen nur schuldrechtlichen, sondern dinglichen Charakter habe. Allerdings lag dem Erlöschen der Hauptlizenz in diesem Fall keine Insolvenz zugrunde, sondern der grundsätzlich nur im Urheberrecht mögliche „Rückruf“ eines Hauptnutzungsrechts. Der Entscheidung war insofern für die Problematik der Insolvenzfestigkeit von Lizenzen wenig zu entnehmen,[453] weil es nicht um die Frage der Folgen des Wegfalls des schuldrechtlichen Vertrages für die Lizenz ging, sondern um das Schicksal der Unterlizenz bei Wegfall der (den Unterlizenzgeber zur Unterlizenzerteilung legitimierenden) Hauptlizenz und das Argument, dem einfachen Nutzungsrecht hafte dingliche Wirkung an. 387

Dass der vom BGH in seiner Entscheidung „Reifen Progressiv“ beschrittene Lösungsweg keinen Betrag zur Insolvenzfestigkeit von Lizenzen liefert(e), verdeutlichte der BGH in seinen Entscheidungen „Take Five“ und „M2Trade“ aus dem Jahr 2012.[454] Konkret ging es um den (wiederum) nicht ohne Weiteres zur Verallgemeinerung tauglichen Fall von **urheberrechtlichen Lizenzketten** und der Frage, welchen Einfluss die Insolvenz des Unterlizenzgebers auf die von ihm Dritten eingeräumten Unterlizenzen hat. Der BGH kam zu dem Schluss, dass solche „Tochter- und Enkelrechte“ auch bei seitens des Insolvenzverwalters gewählter Nichterfüllung und dem dadurch ausgelösten Erlöschen der Hauptlizenz Bestand haben; er begründete dies unter Verweis auf § 33 UrhG mit dem urheberrechtlichen Sukzessionsschutz sowie einer Abwägung der sich gegenüberstehenden Interessen. Konsequenz dieser Entscheidung wäre im Falle der Verallgemeinerung unter anderem, dass die **Hauptlizenz zwar weiterhin nicht insolvenzfest** ist, die **bereits erteilte Unterlizenz** bei Wegfall der Hauptlizenz hingegen **schon.**[455] Dass der BGH seinen Begründungsansatz aus seiner Entscheidung „Reifen Progressiv“ (zur Dinglichkeit auch der einfachen Lizenz und eines auf dieser Grundlage dann für einfache wie auch ausschließliche Lizenzen sodann anzunehmenden Aussonderungsrechts nach § 47 InsO) in seinen letzten Entscheidungen nicht mehr aufgegriffen hat, dürfte verdeutlichen, dass er hierin keine Lösung der vorstehenden Problematik sieht; denn ansonsten hätte er mit diesem „dinglichen Lösungsansatz“ ohne Weiteres auch die Frage der urheberrechtlichen Lizenzketten lösen können; tatsächlich hat er jedoch – wie vorstehend geschildert – einen ganz anderen Lösungsansatz verfolgt. 388

Zwar erweitert die neue Rechtsprechung die Gestaltungsmöglichkeiten für den Rechtsanwender (etwa indem eine Lizenz nicht von der ein lizenziertes Schutzrecht tatsächlich nutzenden Gesellschaft genommen wird, sondern durch eine ihr „vorgeschaltete“ Konzerngesellschaft, die dieses Nutzungsrecht wiederum an die nutzende Konzerngesellschaft unterlizenziert), an der weiterhin ungelösten Problematik für den Hauptlizenznehmer bei Insolvenz des Hauptlizenzgebers ändert dies aber nichts. 389

452 BGH GRUR 2009, 946.
453 Wenngleich dies immer wieder versucht wurde: vgl etwa *Scholz* GRUR 2009, 1007, 1011; *Weber/Hötzel* NZI 2011, 432, 435.
454 BGH GRUR 2012, 914 – Take Five; BGH GRUR 2012, 916 – M2Trade mit Anmerkung *Cepl* GRUR-Prax 2012, 393
455 So auch *Berger* GRUR 2013, 321, 330.

390 Auch wenn der Gesetzgeber derzeit seine Bemühungen vor dem Hintergrund der neuerlichen Entwicklung der Rechtsprechung wieder zu den Akten gelegt hat, bleibt aufgrund der bestehenden Schwierigkeiten und der unter Umständen nicht zu übertragenden Lösungsansätze der neuen Rechtsprechung auf die Frage des Fortbestands einer Lizenz bei Insolvenz des Hauptlizenzgebers zu hoffen, dass sich der Gesetzgeber die vorgenannten Probleme noch einmal vergegenwärtigt und eine **Neuregelung des § 108a InsO** endlich in Angriff nimmt. § 108a InsO-E in seiner zuletzt diskutierten Fassung lautete:

„Ein vom Schuldner als Lizenzgeber abgeschlossener Lizenzvertrag über ein Recht am geistigen Eigentum besteht mit Wirkung für die Insolvenzmasse fort. Dies gilt für vertragliche Nebenpflichten nur in dem Umfang, als deren Erfüllung zwingend geboten ist, um dem Lizenznehmer eine Nutzung des geschützten Rechts zu ermöglichen. Besteht zwischen der im Lizenzvertrag vereinbarten Vergütung und einer marktgerechten Vergütung ein auffälliges Missverhältnis, so kann der Insolvenzverwalter eine Anpassung der Vergütung verlangen; in diesem Fall kann der Lizenznehmer den Vertrag fristlos kündigen."

391 Diese Neuregelung würde die Diskussion um die Wirksamkeit der zahlreich vorgeschlagenen Lösungsklauseln wohl (endlich) entbehrlich machen.[456]

392 Denn würde sich der Insolvenzverwalter für die **Erfüllung des Vertrages** entscheiden, könnte der Lizenznehmer das Vertragsschutzrecht weiterhin nutzen (bei einer bestehenden Ausübungspflicht wäre er hierzu verpflichtet). Die Lizenzgebührenpflicht bliebe ebenfalls bestehen. Wollte der Lizenznehmer den Vertrag beenden, käme dann nur eine Kündigung nach § 314 BGB in Betracht, deren Zulässigkeit jedoch nur in engen Grenzen anzunehmen wäre, wenngleich der BGH entschieden hat, dass eine solche Kündigung bei Ablehnung der Erfüllung durch den Insolvenzverwalter in betracht kommen soll.[457]

393 Im Falle der **Erfüllungsablehnung** durch den Insolvenzverwalter würden die hiermit verbundenen Folgen für die Lizenz von deren Ausgestaltung abhängen. Würde es sich um eine einfache Lizenz handeln und würde man diese mit der bislang noch hM (vgl allerdings die Aussagen des BGH in seiner Entscheidung „Reifen Progressiv", wonach auch die einfache Lizenz dinglichen Charakter haben soll[458]) als rein schuldrechtlichen Anspruch begreifen, entfiele die Nutzungsmöglichkeit des Lizenznehmers aufgrund der vorgenannten Rechtswirkung der Verfahrenseröffnung, die zur Undurchsetzbarkeit der Ansprüche aus dem Lizenzvertrag führt.[459] Läge hingegen eine dinglich wirkende Lizenz (nach bislang hM nur im Falle der ausschließlichen Lizenz, nach der BGH-Entscheidung „Reifen Progressiv" mittlerweile auch im Falle der einfachen Lizenz) vor, so dürfte der Lizenznehmer entgegen einer vielfach anderen Annahme[460] zunächst weiterhin zur Nutzung befugt sein, da die Suspendierung der schuldrechtlichen Ansprüche keine Auswirkungen auf die dingliche Rechtsposition des Lizenznehmers hätte.[461] Zu beachten ist allerdings, dass der BGH die insolvenzfeste Vereinbarung eines aufschiebend bedingten, dinglichen Nutzungsrechts anerkannt und dadurch eine Möglichkeit der insolvenzfesten Vereinbarung von Lizenzverträgen aufgezeigt hat,[462] so dass dies erst recht gelten muss, wenn von Anfang an mit dinglicher Wirkung verfügt wur-

---

456 S dazu ua *Berger* in Kölner Schriften zur InsO 2. Aufl (2000), 499 ff; *Berger* ZIP 1994, 173 ff; *Bruns* ZZP 110 (1997), 305 ff; *Nerlich/Römermann/Balthasar* § 119 InsO Rn 10 ff; *Kübler/Prütting/Tintelnot* § 119 Rn 15 ff; ausf zum Streitstand *Wiedemann* Lizenzen und Lizenzverträge in der Insolvenz Rn 1248.

457 BGH ZIP 2006, 87, 90.

458 BGH GRUR 2009, 946.

459 *Wiedemann* Lizenzen und Lizenzverträge in der Insolvenz Rn 1460 f.

460 *Hoffmann* ZInsO 2003, 732, 741; *Stickelbrock* WM 2004, 549, 558; zur urheberrechtlichen Lizenz LG Mannheim ZIP 2004, 576 ff.

461 *Wiedemann* Lizenzen und Lizenzverträge in der Insolvenz Rn 1466.

462 BGH ZIP 2006, 87 ff; vgl hierzu die Anmerkung von *Plath/Scherenberg* CR 2006, 151 ff.

de[463]. Die Berechtigung zur Nutzung kann jedoch mit einer wirksamen Vertragsbeendigung, vor allem durch Kündigung gem § 314 BGB, wegfallen.[464]

2. Insolvenz des Lizenznehmers

Im Falle der Insolvenz des Lizenznehmers gehört das durch den Lizenzvertrag gewährte **Nutzungsrecht zur Insolvenzmasse.** Aus **§ 55 Abs 1 Nr 2 InsO** ergibt sich für den Insolvenzverwalter die Verpflichtung zur **Zahlung der Lizenzgebühren.** Jedoch bezieht sich diese Verpflichtung nur auf Lizenzgebühren, die nach Eröffnung des Insolvenzverfahrens entstanden sind. Dies folgt aus § 105 S 1 InsO, wonach der Vertragspartner des Gemeinschuldners, also der Lizenzgeber, der bereits vor Eröffnung des Verfahrens teilweise geleistet hat, den entsprechenden Teil der Gegenleistung, hier also die Lizenzgebühren, nur als Insolvenzforderung zur Tabelle anmelden kann, und zwar unabhängig davon, ob der Insolvenzverwalter die Erfüllung des Lizenzvertrages wählt oder nicht. 394

§ 109 InsO regelt, allerdings beschränkt auf Verträge über unbewegliches Vermögen, ein **Kündigungsrecht** nur für den Insolvenzverwalter. Nach § 112 InsO[465] ist eine Kündigung wegen Verzugs mit der Zinszahlung (§ 112 Nr 1 InsO) oder wegen Verschlechterung der Vermögensverhältnisse des Schuldners (§ 112 Nr 2 InsO) grds nicht möglich. Eine Ausnahme besteht, wenn die Kündigung aus diesen Gründen vor dem Eröffnungsantrag erklärt wird.[466] Gleiches gilt nach herrschender Ansicht auch für eine Kündigung wegen Zahlungsverzuges, der erst nach dem Eröffnungsantrag eintritt.[467] Das lässt sich dem Umkehrschluss zu § 112 Nr 1 InsO entnehmen. 395

Die **Kündigungssperre des § 112 InsO** bezieht sich nicht nur auf Nutzungsverträge über unbewegliche Gegenstände, sondern gilt auch für Lizenzverträge.[468] Der Lizenzgeber kann also nicht verhindern, dass der Insolvenzverwalter des Lizenznehmers sich für die Erfüllung des Vertrages gem § 103 InsO entscheidet und dadurch regelmäßig der Umsatz und damit üblicherweise auch das Aufkommen an Lizenzgebühren aufgrund der ggf eingeschränkten Verwertungsmöglichkeiten des insolventen Lizenznehmers sinken können. 396

Allerdings bleibt eine **Kündigung** des Lizenzvertrages als **Dauerschuldverhältnis nach § 314 BGB** möglich. Ein wichtiger Grund kann zB ein schwerwiegender Vertrauensbruch oder eine grobe Verletzung von Vertragspflichten, die eine Fortführung des Vertrages für den Vertragspartner als unzumutbar erscheinen lassen, sein.[469] Die bloße Insolvenz des Lizenznehmers berechtigt zu keiner solchen Kündigung. 397

---

463 *Grützmacher* CR 2006, 289, 293; im Ergebnis auch *Bausch* NZI 2005, 289, 295.
464 Ausf zu den Folgen einer Kündigung *Wiedemann* Lizenzen und Lizenzverträge in der Insolvenz Rn 1392ff, 1475ff.
465 Ausf zum Zeitpunkt des Eingreifens von § 112 InsO *Wiedemann* Lizenzen und Lizenzverträge in der Insolvenz Rn 1221ff.
466 *Schmoll/Hölder* GRUR 2004, 743, 744.
467 BGHZ ZIP 2002, 1625.
468 FK-InsO/*Wegener* § 112 Rn 5; zum Softwarelizenzvertrag vgl insbesondere *Paulus* ZIP 1996, 2ff; *Smid/Lieder* DZWiR 2005, 7ff.
469 *Wiedemann* Lizenzen und Lizenzverträge in der Insolvenz Rn 1208 mwN; *Henn* Patent- und Know-how-Lizenzvertrag Rn 221.

Kapitel 7
Verwertungsgesellschaften

Literatur

Augenstein Rechtliche Grundlagen des Verteilungsplans urheberrechtlicher Verwertungsgesellschaften, 2004; *Bartels* Die Abzüge der Verwertungsgesellschaften für soziale und kulturelle Zwecke UFITA 2006/II, 325; *Becker* Verwertungsgesellschaften als Träger öffentlicher und privater Aufgaben, FS Kreile, 1994, S 27; *ders* Konsequenzen für die Verwertungsgesellschaften und deren Lizenzierungssystem, in Rütting ua (Hrsg) Die Entwicklung des Urheberrechts im Europäischen Rahmen, 1999, 53; *Bezzenberger/Riesenhuber* Die Rechtsprechung zum „Binnenrecht" der Verwertungsgesellschaften GRUR 2003, 1005; *Bing* Die Verwertung von Urheberrechten, 2002; *Bodewig/Wandtke* Die doppelte Lizenzgebühr im Lichte der Durchsetzungsrichtlinie GRUR 2008, 220; *Dietz* Das Urheberrecht in der Europäischen Gemeinschaft, 1978; *ders* Die Entwicklung des Rechts der Verwertungsgesellschaften in Mittel- und Osteuropa am Beispiel des neuen ungarischen Urheberrechtsgesetzes von 1999, in Tades ua (Hrsg) in FS für Robert Dittrich, 2000, 21; *ders* Rechteverwaltung in der Informationsgesellschaft, in EWC (Hrsg) Authors' Rights and their Management in Europe, 2000, 59; *Dillenz* (Hrsg) Materialen zum [österreichischen] Verwertungsgesellschaftengesetz, 1997; *ders* Harmonisierung des Rechts der Verwertungsgesellschaften in Europa GRUR Int 1997, 315; *Dittrich/Hüttner* (Hrsg) Das Recht der Verwertungsgesellschaften, 2006; *Dördelmann* Gedanken zur Zukunft der Staatsaufsicht über Verwertungsgesellschaften GRUR 1999, 890; *ders* Die gemeinsame Vertretung der Wahrnehmungsberechtigten nach § 6 Abs 2 WahrnG in Schertz ua (Hrsg) FS Hertin 2000, 31; *Drexl* Das Recht der Verwertungsgesellschaften in Deutschland in: Hilty/Geiger (Hrsg) Impulse für eine Europäische Harmonisierung des Urheberrechts, 2007, 369; *ders* Deutsche Verwertungsgesellschaften im europäischen Wettbewerb in Gerlach/Evers (Hrsg) 50 Jahre GVL, 2011, 11; *Dümling* Musik hat ihren Wert (100 Jahre GEMA), 2003; *Eberle* Musiknutzer und die GVL in: Gerlach/Evers (Hrsg) 50 Jahre GVL, 2011, 47; *von Einem* Verwertungsgesellschaften im deutschen und internationalen Musikrecht: Rechtliche und praktische Probleme bei der Lizenzierung von Musik angesichts der Digitalisierung und Internationalisierung der Rechteverwertung, 2008; *Enzinger* Der europäische Rechtsrahmen für kollektive Rechtewahrnehmung GRUR Int 2006, 985; *Gerlach* Europäischer Rechtsrahmen für Verwertungsgesellschaften ZUM 2013, 174; *Gervais* Collective Management of Copyright and Related Rights, 2006; *Goldmann* Die kollektive Wahrnehmung musikalischer Rechte in den USA und Deutschland, 2001; *Grote* Europäische Perspektiven der Rechtewahrnehmung durch Verwertungsgesellschaften, 2012; *Haertel* Verwertungsgesellschaften und Verwertungsgesellschaftengesetz, UFITA 50 (1967) 7; *Hansen/Schmidt-Bischoffshausen* Ökonomische Funktion von Verwertungsgesellschaften GRUR Int 2007, 461; *Hauptmann* Die Vergesellschaftung des Urheberrechts, 1994; *Häußer* Praxis und Probleme der Aufsicht über Verwertungsgesellschaften FuR 1980, 57; *ders* Aufsicht über Verwertungsgesellschaften und Vereinsautonomie in FS Roeber, 1982, 113; *Herschel* Die Verwertungsgesellschaften als Träger staatsentlastender Tätigkeit, UFITA 50 (1967) 22; *Hoeren* AGB-rechtliche Fragen zum Wahrnehmungsvertrag der VG Wort AfP 2001, 8; *Holzmüller* Der Entwurf der Richtlinie über die kollektive Wahrnehmung von Urheberrechten und verwandten Schutzrechten ZUM 2013, 168; *Hucko* Das neue Urhebervertragsrecht, 2002; *ders* Zweiter Korb. Das neue Urheberrecht in der Informationsgesellschaft, 2007; *Karnell* Die Verwertungsgesellschaften in einem zusammenwachsenden Europa GRUR Int 1991, 583; *Keiderling* Geist, Recht und Geld. Die VG WORT 1958–2008, 2008; *Kreile* Rechtedurchsetzung und Rechteverwaltung durch Verwertungsgesellschaften in der Informationsgesellschaft in Rehbinder ua (Hrsg) FS Thurow, 1999, 41; *Kreile* Die Zusammenarbeit der Verwertungsgesellschaften unter der Aufsicht des Deutschen Patent- und Markenamtes GRUR 1999, 885; *Kreile/Becker* Wesen der Verwertungsgesellschaften in Moser/Scheuermann (Hrsg) Handbuch der Musikwirtschaft, 4. Aufl 1997, 653; *dies* Rechtsdurchsetzung und Rechteverwaltung in der Informationsgesellschaft in GEMA-Jahrbuch 2000/2001, 84; *dies* Multimedia und die Praxis der Lizenzierung von Urheberrechten GRUR Int 1996, 677; *Kreile/Becker/Riesenhuber* (Hrsg) Recht und Praxis der GEMA, 2. Aufl 2008; *Kuhn* Recht und Praxis der Verwertungsgesellschaften in Italien im Vergleich zu Deutschland, and 1997; *Landfermann* Zur Staatsaufsicht über die urheberrechtlichen Verwertungsgesellschaften KuR 2000, 33; *von Lewinski* Gedanken zur kollektiven Rechtewahrnehmung in Ohly ua (Hrsg) FS für Schricker, 2005, 401; *Loewenheim/Loewenheim*, Handbuch des Urheberrechts, 2010; *Löhr* Die Aufsicht über Verwertungsgesellschaften, 1982; *Maaß* Der Kontrollzuschlag der GEMA bei ungerechtfertigter Musikwiedergabe und seine Erweiterungsfähigkeit, 1986; *Mauhs* Der Wahrnehmungsvertrag, 1990; *Mäger* Die Abtretung urheberrechtlicher Vergütungsansprüche in Verwertungsverträgen, 2000; *Melichar* Die Wahrnehmung von Urheberrechten durch Verwertungsgesellschaften, 1983; *ders* Verleger und Verwertungsgesellschaften UFITA 117 (1991) 5; *ders* Die digitale Verwertung von Sprachwerken in *Becker/Dreier*

(Hrsg) Urheberrecht und digitale Technologie, 1994, 85; *ders* Zur Sozialbindung des Urheberrechts in Adrian ua (Hrsg) Joseph Kohler und der Schutz des geistigen Eigentums in Europa, 1996, 101; *ders* Verwertungsgesellschaften und Multimedia in Lehmann (Hrsg) Internet- und Multimediarecht, 1997, 205; *ders* Urheberrecht in Theorie und Praxis, 1999; ders Der Abzug für soziale und kulturelle Zwecke durch Verwertungsgesellschaften im Lichte des internationalen Urheberrechts in Becker (Hrsg) Die Verwertungsgesellschaften im Europäischen Binnenmarkt, 1990, 47; *ders* § 63a UrhG – die Chronik einer Panne in Bullinger ua (Hrsg) FS Wandtke, 2013, 243; *Menzel* Die Aufsicht über die GEMA durch das Deutsche Patentamt, 1986; *Merz* Durchsetzung von Urheberrechen – Rechtsschutz für den Urheber und den Urheberrechtsnutzer ZUM 1987, 309; *Meyer* Verwertungsgesellschaften und ihre Kontrolle nach dem Urheberrechtswahrnehmungsgesetz, 2001; *Möhring* Der Regierungsentwurf eines Gesetzes über Verwertungsgesellschaften auf dem Gebiet des Urheberrechts UFITA 36 (1962), 407; *Müller* Der Verteilungsplan der GEMA, 2006; *Nordemann* Entwicklung und Bedeutung der Verwertungsgesellschaften GRUR-FS 1991, 1197; *ders* Mängel der Staatsaufsicht über die deutschen Verwertungsgesellschaften? GRUR 1992, 585; *Nérisson* Europäischer Rechtsrahmen für Verwertungsgesellschaften ZUM 2013, 185; *Pickrahn* Verwertungsgesellschaften nach deutschem und europäischem Kartellrecht, 1996; *Pfennig* Die Entwicklung der Verwertungsgesellschaften für Bildende Kunst, Fotografie und Film im Europäischen Rahmen in Becker (Hrsg) Die Verwertungsgesellschaften im Europäischen Binnenmarkt, 1990, 63; *Pietzko* GEMA-Tarife auf dem Prüfstand in FS Hertin, 2000, 171; *Popp* Verwertungsgesellschaften: Ihre Stellung im Spannungsfeld zwischen Urheberrecht und Kartellrecht, 2001; *Reber* Aktuelle Fragen zu Recht und Praxis der Verwertungsgesellschaften GRUR 2000, 203; *Rehbinder* Mängel der Staatsaufsicht über die deutschen Verwertungsgesellschaften DVBl 1992, 216; *ders* Urheberrecht, 2010; *Reinbothe* Schlichtung im Urheberrecht, 1978; *ders* Die kollektive Wahrnehmung von Rechten in der Europäischen Gemeinschaft in FS Dietz, 2001, 517; *Riesenhuber* Die Auslegung und Kontrolle des Wahrnehmungsvertrages, 2004; *ders* Verwertungsgesellschaften als Wissensmittler in der Informationsgesellschaft in Peiter/Gersmann (Hrsg) Forschung und Lehre im Informationszeitalter – zwischen Zugangsfreiheit und Privatisierungsanreiz, 2007; *ders* Verwertungsgesellschaften iSv § 1 UrhWahrnG ZUM 2008, 625; *ders* Das österreichische Verwertungsgesellschaftengesetz, 2006; *ders* (Hrsg) Wahrnehmungsrecht in Polen, Deutschland und Europa, 2006; *ders* Die Verwertungsgesellschaft iSv § 1 UrhWahrnG ZUM 2008, 625; *ders* Nutzung von Musik zu Werbezwecken ZUM 2010, 137; *ders* Priorität als Verteilungsprinzip? ZUM 2012, 746; *ders/Rosenkranz Das deutsche Wahrnehmungsrecht 1903 – 1933 UFITA S 467; ders/von Vogel* Europäisches Wahrnehmungsrecht EuZW 2004, 519; *Riklin* Das Urheberrecht als individuelles Herrschaftsrecht und seine Stellung im Rahmen der zentralen Wahrnehmung urheberrechtlicher Befugnisse sowie der Kunstförderung, 1978; *Rossbach* Ausübende Künstler und die GVL in Gerlach/Evers (Hrsg) 50 Jahre GVL, 2011, 29; *Ruete* Copyright, geistiges Eigentum und britische Verwertungsgesellschaften, 1986; *Ruzicka* 50 Jahre GVL – Rückblick und Ausblick in Gerlach/Evers (Hrsg) 50 Jahre GVL, 2011, 1; *Schack* Urheber- und Urhebervertragsrecht, 2013; *Schaefer* Tonträgerherstellerund die GVL in Gerlach/Evers (Hrsg) 50 Jahre GVL, 2011, 37; *Schmidt* Die Anfänge der musikalischen Tantiemebewegung in Deutschland, 2005; *dies* Die kollektive Verwertung der Online-Musikrechte im europäischen Binnenmarkt ZUM 2005, 783; *Schwab* Recht und Praxis der Urheberverwertungsgesellschaften in Frankreich, 1989; *Seifert* Das Schiedsstellenverfahren als Prozessvoraussetzung im Urheberrechtsstreit in Becker ua (Hrsg) FS Kreile, 1994; *Siebert* Die Auslegung der Wahrnehmungsverträge unter Berücksichtigung der digitalen Technik, 2002; *Staats* Aufführungsrecht und kollektive Wahrnehmung bei Werken der Musik, 2004; *ders* Regelungen für verwaiste und vergriffene Werke ZUM 2013, 446; *Steden* Das Monopol der GEMA, 2003; Ulmer/*Bußmann*/*Weber* Das Recht der Verwertungsgesellschaften. Vergleichende Darstellung der gesetzlichen Bestimmungen, 1955; *Ventroni* CELAS – Revolution bei der Musikrechtewahrnehmung? MMR 2008, 273; *Vogel* Wahrnehmungsrecht und Verwertungsgesellschaften in der Bundesrepublik Deutschland – eine Bestandsaufnahme im Hinblick auf die Harmonisierung des Urheberrechts der Europäischen Gemeinschaft GRUR 1993, 513; *ders* Kollektives Urhebervertragsrecht unter besonderer Berücksichtigung des Wahrnehmungsrechtes in Beier ua (Hrsg) Urhebervertragsrecht, FS für Schricker, 1995, 117; *ders* Verwertungsgesellschaften in Schricker (Hrsg) Konturen eines europäischen Urheberrechts, 1996, 79; *ders* Zur Geschichte der kollektiven Verwertung von Sprachwerken in Becker (Hrsg) Die Wahrnehmung von Urheberrechten an Sprachwerken, 1999, 17; *Wandtke* Zur Entwicklung der Urheberrechtsgesellschaften in der DDR bis zur Wiedervereinigung Deutschlands in Becker ua (Hrsg) FS Kreile, 1994, 789; *ders* Doppelte Lizenzgebühr als Bemessungsgrundlage im Urheberrecht in Tades ua (Hrsg) FS Dittrich 2000, 389; *WIPO* (Hrsg) Collective Administration of Copyright and Neighbouring Rights, 1990; *Weichhaus* Das Recht der Verwertungsgesellschaften in Deutschland, Großbritannien und Frankreich, 2002; *Wiebusch* Leistungsschutzrecht für Presseverleger, 2013; *Wirz* Die Kontrolle von Verwertungsgesellschaften, 2001; *Wittweiler* Der Geltungsbereich der schweizerischen Verwertungsgesetzgebung, 1988; *Zapf* Kollektive Wahrnehmung von Urheberrechten im Online-Bereich, 2002.

Übersicht

§ 1 Einführung

I. Geschichte

Als erste Verwertungsgesellschaft wurde 1851 in Paris von Komponisten und ihren Verlegern die *Société des Auteurs, Compositeurs et Editeurs de Musique* gegründet. Vorausgegangen war ein Rechtsstreit, in dem das Tribunal de Commerce de la Seine einem Gastwirt untersagte, Stücke des klagenden Komponisten in seinem Lokal ohne dessen Genehmigung zu spielen.[1] Diese SACEM ist bis heute – vergleichbar der GEMA in Deutschland – die einzige Verwertungsgesellschaft für Musikrechte in Frankreich. Trotz des unbestreitbaren Erfolges der SACEM wurde erst 1882 eine weitere Verwertungsgesellschaft gegründet: die ebenfalls bis heute funktionierende 1

1 Einzelheiten bei *Melichar* 1 f; *Keiderling* 21 f.

Società Italiana degli Autori ed Editori (SGAE) in Rom. Relativ rasch folgten dann in vielen europäischen Ländern ähnliche Gründungen. Maßgebend hierfür war, dass immer mehr Staaten Urhebern gesetzlich ein ausschließliches Aufführungsrecht einräumten. Gefördert wurde diese Tendenz durch die 1886 abgeschlossene *Berner Übereinkunft zum Schutz von Werken der Literatur und Kunst*, die in Art 11 Abs 1 „Urhebern von dramatischen, dramatisch-musikalischen und musikalischen Werken" das ausschließliche Recht der „öffentlichen Aufführung" gewährt, ausgestaltet als für alle Mitgliedstaaten bindendes Mindestrecht. In Deutschland wurden 1903 unter aktiver Mitarbeit von Richard Strauss die *Genossenschaft Deutscher Tonsetzer* (GDT) und die *Anstalt für Musikalisches Aufführungsrecht* (AFMA) gegründet, die als Vorläufer der heutigen GEMA gelten.[2] Voraussetzung hierfür war, dass mit dem Gesetz betreffend das Urheberrecht an Werken der Literatur und Tonkunst 1901 erstmals für Deutschland das ausschließliche Aufführungsrecht eingeführt wurde (§ 11 Abs 2 LUG).

2 All diese neuen Verwertungsgesellschaften wurden von Komponisten und ihren Verlegern gegründet. Das Aufführungsrecht für literarische, dh insbes dramatische Werke ist verhältnismäßig leicht zu kontrollieren und wird deshalb bis heute in der Regel individuell (in Deutschland meist von Bühnenverlagen) wahrgenommen. Anders die Nutzung kleiner musikalischer Werke, wie sie täglich in einer Unzahl von Lokalen aller Art geschieht – sei es als Hintergrundmusik oder zum Tanze. Das Aufführungsrecht für diese Art von Musik, in Fachkreisen salopp „Kneipenrecht" genannt, kann individuell vom einzelnen Komponisten oder auch seinem Verleger nicht verwaltet werden. Auch der Gastwirt ist darauf angewiesen, die Lizenz für sämtliche Musik, die beim ihm gespielt wird und die er meist nicht einmal kennt, aus einer Hand zu erhalten. Diese Aufgabe haben frühzeitig die musikalischen Verwertungsgesellschaften übernommen, die somit für Urheber und Nutzer gleichermaßen unentbehrlich sind.

3 Mit fortschreitender Technik, zunächst durch Schallplatte, Hörfunk und Fernsehen, später insbes durch die Möglichkeit privater Kopien und die Reprographie, wurden auch andere als musikalische Werke massenhaft nutzbar, weshalb sich dann auch Urheber von literarischen Werken aller Art und von Werken der Bildenden Kunst und der Fotografie zu Verwertungsgesellschaften zusammengeschlossen haben. In Deutschland wurden die VG Wort 1958 und die VG Bild-Kunst 1969 gegründet. Dass ausübende Künstler ein eigenes urheberrechtlich zu schützendes Recht haben, wurde zuerst von der Rechtsprechung anerkannt.[3] Mit dem deutschen Urheberrechtsgesetz von 1965 wurden im 2. Teil die Leistungsschutzrechte der ausübenden Künstler, der Produzenten von Tonträgern und Filmen, sowie der Rundfunkanstalten etabliert – der Weg für Verwertungsgesellschaften dieser Gruppen von Leistungsschutzberechtigten war frei. Bereits 1958 wurde die Gesellschaft zur Verwertung von Leistungsschutzrechten (GVL) gegründet, die ausübende Künstler und Tonträgerproduzenten vertritt. Nachdem 1979 mit der Verwertungsgesellschaft der Film- und Fernsehproduzenten (VFF) die erste Filmverwertungsgesellschaft in Deutschland gegründet worden war, folgen bald weitere – konkurrierende – Filmverwertungsgesellschaften. Heute gibt es nahezu überall auf der Welt Verwertungsgesellschaften.

4 Die Bedeutung der Verwertungsgesellschaften in der heutigen Welt belegen die Zahlen ihrer drei wichtigsten internationalen Dachorganisationen:

- 2011 hatte die bereits 1926 in Paris gegründete *Confédération Internationale des Sociétés d'Auteurs et Compositeurs* (CISAC) 227 Verwertungsgesellschaften aus 119 Staaten als Mitglieder.

2 Einzelheiten bei *Dümling* 38 ff.

3 Insbes RGZ 136, 377 – Lautsprecherwiedergabe von Rundfunksendungen; BGH NJW 1960, 2048 – Künstlerlizenz Rundfunk.

- 2012 hatte die International Federation of Reproduction Rights Organisations (IFRRO) mit Sitz in Brüssel 84 Mitglieder.
- 2011 hatte die *Association of European Performers' Organisations* (AEPO) mit Sitz in Paris 34 Mitglieder aus 25 europäischen Staaten.

II. Entwicklung

Wie oben dargestellt nahmen die neu gegründeten Verwertungsgesellschaften zunächst das Aufführungsrecht für live dargebotene Musik wahr. Mit dem Aufkommen neuer Techniken erweiterten die Verwertungsgesellschaften fast zwangsläufig ihre Tätigkeitsbereiche. So umfasste das Aufführungsrecht nun auch die öffentliche Wiedergabe von Radiosendungen und Schallplatten (vgl die Aufschlüsselung in die einzelnen Verwertungsrechte der §§ 19, 21 und 22 UrhG). Musikalische Verwertungsgesellschaften gingen dazu über, das ausschließliche Vervielfältigungsrecht für Schallplattenproduktionen, das sog „Mechanische Recht", wahrzunehmen. Besondere Probleme brachte die Entwicklung der Tonbandgeräte, mit denen ab etwa Mitte der fünfziger Jahre des vorigen Jahrhunderts auch Privatpersonen in der Lage waren, urheberrechtlich geschützte Werke vom Radio oder von der Schallplatte einfach und preiswert mitzuschneiden. Später kamen die Möglichkeiten des Video-Recorders hinzu. Zwar hatte die GEMA schon frühzeitig durch Musterprozesse geklärt, dass solche Privatkopien nicht vom damals noch geltenden LUG gedeckt waren, jede Privatkopie ohne Genehmigung also eine Urheberrechtsverletzung darstellte.[4] In der Praxis aber zeigte sich, dass sich das genehmigungslose private Kopieren nicht unterbinden lässt und auch eine pauschale Lizenzierung jedes einzelnen Nutzers solcher Aufnahmegeräte selbst durch eine Verwertungsgesellschaft nicht realisierbar ist.[5] Ungeahndete Urheberrechtsverletzungen durch privates Kopieren florierten. 5

Aus diesem Dilemma fand der deutsche Gesetzgeber mit dem neuen Urheberrechtsgesetz von 1965 einen kühnen Ausweg und leitete damit einen doppelten Quantensprung ein. In der Erkenntnis, dass sich das Verbotsrecht praktisch nicht durchsetzen lässt, legalisierte er zum einen in § 53 UrhG in engem Rahmen Vervielfältigungen „zum persönlichen und sonstigen eigenen Gebrauch" und gewährte den Urhebern als Ausgleich hierfür einen Vergütungsanspruch gegen die Hersteller und Importeure der Geräte, die das private Kopieren erst ermöglichen (nach damaligem Stand der Technik Tonbandgeräte und Videorekorder). Zum anderen aber bestimmte er, dass dieser gesetzliche Vergütungsanspruch nur durch eine Verwertungsgesellschaft geltend gemacht werden kann (§ 53 Abs 5 UrhG aF). Erstmals hat damit der Gesetzgeber die wichtige Rolle der Verwertungsgesellschaften genutzt: Weder wäre der einzelne Rechteinhaber in der Lage, diese Vergütung bei jedem Hersteller und Importeur einzutreiben, noch wäre jenen zuzumuten, mit einer Unzahl von Rechteinhabern einzeln zu verhandeln und abzurechnen. Dieses jedenfalls im Prinzip erfolgreiche Modell des „dulde und liquidiere" machte seither national wie international Schule. So gestatten heute die Urheberrechtsgesetze aller 24 kontinentaleuropäischen EU-Staaten – mit freilich national im Detail abweichender Ausgestaltung – die private Kopie und gewähren im Gegenzug einen nur durch Verwertungsgesellschaften geltend zu machenden Vergütungsanspruch.[6] 6

4 BGH NJW 1955, 1272 – Grundig Reporter; BGH NJW 1960, 771 – Werbung für Tonbandgeräte.
5 Vgl BGH GRUR 1956, 104 – Personalausweis.
6 Nach stRspr des EuGH muss gem Art 5 Abs 2 b der EU Info-Richtlinie der Anspruch auf einen „gerechten Ausgleich" vorgesehen sein, wenn das Gesetz Privatkopieausnahmen zulässt (eine Verwertungsgesellschaftspflicht ist allerdings nicht vorgeschrieben): EuGH GRUR 2011, 50/53 Nr 30 – Padawan; EuGH ZUM 2013, 780/782_Nr 19 – Amazon.

7 Immer häufiger werden in der Folge insbes durch die Digitaltechnik entstandene neue Nutzungsmöglichkeiten urheberrechtlich geschützter Werke im Rahmen **gesetzlicher Vergütungsansprüche** geregelt. Schon heute kennt das deutsche Urheberrechtsgesetz sechs solcher gesetzlichen Schuldverhältnisse mit Verwertungsgesellschaftspflicht (§§ 49, 52a, 52b, 53a, 54h und 137l Abs. 5 UrhG). Aber auch wo das Gesetz selbst keine Verwertungsgesellschaftspflicht vorschreibt, werden die gesetzlichen Vergütungsansprüche von Verwertungsgesellschaften wahrgenommen (§§ 46, 47, 49, 52 und 56 UrhG) – nur die kollektive Verwaltung garantiert eine sinnvolle Realisierung dieser Ansprüche.

8 Kannte man bislang eine Verwertungsgesellschaftspflicht nur für gesetzliche Vergütungsansprüche, so ging der europäische Gesetzgeber 1993 mit der Kabel- und Satellitenrichtlinie[7] noch einen Schritt weiter. Dort schreibt Art 8 vor, dass das ausschließliche Kabelweiterverbreitungsrecht nur durch Verwertungsgesellschaften geltend gemacht werden kann. Erwägungsgrund 28 erläutert diese Maßnahme: „*Damit das reibungslose Funktionieren vertraglicher Vereinbarungen nicht durch den Einspruch von Außenseitern ... in Frage gestellt werden kann, sollte ... durch Einführung einer Verwertungsgesellschaftspflicht eine ausschließlich kollektive Ausübung des Verbotsrechts vorgesehen werden. Das Verbotsrecht als solches bleibt dabei erhalten, lediglich die Art seiner Ausübung wird in bestimmten Umfang geregelt.*“ Der deutsche Gesetzgeber hat dies in § 20b Abs 1 S 1 UrhG umgesetzt. Erstmals wurde damit ein ausschließliches Verwertungsrecht verwertungsgesellschaftspflichtig ausgestaltet. Auch diese Regelung hat sich als Prinzip zugunsten aller Beteiligten (Rechteinhaber, Kabelbetreiber und nicht zuletzt auch der Kabelkunden) bewährt.

9 Im Zuge der Diskussion über die Einführung eines eigenen **Leistungsschutzrechts für Presseverleger** hatten beide beteiligten Seiten (Presseverleger wie Journalistengewerkschaften) in ihren Entwürfen unter § 87g UrhG vorgesehen, dass ein solches exklusives Leistungsschutzrecht nur durch Verwertungsgesellschaften wahrgenommen werden kann.[8] Der Gesetzgeber ist diesem Vorschlag im zum 1.8.2013 in Kraft getretenen § 87g UrhG zwar nicht gefolgt; es scheint aber unausweichlich, dass auch dieses neue Leistungsschutzrecht der Presseverleger nur durch eine Verwertungsgesellschaft sinnvoll in die Praxis umgesetzt werden kann (zumal § 87h UrhG zwingend einen Beteiligungsanspruch der betroffenen Urheber konstituiert).

10 Es ist festzuhalten, dass Verwertungsgesellschaften immer mehr an Bedeutung gewinnen. Zunächst waren es faktische Zwänge, wenn Rechteinhaber zur Durchsetzung ihrer Rechte oder Ansprüche Verwertungsgesellschaften zu Hilfe nahmen (typisches Beispiel das sog Kneipenrecht). Immer häufiger aber greift nun auch der Gesetzgeber ausdrücklich auf Verwertungsgesellschaften als Mittel zur Durchsetzung von Urheberrechten zurück. „Die Tendenz zur Kollektivierung in der Geltendmachung des Urheberrechts ist infolge der neuen Kommunikationstechniken unaufhaltsam, da sie auch für den Werknutzer Klarheit schafft“.[9] Der von Art 14 GG garantierte Urheberschutz wäre „ohne ein funktionsfähiges Kollektivorgan nicht gewährleistet“.[10] Neben dem eigentlichen Urheberrecht, den Leistungsschutzrechten und dem Urhebervertragsrecht wird daher heute das Recht der Verwertungsgesellschaften als „eigenständige vierte Säule der modernen Urheberrechtsordnung“ angesehen.[11]

---

7 RL 93/83/EWG (ABl Nr L 248/15).
8 Abgedruckt bei *Wiebusch* 12 ff.
9 *Rehbinder* Urheberrecht, 2010, Rn 728 aE.
10 *Schack* Urheber- und Urhebervertragsrecht, Rn 1162.
11 *Dietz* in Dümling 336, 344; ebenso *Däubler-Gmelin* ZUM 1999, 265, 267.

III. Aufgaben

1. Inkasso und Verteilung

11 Hauptaufgabe von Verwertungsgesellschaften ist naturgemäß das **Inkasso** (sei es durch vorangehende Lizenzierung von Verwertungshandlungen oder Realisierung gesetzlicher Vergütungsansprüche) und die **Verteilung** der so eingenommen Gelder an die Berechtigten (Urheber und sonstige Rechteinhaber). Wenn man international von *„collecting societies"* spricht,[12] so ist damit nur die Hälfte des wichtigsten Aufgabengebietes von Verwertungsgesellschaften bezeichnet. Die kollektive Verwaltung von urheberrechtlichen Nutzungsrechten und die Durchsetzung von Vergütungsansprüchen ist das Kerngebiet von Verwertungsgesellschaften.

2. Internationale Tätigkeiten

12 Im internationalen Verkehr werden Inkasso und Verteilung traditionell durch bilaterale **Gegenseitigkeitsverträge** zwischen den nationalen Verwertungsgesellschaften abgewickelt. In diesen übertragen sich Verwertungsgesellschaften wechselseitig die ihnen von ihren Wahrnehmungsberechtigten eingeräumten Rechte zur Wahrnehmung im jeweils anderen Staat. Die nationalen Verwertungsgesellschaften kassieren somit im eigenen Land für die ausländischen Rechteinhaber mit und führen das auf diese entfallende Aufkommen – nach Abzug von Verwaltungskosten und ggf von Zuweisungen an soziale und kulturelle Einrichtungen (hierzu su 3.) – an die ausländische Schwesterorganisation ab. Durch das weltweite Netz von Gegenseitigkeitsverträgen verwalten Verwertungsgesellschaften, soweit sie im eigenen Land eine faktische Monopolstellung haben damit das Weltrepertoire, sie können Nutzern also den von diesen gewünschten one-stop-shop bieten.[13] Diese Gegenseitigkeitsverträge verstoßen nach einhelliger Auffassung von Kommission und EuGH nicht gegen europäisches Kartellrecht.[14] Sie sind sachlich gerechtfertigt, weil dadurch Inkasso und Kontrolle im Ausland überflüssig sind und damit doppelte Kosten gespart werden.[15]

3. Kultur- und sozialpolitische Aspekte

13 Traditionell erfüllen daneben vor allem die europäische Verwertungsgesellschaften auch wichtige **kultur- und sozialpolitische Aufgaben**.[16] Das Urheberrechtswahrnehmungsgesetz von 1965 trägt dem in §§ 7 S 2 und 8 Rechnung. Die deutschen Verwertungsgesellschaften unterhalten heute soziale Einrichtungen für ihre Berechtigten und berücksichtigen insbes bei den Ausschüttungen kulturelle Aspekte. Sie leisten damit einen wesentlichen Beitrag für die kulturelle Vielfalt. Verwertungsgesellschaften sind überdies berufen, **„berufsständische Belange"** zu wahren.[17] „Durch die Zuweisung solcher Aufgaben an die Verwertungsgesellschaften wächst deren Aufgabenstellung und Bedeutung weit über das eines bloßen Inkassoinstruments hinaus. Sie erfüllen damit Aufgaben, die ursprünglich der staatlichen Fürsorge unterstehen. Die Verwertungsgesellschaften sind deshalb nicht mit anderen privatwirtschaftlichen Unternehmungen vergleichbar."[18]

---

12 ZB Art 9 und 13 der EU Kabel- und Satellitenrichtlinie.
13 Die GEMA zB hatte 2007 mit 144 ausländischen Schwestergesellschaften Gegenseitigkeitsverträge – Kreile/Becker/Riesenhuber (Hrsg) 127, Rn 15.
14 S ua Entscheidung der Kommission v 2.6.1971 (GEMA I) ABl EG 1971 L 166, 22; EuGH v 27.3.1974 (BRT/SABAM) Slg 1974 Rn 9, 11; EuGH v 13.7.1989 (Lucazeau/SACEM) Slg 1989, 2811, Rn 13.
15 *Grote* 93 f.
16 Hierzu ausf *Melichar* Urheberrecht in Theorie und Praxis, 46 ff.
17 Amtl Begr zum WahrnG UFITA Bd 46 (1966), 271, 284.
18 Amtl Begr (Fn 17) 271, 287.

IV. Grundlagen

1. Wahrnehmungsgesetz und Kartellrecht

14 Rechtliche Grundlage für die Tätigkeit von Verwertungsgesellschaften in Deutschland ist das **Urheberrechtswahrnehmungsgesetz** (WahrnG), das gleichzeitig mit dem neuen Urheberrechtsgesetz zum 1.1.1965 in Kraft getreten ist. Als Verwertungsgesellschaft wird dort in § 1 Abs 1 definiert, wer „Nutzungsrechte, Einwilligungsrechte oder Vergütungsansprüche, die sich aus dem Urheberrechtsgesetz ... ergeben, für Rechnung mehrerer Urheber oder Inhaber verwandter Schutzrechte zur gemeinsamen Ausübung wahrnimmt“. Diese Unternehmen bedürfen einer Erlaubnis durch das Deutsche Patent- und Markenamt und unterliegen dessen ständiger Kontrolle (§§ 1ff. und 18ff. WahrnG). Soweit Verwertungsgesellschaften eine Monopolstellung besitzen, unterliegen sie auch deutschem **Kartellrecht.**[19] Das findet seinen Ausdruck ua darin, dass das DPMA Entscheidungen über Erteilung oder Widerruf der Erlaubnis „im Einvernehmen mit dem Bundeskartellamt“ trifft (§ 18 Abs 2 WahrnG). Die Kartellaufsicht hat allerdings keine größere praktische Bedeutung erlangt.[20]

2. EU Wettbewerbsrecht

15 Unter dem Gesichtspunkt des Wettbewerbsrechts hat auch die **EU Kommission** die Tätigkeit von Verwertungsgesellschaften seit 1971 vielfach durchleuchtet.[21] Verwertungsgesellschaften sind Unternehmen iSv Art 101f. AEUV. Die Kommission und der EuGH lehnen es ab, sie als Unternehmen mit Dienstleistungen von allgemeinem wirtschaftlichen Interesse unter die Ausnahmevorschrift von Art 106 Abs 2 AEUV zu subsumieren.[22] Eine Auslegung, die zu Recht kritisiert wird,[23] zumal die EU Info-Richtlinie betont, dass „ein angemessener Schutz von urheberrechtlich geschützten Werken... auch kulturell gesehen von großer Bedeutung“ ist.[24] So hat auch die Enquete-Kommission des Deutschen Bundestages das „rein wettbewerbsorientierte Modell der EU-Kommission“ kritisiert und die „kulturellen und sozialen Aspekte“ bei den Aufgaben der Verwertungsgesellschaft betont.[25]

3. EU Dienstleistungsrichtlinie

16 Lange umstritten war, ob die **EU-Dienstleitungsrichtlinie**[26] auf Verwertungsgesellschaften Anwendung findet. Dort bestimmt Art 17 Nr 11 zwar, dass „Urheberrechte und verwandte Schutzrechte“ von der grundsätzlichen Dienstleistungsfreiheit des Art 16 ausgenommen sind. Die EU-Kommission vertrat jedoch die Auffassung, dass sich diese Ausnahme nicht auf „mit der Verwaltung solcher Rechte verbundenen Dienstleistungen, wie durch Rechteverwertungsgesellschaften ... erbrachte Leistungen erstreckt“.[27] Nun hat der EuGH klargestellt, dass Verwertungsgesellschaften zwar Dienstleistungen iS von Art 16 Dienstleistungsrichtlinie erbringen, diese aber als auf Urheberrechte bezogene Dienstleistungen gem. Art 17 Nr 11 vom Anwendungsbe-

19 Einzelheiten hierzu so § 7 Rn 313ff.
20 Loewenheim/*Loewenheim* Handbuch des Urheberrechts § 50 Rn 28.
21 Einzelheiten hierzu su Bd 3 Kap 2 Rn 112ff.
22 Ua Entscheidung der Kommission v 2.6.1971 GRUR Int 1973, 86 – GEMA I; EuGH GRUR Int 1983, 734 ff – GVL.
23 *Grote* (Fn 15) 88 ff mwN.
24 Erwägungsgrund 12.
25 Schlussbericht der Enquetekommission des Deutschen Bundestages, Kultur in Deutschland, 2007, 414 – BT-Drucks 16/7000, S 278 f.
26 Richtlinie 2006/123/EG (ABl. EG 2006, S 36).
27 Handbuch zur Umsetzung der Dienstleistungsrichtlinie, 2007, S 49.

reich des Art 16 ausgeschlossen sind.[28] Der EuGH folgte damit der Argumentation der Generalanwältin, wonach Art 7 Nr 11 seinem Wortlaut nach zwar nur Rechte umfasst, diese Vorschrift sich aber „offenkundig ... auf Dienstleistungen im Zusammenhang mit solchen Rechten beziehen muss, da nur Dienstleistungen von der Anwendbarkeit des Art 16 ausgenommen sein können".

4. EU Richtlinie über kollektive Verwaltung

Am 20.2.2014 hat der Europäische Rat die „Richtlinie über kollektive Wahrnehmung von Urheber- 17
und verwandten Schutzrechten und die Vergabe von Mehrgebietslizenzen für die Online-Nutzung von Rechten an Musikwerken im Binnenmarkt" verabschiedet.[29] Sie basiert im wesentlichen auf dem Vorschlag der Kommission vom Juli 2012,[30] der zu Recht auf heftige Kritik gestoßen ist.[31] Die Regelungen, die sich allgemein mit der Tätigkeit von Verwertungsgesellschaften befassen, bleiben weit hinter den zwingenden Vorgaben des deutschen WahrnG zurück. Weder ist eine Erlaubnispflicht vorgesehen, noch eine laufende staatliche Kontrolle. Zwar schreibt die Richtlinie in Art 5 Abs 2. S 2 einen Wahrnehmungszwang vor (eine Ablehnung darf nur aus „nachvollziehbaren Gründen" erfolgen). Ein Abschlusszwang gegenüber Nutzern ist jedoch –anders als in § 11 Abs 1 WahrnG- nicht vorgeschrieben,[32] was umso überraschender ist, als die Richtlinie sonst deutlich die Interessen der Nutzer in den Vordergrund stellt. So wichtig und wünschenswert eine Vereinheitlichung des Rechts der Verwertungsgesellschaften auf europäischer Ebene ist: diese Richtlinie wird diesem Anspruch nicht gerecht.

In einem weiteren wesentlichen Bereich enttäuscht die Richtlinie. Sie berücksichtigt zwar, 18
dass die Verwertungsgesellschaften der meisten EU-Staaten sozialen und kulturellen Verpflichtungen nachkommen, idem sie zum einen vorschreibt, dass die Verwertungsgesellschaften jährlich einen „gesonderten Bericht über ihre sozialen, kulturellen und Bildungsleistungen aufstellen und veröffentlichen" müssen (Art 21 Abs 1 g) und zu anderen der Zugang der Rechteinhaber zu solchen Leistungen zu garantieren ist (Art 12 Abs 4). Die Richtlinie lässt also soziale und kulturelle Leistungen von Verwertungsgesellschaften zu, sie werden aber nicht als deren genuine Aufgaben anerkannt.[33] Auch eine Sozialbindung der Verwertungsgesellschaften bei der Tarifgestaltung (wie in § 13 Abs 3 S. 4 WahrnG) sieht die Richtlinie nicht vor. Die Richtlinie vernachlässigt somit konsequent die wichtigen sozialen und kulturellen Verpflichtungen und Aufgaben von Verwertungsgesellschafte.[34]

5. EU Richtlinie über Vergabe von Mehrgebietslizenzen für die Online-Nutzung von Musikwerken

In Titel III (Art 23ff.) der Richtlinie ist die Vergabe von Mehrgebietslizenzen für Online-Rechte an 19
Musikwerken durch Verwertungsgesellschaften geregelt. Die Empfehlung der Kommission von

28 EuGH ZUM 2014, 398/401 Rn 65 – OSA.
29 COM 2012/0180 (COD).
30 COM 2012/372 final; zur Vorgeschichte s.o.
31 Vgl. zB die Stellungnahmen von Seiten der Vertreter sowohl von Rechteinhabern wie von Nutzern in der Arbeitssitzung „Europäischer Rechtsrahmen für Verwertungsgesellschaften" in ZUM 2013, 162ff.; Stellungnahmen der GRUR vom 17.12.2012 und 25.3.2013.
32 Art 16 kann nicht als solcher ausgelegt werden – *Staats*, ZUM 2013, 162/166.
33 Der EuGH hat die von Verwertungsgesellschaften geschaffenen sozialen und kulturellen Einrichtungen unter Hinweis auf die Erwägungsgründe 10 ff der EU.Info-Richtlinie ausdrücklich gebilligt (EuGH ZUM 2013, 780 Rn 49 ff. – Amazon.
34 Vgl Beschluss des Bundesrates zum Richtlinienvorschlag vom 12.10.2012 (Drucks 398/12 Ziff 5).

2005 zur Online-Musiknutzung hatte wie zu erwarten zur Folge, dass die Musikverwertungsgesellschaften nicht mehr das Weltrepertoire vertreten konnten, weil anglo-amerikanische Majorverlage daraufhin die Online-Rechte von den traditionellen, regional beschränkten Verwertungsgesellschaften abgezogen haben und sie seither gemeinsam mit ausgewählten großen Musikverwertungsgesellschaften verwalten.[35] Damit war der von den Nutzern verständlicherweise gewünschte One-Stop-Shop für den musikalischen Bereich beseitigt. Diesen Fehler will die Richtlinie nun offensichtlich korrigieren, aber mit untauglichen Mitteln. Damit auch die Repertoire kleinerer Verwertungsgesellschaften für Online-Nutzungen attraktiv werden, verpflichtet Art 30 Verwertungsgesellschaften, die bereits Mehrgebietslizenzen verwalten, auf Antrag anderer Verwertungsgesellschaften zur Übernahme entsprechender Rechte an deren Repertoire. Die übernehmende Verwertungsgesellschaft darf dafür Verwaltungskosten in Rechnung stellen, die dieser „vernünftigerweise entstanden" sind. Es ist kaum anzunehmen, dass Verträge zwischen Verwertungsgesellschaften für Mehrgebietslizenzen große praktische Bedeutung gewinnen werden.[36] Es wird wohl dabei bleiben, dass nationale Nischenrepertoire benachteiligt sind und der erwünschte One-Stop-Shop nicht mehr erreicht wird.

V. Die deutschen Verwertungsgesellschaften

20 Derzeit besitzen in Deutschland zwölf Verwertungsgesellschaften gem § Abs 1 WahrnG die Erlaubnis des DPMA zum Geschäftsbetrieb. Sie hatten 2011 ein Gesamtaufkommen von rund 1,31 Mrd Euro.[37]

1. Verwertungsgesellschaften der Urheber

21 Die drei **Verwertungsgesellschaften der Urheber** sind rechtsfähige Vereine kraft Verleihung (rV) gem § 22 BGB,[38] wobei in allen neben den Urhebern auch die entsprechenden Verleger vertreten sind. Sie haben für ihre Bereiche (Musik, Sprachwerke und Bilder) eine Quasi-Monopolstellung. Die Satzungen dieser Vereine sehen das sog **Kuriensystem** vor; dh die verschiedenen Berufssparten der Urheber einerseits und der Verleger andererseits sind in den Vereinsorganen durch Berufsgruppen vertreten, wobei sichergestellt ist, dass einzelne Berufsgruppen nicht majorisieren können. Diese Verwertungsgesellschaften der Urheber haben derzeit eine faktische Monopolstellung für die von ihnen wahrgenommenen Rechte in ihrer Werksparte.[39]

22 **a)** Älteste, größte und bekannteste Verwertungsgesellschaft ist die Gesellschaft für musikalische Aufführungs- und mechanische Vervielfältigungsrechte **GEMA** mit Sitz in Berlin und München. Sie hat drei Berufsgruppen: Komponisten, Textdichter und Musikverleger. Hauptein-

---

35 Einzelheiten s.o.

36 Vgl *Holzmüller* ZUM 2013, 168/171.

37 DPMA-Jahresbericht 2012, S 42f; Einzelheiten zu den einzelnen Verwertungsgesellschaften bei Loewenheim/*Melichar* Handbuch des Urheberrechts, § 46 Rn 4ff; die Satzungen der meisten Verwertungsgesellschaften sind abgedruckt bei *Hillig* (Hrsg) Urheber- und Verlagsrecht (Beck-Texte im dtv) 2014, 239ff.

38 Ein eingetragener Verein scheidet als Rechtsform aus, weil Verwertungsgesellschaften entgegen § 21 BGB wirtschaftlich tätig sind.

39 Eine laut Presseberichten im September 2013 für Komponisten als „Genossenschaft" gegründete *cultural commons collecting society (c3s)* will nach eigenen Angaben 2015 beim DPMA einen Antrag auf Erlaubnis gem § 1 Abs 1 WahrnG stellen, wobei allerdings noch unklar ist, welche Rechte sie sich von Musikurhebern zur Wahrnehmung übertragen lassen will; weil Creative-Commons-Lizenzen grundsätzlich freie Lizenzen sind, scheint ihre kollektive Wahrnehmung wirtschaftlich sinnvoll nur schwer realisierbar.

nahmequellen der GEMA sind beschränkt auf die sog „kleinen Rechte" (dh ohne musikdramatische Werke) das Aufführungsrecht (§ 19 Abs 2 UrhG) und das Senderecht (§ 20 UrhG), sowie für alle musikalischen Werke die öffentliche Wiedergabe (das sog „Kneipenrecht" gem §§ 21f UrhG) und das Recht der Vervielfältigung auf Bild- und Tonträger (die sog „mechanischen Rechte" gem § 16 Abs 2 UrhG). Auch die Online-Nutzung (§ 19a UrhG) gehört zu Katalog der von der GEMA wahrgenommenen Rechte; während die GEMA mit einigen kleineren Online-Diensten Verträge abgeschlossen hat, besteht mit YouTube seit 2010 Streit über die Höhe der von YouTube zu zahlenden Vergütung.[40] Daneben nimmt die GEMA die gesetzlichen Vergütungsansprüche wahr, insbes also die Vergütung für privates Kopieren, die von Herstellern und Importeuren von Aufnahmegeräten und Speichermedien zu zahlen ist (§§ 54f. UrhG). 2011 hatte die GEMA Erträge in Höhe von € 825,5 Mio.

b) Die Verwertungsgesellschaft **Wort** hat sechs Berufsgruppen: 1. Autoren/Übersetzer 23
schöngeistiger und dramatischer Literatur; 2. Journalisten sowie Autoren/Übersetzer von Sachliteratur; 3. Autoren/Übersetzer von wissenschaftlicher und Fachliteratur; 4. Verleger von schöngeistigen Werken und von Sachliteratur; 5. Bühnenverleger und schließlich 6. Verleger von wissenschaftlicher und Fachliteratur. Haupteinnahmequellen der VG WORT sind die Vergütungen für privates Kopieren (§§ 54f. UrhG), für Entleihungen in Bibliotheken (die sog Bibliothekstantieme gem § 27 UrhG) und die Kabelweiterverbreitung (§ 20b UrhG), sowie die Pressespiegelvergütung (§ 49 UrhG) und die Lizenzeinnahmen für öffentliche Wiedergabe (das sog Kneipenrecht gem §§ 21f. UrhG). Die übrigen gesetzlichen Vergütungen sind finanziell zwar jedenfalls vorerst noch nicht bedeutend, sind jedoch eine wichtige Option für die Zukunft (Intranet-Nutzungen für Unterricht und Forschung gem § 52a UrhG, *On-the-Spot-Consultations* gem § 52b UrhG und Kopienversand auf Bestellung gem § 53a UrhG).[41] Die VG WORT engagiert sich auch für die praktische Durchsetzung der vom Gesetzgeber neu geschaffenen Übergangsregelung für neue Nutzungsarten (§ 137l UrhG) sowie der ebenfalls neuen Regelungen für die Nutzung verwaister und vergriffener Werke (§§ 61ff. UrhG und § 13d WahrnG). 2011 hatte die VG Wort Erträge in Höhe von € 124,9 Mio.

c) Die **Verwertungsgesellschaft Bild-Kunst** hat drei Berufsgruppen: 1. Bildende Künstler; 24
2. Fotografen, Designer und Zeichner von Darstellungen wissenschaftlicher Art; 3. Urheber von Film- und Fernsehwerken, insbes Regisseure. Als Inhaber übertragener Rechte gehören zur jeweiligen Berufsgruppe auch Kunstbuchverlage, Bildagenturen und Dokumentarfilmproduzenten. Die VG Bild-Kunst nimmt für Werke der bildenden Kunst das Recht der Vervielfältigung und Verbreitung in Printmedien (insbes in Zeitungen und Zeitschriften) wahr. Finanziell wichtiger aber ist das Inkasso der gesetzlichen Vergütungsansprüche für das Folgerecht (§ 26 UrhG), die Kabelweitersendung (§ 20b Abs 2 UrhG) und die private Vervielfältigung (§ 54a UrhG). 2011 hatte die VG Bild-Kunst Erträge in Höhe von insges € 64,7 Mio.

2. Verwertungsgesellschaften der Leistungsschutzberechtigten

Anders als bei den **Verwertungsgesellschaften** für Urheber haben sich für die Bereiche **der** 25
Leistungsschutzrechte, insbes für den Filmbereich mehrere konkurrierende Verwertungsgesellschaften herausgebildet. Sie sind – mit Ausnahme der VG Musikedition – sämtlich in Form von GmbHs konstituiert. Gesellschafter sind in der Regel Berufsverbände oder Unternehmen.

---

40 Das LG Hamburg hat den Anspruch der GEMA dem Grunde nach bestätigt: ZUM 2012, 596/602 – Haftung eines UGC-Streaming-Dienstes.

41 Die Gesamtverträge über die Vergütungsansprüche nach §§ 27 Abs 2, 52a und 53a UrhG sind abgedruckt bei *Hillig* (Fn 38) 264ff.

26 **a)** Die **Gesellschaft zur Verwertung von Leistungsschutzrechten mbH (GVL)** vertritt die Rechte von ausübenden Künstlern (§ 73 UrhG) und Tonträgerproduzenten (§ 85 UrhG). Sie kassiert die den ausübenden Künstlern zustehende Vergütung für die Sendung erschienene Tonträger in Radio und Fernsehen und deren öffentliche Wiedergabe (§ 78 Abs 2 Ziff 1, 2 und 3 UrhG); der Beteiligungsanspruch der Tonträgerproduzenten hieran (§ 86 UrhG) wird intern geregelt. Außerdem nimmt sie die Vergütungsansprüche für Kabelweiterverbreitung (§ 20b UrhG) und privates Kopieren (§ 54 UrhG) wahr. 2011 hatte die GVL Erträge in Höhe von € 128,3 Mio.

27 **b)** Eine Sonderstellung nimmt die **Verwertungsgesellschaft Musikedition** ein, nicht nur weil sie als Vertreterin von Leistungsschutzrechten der einzige Verein kraft Verleihung ist. Zunächst vertrat sie nur die Nutzungsrechte an leistungsschutzrechtlich geschützten wissenschaftlichen Ausgaben (§ 70 UrhG) und *Editiones principes* (§ 71 UrhG). Heute hat sie drei „Kammern“: I. Herausgeber/Verfasser; II. Verleger; III. Komponisten/Textdichter. Sie vertritt dabei die Rechte an gedruckten Noten, was ihr durch das Verbot des privaten Kopierens „graphischer Aufzeichnungen von Werken der Musik“ in § 53 Abs 4 Buchst a UrhG eine Sonderstellung gibt. Sie lizenziert das Vervielfältigen von Noten und Liedtexten an Schulen, Kirchen uä Einrichtungen und nimmt gesetzliche Vergütungsansprüche (insbes aus §§ 27, 45a, 46, 52a und 52b UrhG) wahr. 2011 hatte die VG Musikedition Erträge in Höhe von € 3,5 Mio.

28 **c)** Die **VG Bild-Kunst** vertritt neben Urhebern auch Filmproduzenten (§ 94 UrhG), weshalb sich auch zu den Verwertungsgesellschaften der Leistungsschutzberechtigten zu zählen ist.

29 **d)** Die **Verwertungsgesellschaft der Film- und Fernsehproduzenten mbH (VFF)** hat zwei „Kurien“: 1. Selbständige Filmhersteller; 2. Sendeunternehmen und deren Werberundfunkgesellschaften. Hieraus ergibt sich bereits, dass sie va die sog Auftragsproduzenten und die öffentlich-rechtlichen Rundfunkanstalten vertritt, für die sie insbes die Vergütungsansprüche für Kabelweiterverbreitung (§ 20 b UrhG) und private Vervielfältigung (§ 54 UrhG) wahrnimmt. 2011 hatte die VFF Erträge in Höhe von € 30,6 Mio.

30 **e)** Die **Gesellschaft zur Wahrnehmung von Film- und Fernsehrechten mbH (GWFF)** vertritt vorrangig ausländische, insbes US-amerikanische Produzenten (einschließlich der an diese übertragenen Rechte von Urhebern) für die Bereiche Videovermietung (§ 17 Abs 3 UrhG), Kabelweiterverbreitung (§ 20b UrhG) und private Überspielung (§ 54 UrhG). Besonderes Gewicht legt sie auf die Vertretung ihrer Berechtigten im europäischen Ausland. 2011 hatte die GWFF Erträge in Höhe von € 38,2 Mio.

31 **f)** Die **Verwertungsgesellschaft für Nutzungsrechte an Filmwerken mbH (VGF)** ist eine Gründung des Verbandes Deutscher Spielfilmproduzenten und des Verbandes der Filmverleiher. Sie vertritt vornehmlich Filmproduzenten aus diesen Verbänden für im wesentlichen identischen Rechte und Ansprüche wie die vorgenannte GWFF. 2011 hatte die VGF Erträge in Höhe von € 11,5 Mio.

32 **g)** Die **AGICOA Urheberrechtsschutzgesellschaft mbH** ist eine Gründung von GWFF (so) und der Non-Profit Organisation AGICOA Genf. Sie vertritt die Rechte von in- und ausländischen Filmherstellern, die diese „aus eigenem bzw abgeleitetem Recht“ haben,[42] allerdings beschränkt

---

42 § 2 Abs 1 der Satzung der AGICOA.

auf kabellose oder kabelgebundene Weitersendung von Filmwerken. 2011 hatte die AGICOA Erträge in Höhe von € 21,2 Mio.

h) Die **Gesellschaft zur Übernahme und Wahrnehmung von Filmaufführungsrechten mbH (GÜFA)** vertritt die Rechte von Produzenten erotischer und pornographischer Filme für insbes die Bereiche Videovermietung (§ 17 Abs 3 UrhG), öffentliche Wiedergabe (§ 19 Abs 4 UrhG) und private Überspielung (§ 54 UrhG). 2011 hatte die GÜFA Erträge in Höhe von € 7,1 Mio. 33

i) Die **VG Media Gesellschaft zur Verwertung der Urheber- und Leistungsschutzrechte von Medienunternehmen mbH** vertritt die meisten deutschen privaten Rundfunkunternehmen (Hauptgesellschafter ist die ProSiebenSat1 Media AG). Haupteinnahmequelle war bisher die Kabelweiterverbreitung. 2011 hatte die VG Media Erträge in Höhe von € 48,0 Mio. 34

j) Die **TWF Treuhandgesellschaft Werbefilm mbH** ist eine Verwertungsgesellschaft von Herstellern von Werbefilmen. Sie macht va Vergütungsansprüche der Produzenten aus § 94 UrhG für die Kabelweiterleitung (§ 20b Abs 2 UrhG) und die private Überspielung (§ 54 UrhG) geltend. 2011 hatte die TWF Erträge in Höhe von € 2,4 Mio. 35

3. Zusammenschlüsse von Verwertungsgesellschaften

An urheberrechtlich geschützten Werken sind in aller Regel eine Vielzahl von Urhebern und Leistungsschutzberechtigten beteiligt, die aufgrund der Aufsplitterung der Rechtekataloge verschiedenen Verwertungsgesellschaften angehören. Dies macht es nötig, dass sich die einzelnen Verwertungsgesellschaften zum Zweck eines gemeinsamen Inkassos zusammenschließen (vgl § 13c Abs 2 S 2 WahrnG). Nur solche in der Praxis bewährten **zentralen Inkassostellen** ermöglichen eine sinnvolle und Verwaltungskosten verringernde Abwicklung des Rechtsverkehrs, nur dadurch sind Nutzer nicht gezwungen, mit einer Vielzahl von Verwertungsgesellschaften zu verhandeln. Diese Inkassostellen werden in der Rechtsform von Gesellschaften bürgerlichen Rechts betrieben (§§ 705 ff. BGB).[43] Hauptaufgabe dieser Inkassostellen sind Durchsetzung und Inkasso der Vergütungsansprüche und die Verteilung der Erträge an die angeschlossenen Verwertungsgesellschaften. 36

a) Vorbild für diese Kooperation der Verwertungsgesellschaften ist die schon 1966 gegründete **Zentralstelle für private Überspielungsrechte (ZPÜ)**, die die Vergütungsansprüche für privates Kopieren von Audio- und audiovisuellen Werken (§ 54 UrhG) verwaltet. Der ZPÜ gehören heute – mit Ausnahme von VG Musikedition und VG Media – sämtliche deutschen Verwertungsgesellschaften an. Geschäftsführerin ist die GEMA. 37

b) Der **Zentralstelle Bibliothekstantime (ZBT)** gehören VG Wort, VG Bild-Kunst, VG Musikedition, GEMA, GVL, VGF, GWFF und VFF an. Sie verwaltet die Vergütungsansprüche aus § 27 Abs 2 und 3 UrhG (Bibliothekstantieme) und aus § 52a UrhG (beschränkt auf die öffentliche Zugänglichmachung für den Unterricht an Schulen). Geschäftsführerin ist die VG Wort. 38

c) Der **Zentralstelle Fotokopieren an Schulen (ZFS)** gehören als Gesellschafter VG Wort, VG Bild-Kunst und VG Musikedition an. Außerdem hat die ZFS einen aus Verlegerverbänden 39

---

43 Einzelheiten zu den einzelnen Inkassostellen bei Loewenheim/*Melichar* (Fn 38) § 46 Rn 21 ff; die Gesellschaftsverträge der meisten Zentralstellen sind abgedruckt bei *Hillig* (Fn 38) 330 ff.

zusammengesetzten Beirat mit beratender Funktion.[44] Die ZFS kassiert zum einen die gesetzliche Vergütung für Fotokopieren an Schulen (§ 53 Abs 3 iVm § 54c UrhG). Zum anderen aber wird über die ZFS auch die Lizenzierung für das nicht gesetzlich privilegierte Kopieren aus Schulbüchern und von Noten (§ 53 Abs 3 S 2 und Abs 4a UrhG) abgewickelt. Geschäftsführerin ist die VG Wort.

40 **d)** Der **Zentralstelle Videovermietung (ZVV)** gehören GEMA, VG Wort, VG Bild-Kunst, GÜFA, GVL, GWFF und VGF an. Unter der Federführung der GEMA kassiert die ZVV von Videotheken die Vergütung für das Vermieten von Bildtonträgern (§ 27 Abs 1 und 2 UrhG). Geschäftsführerin ist die GEMA.

41 **e)** Der **Zentralstelle für die Wiedergabe von Fernsehsendungen (ZWF)** gehören VG Bild-Kunst, GÜFA, GWFF, VGF, AGICOA und VFF an. Sie lizenziert für Filmproduzenten und Filmurheber das Recht der öffentlichen Wiedergabe und Kabelweiterleitung von Fernsehsendungen in Hotels uä (§ 22 UrhG). Geschäftsführerin ist die VG Bild-Kunst.

42 **f)** Zur **Inkassostelle für Kabelweitersendung** haben sich sämtliche Verwertungsgesellschaften (mit Ausnahme von VG Media, GÜFA und VG Musikedition) und die öffentlich-rechtlichen Rundfunkanstalten ARD und ZDF, sowie einige kleinere private Rundfunkanstalten zusammengeschlossen (die beiden großen privaten Fernsehgruppierungen ProSiebenSat1 und RTL lassen ihre Kabelweitersenderecht durch die VG Media wahrnehmen). Diese auch **Münchner Runde** genannte Inkassostelle ist somit in der Lage, Kabelunternehmen die benötigten Kabelweiterverbreitungsrechte sowohl für die durch ihre jeweiligen Verwertungsgesellschaften vertretenen Urheber und Leistungsschutzberechtigten (§ 20b Abs 1 S 1 UrhG) einzuräumen, als auch für die öffentlich-rechtlichen Rundfunkanstalten (§ 20b Abs 1 S 2 UrhG). Die GEMA hat von den Organisationen der Münchner Runde einen Auftrag für das Inkasso.3

4. Inkassovereinbarungen zwischen Verwertungsgesellschaften

43 In vielen Fällen übernimmt aus Gründen der Praktikabilität eine Verwertungsgesellschaft das Inkasso (und die hierfür nötige Kontrolle) für andere Verwertungsgesellschaften. Die kassierende Verwertungsgesellschaft erhält eine vereinbarte Inkassoprovision. Solche **Inkassovereinbarungen** sparen Verwaltungskosten und haben für Nutzer den Vorteil, dass sie nur mit einer Organisation verhandeln müssen. Der vom Nutzer verlangte Tarif umfasst die Tarife aller beteiligten Verwertungsgesellschaften; dabei besteht der Gesamttarif entweder aus dem Tarif der kassierenden Verwertungsgesellschaft mit prozentualen Zuschlägen für die anderen Verwertungsgesellschaften oder jede Verwertungsgesellschaft setzt ihre eigenen Tarife fest, die sich dann addieren.

44 Typische Beispiele für diese Praxis sind das Inkasso der GEMA für die öffentliche Wiedergabe (das sie auch für GVL und VG Wort in Form von Zuschlägen zu ihrem eigenen Tarif durchführt) und das Inkasso der VG Wort für die Reprographievergütung (das sie mit einem Gesamttarif auch für die VG Bild-Kunst durchführt).

44 § 6 des Gesellschaftsvertrages der ZFS abgedruckt bei *Hillig* (Fn 38) 284.

§ 2
Verhältnis zwischen Rechteinhabern und Verwertungsgesellschaft

I. Wahrnehmung der Rechte und Ansprüche

1. Allgemeines

a) Verwertungsgesellschaften unterliegen gem § 6 WahrnG einem **Wahrnehmungszwang:** 45
sie sind verpflichtet, „die zu ihrem Tätigkeitsbereich gehörenden Rechte und Ansprüche ... zu angemessenen Bedingungen wahrzunehmen". Der Begriff der Angemessenheit wird nicht definiert, die Gesetzesbegründung geht aber davon aus, dass „in der Regel" die Bedingungen, die „die Verwertungsgesellschaften allgemein auch ihren Mitgliedern auferlegt" angemessen sind.[45] Zu den Bedingungen, die ggf der Angemessenheitskontrolle unterliegen, zählen Satzung, Wahrnehmungsvertrag und Verteilungspläne. Als angemessen können die Bedingungen gelten, „wenn eine Äquivalenz von Leistung und Gegenleistung erreicht ist".[46] Danach ist eine Verwertungsgesellschaft zur Wahrnehmung von Rechten nur insoweit verpflichtet, „als ihr dies wirtschaftlich zuzumuten ist".[47] Der Wahrnehmungszwang gilt im Falle konkurrierender Verwertungsgesellschaften für das gleiche Repertoire (wie bei den Filmverwertungsgesellschaften) nach ganz hM für jede einzelne dieser Verwertunsgesellschaften.[48] Strittig ist, ob über den Wortlaut von § 6 Abs 1 UrhG hinaus auch Angehörige von Drittstaaten einen Anspruch auf Vertretung durch eine deutsche Verwertungsgesellschaft haben. Mit der hM ist davon auszugehen, dass ein solcher Anspruch allenfalls für verwertungsgesellschaftspflichtige Rechte und Ansprüche besteht.[49]

b) Zessionare, dh Inhaber abgetretener Rechte oder Vergütungsansprüche haben nach 46
wohl hM keinen Anspruch gem § 6 WahrnG auf Vertretung durch eine Verwertungsgesellschaft.[50] Verwertungsgesellschaften sind gegründet und getragen von Urhebern und Leistungsschutzberechtigten, sie sind deren Selbsthilfeorganisationen, Zessionare verfolgen dagegen zwangsläufig (auch) eigene Interessen, die nicht immer mit denen der originären Rechteinhaber konform gehen müssen. In der Praxis regeln die Verwertungsgesellschaften der Urheber das Problem, indem sie eine Abtretung der von ihnen verwalteten Recht von ihrer Zustimmung abhängig machen, was nach § 399 2. Hs BGB zulässig ist.[51]

Eine Sonderstellung nehmen die **Verleger** ein, die sich auch daraus ergibt, dass das Ur- 47
heberrechtsgesetz Verlegern als einzigen Erstverwertern urheberrechtlich geschützter Werke kein eigenes Leistungsschutzrecht gewährt, obwohl doch auch sie – wie Tonträger- oder Filmproduzenten – erhebliche organisatorische und finanzielle „Leistungen" erbringen.[52] Dieses Defizit ist wohl nicht zuletzt darauf zurückzuführen, dass Verleger zu den Gründern der Verwertungsgesellschaften von Urhebern gehörten und somit von Anbeginn an Durchsetzung

45 Amtl Begr zum RegE, UFITA Bd 46 (1966) 271, 280.
46 Schricker/Loewenheim/*Reinbothe* § 6 WahrnG Rn 13.
47 BGH GRUR 2002, 332, 334 – Klausurerfordernis; ähnlich BGH NJW 2002, 3549, 3550 – Mischtonmeister; KG ZUM-RD 2011, 157.
48 Wandtke/Bullinger/*Gerlach* § 6 WahrnG Rn 15; Loewenheim/*Melichar* (Fn 38) Rn 7 mwN.
49 Schricker/Loewenheim/*Reinbothe* § 6 WahrnG Rn 9 mwN.
50 Loewenheim/*Melichar* (Fn 38) § 47 Rn 8 mwN.
51 ZB § 4 Berechtigungsvertrag der GEMA.
52 Der Gesetzgeber hat diese Leistungen bei der Neufassung von § 63a UrhG ausdrücklich anerkannt: Begr RegE zu § 63a UrhG, abgedruckt bei *Hucko* Zweiter Korb, 134.

und Ertrag der gemeinsam eingebrachten und gemeinsam verwalteten Rechte beteiligt waren.[53] Ein Anspruch auf Mitgliedschaft im vereinsrechtlichen Sinn resultiert hieraus freilich nicht.[54]

48 **c)** Die in der Form von rV geführten Verwertungsgesellschaften sind auch unter dem Gesichtspunkt von § 6 Abs 1 WahrnG nicht verpflichtet, jeden Berechtigten als **Mitglied im vereinsrechtlichen Sinn** aufzunehmen, wie sich schon aus § 6 Abs 2 WahrnG ergibt, der ausdrücklich zwischen Mitliedern und (sonstigen) Berechtigten unterscheidet.[55] Aus guten Gründen ist in Satzungen vorgesehen, dass nur Berechtigte, deren Aufkommen aus der Nutzung ihrer Werke kontinuierlich eine gewisse Höhe erreicht, Mitglieder mit den umfassenden Vereinsrechten (vgl § 32 BGB) werden können;[56] die Geschicke einer Verwertungsgesellschaft sollen diejenigen lenken, die wirtschaftlich eng mit der Branche verbunden sind und nicht Berechtigte, die nur gelegentlich als Urheber tätig werden und somit naturgemäß weniger Interesse an der Arbeit der Verwertungsgesellschaft haben.[57] Obwohl § 6 WahrnG nur von „Mitgliedern" und „Satzung" spricht, ist unbestritten, dass diese Bestimmungen auch für Verwertungsgesellschaften mit anderer Rechtsform gelten; GmbH-Verwertungsgesellschaften müssen also Berechtigte nicht als Gesellschafter aufnehmen.[58]

49 Für die Belange der Berechtigten ohne Mitglieder- bzw. Gesellschafterstatus ist eine **„gemeinsame Vertretung"** zu bilden (§ 6 Abs 2 WahrnG). In welcher Form die „angemessene Wahrung der Belange der Berechtigten" erfolgen muss, ist nicht vorgeschrieben; die Gesellschaften haben einen „weiten Ermessensspielraum".[59] Bei Verwertungsgesellschaften in Form von rV geschieht dies in der Regel durch von den Berechtigten gewählte „Delegierte", die in der Mitgliederversammlung volles Stimmrecht haben.[60] Die GmbH-Verwertungsgesellschaften haben Beiräte mit weitgehenden Rechten in der Gesellschafterversammlung etabliert.[61]

50 **d)** Es ist gängige Übung, dass Verwertungsgesellschaften die Einräumung von Nutzungsrechten oder das Inkasso von gesetzlichen Vergütungen für sämtliche einschlägigen Urheber oder Leistungsschutzberechtigten durchführen und die Vertragspartner von etwaigen Ansprüchen von Außenseitern freistellen. Sie fingieren also eine Vertretungsbefugnis selbst da, wo sie nicht alle Rechte vertreten. Der Gesetzgeber hat dieses in der Praxis entwickelte System erstmals in § 13c Abs 3 WahrnG für die Kabelweitersendung etabliert und jüngst in § 13d Abs 1 WahrnG auch für die Nutzung verwaister Werke. Grundsätzlich handeln Verwertungsgesellschaften in all diesen Fällen für die Außenseiter als **Geschäftsführer ohne Auftrag** (§§ 677 ff BGB). In den gesetzlich geregelten Fällen sind die Beziehungen zwischen Außenseiter und Verwertungsgesellschaft speziell geregelt (§§ 13c Abs 4 und 13d Abs 4 WahrnG); als lex specialis haben diese Regeln Vorrang vor den allgemeinen Regeln für die Geschäftsführung ohne Auftrag.[62] Es wird sich aber empfehlen, diese Spezialregeln als besonders interessengerecht auch in den anderen

53 Ausf hierzu *Melichar* Urheberrecht in Theorie und Praxis, 78 ff.
54 BGH GRUR 1971, 326, 328 – Ufa-Musikverlage.
55 Amtl Begr (Fn 46) 280; Dreier/*Schulze* § 6 WahrnG Rn 28.
56 GEMA Satzung § 7; VG Wort Satzung § 2 III.
57 Schricker/Loewenheim/*Reinbothe* § 6 WahrnG Rn 14.
58 Loewenheim/*Melichar* (Fn 38) § 47 Rn 4 mwN.
59 Schricker/Loewenheim/*Reinbothe* § 6 WahrnG Rn 15.
60 § 12 Nr 2 Satzung der GEMA; § 8 II Satzung der VG Wort; der Gesetzgeber hat diesem System Vorbildcharakter attestiert – Amtl Begr zum RegE (Fn 46) S 280.
61 Typisches Beispiel: § 7 der GVL Satzung.
62 Grundsätzlich zur GoA durch Verwertungsgesellschaften *Hillig* FS Pfennig, 439 ff.

– nicht gesetzlich geregelten – Fällen der Geschäftsführung ohne Auftrag zur Auslegung heranzuziehen.[63]

2. Der Wahrnehmungsvertrag

a) Das Rechtsverhältnis zwischen Berechtigten und Verwertungsgesellschaften wird durch den „**Wahrnehmungsvertrag**" (bei der GEMA „Berechtigungsvertrag") geregelt. Es handelt sich um einen Vertragstypus sui generis, der Elemente des Auftrages (insbes in Hinblick auf die treuhänderische Rechteübertragung), des Gesellschafts-, Dienst- und Geschäftsbesorgungsvertrages aufweist.[64] Der BGH behandelt Wahrnehmungsverträge in stRspr als „bundesweit angewandte Allgemeine Geschäftsbedingungen"[65] und legt sie demgemäß eigenständig aus.[66] Wahrnehmungsverträge unterliegen also der AGB-Kontrolle gem §§ 305 ff BGB.[67] Dies gilt nach der Rechtsprechung des BGH trotz § 310 Abs 4 BGB auch im Verhältnis zwischen der Verwertungsgesellschaft und ihren Mitgliedern im vereinsrechtlichen Sinn.[68] 51

Wahrnehmungsverträge beinhalten in der Regel sog **Einbeziehungsklauseln,** dh nachträgliche Erweiterungen oder Änderungen des Wahrnehmungsvertrages werden Bestandteil des Vertrages. Ergänzungen des Wahrnehmungsvertrages werden zB nötig, wenn der Gesetzgeber neue urheberrechtliche Ansprüche konstituiert. Der BGH hält schlichte Einbeziehungsklauseln unter dem Gesichtspunkt von §§ 305 Abs 2 und 307 BGB für unwirksam.[69] Die Wahrnehmungsverträge sehen deshalb vor, dass nachträgliche Änderungen oder Ergänzungen den Berechtigten mitzuteilen sind mit dem besonders hervorgehobenen Hinweis, dass Schweigen hierzu nach Ablauf einer angemessenen Frist als Zustimmung gewertet wird. Diese Handhabung genügt den AGB-Anforderungen (§ 308 Nr 5b BGB).[70] 52

b) Hauptinhalt der Wahrnehmungsverträge ist die Einräumung von Nutzungsrechten bzw. die Übertragung von gesetzlichen Vergütungsansprüchen an die Verwertungsgesellschaft zur treuhänderischen Wahrnehmung. Um die Aktivlegitimation zu belegen, sind insbes die eingeräumten Rechte möglichst präzise zu fassen, auch wenn für die Auslegung von Wahrnehmungsverträgen der „Übertragungszweckgedanke" (§ 31 Abs 5 UrhG) maßgeblich ist.[71] Weiterer wesentlicher Bestandteil der Wahrnehmungsverträge ist, dass Satzung bzw. Gesellschaftsvertrag der Verwertungsgesellschaft ebenso Bestandteil des Vertrages sind, wie die Verteilungspläne. 53

Grundsätzlich **verjähren** Ansprüche von Berechtigten gegen ihre Verwertungsgesellschaft in drei Jahren (§ 195 BGB). Viele Verwertungsgesellschaften sehen in ihren Wahrnehmungsverträgen eine Verkürzung auf zwei Jahre vor, was nach § 225 BGB zulässig ist und auch der Interessenlage entspricht.[72] 54

---

63 Loewenheim/*Melichar* (Fn 38) § 47 Rn 30.
64 BGH GRUR 1982, 308, 309 – Kunsthändler.
65 BGH ZUM 2002, 379 – Klausurerfordernis; BGH GRUR 2009, 395, 398 – Klingeltöne für Mobiltelefone; BGH GRUR 2010, 62, 64 – Werbemusik.
66 BGH ZUM 2005, 739, 742 – PRO Verfahren; BGH GRUR 2010, 62, 64 – Werbemusik.
67 Lediglich von der strikten Laufzeitenbeschränkung sind Verwertungsgesellschaften in § 309 Nr 9 BGB ausdrücklich ausgenommen.
68 BGH GRUR 2009, 395, 400 – Klingeltöne für Mobiltelefone.
69 BGH wie in Fn 69.
70 Ausf zur Einbeziehungsproblematik Loewenheim/*Melichar* (Fn 38) § 47 Rn 19 und 25.
71 BGH ZUM 2010, 174, 175 – Nutzung von Musik für Werbezwecke mwN; hierzu *Riesenhuber* ZUM 2010, 137 ff.
72 So die Wahrnehmungsverträge von AGICOA, GWFF, VFF und VGF.

II. Verteilung des Aufkommens

1. Verteilungsplan

55 Verwertungsgesellschaften haben ihre Einnahmen „nach festen Regeln (**Verteilungsplan**) aufzuteilen, die ein willkürliches Vorgehen bei der Verteilung ausschließen" (§ 7 S 1 WahrnG). Auch die Verteilungspläne werden vom BGH der AGB-Kontrolle unterworfen.[73] Strittig ist, ob das Willkürverbot in § 7 WahrnG auch eine Angemessenheitskontrolle umfasst. Nicht zuletzt weil § 6 Abs 1 WahrnG ausdrücklich bestimmt, dass die Wahrnehmung zu „angemessenen Bedingungen" erfolgen muss, in § 7 WahrnG dagegen nur „willkürliches Vorgehen" verboten wird, geht die wohl hM davon aus, dass § 7 WahrnG nur eine Willkürkontrolle vorsieht.[74]

2. Ausschüttung

56 Das Ideal einer **Ausschüttung** ist natürlich, die Einnahmen exakt für die Werke auszuschütten, für deren Nutzung bezahlt wurde. So zahlt die GEMA die für die Vergaben der mechanischen Rechte eingenommenen Vergütungen an die Rechteinhaber der vervielfältigten Werke aus, so rechnet die VG Wort die Übernahmen von Fremdtexten in Schulbüchern (§ 46 UrhG) ab und die VG Bild-Kunst die individuell vergebenen Abdruckgenehmigungen. Diese Nutzungen können ohne zu große Verwaltungskosten einzelfallbezogen registriert und abgerechnet werden.

57 In den vielen Fällen von **Massennutzungen** mit denen sich Verwertungsgesellschaften meist zu befassen haben, ist eine Registrierung der einzelnen Nutzungsvorgänge jedoch praktisch nicht realisierbar – man denke nur an das Kneipenrecht oder das private Kopieren. Verwertungsgesellschaften vergeben in solchen Fällen die Rechte pauschal für ihr ganzes Repertoire, bzw. kassieren für ihr ganzes Repertoire, ohne im Einzelfall feststellen zu können, welche Teile hiervon tatsächlich genutzt werden. Hier müssen die Möglichkeit und die Wahrscheinlichkeit, dass ein Werk entsprechend genutzt wird, zur Teilhabe an der Ausschüttung ausreichen. Verteilungspläne können sachgerechte Kriterien für die Vermutung der Nutzung und als Voraussetzung für eine Ausschüttung vorsehen.[75] Die Verteilungspläne müssen „in gewissem Umfang typisieren und pauschalieren", was sich schon daraus ergibt, dass Verwertungsgesellschaften als Treuhänder ihren Verwaltungsaufwand in einem angemessenen Verhältnis zu den Einnahmen halten müssen.[76]

58 Probleme ergeben sich bei der Beurteilung, unter welchen Voraussetzungen für Beiträge im Internet die Vermutung gilt, dass sie wahrscheinlich auch privat kopiert werden und somit an der Ausschüttung der Vergütung für private Vervielfältigungen partizipieren können. Dies ist für Texte besonders problematisch, da gewiss nicht für jeden Blog diese Wahrscheinlichkeitsvermutung spricht. Die VG Wort hat hierfür nun mit METIS ein System entwickelt, das die Anzahl der Zugriffe pro Artikel ermittelt; Voraussetzung an der Teilnahme ist allerdings eine vorangehende individuelle Kennzeichnung jedes Artikels. Wenn eine bestimmte Zahl von Abrufen registriert wird, kann dann davon ausgegangen werden, dass dieser Beitrag genügend interessiert, um auch vervielfältigt zu werden.[77]

59 Oft sehen Verteilungspläne vor, dass Voraussetzung für die Teilnahme an einer Ausschüttung **Meldungen** sind (zB die Meldung des Ersterscheinens eines wissenschaftlichen Werkes, um an der Ausschüttung der Reprographievergütung durch die VG Wort teilzunehmen). Für sol-

---

73 BGH GRUR 2002, 332 – Klausurerfordernis; BGH GRUR 2013, 375 – Missbrauch des Verteilungsplans.
74 Ausf hierzu Loewenheim/*Melichar* (Fn 38) § 47 Rn 32f.
75 OLG Naumburg ZUM 2003, 501, 502.
76 BGH ZUM 2005, 739/742 – PRO-Verfahren.
77 Systembeschreibung METIS auf der Homepage der VG Wort.

che Meldungen bestimmen die Verteilungspläne Ausschlussfristen, die einen Endtermin setzen, um damit die Zahl der Berechtigten abschließend bestimmen zu können. Solche Meldefristen sind für eine sinnvolle Verwaltung nötig und zulässig.[78] Sieht der Verteilungsplan darüber hinaus noch die Vorlage von Unterlagen vor, so sind auch hierfür Ausschlussfristen gerechtfertigt.[79] Verwertungsgesellschaften sind überdies – schon im Interesse der anderen Berechtigten – berechtigt, einen vollen Nachweis für der den Meldungen zugrunde liegenden Voraussetzungen zu verlangen.[80]

3. Beteiligung von Erstverwertern

a) Nehmen Verwertungsgesellschaften neben Urhebern oder Leistungsschutzberechtigten auch die Rechte von **Erstverwertern** wahr, so bestimmen deren Verteilungspläne regelmäßig **feste Quoten** für die Aufteilung zwischen den beteiligten Gruppen. Das gilt für die drei Verwertungsgesellschaften der Urheber, die auch Rechte der Verleger wahrnehmen, ebenso, wie zB für die GVL, die ausübende Künstler und Tonträgerproduzenten vertritt. Auch hier ist maßgebend das Gebot, die Verwaltungskosten in angemessenen Rahmen zu halten. Es wäre ein finanziell nicht vertretbarer Verwaltungsaufwand, müssten die Verwertungsgesellschaften die Aufteilung entsprechend tausender individueller Vereinbarungen in den Einzelverträgen zwischen Urheber und Erstverwerter vornehmen. Solche statutarischen Verteilungspläne bestimmen insbes die Aufteilung des Aufkommens zwischen Urhebern und Verlagen und binden die Berechtigten, die diese Verteilungspläne mit Abschluss des Wahrnehmungsvertrages anerkannt haben.[81] Eine individualvertraglich vereinbarte Abweichung von diesen Quoten kann nur nachträglich zwischen den einzelnen Beteiligten abgewickelt werden. 60

b) Dieses seit Jahrzehnten bewährte Quoten-System wurde mit Einführung von **§ 63a UrhG** im Jahr 2002 in Frage gestellt. Nach dessen ursprünglicher Fassung waren die gesetzlichen Vergütungsansprüche des 6. Abschnittes des UrhG unverzichtbar und im Voraus nur an eine Verwertungsgesellschaft abtretbar; damit wären Abtretungen an Verleger faktisch unmöglich geworden. Weil diese Konsequenz „nicht der Intention des Gesetzgebers" entsprach,[82] hat er 2007 mit dem 2. Korb § 63a UrhG um S 2 ergänzt, wonach gesetzliche Vergütungsansprüche im Rahmen eines Verlagsvertrages an einen Verleger abgetreten werden können, „wenn dieser sie durch eine Verwertungsgesellschaft wahrnehmen lässt, die Rechte von Urhebern und Verlegern gemeinsam wahrnimmt". Der Zweck dieser Novelle ergibt sich eindeutig aus der Begründung: „Ein Ausschluss der Verleger von der pauschalen Vergütung wäre angesichts der von ihnen erbrachten Leistung auch sachlich nicht hinnehmbar".[83] Damit schied § 63a UrhG als Grund, Verleger von der Ausschüttung gesetzlicher Vergütungsansprüche auszuschließen, aus. Nunmehr wird – losgelöst von § 63a UrhG – mit der zeitlichen Priorität der Abtretungen argumentiert, um eine Beteiligung der Verleger auszuschließen: hat ein Urheber seine Ansprüche – auch für künftige Nutzungen – erst einmal an eine Verwertungsgesellschaft abgetreten, kann er diese unbestreitbar nicht nochmals an einen Verleger abtreten (was freilich auch 61

78 OLG München ZUM 1998, 1031, 1032.
79 BGH ZUM 2004, 837, 839; BGH ZUM 2004, 767, 769 – Verteilung des Vergütungsaufkommens.
80 BGH ZUM 2002, 379 – Klausurerfordernis; BGH ZUM 2004, 837 – Verteilung des Vergütungsaufkommens; KG ZUM 2011, 72, 74.
81 LG München I ZUM-RD 2007, 546, 549; zu den einzelnen Quoten *Vogel* GRUR 1993, 513, 522.
82 BT-Drucks 16/1828 S 32 (abgedruckt bei *Hucko* Zweiter Korb, 131 f.).
83 Begründung RegE (Fn 83); ausf zur Historie: *Melichar* FS Wandke 2012, 243 ff.

umgekehrt gilt, wenn die Abtretung im Verlagsvertrag dem Abschluss des Wahrnehmungsvertrages vorausgeht). LG München I und OLG München folgten dieser Argumentation.[84] Dem Grundsatz der zeitlichen Priorität steht freilich entgegen, dass die Berechtigten mit Abschluss des Wahrnehmungsvertrages die Verteilungspläne der Verwertungsgesellschaft anerkennen. Nach Rechtsprechung der Instanzgerichte sollen die Klauseln im Verteilungsplan, welche eine Beteiligung der Verleger vorsehen, allerdings unwirksam sein: Sie würden gegen das Willkürverbot des § 7 WahrnG verstoßen und eine unangemessene Benachteiligung gem § 307 BGB darstellen, weil der Verleger im konkreten Einzelfall keine Rechte in die Verwertungsgesellschaft eingebracht hat.[85] Ein Zirkelschluss, demzufolge alle Quotenbestimmungen, wie sie Verteilungspläne üblicherweise vorsehen, unwirksam wären. Im umgekehrten Fall nämlich, wenn auf Grund der Priorität nur der Verleger Rechte einbringt, wäre eine Beteiligung des betroffenen Urhebers, der keinen oder einen späteren Vertrag mit der Verwertungsgesellschaft abgeschlossen hat, unzulässig. Gerade um das oft nur dem Zufall – oder im schlimmeren Fall der vertraglichen Machtposition – überlassene Prioritätskriterium auszuschalten und eine gerechte Balance zwischen den Interessen und Leistungen sowohl des Autors wie des Verlegers herzustellen, gibt es die seit Jahrzehnten bewährten Quoten in den statutarischen, von Urhebern und Verlegern gemeinsam beschlossenen Verteilungsplänen aller Verwertungsgesellschaften, die Urheber und Verleger gemeinsam vertreten. Diese nun als willkürlich zu diskriminieren und damit auch noch in die Vereinsautonomie der Verwertungsgesellschaften einzugreifen, dürfte rechtlicher Nachprüfung auch de lege lata nicht standhalten.[86] Unabhängig davon aber ist der Gesetzgeber aufgerufen, sein erklärtes Ziel, das er mit der verunglückten Novellierung von § 63a UrhG aber nicht erreicht hat, nun wirksam umzusetzen.

4. Soziale und kulturelle Aufgaben

62 **a)** Verwertungsgesellschaften sollen **„Vorsorge- und Unterstützungseinrichtungen"** für die Inhaber der von ihnen wahrgenommen Rechte oder Ansprüche einrichten (§ 8 WahrnG). Obwohl nur eine Soll-Vorschrift, ging der Gesetzgeber davon aus, dass „bewährte" Einrichtungen wie die GEMA-Sozialkasse „von allen Verwertungsgesellschaften geschaffen werden".[87] § 8 WahrnG ist daher nach ganz hM mehr als nur eine Kann-Vorschrift oder unverbindliche Empfehlung; Verwertungsgesellschaften sind grundsätzlich gehalten, sich an diese gesetzliche Vorgabe zu halten.[88] Demgemäß unterhalten sämtlich deutschen Verwertungsgesellschaften entsprechende Sozialeinrichtungen. Das Gesetz macht zu Art und Umfang dieser Einrichtungen keine Vorgaben, so dass jede Gesellschaft ihre Sozialeinrichtung orientiert an den Bedürfnissen ihrer Berechtigten ausrichtet. Dabei ist das Gebot der angemessenen Bedingungen gem § 6 WahrnG einzuhalten, was insbes bedeutet, dass der Kreis der Privilegierten nach objektiven Maßstäben bestimmt ist.[89]

63 **b)** § 7 S 2 WahrnG weist Verwertungsgesellschaften die Aufgabe zu, **kulturell bedeutende Werke und Leistungen** zu fördern. Auch hierfür war die jahrzehntelange Praxis der GEMA Vorbild und auch hier gilt, dass trotz der Formulierung als Soll-Vorschrift eine grundsätzliche

---

84 LG München I ZUM-RD 2012, 410; OLG München ZUM 2014, 52.
85 OLG München (Fn 85).
86 Hierzu ausf *Riesenhuber* ZUM 2012, 746 ff.
87 Amtl Begr (Fn 46).
88 Schricker/Loewenheim/*Reinbothe* § 8 WahrnG Rn 2; Loewenheim/*Melichar* (Fn 38) § 47 Rn 42 (jeweils mwN).
89 Schricker/Loewenheim/*Reinbothe* § 8 WahrnG Rn 3.

Rechtsverpflichtung besteht.[90] Die einzelnen Verwertungsgesellschaften kommen diesem Auftrag auf höchst unterschiedliche Weise nach. Die Verwertungsgesellschaften der Urheber unterscheiden und gewichten nach Werkkategorien (im Verteilungsplan der VG Wort zB wird Lyrik höher bewertet als eine Sportreportage). Andere Verwertungsgesellschaften sehen eine direkte Förderung kulturell bedeutender Werke vor (so zB die VFF).[91]

c) Die Übernahme sozialer und kultureller Aufgaben durch Verwertungsgesellschaften ist 64
internationaler Standard.[92] In manchen Staaten sieht das sogar das Gesetz zwingend vor, dass Verwertungsgesellschaften von Erlösen, etwa für die Privatkopie oder die Bibliothekstantieme, ein festgelegter Prozentsatz für soziale und kulturelle Zwecke verwendet werden muss.[93] Die Kultureinrichtungen der nationalen Verwertungsgesellschaften dienen der Förderung des künstlerischen und literarischen Schaffens gem Art 167 AEUV. Diesen Aspekt betont unter Hinweis auf Erwägungsgrund 10 der Info-RL auch der EuGH, wenn er feststellt, dass die Verwendung eines Teiles des Erlöses aus der Privatkopie für soziale und kulturelle Zwecke „dem Ziel des angemessenen rechtlichen Schutzes des geistigen Eigentums entspricht"; Ziel des „gerechten Ausgleichs" für die Privatkopie sei nämlich, „die notwendigen Mittel für das kulturelle Schaffen in Europa zu garantieren".[94]

§ 3
Verhältnis zwischen Nutzern und Verwertungsgesellschaft

I. Allgemeines

1. Handeln im eigenen Namen

Verwertungsgesellschaften handeln in aller Regel als **Treuhänder** ihrer Berechtigen nach außen 65
in eigenem Namen. § 1 WahrnG sieht zwar auch ein Tätigwerden im Namen der vertretenen Berechtigten vor, für die praktische Arbeit scheidet dies jedoch aus. Verwertungsgesellschaften bieten in gesetzlichem bzw. vertraglichem Rahmen allen – auch potentiellen – Nutzern ihr gesamtes Repertoire an und dieser entscheidet, wie er davon Gebrauch macht. Bei Abschluss der Verträge – und das gilt für die Einräumung von Nutzungsrechten ebenso wie für das Inkasso gesetzlicher Vergütungsansprüche – wissen in den meisten Fällen weder Nutzer noch Verwertungsgesellschaft, welche einzelnen Werke tatsächlich genutzt werden. Verwertungsgesellschaft schließen also in aller Regel als Treuhänder ihrer Berechtigten Pauschalverträge über die Nutzung ihres Gesamtrepertoires.[95] Hieraus folgt, dass sie berechtigt sind, fremde Rechte und Ansprüche im Wege der **Prozessstandschaft** prozessual geltend zu machen.[96] Dies gilt auch für Verfassungsbeschwerden.[97]

---

90 *Lerche* GEMA-Jahrbuch 1997/98, 80, 108 f. mwN.
91 Hierzu Einzelheiten bei Loewenheim/*Melichar* (Fn 38) § 47 Rn 37.
92 Bereits 1935 hatte die CISAC in ihrem Muster für Gegenseitigkeitsverträge den Abzug für soziale Zwecke vorgesehen.
93 *Melichar* Urheberrecht in Theorie und Praxis, 46 ff.
94 EuGH ZUM 2013, 780, 784 – Amazon ./. Austro-Mechana.
95 Der Gesetzgeber sah hierin ein typisches Merkmal für die Tätigkeit von Verwertungsgesellschaften – Amtl Begr zum RegE (Fn 46) S 277.
96 StRspr; zB BGH NJW 1960, 2043 – Figaros Hochzeit; BGH NJW 1963, 651 – Fernsehwiedergabe von Sprachwerken.
97 BVerfG NJW 1988, 1371; BVerfG GRUR 2010, 999, 1000.

2. Vermutung der Aktivlegitimation

66 **a)** Frühzeitig wurde von der Rechtsprechung – zunächst für die öffentliche Wiedergabe von Tanz- und Unterhaltungsmusik – die sog **GEMA-Vermutung** etabliert.[98] Danach muss, wer behauptet nur Musik von nicht von der GEMA vertretenen Urhebern zu nutzen, dies substantiiert für den konkreten Fall beweisen.[99] Begründet wird dies mit der tatsächlichen Monopolstellung der GEMA, die dadurch ein fast lückenloses Repertoire inländischer und – durch die Gegenseitigkeitsverträge – ausländischer Musik vertritt.[100] Die GEMA-Vermutung ist stärker als ein prima-facie-Beweis und wird daher als dem Anscheinsbeweis ähnlich eingestuft.[101] Die GEMA-Vermutung wurde sukzessive auf weitere Bereiche der Musiknutzung ausgedehnt.[102] Nur in Ausnahmefällen wurde sie verneint.[103]

67 **Anderen Verwertungsgesellschaften** wurde unter Hinweis auf deren (noch) lückenhaftes Repertoire trotz ihrer Monopolstellung eine Vermutung zugunsten deren Aktivlegitimation zunächst nicht zugebilligt.[104] Mit zunehmender Entwicklung dieser Gesellschaften hat die Rechtsprechung teilweise auch ihnen schon früher – soweit sie eine Monopolstellung haben – entsprechend der GEMA-Vermutung die Vermutung der Aktivlegitimation zugesprochen.[105] Heute kann man davon ausgehen, dass jedenfalls die Gesellschaften mit Monopolcharakter auf Grund der großen Zahl ihrer inländischen Berechtigten und den nahezu flächendeckenden Gegenseitigkeitsverträgen mit ausländischen Schwestergesellschaften über ein weitgehend lückenloses in- und ausländisches Rechterepertoire verfügen, so dass die Voraussetzungen für die Anwendung der GEMA-Vermutung auch für sie vorliegen.[106] Für die in § 13c Abs 1 und 2 WahrnG aufgeführten Ansprüche ist das Problem nun ohnehin durch den Gesetzgeber gelöst.

68 **b)** Mit **§ 13c WahrnG** wurde 1985 erstmals eine **gesetzliche Vermutung** zugunsten von Verwertungsgesellschaften etabliert.

69 **Abs 1** ermöglicht Verwertungsgesellschaften die Durchsetzung von **Auskunftsansprüchen.** Nutzer haben damit nicht mehr die Möglichkeit, mit der Behauptung, sie würden keine von Berechtigten der Verwertungsgesellschaft vertretenen Urheber geschaffenen Werke verwenden, die Auskunft zu verweigern. Die Vermutung von Abs 1 ist allerdings beschränkt zum einen auf verwertungsgesellschaftspflichtige Ansprüche (§§ 20b Abs 2, 26 Abs 5, 27 Abs 3, 45a Abs 2 S 2, 49 Abs 1 S 3, 52a Abs 4 S 2, 52b S 4, 53a Abs 2 S 2, 54h Abs 1 und 137l Abs 5 S 3 UrhG). Zum anderen ist sie beschränkt auf den bloßen Auskunftsanspruch.

70 **Abs 2** erkennt Verwertungsgesellschaften über den Auskunftsanspruch hinaus auch den daraus folgenden **Zahlungsanspruch** zu. Dieser allerdings ist beschränkt auf die in § § 13c Abs 1

98 KG UFITA 1939, 133.

99 AG Frankfurt aM ZUM-RD 2013, 211; ausf zur GEMA-Vermutung *Riesenhuber/von Vogel* in Kreile/Becker/Riesenhuber Kap 14 Rn 5 ff.

100 BGH NJW 1955, 1356 – Betriebsfeier.

101 OLG München GRUR 1984, 122 – Sex- und Pornofilme.

102 BGH GRUR 1961, 97 – Sportheim; BGH GRUR 1964, 94 – Tonbandgeräte-Händler; BGH GRUR 1974, 35 – Musikautomat; BGH GRUR ZUM 1986, 53 – GEMA-Vermutung II; BGH ZUM 1986, 199 – GEMA-Vermutung III; BGH NJW 1988, 1847 – GEMA-Vermutung IV; weitere Nachweise bei Dreier/*Schulze* § 13b WahrnG Rn 5.

103 BGH GRUR 1986, 62, 63 (bez Videozweitauswertung für Spielfilme); OLG München GRUR 1983, 571 – Spielfilm-Videogramme.

104 BGH GRUR 1963, 213 – Fernsehwiedergabe von Sprachwerken.

105 OLG München GRUR 1980, 234 – Tagespressedienst; OLG München ZUM 2000, 243 – Medienspiegel; OLG Frankfurt GRUR 1980, 918 – Folgerecht für ausländische Künstler; abgelehnt: OLG Köln GRUR 1980, 913, 914 – Presseschau CN.

106 Str vgl Fromm/Nordemann/*Nordemann, W* § 13c WahrnG Rn 1; Wandke/Bullinger/*Gerlach* § 13c WahrnG Rn 8; *Zeisberg* HK-UrhR § 13c WahrnG Rn 8; *Schack*, Urheber- und Urhebervertragsrecht Rn 823.

WahrnG aufgeführten gesetzlichen Vergütungsansprüche für Nutzungen, die gewöhnlich nicht einzeln registriert werden (Verleih, Vermietung und private Vervielfältigung). Die Durchsetzung des Zahlungsanspruchs auf Basis der Vermutung, dass die Verwertungsgesellschaft die Ansprüche aller Berechtigten vertritt und das daraus resultierende Gebot zur Freistellung (§ 13c Abs 2 S 3 WahrnG) entspricht der üblichen Praxis der Verwertungsgesellschaften (auch jenseits der gesetzlichen Vergütungsansprüche). Das gleiche gilt für den Zwang, dass sich mehrere im selben Bereich agierende Verwertungsgesellschaften zusammenschließen müssen, um sich auf die Vermutung der Aktivlegitimation stützen zu können (§ 13c Abs 2 S 2 WahrnG) – die Verwertungsgesellschaften entsprechen dieser Vorgabe seit langem mit den von ihnen betriebenen Zentralstellen (so § 1 V 4.).

Die sog GEMA-Vermutung (so unter a) bleibt von der Einführung der gesetzlichen Vermu- 71
tungen unberührt.[107] § 13c Abs 1 und 2 sind gesetzliche Vermutungen iSv § 292 ZPO und kein Anscheinsbeweis.[108] Dh sie sind widerlegbar, allerdings nicht durch pauschales Bestreiten, sondern nur mit substantiiertem Vortrag, welche genutzten Werke nicht von Berechtigten der Verwertungsgesellschaft stammen (§ 292 S 1 ZPO).[109]

c) Auch für das Recht der **Kabelweitersendung** gem § 20b Abs 1 S 1 UrhG gilt die Vermu- 72
tung, dass die Verwertungsgesellschaft, die entsprechende Rechte wahrnimmt, die Rechte aller Rechteinhaber, also auch der Außenseiter, vertritt (§ 13c Abs 3 WahrnG). Diese Regelung ist wörtlich von Art 9 Abs 2 S 1 der Kabel- und SatellitenRL übernommen. Sie gilt auch für Leistungsschutzrechte (§§ 78 Abs 4 und 94 Abs 4 UrhG), entsprechend der Vorgabe der Kabel- und SatellitenRL aber nicht für Sendeunternehmen (§ 13c Abs 3 S 3 WahrnG). Anders als die Vermutungen nach § 13c Abs 1 und 2 WahrnG ist diese Vermutung – wie sich schon aus dem Wortlaut ergibt – eine unwiderlegliche gesetzliche Fiktion.[110] Sie dient der Sicherstellung, dass Kabelunternehmen die integrale Kabelweitersendung ohne die Gefahr eines Einspruchs von Außenseitern durchführen können. § 13c Abs 4 WahrnG schließlich regelt praxisnah das Rechtsverhältnis zwischen Außenseitern und der sie in Geschäftsführung ohne Auftrag vertretenden Verwertungsgesellschaft.

d) Ab 1.1.2014 gilt die neue Regelung des § 13d WahrnG, wonach eine Verwertungsgesell- 73
schaft, die Vervielfältigungsrechte und Rechte der öffentlichen Zugänglichmachung an **vergriffenen Werken** wahrnimmt, berechtigt ist, diese Rechte unter näher ausgeführten Bedingungen auch für Außenseiter wahrzunehmen. Anders als für die Kabelweitersendung (§ 20b UrhG) und für die Nutzung von verwaisten Werken (§§ 61ff. UrhG) findet sich für die Nutzung vergriffener Werke keine entsprechende Schranke im Urheberrechtsgesetz, weil eine solche von der InfoRL nicht gedeckt wäre. Die „Richtlinie über bestimmte zulässige Formen der Nutzung verwaister Werke"[111] lässt in Erwägungsgrund 4 den Mitgliedstaaten jedoch ausdrücklich die Möglichkeit, Mechanismen für die Digitalisierung auch vergriffener Werke zu schaffen. § 13d WahrnG soll nun die Einrichtung der Deutschen Digitalen Bibliothek und der europäischen digitalen Bibliothek EUROPEANA erleichtern. Die Ausgestaltung dieser gesetzlichen Vermutung in § 13d Abs 2 und 3 WahrnG orientiert sich an § 13c Abs 2 S 2 und 3 WahrnG).[112] VG Wort und VG Bild-Kunst haben das in § 13d WahrnG aufgeführte Recht inzwischen in den Katalog der von ihnen wahrgenommenen Rechte aufgenommen.

---

107 Schricker/Loewenheim/*Reinbothe* § 13c WahrnG Rn 9.
108 BGH ZUM 1990, 32, 34 – Gesetzliche Vermutung I.
109 BGH GRUR 1991, 595, 596 – Gesetzliche Vermutung II.
110 Amtl Begr UFITA Bd 137 (1998), 239, 263.
111 Richtlinie 2012/28/EU.
112 Hierzu *Staats* ZUM 2013, 446, 451f.

74 **e)** Neben der GEMA-Vermutung können Verwertungsgesellschaften auch einen **Auskunftsanspruch gem § 242 BGB** geltend machen.[113] Voraussetzung hierfür ist, dass „zwischen dem Berechtigten und dem Verpflichteten eine besondere Beziehung besteht, wobei ein gesetzliches Schuldverhältnis, zB aus unerlaubter Handlung, genügt".[114] Verwertungsgesellschaften steht dieser Anspruch auf Grundauskünfte sowohl bei Urheberrechtsverletzungen als auch zur Durchsetzung gesetzlicher Vergütungsansprüche zur Seite.[115]

3. Tarife

75 **a)** Verwertungsgesellschaften müssen für die von ihnen vertretenen Rechte und Ansprüche **Tarife** aufstellen (§ 13 WahrnG). Diese müssen „angemessen" sein (vgl § 11 Abs 1 WahrnG), wobei für deren Bemessung § 13 Abs 3 WahrnG in Form einer Sollvorschrift Grundsätze vorgibt. Danach sollen „in der Regel die geldwerten Vorteile" Berechnungsgrundlage sein, wobei Anknüpfungspunkt nicht der Gewinn, sondern der Umsatz ist.[116] Oft ist die Anknüpfung an den Umsatz nicht zielführend, so etwa, wenn die öffentliche Hand Nutzer ist wie bei der Bibliothekstantieme gem § 27 UrhG. Dem trägt § 13 Abs 3 S 2 WahrnG Rechnung. Wesensnotwenig müssen Tarife immer pauschalieren, eine Abstimmung auf jeden Einzelfall ist nicht möglich. Dabei können Tarife auch Mindestvergütungssätze vorsehen.[117] Die Tarife müssen im Bundesanzeiger veröffentlicht werden (§ 13 Abs 2 WahrnG) – im Zeitalter des Internet ein Anachronismus.

76 § 13 Abs 3 S 3 WahrnG, wonach die Tarifgestaltung „den **Anteil der Werknutzung am Gesamtumfang** des Verwertungsvorganges" angemessen berücksichtigen muss, ist entsprechend dem Wortlaut – im Gegensatz zu den übrigen Vorgaben in § 13 WahrnG – zwingender Natur. Diese Regelung bedeutet nicht, dass es darauf ankäme, in welchem Umfang im Einzelfall von dem von der Verwertungsgesellschaft zur Verfügung gestellten Repertoire Gebrauch gemacht wird – das wäre bei den von Verwertungsgesellschaften lizenzierten Massennutzungen meist gar nicht feststellbar.[118] Es geht vielmehr darum, dass die Gesamtbelastung des Nutzers bei Inanspruchnahme der Repertoire mehrerer Verwertungsgesellschaften angemessen sein muss. Im Rahmen des Inkassos durch die von mehreren Verwertungsgesellschaften gemeinsam betriebenen Zentralstellen (so § 1 V 4) wird dies ohnehin praktiziert.

77 Gem § 13 Abs 3 S 4 sollen Verwertungsgesellschaften bei Bemessung der Tarife „auf **religiöse, kulturelle und soziale Belange** der zur Zahlung Verpflichteten ... angemessene Rücksicht nehmen". Dies zeigt einmal mehr, dass Verwertungsgesellschaften keine normalen Geschäftsbetriebe sind, sondern Organisationen mit kulturellem und sozialem Auftrag.

78 Haben sich bestimmte Tarife in der Praxis über einen längeren Zeitraum hinweg breit durchgesetzt, so spricht für sie ein Anscheinsbeweis für ihre Angemessenheit.[119]

79 **b)** Für die Bemessung der **Höhe der Vergütung für privates Vervielfältigen** (§ 54 UrhG) gilt die Sonderregel des § 13a WahrnG. Danach dürfen Verwertungsgesellschaften erst nach Vorliegen einer empirischen Untersuchung über die Kopiergewohnheiten Tarife aufstellen; die Un-

---

113 BGH GRUR 1986, 66, 69 – GEMA-Vermutung II; BGH ZUM 1988, 575, 576 – Kopierwerk.

114 BGH GRUR 1986, 62, 64 – GEMA-Vermutung I.

115 Beispiele hierzu aus der Rspr. bei Loewenheim/*Melichar* (Fn 38) § 48 Rn 25.

116 Ständige Praxis der Schiedsstelle nach § 14 WahrnG: SchSt ZUM 1989, 533, 535 uvam; Schricker/Loewenheim/*Reinbothe* § 13 WahrnG Rn 7 mwN.

117 BGH GRUR 1988, 373, 376 – Schallplattenimport.

118 Schricker/Loewenheim/*Reinbothe* § 13 WahrnG Rn 9.

119 KG GRUR 1978, 247, 248 f – Verwertungsgesellschaft; Loewenheim/*Melichar* (Fn 38) § 48 Rn 28 mwN.

tersuchung wird von der Schiedsstelle (hierzu su Ziff 6) eingeleitet (§ 13a Abs 1 S 3 iVm § 14 Abs 5a WahrnG).

c) Grundsätzlich findet auch bei **Urheberrechtsverletzungen** zur Bemessung der Höhe des zu ersetzenden Schadens in Anwendung der allgemeinen Schadensersatzregeln der §§ 249 ff. BGB die sog Lizenzanalogie Anwendung.[120] Dies bedeutet, dass derjenige, der ohne Lizenz urheberrechtlich geschützte Werke nutzt und dabei ertappt wird, nicht mehr bezahlen muss, als derjenige, der ordnungsgemäß vorher die Genehmigung eingeholt hat. Diese höchst unbefriedigende Rechtslage hat die Rechtsprechung schon frühzeitig bei von Verwertungsgesellschaften verwalteten Nutzungsrechten mit dem später sog **GEMA-Zuschlag** korrigiert, wonach der Urheberrechtsverletzer auf den normalen Tarif einen 100% Zuschlag bezahlen muss.[121] Begründet wird dies damit, dass Verwertungsgesellschaften einen Kontrollapparat unterhalten müssen, dessen Kosten nicht über die Tarife den ordnungsgemäß meldenden Nutzern aufgebürdet werden soll, sondern billigerweise den Rechtsverletzern. Die Rechtsprechung gewährt diesen Kontrollzuschlag allerdings nur für Bereiche, in denen Rechtsverletzungen schwierig zu ermitteln sind und die daher einen Kontrollapparat nötig machen.[122] Der GEMA-Zuschlag wird inzwischen bei Vorliegen der genannten Voraussetzungen auch anderen Verwertungsgesellschaften zugestanden.[123] 80

Mit dem Produktpirateriegesetz von 1989 hat der Gesetzgeber in § 54f Abs 3 UrhG den doppelten Vergütungssatz erstmals gesetzlich geregelt, wobei er ausdrücklich auf den „von der Rechtsprechung für die GEMA entwickelten 100%igen Zuschlag bei Rechtsverletzungen hinwies.[124] 81

4. Gesamtverträge

Verwertungsgesellschaften sind gem § 12 WahrnG verpflichtet Gesamtverträge abzuschließen. Dies gilt sowohl für gesetzliche Vergütungsansprüche, wie für von der Verwertungsgesellschaft verwaltete Verwertungsrechte. Vertragspartner sind dabei Vereinigungen von Nutzern wie zB der Bundesverband der Veranstaltungswirtschaft (für die Rechte der öffentlichen Wiedergabe) oder der BITKOM (für die Vergütungsansprüche nach § 54 UrhG). Diese Verträge sind typischerweise **Rahmenverträge**, die den danach mit den Vereinsmitgliedern abzuschließenden Einzelverträgen die wichtigsten Rahmenbedingungen vorgeben (insbes Höhe der Vergütung, Melde- und Auskunftspflichten, Zahlungsmodalitäten uä). Gesamtverträge sehen in der Regel vor, dass den Mitgliedern der Nutzervereinigung ein Rabatt auf die sonst fälligen Tarife gewährt wird. Solche **Gesamtvertragsrabatte** sind zulässig; insbes verstoßen sie nicht gegen den Gleichheitsgrundsatz, solange sie sich in angemessenen Rahmen, dh bis maximal 20%, bewegen.[125] Die meisten Transaktionen, die Verwertungsgesellschaften abwickeln, basieren auf Gesamtverträgen. Sie liegen im Interesse aller Beteiligten: die Nutzerorganisationen regeln einen Problembereich ihrer Mitglieder, Verwertungsgesellschaften erhalten Vertragshilfe vom Gesamtvertragspartner, die Nutzer erhalten den Gesamtvertragsrabatt und beide sparen sich Vertragsverhandlungen über sämtliche Details. 82

Gesamtverträge sind für die Mitglieder der Nutzervereinigung **nicht bindend**, diese können unabhängig davon die Angemessenheit der dort vereinbarten Vergütung bestreiten. In der Regel allerdings werden in einem Gesamtvertrag vereinbarte und praktizierte Vergütungssätze 83

---

120 Schricker/Loewenheim/*Wild* § 97 UrhG Rn 152.
121 StRspr seit KG UFITA Bd 11 (1938) 55 ff; zB BGH GRUR 1973, 379 – Doppelte Tarifgebühr.
122 Einzelheiten bei Loewenheim/*Melichar* (Fn 38) § 48 Rn 34 f.
123 BGH GRUR 1973, 379, 381 – Doppelte Tarifgebühr; Schricker/Loewenheim/*Wild* § 97 Rn 162.
124 Bericht des Rechtsauschusses, abgedruckt bei *Schulze* Materialien zum Urheberrecht, 448, 452.
125 BGH GRUR 1974, 35, 37 – Musikautomat.

als angemessen gelten und demnach als Anscheinsbeweis akzeptiert werden. Verwertungsgesellschaften können den Abschluss eines Gesamtvertrages verweigern, wenn er ihr nicht zuzumuten ist; dies ist insbes der Fall, wenn die Vereinigung zu wenige Mitglieder vertritt und nicht repräsentativ ist.[126]

84 Gelegentlich werden auch solche Verträge als Gesamtverträge bezeichnet, die alle Vertragsbeziehungen, insbes die Zahlungen, unmittelbar und abschließend zwischen den Parteien regeln.[127]

II. Einräumung von Nutzungsrechten

1. Abschlusszwang

85 **a)** Verwertungsgesellschaften sind gem § 11 Abs 1 WahrnG grundsätzlich verpflichtet, jedermann „zu angemessenen Bedingungen" Nutzungsrechte einzuräumen. Der **Abschlusszwang** soll eine missbräuchliche Ausnutzung der Monopolstellung verhindern. Die Einräumung der Rechte muss in jedem Fall vor der Nutzung als Einwilligung (§ 183 BGB) erfolgen. Jede Nutzung vor Erteilung der Einwilligung ist – anders als bei der gesetzlichen Lizenz – eine Urheberrechtsverletzung mit allen Konsequenzen aus § 97 UrhG und insbes des GEMA-Zuschlages (so I.3.c). Im Ergebnis gleicht dieser Abschlusszwang damit der Zwangslizenz.[128]

86 **b)** Der Abschlusszwang gilt nicht uneingeschränkt, die Verwertungsgesellschaft kann den Abschluss verweigern, wenn vorrangige berechtigte Interessen dagegen stehen. „Insofern folgt aus § 11 Abs 1 WahrnG kein stärkerer Abschlusszwang als aus den allgemeinen Vorschriften, denen die Verwertungsgesellschaft bereits als Unternehmen mit beherrschender Stellung unterliegt (vgl Art 102 AEUV, §§ 19, 20, 33 GWB, §§ 826, 249)."[129] Die Gründe können sowohl bei der Verwertungsgesellschaft selbst liegen (zB wenn der potentielle Nutzer vorangehend bereits mehrfach nicht bezahlt hat),[130] als auch bei dem von der Verwertungsgesellschaft vertretenen Urheber (zB wenn durch die Nutzung das Urheberpersönlichkeitsrecht verletzt würde), was sich schon aus ihrer Treuhandstellung ergibt.

87 Im Übrigen kann der Wahrnehmungsvertrag vorsehen, dass die Einräumung eines Nutzungsrechts von der vorherigen **Zustimmung des Berechtigten** abhängt.[131] In diesen Fällen wird die Verwertungsgesellschaft die Einräumung des Nutzungsrechts verweigern, solange keine Einwilligung des Berechtigten vorliegt.[132]

2. Hinterlegung

88 Wie oben dargelegt, sind Verwertungsgesellschaften verpflichtet, die Nutzungsrechte zu „angemessenen Bedingungen" einzuräumen. Besteht über die Höhe der Vergütung Streit, so muss der Nutzer den Betrag, der seiner Ansicht nach angemessen ist, vorbehaltlos an die Verwertungsge-

126 OLG München ZUM-RD 2008, 360, 367.

127 So zB der „Gesamtvertrag über die Abgeltung der Ansprüche nach § 27 Abs 2 UrhG (Bibliothekstantieme)" zwischen Bund und Ländern und der ZBT – abgedruckt bei *Hillig* (Fn 38) 264 ff.

128 Zur Zwangslizenz s Schricker/Loewenheim/*Melichar* Vor §§ 44a UrhG Rn 36 f.

129 *von Ungern-Sternberg* GRUR 2010, 282 unter Hinweis auf BGH GRUR 2009, 1052 Rn 10 – Seeing is believing; ebenso OLG München ZUM 2007, 152.

130 Einschränkend BGH ZUM 1009, 949, 952 – Seeing is believing.

131 So zB § 1 i) Ziff 3 S 2 des Berechtigungsvertrages der GEMA für das Filmherstellungsrecht für bestimmte Produktionen; s hierzu Kreile ua (Fn 13) *Staudt*, Kap 10 Rn 270 f.

132 OLG Hamburg ZUM 1992, 303, 304.

sellschaft zahlen und den **Differenzbetrag** zu der von der Verwertungsgesellschaft verlangten Vergütung **hinterlegen**. Für diesen Fall gelten dann die Nutzungsrechte als eingeräumt (§ 11 Abs 2 WahrnG). Jede Nutzung ohne Zahlung des unstrittigen und Hinterlegung des strittigen Betrages stellt eine Urheberrechtsverletzung dar mit den Konsequenzen von § 97 UrhG und des GEMA-Zuschlages.[133]

Die Formalien der Hinterlegung richten sich nach §§ 372ff. BGB und der Hinterlegungsordnung. Danach hat die Hinterlegung bei dem Amtsgericht am Sitz der Verwertungsgesellschaft zu erfolgen (§ 374 Abs 1 BGB und § 1 Abs 2 HinterlegungsO). 89

III. Sonstige Rechte und Pflichten

1. Pflichten der Verwertungsgesellschaften

a) Verwertungsgesellschaften treffen weitgehende **Veröffentlichungspflichten**. Gem § 9 Abs 6 WahrnG muss der Jahresabschluss und der Lagebericht spätestens acht Monate nach Ende des Geschäftsjahres veröffentlicht werden. Für den Lagebericht gelten die Vorgaben des § 289 Abs 1 HGB. Gem § 13 Abs 2 WahrnG müssen Tarife und Tarifänderungen „unverzüglich" (§ 121 BGB) veröffentlicht werden; dies gilt gem § 13 Abs 1 S 2 WahrnG auch für die Gesamtvertrags-Vergütungssätze (allerdings muss nicht der ganze Tarifvertragstext veröffentlicht werden). Weitergehende Bilanz- oder Informationspflichten, etwa durch Vereins- oder GmbH-Recht, bleiben unberührt (§ 9 Abs 7 WahrnG). 90

Diese Transparenzpflichten dienen dem Informationsbedürfnis vorrangig der Berechtigten der Verwertungsgesellschaft und der Nutzer, aber auch der Allgemeinheit.[134] Sämtliche Veröffentlichungen müssen im Bundesanzeiger erfolgen. Im Zeitalter des Internets, das bereits elektronische Handelsregister kennt, ein Anachronismus, zumal die Kosten der Veröffentlichung die Verwertungsgesellschaften zu tragen haben.[135] 91

b) § 10 WahrnG legt Verwertungsgesellschaften detaillierte **Auskunftspflichten** auf. Die entsprechenden Auskünfte kann „jedermann" verlangen, ein berechtigtes Interesse ist grundsätzlich nicht Voraussetzung. Ein Grenze setzt allerdings das Schikaneverbot gem 226 BGB.[136] Auch wenn die Auskunftserteilung grundsätzlich kostenlos sein sollte, können bei umfangreichen Auskünften – etwa der Bearbeitung ganzer Werkkataloge – Kosten in Rechnung gestellt werden.[137] 92

Andererseits müssen Nutzer § 10 WahrnG beachten; soweit ein Nutzer nämlich von diesem Auskunftsanspruch keinen Gebrauch macht, trägt er das Risiko einer Rechtsverletzung.[138] 93

c) Verwertungsgesellschaften müssen die **Datenschutzregeln** des BDSG beachten, da sie als „nicht-öffentliche Stellen" personenbezogene Daten verarbeiten (§ 1 Abs 2 Ziff 3 BDSG). Personenbezogene Daten dürfen daher nur im Rahmen von § 28 BDSG für „eigene Geschäftszwe- 94

133 Ganz hM; der BGH (GRUR 2000, 872, 874 – Schiedsstellenanrufung) verneint allerdings – anders als die Vorinstanz OLG Naumburg ZUM 1997, 937, 940 – unter gewissen Umständen einen Schadensersatzanspruch nach § 97 UrhG; hierzu ausf Loewenheim/*Melichar* (Fn 38) § 48 Rn 16.
134 Amtl Begr UFITA Bd 46 (1966) 281.
135 Schricker/Loewenheim/*Reinbothe* § 13 WahrnG Rn 5.
136 Ganz hM Dreier/*Schulze* § 10 WahrnG Rn 3 mwN.
137 Eine vom DPMA als Aufsichtsbehörde gedeckte Praxis – Loewenheim/*Melichar* § 48 Rn 46 aE.
138 BGH GRUR 1988, 373, 375 – Schallplattenimport III.

cke" erhoben und gespeichert werden. Da Verwertungsgesellschaften nicht nur mit freien Daten arbeiten, sondern auch höchst sensible Daten (dazu zählen insbes die Höhe der Ausschüttungen an den einzelnen Berechtigten) verwalten, resultiert schon aus ihrer Treuhandstellung unter dem Gesichtspunkt von Treu und Glauben (§ 242 BGB) eine erhöhte **Geheimhaltungsverpflichtung.**[139] Einen Sonderfall der Geheimhaltungspflicht regelt § 54h Abs 5 UrhG.

2. Pflichten des Nutzers

95 **a)** Importeure von gem § 54 UrhG vergütungspflichtigen Aufnahmegeräten und Speichermedien haben gem § 54e UrhG eine präzise umschriebene **Meldepflicht**; wer dieser Verpflichtung nicht oder unrichtig nachkommt, muss den doppelten Vergütungssatz zahlen (§ 54e S 2 UrhG). Empfangsstelle nach § 54 Abs 3 UrhG für diese Meldung ist die ZPÜ (so § 1 V 3).

96 Damit hat der Gesetzgeber erstmals eine **Benachrichtigungspflicht** konkretisiert, wie sie sich für die gesetzlichen Schuldverhältnisse des Urheberrechts schon aus den allgemeinen Grundsätzen von Treu und Glauben gem § 242 BGB ergibt. Wer durch eine Tathandlung – die entsprechende Nutzung urheberrechtlich geschützter Werke – ein gesetzliches Schuldverhältnis begründet, muss redlicherweise seinen gewillkürten Vertragspartner, die Verwertungsgesellschaft, davon informieren, um ihn dadurch überhaupt erst in die Lage zu versetzen, seine Rechte aus diesem Vertragsverhältnis geltend zu machen.[140] Kommt er dieser Verpflichtung nicht nach, so wird die dennoch erfolgende Nutzung dadurch nicht rechtswidrig; unter dem Gesichtspunkt der positiven Vertragsverletzung kann dann jedoch der doppelte Vergütungssatz verlangt werden.

97 **b)** Im Gesetz finden sich an einigen Stellen Spezialregelungen zu einer **Auskunftspflicht** von Nutzern gegenüber Verwertungsgesellschaften (§§ 26 Abs 4 und 54f UrhG, §13b Abs 2 S 1 WahrnG). Darüber hinaus aber gibt es nach stRspr auf Grundlage von § 242 BGB auch einen allgemeinen Auskunftsanspruch, wenn feststeht, dass ein Anspruch dem Grunde nach besteht, dessen Umfang ungewiss ist, der Verpflichtete aber unschwer die erforderlichen Auskünfte geben kann. Dieser Anspruch besteht auch bei gesetzlichen Schuldverhältnissen des Urheberrechts.[141] Art und Umfang dieses Anspruchs richten sich nach §§ 242 sowie 249 ff. BGB.

IV. Streitfälle

1. Schiedsstellenverfahren

98 **a)** Die gem § 14 WahrnG beim DPMA angesiedelte Schiedsstelle wurde eingerichtet, um Streitigkeiten, an denen eine Verwertungsgesellschaft beteiligt ist, durch ein kompetentes, rechts- und – aufgrund der laufenden Befassung mit der einschlägigen Problematik – vor allem sachkundiges Gremium wenn möglich einer gütlichen Streitbeilegung zuzuführen. Die Schiedsstelle übt keine rechtsprechende Tätigkeit aus; es handelt sich vielmehr um ein „Schlichtungsverfahren vor einem Verwaltungsorgan",[142] das in einem „Einigungsvorschlag" mündet (§ 14a WahrnG). Die Schiedsstelle ist ausschließlich für Streitigkeiten zwischen Verwertungsgesell-

---

139 So schon LG Berlin GEMA-Nachrichten Heft 33, Januar 1957, 32 f.
140 Einzelheiten bei Schricker/Loewenheim/*Melichar* Vor §§ 44a ff UrhG Rn 33.
141 BGH seit BGHZ 10, 387; BGH GRUR 1980, 227, 232 – Monumenta Germaniae Historica; weitere Nachweise bei Loewenheim/*Melichar* § 48 Rn 55 f.
142 Amtl Begr UFITA Bd 96 (1983) 145.

schaften und Nutzern zuständig.[143] Die Konstitution der Schiedsstelle ist in § 14 Abs 2 bis 4 WahrnG geregelt. Die Anrufung der Schiedsstelle unterbricht die Verjährung (§ 14 Abs 8 WahrnG).

In der Praxis hat die Schiedsstelle im wesentlichen mit drei verschiedenen Arten von Verfahren zu tun. Da sind einmal Streitigkeiten zwischen den Parteien eines Gesamtvertrages, die sich über den Inhalt des Gesamtvertrages nicht einigen können. Dann gibt es Streitigkeiten über Grundsatzfragen einer Vergütungspflicht.[144] Eine Vielzahl von Verfahren betrifft aber Einzelfälle, in denen Nutzer den Anspruch einer Verwertungsgesellschaft auf Zahlung einer Vergütung, insbes deren Höhe nicht anerkennen. Während in letzteren Fällen die Angelegenheit meist schon durch den Einigungsvorschlag der Schiedsstelle abschließend geregelt wird, sind die Einigungsvorschläge in Grundsatzfragen oft nur Vorstufe zu anschließenden Gerichtsverfahren. 99

b) In vielen Fällen das **Schiedsstellenverfahren fakultativ**. Die Schiedsstelle kann gem § 14 Abs 1 Ziff 1a WahrnG in jedem Streit zwischen einer Verwertungsgesellschaft und einem **Einzelnutzer** angerufen werden. „Nutzung" ist dabei weit auszulegen; die Einräumung von Nutzungsrechten fällt ebenso darunter wie die Geltendmachung von gesetzlichen Vergütungsansprüchen oder von Schadensersatz- und Bereicherungsansprüchen.[145] Fakultativ kann die Schiedsstelle insbes auch angerufen werden, wenn nicht die Höhe, sondern der Grund des Anspruchs bestritten wird. 100

c) Gem § 16 Abs 1 WahrnG ist ein **vorangehendes Schiedsgerichtsverfahren** in folgenden vier Fällen **Prozessvoraussetzung** für eine Klage vor den Zivilgerichten: 101
- Jedes **Einzelnutzerverfahren**, sofern die Angemessenheit eines **Tarifes** bestritten ist (§ 16 Abs 1 und 2 WahrnG);
- Jeder Streit um die **Vergütungen nach §§ 54 und 54c UrhG**, auch wenn es nicht um die Höhe des
- Tarifes geht, sondern zB ob bestimmte Geräte überhaupt der Vergütungspflicht unterliegen (§ 14 Abs 1 Ziff 1b WahrnG);
- Verfahren über Abschluss oder Änderung eines **Gesamtvertrages** (§ 14 Abs 1 Ziff 1c WahrnG);
- Verfahren zwischen **Sende- und Kabelunternehmen** (§ 41 Abs 1 Ziff 2 WahrnG).

In diesen Fällen ist das vorangehende Schiedsstellenverfahren zwingend, eine Klage ohne vorangehendes Schiedsstellenverfahren ist unzulässig.[146]

d) Das **Verfahren vor der Schiedsstelle** ist in §§ 14 ff. WahrnG und der gem der Ermächtigung von § 15 WahrnG erlassenen „Verordnung über die Schiedsstelle für Urheberrechtsstreitfälle" geregelt.[147] Die Schiedsstelle verfährt nach „billigem Ermessen", soll sich aber an die Vorschriften der ZPO halten (§ 10 UrhSchiedsVO). Dabei hat sie einen weiten Spielraum und kann vor allem von Amts wegen Ermittlungen einleiten (§ 8 UrhSchiedsVO).[148] In Streitfällen über die 102

---

143 Die Schiedsstelle ist insbes nicht zuständig für Streitigkeiten zwischen Verwertungsgesellschaften und ihren Berechtigten – Amtl Begr UFITA Bd 96 (1983) 144 f; Dreier/*Schulze* § 14 WahrnG Rn 5.

144 Vgl zB Einigungsvorschläge der Schiedsstelle ZUM 2010, 546 – Tarif der GEMA für Konzertveranstalter von Unterhaltungsmusik; ZUM 2010, 916 – Vergütung für die Nutzung von Musik im Wege des Music-on-Demand; ZUM-RD 2011, 46 – Gesamtvertrag zur Regelung der Vergütungspflicht nach § 54 Abs 1 UrhG; weitere Einigungsvorschläge zit bei Loewenheim/*Melichar* § 49 Rn 2 Fn 7.

145 BGH GRUR 2000, 872, 874 Schiedsstellenanrufung; Schricker/Loewenheim/*Reinbothe* § 14 WahrnG Rn 1.

146 BGH (Fn 145) S 873.

147 UrhSchiedsV v 20.12.1985 – abgedruckt bei *Hillig* (Fn 38) 232 ff.

148 Zu Einzelheiten des Verfahrens s Loewenheim/*Melichar* § 49 Rn 12 ff.

Vergütung für private Vervielfältigungen nach § 54 UrhG können bestimmte Verbraucherverbände schriftlich Stellung nehmen (§ 14 Abs 5b WahrnG).

103 Das Verfahren vor der Schiedsstelle dient der gütlichen Streitbeilegung (§ 14 Abs 6 WahrnG). Gelingt eine solche nicht, hat die Schiedsstelle innerhalb eines Jahres nach Anrufung einen **Einigungsvorschlag** zu machen (§ 14a Abs 2 WahrnG). Die Fristbestimmung soll der zeitlichen Straffung des Verfahrens dienen, weshalb nach fruchtlosem Ablauf der Jahresfrist der Weg zu den ordentlichen Gerichten frei wird (§ 16 Abs 1 2. Hs WahrnG). Gegen den Einigungsbescheid kann jede Seite innerhalb eines Monats nach Zustellung Widerspruch einlegen (§ 14a Abs 3 S 1 WahrnG). Aus einem angenommenen Vergleich findet die Zwangsvollstreckung statt (§ 14a Abs 4 WahrnG); die hierzu notwendige Vollstreckungsklausel erteilt das Amtsgericht München als Sitz der Schiedsstelle (§ 797a ZPO).

2. Zuständigkeit ordentlicher Gerichte

104 **a)** Für folgende Streitigkeiten bestimmt § 16 Abs 4 S 1 WahrnG nach Durchführung des Schiedsstellenverfahrens das **OLG München** zum **ausschließlich zuständigen Gericht** erster Instanz:
- Abschluss oder Änderung eines Gesamtvertrages (§ 12 WahrnG);
- Abschluss von Verträgen über Kabelweitersendung (§ 14 Abs 1 Ziff 1b WahrnG);
- Vergütungspflicht nach §§ 54 und 54c UrhG (§ 14 Abs Ziff 1b WahrnG).

Das OLG München agiert in diesen Fällen als erste Tatsacheninstanz, weshalb hier die sonst für Verfahren vor dem LG geltenden Regeln der §§ 253ff. ZPO anzuwenden sind (§ 16 Abs 4 S 2 WahrnG). Das OLG München trifft in Gesamtvertragsverfahren „rechtsgestaltende Entscheidungen", für die ihm „ein weiter Ermessensspielraum eingeräumt" ist (§ 16 Abs 4 S 3 WahrnG).[149] Dabei spricht allerdings auf Grund der Erfahrung und der Kompetenz der Schiedsstelle eine „gewisse Vermutung der Angemessenheit" für dessen Einigungsvorschlag.[150] Gegen ein Urteil des OLG München in diesen Verfahren findet die Revision zum BGH statt (§ 16 Abs 4 S 6 WahrnG), wobei dieser beschränkt ist auf die Prüfung, ob das OLG sein – weites – Ermessen fehlerfrei ausgeübt hat.[151]

105 **b)** In **Aktivprozessen** einer Verwertungsgesellschaft **gegen einzelne Nutzer** über Ansprüche aus Urheberrechtsverletzungen ist **ausschließlich** das Gericht des Ortes der Verletzungshandlung oder des allgemeinen Gerichtsstandes des Verletzers zuständig (§ 17 Abs 1 WahrnG).[152] Dabei sind die nach § 105 eingerichteten Spezialgerichte für Urheberrechtsstreitsachen zu berücksichtigen (§ 17 Abs 1. S 2 WahrnG).

3. Freiwillige Schlichtung

106 Das 2008 mit dem 2. Korb in § 17a WahrnG eingeführte „fakultative Verfahren zur Streitbeilegung"[153] hat in der Praxis bislang keine Bedeutung erfahren. Dies liegt wohl nicht zuletzt daran,

149 BGH ZUM-RD 2014/52 Rn 19.
150 Was der BGH (Fn 150) für Gesamtvertragsverfahren vorgegeben hat, könnte auch für die anderen Verfahren nach § 16 Abs 4 S 1 WahrnG gelten.
151 BGH ZUM 2001, 983 – Gesamtvertrag privater Rundfunk.
152 Damit ist die frühere Rechtsprechung, die einen Gerichtsstand am Sitz der GEMA zugelassen hatte, überholt.
153 Begr RegE abgedruckt bei *Hucko* 2. Korb, 208.

dass jeder Beteiligte die Schlichtung „jederzeit für gescheitert erklären und die Schiedsstelle anrufen" kann (§ 17a Abs 4 WahrnG), womit die Gefahr eine Verfahrensverschleppung deutlich wird.

§ 4
Aufsicht durch das DPMA

1. Erlaubnis und ihr Widerruf

„Wer Nutzungsrechte, Einwilligungsrechte oder Vergütungsansprüche… für Rechnung mehrerer Urheber oder Inhaber verwandter Schutzrechte zur gemeinsamen Auswertung wahrnimmt, bedarf der Erlaubnis, gleichviel, ob die Wahrnehmung in eigenem oder fremdem Namen erfolgt" (§ 1 Abs 1 WahrnG). Die „gemeinsame Auswertung" unterscheidet – erlaubnispflichtige – Verwertungsgesellschaften von Verlagen und Agenturen uä, die für die von ihnen vertretenen Urheber oder Künstler individuelle Verträge abschließen. Die **Erlaubnis** darf nur unter den in § 3 Abs 1 WahrnG aufgeführten drei Gründen versagt werden. Das entscheidende Kriterium wird dabei die Prüfung der „wirtschaftlichen Grundlage" sein (§ 3 Abs 1 Ziff 3. WahrnG); weil die in Gründung befindliche Verwertungsgesellschaft mangels Erlaubnis ihren Geschäftsbetrieb noch nicht aufgenommen haben darf, muss eine Prognosebeurteilung erfolgen.[154] Ein wesentlicher Gesichtspunkt ist dabei, ob die geplante Verwertungsgesellschaft genügend Rechteinhaber und ein genügend großes Rechtrepertoire vertritt, um eine wirtschaftlich sinnvolle Wahrnehmungstätigkeit ausüben zu können.[155] Wenn für das Gebiet, in dem die neue Verwertungsgesellschaft tätig werden will, bereits eine ältere Verwertungsgesellschaft etabliert ist, wird man an dieses Kriterium besonders strenge Maßstäbe anlegen.[156] 107

Die Erlaubnis kann aus den in § 4 WahrnG aufgeführten Gründen **widerrufen** werden. Die dabei gem § 4 Abs 2. S 2 einzuräumende Frist von mindestens drei Monaten soll den Berechtigten dieser Verwertungsgesellschaft ermöglichen, ihre Rechte anderweitig unterzubringen.[157] 108

Erlaubnis und Widerruf erfolgen „im Einvernahmen mit dem Bundeskartellamt" (§ 18 Abs 3 S 1 WahrnG), dh das DPMA bedarf hierzu der Zustimmung des BKartA.[158] Beides sind Verwaltungsakte, die nach den Regeln der VwGO angefochten werden können. 109

2. Die Aufsicht durch das DPMA

a) Verwertungsgesellschaften unterliegen einer umfassenden Aufsicht durch das DPMA (§§ 18 ff. WahrnG). Strittig ist, ob es sich dabei um eine Fachaufsicht oder nur um eine Rechtsaufsicht handelt.[159] Nach wohl hM ist es eine **Aufsicht sui generis.**[160] 110

Höchst umstritten ist, ob Einzelne, insbes Wahrnehmungsberechtigte einer Verwertungsgesellschaft oder Nutzer, **ein subjektiv-öffentliches Recht** auf ein Einschreiten der Aufsichtsbehörde haben. Die Aufsicht über Verwertungsgesellschaften dient nicht den Interessen Einzelner 111

154 Schricker/Loewenheim/*Reinbothe* § 3 WahrnG Rn 10 ff.
155 BayVGH Bl f. PMZ 1978, 261 = Schulze VG 13.
156 Dreier/*Schulze* § 3 WahrnG Rn 5 mwN.
157 Begr z RegE UFITA Bd 46 (1966) 279.
158 *Zeisberg* in HK-UrhR § 18 WahrnG Rn 6.
159 BayVGH ZUM-RD 2013, 86: das DPMA kontrolliert „wie eine reine Rechtsaufsicht".
160 Hierzu Loewenheim/*Melichar* § 50 Rn 14 mwN.

und entfaltet keine drittschützende Wirkung, weshalb nach hM Einzelne keinen Rechtsanspruch auf Tätigwerden des DPMA haben.[161] Folgte man der Gegenmeinung hätte dies zur Folge, dass derselbe Vorgang gleichzeitig sowohl vor Verwaltungsgerichten als auch vor Zivilgerichten (für Nutzer auch vor der Schiedsstelle) anhängig gemacht werden könnte[162] – ein unerträglicher Zustand.

112 Verwertungsgesellschaften haben gegenüber dem DPMA weitgehende **Unterrichtungspflichten**, denen sie „unverzüglich" schriftlich nachzukommen haben (§ 20 WahrnG).

113 **b)** Die **Eingriffsmöglichkeiten des DPMA** in die Tätigkeit der Verwertungsgesellschaften sind beschränkt. Gem § 19 Abs 1 WahrnG muss das DPMA darauf achten, „dass die Verwertungsgesellschaft den ihr nach diesem Gesetz obliegenden Verpflichtungen ordnungsgemäß nachkommt". Kommt eine Verwertungsgesellschaft diesen Verpflichtungen nicht nach, so hat das DPMA die Möglichkeit einer „Abmahnung" (s § 4 Abs 1 Ziff 2. WahrnG). Solche Abmahnungen können formlos oder als Verwaltungsakte ergehen. Ein Selbsteintrittsrecht hat das DPMA nicht. Kommt eine Verwertungsgesellschaft trotz mehrerer Abmahnungen den Weisungen des DPMA nicht nach, so kann der Verwertungsgesellschaft als ultima ratio nur die Erlaubnis entzogen werden (§ 4 Abs 1 Ziff 2. WahrnG).

114 Gegen eine Verwertungsgesellschaft gerichtete Verwaltungsakte werden entsprechend dem Verwaltungsvollstreckungsgesetz vollzogen. Dabei wird allerdings das Zwangsgeld die einzig anwendbare Sanktion sein (§ 21 WahrnG).[163]

---

161 Ausf zum Streitstand Loewenheim/*Melichar* § 50 Rn 21 mwN.
162 Schricker/Loewenheim/*Reinbothe* § 18 WahrnG Rn 2.
163 Schricker/loewenheim/*Reinbothe* Anm zu § 21 WahrnG.

Sachregister

Die fetten Zahlen verweisen auf die Kapitel, die mageren Zahlen verweisen auf die Randnummern.

U

V

www.ingramcontent.com/pod-product-compliance
Lightning Source LLC
LaVergne TN
LVHW080852300926
849162LV00003B/404